CAMPING FRANCE 2012

Sélection 2012

2 430 terrains sélectionnés dont :
2 075 avec chalets, bungalows, mobile-homes
1360 pour camping-cars

Selection 2012	Auswahl 2012	Selectie 2012
Nearly **2 430** selected sites including: **2 075** with chalets, bungalows, mobile homes **1360** with camper van facilities	Eine Auswahl von etwa **2 430** Campingplätzen, darunter : **2 075** mit Chalets, Bungalows, Mobil-Homes **1360** ausgestattet für Wohnmobile	Een selectie van ongeveer **2 430** campings, waarvan : **2075** met huisjes, bungalows, stacaravans **1360** geschikt voor campers

Carte de…

Cher lecteur

Amateur d' « hébergement au grand air », sous tente, en caravane, en camping-car, dans un bungalow ou dans un mobile home à louer, pour vous Michelin a préparé avec le plus grand soin ce guide qui est une sélection des meilleurs terrains et emplacements en France, ceux qui offrent les cadres les plus agréables et des services de qualité.

Fidèle à l'esprit de classification cher à Michelin, ce guide vous propose en outre de connaître en un coup d'œil le niveau de chaque terrain grâce à un symbole, allant de 1 à 5 tentes.

Quelques clefs pour utiliser ce guide

→ Pour choisir un terrain

Le guide est découpé en 22 régions. Reportez-vous donc d'abord à la carte (p. 6) et au sommaire des régions (p .7). Votre choix fait, vous trouverez pour chaque région, reconnaissable à son bandeau de couleur, une carte détaillée où sont situées toutes les localités où se trouve au moins un terrain.

→ Pour retrouver une localité

Reportez-vous à l'index en fin de guide qui répertorie par ordre alphabétique toutes les localités citées.

→ Pour décider selon certains critères

Dans l'index thématique par régions (p. 718 à 742) sont spécifiés des aménagements ou services particuliers comme les animations.

→ Pour une description détaillée

Pour bien profiter de la présentation de chaque terrain, consultez dans votre langue la légende des « Signes conventionnels » (p. 10 à 29), puis reportez vous aux descriptions des terrains à partir de la page 33.

→ Pour les non francophones

Reportez-vous au lexique (p.30) qui vous permettra de mieux comprendre les renseignements et descriptions.

Liebe Leser,

für Sie als Liebhaber der „Freiluftunterkunft" jeglicher Art – ob im Zelt, im Wohnwagen, in einem gemieteten Bungalow oder Mobil-Home – hat Michelin mit größter Sorgfalt diesen Führer zusammengestellt. Er enthält eine Auswahl der besten Camping- und Stellplätze in Frankreich, die eine angenehme Umgebung und gute Dienstleistungen bieten.

Dank der von Michelin vorgenommenen Art der Klassifizierung können Sie außerdem anhand dieses Führers durch das Zelte-Symbol (1 bis 5 Zelte) auf einen Blick die Einstufung der Plätze erkennen.

Einige Hinweise zur Benutzung des Führers

→ Auswahl eines Campingplatzes

Der Führer ist in 22 Regionen unterteilt. Schauen Sie sich zunächst die Karte (S. 6) und das Verzeichnis der Regionen (S. 7) an. Nachdem Sie so eine Auswahl getroffen haben, finden Sie zu jeder Region, die an ihrer farbigen Markierung zu erkennen ist, eine Detailkarte mit allen Orten, die mindestens einen Platz besitzen.

→ Ortswahl

Im Register am Ende dieses Bandes sind alle aufgeführten Orte alphabetisch aufgelistet.

→ Auswahl nach bestimmten Kriterien

Ortstabelle (S. 718 bis 742) sind Besonderheiten der Ausstattung oder Dienstleistungen, wie beispielsweise Freizeitangebote, angegeben.

→ Detaillierte Beschreibung

Um die Beschreibung eines jeden Platzes voll nutzen zu können, sollten Sie sich zunächst mit der „Zeichenerklärung" (S. 10 bis 29) in Ihrer Sprache vertraut machen. Ab S. 33 finden Sie die Beschreibung der Campingplätze.

→ Für nicht französischsprachige Leser

Das Glossar (S. 30) hilft Ihnen, die Informationen und Beschreibungen besser zu verstehen.

Dear Reader,

If you love the outdoor life – in a tent, a caravan, a camper van, a bungalow or a rental mobile home – this Michelin guide is for you. We have carefully prepared this selection of the best camping grounds in France, those with the nicest surroundings and the best facilities.

In the Michelin tradition of classification, this guide offers a quick reference for evaluating the category of the site: from 1 to 5 tents.

A few tips for using the guide

→ To select a campsite

The guide covers 22 regions. First, look at the map (p. 6) and at the table of regions (p .7). Once you have narrowed down your choice, turn to the detailed map for that region, easily recognized by the coloured band, where you can see all of the localities that have at least one camping ground.

→ To find a specific locality

Turn to the index at the end of the guide, where all the places are listed in alphabetical order.

→ To make a selection based on specific criteria

In the table of localities (p. 718 to 742) all of the facilities and services can be seen at a glance: activities, etc.

→ For a detailed description

To get the most information about a given camping site, look at the key to "Conventional Signs" (p. 10 to 29) to understand the symbols for each site, descriptions for which start on page 33.

→ To understand French terms

For further assistance in reading the descriptions, turn to the Lexicon (p. 30) for a translation of common terms

Beste le

Als liefhebber van een "verblijf de buitenlucht", waarbij u in ee tent, caravan, camper, bungalow stacaravan overnacht, heeft Micheli met de grootste zorg deze gids voor u gemaakt, een selectie van de beste kampeerterreinen in Frankrijk, die stuk voor stuk in een mooie omgeving liggen en uitstekende kwaliteit bieden.

Zoals u weet maakt Michelin graag een indeling in categorieën, zodat u in deze gids in één oogopslag kunt zien welke klasse elk kampeerterrein heeft, dankzij een symbool van 1 tot 5 tenten.

Aanwijzingen voor een optimaal gebruik van deze gids

→ Om een kampeerterrein te kiezen

De gids is onderverdeeld in 22 streken. U kunt dus het beste eerst naar de kaart (blz. 6) en het overzicht van de streken (blz. 7) gaan. Als u uw keuze hebt bepaald, vindt u voor elke streek een gedetailleerde kaart waarop alle plaatsnamen staan vermeld die ten minste één kampeerterrein hebben. De streken zijn gemakkelijk terug te vinden dankzij de kleurstroken.

→ Om een plaatsnaam terug te vinden

In de index achter in de gids staan alle genoemde plaatsen op alfabetische volgorde.

→ Om op basis van bepaalde criteria te beslissen

In de lijst van plaatsnamen (blz. 718-742) staat vermeld welke voorzieningen of bijzondere diensten worden aangeboden, zoals een animatieprogramma.

→ Voor een gedetailleerde beschrijving

Om een zo goed mogelijk beeld te krijgen van elk kampeerterrein, kunt u in uw taal de legenda van de "tekens" (blz. 10-29) raadplegen en daarna de beschrijvingen van de kampeerterreinen doornemen (vanaf blz. 33).

→ Voor wie geen Frans spreekt

Aan de hand van de woordenlijst (blz. 30) kunt u de gegevens en beschrijvingen beter begrijpen.

…gions
Pa…

Sommaire des régions
Page 7

Mode d'emploi
Page 8

Signes conventionnels
Page 10

Lexique
Page 30

Les terrains sélectionnés
Page 33

Index thématique par région
Page 718

Index des localités citées
Page 743

Regional map
Page 6

Contents by region
Page 7

Reading the entries
Page 8

Conventional signs
Page 16

Lexicon
Page 30

Selected camping sites
Page 33

Localities table
Page 718

Index of place names
Page 743

Karte der Regionen
ab Seite 6

Inhaltsverzeichnis der Regionen
ab Seite 7

Gebrauchsanweisung
ab Seite 8

Zeichenerklärung
ab Seite 20

Glossar
ab Seite 30

Ausgewählte Campingplätze
ab Seite 33

Ortstabelle
ab Seite 718

Register der aufgeführten Orte
ab Seite 743

Kaart van de streken
Blz. 6

Inhoudsopgave van de streken
Blz. 7

Gebruiksaanwijzing
Blz. 8

Tekens en afkortingen
Blz. 26

Woordenlijst
Blz.30

De geselecteerde terreinen
Blz. 33

Lijst van plaatsnamen
Blz. 718

Inhoudsopgave van de plaatsnamen die in de gids staan
Blz. 743

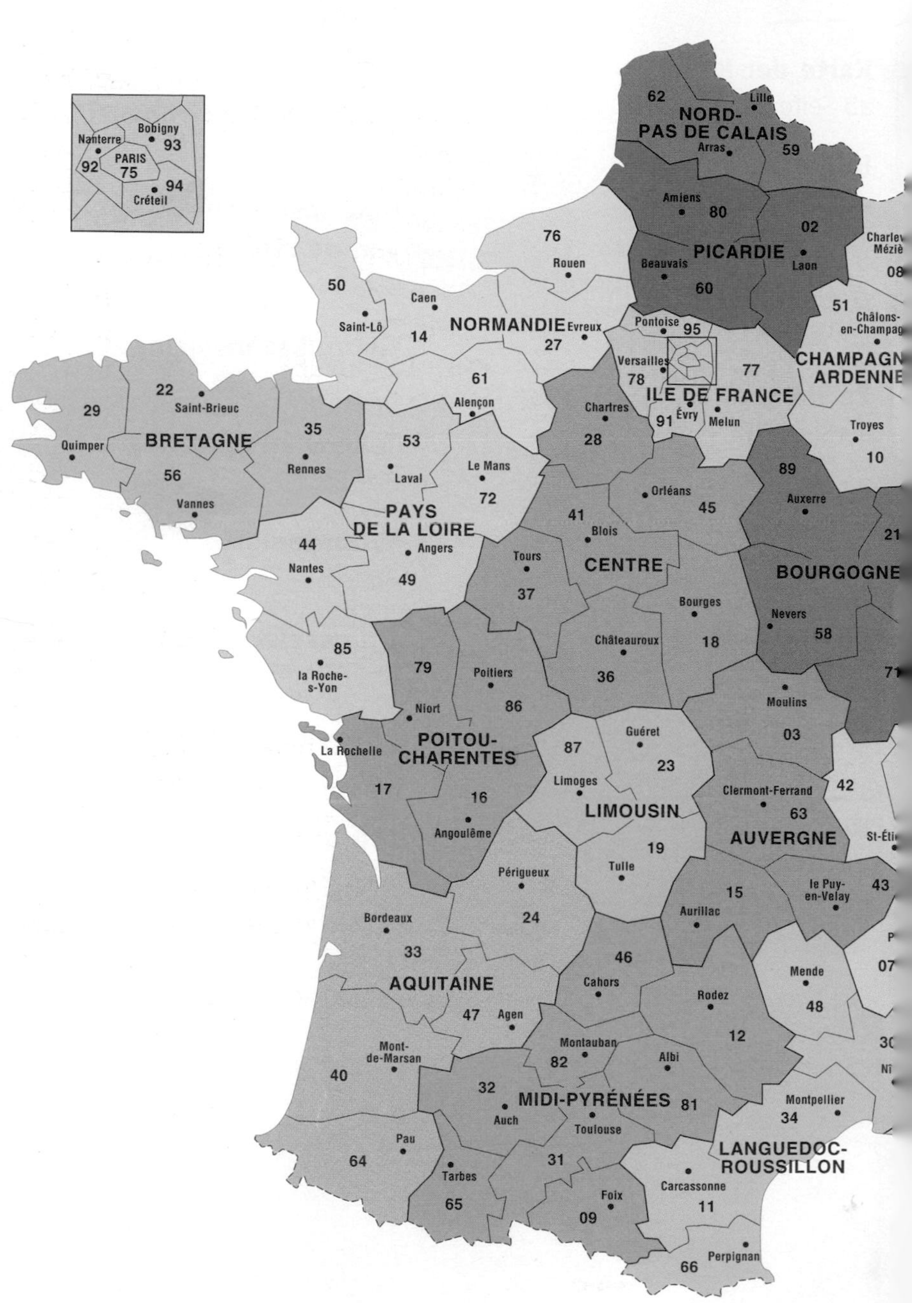
Nanterre
Bobigny
93
92
PARIS
75
94
Créteil
62
Lille
NORD-
PAS DE CALAIS
Arras
59
Amiens
80
02
PICARDIE
Beauvais
Laon
60
08
76
Rouen
50
Caen
Saint-Lô
14
NORMANDIE
Evreux
27
Pontoise
95
51
Versailles
78
77
ILE DE FRANCE
Évry
91
Melun
61
Alençon
22
Saint-Brieuc
29
Quimper
BRETAGNE
35
Rennes
56
Vannes
53
Laval
Le Mans
72
Chartres
28
Troyes
10
89
Auxerre
PAYS
DE LA LOIRE
44
Nantes
Angers
49
41
Blois
Orléans
45
21
Tours
37
CENTRE
BOURGOGNE
Bourges
18
Nevers
58
Châteauroux
36
85
la Roche-
s-Yon
79
Niort
Poitiers
86
Moulins
03
La Rochelle
POITOU-
CHARENTES
17
16
Angoulême
87
Limoges
Guéret
23
LIMOUSIN
19
Tulle
Clermont-Ferrand
63
AUVERGNE
42
Périgueux
24
15
Aurillac
le Puy-
en-Velay
43
Bordeaux
33
AQUITAINE
47
Agen
46
Cahors
Rodez
12
Mende
48
07
Mont-
de-Marsan
40
Montauban
82
Albi
81
32
Auch
MIDI-PYRÉNÉES
Toulouse
Montpellier
34
Pau
64
Tarbes
65
31
Foix
09
LANGUEDOC-
ROUSSILLON
Carcassonne
11
Perpignan
66

ALSACE	p.	35
AQUITAINE	p.	47
AUVERGNE	p.	117
BOURGOGNE	p.	143
BRETAGNE	p.	163
CENTRE	p.	229
CHAMPAGNE-ARDENNE	p.	255
CORSE	p.	265
FRANCHE-COMTE	p.	281
ÎLE-DE-FRANCE	p.	297
LANGUEDOC-ROUSSILLON	p.	305
LIMOUSIN	p.	361
LORRAINE	p.	379
MIDI-PYRENEES	p.	391
NORD-PAS-DE-CALAIS	p.	449
NORMANDIE	p.	455
PAYS-DE-LA-LOIRE	p.	485
PICARDIE	p.	541
POITOU-CHARENTES	p.	551
PROVENCE	p.	583
RHÔNE-ALPES	p.	639
ANDORRE	p.	715

Vous souhaitez donner votre avis
sur ce guide ou nous faire part
de vos expériences?

Écrivez-nous à l'adresse suivante :
leguidecampingfrance@tp.michelin.com

Nous vous en remercions par avance.

Informations pratiques sur la localité et référence aux cartes Michelin Départements

Practical information for each location and cross-reference to Michelin maps

Praktische Hinweise zu dem Ort und anderen Michelin-Karten

Praktische inlichtingen over de plaats en verwijzing naar de Michelin-kaarten

Classement Michelin des terrains

Michelin classification of selected sites

Michelin-Klassifizierung des Campingplatzes

Classificatie van de kampeerterreinen volgens Michelin

Coordonnées et fonctionnement du terrain

Adresses and facilities

Adresse und Ausstattung des Campingplatzes

Adressen en service van het kampeerterrein

Descriptif du terrain

Description of the site

Beschreibung des Campingplatzes

Beschrijving van het kampeerterrein

Tarifs haute saison

Peak season rates

Tarif in des Hochsaison

Tarieven hoogseizoen

Types de locations proposées et tarifs

Hire options and rates

Optionen und Mietpreise

Huurmogelijkheden en tarieven

AQUITAINE

BRANTÔME

24310 – **329** E3 – 2 122 h. – alt. 104
boulevard Charlemagne 05 53 05 80 52
Paris 470 – Angoulême 58 – Limoges 83 – Nont

Brantôme - Peyrelevade de déb. r
05 53 05 75 24, *info@camping-dord*
www.camping-dordogne.net
5 ha (170 empl.) plat, herbeux
Tarif : 21 € (10A) – pe
réservation 10 €
Location : (de déb. mai à fin
250 à 680 € – frais de réservat
borne raclet 2 € – 10 1
Pour s'y rendre : av. André Maur
bord de la Dronne)

LE BUGUE

24260 – **329** G6 – 2 760 h. – alt. 62
Rue Jardin Public 05 53 07 20 48
Paris 522 – Bergerac 47 – Brive-la-Gaillarde 72 –

Vagues-Océanes La Linotte
05 53 07 17 61, *info@vagues-ocean*
www.vagues-oceanes.com
13 ha/2,5 campables (120 empl.) en te
herbeux
Tarif : 19 € (5A) – per
réservation 26 €
Location : (de déb. avr. à
– 75 – 6 . Nuitée 29 à
– frais de réservation 26 €
borne artisanale – 4 –
Pour s'y rendre : 3,5 km au nord
Périgueux, D 32e à dr., rte de Rouffign

Les Trois Caupain de déb. avr. à fin
553072460, *info@camping-bugue.*
camping-des-trois-caupain.com
4 ha (160 empl.) plat, herbeux
Tarif : 22 € (16A) – p
réservation 5 €
Location : (de déb. avr. à fin
35 à 64 € – Sem. 159 à 600 €
12 €
borne artisanale 5 € – 10
Pour s'y rendre : allée Paul-Jean

LE BUISSON-DE-CADOUIN

24480 – **329** G6 – 2 151 h. – alt. 63
place André Boissière 05 53 22 06 09
Paris 532 – Bergerac 38 – Périgueux 52 – Sarla

Domaine de Fromengal – de
05 53 63 11 55, *fromengal@domai*
Fax 05 53 73 03 28, *www.domaine-fro*
22 ha/3 campables (90 empl.) en terr
Tarif : (Prix 2010) 31 €
de réservation 19 €
Location : (Prix 2010) (de déb
– 21 – 4 bungalows to
– Sem. 180 à 770 € – frais de
Pour s'y rendre : au lieu dit : La
par D 29, rte de Lalinde, D 2 à gauch
à dr.)

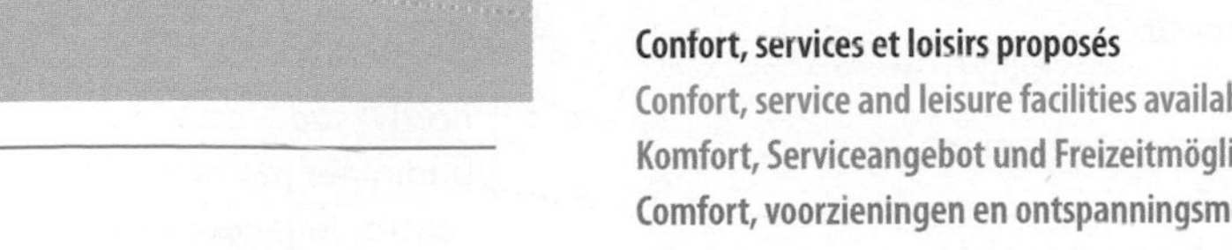

Confort, services et loisirs proposés
Confort, service and leisure facilities available
Komfort, Serviceangebot und Freizeitmöglichkeiten
Comfort, voorzieningen en ontspanningsmogelijkhed

ot.
x 05 53 04 87 30,
– frais de
11 . Sem.
est par D 78, au

Nature :
Loisirs : (plage)
Services : laverie
À prox. : canoë kayak

Longitude : 0.66043
Latitude : 45.36107

GPS

à mi-sept.
5 53 54 16 96,
incliné, plat,
- frais de
4 roulottes
n. 203 à 903 €

Nature :
Loisirs : jacuzzi terrain multisports
Services : laverie

Longitude : 0.93659
Latitude : 44.93386

Nombre d'aires de service pour camping-cars - redevance pour l'utilisation de la borne
Number of campervan service bays - rental charge for use of the hook-up point
Anzahl der Service-Einrichtungen für Wohnmobile - Gebühr für die Benutzung der Versorgungsanschlüsse
Aantal serviceplaatsen voor campers - tarief voor gebruik van de aansluitpaal

0, rte de
3 08 72 66, www.
– frais de
. Nuitée
réservation
14 €

Nature :
Loisirs : canoë-kayak, terrain multisports
Services : laverie
À prox. : grand aquarium

Longitude : 0.93178
Latitude : 44.90916

oct.
om,
, bois attenant
suppl. 8 € – frais
ct.) – 26
26 à 110 €
19 €
n au sud-ouest
in et chemin

Nature :
Loisirs :
Services : laverie

Longitude : 0.86006
Latitude : 44.82292

Mentions d'accès au camping
Directions to the camp site
Anfahrtsweg zum Campingplatz
Aanduiding toegangswegen naar het terrein

Pour les légendes détaillées, se reporter aux pages 10 à 14
For detailed legends, see pages 16 to 19
Einzelheiten der Zeichenerklärung, siehe Seite 20 bis 24
Gedetailleerde verklaring van de tekens, zie blz. 26 en 29

TERRAINS

Classement Michelin

⛺⛺⛺⛺⛺	Très confortable, parfaitement aménagé
⛺⛺⛺⛺	Confortable, très bien aménagé
⛺⛺⛺	Bien aménagé, de bon confort
⛺⛺	Assez bien aménagé
⛺	Simple mais convenable

● **Les terrains sont cités par ordre de préférence dans chaque catégorie. Notre classification indiquée par un nombre de tentes (⛺⛺⛺⛺⛺... ⛺) est indépendante du classement officiel établi en étoiles par les préfectures.**

Ouvertures

Permanent	terrain ouvert toute l'année

Sélections particulières

❄	caravaneige – campings spécialement équipés pour les séjours d'hiver (chauffage, branchements électriques de forte puissance, salle de séchage, etc.).
👪	structure adaptée à l'accueil des enfants, proposant, entre autres, des sanitaires pour les tout-petits, des aires de jeux et des animations encadrées par des professionnels

Exceptionnel dans sa catégorie

⛺⛺⛺⛺⛺... ⛺	particulièrement agréable pour le cadre, la qualité et la variété des services.
	terrain très tranquille, isolé – tranquille surtout la nuit
	vue exceptionnelle – vue intéressante ou étendue

Situation et fonctionnement

☎	Téléphone
Accès	nord – sud – est – ouest (indiquée par rapport au centre de la localité)
	Présence d'un gardien ou d'un responsable pouvant être contacté 24h/24 ; attention, ceci ne signifie pas nécessairement une surveillance effective
	Gardé le jour seulement
	Accès interdit aux chiens ; en l'absence de ce signe, la présentation d'un carnet de vaccination à jour est obligatoire.
P	Parking obligatoire pour les voitures en dehors des emplacements
R	Pas de réservation
	Cartes Bancaires non acceptées
	Chèques-vacances non acceptés
cc	Camping Chèques acceptés

Caractéristiques générales

3 ha	Superficie en hectares
60 ha/ 3 campables	Superficie totale (d'un domaine) et superficie du camping proprement dit
(90 empl.)	Capacité d'accueil en nombre d'emplacements
	Emplacements nettement délimités
	Ombrage léger – moyen – fort (sous-bois)
	Au bord de l'eau avec possibilité de baignade

Confort

	Installations chauffées
	Locatif et installations sanitaires accessibles aux handicapés physiques
	Salle de bains pour bébés
	Branchements individuels : Eau – Évacuation

Services

	Service pour camping-cars
borne artisanale 4 €	Type de borne et prix
3 15,50 €	Emplacements aménagés pour camping-cars – nombre d'emplacements – redevance journalière pour l'emplacement.
	Formule Stop accueil camping-car FFCC
8 à 13 €	Redevance journalière pour la formule
	Lave-linge, sèche-linge
	Supermarché – Magasin d'alimentation
	Plats cuisinés à emporter
	Borne internet et Wifi

Loisirs

	Bar (licence III ou IV)
	Restauration
	Salle de réunion, de séjour, de jeux
	Animations diverses (sportives, culturelles, détente)
	Club pour enfants
	Salle de remise en forme
	Sauna
	Jeux pour enfants
	Location de vélos – Tir à l'arc
	Tennis découvert – couvert
	Golf miniature
	Piscine couverte – découverte
	Bains autorisés ou baignade surveillée
	Toboggan aquatique
	Pêche
	Voile (école ou centre nautique)
	Promenade à cheval ou équitation

● **La plupart des services et certains loisirs de plein air ne sont généralement accessibles qu'en saison, en fonction de la fréquentation du terrain et indépendamment de ses dates d'ouverture.**

À prox.	Nous n'indiquons que les aménagements ou installations qui se trouvent dans les proches environs.

Tarifs en €

Redevances journalières :

5 €	par personne
2 €	pour le véhicule
7,50 €	pour l'emplacement (tente/caravane)
2,50 € (4A)	pour l'électricité (nombre d'ampères)

Redevances forfaitaires :

25 € (10A)	emplacement pour 2 personnes, véhicule et électricité compris

● **Les prix ont été établis en automne 2011 et s'appliquent à la haute saison (à défaut, nous mentionnons les tarifs pratiqués l'année précédente). Dans tous les cas, ils sont donnés à titre indicatif et susceptibles d'être modifiés si le coût de la vie subit des variations importantes.**

● **Le nom des campings est inscrit en caractères maigres lorsque les propriétaires ne nous ont pas communiqué tous leurs tarifs.**

Locations et tarifs

12 (mobile home)	Nombre de mobile homes
20 (chalet)	Nombre de chalets
6 (lit)	Nombre de chambres
Nuitée 30 à 50 €	Prix mini/maxi à la nuitée
Sem. 300 à 1000 €	Prix mini/maxi à la semaine

LOCALITÉS

23700	Numéro de code postal
343 B8	N° de la carte Michelin Départements et coordonnées de carroyage
Rennes 47	Distance en kilomètres
1 050 h.	Population
alt. 675	Altitude de la localité
(symbole)	Station thermale
1 200/1 900 m	Altitude de la station et altitude maximum atteinte par les remontées mécaniques
2 (téléphérique)	Nombre de téléphériques ou télécabines
14 (remonte-pente)	Nombre de remonte-pentes et télésièges
	Ski de fond
	Transports maritimes
(i)	Informations touristiques

● Certaines prestations (piscine, tennis) de même que la taxe de séjour peuvent être facturées en sus.

● Les enfants bénéficient parfois de tarifs spéciaux ; se renseigner auprès du propriétaire.

● En cas de contestation ou de différend, lors d'un séjour sur un terrain de camping, au sujet des prix, des conditions de réservation, de l'hygiène ou des prestations, efforcez-vous de résoudre le problème directement sur place avec le propriétaire du terrain ou son représentant.

● Faute de parvenir à un arrangement amiable, et si vous êtes certain de votre bon droit, adressez-vous aux Services compétents de la Préfecture du département concerné.

● En ce qui nous concerne, nous examinons attentivement toutes les observations qui nous sont adressées afin de modifier, le cas échéant, les mentions ou appréciations consacrées aux campings recommandés dans notre guide, mais nous ne possédons ni l'organisation, ni la compétence ou l'autorité nécessaires pour arbitrer et régler les litiges entre propriétaires et usagers.

GPS :

● Les coordonnées GPS sont en caractères gras lorsque les campings nous les ont fournies de façon précise. Sinon elles sont calculées au mieux d'après l'adresse postale, voire la localité.

LÉGENDE DES CARTES

Voirie

- Autoroute
- Double chaussée de type autoroutier
- Échangeurs numérotés : complet, partiel
- Route principale
- Itinéraire régional ou de dégagement
- Autre route
- Sens unique – Barrière de péage
- Piste cyclable – Chemin d'exploitation, sentier
- Pentes (Montée dans le sens de la flèche) 5 à 9 % – 9 à 13 % – 13 % et plus
- Col – Bac – Pont mobile
- Voie ferrée, gare – Voie ferrée touristique
- Limite de charge (indiquée au-dessous de 5 tonnes)
- Hauteur limitée (indiquée au-dessous de 3 m)

Curiosités

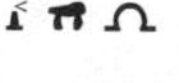
- Église – Chapelle – Château

- Phare – Monument mégalithique – Grotte

- Ruines – Curiosités diverses
- Table d'orientation, panorama – Point de vue

Repères

- Localité possédant un plan dans le Guide Michelin France
- Information touristique – Bureau de poste principal
- Église – Chapelle – Château
- Ruines – Monument – Château d'eau
- Hôpital – Usine
- Fort – Barrage – Phare
- Calvaire – Cimetière
- Aéroport – Aérodrome – Vol à voile
- Stade – Golf – Hippodrome
- Centre équestre – Zoo – Patinoire
- Téléphérique ou télésiège – Forêt ou bois
- Piscine découverte – couverte – Baignade
- Base de loisirs – Centre de voile – Tennis
- Centre commercial
- Localité possédant au moins un terrain de camping sélectionné
- Localité dont un terrain au moins propose des locations
- Vannes — Localité possédant au moins un terrain avec des emplacements pour camping-cars
- Moyaux — Localité disposant d'au moins un terrain agréable
- Aire de service sur autoroute pour camping-cars

CAMPING SITES

Michelin classification

⛺⛺⛺⛺	Very comfortable, ideally equipped
⛺⛺⛺	Comfortable, very well equipped
⛺⛺	Well equipped, good comfort
⛺	Reasonably comfortable
△	Quite comfortable

● **Camping sites are listed in order of preference within each category.**
The classification we give (⛺⛺⛺⛺... △) is totally independent of the official star classification awarded by the local « préfecture ».

Opening periods

Permanent	Site open all year round

Special features

❄	Winter caravan sites – These sites are specially equipped for a winter holiday in the mountains. Facilities generally include central heating, high power electric points and drying rooms for clothes and equipment.
	Child-friendly facility offering toilets for young children, playgrounds and activities monitored by professionals, among other things

Peaceful atmosphere and setting

⛺⛺⛺⛺ ... △	Particularly pleasant setting, quality and range of services available.
	Quiet isolated site – Quiet site, especially at night
	Exceptional view – Interesting or extensive view

Location and access

	Telephone
Accès	Direction from nearest listed locality : north – south – east – west
	24 hour security : a warden will usually live on site and can be contacted during reception hours, although this does not mean round-the-clock surveillance outside normal hours
	day security only
	No dogs. In all other cases a current vaccination certificate is required.
P	Cars must be parked away from pitches
R	Reservations not accepted
	Credit cards not accepte
	Chèque-vacances not accepted
cc	Camping Chèques accepted

General characteristics

3 ha	Area available (in hectares; 1ha = 2.47 acres)
60 ha/ 3 campables	Total area of the property and area used for camping
(90 empl.)	Capacity (number of spaces)
	Marked off pitches
	Shade – Fair amount of shade – Well shaded
	Waterside location with swimming area

Comfort

	Heating installations
♿	Installations for the physically handicapped
	Baby changing facilities
	Running water
	Each bay is equipped with water – drainage

Facilities

	Services for camper vans
borne artisanale 4 €	Type of points and rates
3 15,50 €	Sites equipped for campervans – number of sites – daily fee per site
	Special price for camper on the site
	Washing machines, laundry
	Supermarket – Food shop
	Take away meals
	Internet or Wifi point

Recreational facilities

	Bar (serving alcohol)
	Eating places (restaurant, snack-bar)
	Common room – Games room
	Miscellaneous activities (sports, culture, leisure)
	Children's club
	Exercice room
	Sauna
	Playground
	Cycle hire
	Archery
	Tennis courts : open air – covered
m	Mini golf
	Swimming pool : covered – open air
	Bathing allowed or supervised bathing
	Water slide
	Fishing
	Sailing (school or centre)
	Pony trekking, riding

● **The majority of outdoor leisure facilities are only open in season and in peak periods opening does not necessarily correspond to the opening of the site.**

À prox.	We only feature facilities in close proximity to the camping site

Charges in €

Daily charge :

5 €	per person
2 €	per vehicle
7,50 €	per pitch (tent/caravan)
2,50 € (4A)	for electricity (by no of amperes)

Rates included :

25 € (10A)	pitch for 2 people including vehicle and electricity

● **We give the prices which were supplied to us by the owners in Autumn 2011 (if this information was not available we show those from the previous year). In any event, these should be regarded as basic charges and may alter due to fluctuations in the cost of living.**

● **Listings in light typeface indicate that not all revised tariff information has been provided by the owners.**

● **Supplementary charges may apply to some facilities (swimming pool, tennis) as well as for long stays.**

● **Special rates may apply for children – ask owner for details.**

Renting and charges

12	Number of mobile homes
20	Number of chalets
6	Number of rooms to rent
Nuitée 30 à 50 €	Mini/maxi rates for one night
Sem. 300 à 1000 €	Mini/maxi rates for one week

LOCALITIES

23700	Postal code number
343 B8	Michelin map number and fold
Rennes 47	Distance in kilometres
1 050 h.	Population
alt. 675	Altitude (in metres)
	Spa
1 200/1 900 m	Altitude (in metres) of resort and highest point reached by lifts
2	Number of cable-cars
14	Number of ski and chairlifts
	Cross country skiing
	Maritime services
	Tourist information Centre

● If during your stay in a camping site you have grounds for complaint concerning your reservation, the prices, standards of hygiene or facilities offered, try in the first place to resolve the problem with the proprietor or the person responsible.

● If the disagreement cannot be solved in this way, and if you are sure that you are within your rights, it is possible to take the matter up with the Prefecture of the « département » in question.

● We welcome all suggestions and comments, be it criticism or praise, relating to camping sites recommended in our guide. We do, however, stress the fact that we have neither facilities, nor the authority to deal with matters of complaint between campers and proprietors.

GPS :

● The GPS coordinates are in boldface when the information was provided in a precise manner by the campground. In other cases, we have calculated as nearly as possible using the postal address or the name of the town.

KEY TO THE LOCAL MAPS

Roads

Motorway
Dual carriageway with motorway characteristics
Numbered junctions: complete, limited
Major road
Secondary road network
Other road
One-way road – Toll barrier
Cycle track – Cart track, footpath
Gradient (ascent in the direction of the arrow) 1:20 to 1:12; 1:11 to 1:8; + 1:7
Pass – Ferry – Drawbridge or swing bridge
Railway, station – Steam railways
Load limit (given when less than 5tons)
Headroom (given when less than 3m)

Sights of interest

Church, chapel – Castle, château
Lighthouse – Megalithic monument – Cave
Ruins – Miscellaneous sights
Viewing table, panoramic view – Viewpoint

Landmarks

Towns having a plan in the Michelin Guide
Tourist Information Centre – General Post Office
Church, chapel – Castle, château
Ruins – Statue or building – Water tower
Hospital – Factory or power station
Fort – Dam – Lighthouse
Wayside cross – Cemetery
Airport – Airfield – Gliding airfield
Stadium – Golf course – Racecourse
Horse riding – Zoo – Skating rink
Cable-car or chairlift – Forest or wood
Outdoor or indoor, Swimming pool – Bathing spot
Outdoor leisure park/centre – Sailing – Tennis courts
Shopping centre
Town with at least one selected camping site
Locality with at least one selected site offering renting
Vannes — Locality with at least one selected site with areas reserved for camper vans
Moyaux — Locality with at least one selected very quiet, isolated site
Motorway service area for camper vans

CAMPINGPLÄTZE

Michelin-Klassifizierung

⛺⛺⛺⛺⛺	Sehr komfortabel, ausgezeichnet ausgestattet
⛺⛺⛺⛺	Komfortabel, sehr gut ausgestattet
⛺⛺⛺	Mit gutem Komfort ausgestattet
⛺⛺	Ausreichend ausgestattet
⛺	Einfach, aber ordentlich

● **Die Reihenfolge der Campingplätze innerhalb einer Kategorie entspricht unserer Empfehlung.**
Unsere Klassifizierung, durch eine entsprechende Anzahl von Zelten (⛺⛺⛺⛺⛺ ... ⛺) ausgedrückt, ist unabhängig von der offiziellen Klassifizierung durch Sterne, die von den Präfekturen vorgenommen wird.

Öffnungszeiten

Permanent	Campingplatz ganzjährig geöffnet

Besondere Merkmale

❄	Diese Gelände sind speziell für Wintercamping in den Bergen ausgestattet (Heizung, Starkstromanschlüsse, Trockenräume usw.).
👪	Kinderfreundliches Konzept, das u. a. Sanitäranlagen für die Kleinsten, Spielplätze und ein Animations-Programm durch geschultes Personal bietet

Besonders schöne und ruhige Lage

⛺⛺⛺⛺⛺ ... ⛺	Besonders schöne Lage, gutes und vielfältiges Serviceangebot
	Ruhiger, abgelegener Campingplatz – Ruhiger Campingplatz, besonders nachts
	Eindrucksvolle Aussicht – Interessante oder weite Sicht

Lage und Dienstleistungen

☎	Telefon
Accès	Richtung : Norden – Süden – Osten – Westen (Angabe ab Ortszentrum).
	Eine Aufsichtsperson kann Tag und Nacht bei Bedarf erreicht werden: Dies bedeutet jedoch nicht, dass der Platz bewacht ist – nur tagsüber.
	Hunde nicht erlaubt – wenn dieses Zeichen nicht vorhanden ist, muss ein gültiger Impfpass vorgelegt werden.
P	Parken nur auf vorgeschriebenen Parkplätzen außerhalb der Stellplätze.
R	Keine Reservierung
	Keine Kreditkarten
	Keine « Chèques vacances »
CC	« Camping Chèques » werden akzeptiert

Allgemeine Beschreibung

3 ha	Nutzfläche (in Hektar)
60 ha/ 3 campables	Gesamtfläche (eines Geländes) und Nutzfläche für Camping
(90 empl.)	Anzahl der Stellplätze
	Abgegrenzte Stellplätze
	Leicht schattig – ziemlich schattig – sehr schattig
	Am Wasser mit Bademöglichkeit

Komfort

- Beheizte sanitäre Anlagen
- Mietunterkünfte und Sanitäreinrichtungen behindertengerecht
- Wickelraum
- Wasserstelle
- Individuelle Anschlüsse : Wasser – Abwasser

Dienstleistungen

- Service-Einrichtungen für Wohnmobile (Stromanschluss, Ver-/Entsorgung Wasser)
- borne 4 € – Art der Ver- u. Entsorgungsstation und Preis
- 3 ▣ 15,50 € – Stellplatz für Wohnmobile – Anzahl der Stellplätze – Tagespreis/Stellplatz.
-  Sonderpreis für Wohnmobil auf dem Campingplatz
-  Miet-Waschmaschinen
-  Supermarkt – Lebensmittelgeschäft
-  Fertiggerichte zum Mitnehmen
- Internetanschluss

Freizeitmöglichkeiten

-  Bar mit Alkoholausschank
- Restaurant, Snack-Bar
-  Gemeinschaftsraum, Aufenthaltsraum, Spielhalle ...
- Diverse Freizeitangebote (Sport, Kultur, Entspannung)
- Kinderspielraum
- Fitness-Center
-  Sauna
-  Kinderspielplatz
- Fahrradverleih
-  Bogenschießen
- Tennisplatz – Hallentennisplatz
- Minigolfplatz
- Hallenbad – Freibad
- Baden erlaubt, teilweise mit Aufsicht
- Wasserrutschbahn
-  Angeln
- Segeln (Segelschule oder Segelclub)
-  Reiten

● **Die meisten dieser Freizeitmöglichkeiten stehen nur in der Hauptsaison zur Verfügung oder sie sind abhängig von der Belegung des Platzes. Auf keinen Fall sind sie identisch mit der Öffnungszeit des Platzes.**

À proximité – Wir geben nur die Einrichtungen an, welche sich in der Nähe des Platzes befinden.

Preise in €

Tagespreise:

5 €	pro Person
2 €	für das Auto
▣ 7,50 €	Platzgebühr (Zelt/Wohnwagen)
2,50 € (4A)	Stromverbrauch (Anzahl der Ampere)

Pauschalgebühren:

25 € ▣ (A)	Stellplatz für 2 Personen Fahrzeug und Strom

● **Die Preise wurden uns im Herbst 2011 mitgeteilt, es sind Hochsaisonpreise (falls nicht, sind die Preise des Vorjahres angegeben). Die Preise sind immer nur als Richtpreise zu betrachten. Sie können sich bei steigenden Lebenshaltungskosten ändern.**

● **Der Name eines Campingplatzes ist dünn gedruckt, wenn der Eigentümer uns keine Preise genannt hat.**

● **Für einige Einrichtungen (Schwimmbad, Tennis) sowie die Kurtaxe können separate Gebühren erhoben werden.**

● **Für Kinder erhält man im Allgemeinen spezielle Kindertarife, erkundigen Sie sich beim Eigentümer.**

Vermietung und Preise

12	Anzahl die Wohnmobilen
20	Anzahl die Chalets
6	Anzahl die Zimmern
Nuitée 30 à 50 €	Mindest-/Höchstpreis pro Nacht
Sem. 300 à 1000 €	Mindest-/Höchstpreis pro Woche

ORTE

23700	Postleitzahl
343 B8	Nr. der Michelin-Karte und Falte
Rennes 47	Entfernung in Kilometern
1 050 h.	Einwohnerzahl
alt. 675	Höhe
	Heilbad
1 200/1 900 m	Höhe des Wintersportgeländes und Maximal-Höhe, die mit Kabinenbahn oder Lift erreicht werden kann
2	Anzahl der Kabinenbahnen
14	Anzahl der Schlepp -oder Sessellifte
	Langlaufloipen
	Schiffsverbindungen
	Informationsstelle

- **Falls bei Ihrem Aufenthalt auf dem Campingplatz Schwierigkeiten bezüglich der Preise, Reservierung, Hygiene o. ä. auftreten, sollten Sie versuchen, diese direkt an Ort und Stelle mit dem Campingplatzbesitzer oder seinem Vertreter zu regeln.**

- **Wenn Sie von Ihrem Recht überzeugt sind, es Ihnen jedoch nicht gelingt, zu einer allseits befriedigenden Lösung zu kommen, können Sie sich an die entsprechende Stelle bei der zuständigen Präfektur wenden.**

- **Unsererseits überprüfen wir sorgfältig alle bei uns eingehenden Leserbriefe und ändern gegebenenfalls die Platzbewertung im Führer. Wir besitzen jedoch weder die rechtlichen Möglichkeiten noch die nötige Autorität, um Rechtsstreitigkeiten zwischen Platzeigentümern und Platzbenutzern zu schlichten.**

GPS :

- **Die GPS-Koordinaten sind fett gedruckt, sofern die Campingplätze sie uns detailliert angegeben haben. Ansonsten sind sie so genau wie möglich nach Adresse oder Ortsangabe errechnet.**

campingdétente
Choisissez les vacances qui vous ressemblent,
dans l'un des 59 Kawan Villages.
kawan
VILLAGES
camping | caravaning | mobil-home | camping-car
FRANCE / ITALIE / ESPAGNE / PAYS-BAS
© Leonid and Anna Dedukh - Shutterstock Images

KARTENSKIZZEN

Straßen

- Autobahn
- Schnellstraße (kreuzungsfrei)
- ❶ ❷ Nummerierte Anschlussstelle: Autobahneinfahrt- und/oder -ausfahrt
- Hauptverkehrsstraße
- Regionale Verbindungsstraße oder Entlastungsstrecke
- Andere Straße
- Einbahnstraße – Gebührenstelle
- Radweg – Wirtschaftsweg, Pfad
- Steigungen, Gefälle (Steigung in Pfeilrichtung 5-9 %, 9-13 %, 13 % und mehr)
- Pass – Fähre – Bewegliche Brücke
- Bahnlinie und Bahnhof – Museumseisenbahn-Linie
- ③ Höchstbelastung (angegeben bis 5t)
- 2.8 Zulässige Gesamthöhe (angegeben bis 3 m)

Sehenswürdigkeiten

- Kirche, Kapelle – Schloss, Burg
- Leuchtturm – Menhir, Megalithgrab – Höhle
- Ruine – Sonstige Sehenswürdigkeit
- Orientierungstafel, Rundblick – Aussichtspunkt

Orientierungspunkte

- Ort mit Stadtplan im Michelin-Führer
- Informationsstelle – Hauptpost
- Kirche, Kapelle – Schloss, Burg
- Ruine – Denkmal – Wasserturm
- Krankenhaus – Fabrik
- Festung – Staudamm – Leuchtturm
- Bildstock – Friedhof
- Flughafen – Flugplatz – Segelflugplatz
- Stadion – Golfplatz – Pferderennbahn
- Reitanlage – Zoo – Schlittschuhbahn
- Seilschwebebahn oder Sessellift – Wald oder Gehölz
- Freibad – Hallenbad – Strandbad
- Freizeiteinrichtungen – Segelzentrum – Tennisplatz
- Einkaufszentrum
- ● Ort mit mindestens einem ausgewählten Campingplatz
- ■ Ort mit mindestens einem Campingplatz mit Vermietung
- Vannes Ort mit mindestens einem Campingplatz mit Stellplätzen die nur für Wohnmobile reserviert sind
- Moyaux Ort mit mindestens einem sehr ruhigen Campingplatz
- Autobahnrastplätze mit Wartungsmöglichkeiten für Wohnmobile

TERREINEN

Classificatie Michelin

⛺⛺⛺⛺⛺	Buitengewoon comfortabel, uitstekende inrichting
⛺⛺⛺⛺	Comfortabel, zeer goede inrichting
⛺⛺⛺	Goed ingericht, geriefelijk
⛺⛺	Behoorlijk ingericht
⛺	Eenvoudig maar behoorlijk

● **De terreinen worden voor iedere categorie opgegeven in volgorde van voorkeur.**
Onze classificatie wordt aangegeven met een aantal tenten (⛺⛺⛺⛺⛺ ... ⛺). Zij staat los van de officiële classificatie die wordt uitgedrukt in sterren.

Openingstijden

Permanent	Terrein het gehele jaar geopend

Bijzondere kenmerken

❄	Geselecteerd caravaneige – Deze terreinen zijn speciaal ingericht voor winterverblijf in de bergen (verwarming, electriciteitsaansluiting met hoog vermogen, droogkamer, enz.).
👪	Kindvriendelijk etablissement met o.a. speciaal sanitair voor de kleintjes, speeltuintje en kinderactiviteiten onder begeleiding van professionals

Aangenaam en rustig verblijf

⛺⛺⛺⛺⛺ ... ⛺	Bijzonder aangenaam vanwege de omgeving, de kwaliteit en de diversiteit van de voorzieningen.
🐴 🐴	Zeer rustig, afgelegen terrein – Rustig, vooral 's nachts
⋞ ⋞	Bijzonder mooi uitzicht – Interessant uitzicht of vergezicht

Ligging en service

☎	Telefoon
Accès	Richting : Noord – Zuid – Oost – West (gezien vanuit het centrum van de plaats)
🔑 🔑	Er is een bewaker of een toezichthouder aanwezig die 24 uur per dag bereikbaar is. Dit betekent echter niet noodzakelijkerwijs dat er sprake is van een daadwerkelijke bewaking – alleen overdag bewaakt.
🐕	Honden niet toegelaten – Bij afwezigheid van dit teken dient men een recent vaccinatieboekje te kunnen tonen.
Ⓟ	Verplichte parkeerplaats voor auto's buiten de staanplaatsen
R	Reservering niet mogelijk
💳	Creditcards niet geaccepteerd
CV	« Chèques vacances » niet geaccepteerd
CC	« Camping Chèques » geaccepteerd

Algemene kenmerken

3 ha	Oppervlakte in hectaren
60 ha/ 3 campables	Totale oppervlakte (van een landgoed) en oppervlakte van het eigenlijke kampeerterrein
(90 empl.)	Maximaal aantal staanplaatsen
⌶	Duidelijk begrensde staanplaatsen
🌳 🌳🌳 🌳🌳🌳	Weinig tot zeer schaduwrijk
⛵	Aan de waterkant met mogelijkheid tot zwemmen

Comfort

- Verwarmde installaties
- Huuraccomodaties en sanitaire installaties voor lichamelijk gehandicapten
- Individuele wasgelegenheid of wastafels (met of zonder warm water)
- Wasplaats voor baby's
- Waslokalen – Stromend water
- Individuele aansluitingen : Watertoevoer en-afvoer

Voorzieningen

	Serviceplaats voor campingcars
borne 4 €	Type aansluitpalen en prijs
3 15,50 €	Serviceplaats voor camping cars – aantal plaatsen – dagtarief voor de plaats.
	Ter plaatse speciale formule voor camper
	Wasmachines, waslokaal
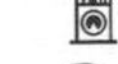	Supermarkt – Kampwinkel
	Dagschotels om mee te nemen
	Internetpaal

Ontspanning

- Bar (met vergunning)
- Eetgelegenheid (restaurant, snackbar)
- Zaal voor bijeenkomsten, dagverblijf of speelzaal
- Diverse activiteiten (sport, cultuur, ontspanning)
- Kinderopvang
- Fitness
- Sauna
- Kinderspelen
- Verhuur van fietsen
- Boogschieten
- Tennis: overdekt – openlucht
- Mini-golf
- Zwembad : overdekt – openlucht
- Vrije zwemplaats of zwemplaats met toezicht
- Waterglijbaan
- Hengelsport
- Zeilsport (school of watersportcentrum)
- Tochten te paard, paardrijden

● **De meeste voorzieningen en bepaalde recreatiemogelijkheden in de open lucht zijn over het algemeen alleen toegankelijk tijdens het seizoen. Dit is afhankelijk van het aantal gasten op het terrein en staat los van de openingsdata.**

À proximité	Wij vermelden alleen de faciliteiten of voorzieningen die zich in de omgeving van de camping bevinden.

Tarieven in €

Dagtarieven:

5 €	per persoon
2 €	voor het voertuig
7,50 €	voor de staanplaats (tent, caravan)
2,50 € (4A)	voor elektriciteit (aantal ampères)

Vaste tarieven:

25 € (10A)	Staanplaats voor 2 personen, voertuig en elektriciteit inbegrepen

● **De prijzen zijn vastgesteld in het najaar van 2011 en gelden voor het hoogseizoen (indien deze niet beschikbaar zijn, vermelden wij de tarieven van het afgelopen jaar).**

● **De prijzen worden steeds ter indicatie gegeven en kunnen gewijzigd worden indien de kosten voor levensonderhoud belangrijke veranderingen ondergaan.**

Verhuur en tarieven

12	Aantal stacaravans
3	Aantal huisjes
6	Aantal kamers
Nuitée 30 à 50 €	Minimum/maximum prijs voor één nacht
Sem. 300 à 1000 €	Minimum/maximum prijs voor een week

PLAATSEN

23700	Postcodenummer
343 B8	Nummer Michelinkaart en vouwbladnummer
G. Bretagne	Zie de Groene Michelingids Bretagne
Bourges 47	Afstanden in kilometers
1 050 h.	Aantal inwoners
alt. 675	Hoogte
	Kuuroord
1 200/1 900 m	Hoogte van het station en maximale hoogte van de mechanische skiliften
2	Aantal kabelbanen
14	Aantal skiliften en stoeltjesliften
	Langlaufen
	Bootverbinding
	Informatie voor toeristen

● Indien er tijdens uw verblijf op een kampeerterrein een meningsverschil zou ontstaan over prijzen, reserveringsvoorwaarden, hygiëne of dienstverle-ning, tracht dan ter plaatse met de eigenaar van het terrein of met zijn vervanger een oplossing te vinden.

● Mocht u op deze wijze niet tot overeenstemming komen, terwijl u over-tuigd bent van uw goed recht, dan kunt u zich wenden tot de prefectuur van het betreffende departement.

● Van onze kant bestuderen wij zorgvuldig alle opmerkingen die wij ontvangen, om zo nodig wijzigingen aan te brengen in de omschrijving en waarde-ring van door onze gids aanbevolen terreinen. Onze mogelijkheden zijn echter beperkt en ons personeel is niet bevoegd om als scheidsrechter op te treden of geschillen te regelen tussen eigenaren en kampeerders.

GPS :

● De GPS-coordinaten staan in het vet wanneer de campings ons die exact hebben aangeleverd. Zoniet werden die zo correct mogelijk berekend op basis van het postadres en ook de plaats.

VERKLARING TEKENS

Wegen en spoorwegen

- Autosnelweg
- Dubbele rijbaan van het type autosnelweg
- ❶ ❷ Genummerde knooppunten : volledig, gedeeltelijk
- Hoofdweg
- Regionale of alternatieve route
- Andere weg
- Eenrichtingsverkeer – Tol
- Fietspad – Bedrijfsweg, voetpad
- Hellingen (pijlen in de richting van de helling) 5 tot 9 %, 9 tot 13 %, 13 % of meer
- B Pas – Veerpont – Beweegbare brug
- Spoorweg, station – Spoorweg toeristentrein
- ③ Maximum draagvermogen (aangegeven onder 5 ton)
- 2.8 Vrije hoogte (aangegeven onder 3 m)

Bezienswaardigheden

- Kerk, kapel – Kasteel
- Vuurtoren – Megaliet – Grot
- Ruïnes – Andere bezienswaardigheden
- Oriëntatietafel, panorama – Uitzichtpunt

Ter oriëntatie

- Plaats met een plattegrond in de Michelingids
- Informatie voor toeristen – Hoofdpostkantoor
- Kerk, kapel – Kasteel
- Ruïnes – Monument – Watertoren
- Ziekenhuis – Fabriek
- Fort – Stuwdam – Vuurtoren
- Calvarie – Begraafplaats
- Luchthaven – Vliegveld – Zweefvliegen
- Stadion – Golf – Renbaan
- Manege – Dierentuin – Schaatsbaan
- Kabelbaan of stoeltjeslift – Bos
- Zwembad : openlucht, overdekt – Zwemgelegenheid
- Recreatieoord – Zeilvereniging – Tennisbaan
- Winkelcentrum
- Plaats met tenminste één geselekteerd kampeerterrein
- Plaats met minstens één terrein met huurmogelijkheden
- Lourdes — Plaats met minstens één terrein met plaatsen die alleen bestemd zijn voor campers
- Moyaux — Plaats met minstens één zeer rustig terrein
- Serviceplaats langs de autosnelweg voor campers

LEXIQUE	LEXICON	GLOSSAR	WOORDENLIJST

accès difficile	difficult approach	schwierige Zufahrt	moeilijke toegang
accès direct à	direct access to...	Zufahrt zu...	rechtstreekse toegang tot...
accidenté	uneven, hilly	uneben	heuvelachtig
adhésion	membership	Beitritt	lidmaatschap
août	August	August	augustus
après	after	nach	na
Ascension	Ascension Day	Himmelfahrt	Hemelvaartsdag
assurance obligatoire	insurance cover compulsory	Versicherungspflicht	verzekering verplicht
automne	autumn	Herbst	herfst
avant	before	vor	voor
avenue (av.)	avenue	Avenue	laan
avril	April	April	april
baie	bay	Bucht	baai
base de loisirs	leisure facilities	Freizeitanlagen	recreatiepark
bois, boisé	wood, wooded	Wald, bewaldet	bebost
bord de...	shore	Ufer, Rand	aan de oever van...
boulevard (bd)	boulevard	Boulevard	boulevard
au bourg	in the town	im Ort	in het dorp
«Cadre agréable»	pleasant setting	angenehme Umgebung	aangename omgeving
«Cadre sauvage»	wild setting	urwüchsige Umgebung	woeste omgeving
carrefour	crossroads	Kreuzung	kruispunt
cases réfrigérées	refrigerated food storage facilities	Kühlboxen	Koelvakken
centre équestre	horseriding stables	Reitzentrum	manege
château	castle	Schloss, Burg	kasteel
chemin	path	Weg	weg
conseillé	advisable	empfohlen	aanbevolen
cotisation obligatoire	membership charge obligatory	ein Mitgliedsbeitrag wird verlangt	verplichte bijdrage
croisement difficile	difficult access	schwierige Überquerung	gevaarlijk Kruispunt
en cours d'aménagement, de transformations,	work in progress rebuilding	wird angelegt, wird umgebaut	in aanbouw, wordt verbouwd
crêperie	pancake restaurant, stall-	Pfannkuchen-Restaurant	pannekoekenhuis
décembre (déc.)	December	Dezember	december
«Décoration florale»	floral decoration	Blumenschmuck	bloemversiering
derrière	behind	hinter	achter
discothèque	disco	Diskothek	discotheek
à droite	to the right	nach rechts	naar rechts
église	church	Kirche	kerk
électricité (élect.)	electricity	Elektrizität	elektriciteit
entrée	way in, entrance	Eingang	ingang
«Entrée fleurie»	flowered entrance	blumengeschmückter Eingang	door bloemen omgeven ingang
étang	pond, pool	Teich	vijver
été	summer	Sommer	zomer
exclusivement	exclusively	ausschließlich	uitsluitend
falaise	cliff	Steilküste	steile kust
famille	family	Familie	gezin
fermé	closed	geschlossen	gesloten
février (fév.)	February	Februar	februari
forêt	forest, wood	Wald	bos
garage	parking facilities	überdachter Abstellplatz	parkeergelegenheid
garage pour caravanes	garage for caravans	Unterstellmöglichkeit für Wohnwagen	garage voor caravans

LEXIQUE	LEXICON	GLOSSAR	WOORDENLIJST

garderie (d'enfants)	children's crèche	Kindergarten	kinderdagverblijf
gare (S.N.C.F.)	railway station	Bahnhof	station
à gauche	to the left	nach links	naar links
gorges	gorges	Schlucht	bergengten
goudronné	surfaced road	geteert	geasfalteerd
gratuit	free, no charge	kostenlos	kosteloos
gravier	gravel	Kies	grint
gravillons	fine gravel	Rollsplitt	steenslag
herbeux	grassy	mit Gras bewachsen	grasland
hiver	winter	Winter	winter
hors saison	out of season	außerhalb der Saison	buiten het seizoen
île	island	Insel	eiland
incliné	sloping	abfallend	hellend
indispensable	essential	unbedingt erforderlich	noodzakelijk, onmisbaar
intersection	crossroads	Kreuzung	kruispunt
janvier (janv.)	January	Januar	januari
juillet (juil.)	July	Juli	juli
juin	June	Juni	juni
lac	lake	See	meer
lande	heath	Heide	hei
licence obligatoire	camping licence or international camping carnet	Lizenz wird verlangt	vergunning verplicht
lieu-dit	spot, site	Flurname, Weiler	oord
mai	May	Mai	mei
mairie	town hall	Bürgermeisteramt	stadhuis
mars	March	März	maart
matin	morning	Morgen	morgen
mer	sea	Meer	zee
mineurs non accompagnés non admis	people under 18 must be accompanied by an adult	Minderjährige ohne Begleitung nicht zugelassen	minderjarigen zonder geleide niet toegelaten
montagne	mountain	Gebirge	gebergte
Noël	Christmas	Weihnachten	Kerstmis
non clos	open site	nicht eingefriedet	niet omheind
novembre (nov.)	November	November	november
océan	ocean	Ozean	oceaan
octobre (oct.)	October	Oktober	oktober
ouverture prévue	opening scheduled	Eröffnung vorgesehen	vermoedelijke opening
Pâques	Easter	Ostern	Pasen
parcours de santé	fitness trail	Fitness-Pfad	trimbaan
passage non admis	no touring pitches	kein Kurzaufenthalt	niet toegankelijk voor kampeerders op doorreis
pente	slope	Steigung, Gefälle	helling
Pentecôte	Whitsun	Pfingsten	Pinksteren
personne (pers.)	person	Person	persoon
pierreux	stony	steinig	steenachtig
pinède	pine grove	Kiefernwäldchen	dennenbos
place (pl.)	square	Platz	plein
places limitées pour le passage	limited number of touring pitches	Plätze für kurzen Aufenthalt in begrenzter Zahl vorhanden	beperkt aantal plaatsen voor kampeerders op doorreis

LEXIQUE	LEXICON	GLOSSAR	WOORDENLIJST

plage	beach	Strand	strand
plan d'eau	stretch of water	Wasserfläche	watervlakte
plat	flat	eben	vlak
poneys	ponies	Ponys	pony's
pont	bridge	Brücke	brug
port	port, harbour	Hafen	haven
prairie	grassland	Wiese	weide
près de...	near	nahe bei...	bij...
presqu'île	peninsula	Halbinsel	schiereiland
prévu	projected	geplant	verwacht, gepland
printemps	spring	Frühjahr	voorjaar
en priorité	giving priority to...	mit Vorrang	voorrangs...
à proximité	nearby	in der Nähe von	in de nabijheid
quartier	(town) quarter	Stadtteil	wijk
Rameaux	Palm Sunday	Palmsonntag	Palmzondag
réservé	reserved	reserviert	gereserveerd
rive droite, gauche	right, left bank	rechtes, linkes Ufer	rechter, linker oever
rivière	river	Fluss	rivier
rocailleux	stony	steinig	vol kleine steentjes
rocheux	rocky	felsig	rotsachtig
route (rte)	road	Landstraße	weg
rue (r.)	street	Straße	straat
ruisseau	stream	Bach	beek
sablonneux	sandy	sandig	zanderig
saison	(tourist) season	Reisesaison	seizoen
avec sanitaires individuels	with individual sanitary arrangements	mit sanitären Anlagen für jeden Stellplatz	met eigen sanitair
schéma	local map	Kartenskizze	schema
semaine	week	Woche	week
septembre (sept.)	September	September	september
site	site	Landschaft	landschap
situation	situation	Lage	ligging
sortie	way out, exit	Ausgang	uitgang
sous-bois	underwood	Unterholz	geboomte
à la station	at the filling station	an der Tankstelle	bij het benzinestation
supplémentaire (suppl.)	additional	zuzüglich	extra
en terrasses	terraced	in Terrassen	terrasvormig
toboggan aquatique	water slide	Wasser-rutschbahn	waterglijbaan
torrent	torrent	Wildbach	bergstroom
Toussaint	All Saints' Day	Allerheiligen	Allerheiligen
tout compris	everything included	alles inbegriffen	alles inbegrepen
vacances scolaires	school holidays	Schulferien	schoolvakanties
vallonné	undulating	hügelig	heuvelachtig
verger	orchard	Obstgarten	boomgaard
vers	in the direction of	nach (Richtung)	naar (richting)
voir	see	sehen, siehe	zien, zie

Les **terrains** sélectionnés

Selected **camping** sites

Ausgewählten **Campingplätze**

De geselekteerde **terreinen**

ALSACE

R. Mattes/Michelin

Si l'Alsace vous était contée, l'histoire décrirait le romantisme des châteaux forts érigés au pied des Vosges, les douces collines submergées d'une mer de ceps ou la féerie des villages de poupée égayant la plaine. Elle exalterait Colmar et l'adorable « petite Venise » avec ses balcons fleuris et ses cigognes, et inviterait à flâner dans Strasbourg dont le marché de Noël fait resplendir la cathédrale... Il se dégage de la capitale de l'Europe une chaleur que même la rudesse de l'hiver ne peut atténuer : nid douillet de la « Petite France » dont les belles maisons à colombages se reflètent dans l'Ill, ambiance conviviale des brasseries propices à la dégustation d'une bonne bière, et pittoresque décor des winstubs aptes à calmer les appétits les plus féroces avec force choucroutes, bäeckeoffes et kouglofs.

Alsace is perhaps the most romantic of France's regions, a place of fairy-tale castles, gentle vine-clad hills and picture-perfect villages perched on rocky outcrops or nestling in lush green valleys. From Colmar's Little Venice with its flower-decked balconies and famous storks to the lights of Strasbourg's Christmas market or the half-timbered houses reflected in the meanders of the River Ill, Alsace radiates a warmth that even the winter winds cannot chill. So make a beeline for the boisterous atmosphere of a brasserie and sample a real Alsace beer or head for a local "winstub" and tuck into a steaming dish of choucroute — sauerkraut with smoked pork — and a huge slice of kugelhof cake, all washed down with a glass of fruity Sylvaner or Riesling

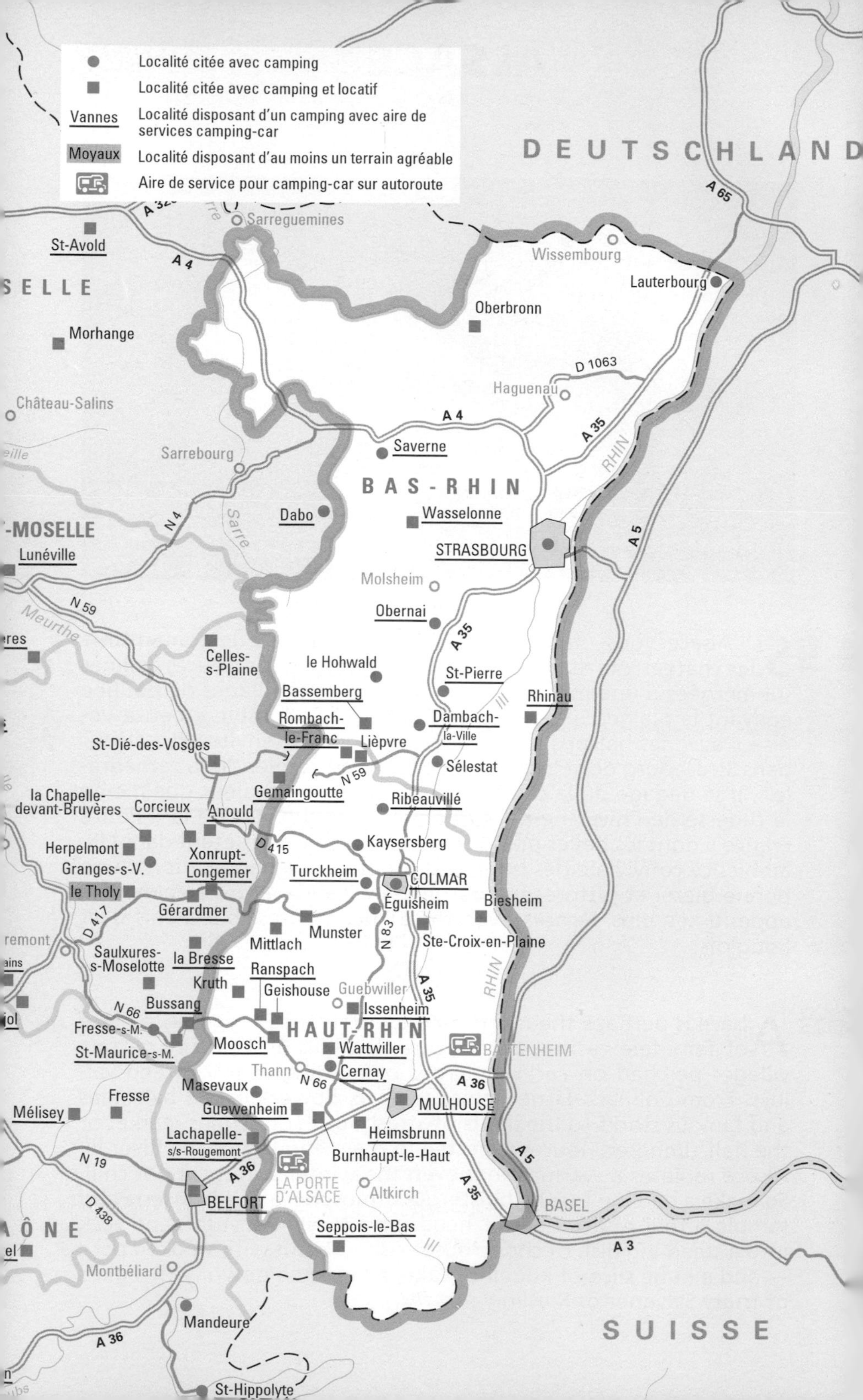

Localité citée avec camping
Localité citée avec camping et locatif
Vannes
Localité disposant d'un camping avec aire de services camping-car
Moyaux
Localité disposant d'au moins un terrain agréable
Aire de service pour camping-car sur autoroute
DEUTSCHLAND
BAS-RHIN
HAUT-RHIN
SUISSE
Sarreguemines
St-Avold
Wissembourg
Lauterbourg
Oberbronn
Morhange
Haguenau
Château-Salins
Saverne
Sarrebourg
Dabo
Wasselonne
STRASBOURG
Lunéville
Molsheim
Obernai
Celles-s-Plaine
le Hohwald
St-Pierre
Rhinau
Bassemberg
Rombach-le-Franc
Lièpvre
Dambach-la-Ville
St-Dié-des-Vosges
Sélestat
Gemaingoutte
la Chapelle-devant-Bruyères
Corcieux
Anould
Ribeauvillé
Kaysersberg
Herpelmont
Granges-s-V.
Xonrupt-Longemer
Turckheim
COLMAR
le Tholy
Gérardmer
Éguisheim
Biesheim
Munster
Mittlach
Ste-Croix-en-Plaine
Saulxures-s-Moselotte
la Bresse
Ranspach
Kruth
Geishouse
Guebwiller
Issenheim
Bussang
Fresse-s-M.
St-Maurice-s-M.
Moosch
Wattwiller
BANTENHEIM
Thann
Cernay
Masevaux
Fresse
Mélisey
Guewenheim
MULHOUSE
Lachapelle-s/s-Rougemont
Heimsbrunn
Burnhaupt-le-Haut
LA PORTE D'ALSACE
Altkirch
BELFORT
BASEL
Seppois-le-Bas
Montbéliard
Mandeure
St-Hippolyte
A 4
A 65
A 35
A 5
A 36
A 3
D 1063
N 4
N 59
D 415
N 83
N 66
D 417
N 19
D 438
RHIN
Sarre
Meurthe

BASSEMBERG

67220 – **315** H7 – 273 h. – alt. 280
Paris 432 – Barr 21 – St-Dié 35 – Sélestat 19

Campéole Le Giessen de déb. avr. à mi-sept.
03 88 58 98 14, *giessen@campeole.com*,
Fax 03 88 57 02 33, *www.camping-vosges.net*
4 ha (175 empl.) plat, herbeux
Tarif : 20,90€ (6A) – pers. suppl. 6,30€
Location : (Prix 2011) (permanent) – 32 – 20 . Nuitée 50 à 112€ – Sem. 504 à 784€
borne artisanale 4,80€
Pour s'y rendre : rte de Villé (sortie nord-est sur D 39, au bord du Giessen)
À savoir : près d'un complexe aquatique

Nature :
Loisirs : **diurne**
Services :
À prox. : skate-park

Longitude : 7.31207
Latitude : 48.35158

BIESHEIM

68600 – **315** J8 – 2 299 h. – alt. 189
Paris 520 – Strasbourg 85 – Freiburg-im-Breisgau 37 – Basel 68

Intercommunal l'Ile du Rhin
03 89 72 57 95, *camping@paysdebrisach.fr*,
Fax 03 89 72 14 21, *www.campingiledurhin.com*
3 ha (251 empl.) plat et peu incliné, herbeux
Location : – 14 .
Pour s'y rendre : zone touristique de l' Île du Rhin (5 km à l'est par N 415, rte de Fribourg)
À savoir : site et cadre agréables entre le Rhin et le canal d'Alsace

Nature :
Loisirs : snack diurne
Services : laverie
À prox. : ski nautique, port de plaisance

Longitude : 7.54519
Latitude : 48.03858

BURNHAUPT-LE-HAUT

68520 – **315** G10 – 1 598 h. – alt. 300
Paris 454 – Altkirch 16 – Belfort 32 – Mulhouse 17

Les Castors de déb. avr. à fin oct.
03 89 48 78 58, *camping.les.castors@wanadoo.fr*,
Fax 03 89 62 74 66, *www.camping-les-castors.fr*
2,5 ha (135 empl.) plat, herbeux
Tarif : (Prix 2011) 17,20€ (10A) – pers. suppl. 4,20€ – frais de réservation 15€
Location : (Prix 2011) (de déb. avr. à fin oct.) – 3 . Nuitée 60 à 93€ – Sem. 340 à 650€ – frais de réservation 50€
Pour s'y rendre : 4 rte de Guewenheim (2,5 km au nord-ouest par D 466)
À savoir : cadre champêtre en bordure de rivière et d'un étang

Nature :
Loisirs :
Services : laverie

Longitude : 7.13038
Latitude : 47.74409

CERNAY

68700 – **315** H10 – 11 118 h. – alt. 275
1, rue Latouche 03 89 75 50 35
Paris 461 – Altkirch 26 – Belfort 39 – Colmar 37

Les Acacias de déb. avr. à fin sept.
03 89 75 56 97, *campoland.cernay@orange.fr*,
Fax 03 89 39 72 29, *www.camping-les-acacias.fr*
3,5 ha (204 empl.) plat, herbeux
Tarif : (Prix 2011) 16,30€ (5A) – pers. suppl. 3,70€
borne artisanale
Pour s'y rendre : 16 r. René Guibert (sortie rte de Belfort puis à dr. apr. le pont, au bord de la Thur)

Nature :
Loisirs :
Services :
À prox. : (découverte en saison) poneys

Longitude : 7.17153
Latitude : 47.80314

COLMAR

68000 – **315** I8 – 66 560 h. – alt. 194
4, rue d'Unterlinden ✆ 0389206892
Paris 450 – Basel 68 – Freiburg 51 – Nancy 140

L'Ill de déb. mars à déb. janv.
✆ 0389411594, *camping@agglo-colmar.fr*, Fax 0389411594, *www.campingdelill.com*
2,2 ha (200 empl.) plat et terrasses, herbeux
Tarif : 18,20€ – pers. suppl. 3,70€
Pour s'y rendre : 2 km à l'est par N 415, rte de Fribourg, au bord de l'Ill

Nature :
Loisirs : snack
Services :

Longitude : 7.38611
Latitude : 48.08278

DAMBACH-LA-VILLE

67650 – **315** I7 – 1 924 h. – alt. 210
11, place du Marché ✆ 0388926100
Paris 443 – Barr 17 – Obernai 24 – Saverne 61

L'Ours saison
✆ 0388924609, *alavignette@orange.fr*
1,8 ha (120 empl.) plat, herbeux
Tarif : (Prix 2011) 7,50€ – 2,10€
Pour s'y rendre : 2 r. du stade (1,2 km à l'est par D 210, rte d'Ebersheim et chemin à gauche)
À savoir : cadre ombragé

Nature :
Services :
À prox. :

Longitude : 7.44142
Latitude : 48.32318

Donnez-nous votre avis sur les terrains que nous recommandons. Faites-nous connaître vos observations et vos découvertes par mail à l'adresse : leguidecampingfrance@tp.michelin.com.

ÉGUISHEIM

68420 – **315** H8 – 1 572 h. – alt. 210
22a, Grand'Rue ✆ 0389234033
Paris 452 – Belfort 68 – Colmar 7 – Gérardmer 52

Des Trois Châteaux de fin mars à fin déc.
✆ 0389231939, *camping.eguisheim@orange.fr*, Fax 0389241019, *www.eguisheimcamping.fr*
2 ha (121 empl.) plat et peu incliné, herbeux, gravier
Tarif : (Prix 2011) 17€ (6A) – pers. suppl. 4€ – frais de réservation 6€
Location : (Prix 2011) (de fin mars à fin déc.) – 8 . Nuitée 40 à 300€ – Sem. 90 à 630€ – frais de réservation 6€
Pour s'y rendre : 10 r. du Bassin (à l'ouest)
À savoir : situation agréable près du vignoble

Nature :
Services :

Longitude : 7.3003
Latitude : 48.04272

GEISHOUSE

68690 – **315** G9 – 481 h. – alt. 730
Paris 467 – Belfort 53 – Bussang 23 – Colmar 55

Au Relais du Grand Ballon Permanent
✆ 0389823047, *aurelaisgeishouse@wanadoo.fr*, *www.aurelaisdugrandballon.com* – places limitées pour le passage
0,3 ha (24 empl.) plat herbeux
Tarif : 17,90€ (10A) – pers. suppl. 4,40€
Location : (permanent) – 4 . Nuitée 50 à 60€ – Sem. 310 à 420€
Pour s'y rendre : 17 Grand-Rue (sortie sud)

Nature :
Loisirs :
Services : laverie

Longitude : 7.05865
Latitude : 47.88061

GUEWENHEIM

68116 – **315** G10 – 1 191 h. – alt. 323
Paris 458 – Altkirch 23 – Belfort 36 – Mulhouse 21

La Doller de déb. avr. à fin oct.
03 89 82 56 90, *campeurs-doller@wanadoo.fr*, Fax 03 89 82 82 31, *www.campingdoller.com*
0,8 ha (40 empl.) plat, herbeux
Tarif : 4€ 3,50€ – (6A) 3,50€
Location : (permanent) – 6 . Nuitée 75€ – Sem. 500€
borne artisanale – 5 11,50€ – 11€
Pour s'y rendre : r. du Cdt Charpy (1 km au nord par D 34, rte de Thann et chemin à dr., au bord de la Doller)
À savoir : ambiance familiale dans un cadre verdoyant et fleuri

Nature :
Loisirs :
Services :
À prox. :

Longitude : 7.09827
Latitude : 47.75597

HEIMSBRUNN

68990 – **315** H10 – 1 419 h. – alt. 280
Paris 456 – Altkirch 14 – Basel 50 – Belfort 34

Parc la Chaumière Permanent
03 89 81 93 43, *reception@camping-lachaumiere.com*, Fax 03 89 81 93 43, *www.camping-lachaumiere.com* – places limitées pour le passage
1 ha (66 empl.) plat, herbeux, gravillons
Tarif : 13,50€ (10A) – pers. suppl. 3,50€
Location : (permanent) – 5 – 1 . Nuitée 35€ – Sem. 250 à 490€
borne artisanale 4€ – 4 10,50€ – 8.50€
Pour s'y rendre : 62 r. de Galfingue (sortie sud par D 19, rte d'Altkirch)
À savoir : dans un agréable cadre arbustif

Nature :
Loisirs : (petite piscine)
Services :

Longitude : 7.22611
Latitude : 47.72163

LE HOHWALD

67140 – **315** H6 – 480 h. – alt. 570 – Sports d'hiver : 600/1 100 m 1
square Kuntz 03 88 08 33 92
Paris 430 – Lunéville 89 – Molsheim 33 – St-Dié 46

Municipal Permanent
03 88 08 30 90, *lecamping.herrenhaus@orange.fr*, Fax 03 88 08 30 90 – alt. 615
2 ha (100 empl.) fort dénivelé, en terrasses, herbeux, gravillons
Tarif : (Prix 2011) 3,70€ 1,80€ 2,20€ – (6A) 4,20€
Pour s'y rendre : 28 r. du Herrenhaus (sortie ouest par D 425, rte de Villé)
À savoir : à la lisière d'une forêt

Nature :
Loisirs : parcours sportif
Services :

Longitude : 7.32548
Latitude : 48.40491

ISSENHEIM

68500 – **315** H9 – 3 418 h. – alt. 245
Paris 487 – Strasbourg 98 – Colmar 24 – Mulhouse 22

Le Florival de mi-avr. à mi-oct.
03 89 74 20 47, *contact@camping-leflorival.com*, Fax 03 89 81 10 00, *www.camping-leflorival.com*
3,5 ha (85 empl.) plat, pierreux, herbeux
Tarif : (Prix 2011) 13,70€ (10A) – pers. suppl. 3,70€
Location : (Prix 2011) (de mi-avr. à mi-oct.) – 20 . Nuitée 49 à 59€ – Sem. 257 à 450€
borne autre
Pour s'y rendre : rte de Soultz (2,5 km au sud-est par D 430, rte de Mulhouse et D 5 à gauche, rte d'Issenheim)

Nature :
Loisirs :
Services : laverie
À prox. :

Longitude : 7.23879
Latitude : 47.90014

KAYSERSBERG

68240 – **315** H8 – 2 720 h. – alt. 242
39, rue du Gal-de-Gaulle *03 89 78 22 78*
Paris 438 – Colmar 12 – Gérardmer 46 – Guebwiller 35

Municipal de déb. avr. à fin sept.
03 89 47 14 47, *camping@ville-kaysersberg.fr*,
Fax 03 89 47 14 47, *www.ville-kaysersberg.fr*
(de déb. juil. à fin août)
1,6 ha (120 empl.) plat, herbeux
Tarif : 18,35€ (13A) – pers. suppl. 4€
Pour s'y rendre : r. des Acacias (sortie nord-ouest par N 415, rte de St-Dié et à droite, au bord de la Weiss)

Nature :
Loisirs :
Services : laverie

Longitude : 7.25234
Latitude : 48.14847

Ne pas confondre :
... à ... : appréciation ***MICHELIN***
et
★ ... à ... ★★★★★ : classement officiel

KRUTH

68820 – **315** F9 – 1 019 h. – alt. 498
Paris 453 – Colmar 63 – Épinal 68 – Gérardmer 31

Le Schlossberg de déb. avr. à déb. oct.
03 89 82 26 76, *info@schlossberg.fr*,
Fax 03 89 82 20 17, *www.schlossberg.fr*
5,2 ha (200 empl.) peu incliné, terrasse, herbeux
Tarif : 16,20€ (6A) – pers. suppl. 4,50€ – frais de réservation 10€
Location : (permanent) – 9 . Nuitée 71€ – Sem. 580€ – frais de réservation 10€
Pour s'y rendre : rue du Bourbaach (2,3 km au nord-ouest par D 13b, rte de La Bresse et rte à gauche, au bord de la Bourbach)
À savoir : site agréable au coeur du Parc des Ballons

Nature :
Loisirs :
Services : laverie

Longitude : 6.9546
Latitude : 47.94535

LAUTERBOURG

67630 – **315** N3 – 2 216 h. – alt. 115
21, rue de la 1ère Armée *03 88 94 66 10*
Paris 519 – Haguenau 40 – Karlsruhe 22 – Strasbourg 63

Municipal des Mouettes de mi-mars à mi-nov.
03 88 54 68 60, *camping-lauterbourg@wanadoo.fr*,
Fax 03 88 54 68 60 – places limitées pour le passage
2,7 ha (136 empl.) plat, herbeux
Tarif : (Prix 2011) 3,70€ 3,70€ 3,70€ – 3,60€
Pour s'y rendre : 1,5 km au sud-ouest par D 3 et chemin à gauche, à 100 m d'un plan d'eau (accès direct)

Loisirs : snack
Services :
À prox. :

Longitude : 8.17723
Latitude : 48.97462

LIEPVRE

68660 – **315** H7 – 1 741 h. – alt. 272
Paris 428 – Colmar 35 – Ribeauvillé 27 – St-Dié-des-Vosges 31

Haut-Koenigsbourg de mi-mars à mi-oct.
03 89 58 43 20, *camping.haut-koenigsbourg@orange.fr*, Fax 03 89 58 98 29, *www.liepvre.fr/camping*
1 ha (77 empl.) plat et peu incliné, herbeux
Tarif : 15,70€ (8A) – pers. suppl. 4€
Location : (de mi-mars à mi-oct.) – 6 . Nuitée 60 à 95€ – Sem. 150 à 575€
Pour s'y rendre : rte de La Vancelle (900 m à l'est par C 1 rte de la Vancelle)
À savoir : entrée bordée par un séquoia centenaire

Nature :
Loisirs :
Services :

Longitude : 7.2903
Latitude : 48.27303

MASEVAUX

68290 – **315** F10 – 3 234 h. – alt. 425
1, place Gayardon ✆ 0389824199
Paris 440 – Altkirch 32 – Belfort 24 – Colmar 57

Le Masevaux de déb. mars à mi-oct.
✆ 0389821229, *contact@camping-masevaux.com*, Fax 0389824229, *www.camping-masevaux.com*
3,5 ha (149 empl.) plat, herbeux
Tarif : 17,30€ (6A) – pers. suppl. 4,20€
Pour s'y rendre : 3 r. du Stade (au bord de la Doller)
À savoir : agréable cadre boisé et fleuri

Nature :
Loisirs : snack
Services : laverie
À prox. : terrain multisports

Longitude : 6.99374
Latitude : 47.77634

MITTLACH

68380 – **315** G8 – 314 h. – alt. 550
Paris 467 – Colmar 28 – Gérardmer 42 – Guebwiller 44

Municipal Langenwasen de mi-avr. à mi-oct.
✆ 0389776377, *mairiemittlach@wanadoo.fr*, Fax 0389777436, *www.mittlach.fr* – alt. 620
3 ha (150 empl.) peu incliné, plat et terrasses, herbeux, gravier
Tarif : (Prix 2011) 3,30€ 1,15€ 2,50€ – (10A) 6€
Location : (Prix 2011) (de mi-avr. à mi-oct.) – 1 studio.
Pour s'y rendre : chemin du Camping (3 km au sud-ouest, au bord d'un ruisseau)
À savoir : site boisé au fond d'une vallée

Nature :
Loisirs :
Services : (juil.-août)

Longitude : 7.01867
Latitude : 47.98289

MOOSCH

68690 – **315** G9 – 1 815 h. – alt. 390
Paris 463 – Colmar 51 – Gérardmer 42 – Mulhouse 28

La Mine d'Argent de mi-avr. à mi-oct.
✆ 0389823066, *moosch@camping-la-mine-argent.com*, *www.camping-la-mine-argent.com* – places limitées pour le passage
2 ha (75 empl.) peu incliné, plat, en terrasses, herbeux
Tarif : 15,60€ (6A) – pers. suppl. 3,90€
Location : (de mi-avr. à mi-oct.) – 2 roulottes – 4 . Nuitée 25 à 37€ – Sem. 125 à 375€ – frais de réservation 16€
borne artisanale – 11.70€
Pour s'y rendre : r. de la Mine d'Argent (1,5 km au sud-ouest par r. de la Mairie, au bord d'un ruisseau)
À savoir : dans un site vallonné et verdoyant

Nature :
Loisirs :
Services : laverie

Longitude : 7.04102
Latitude : 47.8549

MULHOUSE

68100 – **315** I10 – 111 394 h. – alt. 240
9, avenue du Maréchal Foch ✆ 0389354848
Paris 465 – Basel 34 – Belfort 43 – Besançon 130

L'Ill de déb. avr. à mi-oct.
✆ 0389062066, *campingdelill@wanadoo.fr*, Fax 0389611834, *www.camping-de-lill.com*
5 ha (210 empl.) plat, herbeux
Tarif : (Prix 2011) 19,45€ (10A) – pers. suppl. 5€ – frais de réservation 5€
Location : (Prix 2011) (de déb. avr. à mi-oct.) – 8 . Sem. 320 à 550€ – frais de réservation 15€
borne eurorelais 5€ – 16 19,45€
Pour s'y rendre : 1 r. Pierre de Coubertin (au sud-ouest, par autoroute A 36, sortie Dornach)
À savoir : cadre boisé en bordure de rivière

Nature :
Loisirs :
Services :
À prox. : patinoire pistes de bi-cross et skate-board

Longitude : 7.32283
Latitude : 47.73424

MUNSTER

68140 – **315** G8 – 4 990 h. – alt. 400
1, rue du Couvent *03 89 77 31 80*
Paris 458 – Colmar 19 – Gérardmer 34 – Guebwiller 40

Village Center Le Parc de la Fecht

03 89 77 31 80 is the tourist office; camp: 0825 00 20 30, *resa@village-center.com*,
Fax 04 67 51 63 89, *www.village-center.fr*
4 ha (260 empl.) plat, herbeux
Tarif : (Prix 2011) 16€ – (10A) – pers. suppl. 4€

Location : (Prix 2011) (de mi-juin à mi-sept.) – 81 . Nuitée 34 à 96€ – Sem. 167 à 672€ – frais de réservation 30€

Pour s'y rendre : rte de Gunsbach (1 km à l'est par D 10, rte de Turckheim)

À savoir : cadre boisé, au bord de la Fecht

Nature :
Loisirs :
Services :
À prox. :

Longitude : 7.15586
Latitude : 48.04464

OBERBRONN

67110 – **315** J3 – 1 526 h. – alt. 260
Paris 460 – Bitche 25 – Haguenau 24 – Saverne 36

L'Oasis de déb. avr. à fin oct.

03 88 09 71 96, *oasis.oberbronn@laregie.fr*,
Fax 03 88 09 97 87, *www.oasis-alsace.com*
2,5 ha (148 empl.) plat et peu incliné, herbeux, pierreux
Tarif : (Prix 2011) 4,40€ 2,20€ 4,05€ – 4,30€

Location : (Prix 2011) (fermé en janv.) – 28 – 11 huttes, 1 gîte d'étape. Nuitée 22 à 95€ – Sem. 207 à 635€

borne eurorelais – 7

Pour s'y rendre : 3 r. du Frohret (1,5 km au sud par D 28, rte d'Ingwiller et chemin à gauche)

À savoir : à la lisière d'une forêt

Nature :
Loisirs : snack parcours sportif, centre balnéo
Services :
À prox. :

Longitude : 7.60756
Latitude : 48.94082

OBERNAI

67210 – **315** I6 – 10 947 h. – alt. 185
place du Beffroi *03 88 95 64 13*
Paris 488 – Colmar 50 – Erstein 15 – Molsheim 12

Municipal le Vallon de l'Ehn Permanent

03 88 95 38 48, *camping@obernai.fr*,
Fax 03 88 48 31 47, *www.obernai.fr*
3 ha (150 empl.) plat, peu incliné, herbeux
Tarif : 4,30€ 5,50€ – (16A) 4€

borne eurorelais 2€

Pour s'y rendre : 1 r. de Berlin (sortie ouest par D 426, rte d'Ottrott, pour caravanes : accès conseillé par rocade au sud de la ville)

Nature :
Loisirs :
Services : laverie
À prox. : (centre équestre) parc public

Longitude : 7.46773
Latitude : 48.46445

RANSPACH

68470 – **315** G9 – 853 h. – alt. 430
Paris 459 – Belfort 54 – Bussang 15 – Gérardmer 38

Les Bouleaux Permanent

03 89 82 64 70, *contact@alsace-camping.com*,
Fax 03 89 39 14 17, *www.alsace-camping.com*
1,75 ha (100 empl.) plat, herbeux
Tarif : 22,90€ (6A) – pers. suppl. 5€ – frais de réservation 8€

Location : (permanent) – 1 roulotte – 25 . Nuitée 45 à 90€ – Sem. 265 à 728€ – frais de réservation 8€

borne artisanale 3,50€ – 2 22,90€

Pour s'y rendre : 8 r. des Bouleaux (au sud du bourg par N 66)

Nature :
Loisirs : snack
Services : laverie

Longitude : 7.01037
Latitude : 47.88085

RHINAU

67860 – **315** K7 – 2 613 h. – alt. 158
35, rue du Rhin *03 88 74 68 96*
Paris 525 – Marckolsheim 26 – Molsheim 38 – Obernai 28

Ferme des Tuileries de déb. avr. à fin sept.
03 88 74 60 45, *camping.fermetuileries@neuf.fr*,
Fax 03 88 74 85 35, *www.fermedestuileries.com* –
4 ha (150 empl.) plat, herbeux
Tarif : 3,80€ 3,80€ – (6A) 3,20€
Location : (de déb. avr. à fin déc.) – 5 . Nuitée 85€ – Sem. 600€
borne artisanale 2€
Pour s'y rendre : 1 r. des Tuileries (sortie nord-ouest, rte de Benfeld)

Nature :
Loisirs : snack (plan d'eau)
Services : laverie

Longitude : 7.6986
Latitude : 48.32224

RIBEAUVILLÉ

68150 – **315** H7 – 4 916 h. – alt. 240
Paris 439 – Colmar 16 – Gérardmer 56 – Mulhouse 60

Municipal Pierre-de-Coubertin de mi-mars à mi-nov.
03 89 73 66 71, *camping.ribeauville@wanadoo.fr*, *www.camping-alsace.com/-camping-pierre-de-coubertin-ribeauville-.html* –
3,5 ha (260 empl.) plat, herbeux
Tarif : 4€ 5€ – (16A) 3,50€
borne artisanale – 18
Pour s'y rendre : 23 r. de Landau (sortie est par D 106 puis r. à gauche)

Nature :
Loisirs :
Services : sèche-linge
À prox. :

Longitude : 7.336
Latitude : 48.195

ROMBACH-LE-FRANC

68660 – **315** H7 – 905 h. – alt. 290
Paris 431 – Colmar 38 – Ribeauvillé 30 – St-Dié 34

Municipal les Bouleaux de mi-mai à mi-oct.
03 89 58 41 56, *camping.rombach@calixo.net*,
Fax 03 89 58 93 21, *www.valdargent.com/camping-rombach-les-bouleaux.htm* – croisement difficile pour caravanes
1,3 ha (50 empl.) non clos, plat et peu incliné, herbeux
Tarif : (Prix 2011) 2,50€ 1,75€ 1,75€ – (8A) 1,90€
Location : (Prix 2011) (permanent) – 5 . Sem. 260 à 385€
3 2,95€
Pour s'y rendre : rte de la Hingrie (1,5 km au nord-ouest)
À savoir : dans un vallon entouré de sapins et traversé par un ruisseau

Nature :
Loisirs :
Services :

Longitude : 7.2402
Latitude : 48.2877

ST-PIERRE

67140 – **315** I6 – 594 h. – alt. 179
Paris 498 – Barr 4 – Erstein 21 – Obernai 12

Les Reflets de St-Pierre de déb. avr. à fin oct.
03 89 58 64 31, *reflets@calixo.net*, Fax 03 89 58 64 31
0,6 ha (47 empl.) plat, herbeux
Tarif : 5,20€ 4,20€ – (5A) 3,30€ – frais de réservation 15€
borne artisanale
Pour s'y rendre : r. de l'Eglise (au bourg, derrière l'église, au bord du Muttlbach)

Nature :
Loisirs :
À prox. :

Longitude : 7.47197
Latitude : 48.3827

STE-CROIX-EN-PLAINE

68127 – **315** I8 – 2 552 h. – alt. 192
Paris 471 – Belfort 78 – Colmar 10 – Freiburg-im-Breisgau 49

Clairvacances de déb. avr. à mi-oct.
03 89 49 27 28, *clairvacances@orange.fr*, *www.clairvacances.com*
4 ha (135 empl.) plat, herbeux
Tarif : (Prix 2011) 25€ (16A) – pers. suppl. 7,50€ – frais de réservation 10€
Location : (Prix 2011) (de déb. avr. à mi-oct.) – 11 . Nuitée 45 à 300€ – Sem. 135 à 710€
À savoir : agréable décoration arbustive

Nature :
Loisirs :
Services : laverie

Longitude : 7.35289
Latitude : 48.01454

SAVERNE

67700 – **315** I4 – 11 966 h. – alt. 200
37, Grand'Rue 03 88 91 80 47
Paris 450 – Lunéville 88 – St-Avold 89 – Sarreguemines 65

Municipal de déb. avr. à fin sept.
03 88 91 35 65, *accueil@campingsaverne.com*, Fax 03 88 91 35 65, *www.campingsaverne.com*
2,1 ha (145 empl.) peu incliné, plat, herbeux
Tarif : (Prix 2011) 18,10€ (16A) – pers. suppl. 3,70€
borne artisanale
Pour s'y rendre : r. Knoepffler (1,3 km au sud-ouest par D 171)

Nature :
Loisirs :
Services : laverie
À prox. : poneys (centre équestre)

Longitude : 7.3559
Latitude : 48.73228

Renouvelez votre guide chaque année.

SÉLESTAT

67600 – **315** I7 – 19 303 h. – alt. 170
boulevard Leclerc 03 88 58 87 20
Paris 441 – Colmar 24 – Gérardmer 65 – St-Dié 44

Municipal les Cigognes de déb. avr. à mi-oct.
03 88 92 03 98, *camping-selestat@orange.fr*, Fax 03 88 92 17 64, *www.selestat-tourisme.com ou http://camping-selestat.monsite-orange.fr*
0,7 ha (48 empl.) plat, herbeux
Tarif : (Prix 2011) 17€ (5A) – pers. suppl. 4,40€
Pour s'y rendre : 1 r. de la 1ère Division France Libre

Nature :
Services :
À prox. :

Longitude : 7.44828
Latitude : 48.25444

SEPPOIS-LE-BAS

68580 – **315** H11 – 1 080 h. – alt. 390
Paris 454 – Altkirch 13 – Basel 42 – Belfort 38

Village Center Les Lupins de mi-avr. à mi-sept.
03 89 25 65 37, *dirlupins@village-center.com*, Fax 03 89 25 54 92, *www.village-center.com*
3,5 ha (158 empl.) plat, terrasses, herbeux
Tarif : (Prix 2011) 16€ (6A) – pers. suppl. 5€
Location : (Prix 2011) (de mi-avr. à mi-sept.) – 1 – 10 . Nuitée 37 à 96€ – Sem. 259 à 672€ – frais de réservation 30€
4
Pour s'y rendre : 1 r. de la gare (sortie nord-est par D 17 2, rte d'Altkirch)
À savoir : sur le site verdoyant de l'ancienne gare

Nature :
Loisirs :
Services : laverie
À prox. :

Longitude : 7.18
Latitude : 47.53912

STRASBOURG

67000 – **315** K5 – 272 123 h. – alt. 143
Paris 488 – Stuttgart 160 – Baden-Baden 63 – Karlsruhe 87

La Montagne Verte Permanent
03 88 30 25 46, *contact@aquadis-loisirs.com*,
Fax 03 86 37 95 83, *www.aquadis-loisirs.com*
2,5 ha (190 empl.) plat, herbeux
Tarif : 13,80€
15
Pour s'y rendre : 2 r. Robert Forrer

Nature :
Loisirs : snack
Services :
laverie
À prox. :

Longitude : 7.71441
Latitude : 48.57537

TURCKHEIM

68230 – **315** H8 – 3 731 h. – alt. 225
Corps de Garde 03 89 27 38 44
Paris 471 – Colmar 7 – Gérardmer 47 – Munster 14

Les Cigognes de déb. juil. à fin sept.
03 89 27 02 00, *municipc@calixo.net*,
www.camping-turckheim.com –
2,5 ha (117 empl.) plat, herbeux
Tarif : (Prix 2011) 17,60€ (10A) – pers. suppl. 3,60€
borne artisanale 5,40€ – 10€
Pour s'y rendre : à l'ouest du bourg, derrière le stade - accès par chemin entre le passage à niveau et le pont
À savoir : au bord d'un petit canal et près de la Fecht

Nature :
Loisirs :
Services :
laverie
À prox. :

Longitude : 7.27144
Latitude : 48.08463

Créez votre voyage en ligne sur ***Voyage.ViaMichelin.fr***

WASSELONNE

67310 – **315** I5 – 5 571 h. – alt. 220
22, place du Général Leclerc 03 88 59 12 00
Paris 464 – Haguenau 42 – Molsheim 15 – Saverne 15

Municipal de mi-avr. à mi-oct.
03 88 87 00 08, *camping-wasselonne@wanadoo.fr*,
Fax 03 88 68 48 90, *www.camping-wasselonne.com/*
1,5 ha (100 empl.) en terrasses, herbeux
Tarif : (Prix 2011) 15,20€ (8A) – pers. suppl. 4€
Location : (Prix 2011) (permanent) – 12 . Sem. 290 à 445€
borne eurorelais 2€ – 10 7,90€
Pour s'y rendre : r. des Sapins (1 km à l'ouest par D 224, rte de Wangenbourg)
À savoir : dans l'enceinte du centre de loisirs

Nature :
Loisirs :
Services : laverie
À prox. :

Longitude : 7.44869
Latitude : 48.63691

WATTWILLER

68700 – **315** H10 – 1 721 h. – alt. 356
Paris 478 – Strasbourg 116 – Freiburg-im-Breisgau 81 – Basel 56

Les Sources – de déb. avr. à fin sept.
03 89 75 44 94, *camping.les.sources@wanadoo.fr*,
Fax 03 89 75 71 98, *www.camping-les-sources.com*
15 ha (360 empl.) en terrasses, pierreux, gravier
Tarif : 30€ (6A) – pers. suppl. 7€ – frais de réservation 10€
Location : (de déb. avr. à fin oct.) – 80 – 20 . Nuitée 50 à 110€ – Sem. 300 à 770€ – frais de réservation 10€
borne artisanale 3€ – 10 15€
Pour s'y rendre : rte des Crêtes

Nature :
Loisirs : pizzeria diurne
Services : laverie
À prox. : poneys

Longitude : 7.16736
Latitude : 47.83675

S. Sauvignier/Michelin

AQUITAINE

S. Sauvignier/Michelin

Bienvenue en Aquitaine, immuable terre d'accueil où déjà l'homme préhistorique avait élu domicile. La région se compose d'une mosaïque de paysages, mais tous ses habitants partagent le même sens de l'hospitalité. Après une visite aux maîtres ès foies gras et confits du Périgord et du Quercy, suivie d'un crochet par le Bordelais, ses châteaux et son vignoble si justement réputé, direction la Côte d'Argent, ses surfeurs, ses bars à tapas et ses amateurs de rugby ou de corridas élevés au gâteau basque et au piment d'Espelette... On cultive ici le goût du défi et de la fête, comme en témoignent ces paisibles villages préparant derrière leurs façades à colombages et volets rouges de fougueuses réjouissances où danses, jeux et chants célèbrent l'identité d'un peuple aux traditions toujours vivantes.

Aquitaine has welcomed mankind throughout the ages. Its varied mosaic of landscapes is as distinctive as its inhabitants' hospitality and good humour: a quick stop to buy confit of goose can easily lead to an invitation to look around the farm! No stay in Aquitaine would be complete without visiting at least one of Bordeaux' renowned vineyards. Afterwards head for the « Silver Coast », loved by surfers and rugby fans alike, have a drink in a tapas bar or even take ringside seats for a bullfight! This rugged, sunny land between the Pyrenees and the Atlantic remains fiercely proud of its identity: spend a little time in a sleepy Basque village and you'll soon discover that, at the first flourish of the region's colours, red and green, the locals still celebrate their traditions in truly vigorous style.

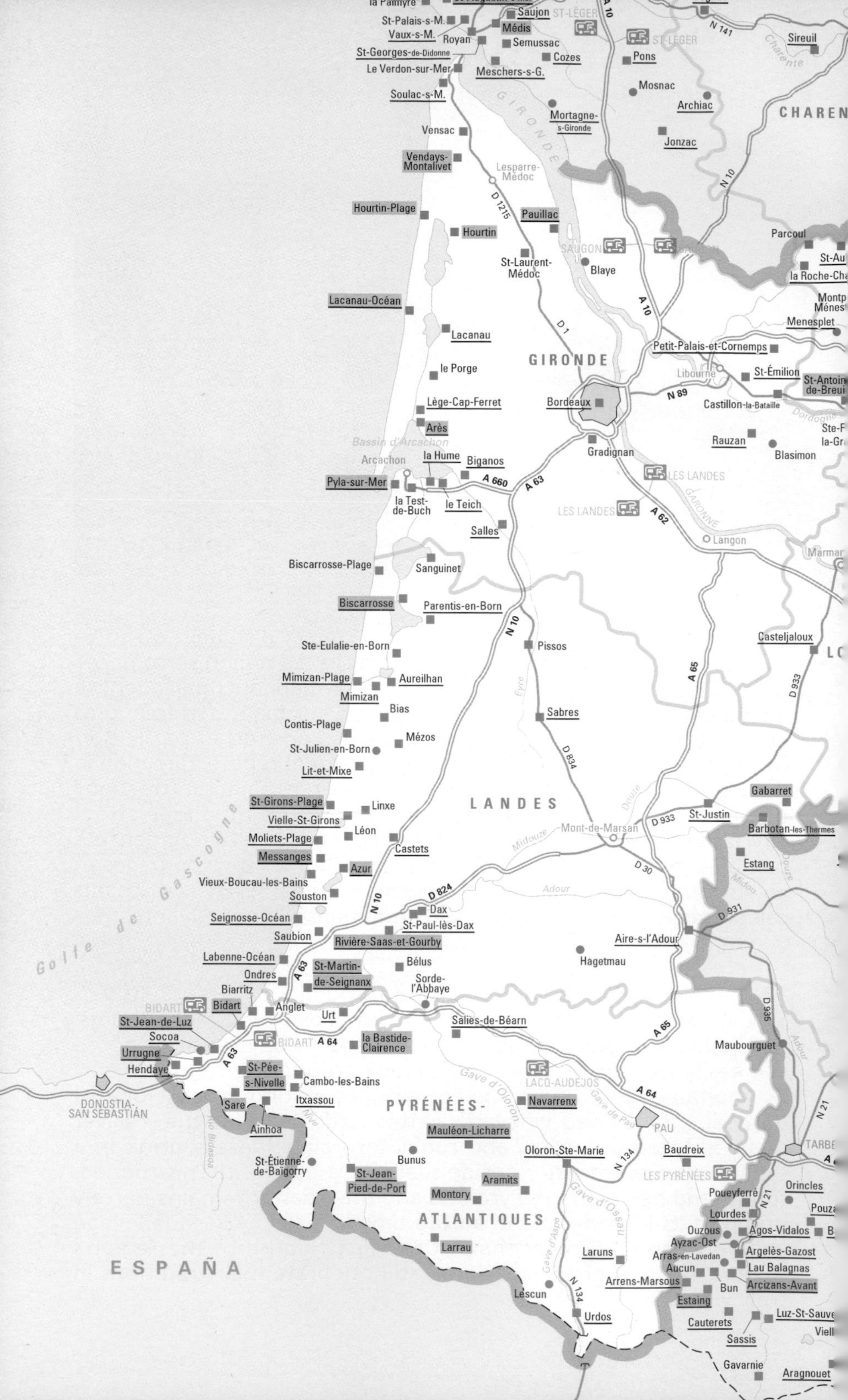

la Palmyre
Saujon
ST-LÉGER
St-Palais-s-M.
Médis
Vaux-s-M.
Royan
Semussac
St-Georges-de-Didonne
Cozes
Pons
Sireuil
Le Verdon-sur-Mer
Meschers-s-G.
Mosnac
Soulac-s-M.
Archiac
Mortagne-s-Gironde
CHAREN
Vensac
Jonzac
Vendays-Montalivet
Lesparre-Médoc
Hourtin-Plage
Pauillac
Hourtin
Parcoul
SAUGON
St-Laurent-Médoc
Blaye
la Roche-Cha
Lacanau-Océan
Menesplet
Lacanau
Petit-Palais-et-Cornemps
GIRONDE
le Porge
Libourne
St-Émilion
St-Antoin de-Breui
Lège-Cap-Ferret
Bordeaux
Castillon-la-Bataille
Arès
Bassin d'Arcachon
Gradignan
Rauzan
Blasimon
Arcachon
la Hume
Biganos
Pyla-sur-Mer
LES LANDES
la Test-de-Buch
le Teich
Salles
Langon
Biscarrosse-Plage
Sanguinet
Marmar
Biscarrosse
Parentis-en-Born
Pissos
Ste-Eulalie-en-Born
Casteljaloux
Mimizan-Plage
Aureilhan
Mimizan
Bias
Contis-Plage
Sabres
St-Julien-en-Born
Mézos
Lit-et-Mixe
Gabarret
St-Girons-Plage
Linxe
LANDES
Vielle-St-Girons
St-Justin
Léon
Mont-de-Marsan
Barbotan-les-Thermes
Moliets-Plage
Castets
Messanges
Estang
Azur
Vieux-Boucau-les-Bains
Golfe de Gascogne
Souston
Dax
Seignosse-Océan
St-Paul-lès-Dax
Saubion
Rivière-Saas-et-Gourby
Aire-s-l'Adour
Labenne-Océan
Hagetmau
Bélus
Ondres
St-Martin-de-Seignanx
Biarritz
Sorde-l'Abbaye
BIDART
Bidart
Anglet
St-Jean-de-Luz
Urt
Salies-de-Béarn
Socoa
la Bastide-Clairence
Maubourguet
Urrugne
Hendaye
St-Pée-s-Nivelle
Cambo-les-Bains
LACQ-AUDEJOS
DONOSTIA-SAN SEBASTIÁN
Sare
Itxassou
Navarrenx
PYRÉNÉES-
Ainhoa
Mauléon-Licharre
PAU
TARBE
St-Étienne-de-Baïgorry
Bunus
Oloron-Ste-Marie
Baudreix
St-Jean-Pied-de-Port
Aramits
LES PYRÉNÉES
Orincles
Montory
Poueyferré
ATLANTIQUES
Lourdes
Ouzous
Agos-Vidalos
Larrau
Ayzac-Ost
Argelès-Gazost
Laruns
Arras-en-Lavedan
Aucun
Lau Balagnas
ESPAÑA
Arrens-Marsous
Bun
Arcizans-Avant
Lescun
Estaing
Urdos
Cauterets
Luz-St-Sauve
Sassis
Gavarnie
Aragnouet
A 10
N 141
N 10
D 1215
D 1
N 89
A 63
A 660
A 62
A 65
D 933
D 834
D 824
D 30
D 931
D 935
A 64
N 134
N 21
Charente
GIRONDE
Dordogne
GARONNE
Eyre
Douze
Midouze
Adour
Midou
Gave d'Oloron
Gave de Pau
Gave d'Ossau
Gave d'Aspe
Nive
Rio Bidasoa

Localité citée avec camping
Localité citée avec camping et locatif
Vannes Localité disposant d'un camping avec aire de services camping-car
Moyaux Localité disposant d'au moins un terrain agréable
Aire de service pour camping-car sur autoroute
HAUTE - VIENNE
Montbron
St-Hilaire-les-Places
Nexon
Châteauneuf-la-Forêt
Bussière-Galant
Ladignac-le-Long
St-Germain-les-Belles
Chamberet
Murat-le-Quaire
La Bourboule
Le Mont-Dore
Tauves
Ussel
Singles
Chambon-s-Lac
St-Saud-Lacoussière
Mialet
St-Yrieix-la-Perche
Treignac
Nontron
Masseret
Uzerche
Vieux-Mareuil
Angoisse
Thiviers
St-Pardoux-Corbiar
Lanouaille
Brantôme
Vigeois
Seilhac
Tocane-St-Apre
Antonne-et-Trigonant
Hautefort
Objat
Cornille
St-Antoine-d'Auberoche
Donzenac
Peyrignac
Terrasson-Lavilledieu
Périgueux
Atur
Aubazines
Thenon
Brive-la-Gaillarde
Beynat
Mauriac
Auriac
Pleaux
St-Martin-Valmeroux
Argentat
Montignac
Coly
Lissac-s-Couze
St-Amand-de-Coly
Reygades
CANTAL
Arnac
DORDOGNE
Sarlat-la-Canéda
Beaulieu-s-D.
Camps
St-Gérons
Puybrun
Bretenoux
Aurillac
Vic-s-Cère
Lamonzie-Montastruc
Bergerac
Girac
St-Céré
Lacam-d'Ourcet
Pers
Arpajon-s-Cère
Couze-et-St-Front
St-Mamet-la-Salvetat
Chaudes-Aigues
Gourdon
Lacapelle-del-Fraisse
Lacapelle-Marival
Pons
Laguiole
LOT
Maurs
Biron
Bagnac-s-Célé
St-Amans-des-Cots
Villeréal
Sauveterre-la-Lémance
St-Germain-du-Bel-Air
Figeac
Grand-Vabre
Entraygues-s-T.
Cassagnes
Salles
Cuzorn
Béduer
Flagnac
Conques
Sénergues
Montcabrier
Capdenac-Gare
Boisse-Penchot
Espalion
Fumel
Puy-l'Évêque
St-Pierre-Lafeuille
Vers
Castelmoron-s-Lot
Touzac
Duravel
Belaye
AVEYRON
Trentels
St-Cirq-Lapopie
Mauroux
Rignac
St-Geniez-d'Olt
Courbiac
Cahors
Rodez
Villeneuve-s-Lot
St-Pantaléon
GARONNE
Villefranche-de-Rouergue
Sévérac-l'Église
Castelnau-Montratier
Beauville
Parisot
Pont-de-Salars
Pont-du-Casse
Montpezat-de-Quercy
Cayriech
Caylus
Naucelle
Canet-de-Salars
Agen
St-Antonin-Noble-Val
Arvieu
TARN-ET-GARONNE
Caussade
Salles-Curan
Moissac
Lafrançaise
Alrance
Villefranche-de-Panat
Castelsarrasin
Mirandol-Bourgnounac
Les Cabannes
Nègrepelisse
Cordes-s-Ciel
Carmaux
le Truel
la Romieu
St-Rome-
Condom
Montauban
Castelnau-de-Montmirail
Lectoure
Lavit-de-Lomagne
Monclar-de-Quercy
ALBI
Castéra-Verduzan
Beaumont-de-Lomagne
Teillet
TARN
Roquelaure
Mirepoix
Brusque
Puysségur
Damiatte
Nages
Thoux
Lamontélarié
Auch
Mirande
St-Blancard
Boulogne-s-Gesse
Cassagnabère-Tournas
Aurignac
St-Gaudens
St-Bertrand-de-C.
Mane
Augirein
Salles-et-Pratviel
Garin
Seix
Tarascon-s-Ariège
le Trein-d'Ustou
Albiès
Luzenac
Belcaire
Bagnères-de-Luchon
Aulus-les-Bains
Aston
Sorgeat
Ax-les
Quillan
Rouffignac
Plazac
la Chapelle-Aubareil
CORRÈZE
Meyssac
St-Léon-s-Vézère
St-Geniès
PECH-MONTAT
Salvetat-Agout
le Bugue
Tursac
Salignac-Eyvigues
St-Avit-de-Vialard
Campagne
St-Crépin-et-Carlucet
Vayrac
Les Eyzies-de-Tayac
Marcillac-St-Quentin
Limeuil
Sarlat-la-Canéda
Peyrillac-et-Millac
St-Vincent-de-Cosse
Creysse
Alles-s-D.
Coux-et-Bigaroque
Beynac-et-Cazenac
Carsac-Aillac
Souillac
Castels
la Roque-Gageac
St-Julien-de-Lampon
Miers
Lacave
Badefols-s-D.
Allas-les-Mines
Vézac
Vitrac
Loupiac
Padirac
Grolejac
Thégra
le Buisson-de-Cadouin
Siorac-en-P.
Domme
Payrac
Rocamadour
Castelnaud-la-Chlle
Cénac-et-St-Julien
le Vigan
St-Avit-Sénieur
Belvès
Carlucet
St-Cybranet
St-Martial-de-Nabirat
Gourdon
DORDOGNE
Séniergues
Daglan
Monpazier
LOT
B

AGEN

47000 – **336** F4 – 33 863 h. – alt. 50
38, rue Garonne ✆ 0553473609, otsi.agen@wanadoo.fr
Paris 662 – Auch 74 – Bordeaux 141 – Pau 159

Le Moulin de Mellet de déb. avr. à fin sept.
✆ 0553875089, *moulin.mellet@wanadoo.fr*, *www.camping-moulin-mellet.com*
5 ha/3,5 campables (48 empl.) plat, herbeux, ruisseau, petit étang
Tarif : (Prix 2011) 22€ (16A) – pers. suppl. 5,95€
Location : (Prix 2011) (de déb. mars à fin oct.) – 2 – 2 . Nuitée 95€ – Sem. 220 à 660€
2 22€
Pour s'y rendre : à St Hilaire de Lusignan, rte de Prayssas (8 km au nord-ouest par D 813 (ex : N 113) et à dr. par D 107)

Nature :
Loisirs :
Services :

Longitude : 0.54188
Latitude : 44.2436

AINHOA

64250 – **342** C3 – 658 h. – alt. 130
Paris 791 – Bayonne 28 – Biarritz 29 – Cambo-les-Bains 11

Xokoan Permanent
✆ 0559299026, *etchartenea@orange.fr*, Fax 0559297382
0,6 ha (30 empl.) plat, peu incliné, herbeux
Tarif : 17,50€ (10A) – pers. suppl. 5,50€
Location : (permanent) – 2 – 6 . Nuitée 90€ – Sem. 350 à 420€
borne artisanale 14,50€ – 3 10€
Pour s'y rendre : à Dancharia (2,5 km au sud-ouest puis à gauche av. la douane, au bord d'un ruisseau (frontière))

Nature :
Loisirs :
Services : laverie
À prox. :

Longitude : -1.50369
Latitude : 43.29139

Aire Naturelle Harazpy de déb. avr. à fin sept.
✆ 0559298938, Fax 0559298938
1 ha (25 empl.) peu incliné, terrasses, herbeux
Tarif : 17,50€ (10A) – pers. suppl. 5,50€
Location : (permanent) – 1 tente – 1 gîte. Nuitée 15€ – Sem. 105€
borne artisanale 5€ – 3 14,50€
Pour s'y rendre : quartier Gastelu-Gaïna (au nord-ouest du bourg, derrière l'église)

Nature :
Loisirs :
Services : laverie

Longitude : -1.50172
Latitude : 43.3089

AIRE-SUR-L'ADOUR

40800 – **335** J12 – 6 070 h. – alt. 80
20, bis rue Carnot ✆ 0558716470
Paris 722 – Auch 84 – Condom 68 – Dax 77

Les Ombrages de l'Adour de déb. avr. à mi-oct.
✆ 0558717510, *hetapsarl@yahoo.fr*, *www.camping-adour-landes.com*
2 ha (100 empl.) plat, herbeux
Tarif : (Prix 2011) 17,10€ (10A) – pers. suppl. 3,80€
Location : (Prix 2011) (de déb. avr. à mi-oct.) – 8 – 2 bungalows toilés. Nuitée 40 à 64€ – Sem. 195 à 385€
borne autre – 15 10,50€
Pour s'y rendre : r. des Graviers (près du pont, derrière les arènes, au bord de l'Adour)
À savoir : proche du centre ville

Nature :
Loisirs :
Services : laverie
À prox. :

Longitude : -0.25574
Latitude : 43.7026

ALLAS-LES-MINES

24220 – **329** H6 – 206 h. – alt. 85
Paris 564 – Bordeaux 193 – Périgueux 61 – Cahors 83

Domaine Le Cro-Magnon – de mi-juin à mi-sept.
05 53 29 13 70, *contact@domaine-cro-magnon.com*, Fax 05 53 29 15 79, *www.domaine-cro-magnon.com*
22 ha/6 campables (160 empl.) plat, pierreux, herbeux
Tarif : 34,70€ (6A) – pers. suppl. 6€ – frais de réservation 19€

Location : (de mi-juin à mi-sept.) – 11 – 25 . Nuitée 44 à 79€ – Sem. 220 à 958€ – frais de réservation 25€
borne artisanale
Pour s'y rendre : au lieu-dit : Le Raisse (1,5 km au sud - accès fortement conseillé par Berbiguières sur la D 50)

À savoir : cadre naturel et boisé

Nature :
Loisirs : snack terrain multisports
Services : laverie

Longitude : 1.06241
Latitude : 44.83621

ALLES-SUR-DORDOGNE

24480 – **329** G6 – 335 h. – alt. 70
Paris 534 – Bergerac 36 – Le Bugue 12 – Les Eyzies-de-Tayac 22

Port de Limeuil de déb. mai à fin sept.
05 53 63 29 76, *didierbonvallet@aol.com*, Fax 05 53 63 04 19, *www.leportdelimeuil.com*
7 ha/4 campables (90 empl.) plat, herbeux, sablonneux
Tarif : 31,30€ (10A) – pers. suppl. 7€ – frais de réservation 15€

Location : (de déb. mai à fin sept.) – 13 – 1 gîte. Sem. 190 à 720€ – frais de réservation 15€
borne artisanale – 9 27,50€
Pour s'y rendre : 3 km au nord-est sur D 51e, près du pont de Limeuil, au confluent de la Dordogne et de la Vézère

Nature :
Loisirs : canoë
Services : laverie
À prox. :

Longitude : 0.88599
Latitude : 44.87969

ANGLET

64600 – **342** C2 – 37 934 h. – alt. 20
1, avenue de la Chambre d'Amour 0559037701, information@anglet-tourisme.com
Paris 773 – Bordeaux 187 – Pamplona 108 – Donostia-San Sebastián 51

Le Parme de déb. avr. à déb. nov.
05 59 23 03 00, *campingdeparme@wanadoo.fr*,
Fax 05 59 41 29 55, *www.campingdeparme.com*
3,5 ha (187 empl.) en terrasses, plat, peu incliné, herbeux, gravier
Tarif : (Prix 2011) 35€ (6A) – pers. suppl. 6,50€ – frais de réservation 20€

Location : (Prix 2011) (de déb. avr. à fin oct.) – 68 – 14 – 21 bungalows toilés. Nuitée 35 à 120€ – Sem. 239 à 841€ – frais de réservation 28€
Pour s'y rendre : 2 allée Etchecopar

Nature :
Loisirs : snack
terrain multisports
Services : laverie

Longitude : -1.53238
Latitude : 43.4643

ANGOISSE

24270 – **329** H3 – 602 h. – alt. 345
Paris 445 – Bordeaux 180 – Périgueux 51 – Limoges 53

Rouffiac en Périgord de déb. juin à mi-sept.
05 53 52 68 79, *contact@semitour.com*,
Fax 05 53 06 30 94, *www.semitour-locations-perigord.com* – empl. traditionnels également disponibles
54 ha/6 campables (40 empl.) peu incliné, plat, herbeux
Tarif : (Prix 2011) 5,20€ 8€ (10A)

Location : (Prix 2011) (permanent) – 3 – 12 . Sem. 150 à 550€
borne artisanale 4€
Pour s'y rendre : à la base de loisirs de Rouffiac (4 km au sud-est par D 80, rte de Payzac, à 150 m d'un plan d'eau (accès direct))

À savoir : organisation de séjours culturels et sportifs autour de la base nautique

Nature :
Loisirs :
Services :
À prox. : (plage)
mur d'escalade, téléski nautique, canoë, pédalos, painball, accrobranche

Longitude : 1.16648
Latitude : 45.41449

Si vous recherchez :
- ***un terrain offrant des équipements et des loisirs adaptés aux enfants,***
- ***un terrain très tranquille,***
- L-M ***un terrain proposant la location de mobile homes, bungalows, chalets, chambres ou encore gîtes,***
- P ***un terrain ouvert toute l'année,***
- ***un terrain possédant une aire de services pour camping-cars,***

consultez le tableau des localités.

ANTONNE-ET-TRIGONANT

24420 – **329** F4 – 1 200 h. – alt. 106
Paris 484 – Bordeaux 139 – Périgueux 10 – Limoges 91

Au Fil de l'Eau de mi-juin à mi-sept.
05 53 06 17 88, *campingaufildeleau@wanadoo.fr*,
Fax 05 53 08 97 76, *www.campingaufildeleau.com*
1,5 ha (50 empl.) non clos, plat, herbeux
Tarif : 17,50€ (6A) – pers. suppl. 4€

Location : (de mi-juin à mi-sept.) – 4 . Nuitée 35 à 50€ – Sem. 230 à 450€
Pour s'y rendre : à Antonne, 6 allées des Platanes (sortie nord-est et rte d'Escoire à dr., au bord de l'Isle, sur la D 6)

Nature :
Loisirs : canoë
Services :

Longitude : 0.83754
Latitude : 45.213

ARAMITS

64570 – **342** H4 – 667 h. – alt. 293
Paris 829 – Mauléon-Licharre 27 – Oloron-Ste-Marie 15 – Pau 49

Barétous-Pyrénées de mi fév. à mi oct.
05 59 34 12 21, *atso64@hotmail.com*,
Fax 05 59 34 67 19, *www.camping-pyrenees.com*
2 ha (61 empl.) plat, herbeux
Tarif : (Prix 2011) 26,20€ (10A) –
pers. suppl. 5,90€ – frais de réservation 13,50€

Location : (Prix 2011) (de déb. déc. à mi-oct.) (chalet) – 10 – 11 – 3 bungalows toilés. Sem. 220 à 590€ – frais de réservation 16,50€
Pour s'y rendre : quartier Ripaude (sortie ouest par D 918, rte de Mauléon-Licharre, au bord du Vert de Barlanes)

À savoir : chalets bois de bon confort (en formule hôtelière sur demande)

Nature :
Loisirs : snack jacuzzi
Services : laverie

Longitude : -0.73243
Latitude : 43.12135

Verwar niet :
... tot ... : MICHELIN indeling
en
★ ... tot ... ★★★★★ : officiële classificatie

ARES

33740 – **335** E6 – 5 472 h. – alt. 6
esplanade G. Dartiquelongue 05 56 60 18 07
Paris 627 – Arcachon 47 – Bordeaux 48

Les Goëlands de déb. fév. à fin oct.
05 56 82 55 64, *contact@goelands.com*,
Fax 05 56 82 07 51, *www.goelands.com*
10 ha/6 campables (400 empl.) plat, sablonneux
Tarif : (Prix 2011) 32,50€ (6A) –
pers. suppl. 7€ – frais de réservation 16,50€

Location : (Prix 2011) (de déb. mars à fin oct.) – 20 . Sem. 300 à 770€ – frais de réservation 16,50€
Pour s'y rendre : 64 av. de la Libération (1,7 km au sud-est, près d'étangs et à 500 m du bassin)

Nature :
Loisirs : snack terrain multisports
Services : laverie
À prox. : (étang)

Longitude : -1.11979
Latitude : 44.75747

Village Vacances Les Rives de St-Brice (location exclusive de maisonnettes) Permanent
05 57 26 99 31, *info@nemea.fr*, Fax 05 57 26 99 27,
www.nemea.fr
4 ha sablonneux

Location : (Prix 2011) – 110 . Nuitée 70 à 100€ – Sem. 129 à 1 277€ – frais de réservation 11€
Pour s'y rendre : 61 r. Jean Briaud (1,7 km au sud-est, près d'étangs et à 450 m du bassin)

Nature :
Loisirs :
Services : laverie lave-vaisselle
À prox. :

Longitude : -1.11899
Latitude : 44.75735

La Cigale de fin avr. à fin sept.
05 56 60 22 59, *contact@camping-lacigale-ares.com*,
Fax 05 57 70 41 66, *www.camping-lacigale-ares.com*
– places limitées pour le passage
2,4 ha (75 empl.) plat, herbeux, sablonneux
Tarif : 35,50€ (6A) – pers. suppl. 6€ – frais de réservation 16€

Location : (de fin avr. à fin sept.) – 6 – 2 tentes. Sem. 300 à 850€ – frais de réservation 16€
Pour s'y rendre : 53 r. du Général De Gaulle (sortie nord)

Nature :
Loisirs : snack
Services : laverie
À prox. :

Longitude : -1.14188
Latitude : 44.77287

Les Abberts de déb. juin à déb. sept.
05 56 60 26 80, *campinglesabberts@wanadoo.fr*,
Fax 05 56 60 26 80, *www.lesabberts.com*
2 ha (125 empl.) plat, sablonneux, herbeux
Tarif : 27€ (6A) – pers. suppl. 5,90€ – frais de réservation 15€
Location : (de déb. avr. à mi-oct.) – 20 – 5 . Nuitée 35 à 105€ – Sem. 179 à 739€ – frais de réservation 15€
Pour s'y rendre : 17 r. des Abberts (sortie nord puis r. à gauche)

Nature :
Loisirs : snack (petite piscine)
Services : laverie

Longitude : -1.1444
Latitude : 44.77163

Pasteur Permanent
05 56 60 33 33, *pasteur.vacances@wanadoo.fr*, *www.atlantic-vacances.com* – places limitées pour le passage
1 ha (50 empl.) plat, herbeux, sablonneux
Tarif : 5€ 4€ 24€ – (6A) 5€ – frais de réservation 17€
Location : (permanent) – 16 – 14 . Sem. 720€ – frais de réservation 17€
borne sanistation 10,50€ – 10.50€
Pour s'y rendre : 1 r. du Pilote (sortie sud-est, à 300 m du bassin)

Nature :
Loisirs : (petite piscine)
Services :

Longitude : -1.13681
Latitude : 44.76174

ATUR

24750 – **329** F5 – 1 693 h. – alt. 224
Paris 499 – Bordeaux 134 – Périgueux 6 – Brive-la-Gaillarde 83

Iris Parc Le Grand Dague – de fin avr. à fin sept.
05 53 04 21 01, *info@legranddague.fr*,
Fax 05 53 04 22 01, *www.legranddague.fr*
22 ha/12 campables (242 empl.) en terrasses, plat, herbeux
Tarif : 35€ (10A) – pers. suppl. 5,50€ – frais de réservation 18€
Location : (Prix 2011) (de fin avr. à fin sept.) – 198 – 5 – 70 tentes. Nuitée 29 à 135€ – Sem. 203 à 945€ – frais de réservation 18€
Pour s'y rendre : rte du Grand Dague (3 km au sud-est par rte de St-Laurent-sur-Manoire et chemin, par déviation sud - venant de Brive ou Limoges : prendre dir. Bergerac et chemin à dr.)
À savoir : jeux pour enfants de qualité et couverts

Nature :
Loisirs : snack jeux enfants couverts painball
Services : laverie

Longitude : 0.77656
Latitude : 45.14816

AUREILHAN

40200 – **335** D9 – 858 h. – alt. 10
Paris 689 – Bordeaux 103 – Mont-de-Marsan 79 – La Teste 59

Village Center Aurilandes – de fin juin à déb. sept.
0825 00 20 30, *resa@village-center.com*,
Fax 04 67 51 63 89, *www.village-center.fr*
6 ha (440 empl.) plat, sablonneux, herbeux
Tarif : (Prix 2011) 24€ (10A) – pers. suppl. 6€
Location : (Prix 2011) (de fin juin à déb. sept.) – 78 – 50 bungalows toilés – 30 mobile homes (sans sanitaire). Nuitée 34 à 122€ – Sem. 294 à 888€ – frais de réservation 30€
Pour s'y rendre : 1 km au nord-est, près du lac

Nature :
Loisirs : jacuzzi terrain multi-sports, ponton d'amarrage
Services : laverie
À prox. : poneys

Longitude : -1.20314
Latitude : 44.22306

AZUR

40140 – **335** D12 – 523 h. – alt. 9
Paris 730 – Bayonne 54 – Dax 25 – Mimizan 79

FranceLoc La Paillotte – de déb. mai à mi-sept.
05 58 48 12 12, *paillotte@franceloc.fr*,
Fax 05 58 48 10 73, *www.paillotte.com*
7 ha (310 empl.) plat, sablonneux, herbeux
Tarif : (Prix 2011) 39 € (10A) –
pers. suppl. 7,50 € – frais de réservation 20 €
Location : (Prix 2011) (de mi-avr. à mi-sept.) – 162 – 50 . Sem. 441 à 1 281 € – frais de réservation 20 €
Pour s'y rendre : 66 rte des Campings (1,5 km au sud-ouest, au bord du lac de Soustons)
À savoir : joli village de chalets à la décoration "exotique"

Nature :
Loisirs : snack canoë, pédalos
Services : laverie
À prox. :

Longitude : -1.30875
Latitude : 43.78731

Azur Rivage de déb. mai à fin sept.
05 58 48 30 72, *info@campingazurivage.com*,
Fax 05 58 48 25 56, *www.campingazurivage.com*
6,5 ha (250 empl.) plat, sablonneux, pierreux, herbeux
Tarif : (Prix 2011) 30 € (10A) –
pers. suppl. 6 € – frais de réservation 17 €
Location : (Prix 2011) (de déb. mai à fin sept.) – 38 . Nuitée 35 à 120 € – Sem. 245 à 800 € – frais de réservation 17 €
borne artisanale 20 €
Pour s'y rendre : 720 rte des Campings (2 km au sud, à 100 m du lac de Soustons)
À savoir : Piscine ludique

Nature :
Loisirs :
Services : (juil.-août) cases réfrigérées
À prox. : canoë, pédalos

Longitude : -1.23047
Latitude : 43.78477

BADEFOLS-SUR-DORDOGNE

24150 – **329** F6 – 200 h. – alt. 42
Paris 542 – Bergerac 27 – Périgueux 54 – Sarlat-la-Canéda 47

Les Bö Bains de déb. avr. à fin sept.
05 53 73 52 52, *info@bo-bains.com*, Fax 05 53 73 52 55, *www.bo-bains.com* – places limitées pour le passage
5 ha (97 empl.) en terrasses, plat, herbeux
Tarif : (Prix 2011) 13 € (8A) –
pers. suppl. 5 € – frais de réservation 16 €
Location : (Prix 2011) (de déb. avr. à fin sept.) – 50 – 30 . Nuitée 50 à 99 € – Sem. 299 à 799 € – frais de réservation 23 €
17 13 €
Pour s'y rendre : rte de Bergerac (sortie ouest, par D 29, au bord de la Dordogne)

Nature :
Loisirs : snack nocturne canoë
Services : laverie
À prox. :

Longitude : 0.78541
Latitude : 44.84155

Gebruik de gids van het lopende jaar.

LA BASTIDE-CLAIRENCE

64240 – **342** E4 – 972 h. – alt. 50
Place des Arceaux 05 59 29 65 05 labastideclairence@gmail.com
Paris 767 – Bayonne 26 – Hasparren 9 – Peyrehorade 29

Village Vacances Les Collines Iduki (location exclusive d'appartements et maisonnettes) Permanent
05 59 70 20 81, *informations@iduki.net*,
Fax 05 59 70 20 25, *www.iduki.net*
2,5 ha en terrasses
Location : (1 appartement) – 36 . Nuitée 77 à 198 € – Sem. 560 à 1 810 €
Pour s'y rendre : lieu-dit : Pont de Port
À savoir : jolies constructions basques

Nature :
Loisirs :
Services : laverie
À prox. :

Longitude : -1.25742
Latitude : 43.43324

Village Vacances Les Chalets de Pierretoun (location exclusive de chalets) de déb. avr. à fin oct.
05 59 29 68 88, *pierretoun@wanadoo.fr*, *www.chalets-de-pierretoun.com*
5 ha en terrasses, très fort dénivelé
Location : – 16 . Nuitée 90€ – Sem. 750 à 850€
Pour s'y rendre : à Pessarou (7 km au sud-est par D 123)
À savoir : préférer les chalets rénovés !

Nature :
Loisirs : promenades à dos d'ânes
Services :

Longitude : -1.20944
Latitude : 43.4108

BAUDREIX

64800 – **342** K3 – 563 h. – alt. 245 – Base de loisirs
Paris 791 – Argelès-Gazost 39 – Lourdes 26 – Oloron-Ste-Marie 48

Les Ôkiri de déb. avr. à fin sept.
05 59 92 97 73, *les-okiri@wanadoo.fr*, Fax 05 59 13 93 77, *www.lesokiri.net*
20 ha/2 campables (60 empl.) plat, herbeux
Tarif : 23€ (16A) – pers. suppl. 8€ – frais de réservation 10€
Location : (permanent) (chalets) – 10 – 24 – 3 bungalows toilés. Nuitée 50 à 90€ – Sem. 290 à 580€ – frais de réservation 10€
borne sanistation 5€
Pour s'y rendre : av. du Lac (à la base de loisirs)

Nature :
Loisirs : snack (plage) canoë, pédalos, sports en eaux vives, mur d'escalade, terrain multisports, parcours de santé
Services : (juil.-août) laverie

Longitude : -0.26124
Latitude : 43.20439

BEAUVILLE

47470 – **336** H4 – 582 h. – alt. 208
place de la Mairie *05 53 47 63 06*
Paris 641 – Agen 26 – Moissac 32 – Montaigu-de-Quercy 16

Les 2 Lacs de déb. avr. à fin oct.
05 53 95 45 41, *camping-les-2-lacs@wanadoo.fr*, *www.les2lacs.info*
22 ha/2,5 campables (80 empl.) non clos, plat et terrasse, herbeux
Tarif : 19,60€ (6A) – pers. suppl. 4,50€
Location : (permanent) – 3 – 7 bungalows toilés. Sem. 150 à 620€
Pour s'y rendre : lieu-dit : Vallon de Gerbal (900 m au sud-est par D 122, rte de Bourg de Visa)
À savoir : terrasse du snack-bar au bord de l'étang

Nature :
Loisirs : snack canoë, barque
Services : laverie

Longitude : 0.88819
Latitude : 44.27142

Les indications d'accès à un terrain sont généralement indiquées, dans notre guide, à partir du centre de la localité.

BÉLUS

40300 – **335** E13 – 592 h. – alt. 135
Paris 749 – Bayonne 37 – Dax 18 – Orthez 36

La Comtesse de déb. avr. à fin oct.
05 58 57 69 07, *campinglacomtesse@orange.fr*, Fax 05 58 57 62 50, *www.campinglacomtesse.com*
6 ha (115 empl.) plat, herbeux
Tarif : 3,20€ 1,50€ 5,50€ – (10A) 3,20€ – frais de réservation 10€
Location : (permanent) – 12 – 2 bungalows toilés. Sem. 190 à 550€ – frais de réservation 10€
Pour s'y rendre : au lieu-dit : Claquin (2,5 km au nord-ouest par D 75 et rte à dr.)
À savoir : agréable peupleraie autour de l'étang

Nature :
Loisirs : snack
Services : laverie
À prox. :

Longitude : -1.13075
Latitude : 43.60364

BELVÈS

24170 – **329** H7 – 1 482 h. – alt. 175
1, rue des Filhols ☎ 0553291020
Paris 553 – Bergerac 52 – Le Bugue 24 – Les Eyzies-de-Tayac 25

FranceLoc Les Hauts de Ratebout – de mi-avr. à mi-sept.
☎ 0553290210, *ratebout@franceloc.fr*, Fax 0553290828, *www.camping-hauts-ratebout.fr*
12 ha/6 campables (200 empl.) en terrasses, plat, peu incliné, herbeux
Tarif : (Prix 2011) 32€ (10A) – pers. suppl. 4,50€ – frais de réservation 27€
Location : (Prix 2011) (de mi-avr. à mi-sept.) – 4 roulottes – 140 – 6 tentes – 5 gîtes. Sem. 154 à 1 100€ – frais de réservation 27€
Pour s'y rendre : à Ste-Foy-de-Belves, au lieu-dit : Ratebout (7 km au sud-est par D 710, rte de Fumel, D 54 et rte à gauche)
À savoir : Jolie ferme périgourdine restaurée et jeux pour enfants de qualité

Nature :
Loisirs : snack
Services :
laverie

Longitude : 1.04529
Latitude : 44.74151

RCN Le Moulin de la Pique – de mi-avr. à fin sept.
☎ 0553290115, *moulin@rcn.fr*, Fax 0553282909, *www.rcn.fr*
15 ha/6 campables (200 empl.) terrasse, plat, herbeux
Tarif : 20,70€ (6A) – pers. suppl. 2,60€ – frais de réservation 19€
Location : (de mi-avr. à fin sept.) – 51 – 3 gîtes. Nuitée 44 à 161€ – Sem. 308 à 1 127€ – frais de réservation 19€
borne artisanale
Pour s'y rendre : au lieu-dit : Moulin de la Pique (3 km au sud-est par D 710, rte de Fumel, au bord de la Nauze, d'un étang et d'un bief)
À savoir : autour d'un joli moulin du 18e s. et de ses dépendances

Nature :
Loisirs : snack
Services :
laverie

Longitude : 1.01371
Latitude : 44.7305

Flower Les Nauves – de mi-avr. à mi-sept.
☎ 0553291264, *campinglesnauves@hotmail.com*, *www.lesnauves.com*
40 ha/5 campables (100 empl.) incliné, peu incliné, herbeux
Tarif : 22,20€ (10A) – pers. suppl. 5€ – frais de réservation 17€
Location : (de mi-avr. à mi-sept.) – 34 – 4 – 9 bungalows toilés. Nuitée 26 à 85€ – Sem. 182 à 595€ – frais de réservation 17€
Pour s'y rendre : au lieu-dit : Le Bos Rouge (4,5 km au sud-ouest par D 53, rte de Monpazier et rte de Larzac à gauche)

Nature :
Loisirs : snack
Services :
À prox. : poneys

Longitude : 0.98184
Latitude : 44.75497

BEYNAC-ET-CAZENAC

24220 – **329** H6 – 511 h. – alt. 75
La Balme ☎ 0553294308
Paris 537 – Bergerac 62 – Brive-la-Gaillade 63 – Fumel 60

Le Capeyrou de mi-avr. à fin sept.
☎ 0553295495, *lecapeyrou@wanadoo.fr*, Fax 0553283627, *www.campinglecapeyrou.com*
4,5 ha (120 empl.) plat, herbeux
Tarif : (Prix 2011) 5,90€ 7,50€ – (10A) 4,20€
Location : (Prix 2011) (de mi-avr. à fin sept.) – 2 tentes – 3 mobile homes (sans sanitaire). Nuitée 35 à 91€ – Sem. 195 à 640€ – frais de réservation 10€
borne artisanale 6€
Pour s'y rendre : rte de Sarlat (sortie Est, par la D 57, au bord de la Dordogne)

Nature : château de Beynac
Loisirs : canoë
Services :
laverie
À prox. : snack

Longitude : 1.14843
Latitude : 44.83828

BIARRITZ

64200 – **342** C4 – 26 828 h. – alt. 19
square d'Ixelles - Javalquinto ✆ 0559223700
Paris 772 – Bayonne 9 – Bordeaux 190 – Pau 122

Biarritz-Camping de déb. avr. à fin sept.
✆ 0559230012, *biarritz.camping@wanadoo.fr*,
Fax 0559437467, *www.biarritz.camping.fr*
3 ha (190 empl.) en terrasses, incliné, plat, herbeux
Tarif : 37€ (10A) – pers. suppl. 6€ – frais de réservation 15€

Location : (permanent) – 72 – 14 bungalows toilés. Nuitée 45 à 124€ – Sem. 300 à 865€ – frais de réservation 15€
Pour s'y rendre : 28 r. Harcet (à 300 m du musée de la Mer)

À savoir : à 700 m de la plage

Nature :
Loisirs : snack jacuzzi
Services : laverie
À prox. : golf (18 trous)

Longitude : -1.56685
Latitude : 43.46199

BIAS

40170 – **335** D10 – 696 h. – alt. 41
Paris 706 – Castets 33 – Mimizan 7 – Morcenx 30

Municipal Le Tatiou de déb. avr. à fin sept.
✆ 0558090476, *campingletatiou@wanadoo.fr*,
Fax 0558824430, *www.campingletatiou.com*
10 ha (501 empl.) plat, sablonneux, herbeux
Tarif : (Prix 2011) 14,70€ – (10A) 6,65€ – frais de réservation 21€

Location : (Prix 2011) (de déb. avr. à fin sept.) – 154 . Nuitée 40 à 70€ – Sem. 400 à 650€
Pour s'y rendre : rte de Lespecier (2 km à l'ouest)

Nature :
Loisirs : snack
Services : laverie cases réfrigérées

Longitude : -1.2356
Latitude : 44.14605

Benutzen Sie den Hotelführer des laufenden Jahres.

BIDART

64210 – **342** C2 – 5 718 h. – alt. 40
rue d'Erretegia ✆ 0559549385
Paris 783 – Bordeaux 196 – Pau 119 – Bayonne 13

Les Castels Le Ruisseau des Pyrénées – (location exclusive de mobile homes) de mi-avr. à mi-sept.
✆ 0559419450, *francoise.dumont3@wanadoo.fr*,
Fax 0559419573, *www.camping-le-ruisseau.fr* – empl. traditionnels également disponibles
15 ha/7 campables (440 empl.) en terrasses, plat, herbeux

Location : – 144 – 3 cabanes dans les arbres. Nuitée 40 à 160€ – Sem. 280 à 1 110€
borne artisanale
Pour s'y rendre : r. Burruntz (2 km à l'est, au bord de l'Ouhabia et d'un ruisseau - en deux parties distinctes)

À savoir : beaux espaces aquatiques

Nature :
Loisirs : snack jacuzzi parcours de santé
Services : laverie
À prox. :

Longitude : -1.56835
Latitude : 43.43704

Yelloh! Village Ilbarritz – de fin mars à mi-nov.
✆ 0559230029, *contact@camping-ilbarritz.com*,
Fax 0559412459, *www.camping-ilbarritz.com*
6 ha (400 empl.) en terrasses, peu incliné, herbeux, sablonneux
Tarif : 46€ (10A) – pers. suppl. 9€

Location : (de fin mars à mi-nov.) – 121 – 58 . Nuitée 44 à 139€ – Sem. 308 à 973€
Pour s'y rendre : av. de Biarritz (2 km au nord)

Nature :
Loisirs : snack jacuzzi terrain multisport, école de surf
Services : laverie cases réfrigérées, point d'informations touristiques
À prox. : golf (18 trous), discothèque

Longitude : -1.57374
Latitude : 43.45315

Sunêlia Berrua – de fin mars à fin sept.
05 59 54 96 66, *contact@berrua.com*,
Fax 05 59 54 78 30, *www.berrua.com*
5 ha (270 empl.) peu incliné et en terrasses, herbeux
Tarif : (Prix 2011) 41€ (11A) –
pers. suppl. 7,20€ – frais de réservation 35€

Location : (Prix 2011) (de fin mars à fin sept.) – 150 – 10 – 2 bungalows toilés. Nuitée 39 à 165€ – Sem. 322 à 1 155€ – frais de réservation 35€
borne autre
Pour s'y rendre : r. Berrua (500 m à l'est, rte d'Arbonne)

À savoir : cadre soigné et fleuri

Nature :
Loisirs : snack hammam terrain multisports
Services : laverie
À prox. : école de surf

Longitude : -1.58176
Latitude : 43.43824

Oyam – de déb. mai à fin sept.
05 59 54 91 61, *accueil@camping-oyam.com*,
Fax 05 59 54 76 87, *www.camping-oyam.com*
7 ha (350 empl.) plat, peu incliné, terrasse, herbeux
Tarif : (Prix 2011) 35,50€ (6A) –
pers. suppl. 6,50€ – frais de réservation 20€

Location : (Prix 2011) (de déb. avr. à fin sept.) (de déb. juil. à fin août) – 78 – 18 – 14 appartements – 20 tipis – 8 bungalows toilés. Nuitée 43 à 113€ – Sem. 210 à 791€ – frais de réservation 20€
11 10€
Pour s'y rendre : chemin Oyhamburua (1 km à l'est par rte d'Arbonne puis rte à dr.)

Nature :
Loisirs : snack terrain multisports
Services : laverie

Longitude : -1.58278
Latitude : 43.43501

Ur-Onea de déb. avr. à mi-sept.
05 59 26 53 61, *contact@uronea.com*,
Fax 05 59 26 53 94, *www.uronea.com*
5 ha (280 empl.) peu incliné et en terrasses, herbeux, sablonneux
Tarif : 33€ (10A) – pers. suppl. 6,80€ – frais de réservation 26€

Location : (de fin mars à fin sept.) – 51 – 5 . Sem. 240 à 790€ – frais de réservation 40€
25 33€
Pour s'y rendre : r. de la Chapelle (300 m à l'est, à 500 m de la plage)

Nature :
Loisirs : snack
Services : laverie cases réfrigérées, réfrigérateurs

Longitude : -1.59035
Latitude : 43.43416

Pavillon Royal de mi-mai à fin sept.
05 59 23 00 54, *info@pavillon-royal.com*,
Fax 05 59 23 44 47, *www.pavillon-royal.com*
5 ha (303 empl.) plat et en terrasses, sablonneux, herbeux
Tarif : 54€ (5A) – pers. suppl. 12€ – frais de réservation 25€

Location : (de mi-mai à fin sept.) – 3 – 1 studio – 1 appartement. Sem. 466 à 1 048€ – frais de réservation 25€
borne artisanale
Pour s'y rendre : av. du Prince de Galles (2 km au nord, au bord de la plage)

À savoir : situation privilégiée entre golf, château et océan

Nature :
Loisirs : snack salon de beauté, massages école de surf
Services : (tentes) laverie
À prox. : golf (18 trous), discothèque

Longitude : -1.57642
Latitude : 43.45469

Les Terrasses d'Harrobia de déb. mars à fin nov.
05 59 26 54 71, *info@harrobia.fr*, *www.harrobia.fr*
3 ha (200 empl.) en terrasses, herbeux
Tarif : 35€ (10A) – pers. suppl. 7,50€ – frais de réservation 25€

Location : (de déb. mars à fin nov.) – 100 – 2 – 2 appartements. Nuitée 45 à 115€ – Sem. 315 à 805€ – frais de réservation 25€
Pour s'y rendre : quartier Maurice Pierre (1,2 km au sud, à 400 m de la plage)

Nature :
Loisirs :
Services :

Longitude : -1.59903
Latitude : 43.42773

BIGANOS

33380 – **335** F7 – 8 861 h. – alt. 16
rue Jean Zay ✆ 0557706756
Paris 629 – Andernos-les-Bains 15 – Arcachon 27 – Bordeaux 47

Le Marache de déb. avr. à fin oct.
✆ 0557706119, *contact@marachevacances.com*, Fax 0556826260, *www.marachevacances.com*
2 ha (115 empl.) plat, herbeux, sablonneux
Tarif : (Prix 2011) 31,50€ (16A) – pers. suppl. 6€ – frais de réservation 15€
Location : (Prix 2011) (de déb. avr. à fin oct.) – 36 – 3 – 6 bungalows toilés. Sem. 180 à 630€ – frais de réservation 20€
borne artisanale 5€
Pour s'y rendre : 25 r. Gambetta (sortie nord par D 3, rte d'Audenge et rte à dr.)

Nature :
Loisirs : snack terrain multisports (sable)
Services :

Longitude : -0.97943
Latitude : 44.65081

BIRON

24540 – **329** G8 – 178 h. – alt. 200
Paris 583 – Beaumont 25 – Bergerac 46 – Fumel 20

FranceLoc Le Moulinal – de déb. avr. à fin sept.
✆ 0553408460, *lemoulinal@franceloc.fr*, Fax 0553408149, *www.campings-franceloc.fr* – places limitées pour le passage
10 ha/5 campables (300 empl.) en terrasses, plat, herbeux
Tarif : (Prix 2011) 30€ (10A) – pers. suppl. 5€ – frais de réservation 27€
Location : (Prix 2011) (de déb. avr. à fin sept.) – 200 – 50 . Nuitée 60 à 130€ – Sem. 250 à 1 000€ – frais de réservation 27€
Pour s'y rendre : au lieu-dit : Étang du Moulinal (4 km au sud, rte de Lacapelle-Biron puis 2 km par rte de Villeréal à dr.)
À savoir : situation agréable au bord d'un étang, végétation luxuriante et variée

Nature :
Loisirs : salle d'animation (plage) terrain multi-sports, canoë
Services : laverie

Longitude : 0.87116
Latitude : 44.60031

Village Vacances Castelwood (location exclusive de chalets) Permanent
✆ 0553579608, *info@castelwood.fr*, Fax 0553731866, *www.castelwood.fr*
1 ha
Location : – 15 . Nuitée 33 à 114€ – Sem. 240 à 798€
Pour s'y rendre : au lieu-dit : Bois du Château-Les Fargues (1 km au sud par D 53, rte de Lacapelle-Biron)

Nature :
Loisirs :
Services :

Longitude : 0.87701
Latitude : 44.62495

BISCARROSSE

40600 – **335** E8 – 12 209 h. – alt. 22
55, place Georges Dufau ✆ 0558782096
Paris 656 – Arcachon 40 – Bayonne 128 – Bordeaux 74

Domaine de la Rive – de déb. avr. à déb. sept.
✆ 0558781233, *info@larive.fr*, Fax 0558781292, *www.larive.fr*
15 ha (800 empl.) plat, sablonneux, herbeux
Tarif : 49€ (10A) – pers. suppl. 9€ – frais de réservation 30€
Location : (de déb. avr. à déb. sept.) – 340 – 35 . Nuitée 66 à 298€ – Sem. 492 à 2 116€ – frais de réservation 30€
borne artisanale
Pour s'y rendre : rte de Bordeaux (8 km au nord-est par D 652, rte de Sanguinet, puis 2,2 km par rte à gauche, au bord de l'étang de Cazaux)
À savoir : bel ensemble aquatique en partie couvert

Nature :
Loisirs : snack hammam jacuzzi salle d'animation, espace balnéo (plage) terrain multisports, skate parc, ski nautique
Services : laverie cases réfrigérées

Longitude : -1.1299
Latitude : 44.46022

Mayotte Vacances – de déb. avr. à déb. oct.
05 58 78 00 00, *camping@mayottevacances.com*, Fax 05 58 78 83 91, *www.mayottevacances.com*
15 ha (709 empl.) plat, sablonneux, herbeux
Tarif : (Prix 2011) 45€ (16A) – pers. suppl. 7€ – frais de réservation 30€

Location : (Prix 2011) (de déb. avr. à déb. oct.) – 225 – 20 – 20 tentes. Nuitée 36 à 190€ – Sem. 240 à 1 330€ – frais de réservation 30€
borne sanistation
Pour s'y rendre : 368 chemin des Roseaux (6 km au nord par rte de Sanguinet puis, à Goubern, 2,5 km par rte à gauche, à 150 m de l'étang de Cazaux (accès direct))

Nature :
Loisirs : snack hammam jacuzzi salle d'animation, balnéo terrain multi-sports, parcours de santé, spot de kite-surf
Services : laverie cases réfrigérées

Longitude : -1.1538
Latitude : 44.43488

Les Écureuils – de déb. avr. à fin sept.
05 58 09 80 00, *camping.les.ecureuils@wanadoo.fr*, Fax 05 58 09 81 21, *www.ecureuils.fr* – places limitées pour le passage
6 ha (183 empl.) plat, herbeux, sablonneux
Tarif : (Prix 2011) 44€ (10A) – pers. suppl. 7€ – frais de réservation 32€

Location : (Prix 2011) (de déb. avr. à fin sept.) – 3 – 2 . Sem. 350 à 950€ – frais de réservation 32€
Pour s'y rendre : 646 chemin de Navarrosse (4,2 km au nord par rte de Sanguinet et rte de Navarrosse à gauche, à 400 m de l'étang de Cazaux)
À savoir : belle décoration arbustive et florale

Nature :
Loisirs : snack jacuzzi (plage) canoë
Services : laverie
À prox. :

Longitude : -1.16765
Latitude : 44.42947

Bimbo de déb. avr. à fin oct.
05 58 09 82 33, *campingbimbo@wanadoo.fr*, Fax 05 58 09 80 14, *www.campingbimbo.fr* – places limitées pour le passage
6 ha (177 empl.) plat, sablonneux, herbeux
Tarif : 40,50€ (6A) – pers. suppl. 8,50€ – frais de réservation 25€

Location : (de fin mars à mi-nov.) – 32 – 10 – 2 bungalows toilés. Nuitée 31 à 217€ – Sem. 67 à 721€ – frais de réservation 25€
Pour s'y rendre : 176 chemin de Bimbo (3,5 km au nord par rte de Sanguinet et rte de Navarrosse à gauche)

Nature :
Loisirs : snack terrain multisports
Services : laverie cases réfrigérées
À prox. :

Longitude : -1.16137
Latitude : 44.42588

Village Vacances La Fontaine de Nava (location exclusive de mobile homes) de déb. juil. à fin août
05 58 09 83 11, *info@lesfontainesdenava.com*, Fax 05 58 09 82 62, *www.lesfontainesdenava.com*
12 ha/7 campables plat, sablonneux, herbeux

Location : (de déb. juil. à fin août) – 40 . Sem. 600 à 900€ – frais de réservation 30€
Pour s'y rendre : chemin de Bimbo, au lieu-dit : Navarrosse (3,5 km au nord par rte de Sanguinet et rte de Navarrosse)

Nature :
Loisirs : snack terrain multisports
Services :

Longitude : -1.16763
Latitude : 44.39439

Campéole de Navarrosse – de déb. avr. à mi-sept.
05 58 09 84 32, *navarrosse@campeole.com*, Fax 05 58 09 86 22, *www.camping-navarrose.com*
9 ha (500 empl.) plat, sablonneux, herbeux
Tarif : 31,60€ (10A) – pers. suppl. 9,40€ – frais de réservation 25€

Location : (de déb. avr. à mi-sept.) (1 mobile home) – 46 – 86 – 64 bungalows toilés. Nuitée 25 à 173€ – Sem. 175 à 1 211€ – frais de réservation 25€
borne eurorelais 3,50€ – 4 13,80€ – 12€
Pour s'y rendre : 712 chemin de Navarrosse (5 km au nord, rte de Sanguinet et rte de Navarrosse à gauche, au bord de l'étang de Cazaux)

Nature :
Loisirs : snack ponton d'amarrage, canoë
Services : laverie
À prox. :

Longitude : -1.16765
Latitude : 44.42822

BISCARROSSE-PLAGE

40600 – **335** E8
Paris 669 – Bordeaux 91 – Mont-de-Marsan 100

Campéole le Vivier de fin avr. à mi-sept.
05 58 78 25 76, *vivier@campeole.com*,
Fax 05 58 78 35 23, *www.camping-biscarosse.info*
17 ha (830 empl.) plat, vallonné, sablonneux, herbeux
Tarif : (Prix 2011) 31,10€ (6A) – pers. suppl. 9,50€ – frais de réservation 25€

Location : (Prix 2011) (permanent) (1 mobile home) – 58 – 20 – 186 bungalows toilés. Nuitée 28 à 136€ – Sem. 196 à 1 190€ – frais de réservation 25€
Pour s'y rendre : 681 r. du Tit (au nord de la station, à 700 m de la plage)

Nature :
Loisirs : salle d'animation terrain multisports
Services : laverie cases réfrigérées, point d'informations touristiques
À prox. :

Longitude : -1.24844
Latitude : 44.44535

BLASIMON

33540 – **335** K6 – 861 h. – alt. 80
5, Vignotte 05 56 71 59 62
Paris 607 – Bordeaux 47 – Mérignac 63 – Pessac 60

Le Lac
05 56 71 59 62, *blasimon@entredeuxmers.com*,
Fax 05 56 71 53 37, *www.entredeuxmers.com*
50 ha/0,5 (39 empl.) plat, herbeux
Pour s'y rendre : Domaine départemental Volny Favory (à la base de loisirs)

Nature :
Loisirs :
Services :
à la base de loisirs : snack (plage)

Longitude : -0.08757
Latitude : 44.75541

Campeurs...
N'oubliez pas que le feu est le plus terrible ennemi de la forêt.
Soyez prudents !

BLAYE

33390 – **335** H4 – 4 894 h. – alt. 7
allées Marines 05 57 42 12 09
Paris 546 – Bordeaux 49 – Jonzac 52 – Libourne 45

Municipal de la Citadelle
05 57 42 00 20, *mairie@blaye.fr*, *www.blaye.fr*
1 ha (47 empl.) plat, peu incliné, terrasses, herbeux
Pour s'y rendre : à l'ouest, dans l'enceinte de la citadelle

Nature :

Longitude : -0.66634
Latitude : 45.12943

BORDEAUX

33000 – **335** H5 – 235 178 h. – alt. 4
12, cours du 30 juillet 05 56 00 66 00, otb@bordeaux-tourisme.com
Paris 572 – Mont-de-Marsan 138 – Bayonne 191 – Arcachon 72

International de Bordeaux Lac Permanent
05 57 87 70 60, *contact@camping-bordeaux.com*,
Fax 05 57 87 70 61, *www.camping-bordeaux.com*
13 ha/6 campables (193 empl.) plat, herbeux
Tarif : 31€ (10A) – pers. suppl. 9€

Location : (permanent) – 186 – 9 . Nuitée 35 à 78€ – Sem. 245 à 700€
borne artisanale 31€ – 20 31€ – 14€
Pour s'y rendre : à Bordeaux Lac (commune de Bruges, bd Jacques Chaban-Delmas (Rocade sortie n° 5 : Parc des expositions)

À savoir : autour de plusieurs jolis petits étangs

Nature :
Loisirs :
Services : laverie
À prox. : golf

Longitude : -0.5827
Latitude : 44.89759

BRANTÔME

24310 – **329** E3 – 2 122 h. – alt. 104
boulevard Charlemagne 0553058052
Paris 470 – Angoulême 58 – Limoges 83 – Nontron 23

Brantôme - Peyrelevade de fin avr. à fin sept.
0553057524, *info@camping-dordogne.net*,
Fax 0553048730, *www.camping-dordogne.net*
5 ha (170 empl.) plat, herbeux
Tarif : 23€ (10A) – pers. suppl. 4,50€
– frais de réservation 10€

Location : (de fin avr. à fin sept.) – 15 – 2 tentes. Sem. 170 à 710€ – frais de réservation 10€
borne raclet 2€ – 10 11€
Pour s'y rendre : av. André Maurois (1 km à l'est par D 78, au bord de la Dronne)

Nature :
Loisirs : snack (plage)
Services : laverie
À prox. : canoë kayak

Longitude : 0.66043
Latitude : 45.36107

LE BUGUE

24260 – **329** G6 – 2 760 h. – alt. 62
Rue Jardin Public 0553072048
Paris 522 – Bergerac 47 – Brive-la-Gaillarde 72 – Cahors 86

Vagues-Océanes La Linotte – de déb. avr. à mi-sept.
0820150040, *info@vagues-oceanes.com*, *www.vagues-oceanes.com*
13 ha/2,5 campables (120 empl.) en terrasses, peu incliné, plat, herbeux
Tarif : (Prix 2011) 32€ (5A) – pers. suppl. 6€

Location : (de déb. avr. à mi-sept.) – 2 roulottes – 97 – 7 . Nuitée 34 à 159€ – Sem. 238 à 1 113€
borne artisanale – 4 – 7.50€
Pour s'y rendre : 3,5 km au nord-est par D 710, rte de Périgueux, D 32e à dr., rte de Rouffignac et chemin

Nature :
Loisirs : jacuzzi terrain multisports
Services : laverie

Longitude : 0.93659
Latitude : 44.93386

Les Trois Caupain de déb. avr. à fin oct.
0553072460, *info@camping-bugue.com*,
Fax 0553087266, *www.caupain.net*
4 ha (160 empl.) plat, herbeux
Tarif : 22,90€ (16A) – pers. suppl. 5,20€
– frais de réservation 5€

Location : (de déb. avr. à fin oct.) – 35 . Nuitée 44 à 48€ – Sem. 199 à 570€ – frais de réservation 12€
borne artisanale 4,50€ – 10 9,90€ – 9.90€
Pour s'y rendre : allée Paul-Jean Souriau

Nature :
Loisirs : canoë-kayak, terrain multisports
Services : laverie
À prox. : grand aquarium

Longitude : 0.93178
Latitude : 44.90916

LE BUISSON-DE-CADOUIN

24480 – **329** G6 – 2 151 h. – alt. 63
place André Boissière 0553220609
Paris 532 – Bergerac 38 – Périgueux 52 – Sarlat-la-Canéda 36

Domaine de Fromengal – de déb. avr. à fin oct.
0553631155, *fromengal@domaine-fromengal.com*,
Fax 0553730328, *www.domaine-fromengal.com*
22 ha/3 campables (90 empl.) en terrasses, herbeux, bois attenant
Tarif : (Prix 2011) 34€ (6A) – pers. suppl. 8€ – frais de réservation 19€

Location : (Prix 2011) (permanent) – 26 – 21 – 4 bungalows toilés. Nuitée 29 à 138€ – Sem. 200 à 965€ – frais de réservation 19€
Pour s'y rendre : au lieu dit : La Combe (6,5 km au sud-ouest par D 29, rte de Lalinde, D 2 à gauche, rte de Cadouin et chemin à dr.)

Nature :
Loisirs :
Services : laverie

Longitude : 0.86006
Latitude : 44.82292

BUNUS

64120 – **342** F3 – 136 h. – alt. 186
Paris 820 – Bayonne 61 – Hasparren 38 – Mauléon-Licharre 22

Inxauseta de déb. juil. à fin août
05 59 37 81 49, *inxauseta@laposte.net*,
Fax 05 59 37 81 49, *www.inxauseta.fr*
0,8 ha (40 empl.) peu incliné, terrasses, herbeux
Tarif : 4€ 4€ – (5A) 2,60€
Pour s'y rendre : au bourg, près de l'église
À savoir : belles salles de détente dans une ancienne maison basque rénovée

Nature :
Loisirs :
Services :

Longitude : -1.06794
Latitude : 43.20974

CAMBO-LES-BAINS

64250 – **342** D2 – 5 849 h. – alt. 67 – (fin février-mi déc.)
avenue de la Mairie 05 59 29 70 25
Paris 783 – Bayonne 20 – Biarritz 21 – Pau 115

Bixta Eder de mi-avr. à mi-oct.
05.59.29.94.23, *contact@campingbixtaeder.com*,
www.campingbixtaeder.com
1 ha (90 empl.) incliné, plat, herbeux, gravier
Tarif : (Prix 2011) 17€ (10A) –
pers. suppl. 3,50€ – frais de réservation 15€
Location : (de déb. mars à fin nov.) – 19 – 3 . Nuitée 35 à 60€ – Sem. 200 à 420€ – frais de réservation 15€
Pour s'y rendre : 52 av. d'Espagne (1,3 km au sud-ouest par D 918, rte de St-Jean-de-Luz)

Nature :
Loisirs :
Services : (juin-sept.) laverie
À prox. :

Longitude : -1.41448
Latitude : 43.35567

Use this year's Guide.

CAMPAGNE

24260 – **329** G6 – 323 h. – alt. 60
Paris 542 – Bergerac 51 – Belvès 19 – Les Eyzies-de-Tayac 7

Le Val de la Marquise – de déb. avr. à fin sept.
05 53 54 74 10, *contact@levaldelamarquise.com*,
Fax 05 53 54 00 70, *www.levaldelamarquise.com*
4 ha (104 empl.) en terrasses, plat, herbeux, étang
Tarif : 23,60€ (15A) – pers. suppl. 5,40€
Location : (de déb. avr. à fin sept.) – 16 – 8 . Nuitée 33 à 98€ – Sem. 231 à 686€ – frais de réservation 20€
borne artisanale 11,10€
Pour s'y rendre : au lieu-dit : Le Moulin (500 m à l'est par D 35, rte de St-Cyprien)

Nature :
Loisirs : snack
Services : laverie

Longitude : 0.9743
Latitude : 44.90637

CARSAC-AILLAC

24200 – **329** I6 – 1 466 h. – alt. 80
Paris 536 – Brive-la-Gaillarde 59 – Gourdon 18 – Sarlat-la-Canéda 9

Le Plein Air des Bories de mi-avr. à fin sept.
05 53 28 15 67, *contact@camping-desbories.com*,
Fax 05 53 28 15 67, *www.camping-desbories.com*
3,5 ha (110 empl.) plat, herbeux, sablonneux
Tarif : (Prix 2011) 6,30€ 3€ 5,30€ –
(10A) 3,50€ – frais de réservation 16€
Location : (Prix 2011) (de mi-avr. à fin sept.) – 26 . Nuitée 33 à 65€ – Sem. 210 à 660€ – frais de réservation 10€
Pour s'y rendre : au lieu-dit : Les Bories (1,3 km au sud par D 703, rte de Vitrac et chemin à gauche, au bord de la Dordogne)

Nature :
Loisirs : (découverte en saison) canoë
Services :

Longitude : 1.2684
Latitude : 44.83299

Le Rocher de la Cave de déb. mai à fin sept.
05 53 28 14 26, *rocherdelacave@orange.fr*,
Fax 05 53 28 27 10, *www.rocherdelacave.com*
5 ha (150 empl.) plat, herbeux
Tarif : (Prix 2011) 5,50€ 🚗 ▣ 7,10€ – (10A) 3,30€
Location : (Prix 2011) (de fin avr. à fin sept.) – 23 – 17 bungalows toilés. Nuitée 28 à 94€ – Sem. 200 à 660€
Pour s'y rendre : au lieu-dit : La Pommarède (1,7 km au sud par D 703, rte de Vitrac et chemin à gauche, au bord de la Dordogne)

Nature :
Loisirs : canoë
Services : laverie

Longitude : 1.26719
Latitude : 44.82977

CASTELJALOUX

47700 – **336** C4 – 4 598 h. – alt. 52 – Base de loisirs
Maison du Roy 05 53 93 00 00
Paris 674 – Agen 55 – Langon 55 – Marmande 23

Village Vacances Castel Chalets (location exclusive de chalets) Permanent
05 53 93 07 45, *castel.chalets@orange.fr*,
Fax 05 53 93 07 45, *www.castel-chalets.com*
4 ha plat, sablonneux
Location : (1 chalet) – 25 . Nuitée 50€ – Sem. 275 à 480€
borne eurorelais 10€ – 20 ▣ 10€
Pour s'y rendre : rte de Mont de Marsan, au Lac de Clarens (2,5 km au sud-ouest par D 933, rte de Mont-de-Marsan, au bord du lac et près de la base de loisirs)
À savoir : face à la base de loisirs très complète

Nature :
Loisirs :
Services :
À prox. : snack (centre équestre) golf, pédalos, VTT, paintball, parcours dans les arbres

Longitude : 0.0725
Latitude : 44.29278

Si vous recherchez :

- *un terrain offrant des animations sportives, culturelles ou de détente,*
- *un terrain très tranquille,*
- L-M *un terrain proposant la location de mobile homes, bungalows, chalets, chambres ou encore gîtes,*
- P *un terrain ouvert toute l'année,*
- *un terrain possédant une aire de services pour camping-cars,*

consultez le tableau des localités

CASTELMORON-SUR-LOT

47260 – **336** E3 – 1 750 h. – alt. 49
rue Gabriel Charrier 05 53 84 90 36
Paris 600 – Agen 33 – Bergerac 63 – Marmande 35

Village Vacances Port-Lalande (location exclusive de chalets) de déb. avr. à déb. nov.
04 68 37 65 65, *resa@grandbleu.fr*, Fax 04 68 37 21 52, *www.grandbleu.fr*
4 ha plat, herbeux
Location : (1 chalet) – 60 . Nuitée 60 à 85€ – Sem. 217 à 728€
Pour s'y rendre : 1,5 km au sud-est, au bord du Lot et d'un petit port de plaisance
À savoir : au bord du Lot et d'un petit port de plaisance

Nature :
Loisirs : hammam balnéo ponton d'amarrage
Services : laverie

Longitude : 0.50661
Latitude : 44.38803

CASTELNAUD-LA-CHAPELLE

24250 – **329** H7 – 461 h. – alt. 140
Paris 539 – Le Bugue 29 – Les Eyzies-de-Tayac 27 – Gourdon 25

Flower Lou Castel de déb. avr. à mi-sept.
05 53 29 89 24, *contact@loucastel.com*,
Fax 05 53 28 94 85, *www.loucastel.com*
5,5 ha/2,5 campables (110 empl.) plat, herbeux, pierreux, bois attenant
Tarif : 31€ (10A) – pers. suppl. 6,50€ – frais de réservation 15€
Location : (de déb. avr. à mi-sept.) – 35 – 10 – 11 bungalows toilés – 3 tentes – 5 gîtes. Nuitée 36 à 91€ – Sem. 160 à 850€ – frais de réservation 10€
1 10€ – 14€
Pour s'y rendre : au lieu-dit : Prente Garde (sortie sud par D 57 puis 3,4 km par rte du château à dr. - pour caravanes, accès fortement conseillé par Pont-de-Cause et D 50, rte de Veyrines-de-Domme)
À savoir : agréable chênaie

Nature :
Loisirs : terrain multisports
Services : laverie

Longitude : 1.13182
Latitude : 44.79746

Maisonneuve de fin mars à fin oct.
05 53 29 51 29, *contact@campingmaisonneuve.com*,
Fax 05 53 30 27 06, *www.campingmaisonneuve.com*
6 ha/3 campables (140 empl.) non clos, plat, herbeux
Tarif : 6,45€ 8,30€ – (10A) 5€
Location : (de fin mars à fin oct.) (de déb. juil. à fin août) – 10 – 2 gîtes. Nuitée 50 à 100€ – Sem. 280 à 690€ – frais de réservation 15€
borne artisanale
Pour s'y rendre : chemin de Maisonneuve (1 km au sud-est par D 57 et chemin à gauche, au bord du Céou)
À savoir : ancienne ferme restaurée et fleurie

Nature :
Loisirs : snack
Services : laverie

Longitude : 1.15822
Latitude : 44.80482

CASTELS

24220 – **329** H6 – 541 h. – alt. 50
Paris 551 – Bordeaux 181 – Montauban 145 – Brive-la-Gaillarde 73

Village Vacances La Noyeraie (location exclusive de chalets) Permanent
05 53 31 24 43, *contact@chaletlanoyeraie.fr*,
Fax 05 53 31 24 43, *www.chaletlanoyeraie.fr*
1,5 ha plat, herbeux
Location : – 14 . Nuitée 35 à 98€ – Sem. 210 à 680€ – frais de réservation 15€
Pour s'y rendre : au lieu-dit : Le Grelat (1 km au sud-est par la D 703, rte de Sarlat)

Nature :
Loisirs :
Services : laverie

Longitude : 1.08071
Latitude : 44.85004

CASTETS

40260 – **335** E11 – 1 896 h. – alt. 48
place Pierre Barrère 05 58 89 44 79
Paris 710 – Dax 21 – Mimizan 40 – Mont-de-Marsan 61

Municipal Le Galan de déb. fév. à fin nov.
05 58 89 43 52, *contact@camping-legalan.com*,
Fax 05 58 55 00 07, *www.camping-legalan.com*
4 ha (181 empl.) plat, peu incliné, sablonneux, herbeux
Tarif : (Prix 2011) 3,40€ 1,10€ 6,55€ (10A)
Location : (Prix 2011) (de déb. fév. à fin nov.) – 10 – 5 – 3 bungalows toilés. Sem. 90 à 580€
borne artisanale 3€ – 11.10€
Pour s'y rendre : 73 rue du Stade (1 km à l'est par D 42, rte de Taller et rte à dr.)
À savoir : "accueil pélerins"

Nature :
Loisirs :
Services : laverie
À prox. : parcours de santé, skate parc

Longitude : -1.13754
Latitude : 43.88059

CASTILLON LA BATAILLE

33350 – **335** K5 – 3 181 h. – alt. 17
7, allée de la République *05 57 40 27 58*
Paris 549 – Bergerac 46 – Libourne 18 – Montpon-Ménestérol 27

Municipal La Pelouse de déb. mai à fin sept.
05 57 40 04 22, *camping.la.pelouse@orange.fr*, *www.castillonlabataille.fr*
0,5 ha (38 empl.) plat, herbeux
Tarif : 13€ (15A) – pers. suppl. 4€
Location : (permanent) – 10 gîtes.
Pour s'y rendre : 2 prom. Dubourdieu (à l'est du bourg, au bord de la Dordogne)

Nature :
Loisirs :
Services :

Longitude : -0.03569
Latitude : 44.85337

CÉNAC-ET-ST-JULIEN

24250 – **329** I7 – 1 207 h. – alt. 70
Paris 537 – Le Bugue 34 – Gourdon 20 – Sarlat-la-Canéda 12

Le Pech de Caumont de déb. avr. à fin sept.
05 53 28 21 63, *info@pech-de-caumont.com*, *www.pech-de-caumont.com*
2,2 ha (100 empl.) en terrasses, peu incliné, herbeux
Tarif : 19,80€ (10A) – pers. suppl. 5,10€ – frais de réservation 12,50€
Location : (de déb. avr. à fin sept.) – 20 – 6 . Nuitée 31 à 85€ – Sem. 205 à 600€ – frais de réservation 12,50€
10 19,80€
Pour s'y rendre : 2 km au sud
À savoir : domine la vallée de la Dordogne, face au village de Domme

Nature :
Loisirs :
Services :

Longitude : 1.20908
Latitude : 44.78654

LA CHAPELLE-AUBAREIL

24290 – **329** I5 – 450 h. – alt. 230
Paris 515 – Brive-la-Gaillarde 40 – Les Eyzies-de-Tayac 21 – Montignac 9

La Fage de déb. mai à fin sept.
05 53 50 76 50, *camping.lafage@wanadoo.fr*, Fax 05 53 50 76 50, *www.camping-lafage.com*
5 ha (60 empl.) en terrasses, peu incliné, herbeux
Tarif : (Prix 2011) 5,90€ 7,50€ – (10A) 3,50€ – frais de réservation 10€
Location : (Prix 2011) (de déb. mai à fin sept.) – 16 – 4 – 1 cabane dans les arbres – 3 tentes. Nuitée 28 à 118€ – Sem. 195 à 825€ – frais de réservation 10€
3 13€
Pour s'y rendre : au lieu-dit : La Fage (1,2 km au nord-ouest par rte de St-Amand-de-Coly (vers D 704) et chemin à gauche)

Nature :
Loisirs : snack
Services :
laverie

Longitude : 1.1882
Latitude : 45.01745

COLY

24120 – **329** I5 – 231 h. – alt. 113 – Base de loisirs
Paris 504 – Brive-la-Gaillarde 29 – Lanouaille 45 – Périgueux 53

Village Vacances Goelia Les Cottages du Lac (location exclusive de chalets) de déb. avr. à fin oct.
05 53 50 94 42, *info.coly@goelia.com*, Fax 05 53 50 94 43, *www.vacances-lascaux-dordogne.com*
18 ha plat, herbeux, étangs
Location : (1 chalet) – 73 . Nuitée 98 à 154€ – Sem. 245 à 1 260€
Pour s'y rendre : au lieu-dit : La Prade (2 km au sud-est par D 62, rte de la Cassagne, au bord d'un plan d'eau)

Nature :
Loisirs : terrain multisports, canoë, parcours de santé
Services : laverie

Longitude : 1.27945
Latitude : 45.07271

CONTIS-PLAGE

40170 – **335** D10
Paris 714 – Bayonne 87 – Castets 32 – Dax 52

Yelloh! Village Lous Seurrots – de déb. avr. à mi-sept.
05 58 42 85 82, *info@lous-seurrots.com*,
Fax 05 58 42 49 11, *www.lous-seurrots.com*
14 ha (610 empl.) plat et vallonné, incliné, sablonneux, herbeux
Tarif : 45€ (10A) – pers. suppl. 8€
Location : (de mi-avr. à mi-sept.) (1 chalet) – 166 – 113 – 5 bungalows toilés – 30 tentes. Nuitée 35 à 95€ – Sem. 245 à 665€
Pour s'y rendre : 060 av. de l'Océan (sortie sud-est par D 41, près du Courant de Contis, à 700 m de la plage)

Nature :
Loisirs : snack théâtre de plein air, terrain multisports
Services : laverie cases réfrigérées
À prox. : école de surf

Longitude : -1.31685
Latitude : 44.08878

CORNILLE

24750 – **329** F4 – 655 h. – alt. 190
Paris 482 – Bordeaux 148 – Périgueux 10 – Coulounieix-Chamiers 17

Village Vacances Le Parc de la Forêt (location exclusive de chalets) Permanent
05 53 03 82 20, *leparcdelaforet@wanadoo.fr*,
www.leparcdelaforet.fr
50 ha/6 campables vallonné, herbeux
Location : (Prix 2011) – 48 . Sem. 150 à 720€
Pour s'y rendre : 3 km au sud par D8 et rte de Périgueux
À savoir : village équestre

Nature :
Loisirs : snack hammam poneys (centre équestre)
Services : laverie

Longitude : 0.77198
Latitude : 45.22571

COURBIAC

68

47370 – **336** I3 – 110 h. – alt. 145
Paris 623 – Bordeaux 172 – Agen 46 – Montauban 59

Le Pouchou de déb. mars à fin nov.
05 53 40 72 68, *le.pouchou@wanadoo.fr*,
www.camping-le-pouchou.com
15 ha/2 campables (30 empl.) non clos, peu incliné, herbeux
Tarif : (Prix 2011) 4,50€ 7€ – (10A) 3,50€
Location : (Prix 2011) (de déb. mars à fin nov.) (1 chalet) – 1 – 7 . Nuitée 52 à 70€ – Sem. 238 à 462€
borne raclet – 2 10,50€ – 10.50€
Pour s'y rendre : 1,8 km à l'ouest par rte de Tournon-d'Agenais et chemin à gauche
À savoir : cadre agréable, vallonné autour d'un petit étang

Nature :
Loisirs : départ sentiers pédestres, billard
Services : laverie

Longitude : 1.02293
Latitude : 44.37854

COUX-ET-BIGAROQUE

24220 – **329** G7 – 944 h. – alt. 85
Paris 548 – Bergerac 44 – Le Bugue 14 – Les Eyzies-de-Tayac 17

Les Valades de déb. avr. à fin sept.
05 53 29 14 27, *info@lesvalades.com*,
http://www.lesvalades.com
11 ha (85 empl.) en terrasses, herbeux, vallonné, petit plan d'eau, sous bois
Tarif : 26€ (10A) – pers. suppl. 6,30€
Location : (de déb. avr. à fin sept.) (1 chalet) – 6 – 19 . Sem. 240 à 680€
Pour s'y rendre : au lieu-dit : Les Valades (4 km au nord-ouest par D 703, rte des Eyzies puis à gauche)

Nature :
Loisirs : snack (plage) canoë
Services : – 10 sanitaires individuels (wc) laverie

Longitude : 0.96367
Latitude : 44.8599

COUZE-ET-ST-FRONT

24150 – **329** F7 – 775 h. – alt. 45
Paris 544 – Bergerac 21 – Lalinde 4 – Mussidan 46

Les Moulins de déb. avr. à fin oct.
06 89 85 76 24, *camping-des-moulins@wanadoo.fr*, Fax 05 53 61 18 36, *www.campingdesmoulins.com* – places limitées pour le passage
2,5 ha (50 empl.) peu incliné, plat, herbeux
Tarif : 29€ (10A) – pers. suppl. 8€ – frais de réservation 10€
Location : (permanent) – 10 . Nuitée 50 à 75€ – Sem. 220 à 520€ – frais de réservation 10€
borne artisanale 6€ – 8 12€ – 12€
Pour s'y rendre : au lieu-dit : Les Maury Bas (sortie sud-est par D 660, rte de Beaumont et à dr., près du terrain de sports, au bord de la Couze)
À savoir : cadre verdoyant face au village perché sur un éperon rocheux

Nature :
Loisirs :
Services : laverie

Longitude : 0.70448
Latitude : 44.82646

DAGLAN

24250 – **329** I7 – 541 h. – alt. 101
le Bourg *05 53 29 88 84*
Paris 547 – Cahors 48 – Fumel 40 – Gourdon 18

Airotel Le Moulin de Paulhiac – de mi-mai à mi-sept.
05 53 28 20 88, *francis.armagnac@wanadoo.fr*, Fax 05 53 29 33 45, *www.moulin-de-paulhiac.com*
5 ha (150 empl.) plat, herbeux
Tarif : 7,80€ 10,80€ – (10A) 4,50€ – frais de réservation 10€
Location : (de mi-mai à mi-sept.) – 13 – 2 tentes. Nuitée 52 à 95€ – Sem. 240 à 930€ – frais de réservation 10€
Pour s'y rendre : rte de St-Cybranet (4 km au nord-ouest par D 57, au bord du Céou)

Nature :
Loisirs : snack (découverte en saison)
Services : laverie

Longitude : 1.17654
Latitude : 44.76772

La Peyrugue de déb. avr. à fin sept.
05 53 28 40 26, *camping@peyrugue.com*, *www.peyrugue.com*
5 ha/2,5 campables (85 empl.) terrasse, non clos, peu incliné à incliné, herbeux, pierreux
Tarif : 6,80€ 10,50€ – (16A) 4€ – frais de réservation 10€
Location : (de déb. avr. à fin sept.) (2 chalets) – 5 – 10 – 2 tentes. Nuitée 30 à 110€ – Sem. 210 à 525€ – frais de réservation 10€
Pour s'y rendre : au lieu-dit : La Peyrugue (1,5 km au nord par D 57, rte de St-Cybranet, à 150 m du Céou)

Nature :
Loisirs :
Services : laverie

Longitude : 1.18798
Latitude : 44.75267

DAX

40100 – **335** E12 – 20 860 h. – alt. 12 –
11, cours Foch 0558568686, info@dax-tourisme.com
Paris 727 – Bayonne 54 – Biarritz 61 – Bordeaux 144

Les Chênes – de fin mars à déb. nov.
05 58 90 05 53, *camping-chenes@wanadoo.fr*,
Fax 05 58 90 42 43, *www.camping-les-chenes.fr*
5 ha (230 empl.) plat, herbeux, sablonneux, gravillons
Tarif : (Prix 2011) 17,90€ (5A) –
pers. suppl. 6€ – frais de réservation 7,50€

Location : (Prix 2011) (de fin mars à déb. nov.) – 54 . Nuitée 38 à 52€ – Sem. 266 à 359€ – frais de réservation 7,50€
borne artisanale 6€
Pour s'y rendre : allée du Bois de Boulogne (1,8 km à l'ouest du centre ville, au bois de Boulogne, à 200 m de l'Adour)

À savoir : agréable chênaie près d'un étang

Nature :
Loisirs :
Services : laverie
À prox. : practice de golf

Longitude : -1.07174
Latitude : 43.71138

Le Bascat de déb. mars à mi-nov.
05 58 56 16 68, *info@campinglebascat.com*,
Fax 05 58 56 20 56, *www.campinglebascat.com*
3,5 ha (160 empl.) plat, en terrasses, gravier, herbeux
Tarif : 4,20€ 6,70€ – (6A) 2€ – frais de réservation 5€

Location : (de mi-mars à mi-nov.) – 37 . Nuitée 40 à 50€ – Sem. 208 à 318€ – frais de réservation 5€
borne artisanale – 70 12,90€ – 11€
Pour s'y rendre : r. de Jouandin (2,8 km à l'ouest du centre ville par le bois de Boulogne, accès à partir du Vieux Pont (rive gauche) et av. longeant les berges de l'Adour)

Nature :
Loisirs :
Services : laverie

Longitude : -1.07043
Latitude : 43.70617

Pour visiter une ville ou une région : utilisez les Guides Verts MICHELIN.

DOMME

24250 – **329** I7 – 1 019 h. – alt. 250
place de la Halle 0553317100, domme-tourisme@wanadoo.fr
Paris 538 – Cahors 51 – Fumel 50 – Gourdon 20

Village Vacances Les Ventoulines (location exclusive de chalets) de déb. avr. à fin oct.
05 53 28 36 29, *lesventoulines@wanadoo.fr*,
www.gites-dordogne-sarlat.fr
3 ha non clos, en terrasses, herbeux

Location : – 18 . Nuitée 65 à 75€ – Sem. 325 à 890€
Pour s'y rendre : au lieu-dit : Les Ventoulines (3,6 km au sud-est)

Nature :
Loisirs :
Services : laverie

Longitude : 1.22588
Latitude : 44.84048

Perpetuum – de déb. mai à déb. oct.
05 53 28 35 18, *leperpetuum.domme@wanadoo.fr*,
Fax 05 53 29 63 64, *www.campingleperpetuum.com*.
4,5 ha (120 empl.) plat, herbeux
Tarif : 6,60€ 2€ 7€ – (10A) 3,50€ – frais de réservation 12€

Location : (de déb. mai à déb. oct.) – 30 . Nuitée 49 à 107€ – Sem. 220 à 750€ – frais de réservation 12€
borne eurorelais – 11€
Pour s'y rendre : 2 km au sud par la D 50 et chemin à droite, au bord de la Dordogne

Nature :
Loisirs : snack salle d'animation terrain multisports
Services : laverie

Longitude : 1.22065
Latitude : 44.81542

Village Vacances de la Combe (location exclusive de chalets) de mi-mars à fin oct.
05 53 29 77 42, *lacombe24@wanadoo.fr*, *www.villagedelacombe.com*
2 ha plat, en terrasses, herbeux
Location : (1 chalet) – 12 – 12 gîtes. Sem. 355 à 725 € – frais de réservation 18 €
Pour s'y rendre : au lieu-dit : Le Pradal (1,5 km au sud-est)
À savoir : location 2 nuits minimum hors sais.

Nature :
Loisirs :
Services :

Longitude : 1.22243
Latitude : 44.8161

Le Bosquet de déb. avr. à fin sept.
05 53 28 37 39, *info@lebosquet.com*, Fax 05 53 29 41 95, *www.lebosquet.com*
1,5 ha (60 empl.) non clos, plat, herbeux
Tarif : 4,50 € 5 € – (10A) 2,80 € – frais de réservation 7 €
Location : (de déb. avr. à fin sept.) – 20 . Sem. 200 à 560 € – frais de réservation 7 €
borne artisanale 9 € – 9 €
Pour s'y rendre : au lieu-dit : La Rivière (à 900 m au sud de Vitrac-Port, par la D 46)

Nature :
Loisirs : snack
Services :
À prox. : canoë

Longitude : 1.22555
Latitude : 44.82185

Le Moulin de Caudon Permanent
05 53 31 03 69, *camping.moulin.caudon@wanadoo.fr*, *www.campingdordogne.com*
2 ha (60 empl.) plat, herbeux
Tarif : (Prix 2011) 3,50 € 3,50 € 2,80 € – (10A) 2,80 €
Location : (permanent) – 4 . Sem. 200 à 500 €
Pour s'y rendre : au lieu-dit : Caudon (6 km au nord-est par la D 46e et la D 50, rte de Groléjac, près de la Dordogne - pour les caravanes, accès conseillé par Vitrac-Port)

Nature :
Loisirs :
Services : (saison)
À prox. :

Longitude : 1.24466
Latitude : 44.82061

EYMET

24500 – **329** D8 – 2 539 h. – alt. 54
place de la Bastide 0553237495, eymet-en-perigord@wanadoo.fr
Paris 560 – Bergerac 24 – Castillonnès 19 – Duras 22

Le Château de fin avr. à fin sept.
05 53 23 80 28, *eymetcamping@aol.com*, *www.eymetcamping.com*
1,5 ha (66 empl.) plat, herbeux, jardin public attenant
Tarif : 14 € (10A) – pers. suppl. 4 €
Pour s'y rendre : r. de la Sole (derrière le château, au bord du Dropt)
À savoir : Site agréable bordé par la rivière, le parc et les remparts

Nature :
Loisirs : canoë
Services :

Longitude : 0.39584
Latitude : 44.66925

*To visit a town or region : use the **MICHELIN Green Guides.***

LES EYZIES-DE-TAYAC

24620 – **329** H6 – 839 h. – alt. 70
19, av. de la Préhistoire 05 53 06 97 05 19, av. de la Préhistoire 05 53 06 97 05
Paris 536 – Brive-la-Gaillarde 62 – Fumel 62 – Lalinde 35

Vacances Directes Le Mas – (location exclusive de mobile homes et chalets) de déb. juin à mi-sept.
0825 133 400, *contact@campinglemas.com*, Fax 02 96 39 97 81, *www.campinglemas.com*
5 ha en terrasses, herbeux
Location : (Prix 2011) – 104 – 6 . Nuitée 37 à 111 € – Sem. 259 à 777 € – frais de réservation 15 €
Pour s'y rendre : 7 km à l'Est par D 47 rte de Sarlat-la-Canéda puis 2,5 km par rte de Sireuil à gauche

Nature :
Loisirs : snack
Services : laverie
À prox. : (ferme-auberge)

Longitude : 1.0849
Latitude : 44.93675

La Rivière de déb. avr. à fin oct.
05 53 06 97 14, *la-riviere@wanadoo.fr*,
Fax 05 53 35 20 85, *www.lariviereleseyzies.com*
7 ha/3 campables (120 empl.) plat, herbeux
Tarif : 27,10€ (10A) – pers. suppl. 6,40€ – frais de réservation 4€

Location : (de déb. avr. à fin oct.) – 10 – 6 – 1 tente. Nuitée 35 à 125€ – Sem. 160 à 865€ – frais de réservation 4€
borne artisanale 4,50€ – 10€
Pour s'y rendre : 3 rte du Sorcier (1 km au nord-ouest par D 47, rte de Périgueux et rte à gauche apr. le pont, à 200 m de la Vézère)

Nature :
Loisirs : snack
Services : laverie
À prox. : canoë kayak

Longitude : 1.00582
Latitude : 44.93732

La Ferme du Pelou de mi-mars à mi-nov.
05 53 06 98 17, *contact@leseyzies.com*,
Fax 05 53 06 98 17, *www.lafermedupelou.com*
1 ha (65 empl.) peu incliné, plat, herbeux
Tarif : (Prix 2011) 13,90€ (10A) – pers. suppl. 3,60€

Location : (de mi-mars à mi-nov.) – 2 . Sem. 280 à 480€
borne sanistation
Pour s'y rendre : au lieu-dit : Le Pelou (4 km au nord-est par D 706, rte de Montignac puis rte à dr.)
À savoir : camping à la ferme

Nature :
Loisirs :
Services : laverie
À prox. :

Longitude : 1.04472
Latitude : 44.95527

FUMEL

47500 – **336** H3 – 5 230 h. – alt. 70
place Georges Escande 05 53 71 13 70
Paris 594 – Agen 55 – Bergerac 64 – Cahors 48

Village Vacances Domaine de Guillalmes (location exclusive de chalets) de déb. mars à fin oct.
05 53 71 01 99, *contact@domainedeguillalmes.com*,
Fax 05 53 71 02 57, *www.domainedeguillalmes.com*
3 ha plat, herbeux

Location : (Prix 2011) (1 chalet) – 1 roulotte – 18 . Nuitée 60 à 95€ – Sem. 350 à 650€ – frais de réservation 10€
Pour s'y rendre : 3 km à l'est par D 911, rte de Cahors puis à la sortie de Condat, 1 km par rte à dr., au bord du Lot

Nature :
Loisirs : snack canoë
Services :

Longitude : 1.00955
Latitude : 44.48343

Les Catalpas de mi-fév. à mi-nov.
05 53 71 11 99, *les-catalpas@wanadoo.fr*,
Fax 05 53 71 11 99, *www.les-catalpas.com*
2 ha (80 empl.) plat, herbeux, goudronné
Tarif : 21€ (10A) – pers. suppl. 5€

Location : (permanent) – 4 – 2 – 1 gîte. Nuitée 50 à 65€ – Sem. 300 à 550€
borne artisanale 13€ – 20 15€ – 13€
Pour s'y rendre : au lieu-dit : La Tour, chemin de la plaine de Condat (2 km à l'est par D 911, rte de Cahors puis, à la sortie de Condat, 1,2 km par rte à dr., au bord du Lot)

Nature :
Loisirs :
Services :

Longitude : 0.99737
Latitude : 44.48916

Ne pas confondre :
... à ... : appréciation ***MICHELIN***
et
★ ... à ... ★★★★★ : classement officiel

GABARRET

40310 – **335** L11 – 1 217 h. – alt. 153
111, rue Armagnac ☎ *0558443495*
Paris 715 – Agen 66 – Auch 76 – Bordeaux 140

Parc Municipal Touristique la Chêneraie de déb. mars à fin oct.
☎ 0558449262, *la-cheneraie@orange.fr*, Fax 0558449262
0,7 ha (36 empl.) peu incliné, plat, herbeux, sablonneux
Tarif : 11,50€ (10A) – pers. suppl. 2,50€
Location : (permanent) – 4 – 10 gîtes. Nuitée 55 à 65€ – Sem. 180 à 295€
Pour s'y rendre : sortie est par D 35, rte de Castelnau-d'Auzan et chemin à dr.

Nature :
Loisirs :
Services :
À prox. :

Longitude : 0.01622
Latitude : 43.98361

GRADIGNAN

33170 – **335** H6 – 23 096 h. – alt. 26
Paris 592 – Bordeaux 9 – Lyon 550 – Nantes 336

Beausoleil Permanent
☎ 0556891766, *campingbeausoleil@wanadoo.fr*, Fax 0556891766, *www.camping-gradignan.com*
0,5 ha (31 empl.) peu incliné, plat, herbeux, gravillons
Tarif : 20€ (10A) – pers. suppl. 3,50€
Location : (permanent) – 3 . Sem. 250 à 375€
Pour s'y rendre : 371 cours du Général de Gaulle (sur rocade : sortie 16, Gradignan)
À savoir : navettes bus pour le tram de Bordeaux

Nature :
Services : laverie

Longitude : -0.6278
Latitude : 44.75573

Ce guide n'est pas un répertoire de tous les terrains de camping mais une sélection des meilleurs campings dans chaque catégorie.

GROLÉJAC

24250 – **329** I7 – 610 h. – alt. 67
Paris 537 – Gourdon 14 – Périgueux 80 – Sarlat-la-Canéda 13

Les Granges – de fin avr. à déb. sept.
☎ 0553281115, *contact@lesgranges-fr.com*, Fax 0553285713, *www.lesgranges-fr.com* – places limitées pour le passage
6 ha (188 empl.) plat, incliné et en terrasses, herbeux
Tarif : 18,20€ (6A) – pers. suppl. 5,60€ – frais de réservation 30€
Location : (de fin avr. à déb. sept.) – 49 – 16 . Nuitée 41 à 110€ – Sem. 291 à 772€ – frais de réservation 30€
Pour s'y rendre : au bourg

Nature :
Loisirs : snack nocturne
Services : laverie
À prox. :

Longitude : 1.29117
Latitude : 44.81579

Le Lac de Groléjac de mi-avr. à mi-sept.
☎ 0553594870, *contact@camping-dulac-dordogne.com*, Fax 0553293974, *www.camping-dulac-dordogne.com*
2 ha (92 empl.) non clos, plat, herbeux
Tarif : 13€ (10A) – pers. suppl. 3,80€ – frais de réservation 15€
Location : (de mi-avr. à mi-sept.) – 12 – 9 bungalows toilés. Nuitée 25 à 68€ – Sem. 210 à 510€ – frais de réservation 15€
borne artisanale – 25 11,50€ – 9.50€
Pour s'y rendre : au plan d'eau (2 km au sud par D 704, D 50, rte de Domme et rte de Nabirat à gauche)

Nature :
Loisirs : canoë, pédalos, barques
Services : (juil.-août)
À prox. :

Longitude : 1.29441
Latitude : 44.802

HAGETMAU

40700 – **335** H13 – 4 549 h. – alt. 96
place de la République ✆ 0558793826
Paris 737 – Aire-sur-l'Adour 34 – Dax 45 – Mont-de-Marsan 29

Municipal de la Cité Verte de déb. juin à fin sept.
✆ 0558797979, *laciteverte@netcourrier.com*,
Fax 0558797999, *www.laciteverte.com*
0,4 ha (24 empl.) plat, herbeux
Tarif : (Prix 2011) 22,50€ (20A)
Pour s'y rendre : chemin des Loussets (au sud par av. du Dr-Édouard-Castera, près des arènes et de la piscine, au bord d'une rivière)

À savoir : proche des structures municipales sportives et de loisirs

Nature :
Loisirs : self-service
Services : – 24 sanitaires individuels (wc)
À prox. : parcours sportif, golf

Longitude : -0.59215
Latitude : 43.65233

HAUTEFORT

24390 – **329** H4 – 1 110 h. – alt. 160
place du Marquis J. F. de Hautefort ✆ 0553504027
Paris 466 – Bordeaux 190 – Périgueux 60 – Brive-la-Gaillarde 57

Village Vacances Les Sources (location exclusive de chalets) de déb. avr. à fin oct.
✆ 0553519656, *info@dordogne-gite.fr*, *www.dordogne-gite.fr*
30 ha/5 campables vallonné

Location : – 12 – 3 gîtes. Sem. 320 à 980€
Pour s'y rendre : à La Génèbre (2,6 km au sud par la D 704 et la D 62E4)

Nature : < château de Hautefort
Loisirs : quad, paintball
Services : laverie

Longitude : 1.12641
Latitude : 45.25085

Utilisez le guide de l'année.

HENDAYE

64700 – **342** B4 – 13 969 h. – alt. 30
67, boulevard de la Mer ✆ 0559200034, tourisme@hendaye.com
Paris 799 – Biarritz 31 – Pau 143 – St-Jean-de-Luz 12

Ametza de déb. juin à fin sept.
✆ 0559200705, *ametza@neuf.fr*, Fax 0559203216, *www.camping-ametza.com*
4,5 ha (280 empl.) en terrasses, plat, peu incliné, herbeux
Tarif : 36€ (6A) – pers. suppl. 7€ – frais de réservation 15€

Location : (de déb. avr. à fin sept.) (1 mobile home) – 28 – 3 . Sem. 310 à 1 050€ – frais de réservation 15€
3 36€
Pour s'y rendre : bd de l'Empereur (1 km à l'est)

Nature :
Loisirs : snack
Services : laverie

Longitude : -1.75578
Latitude : 43.37285

Eskualduna de déb. juin à fin sept.
✆ 0559200464, *contact@camping-eskualduna.fr*,
Fax 0559206928, *www.camping-eskualduna.fr*
10 ha (330 empl.) vallonné, en terrasses, plat, incliné, herbeux
Tarif : (Prix 2011) 8€ 5€ 7€ – (10A) 7€ – frais de réservation 20€

Location : (Prix 2011) (de déb. mai à fin oct.) – 65 . Sem. 250 à 790€ – frais de réservation 20€
borne eurorelais 5€ – 30 12€
Pour s'y rendre : rte de la Corniche (2 km à l'est, rte de la Corniche, au bord d'un ruisseau)

À savoir : navette gratuite pour la plage - Préférer les emplacements éloignés de la route

Nature :
Loisirs : snack
Services : laverie réfrigérateurs

Longitude : -1.73925
Latitude : 43.37555

Dorrondeguy de déb. avr. à fin oct.
☎ 0559202616, *camping.dorrondeguy@wanadoo.fr*, Fax 0559202616, *www.camping-dorrondeguy.com*
4 ha (120 empl.) terrasse, plat, peu incliné, herbeux
Tarif : (Prix 2011) 26€ (10A) – pers. suppl. 6€ – frais de réservation 15€
Location : (de déb. avr. à fin oct.) – 27 – 11 – 4 bungalows toilés. Nuitée 30 à 90€ – Sem. 220 à 650€ – frais de réservation 20€
Pour s'y rendre : r. de la Glacière

Nature :
Loisirs : fronton pelote basque
Services : laverie

Longitude : -1.74727
Latitude : 43.36867

HOURTIN

33990 – **335** E3 – 2 528 h. – alt. 18
Hourtin Port ☎ 0556091900
Paris 638 – Andernos-les-Bains 55 – Bordeaux 65 – Lesparre-Médoc 17

La Rotonde - Le Village Western – de déb. avr. à fin sept.
☎ 0556091060, *la-rotonde@wanadoo.fr*, Fax 0556738137, *www.village-western.com*
17 ha/11 campables (300 empl.) plat, herbeux, sablonneux
Tarif : (Prix 2011) 32,80€ (10A) – pers. suppl. 7,60€ – frais de réservation 18€
Location : (Prix 2011) (de déb. avr. à fin sept.) – 82 – 10 – 12 tipis – 5 bungalows toilés. Nuitée 30 à 115€ – Sem. 210 à 796€ – frais de réservation 18€
borne artisanale
Pour s'y rendre : chemin de Bécassine (1,5 km à l'ouest par av. du Lac et chemin à gauche, à 500 m du lac (accès direct))
À savoir : original décor Western autour du centre équestre

Nature :
Loisirs : snack nocturne (centre équestre)
Services : laverie
À prox. :

Longitude : -1.07468
Latitude : 45.17935

Les Ourmes – de déb. mai à mi-sept.
☎ 0556091276, *info@lesourmes.com*, Fax 0556092390, *www.lesourmes.com*
7 ha (300 empl.) plat, herbeux, sablonneux
Tarif : 35€ (10A) – pers. suppl. 7€ – frais de réservation 16€
Location : (de déb. mai à mi-sept.) – 37 . Nuitée 40 à 110€ – Sem. 240 à 780€ – frais de réservation 16€
borne artisanale
Pour s'y rendre : 90 av. du Lac (1,5 km à l'ouest)

Nature :
Loisirs : snack nocturne
Services : (juil.-août) laverie
À prox. : (centre équestre)

Longitude : -1.07584
Latitude : 45.18204

Aires Naturelles l'Acacia et le Lac de mi-juin à fin sept.
☎ 0556738080, *camping.lacacia@orange.fr*, *www.camping-lacacia.com*
5 ha/2 campables (50 empl.) plat, herbeux, sablonneux, pinède attenante
Tarif : 18,90€ (12A) – pers. suppl. 5,50€
Pour s'y rendre : rte de Carcans (7 km au sud-ouest par D 3 et chemin à dr.)

Nature :
Loisirs :
Services : laverie

Longitude : -1.06361
Latitude : 45.13561

Donnez-nous votre avis sur les terrains que nous recommandons. Faites-nous connaître vos observations et vos découvertes par mail à l'adresse : leguidecampingfrance@tp.michelin.com.

HOURTIN-PLAGE

33990 – **335** D3
Paris 556 – Andernos-les-Bains 66 – Bordeaux 76 – Lesparre-Médoc 26

Airotel La Côte d'Argent – de mi-mai à mi-sept.
05 56 09 10 25, *info@camping-cote-dargent.com*,
Fax 05 56 09 24 96, *www.cca33.com*
20 ha (870 empl.) vallonné, en terrasses, plat, sablonneux
Tarif : 40€ (10A) – pers. suppl. 8,50€
– frais de réservation 35€

Location : (de mi-mai à mi-sept.) – 252 – 12 . Nuitée 49 à 170€ – Sem. 196 à 1 190€ – frais de réservation 35€
Pour s'y rendre : à 500 m de la plage

Nature :
Loisirs : snack terrain multisports
Services : laverie cases réfrigérées

Longitude : -1.16446
Latitude : 45.22259

LA HUME

33470 – **335** E7
Paris 645 – Bordeaux 59 – Mérignac 62 – Pessac 56

Verdalle de déb. avr. à fin sept.
05 56 66 12 62, *camping.verdalle@wanadoo.fr*,
Fax 05 56 66 12 62, *www.campingdeverdalle.com*
1,5 ha (108 empl.) plat, sablonneux, pierreux
Tarif : 25€ (10A) – pers. suppl. 5,50€
– frais de réservation 12€

Location : (de déb. avr. à fin sept.) – 6 bungalows toilés. Nuitée 35 à 80€ – Sem. 200 à 490€ – frais de réservation 15€
borne artisanale
Pour s'y rendre : 2 allée de l'Infante (au nord, par av. de la Plage et chemin à dr., au bord du bassin, accès direct à la plage)

Nature :
Services :
À prox. :

Longitude : -1.11099
Latitude : 44.64397

ITXASSOU

64250 – **342** D3 – 1 998 h. – alt. 39
Paris 787 – Bayonne 24 – Biarritz 25 – Cambo-les-Bains 5

Hiriberria Permanent
05 59 29 98 09, *hiriberria@wanadoo.fr*,
Fax 05 59 29 20 88, *www.hiriberria.com*
4 ha (228 empl.) terrasse, peu incliné, plat, herbeux, gravillons
Tarif : 7€ 7€ – (10A) 4€

Location : (de déb. mars à fin nov.) – 13 – 17 . Nuitée 95€ – Sem. 655€
borne artisanale 3,50€
Pour s'y rendre : 1 km au nord-ouest par D 918, rte de Cambo-les-Bains et chemin à dr.
À savoir : joli petit village de chalets

Nature :
Loisirs : (découverte en saison)
Services : laverie

Longitude : -1.40137
Latitude : 43.33887

LABENNE-OCÉAN

40530 – **335** C13
Paris 763 – Bordeaux 185 – Mont-de-Marsan 98 – Pau 129

Yelloh! Village le Sylvamar – de déb. avr. à déb. nov.
05 59 45 75 16, *camping@sylvamar.fr*,
Fax 05 59 45 46 39, *www.sylvamar.fr*
25 ha (750 empl.) plat, sablonneux, herbeux
Tarif : 48€ (10A) – pers. suppl. 9€

Location : (de déb. avr. à déb. nov.) (chalets) – 195 – 60 – 1 cabane dans les arbres. Nuitée 39 à 280€ – Sem. 273 à 1 960€
Pour s'y rendre : av. de l'Océan (par D 126, rte de la Plage, près du Boudigau)
À savoir : espace balnéo, piscine et pataugeoire ludique, couverts de qualité

Nature :
Loisirs : snack hammam jacuzzi espace balnéo théâtre de plein air, terrain multisports
Services : laverie cases réfrigérées, point d'informations touristiques
À prox. : parc animalier

Longitude : -1.45687
Latitude : 43.59532

Côte d'Argent – de fin mars à fin oct.
05 59 45 42 02, *info@camping-cotedargent.com*,
Fax 05 59 45 73 31, *www.camping-cotedargent.com*
4 ha (215 empl.) plat, herbeux, sablonneux
Tarif : (Prix 2011) 33€ (6A) –
pers. suppl. 5,10€ – frais de réservation 25€

Location : (Prix 2011) (de fin mars à fin oct.) – 22 – 35 – 3 appartements – 12 bungalows toilés. Nuitée 45 à 125€ – Sem. 190 à 875€ – frais de réservation 25€
borne eurorelais 3,10€
Pour s'y rendre : 60 av. de l'Océan (par D 126, rte de la plage)

Nature :
Loisirs : snack diurne terrain multisports
Services : laverie
À prox. : parc aquatique

Longitude : -1.45687
Latitude : 43.59532

Municipal Les Pins Bleus de déb. avr. à fin oct.
05 59 45 41 13, *camping@lespinsbleus.com*,
Fax 05 59 45 44 70, *www.lespinsbleus.com*
6,5 ha (120 empl.) plat, sablonneux, herbeux
Tarif : 18,50€ (6A) – pers. suppl. 5€ – frais de réservation 17€

Location : (Prix 2011) (de déb. avr. à fin oct.) (1 chalet) – 2 – 22 – 14 bungalows toilés. Nuitée 27 à 98€ – Sem. 140 à 595€ – frais de réservation 17€
borne artisanale 8,70€ – 14 8,70€ – 10.70€
Pour s'y rendre : av. de l'Océan (par D 126 rte de la plage, au bord du Boudigau)

Nature :
Loisirs : snack canoë
Services : laverie , cases réfrigérées

Longitude : -1.45687
Latitude : 43.60229

LACANAU

33680 – **335** E5 – 4 243 h. – alt. 17
Paris 625 – Bordeaux 47 – Mérignac 45 – Pessac 51

Talaris Vacances – de déb. avr. à fin sept.
05 56 03 04 15, *camping@talaris-vacances.fr*,
Fax 05 56 26 21 56, *www.talaris-vacances.fr*
10 ha (336 empl.) plat, herbeux, petit étang
Tarif : 40,50€ (10A) – pers. suppl. 8€ – frais de réservation 25€

Location : (de déb. avr. à fin sept.) – 120 – 23 bungalows toilés. Nuitée 25 à 190€ – Sem. 175 à 1 330€ – frais de réservation 25€
borne artisanale
Pour s'y rendre : au Moutchic, rte de l'Océan (5 km à l'ouest par D6, rte de Lacanau-Océan)

À savoir : agréable cadre boisé

Nature :
Loisirs : snack terrain multisports
Services : laverie

Longitude : -1.11236
Latitude : 45.008

Le Tedey – de fin avr. à mi-sept.
05 56 03 00 15, *camping@le-tedey.com*,
Fax 05 56 03 01 90, *www.le-tedey.com* (de déb. juil. à fin août)
14 ha (700 empl.) plat, sablonneux, dunes boisées attenantes
Tarif : (Prix 2011) 26€ (10A) –
pers. suppl. 6€ – frais de réservation 20€

Location : (Prix 2011) (de fin avr. à mi-sept.) – 38 . Sem. 330 à 715€ – frais de réservation 20€
borne artisanale
Pour s'y rendre : au Moutchic, rte de Longarisse (3 km au sud et chemin à gauche)

À savoir : agréable site au bord du lac de Lacanau, sous les pins mais au confort sanitaire faible

Nature :
Loisirs : canoë
Services : laverie

Longitude : -1.13652
Latitude : 44.9875

Renouvelez votre guide chaque année.

Villages Vacances Le Gîte Autrement (location exclusive de chalets) Permanent
05 57 17 22 47, *gites-autrement@orange.fr*,
Fax 06 77 70 62 65, *www.gite-autrement.com*
1 ha plat, herbeux, sablonneux

Location : – 9 . Nuitée 66 à 110€ – Sem. 278 à 770€
Pour s'y rendre : lieu-dit : Narsot (2,5 km au nord-est par la D104E4 rte de Brach)

Nature :
Loisirs : (découverte en saison)
Services :

Longitude : -1.04908
Latitude : 44.98457

LACANAU-OCÉAN

33680 – **335** D4 – 3 142 h.
438, place de L'Europe 05 56 03 21 01
Paris 636 – Andernos-les-Bains 38 – Arcachon 87 – Bordeaux 63

Yelloh! Village Les Grands Pins – de mi-avr. à fin sept.
05 56 03 20 77, *reception@lesgrandspins.com*,
Fax 05 57 70 03 89, *www.lesgrandspins.com*
11 ha (570 empl.) en terrasses, vallonné, sablonneux
Tarif : 49€ (10A) – pers. suppl. 9€

Location : (de mi-avr. à fin sept.) – 186 . Nuitée 39 à 239€ – Sem. 273 à 1 673€
borne artisanale 1€ – 250 49€
Pour s'y rendre : Plage Nord (au nord de la station, à 500 m de la plage -accès direct-)

Nature :
Loisirs : snack hammam jacuzzi balnéo terrain multisports, parcours de santé et de VTT
Services : (saison) laverie cases réfrigérées

Longitude : -1.19517
Latitude : 45.01088

Airotel de l'Océan – de déb. avr. à fin sept.
05 56 03 24 45, *airotel.lacanau@wanadoo.fr*,
Fax 05 57 70 01 87, *www.airotel-ocean.com*
9 ha (550 empl.) plat et en terrasses, vallonné, sablonneux
Tarif : (Prix 2011) 45€ (16A) – pers. suppl. 9€ – frais de réservation 28€

Location : (Prix 2011) (de déb. avr. à fin sept.) (de déb. avr. à fin sept.) – 200 . Nuitée 50 à 140€ – Sem. 350 à 900€ – frais de réservation 28€
40 30€
Pour s'y rendre : 24 r. du Repos (Plage Nord)

Nature :
Loisirs : snack discothèque école de surf
Services : laverie cases réfrigéréees

Longitude : -1.1928
Latitude : 45.00868

Avant de vous installer, consultez les tarifs en cours, affichés obligatoirement à l'entrée du terrain, et renseignez-vous sur les conditions particulières de séjour. Les indications portées dans le guide ont pu être modifiées depuis la mise à jour.

LAMONZIE-MONTASTRUC

24520 – **329** E6 – 586 h. – alt. 50
Paris 587 – Bordeaux 131 – Périgueux 46 – Agen 103

L'Escapade – de déb. juin à mi-sept.
05 53 57 23 79, *contact@campinglescapade.com*,
Fax 05 53 57 23 79, *www.campinglescapade.com*
4,5 ha (85 empl.) en terrasses, plat, herbeux, vallonné
Tarif : 29,50€ (10A) – pers. suppl. 7,60€ – frais de réservation 26€

Location : (de déb. avr. à mi-sept.) – 62 – 8 . Nuitée 50 à 107€ – Sem. 280 à 750€ – frais de réservation 26€
Pour s'y rendre : au lieu-dit : Les Roussilloux (rte de St-Alvère)

Nature :
Loisirs : snack hammam jacuzzi promenades à dos d'ânes
Services : laverie

Longitude : 0.60793
Latitude : 44.88636

LANOUAILLE

24270 – **329** H3 – 988 h. – alt. 209 – Base de loisirs
4, place Thomas Robert Bugeaud *05 53 62 17 82*
Paris 446 – Brantôme 47 – Limoges 55 – Périgueux 46

Village Vacances Le Moulin de la Jarousse (location exclusive de chalets, yourtes, cabanes dans les arbres, gîtes) Permanent
05 53 52 37 91, *contact@location-en-dordogne.com*, *www.location-en-dordogne.com*
8 ha en terrasses, lac, forêt
Location : (1 gîte) – 8 – 8 yourtes – 8 cabanes dans les arbres – 1 bungalow toilé – 3 gîtes. Nuitée 185€ – Sem. 280 à 1 295€
Pour s'y rendre : à Payzac, au lieu-dit : La Jarousse (9 km au nord-est par la D 704 jusqu'à l'Hépital, puis à drte par la D 80)
À savoir : cadre sauvage et boisé dominant le lac

Nature :
Loisirs : (découverte en saison) quad enfant, animaux de la ferme, canoë, pédalos
Services :

Longitude : 1.18411
Latitude : 45.43694

LARRAU

64560 – **342** G4 – 209 h. – alt. 636
Paris 840 – Bordeaux 254 – Pamplona 110 – Donostia-San Sebastián 142

Village Vacances Les Chalets d'Iraty (location exclusive de chalets) Permanent
05 59 28 51 29, *info@chalets-pays-basque.com*, Fax 05 59 28 72 38, *www.chalets-pays-basque.com* – alt. 1 327
2 000 ha/4 campables
Location : (Prix 2011) (hiver) – 40 . Sem. 275 à 325€
Pour s'y rendre : au col de Bagargui (14 km à l'ouest par D 19, rte de St-Jean-Pied-de-Port)
À savoir : disséminés dans la forêt d'Iraty, entre les cols de Bagargui et Hegui Xouri

Nature :
Loisirs :
Services :
À prox. : ski de fond

Longitude : -1.03532
Latitude : 43.03638

Die Klassifizierung (1 bis 5 Zelte, ***schwarz*** *oder* ***rot****), mit der wir die Campingplätze auszeichnen, ist eine Michelin-eigene Klassifizierung. Sie darf nicht mit der staatlich-offiziellen Klassifizierung (1 bis 5 Sterne) verwechselt werden.*

LARUNS

64440 – **342** J5 – 1 365 h. – alt. 523
Maison de la Vallée d'Ossau *05 59 05 31 41*
Paris 811 – Argelès-Gazost 49 – Lourdes 51 – Oloron-Ste-Marie 34

Les Gaves Permanent
05 59 05 32 37, *campingdesgaves@wanadoo.fr*, Fax 05 59 05 47 14, *www.campingdesgaves.com* – places limitées pour le passage
2,4 ha (101 empl.) plat, herbeux, gravier
Tarif : (Prix 2011) 29,40€ (10A) – pers. suppl. 4,80€ frais de réservation 17€
Location : (Prix 2011) (permanent) (chalets) – 11 – 5 – 5 appartements. Nuitée 97 à 171€ – Sem. 252 à 763€ – frais de réservation 17€
4
Pour s'y rendre : quartier Pon (1,5 km au sud-est par rte du col d'Aubisque et chemin à gauche, au bord du Gave d'Ossau)

Nature :
Loisirs :
Services : laverie

Longitude : -0.41772
Latitude : 42.98306

LÈGE-CAP-FERRET

33950 – **335** E6 – 7 321 h. – alt. 9
1, avenue du Général de Gaulle ☎ 0556039449
Paris 629 – Arcachon 65 – Belin-Beliet 56 – Bordeaux 50

La Prairie de déb. mars à fin oct.
☎ 0556600975, *camping.la.prairie@wanadoo.fr*, *www.campinglaprairie.com*
2,5 ha (118 empl.) plat, herbeux, sablonneux
Tarif : 19,50€ (10A) – pers. suppl. 3,70€
Location : (de déb. avr. à fin sept.) – 16 – 5 bungalows toilés. Nuitée 28 à 106€ – Sem. 157 à 636€
borne artisanale – 12.50€
Pour s'y rendre : 93 av. du Médoc (1 km au nord-est par D 3, rte du Porge)

Nature :
Loisirs :
Services :

Longitude : -1.13375
Latitude : 44.80271

LÉON

40550 – **335** D11 – 1 695 h. – alt. 9
65, place Jean Baptiste Courtiau ☎ 0558487603
Paris 724 – Castets 14 – Dax 30 – Mimizan 42

Yelloh! Village Punta Lago – de déb. avr. à fin sept.
☎ 0558492440, *contact@camping-puntalago.com*, Fax 0558492445, *www.camping-puntalago.com*
5,5 ha (300 empl.) plat, herbeux, sablonneux
Tarif : 44€ (10A) – pers. suppl. 7€
Location : (de déb. avr. à fin sept.) – 72 . Nuitée 42 à 199€ – Sem. 294 à 1 393€
Pour s'y rendre : 1395 av. du Lac (1,5 km au nord-ouest par D 142, face au stade municipal, à 200 du lac)

Nature :
Loisirs : terrain multisports
Services : laverie
À prox. :

Longitude : -1.31342
Latitude : 43.88382

LESCUN

64490 – **342** I5 – 184 h. – alt. 900
Paris 846 – Lourdes 89 – Oloron-Ste-Marie 37 – Pau 70

Le Lauzart de mi-mai à fin sept.
☎ 0559345177, *lauzart@sfr.fr*, *camping-lescun.com*
1 ha (50 empl.) plat, peu incliné, en terrasses, pierreux, herbeux, rochers
Tarif : (Prix 2011) 3,20€ 1,35€ 4€ – (10A) 4€
Pour s'y rendre : 1,5 km au sud-ouest par D 340
À savoir : magnifique site de montagne avec malheureusement des installations sanitaires vieillissantes

Nature :
Services :

Longitude : -0.64217
Latitude : 42.92761

LIMEUIL

24510 – **329** G6 – 345 h. – alt. 65
Le Bourg ☎ 0553633890
Paris 528 – Bergerac 43 – Brive-la-Gaillarde 78 – Périgueux 48

La Ferme des Poutiroux de déb. avr. à fin sept.
☎ 0553633162, *infos@poutiroux.com*, *www.poutiroux.com*
2,5 ha (45 empl.) en terrasses, plat, peu incliné, herbeux
Tarif : (Prix 2011) – frais de réservation 13€
Location : (Prix 2011) (de déb. avr. à fin sept.) – 20 – 3 mobile homes (sans sanitaire). Nuitée 21 à 38€ – Sem. 150 à 610€ – frais de réservation 13€
borne artisanale 3€ – 5 9€
Pour s'y rendre : sortie nord-ouest par D 31, rte de Trémolat puis 1 km par chemin de Paunat à dr.

Nature :
Loisirs :
Services : laverie

Longitude : 0.87946
Latitude : 44.89332

LINXE

40260 – **335** D11 – 1 159 h. – alt. 33
57, route de l'Océan ✆ *05 58 42 93 01*
Paris 712 – Castets 10 – Dax 31 – Mimizan 37

FranceLoc Domaine Lila
✆ 05 58 43 96 25, *domaine-lila@franceloc.fr*, *www.franceloc.fr*
2 ha (100 empl.) plat, sablonneux, gravillons
Location : – 50.
Pour s'y rendre : 190, rte de Mixe (1,5 km au nord-ouest par D 42, rte de St-Girons et D 397, rte à dr.)
À savoir : piscine filtrée naturellement

Nature :
Loisirs :
Services : laverie

Longitude : -1.25758
Latitude : 43.93185

LIT-ET-MIXE

40170 – **335** D10 – 1 455 h. – alt. 13
23, rue de l'Église ✆ *05 58 42 72 47*
Paris 710 – Castets 21 – Dax 42 – Mimizan 22

Village Center Les Vignes – (location exclusive de mobile homes, chalets et bungalows toilés) de fin mars à fin sept.
✆ 05 58 42 85 60, *resa@village-center.com*, Fax 05 58 42 74 36, *www.village-center.fr*
15 ha (495 empl.) plat, sablonneux
Location : (Prix 2011) (2 mobile homes) – 292 – 28 – 29 bungalows toilés. Nuitée 31 à 49€ – Sem. 343 à 1 099€ – frais de réservation 30€
Pour s'y rendre : 2,7 km au sud-ouest par D 652 et D 88, à dr., rte du Cap de l'Homy

Loisirs : snack chapiteau d'animations, salle de projections terrain multisports
Services : laverie

Longitude : -1.28275
Latitude : 44.02401

Municipal du Cap de l'Homy de déb. mai à fin sept.
✆ 05 58 42 83 47, *contact@camping-cap.com*, Fax 05 58 42 49 79, *www.camping-cap.com*
10 ha (474 empl.) plat, vallonné, sablonneux
Tarif : 27€ (7A) – pers. suppl. 4€ – frais de réservation 30€
Location : (Prix 2011) (de déb. mai à fin sept.) – 15 bungalows toilés. Sem. 213 à 587€ – frais de réservation 30€
borne artisanale 15€
Pour s'y rendre : à Cap-de-l'Homy, 600 av. de l'Océan (8 km à l'ouest par D 652 et D 88 à dr., à 300 m de la plage (accès direct))
À savoir : sous une agréable pinède

Nature :
Loisirs :
Services : laverie cases réfrigérées
À prox. : snack surf

Longitude : -1.33435
Latitude : 44.03712

MARCILLAC-ST-QUENTIN

24200 – **329** I6 – 769 h. – alt. 235
Paris 522 – Brive-la-Gaillarde 48 – Les Eyzies-de-Tayac 18 – Montignac 21

Les Tailladis de déb. mars à fin nov.
✆ 05 53 59 10 95, *tailladis@wanadoo.fr*, Fax 05 53 29 47 56, *www.tailladis.com*
25 ha/8 campables (90 empl.) plat, en terrasses et incliné, herbeux, pierreux
Tarif : 5,60€ 7€ – (10A) 3,90€ – frais de réservation 10€
Location : (de déb. avr. à mi-nov.) – 3 – 4 – 5 bungalows toilés. Sem. 245 à 690€ – frais de réservation 10€
Pour s'y rendre : lieu-dit : Les Tailladis (2 km au nord, à prox. de la D 48, au bord de la Beune et d'un petit étang)

Nature :
Loisirs :
Services : laverie

Longitude : 1.18789
Latitude : 44.97465

MAULÉON-LICHARRE

64130 – **342** G5 – 3 228 h. – alt. 140
Place des Allées *05 59 28 02 37*
Paris 802 – Oloron-Ste-Marie 31 – Orthez 39 – Pau 60

Uhaitza - Le Saison de déb. avr. à fin sept.
05 59 28 18 79, *camping.uhaitza@wanadoo.fr*,
Fax 05 59 28 06 23, *www.camping-uhaitza.com*
1 ha (50 empl.) plat, herbeux
Tarif : 5,65€ 2,90€ 5,40€ – (10A) 4,90€ – frais de réservation 10€
Location : (de déb. mars à mi-nov.) (de déb. juil. à fin août) – 2 – 5 . Sem. 250 à 590€ – frais de réservation 10€
borne autre 5€ – 11€
Pour s'y rendre : 1,5 km au sud par D 918, rte de Tardets-Sorholus, au bord du Saison

Nature :
Loisirs :
Services : laverie

Longitude : -0.8972
Latitude : 43.20789

Aire Naturelle La Ferme Landran de mi-avr. à fin sept.
05 59 28 19 55, *landran@wanadoo.fr*, *www.gites64.com/la-ferme-landran*
1 ha (25 empl.) incliné et en terrasses, herbeux
Tarif : 12,50€ (6A) – pers. suppl. 3€
Location : (permanent) – 2 – 6 – 1 gîte. Nuitée 50€ – Sem. 240 à 350€
borne eurorelais 3€
Pour s'y rendre : à Ordiarp, quartier Larréguy (4,5 km au sud-ouest par D 918, rte de St-Jean-Pied-de-Port puis 1,5 km par chemin de Lambarre à dr.)
À savoir : camping à la ferme

Nature :
Loisirs :
Services :

Longitude : -0.93933
Latitude : 43.20185

MÉNESPLET

24700 – **329** B5 – 1 551 h. – alt. 43
Paris 532 – Bergerac 44 – Bordeaux 69 – Libourne 35

Camp'Gîte Permanent
05 53 81 84 39, *aquabrite@hotmail.com*,
Fax Port: 0644042249, *www.campgite.com* – (de déb. janv. à fin déc.)
1 ha (29 empl.) plat, herbeux
Tarif : 17€ (16A) – pers. suppl. 5€
borne artisanale
Pour s'y rendre : au lieu-dit : Les Loges (3,8 km au sud-ouest du bourg, par rte de Laser)

Nature :
Loisirs :
Services : laverie

Longitude : 0.0717
Latitude : 44.9987

MESSANGES

40660 – **335** C12 – 919 h. – alt. 8
route des Lacs *05 58 48 93 10*
Paris 734 – Bayonne 45 – Castets 24 – Dax 33

Airotel Le Vieux Port – de déb. avr. à fin sept.
08 25 70 40 40, *contact@levieuxport.com*,
Fax 05 58 48 01 69, *www.levieuxport.com*
40 ha/30 campables (1546 empl.) vallonné, plat, sablonneux, herbeux
Tarif : 61€ (8A) – pers. suppl. 9€ – frais de réservation 39€
Location : (de déb. avr. à fin sept.) (1 mobile home) – 347 – 75 . Nuitée 199€ – Sem. 1 393€ – frais de réservation 39€
Pour s'y rendre : rte de la plage sud (2,5 km au sud-ouest par D 652, rte de Vieux-Boucau-les-Bains puis 800 m par chemin à dr., à 500 m de la plage -accès direct)
À savoir : vaste parc aquatique paysagé et nombreux commerces

Nature :
Loisirs : snack, jacuzzi poneys , terrain multisports, salle de spectacle
Services : laverie cases réfrigérées

Longitude : -1.39995
Latitude : 43.79773

Village Vacances Airotel Lou Pignada – (location exclusive de caravanes, mobile homes et chalets) Permanent
0825704040, *contact@loupignada.com*,
Fax 0558482653, *www.loupignada.com*
8 ha (430 empl.) plat, sablonneux
Location : (1 mobile home) – 134 – 25 . Nuitée 60 à 168€ – Sem. 159 à 1 176€ – frais de réservation 39€
Pour s'y rendre : rte d'Azur (2 km au sud par D 652 puis 500 m par rte à gauche)

Nature :
Loisirs : snack terrain multisports
Services : laverie cases réfrigérées
À prox. :

Longitude : -1.38245
Latitude : 43.79747

La Côte de déb. avr. à fin sept.
0558489494, *info@campinglacote.com*,
Fax 0558489444, *www.campinglacote.com*
3,5 ha (143 empl.) plat, herbeux, sablonneux
Tarif : 27,60€ (10A) – pers. suppl. 5,70€ – frais de réservation 17€
Location : (de déb. avr. à fin sept.) (de déb. juil. à fin août) – 11 – 1 gîte. Nuitée 34 à 95€ – Sem. 240 à 665€ – frais de réservation 20€
borne artisanale
Pour s'y rendre : chemin de la Côte (2,3 km au sud-ouest par D 652, rte de Vieux-Boucau-les-Bains et chemin à dr.)

Nature :
Loisirs : jacuzzi
Services : laverie , cases réfrigérées
À prox. :

Longitude : -1.39171
Latitude : 43.80035

Les Acacias de fin mars à fin oct.
0558480178, *lesacacias@lesacacias.com*,
Fax 0558482312, *www.lesacacias.com*
1,7 ha (128 empl.) plat, herbeux, sablonneux
Tarif : 22,10€ (10A) – pers. suppl. 4,50€ – frais de réservation 10€
Location : (de fin mars à fin oct.) – 10 . Sem. 240 à 650€
borne autre 9€ – 3 17,50€
Pour s'y rendre : rte d'Azur, quartier Delest (2 km au sud par D 652, rte de Vieux-Boucau-les-Bains puis 1 km par rte à gauche)

Nature :
Loisirs :
Services : laverie
À prox. :

Longitude : -1.37567
Latitude : 43.79757

MÉZOS

40170 – **335** E10 – 848 h. – alt. 23
Avenue de la Gare 0558426437
Paris 700 – Bordeaux 118 – Castets 24 – Mimizan 16

Le Village Tropical Sen Yan – de déb. juin à déb. sept.
0558426005, *reception@sen-yan.com*,
Fax 0558426456, *www.sen-yan.com*
8 ha (310 empl.) plat, sablonneux
Tarif : 42€ (10A) – pers. suppl. 8€ – frais de réservation 26€
Location : (de déb. mai à déb. sept.) – 130 – 40 . Nuitée 67 à 141€ – Sem. 469 à 987€ – frais de réservation 26€
Pour s'y rendre : av. de la Gare (1 km à l'est par rte du Cout)
À savoir : bel ensemble avec piscines, palmiers, plantations et un plan d'eau filtré naturellement

Nature :
Loisirs : snack (plage) terrain multisports, plan d'eau
Services : laverie

Longitude : -1.15657
Latitude : 44.07164

*Utilisez les **cartes MICHELIN**, complément indispensable de ce guide.*

MIALET

24450 – **329** G2 – 681 h. – alt. 320
Paris 436 – Limoges 49 – Nontron 23 – Périgueux 51

Village Vacances L'Étang de Vivale (location exclusive de chalets) de fin mars à déb. nov.
05 53 52 66 05, *vivale@orange.fr*, *www.vivaledordogne.com*
30 ha plat, vallonné
Location : – 20 . Sem. 510 à 770€
Pour s'y rendre : 32 av. de Nontron (700 m à l'ouest par D 79, rte de Nontron, au bord du lac)

Nature :
Loisirs : canoë, barques
Services :

Longitude : 0.89788
Latitude : 45.54793

MIMIZAN

40200 – **335** D9 – 6 806 h. – alt. 13
38, avenue Maurice Martin 05 58 09 11 20
Paris 692 – Arcachon 67 – Bayonne 109 – Bordeaux 109

Municipal du Lac de déb. avr. à fin sept.
05 58 09 01 21, *lac@mimizan-camping.com*,
Fax 05 58 09 43 06, *www.mimizan-camping.com*
8 ha (466 empl.) plat, sablonneux, herbeux
Tarif : (Prix 2011) 19,24€ (6A) – pers. suppl. 7,30€ – frais de réservation 18€
Location : (Prix 2011) (permanent) – 15 bungalows toilés. Nuitée 25 à 42€ – Sem. 155 à 487€ – frais de réservation 18€
borne flot bleu 2€ – 21 15€
Pour s'y rendre : av. de Woolsack (2 km au nord par D 87, rte de Gastes, au bord de l'étang d'Aureilhan)

Nature :
Loisirs : snack
Services :
À prox. : golf, pédalos, canoë

Longitude : -1.2299
Latitude : 44.21968

The Guide changes, so renew your guide every year.

MIMIZAN-PLAGE

40200 – **335** D9
Paris 706 – Bordeaux 128 – Mont-de-Marsan 84

Airotel Club Marina-Landes – de mi-mai à fin sept.
05 58 09 12 66, *contact@clubmarina.com*,
Fax 05 58 09 16 40, *www.marinalandes.com*
9 ha (536 empl.) plat, sablonneux, plat, sablonneux
Tarif : (Prix 2011) 49€ (10A) – pers. suppl. 10€ – frais de réservation 35€
Location : (Prix 2011) (de mi-mai à fin sept.) – 88 – 6 – 24 studios – 7 tipis – 10 bungalows toilés. Nuitée 29 à 169€ – Sem. 203 à 1 180€ – frais de réservation 35€
borne eurorelais 2€
Pour s'y rendre : 8, r. Marina (500 m de la plage Sud)

Nature :
Loisirs : snack salle d'animation terrain multisports
Services : laverie
À prox. :

Longitude : -1.2909
Latitude : 44.2043

Municipal de la Plage – de mi-avr. à mi-sept.
05 58 09 00 32, *contact@mimizan-camping.com*,
Fax 05 58 09 44 94, *www.mimizan-camping.com*
16 ha (608 empl.) plat, vallonné, sablonneux, herbeux
Tarif : (Prix 2011) 23,10€ (10A) – pers. suppl. 8,80€ – frais de réservation 18€
Location : (Prix 2011) (de mi-avr. à mi-sept.) (chalets) – 26 – 15 . Sem. 200 à 720€ – frais de réservation 18€
borne flot bleu 1,50€ – 18 9,80€
Pour s'y rendre : bd de l'Atlantique (quartier nord)
À savoir : accueil de groupes de surfeurs

Nature :
Loisirs : snack terrain multisports, mur d'escalade
Services : laverie cases réfrigérées

Longitude : -1.28384
Latitude : 44.21719

MOLIETS-PLAGE

40660 – **335** C11
Paris 716 – Bordeaux 156 – Mont-de-Marsan 89 – Bayonne 67

Le Saint-Martin – de mi-avr. à déb. nov.
05 58 48 52 30, *contact@camping-saint-martin.fr*, Fax 05 58 48 50 73, *www.camping-saint-martin.fr*
18 ha (660 empl.) vallonné, plat, peu incliné, sablonneux
Tarif : (Prix 2011) 48,60€ (10A) – pers. suppl. 4,30€ – frais de réservation 35€
Location : (Prix 2011) (de mi-avr. à déb. nov.) – 115 . Sem. 220 à 1 440€ – frais de réservation 35€
borne artisanale – 44
Pour s'y rendre : av. de l'Océan (sur D 117, accès direct à la plage)

Nature :
Loisirs : snack terrain multisports
Services : laverie cases réfrigérées
À prox. : golf (27 trous)

Longitude : -1.38731
Latitude : 43.85259

MONPAZIER

24540 – **329** G7 – 530 h. – alt. 180
place des Cornières *05 53 22 68 59*
Paris 575 – Bergerac 47 – Fumel 26 – Périgueux 75

Le Moulin de David – de fin juin à début oct.
05 53 22 65 25, *contact@moulindedavid.com*, *www.moulindedavid.com*
16 ha/4 campables (160 empl.) plat, terrasse, herbeux
Tarif : (Prix 2011) 24€ (10A) – pers. suppl. 5€
Location : (Prix 2011) (de fin juin à début oct.) – 60 . Nuitée 29 à 112€ – Sem. 203 à 784€
Pour s'y rendre : 3 km au sud-ouest par D 2, rte de Villeréal et chemin à gauche, au bord d'un ruisseau

Nature :
Loisirs : snack (plan d'eau)
Services : laverie

Longitude : 0.87873
Latitude : 44.65979

MONTIGNAC

24290 – **329** H5 – 2 870 h. – alt. 77
place Bertran-de-Born *05 53 51 82 60*
Paris 513 – Brive-la-Gaillarde 39 – Périgueux 54 – Sarlat-la-Canéda 25

Le Moulin du Bleufond de déb. avr. à fin sept.
05 53 51 83 95, *info@bleufond.com*, Fax 05 53 51 19 92, *www.bleufond.com*
1,3 ha (84 empl.) plat, herbeux
Tarif : 5,10€ 6€ – (10A) 4,90€
Location : (de déb. avr. à fin sept.) – 17 . Nuitée 60€ – Sem. 228 à 555€
Pour s'y rendre : 500 m au sud par D 65 rte de Sergeac, près de la Vézère
À savoir : beaux emplacements disposés autour de l'ancien moulin

Nature :
Loisirs : snack jacuzzi
Services : laverie
À prox. : canoë

Longitude : 1.15864
Latitude : 45.05989

Gebruik de gids van het lopende jaar.

MONTORY

64470 – **342** H4 – 335 h. – alt. 350
Paris 827 – Bordeaux 241 – Pamplona 121 – Pau 56

Village Vacances Les Chalets de Soule (location exclusive de mobile homes) Permanent
05 59 28 53 28, *leschaletsdesoule@wanadoo.fr*, *www.leschaletsdesoule.com*
2 ha plat, herbeux
Location : (Prix 2011) – 11 . Sem. 295 à 480€
Pour s'y rendre : quartier Cazenave

Nature :
Loisirs :
Services :
À prox. : quad

Longitude : -0.81399
Latitude : 43.09458

MONTPON-MÉNESTÉROL

24700 – **329** B5 – 5 667 h. – alt. 93
place Clemenceau ☎ 0553822377
Paris 532 – Bergerac 40 – Bordeaux 75 – Libourne 43

La Cigaline de déb. mars à fin oct.
☎ 0553802216, *contact@lacigaline.fr*, *www.lacigaline.fr*
2 ha (120 empl.) plat, herbeux
Tarif : 14,90€ (10A) – pers. suppl. 3,50€
Location : (de déb. mars à fin oct.) – 1 bungalow toilé. Nuitée 25 à 79€ – Sem. 100 à 499€
Pour s'y rendre : sortie nord par D 708, rte de Ribérac et à gauche av. le pont, au bord de l'Isle
À savoir : au bord de l'Isle

Nature :
Loisirs :
Services :
À prox. : canoë

Longitude : 0.15839
Latitude : 45.01217

NAVARRENX

64190 – **342** H3 – 1 160 h. – alt. 125
place des Casernes ☎ 0559665480
Paris 787 – Oloron-Ste-Marie 23 – Orthez 22 – Pau 43

Beau Rivage de fin mars à mi-oct.
☎ 0559661000, *beaucamping@free.fr*, *www.beaucamping.com*
2,5 ha (67 empl.) en terrasses, plat, herbeux, gravillons
Tarif : (Prix 2011) 24,50€ (10A) – pers. suppl. 5,50€
Location : (Prix 2011) (de fin mars à mi-oct.) (1 chalet) – 16 . Nuitée 36 à 98€ – Sem. 180 à 625€
borne artisanale – 19 19€
Pour s'y rendre : allée des Marronniers (à l'ouest du bourg, entre le Gave d'Oloron et les remparts du village)

Nature :
Loisirs :
Services : laverie
À prox. :

Longitude : -0.76121
Latitude : 43.32003

NONTRON

24300 – **329** E2 – 3 458 h. – alt. 260
3, avenue du Général Leclerc ☎ 0553562550
Paris 464 – Bordeaux 175 – Périgueux 49 – Angoulême 47

Camping De Nontron de déb. janv. à mi-déc.
☎ 0553560204, *camping-de-nontron@orange.fr*, Fax 0553568045, *www.campingdenontron.com*
2 ha (70 empl.) plat, herbeux, bord de rivière
Tarif : (Prix 2011) 16,20€ (10A) – pers. suppl. 4,20€
Location : (Prix 2011) (de déb. janv. à mi-déc.) – 3 – 1 – 7 studios. Sem. 252 à 470€
borne artisanale 3€ – 9€
Pour s'y rendre : à St-Martial-de-Valette (1 km au sud sur D 675, rte de Périgueux)

Nature :
Loisirs :
Services :
À prox. : hammam jacuzzi

Longitude : 0.65807
Latitude : 45.51951

OLORON-STE-MARIE

64400 – **342** I5 – 11 141 h. – alt. 224
allée du Comte de Tréville ☎ 0559399800
Paris 809 – Bayonne 105 – Dax 83 – Lourdes 58

Le Stade de déb. mai à fin sept.
☎ 0559391126, *camping-du-stade@wanadoo.fr*, Fax 0559391126, *www.camping-du-stade.com*
5 ha (170 empl.) plat, herbeux
Tarif : (Prix 2011) 21€ (10A) – pers. suppl. 4,50€
Location : (Prix 2011) (permanent) – 11 . Sem. 285 à 550€
borne artisanale
Pour s'y rendre : chemin de la Gravette (4,5 km au sud, dir. Saragosse)

Nature :
Loisirs :
Services :
À prox. : snack

Longitude : -0.62386
Latitude : 43.17848

À savoir : entrée gratuite au parc aquatique à proximité en juillet et août

ONDRES

40440 – **335** C13 – 4 328 h. – alt. 37
Les Floralies - RD 810 ✆ 05 59 45 19 19
Paris 761 – Bayonne 8 – Biarritz 15 – Dax 48

Du Lac de déb. fév. à fin oct.
✆ 05 59 45 28 45, *contact@camping-du-lac.fr*,
Fax 05 59 45 29 45, *www.camping-du-lac.fr*
3 ha (115 empl.) plat, terrasses, herbeux, sablonneux
Tarif : (Prix 2011) 34 € (10A) –
pers. suppl. 7 € – frais de réservation 18 €
Location : (Prix 2011) (de déb. fév. à mi-nov.) – 26 – 2 – 7 bungalows toilés. Nuitée 29 à 154 € – Sem. 203 à 1 078 € – frais de réservation 20 €
Pour s'y rendre : 518 r. de Janin (2,2 km au nord par N 10 puis D 26, rte d'Ondres-Plage puis dir. le Turc, chemin à dr., près d'un étang)

Nature :
Loisirs : hammam
Services : laverie
À prox. :

Longitude : -1.45249
Latitude : 43.56499

PARCOUL

24410 – **329** B4 – 355 h. – alt. 70
Paris 503 – Bergerac 69 – Blaye 72 – Bordeaux 75

Le Paradou Permanent
✆ 05 53 91 42 78, *le.paradou.24@wanadoo.fr*,
Fax 05 53 90 49 92, *www.leparadou24.fr*
20 ha/4 campables (100 empl.) plat, herbeux, pierreux
Tarif : (Prix 2011) 5 € 12 € (10A) – frais de réservation 10 €
Location : (Prix 2011) (permanent) (1 chalet) – 40 – 4 . Nuitée 30 à 60 € – Sem. 156 à 405 € – frais de réservation 10 €
Pour s'y rendre : à la base de de loisirs à Vaures (2 km au sud-ouest par D 674, rte de La Roche-Chalais)

Nature :
Loisirs : (plan d'eau)
Services : laverie réfrigérateurs, TV
À prox. : snack pédalos

Longitude : 0.02578
Latitude : 45.19038

Benutzen Sie den Hotelführer des laufenden Jahres.

PARENTIS-EN-BORN

40160 – **335** E8 – 4 951 h. – alt. 32
place du Général-de-Gaulle ✆ 05 58 78 43 60
Paris 658 – Arcachon 43 – Bordeaux 76 – Mimizan 25

L'Arbre d'Or de déb. avr. à fin oct.
✆ 05 58 78 41 56, *arbre-dor@hotmail.fr*,
Fax 05 58 78 49 62, *www.arbre-dor.com*
4 ha (200 empl.) non clos, plat, sablonneux, herbeux
Tarif : (Prix 2011) 24,10 € (10A) –
pers. suppl. 5,50 €
Location : (Prix 2011) (de déb. avr. à fin oct.) – 13 – 4 – 2 bungalows toilés. Nuitée 50 à 150 € – Sem. 195 à 805 €
Pour s'y rendre : 75 rte du lac (1,5 km à l'ouest par D 43, rte de l'Étang)

Nature :
Loisirs : snack terrain multisports
Services : laverie réfrigérateurs

Longitude : -1.09232
Latitude : 44.34615

Municipal Pipiou – de mi-fév. à mi-nov.
✆ 05 58 78 57 25, *pipiou@parentis.com*,
Fax 05 58 78 93 17, *www.campingpipiou.parentis.com/*
6 ha (324 empl.) plat, sablonneux
Tarif : (Prix 2011) 23,50 € (10A) –
pers. suppl. 5 € – frais de réservation 20 €
Location : (Prix 2011) (de mi-fév. à mi-nov.) – 20 . Sem. 145 à 710 € – frais de réservation 20 €
Pour s'y rendre : rte des Campings (2,5 km à l'ouest par D 43 et rte à dr., à 100 m de l'étang)

Nature :
Loisirs : snack
Services : laverie
À prox. : (plage)

Longitude : -1.10135
Latitude : 44.3457

PAUILLAC

33250 – **335** G3 – 5 265 h. – alt. 20
La Verrerie *05 56 59 03 08*
Paris 625 – Arcachon 113 – Blaye 16 – Bordeaux 54

Municipal les Gabarreys de déb. avr. à mi-oct.
05 56 59 10 03, *camping.les.gabarreys@wanadoo.fr*,
Fax 05 56 73 30 68, *www.pauillac-medoc.com*
1,6 ha (59 empl.) plat, herbeux, gravillons
Tarif : 20,50€ (5A) – pers. suppl. 4,50€
– frais de réservation 10€

Location : (de déb. avr. à mi-oct.) (1 mobile home)
– 7 . Nuitée 84€ – Sem. 540€ – frais de réservation 10€
borne artisanale 4€ – 13.50€
Pour s'y rendre : rte de la Rivière (1 km au sud, près de la Gironde)

À savoir : jacuzzi avec vue panoramique sur la Gironde !

Nature :
Loisirs : jacuzzi
Services : laverie

Longitude : -0.74226
Latitude : 45.18517

PETIT-PALAIS-ET-CORNEMPS

33570 – **335** K5 – 636 h. – alt. 35
Paris 532 – Bergerac 51 – Castillon-la-Bataille 18 – Libourne 20

Le Pressoir Permanent
05 57 69 73 25, *contact@campinglepressoir.com*,
Fax 05 57 69 77 36, *www.campinglepressoir.com*
2 ha (100 empl.) peu incliné, plat, herbeux
Tarif : 29€ (10A) – pers. suppl. 7,50€
– frais de réservation 15€

Location : (permanent) – 45 – 8 bungalows toilés. Nuitée 32 à 770€ – Sem. 32 à 770€ – frais de réservation 15€
8 14€ – 14€
Pour s'y rendre : 1,7 km au nord-ouest par D 21, rte de St-Médard-de-Guizières et chemin à gauche

Nature :
Loisirs :
Services : laverie

Longitude : -0.06301
Latitude : 44.99693

PEYRIGNAC

24210 – **329** I5 – 503 h. – alt. 200
Paris 508 – Brive-la-Gaillarde 33 – Juillac 33 – Périgueux 44

La Garenne Permanent
05 53 50 57 73, *s.lagarenne@wanadoo.fr*, *www.lagarennedordogne.com*
4 ha/1,5 (70 empl.) plat, peu incliné, herbeux
Tarif : 6€ 4,50€ – (16A) 4,50€ – frais de réservation 50€

Location : (permanent) – 28 – 9 – 2 bungalows toilés – 1 tente. Nuitée 45 à 85€ – Sem. 200 à 650€
2 15€ – 10.50€
Pour s'y rendre : au lieu-dit : Le Combal (800 m au nord du bourg, près du stade)

Nature :
Loisirs :
Services :
À prox. :

Longitude : 1.1837
Latitude : 45.16175

PEYRILLAC-ET-MILLAC

24370 – **329** J6 – 205 h. – alt. 88
Paris 521 – Brive-la-Gaillarde 45 – Gourdon 23 – Sarlat-la-Canéda 22

Au P'tit Bonheur de déb. avr. à fin sept.
05 53 29 77 93, *auptitbonheur@wanadoo.fr*, *www.camping-auptitbonheur.com*
2,8 ha (113 empl.) en terrasses, incliné, herbeux, pierreux
Tarif : 21,30€ (10A) – pers. suppl. 5,30€
– frais de réservation 16€

Location : (de déb. avr. à fin sept.) – 30 – 8 – 3 bungalows toilés – 3 tentes. Nuitée 25 à 101€ – Sem. 175 à 707€ – frais de réservation 16€
borne artisanale
Pour s'y rendre : au lieu-dit : Combe de Lafon (2,5 km au nord par rte du Bouscandier)

Nature :
Loisirs : snack jacuzzi
Services :

Longitude : 1.40356
Latitude : 44.93214

PISSOS

40410 – **335** G9 – 1 237 h. – alt. 46
Paris 657 – Arcachon 72 – Biscarrosse 34 – Bordeaux 75

Municipal de l'Arriu de déb. juil. à mi-sept.
05 58 08 90 38, *mairie.pissos@wanadoo.fr*,
Fax 05 58 08 92 93, *www.pissos.fr*
3 ha (74 empl.) plat, sablonneux
Tarif : (Prix 2011) 3,20€ 5,10€ – (12A) 2,10€
Location : (Prix 2011) (de déb. juil. à mi-sept.) – 3 bungalows toilés. Sem. 261€
Pour s'y rendre : 525 Chemin de l'Arriu (1,2 km à l'est par D 43, rte de Sore et chemin à dr., après la piscine)

Nature :
Services :
À prox. :

Longitude : -0.77047
Latitude : 44.3027

PLAZAC

24580 – **329** H5 – 722 h. – alt. 110
Paris 527 – Bergerac 65 – Brive-la-Gaillarde 53 – Périgueux 40

Le Lac – de déb. mai à fin sept.
05 53 50 75 86, *contact@campinglelac-dordogne.com*,
Fax 05 53 50 58 36, *www.campinglelac-dordogne.com*
7 ha/2,5 campables (130 empl.) peu incliné et plat, en terrasses, herbeux
Tarif : (Prix 2011) 20,30€ (10A) – pers. suppl. 5,60€ – frais de réservation 12€
Location : (Prix 2011) (de déb. mai à fin sept.) (1 mobile home) – 42 – 4 . Nuitée 34 à 80€ – Sem. 350 à 720€ – frais de réservation 12€
5 18,50€
Pour s'y rendre : au lac (800 m au sud-est par D 45, rte de Thonac)
À savoir : au bord du lac entre noyers et chênes verts

Nature :
Loisirs : snack terrain multisports
Services : laverie

Longitude : 1.14794
Latitude : 45.03125

PONT-DU-CASSE

47480 – **336** G4 – 4 305 h. – alt. 67
Paris 658 – Bordeaux 147 – Toulouse 122 – Montauban 96

Village Vacances de Loisirs Darel (location exclusive de chalets) Permanent
05 53 67 96 41, Fax 05 53 67 51 05
34 ha/2 campables vallonné
Location : – 15 . Nuitée 70€ – Sem. 202 à 359€
Pour s'y rendre : au lieu-dit : Darel (7 km au nord-est par D 656, rte de Cahors et à dr. dir. St-Ferréol)
À savoir : situation agréable en sous-bois, proche du centre équestre

Nature :
Loisirs : poneys
Services :
À prox. : golf

Longitude : 0.68536
Latitude : 44.21698

LE PORGE

33680 – **335** E5 – 2 298 h. – alt. 8
3, place Saint-Seurin 05 56 26 54 34
Paris 624 – Andernos-les-Bains 18 – Bordeaux 47 – Lacanau-Océan 21

Municipal la Grigne – de déb. avr. à fin sept.
05 56 26 54 88, *info@lagrigne.com*, Fax 05 56 26 52 07, *www.leporge.fr*
30 ha (700 empl.) vallonné, plat, sablonneux
Tarif : (Prix 2011) 25,40€ (10A) – pers. suppl. 4,80€ – frais de réservation 15€
Location : (Prix 2011) (permanent) – 24 – 10 bungalows toilés. Nuitée 27 à 115€ – Sem. 185 à 805€ – frais de réservation 15€
Pour s'y rendre : 35 av. de l'Océan (9,5 km à l'ouest par D 107, à 1 km du Porge-Océan)

Nature :
Loisirs : snack
Services : laverie
À prox. : acrobranches, école de surf

Longitude : -1.20314
Latitude : 44.89363

PYLA-SUR-MER

33115 – **335** D7
2 , avenue Ermitage 05 56 54 02 22
Paris 648 – Arcachon 8 – Biscarrosse 34 – Bordeaux 66

Yelloh! Village Panorama du Pyla – de mi-avr. à déb. oct.
05 56 22 10 44, *mail@camping-panorama.com*,
Fax 05 56 22 10 12, *www.camping-panorama.com*
15 ha/10 campables (450 empl.) vallonné, en terrasses, plat, sablonneux
Tarif : 43€ (10A) – pers. suppl. 8€
Location : (de mi-avr. à déb. oct.) – 70 – 20 – 15 bungalows toilés. Nuitée 29 à 175€ – Sem. 203 à 1 225€
borne artisanale
Pour s'y rendre : rte de Biscarrosse (7 km au sud par D 218)
À savoir : accès piétonnier à la plage par escalier abrupt et chemin.

Nature :
Loisirs : snack delta-plane, parapente, piste de skate
Services : laverie cases réfrigérées

Longitude : -1.22502
Latitude : 44.57738

FranceLoc Domaine Le Petit Nice – de déb. avr. à mi-sept.
05 56 22 74 03, *petit-nice@franceloc.fr*,
Fax 05 56 22 14 31, *www.petitnice.com*
5 ha (209 empl.) en terrasses, plat, sablonneux, très fort dénivelé
Tarif : (Prix 2011) 39€ (10A) – pers. suppl. 7€ – frais de réservation 30€
Location : (Prix 2011) (de déb. avr. à mi-sept.) – 3 roulottes – 90 – 5 tentes. Nuitée 44 à 154€ – Sem. 175 à 1 176€ – frais de réservation 30€
Pour s'y rendre : rte de Biscarrosse (au pied de la Dune du Pyla)

Nature : ban d'Arguin
Loisirs : snack terrain multisports
Services : laverie cases réfrigérées
À prox. : parapente

Longitude : -1.22043
Latitude : 44.57274

Village Center La Forêt – de fin mars à fin sept.
05 56 22 73 28, *dirlaforet@village-center.fr*,
Fax 0556830422, *www.village-center.fr*
8 ha (460 empl.) vallonné, plat, peu incliné, sablonneux
Tarif : (Prix 2011) 35€ (10A) – pers. suppl. 8€ – frais de réservation 10€
Location : (Prix 2011) (de fin mars à fin sept.) (2 mobile homes) – 95 – 12 – 20 bungalows toilés. Nuitée 30 à 160€ – Sem. 210 à 1 120€ – frais de réservation 30€
Pour s'y rendre : 3 km au sud sur la D 218, rte Biscarrosse (au pied de la Dune du Pyla)

Nature :
Loisirs : snack terrain multisports (sable)
Services : laverie

Longitude : -1.20857
Latitude : 44.58542

RAUZAN

33420 – **335** K6 – 1 121 h. – alt. 69
12, rue de la Chapelle 05 57 84 03 88
Paris 596 – Bergerac 57 – Bordeaux 39 – Langon 35

Le Vieux Château de fin mars à fin oct.
05 57 84 15 38, *contact@camping-levieuxchateau.com*,
Fax 05 57 84 15 38, *www.camping-levieuxchateau.com*
2,5 ha (74 empl.) non clos, plat, peu incliné, herbeux
Tarif : 15€ (6A) – pers. suppl. 4€ – frais de réservation 8€
Location : (de fin mars à fin oct.) – 8 – 4 – 2 bungalows toilés. Sem. 225 à 575€ – frais de réservation 8€
borne artisanale – 1 13€ – 13€
Pour s'y rendre : sortie nord rte de St-Jean-de-Blaignac et chemin à gauche (1,2 km)
À savoir : au pied des ruines d'une forteresse du 12e s., chemin piétonnier reliant le camping au village

Nature :
Loisirs : snack
Services :

Longitude : -0.12715
Latitude : 44.78213

RIVIÈRE-SAAS-ET-GOURBY

40180 – **335** E12 – 1 131 h. – alt. 50
Paris 742 – Bordeaux 156 – Mont-de-Marsan 68 – Bayonne 44

Lou Bascou de mi avr. à mi-oct.
05 58 97 57 29, *loubascou@orange.fr, http://www.campingloubascou.fr* – places limitées pour le passage
1 ha (41 empl.) plat, herbeux
Tarif : 21€ (10A) – pers. suppl. 8€
Location : (permanent) – 12. Sem. 218 à 718€
borne artisanale 12€ – 18 12€
Pour s'y rendre : 250 rte de Houssat (au nord-est du bourg)

Nature :
Loisirs : salle d'animation
Services : laverie
À prox. :

Longitude : -1.14971
Latitude : 43.68203

LA ROCHE-CHALAIS

24490 – **329** B5 – 2 799 h. – alt. 60
9, place du Puits qui Chante 05 53 90 18 95
Paris 510 – Bergerac 62 – Blaye 67 – Bordeaux 68

Municipal de Gerbes de mi-avr. à fin sept.
05 53 91 40 65, *campinggerbes@orange.fr*,
Fax 05 53 90 32 01, *www.larochechalais.com*
3 ha (100 empl.) plat et terrasses, herbeux, petit bois attenant
Tarif : 11,28€ (10A) – pers. suppl. 2,40€
Location : (de mi-avr. à fin sept.) – 4. Nuitée 50€ – Sem. 158 à 315€ – frais de réservation 15€
borne artisanale 8,90€ – 10 8,90€ – 8.90€
Pour s'y rendre : lieu-dit : Les Gerbes (1 km à l'ouest, au bord de la rivière)

Nature :
Loisirs : canoë
Services :

Longitude : -0.00245
Latitude : 45.14849

Use this year's Guide.

LA ROQUE-GAGEAC

24250 – **329** I7 – 416 h. – alt. 85
le Bourg 05 53 29 17 01
Paris 535 – Brive-la-Gaillarde 71 – Cahors 53 – Fumel 52

Le Beau Rivage – de fin avr. à déb. sept.
05 53 28 32 05, *camping.beau.rivage@wanadoo.fr*,
Fax 05 53 29 63 56, *www.beaurivagedordogne.com*
8 ha (199 empl.) plat et en terrasses, herbeux, sablonneux
Tarif : 26,65€ (6A) – pers. suppl. 5,50€ – frais de réservation 20€
Location : (de fin avr. à déb. sept.) – 40. Sem. 196 à 644€ – frais de réservation 20€
Pour s'y rendre : au lieu-dit : Le Gaillardou (4 km à l'est sur la D 46, au bord de la Dordogne)

Nature :
Loisirs : snack nocturne canoë
Services : laverie
À prox. :

Longitude : 1.21422
Latitude : 44.81587

ROUFFIGNAC

24580 – **329** G5 – 1 542 h. – alt. 300
Paris 531 – Bergerac 58 – Brive-la-Gaillarde 57 – Périgueux 32

La Ferme Offrerie de déb. avr. à mi-sept.
05 53 35 33 26, *campingoffrerie@gmail.com, www.camping-ferme-offrerie.com*
3,5 ha (48 empl.) plat, peu incliné, terrasses, herbeux
Tarif : (Prix 2011) 5,30€ 5,90€ – (10A) 3,30€
Location : (Prix 2011) (de déb. avr. à mi-sept.) – 18 – 5 bungalows toilés. Sem. 175 à 560€
borne artisanale 3€ – 1 15€ – 11€
Pour s'y rendre : au lieu-dit : Le Grand Boisset (2 km au sud par D 32, rte des Grottes de Rouffignac et à dr.)

Nature :
Loisirs : snack
Services :

Longitude : 0.97109
Latitude : 45.02775

La Nouvelle Croze de déb. mai à fin sept.
05 53 05 38 90, *contact@lanouvellecroze.com*, *www.lanouvellecroze.com*
1,3 ha (40 empl.) plat, herbeux
Tarif : 4,90€ 6,30€ – (10A) 3,10€
Location : (de déb. avr. à fin oct.) – 14 – 1 gîte. Sem. 190 à 850€
Pour s'y rendre : 2,5 km au sud-est par D 31, rte de Fleurac et chemin à dr.

Nature :
Loisirs : snack golf (9 trous)
Services :

Longitude : 0.99783
Latitude : 45.02412

Bleu Soleil de mi-avr. à mi-sept.
05 53 05 48 30, *infos@camping-bleusoleil.com*, *www.camping-bleusoleil.com*
41 ha/7 campables (110 empl.) en terrasses, peu incliné, plat, herbeux
Tarif : (Prix 2011) 5,60€ 10€ – (10A) 3,50€
Location : (Prix 2011) (de déb. avr. à fin sept.) – 21 – 2 tentes. Nuitée 28 à 68€ – Sem. 385 à 693€
Pour s'y rendre : au lieu-dit : Domaine Touvent (1,5 km au nord par D 31, rte de Thenon et rte à dr.)

Nature :
Loisirs : terrain multisports
Services : cases réfrigérées

Longitude : 0.98586
Latitude : 45.05507

SABRES

40630 – **335** G10 – 1 193 h. – alt. 78
Paris 676 – Arcachon 92 – Bayonne 111 – Bordeaux 94

Le Domaine de Peyricat de mi-juin à mi-sept.
05 58 07 51 88, *vtfsabres@vtf-vacances.com*,
Fax 05 58 07 51 86, *www.vtf-vacances.com*
20 ha/2 campables (69 empl.) plat, sablonneux, herbeux
Tarif : (Prix 2011) 22,30€ (5A) – pers. suppl. 2,50€
Location : (Prix 2011) (de déb. avr. à fin oct.) – 4 – 10 – 42 – 17 gîtes. Nuitée 39 à 80€ – Sem. 275 à 561€
borne eurorelais 5€ – 12€
Pour s'y rendre : sortie sud par D 327, rte de Luglon
À savoir : nombreuses activités avec le Village Vacances

Nature :
Services :
au Village Vacances : laverie snack

Longitude : -0.74235
Latitude : 44.144

ST-AMAND-DE-COLY

24290 – **329** I5 – 390 h. – alt. 180
Paris 515 – Bordeaux 188 – Périgueux 58 – Cahors 104

Yelloh! Village Lascaux Vacances – de mi-mai à déb. sept.
05 53 50 81 57, *mail@campinglascauxvacances.com*,
Fax 05 53 50 76 26, *www.campinglascauxvacances.com*
12 ha (150 empl.) en terrasses, plat, pierreux, fort dénivelé
Tarif : 30€ (10A) – pers. suppl. 6€
Location : (de mi-mai à déb. sept.) – 80 – 20 . Nuitée 45 à 105€ – Sem. 315 à 720€
borne autre – 13€
Pour s'y rendre : au lieu-dit : Les Malénies (1 km au sud par la D 64 rte de St-Geniès)

Nature :
Loisirs : snack terrain multisports
Services : laverie

Longitude : 1.24191
Latitude : 45.05461

ST-ANTOINE-D'AUBEROCHE

24330 – **329** G5 – 149 h. – alt. 152
Paris 491 – Brive-la-Gaillarde 96 – Limoges 105 – Périgueux 24

La Pélonie de mi-avr. à mi-oct.
05 53 07 55 78, *lapelonie@aol.com*, Fax 05 53 03 74 27, *www.lapelonie.com*
5 ha (60 empl.) non clos, plat, herbeux
Tarif : 5,30 € 6,90 € – (10A) 3,80 € – frais de réservation 10 €
Location : (de mi-avr. à mi-oct.) – 23 . Sem. 480 à 730 € – frais de réservation 10 €
borne artisanale 15 € – 6 15 €
Pour s'y rendre : au lieu-dit : La Pélonie (1,8 km au sud-ouest en dir. de Milhac-Gare - de Fossemagne, 6 km par RN 89 et chemin à dr.)

Nature :
Loisirs : snack
Services : laverie

Longitude : 0.92845
Latitude : 45.13135

ST-ANTOINE-DE-BREUILH

24230 – **329** B6 – 2 035 h. – alt. 18
Paris 555 – Bergerac 30 – Duras 28 – Libourne 34

Flower La Rivière Fleurie de mi-avr. à mi-sept.
05 53 24 82 80, *info@la-riviere-fleurie.com*, Fax 05 53 24 82 80, *www.la-riviere-fleurie.com*
2,5 ha (60 empl.) plat, herbeux
Tarif : (Prix 2011) 25,90 € (10A) – pers. suppl. 5,90 € – frais de réservation 16 €
Location : (Prix 2011) (de mi-avr. à mi-sept.) – 5 roulottes – 20 – 4 studios. Sem. 195 à 675 € – frais de réservation 16 €
Pour s'y rendre : à St-Aulaye-de-Breuilh, 180 r. Théophile-Cart (3 km au sud-ouest, à 100 m de la Dordogne)

Nature :
Loisirs : snack
Services : laverie
À prox. : canoë

Longitude : 0.12235
Latitude : 44.82879

Si vous recherchez :
un terrain offrant des équipements et des loisirs adaptés aux enfants,
un terrain très tranquille,
L-M *un terrain proposant la location de mobile homes, bungalows, chalets, chambres ou encore gîtes,*
P *un terrain ouvert toute l'année,*
un terrain possédant une aire de services pour camping-cars,
consultez le tableau des localités.

ST-AULAYE

24410 – **329** B4 – 1 359 h. – alt. 61
place Pasteur 05 53 90 63 74
Paris 504 – Bergerac 56 – Blaye 79 – Bordeaux 81

Municipal de la Plage de mi-juin à mi-sept.
05 53 90 62 20, *camping-staulaye@voila.fr*, Fax 05 53 90 59 89, *www.saint-aulaye.com*
1 ha (70 empl.) plat, herbeux
Tarif : 11 € (10A) – pers. suppl. 1,90 €
Location : (de déb. juin à mi-sept.) – 13 – 19 . Sem. 85 à 378 € – frais de réservation 30 €
borne artisanale 3 €
Pour s'y rendre : Les Ponts (sortie nord par D 38, rte de Aubeterre, au bord de la Dronne)

Nature :
Loisirs : canoë
Services : laverie
À prox. : snack (plage)

Longitude : 0.13274
Latitude : 45.20786

ST-AVIT-DE-VIALARD

24260 – **329** G6 – 139 h. – alt. 210
Paris 520 – Bergerac 39 – Le Bugue 7 – Les Eyzies-de-Tayac 17

Les Castels St-Avit Loisirs – de fin mars à déb. sept.
05 53 02 64 00, *contact@saint-avit-loisirs.com*,
Fax 05 53 02 64 39, *www.saint-avit-loisirs.com* – places limitées pour le passage
55 ha/15 campables (400 empl.) vallonné, plat, herbeux, sous-bois
Tarif : 42,70€ (6A) – pers. suppl. 6€ – frais de réservation 19€

Location : (de fin mars à mi-sept.) – 7 – 35 – 15 appartements. Nuitée 88 à 103€ – Sem. 335 à 1 182€ – frais de réservation 25€
borne artisanale
Pour s'y rendre : au lieu-dit : Malefon (1,8 km au nord-ouest)

À savoir : vaste domaine vallonné et boisé, bel espace aquatique

Nature :
Loisirs : snack jacuzzi salle d'animation terrain multi-sports, quad, visites guidées,
Services : laverie

Longitude : 0.84971
Latitude : 44.95174

ST-AVIT-SÉNIEUR

24440 – **329** F7 – 436 h. – alt. 164
Paris 545 – Bergerac 33 – Cahors 77 – Périgueux 65

Village Vacances Le Hameau des Laurières (location exclusive de chalets) Permanent
05 53 23 76 99, *efeyfant@club-internet.fr*,
Fax 05 53 23 77 02, *www.hameau-laurieres.com*
1 ha en terrasses

Location : – 10 – 10 gîtes. Sem. 368 à 830€
Pour s'y rendre : lieu-dit : Les Gaudounes (1 km au sud-est, dir. Montferrand)

À savoir : possiblité de louer en 1/2 pension

Nature :
Loisirs :
Services : laverie
À prox. :

Longitude : 0.82653
Latitude : 44.77577

ST-CRÉPIN-ET-CARLUCET

24590 – **329** I6 – 486 h. – alt. 262
Paris 514 – Brive-la-Gaillarde 40 – Les Eyzies-de-Tayac 29 – Montignac 21

Les Peneyrals – de mi-mai à mi-sept.
05 53 28 85 71, *camping.peneyrals@wanadoo.fr*,
Fax 05 53 28 80 99, *www.peneyrals.com*
12 ha/8 campables (250 empl.) en terrasses, herbeux, pierreux, fort dénivelé, étang
Tarif : 9,10€ 13,10€ – (10A) 4,10€ – frais de réservation 18€

Location : (de mi-mai à mi-sept.) (1 chalets) – 36 – 27 . Sem. 310 à 1 060€ – frais de réservation 30€
borne artisanale
Pour s'y rendre : à St Crépin (1 km au sud par la D 56, rte de Proissans)

À savoir : cadre vallonné avec emplacements en sous-bois ou au bord d'un étang

Nature :
Loisirs : snack
Services : laverie

Longitude : 1.27267
Latitude : 44.95785

Village Vacances Les Gîtes de Combas (location exclusive de gîtes) Permanent
05 53 28 64 00, *combas@perigordgites.com*,
Fax 05 53 28 64 09, *www.perigordgites.com*
4 ha vallonné, herbeux

Location : (Prix 2011) – 10 gîtes. Nuitée 40€ – Sem. 300 à 1 110€
Pour s'y rendre : au lieu-dit : Les Combas (2 km au sud par la D 56, rte de Proissans)

À savoir : pour certains, anciens bâtiments de ferme, en pierre, réaménagés en gîtes

Nature :
Loisirs :
Services :

Longitude : 1.27718
Latitude : 44.94871

ST-CYBRANET

24250 – **329** I7 – 370 h. – alt. 78
Paris 542 – Cahors 51 – Les Eyzies-de-Tayac 29 – Gourdon 21

Bel Ombrage de déb. juin à déb. sept.
05 53 28 34 14, *belombrage@wanadoo.fr*,
Fax 05 53 59 64 64, *www.belombrage.com*
6 ha (180 empl.) plat, herbeux
Tarif : 5,60€ 7,20€ – (10A) 4€
Pour s'y rendre : sur la D 50 (800 m au nord-ouest, au bord du Céou)

Nature :
Loisirs :
Services : laverie
À prox. :

Longitude : 1.16244
Latitude : 44.79082

ST-ÉMILION

33330 – **335** K5 – 2 090 h. – alt. 30
place des Créneaux 05 57 55 28 28
Paris 584 – Bergerac 58 – Bordeaux 40 – Langon 49

Yelloh! Village Le Domaine de la Barbanne
– de mi-avr. à fin sept.
05 57 24 75 80, *info@camping-saint-emilion.com*,
Fax 05 57 24 69 68, *www.camping-saint-emilion.com*
4,5 ha (160 empl.) plat, herbeux
Tarif : 38€ (10A) – pers. suppl. 8€
Location : (de mi-avr. à fin sept.) – 43 . Nuitée 39 à 179€ – Sem. 273 à 1 253€
borne eurorelais – 20 38€
Pour s'y rendre : rte de Montagne (3 km au nord par D 122, rte de Lussac et rte à dr. - traversée de St-Émilion interdite aux caravanes et camping-cars)
À savoir : navette gratuite pour St-Émilion

Nature :
Loisirs : snack centre de documentations touristiques canoë, pédalos, parcours de santé
Services : laverie

Longitude : -0.14241
Latitude : 44.91675

ST-ÉTIENNE-DE-BAIGORRY

64430 – **342** D3 – 1 607 h. – alt. 163
place de l'Église 05 59 37 47 28
Paris 820 – Bordeaux 241 – Pau 160 – Pamplona 69

Municipal l'Irouleguy de déb. mars à fin nov.
05 59 37 43 96 -, *comstetiennebaigorry@wanadoo.fr*,
Fax 05 59 37 48 20
1,5 ha (67 empl.) plat, herbeux
Tarif : (Prix 2011) 10,80€ (5A) – pers. suppl. 2,70€
Pour s'y rendre : quartier Borciriette (sortie nord-est par D 15, rte de St-Jean-Pied-de-Port et chemin à gauche devant la piscine et derrière la coopérative du vin Irouléguy, au bord de la Nive)
À savoir : cadre verdoyant bordé par la rivière

Nature :
Loisirs :
Services :
À prox. : snack

Longitude : -1.33551
Latitude : 43.18386

ST-GENIÈS

24590 – **329** I6 – 955 h. – alt. 232
Paris 515 – Brive-la-Gaillarde 41 – Les Eyzies-de-Tayac 29 – Montignac 13

La Bouquerie – de déb. avr. à mi-sept.
05 53 28 98 22, *labouquerie@wanadoo.fr*,
Fax 05 53 29 19 75, *www.labouquerie.com* – places limitées pour le passage
8 ha/4 campables (183 empl.) plat, peu incliné et en terrasses, herbeux, pierreux, étang
Tarif : 8€ 12,70€ – (10A) 3,90€ – frais de réservation 20€
Location : (de déb. avr. à mi-sept.) (1 mobile home) – 91 – 33 . Nuitée 52 à 127€ – Sem. 360 à 890€ – frais de réservation 30€
Pour s'y rendre : 1,5 km au nord-ouest par D 704, rte de Montignac et chemin à dr.
À savoir : beaux emplacements sous une chênaie

Nature :
Loisirs : snack terrain multi-sports, paintball
Services : laverie
À prox. :

Longitude : 1.24594
Latitude : 44.99892

ST-GIRONS-PLAGE

40560 – **335** C11
Paris 728 – Bordeaux 142 – Mont-de-Marsan 79 – Bayonne 73

Eurosol – de mi-mai à mi-sept.
05 58 47 90 14, *contact@camping-eurosol.com*,
Fax 05 58 47 76 74, *www.camping-eurosol.com*
33 ha/18 campables (510 empl.) vallonné, plat, incliné, sablonneux, herbeux
Tarif : 29€ (10A) – pers. suppl. 6€ – frais de réservation 25€

Location : (de mi-mai à mi-sept.) (mobile homes) – 142 – 16 . Nuitée 45 à 121€ – Sem. 315 à 850€ – frais de réservation 25€
borne artisanale 19€ – 10 19€
Pour s'y rendre : rte de la Plage (350 m de la plage)

Nature :
Loisirs : snack terrain multi-sports
Services : laverie
À prox. :

Longitude : -1.35162
Latitude : 43.95158

Campéole les Tourterelles – de déb. mai à fin sept.
05 58 47 93 12, *tourterelles@campeole.com*,
Fax 05 58 47 92 03, *www.camping-tourterelles.com*
18 ha (822 empl.) vallonné, plat, incliné, sablonneux
Tarif : 32,70€ (10A) – pers. suppl. 9,80€ – frais de réservation 25€

Location : (de déb. mai à mi-sept.) (2 mobiles home) – 136 – 20 – 115 bungalows toilés. Nuitée 25 à 145€ – Sem. 175 à 1 015€ – frais de réservation 25€
borne flot bleu 2€ – 35 13,40€
Pour s'y rendre : rte de la plage (5,2 km à l'ouest par D 42, à 300 m de l'océan -accès direct)

À savoir : groupe de surfeurs

Nature :
Loisirs : terrain multisports
Services : laverie cases réfrigérées

Longitude : -1.36265
Latitude : 43.95254

Pour visiter une ville ou une région : utilisez les Guides Verts MICHELIN.

ST-JEAN-DE-LUZ

64500 – **342** C4 – 13 728 h. – alt. 3
place du Maréchal Foch 05 59 26 03 16
Paris 785 – Bayonne 24 – Biarritz 18 – Pau 129

Airotel Itsas Mendi de déb. fév. à déb. nov.
05 59 26 56 50, *itsas@wanadoo.fr*, Fax 05 59 26 54 44,
www.itsas-mendi.com
8,5 ha (472 empl.) en terrasses et incliné, herbeux
Tarif : (Prix 2011) 41€ (10A) – pers. suppl. 8€ – frais de réservation 10€

Location : (Prix 2011) (de déb. avr. à déb. nov.) – 118 . Nuitée 32 à 107€ – Sem. 224 à 749€ – frais de réservation 10€
borne autre
Pour s'y rendre : quartier Acotz, chemin Duhartia (5 km au nord-est, à 500 m de la plage)

À savoir : bel espace aquatique

Nature :
Loisirs : snack jacuzzi école de surf
Services : laverie cases réfrigérées

Longitude : -1.61726
Latitude : 43.41347

Atlantica de déb. avr. à fin sept.
05 59 47 72 44, *info@campingatlantica.com*,
Fax 05 59 54 72 27, *www.campingatlantica.com*
3,5 ha (200 empl.) plat, en terrasses, herbeux
Tarif : 35,70€ (6A) – pers. suppl. 7,50€ – frais de réservation 25€

Location : (de déb. avr. à fin sept.) – 95 – 6 . Nuitée 45 à 150€ – Sem. 270 à 1 050€ – frais de réservation 25€
borne autre
Pour s'y rendre : quartier Acotz, chemin Miquélénia (5 km au nord-est, à 500 m de la plage)

Nature :
Loisirs : snack jacuzzi terrain multisports
Services : cases réfrigérées

Longitude : -1.61688
Latitude : 43.41525

Inter-Plages de déb. avr. à fin sept.
05 59 26 56 94, *www.campinginterplages.com* –
2,5 ha (100 empl.) plat, incliné, herbeux
Tarif : (Prix 2011) 32 € (6A) – pers. suppl. 8 €

Location : (Prix 2011) (de déb. avr. à fin sept.) – 23 – 5 . Nuitée 37 à 49 € – Sem. 300 à 700 € – frais de réservation 20 €

Pour s'y rendre : quartier Acotz, route des Plages (5 km au nord-est, à 150 m de la plage (accès direct))

À savoir : belle situation surplombant l'océan

Nature :
Loisirs :
Services :
À prox. : snack école de surf

Longitude : -1.62667
Latitude : 43.41527

La Ferme Erromardie de mi-mars à déb. oct.
05 59 26 34 26, *contact@camping-erromardie.com*, Fax 05 59 51 26 02, *www.camping-erromardie.com*
2 ha (176 empl.) plat, herbeux
Tarif : (Prix 2011) 27,90 € (6A) – pers. suppl. 6,40 € – frais de réservation 18 €

Location : (Prix 2011) (de mi-mars à déb. oct.) – 38 . Nuitée 36 à 130 € – Sem. 237 à 817 € – frais de réservation 18 €
borne sanistation 8 €

Pour s'y rendre : 40 chemin Erromardie (1,8 km au nord-est, près de la plage)

Nature :
Loisirs : snack
Services : laverie

Longitude : -1.64202
Latitude : 43.40564

Les Tamaris-Plage – Permanent
05 59 26 55 90, *tamaris1@wanadoo.fr*, Fax 05 59 47 70 15, *www.tamaris-plage.com*
1,5 ha (79 empl.) plat et peu incliné, herbeux
Tarif : (Prix 2011) 20 € (7A) – pers. suppl. 6 €

Location : (Prix 2011) (permanent) (1 pavillon) – 41 – 4 studios – 9 bungalows toilés. Nuitée 36 à 117 € – Sem. 252 à 819 € – frais de réservation 30 €
borne sanistation 2 € – 18 €

Pour s'y rendre : quartier Acotz, 720 rte de Plages (5 km au nord-est, à 80 m de la plage)

Nature :
Loisirs : hammam jacuzzi
Services : laverie
À prox. : snack école de surf

Longitude : -1.62387
Latitude : 43.41804

Merko-Lacarra de fin mars à déb. oct.
05 59 26 56 76, *contact@merkolacarra.com*, Fax 05 59 54 73 81, *www.merkolacarra.com*
2 ha (123 empl.) en terrasses, incliné, plat, herbeux
Tarif : 32 € (16A) – pers. suppl. 6,50 € – frais de réservation 16 €

Location : (de fin mars à déb. oct.) – 27 . Sem. 280 à 763 € – frais de réservation 27,50 €
borne raclet 6 €

Pour s'y rendre : quartier Acotz, 820 rte des Plages (5 km au nord-est, à 150 m de la plage d'Acotz)

Loisirs :
Services : laverie
À prox. : école de surf

Longitude : -1.62366
Latitude : 43.41855

ST-JEAN-PIED-DE-PORT

64220 – **342** E4 – 1 521 h. – alt. 159
14, place Charles-de-Gaulle *05 59 37 03 57*
Paris 817 – Bayonne 54 – Biarritz 55 – Dax 105

Narbaïtz de déb. mai à mi-sept.
05 59 37 10 13, *camping-narbaitz@wanadoo.fr*, Fax 05 59 37 21 42, *www.camping-narbaitz.com*
2,5 ha (133 empl.) plat et peu incliné, herbeux
Tarif : 36,50 € (10A) – pers. suppl. 6 € – frais de réservation 20 €

Location : (Prix 2011) (permanent) – 12 – 3 . Sem. 290 à 730 € – frais de réservation 20 €
borne artisanale

Pour s'y rendre : à Ascarat (2,5 km au nord-ouest par D 918, rte de Bayonne et à gauche, à 50 m de la Nive et au bord d'un ruisseau)

Nature : sur le vignoble "Irouléguy"
Loisirs :
Services : laverie
À prox. :

Longitude : -1.25911
Latitude : 43.17835

Europ'Camping de déb. avr. à fin sept.
05 59 37 12 78, *europcamping64@orange.fr*, Fax 05 59 37 29 82, *www.europ-camping.com*
2 ha (110 empl.) peu incliné, plat, herbeux
Tarif : 33€ (6A) – pers. suppl. 6€ – frais de réservation 22€
Location : (de déb. avr. à fin sept.) – 39 . Nuitée 60 à 103€ – Sem. 260 à 720€ – frais de réservation 22€
borne artisanale 6€
Pour s'y rendre : à Ascarat (2 km au nord-ouest par D 918, rte de Bayonne et chemin à gauche)

Nature : sur le vignoble "Irouléguy"
Loisirs : snack
Services : laverie
À prox. :

Longitude : -1.25398
Latitude : 43.17279

ST-JULIEN-DE-LAMPON

24370 – **329** J6 – 590 h. – alt. 120
Paris 528 – Brive-la-Gaillarde 51 – Gourdon 17 – Sarlat-la-Canéda 17

Le Mondou de déb. avr. à mi-oct.
05 53 29 70 37, *lemondou@camping-dordogne.info*, *www.camping-dordogne.info*
1,2 ha (60 empl.) peu incliné, pierreux, herbeux
Location : (Prix 2011) (de déb. avr. à mi-oct.) – 4 – 8 tentes. Sem. 175 à 875€
Pour s'y rendre : au lieu-dit : Le Colombier (1 km à l'est par D 50, rte de Mareuil et chemin à dr.)

Nature :
Loisirs :
Services :
À prox. : laverie

Longitude : 1.36691
Latitude : 44.86295

LESEN SIE DIE ERLÄUTERUNGEN aufmerksam durch, damit Sie diesen Camping-Führer mit der Vielfalt der gegebenen Auskünfte wirklich ausnutzen können.

ST-JULIEN-EN-BORN

40170 – **335** D10 – 1 415 h. – alt. 22
rue des Écoles 05 58 42 89 80
Paris 706 – Castets 23 – Dax 43 – Mimizan 18

Municipal la Lette Fleurie de déb. avr. à fin sept.
05 58 42 74 09, *contact@camping-municipal-plage.com*, Fax 05 58 42 74 09, *www.camping-municipal-plage.com*
8,5 ha (457 empl.) vallonné, plat, sablonneux
Tarif : (Prix 2011) 5,20€ 6€ – (10A) 4,50€ – frais de réservation 15€
Pour s'y rendre : au lieu-dit : La Lette, route de l'Océan (4 km au nord-ouest par D 41, rte de Contis-Plage)

Nature :
Loisirs : snack
Services : laverie cases réfrigérées

Longitude : -1.26173
Latitude : 44.08139

ST-JUSTIN

40240 – **335** J11 – 873 h. – alt. 90
place des Tilleuls 05 58 44 86 06
Paris 694 – Barbotan-les-Thermes 19 – Captieux 41 – Labrit 31

Le Pin de déb. mars à fin nov.
05 58 44 88 91, *camping.lepin@wanadoo.fr*, Fax 05 58 44 88 91, *www.campinglepin.com*
3 ha (80 empl.) plat, herbeux, sablonneux
Tarif : 21€ (6A) – pers. suppl. 5€ – frais de réservation 19€
Location : (permanent) – 3 – 14 – 8 bungalows toilés. Nuitée 30 à 75€ – Sem. 150 à 580€ – frais de réservation 19€
borne artisanale 11€ – 14€
Pour s'y rendre : r. de chanoine Tauzin (2,3 km au nord sur D 626, rte de Roquefort, au bord d'un petit étang)

Nature :
Loisirs :
Services : laverie

Longitude : -0.23468
Latitude : 44.00188

ST-LAURENT-MEDOC

33112 – **335** G4 – 3 774 h. – alt. 6
5, rue du Général-de-Gaulle ✆ 05 56 59 92 66
Paris 603 – Bordeaux 45 – Mérignac 41 – Pessac 48

Le Paradis de déb. avr. à mi-oct.
✆ 05 56 59 42 15, *leparadismedoc@orange.fr*,
Fax 05 56 59 42 15, *www.leparadis-medoc.com*
3 ha (70 empl.) plat, herbeux
Tarif : 27 € (10A) – pers. suppl. 6 € – frais de réservation 15 €
Location : (de déb. avr. à mi-oct.) – 23 – 4 – 3 bungalows toilés. Nuitée 80 € – Sem. 220 à 580 € – frais de réservation 15 €
16 €
Pour s'y rendre : au lieu-dit : Fourthon (2,5 km au nord par la D 1215, rte de Lesparre)

Nature :
Loisirs :
Services :

Longitude : -0.83995
Latitude : 45.17495

ST-LÉON-SUR-VÉZÈRE

24290 – **329** H5 – 429 h. – alt. 70
Paris 523 – Brive-la-Gaillarde 48 – Les Eyzies-de-Tayac 16 – Montignac 10

Le Paradis – de déb. avr. à mi-oct.
✆ 05 53 50 72 64, *le-paradis@perigord.com*,
Fax 05 53 50 75 90, *www.le-paradis.fr*
7 ha (200 empl.) plat, herbeux
Tarif : (Prix 2011) 31,40 € (10A) – pers. suppl. 7,70 € – frais de réservation 20 €
Location : (Prix 2011) (de déb. avr. à déb. oct.) – 27 – 5 tentes. Nuitée 42 à 132 € – Sem. 294 à 924 € – frais de réservation 20 €
borne artisanale 1,50 €
Pour s'y rendre : au lieu-dit : La Rebeyrolle (4 km au sud-ouest par D 706, rte des Eyzies-de-Tayac, au bord de la Vézère)
À savoir : Installations de qualité autour d'une ancienne ferme restaurée

Nature :
Loisirs : snack canoë, terrain multisports
Services : laverie

Longitude : 1.0712
Latitude : 45.00161

Benutzen Sie
– zur Wahl der Fahrtroute
– zur Berechnung der Entfernungen
– zur exakten Lokalisierung eines Campingplatzes (mit Hilfe der Angaben im Ortstext)
die für diesen Führer unentbehrlichen ***MICHELIN-Karten.***

ST-MARTIAL-DE-NABIRAT

24250 – **329** I7 – 629 h. – alt. 175
Paris 546 – Cahors 42 – Fumel 45 – Gourdon 11

Calmésympa de mi-juin à mi-sept.
✆ 05 53 28 43 15, *camping.calmesympa@gmail.com*,
www.http:camping-calmesympa.jimdo.com
2,7 ha (50 empl.) en terrasses et peu incliné, herbeux
Tarif : 13,90 € (8A) – pers. suppl. 3,50 €
Location : (de fin mars à fin sept.) – 8 – 7 gîtes. Nuitée 30 € – Sem. 530 €
Pour s'y rendre : au lieu-dit : Lagrèze (2,2 km au nord-ouest par D 46, rte de Domme et chemin à gauche)
À savoir : à l'ombre de châtaigners 5 fois centenaires !

Nature :
Loisirs :
Services :

Longitude : 1.23951
Latitude : 44.75444

ST-MARTIN-DE-SEIGNANX

40390 – **335** C13 – 4 715 h. – alt. 57
Paris 766 – Bayonne 11 – Capbreton 15 – Dax 42

Lou P'tit Poun – de déb. juin à déb. sept.
05 59 56 55 79, *contact@louptitpoun.com*, Fax 05 59 56 53 71, *www.louptitpoun.com*
6,5 ha (168 empl.) plat et peu incliné, en terrasses, herbeux
Tarif : 34,20€ (10A) – pers. suppl. 7,90€ – frais de réservation 30€

Location : (de déb. juin à déb. sept.) – 12 . Nuitée 68 à 115€ – Sem. 472 à 802€ – frais de réservation 30€
borne artisanale 7€ – 11€
Pour s'y rendre : 110 av. du Quartier Neuf (4,7 km au sud-ouest par N 117, rte de Bayonne et un chemin à gauche)

Nature :
Loisirs :
Services :

Longitude : -1.41195
Latitude : 43.52437

To visit a town or region : use the ***MICHELIN Green Guides.***

ST-PAUL-LES-DAX

40990 – **335** E12 – 12 544 h. – alt. 21
68 avenue de la Résistance 05 58 91 60 01
Paris 731 – Bordeaux 152 – Mont-de-Marsan 53 – Pau 89

Les Pins du Soleil – de déb. avr. à fin oct.
05 58 91 37 91, *info@pinsoleil.com*, *www.pinsoleil.com*
6 ha (145 empl.) plat et peu incliné, herbeux, sablonneux
Tarif : 24€ (10A) – pers. suppl. 6€ – frais de réservation 10€

Location : (de déb. avr. à fin oct.) (1 chalet) – 43 – 10 – 4 bungalows toilés. Nuitée 38 à 100€ – Sem. 265 à 699€ – frais de réservation 17€
borne artisanale – 14€
Pour s'y rendre : à St-Paul-les-Dax, rte des Minières (5,8 km au nord-ouest par N 124, rte de Bayonne et à gauche par D 459)

Nature :
Loisirs : snack jacuzzi
Services : laverie

Longitude : -1.09373
Latitude : 43.72029

L'Étang d'Ardy de déb. avr. à mi-oct.
05 58 97 57 74, *info@etangardy.com*, *www.etangardy.com*
5 ha/3 campables (102 empl.) plat, herbeux, sablonneux
Tarif : (Prix 2011) 26€ (10A) – pers. suppl. 4,50€

Location : (Prix 2011) (de déb. avr. à mi-oct.) – 18 – 7 . Nuitée 65 à 110€ – Sem. 230 à 615€
Pour s'y rendre : à St-Paul-les-Dax, allée d'Ardy (5,5 km au nord-ouest par N 124, rte de Bayonne puis av. la bretelle de raccordement, 1,7 km par chemin à gauche, au bord d'un étang)

Nature :
Loisirs :
Services : – 56 sanitaires individuels (wc) laverie

Longitude : -1.12256
Latitude : 43.72643

Abesses de mi-mars à fin oct.
05 58 91 65 34, *campingdesabesses@thermesadour.com*, Fax 05 58 91 65 34, *www.thermes-dax.com*
4 ha (198 empl.) plat, herbeux, sablonneux, petit étang
Tarif : (Prix 2011) 4,10€ 5,40€ – (10A) 2,95€

Location : (Prix 2011) (de mi-mars à fin oct.) – 16 . Nuitée 47€ – Sem. 301€
borne autre
Pour s'y rendre : allée du Château (7,5 km au nord-ouest par rte de Bayonne, D 16 à dr. et chemin d'Abesse)
À savoir : locations minimum 20 nuits

Nature :
Loisirs :
Services : laverie

Longitude : -1.09715
Latitude : 43.74216

ST-PÉE-SUR-NIVELLE

64310 – **342** C4 – 5 251 h. – alt. 30
place du Fronton 0559541169
Paris 785 – Bayonne 22 – Biarritz 17 – Cambo-les-Bains 17

Goyetchea de déb. juin à mi-sept.
0559541959, *info@camping-goyetchea.com*, *www.camping-goyetchea.com*
3 ha (140 empl.) plat et peu incliné, herbeux
Tarif : 26€ (6A) – pers. suppl. 5€ – frais de réservation 11€
Location : (de fin avr. à mi-sept.) – 30 . Nuitée 49 à 109€ – Sem. 250 à 760€ – frais de réservation 11€
Pour s'y rendre : quartier Ibarron (1k 800 m au nord par D 855, rte d'Ahetze et à dr.)

Nature :
Loisirs : snack
Services : laverie
location de réfrigérateurs

Longitude : -1.56683
Latitude : 43.36275

L'Ibarron de fin avr. à fin sept.
0559541043, *camping.dibarron@wanadoo.fr*, Fax 0559541043, *www.camping-ibarron.com*
2,9 ha (142 empl.) plat, herbeux
Tarif : (Prix 2011) 23,75€ (6A) – pers. suppl. 4,65€ – frais de réservation 10€
Location : (Prix 2011) (de fin avr. à fin sept.) – 21 . Sem. 230 à 600€
borne artisanale 5€ – 20 23,75€
Pour s'y rendre : quartier Ibarron (2 km, sortie ouest, sur la D 918, rte de St-Jean-de-Luz, près de la Nivelle)

Nature :
Loisirs :
Services : laverie
À prox. :

Longitude : -1.5749
Latitude : 43.3576

ST-RÉMY

24700 – **329** C6 – 450 h. – alt. 80
Paris 542 – Bergerac 33 – Libourne 46 – Montpon-Ménestérol 10

Les Cottages en Périgord (location exclusive de chalets) Permanent
0553805946, *lescottagesenperigord@orange.fr*, Fax 0553805946, *www.cottagesenperigord.com*
7 ha/1 campable plat, petit étang, bois attenant
Location : (1 chalet) – 8 . Nuitée 50 à 100€ – Sem. 250 à 650€ – frais de réservation 10€
Pour s'y rendre : au lieu-dit : Les Pommiers (au Nord rte de Montpon-Ménestérol par la D 708)

Nature :
Loisirs : jacuzzi
Services :

Longitude : 0.16333
Latitude : 44.96024

Utilisez le guide de l'année.

ST-SAUD-LACOUSSIÈRE

24470 – **329** F2 – 856 h. – alt. 370
Paris 443 – Brive-la-Gaillarde 105 – Châlus 23 – Limoges 57

Kawan Village Château Le Verdoyer – de fin avr. à déb. oct.
0553569464, *chateau@verdoyer.fr*, Fax 0553563870, *www.verdoyer.fr*
15 ha/5 campables (170 empl.) en terrasses, peu incliné, herbeux, pierreux, étangs
Tarif : (Prix 2011) 34€ (10A) – pers. suppl. 6,50€ – frais de réservation 20€
Location : (Prix 2011) (de fin avr. à déb. oct.) – 2 roulottes – 20 – 10 – 5 – 2 bungalows toilés. Nuitée 65 à 100€ – Sem. 210 à 700€ – frais de réservation 20€
borne artisanale
Pour s'y rendre : 2,5 km au nord-ouest par D 79, rte de Nontron et D 96, rte d'Abjat-sur-Bandiat, près d'étangs

Nature :
Loisirs : snack canoë
Services : laverie
cases réfrigérées
À prox. : (plage)

Longitude : 0.79595
Latitude : 45.55133

ST-VINCENT-DE-COSSE

24220 – **329** H6 – 378 h. – alt. 80
Paris 540 – Bergerac 61 – Brive-la-Gaillarde 65 – Fumel 58

Le Tiradou de déb. mai à fin sept.
05 53 30 30 73, *contact@camping-le-tiradou.com*,
Fax 05 53 31 16 24, *www.camping-le-tiradou.com*
2 ha (60 empl.) plat, herbeux
Tarif : (Prix 2011) 4,95€ 7,10€ – (10A) 3,30€ – frais de réservation 10€

Location : (Prix 2011) (de déb. mai à fin sept.) – 15 – 5 . Sem. 235 à 640€ – frais de réservation 15€
Pour s'y rendre : au lieu-dit : Larrit (500 m au sud-ouest du bourg, au bord d'un ruisseau)

Nature :
Loisirs : snack jacuzzi
Services : laverie

Longitude : 1.11268
Latitude : 44.83747

STE-EULALIE-EN-BORN

40200 – **335** D9 – 1 017 h. – alt. 26
Paris 673 – Arcachon 58 – Biscarrosse 98 – Mimizan 11

Les Bruyères de déb. mai à fin sept.
05 58 09 73 36, *bonjour@camping-les-bruyeres.com*,
Fax 05 58 09 75 58, *www.camping-les-bruyeres.com*
3 ha (177 empl.) plat, sablonneux, herbeux
Tarif : 21€ (16A) – pers. suppl. 6,90€ – frais de réservation 65€

Location : (de déb. mai à fin sept.) – 20 – 1 . Nuitée 39 à 105€ – Sem. 273 à 720€ – frais de réservation 80€
Pour s'y rendre : 719 rte de Laffont (2,5 km au nord par D 652)

À savoir : produits régionaux maison à déguster et à emporter

Nature :
Loisirs : snack
Services : laverie

Longitude : -1.17949
Latitude : 44.29387

102

STE-FOY-LA-GRANDE

33220 – **335** M5 – 2 560 h. – alt. 10
102, rue de la République 05 57 46 03 00
Paris 555 – Bordeaux 71 – Langon 59 – Marmande 53

La Bastide de déb. avr. à fin oct.
05 57 46 13 84, *contact@camping-bastide.com*,
Fax 05 57 46 13 84, *www.camping-bastide.com*
1,2 ha (38 empl.) plat, herbeux
Tarif : 22€ (10A) – pers. suppl. 5€ – frais de réservation 10€

Location : (de déb. avr. à fin oct.) – 10 . Nuitée 30 à 72€ – Sem. 210 à 500€ – frais de réservation 15€
Pour s'y rendre : à Pineuilh, allée du Camping (sortie nord-est par D 130, au bord de la Dordogne)

Nature :
Loisirs :
Services : laverie
À prox. :

Longitude : 0.22462
Latitude : 44.84403

SALIES-DE-BÉARN

64270 – **342** G4 – 4 803 h. – alt. 50 –
rue des Bains 05 59 38 00 33
Paris 762 – Bayonne 60 – Dax 36 – Orthez 17

Municipal de Mosqueros
05 59 38 12 94, *campingmunicipal.salies@orange.fr*,
Fax 05 59 38 06 43, *www.tourisme-bearn-gaves.com*
0,7 ha (60 empl.) en terrasses, herbeux, gravier

Location : – 2 .
borne autre – 16
Pour s'y rendre : av. Al Cartero (sortie ouest par D 17, rte de Bayonne, à la base de plein air)

Nature :
Loisirs :
Services : laverie
À prox. : terrain multi-sports

Longitude : -0.93814
Latitude : 43.47643

SALIGNAC-EYVIGUES

24590 – **329** I6 – 1 128 h. – alt. 297
place du 19 Mars 1962 ✆ 0553288193
Paris 509 – Brive-la-Gaillarde 34 – Cahors 84 – Périgueux 70

Flower Le Temps de Vivre de mi avr. à mi-sept.
✆ 0553289321, *contact@temps-de-vivre.com*, *www.temps-de-vivre.com*
4,5 ha (50 empl.) en terrasses, herbeux, bois attenant
Tarif : 26,90€ (10A) – pers. suppl. 5€ – frais de réservation 10€
Location : (de déb. avr. à fin sept.) – 18 – 2 bungalows toilés. Nuitée 34 à 89€ – Sem. 170 à 623€ – frais de réservation 20€
5 11,50€ – 11.50€
Pour s'y rendre : 1,5 km au sud par D 61 et chemin à dr.

Nature :
Loisirs :
Services : laverie

Longitude : 1.32817
Latitude : 44.96355

SALLES

33770 – **335** F7 – 5 758 h. – alt. 23
rue de la Haute Landes ✆ 0556883011
Paris 632 – Arcachon 36 – Belin-Béliet 11 – Biscarrosse 122

Le Park du Val de l'Eyre – de déb. mars à mi-oct.
✆ 0556884703, *levaldeleyre2@wanadoo.fr*, Fax 0556884727, *www.valdeleyre.com*
13 ha/4 campables (150 empl.) peu incliné, plat, herbeux, sablonneux
Tarif : (Prix 2011) 21€ (16A) – pers. suppl. 3€ – frais de réservation 20€
Location : (Prix 2011) (de mi-mars à mi-nov.) – 42 – 8 . Sem. 545 à 790€ – frais de réservation 20€
borne artisanale – 10 7€ – 21€
Pour s'y rendre : 8 rte du Minoy (sortie sud-ouest par D 108e S, rte de Lugos, au bord de l'Eyre et d'un étang - par A 63 : sortie 21)

Nature :
Loisirs : snack canoë
Services : laverie
À prox. :

Longitude : -0.87399
Latitude : 44.54606

Pour choisir et suivre un itinéraire,
pour calculer un kilométrage,
pour situer exactement un terrain (en fonction des indications fournies dans le texte) :
utilisez les ***cartes MICHELIN****,*
compléments indispensables de cet ouvrage.

SALLES

47150 – **336** H2 – 306 h. – alt. 120
Paris 588 – Agen 59 – Fumel 12 – Monflanquin 11

Des Bastides de mi-avr. à mi-sept.
✆ 0553408309, *info@campingdesbastides.com*, Fax 0553408176, *www.campingdesbastides.com*
6 ha (96 empl.) en terrasses, herbeux
Tarif : 27,50€ (6A) – pers. suppl. 5€ – frais de réservation 18€
Location : (de mi-avr. à mi-sept.) (de mi-avr. à mi-sept.) – 12 – 4 – 1 yourte – 2 bungalows toilés – 4 tentes. Sem. 259 à 699€ – frais de réservation 18€
Pour s'y rendre : lieu-dit : Terre Rouge (1 km au nord-est, rte de Fumel, au croisement des D 150 et D 162)

Nature :
Loisirs : snack jacuzzi terrain multisports
Services : – 2 sanitaires individuels (wc) laverie

Longitude : 0.88341
Latitude : 44.55483

SANGUINET

40460 – **335** E8 – 3 026 h. – alt. 24
1, place de la Mairie 05 58 78 67 72
Paris 643 – Arcachon 27 – Belin-Béliet 26 – Biscarrosse 120

Lou Broustaricq – de déb. avr. à mi-oct.
05 58 82 74 82, *loubrousta@wanadoo.fr*,
Fax 05 58 82 10 74, *www.lou-broustaricq.com* – places limitées pour le passage
18,8 ha (570 empl.) plat, sablonneux
Tarif : (Prix 2011) 37 € (10A) – pers. suppl. 6 € – frais de réservation 25 €

Location : (Prix 2011) (de déb. avr. à fin sept.) – 144 . Nuitée 45 à 112 € – Sem. 315 à 784 € – frais de réservation 25 €
Pour s'y rendre : 2315 rte Langeot (2,8 km au nord-ouest par rte de Bordeaux, à 300 m de l'étang de Cazaux)

Nature :
Loisirs : snack jacuzzi salle d'animation
Services : laverie
À prox. :

Longitude : -1.07279
Latitude : 44.50009

SARE

64310 – **342** C5 – 2 286 h. – alt. 70
Herriko Etxea 05 59 54 20 14
Paris 794 – Biarritz 26 – Cambo-les-Bains 19 – Pau 138

La Petite Rhune de mi-juin à mi-sept.
05 59 54 23 97, *la-petite-rhune@wanadoo.fr*,
Fax 05 59 54 23 42, *www.lapetiterhune.com* – places limitées pour le passage
1,5 ha (56 empl.) en terrasses, peu incliné, incliné, herbeux
Tarif : (Prix 2011) 24,80 € (10A) – pers. suppl. 5 € – frais de réservation 10 €

Location : (Prix 2011) (permanent) (de déb. juil. à fin août) – 15 – 5 gîtes. Sem. 220 à 620 € – frais de réservation 10 €
Pour s'y rendre : quartier Lehenbiscaye (2 km au sud par rte reliant D 406 et D 306)

Nature :
Loisirs : (petite piscine) terrain multisports
Services : laverie
À prox. :

Longitude : -1.58771
Latitude : 43.30198

ATTENTION :
these facilities are not necessarily available throughout the entire period that the camp is open - some are only available in the summer season.

SARLAT-LA-CANÉDA

24200 – **329** I6 – 9 381 h. – alt. 145
3, rue Tourny 05 53 31 45 45
Paris 526 – Bergerac 74 – Brive-la-Gaillarde 52 – Cahors 60

La Palombière – de fin avr. à mi-sept.
05 53 59 42 34, *contact@lapalombiere.fr*,
Fax 05 53 28 45 40, *www.lapalombiere.fr* – places limitées pour le passage
8,5 ha/4 campables (177 empl.) peu incliné et en terrasses, pierreux, herbeux
Tarif : 8,10 € 11,60 € – (10A) 3 € – frais de réservation 22 €

Location : (de fin avr. à mi-sept.) – 51 – 10 . Nuitée 44 à 127 € – Sem. 310 à 890 € – frais de réservation 22 €
Pour s'y rendre : à Ste Nathalène, au lieu-dit : Galmier (9 km au nord-est sur D 43 et à gauche)

Nature :
Loisirs :
Services : laverie

Longitude : 1.29157
Latitude : 44.90639

Les Castels Le Moulin du Roch – de fin avr. à mi-sept.
05 53 59 20 27, *moulin.du.roch@wanadoo.fr*, Fax 05 53 59 20 95, *www.moulin-du-roch.com*
8 ha (200 empl.) en terrasses, peu incliné, plat, herbeux, petit étang
Tarif : 36€ (6A) – pers. suppl. 9,50€ – frais de réservation 15€
Location : (de fin avr. à mi-sept.) – 50 . Sem. 270 à 980€ – frais de réservation 15€
Pour s'y rendre : à St-André d'Allas, sur la D 47 (10 km au nord-ouest, rte des Eyzies, au bord d'un ruisseau)
À savoir : autour d'un ancien moulin périgourdin

Nature :
Loisirs : snack
Services :
laverie

Longitude : 1.11481
Latitude : 44.90843

La Châtaigneraie – de fin avr. à mi-sept.
05 53 59 03 61, *lachataigneraie@orange.fr*, Fax 05 53 29 86 16, *www.lachataigneraie24.com*
9 ha (140 empl.) en terrasses, plat, herbeux, sablonneux
Tarif : (Prix 2011) 39,30€ (10A) – pers. suppl. 7,60€ – frais de réservation 20€
Location : (Prix 2011) (de fin avr. à mi-sept.) (de déb. juil. à fin août) – 60 – 11 . Nuitée 43 à 55€ – Sem. 200 à 995€ – frais de réservation 20€
Pour s'y rendre : à Prats de Carlux, au lieu-dit : La Carrigue Basse (10 km à l'est par la D 47 et à droite à Ste Nathalène)
À savoir : joli parc aquatique et ludique entouré de murets en pierre du pays

Nature :
Loisirs : snack piste de bi-cross, parcours sportif
Services :
laverie

Longitude : 1.29871
Latitude : 44.90056

Les Grottes de Roffy – de mi-avr. à mi-sept.
05 53 59 15 61, *contact@roffy.fr*, Fax 05 53 31 09 11, *www.roffy.fr*
5 ha (165 empl.) non clos, en terrasses, plat, herbeux
Tarif : (Prix 2011) 19€ – frais de réservation 15€
Location : (Prix 2011) (de mi-avr. à mi-sept.) – 22 – 2 appartements. Nuitée 44 à 123€ – Sem. 308 à 861€ – frais de réservation 15€
Pour s'y rendre : à Ste-Nathalène, au lieu-dit : Roffy (8 km à l'est, par la D 47)

Nature :
Loisirs : snack
Services :
laverie

Longitude : 1.28211
Latitude : 44.90417

Domaine de Loisirs le Montant – de déb. mai à mi-sept.
05 53 59 18 50, *contact@camping-sarlat.com*, Fax 05 53 59 37 73, *www.camping-sarlat.com*
70 ha/8 campables (135 empl.) en terrasses, vallonné, plat, herbeux, fort dénivelé
Tarif : 7,50€ 11,90€ – (10A) 4,50€ – frais de réservation 19€
Location : (de déb. avr. à déb. nov.) – 16 – 14 – 2 gîtes. Nuitée 45 à 132€ – Sem. 299 à 929€ – frais de réservation 24,50€
Pour s'y rendre : au lieu-dit : Négrelat (2 km au sud-ouest par D 57, rte de Bergerac puis 2,3 km par chemin à dr.)
À savoir : locatif varié et de qualité dans un cadre sauvage, vallonné et boisé

Nature :
Loisirs : snack nocturne jacuzzi terrain multisports
Services :
laverie

Longitude : 1.18903
Latitude : 44.86573

Domaine Des Chênes Verts – de déb. avr. à fin sept.
05 53 59 21 07, *contact@chenes-verts.com*, Fax 05 53 31 05 51, *www.chenes-verts.com* – places limitées pour le passage
8 ha (143 empl.) plat, peu incliné, en terrasses, herbeux
Tarif : 21€ (10A) – pers. suppl. 5,50€ – frais de réservation 18€
Location : (de déb. avr. à fin sept.) – 72 – 31 . Sem. 655€ – frais de réservation 18€
borne autre 12€ – 4 12€
Pour s'y rendre : rte de Sarlat et Souillac (8,5 km au sud-est)

Nature :
Loisirs : snack
Services : laverie

Longitude : 1.2972
Latitude : 44.86321

La Ferme de Villeneuve – de déb. avr. à fin oct.
05 53 30 30 90, *contact@fermedevilleneuve.com*, Fax 05 53 30 24 44, *www.fermedevilleneuve.com*
20 ha/2,5 campables (100 empl.) en terrasses, peu incliné, plat, herbeux, sous-bois, étang
Tarif : 5,95€ 6,70€ – (6A) 3,60€ – frais de réservation 9€
Location : (de déb. avr. à fin oct.) – 2 roulottes – 9 – 4 tipis. Nuitée 40 à 91€ – Sem. 280 à 635€ – frais de réservation 9€
borne artisanale 2€ – 3 12€
Pour s'y rendre : à St-André-d'Allas, au lieu-dit : Villeneuve (8 km au nord-ouest par D 47, rte des Eyzies-de-Tayac et rte à gauche)
À savoir : camping à la ferme

Nature :
Loisirs : snack
Services : laverie
À prox. : salle d'animation

Longitude : 1.14051
Latitude : 44.90438

Les Terrasses du Périgord de mi-avr. à mi-sept.
05 53 59 02 25, *terrasses-du-perigord@orange.fr*, Fax 05 53 59 16 48, *www.terrasses-du-perigord.com*
5 ha (85 empl.) en terrasses, plat, herbeux
Tarif : 18,30€ (16A) – pers. suppl. 5,40€ – frais de réservation 8€
Location : (de mi-avr. à mi-sept.) – 9 – 7 . Nuitée 95€ – Sem. 640€ – frais de réservation 10€
borne artisanale 13,40€ – 3 18,30€ – 17€
Pour s'y rendre : à Proissans, au lieu-dit : Pech d'Orance (2,8 km au nord-est)

Nature :
Loisirs : snack piste de bi-cross
Services : laverie

Longitude : 1.23658
Latitude : 44.90617

Village Vacances d'Argentouleau (location exclusive de chalets) fermé de mi-nov. à fin fév.
05 53 59 30 23, *vilvac.argentouleau@wanadoo.fr*, Fax 05 53 59 30 23, *www.sarlat-location.com*
2 ha plat, herbeux, gravier
Location : – 1 – 22 . Nuitée 37 à 56€ – Sem. 210 à 720€
Pour s'y rendre : 2 rte d'Argentouleau

Nature :
Loisirs :
Services : laverie

Longitude : 1.20467
Latitude : 44.89484

Les Périères de déb. avr. à fin sept.
05 53 59 05 84, *les-perieres@wanadoo.fr*, Fax 05 53 28 57 51, *www.lesperieres.com*
11 ha/4 campables (100 empl.) en terrasses, herbeux
Tarif : (Prix 2011) 32€ (6A) – pers. suppl. 6,50€ – frais de réservation 10€
Location : (Prix 2011) (de déb. avr. à fin sept.) – 15 – 1 studio. Sem. 310 à 887€ – frais de réservation 10€
borne artisanale
Pour s'y rendre : r. Jean Gabin (1 km au nord-est, à la sortie de la ville)

Nature :
Loisirs : parcours sportif
Services : laverie

Longitude : 1.22767
Latitude : 44.89357

Renouvelez votre guide chaque année.

Les Charmes de déb. avr. à fin sept.
05 53 31 02 89, *les.charmes@wanadoo.fr*,
Fax 05 53 31 06 32, *www.campinglescharmesdordogne.com*
5,5 ha/1,8 (100 empl.) plat et peu incliné, en terrasses, herbeux
Tarif : (Prix 2011) 21,40€ (6A) – pers. suppl. 5,50€ – frais de réservation 8€
Location : (Prix 2011) (de déb. avr. à fin sept.) – 6 – 5 – 9 bungalows toilés. Sem. 150 à 625€ – frais de réservation 8€
Pour s'y rendre : à St-André-d'Allas, au lieu-dit : Malartigue Haut (10 km à l'ouest par D 47, rte des Eyzies-de-Tayac puis 2,8 km par rte à gauche et D 25 à gauche)

Nature :
Loisirs : terrain multisports
Services :

Longitude : 1.11365
Latitude : 44.89412

Les Acacias de déb. avr. à fin sept.
05 53 31 08 50, *camping-acacias@wanadoo.fr*, *www.acacias.fr*
4 ha (122 empl.) plat, peu incliné, terrasses, herbeux
Tarif : 20,80€ (10A) – pers. suppl. 5,30€ – frais de réservation 10€
Location : (de mi-avr. à fin sept.) – 20 . Sem. 240 à 670€ – frais de réservation 10€
borne artisanale 4€
Pour s'y rendre : au bourg de la Canéda, r. Louis de Champagne (6 km au sud-est par D 704 et à dr. à l'hypermarché Leclerc)
À savoir : navette en bus pour Sarlat

Nature :
Loisirs : terrain multisports
Services : laverie

Longitude : 1.23699
Latitude : 44.85711

SAUBION

40230 – **335** C12 – 1 302 h. – alt. 17
Paris 747 – Bordeaux 169 – Mont-de-Marsan 79 – Pau 106

Airotel La Pomme de Pin de déb. avr. à fin sept.
05 58 77 00 71, *info@camping-lapommedepin.com*,
Fax 05 58 77 11 47, *www.camping-lapommedepin.com*
5 ha (252 empl.) plat, herbeux, sablonneux
Tarif : (Prix 2011) 28,45€ (6A) – pers. suppl. 5,95€ – frais de réservation 20€
Location : (Prix 2011) (de déb. avr. à fin sept.) – 44 – 18 bungalows toilés. Nuitée 35 à 120€ – Sem. 220 à 830€ – frais de réservation 20€
borne eurorelais
Pour s'y rendre : 825 rte de Seignosse (2 km au sud-est par D 652 et D 337, rte de Saubion)
À savoir : espace aquatique couvert

Nature :
Loisirs : snack jacuzzi (découverte en saison)
Services : laverie cases réfrigérées - réfrigérateurs

Longitude : -1.35563
Latitude : 43.67608

SAUVETERRE-LA-LÉMANCE

47500 – **336** I2 – 598 h. – alt. 100
Paris 572 – Agen 68 – Fumel 14 – Monflanquin 27

Flower Le Moulin du Périé de mi-mai à mi-sept.
05 53 40 67 26, *moulinduperie@wanadoo.fr*,
Fax 05 53 40 62 46, *www.camping-moulin-perie.com*
4 ha (125 empl.) plat, herbeux
Tarif : 7,50€ 10,20€ – (10A) 6,90€ – frais de réservation 20€
Location : (de mi-mai à mi-sept.) – 16 – 4 – 16 bungalows toilés. Nuitée 35 à 124€ – Sem. 245 à 868€ – frais de réservation 35€
borne artisanale – 5 10,20€
Pour s'y rendre : au lieu-dit : Moulin du Périé (3 km à l'est par rte de Loubejac, au bord d'un ruisseau)

Nature :
Loisirs :
Services : laverie

Longitude : 1.04743
Latitude : 44.5898

SEIGNOSSE OCEAN

40510 – **335** C12 – 2955 h. – alt. 15
Paris 763 – Bordeaux 184 – Mont-de-Marsan 89 – Pau 115

Village Camping Océliances – de déb. avr. à fin sept.
05 58 43 30 30, *oceliances@wanadoo.fr*, Fax 05 58 41 64 21, *www.oceliances.com*
13 ha (432 empl.) plat, vallonné, sablonneux
Tarif : (Prix 2011) 31,51 € (6A) – pers. suppl. 5,44 € – frais de réservation 20 €

Location : (Prix 2011) (permanent) (de déb. avr. à fin sept.) – 200 – 20 . Nuitée 45 à 112 € – Sem. 316 à 785 € – frais de réservation 20 €
18 34 €
Pour s'y rendre : av. des Tucs (par D 79e, à 500 m de la plage des Bourdaines)

Nature :
Loisirs : snack école de surf, terrain multi-sports
Services : laverie cases réfrigérées
À prox. : golf (18 trous)

Longitude : -1.43039
Latitude : 43.69358

SIORAC-EN-PÉRIGORD

24170 – **329** G7 – 993 h. – alt. 77
place de Siorac 05 53 31 63 51
Paris 548 – Bergerac 45 – Cahors 68 – Périgueux 60

Le Port de fin avr. à fin sept.
05 53 31 63 81, *contact@campingduport.net*, *www.campingduport.net*
2,5 ha (83 empl.) plat, herbeux
Tarif : (Prix 2011) 4,25 € 3,50 € – (6A) 3 €

Location : (Prix 2011) (de fin avr. à fin sept.) – 8 . Nuitée 35 à 70 € – Sem. 155 à 450 €
Pour s'y rendre : au nord-est du bourg, accès par D 25, rte de Buisson-Cussac et chemin devant Carrefour Market, au bord de la Dordogne et de la Nauze

Nature :
Loisirs :
Services : (mi-juil.- mi-août)
À prox. : snack canoë, piste de skate, golf

Longitude : 0.98755
Latitude : 44.82472

SORDE-L'ABBAYE

40300 – **335** E13 – 641 h. – alt. 17
Paris 758 – Bayonne 47 – Dax 27 – Oloron-Ste-Marie 63

Municipal la Galupe de déb. juil. à fin août
05 58 73 18 13, *mairie.sordelabbaye@wanadoo.fr*, Fax 05 58 73 16 41
0,6 ha (28 empl.) plat, herbeux, pierreux
Tarif : (Prix 2011) 9,50 € (6A) – pers. suppl. 2 €
Pour s'y rendre : 242 chemin du Camping (1,3 km à l'ouest par D 29, rte de Peyrehorade, D 123 à gauche et chemin av. le pont, près du Gave d'Oloron)

Nature :
Services :

Longitude : -1.0561
Latitude : 43.52983

SOULAC-SUR-MER

33780 – **335** E1 – 2 679 h. – alt. 7
68, rue de la plage 05 56 09 86 61
Paris 515 – Bordeaux 99 – Lesparre-Médoc 31 – Royan 12

Les Lacs – de déb. avr. à déb. nov.
05 56 09 76 63, *info@camping-les-lacs.com*, Fax 05 56 09 98 02, *www.camping-les-lacs.com*
5 ha (228 empl.) plat, herbeux, sablonneux
Tarif : 35 € (10A) – pers. suppl. 5 €

Location : (de déb. avr. à déb. nov.) (1 mobile home) – 60 – 12 . Sem. 275 à 1 070 €
2 15 € – 15 €
Pour s'y rendre : 126 rte des Lacs (3 km à l'est par D 101)

À savoir : organisation d'excursions en car

Nature :
Loisirs : snack terrain multisports
Services : laverie
À prox. :

Longitude : -1.11932
Latitude : 45.48328

Yelloh! Village Soulac-sur-Mer – de déb. avr. à fin sept.
05 56 09 77 63, *info@yellohvillage-soulacsurmer.com*, Fax 05 56 09 78 78, *www.yellohvillage.fr/camping/yelloh_soulac_sur_mer*
4 ha (170 empl.) plat, sablonneux
Tarif : 72 € (10A) – pers. suppl. 7 €
Location : (de déb. avr. à fin sept.) – 70 – 10 . Nuitée 39 à 129 € – Sem. 273 à 903 €
borne autre
Pour s'y rendre : 2,8 km à l'est par D 101e 2 et D 101

Nature :
Loisirs : snack jacuzzi
Services : (juil.août) laverie

Longitude : -1.11886
Latitude : 45.48563

L'Océan de déb. juin à mi-sept.
05 56 09 76 10, *camping.ocean@orange.fr*, Fax 05 56 09 74 75, *www.perso.wanadoo.fr/camping.ocean*
6 ha (300 empl.) gravier, sablonneux, plat, herbeux
Tarif : 27,20 € (10A) – pers. suppl. 5 € – frais de réservation 15 €
Pour s'y rendre : 62 allée de la Négade (sortie est par D 101e 2 et D 101, à 300 m de la plage)
À savoir : cadre naturel et boisé

Nature :
Loisirs :
Services : laverie

Longitude : -1.14533
Latitude : 45.48043

SOUSTONS

40140 – **335** D12 – 6 941 h. – alt. 9
Grange de Labouyrie *05 58 41 52 62*
Paris 732 – Biarritz 53 – Castets 23 – Dax 29

Village Vacances Framissima Nature (location exclusive de mobile homes, chalets et tentes-lodges) de mi-avr. à fin sept.
05 58 77 70 00, *resa.soustons@fram.fr*, Fax 05 58 77 78 00, *www.fram.fr*
14 ha (250 empl.) plat, sablonneux
Location : (1 mobile home) – 200 – 13 – 38 tentes. Nuitée 37 à 137 € – Sem. 231 à 1 540 €
Pour s'y rendre : au lieu-dit : Nicot-les-Pins, 63 av. Port d'Albret (rte des Lacs)
À savoir : organisation d'excursions - piscine biologique - nombreuses activités enfants et ados

Nature :
Loisirs : hammam jacuzzi balnéo, salle d'animation terrain multisports, théatre de plein air
Services : laverie

Longitude : -1.35999
Latitude : 43.75593

L'Airial de déb. avr. à déb. oct.
05 58 41 12 48, *contact@camping-airial.com*, Fax 05 58 41 53 83, *www.camping-airial.com*
13 ha (440 empl.) plat, vallonné, sablonneux
Tarif : (Prix 2011) 31,90 € (10A) – pers. suppl. 6,50 € – frais de réservation 20 €
Location : (Prix 2011) (de déb. avr. à déb. oct.) (2 mobile homes) – 58 – 28 . Nuitée 85 € – Sem. 310 à 910 € – frais de réservation 20 €
Pour s'y rendre : 67 av. de Port d'Albret (2 km à l'ouest par D 652, rte de Vieux-Boucau-les-Bains, à 200 m de l'étang de Soustons)

Nature :
Loisirs : snack diurne terrain multi-sports
Services : laverie cases réfrigérées

Longitude : -1.35195
Latitude : 43.75433

Village Vacances Le Dunéa (location exclusive de chalets) de déb. avr. à mi-oct.
05 58 48 00 59, *clubdunea@libertysurf.fr*, *www.club-dunea.com*
0,5 ha plat, vallonné, sablonneux
Location : – 20 – 20 gîtes. Nuitée 90 à 160 € – Sem. 250 à 1 100 €
Pour s'y rendre : à Souston-Plage, port d'Albret sud, 1 square de l'Herté (à 200 m du lac)

Nature :
Loisirs :
Services :
À prox. : golf

Longitude : -1.40065
Latitude : 43.7731

LE TEICH

33470 – **335** E7 – 6 284 h. – alt. 5
Place Pierre Dubernet ✆ 0556228046
Paris 633 – Arcachon 20 – Belin-Béliet 34 – Bordeaux 50

Ker Helen – de déb. avr. à fin oct.
✆ 0556660379, *camping.kerhelen@wanadoo.fr*,
Fax 0556665159, *www.kerhelen.com*
4 ha (170 empl.) plat, herbeux
Tarif : (Prix 2011) 5€ 13€ – (6A) 3,70€

Location : (Prix 2011) (de déb. avr. à fin oct.) (1 chalet) – 45 – 10 – 12 bungalows toilés. Nuitée 28 à 60€ – Sem. 226 à 720€
borne artisanale – 7
Pour s'y rendre : 119 av. de la Côte d'Argent (2 km à l'ouest par D 650, rte de Gujan-Mestras)

Nature :
Loisirs : snack nocturne
Services : laverie

Longitude : -1.04284
Latitude : 44.63975

TERRASSON-LAVILLEDIEU

24120 – **329** I5 – 6 214 h. – alt. 90
Rue Jean Rouby ✆ 0553503756
Paris 497 – Brive-la-Gaillarde 22 – Juillac 28 – Périgueux 53

La Salvinie de déb. avr. à fin oct.
✆ 0553500611, *camping.lasalvinie@orange.fr*,
www.camping-salvinie.com
2,5 ha (70 empl.) plat, herbeux
Tarif : 4,80€ 5€ – (6A) 3,50€

Location : (de déb. avr. à fin oct.) – 11 . Nuitée 50 à 85€ – Sem. 240 à 600€
20 14,60€
Pour s'y rendre : au lieu-dit : Bouillac Sud (sortie sud par D 63, rte de Chavagnac puis 3,4 km par rte de Condat, à dr. apr. le pont)

Nature :
Loisirs :
Services : laverie

Longitude : 1.26216
Latitude : 45.12069

Village Vacances le Clos du Moulin (location exclusive de chalets) Permanent
✆ 0553516895, *leclosdumoulin@orange.fr*,
Fax 0553516895, *www.leclosdumoulin.com*
1 ha plat, herbeux

Location : (Prix 2011) – 14 . Sem. 360 à 750€ – frais de réservation 16€
Pour s'y rendre : au lieu-dit : Le Moulin de Bouch (6 km à l'ouest de Terrasson-Lavilledieu par N 89, rte de St-Lazare et D 62, rte de Coly, au bord de rivière)

Nature :
Loisirs :
Services : climatisation

Longitude : 1.26337
Latitude : 45.10288

En juin et septembre les campings sont plus calmes, moins fréquentés et pratiquent souvent des tarifs « hors saison «.

LA TESTE-DE-BUCH

33260 – **335** E7 – 24 616 h. – alt. 5
place Jean Hameau ✆ 0556546314
Paris 642 – Andernos-les-Bains 35 – Arcachon 5 – Belin-Béliet 44

Village Vacances FranceLoc La Pinèda – (location exclusive de mobile homes) de déb. avr. à fin sept.
✆ 0556222324, *info@campinglapinede.net*,
Fax 0556229803, *www.campinglapinede.net*
5 ha (200 empl.) plat, sablonneux, herbeux

Location : (1 mobile home) – 200 . Nuitée 99€ – Sem. 693€ – frais de réservation 27€
Pour s'y rendre : rte de Cazaux (11 km au sud par D 112, au bord du canal des Landes - à 2,5 km de Cazaux)

Nature :
Loisirs : snack ponton d'amarrage
Services : laverie
À prox. : base de ski nautique

Longitude : -1.15055
Latitude : 44.55516

THENON

24210 – **329** H5 – 1 291 h. – alt. 194
25, avenue de la IVe République *05 53 06 35 10*
Paris 515 – Brive-la-Gaillarde 41 – Excideuil 36 – Les Eyzies-de-Tayac 33

Le Verdoyant de déb. avr. à mi-oct.
05 53 05 20 78, *contact@campingleverdoyant.fr*,
Fax 05 67 34 05 00, *www.campingleverdoyant.fr*
9 ha/3 campables (67 empl.) non clos, en terrasses, plat, herbeux
Tarif : (Prix 2011) 17,25€ (10A) – pers. suppl. 4,45€
Location : (permanent) – 12 – 2 – 1 tente. Nuitée 45€ – Sem. 169 à 550€
10 8€
Pour s'y rendre : rte de Montignac-Lascaux (4 km au sud-est par D 67, près de deux étangs)

Nature :
Loisirs : snack
Services : laverie

Longitude : 1.09102
Latitude : 45.11901

THIVIERS

24800 – **329** G3 – 3 174 h. – alt. 273
place du Marechal Foch *05 53 55 12 50*
Paris 449 – Brive-la-Gaillarde 81 – Limoges 62 – Nontron 33

Le Repaire Permanent
06 84 77 61 78, *camping.le.repaire@gmail.com*, *www.camping-le-repaire.fr*
10 ha/4,5 campables (100 empl.) plat, peu incliné, terrasses, herbeux, bois attenants
Tarif : (Prix 2011) 4,20€ 6€ – (10A) 3€
Location : (Prix 2011) (permanent) – 10 – 2 yourtes. Nuitée 40 à 50€ – Sem. 175 à 425€
Pour s'y rendre : 2 km au sud-est par D 707, rte de Lanouaille et chemin à dr.
À savoir : beaux emplacements autour d'un petit étang

Nature :
Loisirs : jacuzzi parcours de santé
Services : (saison)
À prox. : (plage)

Longitude : 0.9321
Latitude : 45.41305

The Guide changes, so renew your guide every year.

TOCANE-ST-APRE

24350 – **329** D4 – 1 587 h. – alt. 95
Mairie *05 53 90 44 94*
Paris 498 – Brantôme 24 – Mussidan 33 – Périgueux 25

Municipal le Pré Sec
05 53 90 40 60, *mairie.tocane@wanadoo.fr*,
Fax 05 53 90 25 03
1,8 ha (80 empl.) non clos, plat, herbeux
Location : – 14 .
Pour s'y rendre : au nord du bourg par D 103, rte de Montagrier, près du stade, au bord de la Dronne

Nature :
Loisirs : (plage) canoë, piste de skate
Services :

Longitude : 0.49685
Latitude : 45.25649

TRENTELS

47140 – **336** H3 – 817 h. – alt. 50
Paris 607 – Agen 42 – Bergerac 72 – Cahors 60

Village Vacances Municipal de Lustrac (location exclusive de chalets) Permanent
05 53 70 77 22, *mairie.trentels@wanadoo.fr*,
Fax 05 53 40 03 41 – empl. traditionnels également disponibles
0,5 ha plat, herbeux
Location : – 7 . Nuitée 95€ – Sem. 200 à 440€
Pour s'y rendre : à Lustrac (2,5 km au nord-est par D 911, rte de Fumel et chemin à dr., dir. Lustrac, au bord du Lot)

Nature :
Loisirs :
Services : laverie
À prox. :

Longitude : 0.88316
Latitude : 44.4335

TURSAC

24620 – **329** H6 – 321 h. – alt. 75
Paris 536 – Bordeaux 172 – Périgueux 48 – Brive-la-Gaillarde 57

Le Vézère Périgord de mi-avr. à mi-oct.
05 53 06 96 31, *info@levezereperigord.com*,
Fax 05 53 06 79 66, *www.levezereperigord.com*
3,5 ha (103 empl.) en terrasses et peu incliné, herbeux, pierreux
Tarif : 23,30€ (10A) – pers. suppl. 5,50€
Location : (de mi-avr. à mi-oct.) – 21 – 4 tentes. Nuitée 35 à 88€ – Sem. 245 à 616€
borne artisanale
Pour s'y rendre : 800 m au nord-est par D 706, rte de Montignac et chemin à dr.

Nature :
Loisirs : snack jacuzzi
Services : laverie
À prox. : canoë

Longitude : 1.04637
Latitude : 44.97599

URDOS

64490 – **342** I7 – 66 h. – alt. 780
Paris 850 – Jaca 38 – Oloron-Ste-Marie 41 – Pau 75

Municipal Le Gave d'Aspe de mi-mai à fin sept.
05 59 34 88 26, *info@campingaspe.com*,
www.campingaspe.com
1,5 ha (80 empl.) non clos, plat et peu incliné, terrasse, herbeux, pierreux
Tarif : 14,50€ (16A) – pers. suppl. 3,65€
Location : (permanent) – 2 . Nuitée 80 à 100€ – Sem. 380 à 450€
borne eurorelais 2€ – 5 14,50€ – 14.50€
Pour s'y rendre : r. du Moulin de la Tourette (1,5 km au nord-ouest par N 134 et chemin devant l'ancienne gare, au bord du Gave d'Aspe)

Nature :
Loisirs :
Services : laverie

Longitude : -0.55642
Latitude : 42.87719

Gebruik de gids van het lopende jaar.

URRUGNE

64122 – **342** B4 – 7 759 h. – alt. 34
place René Soubelet 05 59 54 60 80
Paris 791 – Bayonne 29 – Biarritz 23 – Hendaye 8

Col d'Ibardin – de déb. avr. à fin sept.
05 59 54 31 21, *info@col-ibardin.com*,
Fax 05 59 54 62 28, *www.col-ibardin.com*
8 ha (150 empl.) vallonné, en terrasses, peu incliné, plat, herbeux
Tarif : (Prix 2011) 33,50€ (10A) – pers. suppl. 6,50€ – frais de réservation 25€
Location : (Prix 2011) (de déb. avr. à mi-nov.) (1 mobile home) – 49 – 24 – 6 tentes. Nuitée 46 à 70€ – Sem. 322 à 644€ – frais de réservation 25€
Pour s'y rendre : rte d'Olhette (4 km au sud par D 4, rte d'Ascain et du col d'Ibardin, au bord d'un ruisseau)

À savoir : au milieu d'une forêt de chênes, emplacements bordés par un ruisseau

Nature :
Loisirs : snack terrain multisports
Services : laverie

Longitude : -1.68461
Latitude : 43.33405

Larrouleta Permanent
05 59 47 37 84, *info@larrouleta.com*, Fax 05 59 47 42 54, *www.larrouleta.com*
5 ha (263 empl.) plat, herbeux
Tarif : 25€ (5A) – pers. suppl. 7,50€
borne artisanale 16€ – 45 16€
Pour s'y rendre : quartier Socoa, 210 rte de Socoa (3 km au sud)

À savoir : très agréable site autour d'un plan d'eau aménagé pour la baignade

Nature :
Loisirs : snack (découverte en saison) (plage) pédalos
Services : laverie

Longitude : -1.6859
Latitude : 43.37036

URT

64240 – **342** E4 – 2 028 h. – alt. 41
Place du Marché ✆ *05.59.56.24.65*
Paris 757 – Bayonne 17 – Biarritz 24 – Cambo-les-Bains 28

Etche Zahar de déb. mars à mi-nov.
✆ 0559562736, *info@etche-zahar.fr*, *www.etche-zahar.fr*
1,5 ha (43 empl.) non clos, plat, peu incliné, herbeux
Tarif : 4,40€ 3€ 12€ – (10A) 3,70€ – frais de réservation 12€
Location : (de déb. mars à mi-nov.) (2 chalets) – 7 – 9 – 5 bungalows toilés – 4 tentes. Nuitée 30 à 82€ – Sem. 210 à 595€ – frais de réservation 12€
2 23,40€
Pour s'y rendre : allée de Mesplès (1 km à l'ouest par D 257, dir. Urcuit et à gauche)

Nature :
Loisirs :
Services : laverie
À prox. :

Longitude : -1.29668
Latitude : 43.4918

VENDAYS-MONTALIVET

33930 – **335** E2 – 2 162 h. – alt. 9
62, avenue de l'Ocean ✆ *0556093012*
Paris 535 – Bordeaux 82 – Lesparre-Médoc 14 – Soulac-sur-Mer 21

La Chesnays de mi-avr. à fin sept.
✆ 0556417274, *lachesnays@camping-montalivet.com*, Fax 0556417274, *www.camping-montalivet.com*
1,5 ha (59 empl.) plat, herbeux
Tarif : 24,70€ (10A) – pers. suppl. 5€ – frais de réservation 14€
Location : (de mi-avr. à fin sept.) – 6 – 4 bungalows toilés. Sem. 200 à 680€ – frais de réservation 14€
Pour s'y rendre : 8 rte de Soulac, à Mayan

Nature :
Loisirs :
Services :

Longitude : -1.08262
Latitude : 45.37602

Le Mérin de déb. avr. à fin oct.
✆ 0556417864, *contact@campinglemerin.com*, Fax 0556417303, *www.campinglemerin.com*
3,5 ha (165 empl.) plat, herbeux, sablonneux
Tarif : 3,30€ 5,40€ – (10A) 2,90€
Location : (de déb. avr. à fin oct.) – 6 – 3 . Nuitée 60€ – Sem. 430€
Pour s'y rendre : 7 rte du Mérin (3,7 km au nord-ouest par D 102, rte de Montalivet et chemin à gauche)

Nature :
Loisirs :
Services :

Longitude : -1.09932
Latitude : 45.36703

Si vous désirez réserver un emplacement pour vos vacances, faites-vous préciser au préalable les conditions particulières de séjour, les modalités de réservation, les tarifs en vigueur et les conditions de paiement.

VENSAC

33590 – **335** E2 – 772 h. – alt. 5
Paris 528 – Bordeaux 82 – Lesparre-Médoc 14 – Soulac-sur-Mer 18

Les Acacias de déb. mai à fin sept.
✆ 0556095881, *contact@les-acacias-du-medoc.fr*, Fax 0556095067, *www.les-acacias-du-medoc.fr*
3,5 ha (175 empl.) plat, herbeux, sablonneux
Tarif : 24,50€ (16A) – pers. suppl. 4,50€ – frais de réservation 15€
Location : (Prix 2011) (de déb. avr. à fin oct.) – 45 . Sem. 258 à 760€ – frais de réservation 15€
Pour s'y rendre : 44 rte de St-Vivien (1,5 km au nord-est par N 215, rte de Verdon-sur-Mer et chemin à dr.)

Nature :
Loisirs : snack nocturne
Services : laverie

Longitude : -1.03252
Latitude : 45.40887

LE-VERDON-SUR-MER

33123 – **335** E2 – 1 369 h. – alt. 3
2, rue des frères Tard ✆ 0556096178
Paris 514 – Bordeaux 100 – La Rochelle 80

Sunêlia La Pointe du Médoc – de mi-avr. à mi-sept.
✆ 0556733999, *info@camping-lapointedumedoc.com*, Fax 0556733996, *www.camping-lapointedumedoc.com*
6,5 ha (260 empl.) en terrasses, plat, sablonneux
Tarif : (Prix 2011) 30€ (10A) – pers. suppl. 6€ – frais de réservation 10€

Location : (de mi-avr. à mi-sept.) (1 mobile home) – 123 – 31 . Nuitée 48 à 154€ – Sem. 336 à 1 078€ – frais de réservation 30€
Pour s'y rendre : rte de la Pointe de Grave (sur la D 1215)

Nature :
Loisirs : snack
salle d'animation
terrain multisports
Services :
laverie

Longitude : -1.07965
Latitude : 45.54557

*The classification (1 to 5 tents, **black** or **red**) that we award to selected sites in this Guide is a system that is our own.*
It should not be confused with the classification (1 to 5 stars) of official organisations.

VÉZAC

24220 – **329** I6 – 607 h. – alt. 90
Paris 535 – Bergerac 65 – Brive-la-Gaillarde 60 – Fumel 53

Les Deux Vallées de mi-fév. à mi-nov.
✆ 0553295355, *contact@campingles2vallees.com*, Fax 0553310981, *www.campingles2vallees.com*
2,5 ha (100 empl.) plat, herbeux
Tarif : (Prix 2011) 6,50€ 8,90€ – (10A) 3,50€ – frais de réservation 15€

Location : (Prix 2011) (de déb. avr. à mi-oct.) – 18 – 2 – 10 bungalows toilés – 2 gîtes. Nuitée 22€ – Sem. 140 à 635€ – frais de réservation 15€
5 16,90€
Pour s'y rendre : au lieu dit : La Gare (à l'ouest, derrière l'ancienne gare, au bord d'un petit étang)
À savoir : vue imprenable sur le château de Beynac pour quelques emplacements

Nature :
Loisirs : snack
Services : laverie
réfrigérateurs

Longitude : 1.15844
Latitude : 44.83542

VIELLE-ST-GIRONS

40560 – **335** D11 – 1 118 h. – alt. 27
route de Linxe ✆ 0558479494
Paris 719 – Castets 16 – Dax 37 – Mimizan 32

Sunêlia Le Col Vert – de déb. avr. à mi-sept.
✆ 0890710001, *contact@colvert.com*, Fax 0558429188, *www.colvert.com*
24 ha (800 empl.) plat, sablonneux, herbeux
Tarif : 43,40€ (3A) – pers. suppl. 6,90€ – frais de réservation 30€

Location : (permanent) (1 mobile home) – 304 – 34 – 38 bungalows toilés. Nuitée 25 à 146€ – Sem. 175 à 1 022€ – frais de réservation 30€
borne artisanale – 25 12€ – 16.50€
Pour s'y rendre : lieu-dit : Le Lac (5,5 km au sud par D 652, au bord de l'étang de Léon)
À savoir : navettes gratuites pour St-Girons-Plage

Nature :
Loisirs : snack
hammam jacuzzi
terrain multi-sports
Services : – 6 sanitaires individuels (wc)
laverie cases réfrigérées
À prox. : poneys
canoë, pédalos, barques

Longitude : -1.30946
Latitude : 43.90416

L'Océane de mi-juin à fin sept.
05 58 42 94 37, *campingloceane@wanadoo.fr*, Fax 05 58 42 00 48, *www.camping-oceane.fr* – places limitées pour le passage
3 ha (99 empl.) plat, sablonneux, herbeux
Tarif : 27€ (10A) – pers. suppl. 9,50€
Location : (de mi-mai à fin sept.) – 41 . Nuitée 110€ – Sem. 745€ – frais de réservation 25€
Pour s'y rendre : rte des Lacs (1 km au nord)
À savoir : agréable pinède

Nature :
Loisirs : snack
Services : (juil.-août) laverie

Longitude : -1.30611
Latitude : 43.92278

VIEUX-BOUCAU-LES-BAINS

40480 – **335** C12 – 1 591 h. – alt. 5
11 Mail André Rigal 05 58 48 13 47
Paris 740 – Bayonne 41 – Biarritz 48 – Castets 28

Municipal les Sablères de déb. avr. à mi-oct.
05 58 48 12 29, *camping-lessableres@wanadoo.fr*, Fax 05 58 48 20 70, *www.camping-les-sableres.com*
11 ha (517 empl.) vallonné, sablonneux, herbeux
Tarif : (Prix 2011) 22,20€ (10A) – pers. suppl. 4,20€ – frais de réservation 20€
Location : (Prix 2011) (de déb. avr. à mi-oct.) – 7 – 11 – 3 bungalows toilés. Nuitée 36 à 87€ – Sem. 182 à 609€ – frais de réservation 20€
borne artisanale
Pour s'y rendre : bd du Marensin (au nord-ouest, à 250 m de la plage (accès direct))

Nature :
Loisirs : terrain multisports
Services : laverie , cases réfrigérées
À prox. : snack pizzeria

Longitude : -1.40596
Latitude : 43.79326

VIEUX-MAREUIL

24340 – **329** E3 – 329 h. – alt. 129
Paris 499 – Bordeaux 166 – Périgueux 43 – Angoulême 43

L'Étang Bleu Permanent
05 53 60 92 70, *letangbleu@orange.fr*, *www.letangbleu.com*
10 ha/6 campables (167 empl.) plat, herbeux, bois attenant, étang
Tarif : 23€ (10A) – pers. suppl. 5,50€ – frais de réservation 25€
Location : (de déb. avr. à mi-oct.) – 3 . Nuitée 35 à 85€ – Sem. 220 à 565€ – frais de réservation 25€
5 12€ – 12€
Pour s'y rendre : 2 km au nord par D 93, rte de St-Sulpice-de-Mareuil

Nature :
Loisirs : snack
Services : laverie

Longitude : 0.50855
Latitude : 45.44617

VILLERÉAL

47210 – **336** G2 – 1 255 h. – alt. 103
place de la Halle 05 53 36 09 65
Paris 566 – Agen 61 – Bergerac 35 – Cahors 76

Château de Fonrives – de déb. avr. à fin sept.
05 53 36 63 38, *contact@campingchateaufonrives.com*, Fax 05 53 36 09 98, *www.campingchateaufonrives.com*
20 ha/10 campables (370 empl.) plat, peu incliné, terrasses, herbeux, pierreux
Tarif : (Prix 2011) 35,50€ (6A) – pers. suppl. 5,10€ – frais de réservation 25€
Location : (Prix 2011) (de déb. avr. à fin sept.) – 90 – 43 – 2 bungalows toilés. Nuitée 50 à 120€ – Sem. 165 à 800€ – frais de réservation 25€
5 35,50€
Pour s'y rendre : rte d'Issigeac, au leiu-dit : Rives (2,2 km au nord-ouest par D 207 et à gauche, au château)

Nature :
Loisirs : jacuzzi parcours sportif en forêt
Services : laverie

Longitude : 0.7314
Latitude : 44.65739

Fontaine du Roc de déb. avr. à fin sept.
05 53 36 08 16, *fontaine.du.roc@wanadoo.fr*,
Fax 05 53 61 60 23, *www.fontaineduroc.com*
2 ha (60 empl.) plat, herbeux
Tarif : 6€ 8€ – (10A) 4,50€
Location : (de déb. avr. à fin sept.) – 3 – 3 .
Nuitée 50 à 82€ – Sem. 350 à 665€
borne artisanale – 10.50€
Pour s'y rendre : au lieu-dit : Dévillac (7,5 km au sud-est par D 255 et à gauche)

Nature :
Loisirs : jacuzzi
Services : laverie

Longitude : 0.8187
Latitude : 44.61414

VITRAC

24200 – **329** I7 – 835 h. – alt. 150
lieu-dit le bourg 05 53 28 57 80
Paris 541 – Brive-la-Gaillarde 64 – Cahors 54 – Gourdon 23

Domaine Soleil Plage – de déb. avr. à fin sept.
05 53 28 33 33, *info@soleilplage.fr*, Fax 05 53 28 30 24,
www.soleilplage.fr
8 ha/5 campables (199 empl.) plat, herbeux
Tarif : 36,50€ (16A) – pers. suppl. 7,70€ – frais de réservation 39€
Location : (de déb. avr. à déb. nov.) (chalets) – 49 – 27 . Nuitée 45 à 125€ – Sem. 290 à 875€ – frais de réservation 39€
borne artisanale 3€ – 10 15€ – 15€
Pour s'y rendre : au lieu-dit : Caudon (au bord de la Dordogne)
À savoir : joli petit village de chalets "grand confort"

Nature :
Loisirs : snack (plage) canoë, terrain multisports
Services : laverie
À prox. : golf, practice de golf

Longitude : 1.25374
Latitude : 44.82387

La Bouysse de Caudon de déb. avr. à fin sept.
05 53 28 33 05, *info@labouysse.com*, Fax 05 53 30 38 52,
www.labouysse.com
6 ha/3 campables (160 empl.) plat, herbeux, noyeraie
Tarif : (Prix 2011) 6,10€ 7,90€ – (10A) 4,30€ – frais de réservation 20€
Location : (Prix 2011) (de déb. avr. à fin sept.) (chalets) – 4 – 9 – 4 appartements – 2 gîtes. Sem. 250 à 710€
borne artisanale 3€ – 10.50€
Pour s'y rendre : à Caudon (2,5 km à l'est, près de la Dordogne)

Nature :
Loisirs : (plage) canoë
Services : laverie réfrigérateurs
À prox. : golf, practice de golf

Longitude : 1.25063
Latitude : 44.82357

AUVERGNE

J.L. Damase/Michelin

Chut... ! Chefs d'orchestre d'une symphonie muette depuis des millénaires, imperturbables sanctuaires de la nature à l'état brut, les volcans d'Auvergne dorment paisiblement. Seuls remous perceptibles : les grondements de Vulcania où de spectaculaires animations célèbrent ces titans assoupis... Dômes et puys sculptés par le feu forment un immense château d'eau se déversant en une multitude de lacs, de rivières et de sources pures, élixirs chargés de vertus légendaires. Pour mieux s'abandonner à ces « thermes de Jouvence », les curistes en quête de bien-être s'immergent dans l'ambiance élégante des villes d'eau où la tentation reste grande, malgré les conseils diététiques, de céder à la chaleur revigorante d'une potée, aux effluves d'un cantal affiné ou à l'inimitable saveur sucrée-salée d'un pounti.

Shhh! Auvergne's volcanoes are dormant and have been for many millennia, forming a natural rampart against the inroads of man and ensuring that this beautiful wilderness will never be entirely tamed. If you listen very carefully, you may just make out a distant rumble from Vulcania, where spectacular theme park attractions celebrate these sleeping giants. The region's domes and peaks are the source of countless mountain springs that cascade down the steep slopes into brooks, rivers and crystal-clear lakes. Renowned for the therapeutic qualities of its waters, the region has long played host to well-heeled curistes in its elegant spa resorts, but many visitors find it impossible to follow doctor's orders when faced enticing aroma of a country stew or a full-bodied Cantal cheese!

Localité citée avec camping
Localité citée avec camping et locatif
Vannes
Localité disposant d'un camping avec aire de services camping-car
Moyaux
Localité disposant d'au moins un terrain agréable
Aire de service pour camping-car sur autoroute
Vierzon
Issoudun
Lunery
Aubois
Gimouille
Nevers
Prémery
Crux-la-Ville
les Settons
Arnay-le-Duc
la Charité-sur-Loire
Montigny-en-Morvan
NIÈVRE
St-Péreuse
Corancy
Château-Chinon
St-Léger-de-Fougeret
Autun
Épinac
St-Honoré-les-Bains
Luzy
Issy-l'Evêque
Gueugnon
Bourbon-Lancy
SAÔNE
Palinges
Salornay-s
Digoin
Charolles
Dompierre-les-Ormes
Matour
Chauffailles
Belmont-de-la-Loire
Cublize
St-Amand-Montrond
Braize
Isle-et-Bardais
Couleuvre
St-Bonnet-Tronçais
Châteaumeillant
la Châtre
Vallon-en-Sully
Moulins
Dompierre-s-Besbre
Pierrefitte-s-Loire
ALLIER
Boussac-Bourg
Treignat
MONTLUÇON
Sazeret
le Bourg-d'Hem
Châtelus-Malvaleix
Néris-les-Bains
St-Pourçain-s-Sioule
Lapalisse
Chambilly
Évaux-les-Bains
Lapeyrouse
Guéret
St-Éloy-les-Mines
la Pacaudière
Pouilly-s/s-Charlieu
Vichy
Abrest
Gannat
le Mayet-de-Montagne
CREUSE
St-Gervais-d'A.
les Noës
Roanne
Aubusson
MANZAT
Puy-Guillaume
Cordelle
Châtelguyon
St-Rémy-s-Durolle
HAUT-FOREZ
St-Paul-de-Vézelin
St-Hippolyte
Riom
Orléat
Royère-de-Vassivière
PUY-DE-DÔME
Balbigny
Pontgibaud
CLERMONT-FERRAND
Royat
Cournon-d'A.
Nebouzat
Courpière
Jeansagnière
Feurs
Ceyrat
Billom
Poncins
Orcet
Aydat
LOIRE
Cunlhat
Murat-le-Quaire
la Bourboule
VEYRE
Montbrison
le Mont-Dore
St-Nectaire
Tauves
Ussel
Singles
Chambon-s-Lac
Murol
Issoire
St-Amant-Roche-Savine
Ambert
St-Galmier
Bagnols
Nonette
Viverols
Liginiac
Lanobre
St-Germain-l'Herm
ST-ÉTIENNE
Palisse
Neuvic
Champs-s-Tarentaine
LA FAYETTE
Champagnac-le-Vieux
Saignes
la Chaise-Dieu
St-Didier-en-Velay
Massiac
Brioude
Céaux-d'Allègre
Vorey
Ste-Sigolène
Paulhaguet
Mauriac
Auriac
Pleaux
St-Martin-Valmeroux
St-Paulien
Lavoûte-s-Loire
Yssingeaux
Argentat
Neussargues-Moissac
CANTAL
HAUTE-LOIRE
Arnac
le Puy-en-Velay
le Chambon-s-Lignon
St-Flour
Camps
St-Gérons
Saugues
Monistrol-d'Allier
Mars
Bretenoux
Aurillac
Vic-s-Cère
Neuvéglise
le Malzieu-Ville
le Cheylard
Lacam-d'Ourcet
Pers
Arpajon-s-Cère
St-Just
Alleyras
LA LOZÈRE
Issarlès (lac d')
St-Mamet-la-Salvetat
Chaudes-Aigues
Grandrieu
Lacapelle-Marival
Lacapelle-del-Fraisse
St-Paul-le-Froid
Naussac
Pons
Chastanier
ARDÈCHE
Maurs
Laguiole
Bagnac-s-Célé
Nasbinals
LOZÈRE
Roclès
Figeac
Grand-Vabre
St-Amans-des-Cots
Entraygues-s-T.
St-Léger-de-Peyre
Laubert
Aubenas
Flagnac
Conques
Sénergues
Marvejols
Largentière
Capdenac-Gare
Boisse-Penchot
Espalion
Chirac
Mende
AVEYRON
St-Germain-du-Teil
St-Bauzile
la Canourgue
Villefort
Rignac
St-Geniez-d'Olt
Ste-Enimie
Ispagnac
Rodez
L'AVEYRON
Canilhac
Bédouès
Villefranche-de-Rouergue
Sévérac-l'Église
St-Georges-de-Lévéjac
le Pont-de-Montvert
Pont-de-Salars
Blajoux
Florac
les Vignes

ABREST

03200 – **326** H6 – 2 591 h. – alt. 290 – Base de loisirs
Paris 361 – Clermont-Ferrand 70 – Moulins 63 – Montluçon 94

La Croix St-Martin de déb. avr. à mi-oct.
04 70 32 67 74, *camping-vichy@orange.fr*, *www.camping-vichy.com*
3 ha (100 empl.) plat, herbeux
Tarif : (Prix 2011) 4,90€ 5,90€ – (10A) 3,20€
Location : (Prix 2011) (de déb. avr. à mi-oct.) – 15 . Nuitée 33 à 45€ – Sem. 231 à 320€
borne artisanale 5€
Pour s'y rendre : 99 av. des Graviers (au nord, près de l'Allier)

Nature :
Loisirs :
Services : laverie
À prox. : casino
golf, canoë, swin golf

Longitude : 3.44012
Latitude : 46.10819

ALLEYRAS

43580 – **331** E4 – 175 h. – alt. 779
Paris 549 – Brioude 71 – Langogne 43 – Le Puy-en-Velay 32

Municipal Au Fil de l'Eau de mi-avr. à mi-oct.
04 71 57 56 86, *mairie.camping-municipal@akeonet.com*, Fax 04 71 57 56 86, *www.aufildeleau.fr.sitew.com* – alt. 660
0,9 ha (60 empl.) plat et peu incliné, terrasse, herbeux
Tarif : (Prix 2011) 12,20€ (6A) – pers. suppl. 4,20€
Location : (Prix 2011) (de mi-avr. à mi-oct.) – 6 huttes. Sem. 138 à 285€
borne flot bleu 3€
Pour s'y rendre : Le Pont-d'Alleyras (2,5 km au nord-ouest, accès direct à l'Allier)

Nature :
Loisirs :
Services : (juil.-août) laverie
À prox. : canoë

Longitude : 3.67005
Latitude : 44.91786

AMBERT

63600 – **326** J9 – 7 016 h. – alt. 535
4, place de Hôtel de Ville 04 73 82 61 90
Paris 438 – Brioude 63 – Clermont-Ferrand 77 – Montbrison 47

Municipal Les Trois Chênes de fin avr. à fin sept.
04 73 82 34 68, *tourisme@ville-ambert.fr*, Fax 04 73 82 34 68, *www.camping-ambert.com*
3 ha (120 empl.) plat, herbeux
Tarif : 19,70€ (10A) – pers. suppl. 4,55€
Location : (permanent) – 18 . Sem. 262 à 680€
borne raclet 2€ – 11€
Pour s'y rendre : rte du Puy (1,5 km au sud par D 906, rte de la Chaise-Dieu, près de la Dore)
À savoir : agréable cadre verdoyant

Nature :
Loisirs :
Services : laverie
Au plan d'eau : snack
terrain multisports, parcours de santé

Longitude : 3.7291
Latitude : 45.53953

ARNAC

15150 – **330** B4 – 153 h. – alt. 620
Paris 541 – Argentat 38 – Aurillac 35 – Mauriac 36

Village Vacances La Gineste (location exclusive de mobile homes et chalets) Permanent
04 71 62 91 90, *contact@village-vacances-cantal.com*, Fax 04 71 62 92 72, *www.village-vacances-cantal.com*
3 ha en terrasses, herbeux
Location : (Prix 2011) – 50 – 40 . Sem. 260 à 600€ – frais de réservation 12€
borne eurorelais 2€ – 2
Pour s'y rendre : au lieu-dit : La Gineste (3 km au nord-ouest par D 61, rte de Pleaux puis 1,2 km par chemin à dr.)
À savoir : situation agréable sur une presqu'île du lac d'Enchanet

Nature :
Loisirs : (plage) (centre équestre)
Services :
À prox. : sports nautiques

Longitude : 2.2121
Latitude : 45.08285

ARPAJON-SUR-CÈRE

15130 – **330** C5 – 5 924 h. – alt. 613
Paris 559 – Argentat 56 – Aurillac 5 – Maurs 44

La Cère de mi-juin à mi-sept.
04 71 64 55 07, *s.pradel@caba.fr*, Fax 04 71 64 55 07, *www.camping.caba.fr*
2 ha (106 empl.) plat, herbeux
Tarif : (Prix 2011) 10€ (10A) – pers. suppl. 4€
Location : (Prix 2011) (de déb. avr. à fin oct.) – 10 . Sem. 252 à 476€
Pour s'y rendre : au sud de la ville, accès par D 920, face à la station Esso, au bord de la rivière
À savoir : cadre boisé et soigné

Nature :
Loisirs :
Services :
À prox. : golf (9 trous)

Longitude : 2.46246
Latitude : 44.89858

AURILLAC

15000 – **330** C5 – 28 943 h. – alt. 610
7 rue des Carmes 04 71 48 46 58
Paris 557 – Brive-la-Gaillarde 98 – Clermont-Ferrand 158 – Montauban 174

Municipal l'Ombrade de mi-juin à mi-sept.
04 71 48 28 87, *tourisme@caba.fr*, Fax 04 71 48 28 87, *www.camping.caba.fr*
7,5 ha (200 empl.) plat et en terrasses, herbeux
Tarif : (Prix 2011) 13,50€ (10A) – pers. suppl. 4€
borne artisanale – 30 13,50€
Pour s'y rendre : 1 km au nord par D 17 et chemin du Gué-Bouliaga à dr., de part et d'autre de la Jordanne

Nature :
Loisirs :
Services :
À prox. :

Longitude : 2.4559
Latitude : 44.93562

AYDAT

63970 – **326** E9 – 1 982 h. – alt. 850
le Lac 04 73 79 37 69
Paris 438 – La Bourboule 33 – Clermont-Ferrand 21 – Issoire 38

Lac d'Aydat Permanent
04 73 79 38 09, *info@camping-lac-aydat.com*, Fax 04 73 79 34 12, *www.camping-lac-aydat.com*
7 ha (150 empl.) accidenté et plat, en terrasses, herbeux, pierreux
Tarif : 20,40€ (10A) – pers. suppl. 5€ – frais de réservation 20€
Location : (permanent) – 56 – 14 . Nuitée 50 à 130€ – Sem. 280 à 665€ – frais de réservation 20€
Pour s'y rendre : au bord du lac Foret du lot (2 km au nord-est par D 90 et chemin à dr., près du lac)
À savoir : agréable pinède

Nature :
Loisirs : snack
Services : laverie
À prox. : (plage) parcours dans les arbres

Longitude : 2.98907
Latitude : 45.66903

BAGNOLS

63810 – **326** C9 – 503 h. – alt. 862
Paris 483 – Bort-les-Orgues 19 – La Bourboule 23 – Bourg-Lastic 38

Municipal la Thialle de déb. avr. à déb. nov.
04 73 22 28 00, *mairie.bagnols63@wanadoo.fr*, Fax 04 73 22 20 04, *www.bagnols63.fr*
2,8 ha (70 empl.) plat, herbeux, gravillons
Tarif : 18€ (3A) – pers. suppl. 4€
Location : (permanent) – 8 . Nuitée 49 à 57€ – Sem. 230 à 530€
borne autre
Pour s'y rendre : rte de St-Donat (sortie sud-est par D 25, au bord de la Thialle)

Nature :
Loisirs : (petite piscine)
Services : (saison) laverie
À prox. :

Longitude : 2.63466
Latitude : 45.49758

BILLOM

63160 – **326** H8 – 4 619 h. – alt. 340
13, rue Carnot ☏ 0473683985
Paris 437 – Clermont-Ferrand 28 – Cunlhat 30 – Issoire 31

Municipal le Colombier de mi juin à mi sept.
☏ 0473689150, *mairie-billom@wanadoo.fr*,
Fax 0473733760, *www.billom.fr*
1 ha (40 empl.) plat et peu incliné, herbeux
Tarif : (Prix 2011) 2,70€ 1,50€ 2,20€ –
(30A) 2,90€
Location : (permanent) – 12 . Nuitée 70€ – Sem. 330 à 380€
Pour s'y rendre : r. Carnot (au nord-est de la localité par rte de Lezoux)

Nature :
Loisirs :
Services :
À prox. :

Longitude : 3.3459
Latitude : 45.72839

Utilisez le guide de l'année.

LA BOURBOULE

63150 – **326** D9 – 2 031 h. – alt. 880 – (début fév.-fin oct.)
place de la République ☏ 0473655771
Paris 469 – Aubusson 82 – Clermont-Ferrand 50 – Mauriac 71

Les Clarines de mi-déc. à mi-oct.
☏ 0473810230, *clarines.les@wanadoo.fr*,
Fax 0473810934, *www.camping-les-clarines.com*
3,75 ha (194 empl.) incliné, peu incliné, en terrasses, herbeux, gravillons
Tarif : 21,30€ (10A) – pers. suppl. 4,85€
Location : (de mi-déc. à mi-oct.) – 33 – 1 gîte. Sem. 259 à 665€
borne artisanale 5€ – 10 11,20€
Pour s'y rendre : 1424 av. du Maréchal Leclerc

Nature :
Loisirs : diurne
Services : laverie
À prox. :

Longitude : 2.76222
Latitude : 45.59463

les Vernières de déb. avr. à déb. oct.
☏ 0473811020, *contact@camping-la-bourboule.fr*,
Fax 0473655498, *www.camping-la-bourboule.fr*
1,5 ha (165 empl.) plat et terrasse, herbeux
Tarif : 14,10€ (10A) – pers. suppl. 2,60€
Location : (de déb. avr. à déb. oct.) – 2 – 2 cabanes dans les arbres – 2 tipis – 2 gîtes. Nuitée 35 à 85€ – Sem. 180 à 580€
borne artisanale 4€ – 10 14,10€ – 14€
Pour s'y rendre : av. du Maréchal de Lattre de Tassigny (sortie est par D 130, rte du Mont-Dore, près de la Dordogne)

Nature :
Loisirs : snack
Services :
À prox. :

Longitude : 2.75285
Latitude : 45.58943

BRAIZE

03360 – **326** C2 – 279 h. – alt. 240
Paris 297 – Dun-sur-Auron 30 – Cérilly 16 – Culan 35

Le Champ de la Chapelle de mi-avr. à mi-oct.
☏ 0470061545, *champdelachapelle@wanadoo.fr*, *www.champdelachapelle.com*
5,6 ha (80 empl.) plat et peu incliné, accidenté, herbeux
Tarif : 19€ (10A) – pers. suppl. 3,25€
Location : (de mi-avr. à mi-oct.) – 2 . Nuitée 50 à 65€ – Sem. 320 à 400€
Pour s'y rendre : Champ de la Chapelle (5,7 km au sud par D 28, rte de Meaulnes et D 978a à gauche, rte de Tronçais puis 1 km par chemin empierré, à gauche)
À savoir : agréable situation en forêt

Nature :
Loisirs : (plage)
Services :
à l'étang de St-Bonnet :
club nautique

Longitude : 2.65558
Latitude : 46.64304

CEAUX-D'ALLEGRE

43270 – **331** E2 – 448 h. – alt. 905
Paris 523 – Allègre 5 – La Chaise-Dieu 21 – Craponne-sur-Arzon 23

La Vie Moderne de fin avr. à fin sept.
04 71 00 79 66, *lavie.moderne@laposte.net*, *www.laviemoderne.com*
0,5 ha (35 empl.) plat, herbeux, pierreux
Tarif : (Prix 2011) 3€ 3€ 3€ – (10A) 2€
Location : (Prix 2011) (de fin avr. à fin sept.) – 6 yourtes. Nuitée 45€ – Sem. 250€
Pour s'y rendre : Langlade (1 km au nord-est par D 134, rte de Bellevue-la-Montagne et chemin à gauche, au bord de la Borne et près d'un étang)

Nature :
Services : (juil.-août)
À prox. :

Longitude : 3.74686
Latitude : 45.18255

CEYRAT

63122 – **326** F8 – 5 435 h. – alt. 560
1, rue Frédéric Brunmurol *04 73 61 53 23*
Paris 423 – Clermont-Ferrand 6 – Issoire 36 – Le Mont-Dore 42

Le Chanset Permanent
04 73 61 30 73, *camping.lechanset@wanadoo.fr*, Fax 04 73 61 30 73, *www.campingdeceyrat63.com* – alt. 600
5 ha (140 empl.) plat et incliné, herbeux
Tarif : (Prix 2011) 20,30€ (10A) – pers. suppl. 3,75€
Location : (Prix 2011) (permanent) – 20 – 14 – 1 tente. Nuitée 29 à 39€ – Sem. 144 à 416€
borne autre 2,90€
Pour s'y rendre : r. du Camping (av. J.-B.-Marrou)

Nature :
Loisirs : snack
Services :
laverie

Longitude : 3.06196
Latitude : 45.73852

LA CHAISE-DIEU

43160 – **331** E2 – 806 h. – alt. 1 080
Place de la Mairie *04 71 00 01 16*
Paris 503 – Ambert 29 – Brioude 35 – Issoire 59

Municipal les Prades de fin juin à déb. sept.
04 71 00 07 88, *andre.brivadis@orange.fr*, Fax 04 71 00 03 43 –
3 ha (100 empl.) peu incliné, herbeux
Tarif : (Prix 2011) 13,20€ (10A) – pers. suppl. 3,30€
Location : (de déb. janv. à fin sept.) – 10 . Nuitée 35 à 43€ – Sem. 138 à 285€
borne artisanale
Pour s'y rendre : 2 km au nord-est par D 906, rte d'Ambert, près du plan d'eau de la Tour (accès direct)

Nature :
Loisirs :
Services :
À prox. : poneys

Longitude : 3.70496
Latitude : 45.33321

CHAMBON-SUR-LAC

63790 – **326** E9 – 350 h. – alt. 885 – Sports d'hiver : 1 150/1 760 m 9
Paris 456 – Clermont-Ferrand 37 – Condat 39 – Issoire 32

Le Pré Bas – de fin avr. à mi-sept.
04 73 88 63 04, *prebas@campingauvergne.com*, Fax 04 73 88 65 93, *www.campingauvergne.com*
3,8 ha (180 empl.) plat et peu incliné, herbeux
Tarif : (Prix 2011) 28,90€ (6A) – pers. suppl. 6,40€ – frais de réservation 17€
Location : (Prix 2011) (de fin avr. à mi-sept.) – 108 – 1 gîte. Nuitée 46 à 133€ – Sem. 276 à 935€ – frais de réservation 17€
borne artisanale 17,70€ – 30 17,70€
Pour s'y rendre : près du lac (accès direct)
À savoir : belle décoration florale et arbustive

Nature :
Loisirs : snack, pizzeria jacuzzi balnéo terrain multisports, family-center
Services : laverie
À prox. : hammam canoë, quad

Longitude : 2.91427
Latitude : 45.57516

Les Bombes de déb. mai à mi-sept.
0473886403, *les-bombes.camping@orange.fr*, *www.camping-les-bombes.com*
5 ha (150 empl.) plat, herbeux
Tarif : 5€ 8,40€ – (16A) 4,60€ – frais de réservation 12€
Location : (de déb. mai à mi-sept.) – 2 roulottes – 15 – 1 tente. Nuitée 40 à 92€ – Sem. 195 à 645€ – frais de réservation 12€
borne flot bleu 3€ – 30 6€
Pour s'y rendre : Chemin de Pétary (à l'est de Chambon-sur-Lac vers rte de Murol et à dr., au bord de la Couze de Chambon)

Nature : Vallée de Chaudefour
Loisirs : snack
Services : laverie
Au lac : (plage)

Longitude : 2.90188
Latitude : 45.56994

Serrette de déb. mai à mi-sept.
0473886767, *camping.de.serrette@wanadoo.fr*, Fax 0473888173, *www.campingdeserrette.com* – alt. 1 000
2 ha (75 empl.) en terrasses, incliné, herbeux, pierreux
Tarif : (Prix 2011) 4,90€ 8€ – (10A) 5,40€ – frais de réservation 12€
Location : (Prix 2011) (de déb. mai à mi-sept.) – 8 – 3 . Nuitée 60 à 90€ – Sem. 340 à 720€ – frais de réservation 12€
Pour s'y rendre : Serrette (2,5 km à l'ouest par D 996, rte du Mont-Dore et D 636 (à gauche) rte de Chambon des Neiges)
À savoir : magnifique vue dominante sur le lac et ses environs

Nature : lac et montagnes
Loisirs : (découverte en saison)
Services :
Au lac : (plage)

Longitude : 2.89105
Latitude : 45.57099

LE CHAMBON-SUR-LIGNON

43400 – **331** H3 – 2 662 h. – alt. 967
2, route de Tence 0471597156
Paris 573 – Annonay 48 – Lamastre 32 – Le Puy-en-Velay 45

Les Hirondelles de déb. juil. à déb. sept.
0471597384, *les.hirondelles.bader@wanadoo.fr*, Fax 0471658880, *www.campingleshirondelles.fr* – alt. 1 000
1 ha (45 empl.) plat, en terrasses, herbeux
Tarif : 21€ (6A) – pers. suppl. 4,20€
Location : (de déb. juin à déb. oct.) – 3 . Sem. 220 à 480€
borne autre 9€
Pour s'y rendre : rte de la Suchère (1 km au sud par D 151 et D 7 à gauche)
À savoir : cadre agréable dominant le village

Nature :
Loisirs :
Services :
Au plan d'eau : (centre équestre) parcours sportif, golf

Longitude : 4.2986
Latitude : 45.05436

Le Lignon de mi-mai à fin sept.
0471597286, *fvalla@campingdulignon.eu*, Fax 0471597286, *www.campingdulignon.eu* – alt. 1 000
2 ha (130 empl.) plat, herbeux
Tarif : (Prix 2011) 15€ (10A) – pers. suppl. 4,20€
Location : (Prix 2011) (de mi-mai à fin sept.) – 2 . Sem. 250 à 400€
borne autre 12€
Pour s'y rendre : rte du Stade (sortie sud-ouest par D 15, rte de Mazet-sur-Voy et à dr. av. le pont, près de la rivière)

Nature :
Loisirs :
Services :
au plan d'eau : (centre équestre) - parcours sportif, golf, parcours dans les arbres

Longitude : 4.29582
Latitude : 45.06

Renouvelez votre guide chaque année.

CHAMPAGNAC-LE-VIEUX

43440 – **331** D1 – 241 h. – alt. 880
Paris 486 – Brioude 16 – La Chaise-Dieu 25 – Clermont-Ferrand 76

Le Chanterelle de mi-avr. à mi-oct.
04 71 76 34 00, *camping@champagnac.com*,
Fax 04 71 76 34 00, *www.champagnac.com*
4 ha (90 empl.) en terrasses, herbeux, gravillons
Tarif : (Prix 2011) 3,50€ 2,50€ 6€ – (10A) 3,50€

Location : (Prix 2011) (de mi-avr. à mi-oct.) – 4 – 20 – 10 bungalows toilés. Nuitée 28 à 88€ – Sem. 196 à 616€

Pour s'y rendre : Le Prat Barrat (1,4 km au nord par D 5, rte d'Auzon, et chemin à dr.)

À savoir : dans un site verdoyant, près d'un plan d'eau

Nature :
Loisirs :
Services : laverie
À prox. : (plage) (centre équestre) parcours de santé

Longitude : 3.50575
Latitude : 45.3657

CHAMPS-SUR-TARENTAINE

15270 – **330** D2 – 1 030 h. – alt. 450
Mairie 04 71 78 79 74
Paris 500 – Aurillac 90 – Clermont-Ferrand 82 – Condat 24

Les Chalets de l'Eau Verte (location exclusive de chalets) Permanent
04 71 78 78 78, *contact@auvergne-chalets.fr*,
Fax 04 73 83 20 30, *www.auvergne-chalets.fr*
8 ha peu incliné, plat, herbeux

Location : – 10 . Nuitée 39 à 110€ – Sem. 273 à 770€

Pour s'y rendre : Le Jagounet

À savoir : location 2 nuits minimum hors sais.

Nature :
Loisirs :
Services :
À prox. :

Longitude : 2.63853
Latitude : 45.40595

CHÂTELGUYON

63140 – **326** F7 – 6 224 h. – alt. 430 – (déb. mai-fin sept.)
1, avenue de l'Europe 04 73 86 01 17
Paris 411 – Aubusson 93 – Clermont-Ferrand 21 – Gannat 31

Clos de Balanède – de mi-avr. à fin sept.
04 73 86 02 47, *clos-balanede.sarl-camping@wanadoo.fr*, Fax 04 73 86 05 64, *www.balanede.com*
4 ha (285 empl.) plat et peu incliné, herbeux
Tarif : 4€ 2€ 3,50€ – (10A) 3,50€

Location : (de mi-avr. à fin sept.) – 2 roulottes – 40 – 2 – 4 tipis. Nuitée 112€ – Sem. 250 à 440€
20 15€

Pour s'y rendre : rte de la Piscine (sortie sud-est par D 985, rte de Riom)

Nature :
Loisirs : snack
Services : laverie

Longitude : 3.07732
Latitude : 45.91491

La Croze de mi-avr. à mi-oct.
04 73 86 08 27, *campinglacroze@wanadoo.fr*,
Fax 04 73 86 43 32, *www.campingcroze.com*
3,7 ha (100 empl.) plat, peu incliné et en terrasses, herbeux, pierreux
Tarif : 2,90€ 1,50€ 3,50€ – (10A) 2,90€

Location : (permanent) (1 chalet) – 14 – 9 . Nuitée 65€ – Sem. 490€
5 13,70€

Pour s'y rendre : à St-Hippolyte, rte de Mozac (1 km au sud-est par D 227, rte de Riom)

Nature :
Loisirs : snack
Services : laverie

Longitude : 3.06083
Latitude : 45.90589

CHAUDES-AIGUES

15110 – **330** G5 – 970 h. – alt. 750 – (fin avril-fin oct.)
29 Av Pierre Vialard 04 71 23 52 75
Paris 538 – Aurillac 94 – Entraygues-sur-Truyère 62 – Espalion 54

Le Château du Couffour de déb. avr. à mi nov.
04 71 23 57 08, *blas.berthou@orange.fr*,
Fax 04 71 23 59 02, *www.camping-chaudes-aigues.fr*
– alt. 900
2,5 ha (170 empl.) plat, peu incliné, terrasses, herbeux
Tarif : 13€ (10A) – pers. suppl. 3,50€
borne eurorelais 2,50€ – 5 13€ – 12.35€
Pour s'y rendre : au stade (2 km au sud par D 921, rte de Laguiole puis chemin à dr.)

Nature :
Loisirs :
Services :
À prox. : casino escalade

Longitude : 3.00071
Latitude : 44.8449

COULEUVRE

03320 – **326** E2 – 580 h. – alt. 267
Paris 289 – Bourbon-l'Archambault 18 – Cérilly 10 – Cosne-d'Allier 27

Municipal la Font St-Julien
04 70 66 10 45, *mairie-couleuvre@wanadoo.fr*,
Fax 04 70 66 10 09, *www.couleuvre-troncais.fr*
2 ha (50 empl.) peu incliné, herbeux
Pour s'y rendre : lieu-dit : La Font St-Julien (sortie sud-ouest par D 3, rte de Cérilly et à dr.)
À savoir : au bord d'un étang

Nature :
Loisirs : parc animalier
Services :

Longitude : 2.90438
Latitude : 46.67163

COURNON-D'AUVERGNE

63800 – **326** G8 – 18 501 h. – alt. 380 – Base de loisirs
Paris 422 – Clermont-Ferrand 12 – Issoire 31 – Le Mont-Dore 54

Municipal le Pré des Laveuses de déb. avr. à fin oct.
04 73 84 81 30, *camping@cournon-auvergne.fr*,
Fax 04 73 84 65 90, *www.cournon-auvergne.fr/camping*
5 ha (150 empl.) plat, herbeux, pierreux, gravier
Tarif : (Prix 2011) 22,50€ (10A) – pers. suppl. 5,20€
Location : (Prix 2011) (permanent) – 12 – 18 – 12 bungalows toilés. Sem. 173 à 405€
borne flot bleu 2,30€ – 10 4,50€
Pour s'y rendre : 1,5 km à l'est par rte de Billom et rte de la plage à gauche
À savoir : entre un plan d'eau aménagé et l'Allier

Nature :
Loisirs : snack
Services : laverie
À prox. : canoës, kayaks

Longitude : 3.22271
Latitude : 45.74029

COURPIÈRE

63120 – **326** I8 – 4 521 h. – alt. 320
place de la Cité Administrative 04 73 51 20 27
Paris 399 – Ambert 40 – Clermont-Ferrand 50 – Issoire 53

Municipal les Taillades de mi-juin à fin août
04 73 53 01 21, *mairie@ville-courpiere.fr*,
Fax 04 73 51 21 55, *www.ville-courpiere.fr*
0,5 ha (40 empl.) plat, herbeux
Tarif : (Prix 2011) 8,70€ (10A) – pers. suppl. 3,10€ – frais de réservation 10€
Location : (Prix 2011) (de mi-juin à fin août) – 3 . Nuitée 40€ – Sem. 235 à 375€ – frais de réservation 10€
Pour s'y rendre : Les Taillades (sortie sud par D 906, rte d'Ambert, D 7 à gauche, rte d'Aubusson-d'Auvergne et chemin à dr., à la piscine et près d'un ruisseau)

Nature :
Loisirs :
Services :
À prox. : (centre équestre)

Longitude : 3.5487
Latitude : 45.75354

CUNLHAT

63590 – **326** I9 – 1 328 h. – alt. 700
8, Grande Rue ☎ 0473825700
Paris 420 – Ambert 26 – Clermont-Ferrand 58 – Issoire 38

Révéa La Barge de fin mai à mi-sept.
☎ 0473825710, *contact@revea-vacances.com, www.revea-vacances.fr/campings*
6 ha/1 campable plat et en terrasses, herbeux
Tarif : 13,50€ (10A) – pers. suppl. 3,50€ – frais de réservation 10€
Location : (de déb. avr. à fin oct.) – 20 . Sem. 136 à 296€ – frais de réservation 20€
Pour s'y rendre : 46 bd Pasteur (1,2 km au sud par D 105, rte de St-Amant-Roche-Savine, près d'un plan d'eau)

Nature :
Loisirs :
Services :
Au plan d'eau : (plage)

Longitude : 3.57257
Latitude : 45.63503

DOMPIERRE-SUR-BESBRE

03290 – **326** J3 – 3 293 h. – alt. 234
145, Grande Rue ☎ 0470346131
Paris 324 – Bourbon-Lancy 19 – Decize 46 – Digoin 27

Municipal Les Bords de Bresbe de mi-mai à mi-sept.
☎ 0470345557, *camping@mairie-dsb.fr*, Fax 0470481139
2 ha (70 empl.) plat, herbeux
Tarif : (Prix 2011) 2,40€ 2€ – (10A) 2,20€
borne artisanale 2€
Pour s'y rendre : La Madeleine (sortie sud-est par N 79, rte de Digoin, près de la Besbre et à prox. d'un étang)
À savoir : décoration arbustive et florale

Nature :
Loisirs :
Services :
À prox. : parc animalier et parc d'attractions

Longitude : 3.6819
Latitude : 46.52131

126

GANNAT

03800 – **326** G6 – 5 881 h. – alt. 345
11, place Hennequin ☎ 0470901778
Paris 383 – Clermont-Ferrand 49 – Montluçon 78 – Moulins 58

Municipal Le Mont Libre de déb. avr. à fin oct.
☎ 0470901216, *camping.gannat@wanadoo.fr*, Fax 0470901216, *www.camping-gannat.fr*
1,5 ha (70 empl.) en terrasses, herbeux
Tarif : 13,70€ (10A) – pers. suppl. 2,50€
Location : (de déb. avr. à fin oct.) – 13 . Sem. 222 à 474€
borne artisanale 3,80€ – 6 13,70€ – 13.70€
Pour s'y rendre : 10 rte de la Batisse (1 km au sud par N 9 et rte à dr.)

Nature :
Loisirs : (petite piscine)
Services :
À prox. :

Longitude : 3.19403
Latitude : 46.0916

ISLE-ET-BARDAIS

03360 – **326** D2 – 284 h. – alt. 285
Paris 280 – Bourges 60 – Cérilly 9 – Montluçon 52

Les Écossais de déb. avr. à fin sept.
☎ 0470666257, *association.paysdetroncais@wanadoo.fr, www.campingstroncais.com*
2 ha (70 empl.) plat, peu incliné, herbeux
Tarif : (Prix 2011) 2,78€ 1,34€ 1,34€ – (10A) 3,14€ – frais de réservation 15€
Location : (Prix 2011) (de déb. avr. à fin sept.) – 2 – 7 gîtes. Nuitée 47 à 62€ – Sem. 177 à 450€
Pour s'y rendre : 1 km au sud par rte des Chamignoux
À savoir : Au bord de l'étang de Pirot et à l'orée de la forêt de Tronçais

Nature :
Loisirs : (plage)
Services : laverie
À prox. :

Longitude : 2.78814
Latitude : 46.68278

ISSOIRE

63500 – **326** G9 – 13 996 h. – alt. 400
place Charles de Gaulle *04 73 89 15 90*
Paris 446 – Aurillac 121 – Clermont-Ferrand 36 – Le Puy-en-Velay 94

Château La Grange Fort de déb. avr. à fin oct.
04 73 71 02 43, *chateau@lagrangefort.eu*,
Fax 04 73 71 07 69, *www.lagrangefort.eu*
23 ha/4 campables (120 empl.) plat, peu incliné, herbeux
Tarif : 26,75€ (6A) – pers. suppl. 6€ – frais de réservation 25€

Location : (de déb. avr. à fin oct.) – 12 – 8 – 5 – 3 appartements – 12 bungalows toilés – 4 gîtes. Nuitée 52 à 110€ – Sem. 250 à 850€ – frais de réservation 25€
borne artisanale – 10 15€ – 13€
Pour s'y rendre : 4 km au sud-est par D 996, rte de la Chaise-Dieu puis à dr., 3 km par D 34, rte d'Auzat-sur-Allier - Par A 75 sortie 13 dir. Parentignat

À savoir : autour d'un pittoresque château médiéval dominant l'Allier

Nature :
Loisirs : snack jacuzzi
Services : laverie

Longitude : 3.28501
Latitude : 45.50859

Municipal du Mas de déb. avr. à déb. nov.
04 73 89 03 59, *camping-mas@wanadoo.fr*,
Fax 04 73 89 41 05, *www.camping-issoire.com*
3 ha (138 empl.) plat, herbeux
Tarif : (Prix 2011) 19,85€ (10A) – pers. suppl. 5,10€

Location : (Prix 2011) (de déb. avr. à déb. nov.) – 3 – 6 – 3 bungalows toilés. Nuitée 33 à 51€ – Sem. 210 à 350€
10 16€
Pour s'y rendre : r. du Dr Bienfait (2,5 km à l'est par D 9, rte d'Orbeil et à dr., à 50 m d'un plan d'eau et à 300 m de l'Allier, par A 75 sortie 12)

Nature :
Loisirs : diurne
Services : laverie
À prox. : bowling, VTT

Longitude : 3.27397
Latitude : 45.55108

LACAPELLE-DEL-FRAISSE

15120 – **330** C6 – 287 h. – alt. 830
Paris 624 – Clermont-Ferrand 174 – Aurillac 23 – Rodez 74

Village Vacances Les Chalets du Veinazes (location exclusive de chalets) de mi-mars à mi-nov.
04 71 62 56 90, *info@cantal-chalets.com*,
www.cantal-chalets.com
2,5 ha plat, herbeux

Location : (Prix 2011) – 13 . Nuitée 44 à 57€ – Sem. 212 à 519€
Pour s'y rendre : au lieu-dit : La Case (2 km au sud-est par D 20)

Nature :
Loisirs :
Services :
À prox. :

Longitude : 2.46271
Latitude : 44.76068

LANOBRE

15270 – **330** D2 – 1 410 h. – alt. 650
Paris 493 – Bort-les-Orgues 7 – La Bourboule 33 – Condat 30

Les Ch'tis de la Siauve de déb. avr. à mi-oct.
04 71 40 31 85, *campingdeschtisdelasiauve@orange.fr*,
www.camping-chtis-15.com – alt. 660
8 ha (220 empl.) en terrasses, herbeux
Tarif : (Prix 2011) 20€ (6A) – pers. suppl. 4€ – frais de réservation 10€

Location : (Prix 2011) (de déb. avr. à mi-oct.) – 17 – 19 . Nuitée 35 à 60€ – Sem. 250 à 510€ – frais de réservation 10€
Pour s'y rendre : r. du Camping (3 km au sud-ouest par D 922, rte de Bort-les-Orgues et rte à dr., à 200 m du lac (accès direct))

Nature :
Loisirs : pizzeria diurne
Services :
À prox. : (plage) base nautique

Longitude : 2.50407
Latitude : 45.4306

LAPALISSE

03120 – **326** I5 – 3 196 h. – alt. 280
26, rue Winston Churchill ✆ 0470990839
Paris 346 – Digoin 45 – Mâcon 122 – Moulins 50

Camping Communautaire de déb. avr. à fin sept.
✆ 0470992631, *office.tourisme@cc-paysdelapalisse.fr*,
Fax 0470993353, *www.cc-paysdelapalisse.com*
0,8 ha (66 empl.) plat, herbeux
Tarif : 2,40€ 1,80€ 1,85€ – (10A) 2,40€
Location : (de déb. avr. à fin sept.) – 2 – 6 . Nuitée 60€ – Sem. 370€
Pour s'y rendre : r. des Vignes (sortie sud-est par N 7, au bord de la Besbre, chemin piétonnier reliant le camping au centre-ville)

Nature :
Loisirs : parcours de santé
Services :

Longitude : 3.6395
Latitude : 46.2433

Consultez le catalogue des publications Michelin sur **www.michelin-boutique.com**

LAPEYROUSE

63700 – **326** E5 – 575 h. – alt. 510
Paris 350 – Clermont-Ferrand 74 – Commentry 15 – Montmarault 14

Municipal les Marins de mi-juin à mi-sept.
✆ 0473523706, *63lapeyrouse@free.fr*,
Fax 0473520389, *www.63lapeyrouse.free.fr*
2 ha (68 empl.) plat, herbeux
Tarif : (Prix 2011) 13,50€ (10A) – pers. suppl. 2,50€
Location : (Prix 2011) (permanent) – 6 . Nuitée 95€ – Sem. 250 à 450€
Pour s'y rendre : Etang de La Loge (2 km au sud-est par D 998, rte d'Echassières et D 100 à dr., rte de Durmignat)
À savoir : décoration arbustive des emplacements, près d'un plan d'eau

Nature :
Loisirs : (plage)
Services :
À prox. :

Longitude : 2.8837
Latitude : 46.22125

LAVOÛTE-SUR-LOIRE

43800 – **331** F3 – 724 h. – alt. 561
Paris 540 – La Chaise-Dieu 37 – Craponne-sur-Arzon 28 – Le Puy-en-Velay 13

Municipal les Longes de déb. mai à fin sept.
✆ 0471081879, *mairie.lavoutesurloire@wanadoo.fr*,
Fax 0471081696, *www.cc/emblavez.fr*
1 ha (57 empl.) plat, herbeux
Tarif : (Prix 2011) 15,50€ (6A) – pers. suppl. 3€
borne autre 3€ – 13€
Pour s'y rendre : au lieu-dit : Les Longes (1 km à l'est par D 7, rte de Rosières puis 400 m par r. à gauche, près de la Loire (accès direct))

Nature :
Loisirs :
Services :
À prox. :

Longitude : 3.92255
Latitude : 45.12283

MASSIAC

15500 – **330** H3 – 1 825 h. – alt. 534
24, rue du Dr Mallet ✆ 0471230776
Paris 484 – Aurillac 84 – Brioude 23 – Issoire 38

L'Allagnon
✆ 0471230393, *camping.allagnon15@orange.fr*,
Fax 0471230393, *www.campingallagnon.com*
2,5 ha (90 empl.) plat, herbeux
Location : – 2 – 1 tente.
borne artisanale
Pour s'y rendre : 800 m à l'ouest par N 122, rte de Murat, au bord de la rivière

Nature :
Loisirs :
Services :
À prox. :

Longitude : 3.19222
Latitude : 45.24863

MAURIAC

15200 – **330** B3 – 3 898 h. – alt. 722
1, rue Chappe d'Auteroche ✆ *0471673026*
Paris 490 – Aurillac 53 – Le Mont-Dore 77 – Riom-és-Montagnes 37

Val St-Jean de fin avr. à fin sept.
✆ 0471673113, *valsaintjean@mauriac.fr*, *www.cantalcamping.fr*
3,5 ha (100 empl.) en terrasses, peu incliné, herbeux
Tarif : (Prix 2011) 20€ (10A) – pers. suppl. 5,50€
Location : (Prix 2011) (permanent) (1 chalet) – 20 – 10 cabanes dans les arbres – 5 bungalows toilés – 2 gîtes. Nuitée 22€ – Sem. 102 à 595€
borne eurorelais 2€ – 92 20€ – 12€
Pour s'y rendre : Base de Loisirs (2,2 km à l'ouest par D 681, rte de Pleaux et D 682 à dr., accès direct à un plan d'eau)

Nature :
Loisirs : diurne
Services : laverie
À prox. : snack (plage) golf, pédalos

Longitude : 2.31657
Latitude : 45.21835

The Guide changes, so renew your guide every year.

MAURS

15600 – **330** B6 – 2 265 h. – alt. 290
place de l'Europe ✆ *04.71.46.94.82*
Paris 568 – Aurillac 43 – Entraygues-sur-Truyère 50 – Figeac 22

Municipal le Vert
✆ 0471490415, *mairie@ville-maurs.fr*, Fax 0471490081, *www.ville-maurs.fr*
1,2 ha (58 empl.) plat, herbeux
Location : – 4 .
Pour s'y rendre : av. du stade (800 m au sud-est par D 663, rte de Décazeville, au bord de la Rance)

Nature :
Loisirs :
Services :
À prox. :

Longitude : 2.2064
Latitude : 44.70507

LE MAYET-DE-MONTAGNE

03250 – **326** J6 – 1 519 h. – alt. 535
rue Roger Degoulange ✆ *0470593840*
Paris 369 – Clermont-Ferrand 81 – Lapalisse 23 – Moulins 73

Municipal du Lac de mi-mars à fin oct.
✆ 0470597052, *accueil.mairie.lemayetdemontagne@wanadoo.fr*, Fax 0470593838, *www.lemayetdemontagne.planet-allier.com*
1 ha (50 empl.) peu incliné, plat, herbeux
Tarif : (Prix 2011) 8,24€ (10A) – pers. suppl. 1,90€
Location : (Prix 2011) (de mi-avr. à mi-oct.) – 1 – 6 bungalows toilés. Nuitée 20 à 50€ – Sem. 120 à 280€
Pour s'y rendre : chemin de Fumouse (1,2 km au sud par D 7, rte de Laprugne)
À savoir : près du lac des Moines

Nature :
Loisirs :
Services : (juil.-août)
À prox. :

Longitude : 3.66854
Latitude : 46.06104

MONISTROL-D'ALLIER

43580 – **331** D4 – 218 h. – alt. 590
Paris 535 – Brioude 58 – Langogne 56 – Le Puy-en-Velay 28

Municipal le Vivier de déb. avr. à mi-sept.
✆ 0471572414, *camping.gite@laposte.net*, Fax 0471572503, *www.monistroldallier.com*
1 ha (48 empl.) plat, herbeux, pierreux
Tarif : (Prix 2011) 13,50€ (10A) – pers. suppl. 3,40€
Pour s'y rendre : au sud, près de l'Allier (accès direct)

Nature :
Loisirs :
Services :
À prox. : pizzeria sports en eaux vives

Longitude : 3.65348
Latitude : 44.96923

LE MONT-DORE

63240 – **326** D9 – 1 427 h. – alt. 1 050 – (déb. mai-fin oct.) – Sports d'hiver : 1 050/1 850 m 2 18
avenue de la Libération 04 73 65 20 21
Paris 462 – Aubusson 87 – Clermont-Ferrand 43 – Issoire 49

Municipal l'Esquiladou de mi-avr. à fin oct.
04 73 65 23 74, *camping.esquiladou@orange.fr*,
Fax 04 73 65 23 74, *www.mairie-mont-dore.fr* – alt. 1 010
1,8 ha (100 empl.) en terrasses, gravillons
Tarif : 3,65€ 3,65€ – (16A) 4€

Location : (de fin déc. à fin oct.) – 17 . Nuitée 47 à 85€ – Sem. 260 à 520€
Pour s'y rendre : rte des Cascades (par D 996, rte de Murat-le-Quaire et rte à dr., à Queureuilh)

À savoir : dans un site montagneux, verdoyant et boisé

Nature :
Loisirs : jacuzzi spa
Services : laverie
À prox. :

Longitude : 2.80162
Latitude : 45.58706

Gebruik de gids van het lopende jaar.

MURAT-LE-QUAIRE

63150 – **326** D9 – 477 h. – alt. 1 050
Paris 478 – Clermont-Ferrand 45 – Aurillac 120 – Cournon d'Auvergne 60

Le Panoramique de déb. mai à fin sept.
04 73 81 18 79, *info@campingpanoramique.fr*,
Fax 04 73 65 57 34, *www.campingpanoramique.fr/*
– alt. 1 000
3 ha (85 empl.) en terrasses, herbeux
Tarif : (Prix 2011) 16,10€ – (10A) 6,10€

Location : (Prix 2011) (de fin déc. à fin oct.) – 6 . Sem. 730€
borne artisanale 3€
Pour s'y rendre : 1,4 km à l'est par D 219, rte du Mont-Dore et chemin à gauche

À savoir : belle situation dominante

Nature : Les Monts Dore et la vallée
Loisirs : snack
Services :

Longitude : 2.74779
Latitude : 45.596

Municipal les Couderts Permanent
04 73 65 54 81, *campinglescouderts@orange.fr*,
Fax 04 73 81 17 44, *www.camping-couderts.e-monsite.com/* – alt. 1 040
1,7 ha (58 empl.) plat, peu incliné, en terrasses, herbeux
Tarif : (Prix 2011) 12,80€ (10A) – pers. suppl. 2,80€

Location : (Prix 2011) (permanent) – 1 – 5 . Nuitée 50 à 80€ – Sem. 260 à 515€
borne autre 8€ – 37 8€
Pour s'y rendre : Les Couderts (sortie nord, au bord d'un ruisseau)

Nature :
Loisirs :
Services : laverie

Longitude : 2.73511
Latitude : 45.59937

MUROL

63790 – **326** E9 – 552 h. – alt. 830
Paris 456 – Besse-en-Chandesse 10 – Clermont-Ferrand 37 – Condat 37

Sunêlia La Ribeyre – Permanent
04 73 88 64 29, *info@laribeyre.com*, Fax 04 73 88 68 41, *www.laribeyre.com*
10 ha (460 empl.) plat, herbeux, étang
Tarif : 39,65€ (10A) – pers. suppl. 7,60€ – frais de réservation 30€

Location : (permanent) – 100 . Nuitée 34 à 196€ – Sem. 238 à 1 372€ – frais de réservation 30€
Pour s'y rendre : lieu-dit : Jassat (1,2 km au sud, rte de Jassat, au bord d'un ruisseau)

À savoir : magnifique parc aquatique

Nature :
Loisirs : snack jacuzzi (plan d'eau)
Services : laverie
À prox. : canoë

Longitude : 2.93719
Latitude : 45.56232

Le Repos du Baladin Permanent
✆ 0473886193, *reposbaladin@free.fr*, Fax 0473886641, *www.camping-auvergne-france.com*
1,6 ha (88 empl.) plat et peu incliné, terrasses, herbeux
Tarif : 4,80€ 8,90€ – (6A) 4,70€ – frais de réservation 13€
Location : (Prix 2011) (permanent) – 21 . Nuitée 49 à 79€ – Sem. 220 à 550€ – frais de réservation 13€
Pour s'y rendre : Groire (1,5 km à l'est par D 146, rte de St-Diéry)

Nature :
Loisirs : snack
Services :

Longitude : 2.95728
Latitude : 45.57379

NÉBOUZAT

63210 – **326** E8 – 748 h. – alt. 860
Paris 434 – La Bourboule 34 – Clermont-Ferrand 20 – Pontgibaud 19

Les Dômes de déb. mai à mi-sept.
✆ 0473871406, *camping.les-domes@orange.fr*, *www.les-domes.com* – alt. 815
1 ha (65 empl.) plat, herbeux
Tarif : (Prix 2011) 22,50€ (10A) – pers. suppl. 6,90€
Location : (Prix 2011) (de déb. mai à mi-sept.) – 5 – 5 – 5 bungalows (sans sanitaire). Nuitée 42 à 95€ – Sem. 192 à 661€
Pour s'y rendre : Les Quatre Routes de Nébouzat (par D 216, rte de Rochefort-Montagne)
À savoir : entrée fleurie, cadre verdoyant soigné

Nature :
Loisirs : (découverte en saison)
Services :
À prox. :

Longitude : 2.89028
Latitude : 45.72538

NÉRIS-LES-BAINS

03310 – **326** C5 – 2 728 h. – alt. 364
carrefour des Arènes ✆ 0470031103
Paris 336 – Clermont-Ferrand 86 – Montluçon 9 – Moulins 73

Municipal du Lac de fin mars à déb. nov.
✆ 0470032470, *campingdulac-neris@orange.fr*, Fax 0470037999, *www.ville-neris-les-bains.fr*
3,5 ha (135 empl.) plat, peu incliné, terrasse, herbeux, gravillons
Tarif : (Prix 2011) 15,30€ (10A) – pers. suppl. 4€
Location : (Prix 2011) (permanent) – 2 – 19 – 7 appartements. Nuitée 33 à 44€ – Sem. 242 à 310€
borne autre 7€
Pour s'y rendre : av. Marx Dormoy (au sud-ouest par D 155, rte de Villebret, au bord de la rivière)
À savoir : situation agréable près de l'ancienne gare et d'un lac

Nature :
Loisirs : snack
Services :
À prox. : parcours de santé, golf

Longitude : 2.65174
Latitude : 46.28702

NEUSSARGUES-MOISSAC

15170 – **330** F4 – 973 h. – alt. 834
Mairie ✆ 0471205669
Paris 509 – Aurillac 58 – Brioude 49 – Issoire 64

Municipal de la Prade de déb. juin à fin août
✆ 0471205021, *campingdelaprade.neussargues@wanadoo.fr*, *www.neussargues-moissac.fr*
1 ha (32 empl.) en terrasses, plat, herbeux, petit bois
Tarif : (Prix 2011) 11€ (10A) – pers. suppl. 2€
Location : (Prix 2011) (permanent) (chalets) – 6 – 6 . Sem. 228 à 480€
Pour s'y rendre : rte de Murat (sortie ouest par D 304, rte de Murat, au bord de l'Alagnon)

Nature :
Loisirs :
Services :

Longitude : 2.96695
Latitude : 45.12923

NEUVÉGLISE

15260 – **330** F5 – 1 151 h. – alt. 938
le Bourg *04 71 23 85 43*
Paris 528 – Aurillac 78 – Entraygues-sur-Truyère 70 – Espalion 66

Le Belvédère de déb. avr. à fin sept.
04 71 23 50 50, *belvedere.cantal@wanadoo.fr*,
Fax 04 71 23 58 93, *www.campinglebelvedere.com* – accès aux emplacements par forte pente, mise en place et sortie des caravanes à la demande – alt. 670
5 ha (120 empl.) en terrasses, herbeux, pierreux
Tarif : 25,50€ (6A) – pers. suppl. 6€ – frais de réservation 17€

Location : (de déb. avr. à mi-oct.) – 23 – 7 – 4 bungalows toilés. Nuitée 106€ – Sem. 250 à 745€ – frais de réservation 17€
borne autre 2€
Pour s'y rendre : Lanau (6,5 km au sud par D 48, D 921, rte de Chaudes-Aigues et chemin de Gros à dr.)

À savoir : agréable situation dominante

Nature : gorges de la Truyère
Loisirs : snack
Services : laverie

Longitude : 3.00045
Latitude : 44.89534

Benutzen Sie
– zur Wahl der Fahrtroute
– zur Berechnung der Entfernungen
– zur exakten Lokalisierung eines Campingplatzes (mit Hilfe der Angaben im Ortstext)
die für diesen Führer unentbehrlichen ***MICHELIN-Karten.***

NONETTE

63340 – **326** G10 – 317 h. – alt. 480
Paris 467 – Clermont-Ferrand 51 – Cournon-d'Auvergne 47 – Riom 66

Les Loges de déb. avr. à fin sept.
04 73 71 65 82, *les.loges.nonette@wanadoo.fr*,
Fax 04 73 71 67 23, *www.lesloges.com*
4 ha (126 empl.) plat, herbeux
Tarif : 20,50€ (6A) – pers. suppl. 4,70€ – frais de réservation 6€

Location : (de déb. avr. à fin sept.) – 24 . Sem. 210 à 550€ – frais de réservation 6€
Pour s'y rendre : 2 km au sud par D 722, rte du Breuil-sur-Couze puis 1 km par chemin près du pont, au bord de l'Allier

Nature :
Loisirs : sandwicherie canoë-kayak
Services :
À prox. :

Longitude : 3.27158
Latitude : 45.47367

ORCET

63670 – **326** G8 – 2 719 h. – alt. 400
Paris 424 – Billom 16 – Clermont-Ferrand 14 – Issoire 25

Clos Auroy de déb. janv. à fin oct.
04 73 84 26 97, *123orcet@wanadoo.fr*,
Fax 04 73 84 26 97, *www.camping-le-clos-auroy.com*
3 ha (91 empl.) plat et en terrasses, herbeux
Tarif : 6€ 13,20€ – (10A) 5€ – frais de réservation 20€

Location : (de déb. avr. à fin oct.) – 8 . Nuitée 65€ – Sem. 695€ – frais de réservation 20€
borne eurorelais 2,50€
Pour s'y rendre : 15 r. de la Narse (200 m au sud du bourg, près de l'Auzon)

À savoir : belle délimitation arbustive des emplacements

Nature :
Loisirs : snack diurne jacuzzi
Services : laverie
À prox. :

Longitude : 3.16912
Latitude : 45.70029

ORLÉAT

63190 – **326** H7 – 1 872 h. – alt. 380
Paris 440 – Clermont-Ferrand 34 – Roanne 76 – Vichy 38

Le Pont-Astier de déb. mars à fin oct.
04 73 53 64 40, *contact@camping-lepont-astier.fr*, Fax 650519517, *www.camping-lepont-astier.fr*
2 ha (90 empl.) plat, herbeux
Tarif : (Prix 2011) 16€ (6A) – pers. suppl. 5€
Location : (Prix 2011) (de déb. mars à fin oct.) – 9 . Nuitée 60€ – Sem. 230 à 360€
Pour s'y rendre : base de loisirs (5 km à l'est par D 85, D 224 et chemin à gauche, au bord de la Dore)

Nature :
Loisirs :
Services :
À prox. :

Longitude : 3.47664
Latitude : 45.86813

PAULHAGUET

43230 – **331** D2 – 982 h. – alt. 562
place Lafayette 04 71 76 62 67
Paris 495 – Brioude 18 – La Chaise-Dieu 24 – Langeac 15

La Fridière de déb. avr. à déb. oct.
04 71 76 65 54, *info@campingfr.nl*, *www.campingfr.nl*
3 ha (45 empl.) plat, herbeux
Tarif : 16,50€ (16A) – pers. suppl. 3,50€
Location : (de déb. avr. à déb. oct.) – 1 roulotte – 1 . Sem. 350 à 450€
borne raclet
Pour s'y rendre : 6 rte d'Esfacy (au sud-est par D 4, au bord de la Senouire)

Nature :
Loisirs :
Services :

Longitude : 3.52
Latitude : 45.199

PERS

15290 – **330** B5 – 295 h. – alt. 570
Paris 547 – Argentat 45 – Aurillac 25 – Maurs 24

Le Viaduc de mi-avr. à mi-oct.
04 71 64 70 08, *campingduviaduc@wanadoo.fr*, *www.camping-cantal.com*
1 ha (65 empl.) en terrasses, herbeux, gravillons
Tarif : (Prix 2011) 17,90€ (10A) – pers. suppl. 4,30€ – frais de réservation 12€
Location : (Prix 2011) (de mi-avr. à mi-oct.) – 8 – 1 . Sem. 280 à 535€ – frais de réservation 12€
borne artisanale 6€
Pour s'y rendre : Le Ribeyrès (5 km au nord-est par D 32, D 61 et chemin du Ribeyres à gauche, au bord du lac de St-Etienne-Cantalès)
À savoir : situation agréable

Nature :
Loisirs : canoë kayak
Services : laverie
À prox. : sports nautiques

Longitude : 2.2556
Latitude : 44.90602

PIERREFITTE-SUR-LOIRE

03470 – **326** J3 – 512 h. – alt. 228
Paris 324 – Bourbon-Lancy 20 – Lapalisse 50 – Moulins 42

Municipal le Vernay
04 70 47 02 49, *mairie.pierrefitte-sur-loire@wanadoo.fr*, Fax 04 70 47 03 72, *www.pierrefitte03.fr*
2 ha (35 empl.) plat, herbeux
Location : – 12 .
borne artisanale
Pour s'y rendre : Le Vernay (sortie nord-ouest par N 79, rte de Dompierre, D 295 à gauche, rte de Saligny-sur-Roudon puis 900 m par chemin à dr. apr. le pont, à 200 m du canal)
À savoir : près d'un plan d'eau

Nature :
Services :
À prox. : (plage) parcours de santé, pédalos, canoë

Longitude : 3.80334
Latitude : 46.51734

PLEAUX

15700 – **330** B4 – 1 645 h. – alt. 641
place Georges Pompidou ☎ 0471409140
Paris 534 – Argentat 29 – Aurillac 46 – Égletons 44

Municipal de Longayroux de déb. avr. à mi-oct.
☎ 0471404830, *pleaux@wanadoo.fr*, Fax 0471404903, *www.mairie.wanadoo.fr/pleaux/* – croisement difficile sur 6 km – places limitées pour le passage
0,6 ha (48 empl.) peu incliné, herbeux, gravillons
Tarif : (Prix 2011) 14,70€ (5A) – pers. suppl. 3,20€

Location : (Prix 2011) (de déb. avr. à mi-oct.) – 9 bungalows toilés. Sem. 150 à 200€

Pour s'y rendre : à Longayroux (15 km au sud par D 6, rte de St-Christophe-les-Gorges, au bord du lac d'Enchanet)

À savoir : dans un site agréable

Nature :
Loisirs : (plage)
Services : (juil.-août)

Longitude : 2.22753
Latitude : 45.0813

Benutzen Sie den Hotelführer des laufenden Jahres.

PONTGIBAUD

63230 – **326** E8 – 760 h. – alt. 735
rue du Commerce ☎ 0473889099
Paris 432 – Aubusson 68 – Clermont-Ferrand 23 – Le Mont-Dore 37

Municipal de la Palle de mi-avr. à fin sept.
☎ 0473889699, *camping.pontgibaud@orange.fr*, Fax 0473887777, *campongibaud.free.fr*
4,5 ha (85 empl.) plat, herbeux
Tarif : (Prix 2011) 14,20€ (16A) – pers. suppl. 3,60€

Location : (Prix 2011) (permanent) (1 chalet) – 5 . Nuitée 60€ – Sem. 240 à 440€
borne artisanale 2,50€

Pour s'y rendre : rte de la Miouze (500 m au sud-ouest par D 986, rte de Rochefort-Montagne, au bord de la Sioule)

Nature :
Loisirs :
Services : laverie
À prox. :

Longitude : 2.84516
Latitude : 45.82982

LE PUY-EN-VELAY

43000 – **331** F3 – 18 885 h. – alt. 629
2, place du Clauzel ☎ 0471093841
Paris 539 – Aurillac 168 – Clermont-Ferrand 129 – Lyon 134

Bouthezard de mi-mars à fin oct.
☎ 0471095509
1 ha (80 empl.) plat, herbeux
Tarif : (Prix 2011) 3€ 1,85€ – (6A) 3,35€

Pour s'y rendre : à Aiguilhe (au nord-ouest, au bord de la Borme)

Nature :
Loisirs :
Services :
À prox. :

Longitude : 3.88069
Latitude : 45.04753

PUY-GUILLAUME

63290 – **326** H7 – 2 698 h. – alt. 285
Paris 374 – Clermont-Ferrand 53 – Lezoux 27 – Riom 35

Municipal de la Dore de déb. juin à fin août
☎ 0473947851, *mairie.puyguillaume@wanadoo.fr*, Fax 0473941298, *www.puy-guillaume.com*
3 ha (100 empl.) plat, herbeux
Tarif : (Prix 2011) 3,80€ 4,40€ – (60A) 3,80€

Pour s'y rendre : 86 r. Joseph-Claussat (sortie ouest par D 63, rte de Randan et à dr. av. le pont, près de la rivière)

Nature :
Loisirs :
Services :
À prox. : parcours de santé

Longitude : 3.46623
Latitude : 45.96223

ROYAT

63130 – **326** F8 – 4 613 h. – alt. 450 – (fin mars-fin oct.)
1, avenue Auguste Rouzaud *04 73 29 74 70*
Paris 423 – Aubusson 89 – La Bourboule 47 – Clermont-Ferrand 5

Indigo Royat – de fin mars à déb. nov.
04 73 35 97 05, *royat@camping-indigo.com*,
Fax 04 73 35 67 69, *www.camping-indigo.com*
7 ha (200 empl.) en terrasses, peu incliné, gravier, herbeux
Tarif : (Prix 2011) 27,70€ (10A) – pers. suppl. 5,70€ – frais de réservation 20€
Location : (Prix 2011) (de fin mars à déb. nov.) – 31 – 6 – 9 tentes. Nuitée 43 à 119€ – Sem. 225 à 833€ – frais de réservation 20€
borne autre 4€
Pour s'y rendre : rte de Gravenoire (2 km au sud-est par D 941c, rte du Mont-Dore et à dr. D 5, rte de Charade)
À savoir : agréable cadre verdoyant et ombragé

Nature :
Loisirs : snack, pizzeria
Services :

Longitude : 3.05452
Latitude : 45.75868

SAIGNES

15240 – **330** C2 – 896 h. – alt. 480
Paris 483 – Aurillac 78 – Clermont-Ferrand 91 – Mauriac 26

Municipal Bellevue
04 71 40 68 40, *saignes.mairie@wanadoo.fr*,
Fax 04 71 40 61 65, *www.saignes-mairie.fr*
1 ha (42 empl.) plat, herbeux
Location : – 3 .
Pour s'y rendre : sortie nord-ouest, au stade

Nature :
Loisirs :
Services :
À prox. :

Longitude : 2.47416
Latitude : 45.33678

ST-AMANT-ROCHE-SAVINE

63890 – **326** I9 – 537 h. – alt. 950
Paris 474 – Ambert 12 – La Chaise-Dieu 39 – Clermont-Ferrand 65

Municipal Saviloisirs de déb. mai à fin oct.
04 73 95 73 60, *saviloisirs@wanadoo.fr*,
Fax 04 73 95 72 62, *www.saviloisirs.com* –
1,3 ha (19 empl.) en terrasses, herbeux
Tarif : (Prix 2011) 12,30€ (16A) – pers. suppl. 3,80€
Location : (permanent) – 30 . Nuitée 63 à 75€ – Sem. 237 à 344€
borne eurorelais – 11€
Pour s'y rendre : 7 pl. de la Liberté (à l'est du bourg)

Nature :
Loisirs :
Services : laverie
À prox. : terrain multisports

Longitude : 3.63389
Latitude : 45.64347

ST-BONNET-TRONÇAIS

03360 – **326** D3 – 760 h. – alt. 224
Paris 301 – Bourges 57 – Cérilly 12 – Montluçon 44

Centre de Tourisme de Champ Fossé de déb. avr. à fin sept.
04 70 06 11 30, *champfosse@campingstroncais.com*,
www.campingstroncais.com
3 ha (110 empl.) peu incliné, herbeux
Tarif : (Prix 2011) 4,28€ 1,22€ 4,28€ – (10A) 3,30€ – frais de réservation 15€
Location : (Prix 2011) (de déb. avr. à fin sept.) – 12 – 10 gîtes. Sem. 192 à 510€
Pour s'y rendre : pl. du Champ de Foire (700 m au sud-ouest)
À savoir : belle situation au bord de l'étang de St-Bonnet

Nature :
Loisirs :
Services : laverie
À prox. : (plage) canoë, pédalos

Longitude : 2.68841
Latitude : 46.65687

ST-DIDIER-EN-VELAY

43140 – **331** H2 – 3 302 h. – alt. 830
11, rue de l'ancien Hôtel de Ville ☎ *04 71 66 25 72*
Paris 538 – Annonay 49 – Monistrol-sur-Loire 11 – Le Puy-en-Velay 58

La Fressange de déb. mai à fin sept.
☎ 04 71 66 25 28, *camping.lafressange@orange.fr*,
Fax 04 71 66 25 28, *www.saint-didier.com/camping*
1,5 ha (104 empl.) incliné, peu incliné, en terrasses, herbeux
Tarif : (Prix 2011) 16,85 € (15A) – pers. suppl. 4,65 €
Location : (Prix 2011) (de déb. avr. à fin oct.) – 11 . Nuitée 45 à 78 € – Sem. 180 à 480 €
Pour s'y rendre : 800 m au sud-est par D 45, rte de St-Romain-Lachalm et à gauche, au bord d'un ruisseau

Loisirs :
Services :
À prox. : parcours sportif

Longitude : 4.28302
Latitude : 45.30119

ST-ÉLOY-LES-MINES

63700 – **326** E6 – 3 817 h. – alt. 490
Paris 358 – Clermont-Ferrand 64 – Guéret 86 – Montluçon 31

Municipal la Poule d'Eau de déb. juin à fin sept.
☎ 04 73 85 45 47, *selm.maire@wanadoo.fr*,
Fax 04 73 85 07 75 –
1,8 ha (50 empl.) peu incliné, herbeux
Tarif : (Prix 2011) 8 € (6A) – pers. suppl. 6,50 €
borne eurorelais 2 €
Pour s'y rendre : r. de la Poule d'Eau (sortie sud par N 144, rte de Clermont puis à dr., 1,3 km par D 110, rte de Pionsat)
À savoir : cadre verdoyant au bord de deux plans d'eau

Nature :
Loisirs :
Services :
À prox. : snack (plage) parcours de santé

Longitude : 2.83057
Latitude : 46.15064

ST-FLOUR

15100 – **330** G4 – 6 637 h. – alt. 783
17 bis, place d'Armes ☎ *04 71 60 22 50*
Paris 513 – Aurillac 70 – Issoire 67 – Millau 132

International Roche-Murat
☎ 04 71 60 43 63, *courrier@camping-saint-flour.com*,
Fax 04 71 60 02 10, *www.camping-saint-flour.com*
3 ha (119 empl.) en terrasses, herbeux, pinède attenante
Location : (1 chalet) – 11 .
borne artisanale
Pour s'y rendre : rte de Clermont-Ferrand (4,7 km au nord-est par D 921, N 9 et av. l'échangeur de l'autoroute A 75, chemin à gauche, au rd-pt - par A 75 : sortie 28)

Nature :
Loisirs :
Services : laverie

Longitude : 3.10792
Latitude : 45.05056

ST-GERMAIN-L'HERM

63630 – **326** I10 – 524 h. – alt. 1 050
route de la Chaise-Dieu ☎ *04 73 72 05 95*
Paris 476 – Ambert 27 – Brioude 33 – Clermont-Ferrand 66

St-Éloy de déb. mai à fin sept.
☎ 04 73 72 05 13, *camping.le.st.eloy@orange.fr*,
www.camping-le-saint-eloy.fr
3 ha (63 empl.) plat, en terrasses et vallonné, herbeux
Tarif : 17,50 € (10A) – pers. suppl. 4 €
Location : (permanent) – 13 . Sem. 210 à 450 €
Pour s'y rendre : rte de la Chaise-Dieu (sortie sud-est, sur D 999)

Nature :
Loisirs : snack
Services :
À prox. :

Longitude : 3.54781
Latitude : 45.45653

ST-GÉRONS

15150 – **330** B5 – 180 h. – alt. 526
Paris 538 – Argentat 35 – Aurillac 24 – Maurs 33

Les Rives du Lac de déb. mars à mi-nov.
0625346289, *info@lesrivesdulac.fr*, Fax 0471622587, *www.lesrivesdulac.fr*
3 ha (105 empl.) peu incliné, herbeux, bois
Tarif : (Prix 2011) 18€ (10A) – pers. suppl. 3,50€ – frais de réservation 10€
Location : (de déb. mars à mi-nov.) – 18 . Nuitée 50 à 70€ – Sem. 200 à 550€ – frais de réservation 16€
borne artisanale 2€
Pour s'y rendre : 8,5 km au sud-est par rte d'Espinet, à 300 m du lac de St-Étienne-Cantalès
À savoir : dans un site agréable

Nature :
Loisirs : , snack
Services :
À prox. : snack (plage)

Longitude : 2.23057
Latitude : 44.93523

ST-GERVAIS-D'AUVERGNE

63390 – **326** D6 – 1 343 h. – alt. 725 – Base de loisirs
rue du Général Desaix 0473858094
Paris 377 – Aubusson 72 – Clermont-Ferrand 55 – Gannat 41

Municipal de l'Étang Philippe de déb. avr. à fin sept.
0473857484, *campingstgervais@wanadoo.fr*, *www.ville-stgervais-auvergne.fr*
3 ha (130 empl.) plat et peu incliné, herbeux
Tarif : (Prix 2011) 10,90€ (10A) – pers. suppl. 1,50€ – frais de réservation 20€
Location : (Prix 2011) (permanent) – 6 . Sem. 240 à 390€
borne raclet 2€
Pour s'y rendre : Mazières (sortie nord par D 987, rte de St-Éloy-les-Mines, près d'un plan d'eau)

Nature :
Loisirs :
Services :
À prox. : (plage)

Longitude : 2.81921
Latitude : 46.04063

*To visit a town or region : use the **MICHELIN Green Guides.***

ST-JUST

15320 – **330** H5 – 203 h. – alt. 950
Paris 531 – Chaudes-Aigues 29 – Ruynes-en-Margeride 22 – St-Chély-d'Apcher 16

Municipal de déb. mai à fin sept.
0471737048, *info@saintjust.com*, Fax 0471737144, *www.saintjust.com*
2 ha (60 empl.) plat et peu incliné, terrasse, herbeux
Tarif : 12€ (10A) – pers. suppl. 2,10€
Location : (permanent) – 7 – 5 – 7 gîtes. Sem. 192 à 367€
borne autre 2€ – 9.50€
Pour s'y rendre : au Bourg (au sud-est, au bord d'un ruisseau - par A 75 : sortie 31 ou 32 -)

Nature :
Loisirs : nocturne
Services : laverie
À prox. :

Longitude : 3.20938
Latitude : 44.88993

ST-MAMET-LA-SALVETAT

15220 – **330** B5 – 1 411 h. – alt. 680
le Bourg 0471469482
Paris 555 – Argentat 53 – Aurillac 20 – Maurs 24

Municipal
0471647521, *campingstmamet15@hotmail.fr*, Fax 0471647980
0,8 ha (30 empl.) peu incliné, herbeux
Location : – 3 – 7 .
Pour s'y rendre : chemin du Stade (à l'est, accès par D 20, rte de Montsalvy)

Nature :
Loisirs :
Services :
À prox. :

Longitude : 2.30958
Latitude : 44.85407

ST-MARTIN-VALMEROUX

15140 – **330** C4 – 866 h. – alt. 646
le Bourg ✆ *0471692762*
Paris 510 – Aurillac 33 – Mauriac 21 – Murat 53

Municipal Le Moulin du Teinturier de mi-juin à mi-sept.
✆ 0471694312, *lemoulinduteinturier@orange.fr*,
Fax 0471692452, *saint-martin-valmeroux.fr*
3 ha (100 empl.) plat, herbeux
Tarif : (Prix 2011) 17€ (10A) –
pers. suppl. 3,40€

Location : (Prix 2011) (de déb. avr. à fin oct.) – 20 .
Nuitée 33 à 61€ – Sem. 230 à 500€
borne autre 2€
Pour s'y rendre : 9 r. de Montjoly (sortie ouest, sur D 37, rte de Ste-Eulalie-Nozières, au bord de la Maronne)

Nature :
Loisirs :
Services :
À prox. : poneys

Longitude : 2.42336
Latitude : 45.11619

Si vous recherchez :
un terrain offrant des animations sportives, culturelles ou de détente,
un terrain très tranquille,
L-M *un terrain proposant la location de mobile homes, bungalows, chalets, chambres ou encore gîtes,*
P *un terrain ouvert toute l'année,*
un terrain possédant une aire de services pour camping-cars,
consultez le tableau des localités

ST-NECTAIRE

63710 – **326** E9 – 719 h. – alt. 700 – (mi avril-mi oct.)
les Grands Thermes ✆ *0473885086*
Paris 453 – Clermont-Ferrand 43 – Issoire 27 – Le Mont-Dore 24

Le Viginet de déb. mai à fin sept.
✆ 0473885380, *info@camping-viginet.com*,
www.camping-viginet.com
2 ha (61 empl.) plat, peu incliné et incliné, herbeux, pierreux
Tarif : (Prix 2011) 21,20€ (10A) –
pers. suppl. 4,80€ – frais de réservation 7€

Location : (Prix 2011) (de déb. avr. à mi-oct.) – 10 – 17 tentes. Sem. 110 à 650€ – frais de réservation 7€
2 21,20€
Pour s'y rendre : sortie sud-est par D 996 puis 600 m par chemin à gauche (face au garage Ford)

À savoir : situation dominante

Nature :
Loisirs :
Services :
À prox. : parcours de santé,

Longitude : 3.00269
Latitude : 45.57945

La Clé des Champs de déb. avr. à déb. oct.
✆ 0473885233, *campingdedeschamps@free.fr*,
www.campingdedeschamps.com
1 ha (84 empl.) plat, peu incliné et en terrasses, herbeux
Tarif : (Prix 2011) 21,60€ (6A) –
pers. suppl. 5€ – frais de réservation 16€

Location : (Prix 2011) (permanent) – 20 – 9 – 3 chalets (sans sanitaire). Nuitée 25 à 65€ – Sem. 140 à 450€
borne eurorelais 4€ – 3 18€ – 9.50€
Pour s'y rendre : sortie sud-est par D 996 et D 642, rte des Granges, au bord d'un ruisseau et à 200 m de la Couze de Chambon

Nature :
Loisirs : snack
Services :

Longitude : 2.99934
Latitude : 45.57602

ST-PAULIEN

43350 – **331** E3 – 2 254 h. – alt. 795
Place Saint-Georges ✆ 0471005001
Paris 529 – La Chaise-Dieu 28 – Craponne-sur-Arzon 25 – Le Puy-en-Velay 14

La Rochelambert de déb. avr. à fin sept.
✆ 0471005402, *infos@camping-rochelambert.com*, Fax 0471005402, *www.camping-rochelambert.com*
3 ha (100 empl.) plat, herbeux, en terrasses
Tarif : 21,20€ (10A) – pers. suppl. 4,70€ – frais de réservation 7€
Location : (Prix 2011) (de déb. avr. à fin sept.) – 12 . Nuitée 58 à 65€ – Sem. 225 à 550€ – frais de réservation 7€
borne autre 3€ – 3 18€ – 11€
Pour s'y rendre : rte de Lanthenas (2,7 km au sud-ouest par D 13, rte d'Allègre et D 25 à gauche, rte de Loudes, près de la Borne (accès direct))

Nature :
Loisirs : snack
Services : laverie

Longitude : 3.81192
Latitude : 45.13547

LES GUIDES VERTS MICHELIN
Paysages, monuments
Routes touristiques
Géographie
Histoire, Art
Circuits de visite
Plans de villes et de monuments

ST-POURÇAIN-SUR-SIOULE

03500 – **326** G5 – 5 045 h. – alt. 234
29, rue Marcellin Berthelot ✆ 0470453273
Paris 325 – Montluçon 66 – Moulins 33 – Riom 61

L'Ile de la Ronde
✆ 0470454543, *campingdelaronde@hotmail.fr*, Fax 0470455527, *www.campingiledelaronde.fr*
1,5 ha (50 empl.) plat, herbeux
borne flot bleu
Pour s'y rendre : quai de la Ronde
À savoir : dans un parc public, en bordure de la Sioule

Nature :
Loisirs :
Services :
À prox. :

Longitude : 3.29265
Latitude : 46.30605

ST-RÉMY-SUR-DUROLLE

63550 – **326** I7 – 1 798 h. – alt. 620
Paris 395 – Chabreloche 13 – Clermont-Ferrand 55 – Thiers 7

Révéa Les Chanterelles de fin avr. à mi-sept.
✆ 0473943171, *contact@revea-vacances.com*, Fax 0473943171, *www.revea-vacances.fr/campings*
5 ha (150 empl.) incliné et en terrasses, herbeux
Tarif : 19,50€ (10A) – pers. suppl. 4€ – frais de réservation 10€
Location : (de fin avr. à mi-sept.) – 8 . Sem. 220 à 540€ – frais de réservation 25€
2 16€
Pour s'y rendre : 3 km au nord-est par D 201 et chemin à dr. - par A 72 : sortie 3
À savoir : situation agréable de moyenne montagne à proximité d'un plan d'eau

Nature :
Loisirs :
Services :
Au plan d'eau : (plage) squash

Longitude : 3.59918
Latitude : 45.90308

STE-SIGOLÈNE

43600 – **331** H2 – 5 827 h. – alt. 808
place du 8 mai ☏ 0471661307
Paris 551 – Annonay 50 – Monistrol-sur-Loire 8 – Montfaucon-en-Velay 14

Kawan Village de Vaubarlet – de déb. mai à fin sept.
☏ 0471666495, *camping@vaubarlet.com*, Fax 0471661198, *www.vaubarlet.com* – alt. 600
15 ha/3 campables (131 empl.) plat, herbeux
Tarif : 25€ (6A) – pers. suppl. 4€ – frais de réservation 15€

Location : (de déb. mai à fin sept.) (2 chalets) – 18 – 5 – 10 bungalows toilés. Nuitée 35 à 93€ – Sem. 245 à 650€ – frais de réservation 30€
borne autre
Pour s'y rendre : 6 km au sud-ouest par D 43, rte de Grazac

À savoir : dans une vallée verdoyante traversée par la Dunière

Nature :
Loisirs : snack diurne
Services : laverie

Longitude : 4.21254
Latitude : 45.21634

Utilisez le guide de l'année.

SAUGUES

43170 – **331** D4 – 1 898 h. – alt. 960
Cours Dr Gervais ☏ 0471777138
Paris 529 – Brioude 51 – Mende 72 – Le Puy-en-Velay 43

Municipal Sporting de la Seuge de mi-juin à mi-sept.
☏ 0471778062, *campingsaugues@orange.fr*, Fax 0471776640, *www.mairie-saugues.com*
3 ha (112 empl.) plat, herbeux, pierreux
Tarif : (Prix 2011) 7,50€ (16A) – pers. suppl. 2,80€

Location : (Prix 2011) (permanent) – 15 – 5 – 1 gîte. Nuitée 139€ – Sem. 220 à 459€
borne artisanale – 3 6,10€
Pour s'y rendre : sortie ouest par D 589, rte du Malzieu-Ville et à dr., au bord de la Seuge et près de deux plans d'eau et d'une pinède

Nature :
Loisirs :
Services : laverie
À prox. : parcours sportif, terrain multisports, pédalos

Longitude : 3.54073
Latitude : 44.95818

SAZERET

03390 – **326** E4 – 153 h. – alt. 370
Paris 348 – Gannat 44 – Montluçon 34 – Montmarault 4

La Petite Valette de déb. avr. à fin sept.
☏ 0470076457, *la.petite.valette@wanadoo.fr*, *www.valette.nl* – croisement difficile à certains endroits (chemin)
4 ha (55 empl.) plat, peu incliné, herbeux, étang
Tarif : (Prix 2011) 31,85€ (6A) – pers. suppl. 4,95€ – frais de réservation 15,90€

Location : (Prix 2011) (de déb. avr. à fin sept.) (de déb. avr. à fin sept.) – 7 – 2 – 2 tentes. Sem. 200 à 519€ – frais de réservation 15,90€
Pour s'y rendre : 5,5 km au nord-est, accès par rte des Deux-Chaises longeant la N 79 et chemin des Prugnes à gauche, par A 71 sortie 11 puis 1 km par D 46 et 4 km à gauche par rte des Deux-Chaises longeant la N 79

À savoir : décoration arbustive et florale autour d'une ancienne ferme

Nature :
Loisirs :
Services :
À prox. :

Longitude : 2.99231
Latitude : 46.3596

SINGLES

63690 – **326** C9 – 192 h. – alt. 737
Paris 484 – Bort-les-Orgues 27 – La Bourboule 23 – Bourg-Lastic 20

Le Moulin de Serre – de mi-avr. à mi-sept.
04 73 21 16 06, *moulindeserre@orange.fr*,
Fax 04 73 21 16 06, *www.moulindeserre.com*
7 ha/2,6 campables (90 empl.) plat, herbeux
Tarif : (Prix 2011) 23 € (10A) –
pers. suppl. 4,35 € – frais de réservation 15 €
Location : (Prix 2011) (de mi-avr. à mi-sept.) – 23 – 12 bungalows toilés. Nuitée 34 à 69 € – Sem. 147 à 483 € – frais de réservation 15 €
borne artisanale 4 €
Pour s'y rendre : 1,7 km au sud de la Guinguette, par D 73, rte de Bort-les-Orgues, au bord de la Burande
À savoir : cadre verdoyant dans une petite vallée

Nature :
Loisirs : snack canoë
Services : laverie

Longitude : 2.54235
Latitude : 45.54357

*Inclusion in the **MICHELIN Guide** cannot be achieved by pulling strings or by offering favours.*

TAUVES

63690 – **326** C9 – 787 h. – alt. 820
Paris 474 – Bort-les-Orgues 27 – La Bourboule 13 – Bourg-Lastic 29

Les Aurandeix de déb. avr. à fin sept.
04 73 21 14 06, *camping.les.aurandeix@orange.fr*,
Fax 04 73 21 14 06, *www.camping-les-aurandeix.fr*
2 ha (50 empl.) plat, en terrasses, incliné, herbeux
Tarif : 21 € (10A) – pers. suppl. 4,50 € – frais de réservation 10 €
Location : (de déb. avr. à fin sept.) – 10 . Nuitée 49 à 85 € – Sem. 210 à 549 € – frais de réservation 19 €
borne artisanale 5 € – 3 10 € – 10 €
Pour s'y rendre : au Stade (à l'est du bourg)

Nature :
Loisirs :
Services : laverie
À prox. : parcours de santé : au plan d'eau à la Tour d'Auvergne

Longitude : 2.62473
Latitude : 45.56101

TREIGNAT

03380 – **326** B4 – 452 h. – alt. 450
Paris 342 – Boussac 11 – Culan 27 – Gouzon 25

Municipal de l'Étang d'Herculat
04 70 07 03 89, *mairie-treignat@pays-allier.com*,
Fax 04 70 02 48 25
1,6 ha (35 empl.) incliné, peu incliné, plat, herbeux
Location : – 6 .
Pour s'y rendre : 2,3 km au nord-est, accès par chemin à gauche, apr. l'église
À savoir : situation agréable au bord de l'étang

Nature :
Loisirs :
Services :

Longitude : 2.3673
Latitude : 46.35611

VALLON-EN-SULLY

03190 – **326** C3 – 1 717 h. – alt. 192
Paris 313 – La Châtre 55 – Cosne-d'Allier 23 – Montluçon 25

Municipal les Soupirs de mi-juin à mi-sept.
06 30 65 92 58, *mairie.vallonensully@wanadoo.fr*,
Fax 04 70 06 51 18, *mondocher.com* –
2 ha (50 empl.) plat, herbeux, étang
Tarif : (Prix 2011) 8 € (20A) –
pers. suppl. 2 €
Pour s'y rendre : 1 km au sud-est par D 11, entre le Cher et le Canal du Berry, et chemin à dr.

Nature :
Loisirs :
Services : (juil.-août)
À prox. : snack

Longitude : 2.61437
Latitude : 46.53032

VIC-SUR-CÈRE

15800 – **330** D5 – 1 960 h. – alt. 678
avenue André Mercier ☏ 0471475068
Paris 549 – Aurillac 19 – Murat 29

La Pommeraie de mi-mai à déb. sept.
☏ 0471475418, *pommeraie@wanadoo.fr*, *www.camping-la-pommeraie.com* – alt. 750
2,8 ha (100 empl.) en terrasses, herbeux, pierreux
Tarif : 30,30€ (6A) – pers. suppl. 6€ – frais de réservation 17€

Location : (Prix 2011) (de mi-mai à déb. sept.) – 44 – 3 bungalows toilés. Nuitée 40 à 90€ – Sem. 280 à 630€ – frais de réservation 17€
Pour s'y rendre : Daïsses (2,5 km au sud-est par D 54, D 154 et chemin à dr.)

À savoir : belle situation dominante

Nature : les monts, la vallée et la ville
Loisirs : nocturne centre de randonnées
Services : laverie

Longitude : 2.63307
Latitude : 44.9711

VIVEROLS

63840 – **326** K10 – 390 h. – alt. 860
Paris 463 – Ambert 25 – Clermont-Ferrand 103 – Montbrison 38

Municipal le Pradoux de déb. avr. à fin oct.
☏ 0473953431, *viverols@wanadoo.fr*, Fax 0473953307 – places limitées pour le passage
1,2 ha (49 empl.) plat, herbeux
Tarif : (Prix 2011) 1,70€ 1,70€ 1,70€ – (6A) 3€
borne flot bleu 2€ – 6
Pour s'y rendre : Quartier Le Ruisseau (au sud-ouest du bourg par D 111, rte de Medeyrolles, près de la Ligonne)

Loisirs :
Services :
À prox. :

Longitude : 3.88224
Latitude : 45.43159

VOREY

43800 – **331** F2 – 1 435 h. – alt. 540
rue Louis Jouvet ☏ 0471013067
Paris 544 – Ambert 53 – Craponne-sur-Arzon 18 – Le Puy en Velay 23

Les Moulettes de déb. mai à mi-sept.
☏ 0471037048, *contact@camping-les-moulettes.fr*, *www.camping-les-moulettes.fr*
1,3 ha (45 empl.) plat, herbeux
Tarif : (Prix 2011) 5€ 6,50€ – (10A) 3,20€

Location : (Prix 2011) (de déb. avr. à fin sept.) – 6 – 6 . Sem. 240 à 540€
borne artisanale 3€ – 5 2€
Pour s'y rendre : Chemin de Félines (à l'ouest du centre bourg, au bord de l'Arzon)

Nature :
Loisirs : snack
Services :
À prox. :

Longitude : 3.90363
Latitude : 45.18637

Si vous recherchez :
un terrain offrant des équipements et des loisirs adaptés aux enfants,
un terrain très tranquille,
L-M ***un terrain proposant la location de mobile homes, bungalows, chalets, chambres ou encore gîtes,***
P ***un terrain ouvert toute l'année,***
un terrain possédant une aire de services pour camping-cars,
consultez le tableau des localités.

BOURGOGNE

S. Sauvignier/Michelin

Découvrir la Bourgogne c'est un peu se transporter, avec une machine à remonter le temps, à l'époque des grands-ducs d'Occident. Nés de leur goût d'absolu, nobles châteaux et riches abbayes témoignent d'un passé où grandiloquence rimait avec prestige. Qui oserait leur reprocher cette folie des grandeurs après avoir visité Dijon, cité d'art par excellence ? Et comment leur contester le titre de « princes des meilleurs vins de la chrétienté » lorsque des légions de gourmets sillonnent la Côte d'Or pour explorer ses caves, antres capiteux où mûrissent des crus d'exception ? Les ripailles se poursuivent autour de moelleuses gougères, d'un odorant époisses ou d'un délicieux pain d'épice. Après ces péchés gourmands, un retour à des plaisirs plus sages s'impose, telle une promenade en péniche au fil des canaux.

A visit to Burgundy takes travellers back through time to an era when its mighty Dukes rivalled even the kings of France; stately castles and rich abbeys still bear witness to a golden age of ostentation and prestige. As we look back now, it is difficult to reproach them for the flamboyance which has made Dijon a world-renowned city of art. And who would dispute Burgundy's claim to the "best wines in Christendom« when wine-lovers still flock to the region in search of the finest vintages? A dedication to time-honoured traditions also rules the region's cuisine, from strongsmelling époisses cheese to gingerbread dripping with honey. After such extravagant pleasures, what could be better than a barge trip down the region's canals and rivers to digest in peace amid unspoilt countryside?

Localité citée avec camping
Localité citée avec camping et locatif
Vannes
Localité disposant d'un camping avec aire de services camping-car
Moyaux
Localité disposant d'au moins un terrain agréable
Aire de service pour camping-car sur autoroute
MARNE
AUBE
HAUTE-MARNE
YONNE
CÔTE-D'OR
NIÈVRE
SAÔNE-ET-LOIRE
ALLIER
RHÔNE
TROYES
DIJON
CHALON-S-SAÔNE
Revigny-s-Ornain
Vitry-le-François
St-Dizier
Éclaron
Braucourt
Giffaumont-Champaubert
Thonnance-les-Moulins
Soulaines-Dhuys
Radonvilliers
Dienville
Géraudot
Mesnil-St-Père
Aix-en-Othe
Andelot
Montigny-le-Roi
Bannes
Langres
Ervy-le-Châtel
Migennes
Ligny-le-Châtel
Tonnerre
Chablis
Auxerre
Ancy-le-Franc
Marcenay
Châtillon-s-Seine
Montbard
Vermenton
l'Isle-s-Serein
Venarey-les-Laumes
St-Sauveur-en-Puisaye
Andryes
Asquins
Avallon
Clamecy
Varzy
Saulieu
Pouilly-en-Auxois
Vandenesse-en-Auxois
les Settons
Prémery
Crux-la-Ville
Montigny-en-Morvan
la Charité-sur-Loire
Arnay-le-Duc
Savigny-lès-Beaune
Bligny-s-Ouche
Corancy
Château-Chinon
St-Péreuse
Beaune
Vignoles
St-Léger-de-Fougeret
Épinac
Nolay
Meursault
Autun
Santenay
Chagny
Couches
Gimouille
St-Honoré-les-Bains
Luzy
St-Germain-du-Bois
Issy-l'Évêque
Gueugnon
Bourbon-Lancy
Laives
Gigny-s-S.
Louhans
Tournus
Salornay-s-Guye
Palinges
Cormatin
Dompierre-s-Besbre
Pierrefitte-s-Loire
Digoin
Pont-de-Vaux
Charolles
Cluny
Dompierre-les-Ormes
St-Point
Montrevel-en-Bresse
Matour
Chambilly
Crêches-s-Saône
Fleurie
Cormoranche-s-Saône
Bourg-en-Bresse
Chauffailles
la Pacaudière
Belmont-de-la-Loire
Poule-les-Écharmeaux
Abrest
Gannat
Châtillon-s-Chalaronne
Cublize
les Noës
Villars-les-Dombes
Cordelle
Anse
Châtelguyon
St-Rémy-s-Durolle
Puy-Guillaume
Lapalisse
Sazeret
St-Pourçain-s-Sioule
Lapeyrouse
Isle-et-Bardais
Couleuvre
Bonnet-Tronçais
Sully
le Mayet-de-Montagne
Pouilly-s/s-Charlieu

ANCY-LE-FRANC

89160 – **319** H5 – 1 062 h. – alt. 180
59, Grande Rue ☎ 03 86 75 03 15
Paris 215 – Auxerre 54 – Châtillon-sur-Seine 38 – Montbard 27

Municipal

☎ 03 86 75 13 21, *mairie.ancylefranc@orange.fr*,
Fax 03 86 75 19 51, *www.cc-ancylefranc.net*
0,5 ha (30 empl.) plat, herbeux
borne artisanale
Pour s'y rendre : sortie sud par D 905, rte de Montbard, face au château, au bord d'un ruisseau et près d'un étang

Nature :
Services :
À prox. :

Longitude : 4.16472
Latitude : 47.77342

ANDRYES

89480 – **319** D6 – 480 h. – alt. 162
Paris 204 – Auxerre 39 – Avallon 44 – Clamecy 10

Au Bois Joli de déb. avr. à fin oct.

☎ 03 86 81 70 48, *info@campingauboisjoli.com*,
Fax 03 86 81 70 48, *www.campingauboisjoli.com/fr*
5 ha (100 empl.) incliné et en terrasses, herbeux, pierreux
Tarif : (Prix 2011) 20,50€ (10A) – pers. suppl. 4,65€ – frais de réservation 8,50€
Location : (de déb. avr. à fin oct.) – 5 – 2 tentes. Sem. 230 à 620€ – frais de réservation 10€
borne artisanale 8€
Pour s'y rendre : rte de Villeprenoy (800 m au sud-ouest)
À savoir : cadre boisé

Nature :
Loisirs : quad
Services :
À prox. :

Longitude : 3.47969
Latitude : 47.51655

Wilt u een stad of streek bezichtigen ?
Raadpleed de groene Michelingidsen.

ARNAY-LE-DUC

21230 – **320** G7 – 1 690 h. – alt. 375
15, rue Saint-Jacques ☎ 03 80 90 07 55
Paris 285 – Autun 28 – Beaune 36 – Chagny 38

L'Étang de Fouché de mi-avr. à mi-oct.

☎ 03 80 90 02 23, *info@campingfouche.com*,
Fax 03 80 90 11 91, *www.campingfouche.com*
8 ha (209 empl.) plat, peu incliné, herbeux
Tarif : (Prix 2011) 25,90€ (6A) – pers. suppl. 6,50€
Location : (Prix 2011) (de mi-avr. à mi-oct.) – 12 – 19 . Sem. 231 à 798€
borne – 10
Pour s'y rendre : r. du 8 mai 1945 (700 m à l'est par D 17c, rte de Longecourt)
À savoir : situation plaisante au bord d'un étang

Nature :
Loisirs : snack, brasserie diurne
Services : laverie
À prox. : (plage)

Longitude : 4.49913
Latitude : 47.13468

ASQUINS

89450 – **319** F7 – 316 h. – alt. 146
Paris 219 – Dijon 123 – Auxerre 49 – Avallon 17

Municipal le Patis

☎ 03 86 33 30 80, *mairie.asquins@wanadoo.fr*,
Fax 03 86 33 20 07
1 ha (33 empl.) plat, herbeux
Pour s'y rendre : 17 r. de la Cèvrerie

Nature :
Loisirs :
Services :
À prox. :

Longitude : 3.7678
Latitude : 47.493

AUTUN

71400 – **320** F8 – 15 069 h. – alt. 326
13, rue du Général Demetz 03 85 86 80 38
Paris 287 – Auxerre 128 – Avallon 78 – Chalon-sur-Saône 51

Municipal de la Porte d'Arroux de déb. avr. à fin oct.
03 85 52 10 82, *contact@camping-autun.com*,
Fax 03 85 52 88 56, *www.camping-autun.com*
2,8 ha (104 empl.) plat, herbeux
Tarif : (Prix 2011) 3,83€ 1,60€ 4,85€ –
(16A) 3€
Location : (Prix 2011) (de déb. avr. à fin oct.) – 2 . Nuitée 47 à 67€ – Sem. 210 à 465€
borne artisanale 3,10€ – 4 11€ – 11€
Pour s'y rendre : Les Chaumottes (sortie nord par D 980, rte de Saulieu, faubourg d'Arroux, au bord du Ternin)
À savoir : beaux emplacements ombragés au bord du Ternin

Nature :
Loisirs : brasserie
canoë
Services :

Longitude : 4.29358
Latitude : 46.96447

AUXERRE

89000 – **319** E5 – 37 218 h. – alt. 130
1-2, quai de la République 03 86 52 06 19
Paris 166 – Bourges 144 – Chalon-sur-Saône 176 – Chaumont 143

Municipal de mi-avr. à mi-sept.
03 86 52 11 15, *camping.mairie@auxerre.com*,
Fax 03 86 51 17 54
4,5 ha (220 empl.) plat, herbeux
Tarif : 3,60€ 3,10€ – (6A) 3€
borne artisanale 2,70€
Pour s'y rendre : 8 rte de Vaux (au sud-est de la ville, près du stade, à 150 m de l'Yonne)

Nature :
Loisirs :
Services : laverie
À prox. :

Longitude : 3.59972
Latitude : 47.78107

AVALLON

89200 – **319** G7 – 7 366 h. – alt. 250
6, rue Bocquillot 03 86 34 14 19
Paris 220 – Dijon 106 – Auxerre 55 – Autun 80

Municipal Sous Roches de déb. avr. à fin oct.
03 86 34 10 39, *campingsousroche@ville-avallon.fr*,
Fax 03 86 34 10 39, *www.ville-avallon.fr*
2,7 ha (402 empl.) en terrasses, herbeux, plat
Tarif : (Prix 2011) 3,40€ 2,50€ 2,50€ –
(6A) 3,50€
borne sanistation 5€ – 9 16,10€
Pour s'y rendre : rte de Méluzien

Nature :
Loisirs :
Services : laverie

Longitude : 3.91471
Latitude : 47.47987

BEAUNE

21200 – **320** I7 – 22 012 h. – alt. 220
Porte Marie de Bourgogne 6, boulevard Perpeuil 03 80 26 21 30
Paris 308 – Autun 49 – Auxerre 149 – Chalon-sur-Saône 29

Municipal les Cent Vignes de fin mars à mi-oct.
03 80 22 03 91, *campinglescentvignes@mairie-beaune.fr*, Fax 03 80 20 15 51
2 ha (116 empl.) plat, herbeux, gravillons
Tarif : (Prix 2011) 17,40€ (10A) –
pers. suppl. 4,45€
Pour s'y rendre : sortie nord par r. du Faubourg-St-Nicolas et D 18 à gauche
À savoir : belle délimitation des emplacements et entrée fleurie

Nature :
Loisirs : snack
terrain multisports
Services : laverie

Longitude : 4.8386
Latitude : 47.03285

BLIGNY-SUR-OUCHE

21360 – **320** I7 – 832 h. – alt. 360
21, place de l'Hôtel de Ville ☏ 0380201651
Paris 295 – Dijon 63 – Chalon-sur-Saône 48 – Le Creusot 62

Les Isles de mi-mai à mi-sept.
☏ 0380200064, *dngiord@yahoo.fr*, Fax 0380200064, *www.camping-des-isles.fr*
1,2 ha (70 empl.) plat, herbeux
Tarif : (Prix 2011) 2,50€ 2€ 2,10€ – (6A) 2,50€
borne – 6
Pour s'y rendre : 2 allée de la Gare

Nature :
Services : laverie
À prox. :

Longitude : 4.6648
Latitude : 47.11285

BOURBON-LANCY

71140 – **320** C10 – 5 401 h. – alt. 240 – – Base de loisirs
place d'Aligre ☏ 0385891827
Paris 308 – Autun 62 – Mâcon 110 – Montceau-les-Mines 55

Saint-Prix de déb. avr. à fin oct.
☏ 0385892098, *aquadis1@orange.fr*, Fax 0386379583, *www.aquadis-loisirs.com* – camping en 2 parties distinctes
2,5 ha (128 empl.) plat, peu incliné et en terrasses, herbeux
Tarif : (Prix 2011) 16,50€ (10A) – pers. suppl. 4,50€
Location : (Prix 2011) (de déb. avr. à fin oct.) – 4 – 22 . Sem. 300 à 565€
Pour s'y rendre : r. St-Prix (vers sortie sud-ouest, rte de Digoin, à la piscine)
À savoir : à 200 m d'un plan d'eau

Nature :
Loisirs :
Services :
À prox. : snack (plage) terrain multi-sports, cinéma

Longitude : 3.76646
Latitude : 46.62086

Renouvelez votre guide chaque année.

CHABLIS

89800 – **319** F5 – 2 472 h. – alt. 135
1, rue du Maréchal de Lattre ☏ 0386428080
Paris 181 – Dijon 138 – Orléans 172 – Troyes 76

Municipal du Serein de mi-juin à mi-sept.
☏ 0386424439, *ot-chablis@chablis.net*, Fax 0386424971, *www.chablis.net*
2 ha (50 empl.) plat, herbeux
Tarif : (Prix 2011) 3€ 5€ – (12A) 2€
borne artisanale
Pour s'y rendre : quai Paul Louis Courier (600 m à l'ouest par D 956, rte de Tonnerre et chemin à dr. apr. le pont, au bord du Serein)

Nature :
Loisirs :
Services :

Longitude : 3.80596
Latitude : 47.81368

CHAGNY

71150 – **320** I8 – 5 391 h. – alt. 215
2, place des Halles ☏ 0385872595
Paris 327 – Autun 44 – Beaune 15 – Chalon-sur-Saône 20

Le Pâquier Fané de déb. avr. à fin oct.
☏ 0385872142, *camping-chagny@orange.fr*, *www.camping-chagny.com*
1,8 ha (85 empl.) plat, herbeux
Tarif : (Prix 2011) 21,50€ (6A) – pers. suppl. 4,20€
Pour s'y rendre : à l'ouest, au bord de la Dheune
À savoir : cadre agréable au bord de la Dheune

Nature :
Loisirs : snack
Services : laverie
À prox. :

Longitude : 4.74547
Latitude : 46.91188

CHAMBILLY

71110 – **320** E12 – 526 h. – alt. 249
Paris 363 – Chauffailles 28 – Digoin 27 – Dompierre-sur-Besbre 55

La Motte aux Merles de déb. avr. à fin oct.
03 85 25 37 67, *campingpicard@yahoo.fr*
1 ha (25 empl.) plat, peu incliné, herbeux
Tarif : 2,95€ 4€ – (8A) 2,40€
Location : (de déb. avr. à fin oct.) – 2 . Nuitée 31€ – Sem. 217€
borne autre 9,90€ – 5 9,90€
Pour s'y rendre : rte de la Palisse (5 km au sud-ouest par D 990 et chemin à gauche)

Nature :
Loisirs : (petite piscine)
Services :

Longitude : 3.95755
Latitude : 46.26443

Créez votre voyage en ligne sur ***Voyage.ViaMichelin.fr***

LA CHARITÉ-SUR-LOIRE

58400 – **319** B8 – 5 362 h. – alt. 170
5, place Sainte-Croix 03 86 70 15 06
Paris 212 – Bourges 51 – Clamecy 54 – Cosne-sur-Loire 30

Municipal la Saulaie de fin avr. à fin sept.
03 86 70 00 83, *contact@lacharitesurloire-tourisme.com*, Fax 03 86 70 00 83, *www.lacharitesurloire-tourisme.com*
1,7 ha (100 empl.) plat, herbeux
Tarif : (Prix 2011) 6,10€ – (4A) 3,10€
Location : (Prix 2011) (de fin avr. à fin sept.) – 2 roulottes. Nuitée 110€ – Sem. 590€
Pour s'y rendre : quai de La Saulaie (sortie sud-ouest)
À savoir : dans l'Île de la Saulaie, près de la plage

Nature :
Loisirs :
Services :
À prox. : canoë

Longitude : 3.00927
Latitude : 47.17879

CHAROLLES

71120 – **320** F11 – 2 829 h. – alt. 279
24, rue Baudinot 03 85 24 05 95
Paris 374 – Autun 80 – Chalon-sur-Saône 67 – Mâcon 55

Municipal de déb. avr. à fin sept.
03 85 24 04 90, *camping@ville-charolles.fr*
1 ha (60 empl.) plat, herbeux, gravillons
Tarif : (Prix 2011) 2,50€ 2€ 4,20€ – (6A) 6€
Location : (Prix 2011) (de déb. avr. à fin sept.) – 4 . Sem. 220 à 360€
borne eurorelais 3€ – 8 3€
Pour s'y rendre : rte de Viry (sortie nord-est, rte de Mâcon et D 33 à gauche)
À savoir : cadre agréable au bord de l'Arconce

Nature :
Loisirs :
Services :
À prox. :

Longitude : 4.28598
Latitude : 46.43962

CHÂTEAU-CHINON

58120 – **319** G9 – 2 196 h. – alt. 510
Paris 281 – Autun 39 – Avallon 60 – Clamecy 65

Municipal du Perthuy d'Oiseau de déb. mai à fin sept.
03 86 85 08 17, *mairiechateauchinonville@wanadoo.fr*, Fax 03 86 85 01 00
1,8 ha (50 empl.) peu incliné à incliné, herbeux
Tarif : (Prix 2011) 2€ 2,50€ 1,50€ – (10A) 2,50€
borne flot bleu
Pour s'y rendre : r. du Perthuy d'Oiseau (sortie sud par D 27, rte de Luzy et à dr.)
À savoir : à l'orée d'une forêt

Nature :
Loisirs :
Services :

Longitude : 3.92902
Latitude : 47.05563

CHÂTILLON-SUR-SEINE

21400 – **320** H2 – 5 801 h. – alt. 219
place Marmont ✆ 03 80 91 13 19
Paris 233 – Auxerre 85 – Avallon 75 – Chaumont 60

Municipal Louis-Rigoly de déb. avr. à fin sept.
✆ 03 80 91 03 05, *camping-chatillon-sur-seine@orange.fr*, Fax 03 80 91 21 46, *www.mairie-chatillon-sur-seine.fr*
0,8 ha (54 empl.) peu incliné, plat, herbeux, goudronné
Tarif : (Prix 2011) 3,50€ 1,50€ 3,50€ – (6A) 4,65€

Location : (Prix 2011) (de déb. avr. à fin sept.) – 2 .
borne eurorelais 4€
Pour s'y rendre : esplanade St-Vorles (par rte de Langres)

À savoir : sur les hauteurs ombragées de la ville

Nature :
Services :
À prox. :

Longitude : 4.56969
Latitude : 47.87051

CHAUFFAILLES

71170 – **320** G12 – 3 980 h. – alt. 405
1, rue Gambetta ✆ 03 85 26 07 06
Paris 404 – Charolles 32 – Lyon 77 – Mâcon 64

Municipal les Feuilles de déb. mai à fin sept.
✆ 03 85 26 48 12, *campingchauffailles@orange.fr*, Fax 03 85 26 55 02, *www.chauffailles.com*
4 ha (75 empl.) plat et peu incliné, herbeux, gravillons
Tarif : (Prix 2011) 16€ (5A) – pers. suppl. 4,30€

Location : (Prix 2011) (de déb. mai à fin sept.) – 16 bungalows toilés. Nuitée 32 à 37€ – Sem. 138 à 285€
borne artisanale – 16€
Pour s'y rendre : au sud-ouest par r. du Chatillon

À savoir : cadre verdoyant au bord du Botoret

Nature :
Loisirs :
Services :
À prox. :

Longitude : 4.33817
Latitude : 46.20004

CLAMECY

58500 – **319** E7 – 4 424 h. – alt. 144
7-9, rue du Grand Marché ✆ 03 86 27 02 51
Paris 208 – Auxerre 42 – Avallon 38 – Bourges 105

Le Pont Picot de déb. avr. à mi-oct.
✆ 03 86 27 05 97, *clamecycamping@wanadoo.fr*
1 ha (90 empl.) plat, herbeux
Tarif : (Prix 2011) 14,50€ (6A) – pers. suppl. 3€

Location : (Prix 2011) (de déb. avr. à mi-oct.) – 2 . Nuitée 40 à 50€ – Sem. 250 à 300€
Pour s'y rendre : r. de Chevroches (au sud, au bord de l'Yonne et du canal du Nivernais, accès conseillé par Beaugy)

À savoir : situation agréable dans une petite île

Nature :
Loisirs :
Services : laverie
À prox. : canoë

Longitude : 3.52379
Latitude : 47.45545

CLUNY

71250 – **320** H11 – 4 585 h. – alt. 248
6, rue Mercière ✆ 03 85 59 05 34
Paris 384 – Chalon-sur-Saône 49 – Charolles 43 – Mâcon 25

Municipal St-Vital de fin avr. à déb. oct.
✆ 03 85 59 08 34, *camping.st.vital@orange.fr*, Fax 03 85 59 08 34, *www.cluny-camping.blogspot.com*
3 ha (174 empl.) plat, herbeux, peu incliné
Tarif : (Prix 2011) 17,65€ (6A) – pers. suppl. 4,20€
Pour s'y rendre : 30 r. des Griottons (sortie est par D 15, rte d'Azé)

Nature :
Services :
À prox. :

Longitude : 4.66754
Latitude : 46.42908

CORANCY

58120 – **319** G9 – 351 h. – alt. 368
Paris 275 – Château-Chinon 7 – Corbigny 38 – Decize 59

Les Soulins Permanent

03 86 78 01 62, *campingcorancy@orange.fr*, *www.corancy.com*
1,2 ha (42 empl.) plat et peu incliné, herbeux
Tarif : (Prix 2011) 18,75€ (10A) – pers. suppl. 3,50€
Pour s'y rendre : 3,5 km au nord-ouest par D 12, D 161, rte de Montigny-en-Morvan et D 230 à gauche apr. le pont
À savoir : près du lac

Nature :
Loisirs :
Services :
À prox. :

Longitude : 3.94805
Latitude : 47.10273

CORMATIN

71460 – **320** I10 – 513 h. – alt. 212
le bourg 03 85 50 71 49
Paris 371 – Chalon-sur-Saône 37 – Mâcon 36 – Montceau-les-Mines 41

Le Hameau des Champs de déb. avr. à fin sept.

03 85 50 76 71, *camping.cormatin@wanadoo.fr*, Fax 03 85 50 76 98, *www.le-hameau-des-champs.com*
5,2 ha (60 empl.) plat, herbeux
Tarif : (Prix 2011) 3,70€ 5,70€ – (13A) 3,20€
Location : (Prix 2011) (permanent) – 10 . Nuitée 86€ – Sem. 431 à 489€
borne autre 3€
Pour s'y rendre : sortie nord par D 981, rte de Chalon-sur-Saône, à 150 m d'un plan d'eau et de la Voie Verte Givry-Cluny

Nature :
Loisirs : snack
Services :
À prox. :

Longitude : 4.68693
Latitude : 46.54383

COUCHES

71490 – **320** H8 – 1 486 h. – alt. 320
3, Grande Rue 03 85 49 69 47
Paris 328 – Autun 26 – Beaune 31 – Le Creusot 16

Municipal la Gabrelle

03 85 45 59 49, *camping-la-gabrelle@orange.fr*
1 ha (50 empl.) en terrasses, herbeux
borne artisanale
Pour s'y rendre : 1,7 km au nord-ouest par D 978, rte d'Autun, près d'un petit plan d'eau

Nature :
Loisirs : snack
Services :

Longitude : 4.57117
Latitude : 46.87054

CRÊCHES-SUR-SAÔNE

71680 – **320** I12 – 2 826 h. – alt. 180
466, route nationale 6 03 85 37 48 32
Paris 398 – Bourg-en-Bresse 45 – Mâcon 9 – Villefranche-sur-Saône 30

Municipal Port d'Arciat de mi-mai à mi-sept.

03 85 37 11 83, *camping-creches.sur.saone@orange.fr*, Fax 03 85 36 57 91, *http://pagesperso-orange.fr/campingduportdarciat/*
5 ha (160 empl.) plat, herbeux
Tarif : (Prix 2011) 15€ (6A) – pers. suppl. 3,85€
borne artisanale
Pour s'y rendre : rte du Port d'Arciat (1,5 km à l'est par D 31, rte de Pont de Veyle)
À savoir : en bordure de Saône et près d'un plan d'eau, accès direct

Nature :
Loisirs :
Services :
À prox. : snack

Longitude : 4.80581
Latitude : 46.24037

CRUX-LA-VILLE

58330 – **319** E9 – 410 h. – alt. 319
Paris 248 – Autun 85 – Avallon 138 – La Charité-sur-Loire 45

Le Merle de déb. avr. à fin oct.
03 86 58 38 42, *aquadis1@orange.fr*, Fax 03 86 37 95 83, *www.aquadis-loisirs.com*
2,6 ha (100 empl.) plat, peu incliné, herbeux
Tarif : (Prix 2011) 17 € – pers. suppl. 4 €

Location : (Prix 2011) (de déb. avr. à déb. nov.) – 10 – 5 . Nuitée 54 à 67 € – Sem. 190 à 470 €
borne artisanale
Pour s'y rendre : au lieu-dit : Le Merle (4,5 km au sud-ouest par D 34, rte de St-Saulge et D 181 à dr., rte de Ste-Marie, au bord de l'étang)

Nature :
Loisirs : snack
Services :
À prox. : pédalos, canoë

Longitude : 3.52478
Latitude : 47.1624

DIGOIN

71160 – **320** D11 – 8 493 h. – alt. 232
8, rue Guilleminot 03 85 53 00 81
Paris 337 – Autun 69 – Charolles 26 – Moulins 57

La Chevrette de mi-mars à mi-oct.
03 85 53 11 49, *lachevrette@wanadoo.fr*, Fax 03 85 88 59 70, *www.lachevrette.com*
1,6 ha (100 empl.) plat et terrasse, herbeux, gravillons
Tarif : 18,90 € (10A) – pers. suppl. 4,50 €

Location : (de mi-mars à mi-oct.) – 2 – 2 – 4 tentes. Nuitée 35 à 532 € – Sem. 245 à 511 €
borne artisanale
Pour s'y rendre : r. de la Chevrette (sortie ouest en dir. de Moulins, vers la piscine municipale, près de la Loire)

Nature :
Loisirs : snack
Services : laverie
À prox. :

Longitude : 3.96825
Latitude : 46.48021

DIJON

21000 – **320** K6 – 151 543 h. – alt. 245
11, rue des Forges 08 92 70 05 58
Paris 316 – Besançon 93 – Chalon-sur-Saône 72 – Le Creusot 91

du Lac Kir de déb. avr. à mi-oct.
03 80 43 54 72, *campingdijon@wanadoo.fr*, Fax 03 80 45 57 06, *www.camping-dijon.com*
2,5 ha (121 empl.) plat, herbeux
Tarif : (Prix 2011) 18,90 € (10A) – pers. suppl. 3,80 € – frais de réservation 5 €

Location : (de déb. avr. à mi-oct.) – 13 – 2 . Nuitée 55 à 85 € – Sem. 35 à 55 € – frais de réservation 15 €
borne artisanale 5 € – 20 18,90 €
Pour s'y rendre : 3 bd du Chanoine Kir

Nature :
Services :
À prox. :

Longitude : 5.01166
Latitude : 47.32163

DOMPIERRE-LES-ORMES

71520 – **320** G11 – 851 h. – alt. 480
Paris 405 – Chauffailles 28 – Cluny 23 – Mâcon 35

Le Village des Meuniers de mi-mars à fin oct.
03 85 50 36 60, *contact@villagedesmeuniers.com*, *www.villagedesmeuniers.com*
3 ha (113 empl.) en terrasses, plat et peu incliné, herbeux
Tarif : 27,50 € (15A) – pers. suppl. 6,50 € – frais de réservation 6 €

Location : (de mi-mars à fin oct.) – 16 – 8 – 2 tentes – 3 gîtes. Nuitée 30 à 110 € – Sem. 210 à 770 € – frais de réservation 15 €
borne artisanale 6 € – 2 27,50 € – 14.20 €
Pour s'y rendre : sortie nord-ouest par D 41, rte de la Clayette et chemin à dr., près du stade

À savoir : situation dominante et panoramique

Nature :
Loisirs : snack nocturne
Services :
À prox. : terrain multisports

Longitude : 4.47468
Latitude : 46.36393

ÉPINAC

71360 – **320** H8 – 2 398 h. – alt. 340
10, rue Roger Salengro ☎ 03 85 82 04 20
Paris 304 – Arnay-le-Duc 20 – Autun 19 – Chagny 29

Municipal le Pont Vert de déb. avr. à fin oct.
☎ 03 85 82 00 26, *info@campingdupontvert.com*,
Fax 03 85 82 13 67, *www.campingdupontvert.com*
2,9 ha (71 empl.) plat, herbeux
Tarif : (Prix 2011) 17 € (10A) –
pers. suppl. 2,90 € – frais de réservation 10 €

Location : (Prix 2011) (de déb. avr. à fin oct.) – 1 . Nuitée 45 à 172 € – Sem. 58 à 405 € – frais de réservation 10 €
borne eurorelais 2 €
Pour s'y rendre : sortie sud par D 43 et chemin à dr., au bord de la Drée

Nature :
Loisirs :
Services :
À prox. : snack

Longitude : 4.50617
Latitude : 46.98577

The Guide changes, so renew your guide every year.

GIGNY-SUR-SAÔNE

71240 – **320** J10 – 519 h. – alt. 178
Paris 355 – Chalon-sur-Saône 29 – Le Creusot 51 – Louhans 30

Domaine de l'Épervière – de déb. avr. à fin sept.
☎ 03 85 94 16 90, *info@domaine-eperviere.com*,
Fax 03 85 94 16 97, *www.domaine-eperviere.com* – places limitées pour le passage
7 ha (100 empl.) plat, herbeux, gravillons
Tarif : 8,50 € 12,50 € – (6A) 5,80 € – frais de réservation 10 €

Location : (de déb. avr. à fin sept.) – 5 – 6 tentes – 3 gîtes. Sem. 349 à 849 € – frais de réservation 20 €
borne artisanale 5 € – 30 12,50 €
Pour s'y rendre : r. du Château (1 km au sud, à l'Épervière)
À savoir : agréable parc boisé au bord d'un étang

Nature :
Loisirs : pizzeria jacuzzi pateaugoire pour enfants (bassin)
Services :
À prox. :

Longitude : 4.94386
Latitude : 46.65446

GIMOUILLE

58470 – **319** B10 – 487 h. – alt. 210
Paris 257 – Dijon 195 – Nevers 11 – Bourges 59

Village Vacances Domaine du Grand Bois (location exclusive de chalets) de déb. avr. à fin déc.
☎ 03 86 21 09 21, *reservation@grand-bois.com*,
Fax 03 86 21 09 22, *www.grand-bois.com*
15 ha vallonné, herbeux
Location : (5 chalets) – 65 . Nuitée 90 à 245 € – Sem. 413 à 1 316 €
Pour s'y rendre : rte de Fertôt

Nature :
Loisirs : poneys (centre équestre) canoë, parc aventure
Services : laverie
À prox. :

Longitude : 3.09923
Latitude : 46.92812

GUEUGNON

71130 – **320** E10 – 7 826 h. – alt. 243
Paris 335 – Autun 53 – Bourbon-Lancy 27 – Digoin 16

Municipal de Chazey
☎ 03 85 85 23 11, Fax 03 85 85 35 40,
www.ccpaysgueugnon.fr
1 ha (20 empl.) plat, herbeux
Location : – 3 .
Pour s'y rendre : zone de Chazey (4 km au sud par D 994, rte de Digoin et chemin à dr.)
À savoir : près d'un petit canal et de deux plans d'eau

Nature :
Loisirs :
Services :
À prox. : (plage)

Longitude : 4.05892
Latitude : 46.5711

L'ISLE-SUR-SEREIN

89440 – **319** H6 – 764 h. – alt. 190
Paris 209 – Auxerre 50 – Avallon 17 – Montbard 36

Municipal le Parc du Château de mi-avr. à fin sept.
03 86 33 93 50, *campimgparcduchateau@hotmail.fr*, Fax 03 86 33 91 81, *www.campingl'islesurserein*
1 ha (40 empl.) plat, herbeux
Tarif : (Prix 2011) 10,30€ (32A) – pers. suppl. 2,20€
Location : (Prix 2011) (de déb. avr. à fin oct.) – 4 . Nuitée 40€ – Sem. 200€
borne artisanale 2€ – 2 10,10€ – 10.10€
Pour s'y rendre : rte d'Avallon (800 m au sud par D 86, au stade, à 150 m du Serein)

Nature :
Services :
À prox. : parcours sportif

Longitude : 4.00542
Latitude : 47.58119

ISSY-L'EVÊQUE

71760 – **320** D9 – 865 h. – alt. 310
Paris 325 – Bourbon-Lancy 25 – Gueugnon 17 – Luzy 12

L'Étang Neuf
03 85 24 96 05, *info@issy-camping.com*, *www.issy-camping.com*
6 ha/3 campables (71 empl.) plat, peu incliné, herbeux, gravillons
Location : – 2 – 6 .
borne artisanale
Pour s'y rendre : 1 km à l'ouest par D 42, rte de Grury et chemin à dr.
À savoir : situation agréable en bordure d'un étang et d'un bois

Nature :
Loisirs :
Services :
À prox. :

Longitude : 3.9602
Latitude : 46.7078

LAIVES

71240 – **320** J10 – 1 002 h. – alt. 198
Paris 355 – Chalon-sur-Saône 20 – Mâcon 48 – Montceau-les-Mines 49

Les Lacs de Laives - la Héronnière de déb. avr. à fin sept.
03 85 44 98 85, *contact@camping-laheronniere.com*, Fax 03 85 44 98 85, *www.camping-laheronniere.com*
1,5 ha (80 empl.) plat, herbeux
Tarif : 25,90€ (10A) – pers. suppl. 5,50€ – frais de réservation 5€
Location : (de déb. mai à fin sept.) – 2 – 2 . Nuitée 71€ – Sem. 497€ – frais de réservation 10€
borne artisanale – 6 25,90€
Pour s'y rendre : rte de la Ferté (4,2 km au nord par D 18, rte de Buxy et rte à dr.)
À savoir : près des lacs de Laives

Nature :
Loisirs :
Services :
À prox. : snack

Longitude : 4.83426
Latitude : 46.67448

LIGNY-LE-CHÂTEL

89144 – **319** F4 – 1 314 h. – alt. 130
Paris 178 – Auxerre 22 – Sens 60 – Tonnerre 28

Parc de la Noue Marou de déb. mai à fin sept.
03 86 47 56 99, Fax 03 86 47 44 02
2 ha (42 empl.) plat, herbeux
Tarif : (Prix 2011) 12€ (16A) – pers. suppl. 2,50€
borne – 12€
Pour s'y rendre : sortie sud-ouest par D 8, rte d'Auxerre et chemin à gauche, au bord du Serein

Nature :
Loisirs :
Services :
À prox. :

Longitude : 3.7566
Latitude : 47.8984

LOUHANS

71500 – **320** L10 – 6 420 h. – alt. 179
1, Arcade Saint-Jean 03 85 75 05 02
Paris 373 – Bourg-en-Bresse 61 – Chalon-sur-Saône 38 – Dijon 85

Municipal de mi-avr. à fin sept.
03 85 75 19 02, *villedelouhansag@wanadoo.fr*,
Fax 03 85 76 75 11, *www.louhans-chateaurenaud.fr*
1 ha (60 empl.) plat, herbeux, gravillons
Tarif : (Prix 2011) 2€ 2€ 2€ – (32A) 3,70€
Location : (Prix 2011) (de mi-avr. à fin sept.) – 2 .
Nuitée 70€ – Sem. 280 à 380€
borne artisanale 5€ – 25 5€
Pour s'y rendre : au lieu-dit : La Chapellerie (1 km au sud-ouest par D 971, rte de Tournus et D 12, rte de Romenay, à gauche apr. le stade)
À savoir : cadre verdoyant en bordure de rivière

Nature :
Services : (juil.-août)
À prox. :

Longitude : 5.21687
Latitude : 46.62429

Om een reisroute uit te stippelen en te volgen,
om het aantal kilometers te berekenen,
om precies de ligging van een terrein te bepalen
(aan de hand van de inlichtingen in de tekst),
gebruikt u de Michelinkaarten ,
een onmisbare aanvulling op deze gids.

LUZY

58170 – **319** G11 – 2 043 h. – alt. 275
place Chanzy 03 86 30 02 65
Paris 314 – Autun 34 – Château-Chinon 39 – Moulins 62

Château de Chigy – de fin avr. à fin sept.
03 86 30 10 80, *reception@chateaudechigy.com.fr*,
Fax 03 86 30 09 22, *www.chateaudechigy.com.fr*
70 ha/15 campables (200 empl.) plat, peu incliné et en terrasses, herbeux
Tarif : 28€ (6A) – pers. suppl. 7€
Location : (de déb. avr. à fin oct.) – 6 – 29 – 3 appartements – 10 bungalows toilés – 6 gîtes.
Nuitée 22 à 114€ – Sem. 132 à 798€
Pour s'y rendre : 4 km au sud-ouest par D 973, rte de Bourbon-Lancy puis chemin à gauche
À savoir : vaste domaine autour d'un château : prairies, bois, étangs

Nature :
Loisirs : snack (découverte en saison) terrain multisports
Services :

Longitude : 3.94472
Latitude : 46.758

MARCENAY

21330 – **320** G2 – 114 h. – alt. 220
Paris 232 – Auxerre 72 – Chaumont 73 – Dijon 89

Les Grèbes du Lac de déb. mai à fin sept.
03 80 81 61 72, *info@campingmarcenaylac.com*,
Fax 03 25 81 02 64, *www.campingmarcenaylac.com*
2,4 ha (90 empl.) plat, herbeux
Tarif : 21€ (10A) – pers. suppl. 5€
Location : (Prix 2011) (de déb. mai à fin sept.) – 5 .
Nuitée 45 à 65€ – Sem. 252 à 392€
borne artisanale 3€ – 5 10€ – 10€
Pour s'y rendre : 800 m au nord
À savoir : situation agréable près d'un lac

Nature :
Loisirs :
Services :
À prox. : (plage)

Longitude : 4.40554
Latitude : 47.87095

MATOUR

71520 – **320** G12 – 1 074 h. – alt. 500
Maison des Associations ☎ 03 85 59 72 24
Paris 405 – Chauffailles 22 – Cluny 24 – Mâcon 36

Le Paluet de déb. mai à fin sept.
☎ 03 85 59 70 92, *lepaluet@matour.fr*, Fax 03 85 59 74 54, *www.matour.com*
3 ha (75 empl.) plat et peu incliné, terrasses, herbeux, gravillons
Tarif : 18,50€ (10A) – pers. suppl. 4,70€
Location : (de mi-mars à mi-nov.) – 10 – 4 bungalows toilés – 2 tentes – 2 gîtes. Nuitée 43 à 68€ – Sem. 301 à 476€
borne artisanale
Pour s'y rendre : 2 r. de la Piscine (à l'ouest, rte de la Clayette et à gauche)
À savoir : au bord d'un étang et proche d'un complexe de loisirs

Nature :
Loisirs : terrain multisports
Services : (saison) laverie

Longitude : 4.48232
Latitude : 46.30677

Raadpleeg, voordat U zich op een kampeerterrein installeert, de tarieven die de beheerder verplicht is bij de ingang van het terrein aan te geven. Informeer ook naar de speciale verblijfsvoorwaarden. De in deze gids vermelde gegevens kunnen sinds het verschijnen van deze hereditie gewijzigd zijn.

MEURSAULT

21190 – **320** I8 – 1 563 h. – alt. 243
place de l'Hôtel de Ville ☎ 03 80 21 25 90
Paris 326 – Dijon 56 – Chalon-sur-Saône 28 – Le Creusot 40

La Grappe d'Or de déb. avr. à mi-oct.
☎ 03 80 21 22 48, *info@camping-meursault.com*, Fax 03 80 21 65 74, *www.camping-meursault.com*
4,5 ha (170 empl.) en terrasses, peu incliné, plat, herbeux, gravillons
Tarif : 22€ (12A) – pers. suppl. 3,80€ – frais de réservation 10€
Location : (de mi-avr. à fin sept.) – 20 – 1 gîte. Nuitée 50 à 77€ – Sem. 410 à 553€ – frais de réservation 15€
borne artisanale 3,50€
Pour s'y rendre : 2 rte de Volnay

Nature :
Loisirs : snack
Services :

Longitude : 4.77085
Latitude : 46.98717

MIGENNES

89400 – **319** E4 – 7 373 h. – alt. 87
1, place François Mitterrand ☎ 03 86 80 03 70
Paris 162 – Dijon 169 – Auxerre 22 – Sens 46

Les Confluents de déb. avr. à fin oct.
☎ 03 86 80 94 55, *planethome2003@yahoo.fr*, Fax 03 86 80 94 55, *www.les-confluents.com*
1,5 ha (63 empl.) plat, herbeux
Tarif : 18,50€ (10A) – pers. suppl. 3,80€
Location : (de déb. avr. à fin oct.) – 12 . Nuitée 37 à 66€ – Sem. 215 à 425€
borne artisanale 3€
Pour s'y rendre : allée Léo Lagrange

Nature :
Loisirs : snack
Services :
À prox. : canoë sports nautiques

Longitude : 3.50788
Latitude : 47.9555

MONTBARD

21500 – **320** G4 – 5 582 h. – alt. 221
place Henri Vincenot 03 80 92 53 81
Paris 240 – Autun 87 – Auxerre 81 – Dijon 81

Municipal

03 80 92 69 50, *camping.montbard@wanadoo.fr*, Fax 03 80 92 21 60, *www.montbard.com*
2,5 ha (80 empl.) plat, herbeux, gravillons
Location : – 2 – huttes.
borne artisanale
Pour s'y rendre : r. Michel Servet (par D 980 déviation nord-ouest de la ville, près de la piscine)
À savoir : agréable décoration arbustive des emplacements

Nature :
Loisirs :
Services :
À prox. : hammam (centre aquatique)

Longitude : 4.33258
Latitude : 47.63228

MONTIGNY-EN-MORVAN

58120 – **319** G9 – 327 h. – alt. 350
Paris 269 – Château-Chinon 13 – Corbigny 26 – Nevers 64

Municipal du Lac de déb. avr. à mi-sept.

03 86 84 71 77, *mairie.montigny-en-morvan@orange.fr*, Fax 03 86 84 76 46, *montigny-en-morvan.fr* –
2 ha (59 empl.) vallonné, plat, pierreux, herbeux
Tarif : 2,50€ 1,70€ 1€ – (8A) 1,90€
Pour s'y rendre : 2,3 km au nord-est par D 944, D 303 rte du barrage de Pannecière-Chaumard et chemin à dr.
À savoir : site agréable près d'un lac

Nature :
Loisirs :
Services :
À prox. :

Longitude : 3.8735
Latitude : 47.15573

Gebruik de gids van het lopende jaar.

NOLAY

21340 – **320** H8 – 1 482 h. – alt. 299
24, rue de la République 03 80 21 80 73
Paris 316 – Autun 30 – Beaune 20 – Chalon-sur-Saône 34

La Bruyère Permanent

03 80 21 87 59, *esat-le-mirande@mfcoy.fr*, Fax 03 80 21 87 59
1,2 ha (22 empl.) plat, terrasses, herbeux
Tarif : (Prix 2011) 18,10€ (5A) – pers. suppl. 4€ – frais de réservation 80€
Location : (Prix 2011) (permanent) – 3 . Nuitée 52 à 70€ – Sem. 249 à 332€ – frais de réservation 80€
borne artisanale 13,90€ – 20 13,90€
Pour s'y rendre : r.de Moulin Larché (1,2 km à l'ouest par D 973, rte d'Autun et chemin à gauche)

Nature :
Loisirs :
Services : laverie

Longitude : 4.63405
Latitude : 46.95196

PALINGES

71430 – **320** F10 – 1 504 h. – alt. 274
Paris 352 – Charolles 16 – Lapalisse 70 – Lyon 136

Le Lac de déb. avr. à fin oct.

03 85 88 14 49, *camping.palinges@hotmail.fr*, *www.campingdulac.eu*
1,5 ha (44 empl.) en terrasses, peu incliné, herbeux
Tarif : 21€ (10A) – pers. suppl. 3,70€
Location : (Prix 2011) (de déb. avr. à fin oct.) – 7 . Sem. 180 à 620€
borne artisanale
Pour s'y rendre : au lieu-dit : Lac du Fourneau (1 km au nord-est par D 128, rte de Génelard)
À savoir : près d'un plan d'eau

Nature :
Loisirs :
Services : réfrégirateur, congélateur
À prox. : (plage)

Longitude : 4.22521
Latitude : 46.56106

PRÉMERY

58700 – **319** C8 – 2 042 h. – alt. 237
Tour du Château *03 86 37 99 07*
Paris 231 – La Charité-sur-Loire 28 – Château-Chinon 57 – Clamecy 41

Municipal

03 86 37 99 42, *mairie-premery@wanadoo.fr*, Fax 03 86 37 98 72
1,6 ha (46 empl.) plat et peu incliné, herbeux, gravillons

Location : – 10.

Pour s'y rendre : sortie nord-est par D 977, rte de Clamecy et chemin à dr.

À savoir : près de la Nièvre et d'un plan d'eau

Loisirs :
Services :
À prox. :

Longitude : 3.33094
Latitude : 47.17671

Avant de vous installer, consultez les tarifs en cours, affichés obligatoirement à l'entrée du terrain, et renseignez-vous sur les conditions particulières de séjour. Les indications portées dans le guide ont pu être modifiées depuis la mise à jour.

ST-GERMAIN-DU-BOIS

71330 – **320** L9 – 1 890 h. – alt. 210
Paris 367 – Chalon-sur-Saône 33 – Dole 58 – Lons-le-Saunier 29

Municipal de l'Étang Titard de déb. mai à mi-sept.

03 85 72 06 15, *mairie-71330-saint-germain-du-bois@wanadoo.fr*, Fax 03 85 72 03 38, *st-germaindubois.fr*
1 ha (40 empl.) plat, terrasse, peu incliné, herbeux
Tarif : 2,30€ 1,50€ 2€ – (10A) 2,50€

Location : (permanent) – 5. Nuitée 84€ – Sem. 294 à 399€

Pour s'y rendre : rte de Louhans (sortie sud par D 13)

À savoir : près d'un étang

Nature :
Loisirs :
Services :
À prox. : parcours sportif

Longitude : 5.24617
Latitude : 46.74635

ST-HONORÉ-LES-BAINS

58360 – **319** G10 – 844 h. – alt. 300 – (2 avril-13 oct.)
13, rue Henri Renaud *03 86 30 71 70*
Paris 303 – Château-Chinon 28 – Luzy 22 – Moulins 69

Camping et Gîtes des bains – de fin mars à fin oct.

03 86 30 73 44, *camping-les-bains@wanadoo.fr*, Fax 03 86 30 61 88, *www.campinglesbains.com*
4,5 ha (130 empl.) plat, herbeux
Tarif : 19,50€ (6A) – pers. suppl. 4,50€

Location : (de déb. janv. à fin nov.) – 4 – 19 – 1 – 1 studio – 2 appartements. Nuitée 50 à 70€ – Sem. 150 à 490€

borne artisanale 3,20€ – 5 11€ – 11€

Pour s'y rendre : 15 av. Jean Mermoz (sortie ouest, rte de Vandenesse)

Nature :
Loisirs : snack poneys
Services : laverie
À prox. :

Longitude : 3.82683
Latitude : 46.907

Municipal Plateau du Gué de déb. avr. à fin oct.

03 86 30 76 00, *mairie-de-st-honore-les-bains@wanadoo.fr*, Fax 03 86 30 73 33
1,2 ha (73 empl.) peu incliné et plat, herbeux
Tarif : (Prix 2011) 2,60€ 1,80€ – (6A) 2,90€

borne eurorelais 2€ – 10 1,80€

Pour s'y rendre : 13 r. Eugène-Collin (au bourg, à 150 m de la poste)

Nature :
Loisirs :
Services :

Longitude : 3.84068
Latitude : 46.90548

ST-LÉGER-DE-FOUGERET

58120 – **319** G9 – 312 h. – alt. 500
Paris 308 – Dijon 122 – Nevers 65 – Le Creusot 69

L'Etang de Fougeraie de déb. avr. à fin oct.
03 86 85 11 85, *campingfougeraie@orange.fr*, *www.campingfougeraie.com*
7 ha (60 empl.) plat et vallonné, terrasses, herbeux
Tarif : 19€ (10A) – pers. suppl. 5€ – frais de réservation 5€
Location : (permanent) – 5 – 3 tentes. Nuitée 40 à 90€ – Sem. 280 à 480€ – frais de réservation 10€
borne artisanale – 14€
Pour s'y rendre : au lieu-dit : Hameau de champs (2,4 km au sud-est par D 157, rte d'Onlay)
À savoir : cadre champêtre autour d'un étang

Nature :
Loisirs :
Services : laverie réfrigérateur

Longitude : 3.90899
Latitude : 47.0027

Si vous recherchez :
- *un terrain offrant des animations sportives, culturelles ou de détente,*
- *un terrain très tranquille,*
- L-M *un terrain proposant la location de mobile homes, bungalows, chalets, chambres ou encore gîtes,*
- P *un terrain ouvert toute l'année,*
- *un terrain possédant une aire de services pour camping-cars,*

consultez le tableau des localités

ST-PÉREUSE

58110 – **319** F9 – 278 h. – alt. 355
Paris 289 – Autun 54 – Château-Chinon 15 – Clamecy 57

Manoir de Bezolle Permanent
03 86 84 42 55, *info@camping-bezolle.com*, Fax 03 86 84 43 77, *www.camping-bezolle.com*
8 ha/5 campables (140 empl.) en terrasses, plat, peu incliné, herbeux, petits étangs
Tarif : 32€ (10A) – pers. suppl. 5,50€ – frais de réservation 5€
Location : (de déb. avr. à fin oct.) – 2 roulottes – 4 – 12 – 4 tentes. Nuitée 37 à 102€ – Sem. 259 à 713€ – frais de réservation 5€
borne artisanale 5€
Pour s'y rendre : au sud-est par D 11, à 300 m de la D 978, rte de Château-Chinon
À savoir : dans le parc du Manoir

Nature :
Loisirs :
Services : laverie

Longitude : 3.8158
Latitude : 47.05732

ST-POINT

71520 – **320** H11 – 329 h. – alt. 335
Paris 396 – Beaune 90 – Cluny 14 – Mâcon 26

Lac de St-Point-Lamartine de déb. avr. à fin oct.
03 85 50 52 31, *reservation@campingsaintpoint.com*, *www.campingsaintpoint.com*
3 ha (102 empl.) plat et peu incliné, terrasses, herbeux
Tarif : 16€ (13A) – pers. suppl. 4€
Location : (de déb. avr. à fin oct.) – 2 – 11 . Nuitée 30 à 50€ – Sem. 250 à 460€
borne artisanale – 10 16€ – 12€
Pour s'y rendre : sortie sud par D 22, rte de Tramayes, au bord d'un lac

Nature :
Loisirs :
Services :
À prox. : snack terrain multisports, pédalos

Longitude : 4.61175
Latitude : 46.33703

ST-SAUVEUR-EN-PUISAYE

89520 – **319** C6 – 956 h. – alt. 259
place du Château ✆ 03 86 45 61 31
Paris 174 – Dijon 184 – Moulins 146 – Tours 242

Parc des Joumiers de fin mars à mi-oct.
✆ 03 86 45 66 28, *campingmoteljoumiers@wanadoo.fr*,
Fax 03 86 45 60 27, *www.camping-motel-joumiers.com*
21 ha/7 campables (100 empl.) plat et peu incliné, herbeux, étang
Tarif : 3,80€ 2,70€ 6€ – (10A) 3,80€
Location : (de fin mars à mi-oct.) – 15 – 3 – 10 . Nuitée 60 à 80€ – Sem. 295 à 390€
borne artisanale 5€
Pour s'y rendre : 2,3 km au nord-ouest par D 7 et chemin à dr.
À savoir : au bord d'un étang

Nature :
Loisirs :
Services :
À prox. : pédalos

Longitude : 3.1804
Latitude : 47.63921

SALORNAY-SUR-GUYE

71250 – **320** H10 – 808 h. – alt. 210
Paris 377 – Chalon-sur-Saône 51 – Cluny 12 – Paray-le-Monial 44

Municipal de la Clochette de mi-mai à déb. sept.
✆ 03 85 59 90 11, *mairie.salornay@wanadoo.fr*,
Fax 03 85 59 47 52
1 ha (60 empl.) plat et terrasse, herbeux
Tarif : 2,50€ 3€ – (10A) 3€ – frais de réservation 5€
borne artisanale 5€
Pour s'y rendre : pl. de la Clochette (au bourg, accès par chemin devant la poste)
À savoir : au bord de la Gande

Nature :
Loisirs :
Services :
À prox. :

Longitude : 4.59907
Latitude : 46.51659

SANTENAY

21590 – **320** I8 – 839 h. – alt. 225
gare SNCF ✆ 03 80 20 63 15
Paris 330 – Autun 39 – Beaune 18 – Chalon-sur-Saône 25

Les Sources de mi-avr. à fin oct.
✆ 03 80 20 66 55, *info@campingsantenay.com*,
Fax 03 80 20 67 36, *www.campingsantenay.com*
3,1 ha (150 empl.) peu incliné et plat, herbeux
Tarif : 22,70€ (6A) – pers. suppl. 3,80€ – frais de réservation 5€
Location : (de mi-juin à fin août) – 2 . Sem. 350 à 400€ – frais de réservation 15€
Pour s'y rendre : av. des Sources (1 km au sud-ouest par rte de Cheilly-les-Maranges, près du centre thermal)

Nature :
Loisirs : snack
Services :
À prox. :

Longitude : 4.68676
Latitude : 46.90832

SAULIEU

21210 – **320** F6 – 2 616 h. – alt. 535
24, rue d'Argentine RN6 ✆ 03 80 64 00 21
Paris 248 – Autun 40 – Avallon 39 – Beaune 65

Municipal le Perron
✆ 03 80 64 16 19, *aquadis1@orange.fr*, Fax 03 86 37 95 83,
www.aquadis-loisirs.com
8 ha (157 empl.) plat et peu incliné, herbeux
Location : (de déb. avr. à fin oct.) – 4 – 6 – 20 bungalows toilés. Nuitée 22 à 67€ – Sem. 102 à 470€
borne artisanale
Pour s'y rendre : 1 km au nord-ouest par N 6, rte de Paris, près d'un étang

Loisirs :
Services :

Longitude : 4.21779
Latitude : 47.2927

SAVIGNY-LÈS-BEAUNE

21420 – **320** I7 – 1 373 h. – alt. 237
13, rue Vauchey Very ☏ 03 80 26 12 56
Paris 314 – Dijon 39 – Mâcon 93 – Lons-le-Saunier 109

Les Premiers Prés de mi-mars à mi-oct.
☏ 03 80 26 15 06, *contact.camping@x-treme-bar.fr*,
Fax 03 80 26 15 06, *www.camping-savigny-les-beaune.fr*
1,5 ha (90 empl.) plat et peu incliné, herbeux
Tarif : (Prix 2011) 14,70€ (6A) –
pers. suppl. 3,10€
borne flot bleu
Pour s'y rendre : rte de Bouilland
(1 km au nord-ouest par D 2)
À savoir : cadre verdoyant au bord d'un ruisseau

Nature :
Loisirs :
Services :

Longitude : 4.82192
Latitude : 47.06246

We recommend that you consult the up to date price list posted at the entrance of the site.
Inquire about possible restrictions.
The information in this Guide may have been modified since going to press.

LES SETTONS

58230 – **319** H8 – Base de loisirs
Paris 259 – Autun 41 – Avallon 44 – Château-Chinon 25

Les Mésanges de mi-mai à mi-sept.
☏ 03 86 84 55 77, *campinglesmesanges@orange.fr*,
Fax 03 86 84 55 77, *www.campinglesmesanges.fr*
5 ha (100 empl.) peu incliné et en terrasses, herbeux, étang
Tarif : (Prix 2011) 4,50€ 2,80€ 3,70€ –
(16A) 3,40€
borne artisanale – 11€
Pour s'y rendre : rive gauche, L'Huis-Gaumont (4 km au sud par D193, D 520, rte de Planchez et rte de Chevigny à gauche, à 200 m du lac)
À savoir : situation agréable au bord d'un étang

Nature :
Loisirs :
Services : laverie
À prox. :

Longitude : 4.05385
Latitude : 47.18077

Plage du Midi de mi-avr. à déb. oct.
☏ 03 86 84 51 97, *campplagedumidi@aol.com*,
Fax 03 86 84 57 31, *www.settons-camping.com*
4 ha (160 empl.) peu incliné, herbeux
Tarif : (Prix 2011) 4,30€ 2,40€ 3,10€ –
(10A) 3,40€ – frais de réservation 15€
Location : (Prix 2011) (de mi-avr. à déb. oct.) – 20 . Nuitée 45 à 55€ – Sem. 315 à 390€
borne artisanale
Pour s'y rendre : Rive Droite Lac des Settons, Les Branlasses (2,5 km au sud-est par D 193 et rte à dr.)
À savoir : au bord d'un lac

Nature :
Loisirs : (découverte en saison)
Services : laverie
À prox. : pédalos

Longitude : 4.07056
Latitude : 47.18578

La Plage des Settons de déb. mai à fin sept.
☏ 03 86 84 51 99, *camping-plages-des-settons@wanadoo.fr*, *www.camping-chalets-settons.com*
2,6 ha (68 empl.) en terrasses, gravillons, herbeux
Tarif : 4,40€ 2,40€ 2,50€ – (15A) 5,50€
Location : (Prix 2011) (de déb. avr. à fin nov.) – 13 – 13 . Nuitée 65€ – Sem. 360 à 450€
45 17,70€ – 11€
Pour s'y rendre : Rive Gauche-Lac des Settons (300 m au sud du barrage)
À savoir : agréables emplacements en terrasses, face au lac

Nature :
Loisirs :
Services :
À prox. :

Longitude : 4.06132
Latitude : 47.18958

TONNERRE

89700 – **319** G4 – 5 274 h. – alt. 156
place Marguerite de Bourgogne *03 86 55 14 48*
Paris 199 – Auxerre 38 – Montbard 45 – Troyes 60

Municipal de la Cascade

03 86 55 15 44, *ot.tonnerre@wanadoo.fr*, *www.tonnerre.fr*
3 ha (115 empl.) plat, herbeux
borne artisanale – 8
Pour s'y rendre : av. Aristide-Briand (sortie nord par D 905, rte de Troyes et D 944, dir. centre-ville, au bord du canal de l'Yonne)

Nature :
Loisirs : snack
Services :
À prox. :

Longitude : 3.97921
Latitude : 47.86017

TOURNUS

71700 – **320** J10 – 5 941 h. – alt. 193
2, place de l'Abbaye *03 85 27 00 20*
Paris 360 – Bourg-en-Bresse 70 – Chalon-sur-Saône 28 – Lons-le-Saunier 58

Camping de Tournus de déb. avr. à fin sept.

03 85 51 16 58, *reception@camping-tournus.com*, Fax 03 85 51 16 58, *www.camping-tournus.com*
2 ha (90 empl.) plat, herbeux
Tarif : 5,80€ 9€ – (6A) 4,60€ – frais de réservation 5€
borne artisanale 5€ – 20 9€
Pour s'y rendre : 14 r. des Canes (1 km au nord de la localité par r. St-Laurent, en face de la gare, attenant à la piscine et à 150 m de la Saône (accès direct))

Loisirs :
Services :
À prox. :

Longitude : 4.90932
Latitude : 46.57375

VANDENESSE-EN-AUXOIS

21320 – **320** H6 – 271 h. – alt. 360
Paris 275 – Arnay-le-Duc 16 – Autun 42 – Châteauneuf 3

Sunêlia Le Lac de Panthier – de déb. avr. à déb. oct.

03 80 49 21 94, *info@lac-de-panthier.com*, Fax 03 80 49 25 80, *www.lac-de-panthier.com*
5,2 ha (207 empl.) en terrasses, plat et peu incliné, herbeux
Tarif : 28€ (6A) – pers. suppl. 7€ – frais de réservation 15€
Location : (de déb. avr. à déb. oct.) – 45 – 14 . Nuitée 40 à 145€ – Sem. 280 à 1 015€ – frais de réservation 15€
Pour s'y rendre : 2,5 km au nord-est par D 977bis, rte de Commarin et rte à gauche, près du lac

Nature :
Loisirs : pizzeria, grill
Services :
À prox. :

Longitude : 4.62507
Latitude : 47.24935

Benutzen Sie den Hotelführer des laufenden Jahres.

VARZY

58210 – **319** D7 – 1 358 h. – alt. 249
rue Delangle *03 86 29 74 08*
Paris 224 – La Charité-sur-Loire 37 – Clamecy 17 – Cosne-sur-Loire 43

Municipal du Moulin Naudin de mi-mai à fin sept.

03 86 29 43 12, *mairievarzy@wanadoo.fr*, Fax 03 86 29 72 73
3 ha (50 empl.) plat, peu incliné et terrasse, herbeux
Tarif : (Prix 2011) 12€ (5A) – pers. suppl. 2,90€
Pour s'y rendre : rte de Corvol (1,5 km au nord par D 977)
À savoir : près d'un plan d'eau

Nature :
Loisirs :
Services :
À prox. :

Longitude : 3.34354
Latitude : 47.39357

VENAREY-LES-LAUMES

21150 – **320** G4 – 3 052 h. – alt. 235
place Bingerbrück *03 80 96 89 13*
Paris 259 – Avallon 54 – Dijon 66 – Montbard 15

Municipal Alésia de déb. avr. à mi-oct.
03 80 96 07 76, *camping.venarey@wanadoo.fr*,
Fax 03 80 96 07 76, *www.venareyleslaumes.fr*
1,5 ha (67 empl.) plat, herbeux, gravillons
Tarif : (Prix 2011) 11,70€ (16A) –
pers. suppl. 3,50€
Location : (Prix 2011) (permanent) – 5 – 1 .
Nuitée 40 à 70€ – Sem. 160 à 395€
Pour s'y rendre : sortie ouest par D 954, rte de Semur-en-Auxois et r. à dr., av. le pont, au bord de la Brenne et près d'un plan d'eau

Nature :
Loisirs :
Services :
À prox. : (plage)

Longitude : 4.45151
Latitude : 47.54425

VERMENTON

89270 – **319** F6 – 1 203 h. – alt. 125
25, rue Général-de-Gaulle *03 86 81 54 26*
Paris 190 – Auxerre 24 – Avallon 28 – Vézelay 28

Municipal les Coullemières
03 86 81 53 02, *camping.vermenton@gmail.com*,
Fax 03 86 81 53 02, *www.camping.vermenton.com*
1 ha (50 empl.) plat, herbeux
5
Pour s'y rendre : au lieu-dit : Les Coullemières (au sud-ouest de la localité, derrière la gare)
À savoir : cadre agréable près de la Cure (plan d'eau)

Nature :
Loisirs :
Services :
À prox. : (plage) canoë, parcours sportif

Longitude : 3.73405
Latitude : 47.66508

VIGNOLES

21200 – **320** J7 – 729 h. – alt. 202
Paris 317 – Dijon 40 – Chalon-sur-Saône 34 – Le Creusot 51

Les Bouleaux Permanent
03 80 22 26 88, *camping-les-bouleaux@hotmail.fr*,
Fax 03 80 22 26 88
1,6 ha (46 empl.) plat, herbeux
Tarif : (Prix 2011) 3,80€ 1,90€ 3,40€ –
(6A) 4,50€
Pour s'y rendre : 11 r. Jaune (à Chevignerot, au bord d'un ruisseau)

Nature :
Loisirs :
Services :
À prox. :

Longitude : 4.88247
Latitude : 47.02756

R. Deschamps/Michelin

Brute comme ses côtes de granit, riante comme ses petits ports de pêche avec leurs flottes colorées, émouvante comme ses calvaires et ses enclos paroissiaux, mystérieuse comme ses dolmens, ses menhirs et ses forêts enchantées, la Bretagne doit son charme à son essence maritime, à la variété de ses paysages et à l'originalité de sa culture. Attachés à leurs légendes, leur langue et leurs coutumes héritées d'un lointain passé celte, les Bretons cultivent leur identité à travers force manifestations folkloriques, festoù-noz et autres rassemblements où se défient bardes, sonneurs et bagadoùs. Des pauses friandes ponctuent généreusement cette riche palette festive de bolées de cidre, de crêpes, de galettes-saucisses et de tous les trésors gourmands qui font la réputation de la gastronomie locale.

Brittany — Breizh to its inhabitants — is a region of harsh granite coastlines, mysterious forests, pretty ports and brightly painted fishing boats. Its charm lies in its brisk sea breeze, its incredibly varied landscapes and the people themselves, born, so they say, with a drop of salt water in their blood. Proud of the language handed down from their Celtic ancestors, today's Bretons nurture their identity with intense and vibrant celebrations of folklore and custom. Of course, such devotion to culture requires plenty of good, wholesome nourishment: sweet and savoury pancakes, thick slices of butter cake and mugs of cold cider. However, Brittany's gastronomic reputation extends much further and gourmets can feast on the oysters, lobster and crab for which it is famous.

M A N C H E

●	Localité citée avec camping
■	Localité citée avec camping et locatif
Vannes	Localité disposant d'un camping avec aire de services camping-car
Moyaux	Localité disposant d'au moins un terrain agréable
(pictogramme)	Aire de service pour camping-car sur autoroute

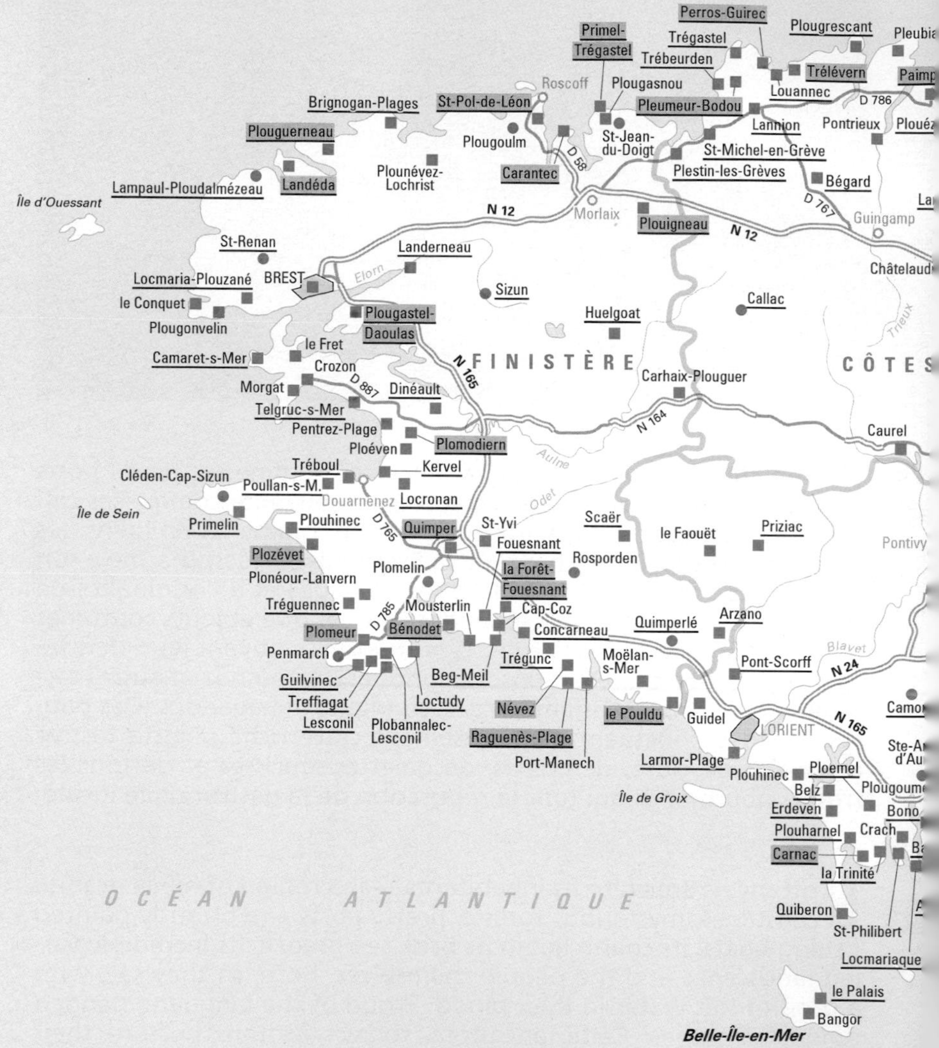

St-Jean-de-la-Rivière
Denneville
JERSEY
St-Germain-s-Ay
St-Symphorien-le-Valois
Ste-Marie-du-Mont
Isigny-s-M.
Surrain
Port-en-Bessin
Arromanches-
Carentan
Trévières
Étréham
Bayeux
Martragny
N 174
St-Lô
MANCHE
Agon-Coutainville
Coutances
D 999
A 84
Annoville
LA VALLÉE DE LA VIRE-GOUVET
Thury-Harco
Bréville-s-M.
D 971
Bréhal
Pont-Farcy
Îles Chausey
Donville-les-B.
Granville
D 924
Vire
St-Pair-s-Mer
D 973
Jullouville
Villedieu-les-Poêles
Genêts
Brécey
Avranches
Sée
Courtils
Ducey
St-Hilaire-du-Harcouët
Domfront
Sélune
D 976
le-Mont-St-Michel
Beauvoir
N 175
Pontorson
les Biards
anloup
Plouha
Étables-s-M.
Binic
St-Cast-le-Guildo
St-Lunaire
St-Malo
St-Briac-s-M.
Cancale
St-Coulomb
Erquy
Plurien
Pléneuf-Val André
Matignon
St-Jouan-des-Guérets
Roz-sur-Couesnon
St-Père
Plancoët
Planguenoual
N 176
St-Marcan
Dol-de-Bretagne
St-Samson-s-R.
Pléven
Taden
Dinan
D 700
D'ARMOR
Jugon-les-Lacs
la Chapelle-aux-Filtzméens
Tinténiac
Rance
D 766
Feins
Fougères
Ambrières-les-Vallées
N 12
Couesnon
D 175
Ille
D 137
Merdrignac
N 164
A 84
Châtillon-en-Vendelais
Mayer
MAYENNE
Andouillé
Vilaine
RENNES
Rohan
Paimpont
N 157
A 81
Châteaugiron
St-Berthevin
Laval
Naizin
Josselin
Taupont
N 24
ILLE-ET-VILAINE
le Pertre
D 21
Mayenne
N 162
Marcillé-Robert
D 771
Mesla
ORBIHAN
Sérent
N 166
N 137
Martigné-Ferchaud
la Selle-Craonnaise
Villiers-Charlemagne
Bouèr
Craon
Château-Gontier
Sablé
Meucon
Rochefort-en-Terre
Ménil
Daon
Sulniac
Châteaubriant
Nyoiseau
Vannes
Noyal-Muzillac
Redon
Châteat
rradon
Theix
le Guerno
Guéméné-Penfao
Segré
Ambon
Chaillain-la-Potherie
le Lion-d'Angers
la Roche-Bernard
Le Tour-du-Parc
Kervoyal
Pruillé
D 775
LOIRE-ATLANTIQUE
MAINE-
Pénestin
Herbignac
Blain
Piriac-s-Mer
Mesquer
N 165
ANGERS
la Turballe
N 171
A 11
Ancenis
les Ponts
Careil
LOIRE
le Croisic
A 87
la Baule
Chalonnes-s-L.
le Pouliguen
ST-NAZAIRE
St-Brévin-les-Pins
Ste-Luce-s-L.
Brissac-
NANTES
Chemillé
St-Georg
D 751
N 249
Lac de Grand-Lieu
A 83
Sèvre Nantaise
Vihiers
Cholet
Boulogne
CHAVAGNES-EN-PAILLER
Machecoul
D 758
La Guyonnière
la Boissière-de-Montaigu
LES BROUZILS
les Lucs-s-Boulogne
D 763
LES HERBIERS
St-Laurent-s-Sèvre
Chambretaud
St-Étienne-du-Bois
les Epesses
Apremont

AMBON

56190 – 308 P9 – 1 559 h. – alt. 30
1, place du Requerio 02 97 41 20 49
Paris 465 – Muzillac 7 – Redon 42 – La Roche-Bernard 22

Le Bédume – de déb. avr. à mi-oct.
02 97 41 68 13, *dedelles.ambon@free.fr*,
Fax 02 97 41 56 79, *www.bedume.com*
5 ha (200 empl.) plat, herbeux
Tarif : (Prix 2011) 22€ (6A) – 5€ – frais de réservation 10€

Location : (Prix 2011) (de déb. avr. à mi-oct.) – 18. Nuitée 76 à 117€ – Sem. 194 à 835€ – frais de réservation 10€
Pour s'y rendre : 40 r. du Bédume (6 km au sud-est, à Betahon-Plage)

Nature :
Loisirs : terrain multisports
Services : laverie

Longitude : -2.50828
Latitude : 47.52484

D'Arvor de déb. avr. à fin oct.
02 97 41 16 69, *info@campingdarvor.com*,
Fax 02 97 48 10 77, *www.campingdarvor.com* – places limitées pour le passage
4 ha (140 empl.) plat, herbeux, étang
Tarif : (Prix 2011) 5€ 8,70€ – (6A) 3,60€ – frais de réservation 6€

Location : (Prix 2011) (de déb. avr. à fin sept.) (1 chalet) – 35 – 1. Nuitée 47 à 107€ – Sem. 159 à 749€ – frais de réservation 17€
Pour s'y rendre : 1,5 km à l'ouest par D 20, rte de Sarzeau et à gauche, rte de Brouel

Nature :
Loisirs : snack
Services : laverie

Longitude : -2.57221
Latitude : 47.55654

HINWEIS :
Diese Einrichtungen sind im allgemeinen nur während der Saison in Betrieb -unabhängig von den Öffnungszeiten des Platzes.

ARRADON

56610 – 308 O9 – 5 215 h. – alt. 40
r Bouruet Aubertot 02 97 44 77 44
Paris 467 – Auray 18 – Lorient 62 – Quiberon 49

Penboch – de déb. avr. à fin sept.
02 97 44 71 29, *camping.penboch@wanadoo.fr*,
Fax 02 97 44 79 10, *www.camping-penboch.fr*
4 ha (175 empl.) plat, peu incliné, herbeux
Tarif : 39,30€ (10A) – pers. suppl. 6,20€

Location : (de déb. avr. à fin sept.) – 50 – 4. Sem. 285 à 795€ – frais de réservation 20€
borne artisanale 3€ – 14€
Pour s'y rendre : 9 chemin de Penboch (2 km au sud-est par rte de Roguedas, à 200 m de la plage)
À savoir : cadre verdoyant et ombrage plaisant

Nature :
Loisirs : jacuzzi terrain multisports
Services : – 4 sanitaires individuels (wc) laverie location réfrigérateurs
À prox. :

Longitude : -2.80085
Latitude : 47.62217

L'Allée de déb. avr. à fin sept.
02 97 44 01 98, *contact@camping-allee.com*,
www.camping-allee.com
3 ha (148 empl.) plat et peu incliné, herbeux
Tarif : (Prix 2011) 4,85€ 1,80€ 8,95€ – (10A) 4,50€ – frais de réservation 20€

Location : (Prix 2011) (de déb. avr. à fin sept.) – 28 – 2 gîtes. Sem. 220 à 750€ – frais de réservation 20€
borne artisanale
Pour s'y rendre : 1,5 km à l'ouest par rte du Moustoir et à gauche

Nature :
Loisirs :
Services : (juil.-août) laverie
À prox. :

Longitude : -2.84025
Latitude : 47.62109

ARZANO

29300 – **308** K7 – 1 363 h. – alt. 91
Paris 508 – Carhaix-Plouguer 54 – Châteaulin 82 – Concarneau 40

Les Castels Ty Nadan – de fin mars à déb. sept.
02 98 71 75 47, *info@tynadan-vacances.fr*,
Fax 02 98 71 77 31, *www.tynadan-vacances.fr*
20,5 ha/5 campables (325 empl.) plat, peu incliné, herbeux
Tarif : 8,80€ 22€ – (10A) 6,40€ – frais de réservation 25€

Location : (de fin mars à déb. sept.) – 90 – 9 – 2 appartements – 7 tentes. Nuitée 53 à 173€ – Sem. 371 à 1 211€ – frais de réservation 30€
borne artisanale 10€
Pour s'y rendre : à Locunolé, rte d'Arzano (3 km à l'ouest par rte de Locunolé, au bord de l'Ellé)

À savoir : parc aquatique en partie couvert et nombreuses activités sportives et de loisirs

Nature :
Loisirs : jacuzzi , salle d'animation (plage) poneys , mur d'escalade, parcours dans les arbres, canoë de rivière, quad
Services : laverie

Longitude : -3.47461
Latitude : 47.90476

ARZON

56640 – **308** N9 – 2 173 h. – alt. 9
rond-point du Crouesty *02 97 53 69 69*
Paris 487 – Auray 52 – Lorient 94 – Quiberon 81

Municipal le Tindio de déb. avr. à déb. nov.
02 97 53 75 59, *letindio@arzon.fr*, Fax 02 97 53 91 23, *www.camping-arzon.fr*
5 ha (220 empl.) plat et peu incliné, herbeux
Tarif : (Prix 2011) 3,50€ 1,90€ 4€ – (10A) 2,60€

Location : (Prix 2011) (de déb. avr. à déb. nov.) (3 chalets) – 18 . Nuitée 80€ – Sem. 795€
borne autre 2€ – 18 10€ – 10€
Pour s'y rendre : 2 r. du Bilouris, à Kermers (800 m au nord-est)

À savoir : en bordure de mer

Nature :
Loisirs : terrain multisports
Services : laverie

Longitude : -2.88222
Latitude : 47.55582

BADEN

56870 – **308** N9 – 3 976 h. – alt. 28
Paris 473 – Auray 9 – Lorient 52 – Quiberon 40

Mané Guernehué – de déb. avr. à fin oct.
02 97 57 02 06, *info@camping-baden.com*,
Fax 02 97 57 15 43, *www.camping-baden.com*
18 ha/8 campables (377 empl.) vallonné, en terrasses, plat, peu incliné, herbeux, étangs, et sous-bois
Tarif : 39€ (10A) – pers. suppl. 5,50€ – frais de réservation 20€
Location : (de déb. avr. à fin oct.) – 4 roulottes – 120 – 14 – 4 gîtes. Nuitée 68 à 128€ – Sem. 238 à 895€ – frais de réservation 20€
borne artisanale 6,50€ – 15€
Pour s'y rendre : 52 r. Mané Er Groëz
(1 km au sud-ouest par rte de Mériadec et à dr.)
À savoir : bel espace balnéo couvert

Nature :
Loisirs : hammam jacuzzi salle d'animation, espace balnéo poneys terrain multisports, tyroliennes, parcours dans les arbres, parc aquatique
Services : laverie
À prox. : golf

Longitude : -2.92531
Latitude : 47.61418

BÉGARD

22140 – **309** C3 – 4 562 h. – alt. 142
Paris 499 – Rennes 147 – St-Brieuc 51 – Quimper 132

Donant de déb. avr. à fin sept.
02 96 45 46 46, *camping.begard@wanadoo.fr*,
Fax 02 96 45 46 48, *www.camping-donant-bretagne.com*
3 ha (91 empl.) en terrasses, plat, herbeux
Tarif : (Prix 2011) 3,15€ 1,90€ 3,15€ – (10A) 2,80€
Location : (permanent) – 15 – 5 bungalows toilés. Nuitée 95€ – Sem. 220 à 460€
borne artisanale 3,50€
Pour s'y rendre : à Gwénézhan

Nature :
Loisirs : Salle d'animation
Services : (juil.-août) laverie
À prox. : centre de loisir

Longitude : -3.2837
Latitude : 48.61807

Campeurs...
N'oubliez pas que le feu est le plus terrible ennemi de la forêt.
Soyez prudents !

BEG-MEIL

29170 – **308** H7
Paris 562 – Rennes 211 – Quimper 23 – Brest 95

La Piscine – de mi-mai à mi-sept.
02 98 56 56 06, *contact@campingdelapiscine.com*,
Fax 02 98 56 57 64, *www.campingdelapiscine.com*
3,8 ha (185 empl.) plat, herbeux, petit étang
Tarif : 35,60€ (10A) – pers. suppl. 7,20€ – frais de réservation 20€
Location : (de mi-avr. à mi-sept.) – 33 – 4 . Sem. 240 à 720€ – frais de réservation 20€
borne artisanale 3€
Pour s'y rendre : 51 Hent Kerleya (4 km au nord-ouest)

Nature :
Loisirs : hammam jacuzzi piste de bi-cross
Services : laverie
Longitude : -4.01555
Latitude : 47.86598

La Roche Percée – (location exclusive de mobile homes) de fin mars à fin sept.
02 98 94 94 15, *contact@camping-larochepercee.com*,
Fax 02 98 94 48 05, *www.camping-larochepercee.com*
2 ha plat, peu incliné, herbeux
Location : – 62 . Sem. 270 à 850€ – frais de réservation 16€
Pour s'y rendre : 30 Hent Kerveltrec (1,5 km au nord par D 45, rte de Fouesnant, à 500 m de la plage de Kerveltrec)

Nature :
Loisirs :
Services : laverie
À prox. : crêperie golf

Longitude : -3.98981
Latitude : 47.87074

Le Kervastard de mi-mai à déb. sept.
02 98 94 91 52, *camping.le.kervastard@wanadoo.fr*,
Fax 02 98 94 99 83, *www.campinglekervastard.com*
2 ha (128 empl.) plat, herbeux
Tarif : 28,20€ (10A) – pers. suppl. 5,90€ – frais de réservation 15€

Location : (de déb. avr. à fin sept.) – 20. Nuitée 40 à 85€ – Sem. 280 à 600€ – frais de réservation 15€
borne autre 3€ – 5 28,20€ – 12€
Pour s'y rendre : chemin de Kervastard (à 150 m du bourg)

Nature :
Loisirs :
Services : laverie
À prox. :

Longitude : -3.98882
Latitude : 47.8599

BELLE-ÎLE

56360 – **308** – 2 457 h. – alt. 7
En été réservation indispensable pour le passage des véhicules et des caravanes. Départ Quiberon (Port-Maria), arrivée au Palais - Traversée 45 mn - renseignements et tarifs : Société Morbihannaise de Navigation, 56360 Le Palais (Belle-Île) 08 20 05 60 00
quai Bonnelle, Le Palais 02 97 31 81 93

Bangor 56360 – **308** L11 – 894 h. – alt. 45
Paris 513 – Rennes 162 – Vannes 53

Municipal de Bangor de déb. avr. à fin sept.
02 97 31 89 75, *camping.bangor@orange.fr*
0,8 ha (75 empl.) incliné, peu incliné, herbeux
Tarif : (Prix 2011) 2,90€ 1,45€ 2,65€ – (10A) 2,45€

Location : (Prix 2011) (de déb. avr. à fin sept.) – 6 – 16. Sem. 306 à 520€
Pour s'y rendre : à l'ouest du bourg

Nature :
Loisirs :
Services :
À prox. : poneys

Longitude : -3.19103
Latitude : 47.31453

Le Palais 56360 – **308** M10 – 2 522 h. – alt. 7
Paris 508 – Rennes 157 – Vannes 48

Bordenéo de déb. avr. à déb. oct.
02 97 31 88 96, *camping.bordeneo@wanadoo.fr*,
Fax 02 97 31 87 77, *www.bordeneo.com*
ha (202 empl.) plat, herbeux
Tarif : 5,50€ 2€ 8,50€ – (5A) 3,50€ – frais de réservation 15€

Location : (de déb. avr. à déb. oct.) – 85 – 12 – 4 studios. Nuitée 70 à 100€ – Sem. 300 à 790€ – frais de réservation 15€
borne artisanale
Pour s'y rendre : 1,7 km au nord-ouest par rte de Port Fouquet, à 500 m de la mer
À savoir : décoration florale et arbustive

Nature :
Loisirs : nocturne poneys
Services : laverie
À prox. : canoë de mer, école de plongée, équitation

Longitude : -3.16711
Latitude : 47.35532

L'Océan de déb. avr. à fin nov.
02 97 31 83 86, *ocean-belle-ile@wanadoo.fr*, Fax 02 97 31 87 60, *www.camping-ocean-belle-ile.com*
2,8 ha (125 empl.) plat, peu incliné, herbeux
Tarif : (Prix 2011) 5,30€ 8,50€ – (10A) 3,85€ – frais de réservation 5€
Location : (Prix 2011) (permanent) – 2 roulottes – 26 – 8 bungalows toilés. Nuitée 40 à 110€ – Sem. 250 à 600€ – frais de réservation 10€
Pour s'y rendre : à Rosboscer (au sud-ouest du bourg, à 500 m du port)

Nature :
Loisirs : snack
Services : laverie
À prox. : poneys école de plongée, canoë de mer

Longitude : -3.1662
Latitude : 47.34397

BELZ

56550 – **308** L8 – 3 440 h. – alt. 12
Paris 494 – Rennes 143 – Vannes 34 – Lorient 25

Le Moulin des Oies de déb. avr. à déb. sept.
02 97 55 53 26, *moulindesoies@wanadoo.fr*, *www.lemoulindesoies.com*
1,9 ha (90 empl.) plat, herbeux
Tarif : (Prix 2011) 18,50€ (6A) – pers. suppl. 4,70€ – frais de réservation 12€
Location : (Prix 2011) (de déb. avr. à déb. oct.) – 21 . Sem. 190 à 620€ – frais de réservation 12€
borne sanistation
Pour s'y rendre : 21 r. de la Côte
À savoir : en bordure de la Ria d'Étel

Nature :
Loisirs : (bassin d'eau de mer) terrain multisports
Services : laverie

Longitude : -3.17603
Latitude : 47.68045

De gids wordt jaarlisjks bijgewerkt.
Doe als wij, vervang hem, dan blift je bij.

BÉNODET

29950 – **308** G7 – 3 168 h.
29, avenue de la Mer *02 98 57 00 14*
Paris 563 – Concarneau 19 – Fouesnant 8 – Pont-l'Abbé 13

Sunêlia L'escale St-Gilles – de déb. avr. à fin sept.
02 98 57 05 37, *sunelia@stgilles.fr*, Fax 02 98 57 27 52, *www.stgilles.fr* – places limitées pour le passage (de déb. juil. à fin août)
11 ha/7 campables (480 empl.) plat, herbeux
Tarif : 42€ (10A) – pers. suppl. 8€ – frais de réservation 30€
Location : (de déb. avr. à fin sept.) – 146 – 2 bungalows toilés. Nuitée 55 à 175€ – Sem. 245 à 1 225€ – frais de réservation 30€
Pour s'y rendre : Corniche de la mer (à la Pointe St-Gilles)
À savoir : agréable situation face à l'océan, près de la plage. Séjours en pension et 1/2 pension

Nature :
Loisirs : pizzeria hammam jacuzzi , salle d'animation parc aquatique en partie couvert, espace balnéo couvert
Services : laverie
À prox. :

Longitude : -4.09669
Latitude : 47.86325

Le Letty – de mi-juin à déb. sept.
02 98 57 04 69, *reception@campingduletty.com*, Fax 02 98 66 22 56, *www.campingduletty.com*
10 ha (493 empl.) plat, herbeux
Tarif : 8,10€ 2€ 15€ – (10A) 4€
Location : (Prix 2011) (de mi-juin à déb. sept.) – 5 tentes. Sem. 360 à 690€
borne artisanale
Pour s'y rendre : impasse de Creisanguer
À savoir : agréable situation en bordure de plage

Nature :
Loisirs : hammam jacuzzi bibliothèque, salle d'animation squash, canoë kayak
Services : laverie
À prox. :

Longitude : -4.08995
Latitude : 47.86537

Le Poulquer de mi-mai à fin sept.
02 98 57 04 19, *contact@campingdupoulquer.com*,
Fax 02 98 66 20 30, *www.campingdupoulquer.com*
3 ha (215 empl.) plat et peu incliné, herbeux
Tarif : 6,50€ 3€ 7€ – (10A) 4,70€ – frais de réservation 20€

Location : (de mi-mai à fin sept.) – 30 . Nuitée 50 à 100€ – Sem. 300 à 700€ – frais de réservation 20€
Pour s'y rendre : 23 r. du Poulquer (150 m de la mer)

À savoir : cadre verdoyant et ombragé

Nature :
Loisirs : snack salle d'animation
Services : laverie
À prox. :

Longitude : -4.09759
Latitude : 47.86783

BINIC

22520 – **309** F3 – 3 482 h. – alt. 35
avenue du Général-de-Gaulle 02 96 73 60 12
Paris 463 – Guingamp 37 – Lannion 69 – Paimpol 31

Le Panoramic de déb. avr. à fin sept.
02 96 73 60 43, *camping.le.panoramic@wanadoo.fr*,
Fax 02 96 69 27 66, *www.lepanoramic.net*
4 ha (150 empl.) terrasse, peu incliné, plat, herbeux
Tarif : 26,90€ (10A) – pers. suppl. 5,80€

Location : (de déb. avr. à fin sept.) – 52 – 8 . Nuitée 44 à 83€ – Sem. 219 à 580€ – frais de réservation 10€
Pour s'y rendre : r. Gasselin (1 km au sud)

Nature :
Loisirs : snack (découverte en saison)
Services : laverie

Longitude : -2.82304
Latitude : 48.59098

Municipal des Fauvettes de déb. avr. à fin sept.
02 96 73 60 83, *campingfauvettesbinic@orange.fr*,
Fax 02 96 73 72 38, *www.ville-binic.fr*
1 ha (83 empl.) en terrasses, plat, peu incliné, herbeux
Tarif : (Prix 2011) 17€ (6A) – pers. suppl. 5€

Location : (Prix 2011) (de déb. avr. à fin sept.) – 6 . Sem. 223 à 405€
borne artisanale – 5 16€ – 8€
Pour s'y rendre : r. des Fauvettes

À savoir : en juillet et août, locations réservées à la Gendarmerie (surveillance des plages)

Nature : sur la baie de St-Brieuc
Loisirs :
Services :

Longitude : -2.82122
Latitude : 48.60635

BONO

56400 – **308** N9 – 2 148 h. – alt. 10
Paris 475 – Auray 6 – Lorient 49 – Quiberon 37

Parc-Lann de fin avr. à fin sept.
02 97 57 93 93, *campingduparclann@gmail.fr*,
Fax 02 97 57 93 93, *campingduparclann.fr*
2 ha (60 empl.) plat, herbeux
Tarif : 17,30€ (6A) – pers. suppl. 4,40€

Location : (permanent) – 4 roulottes – 1 gîte. Nuitée 50 à 80€ – Sem. 280 à 490€
borne artisanale 17,30€ – 5 17,30€
Pour s'y rendre : r. Thiers (1,2 km au nord-est par D 101e, rte de Plougoumelen)

Nature :
Loisirs :
Services : (juil.-août) laverie
À prox. :

Longitude : -2.93746
Latitude : 47.64411

BREST

29200 – **308** E4 – 142 722 h. – alt. 35
Place de la Liberté 02 98 44 24 96
Paris 596 – Lorient 133 – Quimper 72 – Rennes 246

Le Goulet – Permanent

02 98 45 86 84, *campingdugoulet@wanadoo.fr*, *www.campingdugoulet.com*
4,5 ha (155 empl.) en terrasses, herbeux, gravier
Tarif : (Prix 2011) 26€ (10A) – pers. suppl. 5€

Location : (Prix 2011) (permanent) – 33. Nuitée 35 à 95€ – Sem. 245 à 665€
Pour s'y rendre : chemin de Lanhouarnec (6 km à l'ouest par D 789, rte du Conquet puis à gauche rte de Ste-Anne-du-Portzic, à 500 m de la mer)

Nature :
Loisirs : snack salle d'animation
Services : laverie

Longitude : -4.49213
Latitude : 48.40122

Si vous recherchez :
un terrain offrant des équipements et des loisirs adaptés aux enfants,
un terrain très tranquille,
L-M *un terrain proposant la location de mobile homes, bungalows, chalets, chambres ou encore gîtes,*
P *un terrain ouvert toute l'année,*
un terrain possédant une aire de services pour camping-cars,
consultez le tableau des localités.

BRIGNOGAN-PLAGES

29890 – **308** F3 – 835 h. – alt. 17
7, avenue du Général-de-Gaulle 02 98 83 41 08
Paris 585 – Brest 41 – Carhaix-Plouguer 83 – Landerneau 27

La Côte des Légendes de déb. avr. à mi-nov.

02 98 83 41 65, *contact@campingcotedeslegendes.com*, Fax 02 98 83 59 94, *www.campingcotedeslegendes.com*
3,5 ha (150 empl.) plat, herbeux, sablonneux
Tarif : (Prix 2011) 19€ (10A) – pers. suppl. 4,30€

Location : (Prix 2011) (de déb. avr. à mi-nov.) – 11 – 3 – 4 bungalows toilés. Nuitée 33 à 76€ – Sem. 228 à 591€
borne artisanale – 4
Pour s'y rendre : rte de la Plage (2 km au nord-ouest)
À savoir : au bord de la Plage des Crapauds

Nature :
Loisirs :
Services : (juil.- août)
À prox. : canoë-kayak

Longitude : -4.32928
Latitude : 48.67284

CALLAC

22160 – **309** B4 – 2 363 h. – alt. 172
Mairie 02 96 45 59 34
Paris 510 – Carhaix-Plouguer 22 – Guingamp 28 – Morlaix 41

Municipal Verte Vallée de mi-juin à mi-sept.

02 96 45 58 50, *commune@mairie-callac.fr*, Fax 02 96 45 91 70
1 ha (60 empl.) peu incliné, plat, herbeux, étang
Tarif : (Prix 2011) 2,60€ 1,30€ 2€ – (32A) 2€
borne eurorelais 2€ – 8
Pour s'y rendre : pl. Jean Auffret (sortie ouest par D 28, rte de Morlaix et av. Ernest-Renan à gauche, à 50 m d'un plan d'eau)

Nature :
Loisirs :
Services : (juil.-août)

Longitude : -3.43765
Latitude : 48.40174

CAMARET-SUR-MER

29570 – **308** D5 – 2 614 h. – alt. 4
15, quai Kleber ✆ 02 98 27 93 60
Paris 597 – Brest 4 – Châteaulin 45 – Crozon 11

Le Grand Large de déb. avr. à fin sept.
✆ 02 98 27 91 41, *contact@campinglegrandlarge.com*,
Fax 02 98 27 93 72, *www.campinglegrandlarge.com*
2,8 ha (123 empl.) plat et peu incliné, herbeux
Tarif : 16,90€ (10A) – pers. suppl. 3,30€ – frais de réservation 16€
Location : (de déb. avr. à fin sept.) – 27 – 3 . Nuitée 39 à 107€ – Sem. 273 à 750€ – frais de réservation 16€
borne artisanale
Pour s'y rendre : à Lambézen (3 km au nord-est par D 355 et rte à dr., à 400 m de la plage)

Nature :
Loisirs :
Services : laverie

Longitude : -4.56472
Latitude : 48.28083

CAMORS

56330 – **308** M7 – 2 709 h. – alt. 113
Paris 472 – Auray 24 – Lorient 39 – Pontivy 31

Municipal du Petit Bois
✆ 02 97 39 18 36, *commune.de.camors@wanadoo.fr*,
Fax 02 97 39 28 99, *www.camors56.com*
1 ha (30 empl.) en terrasses, plat, herbeux
borne artisanale
Pour s'y rendre : r. des Mésanges (1 km à l'ouest par D 189, rte de Lambel-Camors)
À savoir : près d'étangs et d'une forêt domaniale

Nature :
Services :
À prox. : parcours sportif

Longitude : -3.01304
Latitude : 47.84613

Renouvelez votre guide chaque année.

CANCALE

35260 – **309** K2 – 5 293 h. – alt. 50
44, rue du Port ✆ 02 99 89 63 72
Paris 398 – Avranches 61 – Dinan 35 – Fougères 73

Le Bois Pastel de déb. avr. à fin sept.
✆ 02 99 89 66 10, *camping.bois-pastel@wanadoo.fr*,
www.campingboispastel.fr
5,2 ha (250 empl.) plat, herbeux
Tarif : 4,70€ 2€ 11€ – (6A) 4€ – frais de réservation 15€
Location : (permanent) – 19 – 3 bungalows toilés. Nuitée 43 à 120€ – Sem. 220 à 660€ – frais de réservation 15€
borne artisanale 4€ – 6 26,40€
Pour s'y rendre : 13 r. de la Corgnais (7 km au nord-ouest par D 201, rte côtière et à gauche)

Nature :
Loisirs : (découverte en saison)
Services : laverie

Longitude : -1.86863
Latitude : 48.68903

CAP-COZ

29170 – **308** H7
Paris 558 – Rennes 207 – Quimper 22 – Brest 93

Pen an Cap Permanent
✆ 02 98 56 09 23, *contact@penancap.com*,
www.penancap.com
1,3 ha (100 empl.) peu incliné, herbeux, verger
Tarif : 19,20€ (10A) – pers. suppl. 4,50€
Location : (permanent) – 9 . Nuitée 80€ – Sem. 560€
Pour s'y rendre : 27 rte du Port Cap Coz (au nord de la station, à 300 m de la plage)

Nature :
Loisirs :
Services : laverie
À prox. :

Longitude : -3.98915
Latitude : 47.89132

CARANTEC

29660 – **308** H2 – 3 232 h. – alt. 37
4, rue Pasteur ✆ 02 98 67 00 43
Paris 552 – Brest 71 – Lannion 53 – Morlaix 14

Yelloh! Village Les Mouettes – de mi-avr. à déb. sept.
✆ 02 98 67 02 46, *camping@les-mouettes.com*, Fax 02 98 78 31 46, *www.les-mouettes.com* – places limitées pour le passage
14 ha (434 empl.) plat et en terrasses, herbeux, étang
Tarif : 46€ (10A) – pers. suppl. 9€

Location : (de mi-avr. à déb. sept.) (chalets et certains mobile-homes) – 173 – 34 . Nuitée 39 à 217€ – Sem. 273 à 1 519€
borne artisanale
Pour s'y rendre : 50 rte de la Grande Grève (1,5 km au sud-ouest par rte de St-Pol-de-Léon et rte à dr.)

À savoir : parc aquatique paysager avec toboggans géants, et village locatif de qualité

Nature :
Loisirs : jacuzzi bibliothèque, salle d'animation, espace balnéo
Services : laverie

Longitude : -3.92873
Latitude : 48.65876

CARHAIX-PLOUGUER

29270 – **308** J5 – 7 667 h. – alt. 138
rue Brizeux ✆ 02 98 93 04 42
Paris 506 – Brest 86 – Concarneau 66 – Guingamp 49

Municipal de la Vallée de l'Hyères
✆ 02 98 99 10 58, *valleedelhyeres@wanadoo.fr*, *www.ville-carhaix.com*
1 ha (62 empl.) plat, herbeux

Location : – 3 .
Pour s'y rendre : rte de Kerniguez (2,3 km à l'ouest en dir. de Morlaix et rte devant la gendarmerie, au bord de l'Hyères et d'étangs)

À savoir : belle décoration arbustive autour des étangs

Nature :
Loisirs :
Services : laverie
À prox. : poneys (centre équestre) parcours de santé, canoë, golf (9 trous), parcours dans les arbres

Longitude : -3.60202
Latitude : 48.27758

CARNAC

56340 – **308** M9 – 4 436 h. – alt. 16
74, avenue des Druides ✆ 02 97 52 13 52
Paris 490 – Auray 13 – Lorient 49 – Quiberon 19

Les Castels La Grande Métairie – de déb. avr. à déb. sept.
✆ 02 97 52 24 01, *info@lagrandemetairie.com*, Fax 02 97 52 83 58, *www.lagrandemetairie.com* – places limitées pour le passage
15 ha/11 campables (575 empl.) plat et peu incliné, herbeux
Tarif : 8€ 3€ 26€ – (10A) 2€

Location : (de déb. avr. à déb. sept.) – 8 roulottes – 159 – 2 cabanes dans les arbres. Nuitée 70 à 260€ – Sem. 245 à 1 110€
borne artisanale 6€
Pour s'y rendre : rte de Kerlescan (2,5 km au nord-est)

À savoir : domaine au bord de l'étang de Kerloquet

Nature :
Loisirs : jacuzzi discothèque, discothèque pour ados (14-18 ans) poneys théâtre de plein air, piste de bi-cross, baptème de l'air, parcours acrobatique, tyrolienne, skate parc, baptême de plongée
Services : laverie

Longitude : -3.05975
Latitude : 47.59647

Le Moustoir – de déb. avr. à fin sept.
✆ 02 97 52 16 18, *info@lemoustoir.com*, Fax 02 97 52 88 37, *www.lemoustoir.com*
5 ha (165 empl.) plat, peu incliné, herbeux
Tarif : 5,50€ 19€ – (10A) 5,50€

Location : (de déb. avr. à fin sept.) – 70 – 20 – 4 . Sem. 196 à 875€
borne artisanale
Pour s'y rendre : 71 rte du Moustoir (3 km au nord-est)

Nature :
Loisirs : brasserie, pizzeria poneys tyroliennes
Services : laverie

Longitude : -3.06689
Latitude : 47.60829

Moulin de Kermaux – de déb. avr. à fin sept.
02 97 52 15 90, *moulin-de-kermaux@wanadoo.fr*,
Fax 02 97 52 83 85, *www.camping-moulinkermaux.com*
3 ha (150 empl.) plat et peu incliné, herbeux
Tarif : 36,40€ (15A) – pers. suppl. 5,20€ – frais de réservation 18€
Location : (de déb. avr. à mi-sept.) – 55 – 3 bungalows toilés. Sem. 240 à 880€ – frais de réservation 20€
borne eurorelais 3,50€ – 11€
Pour s'y rendre : rte de Kerlescan (2,5 km au nord-est)

Nature :
Loisirs : snack jacuzzi (découverte en saison) terrain multisports
Services : (juil.-août) laverie
À prox. :

Longitude : -3.06139
Latitude : 47.59596

Le Lac de déb. avr. à fin oct.
02 97 55 78 78, *info@lelac-carnac.com*,
www.lelac-carnac.com
2,5 ha (140 empl.) en terrasses, plat, herbeux
Tarif : 5,20€ 12€ – (6A) 4€
Location : (de déb. avr. à fin oct.) – 5 roulottes – 5 – 2 . Sem. 196 à 658€
borne artisanale
Pour s'y rendre : Passage du Lac (6,3 km au nord-est, au bod du lac)

Nature :
Loisirs : terrain multisports
Services : laverie
À prox. :

Longitude : -3.02912
Latitude : 47.61117

Kérabus de déb. mai à mi-sept.
02 97 52 24 90, *contact@camping-kerabus.com*,
Fax 02 97 52 63 17, *www.camping-kerabus.com*
1,4 ha (86 empl.) plat, herbeux
Tarif : 5,10€ 8,65€ – (6A) 3,35€
Location : (de déb. avr. à fin sept.) – 7 . Nuitée 197€ – Sem. 588€
borne eurorelais 3,50€ – 10€
Pour s'y rendre : 13 allée des Alouettes (2 km au nord-est)

Nature :
Loisirs : terrain multi-sports
Services : laverie

Longitude : -3.07648
Latitude : 47.59641

Les Bruyères de déb. avr. à fin sept.
02 97 52 30 57, *contact@camping-lesbruyeres.com*,
www.camping-lesbruyeres.com
2 ha (115 empl.) plat, herbeux
Tarif : 5,60€ 9,90€ – (10A) 3,50€ – frais de réservation 10€
Location : (de déb. avr. à fin sept.) – 20 – 3 bungalows toilés. Nuitée 27 à 122€ – Sem. 189 à 854€ – frais de réservation 20€
borne artisanale
Pour s'y rendre : à Kérogile (3 km au nord)

Nature :
Loisirs :
Services :
À prox. : bowling

Longitude : -3.08884
Latitude : 47.60437

L'Étang de déb. avr. à mi-oct.
02 97 52 14 06, *contact@camping-etang.fr*,
www.camping-etang.fr
2,5 ha (165 empl.) plat, herbeux
Tarif : (Prix 2011) 5,30€ 7€ – 3€
Location : (Prix 2011) (de déb. avr. à mi-oct.) – 9 – (avec et sans sanitaires). Sem. 200 à 650€
Pour s'y rendre : à Kerlann (2 km au nord par D 119 dir. Auray puis à gauche, à 50 m d'un étang)

Nature :
Loisirs : terrain multisports
Services : (été) laverie
À prox. :

Longitude : -3.07892
Latitude : 47.60214

Vacances Directes Le Domaine de Kermario (location exclusive de mobile homes et gîtes) de déb. avr. à déb. oct.
08 25 13 34 00, *contact@campingkermario.com*,
Fax 02 96 39 97 81, *www.campingkermario.com*
4 ha plat, étang
Location : (Prix 2011) – 70 – 9 gîtes. Nuitée 31 à 93€ – Sem. 217 à 651€ – frais de réservation 15€
Pour s'y rendre : 1 chemin de Kerluir (2 km au nord-est)
À savoir : gîtes aménagés dans un ancien corps de ferme joliment restauré

Nature :
Loisirs : snack salle d'animation
Services : laverie

Longitude : -3.06636
Latitude : 47.59521

CARNAC-PLAGE

56340 – **308** M9
Paris 494 – Rennes 143 – Vannes 34

Les Menhirs – de mi-avr. à fin sept.
02 97 52 94 67, *contact@lesmenhirs.com*, Fax 02 97 52 25 38, *www.lesmenhirs.com* – places limitées pour le passage
6 ha (360 empl.) plat, herbeux
Tarif : 8€ 30€ – (10A) 4,10€ – frais de réservation 20€

Location : (de mi-avr. à fin sept.) (1 mobile home) – 46 – 2 cabanons. Nuitée 85 à 141€ – Sem. 290 à 987€ – frais de réservation 20€
borne artisanale
Pour s'y rendre : allée Saint Michel

À savoir : à 400 m de la plage et du centre ville

Nature :
Loisirs : jacuzzi salle d'animation, espace forme poneys, terrain multisports
Services : laverie
À prox. :

Longitude : -3.06979
Latitude : 47.57683

Les Druides de déb. avr. à déb. sept.
02 97 52 08 18, *contact@camping-les-druides.com*, Fax 09 60 53 82 64, *www.camping-les-druides.com*
2,5 ha (110 empl.) plat, peu incliné, herbeux
Tarif : 37€ (10A) – pers. suppl. 6€ – frais de réservation 20€

Location : (de déb. avr. à déb. sept.) – 13 – 3 appartements. Sem. 280 à 795€ – frais de réservation 20€
borne artisanale
Pour s'y rendre : 55 ch. de Beaumer (à l'est, quartier Beaumer, à 500 m de la plage)

Nature :
Loisirs : terrain multisports
Services : laverie
À prox. :

Longitude : -3.05689
Latitude : 47.58012

Le Men-Du de déb. avr. à déb. oct.
02 97 52 04 23, *mendu@wanadoo.fr*, Fax 02 97 52 04 23, *www.camping-mendu.com*
1,5 ha (100 empl.) plat, peu incliné, herbeux
Tarif : 26,40€ (10A) – pers. suppl. 5€ – frais de réservation 15€

Location : (de déb. avr. à déb. oct.) (1 mobile home) – 17 – 3 . Sem. 240 à 580€ – frais de réservation 15€
Pour s'y rendre : 22bis ch.de Beaumer (quartier le Men-Du, à 300 m de la plage)

Nature :
Loisirs : snack
Services : laverie
À prox. :

Longitude : -3.05522
Latitude : 47.57941

L'Océan de déb. avr. à mi-oct.
06 31 65 00 75, *contact@camping-delocean.com*, *www.camping-delocean.com* – places limitées pour le passage
0,5 ha (50 empl.) plat et peu incliné, herbeux
Tarif : 23€ (10A) – pers. suppl. 5€ – frais de réservation 15€

Location : (de déb. avr. à mi-oct.) – 15 . Nuitée 50 à 70€ – Sem. 250 à 550€ – frais de réservation 15€
borne artisanale 4€
Pour s'y rendre : Quartier : le Men-Du, impasse des Gabelous (par D 186 direction La Trinité sur Mer et chemin de Beaumer, à 250 m de la plage)

Nature :
Loisirs :
Services :
À prox. :

Longitude : -3.05327
Latitude : 47.57849

Avant de vous installer, consultez les tarifs en cours, affichés obligatoirement à l'entrée du terrain, et renseignez-vous sur les conditions particulières de séjour. Les indications portées dans le guide ont pu être modifiées depuis la mise à jour.

CAUREL

22530 – **309** D5 – 381 h. – alt. 188
Paris 461 – Carhaix-Plouguer 45 – Guingamp 48 – Loudéac 24

Nautic International de mi-mai à fin sept.
02 96 28 57 94, *contact@campingnautic.fr*,
Fax 02 96 26 02 00, *www.campingnautic.fr*
3,6 ha (120 empl.) en terrasses, peu incliné, plat, herbeux, fort dénivelé
Tarif : (Prix 2011) 6€ 1,80€ 9€ – (10A) 4,90€ – frais de réservation 15€
Location : (Prix 2011) (de mi-mai à fin sept.) – 5 . Sem. 280 à 610€ – frais de réservation 22€
Pour s'y rendre : rte de Beau Rivage (2 km au sud-ouest, au bord du lac de Guerlédan)
À savoir : cadre verdoyant et très boisé

Nature :
Loisirs : ponton d'amarrage
Services : laverie
À prox. : crêperie canoë, ski-nautique

Longitude : -3.03474
Latitude : 48.21618

LESEN SIE DIE ERLÄUTERUNGEN aufmerksam durch, damit Sie diesen Camping-Führer mit der Vielfalt der gegebenen Auskünfte wirklich ausnutzen können.

LA CHAPELLE-AUX-FILTZMEENS

35190 – **309** L4 – 627 h. – alt. 40
Paris 388 – Rennes 39 – Saint-Malo 42 – Fougères 83

Le Domaine du Logis de déb. avr. à déb. nov.
02 99 45 25 45, *domainedulogis@wanadoo.fr*,
Fax 02 99 45 30 40, *www.domainedulogis.com*
20 ha/6 campables (180 empl.) plat, herbeux
Tarif : 23€ (10A) – pers. suppl. 5€
Location : (de déb. avr. à déb. nov.) – 15 . Nuitée 65 à 100€ – Sem. 300 à 680€ – frais de réservation 10€
borne artisanale 3€ – 21€
Pour s'y rendre : au lieu-dit : Le Logis (1,5 km à l'ouest sur D 13, rte de St-Domineuc)

Nature :
Loisirs : snack (le soir) piste bi-cross
Services : laverie
À prox. :

Longitude : -1.83494
Latitude : 48.38231

CHÂTEAUGIRON

35410 – **309** M6 – 6 302 h. – alt. 45
16 rue de Rennes 02 99 37 89 02
Paris 336 – Angers 114 – Châteaubriant 45 – Fougères 56

Les Grands Bosquets de déb. avr. à fin sept.
02 99 37 89 02, *office.tourisme@cc-payschateaugiron.fr*, Fax 02 99 37 32 63, *www.tourisme-payschateaugiron.fr*
0,6 ha (33 empl.) plat, herbeux
Tarif : (Prix 2011) 2€ 3€ – (0A) 2,50€
Pour s'y rendre : rte d'Ossé (sortie est par D 34)
À savoir : au bord d'un plan d'eau

Nature :
Loisirs : (plage)
Services :
À prox. : terrain multi-sports

Longitude : -1.49734
Latitude : 48.04983

CHÂTELAUDREN

22170 – **309** E3 – 983 h. – alt. 105
31, rue de la gare 02 96 79 77 71
Paris 469 – Guingamp 17 – Lannion 49 – St-Brieuc 18

Municipal de l'Étang de déb. mai à fin sept.
02 96 74 10 38, *mairiechatelaudren@wanadoo.fr*,
Fax 02 96 74 22 19, *www.chatelaudren.fr* – R
0,2 ha (17 empl.) non clos, plat, herbeux
Tarif : (Prix 2011) 2,85€ 4€ – (10A) 2,85€
Pour s'y rendre : r. de la Gare (au bourg, au bord d'un grand et bel étang)

Nature :
Loisirs :
Services :
À prox. :

Longitude : -2.97235
Latitude : 48.53694

CHÂTILLON-EN-VENDELAIS

35210 – **309** O5 – 1 663 h. – alt. 133
Paris 311 – Fougères 17 – Rennes 49 – Vitré 13

Municipal du Lac de déb. mai à fin sept.
02 99 76 06 32, *accueil.mairie@chatillon-en-vendelais.fr*, Fax 02 99 76 12 39, *www.chatillon-en-vendelais.fr* –
0,6 ha (61 empl.) peu incliné, herbeux
Tarif : 2,48€ 1,21€ 1,86€ – (6A) 3,40€
borne artisanale – 3 – 11.43€
Pour s'y rendre : rte de Parce, au lieu-dit : l'Épine (500 m au nord par D 108, au bord de l'étang de Châtillon)
À savoir : site agréable et cadre verdoyant

Nature :
Loisirs :
Services :
À prox. : crêperie pédalos

Longitude : -1.17502
Latitude : 48.23247

Benutzen Sie
– zur Wahl der Fahrtroute
– zur Berechnung der Entfernungen
– zur exakten Lokalisierung eines Campingplatzes (mit Hilfe der Angaben im Ortstext)
die für diesen Führer unentbehrlichen ***MICHELIN-Karten.***

CLÉDEN-CAP-SIZUN

29770 – **308** D6 – 981 h. – alt. 30
Paris 608 – Audierne 11 – Douarnenez 27 – Quimper 46

La Baie Permanent
02 98 70 64 28 –
0,4 ha (27 empl.) peu incliné et terrasse, herbeux
Tarif : 3,30€ 2€ 3,40€ – (8A) 2,50€
Pour s'y rendre : à Lescleden (2,5 km à l'ouest)

Nature :
Loisirs :
Services :

Longitude : -4.6826
Latitude : 48.04856

CONCARNEAU

29900 – **308** H7 – 20 280 h. – alt. 4
quai d'Aiguillon 02 98 97 01 44
Paris 546 – Brest 96 – Lorient 49 – Quimper 22

Les Sables Blancs – de déb. avr. à fin oct.
02 98 97 16 44, *contact@camping-lessablesblancs.com*, Fax 02 98 97 16 44, *www.camping-lessablesblancs.com*
3 ha (149 empl.) en terrasses, peu incliné, plat, herbeux
Tarif : 29€ (10A) – pers. suppl. 7€
Location : (de déb. avr. à fin oct.) – 30 – 2 . Nuitée 45 à 100€ – Sem. 215 à 700€
borne artisanale 5€
Pour s'y rendre : r. des Fleurs (à 100 m de la plage)
À savoir : vue mer pour quelques emplacements

Nature :
Loisirs : snack poneys
Services : laverie
À prox. :

Longitude : -3.92836
Latitude : 47.88203

Les Prés Verts de déb. avr. à fin sept.
02 98 97 09 74, *info@presverts.com*, *www.presverts.com*
3 ha (150 empl.) peu incliné, incliné, plat, herbeux
Tarif : 20€ (10A) – pers. suppl. 4,90€
Location : (de déb. avr. à fin sept.) – 4 – 6 . Sem. 190 à 590€
borne artisanale
Pour s'y rendre : Kernous-Plage BP 612 (3 km au nord-ouest par rte du au bord de mer et à gauche, à 250 m de la plage (accès direct))
À savoir : vue mer pour certains emplacements

Nature :
Loisirs :
Services : laverie
À prox. :

Longitude : -3.93333
Latitude : 47.88333

LE CONQUET

29217 – 308 C4 – 2 573 h. – alt. 30
parc de Beauséjour ☎ 02 98 89 11 31
Paris 619 – Brest 24 – Brignogan-Plages 59 – St-Pol-de-Léon 85

Les Clédelles Les Blancs Sablons de mi-avr. à fin oct.
☎ 02 98 36 07 91, *info@les-blancs-sablons.com*, *www.les-blancs-sablons.com*
12 ha (360 empl.) plat, herbeux, sablonneux
Tarif : (Prix 2011) 19,50€ (16A) – pers. suppl. 4,50€
Location : (Prix 2011) (de mi-mars à mi-nov.) – 8 . Sem. 345 à 680€
Pour s'y rendre : au lieu-dit : Le Théven (5 km au nord-est par D 67 et D 28, rte de la plage des Blancs Sablons, à 400 m de la plage - passerelle pour piétons reliant la ville)
À savoir : cadre un peu sauvage, naturel

Nature :
Loisirs : crêperie
Services : laverie

Longitude : -4.76071
Latitude : 48.36687

CRACH

56950 – 308 M9 – 3 260 h. – alt. 35
Paris 482 – Auray 6 – Lorient 46 – Quiberon 29

Le Fort Espagnol de déb. avr. à fin sept.
☎ 02 97 55 14 88, *fort-espagnol@wanadoo.fr*, *www.fort-espagnol.com*
5 ha (190 empl.) peu incliné et plat, herbeux
Tarif : (Prix 2011) 27€ (10A) – pers. suppl. 5€ – frais de réservation 25€
Location : (Prix 2011) (de déb. avr. à fin sept.) – 16 – 4 – 10 bungalows toilés – 2 tentes. Nuitée 55 à 85€ – Sem. 196 à 805€ – frais de réservation 25€
Pour s'y rendre : rte du Fort Espagnol (800 m à l'est, rte de la Rivière d'Auray)

Nature :
Loisirs : snack
Services : laverie
À prox. :

Longitude : -2.98988
Latitude : 47.61539

CROZON

29160 – 308 E5 – 7 682 h. – alt. 85
boulevard de Pralognan ☎ 02 98 27 07 92
Paris 587 – Brest 60 – Châteaulin 35 – Douarnenez 40

Les Pins de fin mai à mi-sept.
☎ 06 60 54 40 09, *camping.lespins@presquile-crozon.com*, Fax 02 98 26 23 16, *www.camping-crozon-lespins.com*
4 ha (155 empl.) non clos, plat, incliné, herbeux, sablonneux
Tarif : (Prix 2011) 4,50€ 9€ – (10A) 3,40€
Location : (Prix 2011) (de mi-avr. à déb. nov.) – 11 – 13 . Nuitée 85€ – Sem. 600€
Pour s'y rendre : rte de Dinan (2 km au sud-ouest par D 308 rte de la Pointe de Dinan)

Nature :
Loisirs : (petite piscine)
Services :
À prox. : parcours dans les arbres

Longitude : -4.51462
Latitude : 48.24153

DINÉAULT

29150 – 308 G5 – 1 702 h. – alt. 160
Paris 560 – Rennes 208 – Quimper 36 – Brest 54

Ty Provost de déb. juin à mi-sept.
☎ 02 98 86 29 23, *contact@typrovost.com*, *www.typrovost.com*
1,2 ha (44 empl.) terrasses, plat et peu incliné, herbeux
Tarif : 19€ (10A) – pers. suppl. 4€
Location : (permanent) (2 chalets) – 5 – 7 – 1 studio – 1 gîte. Nuitée 49 à 69€ – Sem. 197 à 397€
borne artisanale – 4 9€ – 9€
Pour s'y rendre : 4 km au sud-est par C 1, rte de Châteaulin et chemin à gauche
À savoir : cadre et situation agréables

Nature :
Loisirs :
Services : laverie

Longitude : -4.12421
Latitude : 48.20706

DOL-DE-BRETAGNE

35120 – **309** L3 – 4 807 h. – alt. 20
3, Grande Rue des Stuarts *02 99 48 15 37*
Paris 378 – Alençon 154 – Dinan 26 – Fougères 54

Les Castels Domaine des Ormes de fin avr. à fin sept.

02 99 73 53 00, info@lesormes.com, Fax 02 99 73 53 55, *www.lesormes.com* – places limitées pour le passage
200 ha/40 campables (750 empl.) peu incliné, plat, herbeux, forêt
Tarif : 56,50€ (16A) – pers. suppl. 7,50€ – frais de réservation 20€

Location : (permanent) – 60 – 49 – 11 studios – 25 appartements – 30 cabanes dans les arbres – 5 gîtes. Nuitée 75 à 125€ – Sem. 385 à 1 050€ – frais de réservation 20€
borne artisanale

Pour s'y rendre : au lieu-dit : Épiniac (7,5 km au sud par D 795, rte de Combourg puis chemin à gauche)

À savoir : grands espaces et nombreuses activités autour d'un château du 16e s.

Nature :
Loisirs : discothèque, salle d'animation poneys (centre équestre) golf, practice de golf, terrain multi-sports, pédalos, parcours dans les arbres, parcs aquatiques en partie couvert, mur d'escalade
Services : laverie

Longitude : -1.72722
Latitude : 48.49139

Le Vieux Chêne de mi-mai à mi-sept.

02 99 48 09 55, vieux.chene@wanadoo.fr, www.camping-vieuxchene.fr
4 ha/2 campables (199 empl.) peu incliné, plat, herbeux
Tarif : 29,50€ (10A) – pers. suppl. 6,75€

Location : (de déb. avr. à mi-sept.) – 12 – 18 . Sem. 275 à 625€
borne artisanale 5€ – 5 29€ – 16€

Pour s'y rendre : rte de Pontorson (5 km à l'est, par N 176, rte de Pontorson, à l'est de Baguer-Pican sur D 57 - Accès conseillé par la déviation, sortie Dol-de-Bretagne-Est et D 80, D 576)

À savoir : situation plaisante autour d'étangs

Nature :
Loisirs : snack, crêperie poneys
Services : laverie

Longitude : -1.68361
Latitude : 48.54945

ERDEVEN

56410 – **308** M9 – 3 240 h. – alt. 18
7, rue Abbé-Le-Barh *02 97 55 64 60*
Paris 492 – Auray 15 – Carnac 10 – Lorient 28

La Croëz-Villieu de déb. mai à fin sept.

02 97 55 90 43, camping-la-croez-villieu@wanadoo.fr, www.la-croez-villieu.com – places limitées pour le passage
3 ha (158 empl.) plat, herbeux
Tarif : (Prix 2011) 5,60€ 2,70€ 6,60€ – (6A) 4,10€

Location : (Prix 2011) (de déb. avr. à mi-oct.) – 25 . Sem. 200 à 590€

Pour s'y rendre : au lieu-dit : Kernogan, rte de Kerhillio (1 km au sud-ouest par rte de la plage de Kerhillio)

À savoir : parc aquatique en partie couvert

Nature :
Loisirs : hammam jacuzzi
Services : laverie
À prox. :

Longitude : -3.15838
Latitude : 47.63199

L' Idéal de déb. avr. à fin sept.

02 97 55 67 66, info@camping-l-ideal.com, www.camping-l-ideal.com – places limitées pour le passage
0,6 ha (30 empl.) plat, herbeux
Tarif : (Prix 2011) 33€ (10A) – pers. suppl. 5€ – frais de réservation 20€

Location : (Prix 2011) (permanent) – 16 – 3 – 4 appartements. Sem. 300 à 760€ – frais de réservation 20€

Pour s'y rendre : rte de la plage

Nature :
Loisirs :
Services : laverie

Longitude : -3.16317
Latitude : 47.62115

ERQUY

22430 – **309** H3 – 3 764 h. – alt. 12
3, rue du 19 Mars 1962 ✆ 02 96 72 30 12
Paris 451 – Dinan 46 – Dinard 39 – Lamballe 21

Le Vieux Moulin – Permanent
✆ 02 96 72 34 23, *camp.vieux.moulin@wanadoo.fr*, Fax 02 96 72 36 63, *www.camping-vieux-moulin.com*
2,5 ha (173 empl.)
Tarif : (Prix 2011) 34 € (10A) – pers. suppl. 6,90 € – frais de réservation 13 €
Location : (Prix 2011) (permanent) – 76 . Nuitée 55 à 142 € – Sem. 340 à 995 €
borne artisanale 4 €
Pour s'y rendre : 14 r. des Moulins (2 km à l'est)
À savoir : cadre verdoyant et soigné

Nature :
Loisirs : pizzeria, grill spa terrain multisports
Services : laverie
À prox. :

Longitude : -2.44249
Latitude : 48.63828

Yelloh! Village Les Pins – de fin avr. à mi-sept.
✆ 02 96 72 31 12, *camping.des.pins@wanadoo.fr*, Fax 02 96 63 67 94, *www.yellohvillage.fr/camping/les_pins.com*
10 ha (488 empl.) peu incliné, plat, herbeux
Tarif : (Prix 2011) 36 € (6A) – pers. suppl. 6 € – frais de réservation 30 €
Location : (Prix 2011) (de fin avr. à mi-sept.) – 136 – 6 – 11 bungalows toilés. Nuitée 35 à 179 € – Sem. 245 à 1 253 €
Pour s'y rendre : au lieu-dit : Le Guen (1 km au nord)
À savoir : agréable espace aquatique

Nature :
Loisirs : hammam jacuzzi espace balnéo
Services : laverie
À prox. :

Longitude : -2.45575
Latitude : 48.63796

Bellevue – de mi-avr. à mi-sept.
✆ 02 96 72 33 04, *campingbellevue@yahoo.fr*, *http://www.campingbellevue.fr*
3,5 ha (160 empl.) plat, herbeux
Tarif : 26,80 € (10A) – pers. suppl. 5,40 €
Location : (de déb. avr. à fin sept.) – 25 . Nuitée 45 à 101 € – Sem. 270 à 710 €
borne artisanale – 10 16 € – 16 €
Pour s'y rendre : re de la Libération (5,5 km au sud-ouest)
À savoir : entrée fleurie et décoration arbustive des emplacements

Nature :
Loisirs : (découverte en saison) terrain multisports
Services : laverie
À prox. :

Longitude : -2.48486
Latitude : 48.59377

St-Pabu de déb. avr. à mi-oct.
✆ 02 96 72 24 65, *camping@saintpabu.com*, Fax 02 96 72 87 17, *www.saintpabu.com*
5,5 ha (409 empl.) en terrasses, plat, herbeux
Tarif : 24,90 € (10A) – pers. suppl. 5,30 € – frais de réservation 20 €
Location : (de déb. avr. à mi-oct.) – 35 . Nuitée 65 à 100 € – Sem. 275 à 695 € – frais de réservation 20 €
borne artisanale – 18 €
Pour s'y rendre : au lieu-dit : St-Pabu (à la plage de Saint-Pabu, 4 km au sud-ouest)
À savoir : face à la baie d'Erquy

Nature :
Loisirs :
Services : laverie
À prox. : école de plongée, char à voile

Longitude : -2.49459
Latitude : 48.60878

Les Roches de déb. avr. à fin sept.
✆ 02 96 72 32 90, *info@camping-les-roches.com*, Fax 02 96 63 57 84, *www.camping-les-roches.com*
3 ha (160 empl.) plat, terrasse, herbeux
Tarif : (Prix 2011) 3,90 € 2,80 € 4,80 € – (10A) 3,50 € – frais de réservation 7 €
Location : (Prix 2011) (de déb. avr. à déb. nov.) – 18 . Nuitée 45 à 90 € – Sem. 250 à 580 € – frais de réservation 7 €
borne artisanale –
Pour s'y rendre : r. Pierre Vergos (3 km au sud-ouest)
À savoir : sur les hauteurs de Caroual Village

Nature :
Loisirs :
Services : laverie

Longitude : -2.4769
Latitude : 48.6094

Des Hautes Grées de mi-avr. à fin sept.
02 96 72 34 78, *hautesgrees@wanadoo.fr*,
Fax 02 96 72 30 15, *www.camping-hautes-grees.com*
3 ha (177 empl.) plat, herbeux
Tarif : 5,30€ 9,40€ – (10A) 4,80€ – frais de réservation 15,50€

Location : (de mi-avr. à fin sept.) – 30 . Nuitée 58 à 90€ – Sem. 290 à 630€ – frais de réservation 15,50€
borne sanistation 3€ – 15€
Pour s'y rendre : 123 r. St Michel, au lieu-dit : Les Hopitaux (3,5 km au nord-est, à 400 m de la plage St-Michel)

Nature :
Loisirs :
Services : laverie

Longitude : -2.43089
Latitude : 48.63879

ÉTABLES-SUR-MER

22680 – **309** E3 – 2 920 h. – alt. 65
9, rue de la République 02 96 70 65 41
Paris 467 – Guingamp 31 – Lannion 56 – St-Brieuc 19

L'Abri-Côtier de déb. mai à mi-sept.
02 96 70 61 57, *camping.abricotier@wanadoo.fr*,
Fax 02 96 70 65 23, *www.camping-abricotier.fr*
2 ha (140 empl.) plat et peu incliné, herbeux
Tarif : 4,90€ 7,80€ – (10A) 4€

Location : (permanent) – 14 – 5 bungalows toilés. Nuitée 40 à 70€ – Sem. 230 à 490€
borne artisanale 2€
Pour s'y rendre : 12 r. De Robien (1 km au nord par rte de St-Quay-Portrieux et à gauche)

Nature :
Loisirs : jacuzzi
Services : laverie
À prox. : poneys golf, canoë de mer

Longitude : -2.83529
Latitude : 48.6354

LE FAOUËT

56500 – **308** J6 – 2 806 h. – alt. 68
3, rue des Cendres 0297232323
Paris 516 – Carhaix-Plouguer 35 – Lorient 40 – Pontivy 47

Municipal Beg er Roch de mi-mars à fin sept.
02 97 23 15 11, *camping.lefaouet@wanadoo.fr*,
Fax 02 97 23 11 66
3 ha (65 empl.) plat, herbeux
Tarif : (Prix 2011) 4€ 2,35€ 3,55€ – (10A) 3€ – frais de réservation 9€

Location : (Prix 2011) (de mi-mars à fin sept.) – 8 . Nuitée 56 à 61€ – Sem. 216 à 423€ – frais de réservation 15€
Pour s'y rendre : rte de Lorient (2 km au sud-est par D 769, rte de Lorient)

À savoir : cadre agréable au bord de l'Ellé

Nature :
Loisirs :
Services : laverie

Longitude : -3.46973
Latitude : 48.01794

FEINS

35440 – **309** M5 – 780 h. – alt. 104
Paris 369 – Avranches 55 – Fougères 44 – Rennes 30

Municipal l'Étang de Boulet de déb. mai à fin oct.
02 99 69 70 69, *contact@pays-aubigne.fr*,
Fax 02 99 55 69 88
1,5 ha (40 empl.) plat, herbeux
Tarif : (Prix 2011) 10€ (10A) – pers. suppl. 3,50€

Location : (Prix 2011) (de déb. avr. à fin oct.) – 6 . Nuitée 48 à 56€ – Sem. 225 à 520€
Pour s'y rendre : 2 km au nord-est par D 91, rte de Marcillé-Raoul et chemin à gauche

À savoir : situation agréable au bord du lac

Nature :
Loisirs :
Services : (juil.-août) laverie cases réfrigérées
À prox. : (centre équestre) base nautique

Longitude : -1.63863
Latitude : 48.33845

LA FORÊT-FOUESNANT

29940 – **308** H7 – 3 211 h. – alt. 19
2, rue du Vieux Port 02 98 51 42 07
Paris 553 – Rennes 202 – Quimper 18 – Brest 94

Kerleven – de mi-avr. à fin sept.

02 98 56 98 83, *contact@campingdekerleven.com*, Fax 02 98 56 82 22, *www.campingdekerleven.com*
4 ha (235 empl.) en terrasses, plat, herbeux
Tarif : (Prix 2011) 32,60€ (10A) – pers. suppl. 7,50€ – frais de réservation 9€

Location : (Prix 2011) (de mi-avr. à fin sept.) – 36 . Nuitée 55 à 96€ – Sem. 260 à 670€ – frais de réservation 9€
borne eurorelais 2€
Pour s'y rendre : au lieu-dit : à Kerleven, 11 rte de Port La Forêt, (2 km au sud-est, à 200 m de la plage)

Nature :
Loisirs : snack
Services : laverie
À prox. :

Longitude : -3.96788
Latitude : 47.89807

Kéranterec – de déb. avr. à mi-sept.

02 98 56 98 11, *info@camping-keranterec.com*, Fax 02 98 56 81 73, *www.camping-keranterec.com*
6,5 ha (265 empl.) en terrasses, peu incliné, plat, herbeux, fort dénivelé
Tarif : 34€ (10A) – pers. suppl. 8,50€ – frais de réservation 30€

Location : (de déb. avr. à mi-sept.) – 50 . Nuitée 130€ – Sem. 900€ – frais de réservation 30€
borne eurorelais 4€ – 15 15€
Pour s'y rendre : à Kerleven (2,8 km au sud-est)

À savoir : autour d'une ancienne ferme restaurée et au bord de l'océan

Nature :
Loisirs : snack salle d'animation
Services : laverie

Longitude : -3.95538
Latitude : 47.89903

Les Saules – de déb. avr. à fin sept.

02 98 56 98 57, *info@camping-les-saules.com*, Fax 02 98 56 86 60, *www.camping-les-saules.com*
4 ha (242 empl.) peu incliné, plat, herbeux
Tarif : 31,30€ (6A) – pers. suppl. 6,65€ – frais de réservation 17€

Location : (permanent) (1 mobile home) – 39 – 2 . Nuitée 45 à 128€ – Sem. 195 à 895€ – frais de réservation 17€
Pour s'y rendre : à Kerléven, 54 rte de la Plage (2,5 km au sud-est, au bord de la plage de Kerléven (accès direct))

À savoir : en 2 parties distinctes

Nature :
Loisirs : snack
Services : laverie
À prox. :

Longitude : -3.9611
Latitude : 47.899

Manoir de Penn ar Ster de mi-mars à mi-nov.

02 98 56 97 75, *info@camping-pennarster.com*, *www.camping-pennarster.com*
3 ha (105 empl.) en terrasses, plat, herbeux
Tarif : 27€ (10A) – pers. suppl. 7€ – frais de réservation 10€

Location : (de mi-mars à mi-nov.) – 6 – 2 . Nuitée 35 à 70€ – Sem. 250 à 650€ – frais de réservation 15€
borne artisanale 5€ – 5 15€
Pour s'y rendre : 2 ch. de Penn-Ar-Ster (sortie nord-est, rte de Quimper et à gauche)

À savoir : joli manoir en pierre agrémenté d'un jardin

Nature :
Loisirs :
Services : laverie
À prox. : golf

Longitude : -3.98148
Latitude : 47.91201

Pour une meilleure utilisation de cet ouvrage, LISEZ ATTENTIVEMENT les premières pages du guide.

FranceLoc Domaine du St-Laurent de déb. avr. à fin sept.
02 98 56 97 65, *saintlaurent@franceloc.fr*,
Fax 02 98 56 92 51, *www.camping-du-saint-laurent.fr*
5,4 ha (230 empl.) en terrasses, plat, herbeux
Tarif : 29€ (6A)

Location : (Prix 2011) (de déb. avr. à fin sept.) (1 mobile home) – 138. Nuitée 35 à 98€ – Sem. 140 à 1 034€
Pour s'y rendre : à Kerleven (3 km au sud-est, à 500 de la grande plage de Kerleven)

À savoir : vue mer et Îles du Glénan pour quelques emplacements

Nature :
Loisirs : terrain multisports
Services : laverie
À prox. :

Longitude : -3.96576
Latitude : 47.89822

FOUESNANT

29170 – **308** G7 – 9 793 h. – alt. 30
Espace Kernevelech 02 98 51 18 88
Paris 555 – Carhaix-Plouguer 69 – Concarneau 11 – Quimper 16

Sunêlia L'Atlantique – de fin avr. à mi-sept.
02 98 56 14 44, *sunelia@latlantique.fr*,
Fax 02 98 56 18 67, *www.lAtlantique.fr* – places limitées pour le passage
10 ha (432 empl.) plat, herbeux
Tarif : 41€ (6A) – pers. suppl. 8€ – frais de réservation 35€

Location : (de fin avr. à mi-sept.) – 140 – 2 yourtes – 10 tentes. Nuitée 29 à 175€ – Sem. 203 à 1 225€ – frais de réservation 35€
borne artisanale – 15€
Pour s'y rendre : 4,5 km au sud, vers la Chapelle de Kerbader, à 400 m de la plage (accès direct)

À savoir : bel ensemble aquatique et balnéo

Nature :
Loisirs : hammam jacuzzi salle d'animation, balnéo poneys
Services : laverie

Longitude : -4.01854
Latitude : 47.85487

FOUGÈRES

35300 – **309** O4 – 20 678 h. – alt. 115
2, rue Nationale 02 99 94 12 20
Paris 326 – Caen 148 – Le Mans 132 – Nantes 158

Municipal de Paron de déb. mai à fin sept.
02 99 99 40 81, *campingmunicipal35@orange.fr*,
Fax 02 99 99 70 83, *campingmunicipal35@orange.fr* –
2,5 ha (90 empl.) plat, peu incliné, herbeux
Tarif : (Prix 2011) 18,95€ (10A) – pers. suppl. 3,60€
borne sanistation – 5 18,45€
Pour s'y rendre : rte de la Chapelle-Janson (1,5 km à l'est par D 17, accès recommandé par rocade est)

À savoir : agréable cadre arbustif

Nature :
Loisirs :
Services : laverie
À prox. :

Longitude : -1.18132
Latitude : 48.35406

LE FRET

29160 – **308** D5
Paris 591 – Rennes 239 – Quimper 56 – Brest 10

Gwel Kaër de déb. avr. à fin sept.
02 98 27 61 06, *info@camping-gwel-kaer.com*,
Fax 02 98 27 61 06, *www.camping-gwel-kaer.com*
2,2 ha (98 empl.) en terrasses, plat et peu incliné, herbeux
Tarif : 4,20€ 2,20€ 4,10€ – (8A) 3,50€

Location : (de déb. avr. à fin sept.) – 9. Nuitée 40 à 65€ – Sem. 275 à 515€
Pour s'y rendre : 40 r. de Pen-An-Ero (sortie sud-est par D 55, rte de Crozon, au bord de mer)

Nature :
Loisirs :
Services : (de mi-juin à mi-sept.)

Longitude : -4.50237
Latitude : 48.28132

LE GUERNO

56190 – **308** Q9 – 741 h. – alt. 60
Paris 460 – Muzillac 8 – Redon 30 – La Roche-Bernard 17

Municipal de Borg-Néhué de déb. avr. à fin oct.
02 97 42 94 76, *mairie.leguerno@wanadoo.fr*,
Fax 02 97 42 84 36, *www.leguerno.fr*
1,4 ha (50 empl.) plat, herbeux
Tarif : 8€ (3A) – pers. suppl. 3€
Location : (permanent) – 9 . Sem. 156 à 416€
Pour s'y rendre : r. du Borg Nehué (500 m au nord-ouest par rte de Noyal-Muzillac)

Nature :
Loisirs :
Services :
À prox. :

Longitude : -2.41557
Latitude : 47.58251

GUIDEL

56520 – **308** K8 – 9 973 h. – alt. 38
9, rue Saint-Maurice 02 97 65 01 74
Paris 511 – Nantes 178 – Quimper 60 – Rennes 162

Les Jardins de Kergal de déb. avr. à fin sept.
02 97 05 98 18, *jardins.kergal@wanadoo.fr*,
Fax 02 97 32 88 27, *www.camping-lorient.com*
5 ha (153 empl.) plat, herbeux
Tarif : 6,90€ 15,50€ (16A) – frais de réservation 20€
Location : (Prix 2011) (de déb. avr. à mi-nov.) – 35 – 40 . Nuitée 50 à 100€ – Sem. 200 à 795€ – frais de réservation 20€
Pour s'y rendre : rte des Plages (3 km au sud-ouest par D 306, rte de Guidel-Plages et chemin à gauche)
À savoir : agréable cadre boisé

Nature :
Loisirs : terrain multisports
Services : laverie
À prox. : (centre équestre) parcours sportif

Longitude : -3.50734
Latitude : 47.77464

Si vous recherchez :
- *un terrain offrant des animations sportives, culturelles ou de détente,*
- *un terrain très tranquille,*
- L-M *un terrain proposant la location de mobile homes, bungalows, chalets, chambres ou encore gîtes,*
- P *un terrain ouvert toute l'année,*
- *un terrain possédant une aire de services pour camping-cars,*

consultez le tableau des localités

GUILVINEC

29730 – **308** F8 – 3 051 h. – alt. 5
62, rue de la Marine 02 98 58 29 29
Paris 584 – Douarnenez 44 – Pont-l'Abbé 10 – Quimper 30

Yelloh! Village La Plage – de déb. avr. à mi-sept.
02 98 58 61 90, *info@yellohvillage-la-plage.com*,
Fax 02 98 58 89 06, *www.villagelaplage.com*
14 ha (410 empl.) plat, herbeux, sablonneux
Tarif : 43€ (6A) – pers. suppl. 8€
Location : (de déb. avr. à mi-sept.) – 204 – 4 – 2 cabanes dans les arbres – 8 tentes. Nuitée 50 à 150€ – Sem. 350 à 1 050€
borne artisanale 4€
Pour s'y rendre : rte des Fusillés de Poulguen (2 km à l'ouest, rte de la pointe de Penmarc'h, à 100 m de la plage (accès direct))

Nature :
Loisirs : terrain multi-sports, kart à pédale
Services : laverie
À prox. :

Longitude : -4.31194
Latitude : 47.8035

HUELGOAT

29690 – **308** I4 – 1 612 h. – alt. 149
Moulin du Chaos *02 98 99 72 32*
Paris 523 – Brest 66 – Carhaix-Plouguer 18 – Châteaulin 36

La Rivière d'Argent de mi-mars à mi-oct.
02 98 99 72 50, *campriviere@orange.fr*, *www.larivieredargent.com*
5 ha (90 empl.) plat, herbeux
Tarif : (Prix 2011) 4,40€ 1,90€ 5,60€ – (10A) 4,30€ – frais de réservation 15€
Location : (Prix 2011) (de mi-mars à mi-oct.) – 12 – 1 tipi – 1 tente. Nuitée 20 à 87€ – Sem. 199 à 609€ – frais de réservation 15€
borne artisanale 3,20€ – 3 9€ – 9€
Pour s'y rendre : au lieu-dit : La Coudraie (3,4 km à l'est par D 769a, rte de Locmaria-Berrien et chemin à dr.)
À savoir : agréable situation en bordure de rivière et en lisière de forêt

Nature :
Loisirs :
Services :

Longitude : -3.71681
Latitude : 48.36428

Municipal du Lac
02 98 99 78 80, *mairie.huelgoat@wanadoo.fr*, Fax 02 98 99 75 72
1 ha (85 empl.) plat, herbeux
borne AireServices – 10
Pour s'y rendre : au lieu-dit : Le Fao (800 m à l'ouest par rte de Brest, au bord d'une rivière et du lac)

Nature :
Loisirs :
Services :
À prox. :

Longitude : -3.75561
Latitude : 48.36358

Si vous désirez réserver un emplacement pour vos vacances, faites-vous préciser au préalable les conditions particulières de séjour, les modalités de réservation, les tarifs en vigueur et les conditions de paiement.

ÎLE-AUX-MOINES

56780 – **308** N9 – 542 h. – alt. 16
Paris 483 – Rennes 132 – Vannes 15 – Lorient 59

Municipal du Vieux Moulin de mi-juin à mi-sept.
02 97 26 30 68, *mairie@mairie-ileauxmoines.fr*, Fax 02 97 26 38 27, *www.mairie-ileauxmoines.fr*
1 ha (44 empl.) plat et peu incliné, herbeux
Tarif : (Prix 2011) 6€
Pour s'y rendre : au lieu-dit : Le Vieux Moulin (sortie sud-est du bourg, rte de la Pointe de Brouel)
À savoir : réservé aux tentes

Nature :
Loisirs :
Services :
À prox. :

Longitude : -2.84546
Latitude : 47.59238

JOSSELIN

56120 – **308** P7 – 2 578 h. – alt. 58
place de la Congrégation *02 97 22 36 43*
Paris 428 – Dinan 86 – Lorient 76 – Pontivy 35

Le Bas de la Lande de déb. avr. à fin oct.
02 97 22 22 20, *domainedekerelly@orange.fr*
2 ha (60 empl.) plat, peu incliné et en terrasses, herbeux, pinède attenante
Tarif : 16€ (6A) – pers. suppl. 3,40€
Location : (de déb. avr. à fin oct.) – 8 . Nuitée 60 à 80€ – Sem. 350 à 450€
borne artisanale
Pour s'y rendre : 2 km à l'ouest par D 778 et D 724, rte de Guégon à gauche, à 50 m de l'Oust, sortie ouest Guégon par voie rapide

Nature :
Loisirs :
Services : laverie
À prox. :

Longitude : -2.57148
Latitude : 47.95266

JUGON-LES-LACS

22270 – **309** I4 – 1 593 h. – alt. 29
place du Martray *02 96 31 70 75*
Paris 417 – Lamballe 22 – Plancoët 16 – St-Brieuc 59

Au Bocage du Lac de déb. avr. à déb. oct.
02 96 31 60 16, *contact@campinglacbretagne.com*, Fax 02 96 31 75 04, *www.camping-location-bretagne.com*
4 ha (180 empl.) plat et peu incliné, herbeux
Tarif : 3,90€ 6€ – (10A) 4,50€ – frais de réservation 17€

Location : (de déb. avr. à déb. oct.) – 8 – 37 – 3 – 6 bungalows toilés – 3 gîtes. Nuitée 76 à 100€ – Sem. 273 à 750€ – frais de réservation 17€
borne artisanale 2,50€ – 2 5€
Pour s'y rendre : r. du Bocage (1 km au sud-est par D 52, rte de Mégrit)

À savoir : au bord du grand étang de Jugon

Nature :
Loisirs : poneys parc animalier
Services : laverie
À prox. : canoë de mer

Longitude : -2.31663
Latitude : 48.40165

KERVEL

29550 – **308** F6
Paris 586 – Rennes 234 – Quimper 24 – Brest 67

FranceLoc Domaine de Kervel – de mi-avr. à mi-sept.
02 98 92 51 54, *kervel@franceloc.fr*, Fax 02 98 92 54 96, *www.campings-franceloc.com*
7 ha (300 empl.) plat, herbeux
Tarif : (Prix 2011) 27€ (10A) – pers. suppl. 7€ – frais de réservation 27€

Location : (Prix 2011) (de mi-avr. à mi-sept.) – 130 . Nuitée 37 à 206€ – Sem. 147 à 826€ – frais de réservation 27€
borne flot bleu
Pour s'y rendre : à Kervel

Nature :
Loisirs : terrain multisports
Services : laverie

Longitude : -4.27454
Latitude : 48.11567

KERVOYAL

56750 – **308** P9
Paris 471 – Rennes 124 – Vannes 30 – Lorient 87

Oasis de déb. avr. à fin oct.
02 97 41 10 52, *camping-loasis@wanadoo.fr*, Fax 02 97 41 10 52, *www.campingloasis.com* – R
3 ha (150 empl.) plat, herbeux
Tarif : (Prix 2011) 20,20€ (6A) – pers. suppl. 3,40€

Location : (Prix 2011) (de mi-avr. à fin sept.) – 22 – 2 appartements. Sem. 199 à 580€ – frais de réservation 15€
borne eurorelais
Pour s'y rendre : r. Port Lestre (100 m de la plage)

Nature :
Loisirs :
Services : laverie

Longitude : -2.55013
Latitude : 47.51897

LAMPAUL-PLOUDALMEZEAU

29830 – **308** D3 – 700 h. – alt. 24
Paris 613 – Brest 27 – Brignogan-Plages 36 – Ploudalmézeau 4

Municipal des Dunes de mi-juin à mi-sept.
02 98 48 14 29, *lampaul-ploudalmezeau.mairie@wanadoo.fr*, Fax 02 98 48 19 32 – R
1,5 ha (150 empl.) non clos, plat, sablonneux, herbeux, dunes
Tarif : (Prix 2011) 4,30€ – (10A) 2,40€
borne artisanale 2,30€
Pour s'y rendre : au lieu-dit : Le Vourc'h (700 m au nord du bourg, à côté du terrain de sports et à 100 m de la plage (accès direct))

Nature :
Loisirs :
Services : (juil.-août)
laverie

Longitude : -4.65639
Latitude : 48.56785

LANDÉDA

29870 – **308** D3 – 3 555 h. – alt. 52
Paris 604 – Brest 28 – Brignogan-Plages 25 – Ploudalmézeau 17

Les Abers – de déb. mai à fin sept.
02 98 04 93 35, *info@camping-des-abers.com*, Fax 02 98 04 84 35, *www.camping-des-abers.com*
4,5 ha (180 empl.) en terrasses, plat, sablonneux, herbeux, dunes
Tarif : 18€ (10A) – pers. suppl. 3,60€
Location : (de fin avr. à fin sept.) – 22 – 1 studio – 1 appartement. Sem. 270 à 570€
borne artisanale
Pour s'y rendre : 51 Toull Tréaz (2,5 km au nord-ouest, aux dunes de Ste-Marguerite)
À savoir : situation agréable au bord de la plage et table d'orientation explicative sur le site

Nature :
Loisirs :
Services : laverie
À prox. :

Longitude : -4.60306
Latitude : 48.59306

LANLOUP

22580 – **309** E2 – 271 h. – alt. 58
Paris 484 – Guingamp 29 – Lannion 44 – St-Brieuc 36

Le Neptune de déb. avr. à mi-oct.
02 96 22 33 35, *contact@leneptune.com*, Fax 02 96 22 68 45, *www.leneptune.com*
2 ha (84 empl.) plat, peu incliné, herbeux
Tarif : (Prix 2011) 5,50€ 10€ – (10A) 4€
Location : (Prix 2011) (de déb. avr. à mi-oct.) – 12 – 10 . Sem. 229 à 539€
borne artisanale 8€
Pour s'y rendre : à Kerguistin 3 (sortie ouest du bourg)
À savoir : cadre arbustif plaisant

Nature :
Loisirs : (découverte en saison)
Services : laverie
À prox. :

Longitude : -2.96704
Latitude : 48.71372

LANNION

22300 – **309** B2 – 19 773 h. – alt. 12
Quai d'Aiguillon 02 96 46 41 00
Paris 516 – Brest 96 – Morlaix 42 – St-Brieuc 65

Les Plages de Beg-Léguer de déb. avr. à mi-nov.
02 96 47 25 00, *info@campingdesplages.com*, Fax 02 96 47 27 77, *www.campingdesplages.com*
5 ha (240 empl.) peu incliné, plat, herbeux
Tarif : (Prix 2011) 7€ 8,50€ – (6A) 3,50€
Location : (Prix 2011) (de déb. avr. à mi-nov.) – 26 – 7 . Nuitée 41 à 105€ – Sem. 287 à 735€
borne artisanale
Pour s'y rendre : rte de la Côte (6 km à l'ouest par rte de Trébeurden et rte à gauche, à 500 m de la plage)

Nature :
Loisirs : crêperie, pizzeria (découverte en saison) terrain multisports
Services : laverie

Longitude : -3.545
Latitude : 48.73834

Municipal des 2 Rives Permanent
02 96 46 31 40, *camping.des2rives@ville-lannion.fr*, Fax 02 96 46 31 40, *www.ville-lannion.fr*
2,3 ha (116 empl.) plat, herbeux
Tarif : (Prix 2011) 3,40€ 2,10€ 5€ – (10A) 2,50€
Location : (Prix 2011) (permanent) (1 chalet) – 14 – 8 bungalows toilés. Nuitée 31 à 64€ – Sem. 213 à 445€
borne artisanale 6€ – 16€
Pour s'y rendre : r. du Moulin du Duc (2 km au sud-est par D 767, rte de Guingamp et rte à dr. apr. le centre commercial Leclerc)
À savoir : plaisante décoration arbustive sur les deux rives du Léguer

Nature :
Loisirs :
Services : laverie
À prox. : sentier pédestre, canoë

Longitude : -3.44584
Latitude : 48.72293

LANTIC

22410 – **309** E3 – 1 407 h. – alt. 50
Paris 466 – Brest 139 – Lorient 133 – Rennes 116

Les Étangs

02 96 71 95 47, *contact@campinglesetangs.com*, Fax 02 96 71 95 47, *www.campinglesetangs.com*
1,5 ha (110 empl.) terrasse, peu incliné, plat, herbeux
Location : – 10 – 2 bungalows toilés.
borne artisanale
Pour s'y rendre : 2 km à l'est par D 4, rte de Binic, près de deux étangs

Nature :
Loisirs :
Services :
À prox. :

Longitude : -2.86254
Latitude : 48.6068

LARMOR-PLAGE

56260 – **308** K8 – 8 415 h. – alt. 4 – Base de loisirs
Paris 510 – Lorient 7 – Quimper 74 – Vannes 66

La Fontaine Permanent

02 97 33 71 28, *contact@campingdelafontaine.fr*, Fax 02 97 33 70 32, *www.campingdelafontaine.fr*
4 ha (130 empl.) plat, peu incliné, herbeux
Tarif : (Prix 2011) 20,25€ (16A) – pers. suppl. 4,65€ – frais de réservation 13,70€
Location : (Prix 2011) (permanent) – 11 – 1 studio. Sem. 248 à 510€
borne eurorelais 5€ – 3 10,20€
Pour s'y rendre : au lieu-dit : Kerdeff, r. de Quéhello (à l'ouest de la station, à 300 m du D 152 (accès conseillé))

Nature :
Loisirs :
Services : laverie

Longitude : -3.39212
Latitude : 47.70912

LESCONIL

29740 – **308** F8
Paris 581 – Douarnenez 41 – Guilvinec 6 – Loctudy 7

La Grande Plage de déb. avr. à fin sept.

02 98 87 88 27, *campinggrandeplage@hotmail.com*, Fax 02 98 87 88 27, *www.campinggrandeplage.com*
2,5 ha (120 empl.) plat, peu incliné, herbeux
Tarif : 25,45€ (10A) – pers. suppl. 5€
Location : (permanent) – 10 – 5 bungalows toilés. Nuitée 35 à 70€ – Sem. 250 à 500€
borne eurorelais 2€
Pour s'y rendre : 71 r. Paul Langevin (1 km à l'ouest, rte de Guilvinec, à 300 m de la plage (accès direct))

Nature :
Loisirs :
Services : laverie

Longitude : -4.22897
Latitude : 47.79804

Les Dunes de mi-avr. à fin sept.

02 98 87 81 78, *campingdesdunes@gmail.com*, *www.camping-lesdunes-29.com*
2,8 ha (120 empl.) plat, herbeux
Tarif : 24,40€ (10A) – pers. suppl. 4,80€
Location : (de mi-avr. à fin sept.) – 4 . Nuitée 48 à 83€ – Sem. 335 à 580€
Pour s'y rendre : 67 r. Paul-Langevin (1 km à l'ouest, rte de Guilvinec, à 150 m de la plage (accès direct))

Nature :
Loisirs :
Services : laverie

Longitude : -4.2256
Latitude : 47.79495

Keralouet

02 98 82 23 05, *campingkeralouet@wanadoo.fr*, *www.campingkeralouet.com*
1 ha (64 empl.) plat, herbeux
Tarif : (Prix 2011) 13,40€ (4A) – pers. suppl. 2,80€
Location : (Prix 2011) (de déb. avr. à fin sept.) (2 chalets) – 3 – 8 – 4 tentes. Sem. 185 à 583€
Pour s'y rendre : 11 r. Eric Tabarly (1 km à l'est sur rte de Loctudy)
À savoir : ensemble soigné, agréable

Nature :
Loisirs :
Services :
À prox. :

Longitude : -4.20595
Latitude : 47.80424

LOCMARIA-PLOUZANÉ

29280 – **308** D4 – 4 827 h. – alt. 65
Paris 610 – Brest 15 – Brignogan-Plages 50 – Ploudalmézeau 23

Municipal de Portez de déb. mai à fin sept.
02 98 48 49 85, *camping-portez@locmaria-plouzane.fr*, Fax 02 98 48 49 85
2 ha (110 empl.) non clos, en terrasses, plat, herbeux
Tarif : (Prix 2011) 3,25€ 4,40€ 4,40€ – (8A) 2,75€

Location : (Prix 2011) (de déb. mai à fin sept.) – 4 . Nuitée 71€ – Sem. 438€
borne autre 4,40€ – 9 4,40€
Pour s'y rendre : au lieu-dit : Portez (3,5 km au sud-ouest par D 789 et rte de la plage de Trégana, à 200 m de la plage)

Nature :
Loisirs :
Services : (15 juin-15 sept.) laverie
À prox. : crêperie pizzeria

Longitude : -4.66344
Latitude : 48.3582

Benutzen Sie
– zur Wahl der Fahrtroute
– zur Berechnung der Entfernungen
– zur exakten Lokalisierung eines Campingplatzes (mit Hilfe der Angaben im Ortstext)
die für diesen Führer unentbehrlichen ***MICHELIN-Karten.***

LOCMARIAQUER

56740 – **308** N9 – 1 632 h. – alt. 5
rue de la Victoire *02 97 57 33 05*
Paris 488 – Auray 13 – Quiberon 31 – La Trinité-sur-Mer 10

Lann-Brick de déb. avr. à déb. oct.
02 97 57 32 79, *camping.lannbrick@wanadoo.fr*, Fax 02 97 57 45 47, *www.camping-lannbrick.com*
1,2 ha (98 empl.) plat, herbeux
Tarif : 24€ (10A) – pers. suppl. 4,80€ – frais de réservation 15€

Location : (de déb. avr. à déb. oct.) – 16 – 2 bungalows toilés. Sem. 250 à 660€ – frais de réservation 15€
15 24€
Pour s'y rendre : au lieu-dit : Lann Brick - rte de Kérinis (2,5 km au nord-ouest par rte de Kérinis, à 200 m de la plage)

Nature :
Loisirs : balnéo
Services : laverie
À prox. :

Longitude : -2.98527
Latitude : 47.58268

LOCRONAN

29180 – **308** F6 – 800 h. – alt. 105
place de la Mairie *02 98 91 70 14*
Paris 580 – Rennes 229 – Quimper 17

Le Locronan de déb. avr. à déb. nov.
02 98 91 87 76, *contact@camping-locronan.fr*, *www.camping-locronan.fr*
2,6 ha (103 empl.) en terrasses, plat, herbeux, fort dénivelé
Tarif : 20,24€ (10A) – pers. suppl. 4,82€ – frais de réservation 5€

Location : (de déb. avr. à déb. nov.) – 11 – 6 bungalows toilés. Sem. 150 à 745€ – frais de réservation 15€
borne artisanale
Pour s'y rendre : r. de la Troménie

Nature :
Loisirs :
Services : laverie

Longitude : -4.19918
Latitude : 48.09582

LOCTUDY

29750 – **308** F8 – 4 101 h. – alt. 8
place des Anciens Combattants ✆ 02 98 87 53 78
Paris 578 – Bénodet 18 – Concarneau 35 – Pont-l'Abbé 6

Les Hortensias de déb. avr. à fin sept.
✆ 02 98 87 46 64, *leshortensias@libertysurf.fr*, *www.camping-loctudy.com*
1,5 ha (100 empl.) plat, herbeux
Tarif : 23,60€ (10A) – pers. suppl. 4,40€
Location : (de déb. avr. à fin sept.) – 18 . Sem. 205 à 645€
borne artisanale 5€ – 11€
Pour s'y rendre : 38 r. des Tulipes (3 km au sud-ouest par rte de Larvor, à 500 m de la plage de Lodonnec)

Nature :
Loisirs :
Services : laverie
À prox. :

Longitude : -4.1823
Latitude : 47.81259

Créez votre voyage en ligne sur ***Voyage.ViaMichelin.fr***

LOUANNEC

22700 – **309** B2 – 2 853 h. – alt. 53
Paris 527 – Rennes 175 – St-Brieuc 77 – Lannion 10

Municipal Ernest Renan de déb. mai à fin sept.
✆ 02 96 23 11 78, *camping-louannec2@wanadoo.fr*, Fax 02 96 49 04 47, *www.camping-louannec.fr*
4 ha (265 empl.) plat, herbeux
Tarif : (Prix 2011) 16,75€ (6A) – pers. suppl. 3,45€
Location : (Prix 2011) (de déb. avr. à fin sept.) – 2 roulottes – 8 . Nuitée 36 à 116€ – Sem. 179 à 580€
borne artisanale 4€ – 11 9,50€
Pour s'y rendre : 1 km à l'ouest, au bord de mer

Nature :
Loisirs : diurne
Services : laverie
À prox. :

Longitude : -3.42723
Latitude : 48.79666

MARCILLÉ-ROBERT

35240 – **309** N7 – 931 h. – alt. 65
Paris 333 – Bain-de-Bretagne 33 – Châteaubriant 30 – La Guerche-de-Bretagne 11

Municipal de l'Étang Permanent
✆ 06 02 08 60 22, *camping.marcillerobert@yahoo.fr*, Fax 02 99 43 54 34
0,5 ha (22 empl.) en terrasses, plat, herbeux
Tarif : (Prix 2011) 10€ (10A) – pers. suppl. 2,85€
Pour s'y rendre : r. des Bas Gasts (sortie sud par D 32, rte d'Arbrissel)
À savoir : cadre agréable surplombant un étang

Nature :
Services :
À prox. : pédalos

Longitude : -1.36369
Latitude : 47.94795

MARTIGNÉ-FERCHAUD

35640 – **309** O8 – 2 598 h. – alt. 90
place Sainte-Anne ✆ 02 99 47 84 37
Paris 340 – Bain-de-Bretagne 31 – Châteaubriant 15 – La Guerche-de-Bretagne 16

Municipal du Bois Feuillet
✆ 02 99 47 84 38, *mairie-de-martigne-ferchaud@wanadoo.fr*, Fax 02 99 47 84 65, *www.ville-martigne-ferchaud.fr*
1,7 ha (50 empl.) en terrasses, herbeux, plat
borne artisanale
Pour s'y rendre : lieu-dit : Étang de la Forge (nord-est du bourg)

Nature :
Loisirs :
Services :
À prox. : (plage) pédalos

Longitude : -1.3
Latitude : 47.83333

MATIGNON

22550 – **309** I3 – 1 560 h. – alt. 70
place du Général-de-Gaulle ✆ 02 96 41 12 53
Paris 425 – Dinan 30 – Dinard 23 – Lamballe 23

Le Vallon aux Merlettes de déb. mai à fin sept.
✆ 02 96 41 11 61, *giblanchet@wanadoo.fr, www.camping-matignon.com*
3 ha (100 empl.) peu incliné, plat, herbeux
Tarif : 16,20€ (8A) – pers. suppl. 3,70€
Location : (de déb. avr. à mi-oct.) – 5 . Nuitée 40€ – Sem. 450€ – frais de réservation 10€
borne artisanale 2€ – 3 13,70€
Pour s'y rendre : 43 r. du Dr-Jobert (au sud-ouest par D 13, rte de Lamballe, au stade)

Nature :
Loisirs :
Services : laverie
À prox. :

Longitude : -2.29512
Latitude : 48.59301

LES GUIDES VERTS MICHELIN
Paysages, monuments
Routes touristiques
Géographie
Histoire, Art
Circuits de visite
Plans de villes et de monuments

MERDRIGNAC

22230 – **309** H5 – 2 921 h. – alt. 140
Paris 411 – Dinan 47 – Josselin 33 – Lamballe 40

Manche Océan de déb. mai à fin sept.
✆ 02 96 28 47 98, *camping.merdrignac@orange.fr*,
Fax 02 96 26 55 44, *www.valdelandrouet.com*
15 ha/2 campables (50 empl.) peu incliné, plat, herbeux
Tarif : 4€ 2€ 4€ – (5A) 3€
Location : (permanent) – 5 – 30 gîtes. Nuitée 38 à 55€ – Sem. 160 à 380€ – frais de réservation 15€
borne artisanale 3€ – 5 17€ – 10€
Pour s'y rendre : 14 Rue du Gouède (0,8 km au nord, près de la piscine et de deux plans d'eau, à la base de loisirs)

Nature :
Loisirs :
Services :
À prox. : swing golf

Longitude : -2.41525
Latitude : 48.19843

MEUCON

56890 – **308** O8 – 2 011 h. – alt. 80
Paris 467 – Rennes 116 – Vannes 8 – Lorient 62

Le Haras Permanent
✆ 02 97 44 66 06, *contact@campingvannes.com*,
Fax 02 97 44 49 41, *http://www.campingvannes.com*
14 ha/2,5 campables (140 empl.) plat, peu incliné, herbeux, bois
Tarif : 31€ (10A) – pers. suppl. 5€
Location : (permanent) (1 chalet) – 33 – 7 . Nuitée 60 à 100€ – Sem. 224 à 784€ – frais de réservation 20€
borne artisanale 13€ – 8 13€
Pour s'y rendre : à Kersimon (de Vannes : au nord par D 767 puis D 778 E, derrière aéroclub de Vannes-Meucon-Bretagne-Sud)

Nature :
Loisirs : snack terrain multisports, petit parc animalier
Services : laverie
À prox. : poneys (centre équestre) ULM, école de parachutisme

Longitude : -2.72795
Latitude : 47.73035

MOËLAN-SUR-MER

29350 – **308** J8 – 6 879 h. – alt. 58
20, place de l'Église *02 98 39 67 28*
Paris 523 – Carhaix-Plouguer 66 – Concarneau 27 – Lorient 27

L'Île Percée de déb. avr. à mi-sept.
02 98 71 16 25, *camping-ilepercee-am@orange.fr*, *www.camping-ile-percee.fr*
1 ha (65 empl.) plat, herbeux
Tarif : (Prix 2011) 20,20€ (10A) – pers. suppl. 3,80€ – frais de réservation 8€

Location : (Prix 2011) (de déb. avr. à mi-sept.) – 4. Nuitée 45 à 85€ – Sem. 290 à 550€ – frais de réservation 8€
Pour s'y rendre : plage de Trenez (5,8 km à l'ouest par D 116, rte de Kerfany-les-Pins, puis 1,7 km par rte à gauche)
À savoir : agréable site sauvage surplombant l'océan

Nature :
Loisirs : kayak
Services :
À prox. : snack sentiers pédestres

Longitude : -3.70241
Latitude : 47.78872

MORGAT

29160 – **308** E5 – 7 535 h.
Paris 590 – Rennes 238 – Quimper 55 – Brest 15

Les Bruyères de déb. avr. à fin sept.
02 98 26 14 87, *info@camping-bruyeres-crozon.com*, Fax 02 98 26 17 73, *www.camping-bruyeres-crozon.com*
4 ha (130 empl.) plat, peu incliné, herbeux
Tarif : 5,20€ 7,80€ – (8A) 3,50€

Location : (de déb. avr. à fin sept.) – 15. Nuitée 50 à 70€ – Sem. 300 à 690€
Pour s'y rendre : au lieu-dit : Le Bouis (1,5 km par D 255, rte du Cap de la Chèvre et chemin à droite)
À savoir : cadre naturel avec accès à Morgat par chemin pédestre

Nature :
Loisirs :
Services : laverie

Longitude : -4.53183
Latitude : 48.22293

MOUSTERLIN

29170 – **308** G7
Paris 563 – Rennes 212 – Quimper 22 – Brest 94

FranceLoc Le Grand Large – de déb. avr. à déb. sept.
02 98 56 04 06, *grandlarge@franceloc.fr*, Fax 02 98 56 58 26, *www.campings-franceloc.fr* – places limitées pour le passage
5,8 ha (287 empl.) plat, herbeux
Tarif : (Prix 2011) 29€ (10A) – pers. suppl. 7€ – frais de réservation 27€

Location : (Prix 2011) (de déb. avr. à déb. sept.) – 216. Nuitée 33 à 143€ – Sem. 133 à 1 001€ – frais de réservation 27€
Pour s'y rendre : 48 rte du Grand Large (près de la plage)

Nature :
Loisirs : jacuzzi terrain multi-sports
Services : laverie
À prox. : brasserie pizzeria

Longitude : -4.0407
Latitude : 47.854

Kost-Ar-Moor de déb. mai à mi-sept.
02 98 56 04 16, *kost-ar-moor@wanadoo.fr*, Fax 02 98 56 65 02, *www.camping-fouesnant.com*
3,5 ha (177 empl.) plat, herbeux
Tarif : 27,50€ (10A) – pers. suppl. 5,70€ – frais de réservation 15€

Location : (de mi-avr. à mi-sept.) – 20 – 5 appartements. Sem. 220 à 595€ – frais de réservation 15€
Pour s'y rendre : rte du grand large - Mousterlin (500 m de la plage)

Nature :
Loisirs :
Services : laverie
À prox. : golf

Longitude : -4.03421
Latitude : 47.85106

NAIZIN

56500 – **308** O7 – 1 662 h. – alt. 106
Paris 454 – Ploërmel 40 – Pontivy 16 – Rennes 106

Municipal de Coetdan de déb. mai à fin sept.
02 97 27 43 27, *mairie-de-naizin@wanadoo.fr*,
Fax 02 97 27 46 82, *naizin.fr* –
0,7 ha (28 empl.) plat et peu incliné, herbeux
Tarif : (Prix 2011) 2,50€ 1,80€ 1,80€ – (12A) 2,50€
Pour s'y rendre : r. des Peupliers (600 m à l'est par D 17 et D 203 dir. Réguiny)
À savoir : cadre agréable près d'un plan d'eau

Nature :
Loisirs :
Services :
À prox. : **parcours de santé, pédalos, ferme animalière**

Longitude : -2.82616
Latitude : 47.99336

NÉVEZ

29920 – **308** I8 – 2 641 h. – alt. 40
18 place de l' Église 02 98 06 87 90
Paris 541 – Concarneau 14 – Pont-Aven 8 – Quimper 40

Les Chaumières de mi-mai à mi-sept.
02 98 06 73 06, *campingdeschaumieres@wanadoo.fr*, *camping-des-chaumieres.com*
3 ha (110 empl.) plat, herbeux
Tarif : 21,10€ (10A) – pers. suppl. 5€
Location : (de déb. avr. à mi-sept.) – 6 . Nuitée 40 à 80€ – Sem. 200 à 550€ – frais de réservation 10€
Pour s'y rendre : 24 Hameau de Kerascoët (3 km au sud par D 77 direction Port Manec'h puis rte à dr.)

Nature :
Loisirs :
Services : (juil.-août) laverie
À prox. : **crêperie**

Longitude : -3.77433
Latitude : 47.79598

NOYAL-MUZILLAC

56190 – **308** Q9 – 2 277 h. – alt. 52
Paris 468 – Rennes 108 – Vannes 31 – Lorient 88

Moulin de Cadillac de mi-avr. à mi-sept.
02 97 67 03 47, *infos@moulin-cadillac.com*,
Fax 02 97 67 00 02, *www.camping-moulin-cadillac.com*
7 ha (192 empl.) plat, herbeux, étangs, bois attenant
Tarif : (Prix 2011) 6€ 12€ – (10A) 3,80€ – frais de réservation 10€
Location : (Prix 2011) (de déb. avr. à mi-sept.) – 41 – 16 – 4 bungalows toilés. Sem. 200 à 610€ – frais de réservation 10€
borne artisanale – 5 13€
Pour s'y rendre : 4,5 km au nord-ouest par rte de Berric
À savoir : entrée fleurie et cadre agréable, au bord du Kervily

Nature :
Loisirs : nocturne salle d'animation, parc aquatique couvert parc animalier, terrain multisports
Services : laverie
À prox. : poneys

Longitude : -2.50199
Latitude : 47.61412

PAIMPOL

22500 – **309** D2 – 7 756 h. – alt. 15
19, rue du Général Leclerc 02 96 20 83 16
Paris 494 – Guingamp 29 – Lannion 33 – St-Brieuc 46

Municipal de Cruckin-Kérity de déb. avr. à fin sept.
02 96 20 78 47, *contact@camping-paimpol.com*,
Fax 02 96 20 75 00, *www.camping-paimpol.com*
2 ha (130 empl.) plat, herbeux
Tarif : 3,80€ 8,20€ – (10A) 3,80€
Location : (de déb. avr. à fin sept.) – 5 bungalows toilés. Nuitée 40€ – Sem. 200 à 340€
borne artisanale 12€ – 10 12€
Pour s'y rendre : au lieu-dit : Kérity (2 km au sud-est par D 786, rte de St-Quay-Portrieux, attenant au stade, à 100 m de la plage de Cruckin)

Nature :
Loisirs :
Services : laverie
À prox. : **crêperie terrain multisports, parcours de santé**

Longitude : -3.02513
Latitude : 48.76897

PAIMPONT

35380 – **309** I6 – 1 636 h. – alt. 159
5, esplanade de Brocéliande 02 99 07 84 23
Paris 390 – Dinan 60 – Ploërmel 26 – Redon 47

Municipal Paimpont Brocéliande de déb. avr. à fin sept.
02 99 07 89 16, *camping.paimpont@orange.fr*, *www.camping-paimpont-broceliande.com* –
1,5 ha (90 empl.) plat, herbeux
Tarif : (Prix 2011) 3,20€ 1,50€ 2,90€ – (5A) 3,10€
Location : (Prix 2011) (permanent) (1 chalet) – 6 . Sem. 260 à 490€
borne autre 3,50€ – 10 8€
Pour s'y rendre : 2 r. du Chevalier Lancelot du Lac (sortie nord par D 773, à prox. de l'étang)

Nature :
Loisirs :
Services : (juil.-août) laverie
À prox. :

Longitude : -2.17265
Latitude : 48.02348

PÉNESTIN

56760 – **308** Q10 – 1 813 h. – alt. 20
allée du Grand Pré 02 99 90 37 74
Paris 458 – La Baule 29 – Nantes 84 – La Roche-Bernard 18

Le Cénic – de mi-avr. à déb. sept.
02 99 90 45 65, *info@lecenic.com*, Fax 02 99 90 45 05, *www.lecenic.com*
5,5 ha (310 empl.) plat, peu incliné, herbeux
Tarif : 31€ (6A) – pers. suppl. 6€ – frais de réservation 15€
Location : (de mi-avr. à déb. sept.) – 40 – 6 . Nuitée 70 à 99€ – Sem. 250 à 680€ – frais de réservation 15€
borne artisanale 3€ – 10 16€
Pour s'y rendre : rte de La Roche-Bernard (1,5 km à l'est par D 34, au bord d'un étang)
À savoir : parc aquatique en partie couvert

Nature :
Loisirs : salle d'animation
Services : laverie

Longitude : -2.45547
Latitude : 47.47889

Les Îles – de déb. avr. à fin sept.
02 99 90 30 24, *contact@camping-des-iles.fr*, Fax 02 99 90 44 55, *www.camping-des-iles.fr*
3,5 ha (184 empl.) plat, herbeux, étang
Tarif : 40€ (10A) – pers. suppl. 5,80€
Location : (de déb. avr. à fin sept.) (1 chalet) – 62 – 11 – 3 tentes. Nuitée 45 à 146€ – Sem. 250 à 1 020€
borne artisanale 2€ – 13.50€
Pour s'y rendre : à La Pointe du Bile (4,5 km au sud par D 201 à dr., à la Pointe du Bile)
À savoir : au bord de la plage

Nature :
Loisirs : snack nocturne terrain multisports
Services : laverie
À prox. : poneys

Longitude : -2.48426
Latitude : 47.44561

Yelloh! Village Le Domaine d'Inly – de déb. avr. à fin sept.
02 99 90 35 09, *inly-info@wanadoo.fr*, Fax 02 99 90 40 93, *www.camping-inly.com* – places limitées pour le passage
30 ha/12 campables (500 empl.) plat, herbeux, pierreux
Tarif : 17€ (10A) – pers. suppl. 6€
Location : (de déb. avr. à fin sept.) – 103 – 4 tentes. Nuitée 32 à 189€ – Sem. 224 à 1 323€
borne autre 2€ – 10 17€
Pour s'y rendre : rte de Couarne (2 km au sud-est par D 201 et rte à gauche)

Nature :
Loisirs : snack poneys canoë, pédalos
Services : laverie

Longitude : -2.46694
Latitude : 47.47138

Les Parcs de déb. avr. à fin sept.
02 99 90 30 59, *camplesparcs@free.fr*,
Fax 02 99 90 37 42, *www.camping-lesparcs.com*
3 ha (100 empl.) plat, incliné, herbeux
Tarif : (Prix 2011) 5,10€ 1,50€ 8,10€ – (6A) 3,10€ – frais de réservation 15€

Location : (Prix 2011) (de déb. avr. à déb. oct.) – 22 . Nuitée 26 à 86€ – Sem. 180 à 600€ – frais de réservation 15€
Pour s'y rendre : rte de la Roche-Bernard (500 m à l'est par D 34)

Nature :
Loisirs : (découverte en saison)
Services : laverie
À prox. :

Longitude : -2.46583
Latitude : 47.48166

PENMARCH

29760 – **308** E8 – 5 662 h. – alt. 7
place Maréchal Davout 02 98 58 81 44
Paris 585 – Audierne 40 – Douarnenez 45 – Pont-l'Abbé 12

Municipal de Toul ar Ster de mi-juin à mi-sept.
02 98 58 86 88, *mairie@penmarch.fr*, Fax 02 98 58 41 57
3 ha (202 empl.) plat, herbeux, sablonneux
Tarif : (Prix 2011) 3,15€ 2,15€ 3€ – (6A) 2,65€ – frais de réservation 50€
Pour s'y rendre : 110 r. Edmond Michelet (1,4 km au sud-est par rte de Guilvinec par la côte et rte à dr., à 100 m de la plage (accès direct))

Nature :
Services : (juil.-août) laverie
À prox. :

Longitude : -4.33726
Latitude : 47.81246

The Guide changes, so renew your guide every year.

PENTREZ-PLAGE

29550 – **308** F5
Paris 566 – Brest 55 – Châteaulin 18 – Crozon 18

Homair Vacances Le Ker'Ys - Les Tamaris – de déb. avr. à mi-sept.
0820 201 207, *info@homair.com*, Fax 04 42 95 03 63, *www.homair.com/camping_domaine_de_ker_ys.html*
– places limitées pour le passage
3 ha (190 empl.) plat, peu incliné, herbeux
Tarif : (Prix 2011) 27,50€ (10A) – pers. suppl. 5€ – frais de réservation 10€

Location : (de déb. avr. à mi-sept.) – 120 . Nuitée 21 à 109€ – Sem. 147 à 763€ – frais de réservation 10€
Pour s'y rendre : rte de la Dune (face à la plage)

Nature :
Loisirs : diurne
Services : laverie
À prox. : crêperie

Longitude : -4.30103
Latitude : 48.19558

PERROS-GUIREC

22700 – **309** B2 – 7 333 h. – alt. 60
21, place de l'Hôtel de Ville 02 96 23 21 15
Paris 527 – Lannion 12 – St-Brieuc 76 – Tréguier 19

Yelloh! Village Le Ranolien – de déb. avr. à mi-sept.
02 96 91 65 65, *info@yellohvillage-ranolien.com*,
Fax 02 96 91 41 90, *www.leranolien.fr*
15 ha (525 empl.) plat, peu incliné, herbeux, rochers, fort dénivelé
Tarif : 43€ (10A) – pers. suppl. 9€

Location : (de déb. avr. à mi-sept.) – 5 roulottes – 336 . Nuitée 39 à 198€ – Sem. 273 à 1 386€
borne artisanale – 8 33€
Pour s'y rendre : à Ploumanac'h (1 km au sud-est par D 788, à 200 m de la mer)

À savoir : très agréable centre de balnéo ouvert toute l'année

Nature :
Loisirs : hammam jacuzzi salle d'animation, discothèque, balnéo, spa terrain multi-sports
Services : laverie

Longitude : -3.4747
Latitude : 48.82677

Claire Fontaine de déb. juin à mi-sept.
02 96 23 03 55, Fax 02 96 49 06 19, *www.camping-claire-fontaine.com*
3 ha (180 empl.) peu incliné, plat, herbeux
Tarif : (Prix 2011) 23€ (6A) –
pers. suppl. 8€ – frais de réservation 10€
Location : (Prix 2011) (de déb. mai à fin sept.) – 2 – 6 – 1 gîte. Nuitée 39 à 49€ – Sem. 350 à 650€ – frais de réservation 10€
borne artisanale
Pour s'y rendre : 2,6 km au sud-ouest par r. des Frères-Mantrier, rte de Pleumeur-Bodou et rte à dr.
À savoir : cadre agréable autour d'une ancienne ferme de caractère rénovée

Nature :
Loisirs :
Services : laverie

Longitude : -3.43703
Latitude : 48.81557

LE PERTRE

35370 – **309** P6 – 1 393 h. – alt. 174
Paris 303 – Châteaubriant 55 – Laval 25 – Redon 116

Municipal le Chardonneret de déb. avr. à mi-oct.
06 79 50 41 77, *mairielepertre@lepertre.fr*, Fax 02 99 96 98 92, *www.lepertre.fr*
1 ha (31 empl.) peu incliné, plat, herbeux
Tarif : (Prix 2011) 2,80€ 1,90€ – (15A) 1,90€
Location : (Prix 2011) (de déb. avr. à mi-oct.) – 2 . Sem. 187 à 335€
Pour s'y rendre : r. du Chardonneret (sortie sud-ouest par D 43, rte de Brielles et r. à dr.)
À savoir : près d'un plan d'eau

Nature :
Services :
À prox. : (plage)

Longitude : -1.03943
Latitude : 48.03286

PLANCOËT

22130 – **309** I3 – 2 962 h. – alt. 41
1, rue des Venelles 02 96 84 00 57
Paris 417 – Dinan 17 – Dinard 20 – St-Brieuc 46

Municipal Les Vergers de mi-juin à mi-sept.
02 96 84 03 42, *mairie-plancoet@wanadoo.fr*, Fax 02 96 84 19 49
1,2 ha (100 empl.) plat, herbeux
Tarif : 2,50€ 1,20€ 2,50€ – (10A) 2,30€
Pour s'y rendre : r. du Verger (vers sortie sud-est, rte de Dinan, derrière la caserne des sapeurs-pompiers, au bord de l'Arguenon et d'un petit plan d'eau)

Nature : le village
Loisirs :
Services : (juil.-août) laverie
À prox. : canoë, kayak

Longitude : -2.23221
Latitude : 48.52004

Die Klassifizierung (1 bis 5 Zelte, ***schwarz*** *oder* ***rot****),*
mit der wir die Campingplätze auszeichnen, ist eine Michelin-eigene Klassifizierung.
Sie darf nicht mit der staatlich-offiziellen Klassifizierung
(1 bis 5 Sterne) verwechselt werden.

PLANGUENOUAL

22400 – **309** G3 – 1 773 h. – alt. 76
Paris 440 – Guingamp 52 – Lannion 84 – St-Brieuc 19

Municipal de déb. juil. à fin août
02 96 32 71 93, *administrateur@planguenoual.fr*, *www.planguenoual.fr* –
1,5 ha (64 empl.) en terrasses, plat, herbeux
Tarif : (Prix 2011) 6,40€ (8A)
Pour s'y rendre : lieu-dit : Le Val (2,5 km au nord-ouest par D 59)

Nature :
Services : (juil.-août)

Longitude : -2.59757
Latitude : 48.54702

PLÉNEUF-VAL-ANDRÉ

22370 – **309** G3 – 3 957 h. – alt. 52
1, rue Winston Churchill ✆ 02 96 72 20 55
Paris 446 – Dinan 43 – Erquy 9 – Lamballe 16

Campéole Les Monts Colleux – de déb. avr. à fin sept.
✆ 02 96 72 95 10, *monts-colleux@campeole.com*, Fax 02 96 63 10 49, *www.camping-montscolleux.com*
5 ha/200 campables terrasse, plat, herbeux
Tarif : (Prix 2011) 22 € (10A) – pers. suppl. 7,60 € – frais de réservation 25 €
Location : (Prix 2011) (de déb. avr. à fin sept.) (1 mobile home) – 43 – 22 . Nuitée 37 à 51 € – Sem. 483 à 700 € – frais de réservation 25 €
Pour s'y rendre : 26 r. Jean Lebrun

Nature :
Loisirs :
Services : laverie
À prox. :

Longitude : -2.55023
Latitude : 48.58992

Gebruik de gids van het lopende jaar.

PLESTIN-LES-GRÈVES

22310 – **309** A3 – 3 701 h. – alt. 45
place de la Mairie ✆ 02 96 35 61 93
Paris 528 – Brest 79 – Guingamp 46 – Lannion 18

Municipal St-Efflam de déb. avr. à fin sept.
✆ 02 96 35 62 15, *campingmunicipalplestin@wanadoo.fr*, Fax 02 96 35 09 75, *www.camping-municipal-bretagne.com*
4 ha (190 empl.) en terrasses, peu incliné, plat, herbeux
Tarif : (Prix 2011) 14,45 € (10A) – pers. suppl. 3 €
Location : (Prix 2011) (de déb. avr. à fin sept.) – 10 – 8 . Nuitée 41 à 45 € – Sem. 194 à 398 €
borne flot bleu 2,55 € – 10 €
Pour s'y rendre : r. de Lan-Carré (3,5 km au nord-est, à St-Efflam, par N 786, rte de St-Michel-en-Grève, à 200 m de la mer)

Nature :
Loisirs :
Services : (juil.-août) laverie
À prox. :

Longitude : -3.59973
Latitude : 48.66839

Aire Naturelle Ker-Rolland de mi-juin à déb. sept.
✆ 02 96 35 08 37, *eric.thomas0633@orange.fr*, Fax 02 96 35 08 37, *www.camping-ker-rolland.com*
1,6 ha (22 empl.) plat, herbeux
Tarif : 11,60 € (8A) – pers. suppl. 2,80 €
Location : (permanent) – 4 . Sem. 200 à 360 € – frais de réservation 50 €
Pour s'y rendre : 2,2 km au sud-ouest par D 786, rte de Morlaix et à gauche, rte de Plouégat-Guérand
À savoir : camping à la ferme (maraîchers)

Nature :
Loisirs :
Services :

Longitude : -3.6311
Latitude : 48.65535

PLEUBIAN

22610 – **309** D1 – 2 508 h. – alt. 48
place du Château ✆ 02.96.22.16.45
Paris 506 – Lannion 31 – Paimpol 13 – St-Brieuc 58

Le Port la Chaîne de déb. avr. à fin sept.
✆ 02 96 22 92 38, *info@portlachaine.com*, Fax 02 96 22 87 92, *www.portlachaine.com*
4,9 ha (200 empl.) en terrasses, peu incliné, plat, herbeux
Tarif : 26,60 € (16A) – pers. suppl. 6,40 €
Location : (de déb. avr. à mi-sept.) – 42 . Nuitée 34 à 85 € – Sem. 214 à 595 € – frais de réservation 15 €
Pour s'y rendre : 2 km au nord par D 20, rte de Larmor-Pleubian et rte à gauche
À savoir : bel ombrage de pins maritimes centenaires, au bord de la mer

Nature :
Loisirs :
Services : laverie

Longitude : -3.12993
Latitude : 48.85909

PLEUMEUR-BODOU

22560 – **309** A2 – 3 996 h. – alt. 94
11, rue des Chardons *02 96 23 91 47*
Paris 523 – Lannion 8 – Perros-Guirec 10 – St-Brieuc 72

Le Port Permanent
02 96 23 87 79, renseignements@camping-du-port-22.com, www.camping-du-port-22.com
2 ha (80 empl.) non clos, plat et peu incliné, herbeux, rochers
Tarif : 17€ (15A) – pers. suppl. 5,50€
Location : (permanent) – 20 – 6 – 7 bungalows toilés. Nuitée 40 à 80€ – Sem. 160 à 605€
borne artisanale 5€ – 6 8€
Pour s'y rendre : 3 ch. des Douaniers (6 km au nord, au sud de Trégastel-Plage)
À savoir : au bord de la mer, les "pieds dans l'eau" pour certains emplacements

Nature :
Loisirs : snack canoë
Services : laverie

Longitude : -3.54278
Latitude : 48.81029

PLÉVEN

22130 – **309** I4 – 631 h. – alt. 80
Paris 431 – Dinan 24 – Dinard 28 – St-Brieuc 38

Municipal de déb. avr. à mi-nov.
02 96 84 46 71, camping.pleven@wanadoo.fr, Fax 02 96 84 46 71, *www.pleven.fr*
1 ha (40 empl.) plat et peu incliné, herbeux
Tarif : 1,70€ 1€ 2€ – (12A) 1,70€
Pour s'y rendre : Le bourg (dans le parc de la mairie)

Nature :
Services :
À prox. :

Longitude : -2.31915
Latitude : 48.48991

PLOBANNALEC-LESCONIL

29740 – **308** F8 – 3 315 h. – alt. 16
Paris 578 – Audierne 38 – Douarnenez 38 – Pont-l'Abbé 6

Yelloh! Village L'Océan Breton – de fin avr. à mi-sept.
02 98 82 23 89, info@yellohvillage-loceanbreton.com, Fax 02 98 82 26 49, *www.oceanbreton.com* – places limitées pour le passage
12 ha/8 campables (240 empl.) plat, herbeux
Tarif : 42€ (10A) – pers. suppl. 8€
Location : (de fin avr. à mi-sept.) – 160 – 20 – 5 tentes. Nuitée 33 à 184€ – Sem. 231 à 1 288€
Pour s'y rendre : rte de Plobannalec, au lieu-dit : Le Manoir de Kerlut (1,6 km au sud par D 102, rte de Lesconil et chemin à gauche)
À savoir : accès à la plage par navettes gratuites - terrain au confort sanitaire faible et ancien

Nature :
Loisirs : parcours dans les arbres
Services : laverie

Longitude : -4.22574
Latitude : 47.81167

PLOEMEL

56400 – **308** M9 – 2 429 h. – alt. 46
Paris 485 – Auray 8 – Lorient 34 – Quiberon 23

Municipal St-Laurent – de déb. avr. à fin oct.
02 97 56 85 90, saintlaurent@camp-in-ouest.com, www.campingdesaintlaurent.com
3 ha (90 empl.) plat, peu incliné, herbeux
Tarif : 20,70€ (10A) – pers. suppl. 5€
Location : (de déb. avr. à fin oct.) – 20 – 2 bungalows toilés. Sem. 205 à 675€ – frais de réservation 10€
borne artisanale – 11€
Pour s'y rendre : au lieu-dit : Kergonvo (2,5 km au nord-ouest, rte de Belz, à prox. du carr. D 22 et D 186)

Nature :
Loisirs : snack
Services :
À prox. : golf

Longitude : -3.10013
Latitude : 47.66369

Kergo de déb. mai à fin sept.
✆ 02 97 56 80 66, *camping.kergo@wanadoo.fr*, Fax 02 97 56 80 66, *www.campingkergo.com*
2,5 ha (135 empl.) peu incliné, plat, herbeux
Tarif : (Prix 2011) 17,40€ (10A) – pers. suppl. 3,80€
Location : (Prix 2011) (de déb. avr. à déb. nov.) – 15 . Nuitée 35 à 75€ – Sem. 225 à 560€ – frais de réservation 10€
borne sanistation 6€
Pour s'y rendre : 2 km au sud-est par D 186, rte de la Trinité-sur-Mer et à gauche

Nature :
Loisirs : jacuzzi
Services :

Longitude : -3.05344
Latitude : 47.64576

PLOÉVEN

29550 – **308** F6 – 480 h. – alt. 60
Mairie ✆ 02 98 81 51 84
Paris 585 – Brest 64 – Châteaulin 15 – Crozon 25

La Mer de déb. juin à fin sept.
✆ 02 98 81 29 19, *contact@campingdelamer29.fr*, *www.campingdelamer29.fr*
1 ha (54 empl.) plat, herbeux
Tarif : 4,20€ 2,50€ 4,20€ – (10A) 4,30€
Location : (de déb. juin à mi-sept.) – 1 – 6 bungalows toilés. Nuitée 50 à 80€ – Sem. 160 à 500€
Pour s'y rendre : lieu-dit : Ty Anquer Plage (3 km au sud-ouest, à 300 m de la plage)

Nature :
Services :

Longitude : -4.26796
Latitude : 48.14806

*The classification (1 to 5 tents, **black** or **red**) that we award to selected sites in this Guide is a system that is our own.*
It should not be confused with the classification (1 to 5 stars) of official organisations.

PLOMEUR

29120 – **308** F7 – 3 494 h. – alt. 33
1, place Mairie ✆ 02 98 82 09 05
Paris 579 – Douarnenez 39 – Pont-l'Abbé 6 – Quimper 26

Aire Naturelle Kéraluic de déb. mai à fin oct.
✆ 02 98 82 10 22, *camping@keraluic.fr*, Fax 02 98 82 10 22, *www.keraluic.fr* (de déb. juil. à fin août)
1 ha (25 empl.) plat, herbeux
Tarif : 18,40€ (6A) – pers. suppl. 3,90€
Location : (de déb. juin à fin sept.) – 3 studios – 1 appartement – 2 tentes. Sem. 435 à 535€
Pour s'y rendre : au lieu-dit : Keraluic (4,3 km au nord-est par D 57, rte de Plonéour-Lanvern)
À savoir : ancien corps de ferme joliement rénové

Nature :
Loisirs :
Services :

Longitude : -4.26624
Latitude : 47.86148

Lanven de déb. avr. à fin sept.
✆ 02 98 82 00 75, *campinglanven@wanadoo.fr*, Fax 02 98 82 04 37, *www.campinglanven.com*
3,7 ha (159 empl.) plat, herbeux
Tarif : 3,95€ 5,70€ – (8A) 3€
Location : (de déb. avr. à fin sept.) – 7 . Nuitée 45 à 500€ – Sem. 200 à 500€
Pour s'y rendre : au lieu-dit : La Chapelle de Beuzec (3,5 km au nord-ouest par D 57, rte de Plonéour-Lanvern puis chemin à gauche)
À savoir : présence de colonies de vacances

Nature :
Loisirs : snack
Services : laverie

Longitude : -4.30663
Latitude : 47.8505

PLOMODIERN

29550 – **308** F5 – 2 142 h. – alt. 60
place de l'Église ✆ 02 98 81 27 37
Paris 559 – Brest 60 – Châteaulin 12 – Crozon 25

L'Iroise de déb. avr. à fin sept.
✆ 02 98 81 52 72, *campingiroise@orange.fr*,
Fax 02 98 81 26 10, *www.camping-iroise.fr*
2,5 ha (132 empl.) en terrasses, plat, peu incliné, herbeux
Tarif : 6,50€ 11,90€ – (10A) 3,80€ – frais de réservation 16€
Location : (de déb. avr. à fin sept.) – 2 roulottes – 15 – 16 . Nuitée 55 à 96€ – Sem. 265 à 670€ – frais de réservation 16€
borne artisanale
Pour s'y rendre : Plage de Pors-Ar-Vag (5 km au sud-ouest, à 100 m de la plage)

Nature : < Baie de Douarnenez
Loisirs : jacuzzi
Services : laverie
À prox. : club nautique

Longitude : -4.29397
Latitude : 48.17006

PLONÉOUR-LANVERN

29720 – **308** F7 – 5 511 h. – alt. 71
place Charles-de-Gaulle ✆ 02 98 82 70 10
Paris 578 – Douarnenez 25 – Guilvinec 14 – Plouhinec 21

Municipal de Mariano de mi-juin à mi-sept.
✆ 02 98 87 74 80, *camping@ploneour-lanvern.fr*,
Fax 02 98 82 66 09, *www.ploneour-lanvern.fr*
1 ha (59 empl.) plat, herbeux
Tarif : (Prix 2011) 2€ 2€ 3,50€ – (9A) 3€
Location : (Prix 2011) (de mi-juin à mi-sept.) – 3 . Nuitée 60€ – Sem. 230 à 390€
Pour s'y rendre : Impasse du Plateau (au nord par D 57)

Nature :
Loisirs :
Services : laverie

Longitude : -4.28339
Latitude : 47.90602

PLOUÉZEC

22470 – **309** E2 – 3 322 h. – alt. 100
2, route de Saint-Brieuc ✆ 02 96 22 72 92
Paris 489 – Guingamp 28 – Lannion 39 – Paimpol 6

Domaine du Launay de déb. avr. à fin sept.
✆ 02 96 20 63 15, *domainedulaunay@wanadoo.fr*,
Fax 02 96 16 43 86, *www.domaine-du-launay.com*
4 ha (90 empl.) en terrasses, herbeux
Tarif : (Prix 2011) 3,50€ 6€ – (16A) 3€
Location : (Prix 2011) (permanent) – 15 – 2 bungalows toilés. Sem. 180 à 400€ – frais de réservation 10€
borne artisanale 3€ – 12 12€ – 12€
Pour s'y rendre : 11 rte De Toul Veign (3,1 km au sud-ouest par D 77, rte de Yvias et rte à dr.)
À savoir : belle décoration arbustive

Nature : <
Loisirs : salle d'animation swin-golf
Services : laverie
À prox. : poneys

Longitude : -3.0076
Latitude : 48.73791

Le Cap Horn de déb. avr. à fin sept.
✆ 02 96 20 64 28, *lecaphorn@hotmail.com*,
Fax 02 96 20 63 88, *www.lecaphorn.com*
4 ha (149 empl.) en terrasses et peu incliné, herbeux, pierreux
Tarif : (Prix 2011) 26,50€ (10A) – pers. suppl. 5,50€ – frais de réservation 12€
Location : (Prix 2011) (de déb. avr. à fin sept.) (juil.-août) – 22 . Nuitée 28 à 113€ – Sem. 196 à 791€ – frais de réservation 12€
Pour s'y rendre : r. de Port Lazo (2,3 km au nord-est par D 77, accès direct à la plage)
À savoir : situation dominant l'Anse de Paimpol et l'Ile de Bréhat

Nature : <
Loisirs : kayak de mer
Services : laverie
À prox. : poneys

Longitude : -2.96132
Latitude : 48.75792

PLOUGASNOU

29630 – **308** I2 – 3 217 h. – alt. 55
place du Général Leclerc ✆ 02 98 67 31 88
Paris 545 – Brest 76 – Guingamp 62 – Lannion 34

Domaine de Mesqueau de déb. avr. à fin sept.
✆ 02 96 47 28 58, *domaine-de-mesqueau@orange.fr*, Fax 02 96 47 28 58, *www.camping-bretagne-mer.com*
7,5 ha (100 empl.) plat, herbeux
Tarif : (Prix 2011) 17€ (6A) – pers. suppl. 5€
Location : (Prix 2011) (de déb. avr. à fin sept.) – 11 . Nuitée 36 à 100€ – Sem. 189 à 559€
borne artisanale
Pour s'y rendre : 870 rte de Mesqueau (3,5 km au sud par D 46, rte de Morlaix puis 800 m par rte à gauche, à 100 m d'un plan d'eau (accès direct))

Nature :
Loisirs : terrain multisports
Services :
À prox. : crêperie

Longitude : -3.78101
Latitude : 48.66462

PLOUGASTEL-DAOULAS

29470 – **308** E4 – 13 065 h. – alt. 113
4 bis, place du Calvaire ✆ 02 98 40 34 98
Paris 596 – Brest 12 – Morlaix 60 – Quimper 64

St-Jean – de déb. avr. à fin sept.
✆ 02 98 40 32 90, *info@campingsaintjean.com*, *www.campingsaintjean.com*
203 ha (125 empl.) en terrasses, plat, peu incliné, herbeux, gravier
Tarif : 23€ (10A) – pers. suppl. 5€ – frais de réservation 15€
Location : (Prix 2011) (de mi-avr. à fin sept.) – 38 – 6 . Nuitée 45 à 100€ – Sem. 220 à 700€ – frais de réservation 15€
borne artisanale – 10
Pour s'y rendre : au lieu-dit : Saint-Jean (4,6 km au nord-est par D 29 et N 165, sortie centre commercial Leclerc)
À savoir : situation et site agréables au bord de l'Estuaire de l'Elorn

Nature :
Loisirs : snack nocturne kayak de mer, terrain multisports
Services : laverie

Longitude : -4.35334
Latitude : 48.40122

PLOUGONVELIN

29217 – **308** C4 – 3 565 h. – alt. 44
boulevard de la Mer ✆ 02 98 48 30 18
Paris 616 – Brest 21 – Brignogan-Plages 56 – Quimper 95

Les Terrasses de Bertheaume (location exclusive de mobile homes) Permanent
✆ 02 98 48 32 37, *sarl.alb@orange.fr*, *www.camping-brest.com* – empl. traditionnels également disponibles
2 ha en terrasses, herbeux
Location : – 33 . Nuitée 38 à 65€ – Sem. 167 à 440€
Pour s'y rendre : rte de Perzel

Nature :
Loisirs : (petite piscine)
Services : laverie
À prox. : école de plongée

Longitude : -4.70731
Latitude : 48.34143

PLOUGOULM

29250 – **308** G3 – 1 770 h. – alt. 60
Paris 560 – Brest 58 – Brignogan-Plages 27 – Morlaix 24

Municipal du Bois de la Palud de mi-juin à déb. sept.
✆ 02 98 29 81 82, *mairie-de-plougoulm@wanadoo.fr*, Fax 02 98 29 92 26, *www.plougoulm.fr*
0,7 ha (34 empl.) en terrasses et peu incliné, herbeux
Tarif : (Prix 2011) 16€ (8A) – pers. suppl. 4€
Pour s'y rendre : 900 m à l'ouest du carr. D 10-D 69 (croissant de Plougoulm), par rte de Plouescat et chemin à dr.

Nature :
Services :
À prox. :

Longitude : -4.0564
Latitude : 48.67008

PLOUGOUMELEN

56400 – **308** N9 – 2 301 h. – alt. 27
Paris 471 – Auray 10 – Lorient 51 – Quiberon 39

La Fontaine du Hallate de déb. avr. à mi-oct.
06 16 30 08 33, *degloanic@orange.fr*, *www.camping hallate.fr*
3 ha (94 empl.) peu incliné, plat, herbeux, étang
Tarif : 18,40€ (6A) – pers. suppl. 2,70€
Location : (de déb. avr. à fin oct.) – 12 . Nuitée 60 à 90€ – Sem. 200 à 574€
Pour s'y rendre : 8 ch. de Poul Fetan (3,2 km au sud-est vers Ploeren et rte de Baden à dr., au lieu-dit Hallate)

Nature :
Loisirs :
Services : laverie

Longitude : -2.8989
Latitude : 47.6432

Municipal Kergouguec de déb. juil. à fin août
02 97 57 88 74, *mairie.plougoumelen@wanadoo.fr*, Fax 02 97 57 95 22, *www.plougoumelen.fr/*
1,5 ha (80 empl.) plat, herbeux
Tarif : (Prix 2011) 2,74€ 1,68€ 2,36€ – (6A) 3,16€
Pour s'y rendre : r. Notre-Dame-de-Bequerel (500 m au sud du bourg, par rte de Baden, au stade)

Nature :
Loisirs :
Services :

Longitude : -2.92446
Latitude : 47.64881

Si vous recherchez :
un terrain offrant des équipements et des loisirs adaptés aux enfants,
un terrain très tranquille,
L-M *un terrain proposant la location de mobile homes, bungalows, chalets, chambres ou encore gîtes,*
P *un terrain ouvert toute l'année,*
un terrain possédant une aire de services pour camping-cars,
consultez le tableau des localités.

PLOUGRESCANT

22820 – **309** C1 – 1 353 h. – alt. 53
Paris 516 – Lannion 26 – Perros-Guirec 23 – St-Brieuc 68

Le Gouffre de déb. avr. à fin sept.
02 96 92 02 95, *campingdugouffre@orange.fr*, Fax 02 96 92 52 99, *www.camping-gouffre.com* – places limitées pour le passage
3 ha (130 empl.) peu incliné, plat, herbeux
Tarif : 4,30€ 5€ – (16A) 2,50€ – frais de réservation 7€
Location : (de déb. avr. à fin sept.) – 9 . Nuitée 40 à 80€ – Sem. 190 à 550€ – frais de réservation 7€
borne artisanale
Pour s'y rendre : au lieu-dit : Hent Crec'h Kermorvant (2,7 km au nord par rte de la pointe du Château)

Nature :
Services : (juil.-août)

Longitude : -3.22749
Latitude : 48.86081

Le Varlen de déb. avr. à déb. nov.
02 96 92 52 15, *info@levarlen.com*, Fax 02 96 92 50 34, *www.levarlen.com*
1 ha (65 empl.) plat, herbeux
Tarif : (Prix 2011) 3,90€ 2,40€ 4€ – (10A) 3,90€ – frais de réservation 8€
Location : (Prix 2011) (de déb. avr. à déb. nov.) – 14 – 2 studios – 3 bungalows toilés. Nuitée 35 à 100€ – Sem. 180 à 550€ – frais de réservation 8€
borne artisanale 11,50€ – 11.50€
Pour s'y rendre : 4. Pors Hir (2 km au nord-est, à 200 m de la mer)

Nature :
Loisirs :
Services : laverie
À prox. : crêperie

Longitude : -3.21873
Latitude : 48.86078

PLOUGUERNEAU

29880 – **308** D3 – 6 162 h. – alt. 60
place de l'Europe ✆ 02 98 04 70 93
Paris 604 – Brest 27 – Landerneau 33 – Morlaix 68

La Grève Blanche de déb. avr. à mi-oct.
✆ 02 98 04 70 35, *lroudaut@free.fr*, *www.campinggreveblanche.com*
2,5 ha (100 empl.) plat, peu incliné, herbeux, sablonneux, rochers
Tarif : (Prix 2011) 3,30€ 1,70€ 3,30€ – (9A) 2,80€

Location : (Prix 2011) (permanent) – 2 roulottes – 2 . Sem. 280 à 520€
borne artisanale 4€ – 20 11,60€ – 9€
Pour s'y rendre : lieu-dit : St-Michel (4 km au nord par D 32, rte du Mont-St-Michel et à gauche, au bord de plage)

À savoir : cadre naturel autour de rochers dominant la plage

Nature :
Loisirs :
Services :

Longitude : -4.523
Latitude : 48.6305

Du Vougot de fin mars à fin oct.
✆ 02 98 25 61 51, *campingduvougot@hotmail.fr*, Fax 02 98 25 61 51, *www.campingplageduvougot.com*
2,5 ha (55 empl.) plat, sablonneux, herbeux
Tarif : (Prix 2011) 19,60€ (10A) – pers. suppl. 4,20€

Location : (Prix 2011) (de fin mars à fin oct.) – 15 . Sem. 225 à 555€
borne artisanale 19,60€
Pour s'y rendre : rte de Prat Ledan (7,4 km au nord-est par D 13 et D 10, rte de Guisseny, puis D 52 grève du Vougot, à 250 m de la mer)

Nature :
Loisirs :
Services : laverie
À prox. : centre nautique

Longitude : -4.45
Latitude : 48.63132

Raadpleeg, voordat U zich op een kampeerterrein installeert, de tarieven die de beheerder verplicht is bij de ingang van het terrein aan te geven. Informeer ook naar de speciale verblijfsvoorwaarden. De in deze gids vermelde gegevens kunnen sinds het verschijnen van deze hereditie gewijzigd zijn.

PLOUHA

22580 – **309** E2 – 4 535 h. – alt. 96
5, avenue Laënnec ✆ 02 96 20 24 73
Paris 479 – Guingamp 24 – Lannion 49 – St-Brieuc 31

Les Castels Le Domaine de Keravel de déb. juin à mi-sept.
✆ 02 96 22 49 13, *keravel@wanadoo.fr*, *www.keravel.com*
5 ha/2 campables (116 empl.) en terrasses, peu incliné, herbeux
Tarif : 7,40€ 11,90€ – (10A) 3,80€

Location : (permanent) – 6 – 4 appartements – 3 gîtes. Sem. 330 à 740€
20 26,70€
Pour s'y rendre : lieu-dit : La Trinité (2 km au nord-est par rte de la Trinité, près de la chapelle)

À savoir : dans l'agréable parc d'un manoir

Nature :
Loisirs :
Services : laverie
À prox. : poneys golf, canoë de mer

Longitude : -2.9092
Latitude : 48.68936

PLOUHARNEL

56340 – **308** M9 – 1 923 h. – alt. 21
Rond-Point de l'Océan *02 97 52 32 93*
Paris 490 – Auray 13 – Lorient 33 – Quiberon 15

Kersily de déb. avr. à fin oct.
02 97 52 39 65, *camping.kersily@wanadoo.fr*,
Fax 02 97 52 44 76, *www.camping-kersily.com*
2,5 ha (120 empl.) peu incliné, plat, herbeux
Tarif : (Prix 2011) 5,20€ 2,10€ 6,40€ –
(6A) 3,70€ – frais de réservation 10€

Location : (Prix 2011) (de déb. avr. à fin oct.) – 23 . Nuitée 45 à 68€ – Sem. 215 à 470€ – frais de réservation 10€

borne artisanale 2€

Pour s'y rendre : au lieu-dit : Ste-Barbe (2,5 km au nord-ouest par D 781, rte de Lorient et rte de Ste-Barbe, à gauche)

Nature :
Loisirs : snack nocturne salle d'animation
Services : laverie

Longitude : -3.1316
Latitude : 47.61107

Les Goélands de déb. mai à fin sept.
02 97 52 31 92, *contact@camping-lesgoelands.com*,
www.camping-lesgoelands.com
1,6 ha (80 empl.) plat, herbeux
Tarif : (Prix 2011) 19,50€ (5A) –
pers. suppl. 5€ – frais de réservation 15€

Location : (Prix 2011) (de mi- avr. à mi-oct.) – 3 . Sem. 260 à 580€ – frais de réservation 15€

borne artisanale

Pour s'y rendre : lieu-dit : Kergonan (1,5 km à l'est par D 781, rte de Carnac puis 500 m par rte à gauche)

Nature :
Loisirs :
Services :
À prox. :

Longitude : -3.09657
Latitude : 47.59461

PLOUHINEC

29780 – **308** E6 – 4 215 h. – alt. 101
place Jean Moulin *02 98 70 74 55*
Paris 594 – Audierne 5 – Douarnenez 18 – Pont-l'Abbé 27

Kersiny-Plage de mi-mai à mi-sept.
02 98 70 82 44, *info@kersinyplage.com*,
Fax 09 55 54 80 22, *www.kersinyplage.com*
2 ha (70 empl.) en terrasses, peu incliné, herbeux
Tarif : 17,80€ (8A) – pers. suppl. 5,50€
– frais de réservation 10€

Location : (de déb. avr. à mi-sept.) – 4 – 3 . Sem. 305 à 530€ – frais de réservation 10€

borne artisanale

Pour s'y rendre : 1 r. Nominoé (sortie ouest par D 784, rte d'Audierne puis 1 km au sud par rte de Kersiny, à 100 m de la plage (accès direct))

À savoir : Agréable situation

Nature : mer
Services :
À prox. :

Longitude : -4.50819
Latitude : 48.00719

PLOUHINEC

56680 – **308** L8 – 4 731 h. – alt. 10
Paris 503 – Auray 22 – Lorient 18 – Quiberon 30

Moténo – de fin mars à fin sept.
02 97 36 76 63, *info@camping-moteno.com*,
Fax 02 97 85 81 84, *www.camping-le-moteno.com*
4 ha (230 empl.) plat, herbeux
Tarif : 33,50€ (10A) – pers. suppl. 6,50€
– frais de réservation 25€

Location : (de fin mars à fin sept.) – 40 – 27 . Nuitée 39 à 110€ – Sem. 273 à 770€ – frais de réservation 25€

Pour s'y rendre : r. du Passage d'Étel (4,5 km au sud-est par D 781 et à dr., rte du Magouër)

Nature :
Loisirs : snack jacuzzi , salle d'animation terrain multisports
Services : laverie

Longitude : -3.21873
Latitude : 47.66328

PLOUIGNEAU

29610 – **308** I3 – 4 491 h. – alt. 156
Paris 526 – Brest 72 – Carhaix-Plouguer 43 – Guingamp 44

Aire Naturelle la Ferme de Croas Men de déb. avr. à fin oct.
02 98 79 11 50, *fermecroasmen@free.fr*, *http://ferme-de-croasmen.com*
1 ha (25 empl.) plat, herbeux, verger
Tarif : (Prix 2011) 3,20€ 5,50€ – (6A) 3,20€
Location : (permanent) – 2 roulottes – 3 – 2 tentes. Nuitée 55€ – Sem. 320 à 480€
borne artisanale 11,90€
Pour s'y rendre : au lieu-dit : Croas Men (2,5 km au nord-ouest par D 712 et D 64, rte de Lanmeur puis 4,7 km par rte de Lanleya à gauche et rte de Garlan)
À savoir : ferme pédagogique en activité, musée d' outils paysans

Nature :
Loisirs :
Services : laverie
À prox. :

Longitude : -3.73792
Latitude : 48.60465

PLOUNÉVEZ-LOCHRIST

29430 – **308** F3 – 2 377 h. – alt. 70
Paris 576 – Brest 41 – Landerneau 24 – Landivisiau 22

Municipal Odé-Vras de mi-juin à déb. sept.
02 98 61 65 17, *accueil@plounevez-lochrist.fr*, *www.plounevez-lochrist.fr*
3 ha (135 empl.) plat, sablonneux, herbeux
Tarif : (Prix 2011) 2,65€ 1€ 1,25€ – (80A) 2,30€
Location : (Prix 2011) (de mi-juin à déb. sept.) – 1 . Sem. 250 à 325€
Pour s'y rendre : lieu-dit : Ode Vras (4,5 km au nord, par D 10, à 300 m de la baie de Kernic (accès direct))

Nature :
Loisirs :
Services : laverie

Longitude : -4.23942
Latitude : 48.64564

PLOZÉVET

29710 – **308** E7 – 2 921 h. – alt. 70
place Henri Normant *02 98 91 45 15*
Paris 588 – Audierne 11 – Douarnenez 19 – Pont-l'Abbé 22

La Corniche de déb. avr. à fin sept.
02 98 91 33 94, *infos@campinglacorniche.com*, *www.campinglacorniche.com*
2 ha (120 empl.) plat, herbeux
Tarif : 23€ (10A) – pers. suppl. 4,80€ – frais de réservation 10€
Location : (de déb. avr. à fin sept.) – 10 – 9 – 4 bungalows toilés. Nuitée 38 à 85€ – Sem. 200 à 595€ – frais de réservation 10€
borne autre 4€ – 5 13€
Pour s'y rendre : ch. de la Corniche (sortie sud par rte de la mer)

Nature :
Loisirs :
Services : laverie

Longitude : -4.4287
Latitude : 47.98237

PLURIEN

22240 – **309** H3 – 1 368 h. – alt. 48
Manoir de Montangué *02 96 72 18 52*
Paris 436 – Dinard 34 – Lamballe 25 – Plancoët 23

Municipal la Saline de déb. juin à mi-sept.
02 96 72 17 40, *commune.plurien@orange.fr* –
3 ha (150 empl.) en terrasses, plat, herbeux
Tarif : (Prix 2011) 3€ 1,30€ 2,40€ – (6A) 2,40€
Pour s'y rendre : r. du Lac, au lieu-dit : Sables d'or-Les Pins (1,2 km au nord-ouest par D 34, rte de Sables-d'Or-les-Pins, à 500 m de la mer)

Nature :
Loisirs :
Services : laverie

Longitude : -2.41396
Latitude : 48.63281

PONTRIEUX

22260 – **309** D2 – 1 110 h. – alt. 13
place de Trocquer 02 96 95 14 03
Paris 491 – Guingamp 18 – Lannion 27 – Morlaix 67

Traou-Mélédern Permanent
02 96 95 69 27, *campingpontrieux@free.fr*, *www.camping-pontrieux.com*
1 ha (50 empl.) peu incliné, plat, herbeux
Tarif : 3,80€ 5€ – (7A) 3€
Location : (permanent) – 1 – 2 gîtes. Nuitée 50€ – Sem. 360€
Pour s'y rendre : 400 m au sud du bourg, au bord du Trieux

Nature :
Loisirs :
Services : (de mi-juin à mi-sept.)
À prox. : port de plaisance

Longitude : -3.16355
Latitude : 48.6951

Benutzen Sie den Hotelführer des laufenden Jahres.

PONT-SCORFF

56620 – **308** K8 – 3 087 h. – alt. 42
route de Lorient 02 97 32 50 27
Paris 509 – Auray 47 – Lorient 11 – Quiberon 56

Ty Nénez Permanent
02 97 32 51 16, *camping-ty-nenez@wanadoo.fr*, Fax 02 97 32 43 77, *www.lorient-camping.com*
2,5 ha (75 empl.) plat, peu incliné, herbeux
Tarif : 17€ (16A) – pers. suppl. 4€
Location : (permanent) – 10 – 2 tentes. Nuitée 40 à 77€ – Sem. 280 à 539€
borne eurorelais 2€ – 7 14€ – 11€
Pour s'y rendre : rte de Lorient (1,8 km au sud-ouest par D 6)

Nature :
Loisirs :
Services : laverie

Longitude : -3.40238
Latitude : 47.8307

PORDIC

22590 – **309** F3 – 5 674 h. – alt. 97
Paris 459 – Guingamp 33 – Lannion 65 – St-Brieuc 11

Les Madières de déb. avr. à fin oct.
02 96 79 02 48, *campinglesmadieres@wanadoo.fr*, *www.campinglesmadieres.com*
1,6 ha (93 empl.) peu incliné, plat, herbeux
Tarif : (Prix 2011) 21,50€ (10A) – pers. suppl. 3€
Location : (Prix 2011) (de déb. avr. à fin oct.) – 9 . Sem. 290 à 570€ – frais de réservation 10€
4 17€
Pour s'y rendre : au lieu-dit : Le Vau Madec (2 km au nord-est par rte de Binic et à dr.)
À savoir : agréable cadre verdoyant et ombragé avec quelques emplacements vue sur mer et port de St-Quay-Portrieux

Nature :
Loisirs : snack
Services : laverie

Longitude : -2.80593
Latitude : 48.58196

Le Roc de l'Hervieu de déb. mai à fin sept.
02 96 79 30 12, *le.roc.de.lhervieu@wanadoo.fr*, Fax 02 96 79 30 12, *www.campinglerocdelhervieu.fr* – places limitées pour le passage
2,5 ha (166 empl.) plat, herbeux
Tarif : 4,50€ 3,80€ 4,50€ – (10A) 3,80€
Location : (de déb. avr. à fin sept.) – 110 – 1 . Nuitée 50 à 60€ – Sem. 300 à 500€
borne artisanale 3€
Pour s'y rendre : 19 r. d'Estienne d'Orves (3 km au nord-est par rte de la Pointe de Pordic et chemin à dr.)

Nature :
Loisirs :
Services :

Longitude : -2.7811
Latitude : 48.58188

PORT-MANECH

29920 – **308** I8

Paris 545 – Carhaix-Plouguer 73 – Concarneau 18 – Pont-Aven 12

St-Nicolas de déb. mai à mi-sept.
02 98 06 89 75, *info@campinglesaintnicolas.com*,
Fax 02 98 06 74 61, *www.campinglesaintnicolas.com*
3 ha (180 empl.) plat, incliné et en terrasses, herbeux
Tarif : 31,30€ (10A) – pers. suppl. 5,90€ – frais de réservation 7,50€

Location : (de déb. avr. à fin sept.) – 13 . Nuitée 45 à 85€ – Sem. 230 à 595€ – frais de réservation 7,50€
Pour s'y rendre : à Port-Manech (au nord du bourg, à 200 m de la plage)

À savoir : décoration arbustive et florale

Nature :
Loisirs :
Services : laverie
À prox. :

Longitude : -3.74541
Latitude : 47.80512

Donnez-nous votre avis sur les terrains que nous recommandons. Faites-nous connaître vos observations et vos découvertes par mail à l'adresse : leguidecampingfrance@tp.michelin.com.

LE POULDU

29360 – **308** J8

Paris 521 – Concarneau 37 – Lorient 25 – Moëlan-sur-Mer 10

Les Embruns de déb. avr. à mi-sept.
02 98 39 91 07, *camping-les-embruns@wanadoo.fr*,
Fax 02 98 39 97 87, *www.camping-les-embruns.com*
ha (180 empl.) plat et peu incliné, herbeux, sablonneux, verger
Tarif : 31,50€ (16A) – pers. suppl. 5,90€ – frais de réservation 20€

Location : (de déb. avr. à mi-sept.) – 30 – 2 . Sem. 250 à 820€ – frais de réservation 20€
borne autre 4€ – 1315 9€ – 9€
Pour s'y rendre : r. du Philosophe Alain (au bourg, à 350 m de la plage)

À savoir : Belle décoration arbustive et florale

Nature :
Loisirs : diurne (découverte en saison)
Parc animalier
Services : laverie
À prox. :

Longitude : -3.54696
Latitude : 47.76947

Keranquernat Permanent
02 98 39 92 32, *camping.keranquernat@wanadoo.fr*,
www.camping.keranquernat.com
1,5 ha (100 empl.) plat et peu incliné, herbeux
Tarif : 4€ 8,50€ – (10A) 4€ – frais de réservation 8€

Location : (permanent) (de déb. mai à mi-sept.) – 10 . Sem. 490€
borne artisanale 7,70€
Pour s'y rendre : Keranquernat (au rond-point, sortie nord-est)

À savoir : cadre agréable sous les pommiers, au milieu des fleurs

Nature :
Loisirs :
Services : (juil.-août)
laverie
À prox. :

Longitude : -3.54332
Latitude : 47.7727

Locouarn de déb. juin à mi-sept.
02 98 39 91 79, *info@camping-locouarn.com*,
www.camping-locouarn.com
2,5 ha (100 empl.) peu incliné, plat, herbeux, non clos
Tarif : 3,25€ 6,40€ – (10A) 4€

Location : (de déb. mai à mi-sept.) – 15 . Nuitée 50 à 100€ – Sem. 160 à 540€ – frais de réservation 5€
Pour s'y rendre : 2 km au nord par D 49, rte de Quimperlé

Nature :
Loisirs :
Services : laverie
À prox. : crêperie
poneys

Longitude : -3.54793
Latitude : 47.7855

Les Grands Sables de déb. avr. à mi-sept.
02 98 39 94 43, *campinglesgrandssables@orange.fr*, Fax 09 70 62 08 08, *www.camping-lesgrandssables.com*
2,4 ha (133 empl.) plat, peu incliné, terrasses, herbeux, sablonneux
Tarif : 19,30€ (10A) – pers. suppl. 4,75€ – frais de réservation 8€
Location : (permanent) – 16 . Nuitée 28 à 81€ – Sem. 195 à 570€ – frais de réservation 8€
Pour s'y rendre : 22 r. Philosophe Alain (au bourg, à 200 m de la plage)
À savoir : Dans un cadre verdoyant et ombragé avec vue sur la jolie chapelle : Notre-Dame-de-la-Paix

Nature :
Loisirs :
Services : laverie
À prox. :

Longitude : -3.54716
Latitude : 47.7683

Croas An Ter de déb. juin à mi-sept.
02 98 39 94 19, *campingcroasanter@orange.fr*, Fax 02 98 39 94 19, *www.campingcroasanter.com*
3,5 ha (90 empl.) plat, incliné, herbeux
Tarif : 3,50€ 5€ – (6A) 3,20€
Location : (permanent) – 2 – 1 tente. Sem. 350 à 430€
Pour s'y rendre : lieu-dit : Quelvez (1,5 km au nord par D49, rte de Quimperlé)

Nature :
Loisirs : pizzeria
Services :
À prox. :

Longitude : -3.54104
Latitude : 47.78515

POULLAN-SUR-MER

29100 – **308** E6 – 1 470 h. – alt. 79
Paris 596 – Rennes 244 – Quimper 30 – Brest 80

Flower Le Pil Koad – de déb. avr. à mi-sept.
02 98 74 26 39, *info@pil-koad.com*, Fax 02 98 74 55 97, *www.camping-douarnenez.com*
5,7 ha (190 empl.) plat, herbeux
Tarif : 32€ (10A) – pers. suppl. 5,30€
Location : (de déb. avr. à mi-sept.) – 73 – 20 – 3 tentes. Nuitée 43 à 139€ – Sem. 210 à 973€
borne artisanale 2€ – 13€
Pour s'y rendre : 30 r. Luc Robet (600 m à l'est du bourg par D7)

Nature :
Loisirs : nocturne terrain multisports
Services : laverie

Longitude : -4.40634
Latitude : 48.08162

ATTENTION :
these facilities are not necessarily available throughout the entire period that the camp is open - some are only available in the summer season.

PRIMEL-TRÉGASTEL

29630 – **308** I2
Paris 554 – Rennes 198 – Quimper 105 – Brest 79

Municipal de la Mer de déb. juin à fin sept.
02 98 72 37 06, *camping-plougasnou@orange.fr*, *www.mairie-plougasnou.fr*
1 ha (63 empl.) plat et peu incliné, terrasse, herbeux
Tarif : (Prix 2011) 3,70€ 1,25€ 6,65€ (6A)
Location : (Prix 2011) (de déb. juin à fin sept.) – 2 bungalows toilés. Sem. 250 à 350€
borne artisanale
Pour s'y rendre : 15 rte de Karreg An Ty (4 km au nord par D 46)
À savoir : Situation exceptionnelle d'un site en bord de mer

Nature : Île de Batz et Roscoff
Loisirs :
Services : (juil.-août) laverie
À prox. : snack crêperie

Longitude : -3.81527
Latitude : 48.71477

PRIMELIN

29770 – **308** D6 – 743 h. – alt. 78
Paris 605 – Audierne 7 – Douarnenez 28 – Quimper 44

Municipal de Kermalero de déb. mars à fin oct.
02 98 74 84 75, *campingkermalero@wanadoo.fr*,
Fax 02 98 74 84 75, *www.mairie-primelin.fr*
1 ha (75 empl.) plat et peu incliné, herbeux
Tarif : (Prix 2011) 15€ (6A) –
pers. suppl. 3,50€ – frais de réservation 10€
Location : (Prix 2011) (de déb. mai à fin sept.) – 5 roulottes. Nuitée 40€ – Sem. 280€ – frais de réservation 10€
borne autre 2€ – 6 3€
Pour s'y rendre : rte de l'Océan (sortie ouest vers le port)

Nature :
Loisirs :
Services : (juil.-août)
laverie
À prox. :

Longitude : -4.61067
Latitude : 48.02544

Use this year's Guide.

PRIZIAC

56320 – **308** K6 – 1 026 h. – alt. 163
Paris 498 – Concarneau 55 – Lorient 42 – Pontivy 39

Municipal Bel Air de mi-avr. à fin sept.
02 97 34 63 55, *mairie.priziac@wanadoo.fr*,
Fax 02 97 34 64 67, *priziac.com*
1,5 ha (60 empl.) plat, herbeux
Tarif : (Prix 2011) 2,50€ 1,25€ 1,75€ – (5A) 2€
Location : (Prix 2011) (de mi-mars à fin oct.) – 4 . Nuitée 40€ – Sem. 180 à 352€
borne artisanale
Pour s'y rendre : à l'Etang du Bel Air (500 m au nord par D 109 et à gauche)
À savoir : cadre verdoyant et ombragé près d'un plan d'eau

Nature :
Loisirs :
Services : laverie
À prox. : (plage)
pédalos, base nautique, canoë

Longitude : -3.41418
Latitude : 48.06155

QUIBERON

56170 – **308** M10 – 5 052 h. – alt. 10
14, rue de Verdun 08 25 13 56 00
Paris 505 – Auray 28 – Concarneau 98 – Lorient 47

Le Bois d'Amour – de déb. avr. à fin sept.
02 97 50 13 52, *info@homair.com*, Fax 02 97 50 42 67,
www.homair.com
4,6 ha (272 empl.) plat, sablonneux, herbeux
Tarif : (Prix 2011) 40€ (10A) –
pers. suppl. 7€ – frais de réservation 10€
Location : (Prix 2011) (de déb. avr. à fin sept.) – 190 . Nuitée 28 à 108€ – Sem. 196 à 756€ – frais de réservation 10€
Pour s'y rendre : r. Saint-Clément (1,5 km au sud-est, à 300 m de la mer et du centre de thalassothérapie)

Nature :
Loisirs : snack
Services : laverie
À prox. : (centre équestre) practice de golf

Longitude : -3.11036
Latitude : 47.47854

Do.Mi.Si.La.Mi. – de déb. avr. à fin oct.
02 97 50 22 52, *camping@domisilami.com*,
Fax 02 97 50 26 69, *www.domisilami.com* –
4,4 ha (350 empl.) peu incliné, plat, herbeux
Tarif : 26,30€ (10A) – pers. suppl. 4,60€
Location : (de déb. avr. à fin oct.) – 70 . Nuitée 52 à 312€ – Sem. 107 à 642€
6 18,30€
Pour s'y rendre : au lieu-dit : St-Julien, 31 r. de la Vierge (600 m au nord, à 100 m de la plage)
À savoir : navette gratuite pour Quiberon

Nature :
Loisirs : snack, pizzeria
terrain multisports
Services :
laverie

Longitude : -3.12045
Latitude : 47.49937

Les Joncs du Roch de déb. avr. à fin sept.
02 97 50 24 37, *camping@lesjoncsduroch.com*, *www.lesjoncsduroch.com*
2,3 ha (163 empl.) plat, herbeux
Tarif : (Prix 2011) 35,80€ (10A) – pers. suppl. 7€ – frais de réservation 29€

Location : (Prix 2011) (permanent) – 14 . Nuitée 50 à 110€ – Sem. 310 à 770€
Pour s'y rendre : r. de l'Aérodrome (2 km au sud-est, à 500 m de la mer)

Nature :
Loisirs : salle d'animation terrain multisports
Services : laverie
À prox. : poneys (centre équestre) practice de golf

Longitude : -3.10098
Latitude : 47.47946

Beauséjour de déb. avr. à fin sept.
02 97 30 44 93, *info@campingbeausejour.com*, Fax 02 97 50 44 73, *www.campingbeausejour.com*
2,4 ha (160 empl.) peu incliné, plat, herbeux, sablonneux
Tarif : (Prix 2011) 4€ 14,70€ – (10A) 5,10€ – frais de réservation 18€

Location : (de déb. avr. à fin sept.) – 15 . Sem. 310 à 670€ – frais de réservation 18€
borne artisanale 4€
Pour s'y rendre : bd du Parco (800 m au nord, à 50 m de la plage)

Loisirs :
Services : (juil.-août) laverie
À prox. :

Longitude : -3.12027
Latitude : 47.5003

QUIMPER

29000 – **308** G7 – 63 961 h. – alt. 41 – Base de loisirs
place de la Résistance 02 98 53 04 05
Paris 564 – Brest 73 – Lorient 67 – Rennes 215

Les Castels L'Orangerie de Lanniron – de mi-mai à mi-sept.
02 98 90 62 02, *camping@lanniron.com*, Fax 02 98 52 15 56, *www.lanniron.com*
38 ha/6,5 campables (235 empl.) plat, herbeux
Tarif : 41€ (10A) – pers. suppl. 7,90€ – frais de réservation 20€

Location : (permanent) – 30 – 11 studios – 1 appartement – 6 gîtes. Nuitée 60 à 155€ – Sem. 420 à 1 085€ – frais de réservation 20€
borne autre 4,50€ – 15
Pour s'y rendre : allée de Lanniron (3 km au sud par bd périphérique puis sortie vers Bénodet et rte à dr., près de la zone de loisirs de Creac'h Gwen)

À savoir : dans les magnifiques parc et jardins d'un manoir du XVe s., au bord de l'Odet

Nature :
Loisirs : jacuzzi poneys parc aquatique, golf (9 trous), practice, canoë-kayac de mer
Services : laverie

Longitude : -4.10338
Latitude : 47.97923

Vermelding in deze gids gebeurt geheel kosteloos en is in geen geval te danken aan het betalen van een premie of aan een gunst.

QUIMPERLÉ

29300 – **308** J7 – 10 877 h. – alt. 30
45, place Saint-Michel 02 98 96 04 32
Paris 517 – Carhaix-Plouguer 57 – Concarneau 32 – Pontivy 76

Municipal de Kerbertrand de déb. juin à mi-sept.
02 98 39 31 30, *contact@quimperletourisme.com*, Fax 02 98 96 16 12, *www.quimperle-tourisme.com*
1 ha (40 empl.) plat, herbeux
Tarif : (Prix 2011) 2,78€ 1,18€ 2,15€ – (10A) 1,80€
borne artisanale
Pour s'y rendre : r. du Camping (1,5 km à l'ouest par D 783, rte de Concarneau et chemin à dr., après le stade, face au centre Leclerc)

Nature :
Loisirs :
Services :
À prox. :

Longitude : -3.57044
Latitude : 47.872

RAGUENÈS-PLAGE

29920 – **308** I8

Paris 545 – Carhaix-Plouguer 73 – Concarneau 17 – Pont-Aven 12

Les Deux Fontaines – de déb. mai à déb. sept.
02 98 06 81 91, *info@les2fontaines.fr*,
Fax 02 98 06 71 80, *www.les2fontaines.com*
9 ha (270 empl.) plat, herbeux
Tarif : 33,80€ (10A) – pers. suppl. 6,60€ – frais de réservation 15€

Location : (de déb. mai à déb. sept.) – 35 – 11 . Nuitée 30 à 100€ – Sem. 210 à 1 000€ – frais de réservation 15€
borne artisanale 5€ – 15€
Pour s'y rendre : au lieu-dit : Feunten Vihan (1,3 km au nord par rte de Névez et rte de Trémorvezen)

À savoir : parc aquatique en partie couvert

Nature :
Loisirs : snack golf (6 trous), practice de golf, initiation à la plongée sous-marine en piscine
Services : laverie

Longitude : -3.79129
Latitude : 47.7992

Le Raguenès-Plage – de déb. avr. à déb. oct.
02 98 06 80 69, *info@camping-le-raguenes-plage.com*,
Fax 02 98 06 89 05, *www.camping-le-raguenes-plage.com*
6 ha (287 empl.) plat, herbeux
Tarif : (Prix 2011) 6€ 19€ – (15A) 6,90€

Location : (Prix 2011) (de déb. avr. à déb. oct.) – 61 . Sem. 252 à 820€
borne artisanale – 16.50€
Pour s'y rendre : 19 r. des Îles (à 400 m de la plage, accès direct)

Nature :
Loisirs : snack
Services : laverie

Longitude : -3.80085
Latitude : 47.79373

Le Vieux Verger - Ty Noul de mi-avr. à fin sept.
02 98 06 86 08, *contact@campingduvieuxverger.com*,
Fax 02 98 06 63 07, *www.campingduvieuxverger.com*
2,5 ha (110 empl.) plat, herbeux
Tarif : (Prix 2011) 5€ 2,50€ 5,50€ – (10A) 4,20€ – frais de réservation 10€

Location : (Prix 2011) (de mi-mars à fin sept.) – 10 . Sem. 190 à 660€ – frais de réservation 10€
Pour s'y rendre : 20 Kéroren (sortie nord, rte de Névez)

À savoir : en 2 partie distinctes et joli petit parc aquatique

Nature :
Loisirs :
Services :

Longitude : -3.79777
Latitude : 47.79663

L'Océan de mi-mai à mi-sept.
02 98 06 87 13, *campingocean@orange.fr*,
Fax 02 98 06 78 26, *www.camping-ocean.fr*
2,2 ha (150 empl.) plat, herbeux, sablonneux
Tarif : 26,70€ (10A) – pers. suppl. 5,80€

Location : (de mi-mai à mi-sept.) – 8 . Sem. 320 à 570€
borne artisanale
Pour s'y rendre : 15 Imp. des Mouettes, à Kéroren (sortie nord, rte de Névez et à dr., à 350 m de la plage (accès direct))

Nature :
Loisirs : (découverte en saison)
Services : laverie
À prox. :

Longitude : -3.79789
Latitude : 47.79471

RENNES

35000 – **309** L6 – 207 922 h. – alt. 40

11, rue Saint-Yves 02 99 67 11 11

Paris 349 – Angers 129 – Brest 246 – Caen 185

Municipal des Gayeulles Permanent
02 99 36 91 22, *camping-rennes@citedia.com*,
Fax 02 23 20 06 34, *www.camping-rennes.com*
3 ha (179 empl.) plat, herbeux
Tarif : (Prix 2011) 4€ 1,70€ 7,30€ – (16A) 4€
borne eurorelais 2€
Pour s'y rendre : r. Maurice-Audin (sortie nord-est vers N 12, rte de Fougères puis av. des Gayeulles, près d'un étang)

À savoir : au millieu de l'immense parc boisé "Les Gayeulles"

Nature :
Loisirs :
Services : (juil.-août) laverie
À prox. : patinoire (découverte en saison) parc animalier

Longitude : -1.64772
Latitude : 48.13455

LA ROCHE-BERNARD

56130 – **308** R9 – 755 h. – alt. 38
14, rue du Docteur Cornudet ☎ 02 99 90 67 98
Paris 444 – Nantes 70 – Ploërmel 55 – Redon 28

Municipal le Pâtis de déb. avr. à mi-oct.
☎ 02 99 90 60 13, *camping.lrb@gmail.com*,
Fax 02 99 90 88 28
1 ha (58 empl.) plat, herbeux
Tarif : (Prix 2011) 19€ (6A) –
pers. suppl. 4€ – frais de réservation 40€
Location : (Prix 2011) (de déb. avr. à mi-oct.) – 2 – 1 gîte. Nuitée 39 à 90€ – Sem. 230 à 600€
borne autre 2€ – 15 9€
Pour s'y rendre : 3 ch.du Pâtis (à l'ouest du bourg vers le port de plaisance)
À savoir : au bord de la Vilaine, face au port

Nature :
Loisirs :
Services : (juil.-août)
laverie
À prox. : salon de thé
canoë

Longitude : -2.30523
Latitude : 47.51923

ROCHEFORT-EN-TERRE

56220 – **308** Q8 – 710 h. – alt. 40
7, place du Puits ☎ 02 97 43 33 57
Paris 431 – Ploërmel 34 – Redon 26 – Rennes 82

Le Moulin Neuf
☎ 02 97 43 37 52, *ian.hetherington@orange.fr*,
Fax 02 97 43 35 45, *www.campingdumoulinneuf.com*
2,5 ha (60 empl.) incliné, plat, herbeux
Pour s'y rendre : 1 km au sud-ouest par D 774, rte de Péaule et chemin à dr., à 500 m d'un plan d'eau

Nature :
Loisirs :
Services : laverie
À prox. : (plage)

Longitude : -2.33727
Latitude : 47.69913

...
Sites which are particularly pleasant in their own right and outstanding in their class.

ROHAN

56580 – **308** O6 – 1 581 h. – alt. 55
Paris 451 – Lorient 72 – Pontivy 17 – Quimperlé 86

Municipal le Val d'Oust de déb. juin à mi-sept.
☎ 02 97 51 57 58, *mairie.rohan@wanadoo.fr*,
Fax 02 97 51 52 11, *rohan.fr*
1 ha (45 empl.) plat, herbeux
Tarif : (Prix 2011) 3,25€ 1,40€ 1,75€ –
(15A) 3,10€
15
Pour s'y rendre : r. de St-Gouvry (sortie nord-ouest)
À savoir : au bord du canal de Nantes-à-Brest et près d'un plan d'eau

Nature :
Loisirs :
Services :
À prox. : snack (plage)
parcours sportif, halte fluviale

Longitude : -2.7548
Latitude : 48.07077

ROSPORDEN

29140 – **308** I7 – 6 928 h. – alt. 125
rue Hippolyte Lebas ☎ 02 98 59 27 26
Paris 544 – Carhaix-Plouguer 51 – Châteaulin 50 – Concarneau 15

Municipal Roz-an-Duc
☎ 02 98 59 90 27, *mairie.rosporden@fr.oleane.com*,
Fax 02 98 59 92 00mairie, *www.rosporden.fr*
1 ha (49 empl.) non clos, en terrasses, plat, herbeux
Pour s'y rendre : rte de Coray (1 km au nord par D 36, rte de Châteauneuf-du-Faou et à dr., à la piscine, à 100 m d'un étang)
À savoir : agréable cadre boisé au bord de l'Aven

Nature :
Services : laverie
À prox. : parcours sportif

Longitude : -3.82974
Latitude : 47.96546

ROZ-SUR-COUESNON

35610 – **309** M3 – 1 001 h. – alt. 65
Paris 365 – Rennes 82 – Caen 134 – St-Lô 99

Les Couesnons de déb. avr. à déb. nov.
02 99 80 26 86, *courrier@lescouesnons.com*, *www.lescouesnons.com*
1 ha (57 empl.)
Tarif : (Prix 2011) 19€ – pers. suppl. 5€ (6A)
Location : (de déb. avr. à déb. nov.) – 3 . Sem. 280 à 500€
Pour s'y rendre : l'Hopital (2 km au sud-est sur la D 797)

Nature :
Loisirs : crêperie
Services :

Longitude : -1.60904
Latitude : 48.59597

ST-BRIAC-SUR-MER

35800 – **309** J3 – 1 949 h. – alt. 30
49, Grande Rue *02 99 88 32 47*
Paris 411 – Dinan 24 – Dol-de-Bretagne 34 – Lamballe 41

Émeraude de mi-avr. à mi-sept.
02 99 88 34 55, *camping.emeraude@wanadoo.fr*, Fax 02 99 88 99 13, *www.campingemeraude.com*
3,2 ha (194 empl.) peu incliné, plat, herbeux
Tarif : (Prix 2011) 6,50€ 15€ – (6A) 4€ – frais de réservation 16€
Location : (Prix 2011) (de mi-avr. à mi-sept.) – 57 – 14 . Nuitée 100€ – Sem. 700€ – frais de réservation 16€
borne eurorelais 2,50€
Pour s'y rendre : 7 ch. de la Souris
À savoir : bel espace aquatique

Nature :
Loisirs : snack salle d'animation
Services : laverie
À prox. : golf 18 trous

Longitude : -2.13012
Latitude : 48.62735

ST-CAST-LE-GUILDO

22380 – **309** I3 – 3 420 h. – alt. 52
place Charles-de-Gaulle *02 96 41 81 52*
Paris 427 – Avranches 91 – Dinan 32 – St-Brieuc 50

Les Castels Le Château de la Galinée – de mi-mai à déb. sept.
02 96 41 10 56, *contact@chateaudegalinee.com*, Fax 02 96 41 03 72, *www.chateaudegalinee.com*
14 ha (272 empl.) plat, herbeux
Tarif : 48€ (10A) – pers. suppl. 6,80€ – frais de réservation 20€
Location : (de mi-avr. à déb. sept.) – 2 roulottes – 56 – 4 – 6 bungalows toilés. Nuitée 37 à 151€ – Sem. 259 à 1 057€ – frais de réservation 20€
borne artisanale
Pour s'y rendre : r. de Galinée (7 km au sud, accès par D 786, près du carrefour avec la rte de St-Cast-le-Guildo)

Nature :
Loisirs : salle d'animation terrain multisports
Services : – 4 sanitaires individuels () laverie

Longitude : -2.25725
Latitude : 48.58403

Le Châtelet – de fin avr. à mi-sept.
02 96 41 96 33, *info@lechatelet.com*, Fax 02 96 41 97 99, *www.lechatelet.com* – places limitées pour le passage
9 ha/3,9 campables (216 empl.) en terrasses, plat, herbeux, petit étang, fort dénivelé
Tarif : 7€ 22€ – (8A) 6€ – frais de réservation 23€
Location : (de fin avr. à mi-sept.) – 52 – 4 tentes. Nuitée 50 à 92€ – Sem. 350 à 640€ – frais de réservation 23€
borne eurorelais
Pour s'y rendre : r. des Nouettes (1 km à l'ouest, à 250 m de la plage (accès direct))
À savoir : situation dominant la baie de la Frênaye

Nature :
Loisirs : salle de jeux video (découverte en saison)
Services : laverie
À prox. :

Longitude : -2.26908
Latitude : 48.63705

Vert-Bleu Les Mielles (location exclusive de mobile homes) de mi-mars à mi-nov.
02 96 41 87 60, *info@campings-vert-bleu.com*, Fax 02 96 81 04 77, *www.campings-vert-bleu.com*
3,5 ha (160 empl.) plat, herbeux

Location : (Prix 2011) – 50 . Nuitée 144 à 221€ – Sem. 345 à 788€ – frais de réservation 17€
borne artisanale
Pour s'y rendre : bd de la Vieux-Ville (sortie sud par D 19, rte de St-Malo, attenant au stade et à 200 m de la plage)

À savoir : ouvert de mi-mars à déb. janv. pour camping-car

Nature :
Loisirs :
Services : laverie
À prox. :

Longitude : -2.25402
Latitude : 48.62694

ST-COULOMB

35350 – **309** K2 – 2 348 h. – alt. 35
Paris 398 – Cancale 6 – Dinard 18 – Dol-de-Bretagne 21

Le Tannée de déb. avr. à mi-oct.
02 99 89 41 20, *campingdetannee@orange.fr*, Fax 02 99 89 41 20, *www.campingdetannee.com* – places limitées pour le passage
0,6 ha (30 empl.) peu incliné, plat
Tarif : 4,15€ 9€ – (10A) 4,10€ – frais de réservation 15€

Location : (de déb. avr. à mi-oct.) – 10 . Sem. 680€ – frais de réservation 15€
Pour s'y rendre : au lieu-dit : Saint-Méloir

Nature :
Loisirs : (découverte en saison)
Services : laverie

Longitude : -1.889
Latitude : 48.68655

Du Guesclin de fin mars à déb. nov.
02 99 89 03 24, *reservation@camping-duguesclin.com*, *www.camping-duguesclin.com* – places limitées pour le passage
0,9 ha (43 empl.) peu incliné, plat, herbeux
Tarif : 20€ (10A) – pers. suppl. 4,50€

Location : (de fin mars à déb. nov.) – 20 . Sem. 285 à 560€ – frais de réservation 15€
Pour s'y rendre : r. de Tannée (2,5 km au nord-est par D 355, rte de Cancale et rte à gauche)

Nature :
Loisirs :
Services :

Longitude : -1.89027
Latitude : 48.68628

*La catégorie (1 à 5 tentes, **noires** ou **rouges**) que nous attribuons aux terrains sélectionnés dans ce guide est une appréciation qui nous est propre. Elle ne doit pas être confondue avec le classement (1 à 5 étoiles) établi par les services officiels.*

ST-GILDAS-DE-RHUYS

56730 – **308** N9 – 1 625 h. – alt. 10
rue St Goustan 02 97 45 31 45
Paris 483 – Arzon 9 – Auray 48 – Sarzeau 7

Le Menhir – de déb. mai à mi-sept.
02 97 45 22 88, *contact@camping-bretagnesud.com*, *www.camping-bretagnesud.com*
5 ha/3 campables (180 empl.) peu incliné, plat, herbeux
Tarif : 34,10€ (6A) – pers. suppl. 6,50€ – frais de réservation 18,50€

Location : (de déb. mai à mi-sept.) – 48 . Sem. 200 à 890€ – frais de réservation 18,50€
borne artisanale
Pour s'y rendre : rte de Port-Crouesty (3,5 km au nord - accès conseillé par D 780, rte de Port-Navalo)

Nature :
Loisirs :
Services : laverie

Longitude : -2.84781
Latitude : 47.52874

Goh'Velin de déb. avr. à fin sept.
02 97 45 21 67, *contact@gohvelin.fr*, Fax 02 97 45 21 67, *www.camping-gohvelin.fr*
1 ha (93 empl.) herbeux, plat, herbeux
Tarif : 25€ (10A) – pers. suppl. 5,50€ – frais de réservation 10€
Location : (de déb. avr. à fin sept.) – 15. Sem. 260 à 600€ – frais de réservation 10€
Pour s'y rendre : 89 r. Guernevé (1,5 km au nord, à 300 m de la plage)

Nature :
Loisirs :
Services :
À prox. :

Longitude : -2.84515
Latitude : 47.51204

ST-JEAN-DU-DOIGT

29630 – **308** I2 – 636 h. – alt. 15
Paris 544 – Brest 77 – Guingamp 61 – Lannion 33

Municipal du Pont Ar Gler de fin juin à fin août
02 98 67 32 15, *st-jean-du-doigt-mairie@wanadoo.fr*, Fax 02 98 67 84 64
1 ha (34 empl.) en terrasses, plat, herbeux
Tarif : (Prix 2011) 3€ 1,60€ 2,85€ – (6A) 2,60€
Pour s'y rendre : au lieu-dit : Pont ar Gler (au bourg)

Nature :
Loisirs :
Services :

Longitude : -3.77377
Latitude : 48.69447

ST-JOUAN-DES-GUÉRETS

35430 – **309** K3 – 2 686 h. – alt. 31
Paris 396 – Rennes 63 – St-Helier 10 – St-Brieuc 85

Le P'tit Bois – de déb. avr. à mi-sept.
02 99 21 14 30, *camping.ptitbois@wanadoo.fr*, Fax 02 99 81 74 14, *www.ptitbois.com*
6 ha (274 empl.) plat, herbeux
Tarif : 5€ 2€ 8,50€ – (10A) 5€ – frais de réservation 10€
Location : (de déb. avr. à mi-sept.) – 161 – 4 appartements. Nuitée 144€ – Sem. 1 008€ – frais de réservation 10€
borne artisanale 8€
Pour s'y rendre : au lieu-dit : La Chalandouze (accès par N 137)
À savoir : bel ensemble paysager

Nature :
Loisirs : hammam jacuzzi salle d'animation terrain multisports
Services : laverie

Longitude : -1.9869
Latitude : 48.60966

ATTENTION...
ces prestations ne fonctionnent généralement qu'en saison, quelles que soient les dates d'ouverture du terrain.

ST-LUNAIRE

35800 – **309** J3 – 2 315 h. – alt. 20
72, boulevard du Général-de-Gaulle 02 99 46 31 09
Paris 410 – Rennes 76 – St-Helier 16 – St-Brieuc 83

La Touesse de déb. avr. à fin sept.
02 99 46 61 13, *camping.la.touesse@wanadoo.fr*, Fax 02 99 16 02 58, *www.campinglatouesse.com*
2,5 ha (141 empl.) plat, herbeux
Tarif : 5,50€ 3,10€ 7,90€ – (10A) 3,70€ – frais de réservation 16€
Location : (de déb. avr. à fin sept.) – 50 – 2 studios – 10 appartements – 1 gîte. Nuitée 50 à 98€ – Sem. 210 à 686€ – frais de réservation 16€
borne autre 7€
Pour s'y rendre : 171 r. Ville Géhan (2 km à l'est par D 786, rte de Dinard, à 400 m de la plage)

Nature :
Loisirs : snack, pizzeria
Services : laverie
À prox. : poneys

Longitude : -2.08425
Latitude : 48.63086

ST-MALO

35400 – **309** J3 – 48 563 h. – alt. 5
esplanade Saint-Vincent *0825135200*
Paris 404 – Alençon 180 – Avranches 68 – Dinan 32

Domaine de la Ville Huchet – de déb. avr. à fin sept.
02 99 81 11 83, *info@lavillchuchet.com*,
Fax 02 99 81 51 89, *www.lavillehuchet.com*
6 ha (198 empl.) plat, herbeux
Tarif : 34,60€ (6A) – pers. suppl. 6,60€
– frais de réservation 9€

Location : (de déb. avr. à fin sept.) (1 mobile-home) – 68 – 13 – 3 appartements – 1 cabane dans les arbres. Nuitée 45 à 134€ – Sem. 238 à 938€ – frais de réservation 17€

Pour s'y rendre : rte de la Passagère, au lieu-dit : Quelmer (5 km au sud par D 301, rte de Dinard et rte de la Grassinais à gauche devant le concessionnaire Mercedes)

À savoir : agréable terrain autour d'un joli petit château

Nature :
Loisirs : snack, crêperie
Services : laverie

Longitude : -1.98704
Latitude : 48.61545

Verwechseln Sie bitte nicht :
... bis ... : MICHELIN-Klassifizierung
und
★ ... bis ... ★★★★★ : offizielle Klassifizierung

ST-MARCAN

35120 – **309** M3 – 428 h. – alt. 60
Paris 370 – Dinan 42 – Dol-de-Bretagne 14 – Le Mont-St-Michel 17

Le Balcon de la Baie de déb. avr. à fin oct.
02 99 80 22 95, *contact@lebalcondelabaie.com*,
Fax 02 99 80 22 95, *www.lebalcondelabaie.com*
2,8 ha (66 empl.) plat, herbeux
Tarif : (Prix 2011) 5€ 5,60€ – (6A) 4€

Location : (Prix 2011) (de déb. avr. à fin oct.) – 12 . Nuitée 60€ – Sem. 300 à 520€

Pour s'y rendre : lieu-dit : Le Verger (500 m au sud-est par D 89, rte de Pleine-Fougères et après le cimetière, à gauche)

Nature : Baie du Mont-St-Michel
Loisirs :
Services : laverie

Longitude : -1.62903
Latitude : 48.58811

ST-MICHEL-EN-GRÈVE

22300 – **309** A2 – 473 h. – alt. 12
rue de la Côte-des Bruyères *02 96 35 74 87*
Paris 526 – Guingamp 43 – Lannion 11 – Morlaix 31

Les Capucines de déb. avr. à fin sept.
02 96 35 72 28, *les.capucines@wanadoo.fr*,
Fax 02 96 35 78 98, *www.lescapucines.fr*
4 ha (100 empl.) peu incliné, plat, herbeux
Tarif : 27€ (10A) – pers. suppl. 5,50€
– frais de réservation 15€

Location : (de déb. avr. à fin sept.) (1 chalet) – 10 – 5 . Nuitée 93€ – Sem. 650€ – frais de réservation 15€

borne artisanale 5€ – 16€

Pour s'y rendre : ancienne Voie Romaine, à Kervourdon (1,5 km au nord par rte de Lannion et chemin à gauche)

Nature :
Loisirs : (découverte en saison) terrain multisports
Services : laverie

Longitude : -3.55694
Latitude : 48.69278

ST-PÈRE

35430 – **309** K3 – 2 178 h. – alt. 50
Paris 392 – Cancale 14 – Dinard 15 – Dol-de-Bretagne 16

Bel Évent de déb. avr. à fin sept.
02 99 58 83 79, *contact@camping-bel-event.com*, Fax 02 99 58 82 24, *www.camping-bel-event.com*
2,5 ha (115 empl.) plat, herbeux
Tarif : 3,60€ 2,20€ 9,20€ – (10A) 4,20€ – frais de réservation 15€

Location : (de déb. avr. à fin sept.) – 17 – 1 . Nuitée 40 à 110€ – Sem. 240 à 510€ – frais de réservation 15€
borne artisanale
Pour s'y rendre : au lieu-dit : Bellevent (1,5 km au sud-est par D 74 rte de Châteauneuf et chemin à dr.)

Nature :
Loisirs : terrain multisports
Services : laverie

Longitude : -1.91838
Latitude : 48.57347

ST-PHILIBERT

56470 – **308** N9 – 1 467 h. – alt. 15
Paris 486 – Auray 11 – Locmariaquer 7 – Quiberon 27

Les Palmiers de déb. avr. à fin oct.
02 97 55 01 17, *contact@campinglespalmiers.com*, *www.campinglespalmiers.com*
3 ha (115 empl.) plat, peu incliné, herbeux
Tarif : 23,50€ (10A) – pers. suppl. 5,50€ – frais de réservation 16,50€
Pour s'y rendre : au lieu-dit : Kernivilit (2 km à l'ouest, à 500 m de la rivière de Crach (mer))
À savoir : autour d'une ancienne ferme restaurée

Nature :
Loisirs : crêperie, pizzeria salle d'animation
Services : laverie
À prox. :

Longitude : -3.0168
Latitude : 47.58738

La côte d'Émeraude

R. Mattes/Michelin

Le Chat Noir de déb avr. à mi-oct.
02 97 55 04 90, *chatnoir@campinglechatnoir.com*,
Fax 02 97 55 04 90, *www.campinglechatnoir.com*
1,7 ha (98 empl.) plat et peu incliné, herbeux
Tarif : (Prix 2011) 5,50€ 9€ – (10A) 4,10€
– frais de réservation 20€

Location : (Prix 2011) (de déb. avr. à fin sept.) – 31. Nuitée 70 à 80€ – Sem. 250 à 640€ – frais de réservation 20€
Pour s'y rendre : rte de la Trinité sur Mer (1 km au nord)

Nature :
Loisirs :
Services : laverie
À prox. :

Longitude : -2.99778
Latitude : 47.59591

ST-POL-DE-LÉON

29250 – 308 H2 – 7 053 h. – alt. 60
place Evêché *02 98 69 05 69*
Paris 557 – Brest 62 – Brignogan-Plages 31 – Morlaix 21

Ar Kleguer – de déb. avr. à fin sept.
02 98 69 18 81, *info@camping-ar-kleguer.com*,
www.camping-ar-kleguer.com
5 ha (173 empl.) plat, peu incliné, vallonné, herbeux, rochers
Tarif : 26€ (10A) – pers. suppl. 5,60€
– frais de réservation 18€

Location : (de déb. avr. à fin sept.) – 43 – 4. Sem. 300 à 670€ – frais de réservation 18€
borne saniservices
Pour s'y rendre : plage Ste-Anne (à l'est de la ville, rte de Ste-Anne, près de la plage)

À savoir : agréable parc paysager et animalier

Nature :
Loisirs : terrain multisports couvert, mini ferme
Services : (juil.-août) laverie

Longitude : -3.9677
Latitude : 48.6907

Le Trologot de déb. mai à fin sept.
02 98 69 06 26, *camping-trologot@wanadoo.fr*,
www.camping-trologot.com
2 ha (100 empl.) plat, herbeux
Tarif : 21,70€ (10A) – pers. suppl. 4,70€
– frais de réservation 10€

Location : (de mi-avr. à fin sept.) – 15. Sem. 250 à 640€ – frais de réservation 15€
borne eurorelais
Pour s'y rendre : au lieu-dit : Grève du Man (à l'est, rte de l'îlot St-Anne, près de la plage)

Nature :
Loisirs :
Services : laverie

Longitude : -3.9698
Latitude : 48.6935

Do not confuse :
... to ... : MICHELIN classification
and
★ ... to ... ★★★★★ : official classification

ST-RENAN

29290 – 308 D4 – 7 292 h. – alt. 50
place du Vieux Marché *02 98 84 23 78*
Paris 605 – Brest 14 – Brignogan-Plages 43 – Ploudalmézeau 14

Municipal de Lokournan de déb. juin à mi-sept.
02 98 84 37 67, *mairie@saint-renan.fr*,
Fax 02 98 32 43 20, *www.saint-renan.com*
0,8 ha (30 empl.) sablonneux, plat, herbeux
Tarif : (Prix 2011) 3,10€ 3,10€ (0A)
borne airservice
Pour s'y rendre : rte de l'Aber (sortie nord-ouest par D 27 et chemin à dr., près du stade)

À savoir : près d'un petit lac

Nature :
Loisirs :
Services :
À prox. :

Longitude : -4.6363
Latitude : 48.43865

ST-SAMSON-SUR-RANCE

22100 – **309** J4 – 1 469 h. – alt. 64
Paris 401 – Rennes 57 – St-Brieuc 64 – St-Helier 34

Municipal Beauséjour de déb. mai à fin sept.
02 96 39 53 27, *contact@beausejour-camping.com*, *www.beausejour-camping.com*
3 ha (120 empl.) plat, herbeux
Tarif : (Prix 2011) 10€ (10A) – pers. suppl. 1€

Location : (Prix 2011) (de déb. avr. à fin oct.) – 6 – 12 – 1 studio – 3 gîtes. Nuitée 40 à 60€ – Sem. 210 à 490€
borne artisanale 3€
Pour s'y rendre : au lieu-dit : La Hisse (3 km à l'est, par D 57 et D 12 à dr., à 200 m du port - accès par forte pente)

À savoir : jolis gîtes en pierres du pays

Nature :
Loisirs :
Services : laverie
À prox. :

Longitude : -2.00889
Latitude : 48.48889

ST-YVI

29140 – **308** H7 – 2 733 h. – alt. 105
Paris 563 – Rennes 212 – Quimper 17 – Vannes 119

Village Center Le Bois de Pleuven de fin juin à déb. sept.
0825002030, *resa@village-center.com*, Fax 04 67 51 63 89, *www.village-center.fr*
17 ha/10 campables (280 empl.) plat, herbeux
Tarif : (Prix 2011) 27€ (10A) – pers. suppl. 6€

Location : (Prix 2011) (de fin juin à déb. sept.) – 143 . Nuitée 34 à 119€ – Sem. 294 à 756€ – frais de réservation 30€

À savoir : cadre naturel, sauvage en sous bois

Nature :
Loisirs :
Services : laverie

Longitude : -3.97056
Latitude : 47.95028

To visit a town or region : use the ***MICHELIN Green Guides.***

STE-ANNE-D'AURAY

56400 – **308** N8 – 2 175 h. – alt. 42
26, rue de Vannes 02 97 57 69 16
Paris 475 – Auray 7 – Hennebont 33 – Locminé 27

Municipal du Motten
02 97 57 60 27, *contact@sainte-anne-auray.com*, Fax 02 97 57 72 33
1,5 ha (115 empl.) plat, herbeux
Pour s'y rendre : allée des Pins (1 km au sud-ouest par D 17, rte d'Auray et r. du Parc à dr.)

Nature :
Loisirs :
Services :
À prox. :

Longitude : -2.96251
Latitude : 47.69831

SARZEAU

56370 – **308** O9 – 7 330 h. – alt. 30
rue du Père Coudrin 02 97 41 82 37
Paris 478 – Nantes 111 – Redon 62 – Vannes 23

FranceLoc An Trest – de déb. avr. à mi-sept.
02 97 41 79 60, *an.trest@franceloc.fr*, Fax 02 97 41 36 21, *www.an-trest.com*
5 ha (225 empl.) plat, herbeux, terrasse
Tarif : (Prix 2011) 33,20€ (10A) – pers. suppl. 7€ – frais de réservation 27€

Location : (de déb. avr. à mi-sept.) (1 mobile-home) – 100 . Nuitée 39 à 96€ – Sem. 154 à 651€ – frais de réservation 27€
Pour s'y rendre : rte du Roaliguen (2,5 km au sud)

Nature :
Loisirs : snack
Services : laverie
À prox. :

Longitude : -2.74534
Latitude : 47.52513

Le Bohat – de mi-avr. à fin sept.
02 97 41 78 68, *contact@domainelebohat.com*, Fax 02 97 41 70 97, *www.domainelebohat.com*
15 ha/10 campables (250 empl.) plat, herbeux, forêt attenante
Tarif : 33,10€ (10A) – pers. suppl. 3,50€ – frais de réservation 15€
Location : (de déb. avr. à déb. nov.) – 19 – 6 . Nuitée 36 à 101€ – Sem. 210 à 707€ – frais de réservation 15€
borne artisanale
Pour s'y rendre : au lieu-dit : Le Bas Bohat (2,8 km à l'ouest)

Nature :
Loisirs : snack poneys
Services : laverie

Longitude : -2.79722
Latitude : 47.5225

Ferme de Lann Hoedic de déb. avr. à fin oct.
02 97 48 01 73, *contact@camping-lannhoedic.fr*, *www.camping-lannhoedic.fr*
3,6 ha (128 empl.) peu incliné, plat, herbeux
Tarif : 4,80€ 8,20€ – (10A) 3,20€ – frais de réservation 10€
Location : (de déb. avr. à fin oct.) – 10 . Nuitée 90 à 95€ – Sem. 245 à 650€ – frais de réservation 13€
borne artisanale 16€ – 11€
Pour s'y rendre : r. Jean de La Fontaine

Nature :
Loisirs :
Services : laverie

Longitude : -2.76249
Latitude : 47.5068

La Grée Penvins de déb. avr. à fin sept.
02 97 67 33 96, *info@campinglagreepenvins.com*, Fax 02 97 67 40 70, *www.campinglagreepenvins.com*
2,5 ha (125 empl.) terrasse, sablonneux, plat, herbeux
Tarif : 15,95€ (6A) – pers. suppl. 3,70€
Location : (de déb. avr. à fin sept.) (de déb. avr. à fin sept.) – 12 . Sem. 165 à 575€ – frais de réservation 12€
Pour s'y rendre : 8 rte de la Chapelle (9 km au sud-est par D 198)
À savoir : accès direct à la plage de la Pointe de Penvins

Nature :
Services :
À prox. : snack

Longitude : -2.68242
Latitude : 47.49665

SCAËR

29390 – **308** I6 – 5 139 h. – alt. 190
Place de la Libération *02 98 59 49 37*
Paris 544 – Carhaix-Plouguer 38 – Concarneau 29 – Quimper 35

Municipal de Kérisole de mi-juin à fin août
02 98 57 60 91, *mairie@ville-scaer.fr*, *www.ville-scaer.fr*
4 ha/2,3 campables (83 empl.) peu incliné, plat, herbeux
Tarif : (Prix 2011) 2,55€ 1,75€ 3€ – (10A) 2,65€
Location : (Prix 2011) (de mi-avr. à fin sept.) – 3 . Nuitée 50 à 60€ – Sem. 280 à 331€
borne eurorelais 2€ – 20 –
Pour s'y rendre : r. Louis Pasteur (sortie est par rte du Faouët)

Nature :
Loisirs :
Services : laverie
À prox. : parcours de santé

Longitude : -3.69756
Latitude : 48.0278

SÉRENT

56460 – **308** P8 – 2 909 h. – alt. 80
Paris 432 – Josselin 17 – Locminé 31 – Ploërmel 19

Municipal du Pont Salmon de déb. juin à fin sept.
02 97 75 91 98, *camping.pontsalmon@serent.fr*,
Fax 02 97 75 98 35, *www.serent.fr*
1 ha (30 empl.) plat, herbeux
Tarif : (Prix 2011) 2,30€ 4,50€ – (10A) 2,60€
Location : (Prix 2011) (permanent) (1 chalet) – 4 . Nuitée 35€ – Sem. 240 à 350€
Pour s'y rendre : 29 r. du Gal De Gaulle (au bourg, vers rte de Ploërmel)
À savoir : accès gratuit à la piscine municipale

Nature :
Loisirs :
Services : laverie
À prox. :

Longitude : -2.50191
Latitude : 47.82506

Die Aufnahme in diesen Führer ist kostenlos
und wird auf keinen Fall gegen Entgelt oder eine andere Vergünstigung gewährt.

SIZUN

29450 – **308** G4 – 2 168 h. – alt. 112
3, rue de l'Argoat 02 98 68 88 40
Paris 572 – Brest 37 – Carhaix-Plouguer 44 – Châteaulin 36

Municipal du Gollen de mi-avr. à fin sept.
02 98 24 11 43, *mairie.sizun@wanadoo.fr*,
Fax 02 98 68 86 56, *www.mairie-sizun.fr*
0,6 ha (30 empl.) non clos, plat, herbeux
Tarif : (Prix 2011) 3€ 2€ 2,50€ – (10A) 2,50€
borne eurorelais 2€
Pour s'y rendre : au lieu-dit : Le Gollen (1 km au sud par D 30, rte de St-Cadou et à gauche, au bord de l'Elorn)

Nature :
Loisirs :
Services :
À prox. :

Longitude : -4.07559
Latitude : 48.39943

SULNIAC

56250 – **308** P8 – 2 993 h. – alt. 125
Paris 457 – Rennes 106 – Vannes 21 – Nantes 112

Village Vacances La Lande du Moulin (location exclusive de chalets et gîtes) de déb. avr. à mi-nov.
02 97 53 29 39, *info@la-lande-du-moulin.com*,
Fax 02 97 53 29 40, *www.la-lande-du-moulin.com*
12 ha en terrasses, étangs
Location : (Prix 2011) (3 chalets) – 51 – 4 studios – 13 gîtes. Nuitée 90 à 160€ – Sem. 300 à 865€
Pour s'y rendre : au lieu-dit : le Nounène (1,5 km à l'est par la D 104 et à drte rte de Theix)
À savoir : possibilité de séjours en pension ou 1/2 pension

Nature :
Loisirs :
Services : laverie

Longitude : -2.56557
Latitude : 47.66686

TADEN

22100 – **309** J4 – 1 942 h. – alt. 46
Paris 404 – Rennes 71 – St-Brieuc 64 – St-Helier 34

Municipal de la Hallerais de mi-mars à mi-nov.
02 96 39 15 93, *camping.la.hallerais@wanadoo.fr*,
Fax 02 96 39 94 64, *http://www.camping-lahallerais.com*
7 ha (225 empl.) en terrasses, incliné, plat, herbeux
Tarif : 3,90€ 12,25€ (6A)
Location : (de mi-mars à mi-nov.) – 7 – 11 . Nuitée 42 à 67€ – Sem. 194 à 456€
borne flot bleu 2€ – 17 21€
Pour s'y rendre : 4 r. de la Robardais (au sud-ouest du bourg)

Nature :
Loisirs : terrain multisports
Services : laverie
À prox. :

Longitude : -2.02317
Latitude : 48.47168

TAUPONT

56800 – **308** Q7 – 2 116 h. – alt. 81
Paris 422 – Josselin 16 – Ploërmel 5 – Rohan 37

La Vallée du Ninian de déb. avr. à fin sept.
02 97 93 53 01, *infos@camping-ninian.fr*,
Fax 02 97 93 57 27, *www.camping ninian.fr*
2,7 ha (100 empl.) plat, herbeux, verger
Tarif : 4,40€ 6,40€ – (10A) 4,50€ – frais de réservation 10€

Location : (de déb. avr. à fin sept.) – 6 – 4 – 2 bungalows toilés – 2 tentes. Nuitée 30 à 45€ – Sem. 180 à 500€ – frais de réservation 10€
borne eurorelais 4€
Pour s'y rendre : au lieu-dit : Ville Bonne, le Rocher (sortie nord par D 8, rte de la Trinité-Phoët, puis 2,5 km par rte à gauche, accès direct à la rivière)

À savoir : soirées autour du four à pain ou du pressoir à pomme !

Nature :
Loisirs :
Services :
laverie

Longitude : -2.47
Latitude : 47.96928

Ne pas confondre :
... à ... : appréciation ***MICHELIN***
et
★ ... à ... ★★★★★ : classement officiel

TELGRUC-SUR-MER

29560 – **308** E5 – 2 002 h. – alt. 90
6, rue du Ménez-Hom 02 98 27 78 06
Paris 572 – Châteaulin 25 – Douarnenez 29 – Quimper 39

Armorique de déb. avr. à fin sept.
02 98 27 77 33, *contact@campingarmorique.com*, *www.campingarmorique.com*
2,5 ha (100 empl.) en terrasses, peu incliné, plat, herbeux
Tarif : (Prix 2011) 23€ (10A) – pers. suppl. 5€ – frais de réservation 16€

Location : (Prix 2011) (de déb. avr. à fin sept.) – 25 – 4 . Nuitée 50 à 100€ – Sem. 230 à 710€ – frais de réservation 16€
borne eurorelais
Pour s'y rendre : 112 rue de la Plage (1,2 km au sud-ouest par rte de Trez-Bellec-Plage)

Nature :
Loisirs :
Services : laverie

Longitude : -4.36279
Latitude : 48.23012

THEIX

56450 – **308** P9 – 6 799 h. – alt. 5
Paris 464 – Ploërmel 51 – Redon 58 – La Roche-Bernard 33

Rhuys de mi-avr. à mi-oct.
02 97 54 14 77, *campingderhuys@wanadoo.fr*,
Fax 02 97 68 93 79, *http://campingderhuys.free.fr*
2 ha (66 empl.) peu incliné, herbeux
Tarif : (Prix 2011) 5,50€ 9,50€ – (6A) 3€ – frais de réservation 15€

Location : (Prix 2011) (de mi-avr. à fin sept.) – 6 – 2 . Nuitée 40 à 90€ – Sem. 175 à 650€ – frais de réservation 15€
borne artisanale – 10.50€
Pour s'y rendre : r. Dugay Trouin, au lieu-dit : Le Poteau Rouge (3,5 km au nord-ouest, par N 165, venant de Vannes : sortie Sarzeau)

Nature :
Loisirs : (petite piscine)
Services :
À prox. :

Longitude : -2.69384
Latitude : 47.64091

TINTÉNIAC

35190 – **309** K5 – 3 163 h. – alt. 40
17, rue de la Libération 02 99 68 09 62
Paris 377 – Avranches 70 – Dinan 28 – Dol-de-Bretagne 30

Les Peupliers de déb. avr. à fin sept.
02 99 45 49 75, *camping.les.peupliers@wanadoo.fr*, *www.les-peupliers-camping.fr*
4 ha (100 empl.) plat, herbeux
Tarif : (Prix 2011) 5,50€ 7,20€ – (10A) 2,90€
Location : (Prix 2011) (permanent) – 6 – 2 . Sem. 245 à 480€
10.50€
Pour s'y rendre : au Domaine de la Besnelais (2 km au sud-est par l'ancienne rte de Rennes, au bord d'étangs, par N 137, sortie Tinténiac Sud)

Nature :
Loisirs : practice de golf
Services : laverie

Longitude : -1.82167
Latitude : 48.30917

LE TOUR-DU-PARC

56370 – **308** P9 – 1 023 h.
Paris 476 – La Baule 62 – Redon 57 – St-Nazaire 81

Le Cadran Solaire de déb. avr. à fin oct.
02 97 67 30 40, *cadransolaire56@yahoo.fr*, *www.campingcadransolaire.fr*
2 ha (115 empl.) plat, herbeux
Tarif : (Prix 2011) 4,60€ 9,50€ – (10A) 3,50€ – frais de réservation 10€
Location : (Prix 2011) (de déb. avr. à fin oct.) – 10 . Sem. 200 à 600€ – frais de réservation 10€
Pour s'y rendre : r. De Banastère (2 km au sud par D 324, rte de Sarzeau)

Nature :
Loisirs :
Services : laverie

Longitude : -2.65736
Latitude : 47.5198

TRÉBEURDEN

22560 – **309** A2 – 3 742 h. – alt. 81
place de Crec'h Héry 02 96 23 51 64
Paris 525 – Lannion 10 – Perros-Guirec 14 – St-Brieuc 74

L'Espérance de déb. avr. à mi-oct.
07 86 17 48 08, *accueil@camping-esperance.com*, *www.camping-esperance.com*
1 ha (70 empl.) non clos, plat, herbeux
Tarif : (Prix 2011) 5€ 3€ – (15A) 4€ – frais de réservation 10€
Location : (Prix 2011) (de déb. avr. à mi-oct.) – 6 . Nuitée 40 à 50€ – Sem. 250 à 550€ – frais de réservation 15€
borne artisanale
Pour s'y rendre : r. de Kéralégan (5 km au nord-ouest par D 788, rte de Trégastel, près de la mer)

Nature :
Loisirs :
Services : laverie

Longitude : -3.55743
Latitude : 48.79096

TRÉBOUL

29100 – **308** E6
Paris 591 – Rennes 239 – Quimper 29 – Brest 75

Kerleyou de mi-avr. à mi-sept.
02 98 74 13 03, *campingdekerleyou@wanadoo.fr*, Fax 02 98 74 09 61, *www.camping-kerleyou.com*
3,5 ha (100 empl.) peu incliné, plat, herbeux
Tarif : 4,40€ 2€ 7,25€ – (10A) 3,55€ – frais de réservation 12€
Location : (de mi-avr. à mi-sept.) – 37 – 4 . Nuitée 52 à 86€ – Sem. 225 à 603€ – frais de réservation 15€
Pour s'y rendre : 15 ch. de Kerleyou (1 km à l'ouest)

Nature :
Loisirs :
Services : laverie

Longitude : -4.36131
Latitude : 48.09678

Trézulien de déb. avr. à fin sept.
02 98 74 12 30, *contact@camping-trezulien.com*, Fax 09 70 06 31 74, *www.camping-trezulien.com*
5 ha (199 empl.) en terrasses, peu incliné, plat, herbeux, dénivelé
Tarif : 20,30€ (10A) – pers. suppl. 4,30€ – frais de réservation 10€
Location : (de déb. avr. à fin sept.) – 11 – 4 – 1 gîte. Nuitée 40 à 75€ – Sem. 160 à 650€ – frais de réservation 13€
borne eurorelais 5€ – 50 3€
Pour s'y rendre : 15 rte de Trezulien (par r. Frédéric-Le-Guyader)

Nature :
Loisirs :
Services : (saison) laverie

Longitude : -4.34931
Latitude : 48.09311

TREFFIAGAT

29730 – **308** F8 – 2 274 h. – alt. 20
Paris 582 – Audierne 39 – Douarnenez 41 – Pont-l'Abbé 8

Les Ormes de déb. mai à fin sept.
02 98 58 21 27, *campingdesormes@aol.com*, Fax 02 98 58 91 36, *www.campingdesormes.fr.gd*
2 ha (76 empl.) plat, herbeux
Tarif : (Prix 2011) 3,85€ 2,20€ 3,95€ – (6A) 3,10€
Location : (Prix 2011) (de déb. avr. à fin sept.) – 2 . Sem. 350 à 450€
borne artisanale 8€ – 4
Pour s'y rendre : au lieu-dit : Kerlay (2 km au sud, rte de Lesconil et rte à droite à 400 m de la plage (accès direct))

Nature :
Loisirs :
Services : laverie
À prox. :

Longitude : -4.26438
Latitude : 47.80987

TRÉGASTEL

22730 – **309** B2 – 2 397 h. – alt. 58
place Sainte-Anne 02 96 15 38 38
Paris 526 – Lannion 11 – Perros-Guirec 9 – St-Brieuc 75

Tourony-Camping de déb. avr. à fin sept.
02 96 23 86 61, *contact@camping-tourony.com*, Fax 02 96 15 97 84, *www.camping-tourony.com*
2 ha (100 empl.) plat, herbeux
Tarif : 21,70€ (10A) – pers. suppl. 5,30€ – frais de réservation 14€
Location : (de déb. avr. à fin sept.) – 17 – 2 . Sem. 255 à 480€ – frais de réservation 14€
borne artisanale
Pour s'y rendre : 105 r. de Poul Palud (1,8 km à l'est par D 788, rte de Perros-Guirec, à 500 m de la plage)

À savoir : face au port de plaisance

Nature :
Loisirs : snack
Services : laverie
À prox. : terrain multi-sports

Longitude : -3.49131
Latitude : 48.82565

TRÉGUENNEC

29720 – **308** F7 – 337 h. – alt. 31
Paris 582 – Audierne 27 – Douarnenez 27 – Pont-l'Abbé 11

Kerlaz de déb. avr. à fin sept.
02 98 87 76 79, *contact@kerlaz.com*, *www.kerlaz.com*
1,25 ha (80 empl.) plat, herbeux
Tarif : 4€ 2,20€ 5,40€ – (10A) 3,60€ – frais de réservation 10€
Location : (de déb. avr. à fin sept.) – 10 – 5 . Nuitée 70 à 85€ – Sem. 295 à 615€ – frais de réservation 10€
borne artisanale 18€
Pour s'y rendre : rte de la mer (au bourg, par D 156)

Nature :
Loisirs : (découverte en saison)
Services : (juil.-août) laverie
À prox. : crêperie (centre équestre)

Longitude : -4.32848
Latitude : 47.89457

TRÉGUNC

29910 – **308** H7 – 6 751 h. – alt. 45
Kérambourg ✆ 02 98 50 22 05
Paris 543 – Concarneau 7 – Pont-Aven 9 – Quimper 29

Le Pendruc de mi-juin à déb. sept.
✆ 02 98 97 66 28, *info@domainedependruc.com*, Fax 02 98 50 24 30, *www.domainedependruc.com*
– places limitées pour le passage
6 ha (200 empl.) plat, herbeux
Tarif : (Prix 2011) 5€ 2€ 8€ – (6A) 3,50€ – frais de réservation 10€

Location : (Prix 2011) (de déb. avr. à fin sept.) – 42 . Sem. 150 à 630€ – frais de réservation 20€
borne artisanale – 4 15€
Pour s'y rendre : au lieu-dit : Roz Penanguer (2,8 km au sud-ouest, rte de Pendruc et à gauche)

Nature :
Loisirs : pizzeria terrain multisports
Services : laverie
À prox. :

Longitude : -3.88093
Latitude : 47.84086

La Pommeraie – de mi-mai à mi-sept.
✆ 02 98 50 02 73, *campinglapommeraie@orange.fr*, *www.campingdelapomeraie.com*
7 ha (198 empl.) plat, herbeux
Tarif : 26€ (10A) – pers. suppl. 6€

Location : (de déb. avr. à fin oct.) – 34 . Sem. 210 à 570€ – frais de réservation 20€
Pour s'y rendre : au lieu-dit : Kerdalidec (6 km au sud par D 1, rte de la Pointe de Trévignon et à gauche rte de St-Philibert)

Nature :
Loisirs : jacuzzi salle d'animation terrain multisports
Services : laverie

Longitude : -3.83698
Latitude : 47.80786

*Benutzen Sie die **Grünen MICHELIN-Reiseführer**, wenn Sie eine Stadt oder Region kennenlernen wollen.*

TRÉLÉVERN

22660 – **309** B2 – 1 392 h. – alt. 76
Paris 524 – Lannion 13 – Perros-Guirec 9 – St-Brieuc 73

Port-l'Épine
✆ 02 96 23 71 94, *camping-de-port-lepine@wanadoo.fr*, Fax 02 96 23 77 83, *www.camping-port-lepine.com*
3 ha (160 empl.) terrasse, peu incliné, plat, herbeux

Location : – 51 .
borne artisanale
Pour s'y rendre : 10 Venelle de Pors Garo (1,5 km au nord-ouest puis un chemin à gauche, à Port-l'Épine)

Nature : baie de Perros-Guirec
Loisirs : snack, crêperie
Services : laverie

Longitude : -3.38594
Latitude : 48.8128

LA TRINITÉ-SUR-MER

56470 – **308** M9 – 1 612 h. – alt. 20
30, cours des Quais ✆ 02 97 55 72 21
Paris 488 – Auray 13 – Carnac 4 – Lorient 52

La Plage – de déb. mai à mi-sept.
✆ 02 97 55 73 28, *camping@camping-plage.com*, Fax 02 76 01 33 05, *www.camping-plage.com*
3 ha (200 empl.) peu incliné, sablonneux, plat, herbeux
Tarif : 42,10€ (10A) – pers. suppl. 5,20€ – frais de réservation 15€

Location : (de déb. mai à mi-sept.) – 32 – 3 bungalows toilés. Sem. 210 à 850€ – frais de réservation 15€
borne autre 3€ – 14€
Pour s'y rendre : plage de Kervillen (1 km au sud, accès direct à la plage)

Nature :
Loisirs : jacuzzi canoë de mer
Services : laverie
À prox. : snack

Longitude : -3.02869
Latitude : 47.57562

Kervilor de déb. avr. à mi-sept.
☎ 02 97 55 76 75, *camping.kervilor@wanadoo.fr*, Fax 02 97 55 87 26, *www.camping-kervilor.com*
5 ha (230 empl.) peu incliné, plat, herbeux
Tarif : 25,70€ (10A) – pers. suppl. 5,55€ – frais de réservation 18€
Location : (de déb. avr. à fin sept.) – 68. Nuitée 38 à 101€ – Sem. 705 à 920€ – frais de réservation 18€
Pour s'y rendre : rte du Latz (1,6 km au nord)

Nature :
Loisirs : terrain multisports
Services : laverie
réfrigérateurs

Longitude : -3.03588
Latitude : 47.60168

La Baie – de mi-mai à mi-sept.
☎ 02 97 55 73 42, *contact@campingdelabaie.com*, Fax 02 76 01 33 37, *www.campingdelabaie.com* – places limitées pour le passage
2,2 ha (170 empl.) plat, herbeux, sablonneux
Tarif : (Prix 2011) 47,90€ (10A) – pers. suppl. 3,50€ – frais de réservation 22€
Location : (Prix 2011) (de mi-mai à mi-sept.) – 30. Sem. 252 à 707€ – frais de réservation 22€
10 42,90€
Pour s'y rendre : plage de Kervillen (1,5 km au sud, à 100 m de la plage)

Nature :
Loisirs :
Services :
laverie
À prox. : snack

Longitude : -3.02789
Latitude : 47.57375

Park-Plijadur de déb. avr. à fin sept.
☎ 02 97 55 72 05, *contacts@camping-apv.com*, Fax 02 53 46 15 13, *www.camping-apv.com*
5 ha (198 empl.) sablonneux, plat, herbeux, étang
Tarif : (Prix 2011) 29€ (4A) – pers. suppl. 8€ – frais de réservation 27€
Location : (Prix 2011) (de déb. avr. à fin sept.) – 40 – 2 appartements. Nuitée 79 à 135€ – Sem. 338 à 928€ – frais de réservation 27€
borne artisanale 16€
Pour s'y rendre : 94 rte de Carnac (1,3 km au nord-ouest sur D 781)
À savoir : préférer les emplacements éloignés de la route

Nature :
Loisirs : hammam
jacuzzi
Services : laverie

Longitude : -3.04394
Latitude : 47.60464

VANNES

56000 – **308** 09 – 52 984 h. – alt. 20
quai Tabarly ☎ 0825 135 610
Paris 459 – Quimper 122 – Rennes 110 – St-Brieuc 107

Flower Le Conleau
☎ 02 97 63 13 88, *camping@mairie-vannes.fr*, Fax 02 97 40 38 82, *www.mairie-vannes.fr*
5 ha (260 empl.) en terrasses, peu incliné, herbeux
borne artisanale – 33
Pour s'y rendre : à la Pointe de Conleau (au sud, dir. parc du Golfe par l'av. du Mar.-Juin)
À savoir : site agréable face au Golfe du Morbihan

Nature :
Loisirs :
Services : laverie, cases réfrigérées
À prox. :

Longitude : -2.75952
Latitude : 47.6549

S. Sauvignier/Michelin

S. Sauvignier/Michelin

La Belle au bois dormant sommeillerait encore, dit-on, dans l'un des splendides châteaux qui bordent la Loire et ses affluents : Chambord, Azay-le-Rideau, Chenonceau... Autant de logis royaux au décor de conte de fées, agrémentés de jardins étourdissants de beauté. Une foule de spectacles son et lumière y font revivre aujourd'hui les fastes de la Cour, prenant le relais des écrivains qui, de Ronsard à Genevoix en passant par Balzac et George Sand, ont immortalisé la Vallée des rois, trempé leur plume aux étangs de la giboyeuse Sologne ou dépeint l'envoûtante atmosphère du bocage berrichon. Après avoir savouré un délicieux poulet en barbouille, prêtez donc l'oreille aux histoires de loups-garous contées par vos hôtes... Vous constaterez que les gens du pays manient aussi bien les mots que les casseroles !

Sleeping Beauty is said to slumber still within the thick walls of one of the Loire's fairy-tale castles, like Chambord, Azay-le-Rideau or Chenonceau. A list of the region's architectural wonders and glorious gardens would be endless; but its treasures are shown to full effect in a season of «son et lumière» shows. The landscape has inspired any number of writers, from Pierre de Ronsard, "the Prince of Poets", to Balzac and Georges Sand; all succumbed to the charm of this valley of kings, without forgetting to give the game-rich woodlands their due. To savour the region's two-fold talent for storytelling and culinary arts, first tuck into a delicious chicken stew, then curl up by the fireside to hear your hosts' age-old local legends.

Localité citée avec camping
Localité citée avec camping et locatif
Vannes Localité disposant d'un camping avec aire de services camping-car
Moyaux Localité disposant d'au moins un terrain agréable
Aire de service pour camping-car sur autoroute
MAYENNE
SARTHE
EURE-ET-
LOIR-
NE-ET-LOIRE
INDRE-ET-LOIRE
DEUX-SÈVRES
VIENNE
Falaise
Vimoutiers
St-Evroult-N.-D.-du-Bois
Flers
Argentan
Vire
Domfr
Alençon
Marchainville
Mortagne-au-Perche
Senonches
Fontaine-Simon
Courville-s-Eure
Chartres
Ambrières-les-Vallées
Mayenne
Mamers
Bellême
Fresnay-s-Sarthe
Beaumont-s-S.
Sillé-le-Guillaume
Nogent-le-Rotrou
La Ferté-Bernard
Évron
Mézières-s/s-Lavardin
Sillé-le-Phillipe
la Bazoche-Gouet
Bonneval
Laval
Tennie
Lavaré
Châteaudun
Meslay-du-Maine
Loué
LE MANS
Yvré-l'Évêque
Cloyes-sur-le-Loir
Villiers-Charlemagne
Bouère
Avoise
St-Calais
Bessé-s-Braye
Morée
Château-Gontier
Sablé-s-Sarthe
Ménil
Daon
Malicorne-s-Sarthe
Thoré-la-Rochette
Vendôme
Mansigné
Marçon
Montoire-s-le-Loir
Châteauneuf-s-S.
Luché-Pringé
la Flèche
Segré
le Lion-d'Angers
Durtal
Le Lude
Suèvres
Pruillé
Blois
Sonzay
Onzain
Candé-s-Beuvron
Mesland
ANGERS
Brain-s-l'Authion
Vouvray
Chaumont-s-L.
les Ponts-de-Cé
Rillé
TOURS
la Ville-aux-Dames
Montlouis-s-L.
Coutures
les Rosiers-s-L.
Savonnières
Brissac-Quincé
Allonnes
Bourgueil
Ballan-Miré
St-Avertin
Chémery
St-Hilaire-St-Florent
Saumur
Azay-le-Rideau
Montbazon
Veigné
Mareuil-s-Cher
St-Georges-s-Layon
Varennes-s-L.
Savigny-en-Véron
Montsoreau
Vihiers
Concourson-s-Layon
Montreuil-Bellay
Chinon
Ste-Catherine-de-Fierbois
Loches
Chemillé-s-Indrois
L'Île-Bouchard
Ste-Maure-de-Tourraine
Marcilly-s-Vienne
Loudun
Argenton-les-Vallées
Descartes
Bressuire
Ingrandes
Preuilly-s-Claise
Buzançais
Châtellerault
St-Cyr
la Roche-Posay
Vouneuil-s-V.
MILLE ÉTANGS
Rosnay
Parthenay
Avanton
Vouillé
St-Georges-lès-Baillargeaux
St-Pierre-de-Maillé
le Blanc
Secondigny
Bonnes
Mervent
Coulonges-s-l'Autize
LA CANEPETIÈRE
ROUILLÉ-PAMPROUX
POITIERS
Chauvigny
Fontenay-le-Comte
Chaillac
Maillezais
Montmorillon
le Mazeau
LA CHATEAUDRIE
Dienné
A 88
A 28
A 81
A 11
A 85
A 87
A 10
A 83
A 20
N 12
N 154
N 10
N 162
N 149
D 924
D 926
D 21
D 357
D 323
D 306
D 775
D 910
D 347
D 943
D 951
Orne
Sarthe
Avre
Iton
Risle
Huisne
Loir
Mayenne
Cher
Indre
Vienne
Thouet
Creuse

St-Germain-en-Laye
Bobigny
Nanterre
PARIS
Marne-la-Vallée
Jablines
la Ferté-s/s-Jouarre
Verdelot
YVELINES
A 12
Versailles
Créteil
A 4
Pommeuse
Grand Morin
Petit Morin
N 12
A 86
N 19
N 104
Crèvecœur-en-Brie
Touquin
N 4
Sézanne
Rambouillet
Villiers-s-Orge
Évry
D 619
SEINE-
A 10
N 104
GALANDE-LA MARE-LAROCHE
Villiers-le-Morhier
VILLABÉ
Provins
A 6
Melun
-ET-
A 11
ESSONNE
A 5
Nogent-sur-Seine
Fontainebleau
MARNE
Étampes
D 619
LOIR
Veneux-les-Sablons
Yonne
A 5
Boulancourt
N 154
A 10
Nemours
Aix-en-Othe
Pithiviers
Bagneaux-s-Loing
Sens
Essonne
A 77
A 6
VILLEROY
A 19
VILLENEUVE-L'ARCHEVÊQUE
A 19
VILLEROY
Chesne
LOIRET
Montargis
D 2060
Migennes
D 2157
ORLÉANS
Vitry-aux-Loges
D 2060
Loing
D 2060
YONNE
Lorris
Ligny-le-C
Olivet
LOIRE
JARDIN DES ARBRES
Châtillon-Coligny
JARDIN DES ARBRES
Auxerre
Chablis
A 71
St-Père-s-Loire
D 952
A 6
Gien
Isdes
Coullons
A 77
Briare
Vermenton
St-Sauveur-en-Puisaye
Sauldre
Nouan-le-Fuzelier
Beaulieu-s-Loire
N 151
Andryes
Asquins
Neung-s-Beuvron
Pierrefitte-s-Sauldre
Aubigny-s-Nère
Cure
Clamecy
Salbris
Jars
Cosne-Cours-sur-Loire
Varzy
Romorantin-Lanthenay
A 71
D 940
St-Satur
A 77
Yonne
LOIRE
N 151
Mennetou-s-Cher
Vierzon
N 7
Prémery
Crux-la-Ville
Montigny-en-Morvan
Auron
BOURGES
N 151
la Charité-sur-Loire
Cher
Vatan
CHER
NIÈVRE
St-Péreuse
A 77
D 978
A 20
Nevers
St-Léger-de-Fouge
Issoudun
la Guerche-s-l'Aubois
Lunery
Gimouille
N 151
A 71
St-Honoré-les-Bains
D 2076
Arnon
Loire
Châteauroux
Indre
D 943
St-Amand-Montrond
N 7
VAL DE L'INDRE
Braize
Isle-et-Bardais
Couleuvre
Allier
St-Bonnet-Tronçais
Neuvy-St-Sépulchre
Bourb
Moulins
Dompierre-s-Besbre
Châteaumeillant
la Châtre
Vallon-en-Sully
D 943
ALLIER
N 79
Pierrefitte-s-Loire
Fougères
Boussac-Bourg
Treignat
N 145
Sazeret

AUBIGNY-SUR-NÈRE

18700 – **323** K2 – 5 751 h. – alt. 180
1, rue de l'Église 02 48 58 40 20
Paris 180 – Bourges 48 – Cosne-sur-Loire 41 – Gien 30

Les Étangs de déb. avr. à fin oct.
02 48 58 02 37, *camping.aubigny@orange.fr*,
Fax 02 48 58 02 37, *www.camping-aubigny.com*
3 ha (100 empl.) plat, herbeux
Tarif : 19,90€ (10A) – pers. suppl. 4€
Location : (de déb. avr. à fin oct.) – 4 – 6 – 2 bungalows toilés. Nuitée 40 à 71€ – Sem. 200 à 497€
Pour s'y rendre : rte de Oizon (1,4 km à l'est par D 923, près d'un étang (accès direct))

Nature :
Loisirs :
Services :
À prox. :

Longitude : 2.46101
Latitude : 47.48574

AZAY-LE-RIDEAU

37190 – **317** L5 – 3 408 h. – alt. 51
4, rue du Château 02 47 45 44 40
Paris 265 – Châtellerault 61 – Chinon 21 – Loches 58

Municipal le Sabot de déb. avr. à fin oct.
02 47 45 42 72, *camping.lesabot@wanadoo.fr*,
Fax 02 47 45 49 11, *www.azaylerideau.fr*
6 ha (256 empl.) plat, herbeux
Tarif : (Prix 2011) 15€ (10A) – pers. suppl. 3,70€
borne eurorelais 6€ – 50 12€
Pour s'y rendre : r. du Stade (sortie est par D 84, rte d'Artannes et r. à dr., à prox. du château, au bord de l'Indre)
À savoir : situation agréable, entrée fleurie

Nature :
Loisirs :
Services : laverie
À prox. :

Longitude : 0.46491
Latitude : 47.26064

BALLAN-MIRÉ

232 37510 – **317** M4 – 7 604 h. – alt. 88
1, place du 11 novembre 02 47 53 87 47
Paris 251 – Azay-le-Rideau 17 – Langeais 20 – Montbazon 13

La Mignardière de déb. avr. à mi-sept.
02 47 73 31 00, *info@mignardiere.com*,
Fax 09 56 64 93 87, *www.mignardiere.com*
2,5 ha (177 empl.) plat, herbeux, petit bois attenant
Tarif : 27,50€ (10A) – pers. suppl. 5,80€
Location : (de déb. avr. à mi-sept.) – 4 roulottes – 14 – 24 . Nuitée 35 à 75€ – Sem. 245 à 721€
borne artisanale 4€
Pour s'y rendre : 22 av. des Aubépines (2,5 km au nord-est du bourg, à prox. du plan d'eau de Joué-Ballan)

Nature :
Loisirs :
Services :
À prox. : grill poneys golf

Longitude : 0.63402
Latitude : 47.35524

BARAIZE

36270 – **323** F8 – 315 h. – alt. 240
Paris 318 – Orléans 192 – Châteauroux 47 – Guéret 86

Municipal Montcocu de déb. juin à fin sept.
02 54 25 34 28, *syndicat.laceguzon@wanadoo.fr* – pour caravanes : à partir du lieu-dit "Montcocu", pente à 12% sur 1 km
1 ha (26 empl.) en terrasses, herbeux
Tarif : 10,20€ (6A) – pers. suppl. 2,30€
Location : (de déb. mai à fin sept.) – 5 bungalows toilés. Nuitée 11€ – Sem. 134 à 217€
Pour s'y rendre : au lieu-dit : Montcocu (4,8 km au sud-est par D 913, rte d'Éguzon et D 72, à gauche rte de Pont-de-Piles)
À savoir : situation et site agréables dans la vallée de la Creuse

Nature :
Loisirs : canoë
Services :

Longitude : 1.59429
Latitude : 46.46963

LA BAZOCHE-GOUET

28330 – **311** B7 – 1 303 h. – alt. 185
place du Marché ✆ *02 37 49 23 45*
Paris 146 – Brou 18 – Chartres 61 – Châteaudun 33

Municipal la Rivière de mi-avr. à mi-oct.
✆ 02 37 49 36 49, *commune-bazoche-gouet28330@wanadoo.fr*, Fax 02 37 49 27 16
1,8 ha (30 empl.) plat, herbeux
Tarif : (Prix 2011) 9,90€ (10A) – pers. suppl. 2,90€
Location : (Prix 2011) (permanent) – 1 . Nuitée 50€ – Sem. 250€
Pour s'y rendre : 1,5 km au sud-ouest par D 927, rte de la Chapelle-Guillaume et chemin à gauche
À savoir : au bord de l'Yerre et près d'étangs

Loisirs :
Services :
À prox. :

Longitude : 9689
Latitude : 48.129

BEAULIEU-SUR-LOIRE

45630 – **318** N6 – 1 756 h. – alt. 156
place d'Armes ✆ *02 38 35 87 24*
Paris 170 – Aubigny-sur-Nère 36 – Briare 15 – Gien 27

Municipal Touristique du Canal
✆ 02 38 35 32 16, *renault.campingbeaulieu@orange.fr*, Fax 02 38 35 86 57, *www.beaulieu-sur-loire.fr*
0,6 ha (37 empl.) plat, herbeux
borne artisanale
Pour s'y rendre : sortie est par D 926, près du canal (halte nautique)

Nature :
Services :
À prox. : canoë

Longitude : 2.8176
Latitude : 47.5435

LE BLANC

36300 – **323** C7 – 6 926 h. – alt. 85
place de la Libération ✆ *02 54 37 05 13*
Paris 326 – Bellac 62 – Châteauroux 61 – Châtellerault 52

l'Isle d'Avant de mi-avr. à mi-oct.
✆ 02 54 37 88 22, *info@tourisme-leblanc.fr*, Fax 02 54 37 20 46, *www.tourisme-leblanc.fr* – R
1 ha (75 empl.) plat, herbeux
Tarif : (Prix 2011) 14€ (8A) – pers. suppl. 3€
Location : (Prix 2011) (de mi-avr. à mi-oct.) – 1 . Nuitée 40€ – Sem. 270 à 300€
borne artisanale 2€ – 10 11€
Pour s'y rendre : 60 av. Pierre Mendès-France (2 km à l'est sur N 151, rte de Châteauroux, au bord de la Creuse)

Nature :
Loisirs :
Services : (juil.-août) laverie
À prox. : canoë

Longitude : 1.09178
Latitude : 46.63189

BONNEVAL

28800 – **311** E6 – 4 298 h. – alt. 128
2, square Westerham ✆ *02 37 47 55 89*
Paris 117 – Ablis 61 – Chartres 31 – Châteaudun 14

Le Bois Chièvre de déb. avr. à fin oct.
✆ 02 37 47 54 01, *camping-bonneval-28@orange.fr*, *www.camping-bonneval.fr* – R
4,5 ha/2,5 campables (104 empl.) peu incliné, plat, herbeux, gravier, bois attenant
Tarif : 15,60€ (10A) – pers. suppl. 4,10€
Location : (de déb. avr. à fin oct.) – 3 – 1 studio. Nuitée 74€ – Sem. 395€
borne artisanale 5,60€ – 30 15,60€ – 11€
Pour s'y rendre : rte de Vouvray (1,5 km au sud par rte de Conie et rte à dr., au bord du Loir)
À savoir : agréable chênaie dominant le Loir

Nature :
Loisirs :
Services :
À prox. :

Longitude : 1.3864
Latitude : 48.1708

BOURGES

18000 – **323** K4 – 71 155 h. – alt. 153
21, rue Victor Hugo ✆ 02 48 23 02 60
Paris 244 – Châteauroux 65 – Dijon 254 – Nevers 69

Municipal Robinson de mi-mars à mi-nov.
✆ 02 48 20 16 85, *camping@ville-bourges.fr*,
Fax 02 48 50 32 39, *www.ville.bourges.fr*
2,2 ha (116 empl.) plat, peu incliné, herbeux, gravier
Tarif : 4,75€ 5,40€ – (16A) 8,20€
Pour s'y rendre : 26 bd de l'Industrie (vers sortie sud par N 144, rte de Montluçon et à gauche, près du Lac d'Auron, sortie A 71 : suivre Bourges Centre)

Nature :
Loisirs :
Services :
À prox. : (centre équestre) golf, canoë

Longitude : 2.39384
Latitude : 47.07209

BOURGUEIL

37140 – **317** J5 – 3 909 h. – alt. 42
16, place de l'église ✆ 02 47 97 91 39
Paris 281 – Angers 81 – Chinon 16 – Saumur 23

Municipal Parc Capitaine de mi-mai à mi-sept.
✆ 02 47 97 85 62, *camping@bourgueil.fr*,
Fax 02 47 97 85 62, *www.bourgueil.fr*
2 ha (80 empl.) plat, herbeux
Tarif : (Prix 2011) 12,75€ (10A) – pers. suppl. 2,10€
borne artisanale
Pour s'y rendre : 31 av. du Gal de Gaulle (1,5 km au sud par D 749, rte de Chinon)
À savoir : cadre verdoyant et ombragé près d'un plan d'eau

Nature :
Loisirs :
Services :
À prox. :

Longitude : 0.16684
Latitude : 47.27381

BRACIEUX

41250 – **318** G6 – 1 267 h. – alt. 70
10 Les Jardins du Moulin ✆ 02 54 46 09 15
Paris 185 – Blois 19 – Montrichard 39 – Orléans 64

Indigo Bracieux de déb. avr. à déb. nov.
✆ 02 54 46 41 84, *chateaux@camping-indigo.com*,
Fax 02 54 46 41 21, *www.camping-indigo.com*
8 ha (350 empl.) plat, herbeux
Tarif : (Prix 2011) 13,90€ (5A) – pers. suppl. 5€ – frais de réservation 20€
Location : (Prix 2011) (de déb. avr. à déb. nov.) (1 chalet) – 14 – 10 tentes. Nuitée 37 à 79€ – Sem. 210 à 551€ – frais de réservation 20€
borne autre 6€
Pour s'y rendre : 11 r. Roger-Brun (sortie nord, rte de Blois, au bord du Beuvron)
À savoir : cadre boisé composé d'essences variées

Nature :
Loisirs :
Services : laverie

Longitude : 1.53821
Latitude : 47.55117

BRIARE

45250 – **318** N6 – 5 660 h. – alt. 135
1, place de Gaulle ✆ 02 38 31 24 51
Paris 160 – Orléans 85 – Gien 11 – Montargis 50

Le Martinet de déb. avr. à fin sept.
✆ 02 38 31 24 50, *campingbriare@recrea.fr*,
Fax 02 38 31 24 50, *campinglemartinet.fr*
4,5 ha (160 empl.) plat, herbeux
Tarif : (Prix 2011) 18€ (10A) – pers. suppl. 4€
Location : (Prix 2011) (de mi-avr. à mi-sept.) – 3 bungalows toilés. Nuitée 55€ – Sem. 330€ – frais de réservation 80€
borne flot bleu 7€ – 40 15,50€
Pour s'y rendre : au lieu-dit : Val Martinet (1 km au nord par le centre-ville entre la Loire et le canal)

Nature :
Loisirs :
Services :
À prox. :

Longitude : 2.72441
Latitude : 47.64226

BUZANÇAIS

36500 – **323** E5 – 4 530 h. – alt. 111
55, rue Ponts 02 54 84 22 00
Paris 286 – Le Blanc 47 – Châteauroux 25 – Châtellerault 78

Municipal la Tête Noire

02 54 84 17 27, *mairie.buzancais@buzancais.fr*,
Fax 02 54 02 13 45, *www.buzancais.fr*
2,5 ha (134 empl.) plat, herbeux

Location : – 4.
borne artisanale – 10
Pour s'y rendre : au nord-ouest par la r. des Ponts, au bord de l'Indre

Nature :
Loisirs :
Services :
À prox. : terrain mulis-ports, piste de roller, skate-board

Longitude : 1.42438
Latitude : 46.88826

CANDÉ-SUR-BEUVRON

41120 – **318** E7 – 1 437 h. – alt. 70
10, route de Blois 02 54 44 00 44
Paris 199 – Blois 15 – Chaumont-sur-Loire 7 – Montrichard 21

La Grande Tortue de mi-avr. à mi-sept.

02 54 44 15 20, *grandetortue@wanadoo.fr*,
Fax 02 54 44 19 45, *www.la-grande-tortue.com*
5 ha (208 empl.) peu incliné, plat, herbeux, sablonneux
Tarif : 35€ (16A) – pers. suppl. 10€ – frais de réservation 12€

Location : (de déb. avr. à fin sept.) – 32 – 8. Nuitée 45 à 106€ – Sem. 239 à 742€ – frais de réservation 12€
borne artisanale
Pour s'y rendre : 3, rte de Pontlevoy (500 m au sud par D 751, rte de Chaumont-sus-Loire et à gauche, rte de la Pieuse, à prox. du Beuvron)

Nature :
Loisirs : snack
(découverte en saison)
Services :

Longitude : 1.2583
Latitude : 47.48992

CHAILLAC

36310 – **323** D8 – 1 158 h. – alt. 180
Paris 333 – Argenton-sur-Creuse 35 – Le Blanc 34 – Magnac-Laval 34

Municipal les Vieux Chênes Permanent

02 54 25 61 39, *chaillac.mairie@wanadoo.fr*,
Fax 02 54 25 65 41, *chaillac36.fr*
2 ha (40 empl.) incliné à peu incliné, herbeux
Tarif : (Prix 2011) 1,95€ 3,10€ 1,95€ – (30A) 3,10€

Location : (Prix 2011) (permanent) – 3. Nuitée 39 à 62€ – Sem. 197 à 308€
Pour s'y rendre : allée des vieux chênes (au sud-ouest du bourg, au terrain de sports, au bord d'un étang et à 500 m d'un plan d'eau)
À savoir : cadre verdoyant, fleuri et soigné

Nature :
Loisirs : parcours de santé
Services :
À prox. : pédalos

Longitude : 1.29539
Latitude : 46.43224

CHARTRES

28000 – **311** E5 – 39 767 h. – alt. 142
place de la Cathédrale 02 37 18 26 26
Paris 92 – Orléans 84 – Dreux 38 – Rambouillet 45

Les Bords de l'Eure de déb. avr. à mi-nov.

02 37 28 79 43, *camping-roussel-chartres@wanadoo.fr*,
Fax 02 37 28 79 43, *www.auxbordsdeleure.com*
4 ha (110 empl.) plat, herbeux
Tarif : 17€ (6A) – pers. suppl. 4€
borne eurorelais 4€ – 10 15€
Pour s'y rendre : 9 r. de Launay
À savoir : agréable cadre boisé près de la rivère

Nature :
Loisirs : pedalos
Services :
À prox. : parcours sportif

Longitude : 1.4951
Latitude : 48.43265

CHÂTEAUMEILLANT

18370 – **323** J7 – 2 088 h. – alt. 247
69, rue de la Libération ☎ 02 48 61 39 89
Paris 313 – Aubusson 79 – Bourges 66 – La Châtre 19

Municipal l'Étang Merlin de déb. mai à fin sept.
☎ 02 48 61 31 38, *ot.chateaumeillant@orange.fr*, Fax 02 48 61 33 73, *http://ot.chateaumeillant.free.fr*
1,5 ha (30 empl.) plat, herbeux
Tarif : (Prix 2011) 12,35€ (5A) – pers. suppl. 3€

Location : (Prix 2011) (permanent) – 6 – 8 . Nuitée 27 à 48€ – Sem. 151 à 281€
borne artisanale 12,35€ – 40 12,35€
Pour s'y rendre : rte de Vicq (1 km au nord-ouest par D 70, rte de Beddes et D 80 à gauche)

À savoir : chalets agréablement situés sur la rive de l'étang

Nature :
Loisirs :
Services :
À prox. :

Longitude : 2.19034
Latitude : 46.56818

CHÂTEAUROUX

36000 – **323** G6 – 47 127 h. – alt. 155
1, place de la Gare ☎ 02 54 34 10 74
Paris 265 – Blois 101 – Bourges 65 – Châtellerault 98

Municipal le Rochat Belle-Isle
☎ 02 54 08 96 29, *aquadis1@orange.fr*, Fax 03 86 37 95 83, *www.aquadis-loisirs.com*
4 ha (205 empl.) plat, herbeux, gravillons
borne artisanale
Pour s'y rendre : 17 av. du Parc de Loisirs (au nord par av. de Paris et r. à gauche, au bord de l'Indre et à 100 m d'un plan d'eau)

À savoir : à proximité, bus gratuit pour l'accès au centre ville

Nature :
Loisirs :
Services : laverie
À prox. : bowling parcours de santé, cyber café

Longitude : 1.69472
Latitude : 46.8236

The Guide changes, so renew your guide every year.

CHÂTILLON-COLIGNY

45230 – **318** O5 – 1 912 h. – alt. 130
2, place Coligny ☎ 02 38 96 02 33
Paris 140 – Auxerre 70 – Gien 26 – Joigny 48

Municipal de la Lancière de déb. avr. à fin sept.
☎ 02 38 92 54 73, *lalanciere@wanadoo.fr* – places limitées pour le passage
1,9 ha (55 empl.) plat, herbeux
Tarif : (Prix 2011) 2€ 1,30€ 1,70€ – (6A) 3,10€
Pour s'y rendre : rte de la Lanciere (au sud du bourg, entre le Loing et le canal de Briare (halte fluviale))

Nature :
Loisirs : (petite piscine)
Services : laverie cases réfrigérées

Longitude : 2.84394
Latitude : 47.81816

LA CHÂTRE

36400 – **323** H7 – 4 477 h. – alt. 210
134, rue Nationale ☎ 02 54 48 22 64
Paris 298 – Bourges 69 – Châteauroux 37 – Guéret 53

Intercommunal le Val Vert
☎ 02 54 48 32 42, *s.administratif@cc-lachatre-stesevere.fr*, Fax 02 54 48 32 87
2 ha (77 empl.) en terrasses, plat, herbeux
Pour s'y rendre : au lieu-dit : Vavres (sortie sud-est par D 943, rte de Montluçon puis 2 km par D 83a, rte de Briante à dr. et chemin, à prox. de l'Indre)

À savoir : dans un site campagnard très verdoyant

Nature :
Services :
À prox. :

Longitude : 1.99618
Latitude : 46.56748

CHAUMONT-SUR-LOIRE

41150 – **318** E7 – 1 023 h. – alt. 69
24, rue du Maréchal Leclerc ☎ 0254209173
Paris 201 – Amboise 21 – Blois 18 – Contres 24

Municipal Grosse Grève de déb. mai à fin sept.
☎ 0254209522, *mairie.chaumontsloire@wanadoo.fr*,
Fax 0254209961, *www.chaumont-sur-loire.fr* –
4 ha (150 empl.) vallonné, plat, herbeux, sablonneux
Tarif : (Prix 2011) 3€ 1€ 2€ – (10A) 2€
borne raclet 2€
Pour s'y rendre : 81 r. de Maréchal de Lattre de Tassigny (sortie est par D 751, rte de Blois et r. à gauche, av. le pont, au bord de la Loire)

Loisirs :
Services : laverie
À prox. :

Longitude : 1.1999
Latitude : 47.48579

Gebruik de gids van het lopende jaar.

CHÉMERY

41700 – **318** F7 – 908 h. – alt. 90
rue Nationale ☎ 0254713108
Paris 213 – Blois 32 – Montrichard 29 – Romorantin-Lanthenay 29

Municipal le Gué
☎ 0254713711, *ot.chemery@wanadoo.fr*,
Fax 0254713108, *www.chemery.fr*
1,2 ha (50 empl.) plat, herbeux
Location : (de déb. mai à fin oct.) – 2 .
borne autre
Pour s'y rendre : rte de Couddes (à l'ouest du bourg, au bord d'un ruisseau)

Nature :
Loisirs :
Services :
À prox. :

Longitude : 1.47603
Latitude : 47.34434

CHEMILLÉ-SUR-INDROIS

37460 – **317** P6 – 215 h. – alt. 97
Mairie ☎ 0247926075
Paris 244 – Châtillon-sur-Indre 25 – Loches 16 – Montrichard 27

Les Coteaux du Lac de fin mars à mi-oct.
☎ 0247927783, *lescoteauxdulac@wanadoo.fr*,
www.lescoteauxdulac.com
1 ha (72 empl.) peu incliné, plat, herbeux
Tarif : 24,60€ (16A) – pers. suppl. 5,90€ – frais de réservation 14€
Location : (permanent) – 29 – 4 – 4 bungalows toilés – 1 gîte. Nuitée 38 à 84€ – Sem. 190 à 588€ – frais de réservation 14€
borne autre – 2 13,40€ – 14€
Pour s'y rendre : à la Base de loisirs (au sud-ouest du bourg)
À savoir : agréable situation près d'un plan d'eau

Nature :
Services :
À prox. : brasserie poneys , pédalos

Longitude : 1.15889
Latitude : 47.15772

CHEVERNY

41700 – **318** F7 – 936 h. – alt. 110
12, rue du Chêne des Dames ☎ 0254799563
Paris 194 – Blois 14 – Châteauroux 88 – Orléans 73

Les Saules – de déb. avr. à mi-sept.
☎ 0254799001, *contact@camping-cheverny.com*,
Fax 0254792834, *www.camping-cheverny.com*
8 ha (164 empl.) plat, herbeux
Tarif : 30,50€ (10A) – pers. suppl. 4,50€
Location : (de déb. avr. à mi-sept.) – 10 – 4 tentes. Nuitée 40 à 90€ – Sem. 210 à 721€
borne artisanale
Pour s'y rendre : rte de Contres (3 km au sud-est par D 102)

Nature :
Loisirs : (le soir) parcours sportif
Services : laverie

Longitude : 1.45184
Latitude : 47.47871

CHINON

37500 – **317** K6 – 8 202 h. – alt. 40
place Hofheim ✆ *02 47 93 17 85*
Paris 285 – Châtellerault 51 – Poitiers 80 – Saumur 29

Intercommunal de l'Île Auger de déb. avr. à fin oct.
✆ 02 47 93 08 35, *camping-ile-auger@hotmail.fr*, Fax 02 47 93 91 15, *www.camping-chinon.com*
4,5 ha (277 empl.) plat, herbeux
Tarif : (Prix 2011) 2,20€ 3,80€ – (12A) 3€
Location : (Prix 2011) (de déb. mai à fin sept.) – 4 bungalows toilés. Nuitée 30 à 50€ – Sem. 190 à 320€
borne artisanale 4,60€ – 11.81€
Pour s'y rendre : quai Danton
À savoir : situation agréable face au château et en bordure de la Vienne

Nature : ville et château
Loisirs :
Services : (été)
À prox. :

Longitude : 0.23654
Latitude : 47.16379

CLOYES-SUR-LE-LOIR

28220 – **311** D8 – 2 641 h. – alt. 97
25, rue Nationale ✆ *02 37 98 55 27*
Paris 143 – Blois 54 – Chartres 57 – Châteaudun 13

Parc de Loisirs - Le Val Fleuri de mi-mars à mi-nov.
✆ 02 37 98 50 53, *info@val-fleuri.fr*, Fax 02 37 98 33 84, *www.val-fleuri.fr* – places limitées pour le passage
5 ha (196 empl.) plat, herbeux
Tarif : 26,40€ (6A) – pers. suppl. 6,20€ – frais de réservation 16€
Location : (de mi-mars à mi-nov.) – 10 . Sem. 295 à 595€ – frais de réservation 22€
Pour s'y rendre : rte de Montigny (sortie nord par N 10, rte de Chartres puis D 23 à gauche)
À savoir : situation agréable au bord du Loir

Nature :
Loisirs : poneys , canoë, pédalos
Services : laverie
À prox. :

Longitude : 1.2333
Latitude : 48.0024

COULLONS

45720 – **318** L6 – 2 401 h. – alt. 166
Paris 165 – Aubigny-sur-Nère 18 – Gien 16 – Orléans 60

Municipal Plancherotte
✆ 02 38 29 20 42, *coullons.mairie@wanadoo.fr*, *www.coullons.fr*
1,9 ha (80 empl.) plat, herbeux
Pour s'y rendre : rte de la Brosse (1 km à l'ouest par D 51, rte de Cerdon et rte à gauche, à 50 m d'un plan d'eau (accès direct))
À savoir : beaux emplacements délimités

Nature :
Services :
À prox. : (centre équestre) terrain multisports, piste de bi-cross

Longitude : 2.48458
Latitude : 47.62311

COURVILLE-SUR-EURE

28190 – **311** D5 – 2 737 h. – alt. 170
2, rue de l'Arsenal ✆ *02 37 23 22 22*
Paris 111 – Bonneval 47 – Chartres 20 – Dreux 37

Municipal les Bords de l'Eure de fin avr. à mi-sept.
✆ 02 37 23 76 38, *accueil@orange-business.fr*, Fax 02 37 18 07 99, *www.courville-sur-eure.fr*
1,5 ha (56 empl.) plat, herbeux
Tarif : 7,30€ (2A) – pers. suppl. 2,50€
borne eurorelais – 10
Pour s'y rendre : r. Thiers (sortie sud par D 114)
À savoir : cadre arboré sur les bords de la rivière

Nature :
Loisirs :
Services :
À prox. :

Longitude : 1.2414
Latitude : 48.4462

DESCARTES

37160 – **317** N7 – 3 841 h. – alt. 50
rue Blaise Pascal *0247924220*
Paris 292 – Châteauroux 94 – Châtellerault 24 – Chinon 51

Municipal la Grosse Motte de déb. mai à fin sept.
02 47 59 85 90, *otm@ville-descartes.fr*,
Fax 02 47 92 72 20, *www.ville-descartes.fr*
1 ha (50 empl.) plat et vallonné, herbeux
Tarif : (Prix 2011) 9€ (15A) –
pers. suppl. 2,30€
Location : (Prix 2011) (permanent) (de déb. janv. à fin déc.) – 8 . Sem. 220 à 340€
4 9€
Pour s'y rendre : allée Léo Lagrange (sortie sud par D 750, rte du Blanc et allée à dr., au bord de la Creuse)
À savoir : parc ombragé attenant à un complexe de loisirs et à un jardin public

Nature :
Loisirs :
Services :
À prox. : canoë

Longitude : 0.69934
Latitude : 46.96962

Donnez-nous votre avis sur les terrains que nous recommandons. Faites-nous connaître vos observations et vos découvertes par mail à l'adresse : leguidecampingfrance@tp.michelin.com.

ÉGUZON

36270 – **323** F8 – 1 411 h. – alt. 243 – Base de loisirs
3, rue George Sand *02 54 47 43 69*
Paris 319 – Argenton-sur-Creuse 20 – La Châtre 47 – Guéret 50

Municipal du Lac Les Nugiras Permanent
02 54 47 45 22, *nugiras@orange.fr*, Fax 02 54 47 45 22,
www.campingmunicipal-eguzon.com
4 ha (180 empl.) en terrasses, peu incliné, plat, herbeux, pierreux
Tarif : (Prix 2011) 12,20€ (10A) –
pers. suppl. 3,30€
Location : (Prix 2011) (de déb. mars à fin nov.) – 7 – 5 bungalows toilés. Nuitée 30 à 119€ – Sem. 136 à 428€
borne autre 4,70€
Pour s'y rendre : rte de Messant (3 km au sud-est par D 36, rte du lac de Chambon puis 500 m par rte à dr., à 450 m du lac)

Nature :
Loisirs :
Services :
À prox. : (plage) canoë, pédalos, escalade, ski nautique

Longitude : 1.604
Latitude : 46.433

FONTAINE-SIMON

28240 – **311** C4 – 870 h. – alt. 200
Paris 117 – Chartres 40 – Dreux 40 – Évreux 66

Du Perche Permanent
02 37 81 88 11, *campingduperche@orange.fr*,
Fax 09 62 13 99 30, *www.campingduperche.com*
5 ha (115 empl.) plat, herbeux
Tarif : (Prix 2011) 19,64€ (6A) –
pers. suppl. 4€
Location : (Prix 2011) (permanent) – 2 – 2 . Sem. 325 à 395€
Pour s'y rendre : r. de la Ferrière (1,2 km au nord par rte de Senonches et rte à gauche)
À savoir : au bord de l'Eure et d'un plan d'eau

Loisirs :
Services : (juil.-août)
À prox. :

Longitude : 1.0194
Latitude : 48.5132

GARGILESSE-DAMPIERRE

36190 – **323** F7 – 325 h. – alt. 220
le Bourg ✆ 0254478506
Paris 310 – Châteauroux 45 – Guéret 59 – Poitiers 113

La Chaumerette de déb. mai à fin sept.
✆ 0254478422, *camping.chalets.gargilesse@orange.fr*, *www.gargilesse.fr*
2,6 ha (72 empl.) plat, herbeux, pierreux
Tarif : (Prix 2011) 1,50€ 6€ – (10A) 4,10€

Location : (Prix 2011) (de déb. mars à fin nov.) – 8 . Nuitée 24 à 26€ – Sem. 168 à 182€
Pour s'y rendre : 1,4 km au sud-ouest par D 39, rte d'Argenton-sur-Creuse et chemin à gauche menant au barrage de la Roche au Moine

À savoir : cadre pittoresque, en partie sur une île de la Creuse

Nature :
Loisirs : snack
Services :

Longitude : 1.58382
Latitude : 46.50723

Avant de vous installer, consultez les tarifs en cours, affichés obligatoirement à l'entrée du terrain, et renseignez-vous sur les conditions particulières de séjour. Les indications portées dans le guide ont pu être modifiées depuis la mise à jour.

GIEN

45500 – **318** M5 – 15 442 h. – alt. 162
place Jean Jaurès ✆ 0238672528
Paris 149 – Auxerre 85 – Bourges 77 – Cosne-sur-Loire 46

Les Bois du Bardelet – de déb. avr. à fin sept.
✆ 0238674739, *contact@bardelet.com*,
Fax 0238382716, *www.bardelet.com*
15 ha/8 campables (260 empl.) plat, herbeux, étangs
Tarif : 33€ (10A) – pers. suppl. 6,80€ – frais de réservation 9€

Location : (de déb. avr. à fin sept.) – 28 – 50 . Nuitée 46 à 148€ – Sem. 322 à 1 036€ – frais de réservation 9€
borne artisanale – 20 19,80€ – 10€
Pour s'y rendre : au lieu-dit : Le Petit Bardelet, rte de Bourges (5 km au sud-ouest par D 940 et 2 km par rte à gauche - pour les usagers venant de Gien, accès conseillé par D 53, rte de Poilly-lez-Gien et 1ère rte à dr.)

Nature :
Loisirs : canoë
Services :
laverie

Longitude : 2.61619
Latitude : 47.64116

LA GUERCHE-SUR-L'AUBOIS

18150 – **323** N5 – 3 410 h. – alt. 184
1, place Auguste Fournier ✆ 0248742560
Paris 242 – Bourges 48 – La Charité-sur-Loire 31 – Nevers 22

Municipal le Robinson de déb. mai à fin sept.
✆ 0248741886, *camping-laguerche@orange.fr*, *www.mairie-la-guerche-sur-laubois.com*
1,5 ha (33 empl.) peu incliné, plat, herbeux
Tarif : 2,50€ 2€ 2,50€ – (10A) 3,50€

Location : (de déb. mai à fin oct.) – 6 . Nuitée 40 à 45€ – Sem. 280 à 315€ – frais de réservation 25€
borne artisanale 2€ – 33 12€
Pour s'y rendre : 2 r. de Couvache (1,4 km au sud-est par D 200, rte d'Apremont puis à dr., 600 m par D 218 et chemin à gauche)

À savoir : situation agréable au bord d'un plan d'eau

Nature :
Loisirs :
Services :
À prox. : pédalos

Longitude : 2.94913
Latitude : 46.9509

L'ÎLE-BOUCHARD

37220 – **317** L6 – 1 740 h. – alt. 41
16, place Bouchard ☎ 02 47 58 67 75
Paris 284 – Châteauroux 118 – Châtellerault 49 – Chinon 16

Les Bords de Vienne de déb. mars à fin oct.
☎ 02 47 95 23 59, *info@campingbordsdevienne.com*,
Fax 02 47 98 45 29, *http://www.campingbordsdevienne.com*
1 ha (90 empl.) plat, herbeux
Tarif : (Prix 2011) 20€ (16A) –
pers. suppl. 5€
Location : (Prix 2011) (permanent) – 4 – 1 gîte.
Nuitée 55 à 70€ – Sem. 220 à 510€
borne eurorelais 2€ – 10.50€
Pour s'y rendre : 4 allée du camping (près du quartier St-Gilles, en amont du pont sur la Vienne, près de la rivière)

Nature :
Loisirs :
Services :
À prox. : canoë

Longitude : 0.42833
Latitude : 47.12139

ISDES

45620 – **318** K5 – 600 h. – alt. 152
Paris 174 – Bourges 75 – Gien 35 – Orléans 40

Municipal les Prés Bas de déb. avr. à fin oct.
☎ 06 78 43 46 28, *mail.isdes@wanadoo.fr*,
Fax 02 38 29 12 53, *www.isdes.fr*
0,5 ha (20 empl.) plat, herbeux
Tarif : (Prix 2011) 2,50€ 1,20€ 4,50€ (16A)
10 4,50€
Pour s'y rendre : sortie nord-est par D 59, près d'un étang

Nature :
Loisirs :
Services :
À prox. :

Longitude : 2.2565
Latitude : 47.6744

Inclusion in the ***MICHELIN Guide*** *cannot be achieved by pulling strings or by offering favours.*

JARS

18260 – **323** M2 – 488 h. – alt. 285
Paris 188 – Aubigny-sur-Nère 24 – Bourges 47 – Cosne-sur-Loire 21

La Balance
☎ 02 48 58 74 50
0,9 ha (25 empl.) peu incliné, plat, herbeux
Pour s'y rendre : 800 m au sud-ouest par D 74 et chemin à dr.
À savoir : près d'un étang

Nature :
Services :
À prox. : canoë

Longitude : 2.68174
Latitude : 47.39519

LORRIS

45260 – **318** M4 – 2 890 h. – alt. 126
1, rue des Halles ☎ 02 38 94 81 42
Paris 132 – Gien 27 – Montargis 23 – Orléans 55

L'Étang des Bois de déb. avr. à fin sept.
☎ 02 38 92 32 00, *canal.orleans@wanadoo.fr*,
Fax 02 38 46 82 92, *www.canal-orleans.fr*
3 ha (150 empl.) plat, gravillons
Tarif : (Prix 2011) 3,40€ 5,70€ – (10A) 4,30€
Location : (Prix 2011) (de déb. avr. à fin sept.) – 2 .
Nuitée 50 à 65€ – Sem. 300 à 400€
Pour s'y rendre : 6 km à l'ouest par D 88, rte de Châteauneuf-sur-Loire, près de l'Étang des Bois
À savoir : cadre boisé dans un site agréable

Nature :
Loisirs :
Services :
À prox. : (plage) **(centre équestre)**

Longitude : 2.44454
Latitude : 47.87393

LUÇAY-LE-MÂLE

36360 – **323** E4 – 1 531 h. – alt. 160
Paris 240 – Le Blanc 73 – Blois 60 – Châteauroux 43

Municipal la Foulquetière de mi-avr. à mi-oct.
02 54 40 43 31, *mairie@ville-lucaylemale.fr*, Fax 02 54 40 42 47, *www.lucaylemale.fr*
1,5 ha (30 empl.) plat, peu incliné, herbeux
Tarif : 8€ (6A) – pers. suppl. 2€
Location : (permanent) – 3 – 2 gîtes. Nuitée 84€ – Sem. 251 à 314€
borne artisanale 3€
Pour s'y rendre : au lieu-dit : La Foulquetière (3,8 km au sud-ouest par D 960, rte de Loches, D 13, rte d'Ecueillé à gauche et chemin à dr.)
À savoir : à 80 m d'un plan d'eau très prisé des pêcheurs

Nature :
Loisirs :
Services :
À prox. : (plage) canoë, pédalos

Longitude : 1.40184
Latitude : 47.11243

LUNERY

18400 – **323** J5 – 1 477 h. – alt. 150
Paris 256 – Bourges 23 – Châteauroux 51 – Issoudun 28

Intercommunal de Lunery de mi-avr. à mi-sept.
02 48 68 07 38, *paysflorentais@cc-fercher.fr*, Fax 02 48 55 26 78, *www.cc-fercher.fr*
0,5 ha (37 empl.) plat, herbeux
Tarif : 4€ 6€ – (10A) 2€
borne artisanale 6€
Pour s'y rendre : 6 r. de l'Abreuvoir (au bourg, près de l'église)
À savoir : autour des vestiges d'un ancien moulin, près du Cher

Nature :
Loisirs :
Services :
À prox. :

Longitude : 2.27009
Latitude : 46.93617

Benutzen Sie den Hotelführer des laufenden Jahres.

MARCILLY-SUR-VIENNE

37800 – **317** M6 – 550 h. – alt. 60
Paris 280 – Azay-le-Rideau 32 – Chinon 30 – Châtellerault 29

Intercommunal la Croix de la Motte de mi-juin à mi-sept.
02 47 65 20 38, *sainte.maure.communaute@wanadoo.fr*, Fax 02.47.65.35.93, *www.cc-saintemauredetouraine.fr*
1,5 ha (61 empl.) plat, herbeux
Tarif : (Prix 2011) 2,30€ 2,80€ – (10A) 2,70€
Location : (Prix 2011) (de mi-juin à mi-sept.) – 2 – 1 tente. Nuitée 21 à 30€ – Sem. 147 à 306€
borne artisanale 7€
Pour s'y rendre : 1,2 km au nord par D 18, rte de l'Ile-Bouchard et r. à dr.
À savoir : plaisant cadre ombragé, près de la Vienne

Nature :
Loisirs :
Services :
À prox. : canoë

Longitude : 0.54337
Latitude : 47.05075

MAREUIL-SUR-CHER

41110 – **318** E8 – 1 068 h. – alt. 63
3, rue du Passeur 02 54 75 31 48
Paris 225 – Blois 47 – Châtillon-sur-Indre 41 – Montrichard 16

Municipal le Port
02 54 32 79 51, *leportdemareuil@orange.fr*, Fax 02 47 92 72 95, *www.campingleportdemareuil.com*
1 ha (50 empl.) plat, herbeux
Pour s'y rendre : au bourg (près de l'église et du château)
À savoir : décoration arbustive, en bordure du Cher

Nature :
Loisirs : canoë
Services :
À prox. :

Longitude : 1.32824
Latitude : 47.29327

MENNETOU-SUR-CHER

41320 – **318** I8 – 877 h. – alt. 100
21, Grande Rue 02 54 98 12 29
Paris 209 – Bourges 56 – Romorantin-Lanthenay 18 – Selles-sur-Cher 27

Municipal Val Rose de mi-mai à déb. sept.
02 54 98 11 02, *mairie.mennetou@wanadoo.fr*,
Fax 02 54 98 10 56
0,8 ha (50 empl.) plat, herbeux
Tarif : (Prix 2011) 2€ 2,50€ – (6A) 2€
borne eurorelais 2€ – 10
Pour s'y rendre : r. de Val Rose (au sud du bourg, à dr. après le pont sur le canal, à 100 m du Cher)

Nature :
Loisirs :
Services :
À prox. : canoë

Longitude : 1.86173
Latitude : 47.26937

MESLAND

41150 – **318** D6 – 540 h. – alt. 79
Paris 205 – Amboise 19 – Blois 23 – Château-Renault 20

Yelloh! Village Le Parc du Val de Loire – de déb. avr. à fin sept.
02 54 70 27 18, *parcduvaldeloire@wanadoo.fr*,
Fax 02 54 70 21 71, *www.parcduvaldeloire.com*
15 ha (300 empl.) peu incliné, plat, herbeux
Tarif : 34€ (10A) – pers. suppl. 8€
Location : (de déb. avr. à fin sept.) – 130 – 20 . Nuitée 39 à 105€ – Sem. 273 à 735€
borne artisanale – 100 17€ – 15€
Pour s'y rendre : 155 rte de Fleuray (1,5 km à l'ouest)
À savoir : cadre boisé face au vignoble

Nature :
Loisirs :
Services :

Longitude : 1.12284
Latitude : 47.50935

Use this year's Guide.

MONTARGIS

45200 – **318** N4 – 15 755 h. – alt. 95
10 rue Renée de France 02 38 98 00 87
Paris 109 – Auxerre 252 – Nemours 36 – Nevers 126

Municipal de la Forêt de déb. fév. à fin nov.
02 38 98 00 20, *campings.agglo.montargoise@wanadoo.fr*, Fax 02 38 95 02 29
5,5 ha (100 empl.) pierreux, sablonneux, plat, herbeux
Tarif : (Prix 2011) 2,70€ 2,10€ 2,70€ – (10A) 6,60€
borne flot bleu 3,60€ – 20 11,10€
Pour s'y rendre : 38 av. Louis-Maurice Chautemps (sortie nord par D 943 et 1 km par D 815, rte de Paucourt)

Nature :
Loisirs :
Services :
À prox. :

Longitude : 2.75102
Latitude : 48.00827

MONTBAZON

37250 – **317** N5 – 3 936 h. – alt. 59
esplanade du Val de l'Indre 02 47 26 97 87
Paris 247 – Châtellerault 59 – Chinon 41 – Loches 33

La Grange Rouge de déb. avr. à fin oct.
02 47 26 06 43, *contact@camping-montbazon.com*,
Fax 02 47 26 03 13, *www.camping-montbazon.com*
2 ha (108 empl.) plat, herbeux
Tarif : 16,50€ (10A) – pers. suppl. 3,80€
Location : (de déb. avr. à fin oct.) – 15 . Nuitée 55 à 72€ – Sem. 320 à 430€ – frais de réservation 13€
Pour s'y rendre : rte de Tours, RD 910 (apr. le pont sur l'Indre)
À savoir : situation plaisante en bordure de rivière et près du centre ville

Nature :
Loisirs : snack, brasserie
Services :
À prox. : parcours sportif

Longitude : 0.71368
Latitude : 47.28692

MONTLOUIS-SUR-LOIRE

37270 – **317** N4 – 10 381 h. – alt. 60
4, place Abraham Courtemanche ✆ 02 47 45 85 10
Paris 235 – Amboise 14 – Blois 49 – Château-Renault 32

Les Peupliers

✆ 02 47 50 81 90, *aquadis1@orange.fr*, Fax 03 86 37 95 83, *www.aquadis-loisirs.com*
6 ha (252 empl.) plat, herbeux
Location : – 9.
borne artisanale – 10
Pour s'y rendre : 1,5 km à l'ouest par D 751, rte de Tours, à 100 m de la Loire
À savoir : plaisant cadre boisé

Nature :
Loisirs :
Services :
À prox. :

Longitude : 0.82737
Latitude : 47.38892

Si vous recherchez :

- ***un terrain offrant des animations sportives, culturelles ou de détente,***
- ***un terrain très tranquille,***
- L-M ***un terrain proposant la location de mobile homes, bungalows, chalets, chambres ou encore gîtes,***
- P ***un terrain ouvert toute l'année,***
- ***un terrain possédant une aire de services pour camping-cars,***

consultez le tableau des localités

MONTOIRE-SUR-LE-LOIR

41800 – **318** C5 – 4 094 h. – alt. 65
16, place Clemenceau ✆ 02 54 85 23 30
Paris 186 – Blois 52 – Château-Renault 21 – La Flèche 81

Municipal les Reclusages de déb. mai à fin sept.

✆ 02 54 85 02 53, *camping.reclusages@orange.fr*, Fax 02 54 85 05 29, *www.mairie-montoire.fr*
2 ha (133 empl.) plat, herbeux
Tarif : (Prix 2011) 3,45€ 1,80€ – (10A) 3,60€
Location : (Prix 2011) (de déb. avr. à fin sept.) – 4 . Sem. 195 à 318€
Pour s'y rendre : au lieu-dit : Les Reclusages (sortie sud-ouest, rte de Tours et rte de Lavardin à gauche apr. le pont)
À savoir : au bord du Loir

Nature :
Loisirs :
Services :
À prox. :

Longitude : 0.86289
Latitude : 47.74788

MORÉE

41160 – **318** E4 – 1 073 h. – alt. 96
Paris 154 – Blois 42 – Châteaudun 24 – Orléans 58

Municipal de la Varenne de déb. avr. à fin sept.

✆ 02 54 89 15 15, *mairie-de-moree@wanadoo.fr*, Fax 02 54 89 15 10
0,8 ha (43 empl.) plat, herbeux
Tarif : 11€ (10A) – pers. suppl. 1€
Location : (permanent) – 2 roulottes – 1 . Nuitée 32€ – Sem. 150 à 280€
borne autre 3€ – 8 9€ – 9€
Pour s'y rendre : à l'ouest du bourg, au bord d'un plan d'eau, accès conseillé par D 19, rte de St-Hilaire-la-Gravelle et chemin à gauche

Nature :
Loisirs : (plage)
Services :
À prox. :

Longitude : 1.23424
Latitude : 47.9031

MUIDES-SUR-LOIRE

41500 – **318** G5 – 1 317 h. – alt. 82
place de la Libération ✆ 02 54 87 58 36
Paris 169 – Beaugency 17 – Blois 20 – Chambord 9

Château des Marais – de mi-mai à mi-sept.
✆ 02 54 87 05 42, *chateau.des.marais@wanadoo.fr*,
Fax 02 54 87 05 43, *www.chateau-des-marais.com*
8 ha (299 empl.) plat, herbeux
Tarif : 45€ (10A) – pers. suppl. 5€ – frais de réservation 15€
Location : (de mi-mai à mi-sept.) – 15 – 6 – 3 cabanes dans les arbres. Nuitée 54 à 110€ – Sem. 399 à 770€ – frais de réservation 15€
borne artisanale – 15 26€ – 31€
Pour s'y rendre : 27 r. de Chambord (au sud-est par D 103, rte de Crouy-sur-Cosson - pour caravanes : accès par D 112 et D 103 à dr.)
À savoir : dans l'agréable parc boisé du château (XVIIe s.)

Nature :
Loisirs : nocturne hammam informations touristiques
Services : laverie
À prox. : canoë

Longitude : 1.52897
Latitude : 47.66585

Municipal Bellevue de déb. avr. à mi-sept.
✆ 02 54 87 01 56, *mairie.muides@wanadoo.fr*,
Fax 02 54 87 01 25 –
2,5 ha (100 empl.) plat, herbeux, sablonneux
Tarif : 3,90€ 2,65€ 2€ – (5A) 3,70€
Pour s'y rendre : av. de la Loire (au nord du bourg par D 112, rte de Mer et à gauche av. le pont, près de la Loire)

Services : (juin-août)
À prox. :

Longitude : 1.52712
Latitude : 47.67175

Pour visiter une ville ou une région : utilisez les Guides Verts MICHELIN.

NEUNG-SUR-BEUVRON

41210 – **318** H6 – 1 192 h. – alt. 102
Paris 183 – Beaugency 33 – Blois 39 – Lamotte-Beuvron 20

Municipal de la Varenne de déb. avr. à mi-oct.
✆ 02 54 83 68 52, *camping.lavarenne@wanadoo.fr*,
Fax 02 54 83 68 52, *www.neung-sur-beuvron.fr*
4 ha (73 empl.) peu incliné, plat, herbeux, sablonneux
Tarif : (Prix 2011) 11,40€ (10A) – pers. suppl. 2,60€
Location : (Prix 2011) (de déb. avr. à fin oct.) – 4 . Nuitée 55€ – Sem. 230 à 400€ – frais de réservation 70€
borne artisanale – 8.30€
Pour s'y rendre : 34 r. de Veillas (1 km au nord-est, accès par r. à gauche de l'église, près du Beuvron)
À savoir : agréable cadre boisé

Nature :
Loisirs :
Services :

Longitude : 1.81507
Latitude : 47.53849

NEUVY-ST-SÉPULCHRE

36230 – **323** G7 – 1 662 h. – alt. 186
Paris 295 – Argenton-sur-Creuse 24 – Châteauroux 29 – La Châtre 16

Municipal les Frênes de mi-juin à mi-sept.
✆ 02 54 30 82 51, *campinglesfrenes@orange.fr*,
Fax 02 54 30 88 94, *www.campingdeneuvy.new.fr*
1 ha (35 empl.) plat, herbeux
Tarif : (Prix 2011) 11,50€ (9A) – pers. suppl. 2€
Location : (Prix 2011) (permanent) – 2 . Sem. 240 à 270€
Pour s'y rendre : rte de l'Augère (sortie ouest par D 927, rte d'Argenton-sur-Creuse puis 600 m par r. à gauche et chemin à dr., à 100 m d'un étang et de la Bouzanne)

Nature :
Loisirs :
Services : laverie
À prox. : snack

Longitude : 1.77666
Latitude : 46.58647

NOGENT-LE-ROTROU

28400 – **311** A6 – 11 358 h. – alt. 116
44, rue Villette-Gaté ✆ 0237296886
Paris 146 – Alençon 65 – Chartres 54 – Châteaudun 55

Municipal des Viennes de déb. juin à mi-sept.
✆ 0237528051, courriel@ville-nogent-le-rotrou.fr,
Fax 0237296869, *www.ville-nogent-le-rotrou.fr*
0,5 ha (30 empl.) plat, herbeux
Tarif : (Prix 2011) 1,80€ 1,30€ 1,90€ – 3,10€
Pour s'y rendre : r. des Viennes (au nord de la ville par av. des Prés (D 103))
À savoir : au bord de l'Huisne

Nature :
Loisirs :
Services :
À prox. :

Longitude : 0.8159
Latitude : 48.3249

NOUAN-LE-FUZELIER

41600 – **318** J6 – 2 555 h. – alt. 113
place de la Gare ✆ 0254887675
Paris 177 – Blois 59 – Cosne-sur-Loire 74 – Gien 56

La Grande Sologne de déb. avr. à mi-oct.
✆ 0254887022, info@campingrandesologne.com,
Fax 0254887022, *www.campingrandesologne.com* –
10 ha/4 campables (180 empl.) plat, herbeux
Tarif : (Prix 2011) 22€ (10A) – pers. suppl. 5,50€
Location : (Prix 2011) (de déb. avr. à mi-oct.) – 7 – 4 tentes. Sem. 147 à 650€
Pour s'y rendre : sortie sud par D 2020 puis chemin à gauche en face de la gare
À savoir : cadre boisé au bord d'un étang

Nature :
Loisirs :
Services :
À prox. :

Longitude : 2.03666
Latitude : 47.5362

OLIVET

45160 – **318** I4 – 20 143 h. – alt. 100
236, rue Paul Genain ✆ 0238634968
Paris 137 – Orléans 4 – Blois 70 – Chartres 78

Municipal de déb. avr. à mi-oct.
✆ 0238635394, campingolivet@wanadoo.fr,
Fax 0238635896, *www.camping-olivet.org*
1 ha (46 empl.) plat, herbeux
Tarif : (Prix 2011) 4,15€ 2,65€ 3€ – (16A) 2,80€
borne artisanale 5,50€
Pour s'y rendre : r. du Pont Bouchet (2 km au sud-est par D 14, rte de St-Cyr-en-Val)
À savoir : situation agréable au confluent du Loiret et du Dhuy

Nature :
Loisirs :
Services :
À prox. :

Longitude : 1.92583
Latitude : 47.85614

ONZAIN

41150 – **318** E6 – 3 411 h. – alt. 69
3, rue Gustave Marc ✆ 0254207852
Paris 201 – Amboise 21 – Blois 19 – Château-Renault 24

Siblu Le Domaine de Dugny de déb. avr. à fin sept.
✆ 0254207066, reception.ldd@siblu.fr,
Fax 0254337169, *www.ledomainededugny.fr* – places limitées pour le passage
12 ha (350 empl.) peu incliné, herbeux, pierreux
Tarif : (Prix 2011) 47€ (10A) – pers. suppl. 10€
Location : (Prix 2011) (de déb. avr. à fin sept.) – 200 . Nuitée 27 à 110€ – Sem. 189 à 770€
borne artisanale
Pour s'y rendre : 4,3 km au nord-est par D 58, rte de Chouzy-sur-Cisse, D 45 rte de Chambon-sur-Cisse et chemin à gauche, au bord d'un étang

Nature :
Loisirs : snack jacuzzi salle d'animation terrain multi-sports, pédalos
Services : laverie
À prox. : stage ULM, canotage

Longitude : 1.18735
Latitude : 47.52602

PIERREFITTE-SUR-SAULDRE

41300 – **318** J6 – 859 h. – alt. 125
10, place de l'Église *02 54 88 67 15*
Paris 185 – Aubigny-sur-Nère 23 – Blois 73 – Bourges 55

Les Alicourts – de fin avr. à déb. sept.
02 54 88 63 34, *info@lesalicourts.com*,
Fax 02 54 88 58 40, *www.lesalicourts.com*
21 ha/10 campables (420 empl.) en terrasses, plat, herbeux, sablonneux
Tarif : 46€ (6A) – pers. suppl. 10€
Location : (de fin avr. à déb. sept.) (3 chalets) – 176 – 112 – 8 cabanes dans les arbres. Nuitée 58 à 218€ – Sem. 406 à 1 526€
borne artisanale
Pour s'y rendre : au Domaine des Alicourts (6 km au nord-est par D 126 et D 126b, au bord d'un plan d'eau)
À savoir : piscine couverte le matin seulement

Nature :
Loisirs : snack hammam jacuzzi espace balnéo, salle d'animation (plage) poneys canoë, pédalos,golf et pistes de bi-cross, rollers et skates
Services : laverie

Longitude : 2.191
Latitude : 47.54482

PREUILLY-SUR-CLAISE

37290 – **317** O7 – 1 103 h. – alt. 80
Paris 299 – Le Blanc 31 – Châteauroux 64 – Châtellerault 35

Municipal de déb. juin à fin sept.
02 47 94 50 04, *mairie-preuilly@wanadoo.fr*,
Fax 02 47 94 63 26, *www.preuillysurclaise.fr*
0,7 ha (37 empl.) plat, herbeux
Tarif : (Prix 2011) 2,50€ 3€ – (10A) 4€
Location : (Prix 2011) (permanent) – 2 . Sem. 200 à 250€
Pour s'y rendre : au sud-ouest du bourg, près de la piscine, de la Claise et d'un étang
À savoir : cadre verdoyant au milieu d'un complexe de loisirs

Nature :
Loisirs :
Services :
À prox. : parcours sportif

Longitude : 0.92618
Latitude : 46.85305

RILLÉ

37340 – **317** K4 – 287 h. – alt. 82
Paris 282 – Orléans 158 – Tours 47 – Nantes 160

Huttopia Rillé de fin avr. à déb. nov.
02 47 24 62 97, *rille@huttopia.com*, Fax 02 47 24 63 61, *www.huttopia.com*
5 ha (120 empl.) plat, herbeux
Tarif : (Prix 2011) 31,90€ (10A) – pers. suppl. 7,10€ – frais de réservation 20€
Location : (Prix 2011) (de fin avr. à déb. nov.) – 10 roulottes – 22 – 10 tentes. Nuitée 59 à 148€ – Sem. 309 à 1 036€ – frais de réservation 20€
borne autre 5€
Pour s'y rendre : au Lac de Rillé (2 km Est par D49)

Nature :
Loisirs : diurne
Services : laverie
À prox. : (centre équestre)

Longitude : 0.33278
Latitude : 47.44584

ROMORANTIN-LANTHENAY

41200 – **318** H7 – 17 559 h. – alt. 93
place de la Paix *02 54 76 43 89*
Paris 202 – Blois 42 – Bourges 74 – Châteauroux 72

Tournefeuille de déb. avr. à fin sept.
02 54 95 37 08, *camping.romo@wanadoo.fr*,
Fax 02 54 76 54 90, *www.camping-romorantin.com*
1,5 ha (103 empl.) plat, herbeux
Tarif : 18€ (10A) – pers. suppl. 7€ – frais de réservation 5€
Location : (permanent) – 6 . Sem. 373 à 480€ – frais de réservation 5€
borne autre 3€ – 10 15€ – 10.50€
Pour s'y rendre : 32 r. des Lices (sortie est, rte de Salbris, r. de Long-Eaton, au bord de la Sauldre)

Nature :
Loisirs : snack
Services :
À prox. : canoë

Longitude : 1.75586
Latitude : 47.35503

ROSNAY

36300 – **323** D6 – 618 h. – alt. 112
Paris 307 – Argenton-sur-Creuse 31 – Le Blanc 16 – Châteauroux 44

Municipal Permanent
02 54 37 80 17, *rosnay-mairie@wanadoo.fr*,
Fax 02 54 37 02 86
2 ha (36 empl.) plat, herbeux
Tarif : (Prix 2011) 2€ 1,70€ 2,30€ – (10A) 2€
Pour s'y rendre : rte de St-Michel-en-Brenne (500 m au nord par D 44)

À savoir : agréable structure bordée par un étang

Nature :
Loisirs :
Services :

Longitude : 1.20002
Latitude : 46.72225

ST-AMAND-MONTROND

18200 – **323** L6 – 11 464 h. – alt. 160
place de la République 02 48 96 16 86
Paris 282 – Bourges 52 – Châteauroux 65 – Montluçon 56

Municipal de la Roche
02 48 96 09 36, *camping-la-roche@wanadoo.fr*,
Fax 02 48 96 09 36, *www.ville-saint-amand-montrond.fr*
4 ha (120 empl.) plat, peu incliné, herbeux
Pour s'y rendre : chemin de La Roche (sortie sud-est par N 144, rte de Montluçon et chemin de la Roche à dr. av. le canal, près du Cher)

Nature :
Loisirs :
Services :
À prox. :

Longitude : 2.48974
Latitude : 46.7126

ST-AVERTIN

37550 – **317** N4 – 14 006 h. – alt. 49
36, rue Rochepinard 02 47 27 01 72
Paris 245 – Orléans 121 – Tours 7 – Blois 70

Les Rives du Cher de déb. avr. à mi-oct.
02 47 27 27 60, *contact@camping-lesrivesducher.com*,
www.camping-lesrivesducher.com
2 ha (90 empl.) plat, herbeux
Tarif : (Prix 2011) 4,20€ 7,80€ – (10A) 5,40€
Location : (Prix 2011) (de déb. avr. à mi-oct.) – 4 . Nuitée 35 à 65€ – Sem. 210 à 400€
borne artisanale – 20
Pour s'y rendre : 61 r. de Rochepinard (au nord par rive gauche du Cher)

À savoir : près d'un plan d'eau

Nature :
Services : laverie
À prox. :

Longitude : 0.72296
Latitude : 47.37064

Wilt u een stad of streek bezichtigen ?
*Raadpleed de **groene Michelingidsen.***

ST-PÈRE-SUR-LOIRE

45600 – **318** L5 – 1 039 h. – alt. 115
Paris 147 – Aubigny-sur-Nère 38 – Châteauneuf-sur-Loire 40 – Gien 25

Hortus-Le Jardin de Sully de déb. avr. à mi-nov.
02 38 36 35 94, *info@camping-hortus.com*,
www.hortus-sully.com
2,7 ha (80 empl.) plat, herbeux, pierreux, gravier
Tarif : (Prix 2011) 20€ (10A) – pers. suppl. 4€ – frais de réservation 5€
Location : (Prix 2011) (permanent) – 14 – 6 bungalows toilés. Nuitée 25 à 95€ – Sem. 190 à 660€ – frais de réservation 5€
borne raclet 2€ – 65 15€ – 11€
Pour s'y rendre : 1 rte de St-Benoit (à l'ouest par D 60, rte de Châteauneuf-sur-Loire, près du fleuve)

Loisirs :
Services : laverie
À prox. :

Longitude : 2.36229
Latitude : 47.7718

ST-PLANTAIRE

36190 – **323** G8 – 552 h. – alt. 300
Paris 339 – Orléans 214 – Châteauroux 68 – Limoges 95

Municipal de Fougères de déb. mars à fin oct.
02 54 47 20 01, *campingmunicipal.fougeres@orange.fr*, Fax 02 54 47 34 41, *www.www.saint-plantaire.fr*
4,5 ha (150 empl.) plat, herbeux, en terrasses, peu incliné, pierreux
Tarif : (Prix 2011) 14€ (10A) – pers. suppl. 3,80€
Location : (Prix 2011) (permanent) – 4 – 17 – 4 bungalows toilés. Nuitée 33 à 75€ – Sem. 135 à 384€
Pour s'y rendre : 19 plage de Fougères
À savoir : site agréable au bord du lac de Chambon

Nature :
Loisirs :
Services : laverie
À prox. : snack pédalos, canoë

Longitude : 1.61952
Latitude : 46.42756

ST-SATUR

18300 – **323** N2 – 1 657 h. – alt. 155
25, rue du Commerce 02 48 54 01 30
Paris 194 – Aubigny-sur-Nère 42 – Bourges 50 – Cosne-sur-Loire 12

René Foltzer
02 48 54 04 67, *aquadis1@wanadoo.fr*,
Fax 03 86 37 95 83, *www.aquadis-loisirs.com*
1 ha (85 empl.) plat, herbeux
Pour s'y rendre : quai de Loire (1 km à l'est par D 2)
À savoir : près de la Loire (accès direct)

Nature :
Loisirs :
Services :
À prox. : golf, canoë

Longitude : 2.86573
Latitude : 47.33643

STE-CATHERINE-DE-FIERBOIS

37800 – **317** M6 – 653 h. – alt. 114
Paris 263 – Azay-le-Rideau 25 – Chinon 37 – Ligueil 19

Les Castels Parc de Fierbois – de fin avr. à déb. sept.
02 47 65 43 35, *contact@fierbois.com*,
Fax 02 47 65 53 75, *www.fierbois.com*
30 ha/12 campables (420 empl.) en terrasses, plat, herbeux
Tarif : 49€ (10A) – pers. suppl. 9€
Location : (de fin avr. à déb. sept.) – 60 – 40 – 6 cabanes dans les arbres – 8 gîtes. Nuitée 46 à 133€ – Sem. 322 à 931€
borne eurorelais – 14€
Pour s'y rendre : 1,2 km au sud
À savoir : agréable et vaste domaine avec bois, lac et parc aquatique

Nature :
Loisirs : pizzeria (plage)
Services : laverie cases réfrigérées
À prox. : canoë, pédalos, parcours aventure

Longitude : 0.6549
Latitude : 47.1486

STE-MAURE-DE-TOURAINE

37800 – **317** M6 – 4 007 h. – alt. 85
rue du Château 02 47 65 66 20
Paris 273 – Le Blanc 71 – Châtellerault 39 – Chinon 32

Municipal de Marans de déb. avr. à fin sept.
02 47 65 44 93
1 ha (66 empl.) peu incliné, plat, herbeux
Tarif : (Prix 2011) 2,90€ 2,60€ – (16A) 2,80€
borne artisanale
Pour s'y rendre : r. de Toizelet (1,5 km au sud-est par D 760, rte de Loches, et à gauche, à 150 m d'un plan d'eau)

Loisirs : parcours sportif
Services :
À prox. :

Longitude : 0.62357
Latitude : 47.10381

SALBRIS

41300 – **318** J7 – 5 766 h. – alt. 104
27, boulevard de la République *02 54 97 22 27*
Paris 187 – Aubigny-sur-Nère 32 – Blois 65 – Lamotte-Beuvron 21

Le Sologne de déb. avr. à fin sept.
02 54 97 06 38, *campingdesologne@wanadoo.fr*, *http://www.campingdesologne.fr*
2 ha (81 empl.) plat, herbeux
Tarif : 18€ (10A) – pers. suppl. 4,50€
Location : (de mi-avr. à mi-sept.) – 5 – 1 . Nuitée 53€ – Sem. 497€
borne artisanale 7€
Pour s'y rendre : 8 allée de la Sauldre (sortie nord-est par D 55, rte de Pierrefitte-sur-Sauldre, au bord d'un plan d'eau et près de la Sauldre)

Nature :
Loisirs :
Services :
À prox. :

Longitude : 2.05522
Latitude : 47.43026

SAVIGNY-EN-VÉRON

37420 – **317** J5 – 1 431 h. – alt. 40
Paris 292 – Chinon 9 – Langeais 27 – Saumur 20

Municipal la Fritillaire
02 47 58 03 79, *aquadis1@orange.fr*, Fax 03 86 37 95 83, *www.aquadis-loisirs.com*
2,5 ha (100 empl.) plat, herbeux, bois attenant
Location : – 1 – 5 bungalows toilés.
Pour s'y rendre : r. Basse (à l'ouest du centre bourg, à 100 m d'un étang)

Nature :
Loisirs :
Services :
À prox. :

Longitude : 0.18281
Latitude : 47.20501

SAVONNIÈRES

37510 – **317** M4 – 2 970 h. – alt. 47
Paris 263 – Orléans 139 – Tours 17 – Blois 88

Confluence
02 47 50 00 25, *camping.confluence37@orange.fr*, Fax 02 47 50 15 71, *tourisme-en-confluence.com*

borne eurorelais
Pour s'y rendre : sortie est du bourg par D7
À savoir : au bord du Cher et d'une piste cyclable

Nature :
Loisirs :
Services :
À prox. :

Longitude : 0.56165
Latitude : 47.35037

Utilisez le guide de l'année.

SENONCHES

28250 – **311** C4 – 3 262 h. – alt. 223
2, rue Louis Peuret *02 37 37 80 11*
Paris 115 – Chartres 38 – Dreux 38 – Mortagne-au-Perche 42

Huttopia – de déb. avr. à déb. nov.
02 37 37 81 40, *senonches@huttopia.com*, Fax 02 37 37 78 93, *www.huttopia.com*
10,5 ha (126 empl.) vallonné, plat, herbeux
Tarif : (Prix 2011) 28,60€ (10A) – pers. suppl. 6€ – frais de réservation 20€
Location : (Prix 2011) (de déb. avr. à déb. nov.) – 10 – 10 tentes. Nuitée 60 à 148€ – Sem. 315 à 1 036€ – frais de réservation 20€
borne autre 5€
Pour s'y rendre : Etang de Badouleau
À savoir : au bord de l'étang et en lisière de la forêt domaniale de Senonches

Nature :
Loisirs : diurne
Services : laverie
À prox. : poneys (centre équestre)

Longitude : 1.0435
Latitude : 48.553

SONZAY

37360 – **317** L3 – 1 252 h. – alt. 94
Paris 257 – Château-la-Vallière 39 – Langeais 26 – Tours 25

L'Arada Parc – de fin mars à mi-oct.
02 47 24 72 69, *info@laradaparc.com*,
Fax 02 47 24 72 70, *www.laradaparc.com*
1,7 ha (94 empl.) peu incliné, plat, herbeux
Tarif : 28,30€ (10A) – pers. suppl. 5,30€ – frais de réservation 9€
Location : (de fin mars à mi-oct.) – 17 – 3. Nuitée 79 à 102€ – Sem. 301 à 714€ – frais de réservation 9€
borne artisanale 4,60€
Pour s'y rendre : r. de la Baratière (sortie ouest par D 68, rte de Souvigné et à dr.)

Nature :
Loisirs : snack hammam jacuzzi
Services : laverie
À prox. :

Longitude : 0.45069
Latitude : 47.52615

SUÈVRES

41500 – **318** F5 – 1 447 h. – alt. 83
place de la Mairie 02 54 87 85 27
Paris 170 – Beaugency 18 – Blois 15 – Chambord 16

Les Castels Le Château de la Grenouillère – de mi-avr. à mi-sept.
02 54 87 80 37, *la.grenouillere@wanadoo.fr*,
Fax 02 54 87 84 21, *www.camping-loire.com*
11 ha (250 empl.) plat, herbeux
Tarif : 39€ (10A) – pers. suppl. 8€ – frais de réservation 20€
Location : (de mi-avr. à mi-sept.) – 55 – 15. Nuitée 45 à 110€ – Sem. 315 à 770€ – frais de réservation 20€
borne artisanale
Pour s'y rendre : 3 km au nord-est sur D 2152
À savoir : parc boisé et verger agréable

Nature :
Loisirs : snack jacuzzi
Services : laverie

Longitude : 1.48512
Latitude : 47.68688

THORÉ-LA-ROCHETTE

41100 – **318** C5 – 927 h. – alt. 75
Paris 176 – Blois 42 – Château-Renault 25 – La Ferté-Bernard 58

Intercommunal la Bonne Aventure de mi-mai à fin sept.
02 54 72 00 59, *campingthore@orange.fr*,
Fax 02 54 72 73 38, *www.vendome.eu*
2 ha (60 empl.) plat, herbeux
Tarif : (Prix 2011) 8,90€ (5A) – pers. suppl. 3,40€
Pour s'y rendre : rte de la Cunaille (1,7 km au nord par D 82, rte de Lunay et rte à dr., près du stade, au bord du Loir)

Nature :
Loisirs :
Services :
À prox. :

Longitude : 0.95855
Latitude : 47.80504

VALENÇAY

36600 – **323** F4 – 2 665 h. – alt. 140
2, avenue de la Résistance 02 54 00 04 42
Paris 233 – Blois 59 – Bourges 73 – Châteauroux 42

Municipal les Chênes de déb. mai à mi-sept.
02 54 00 03 92, *commune@mairie-valencay.fr*,
Fax 02 54 00 03 92
5 ha (50 empl.) peu incliné, plat, herbeux
Tarif : (Prix 2011) 3,80€ 4,40€ – (10A) 4,40€
borne autre 3,80€
Pour s'y rendre : 1 km à l'ouest sur D 960, rte de Luçay-le-Mâle
À savoir : agréable cadre de verdure en bordure d'étang

Nature :
Loisirs :
Services :

Longitude : 1.55542
Latitude : 47.15808

VATAN

36150 – **323** G4 – 2 022 h. – alt. 140
place de la République *02 54 49 71 69*
Paris 235 – Blois 78 – Bourges 50 – Châteauroux 31

Municipal de mi-avr. à fin sept.
02 54 49 91 37, *tourisme@vatan-en-berry.com*,
Fax 02 54 49 93 72, *www.vatan-en-berry.com*
2,4 ha (55 empl.) plat, herbeux, pierreux
Tarif : (Prix 2011) 12€ (16A) –
pers. suppl. 4,50€
Location : (Prix 2011) (de mi-avr. à fin sept.) – 3 . Sem. 250€
borne autre 5€
Pour s'y rendre : r. du Collège (sortie ouest par D 2, rte de Guilly et à gauche)
À savoir : bord d'un étang d'agrément

Nature :
Loisirs :
Services :
À prox. :

Longitude : 1.80646
Latitude : 47.07288

VEIGNÉ

37250 – **317** N5 – 5 938 h. – alt. 58
Paris 252 – Orléans 128 – Tours 16 – Joué-lès-Tours 11

La Plage
02 47 26 23 00, *campingveigne@aol.com*,
Fax 02 47 73 11 47, *www.touraine-vacance.com*
2 ha (120 empl.) plat, herbeux
Location : – 15 bungalows toilés.
borne flot bleu
Pour s'y rendre : rte de Tours (sortie nord par D 50)

Nature :
Loisirs :
Services : laverie
À prox. : canoë-kayak

Longitude : 0.73642
Latitude : 47.28748

LA VILLE-AUX-DAMES

37700 – **317** N4 – 4 700 h. – alt. 50
Paris 244 – Orléans 120 – Tours 7 – Blois 53

Les Acacias Permanent
02 47 44 08 16, *contact@camplvad.com*,
www.camplvad.com
2,6 ha (90 empl.) plat, herbeux
Tarif : (Prix 2011) 18,90€ (10A) –
pers. suppl. 3,20€
Location : (Prix 2011) (permanent) – 9 . Nuitée 76 à 91€ – Sem. 285 à 459€
borne artisanale 6€
Pour s'y rendre : r. Berthe Morisot (au nord-est du bourg, près du D 751)

Nature :
Loisirs : snack
Services : laverie
À prox. : snack parcours de santé

Longitude : 0.77841
Latitude : 47.4021

VILLIERS-LE-MORHIER

28130 – **311** F4 – 1 329 h. – alt. 99
Paris 83 – Orléans 108 – Chartres 24 – Versailles 61

Les Ilots de St-Val Permanent
02 37 82 71 30, *lesilots@campinglesilotsdestval.com*,
Fax 02 37 82 77 67, *www.campinglesilotsdestval.com*
– places limitées pour le passage
10 ha/6 campables (153 empl.) incliné, plat, herbeux, pierreux
Tarif : 5,40€ 2€ 5,40€ – (10A) 6,60€
Location : (permanent) – 15 – 4 . Nuitée 175 à 225€ – Sem. 260 à 380€
borne eurorelais 6€
Pour s'y rendre : Lieu-dit : Le Haut Bourray (4,5 km au nord-ouest par D 983, rte de Nogent-le-Roi puis 1 km par D 1013, rte de Neron à gauche)

Nature :
Loisirs :
Services :
À prox. : (centre équestre) golf

Longitude : 1.5476
Latitude : 48.6089

VITRY-AUX-LOGES

45530 – **318** K4 – 1 827 h. – alt. 120
Paris 111 – Bellegarde 17 – Châteauneuf-sur-Loire 11 – Malesherbes 48

Étang de la Vallée

02 38 92 32 00, *canal.orleans@wanadoo.fr*,
Fax 02 38 46 82 92, *www.canal.orleans.monsite.wanadoo.fr*
3,7 ha (180 empl.) plat, herbeux
10
Pour s'y rendre : 3,3 km au nord-est, à 100 m de l'étang
À savoir : agréable cadre boisé à proximité d'une base de loisirs

Nature :
Loisirs :
Services :
À prox. : snack (plage) pédalos

Longitude : 2.26615
Latitude : 47.94026

VOUVRAY

37210 – **317** N4 – 3 079 h. – alt. 55
12, rue Rabelais 02 47 52 68 73
Paris 240 – Amboise 18 – Château-Renault 25 – Chenonceaux 30

Municipal Le Bec de Cisse

02 47 52 68 81, *camping.becdecisse@neuf.fr*,
Fax 02 47 52 67 76, *www.tourismevouvrey-valdeloire.com*
2 ha (33 empl.) plat, herbeux
8
Pour s'y rendre : au sud du bourg, au bord de la Cisse

Nature :
Services :
À prox. : parc de loisirs de Rochecorbon

Longitude : 0.79913
Latitude : 47.41198

Le lac de Vassivière

S. Sauvignier/Michelin

CHAMPAGNE-ARDENNE

S. Sauvignier/Michelin

Le visiteur de la région Champagne-Ardenne a les yeux qui pétillent, et une soudaine effervescence s'empare de ses papilles lorsque surgit devant lui un océan de ceps. Il s'imagine déjà sablant le champagne, ce subtil breuvage baptisé « vin du diable » avant qu'un moine ne perce le secret de ses bulles. Faisant étape à Reims, il succombe à la beauté de sa cathédrale, puis à la douceur de ses biscuits roses. À Troyes, il s'éprend autant de la poésie des ruelles bordées de maisons à colombages que du fumet s'échappant de friandes andouillettes. Pour expier ses péchés, il se retire dans les profondeurs boisées des Ardennes, mais loin d'être un chemin de croix, l'escapade réserve d'agréables surprises : observation de grues cendrées, dégustation d'un ragoût de marcassin… Une autre façon de coincer la bulle !

It's easy to spot visitors bound for Champagne by the sparkle in their eyes and their delight as they look out over mile upon mile of vineyards: in their minds' eye, they are already raising a glass of the famous delicacy which was known as «devil's wine» before a monk discovered the secret of its divine bubbles. As they continue their voyage, the beautiful cathedral of Reims rises up before them. At Troyes, they drink in the sight of its half-timbered houses and feast on andouillettes, the local chitterling sausages. After these treats, our visitors can explore the Ardennes forest, by bike or along its hiking trails, but this woodland retreat, bordered by the gentle Meuse, has other delights in store: watching the graceful flight of the crane over an unruffled lake, or trying a plate of local wild boar.

Localité citée avec camping
Localité citée avec camping et locatif
Vannes Localité disposant d'un camping avec aire de services camping-car
Moyaux Localité disposant d'au moins un terrain agréable
Aire de service pour camping-car sur autoroute
BELGIQUE
ARDENNES
MARNE
MEUSE
AISNE
AUBE
HAUTE-MARNE
YONNE
CHARLEVILLE-MÉZIÈRES
Haulmé
le Chesne
Buzancy
Rethel
Vouziers
Guignicourt
REIMS
Fismes
Épernay
CHÂLONS-EN-CHAMPAGNE
Ste-Menehould
Verdun
VERDUN-ST-NICOLAS
Revigny-s-Ornain
Bar-le-Duc
Commercy
Jaulny
Sézanne
Vitry-le-François
SOMMESOUS
St-Dizier
Éclaron
Braucourt
Giffaumont-Champaubert
Lac du Der-Chantecoq
Thonnance-les-Moulins
Neufchâteau
Soulaines-Dhuys
Radonvilliers
Dienville
Géraudot
TROYES
Mesnil-St-Père
Lac de la Forêt d'Orient
Bar-s-Aube
Aix-en-Othe
Ervy-le-Châtel
Andelot
Bourg-Ste-Marie
Bulgnéville
Chaumont
Montigny-le-Roi
Bourbonne-les-Bains
Bannes
Langres
Renaucourt
Migennes
Ligny-le-Châtel
Chablis
Tonnerre
Auxerre
Marcenay
Ancy-le-Franc
Châtillon-s-Seine
Montbard
Vermenton
l'Isle-s-Serein
Venarey-les-Laumes
Andryes
Asquins
Avallon
le Nouvion-en-Thiérache
Vervins
ST-QUENTIN
Laon
Soissons
Château-Thierry
Provins
Nogent-sur-Seine
Sens
VILLENEUVE-L'ARCHEVÊQUE
Longwy
Briey
Toul
Valenciennes

AIX-EN-OTHE

10160 – **313** CA – 2 379 h. – alt. 149
21, rue des Vannes ✆ 0325808171
Paris 144 – Châlons-en-Champagne 116 – Troyes 33 – Auxerre 66

Municipal de la Nosle Permanent
✆ 0676837696, *sas.duguet.groupe@hotmail.fr*,
Fax 0325467509, *www.village-campagne-center.fr*
3 ha (90 empl.) plat, herbeux
Tarif : 22€ (10A) – pers. suppl. 9€
Location : (permanent) – 10 – 25 – 65 .
Nuitée 50 à 85€ – Sem. 285 à 560€
borne autre – 10 18€
Pour s'y rendre : r. Joseph Anglade

Nature :
Services :
À prox. :

Longitude : 3.73727
Latitude : 48.21842

ANDELOT

52700 – **313** L4 – 935 h. – alt. 286
place Cantarel ✆ 0325037860
Paris 287 – Bologne 14 – Chaumont 23 – Joinville 33

Municipal du Moulin de fin mai à fin oct.
✆ 0325033929, *info@camping-andelot.com*,
www.camping-andelot.com
1,9 ha (56 empl.) plat, herbeux
Tarif : (Prix 2011) 16,50€ (9A) – pers. suppl. 2€
Location : (Prix 2011) (de fin mai à fin oct.) – 4 .
Nuitée 25 à 55€ – Sem. 120 à 350€
Pour s'y rendre : r. Gué (1 km au nord par D 147, rte de Vignes-la-Côte, au bord du Rognon)
À savoir : cadre agréable en bordure de rivière

Nature :
Loisirs :
Services : laverie

Longitude : 5.29893
Latitude : 48.25219

Renouvelez votre guide chaque année.

BANNES

52360 – **313** M6 – 402 h. – alt. 388
Paris 291 – Chaumont 35 – Dijon 86 – Langres 9

Hautoreille Permanent
✆ 0325848340, *campinghautoreille@orange.fr*,
Fax 0325848340, *www.campinghautoreille.com*
3,5 ha (100 empl.) plat, peu incliné, herbeux
Tarif : (Prix 2011) 5€ 5€ – (6A) 4€
Pour s'y rendre : 6 r. du Boutonnier (sortie sud-ouest par D 74, rte de Langres puis 700 m par chemin à gauche)

Nature :
Loisirs : snack
Services :

Longitude : 5.39519
Latitude : 47.89508

BOURBONNE-LES-BAINS

52400 – **313** O6 – 2 279 h. – alt. 290 – (début mars-fin nov.)
place des Bains ✆ 0325900171
Paris 313 – Chaumont 55 – Dijon 124 – Langres 39

Le Montmorency de déb. avr. à fin oct.
✆ 0325900864, *c.montmorency@wanadoo.fr*,
Fax 0971701367, *www.camping-montmorency.com*
2 ha (74 empl.) peu incliné, herbeux, gravillons
Tarif : (Prix 2011) 4,10€ 4,60€ – (10A) 3,60€
Location : (Prix 2011) (de déb. avr. à fin oct.) – 11 .
Nuitée 36 à 42€ – Sem. 238 à 280€
borne eurorelais 16,10€ – 5 16,10€
Pour s'y rendre : r. du Stade (sortie ouest par rte de Chaumont et r. à dr., à 100 m du stade)

Nature :
Services : laverie
À prox. : (découverte en saison)

Longitude : 5.74027
Latitude : 47.95742

BOURG-STE-MARIE

52150 – **313** N4 – 90 h. – alt. 329
Paris 330 – Châlons-en-Champagne 153 – Chaumont 50 – Metz 142

Les Hirondelles Permanent
03 10 20 61 64, *contact@camping-les-hirondelles.eu*, *www.camping-les-hirondelles.eu*
4,6 ha (54 empl.) plat, herbeux, gravillons
Tarif : 4€ 5€ – (10A) 3,50€
Location : (permanent) – 6 – 1 gîte. Nuitée 30 à 45€ – Sem. 200 à 270€
borne artisanale 4€ – 15 13€ – 13€
Pour s'y rendre : à Romain-sur-Meuse, r. du Moulin de Dona (1,5 km au sud,par la D 74, rte de Montigny-le-Roi)

Nature : sur la campagne
Loisirs :
Services : laverie

Longitude : 5.55533
Latitude : 48.17234

BRAUCOURT

52290 – **313** I2
Paris 220 – Bar-sur-Aube 39 – Brienne-le-Château 29 – Châlons-en-Champagne 69

Flower La Presqu'île de Champaubert – de déb. avr. à mi-nov.
03 25 04 13 20, *ilechampaubert@free.fr*, Fax 03 25 94 33 51, *www.ilechampaubert.free.fr*
3,6 ha (200 empl.) plat, herbeux, gravillons
Tarif : 25€ (6A) – pers. suppl. 5€
Location : (de déb. avr. à mi-nov.) – 50 . Nuitée 105€ – Sem. 735€
Pour s'y rendre : 3 km au nord-ouest par D 153
À savoir : situation agréable au bord du lac de Der-Chantecoq

Nature :
Loisirs : snack
Services : laverie
À prox. : canoë kayak, pédalos

Longitude : 4.562
Latitude : 48.55413

BUZANCY

08240 – **306** L6 – 369 h. – alt. 176
Paris 228 – Châlons-en-Champagne 86 – Charleville-Mézières 58 – Metz 130

La Samaritaine de fin avr. à mi-sept.
03 24 30 08 88, *info@campinglasamaritaine.com*, Fax 03 24 30 29 39, *www.campinglasamaritaine.com*
2 ha (110 empl.) plat, herbeux, pierreux
Tarif : (Prix 2011) 3,50€ 3€ 5€ – (10A) 3,50€
Location : (Prix 2011) (de fin avr. à mi-sept.) – 10 – 9 . Nuitée 42 à 85€ – Sem. 294 à 595€
borne artisanale – 3
Pour s'y rendre : 3 r. des Étangs (1,4 km au sud-ouest par chemin à dr. près de la base de loisirs)

Nature :
Loisirs :
Services :
À prox. : (plan d'eau)

Longitude : 4.9402
Latitude : 49.42365

CHÂLONS-EN-CHAMPAGNE

51000 – **306** I9 – 45 829 h. – alt. 83
3, quai des Arts 03 26 65 17 89
Paris 188 – Charleville-Mézières 101 – Metz 157 – Nancy 162

Municipal de déb. mars à déb. nov.
03 26 68 38 00, *aquadis1@orange.fr*, Fax 03 86 37 95 83, *www.aquadis-loisirs.fr*
3,5 ha (148 empl.) plat, herbeux, gravier
Tarif : (Prix 2011) 5,20€ 3,45€ 5,25€ – (10A) 3,75€
Location : (Prix 2011) (de déb. mars à déb. nov.) – 4 . Sem. 195 à 490€
borne artisanale 6,90€
Pour s'y rendre : r. de Plaisance (sortie sud-est par N 44, rte de Vitry-le François et D 60, rte de Sarry)
À savoir : entrée fleurie et cadre agréable au bord d'un étang

Nature :
Loisirs : snack
Services : laverie

Longitude : 4.38309
Latitude : 48.98582

CHARLEVILLE-MÉZIÈRES

08000 – **306** K4 – 51 070 h.
4, place Ducale ☏ 03 24 55 69 90
Paris 233 – Châlons-en-Champagne 130 – Namur 149 – Arlon 120

Municipal du Mont Olympe de déb. avr. à fin sept.

☏ 03 24 33 23 60, *camping-charlevillemezieres@wanadoo.fr*, Fax 03 24 33 37 76
2,7 ha (120 empl.) plat, herbeux
Tarif : (Prix 2011) 3€ 5€ – (10A) 4€
8 12€

Pour s'y rendre : 174 r. des Paquis (au centre-ville, dans un méandre de la Meuse)

À savoir : accès centre-ville et musée Rimbaud par passerelle

Nature :
Loisirs :
Services : laverie
À prox. : snack hammam jacuzzi centre aquatique et balnéo couvert, halte fluviale, port de plaisance

Longitude : 4.72091
Latitude : 49.77914

Informieren Sie sich über die gültigen Gebühren, bevor Sie Ihren Platz beziehen. Die Gebührensätze müssen am Eingang des Campingplatzes angeschlagen sein. Erkundigen Sie sich auch nach den Sonderleistungen. Die im vorliegenden Band gemachten Angaben können sich seit der Überarbeitung geändert haben.

LE CHESNE

08390 – **306** K5 – 976 h. – alt. 164 – Base de loisirs
Paris 232 – Buzancy 20 – Charleville-Mézières 39 – Rethel 32

Homair Le Lac de Bairon de déb. avr. à fin oct.

☏ 03 24 30 11 66, *info@homair.com*, Fax 03 24 30 66 63, *www.homair.fr*
6,8 ha (170 empl.) plat et en terrasses, herbeux, gravillons
Tarif : (Prix 2011) 18€ (10A) – pers. suppl. 5€ – frais de réservation 10€

Location : (Prix 2011) (de déb. avr. à fin oct.) – 170 . Nuitée 25 à 65€ – Sem. 175 à 455€ – frais de réservation 10€

Pour s'y rendre : 2,8 km au nord-est par D 991, rte de Charleville-Mézières et rte de Sauville, à dr. - pour caravanes : accès conseillé par D 977, rte de Sedan et D 12 à gauche

À savoir : situation agréable au bord du lac

Nature :
Loisirs :
Services : laverie
À prox. : canoë

Longitude : 4.77529
Latitude : 49.53198

DIENVILLE

10500 – **313** H3 – 805 h. – alt. 128 – Base de loisirs
Paris 209 – Bar-sur-Aube 20 – Bar-sur-Seine 33 – Brienne-le-Château 8

Le Tertre de fin mars à déb. oct.

☏ 03 25 92 26 50, *campingdutertre@wanadoo.fr*, Fax 03 25 92 26 50, *www.campingdutertre.fr*
3,5 ha (155 empl.) plat, herbeux, gravier
Tarif : 4,80€ 9,90€ – (10A) 4€ – frais de réservation 12€

Location : (de fin mars à déb. oct.) – 13 . Sem. 180 à 530€ – frais de réservation 12€

Pour s'y rendre : 1 rte de Radonvilliers (sortie ouest sur D 11)

À savoir : face à la station nautique de la base de loisirs

Nature :
Loisirs : snack
Services :
À prox. : ski nautique jet-ski

Longitude : 4.52737
Latitude : 48.34888

ÉCLARON

52290 – **313** J2 – 1 969 h. – alt. 132
Paris 255 – Châlons-en-Champagne 71 – Chaumont 83 – Bar-le-Duc 37

Yelloh! Village en Champagne-Les Sources du Lac – de mi-mars à fin nov.
03 25 06 34 24, *info@yellohvillage-en-champagne.com*, Fax 03 25 06 96 47, *www.yellohvillage.com* – places limitées pour le passage
3 ha (120 empl.) plat, herbeux, gravillons
Tarif : 35€ (10A) – pers. suppl. 7€
Location : (de mi-mars à mi-nov.) – 3 roulottes – 50 . Nuitée 45 à 119€ – Sem. 245 à 833€
Pour s'y rendre : RD 384 (2 km au sud, rte de Montier-en-Der, au bord du Lac de Der)
À savoir : préférer les emplacements les plus éloignés de la route

Nature :
Loisirs : (plage) terrain multisports
Services : laverie

Longitude : 4.84798
Latitude : 48.57179

ÉPERNAY

51200 – **306** F8 – 24 591 h. – alt. 75
7, avenue de Champagne 03 26 53 33 00
Paris 143 – Amiens 199 – Charleville-Mézières 113 – Meaux 96

Municipal de fin avr. à déb. oct.
03 26 55 32 14, *camping@ville-epernay.fr*, Fax 03 26 52 36 09, *www.epernay.fr*
2 ha (119 empl.) plat, herbeux
Tarif : (Prix 2011) 4€ 2,10€ 3,90€ – (5A) 3,20€
borne flot bleu
Pour s'y rendre : allée de Cumières (1,5 km au nord par D 301, au bord de la Marne (halte nautique))

Nature :
Loisirs :
Services : laverie

Longitude : 3.95026
Latitude : 49.05784

ERVY-LE-CHÂTEL

10130 – **313** D5 – 1 191 h. – alt. 160
boulevard des Grands Fossés 03 25 70 04 45
Paris 169 – Auxerre 48 – St-Florentin 18 – Sens 62

Municipal les Mottes
03 25 70 07 96, *mairie-ervy-le-chatel@wanadoo.fr*, Fax 03 25 70 02 52, *www.ervy-le-chatel.reseaudescommunes.fr/communes/*
0,7 ha (53 empl.) plat, herbeux
borne autre – 5
Pour s'y rendre : chemin des Mottes (1,8 km à l'est par D 374, rte d'Auxon, D 92 et chemin à dr. apr. le passage à niveau)
À savoir : en bordure d'une petite rivière et d'un bois

Nature :
Loisirs :
Services :

Longitude : 3.91827
Latitude : 48.04069

FISMES

51170 – **306** E7 – 5 344 h. – alt. 70
28, rue René Letilly 03 26 48 81 28
Paris 131 – Fère-en-Tardenois 20 – Laon 37 – Reims 29

Municipal de déb. mai à mi-sept.
03 26 48 10 26, *camping@gee-europe.com*, Fax 03 26 48 82 25, *www.gee-europe.com*
0,8 ha (33 empl.) plat, gravillons
Tarif : (Prix 2011) 2,60€ 2,70€ 2,70€ – (6A) 3,50€
Pour s'y rendre : au nord-ouest par N 31, près du stade

Nature :
Loisirs :
Services :
À prox. :

Longitude : 3.67185
Latitude : 49.30936

GÉRAUDOT

10220 – **313** F4 – 290 h. – alt. 146
Paris 192 – Bar-sur-Aube 36 – Bar-sur-Seine 28 – Brienne-le-Château 26

L'Épine aux Moines Permanent
03 25 41 24 36, *camping.lepineauxmoines@orange.fr*,
Fax 03 25 41 24 36, *www.campinglesrivesdulac.com*
2,8 ha (186 empl.) plat et peu incliné, herbeux
Tarif : 16€ (10A) – pers. suppl. 3,50€
Location : (permanent) – 4 – 50 gîtes. Nuitée 45 à 90€ – Sem. 260 à 540€
borne 5€ – 10 10€ –
Pour s'y rendre : 1,3 km au sud-est par D 43
À savoir : cadre verdoyant près du lac de la Forêt d'Orient

Nature :
Services :
À prox. : pizzeria (plage)

Longitude : 4.33751
Latitude : 48.30273

GIFFAUMONT-CHAMPAUBERT

51290 – **306** K11 – 258 h. – alt. 130
Maison du Lac 03 26 72 62 80
Paris 213 – Châlons-en-Champagne 67 – St-Dizier 25 – Bar-le-Duc 52

Village Vacances Marina-Holyder (location exclusive de maisonnettes) Permanent
03 26 72 99 90, *locader@wanadoo.fr*, Fax 03 26 72 99 91, *www.marina-holyder.com*
2 ha plat
Location : – 67 . Nuitée 77 à 120€ – Sem. 385 à 605€
Pour s'y rendre : r. de Champaubert (presqu'Île de Rougemer)

Nature :
Loisirs : snack
hammam jacuzzi
Services : laverie
À prox. :

Longitude : 4.77328
Latitude : 48.54987

HAULMÉ

08800 – **306** K3 – 68 h. – alt. 175
Paris 248 – Charleville-Mézières 19 – Dinant 64 – Namur 99

Base de Loisirs Départementale de déb. avr. à fin oct.
03 24 32 81 61, *campinghaulme@cg08.fr*,
Fax 03 24 32 37 66
15 ha (405 empl.) plat, herbeux
Tarif : (Prix 2011) 14,30€ (10A) – pers. suppl. 4,10€
borne flot bleu – 5
Pour s'y rendre : sortie nord-est, puis 800 m par chemin à dr. apr. le pont
À savoir : au bord de la Semoy

Nature :
Loisirs :
Services : laverie
À prox. : canoë, parcours sportif

Longitude : 4.79217
Latitude : 49.85667

LANGRES

52200 – **313** L6 – 8 414 h. – alt. 466
Place Bel Air - Square Olivier Lahalle 03 25 87 67 67
Paris 295 – Châlons-en-Champagne 197 – Chaumont 36 – Dijon 79

Kawan Le Lac de la Liez – de déb. avr. à fin sept.
03 25 90 27 79, *campingliez@free.fr*, Fax 03 25 90 66 79, *www.campingliez.com*
4,5 ha (160 empl.) en terrasses, plat, herbeux
Tarif : 33,50€ (10A) – pers. suppl. 8€ – frais de réservation 15€
Location : (de déb. avr. à fin sept.) – 6 – 24 . Nuitée 50 à 114€ – Sem. 350 à 798€ – frais de réservation 30€
borne artisanale 6€ – 10 10€
Pour s'y rendre : à Peigney, à la base nautique (5 km à l'Est par D 284)

Nature : lac, campagne ou Langres
Loisirs :
Services :
laverie
À prox. : (plage)
pédalos, canoë, ski nautique

Longitude : 5.3807
Latitude : 47.87146

MESNIL-ST-PERE

10140 – **313** G4 – 385 h. – alt. 131
Paris 209 – Châlons-en-Champagne 98 – Troyes 25 – Chaumont 79

Kawan Le Lac d'Orient – de fin mars à fin sept.
03 25 40 61 85, *info@camping-lacdorient.com*,
Fax 03 25 70 96 87, *www.camping-lacdorient .com*
4 ha (199 empl.) plat, herbeux
Tarif : 25€ (10A) – pers. suppl. 6€ – frais de réservation 10€
Location : (Prix 2011) (de fin mars à fin sept.) – 14 . Nuitée 65 à 455€ – Sem. 120 à 840€ – frais de réservation 10€
borne eurorelais à prox. – 10 18€
Pour s'y rendre : rte du Lac

Nature :
Loisirs : terrain multisports
Services : laverie
À prox. :

Longitude : 4.34624
Latitude : 48.26297

Consultez le catalogue des publications Michelin sur ***www.michelin-boutique.com***

MONTIGNY-LE-ROI

52140 – **313** M6 – 2 173 h. – alt. 404
Paris 296 – Bourbonne-les-Bains 21 – Chaumont 35 – Langres 23

Municipal du Château de mi-avr. à fin sept.
03 25 87 38 93, *campingmontigny52@wanadoo.fr*,
Fax 03 25 87 38 93, *www.campingduchateau.com*
6 ha/2 campables (75 empl.) plat, en terrasses, herbeux
Tarif : 5,50€ 5,50€ – (6A) 4,50€
borne raclet 2€
Pour s'y rendre : r. Hubert Collot (accès par centre bourg et chemin piétonnier pour accéder au village)
À savoir : dans un parc boisé dominant la vallée de la Meuse

Nature :
Loisirs :
Services :
À prox. : snack

Longitude : 5.4965
Latitude : 48.00068

RADONVILLIERS

10500 – **313** H3 – 381 h. – alt. 130
Paris 206 – Bar-sur-Aube 22 – Bar-sur-Seine 35 – Brienne-le-Château 6

Le Garillon de déb. avr. à mi-oct.
03 25 92 21 46, *camping.legarillon@free.fr*,
http://camping.legarillon.free.fr
1 ha (55 empl.) plat, herbeux
Tarif : 21€ (16A) – pers. suppl. 4€
Location : (de mi-avr. à mi-oct.) – 10 . Nuitée 35 à 60€ – Sem. 210 à 350€
Pour s'y rendre : sortie sud-ouest par D 11, rte de Piney et à dr., au bord d'un ruisseau et à 250 m du lac, (haut de la digue par escalier)

Loisirs :
Services :
À prox. :

Longitude : 4.50206
Latitude : 48.3586

SÉZANNE

51120 – **306** E10 – 5 232 h. – alt. 137
place de la République 03 26 80 51 43
Paris 116 – Châlons-en-Champagne 59 – Meaux 78 – Melun 89

Municipal de déb. avr. à fin sept.
03 26 80 57 00, *campingdesezanne@wanadoo.fr*,
Fax 03 26 80 57 00
1 ha (79 empl.) terrasse, peu incliné, plat, herbeux
Tarif : (Prix 2011) 10,50€ (10A) – pers. suppl. 2,30€
borne artisanale
Pour s'y rendre : rte de Launat (sortie ouest par D 373, rte de Paris (près N 4) puis 700 m par chemin à gauche et rte à dr.)

Nature :
Loisirs :
Services :
À prox. :

Longitude : 3.70212
Latitude : 48.72154

SOULAINES-DHUYS

10200 – **313** I3 – 297 h. – alt. 153
Paris 228 – Bar-sur-Aube 18 – Brienne-le-Château 17 – Chaumont 48

La Croix Badeau de déb. avr. à fin sept.
03 25 27 05 43, *responsable@croix-badeau.com*, *www.croix-badeau.com*
1 ha (39 empl.) peu incliné, herbeux, gravier
Tarif : (Prix 2011) 15€ (10A) – pers. suppl. 3€

Location : (Prix 2011) (de déb. avr. à fin sept.) – 1 . Sem. 450€
borne autre – 39 15€ – 9€
Pour s'y rendre : 6 r. de La Croix Badeau (au nord-est du bourg, près de l'église)

Nature :
Loisirs :
Services :
À prox. :

Longitude : 4.73846
Latitude : 48.37672

THONNANCE-LES-MOULINS

52230 – **313** L3 – 121 h. – alt. 282
Paris 254 – Bar-le-Duc 64 – Chaumont 48 – Commercy 55

Les Castels La Forge de Sainte Marie – de déb. avr. à mi-sept.
03 25 94 42 00, *info@laforgedesaintemarie.com*, Fax 03 25 94 41 43, *www.laforgedesaintemarie.com*
32 ha/3 campables (133 empl.) plat et en terrasses, peu incliné, herbeux, étang
Tarif : 8€ 16€ (6A)

Location : (permanent) – 20 – 14 gîtes. Sem. 230 à 740€ – frais de réservation 10€
borne autre
Pour s'y rendre : rte de Joinville (1,7 km à l'ouest par D 427, au bord du Rongeant)

À savoir : cadre agréable et verdoyant autour d'une ancienne forge restaurée

Nature :
Loisirs : poneys
Services : laverie

Longitude : 5.27097
Latitude : 48.40629

TROYES

10000 – **313** E4 – 61 823 h. – alt. 113
16, boulevard Carnot 03 25 82 62 70
Paris 170 – Dijon 185 – Nancy 186

Municipal de déb. avr. à mi-oct.
03 25 81 02 64, *info@troyescamping.net*, Fax 03 25 81 02 64, *www.troyescamping.net* –
3,8 ha (110 empl.) plat, herbeux
Tarif : (Prix 2011) 25,30€ (10A) – pers. suppl. 5,20€
borne artisanale 3,50€ – 12 17,80€
Pour s'y rendre : 7 r. Roger Salengro à Pont Sainte-Marie (2 km au nord-est, rte de Nancy)

À savoir : agréable décoration arbustive

Nature :
Loisirs :
Services : laverie
À prox. :

Longitude : 4.09682
Latitude : 48.31112

Des vacances réussies sont des vacances bien préparées !
Ce guide est fait pour vous y aider... mais :
– n'attendez pas le dernier moment pour réserver
– évitez la période critique du 14 juillet au 15 août.
Pensez aux ressources de l'arrière-pays,
à l'écart des lieux de grande fréquentation.

S. Sauvignier/Michelin

A. de Valroger/Michelin

Joyau émergeant de la Méditerranée, la Corse éblouit quiconque la visite. Les citadelles campées sur ses côtes rappellent combien accéder à ses trésors se mérite. Il faut un brin de témérité pour affronter ses routes sinueuses ou s'aventurer dans le maquis, inextricable enchevêtrement végétal. Mais heureux le promeneur qui croise une chapelle isolée, traverse un village hors du temps, tombe nez à nez avec un troupeau de mouflons ou découvre un merveilleux panorama. Les Corses défendent fièrement ce patrimoine, et savent réconforter le randonneur fourbu avec une simple assiette de cochonnailles, un morceau de fromage ou une pâtisserie maison. Quant aux adeptes du farniente, les anses sableuses de l'île de Beauté, aux eaux d'une limpidité tropicale, leur promettent de merveilleux moments de détente...

Corsica catches the eye like a jewel in the Mediterranean sun. Its citadels, high on the island's rocky flanks, will reward your efforts as you follow the twisting roads. Enjoy spectacular views and breathe in the fragrance of wild rosemary as you make your way up the rugged, maquis-covered hills: the sudden sight of a secluded chapel, a vision of a timeless village or an encounter with a herd of mountain sheep are among the memories that walkers, cyclists, riders and drivers take home with them. After exploring the island's wild interior, you will be ready to plunge into the clear, turquoise sea or just recharge your solar batteries as you bask on the warm sand. And after a long day, weary travellers can always be revived with platters of cooked meats, cheese and home-made pastries.

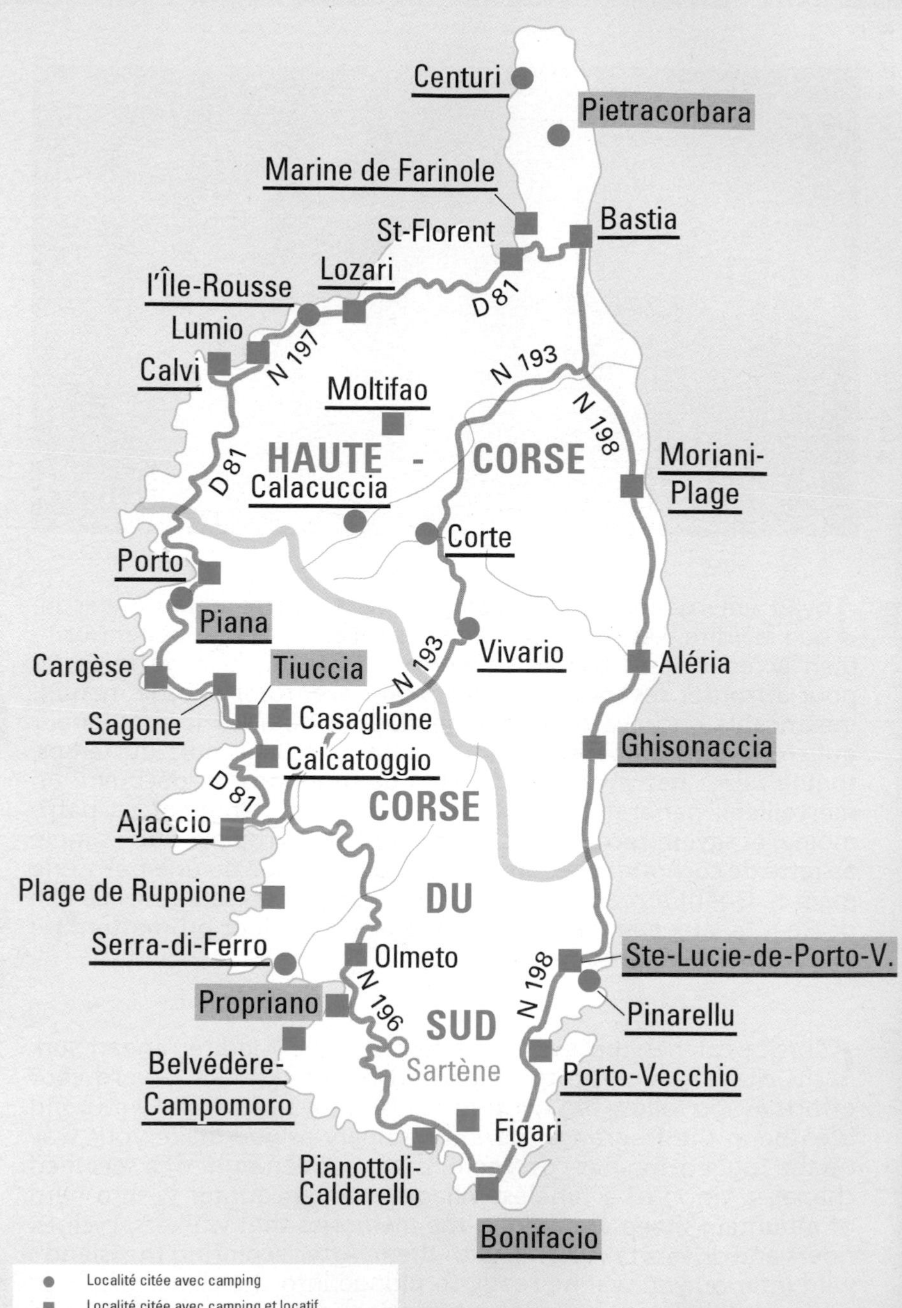

● Localité citée avec camping

■ Localité citée avec camping et locatif

Vannes Localité disposant d'un camping avec aire de services camping-car

Moyaux Localité disposant d'au moins un terrain agréable

Aire de service pour camping-car sur autoroute

AJACCIO

20000 – **345** B8 – 64 432 h.
SNCM quai l'Herminier 3260 dites «SNCM» (0,15 €/mn); CMN 15 bd Sampiero 0 810 20 13 20 - Fax 04 95 21 57 60
3, boulevard du Roi Jérôme 0495515303
Bastia 147 – Bonifacio 131 – Calvi 166 – Corte 80

Les Mimosas de déb. avr. à déb. oct.
0495209985, *campingmimosas@wanadoo.fr*,
Fax 0495100177, *www.camping-lesmimosas.com*
2,5 ha (70 empl.) en terrasses, plat, pierreux
Tarif : 5,80€ 3€ 3€ – (6A) 2,80€
Location : (de déb. avr. à fin oct.) – 12 – 1 – 1 studio. Sem. 340 à 580€
borne artisanale 8€
Pour s'y rendre : rte d'Alata (5 km, sortie nord par D 61 et à gauche, rte des Milelli)

Nature :
Services : laverie réfrigérateurs

Longitude : 8.73069
Latitude : 41.94066

ALÉRIA

20270 – **345** G7 – 2 007 h. – alt. 20
Casa Luciani RN 198 0495570151
Bastia 71 – Corte 50 – Vescovato 52

Marina d'Aléria de fin avr. à déb. oct.
0495570142, *info@marina-aleria.com*,
Fax 0495570429, *www.marina-aleria.com*
17 ha/7 campables (252 empl.) plat, sablonneux, herbeux
Tarif : 37,20€ (9A) – pers. suppl. 6,80€ – frais de réservation 20€
Location : (de fin avr. à déb. oct.) – 130 – 31 . – Sem. 200 à 790€ – frais de réservation 20€
Pour s'y rendre : plage de Padulone (3 km à l'est de Cateraggio par N 200, au bord du Tavignano)

Nature : < mer ou montagne
Loisirs : pizzeria, grill diurne canoë, pédalos
Services : cases réfrigérées
À prox. :

Longitude : 9.55
Latitude : 42.11139

BASTIA

20200 – **345** F3 – 43 315 h.
SNCM Nouveau Port ✆3260 dites « SNCM » (0,15 €/mn); CMN Port de Commerce ✆0 810 20 13 20 - Fax 04 95 32 37 01
place Saint-Nicolas ✆ 0495542040
Ajaccio 148 – Bonifacio 171 – Calvi 92 – Corte 69

San Damiano de déb. avr. à fin oct.
✆ 0495336802, *san.damiano@wanadoo.fr*,
Fax 0495308410, *www.campingsandamiano.com*
12 ha (280 empl.) plat, sablonneux
Tarif : (Prix 2011) 29,40€ (6A) –
pers. suppl. 8,20€

Location : (Prix 2011) (de déb. avr. à fin oct.) – 8 – 50 . Nuitée 52 à 196€ – Sem. 364 à 1 372€
borne artisanale
Pour s'y rendre : Lido de la Marana (9 km au sud-est par N 193 et D 107 à gauche)

À savoir : quelques chalets grand confort, avec vue mer pour certains

Nature :
Loisirs :
Services : laverie
À prox. : poneys

Longitude : 9.46718
Latitude : 42.63114

BELVÉDÈRE-CAMPOMORO

20110 – **345** B10 – 135 h. – alt. 5
Ajaccio 88 – Bonifacio 72 – Porto 82 – Sartène 24

La Vallée de déb. mai à fin sept.
✆ 0495742120, *camping_la_vallee@netcourrier.com*,
Fax 0495742120, *www.campomoro-lavallee.com* –
3,5 ha (199 empl.) plat, peu incliné, pierreux, herbeux, terrasses
Tarif : (Prix 2011) 8€ 4,50€ 4,50€ – (16A) 6€

Location : (Prix 2011) (de déb. mai à fin sept.) – 12 . Sem. 650 à 1 100€
10 13€
Pour s'y rendre : à Propriano

Nature :
Services :
À prox. :

Longitude : 8.816
Latitude : 41.62909

Die Klassifizierung (1 bis 5 Zelte, schwarz oder rot),
mit der wir die Campingplätze auszeichnen, ist eine Michelin-eigene Klassifizierung.
Sie darf nicht mit der staatlich-offiziellen Klassifizierung
(1 bis 5 Sterne) verwechselt werden.

BONIFACIO

20169 – **345** D11 – 2 852 h. – alt. 55
2, rue Fred Scamaroni ✆ 0495731188
Ajaccio 132 – Corte 150 – Sartène 50

Pertamina Village - U-Farniente – de déb. avr. à mi-oct.
✆ 0495730547, *pertamina@wanadoo.fr*,
Fax 0495731142, *www.camping-pertamina.com*
15 ha/3 campables (150 empl.) plat, peu incliné, pierreux, terrasses
Tarif : 38,50€ (8A) – pers. suppl. 11€
– frais de réservation 24€

Location : (de déb. avr. à mi-oct.) – 17 – 40 – 6 appartements – 11 tentes. Nuitée 50 à 177€ – Sem. 310 à 1 040€ – frais de réservation 27€
Pour s'y rendre : au lieu-dit : Canelli (5 km au nord-est par N 198, rte de Porto-Vecchio - Bastia)

À savoir : agréable domaine vallonné et bien ombragé

Nature :
Loisirs : snack
Services : laverie cases réfrigérées

Longitude : 9.18231
Latitude : 41.41601

Rondinara de mi-mai à fin sept.
04 95 70 43 15, *reception@rondinara.fr*, Fax 04 95 70 56 79, *www.rondinara.fr* – R
5 ha (120 empl.) en terrasses, peu incliné, plat, pierreux
Tarif : 8,20€ 4,30€ – (6A) 3,85€

Location : (de mi-mai à fin sept.) – 36 . Sem. 445 à 925€ – frais de réservation 16€
borne raclet – 20
Pour s'y rendre : au lieu-dit : Suartone (18 km au nord-est par N 198, rte de Porto-Vecchio et D 158 à dr., rte de la pointe de la Rondinara, à 400 m de la plage)

Nature :
Loisirs : crêperie, pizzeria
Services : snack sur la plage
À prox. : à la plage : canoë, pédalos

Longitude : 9.26887
Latitude : 41.47089

Les Îles de déb. avr. à fin sept.
04 95 73 11 89, *camping.des.iles.bonifacio@wanadoo.fr*, Fax 04 95 73 18 77, *www.camping-desiles.com*
8 ha (100 empl.) peu incliné, vallonné, pierreux
Tarif : (Prix 2011) 8,90€ 7€ – (6A) 3,80€ – frais de réservation 13€

Location : (Prix 2011) (de déb. avr. à fin sept.) – 16 – 20 . Sem. 330 à 850€ – frais de réservation 13€
Pour s'y rendre : rte de Piantarella (4,5 km à l'est, rte de Piantarella, vers l'embarcadère de Cavallo)

À savoir : vue panoramique de certains emplacements sur la Sardaigne et les îles

Nature :
Loisirs : snack
Services :

Longitude : 9.15939
Latitude : 41.38738

Campo-di-Liccia de déb. avr. à fin sept.
04 95 73 03 09, *info@campingdiliccia.com*, Fax 04 95 73 19 94, *www.campingdiliccia.com*
5 ha (161 empl.) plat, pierreux, terrasses
Tarif : (Prix 2011) 7,50€ 3,50€ – (10A) 4€ – frais de réservation 16€

Location : (Prix 2011) (de déb. avr. à fin sept.) – 35 – 10 . Nuitée 56 à 130€ – Sem. 350 à 810€ – frais de réservation 16€
borne raclet 5€
Pour s'y rendre : au lieu-dit : Parmentil (5,2 km au nord-est par N 198, rte Porto-Vecchio)

À savoir : agréable parc locatif en sous bois

Nature :
Loisirs : snack, pizzeria
Services : (juil.-août) cases réfrigérées

Longitude : 9.16882
Latitude : 41.40493

Pian del Fosse de mi-avr. à mi-oct.
04 95 73 16 34, *pian.del.fosse@wanadoo.fr*, *www.piandelfosse.com*
5,5 ha (100 empl.) en terrasses, plat, peu incliné, pierreux
Tarif : 8,50€ 4,50€ 6€ – (6A) 4,50€ – frais de réservation 15€

Location : (Prix 2011) (de mi-avr. à fin sept.) – 7 – 5 – 5 bungalows toilés. Nuitée 45 à 120€ – Sem. 300 à 780€ – frais de réservation 15€
Pour s'y rendre : 3,8 km au nord-est par D 58 - ou 5 km par N 198 rte de Porto-Vecchio et D 60 rte de Santa-Manza

Nature :
Loisirs : snack
Services : laverie
À prox. :

Longitude : 9.20083
Latitude : 41.39972

La Trinité
04 95 73 10 91, *info@campinglatrinite.com*, Fax 04 95 73 16 90, *www.campinglatrinite.com*
4 ha (100 empl.) vallonné, plat, peu incliné, pierreux, herbeux, rochers

Location : – 7 – bungalows sans sanitaires.

À savoir : vue imprenable sur Bonifacio du haut du terrain mais préférez les emplacements éloignés de la route

Nature :
Loisirs : snack
Services :

Longitude : 9.15939
Latitude : 41.38738

Toutes les insertions dans ce guide sont entièrement gratuites et ne peuvent en aucun cas être dues à une prime ou à une faveur.

CALACUCCIA

20224 – **345** D5 – 333 h. – alt. 830
avenue Valdoniello ✆ 04 95 47 12 62
Ajaccio 107 – Bastia 76 – Porto-Vecchio 146 – Corte 27

Acquaviva de mi-avr. à mi-oct.
✆ 04 95 48 00 08, *stella.acquaviva@wanadoo.fr*,
Fax 04 95 48 08 82, *http://www.acquaviva-fr.com*
4 ha (50 empl.) peu incliné, plat, herbeux, pierreux
Tarif : 6€ 3€ 6€ – (10A) 4€
10 22€
Pour s'y rendre : 500 m au sud-ouest par D 84 et chemin à gauche, face à la station service

Nature : < Lac et montagnes
Loisirs :
Services :
À prox. :

Longitude : 9.01049
Latitude : 42.33341

LET OP :
deze gegevens gelden in het algemeen alleen in het seizoen, wat de openingstijden van het terrein ook zijn.

CALCATOGGIO

20111 – **345** B7 – 459 h. – alt. 250
Ajaccio 23 – Bastia 156

La Liscia de déb. mai à fin sept.
✆ 04 95 52 20 65, *francois.ferraro@wanadoo.fr*,
Fax 04 95 52 30 24, *www.la-liscia.com*
3 ha (100 empl.) plat, en terrasses, pierreux, herbeux
Tarif : (Prix 2011) 8€ 4,50€ 4€ – (10A) 4,50€ – frais de réservation 17€
Location : (Prix 2011) (de mi-avr. à fin sept.) – 11 roulottes – 6 – 1 – 3 studios. Sem. 220 à 900€ – frais de réservation 17€
borne artisanale 11€
Pour s'y rendre : rte de Tiuccia (5 km au nord-ouest par D 81, au bord de la rivière, dans le golfe de la Liscia)

Nature :
Loisirs : snack, pizzeria
Services : laverie
réfrigérateurs

Longitude : 8.75526
Latitude : 42.04678

CALVI

20260 – **345** B4 – 5 441 h.
CCR pour SNCM et CMN quai Landry ✆ 04 95 65 01 38 - fax 04 95 65 09 75
Port de Plaisance ✆ 04 95 65 16 67
Bastia 92 – Corte 88 – L'Ile-Rousse 25 – Porto 73

La Pinède de déb. avr. à déb. nov.
✆ 04 95 65 17 80, *info@camping-calvi.com*,
Fax 04 95 65 19 60, *www.camping-calvi.com*
5 ha (262 empl.) plat, pierreux, sablonneux
Tarif : 34€ (15A) – pers. suppl. 9,50€
Location : (de déb. avr. à déb. nov.) – 14 roulottes – 28 – 66 . Nuitée 49 à 185€ – Sem. 290 à 1 090€
borne eurorelais 3,50€ – 16€
Pour s'y rendre : rte de la Pinède
À savoir : préférer les emplacements éloignés de la route

Nature :
Loisirs : snack
Services : laverie
cases réfrigérées
À prox. :

Longitude : 8.76795
Latitude : 42.55318

Paduella de déb. mai à déb. oct.
✆ 04 95 65 06 16, *camping.paduella@wanadoo.fr*,
Fax 04 95 31 43 90, *www.campingpaduella.com*
4,5 ha (160 empl.) plat, pierreux, sablonneux
Tarif : 8€ 3,40€ 3,40€ – (10A) 3,75€
Location : (de mi-mai à déb. oct.) – 61 bungalows toilés. Nuitée 47 à 61€ – Sem. 329 à 427€
Pour s'y rendre : 1,8 km au sud-est par N 197, rte de l'Ile-Rousse, à 400 m de la plage
À savoir : très agréable pinède

Nature :
Loisirs :
Services :
À prox. :

Longitude : 8.76429
Latitude : 42.55219

Bella Vista de déb. avr. à fin sept.
04 95 65 11 76, *campingbellavista@orange.fr*,
Fax 04 95 65 03 03, *www.camping-bellavista.com*
6 ha/4 campables (156 empl.) plat, peu incliné, pierreux, sablonneux
Tarif : (Prix 2011) 8€ 4€ 4€ – (10A) 4,50€
Location : (Prix 2011) (de déb. avr. à fin sept.) – 13 . Sem. 380 à 920€
borne artisanale
Pour s'y rendre : rte de Pietramaggiore (1,5 km au sud par N 197 direction l'Île Rousse et rte de Pietra-Major à dr.)

Nature :
Loisirs : pizzeria
Services : (juil.-août)

Longitude : 8.75334
Latitude : 42.55068

Paradella de mi-avr. à fin sept.
04 95 65 00 97, *info@camping-paradella.fr*, Fax 04 95 65 11 11, *www.camping-paradella.fr*
20214 Calenzana
5 ha (150 empl.) plat, pierreux, sablonneux
Tarif : (Prix 2011) 7,70€ 3,10€ 3,40€ – (8A) 3,60€ – frais de réservation 10€
Location : (Prix 2011) (de mi-avr. à fin sept.) – 2 – 18 . Sem. 300 à 760€ – frais de réservation 10€
borne artisanale 5€
Pour s'y rendre : rte de la forêt de Bonifato (9,5 km au sud-est par N 197, rte de l'Ile-Rousse et D 81 à dr., rte de l'aéroport et de Bonifato)
À savoir : préférer les emplacements éloignés de la route, ombrage de pins et d'eucalyptus

Nature :
Loisirs :
Services :

Longitude : 8.79166
Latitude : 42.50237

Les Castors de déb. avr. à mi-oct.
04 95 65 13 30, *lescastors2@wanadoo.fr*,
Fax 04 95 65 31 95, *www.castors.fr*
2 ha (80 empl.) plat, pierreux, herbeux
Tarif : 12,50€ 6€ 8€ – (15A) 5,50€ – frais de réservation 10€
Location : (de déb. avr. à mi-oct.) – 36 – 34 studios. Nuitée 135€ – Sem. 485 à 945€ – frais de réservation 10€
borne eurorelais 7€
Pour s'y rendre : rte de Piétramaggiore (1 km au sud par N 197 direction l'Île Rousse et rte de Pietra-Major à dr.)

Nature :
Loisirs : pizzeria
Services :

Longitude : 8.7561
Latitude : 42.55735

Dolce Vita de déb. mai à fin sept.
04 95 65 05 99, *dolce-vita.office@orange.fr*,
Fax 04 95 65 31 25, *www.dolce-vita.fr*
6 ha (200 empl.) plat, pierreux, sablonneux, herbeux
Tarif : (Prix 2011) 24,50€ (10A) – pers. suppl. 8,90€
Pour s'y rendre : 4,5 km au sud-est par N 197, rte de l'Ile-Rousse, à l'embouchure de la Figarella, à 200 m de la mer
À savoir : passage du train Calvi-l'Île Rousse

Nature :
Loisirs : snack, pizzeria
ponton d'amarrage
Services :

Longitude : 8.78972
Latitude : 42.55582

CARGÈSE

20130 – **345** A7 – 1 137 h. – alt. 75
rue du Dr Dragacci *04 95 26 41 31*
Ajaccio 51 – Calvi 106 – Corte 119 – Piana 21

Torraccia de fin avr. à fin sept.
04 95 26 42 39, *contact@camping-torraccia.com*,
Fax 04 95 26 42 39, *www.camping-torraccia.com*
3 ha (90 empl.) en terrasses, plat, pierreux, herbeux
Tarif : (Prix 2011) 8,80€ 4€ 6,50€ – (10A) 4,50€
Location : (Prix 2011) (de fin avr. à fin sept.) – 25 . Nuitée 55 à 125€ – Sem. 385 à 825€
Pour s'y rendre : à Bagghiuccia (4,5 km au nord par D 81, rte de Porto)

Nature : vallée, montagne et mer !
Loisirs :
Services :

Longitude : 8.60611
Latitude : 42.15583

CASAGLIONE

20111 – **345** B7 – 342 h. – alt. 150
Ajaccio 33 – Bastia 166

U Sommalu de déb. avr. à fin sept.
04 95 52 24 21, *usommalu.camping@orange.fr*, Fax 04 95 51 05 49, *www.usommalu-camping.fr*
4 ha (123 empl.) en terrasses, peu incliné, plat, herbeux, pierreux
Tarif : 29,50€ (10A) – pers. suppl. 8,50€
Location : (de fin nov. à fin sept.) – 15 – 21 .
Nuitée 95 à 159€ – Sem. 384 à 839€
Pour s'y rendre : Plaine du Liamone

Nature :
Loisirs :
Services : laverie

Longitude : 8.73507
Latitude : 42.07267

CENTURI

20238 – **345** F2 – 228 h. – alt. 228
Ajaccio 202 – Bastia 55

Isulottu de déb. mai à fin sept.
04 95 35 62 81, *camping.isulottu@orange.fr*, *www.isulottu.fr* – R
2,3 ha (150 empl.) peu incliné, pierreux, plat
Tarif : (Prix 2011) 7,50€ 3€ 3,80€ – (12A) 3,50€
borne artisanale 7€
Pour s'y rendre : au lieu-dit : Marine de Mute (par D 35 rte de Morsiglia, à 200 m de la plage)

Nature :
Loisirs :
Services : laverie
À prox. : plongée

Longitude : 9.35092
Latitude : 42.96132

The Guide changes, so renew your guide every year.

CORTE

20250 – **345** D6 – 6 747 h. – alt. 396
la Citadelle de Corté 04 95 46 26 70
Ajaccio 81 – Bastia 68

Aire Naturelle St-Pancrace de mi-avr. à fin oct.
04 95 46 09 22, *saintpancrace@live.fr*, Fax 04 95 46 09 22, *www.campingsaintpancrace.fr*
12 ha/1 campable (25 empl.) peu incliné, pierreux, herbeux
Tarif : (Prix 2011) 6€ 3€ 3€ – (45A) 4€ – frais de réservation 15€
7 19€
Pour s'y rendre : quartier Saint-Pancrace (1,5 km au nord par le Cours Paoli et chemin à gauche après la Sous-Préfecture)
À savoir : camping à la ferme

Nature :
Loisirs :
Services :

Longitude : 9.14994
Latitude : 42.30645

FARINOLE (MARINA DE)

20253 – **345** F3 – 210 h. – alt. 250
Bastia 20 – Rogliano 61 – St-Florent 13

A Stella de mi-mai à mi-oct.
04 95 37 14 37, Fax 04 95 37 13 84, *www.campingastella.com* – R
3 ha (100 empl.) en terrasses, peu incliné, plat, pierreux
Tarif : (Prix 2011) 7€ 3,50€ 7€ – (10A) 4€
Location : (Prix 2011) (de mi-avr. à mi-oct.) – 2 appartements – 1 bungalow toilé. Sem. 500 à 780€
borne artisanale
Pour s'y rendre : par D 80, au bord de la mer
À savoir : quelques emplacements ensoleillés avec vue mer, au bord d'une plage de galets

Nature :
Loisirs :
Services :

Longitude : 9.36047
Latitude : 42.729

FIGARI

20114 – **345** D11 – 1 141 h. – alt. 80
Ajaccio 122 – Bonifacio 18 – Porto-Vecchio 20 – Sartène 39

U Moru de mi-juin à mi-sept.
04 95 71 23 40, *u-moru@wanadoo.fr*,
Fax 04 95 71 26 19, *www.u-moru.com*
6 ha/4 campables (100 empl.) peu incliné, plat, sablonneux
Tarif : 7,80€ 3,30€ 3,90€ – (5A) 3,90€
Location : (de mi-juin à mi-sept.) – 12 . Sem. 540 à 940€
Pour s'y rendre : 5 km au nord-est par D 859

Nature :
Loisirs : snack (petite piscine)
Services : réfrigérateur
À prox. :

Longitude : 9.14131
Latitude : 41.50505

GHISONACCIA

20240 – **345** F7 – 3 360 h. – alt. 25
route de Ghisoni 04 95 56 12 38
Bastia 85 – Aléria 14 – Ghisoni 27 – Venaco 56

Arinella-Bianca – de mi-avr. à mi-oct.
04 95 56 04 78, *arinella@arinellabianca.com*,
Fax 04 95 56 12 54, *www.arinellabianca.com*
10 ha (416 empl.) plat, herbeux, sablonneux
Tarif : 48€ (10A) – pers. suppl. 12€ – frais de réservation 50€
Location : (de mi-avr. à mi-oct.) – 183 – 57 . Nuitée 35 à 193€ – Sem. 240 à 1 350€ – frais de réservation 50€
borne raclet 11€ – 48€
Pour s'y rendre : rte de la mer (3,5 km à l'est par D 144 puis 700 m par chemin à dr.)

Nature :
Loisirs : pizzeria terrain multisports
Services : laverie cases réfrigérées
À prox. :

Longitude : 9.44583
Latitude : 41.99567

Marina d'Erba Rossa de déb. mai à fin sept.
04 95 56 25 14, *erbarossa@wanadoo.fr*,
Fax 04 95 56 27 23, *www.marina-erbarossa.com*
12 ha/8 campables (200 empl.) plat, herbeux
Tarif : (Prix 2011) 9,50€ 25€ – (10A) 5,20€ – frais de réservation 25€
Location : (Prix 2011) (de déb. avr. à fin oct.) (de déb. juil. à fin oct.) – 350 – 112 . Nuitée 30 à 182€ – Sem. 210 à 1 274€ – frais de réservation 25€
Pour s'y rendre : rte de la Mer (4 km à l'est par D 144, au bord de plage)

Nature :
Loisirs : pizzeria parc animalier
Services : laverie cases réfrigérées
À prox. : discothèque, plongée, canoë

Longitude : 9.42596
Latitude : 42.00609

To make the best possible use of this Guide, READ CAREFULLY THE EXPLANATORY NOTES.

LOZARI

20226 – **345** D4
Bastia 61 – Belgodère 10 – Calvi 33 – L'Ile-Rousse 8

Le Clos des Chênes de mi-mai à fin sept.
04 95 60 15 13, *cdc.lozari@wanadoo.fr*, *http://www.closdeschenes.fr* 20226 Belgodere
5 ha (235 empl.) plat, peu incliné, pierreux, herbeux
Tarif : (Prix 2011) 9,20€ 10,50€ – (10A) 6,50€
Location : (Prix 2011) (de mi-mai à mi-sept.) – 19 – 19 – 5 – 3 appartements. Nuitée 58 à 130€ – Sem. 300 à 895€ – frais de réservation 24€
borne eurorelais
Pour s'y rendre : 1,5 km au sud par N 197, rte de Belgodère

Nature :
Loisirs :
Services : cases réfrigérées

Longitude : 9.01191
Latitude : 42.62848

Campéole Le Belgodère Permanent
04 95 60 20 20, *belgodere@campeole.com*,
Fax 04 95 60 22 58, *www.campeole.com* – places limitées pour le passage
2,5 ha (120 empl.) plat, herbeux, pierreux
Tarif : (Prix 2011) 28,50€ (6A) – pers. suppl. 8,50€

Location : (Prix 2011) (permanent) – 18 – 76 bungalows toilés. Nuitée 29 à 134€ – Sem. 203 à 938€

Pour s'y rendre : sur N 197, à 500 m de la plage

À savoir : préférez les emplacements éloignés de l'entrée

Nature :
Loisirs :
Services :

Longitude : 9.01984
Latitude : 42.63658

LUMIO

20260 – **345** B4 – 1 110 h. – alt. 150
Ajaccio 158 – Bastia 83 – Corte 77 – Calvi 10

Le Panoramic de déb. mai à fin sept.
04 95 60 73 13, *panoramic@web-office.fr*,
Fax 04 95 60 73 13, *www.le-panoramic.com*
6 ha (100 empl.) en terrasses, pierreux, sablonneux, fort dénivelé
Tarif : (Prix 2011) 7,80€ 3€ 6€ – (6A) 3,80€

Location : (Prix 2011) (de déb. mai à fin sept.) – 20 roulottes – 7 . Sem. 260 à 750€

Pour s'y rendre : rte de Lavatoggio (2 km au nord-est sur D 71, rte de Belgodère)

À savoir : vue mer panoramique pour certains emplacements

Nature :
Loisirs : pizzeria
Services :

Longitude : 8.83139
Latitude : 42.57946

MOLTIFAO

274

20218 – **345** D5 – 682 h. – alt. 420
Ajaccio 113 – Bastia 58

E Canicce de déb. avr. à fin oct.
04 95 35 16 75, *ecanicce@gmail.com*, *http://www.campingecanicce.com*
1 ha (25 empl.) plat, pierreux
Tarif : 20€ (10A) – pers. suppl. 5€

Location : (permanent) – 7 roulottes – 8 – 3 gîtes. Nuitée 50 à 80€ – Sem. 350 à 560€
5 19€

Pour s'y rendre : Vallée de l'Asco (3 km au sud sur D 47, au bord de l'Asco)

Nature : Monte Cinto et Scala di Santa Régina
Loisirs :
Services :

Longitude : 9.11667
Latitude : 42.48849

MORIANI -PLAGE

20230 – **345** G5
Bastia 40 – Corte 67 – Vescovato 21

Merendella de déb. avr. à fin oct.
04 95 38 53 47, *merendella@orange.fr*,
Fax 04 95 38 44 01, *www.merendella.com* (juil.-août)
7 ha (206 empl.) plat, herbeux, sablonneux
Tarif : (Prix 2011) 8,85€ 3,50€ 4,80€ – (5A) 5,10€

Location : (Prix 2011) (de déb. avr. à fin oct.) – 2 – 20 – 2 studios – 6 chalets (sans sanitaires). Sem. 334 à 872€
borne artisanale

Pour s'y rendre : au lieu-dit : San Nicolao (1,2 km au sud par N 198, rte de Porto-Vecchio, au bord de plage)

À savoir : quelques emplacements ensoleillés en bord de plage

Nature :
Loisirs : snack jacuzzi (découverte en saison)
Services : laverie
À prox. : plongée

Longitude : 9.5312
Latitude : 42.37476

OLMETO

20113 – **345** C9 – 1 199 h. – alt. 320
Montée de L'église ✆ 0495746587
Ajaccio 64 – Propriano 8 – Sartène 20
à la Plage SO : 7 km par D 157

L'Esplanade de déb. avr. à mi-oct.
✆ 0495760503, *campinglesplanade@orange.fr*, Fax 0495761622, *www.camping-esplanade.com* –
4,5 ha (100 empl.) en terrasses, plat, peu incliné, rochers, très fort dénivelé
Tarif : (Prix 2011) 8,40€ 3,60€ 5,50€ – (6A) 3,50€
Location : (Prix 2011) (de déb. avr. à mi-oct.) – 53 . Sem. 365 à 880€
Pour s'y rendre : 1,6 km par D 157, à 100 m de la plage - accès direct

Nature :
Loisirs : pizzeria
Services :

Longitude : 8.9135
Latitude : 41.70248

PIANA

20115 – **345** A6 – 439 h. – alt. 420
Place de la mairie ✆ 0495278442
Ajaccio 72 – Calvi 85 – Évisa 33 – Porto 13

Plage d'Arone de fin mai à fin sept.
✆ 0495206454 –
3,8 ha (125 empl.) non clos, en terrasses, plat, pierreux, herbeux
Tarif : (Prix 2011) 9€ 7€ – (6A) 3€
borne eurorelais
Pour s'y rendre : rte Danièle Casanova (11,5 km au sud-ouest par D 824, à 500 m de la plage - accès direct)

Nature :
Services :

Longitude : 8.62706
Latitude : 42.21654

Gebruik de gids van het lopende jaar.

PIANOTTOLI-CALDARELLO

20131 – **345** D11 – 834 h. – alt. 60
Ajaccio 113 – Bonifacio 19 – Porto-Vecchio 29 – Sartène 31

Kévano Plage de fin avr. à fin oct.
✆ 0495718322, *campingkevano@gmail.com*, Fax 0495718383, *campingkevano.com*
6 ha (100 empl.) en terrasses, peu incliné, plat, pierreux, rochers, fort dénivelé
Tarif : 14€ (3A) – pers. suppl. 7€ – frais de réservation 30€
Location : (de fin avr. à fin oct.) – 3 – 5 . Sem. 515 à 815€
Pour s'y rendre : rte de la plage (3,3 km au sud-est par D 122 et rte à dr., à 500 m de la plage)
À savoir : cadre sauvage au milieu du maquis et des rochers de granit

Nature :
Loisirs : snack
Services :

Longitude : 9.04294
Latitude : 41.47111

PIETRACORBARA

20233 – **345** F2 – 541 h. – alt. 150
Paris 967 – Ajaccio 170 – Bastia 21 – Biguglia 31

La Pietra de fin mars à déb. nov.
✆ 0495352749, Fax 0495352857, *www.la-pietra.com*
3 ha (66 empl.) plat, herbeux, pierreux
Tarif : (Prix 2011) 9,95€ 3,80€ 5€ – (6A) 3,50€
Pour s'y rendre : 4 km au sud-est par D 232 et chemin à gauche, à 500 m de la plage
À savoir : beaux emplacements délimités

Nature :
Loisirs : snack
Services : cases réfrigérées
À prox. :

Longitude : 9.44697
Latitude : 42.84453

PINARELLU

20124 – **345** F9
Ajaccio 146 – Bonifacio 44 – Porto-Vecchio 16

California de mi-mai à mi-oct.
04 95 71 49 24, *info@camping-california.net*,
Fax 04 95 71 49 24, *www.camping-california.net*
20144 Ste-Lucie-de-Porto-Vecchio (de déb. juil. à fin août)
7 ha/5 campables (100 empl.) vallonné, plat, sablonneux, étang
Tarif : 9,50€ 2,50€ 10,50€ – (6A) 3,50€
borne artisanale
Pour s'y rendre : 800 m au sud par D 468 et 1,5 km par chemin à gauche, au bord de la plage

Nature :
Loisirs : snack, pizzeria
Services : (saison)

Longitude : 9.38084
Latitude : 41.66591

Benutzen Sie den Hotelführer des laufenden Jahres.

PORTO

20150 – **345** B6 – 544 h.
place de La Marine 04 95 26 10 55 place de La Marine 04 95 26 10 55
Ajaccio 84 – Calvi 73 – Corte 93 – Évisa 23

Les Oliviers de fin mars à déb. nov.
04 95 26 14 49, *lesoliviersporto@wanadoo.fr*,
Fax 04 95 26 12 49, *www.camping-oliviers-porto.com*
20150 Ota
5,4 ha (216 empl.) en terrasses, plat, pierreux, rochers, très fort dénivelé
Tarif : 10€ 4€ 7€ – (5A) 4,50€ – frais de réservation 16€
Location : (de fin fév. à déb. nov.) – 6 roulottes – 40 . Nuitée 57 à 200€ – Sem. 308 à 1 569€ – frais de réservation 16€
Pour s'y rendre : au pont (par D 81, au bord du Porto et à 100 du bourg)
À savoir : bel espace piscine - balnéo et partie campable boisée dans un cadre naturel

Nature :
Loisirs : pizzeria hammam balnéo
Services : laverie cases réfrigérées
À prox. :

Longitude : 8.70562
Latitude : 42.26623

Sole e Vista de déb. avr. à fin oct.
04 95 26 15 71, *campingsporto@voila.fr*,
Fax 04 95 26 10 79, *www.camping-sole-e-vista.com*
20150 Ota
4 ha (170 empl.) en terrasses, plat, pierreux, rochers, très fort dénivelé
Tarif : 29€ (16A) – pers. suppl. 9€
Location : (permanent) – 24 – 24 . Nuitée 40 à 80€ – Sem. 280 à 850€
borne artisanale – 70 20€ – 20€
Pour s'y rendre : au bourg (accès principal par parking du supermarché - accès secondaire : 1 km à l'est par D 124, rte d'Ota, à 150 m du Porto et du bourg)
À savoir : cadre naturel et boisé

Nature :
Loisirs :
Services : laverie réfrigérateurs
À prox. :

Longitude : 8.71114
Latitude : 42.26313

Funtana a l'Ora de déb. mars à mi-nov.
04 95 26 11 65, *funtanaalora@orange.fr*,
Fax 04 95 26 10 83, *www.funtanaalora.com*
2 ha (70 empl.) en terrasses, plat, peu incliné, pierreux, rochers, fort dénivelé
Tarif : 8,90€ 3,50€ 3,50€ – (10A) 4€ – frais de réservation 15€
Location : (de déb. mars à mi-nov.) – 7 . Nuitée 44 à 125€ – Sem. 280 à 790€ – frais de réservation 15€
borne artisanale – 10 7€
Pour s'y rendre : à Ota, rte d'Évisa (1,4 km au sud-est par D 84, à 200 m du Porto)

Nature :
Loisirs : terrain multisports
Services : laverie cases réfrigérées

Longitude : 8.71528
Latitude : 42.25887

Le Porto saison
☎ 04 95 26 13 67, *francoise.ceccaldi@gmail.com*,
Fax 04 95 26 10 79, *www.camping-le-porto.com*
✉ 20150 Ota
2 ha (60 empl.) en terrasses, pierreux, très fort dénivelé
Tarif : (Prix 2011) 7€ 3€ 4€ – (6A) 3,50€
Pour s'y rendre : sortie ouest par D 81, rte de Piana, à 200 m du Porto et 300 m du bourg
À savoir : belles terrasses ombragées

Nature :
Services :
À prox. :

Longitude : 8.70562
Latitude : 42.26623

Casa del Torrente (location exclusive de chalets) de déb. mars à mi-nov.
☎ 04 95 22 45 14, *casadeltorrente@orange.fr*, *www.casadeltorrente.com*
1,5 ha
Location : – 12 – 3 appartements. Nuitée 44 à 125€ – Sem. 280 à 790€ – frais de réservation 15€
Pour s'y rendre : rte Evisa (1 km au sud-est par D 84, au bord du Porto (accès direct)

Nature :
Loisirs :
Services :
À prox. : loisirs (piscine...) au camping Funtana à l'Ora (200 m)

Longitude : 8.71797
Latitude : 42.25624

PORTO-VECCHIO

20137 – **345** E10 – 11 326 h. – alt. 40
SAPV pour SNCM et CMN Port de Commerce 04 95 70 06 03 - Fax 04 95 70 33 59
rue du Docteur Camille de Rocca Serra ☎ *04 95 70 09 58*
Ajaccio 141 – Bonifacio 28 – Corte 121 – Sartène 59

Golfo di Sogno de déb. mai à fin sept.
☎ 04 95 70 08 98, *reception@golfo-di-sogno.fr*,
Fax 04 95 70 41 43, *www.golfo-di-sogno.fr*
22 ha (650 empl.) plat, sablonneux, herbeux
Tarif : (Prix 2011) 26€ (10A) – pers. suppl. 8€
Location : (Prix 2011) (de déb. mai à fin sept.) – 12 – 61 – 12 tipis – bungalows sans sanitaires. Sem. 340 à 2 200€
borne flot bleu
Pour s'y rendre : rte de Cala-Rossa (6 km au nord-est par D 468)
À savoir : quelques chalets les "pieds dans l'eau" !

Nature :
Loisirs : pizzeria, grill
base nautique
Services : laverie

Longitude : 9.27949
Latitude : 41.59099

La Vetta de déb. juin à fin sept.
☎ 04 95 70 09 86, *info@campinglavetta.com*,
Fax 04 83 07 60 04, *www.campinglavetta.com* –
8 ha (100 empl.) en terrasses, incliné, plat, pierreux, herbeux, rochers
Tarif : (Prix 2011) 8€ 3€ 4,50€ – (10A) 3,50€
Location : (Prix 2011) (de mi-mai à fin sept.) – 35 – 6 . Sem. 375 à 1 372€ – frais de réservation 15€
Pour s'y rendre : lieu-dit : La Trinité (5,5 km au nord sur N 198, rte de Bastia)
À savoir : cadre sauvage et naturel avec quelques chalets vue mer

Nature :
Loisirs : snack
Services :

Longitude : 9.29118
Latitude : 41.62762

Arutoli de déb. avr. à déb. nov.
☎ 04 95 70 12 73, *info@arutoli.com*, Fax 04 95 70 63 95, *www.arutoli.com*
4 ha (150 empl.) plat, peu incliné, pierreux, herbeux
Tarif : 7,77€ 3,40€ 3,55€ – (6A) 3,50€
Location : (de déb. avr. à déb. nov.) – 22 – 5 . Nuitée 53 à 93€ – Sem. 373 à 658€ – frais de réservation 12€
Pour s'y rendre : rte de l'Ospédale (2 km au nord-ouest par D 368)

Nature :
Loisirs : pizzeria, grill
Services :
À prox. :

Longitude : 9.26641
Latitude : 41.60428

Use this year's Guide.

Pitrera de mi-avr. à mi-oct.
04 95 70 20 10, *pitrera@orange.fr*, Fax 04 95 70 54 43, *www.pitrera.com*
3 ha (75 empl.) en terrasses, pierreux, peu incliné, rochers, fort dénivelé
Tarif : 7,50€ 4€ 4,20€ – (10A) 3,30€
Location : (de déb. avr. mi-oct.) – 5 – 50 – 1 yourte. Nuitée 65 à 185€ – Sem. 430 à 1 270€
Pour s'y rendre : lieu-dit : La Trinite (5,8 km au nord par N 198, rte de Bastia et chemin à droite)

Nature :
Loisirs : snack
Services :

Longitude : 9.29118
Latitude : 41.62762

U Pirellu de mi-avr. à fin sept.
04 95 70 23 44, *u.pirellu@wanadoo.fr*, Fax 04 95 70 60 22, *www.u-pirellu.com* – accès à certains emplacements par forte pente –
5 ha (150 empl.) en terrasses, plat, peu incliné, pierreux, herbeux, très fort dénivelé
Tarif : (Prix 2011) 9,50€ 4,50€ 4€ – (6A) 3,80€
Location : (Prix 2011) (de déb. mai à fin sept.) – 12 . Sem. 350 à 950€ – frais de réservation 8€
Pour s'y rendre : rte de Palombaggia (9 km à l'est, à Piccovagia)
À savoir : pour certains chalets, vue panoramique mer et pointe de la Chiapa

Nature :
Loisirs : pizzeria
Services : (tentes)
À prox. :

Longitude : 9.34081
Latitude : 41.58228

Bella Vista de déb. juin à mi-sept.
04 95 70 58 01, *camping.bellavista@wanadoo.fr*, Fax 04 95 70 61 44, *http://www.bella-vista.cc*
2,5 ha (100 empl.) en terrasses, herbeux, pierreux
Tarif : (Prix 2011) 7,50€ 4€ 4€ – (6A) 4€
Location : (Prix 2011) (de mi-avr. à mi-oct.) – 8 . Sem. 1 400€ – frais de réservation 15€
Pour s'y rendre : rte de Palombaggia (9,3 km à l'est, à Piccovagia)

Nature :
Loisirs : pizzeria
Services :

Longitude : 9.3367
Latitude : 41.58672

La Baie des Voiles de déb. mai à fin sept.
04 95 70 01 23, Fax 04 95 70 01 23, *www.camping-labaiedesvoiles.com* –
3 ha (180 empl.) en terrasses, sablonneux, plat, herbeux, rochers
Tarif : (Prix 2011) 7€ 3€ 4€ – (6A) 3,50€
borne artisanale
Pour s'y rendre : lieu-dit : La Trinité (6 km au nord-est par D568 ou par N 198, rte de Bastia et à gauche par D 468)

Nature :
Loisirs : pizzeria
Services :
À prox. :

Longitude : 9.27949
Latitude : 41.59099

L'Oso de déb. juin à fin sept.
04 95 71 60 99, Fax 04 93 70 37 33
3,2 ha (90 empl.) plat, herbeux
Tarif : (Prix 2011) 6€ 3€ 3€ – (6A) 4€
Location : (Prix 2011) (de déb. juin à fin sept.) – 20 . Sem. 500 à 600€
Pour s'y rendre : rte de Cala Rossa (8 km au nord-est sur D 468, au bord de l'Oso)

Nature :
Loisirs :
Services :

Longitude : 9.27949
Latitude : 41.59099

Les Ilots d'Or de déb. mai à fin sept.
04 95 70 01 30, *info@campinglesilotsdor.com*, Fax 04 95 70 01 30, *www.campinglesilotsdor.com* –
4 ha (180 empl.) en terrasses, plat, sablonneux, herbeux, rochers
Tarif : (Prix 2011) 7€ 3€ 3€ – (6A) 3€
Location : (Prix 2011) (de déb. mai à mi-oct.) – 3 – 23 . Sem. 350 à 700€
Pour s'y rendre : rte Pezza Cardo (6 km au nord-est par D 568 ou par N 198 rte de Bastia et à droite par D 468 b avant La Trinité)
À savoir : quelques emplacements les pieds dans l'eau !

Nature :
Loisirs : snack, pizzeria
Services :
À prox. :

Longitude : 9.30819
Latitude : 41.6275

PROPRIANO

20110 – **345** C9 – 3 243 h. – alt. 5
Agence Maritime Sorba pour SNCM et CMN 04 95 76 21 51 - fax 04 95 76 00 98
Port de Plaisance 04 95 76 01 49
Ajaccio 70 – Bastia 202 – Olbia 126 – Sassari 32

Village Vacances U Livanti (location exclusive de chalets) de déb. mars à mi-nov.
04 95 76 08 06, *livanti@orange.fr*, Fax 04 95 76 25 14, *www.ulivanti.com*
6 ha en terrasses
Location : (Prix 2011) – 92 . Nuitée 55 à 239€ – Sem. 290 à 1 390€
Pour s'y rendre : à Portigliolo - rte de Campomoro (8 km au sud par RN 196 et D 121, dans le golfe du Valinco)
À savoir : agréable terrasse du restaurant les pieds dans l'eau !

Nature :
Loisirs : snack
Services :
À prox. : plongée, canoë, pédalos, ski nautique

Longitude : 8.86898
Latitude : 41.64485

SAGONE

20118 – **345** B7
Ajaccio 38 – Calvi 119 – Corte 106 – Sartène 110

Le Sagone – de déb. avr. à fin sept.
04 95 28 04 15, *sagone.camping@wanadoo.fr*, Fax 04 95 28 08 28, *www.camping-sagone.com*
30 ha/9 campables (300 empl.) plat, herbeux
Tarif : (Prix 2011) 9,25€ 5,75€ 9,80€ – (6A) 4,50€ – frais de réservation 18,50€
Location : (Prix 2011) (de déb. fév. à fin nov.) – 6 – 30 – 20 bungalows toilés. Sem. 160 à 970€ – frais de réservation 18,50€
borne artisanale
Pour s'y rendre : rte de Vico (2 km au nord par D 70)
À savoir : sur les terres agricoles avec 2500 oliviers, orangers, mandariniers, citroniers

Nature :
Loisirs : pizzeria, snack nocturne terrain multisports, practice de golf
Services : laverie cases réfrigérées
À prox. :

Longitude : 8.70524
Latitude : 42.13097

ST-FLORENT

20217 – **345** E3 – 1 635 h.
centre Administratif 04 95 37 06 04
Bastia 22 – Calvi 70 – Corte 75 – L'Île-Rousse 45

La Pinede de déb. mai à mi-sept.
04 95 37 07 26, *camping.la.pinede@wanadoo.fr*, Fax 04 95 37 17 73, *www.camping-la-pinede.com*
3 ha (100 empl.) en terrasses, incliné, plat, pierreux, herbeux
Tarif : 35€ (10A) – pers. suppl. 6€
Location : (de déb. mai à mi-sept.) – 20 – 10 . Sem. 350 à 800€
Pour s'y rendre : au lieu-dit : Serriggio (1,8 km au sud par rte de l'Ile-Rousse et chemin à gauche apr. le pont, au bord de l'Aliso)

Nature :
Loisirs : ponton d'amarrage
Services : laverie réfrigérateurs
À prox. : poneys

Longitude : 9.3004
Latitude : 42.66939

STE-LUCIE-DE-PORTO-VECCHIO

20144 – **345** F9
Mairie annexe 04 95 71 48 99
Ajaccio 142 – Porto-Vecchio 16

Acqua E Sole (location exclusive de mobile homes et chalets) de déb. avr.à fin sept.
04 95 50 15 75, *www.homair.com*
5 ha en terrasses, plat
Location : (Prix 2011) – 138 – 28 – 7 . Sem. 238 à 1 323€
borne flot bleu
Pour s'y rendre : au lieu-dit : Pianu Di Conca (1 km au nord-est par N 198, rte de Solenzara et chemin à gauche)

Nature :
Loisirs :
Services : laverie
À prox. :

Longitude : 9.35621
Latitude : 41.6869

Santa-Lucia de mi-avr. à fin sept.
04 95 71 45 28, *informations@campingsantalucia.com*, Fax 04 95 71 45 28, *www.campingsantalucia.com*
3 ha (160 empl.) peu incliné, plat, sablonneux, pierreux, rochers
Tarif : (Prix 2011) 9,25€ 3,50€ 5,50€ – (6A) 2,55€ – frais de réservation 10€
Location : (de déb. avr. à déb. oct.) – 21 – 21 bungalows toilés. Nuitée 62 à 130€ – Sem. 295 à 895€ – frais de réservation 15€
Pour s'y rendre : 1 km au sud-ouest, par N 198

Nature :
Loisirs : snack
Services :
À prox. :

Longitude : 9.3434
Latitude : 41.6966

Fautea
04 95 71 41 51, Fax 04 95 71 57 62
5 ha (100 empl.) en terrasses, pierreux
Pour s'y rendre : 5 km au nord-est sur N 198, rte de Solenzara
À savoir : préférer les emplacements sur les petites terrasses vue mer, plus éloignés de la route

Nature :
Loisirs :
Services :
À prox. :

Longitude : 9.34746
Latitude : 41.69967

SERRA-DI-FERRO

20140 – **345** B9 – 427 h. – alt. 140
Ajaccio 47 – Propriano 20 – Sartène 32

U Casellu de déb. juin à mi-oct.
04 95 74 01 80, Fax 04 95 74 07 67 –
3,5 ha (100 empl.) plat, peu incliné, sablonneux, herbeux
Tarif : (Prix 2011) 6€ 10€ – (10A) 3,50€
borne artisanale
Pour s'y rendre : à Porto-Pollo (5 km au sud par D 155, rte de Propriano et D 757 à dr.)
À savoir : agréable situation en bord de mer

Nature :
Loisirs : pizzeria
Services :

Longitude : 8.79987
Latitude : 41.7115

TIUCCIA

20111 – **345** B7
Ajaccio 30 – Cargèse 22 – Vico 22

Les Couchants de mi-juin à mi-sept.
04 95 52 26 60, *campinglescouchants@orange.fr*, Fax 04 95 52 31 77, *www.lescouchants.com*
20111 Casaglione
5 ha (120 empl.) en terrasses, plat, herbeux, pierreux
Tarif : 7,50€ 4€ 5,50€ – (16A) 5€
Location : (de mi-juin à mi-sept.) – 8 . Sem. 530 à 700€ – frais de réservation 20€
Pour s'y rendre : rte de Casaglione (4,9 km au nord par D 81 et D 25 à dr.)
À savoir : emplacements au milieu des oliviers, eucalyptus et lauriers multicolores

Nature :
Loisirs : pizzeria
Services :

Longitude : 8.78843
Latitude : 42.06805

VIVARIO

20219 – **345** E6 – 515 h. – alt. 850
Bastia 89 – Aléria 49 – Corte 22 – Bocognano 22

Aire Naturelle le Soleil de mi-avr. à fin sept.
04 95 47 21 16, *camping-lesoleil@orange.fr*, Fax 04 95 47 21 16 – alt. 800
1 ha (25 empl.) en terrasses, peu incliné, plat, herbeux
Tarif : (Prix 2011) 6€ 2€ 4€ – (20A) 3€ – frais de réservation 20€
15 19€
Pour s'y rendre : au lieu-dit : Tattone (6 km au sud-ouest par N 193, rte d'Ajaccio, près de la gare)

Nature :
Loisirs : pizzeria
Services :
À prox. :

Longitude : 9.14895
Latitude : 42.1479

FRANCHE-COMTÉ

G. Benoît à la Guillaume/Michelin

Il était une fois... la Franche-Comté ! Ses contes et légendes s'inspirent d'une nature mystérieuse qui réserve bien des surprises aux visiteurs curieux. La forêt de résineux s'y étend par monts et par vaux, jetant de doux sortilèges aux explorateurs de grottes, gouffres et gorges qu'elle dissimule. La magie des lieux tient aussi à l'abondance des torrents, cascades et lacs dont les larges taches bleutées contrastent avec le vert des pâturages. Les artisans comtois transforment comme par enchantement le bois en horloges, jouets et pipes pour les touristes en quête de souvenirs. Et l'éventail des arômes déployés par les produits du terroir envoûte les gastronomes : fromage de comté au goût de noisette, savoureuses charcuteries fumées et radieux cortège de vins distillant des bouquets subtils et fruités.

Once upon a time in a land called Franche-Comté...many of France's tales and legends begin in the secret wilderness of this secluded region on the Swiss border. The Jura's peaks and dales, clad in a cloak of fragrant conifers, cast a gentle charm over its explorers: the magic spell is also woven by the waterfalls, grottoes and mysterious lakes, their dark blue waters reflecting the surrounding hills. Nimble-fingered craftsmen transform the local wood into clocks, toys and pipes which will delight anyone with a love of fine craftsmanship. Hungry travellers will want to savour the rich, hazelnut tang of Comté cheese, but beware: the delicate smoked and salted meats, in which you can almost taste the pine and juniper, plus Franche-Comté's sumptuous and subtly fruity wines may lure you back for more!

Localité citée avec camping
Localité citée avec camping et locatif
Vannes
Localité disposant d'un camping avec aire de services camping-car
Moyaux
Localité disposant d'au moins un terrain agréable
Aire de service pour camping-car sur autoroute
Thonnance-les-Moulins
Neufchâteau
Charmes
s-Plaine
Bassemberg
Rombach-le-Franc
Lièpvre
St-Dié-des-Vosges
N 57
Madon
SANDAUCOURT
Moselle
N 59
Gemaingoutte
Ribe
la Chapelle-devant-Bruyères
Corcieux
Anould
OSGES
Épinal
Herpelmont
D 415
Kaysers
Sanchey
Granges-s-V.
Xonrupt-Longemer
Turckheim
AUTE
mont
Le Tholy
Éguis
D 417
Gérardmer
Munster
N 83
Remiremont
Mittlach
Montigny-le-Roi
A 31
Saulxures-s-Moselotte
la Bresse
D 619
Plombières-les-Bains
Ranspach
Kruth
Geishouse
Guebwiller
Bussang
N 66
Issenhei
Bourbonne-les-Bains
le Val-d'Ajol
Fresse-s-M.
HAUT-RHIN
Bannes
Moosch
St-Maurice-s-M.
Wattwiller
Thann
Cernay
N 66
Langres
Saône
Masevaux
Fresse
Mélisey
Guewenheim
N 19
Lachapelle-s/s-Rougemont
Heimsb
Burnhaupt-le
N 57
N 19
N 19
A 36
LA PORTE D'ALSACE
A 31
D 438
Altkirc
BELFORT
Renaucourt
Vesoul
HAUTE-
SAÔNE
Seppois-le-Bas
Villersexel
Montbéliard
Bonnal
N 57
Mandeure
Montagney
A 36
'OR
BESANÇON-CHAMPOUX
Huanne-Montmartin
Cromary
St-Hippolyte
Doubs
Pesmes
Ognon
BESANÇON-MARCHAUX
Maîche
ON
Chalezeule
A 39
A 36
BESANÇON
Doubs
DOUBS
A 31
N 57
PONT-CHÊNE-D'ARGENT
Ornans
Saône
Dole
D 437
Quingey
N 83
gnoles
A 36
D 673
D 905
Loue
Ounans
Doubs
Levier
Arbois
Salins-les-Bains
Pontarlier
N 57
JURA
A 39
St-Point-Lac
Lac de Neuchâtel
Poligny
N 73
Labergement-Ste-Marie
Malbuisson
St-Germain-du-Bois
D 45
Pont-du-Navoy
Champagnole
N 78
Marigny
Monnet-la-Ville
Lons-le-Saunier
Châtillon
SUISSE
D 437
Gigny-s-S.
Doucier
N 5
Seille
Uxelles
D 978
D 678
Foncine-le-Haut
Mesnois
Louhans
Bonlieu
Tournus
A 39
St-Laurent-en-Grandvaux
LAUSANNE
ULET DE BRESSE
la Tour-du-Meix
Clairvaux-les-Lacs
A 9
Lac Léman
A 1
Maisod
Évian-les-B.
Pont-de-Vaux
Lugrin
Divonne-les-Bains
Excenevex
Chancia
St-Claude
Thonon-les-Bains
Montrevel-en-Bresse
Gex
Sciez
RHÔNE
Châtel
Ain
D 1005
A 40
GENÈVE
moranche-Saône
Chavannes-s-Suran
Matafelon-Granges
Morzine
HAUTE-
les Gets
Bourg-en-Bresse
Nantua
St-Julien-en-G.
Arve
Taninges
Verchaix
Hautecourt
A 40
Bonneville
A 40
Neydens
A 41
Samoëns
Poncin
Groisy
A 410
Vallorcine
AIN
SAVOIE
Contamine-Sarzin
A 40
Argentière
Champdor
Seyssel
le Grand-Bornand
les Bossons
les Praz-de-Chamo
Ain
La Balme-de-S.
Villars-les-Dombes
Vallières
la Clusaz
Sallanches
Chamonix-Mont-Blan
D 1504
Artemare
ANNECY
Alex
1083
Culoz
St-Gervais-les-Bains

ARBOIS

39600 – **321** E5 – 3 487 h. – alt. 350
10, rue de l'Hôtel de Ville ✆ 03 84 66 55 50
Paris 407 – Besançon 46 – Dole 34 – Lons-le-Saunier 40

Les Vignes de mi-avr. à fin sept.
✆ 03 84 66 14 12, *vignes@odesia.eu*, Fax 03 84 66 14 12, *www.odesia-vacances.com*
2,3 ha (139 empl.) en terrasses, peu incliné, herbeux, gravier
Tarif : (Prix 2011) 19€ (10A) – pers. suppl. 5€ – frais de réservation 12€

Location : (Prix 2011) (de mi-avr. à fin sept.) – 4. Nuitée 38 à 87€ – Sem. 343 à 609€ – frais de réservation 12€
borne artisanale – 30 19€
Pour s'y rendre : r. de la Piscine (sortie est par D 107, rte de Mesnay, près du stade et de la piscine)

Nature :
Loisirs :
Services :
À prox. :

Longitude : 5.78694
Latitude : 46.90417

BELFORT

90000 – **315** F11 – 51 327 h. – alt. 360
2 bis, rue Clemenceau ✆ 03 84 55 90 90
Paris 422 – Lure 33 – Luxeuil-les-Bains 52 – Montbéliard 23

L'Étang des Forges de déb. avr. à fin sept.
✆ 03 84 22 54 92, *contact@camping-belfort.com*, Fax 03 84 22 76 55, *www.camping-belfort.com*
3,4 ha (90 empl.) plat, herbeux, pierreux
Tarif : 20,50€ (6A) – pers. suppl. 4,50€

Location : (de déb. avr. à fin sept.) – 1 roulotte – 15 – 1 bungalow toilé. Nuitée 39 à 95€ – Sem. 203 à 490€ – frais de réservation 10€
borne flot bleu
Pour s'y rendre : r. du Gal Béthouart (1,5 km au nord par D 13, rte d'Offemont et à dr. - par A 36 sortie 13)

Nature :
Loisirs : (bassin)
Services : laverie
À prox. :

Longitude : 6.86436
Latitude : 47.65341

BONLIEU

39130 – **321** F7 – 241 h. – alt. 785
Paris 439 – Champagnole 23 – Lons-le-Saunier 32 – Morez 24

L'Abbaye de déb. mai à fin sept.
✆ 03 84 25 57 04, *camping.abbaye@wanadoo.fr*, Fax 03 84 25 50 82, *www.camping-abbaye.com*
3 ha (80 empl.) incliné, plat, herbeux
Tarif : 18,80€ (10A) – pers. suppl. 4,50€

Location : (de déb. mai à fin sept.) – 4. Nuitée 45€ – Sem. 270 à 480€
Pour s'y rendre : 2 rte du Lac (1,5 km à l'est par N 78, rte de St-Laurent-en-Grandvaux)

Nature :
Loisirs :
Services :
À prox. :

Longitude : 5.87562
Latitude : 46.59199

BONNAL

25680 – **321** I1 – 25 h. – alt. 270
Paris 392 – Besançon 47 – Belfort 51 – Épinal 106

Les Castels Le Val de Bonnal de déb. mai à déb. sept.
✆ 03 81 86 90 87, *val-de-bonnal@wanadoo.fr*, Fax 03 81 86 03 92, *www.camping-valdebonnal.fr*
120 ha/15 campables (320 empl.) plat, herbeux
Tarif : 45€ (10A) – pers. suppl. 12,50€ – frais de réservation 20€

Location : (de déb. mai à déb. sept.) – 13 – 4. Sem. 440 à 920€
borne artisanale
Pour s'y rendre : 1 ch. du Moulin
À savoir : situation agréable en bordure de l'Ognon et près d'un plan d'eau

Nature :
Loisirs : snack nocturne
Services : laverie
À prox. :

Longitude : 6.35619
Latitude : 47.50734

CHALEZEULE

25220 – **321** G3 – 1 071 h. – alt. 252
Paris 410 – Dijon 96 – Lyon 229 – Nancy 209

Municipal de la Plage

03 81 88 04 26, *info@besancon-tourisme.com*, Fax 03 81 50 54 62, *www.besancon-tourisme.com*
1,8 ha (113 empl.) plat, terrasse, herbeux

Location : (de déb. avr. à mi-sept.) – 2 bungalows toilés. Nuitée 33 à 66€ – Sem. 225 à 440€
borne artisanale – 10
Pour s'y rendre : 12 rte de Belfort (4,5 km au nord-est par N 83, au bord du Doubs)

Nature :
Loisirs : snack
Services : laverie
À prox. :

Longitude : 6.07103
Latitude : 47.26445

Utilisez le guide de l'année.

CHAMPAGNOLE

39300 – **321** F6 – 8 133 h. – alt. 541
rue Baronne Delort 03 84 52 43 67
Paris 420 – Besançon 66 – Dole 68 – Genève 86

Municipal de Boyse de déb. juin à mi-sept.

03 84 52 00 32, *camping.boyse@wanadoo.fr*, Fax 03 84 52 01 16, *www.camping.champagnole.com*
7 ha (240 empl.) plat, peu incliné, herbeux
Tarif : 22€ (10A) – pers. suppl. 4,60€

Location : (de mi-mars à fin sept.) – 25 . Nuitée 60 à 70€ – Sem. 260 à 525€
borne autre 3,50€ – 5 5€
Pour s'y rendre : 20 r. Georges Vallerey (sortie nord-ouest par D 5, rte de Lons-le-Saunier et r. à gauche)
À savoir : accès direct à l'Ain

Nature :
Loisirs : snack
Services : laverie
À prox. : , parcours sportif

Longitude : 5.89741
Latitude : 46.74643

CHANCIA

01590 – **321** D8 – 224 h. – alt. 320
Paris 452 – Bourg-en-Bresse 48 – Lons-le-Saunier 46 – Nantua 30

Municipal les Cyclamens de déb. mai à fin sept.

04 74 75 82 14, *campinglescyclamens@wanadoo.fr*, *www.camping-chancia.com* – places limitées pour le passage
2 ha (160 empl.) plat, herbeux
Tarif : (Prix 2011) 2,70€ 2,70€ 2,70€ – (10A) 2,60€
Pour s'y rendre : La Presqu'île (1,5 km au sud-ouest par D 60e et chemin à gauche, au confluent de l'Ain et de la Bienne)

Nature :
Loisirs :
Services :
À prox. : , terrain omnisports

Longitude : 5.6311
Latitude : 46.34203

CHÂTILLON

39130 – **321** E7 – 122 h. – alt. 500
Paris 421 – Champagnole 24 – Clairvaux-les-Lacs 15 – Lons-le-Saunier 19

Domaine de l'Épinette de déb. juin à mi-sept.

03 84 25 71 44, *contact@domaine-epinette.com*, Fax 03 84 25 75 96, *www.domaine-epinette.com*
7 ha (150 empl.) en terrasses, peu incliné, plat, herbeux, pierreux
Tarif : (Prix 2011) 27€ (10A) – pers. suppl. 5€ – frais de réservation 15€

Location : (Prix 2011) (de déb. juin à mi-sept.) – 55 – 2 – 7 bungalows toilés. Nuitée 32 à 89€ – Sem. 224 à 623€ – frais de réservation 15€
Pour s'y rendre : 15 r. de l'Epinette (1,3 km au sud par D 151)

Nature :
Loisirs :
Services :
À prox. : canoë

Longitude : 5.72218
Latitude : 46.6513

CLAIRVAUX-LES-LACS

39130 – **321** E7 – 1 518 h. – alt. 540
36, Grande Rue ☎ 03 84 25 27 47
Paris 428 – Bourg-en-Bresse 94 – Champagnole 34 – Lons-le-Saunier 22

Yelloh! Village Le Fayolan – de fin avr. à mi-sept.
☎ 03 84 25 88 52, *www.jura-campings.com*,
Fax 03 84 25 26 20, *www.jura-campings.com*
13 ha (516 empl.) en terrasses, peu incliné, plat, herbeux, gravier, pinède
Tarif : 41 € (10A) – pers. suppl. 8 €
Location : (de fin avr. à mi-sept.) – 104 – 10 tentes. Nuitée 29 à 89 € – Sem. 203 à 623 €
borne artisanale 19 € – 14 €
Pour s'y rendre : r. du Langard (1,2 km au sud-est par D 118)
À savoir : au bord du lac

Nature :
Loisirs : snack salle d'animation
Services :
À prox. : parcours de santé

Longitude : 5.75
Latitude : 46.56667

Le Grand Lac de déb. juin à fin août
☎ 03 84 25 22 14, *grandlac@odesia.eu*, Fax 03 84 25 26 20, *www.jura-campings.com*
2,5 ha (191 empl.) peu incliné à incliné, plat, terrasses, herbeux
Tarif : 24 € (10A) – pers. suppl. 5 € – frais de réservation 12 €
Location : (Prix 2011) (de déb. juin à fin août) – 33 . Nuitée 38 à 90 € – Sem. 266 à 630 € – frais de réservation 12 €
borne artisanale – 14 €
Pour s'y rendre : ch. du Langard (800 m au sud-est par D 118, rte de Châtel-de-Joux et chemin à dr.)

Nature :
Services :
À prox. : canoë

Longitude : 5.755
Latitude : 46.56979

Renouvelez votre guide chaque année.

CROMARY

70190 – **314** E8 – 222 h. – alt. 219
Paris 419 – Belfort 88 – Besançon 21 – Gray 50

L'Esplanade de déb. avr. à fin sept.
☎ 03 84 91 82 00, *benttom@hotmail.com*,
Fax 03 84 91 82 00, *www.lesplanade.nl*
2,7 ha (65 empl.) plat, herbeux
Tarif : (Prix 2011) 19 € (8A) – pers. suppl. 2,80 €
Pour s'y rendre : au sud du bourg par D 276
À savoir : dans un site champêtre avec un accès direct à la rivière

Nature :
Loisirs : snack
Services :

Longitude : 6.07666
Latitude : 47.36174

DOLE

39100 – **321** C4 – 25 051 h. – alt. 220
6, place Grévy ☎ 03 84 72 11 22
Paris 363 – Besançon 55 – Chalon-sur-Saône 67 – Dijon 50

Le Pasquier de mi-mars à fin oct.
☎ 03 84 72 02 61, *lola@camping-le-pasquier.com*,
Fax 03 84 79 23 44, *http://www.camping-le-pasquier.com*
2 ha (120 empl.) plat, herbeux, gravillons
Tarif : 18,70 € (10A) – pers. suppl. 3,80 € – frais de réservation 10 €
Location : (de mi-mars à fin oct.) – 6 . Nuitée 38 à 64 € – Sem. 260 à 450 € – frais de réservation 10 €
Pour s'y rendre : 18 ch. Victor et Georges Thévenot (au sud-est par av. Jean-Jaurès)
À savoir : cadre verdoyant, près du Doubs

Nature :
Loisirs : snack (petite piscine)
Services : laverie
À prox. :

Longitude : 5.50244
Latitude : 47.09147

DOUCIER

39130 – **321** E7 – 285 h. – alt. 526
Paris 427 – Champagnole 21 – Lons-le-Saunier 25

Domaine de Chalain de fin avr. à mi-sept.
03 84 25 78 78, *chalain@chalain.com*, Fax 03 84 25 70 06, *www.chalain.com*
30 ha/18 campables (804 empl.) plat, herbeux, pierreux
Tarif : 37 € (10A) – pers. suppl. 6 €
Location : (de fin avr. à mi-sept.) – 49 – 35 . Nuitée 40 à 145 € – Sem. 280 à 1 015 €
borne artisanale 4 €
Pour s'y rendre : - (3 km au nord-est)
À savoir : agréablement situé entre forêts et lac de Chalain

Nature :
Loisirs : snack , parcours VTT
Services :

Longitude : 5.81395
Latitude : 46.66422

*De categorie (1 tot 5 tenten, in **zwart** of **rood**) die wij aan de geselekteerde terreinen in deze gids toekennen, is onze eigen indeling.*
Niet te verwarren met de door officiële instanties gebruikte classificatie (1 tot 5 sterren).

FONCINE-LE-HAUT

39460 – **321** G7 – 1 024 h. – alt. 790
Paris 444 – Champagnole 24 – Clairvaux-les-Lacs 34 – Lons-le-Saunier 62

Municipal Le Val de Saine de mi-juin à mi-sept.
03 84 51 93 11, *foncine@juramontsrivieres.fr*, Fax 03 84 51 90 19 –
1 ha (72 empl.) non clos, plat, herbeux
Tarif : 2,50 € 1,50 € 4 € – (6A) 1,60 €
Location : (permanent) – 14 . Nuitée 60 € – Sem. 300 à 450 €
borne artisanale – 10
Pour s'y rendre : sortie sud-ouest par D 437, rte de St-Laurent-en-Grandvaux et à gauche, au stade, au bord de la Saine

Nature :
Loisirs :
Services :
À prox. : parcours de santé

Longitude : 6.06879
Latitude : 46.65489

Les Chalets du Val de Saine (location exclusive de chalets) Permanent
03 84 51 93 11, *foncine@juramontsrivieres.fr*, Fax 03 84 51 90 19, *www.camping-haut-jura.com* – alt. 900 –
1,2 ha plat
Location : – 14 . Sem. 250 à 450 €
Pour s'y rendre : 58 Grande-Rue

Nature :
Loisirs :
Services :
À prox. :

Longitude : 6.07253
Latitude : 46.65888

FRESSE

70270 – **314** H6 – 713 h. – alt. 472
Paris 405 – Belfort 31 – Épinal 71 – Luxeuil-les-Bains 30

La Broche de mi-avr. à mi-oct.
03 84 63 31 40, *contact@camping.com*, Fax 03 84 63 31 40, *www.camping-broche.com*
2 ha (50 empl.) terrasse, peu incliné, plat, herbeux
Tarif : 12 € (10A) – pers. suppl. 3 €
Location : (de mi-avr. à mi-oct.) – 8 roulottes. Nuitée 21 à 25 € – Sem. 150 à 170 €
Pour s'y rendre : sortie ouest, rte de Melesey et chemin à gauche
À savoir : dans un site vallonné et boisé, au bord d'un étang

Nature :
Loisirs :
Services :

Longitude : 6.65727
Latitude : 47.75713

HUANNE-MONTMARTIN

25680 – **321** I2 – 79 h. – alt. 310
Paris 392 – Baume-les-Dames 14 – Besançon 37 – Montbéliard 52

Le Bois de Reveuge de fin avr. à mi-sept.
03 81 84 38 60, *info@campingduboisdereveuge.com*, Fax 03 81 84 44 04, *www.campingduboisdereveuge.com*
20 ha/11 campables (281 empl.) en terrasses, gravier, herbeux, sous-bois attenant
Tarif : (Prix 2011) 32 € (16A) – pers. suppl. 7,50 € – frais de réservation 25 €
Location : (Prix 2011) (de fin avr. à mi-sept.) – 120 – 34 . Nuitée 43 à 87 € – Sem. 258 à 609 € – frais de réservation 25 €
borne artisanale 20 € – 50 20 €
Pour s'y rendre : rte de Rougemont (1,1 km au nord par D 113)
À savoir : autour de deux étangs à la lisière d'un bois

Nature :
Loisirs : snack, pizzeria
Services :
À prox. : canoë

Longitude : 6.3447
Latitude : 47.44346

Benutzen Sie
– zur Wahl der Fahrtroute
– zur Berechnung der Entfernungen
– zur exakten Lokalisierung eines Campingplatzes (mit Hilfe der Angaben im Ortstext)
die für diesen Führer unentbehrlichen ***MICHELIN-Karten.***

LABERGEMENT-STE-MARIE

25160 – **321** H6 – 1 021 h. – alt. 859
Paris 454 – Champagnole 41 – Pontarlier 17 – St-Laurent-en-Grandvaux 41

Le Lac de déb. mai à fin sept.
03 81 69 31 24, *camping.lac.remoray@wanadoo.fr*, *www.camping-lac-remoray.com*
1,8 ha (70 empl.) en terrasses, peu incliné, plat, herbeux
Tarif : (Prix 2011) 4,50 € 6,50 € – (6A) 4 € – frais de réservation 5 €
Location : (Prix 2011) (de déb. mai à fin sept.) – 4 – 4 . Sem. 190 à 420 € – frais de réservation 5 €
borne artisanale
Pour s'y rendre : 10 r. du Lac (sortie sud-ouest par D 437, rte de Mouthe et r. à dr.)
À savoir : à 300 m du lac de Remoray

Nature :
Loisirs :
Services :
À prox. :

Longitude : 6.27468
Latitude : 46.77132

LACHAPELLE-SOUS-ROUGEMONT

90360 – **315** G10 – 509 h. – alt. 400
Paris 442 – Belfort 16 – Basel 66 – Colmar 55

La Seigneurie de déb. avr. à fin oct.
03 84 23 00 13, *camping-du-lac-de-la-seigneurie@orange.fr*, Fax 03 84 23 05 04, *www.camping-lac-seigneurie.com*
3 ha (120 empl.) plat, herbeux
Tarif : 18 € (6A) – pers. suppl. 4 €
Location : (de déb. avr. à fin oct.) – 2 – 3 bungalows toilés – 2 tentes. Nuitée 30 à 200 € – Sem. 300 à 525 € – frais de réservation 15 €
borne autre 2 € – 8 15,50 €
Pour s'y rendre : 3,2 km au nord par D 11, rte de Lauw
À savoir : en lisière de forêt, près d'un étang

Nature :
Loisirs :
Services :
À prox. :

Longitude : 7.01498
Latitude : 47.73613

LEVIER

25270 – **321** G5 – 1 905 h. – alt. 719
Paris 443 – Besançon 45 – Champagnole 37 – Pontarlier 22

La Forêt de fin avr. à mi-sept.
03 81 89 53 46, *camping@camping-dela-foret.com*, *www.camping-dela-foret.com*
1,5 ha (70 empl.) terrasse, peu incliné, plat, herbeux
Tarif : 22,10€ (10A) – pers. suppl. 4€ – frais de réservation 10€

Location : (permanent) – 2 – 7 – 1 tipi. Nuitée 50 à 150€ – Sem. 280 à 690€ – frais de réservation 10€
10 14€ – 14€

Pour s'y rendre : rte de Septfontaines (1 km au nord-est par D 41)

À savoir : à la lisière d'une forêt

Nature :
Loisirs :
Services :
À prox. : parcours sportif

Longitude : 6.13308
Latitude : 46.95915

En juillet et août, beaucoup de terrains affichent complets et leurs emplacements retenus longtemps à l'avance. N'attendez pas le dernier moment pour réserver.

LONS-LE-SAUNIER

39000 – **321** D6 – 18 075 h. – alt. 255 – (début avril-fin oct.)
place du 11 Novembre 03 84 24 65 01
Paris 408 – Besançon 84 – Bourg-en-Bresse 73 – Chalon-sur-Saône 61

La Marjorie de fin mars à mi-oct.
03 84 24 26 94, *info@camping-marjorie.com*, Fax 03 84 24 08 40, *www.camping-marjorie.com*
9 ha/3 campables (204 empl.) plat, herbeux, pierreux, goudronné
Tarif : 21,90€ (10A) – pers. suppl. 5,15€ – frais de réservation 15€

Location : (de fin mars à mi-oct.) (1 chalet) – 4 – 15 . Nuitée 75€ – Sem. 520€ – frais de réservation 15€
borne artisanale 4,50€ – 38 15,95€

Pour s'y rendre : 640 bd de l'Europe (au nord-est en dir. de Besançon par bd de Ceinture)

À savoir : agréable décoration arbustive, au bord d'un ruisseau

Nature :
Loisirs : nocturne
Services : laverie
À prox. :

Longitude : 5.56855
Latitude : 46.68422

MAICHE

25120 – **321** K3 – 4 076 h. – alt. 777
place de la Mairie 03 81 64 11 88
Paris 501 – Baume-les-Dames 69 – Besançon 74 – Montbéliard 43

Municipal St-Michel de mi-déc. à mi-nov.
03 81 64 12 56, *camping.maiche@wanadoo.fr*, Fax 03 81 64 12 56, *www.mairie-maiche.fr*
2 ha (70 empl.) en terrasses, peu incliné, herbeux, bois attenant
Tarif : (Prix 2011) 3,10€ 4,10€ – (12A) 2,50€

Location : (Prix 2011) (de mi-déc. à mi-nov.) – 5 – 3 – 1 gîte. Nuitée 47 à 52€ – Sem. 205 à 256€
10 12,80€

Pour s'y rendre : 23 r. Saint-Michel (1,3 km au sud, sur D 422 reliant la D 464, rte de Charquemont et la D 437, rte de Pontarlier - accès conseillé par D 437, rte de Pontarlier)

Nature :
Loisirs :
Services :
À prox. : hammam jacuzzi

Longitude : 6.80109
Latitude : 47.24749

MAISOD

39260 – **321** E8 – 311 h. – alt. 520
Paris 436 – Lons-le-Saunier 30 – Oyonnax 34 – St-Claude 29

Trelachaume de mi-avr. à déb. sept.
03 84 42 03 26, *info@trelachaume.fr*, Fax 09 59 73 74 70, *www.trelachaume.fr*
3 ha (180 empl.) plat, peu incliné à incliné, herbeux, pierreux
Tarif : (Prix 2011) 18,90€ (16A) – pers. suppl. 3,90€
Location : (Prix 2011) (de mi-avr. à mi-sept.) – 10 – 6 – 5 bungalows toilés. Sem. 199 à 635€
Pour s'y rendre : 50 rte du Mont du Cerf (2,2 km au sud par D 301 et rte à dr.)

Nature :
Loisirs :
Services :

Longitude : 5.68875
Latitude : 46.46873

MALBUISSON

25160 – **321** H6 – 566 h. – alt. 900 – Base de loisirs
69, Grande Rue 03 81 69 31 21
Paris 456 – Besançon 74 – Champagnole 42 – Pontarlier 16

Les Fuvettes de déb. avr. à fin sept.
03 81 69 31 50, *les-fuvettes@wanadoo.fr*, Fax 03 81 69 70 46, *www.camping-fuvettes.com*
6 ha (320 empl.) plat et peu incliné, herbeux, pierreux
Tarif : 24,90€ (6A) – pers. suppl. 5€ – frais de réservation 10€
Location : (de déb. avr. à fin sept.) – 39 – 8 . Nuitée 70 à 140€ – Sem. 285 à 915€ – frais de réservation 15€
borne artisanale 2€
Pour s'y rendre : 24 rte de la Plage et des Perrières (1 km au sud-ouest)
À savoir : au bord du lac de St-Point

Nature :
Loisirs : snack
Services : (juil.-août)

Longitude : 6.30496
Latitude : 46.79949

MANDEURE

25350 – **321** K2 – 5 022 h. – alt. 336
Paris 473 – Baume-les-Dames 41 – Maîche 34 – Sochaux 15

Municipal les Grands Ansanges de déb. avr. à fin sept.
03 81 35 23 79, *mairie.mandeure@ville-mandeure.com*, Fax 03 81 30 09 26, *www.ville-mandeure.com*
1,7 ha (96 empl.) plat, herbeux
Tarif : (Prix 2011) 3€ 3€ 3€ – (10A) 4€
Pour s'y rendre : 34 r. de la Libération (au nord-ouest, sortie vers Pont-de-Roide, au bord du Doubs)

Nature :
Loisirs :
Services :

Longitude : 6.80556
Latitude : 47.45557

MARIGNY

39130 – **321** E6 – 180 h. – alt. 519
Paris 426 – Arbois 32 – Champagnole 17 – Doucier 5

Les castels La Pergola – de fin avr. à mi-sept.
03 84 25 70 03, *contact@lapergola.com*, Fax 03 84 25 75 96, *www.lapergola.com*
10 ha (350 empl.) en terrasses, herbeux, pierreux
Tarif : (Prix 2011) 38€ (10A) – pers. suppl. 7€
Location : (Prix 2011) (de fin avr. à mi-sept.) – 173 . Nuitée 53 à 111€ – Sem. 296 à 777€ – frais de réservation 30€
borne artisanale – 38€
Pour s'y rendre : 1 rue des vernois (800 m au sud)
À savoir : bel ensemble de piscines dominant le lac de Chalain

Nature :
Loisirs : brasserie
Services :
À prox. : canoë

Longitude : 5.77984
Latitude : 46.67737

MÉLISEY

70270 – **314** H6 – 1 730 h. – alt. 330
place de la Gare *03 84 63 22 80*
Paris 397 – Belfort 33 – Épinal 63 – Luxeuil-les-Bains 22

La Pierre de déb. mai à fin sept.
03 84 20 84 38, *mairie.melisey@wanadoo.fr*, Fax 03 84 20 87 19, *http://melisey.cchvo.org/index.php?IdPage=1238083072* – places limitées pour le passage –
1,5 ha (50 empl.) peu incliné, plat, herbeux
Tarif : 3€ 1,30€ 3€ – (6A) 2,20€

Location : (permanent) – 4 . Sem. 250 à 354€
borne artisanale 6€ – 6 4€
Pour s'y rendre : au lieu-dit : Les Granges Baverey (2,7 km au nord sur D 293, rte de Mélay)

À savoir : cadre pittoresque dans un site boisé

Nature :
Loisirs :
Services :

Longitude : 6.58257
Latitude : 47.77876

MESNOIS

39130 – **321** E7 – 193 h. – alt. 460
Paris 431 – Besançon 90 – Lons 18 – Chalon 77

Beauregard – de déb. avr. à fin sept.
03 84 48 32 51, *reception@juracampingbeauregard.com*, Fax 03 84 48 32 51, *www.juracampingbeauregard.com*
4,5 ha (192 empl.) en terrasses, peu incliné, herbeux
Tarif : 29,50€ (6A) – pers. suppl. 5€ – frais de réservation 8€

Location : (de déb. avr. à fin sept.) – 35 – 5 bungalows toilés – 1 gîte. Nuitée 35 à 95€ – Sem. 250 à 650€ – frais de réservation 8€
6 25,50€
Pour s'y rendre : 2 Grande-Rue (sortie sud)

À savoir : parc aquatique en partie couvert

Nature :
Loisirs : hammam jacuzzi
Services : laverie

Longitude : 5.68878
Latitude : 46.60036

MONNET-LA-VILLE

39300 – **321** E6 – 372 h. – alt. 550
Paris 421 – Arbois 28 – Champagnole 11 – Doucier 10

Du Gît de déb. juin à fin août
03 84 51 21 17, *christian.olivier22@wanadoo.fr*, *http://www.campingdugit.com*
4,5 ha (100 empl.) peu incliné, plat, herbeux
Tarif : (Prix 2011) 15€ (5A) – pers. suppl. 3,50€ – frais de réservation 50€

Location : (de déb. juin à fin août) – 2 . Sem. 240 à 360€
borne artisanale 4€
Pour s'y rendre : à Monnet-le-Bourg, 7 ch. du Gît (1 km au sud-est par D 40, rte de Mont-sur-Monnet et chemin à dr.)

Nature :
Loisirs :
Services :

Longitude : 5.79733
Latitude : 46.71234

Sous Doriat de déb. mai à fin sept.
03 84 51 21 43, *camping.sousdoriat@wanadoo.fr*, Fax 03 84 51 21 43, *www.camping-sous-doriat.com*
2,5 ha (130 empl.) plat, herbeux
Tarif : 17€ (10A) – pers. suppl. 4€ – frais de réservation 10€

Location : (de déb. mai à fin sept.) – 10 – 5 – 4 bungalows toilés. Nuitée 25 à 60€ – Sem. 175 à 420€ – frais de réservation 10€
borne flot bleu
Pour s'y rendre : 34 r. Marcel Hugon (sortie nord par D 27e, rte de Ney)

Nature :
Loisirs :
Services :
À prox. :

Longitude : 5.79779
Latitude : 46.72143

MONTAGNEY

25680 – **321** H2 – 108 h. – alt. 255
Paris 386 – Baume-les-Dames 23 – Besançon 40 – Montbéliard 61

La Forge de déb. mai à fin sept.
03 81 86 01 70, *laforge@woka.fr*, Fax 03 81 86 01 70, *www.woka.fr*
1,2 ha (56 empl.) plat, herbeux
Tarif : (Prix 2011) 23€ (16A) – pers. suppl. 5€
Location : (Prix 2011) (de déb. mai à fin sept.) – 4 – 7 tentes. Sem. 320 à 540€
Pour s'y rendre : au nord du bourg
À savoir : agréable situation au bord de l'Ognon

Nature :
Loisirs :
Services :
À prox. : canoë

Longitude : 6.30668
Latitude : 47.4828

ORNANS

25290 – **321** G4 – 4 106 h. – alt. 355
7, rue Pierre Vernier 03 81 62 21 50
Paris 428 – Baume-les-Dames 42 – Besançon 26 – Morteau 48

Domaine Le Chanet de déb. avr. à mi-oct.
03 81 62 23 44, *contact@lechanet.com*, Fax 03 81 62 13 97, *www.lechanet.com*
1,4 ha (95 empl.) incliné, peu incliné, herbeux
Tarif : (Prix 2011) 26€ (16A) – pers. suppl. 4,90€ – frais de réservation 15€
Location : (Prix 2011) (de déb. avr. à mi-oct.) – 4 roulottes – 26 – 1 studio – 1 appartement – 4 bungalows toilés – 9 tentes. Nuitée 34 à 85€ – Sem. 190 à 640€ – frais de réservation 15€
borne artisanale 3€ – 5 12€
Pour s'y rendre : 9 ch. du Chanet (1,5 km au sud-ouest par D 241, rte de Chassagne-St-Denis et chemin à dr., à 100 m de la Loue)
À savoir : piscine naturelle

Nature :
Loisirs : snack, pizzeria
Services : laverie
À prox. :

Longitude : 6.12779
Latitude : 47.10164

OUNANS

39380 – **321** D5 – 334 h. – alt. 230
Paris 383 – Arbois 16 – Arc-et-Senans 13 – Dole 23

La Plage Blanche de déb. avr. à fin sept.
03 84 37 69 63, *reservation@la-plage-blanche.com*, Fax 03 84 37 60 21, *www.la-plage-blanche.com*
5 ha (220 empl.) plat, herbeux
Tarif : 26€ (10A) – pers. suppl. 5,50€
Location : (de déb. avr. à fin sept.) – 10 – 4 bungalows toilés. Nuitée 40 à 98€ – Sem. 280 à 690€
borne artisanale 5€ – 2 10€
Pour s'y rendre : 3 r. de la Plage (1,5 km au nord par D 71, rte de Montbarey et chemin à gauche)
À savoir : au bord de la Loue

Nature :
Loisirs : snack, brasserie, pizzeria terrain multisports
Services : laverie
à la base de loisirs : canoë, VTT

Longitude : 5.66173
Latitude : 47.00379

Le Val d'Amour de déb. avr. à fin sept.
03 84 37 61 89, *camping@levaldamour.com*, Fax 03 84 37 78 69, *www.levaldamour.com*
3,7 ha (100 empl.) plat, herbeux, verger
Tarif : 20,90€ (10A) – pers. suppl. 5,50€ – frais de réservation 8€
Location : (de mi-mars à mi-oct.) – 14 – 6 – 8 bungalows toilés. Sem. 210 à 630€ – frais de réservation 8€
borne artisanale 2,50€
Pour s'y rendre : 1 r. du Val d'Amour (sortie est par D 472, dir. Chambray)
À savoir : jolie décoration florale

Nature :
Loisirs : snack diurne (juil.-août) nocturne piste de bi-cross
Services : laverie

Longitude : 5.6733
Latitude : 46.99103

PESMES

70140 – **314** B9 – 1 113 h. – alt. 205
19, rue Jacques Prévost 06 87 73 13 05
Paris 387 – Besançon 52 – Vesoul 64 – Dijon 69

La Colombière de déb. avr. à fin oct.
03 84 31 20 15, *mairie-pesmes@wanadoo.fr*
1 ha (70 empl.) plat, herbeux
Tarif : (Prix 2011) 16,60€ (16A) – pers. suppl. 2,40€ – frais de réservation 4,80€

Location : (Prix 2011) (permanent) (de déb. avr. à fin oct.) – 4 – 1 gîte. Nuitée 48€ – Sem. 180 à 240€ – frais de réservation 4,80€
borne flot bleu 2,40€ – 50 12,60€
Pour s'y rendre : sortie sud par D 475, rte de Dole, bord de l'Ognon

Nature :
Loisirs :
Services :
À prox. : canoë kayak

Longitude : 5.56392
Latitude : 47.27403

POLIGNY

39800 – **321** E5 – 4 279 h. – alt. 373
20, place des Déportés 03 84 37 24 21
Paris 397 – Besançon 57 – Dole 45 – Lons-le-Saunier 30

La Croix du Dan de déb. juin à mi-sept.
03 84 73 77 58, *contact@ccgrimont.fr*,
Fax 03 84 73 77 59, *cccg.tv*
1,5 ha (87 empl.) plat, herbeux
Tarif : (Prix 2011) 13,95€ (10A) – pers. suppl. 2,15€
borne artisanale
Pour s'y rendre : rte de Lons-Le-Saunier (1 km au sud-ouest par N 83 dir. Lons-le-Saunier)

Nature :
Loisirs :
Services :

Longitude : 5.70078
Latitude : 46.83424

Créez votre voyage en ligne sur ***Voyage.ViaMichelin.fr***

PONTARLIER

25300 – **321** I5 – 18 939 h. – alt. 838
14 bis, rue de la Gare 03 81 46 48 33
Paris 462 – Basel 180 – Beaune 164 – Belfort 126

Le Larmont Permanent
03 81 46 23 33, *lelarmont.pontarlier@wanadoo.fr*, *www.camping-pontarlier.fr* – alt. 880
4 ha (75 empl.) en terrasses, herbeux, gravier
Tarif : 17,50€ (10A) – pers. suppl. 3,80€ – frais de réservation 16€

Location : (permanent) – 7 . Nuitée 58 à 65€ – Sem. 330 à 420€ – frais de réservation 16€
borne eurorelais 5,50€ – 20 9€ – 9€
Pour s'y rendre : au sud-est en dir. de Lausanne, près du centre équestre

Nature :
Loisirs : poneys
Services :
À prox. : parcours sportif

Longitude : 6.35908
Latitude : 46.9021

PONT-DU-NAVOY

39300 – **321** E6 – 244 h. – alt. 470
Paris 420 – Arbois 26 – Champagnole 11 – Lons-le-Saunier 23

Le Bivouac Permanent
03 84 51 26 95, *kawayet@aol.com*, Fax 03 84 51 29 70, *www.bivouac-jura.com*
2,3 ha (90 empl.) plat, herbeux
Tarif : (Prix 2011) 4€ 5€ – (16A) 3€

Location : (Prix 2011) (permanent) – 8 – 6 – 5 gîtes. Nuitée 55 à 75€ – Sem. 385 à 500€
Pour s'y rendre : 500 m au sud par D 27, rte de Montigny-sur-l'Ain, au bord de l'Ain

Nature :
Loisirs : snack
Services :

Longitude : 5.78289
Latitude : 46.7275

QUINGEY

25440 – **321** F4 – 1 214 h. – alt. 275
Paris 397 – Baume-les-Dames 40 – Besançon 23 – Morteau 78

Municipal Les Promenades de déb. mai à fin sept.
03 81 63 74 01, *mairie-quingey@wanadoo.fr*,
Fax 03 81 63 74 01, *www.campingquingey.fr*
1,5 ha (61 empl.) plat, herbeux, gravier
Tarif : (Prix 2011) 3,60€ 4€ – (10A) 3€
Pour s'y rendre : au lieu-dit : Les Promenades (sortie sud, rte de Lons-le-Saunier et chemin à gauche apr. le pont)

Nature :
Loisirs :
Services : (juil.-août)
À prox. : canoë

Longitude : 5.8829
Latitude : 47.10321

RENAUCOURT

70120 – **314** C7 – 108 h. – alt. 209
Paris 338 – Besançon 58 – Bourbonne-les-Bains 49 – Épinal 98

Municipal la Fontaine aux Fées de fin mai à déb. sept.
03 84 92 04 18, *mairie.renaucourt@wanadoo.fr*,
Fax 03 84 92 04 18
2 ha (24 empl.) plat, herbeux
Tarif : (Prix 2011) 2,50€ 3€ – (13A) 2,50€
Pour s'y rendre : 1,3 km au sud-ouest par rte de Volon
À savoir : à la lisière d'un bois, près d'un étang

Services :
À prox. :

Longitude : 5.76986
Latitude : 47.63682

ST-CLAUDE

39200 – **321** F8 – 11 635 h. – alt. 450
1, avenue de Belfort 03 84 45 34 24
Paris 465 – Annecy 88 – Bourg-en-Bresse 90 – Genève 60

Municipal du Martinet de déb. juin à fin sept.
03 84 45 00 40, *contact@camping-saint-claude.fr*,
www.camping-saint-claude.fr
2,9 ha (130 empl.) incliné, plat, herbeux
Tarif : (Prix 2011) 3€ 4€ – (10A) 2,50€
Location : (Prix 2011) (de déb. juin à fin sept.) – 8 .
Nuitée 50 à 99€ – Sem. 340 à 693€
borne autre 12,80€ – 10 12,80€
Pour s'y rendre : 2 km au sud-est par rte de Genève et D 290 à dr., au confluent du Flumen et du Tacon
À savoir : blotti dans un agréable site montagneux

Nature :
Loisirs : snack
Services : (juil.-août)
À prox. :

Longitude : 5.86953
Latitude : 46.37309

...

Bijzonder prettige terreinen die bovendien opvallen in hun categorie.

ST-HIPPOLYTE

25190 – **321** K3 – 918 h. – alt. 380
place de l'Hôtel de Ville 03 81 96 58 00
Paris 490 – Basel 93 – Belfort 48 – Besançon 89

Les Grands Champs de déb. mai à fin sept.
03 81 96 54 53, *tourisme25190@orange.fr*,
www;ville;saint-hippolyte.fr
2,2 ha (65 empl.) en terrasses, peu incliné, herbeux, pierreux
Tarif : (Prix 2011) 3,20€ 4€ – (9A) 3€
5 4,50€
Pour s'y rendre : 1 km au nord-est par D 121, rte de Montécheroux et chemin à dr., près du Doubs (accès direct)

Nature :
Loisirs :
Services : (juil.-août)

Longitude : 6.82332
Latitude : 47.32291

ST-LAURENT-EN-GRANDVAUX

39150 – **321** F7 – 1 736 h. – alt. 904
7, place Charles Thevenin ✆ 03 84 60 15 25
Paris 442 – Champagnole 22 – Lons-le-Saunier 45 – Morez 11

Municipal Champ de Mars de mi-déc. à fin sept.
✆ 03 84 60 19 30, *champmars.camping@orange.fr*,
Fax 03 84 60 19 72, *www.st-laurent39.fr*
3 ha (150 empl.) plat et peu incliné, herbeux
Tarif : 3,20€ 3€ – (10A) 2,30€
Location : (de mi-déc. à fin sept.) – 10 . Nuitée 120€ – Sem. 287 à 490€
borne autre 5,80€ – 12 9,40€ – 8.40€
Pour s'y rendre : 8 r. du Camping (sortie est par N 5)

Nature :
Loisirs :
Services :
laverie

Longitude : 5.96294
Latitude : 46.57616

ST-POINT-LAC

25160 – **321** H6 – 251 h. – alt. 860 – Base de loisirs
Paris 453 – Champagnole 39 – Pontarlier 13 – St-Laurent-en-Grandvaux 45

Municipal de mi-avr. à mi-oct.
✆ 03 81 69 61 64, *camping-saintpointlac@wanadoo.fr*,
Fax 03 81 69 65 74, *www.campingsaintpointlac.com*
1 ha (84 empl.) plat, herbeux, gravillons
Tarif : (Prix 2011) 16€ (16A) – pers. suppl. 2,75€ – frais de réservation 7,60€
borne artisanale 7,50€ – 25 7,50€
Pour s'y rendre : 8 r. du Port (au bourg)

À savoir : les emplacements camping-car sont à proximité du camping

Nature :
Loisirs :
Services : (25 juin-août)
À prox. : , base nautique

Longitude : 6.30336
Latitude : 46.81209

SALINS-LES-BAINS

39110 – **321** F5 – 3 045 h. – alt. 340 – (début mars-fin oct.)
place des Salines ✆ 03 84 73 01 34
Paris 419 – Besançon 41 – Dole 43 – Lons-le-Saunier 52

Municipal de déb. avr. à fin sept.
✆ 03 84 37 92 70, *salinscamping@orange.fr*, *www.salinscamping.com*
1 ha (44 empl.) plat, herbeux, gravillons
Tarif : (Prix 2011) 3,40€ 5,80€ – (10A) 2,80€ – frais de réservation 5€
Location : (Prix 2011) (de déb. avr. à fin sept.) – 2 . Sem. 150 à 360€
Pour s'y rendre : pl. de la Gare (sortie nord, rte de Besançon)

Nature :
Loisirs : (petite piscine)
Services :

Longitude : 5.87991
Latitude : 46.9432

LA TOUR-DU-MEIX

39270 – **321** D7 – 216 h. – alt. 470
Paris 430 – Champagnole 42 – Lons-le-Saunier 24 – St-Claude 36

Surchauffant de mi-avr. à mi-sept.
✆ 03 84 25 41 08, *info@camping-surchauffant.fr*,
Fax 03 84 35 56 88, *www.camping-surchauffant.fr*
2,5 ha (180 empl.) plat, herbeux, pierreux
Tarif : 23,50€ (10A) – pers. suppl. 4,70€
Location : (de mi-avr. à mi-sept.) – 24 – 24 . Nuitée 29 à 94€ – Sem. 203 à 658€
borne artisanale 4€
Pour s'y rendre : au lieu-dit : Le Pont de la Pyle (1 km au sud-est par D 470 et chemin à gauche, à 150 m du lac de Vouglans - accès direct)

Nature :
Loisirs :
Services : (juil.-août)
À prox. :

Longitude : 5.6742
Latitude : 46.52298

UXELLES

39130 – **321** I2 – 55 h. – alt. 598
Paris 440 – Besançon 93 – Genève 86 – Lausanne 102

Relais Soleil les Crozats (location exclusive de chalets et de chambres) Permanent
03 84 25 26 19, *reservation@rsl39.com*, Fax 03 84 25 26 20, *www.odesia.eu*
2 ha peu incliné, plat, herbeux
Location : P – 15 – 28 . Nuitée 102€ – Sem. 273 à 805€ – frais de réservation 12€
Pour s'y rendre : r. Principale

Nature :
Loisirs : hammam
Services : laverie

Longitude : 5.79146
Latitude : 46.60255

VESOUL

70000 – **314** E7 – 16 329 h. – alt. 221 – Base de loisirs
2, rue Gevrey 03 84 97 10 85
Paris 360 – Belfort 68 – Besançon 47 – Épinal 91

International du Lac Permanent
03 84 76 22 86, *camping_dulac@yahoo.fr*, *www.camping-vesoul.com*
3 ha (160 empl.) plat, herbeux
Tarif : 17,80€ (6A) – pers. suppl. 3,85€
Location : (permanent) – 6 . Nuitée 65 à 80€ – Sem. 290 à 525€
borne raclet 2,50€ – 30 17,80€
Pour s'y rendre : av. des Rives du Lac (2,5 km à l'ouest)

Nature :
Loisirs :
Services : laverie
À prox. : snack

Longitude : 6.13084
Latitude : 47.63121

VILLERSEXEL

70110 – **314** G7 – 1 423 h. – alt. 287
33, rue des Cités 03 84 20 59 59
Paris 386 – Belfort 41 – Besançon 59 – Lure 18

Le Chapeau Chinois de déb. avr. à mi-oct.
03 84 63 40 60, *contact@camping-villersexel.com*, Fax 03 84 63 40 60, *www.camping-villersexel.com*
2 ha (80 empl.) plat, herbeux
Tarif : 3,40€ 2,20€ 4,30€ – (10A) 2,90€
Location : (de déb. avr. à fin sept.) – 6 – 9 – 1 gîte. Nuitée 50 à 70€ – Sem. 300 à 600€ – frais de réservation 17€
borne artisanale 2,70€
Pour s'y rendre : 1 km au nord par D 486, rte de Lure et chemin à dr. apr. le pont
À savoir : au bord de l'Ognon

Nature :
Loisirs :
Services :
À prox. : canoë

Longitude : 6.43466
Latitude : 47.55096

Si vous recherchez :
un terrain offrant des équipements et des loisirs adaptés aux enfants,
un terrain très tranquille,
L-M *un terrain proposant la location de mobile homes, bungalows, chalets, chambres ou encore gîtes,*
P *un terrain ouvert toute l'année,*
un terrain possédant une aire de services pour camping-cars,
consultez le tableau des localités.

Y. Talensac/Photononstop

ÎLE-DE-FRANCE

S. Sauvignier/Michelin

L'Île-de-France s'identifie à Paris. Historique, culturelle, moderne, la capitale, que domine la silhouette élancée de la tour Eiffel, mêle sans vergogne palais royaux devenus musées, édifices contemporains, petites maisons bohèmes et immeubles haussmanniens. Mille ambiances s'y côtoient : calme villageois des ruelles fleuries, effervescence des Grands Boulevards, convivialité bruyante des bistrots, intimité des ateliers d'artistes, décontraction des terrasses de café où s'affiche parfois une star du show-biz, affriolants spectacles de cabaret... Hors la métropole, la région recèle d'autres richesses : nobles demeures entourées de hautes futaies, parc enchanté de Disneyland, joyeuses guinguettes des bords de Marne... Sans oublier Versailles qui abrite « le plus beau château du monde », paré de tous ses ors.

Paris, the City of Light, is the heart of the Île de France, a chic and cosmopolitan capital where former royal palaces are adorned with glass pyramids, railway stations become museums and alleyways of bohemian houses lead off from broad, plane-planted boulevards. Paris is neverending in its contrasts: from bustling department stores to elegant cafés, from the bateaux-mouches, gliding past the city by night, to the whirlwind glitz of a cabaret. But the land along the Seine is not content to stay in the shadows of France's illustrious first city; the region is home to secluded chateaux, the magic of Disneyland and the gaiety of the summer cafés on the banks of the Marne. And who could forget the sheer splendour of Versailles, the most beautiful palace in the world?

Localité citée avec camping
Localité citée avec camping et locatif
Vannes
Localité disposant d'un camping avec aire de services camping-car
Moyaux
Localité disposant d'au moins un terrain agréable
Aire de service pour camping-car sur autoroute
SOMME
Bazinval
St-Martin-en-Campagne
Blangy-s-Bresle
AMIENS
Péronne
ASSEVILLIERS
ST-QUENTIN
Seraucourt-le-Grand
la Fère
Montdidier
Laon
RESSONS
Carlepont
OISE
Beauvais
Compiègne
Berny-Rivière
Lyons-la-Forêt
Clermont
Pierrefonds
Ressons-le-Long
Soissons
les Andelys
St-Leu-d'Esserent
Senlis
VEMARS
VAL-D'OISE
Pontoise
Montjay-la-Tour
Charly-s-M.
Château-Thierry
Mantes-la-Jolie
Meaux
la Ferté-s/s-Jouarre
St-Germain-en-Laye
Nanterre
PARIS
Bobigny
Marne-la-Vallée
Jablines
Verdelot
YVELINES
Versailles
Créteil
Crèvecœur-en-Brie
Pommeuse
Touquin
Dreux
Rambouillet
Villiers-s-Orge
Évry
SEINE-ET-MARNE
Villiers-le-Morhier
GALANDE-LA MARE-LAROCHE
VILLABÉ
Melun
Provins
ESSONNE
Chartres
Étampes
Fontainebleau
Nogent-sur-Seine
LOIR
Veneux-les-Sablons
Boulancourt
Nemours
Bagneaux-s-Loing
Bonneval
Pithiviers
Sens
VILLEROY
VILLENEUVE-L'ARCHEVÊQUE
Chesne
LOIRET
Montargis
Vitry-aux-Loges
ORLÉANS
Morée
Lorris
Olivet
JARDIN DES ARBRES
Châtillon-Coligny
Auxerre
St-Père-s-Loire
Suèvres
Muides-s-L.
Isdes
Gien
Coullons
Briare
St-Sauveur-en-Puisaye
Nouan-le-Fuzelier
Beaulieu-s-Loire
Andryes
Candé-s-Beuvron
Bracieux
Neung-s-Beuvron
Cheverny
Pierrefitte-s-Sauldre
Aubigny-s-Nère
CHER
Salbris
Jars
Cosne-Cours-sur-Loire

BAGNEAUX-SUR-LOING

77167 – **312** F6 – 1 604 h. – alt. 45
Paris 84 – Fontainebleau 21 – Melun 39 – Montargis 30

Municipal de Pierre le Sault de déb. avr. à fin oct.
01 64 29 24 44, *camping.bagneaux-sur-loing@orange.fr*, Fax 01 64 29 24 44 – places limitées pour le passage
3 ha (160 empl.) plat, herbeux, bois attenant
Tarif : 12€ (10A) – pers. suppl. 2,70€
Pour s'y rendre : Chemin des Grèves (au nord-est de la ville, près du terrain de sports, entre le canal et le Loing, à 200 m d'un plan d'eau)

Nature :
Loisirs :
Services : laverie
À prox. : piste de roller-skate

Longitude : 2.70473
Latitude : 48.23912

BOULANCOURT

77760 – **312** D6 – 353 h. – alt. 79
Paris 79 – Étampes 33 – Fontainebleau 28 – Melun 44

Île de Boulancourt Permanent
01 64 24 13 38, *camping-ile-de-boulancourt@wanadoo.fr*, Fax 01 64 24 10 43, *www.camping-iledeboulancourt.com* – places limitées pour le passage
5 ha (100 empl.) plat, herbeux
Tarif : (Prix 2011) 4,20€ 5,30€ – (10A) 2,20€
Location : (permanent) – 5 – 1 – 1 gîte. Sem. 160 à 320€
borne raclet 5€ – 4 15,90€ – 11€
Pour s'y rendre : 6 allée des Marronniers (au sud par D 103a, rte d'Augerville-la-Rivière)
À savoir : cadre boisé et agréable situation dans une boucle de l'Essonne

Nature :
Loisirs :
Services :
À la base de loisirs de Buthiers : golf, pratice de golf

Longitude : 2.435
Latitude : 48.25583

The Guide changes, so renew your guide every year.

CREVECOEUR-EN-BRIE

77610 – **312** G3 – 308 h. – alt. 116
Paris 51 – Melun 36 – Boulogne-Billancourt 59 – Argenteuil 66

Caravaning des 4 Vents de mi-mars à déb. nov.
01 64 07 41 11, *f.george@free.fr*, Fax 01 64 07 45 07, *www.caravaning-4vents.fr* – places limitées pour le passage
9 ha (199 empl.) plat, herbeux
Tarif : 28€ (6A) – pers. suppl. 6€
Location : (de mi-mars à déb. nov.) – 6 . Nuitée 83€ – Sem. 560€
borne artisanale – 12 28€ – 28€
Pour s'y rendre : r. de Beauregard (1 km à l'ouest par rte de la Houssaye et rte à gauche)

Nature :
Loisirs :
Services :
À prox. : poneys

Longitude : 2.89714
Latitude : 48.7506

ÉTAMPES

91150 – **312** B5 – 22 306 h. – alt. 80 – Base de loisirs
2, place de l'Hôtel de Ville 01 69 92 69 00
Paris 51 – Chartres 59 – Évry 35 – Fontainebleau 45

Le Vauvert de déb. mai à mi-sept.
01 64 94 21 39, *caravaning.levauvert@orange.fr*, Fax 01 69 92 72 59 – places limitées pour le passage
8 ha (288 empl.) plat, herbeux
Tarif : 21€ (10A) – pers. suppl. 5,50€
10 21€
Pour s'y rendre : rte de Saclas (2,3 km au sud par D 49)
À savoir : cadre agréable, au bord de la Juine

Nature :
Loisirs :
Services :
À la base de loisirs : (centre équestre), escalade

Longitude : 2.14532
Latitude : 48.41215

LA FERTÉ-SOUS-JOUARRE

77260 – **312** H2 – 8 982 h. – alt. 58
34, rue des Pelletiers 01 60 01 87 99
Paris 67 – Melun 70 – Reims 83 – Troyes 116

Le Caravaning des Bondons Permanent
01 60 22 00 98, *castel@chateaudesbondons.com*, Fax 01 60 22 97 01, *www.caravaningdesbondons.com* – places limitées pour le passage
30 ha/10 campables (247 empl.) plat et peu incliné, herbeux, étang
Tarif : 27 € (5A) – pers. suppl. 8 €
Pour s'y rendre : 49 r. des Bondons (2 km à l'est par D 407 et D 70, rte de Montmenard puis 1,4 km)
À savoir : dans le parc du Château des Bondons

Nature :
Loisirs :
Services :
À prox. : (centre équestre)

Longitude : 3.14828
Latitude : 48.94782

JABLINES

77450 – **312** F2 – 628 h. – alt. 46 – Base de loisirs
Paris 44 – Meaux 14 – Melun 57

L' International de fin mars à fin sept.
01 60 26 09 37, *welcome@camping-jablines.com*, Fax 01 60 26 43 33, *www.camping-jablines.com*
300 ha/4 campables (150 empl.) plat, herbeux
Tarif : 28 € (10A) – pers. suppl. 7,50 € – frais de réservation 11 €
Location : (de fin mars à fin sept.) – 9 . Nuitée 68 à 97 € – Sem. 476 à 680 € – frais de réservation 11 €
borne eurorelais 2,50 € – 140 28 €
Pour s'y rendre : à la Base de Loisirs (2 km au sud-ouest par D 45, rte d'Annet-sur-Marne, à 9 km du Parc Disneyland-Paris)
À savoir : situation agréable dans une boucle de la Marne

Nature :
Loisirs :
Services : laverie
À la base de loisirs : cafétéria (plan d'eau) télé-ski nautique, poneys (centre équestre)

Longitude : 2.7323
Latitude : 48.91252

Si vous recherchez :
- ***un terrain offrant des animations sportives, culturelles ou de détente,***
- ***un terrain très tranquille,***
- L-M ***un terrain proposant la location de mobile homes, bungalows, chalets, chambres ou encore gîtes,***
- P ***un terrain ouvert toute l'année,***
- ***un terrain possédant une aire de services pour camping-cars,***

consultez le tableau des localités

LOUAN VILLEGRUIS FONTAINE

77560 – **312** J4 – 501 h. – alt. 168
Paris 101 – Melun 77 – Provins 21 – Troyes 68

Yelloh! Paris Île de France Permanent
01 64 00 80 14, *info@yellohvillage-paris-iledefrance.com*, Fax 01 64 00 81 56, *www.yellohvillage-paris-iledefrance.com*
11 ha (230 empl.) vallonné, plat herbeux, étangs
Tarif : 41 € (6A) – pers. suppl. 8 €
Location : (permanent) – 180 – 2 cabanes dans les arbres – 10 tentes. Nuitée 35 à 190 € – Sem. 245 à 1 274 €
Pour s'y rendre : à Louan, au lieu-dit : La Cerclière (D 131)

Nature :
Loisirs : salle de cinéma
Services : laverie

Longitude : 3.49077
Latitude : 48.6306

MELUN

77000 – **312** E4 – 37 835 h. – alt. 43
18, rue Paul Doumer 01 64 52 64 52
Paris 47 – Chartres 105 – Fontainebleau 18 – Meaux 55

La Belle Étoile de fin mars à mi-oct.
01 64 39 48 12, *info@campinglabelleetoile.com*,
Fax 01 64 37 25 55, *www.campinglabelleetoile.com*
3,5 ha (190 empl.) plat, herbeux
Tarif : 6,90€ 7,20€ – (6A) 4€ – frais de réservation 8€
Location : (de fin mars à mi-oct.) – 8 – 4 – 3 bungalows toilés. Nuitée 32 à 95€ – Sem. 192 à 600€ – frais de réservation 8€
borne artisanale 4€
Pour s'y rendre : quai Maréchal Joffre (au sud-est par N 6, rte de Fontainebleau, av. de la Seine et quai Joffre (rive gauche), à la Rochette près du fleuve)

Nature :
Loisirs : (bassin)
Services : laverie
À prox. : hammam (petite piscine)

Longitude : 2.66765
Latitude : 48.50929

Benutzen Sie den Hotelführer des laufenden Jahres.

MONTJAY-LA-TOUR

77410 – **312** E2
Paris 38 – Melun 50 – Boulogne-Billancourt 45 – Argenteuil 41

Le Parc de Paris Permanent
01 60 26 20 79, *info@campingleparc.fr*,
Fax 01 60 27 02 75, *www.campingleparc.fr* – places limitées pour le passage
10 ha (340 empl.) en terrasses, peu incliné, plat, gravier, herbeux
Tarif : (Prix 2011) 30€ (6A) – pers. suppl. 8€ – frais de réservation 25€
Location : (Prix 2011) (permanent) – 110 – 5 bungalows toilés. Nuitée 30 à 141€ – Sem. 36 à 846€ – frais de réservation 25€
5 30€ – 30€
Pour s'y rendre : r. Adèle Claret (sortie est par D 105 vers la D 104 dir. Annet)

Nature :
Loisirs : snack
Services : laverie
À prox. :

Longitude : 2.66724
Latitude : 48.91118

PARIS

75000 Plans de Paris : n°50 à 57 – 2 181 371 h. – alt. 30
25, rue des Pyramides (1er) 08 92 68 30 00 20, bd Diderot, Gare de Lyon 08 92 68 30 00 18, rue de Dunkerque, Gare du Nord 08 92 68 30 00 Place du 11Novembre 1918 08 92 68 30 00 Place du Tertre Montmartre 08 92 68 30 00 Anvers, face au 72 Bd de Rochecouard 08 92 68 30 00 Carroussel du Louvre 08 92 68 30 00

Au Bois de Boulogne – 75016

Indigo Paris Permanent
01 45 24 30 00, *paris@campingparis.fr*,
Fax 01 42 24 42 95, *www.campingparis.fr* – réservé aux usagers résidant hors Île de France
7 ha (510 empl.) plat, gravillons
Tarif : (Prix 2011) 37,25€ (10A) – pers. suppl. 7,10€ – frais de réservation 20€
Location : (Prix 2011) (permanent) – 75 . Nuitée 80 à 123€ – Sem. 560 à 861€ – frais de réservation 20€
borne artisanale 7€
Pour s'y rendre : 2 allée du Bord de l'Eau (entre le pont de Suresnes et le pont de Puteaux, au bord de la Seine)
À savoir : diverses excursions au départ du camping - bus pour la Porte Maillot

Nature :
Loisirs :
Services : laverie

Longitude : 2.2312
Latitude : 48.86575

POMMEUSE

77515 – **312** H3 – 2 674 h. – alt. 67
Paris 58 – Château-Thierry 49 – Créteil 54 – Meaux 23

Iris Parc Le Chêne Gris – de déb. avr. à déb. nov.
01 64 04 21 80, *arenaudet@irisparc.com*,
Fax 01 64 20 05 89, *www.lechenegris.com*
6 ha (350 empl.) en terrasses, herbeux, gravier
Tarif : 44€ (16A) – pers. suppl. 5,50€
Location : (de déb. avr. à déb. nov.) – 225 – 85 tentes. Nuitée 45 à 130€ – Sem. 315 à 910€
Pour s'y rendre : 24 pl. de la Gare (2 km au sud-ouest, derrière la gare de Faremoutiers-Pommeuse)

Nature :
Loisirs : snack jeux enfants couverts
Services : laverie

Longitude : 2.99368
Latitude : 48.80814

Gebruik de gids van het lopende jaar.

RAMBOUILLET

78120 – **311** G4 – 26 157 h. – alt. 160
place de la Libération 01 34 83 21 21
Paris 53 – Chartres 42 – Étampes 44 – Mantes-la-Jolie 50

Huttopia Rambouillet – de fin mars à déb. nov.
01 30 41 07 34, *rambouillet@huttopia.com*,
Fax 01 30 41 00 17, *www.huttopia.com*
8 ha (93 empl.) plat, gravier, herbeux
Tarif : (Prix 2011) 32,20€ (10A) – pers. suppl. 7,10€ – frais de réservation 20€
Location : (Prix 2011) (de fin mars à déb. nov.) – 10 roulottes – 10 – 14 tentes. Nuitée 60 à 148€ – Sem. 378 à 932€ – frais de réservation 20€
borne artisanale 5€
Pour s'y rendre : rte du Château d'Eau (4 km au sud par N 10, rte de Chartres)
À savoir : en bordure d'un étang, au coeur de la forêt

Nature :
Loisirs : snack
Services : laverie
À prox. : parc animalier

Longitude : 1.84374
Latitude : 48.62634

TOUQUIN

77131 – **312** H3 – 1 101 h. – alt. 112
Paris 57 – Coulommiers 12 – Melun 36 – Montereau-Fault-Yonne 48

Les Étangs Fleuris de déb. avr. à mi-sept.
01 64 04 16 36, *contact@etangs-fleuris.com*,
Fax 01 64 04 12 28, *www.etangsfleuris.com*
5,5 ha (175 empl.) plat, peu incliné, herbeux
Tarif : 21€ (10A) – pers. suppl. 10,50€
Location : (de déb. avr. à fin oct.) – 12 . Sem. 390 à 640€
Pour s'y rendre : rte de La Couture (3 km à l'est)

Nature :
Loisirs : terrain multisports
Services : laverie
À prox. : (centre équestre)

Longitude : 3.04493
Latitude : 48.73387

VENEUX-LES-SABLONS

77250 – **312** F5 – 4 743 h. – alt. 76
Paris 72 – Fontainebleau 9 – Melun 26 – Montereau-Fault-Yonne 14

Les Courtilles du Lido de déb. avr. à mi-sept.
01 60 70 46 05, *lescourtilles-dulido@wanadoo.fr*,
http://www.les-courtilles-du-lido.fr
5 ha (196 empl.) plat, herbeux
Tarif : (Prix 2011) 4€ 2,50€ 6€ – (10A) 3€
Location : (Prix 2011) (de déb. avr. à fin sept.) – 17 – 2 bungalows toilés. Sem. 243 à 680€
borne artisanale 4€
Pour s'y rendre : ch. du Passeur (1,5 km au nord-est)

Nature :
Loisirs :
Services : laverie

Longitude : 2.80194
Latitude : 48.38333

VERDELOT

77510 – **312** J2 – 742 h. – alt. 115
Paris 89 – Melun 70 – Reims 80 – Troyes 104

Caravaning de la Fée
01 64 04 80 19, *contact@prl parcdeletang.fr*, *www.prl-parcdeletang.fr* – places limitées pour le passage –
5,8 ha (100 empl.) peu incliné, herbeux
Pour s'y rendre : 6 ch. de la Gare (500 m au sud par rte de St-Barthélémy et à dr.)
À savoir : au bord du Petit Morin et d'un étang

Nature :
Loisirs :
Services :
À prox. : (centre équestre)

Longitude : 3.36319
Latitude : 48.87183

VERSAILLES

78000 – **311** I3 – 86 979 h. – alt. 130
2 bis, avenue de Paris 01 39 24 88 88
Paris 29 – Chartres 80 – Fontainebleau 73 – Rambouillet 35

Huttopia Versailles de fin mars à déb. nov.
01 39 51 23 61, *versailles@huttopia.com*, Fax 01 39 53 68 29, *www.huttopia.com*
4,6 ha (180 empl.) incliné, peu incliné, en terrasses, pierreux, herbeux
Tarif : (Prix 2011) 39,10€ (10A) – pers. suppl. 8,90€ – frais de réservation 20€
Location : (Prix 2011) (de fin mars à déb. nov.) (1 chalet) – 15 roulottes – 20 – 14 tentes. Nuitée 60 à 168€ – Sem. 378 à 1 058€ – frais de réservation 20€
borne artisanale 5€
Pour s'y rendre : 31 r. Berthelot
À savoir : cadre boisé proche de la ville

Nature :
Loisirs : snack
Services : laverie

Longitude : 2.15912
Latitude : 48.79441

VILLIERS-SUR-ORGE

91700 – **312** C4 – 3 917 h. – alt. 75
Paris 25 – Chartres 71 – Dreux 89 – Évry 15

Le Beau Village Permanent
01 60 16 17 86, *le-beau-village@wanadoo.fr*, Fax 01 60 16 31 46, *www.beau-village.com* – places limitées pour le passage
2,5 ha (100 empl.) plat, herbeux
Tarif : 20€ (10A) – pers. suppl. 5€
Location : (Prix 2011) (permanent) – 14 – 1 studio – 1 appartement. Nuitée 70€ – Sem. 440€
borne flot bleu 2€ – 20 16,50€
Pour s'y rendre : 1 voie des Prés (600 m au sud-est par le centre-ville, au bord de l'Orge, 800 m de la gare de St-Geneviève-des-Bois - par A 6 sortie 6)

Nature :
Loisirs :
Services : laverie
À prox. :

Longitude : 2.30421
Latitude : 48.65511

B. Merle/Photononstop

LANGUEDOC-ROUSSILLON

D. Pazery/Michelin

Kaléidoscope est le mot qui convient pour évoquer la diversité des paysages et des cultures du Languedoc-Roussillon. Au rythme endiablé des sardanes et des ferias, vous serez tour à tour conquis par la beauté vertigineuse des gorges du Tarn, l'altière splendeur des Pyrénées, l'envoûtante atmosphère des grottes, l'admirable solitude des « citadelles du vertige » cathares, les entêtants parfums de la garrigue, la splendeur des remparts de Carcassonne, l'exubérance des retables catalans, la quiétude du canal du Midi, la rude majesté des Cévennes… Cascade de sensations fortes qui mettent l'estomac à rude épreuve : à vous d'y remédier avec une assiette d'aligot, une bourride sétoise ou un cassoulet géant, suivi d'un roquefort affiné juste ce qu'il faut et arrosé d'un vin de pays à la belle couleur… rubis !

Languedoc-Roussillon is home to one of France's most diverse collages of landscape and culture: the feverish rhythm of its festivals, the dizzying beauty of the Tarn Gorges, the bewitching spell of its caves and stone statues, the seclusion of its clifftop citadels, the heady perfumes of its sunburnt garrigue, the nonchalant flamingos on its long salt flats, the splendour of Carcassonne's ramparts, the quiet waters of the Midi Canal and the harsh majesty of the Cévennes. Taking in so many sights and sensations is likely to exhaust most explorers, but remedies are close at hand: a plate of "aligot", mashed potato, garlic and cheese, and a simmering cassoulet, the famously rich combination of duck, sausage, beans and herbs, followed by a slice of Roquefort cheese and a glass of ruby-red wine.

Localité citée avec camping
Localité citée avec camping et locatif
Vannes
Localité disposant d'un camping avec aire de services camping-car
Moyaux
Localité disposant d'au moins un terrain agréable
Aire de service pour camping-car sur autoroute
CANTAL
LOT
AVEYRON
TARN-ET-GARONNE
TARN
HAUTE-GARONNE
ARIÈGE
AUDE
PYRÉNÉES-ORIENTALES
HÉRAULT
Principauté d'Andorre
Thenon
Montignac
Coly
St-Amand-
Brive-la-Gaillarde
Lissac-s-Couze
Beynat
Argentat
Reygades
Camps
Pleaux
St-Martin-Valmeroux
Arnac
St-Gérons
Aurillac
Arpajon-s-Cère
Vic-s-Cère
Neussargues-Moissac
St-Flour
Neuvéglise
le Malzieu-Vi
St-Just
LA LOZÈRE
Chaudes-Aigues
Lacam-d'Ourcet
Pers
St-Mamet-la-Salvetat
Lacapelle-del-Fraisse
Lacapelle-Marival
Gourdon
Maurs
Pons
Laguiole
Nasbinals
St-Amans-des-Cots
Sauveterre-la-Lémance
Cuzorn
Cassagnes
St-Germain-du-Bel-Air
JARDIN DES CAUSSES DU LOT
Bagnac-s-Célé
Figeac
Grand-Vabre
Entraygues-s-T.
St-Léger-de-Peyre
Marvejols
Chirac
Montcabrier
Fumel
Puy-l'Evêque
St-Pierre-Lafeuille
Touzac
Duravel
Belaye
Mauroux
Vers
Béduer
Capdenac-Gare
Flagnac
Boisse-Penchot
Conques
Sénergues
Espalion
St-Germain-du-Teil
la Canourgue
Ste-Enimie
Courbiac
Cahors
St-Cirq-Lapopie
Rignac
St-Geniez-d'Olt
Rodez
L'AVEYRON
Canilhac
St-Pantaléon
Castelnau-Montratier
LE BOIS DE DOURRE
Villefranche-de-Rouergue
Sévérac-l'Église
Parisot
Pont-de-Salars
Montpezat-de-Quercy
Cayriech
Caylus
St-Antonin-Noble-Val
Naucelle
Arvieu
Canet-de-Salars
Rivière-s-Tarn
les Vignes
Moissac
Lafrançaise
Caussade
Salles-Curan
Castelsarrasin
Nègrepelisse
Mirandol-Bourgnounac
Les Cabannes
Cordes-s-Ciel
Carmaux
Alrance
Villefranche-de-Panat
Millau
le Truel
Montauban
Nant
St-Rome-de-Tarn
Lavit-de-Lomagne
Monclar-de-Quercy
Castelnau-de-Montmirail
Beaumont-de-Lomagne
ALBI
Teillet
FRONTONNAIS
Brusque
Puysségur
Lodève
Thoux
Damiatte
Nages
TOULOUSE
Lamontélarié
Brassac
Castres
le Bez
la Salvetat-s-Agout
Laurens
Muret
Sorèze
Revel
Mazamet
les Cammazes
BÉZIERS-MONTBLANC
VOLVESTRE
Nailloux
PORT-LAURAGAIS
Brousses-et-Villaret
BÉZIERS
Villeneuve-lès-B.
Villegly
Sérignan
Rieux
Villemoustaussou
NARBONNE-VINASSAN
Carcassonne
Trèbes
CORBIÈRES
Narbonne
Valras-Plage
Martres-Tolosane
Portiragnes
Montclar
Pamiers
Rieux-de-Pelleport
Limoux
la Bastide-de-Sérou
Aigues-Vives
St-Girons
Rimont
Cos
l'Herm
Foix
Alet-les-Bains
Roquefort-des-Corbières
LAPALME
Rennes-les-Bains
Oust
Mercus-Garrabet
Seix
Tarascon-s-Ariège
Quillan
le Trein-d'Ustou
Albiès
Luzenac
Belcaire
Aulus-les-Bains
Aston
Sorgeat
le Barcarès
Torreilles-Plage
Ax-les-Thermes
PERPIGNAN
Ste-Marie
Mérens-les-Vals
Molitg-les-Bains
Canet-Plage
Villeneuve-de-la-Raho
Ordino
Canillo
l'Hospitalet-près-l'Andorre
Formiguères
Prades
St-Cyprien
la Massana
Matemale
LE VILLAGE CATALAN
Palau-del-Vidre
Andorra-la-Vella
Égat
Font-Romeu
Fuilla
Argelès-s-Mer
Sant Julià de Lòria
Estavar
Castell
Vernet-les-Bains
St-Genis-des-Fontaines
Laroque-des-Albères
Bourg-Madame
Err
Arles-s-Tech
Maureillas-Las-Illas

ARDÈCHE
DRÔME
GARD
VAUCLUSE
LOIRE
BOUCHES-DU-RHÔNE
St-Paulien
Lavoûte-s-Loire
Yssingeaux
le Puy-en-Velay
le Chambon-s-Lignon
St-Agrève
Lalouvesc
Vion
St-Jean-de-Muzols
Tain-l'Hermitage
Tournon-s-Rhône
St-Nazaire-en-Royans
Méaudre
Vizille
Choranche
Villard-de-Lans
Petichet
St-Martin-en-Vercors
Monistrol-d'Allier
Mars
Lamastre
VALENCE
Barbières
Gresse-en-V.
St-Théoffrey
le Cheylard
Chabeuil
Alleyras
Issarlès (lac d')
St-Sauveur-de-Montagut
St-Laurent-du-Pape
St-Martin-de-Clelles
la Salle-en-Beaumont
Grandrieu
Naussac
les Ollières-s-Eyrieux
Crest
Mirabel-et-Blacons
Die
Châtillon-en-Diois
Lalley
Lus-la-Croix-Haute
Chastanier
Rocles
Privas
Grane
SAULCE
Recoubeau-Jansac
Menglon
Laubert
Aubenas
le Poët-Célard
Bourdeaux
Largentière
Montélimar
le Pöet-Laval
Dieulefit
Mende
MONTÉLIMAR
St-Bauzile
Villefort
Grignan
St-Ferréol-Trente-Pas
Serres
Ispagnac
Nyons
Sahune
Orpierre
Bédouès
le Pont-de-Montvert
Visan
Vinsobres
Bénivay-Ollon
Florac
Tulette
Faucon
Buis-les-Baronnies
Barret-s-Méouge
Vaison-la-Romaine
Violès
Beaumes-de-Venise
Beaumont-du-Ventoux
Cendras
la Roque-s-C.
Bédoin
Les Plantiers
Alès
Allègre-les-Fumades
Bagnols-s-Cèze
Orange
Aubignan
Caromb
St-Jean-du-Gard
Anduze
St-Jean-de-Ceyrargues
Connaux
Mazan
Carpentras
Villes-s-Auzon
Malemort-du-Comtat
Boisset-et-Gaujac
Uzès
le Pontet
Pernes-les-Fontaines
Forcalquier
Massillargues-Attuech
Pont du Gard
Villeneuve-lès-A.
le Thor
Murs
Vigan
Collias
AVIGNON
L'Isle-s-la-Sorgue
St-Hippolyte-du-Fort
NÎMES-MARGUERITTES
Remoulins
Châteauneuf-de-Gadagne
Domazan
Apt
Crespian
NÎMES
Gréoux-les-Bains
Brissac
Vallabrègues
Graveson
Châteaurenard
Maubec
Bonnieux
Cucuron
LE CAYLAR
Sommières
Orgon
Lourmarin
Junas
St-Étienne-du-Grès
St-Rémy-de-P.
Cadenet
Pertuis
Mallemort
La Roque-d'Anthéron
Castries
Gallargues-le-M.
Maussane-les-Alpilles
Salon-de-Provence
Gignac
MONTPELLIER
Arles
la Grande-Motte
LANÇON-PROVENCE
Puyloubier
Canet
Lattes
Aigues-Mortes
Istres
ROUSSET
Carnon-Plage
le Grau-du-Roi
AIX-EN-PROVENCE
Palavas-les-Flots
Port-Camargue
Balaruc-les-Bains
Frontignan
L'ARC
Sète
Agde
le Cap-d'Agde
la Tamarissière
Golfe du Lion
Nans-les-Pins
St-Cyr-s-M.
Sanary-s-M.
St-Cirgues-en-Montagne
Privas
St-Julien-en-St-Alban
Meyras
Ucel
Darbres
Cruas
Jaujac
St-Privat
St-Jean-le-Centenier
St-Laurent-les-Bains
Joannas
Chassiers
Vogüé
Montélimar
Montréal
Largentière
Laurac-en-V.
St-Maurice-d'A.
Sablières
Ribes
Chauzon
St-Maurice-d'Ibie
Châteauneuf-du-Rhône
Joyeuse
Rosières
Pradons
Viviers
Malarce-s-la-Thines
Chassagnes
Auriolles
Ruoms
Larnas
St-Alban-
Gravières
les Mazes
les Vans
Sampzon
Vallon-Pont-d'Arc
St-Remèze
Casteljau
Maison-Neuve
Salavas
St-Martin-d'Ardèche
Berrias et Casteljau
Génolhac
Malbosc
Vagnas
Orgnac-l'Aven
St-Just
St-Sauveur-de-Cruzières
Barjac
le Chambon
Bessèges
Bollène
St-Victor-de-Malcap
Boisson
Goudargues
48
84
C

AGDE

34300 – **339** F9 – 21 104 h. – alt. 5
1, place Molière ✆ 0467942968
Paris 754 – Béziers 24 – Lodève 60 – Millau 118

Yelloh! Village Mer et Soleil – de fin mars à déb. oct.
✆ 0467942114, *contact@camping-mer-soleil.com*, Fax 0467948194, *www.camping-mer-soleil.com*
8 ha (477 empl.) plat, sablonneux, herbeux
Tarif : 41€ (6A) – pers. suppl. 8€ – frais de réservation 16€
Location : (de fin mars à déb. oct.) (de fin mars à déb. oct.) – 216 – 6 – 42 bungalows toilés. Nuitée 28 à 197€ – Sem. 196 à 1 379€
Pour s'y rendre : ch. de Notre Dame à Saint Martin, rte de Rochelongue (3 km au sud)
À savoir : bel espace balnéo couvert

Nature :
Loisirs : pizzeria, snack nocturne jacuzzi espace balnéo couvert
Services : laverie
À prox. :

Longitude : 3.47812
Latitude : 43.28621

Les Champs Blancs de déb. avr. à fin sept.
✆ 0467942342, *champs.blancs@wanadoo.fr*, Fax 0467948781, *www.champs-blancs.fr*
15 ha/4 campables (336 empl.) plat, gravier, herbeux
Tarif : (Prix 2011) 52€ (10A) – pers. suppl. 10€ – frais de réservation 25€
Location : (de déb. avr. à fin sept.) – 80 – 20 . Sem. 283 à 956€ – frais de réservation 25€
borne artisanale

Nature :
Loisirs : snack terrain multisports
Services : – 120 sanitaires individuels (wc) laverie
À prox. :

Longitude : 3.48065
Latitude : 43.293

Village Vacances Les Pescalunes (location exclusive de chalets) de déb. avr. à déb. nov.
✆ 0467013706, *resa@grandbleu.fr*, *www.grandbleu.fr*
3 ha fort dénivelé
Location : – 78 . Sem. 238 à 987€
Pour s'y rendre : rte de Luxembourg (rte du Cap-d'Agde)

Nature :
Loisirs :
Services : laverie

Longitude : 3.50223
Latitude : 43.30109

Neptune de mi-avr. à mi-sept.
✆ 0467942394, *info@campingleneptune.com*, Fax 0467944877, *www.campingleneptune.com*
2,1 ha (165 empl.) plat, herbeux
Tarif : 35,20€ (6A) – pers. suppl. 7,20€
Location : (de mi-avr. à mi-sept.) – 30 . Sem. 201 à 883€
Pour s'y rendre : 46 bd du Saint-Christ (2 km au sud, près de l'Hérault)
À savoir : décoration arbustive et florale

Nature :
Loisirs :
Services : (juil.-août)
À prox. :

Longitude : 3.45611
Latitude : 43.29806

Les Romarins de déb. avr. à déb. oct.
✆ 0467941859, *contact@romarins.com*, Fax 0467265880, *www.romarins.com*
2 ha (120 empl.) plat, herbeux, sablonneux, gravillons
Tarif : (Prix 2011) 18€ (6A) – pers. suppl. 4,40€ – frais de réservation 20€
Location : (Prix 2011) (de déb. avr. à déb. oct.) – 38 – 2 studios – 10 bungalows toilés. Sem. 180 à 700€ – frais de réservation 20€
borne eurorelais 2,50€ – 11€
Pour s'y rendre : rte du Grau (3 km au sud, près de l'Hérault)

Nature :
Loisirs : snack
Services :

Longitude : 3.4468
Latitude : 43.29131

Deze gids is geen overzicht van alle kampeerterreinen maar een selektie van de beste terreinen in iedere categorie.

Le Rochelongue de mi-avr. à fin oct.
04 67 21 25 51, *le.rochelongue@wanadoo.fr*, *www.camping-le-rochelongue.fr* – places limitées pour le passage
2 ha (105 empl.) plat, gravillons, herbeux
Tarif : (Prix 2011) 45 € (6A) – pers. suppl. 8 € – frais de réservation 20 €
Location : (Prix 2011) (permanent) – 25. Nuitée 30 à 156 € – Sem. 210 à 1 092 € – frais de réservation 20 €
Pour s'y rendre : rte de Rochelongue (4 km au sud, à 500 m de la plage)

Nature :
Loisirs : snack, pizzeria
Services : laverie
À prox. : base nautique, golf, parc d'attractions aquatiques

Longitude : 3.48139
Latitude : 43.27917

AIGUES-MORTES

30220 – **339** K7 – 7 613 h. – alt. 3
place Saint-Louis 04 66 53 73 00
Paris 745 – Arles 49 – Montpellier 38 – Nîmes 42

Yelloh! Village La Petite Camargue – de mi-avr. à mi-sept.
04 66 53 98 98, *info@yellohvillage-petite-camargue.com*, Fax 04 66 53 98 80, *www.yellohvillage-petite.camargue.com*
42 ha/10 campables (553 empl.) plat, herbeux, sablonneux
Tarif : 44 € (12A) – pers. suppl. 9 €
Location : (de mi-avr. à mi-sept.) – 311. Nuitée 45 à 159 € – Sem. 315 à 1 113 €
borne artisanale
Pour s'y rendre : 3,5 km à l'ouest par D 62, rte de Montpellier, accès à la plage par navettes gratuites
À savoir : animations et services adaptés aux adolescents

Nature :
Loisirs : snack, bodega discothèque, bibliothèque poneys (centre équestre) terrains multisports
Services : laverie

Longitude : 4.15963
Latitude : 43.56376

ALET-LES-BAINS

11580 – **344** E5 – 439 h. – alt. 186
avenue Nicolas Pavillon ✆ 0468699356
Paris 786 – Montpellier 187 – Carcassonne 35 – Castelnaudary 49

Val d'Aleth Permanent
✆ 0468699040, *camping@valdaleth.com*, *www.valdaleth.com*
0,5 ha (37 empl.) plat, pierreux, herbeux
Tarif : 22€ (10A) – pers. suppl. 3,95€
10 15€

Nature :
Loisirs :
Services : laverie

Longitude : 2.25564
Latitude : 42.99486

ALLÈGRE-LES-FUMADES

30500 – **339** K3 – 695 h. – alt. 135
Hameau des Fumades ✆ 0466248024
Paris 696 – Alès 16 – Barjac 102 – La Grand-Combe 28

FranceLoc Le Domaine des Fumades – de mi-avr. à mi-sept.
✆ 0466248078, *fumades@franceloc.fr*, Fax 0466248242, *www.domaine-des-fumades.com*
15 ha/6 campables (253 empl.) peu incliné, plat, herbeux, pierreux
Tarif : (Prix 2011) 30€ (10A) – pers. suppl. 7€ – frais de réservation 27€
Location : (de mi-avr. à mi-sept.) – 180 – 27 – 5 appartements – 8 tentes. Nuitée 33 à 175€ – Sem. 133 à 1 176€ – frais de réservation 27€
Pour s'y rendre : Les Fumade - Les Bains (accès par D 241, à prox. de l'Établissement thermal, au bord de l'Alauzène)

Nature :
Loisirs : snack salle d'animation, salle de cinéma terrain multisports
Services : laverie
À prox. : office de tourisme

Longitude : 4.22904
Latitude : 44.18484

ANDUZE

30140 – **339** I4 – 3 275 h. – alt. 135
plan de Brie ✆ 0466619817
Paris 718 – Alès 15 – Florac 68 – Lodève 84

L'Arche – de déb. avr. à fin sept.
✆ 0466617408, *camping.arche@wanadoo.fr*, Fax 0466618894, *www.camping-arche.fr*
5 ha (302 empl.) en terrasses, plat, peu incliné, herbeux, sablonneux
Tarif : 39,80€ (10A) – pers. suppl. 8,50€ – frais de réservation 15€
Location : (de déb. avr. à fin sept.) – 6 – 28 . Sem. 355 à 990€ – frais de réservation 15€
borne raclet 2€
Pour s'y rendre : 1105 chemin de Recoulin (2 km au nord-ouest, au bord du Gardon)
À savoir : piscine et espace bien être couvert

Nature :
Loisirs : snack, pizzeria hammam squash terrain multisports
Services : laverie
À prox. :

Longitude : 3.97284
Latitude : 44.06873

Cévennes-Provence de mi-mars à fin sept.
✆ 0466617310, *marais@camping-cevennes-provence.fr*, Fax 0466616074, *www.camping-cevennes-provence.fr*
30 ha/15 campables (230 empl.) en terrasses, plat, peu incliné, herbeux, pierreux, très fort dénivelé
Tarif : 27,90€ (10A) – pers. suppl. 5,20€ – frais de réservation 14€
Location : (de mi-mars à fin sept.) – 16 . Sem. 320 à 600€
borne autre 3,50€
Pour s'y rendre : à Corbès-Thoiras (au Mas du Pont, au bord du Gardon de Mialet et près du Gardon de St-Jean)
À savoir : emplacements près de la rivière ou panoramiques dominant la vallée

Nature :
Loisirs : snack
Services : laverie
À prox. : parcours aventure

Longitude : 3.96643
Latitude : 44.07711

Les Fauvettes – de déb. avr. à fin nov.
04 66 61 72 23, *camping-les-fauvettes@wanadoo.fr*, *www.lesfauvettes.fr*
7 ha/3 campables (133 empl.) en terrasses, plat, peu incliné, herbeux, fort dénivelé
Tarif : 16€ (10A) – pers. suppl. 4,20€ – frais de réservation 17€
Location : (permanent) – 18 – 24 . Nuitée 45 à 105€ – Sem. 285 à 730€ – frais de réservation 17€
10 16€
Pour s'y rendre : rte de St-Jean-du-Gard (1,7 km au nord-ouest)

Nature :
Loisirs : snack
Services :
À prox. :

Longitude : 3.97205
Latitude : 44.06423

Le Bel Eté de déb. avr. à fin sept.
04 66 61 76 04, *contact@camping-bel-ete.com*, *www.camping-bel-ete.com*
2,26 ha (97 empl.) plat, herbeux
Tarif : 32€ (10A) – pers. suppl. 5€ – frais de réservation 15€
Location : (de déb. avr. à fin sept.) – 22 – 3 bungalows toilés. Nuitée 45 à 99€ – Sem. 200 à 640€ – frais de réservation 15€
50 12€ – 16€
Pour s'y rendre : 1870 rte de Nîmes (2,5 km au sud-est, accès direct au Gardon)

Nature :
Loisirs : pizzeria
Services :

Longitude : 3.99468
Latitude : 44.03827

ARGELÈS-SUR-MER

66700 – **344** J7 – 9 998 h. – alt. 19
place de l'Europe 04 68 81 15 85
Paris 872 – Céret 28 – Perpignan 22 – Port-Vendres 9

Centre

Le Front de Mer – de déb. avr. à fin sept.
04 68 81 08 70, *front.de.mer@cegetel.net*, Fax 04 68 81 87 21, *www.camping-front-mer.com*
10 ha (588 empl.) plat, herbeux
Tarif : (Prix 2011) 37,60€ (6A) – pers. suppl. 6,70€ – frais de réservation 20€
Location : (Prix 2011) (de déb. avr. à fin sept.) – 130 . Nuitée 55 à 130€ – Sem. 290 à 890€ – frais de réservation 20€
Pour s'y rendre : av. du Grau (250 m de la plage)
À savoir : joli parc aquatique et espace balnéo couvert

Nature :
Loisirs : snack hammam jacuzzi terrain multisports
Services : laverie

Longitude : 3.04759
Latitude : 42.54706

Pujol de déb. juin à mi-sept.
04 68 81 00 25, *postmaster@campingdepujol.com*, Fax 04 68 81 21 21, *www.campingdepujol.com*
6,2 ha (312 empl.) plat, herbeux, sablonneux
Tarif : (Prix 2011) 29€ (6A) – pers. suppl. 6€ – frais de réservation 5,50€
Location : (Prix 2011) (de déb. juin à fin sept.) – 45 . Nuitée 34 à 92€ – Sem. 238 à 644€ – frais de réservation 5,50€
Pour s'y rendre : rte du Tamariguer

Nature :
Loisirs : snack, pizzeria nocturne
Services : laverie
À prox. :

Longitude : 3.02768
Latitude : 42.55532

FranceLoc Paris-Roussillon de déb. avr. à déb. oct.
04 68 81 19 71, *paris-roussillon@franceloc.fr*, Fax 04 68 81 68 77, *www.parisroussillon.com*
3,5 ha (200 empl.) plat, herbeux
Tarif : (Prix 2011) 35€ (10A) – pers. suppl. 7€ – frais de réservation 27€
Location : (Prix 2011) (de déb. avr. à déb. oct.) – 104 – 5 – 2 studios – 2 appartements. Nuitée 140€ – Sem. 917€ – frais de réservation 27€
Pour s'y rendre : av. de la Retirada

Nature :
Loisirs : snack, pizzeria nocturne
Services :
À prox. :

Longitude : 3.03191
Latitude : 42.56137

Le Stade de déb. avr. à fin sept.
04 68 81 04 40, *info@campingdustade.com*,
Fax 09 59 48 69 75, *www.campingdustade.com*
2,4 ha (185 empl.) plat, herbeux
Tarif : 25,50€ (10A) – pers. suppl. 5,60€ – frais de réservation 8€

Location : (de déb. avr. à fin sept.) – 10 . Sem. 310 à 610€ – frais de réservation 10€
borne artisanale
Pour s'y rendre : 87 av. du 8 Mai (rte de la Plage)

Nature :
Loisirs :
Services : laverie
À prox. : pizzeria

Longitude : 3.03544
Latitude : 42.54774

La Massane de déb. avr. à fin sept.
04 68 81 06 85, *info@camping-massane.com*,
Fax 09 81 70 25 06, *www.camping-massane.com*
2,7 ha (184 empl.) plat, herbeux
Tarif : 26€ (6A) – pers. suppl. 6€ – frais de réservation 12€

Location : (de déb. avr. à fin sept.) – 23 . Sem. 270 à 590€ – frais de réservation 12€
Pour s'y rendre : av. Molière

Nature :
Loisirs :
Services : laverie
À prox. :

Longitude : 3.03115
Latitude : 42.55137

Les Ombrages de déb. juin à fin sept.
04 68 81 29 83, *contact@les-ombrages.com*,
Fax 04 68 95 81 87, *www.les-ombrages.com*
4,1 ha (270 empl.) plat, herbeux, sablonneux
Tarif : (Prix 2011) 29€ (10A) – pers. suppl. 6€ – frais de réservation 20€

Location : (Prix 2011) (de déb. juin à fin sept.) – 13 – 2 . Sem. 240 à 640€ – frais de réservation 20€
borne artisanale 26€
Pour s'y rendre : av. du Général de Gaulle (400 m de la plage)

Nature :
Loisirs :
Services : laverie
À prox. :

Longitude : 3.04214
Latitude : 42.55074

Comangès de mi-avr. à fin sept.
04 68 81 15 62, *info@campingcomanges.com*,
Fax 04 68 95 87 74, *www.campingcomanges.com*
1,2 ha (90 empl.) plat, herbeux
Tarif : 29,89€ (10A) – pers. suppl. 6,99€ – frais de réservation 20€

Location : (de mi-avr. à fin sept.) – 19 . Sem. 239 à 799€ – frais de réservation 20€
Pour s'y rendre : av. Gal de Gaulle (300 m de la plage)

Nature :
Loisirs :
Services :
À prox. :

Longitude : 3.04422
Latitude : 42.55038

Europe Permanent
04 68 81 08 10, *camping.europe@wanadoo.fr*,
Fax 04 68 95 71 84, *www.camping-europe.net*
1,2 ha (91 empl.) plat, herbeux
Tarif : 29,10€ (10A) – pers. suppl. 7€ – frais de réservation 20€

Location : (de déb. avr. à fin sept.) – 13 . Nuitée 50 à 150€ – Sem. 220 à 700€ – frais de réservation 20€
borne artisanale 14,50€
Pour s'y rendre : av. du Gal de Gaulle (500 m de la plage)

Nature :
Loisirs :
Services :
À prox. :

Longitude : 3.04422
Latitude : 42.55038

ATTENTION...
ces prestations ne fonctionnent généralement qu'en saison,
quelles que soient les dates d'ouverture du terrain.

Nord

La Sirène et l'Hippocampe – de mi-avr. à fin sept.
04 68 81 04 61, *contact@camping-lasirene.fr*, Fax 04 68 81 69 74, *www.camping-lasirene.fr* – places limitées pour le passage
21 ha (903 empl.) plat, herbeux, pierreux
Tarif : 43€ (16A) – pers. suppl. 9€ – frais de réservation 20€
Location : (de mi-avr. à fin sept.) – 500 – 20 . Nuitée 29 à 256€ – Sem. 203 à 1 792€ – frais de réservation 20€
Pour s'y rendre : rte de Taxo
À savoir : parc aquatique paysager

Nature :
Loisirs : snack, pizzeria, crêperie discothèque, Pub poneys , école de plongée, terrain multisports
Services : laverie

Longitude : 3.0326
Latitude : 42.57058

Les Marsouins de mi-avr. à fin sept.
04 68 81 14 81, *marsouins@campmed.com*, Fax 04 68 95 93 58, *www.campmed.com*
10 ha (587 empl.) plat, herbeux
Tarif : 38€ (6A) – pers. suppl. 7,50€ – frais de réservation 20€
Location : (de mi-avr. à fin sept.) – 170 . Nuitée 30 à 132€ – Sem. 210 à 924€ – frais de réservation 20€
borne artisanale 4€ – 8 38€
Pour s'y rendre : av. de la Retirada

Nature :
Loisirs : snack, crêperie école de plongée, terrain multisports
Services : laverie bureau d'informations touristiques
À prox. : poneys

Longitude : 3.03471
Latitude : 42.56376

Club Airotel Les Galets – de déb. avr. à fin sept.
04 68 81 08 12, *lesgalets@campinglesgalets.fr*, Fax 04 68 81 68 76, *www.campmed.com* – places limitées pour le passage
5 ha (232 empl.) plat, herbeux
Tarif : 41€ (10A) – pers. suppl. 8,70€ – frais de réservation 45€
Location : (de déb. avr. à fin sept.) – 132 – 33 . Nuitée 28 à 157€ – Sem. 196 à 1 099€ – frais de réservation 45€
borne artisanale 10€ – 4 10€ – 10€
Pour s'y rendre : rte de Taxo à la mer

Nature :
Loisirs : pizzeria, snack nocturne terrain multisports
Services : laverie
À prox. : poneys

Longitude : 3.0144
Latitude : 42.57249

Le Roussillonnais Permanent
04 68 81 10 42, *leroussillonnais@orange.fr*, Fax 04 68 95 96 11, *www.leroussillonnais.com*
10 ha (719 empl.) plat, sablonneux, herbeux
Tarif : (Prix 2011) 28,40€ (6A) – pers. suppl. 6€ – frais de réservation 20€
Location : (Prix 2011) (de déb. avr. à fin sept.) – 105 . Sem. 315 à 715€ – frais de réservation 20€
borne eurorelais – 18 12€
Pour s'y rendre : bd de la mer (près de la plage (accès direct))
À savoir : navette centre ville par petit train en saison

Nature :
Loisirs : pizzeria, snack nocturne terrain multi-sports
Services : (juil.-août) laverie
À prox. : poneys

Longitude : 3.04367
Latitude : 42.56842

Le Soleil – de fin avr. à mi-sept.
04 68 81 14 48, *camping.lesoleil@wanadoo.fr*, Fax 04 68 81 44 34, *www.campmed.com*
17 ha (844 empl.) plat, herbeux, sablonneux
Tarif : 43,50€ (6A) – pers. suppl. 11€ – frais de réservation 20€
Location : (de fin avr. à mi-sept.) – 135 . Nuitée 37 à 190€ – Sem. 259 à 1 330€ – frais de réservation 20€
Pour s'y rendre : rte du Littoral (près de la plage (accès direct))
À savoir : cadre agréable au bord de la mer

Nature :
Loisirs : pizzeria, brasserie nocturne disco-thèque
Services : laverie

Longitude : 3.04618
Latitude : 42.5744

La Marende de fin avr. à fin sept.
04 68 81 12 09, *info@marende.com*, Fax 04 68 81 88 52, *www.marende.com*
3 ha (208 empl.) plat, herbeux, sablonneux
Tarif : 36,50€ (10A) – pers. suppl. 7€ – frais de réservation 15€

Location : (de fin avr. à fin sept.) – 67 . Nuitée 46 à 136€ – Sem. 322 à 952€ – frais de réservation 15€
borne eurorelais
Pour s'y rendre : av. du Littoral (400 m de la plage)

Nature :
Loisirs : snack nocturne jacuzzi terrain multisports
Services : laverie
À prox. :

Longitude : 3.0422
Latitude : 42.57395

Sud

Les Castels Les Criques de Porteils – de fin mars à fin oct.
04 68 81 12 73, *contactcdp@lescriques.com*, Fax 04 68 95 85 76, *www.lescriques.com*
4,5 ha (250 empl.) en terrasses, plat, incliné, pierreux, fort dénivelé
Tarif : 48€ (10A) – pers. suppl. 11€ – frais de réservation 26€

Location : (Prix 2011) (de fin mars à fin oct.) – 69 – 10 bungalows toilés. Sem. 189 à 1 079€ – frais de réservation 26€
borne artisanale 5€ – 5 35€
Pour s'y rendre : Corniche de Collioure, RD 114
À savoir : accès direct à la plage par escalier abrupt

Nature : baie d'Argelès-sur-Mer
Loisirs : snack practice de golf, plongée sous-marine
Services : laverie cases réfrigérées

Longitude : 3.06778
Latitude : 42.53389

La Coste Rouge de déb. avr. à fin sept.
04 68 81 08 94, *contact@lacosterouge.com*, Fax 04 68 95 94 17, *www.lacosterouge.com* – places limitées pour le passage
3,7 ha (145 empl.) terrasse, plat, peu incliné, herbeux, gravier
Tarif : (Prix 2011) 31€ (6A) – pers. suppl. 5,25€ – frais de réservation 20€

Location : (Prix 2011) (de déb. avr. à fin sept.) – 53 – 2 – 6 studios. Nuitée 43 à 110€ – Sem. 265 à 755€ – frais de réservation 20€
Pour s'y rendre : rte de Collioure (3 km au sud-est)

Nature :
Loisirs :
Services :
À prox. : ski nautique, jet ski

Longitude : 3.05285
Latitude : 42.53301

ARLES-SUR-TECH

66150 – **344** G8 – 2 719 h. – alt. 280
La Place *04 68 39 11 99*
Paris 886 – Amélie-les-Bains-Palalda 4 – Perpignan 45 – Prats-de-Mollo-la-Preste 19

Le Vallespir de fin mars à déb. nov.
04 68 39 90 00, *info@campingvallespir.com*, Fax 04 68 39 90 09, *http://www.campingvallespir.com/fr/index.html*
2,5 ha (135 empl.) peu incliné, plat, herbeux
Tarif : (Prix 2011) 23,95€ (10A) – pers. suppl. 6€ – frais de réservation 40€

Location : (Prix 2011) (de fin mars à déb. nov.) – 45 – 1 appartement. Nuitée 36 à 76€ – Sem. 216 à 522€ – frais de réservation 55€
Pour s'y rendre : 2 km au nord-est, rte d'Amélie-les-Bains-Palalda, au bord du Tech

Nature :
Loisirs : snack
Services :

Longitude : 2.65306
Latitude : 42.46671

*Avant de prendre la route, consultez **www.ViaMichelin.fr** : votre meilleur itinéraire, le choix de votre hôtel, restaurant, des propositions de visites touristiques.*

BAGNOLS-SUR-CÈZE

30200 – **339** M4 – 18 512 h. – alt. 51
Espace Saint-Gilles *0466895461*
Paris 653 – Alès 54 – Avignon 34 – Nîmes 56

Les Genêts d'Or de mi-avr. à mi-sept.
0466895867, *info@camping-genets-dor.com*,
Fax 0466895867, *www.camping-genets-dor.com*
(de déb. juil. à mi-août)
8 ha/3,5 campables (95 empl.) plat, herbeux
Tarif : (Prix 2011) 29€ – pers. suppl. 4,85€
– frais de réservation 10€
Location : (Prix 2011) (de déb. avr. à mi-sept.)
– 8 . Sem. 375 à 611€ – frais de réservation 10€
Pour s'y rendre : chemin de Carmignan (sortie nord par N 86 puis 2 km par D 360 à dr., au bord de la Cèze)

Nature :
Loisirs :
Services : laverie
réfrigérateurs
À prox. : canoë

Longitude : 4.63694
Latitude : 44.17358

Use this year's Guide.

BALARUC-LES-BAINS

34540 – **339** H8 – 6 130 h. – alt. 3
Pavillon Sévigné *0467468146*
Paris 781 – Agde 32 – Béziers 52 – Frontignan 8

Les Vignes de déb. avr. à fin oct.
0467480493, *camping.lesvignes@free.fr*,
Fax 0467187432, *www.camping-lesvignes.com* – places limitées pour le passage
2 ha (169 empl.) plat, gravier
Tarif : (Prix 2011) 23,50€ – pers. suppl. 2€
Location : (Prix 2011) (de déb. avr. à fin oct.)
(1 mobile home) – 14 – 8 . Sem. 210 à 590€
borne flot bleu – 10€
Pour s'y rendre : 1 chemin des Vignes (1,7 km au nord-est par D 129, D 2e 6, à dr., rte de Sète et chemin à gauche)

Nature :
Loisirs : snack
Services :

Longitude : 3.68882
Latitude : 43.4529

Le Mas du Padre – de fin mars à fin oct.
0467485341, *contact@mas-du-padre.com*,
Fax 0467480894, *www.mas-du-padre.com*
1,8 ha (116 empl.) plat, peu incliné, herbeux, gravillons
Tarif : 26€ (10A) – pers. suppl. 5€ – frais de réservation 10€
Location : (de fin mars à fin oct.) – 12
– 3 bungalows toilés. Sem. 196 à 735€ – frais de réservation 10€
Pour s'y rendre : 4 chemin du Mas du Padre (2 km au nord-est par D 2e et chemin à dr.)
À savoir : jolie décoration arbustive et florale

Nature :
Loisirs :
Services : réfrigérateurs

Longitude : 3.6924
Latitude : 43.4522

LE BARCARÈS

66420 – **344** J6 – 4 005 h. – alt. 3
Paris 839 – Narbonne 56 – Perpignan 23 – Quillan 84

Sunêlia Le California – de déb. avr. à mi-sept.
0468861608, *camping-california@wanadoo.fr*,
Fax 0468861820, *www.camping-california.fr*
5 ha (265 empl.) plat, herbeux, pierreux, sablonneux
Tarif : 36€ (10A) – pers. suppl. 5,50€
– frais de réservation 35€
Location : (de déb. avr. à mi-sept.) – 140 – 20
– 5 bungalows toilés. Nuitée 48 à 153€ – Sem. 336 à 1 071€ – frais de réservation 35€
Pour s'y rendre : rte de St-Laurent (1,5 km au sud-ouest par D 90)

Nature :
Loisirs : snack, pizzeria
Services : laverie
À prox. : initiation plongée

Longitude : 3.02444
Latitude : 42.77602

Yelloh! Village Le Pré Catalan – de fin avr. à mi-sept.
04 68 86 12 60, *info@precatalan.com*, Fax 04 68 86 40 17, *www.precatalan.com*
4 ha (250 empl.) plat, sablonneux, herbeux
Tarif : 40€ (10A) – pers. suppl. 8€ – frais de réservation 28€
Location : (de fin avr. à fin sept.) – 90. Nuitée 32 à 195€ – Sem. 224 à 1 365€ – frais de réservation 28€
Pour s'y rendre : rte de St-Laurent-de-la-Salanque (1,5 km au sud-ouest par D 90 puis 600 m par chemin à dr.)

Nature :
Loisirs : snack, pizzeria terrain multisports
Services : laverie
À prox. : , initiation plongée

Longitude : 3.02272
Latitude : 42.78086

L'Europe Permanent
04 68 86 15 36, *reception@europe-camping.com*, Fax 04 68 86 47 88, *www.europe-camping.com* – places limitées pour le passage
6 ha (360 empl.) plat, herbeux
Tarif : 50€ (16A) – pers. suppl. 8€ – frais de réservation 30€
Location : (permanent) – 72. Nuitée 40 à 158€ – Sem. 240 à 1 100€ – frais de réservation 30€
Pour s'y rendre : rte de St-Laurent-de-la-Salanque (2 km au sud-ouest par D 90, à 200 m de l'Agly)

Nature :
Loisirs : pizzeria
Services : – 360 sanitaires individuels (wc)

Longitude : 3.02444
Latitude : 42.77602

La Croix du Sud – de déb. avr. à fin sept.
04 68 86 16 61, *camplacroixdusud@wanadoo.fr*, Fax 04 68 86 20 03, *www.lacroixdusud.fr* – places limitées pour le passage
3,5 ha (200 empl.) plat, herbeux
Tarif : (Prix 2011) 41€ (6A) – pers. suppl. 9€ – frais de réservation 30€
Location : (Prix 2011) (de déb. avr. à fin sept.) – 89 – 22. Nuitée 32 à 180€ – Sem. 224 à 1 260€ – frais de réservation 30€
Pour s'y rendre : rte de Saint-Laurent-de-la-Salanque (1,4 km au sud-ouest par D 90, par D 83 sortie 10)

Nature :
Loisirs : snack terrain multsports
Services : laverie réfrigérateur

Longitude : 3.02444
Latitude : 42.77602

L'Oasis – de fin avr. à mi-sept.
04 68 86 12 43, *camping.loasis@wanadoo.fr*, Fax 04 68 86 46 83, *www.camping-oasis.com*
10 ha (496 empl.) plat, herbeux, sablonneux
Tarif : 37€ (10A) – pers. suppl. 7,80€ – frais de réservation 27€
Location : (de fin avr. à mi-sept.) – 191. Nuitée 34 à 141€ – Sem. 238 à 987€ – frais de réservation 27€
Pour s'y rendre : rte de St-Laurent-de-la-Salanque (1,3 km au sud-ouest par D 90)

Nature :
Loisirs : snack, pizzeria
Services : laverie

Longitude : 3.02444
Latitude : 42.77602

Le Soleil Bleu – (location exclusive de mobile homeset chalets) de déb. avr. à fin sept.
04 68 86 15 50, *infos@lesoleilbleu.com*, Fax 04 68 86 40 90, *www.lesoleilbleu.com*
3 ha plat
Location : – 144 – 24. Nuitée 33 à 166€ – Sem. 225 à 1 160€ – frais de réservation 30€
Pour s'y rendre : au lieu-dit : Mas de la Tourre (1,4 km au sud-ouest par D 90 rte de St-Laurent-de-la-Salanque, à 100 m de l'Agly)

Nature :
Loisirs : snack, pizzeria terrain multiports
Services : laverie

Longitude : 3.02842
Latitude : 42.77663

FranceLoc Las Bousigues – de déb. avr. à mi-sept.
04 68 86 16 19, *lasbousigues@franceloc.fr*,
Fax 04 68 86 28 44, *www.campings-franceloc.fr* – places limitées pour le passage
3 ha (199 empl.) plat, sablonneux, pierreux
Tarif : (Prix 2011) 34€
Location : (Prix 2011) (de déb. avr. à mi-sept.) – 143 – 101 – 4 tipis. Sem. 147 à 1 141€
borne artisanale
Pour s'y rendre : av. des Corbières (900 m à l'ouest)

Nature :
Loisirs : snack terrain multisports
Services : – 31 sanitaires individuels (wc) laverie

Longitude : 3.02865
Latitude : 42.78684

La Presqu'Île – de déb. avr. à fin sept.
04 68 86 12 80, *contact@lapresquile.com*,
Fax 04 68 86 25 09, *www.lapresquile.com* – places limitées pour le passage
3,5 ha (163 empl.) plat, sablonneux, herbeux
Tarif : (Prix 2011) 40€ (6A) – pers. suppl. 8€ – frais de réservation 30€
Location : (Prix 2011) (de déb. avr. à fin sept.) – 50 – 30 . Sem. 250 à 830€ – frais de réservation 30€
Pour s'y rendre : r. de la Presquile

Nature :
Loisirs : jacuzzi terrain multisports, ponton d'amarrage
Services : laverie

Longitude : 3.0281
Latitude : 42.8037

BARJAC

30430 – **339** L3 – 1 503 h. – alt. 171
place Charles Guynet 04 66 24 53 44
Paris 666 – Alès 34 – Aubenas 45 – Pont-St-Esprit 33

La Combe de déb. avr. à fin sept.
04 66 24 51 21, *camping.lacombe@wanadoo.fr*,
Fax 04 66 24 51 21, *www.campinglacombe.com*
2,5 ha (100 empl.) peu incliné, plat, herbeux
Tarif : 23,50€ (6A) – pers. suppl. 8,50€
Location : (de déb. avr. à fin sept.) – 10 – 4 – 4 bungalows toilés – 1 gîte. Nuitée 40 à 85€ – Sem. 270 à 640€ – frais de réservation 15€
borne eurorelais 4€ – 11€
Pour s'y rendre : au lieu-dit : Mas de Reboul (3 km à l'ouest par D 901, rte des Vans et D 384 à dr.)

Nature :
Loisirs :
Services :

Longitude : 4.34784
Latitude : 44.30917

Verwechseln Sie bitte nicht :
... bis ... : MICHELIN-Klassifizierung
und
★ ... bis ... ★★★★★ : offizielle Klassifizierung

BÉDOUÈS

48400 – **330** J8 – 306 h. – alt. 565
Paris 624 – Alès 69 – Florac 5 – Mende 39

Chon du Tarn de déb. avr. à mi-oct.
04 66 45 09 14, *info@camping-chondutarn.com*,
Fax 04 66 45 22 91, *http://www.camping-chondutarn.com*
2 ha (100 empl.) peu incliné, plat, herbeux
Tarif : 14,30€ (6A) – pers. suppl. 3,90€
Location : (de déb. avr. à mi-oct.) – 5 roulottes. Nuitée 40€ – Sem. 285€
borne artisanale
Pour s'y rendre : chemin du Chon du Tarn (sortie nord-est, rte de Cocurès)
À savoir : cadre agréable et verdoyant au bord du Tarn

Nature :
Loisirs :
Services :
À prox. : snack , escalade

Longitude : 3.60559
Latitude : 44.3441

BELCAIRE

11340 – **344** C6 – 411 h. – alt. 1 002
22, avenue d'Ax les Thermes ✆ 0468207589
Paris 810 – Ax-les-Thermes 26 – Axat 32 – Foix 54

Municipal le Lac de déb. juin à fin sept.
✆ 0468203947, *mairie.belcaire@wanadoo.fr*,
Fax 0468203648
0,6 ha (37 empl.) peu incliné, herbeux
Tarif : 3€ 5€ – (10A) 3€

Location : (de déb. juin à fin sept.) – 2 . Sem. 100€
Pour s'y rendre : 4 chemin du Lac (sortie ouest par D 613, rte d'Ax-les-Thermes, à 150 m d'un plan d'eau)

Nature :
Loisirs :
Services :
À prox. :

Longitude : 1.95022
Latitude : 42.81637

BESSÈGES

30160 – **339** J3 – 3 196 h. – alt. 170
50, rue de la République ✆ 0466250860
Paris 651 – Alès 32 – La Grand-Combe 20 – Les Vans 18

Les Drouilhèdes de déb. avr. à fin sept.
✆ 0466250480, *info@campingcevennes.com*,
Fax 0466251095, *www.campingcevennes.com*
2 ha (90 empl.) plat, herbeux, pierreux
Tarif : 30,40€ (6A) – pers. suppl. 5,30€ – frais de réservation 13,75€

Location : (permanent) – 6 . Sem. 355 à 665€ – frais de réservation 13,75€
Pour s'y rendre : 2 km à l'ouest par D 17, rte de Génolhac puis 1 km par D 386 à dr., au bord de la Cèze

Nature :
Loisirs :
Services :

Longitude : 4.06978
Latitude : 44.2921

This Guide is not intended as a list of all the camping sites in France ; its aim is to provide a selection of the best sites in each category.

BLAJOUX

48320 – **330** I8
Paris 638 – Montpellier 180 – Mende 34 – Millau 87

Village Vacances de Blajoux (location exclusive de maisonnettes) Permanent
✆ 0466494600, *villagegitesblajoux@yahoo.fr*,
Fax 0466494600, *village-gite-blajoux.com*
0,8 ha plat, terrasse

Location : – 28 . Nuitée 72 à 199€ – Sem. 72 à 714€ – frais de réservation 20€
Pour s'y rendre : rte des Gorges du Tarn

Nature :
Loisirs :
Services :

Longitude : 3.48267
Latitude : 44.33752

BOISSET-ET-GAUJAC

30140 – **339** J4 – 2 238 h. – alt. 140
Paris 722 – Montpellier 103 – Nîmes 53 – Alès 14

Domaine de Gaujac – de déb. avr. à mi-sept.
✆ 0466616757, *contact@domaine-de-gaujac.com*,
Fax 0466605390, *www.domaine-de-gaujac.com*
10 ha/6,5 campables (275 empl.) plat, herbeux, terrasse, peu incliné
Tarif : 34,50€ (10A) – pers. suppl. 6,50€ – frais de réservation 20€

Location : (de déb. avr. à mi-sept.) – 39 – 22 . Nuitée 55 à 90€ – Sem. 275 à 635€ – frais de réservation 20€
borne artisanale 10€ – 8 10€
Pour s'y rendre : 2406 chemin de la Madelaine

Nature :
Loisirs : pizzeria
jacuzzi
Services :
laverie
À prox. :

Longitude : 4.02771
Latitude : 44.03471

BOISSON

30500 – **339** K3
Paris 682 – Alès 19 – Barjac 17 – La Grand-Combe 28

Les Castels Le Château de Boisson – de déb. avr. à fin sept.
04 66 24 85 61, *reception@chateaudeboisson.com*, Fax 04 66 24 80 14, *www.chateaudeboisson.com*
7,5 ha (165 empl.) plat, herbeux, fort dénivelé
Tarif : 39€ (6A) – pers. suppl. 9€ – frais de réservation 26€

Location : (de déb. avr. à fin sept.) – 57 – 11 – 13 gîtes. Sem. 182 à 1 470€ – frais de réservation 26€
borne artisanale 6€ – 16€
Pour s'y rendre : hameau de Boisson

À savoir : beaux emplacements au pied d'un château cévenol restauré et vue sur les Cévennes pour certains chalets

Nature :
Loisirs : snack, pizzeria
Services : – 7 sanitaires individuels (wc) laverie réfrigérateurs

Longitude : 4.25673
Latitude : 44.20966

LE BOSC

34700 – **339** F6 – 1 046 h. – alt. 90
Paris 706 – Montpellier 51 – Béziers 58 – Sète 68

Relais du Salagou (location exclusive de chalets) de mi-mars à mi-nov.
04 67 44 76 44, *relaisdusalagou@wanadoo.fr*, Fax 04 67 44 70 29, *www.relais-du-salagou.com*
12 ha/3 campables

Location : – 27 . Nuitée 79 à 111€ – Sem. 361 à 639€ – frais de réservation 9€
Pour s'y rendre : 8 r. des Terrasses

Nature :
Loisirs : hammam jacuzzi parcours de santé
Services : laverie

Longitude : 3.41539
Latitude : 43.68268

BOURG-MADAME

66760 – **344** C8 – 1 255 h. – alt. 1 140
1, place Catalogne 04 68 04 55 35
Paris 847 – Andorra-la-Vella 68 – Ax-les-Thermes 45 – Carcassonne 143

Mas Piques Permanent
04 68 04 62 11, *campiques@wanadoo.fr*, Fax 04 68 04 68 32, *wwwcampingmaspiques.fr* – places limitées pour le passage
1,5 ha (103 empl.) plat, herbeux
Tarif : 19,30€ (6A) – pers. suppl. 4,40€

Location : (permanent) – 8 – 3 . Nuitée 65 à 75€ – Sem. 460 à 490€
Pour s'y rendre : r. du Train Jaune (au nord de la ville, près du Rahur (frontière))

Nature :
Loisirs :
Services : laverie
À prox. : terrain multisports

Longitude : 1.94394
Latitude : 42.43681

BRISSAC

34190 – **339** H5 – 603 h. – alt. 145
Paris 732 – Ganges 7 – Montpellier 41 – St-Hippolyte-du-Fort 19

Le Val d'Hérault de mi-mars à fin oct.
04 67 73 72 29, *levaldherault@orange.fr*, Fax 04 67 73 30 81, *www.camping-levaldherault.com*
4 ha (135 empl.) en terrasses, peu incliné, pierreux
Tarif : (Prix 2011) 5,45€ 10,65€ – (6A) 4,10€ – frais de réservation 10€

Location : (Prix 2011) (de mi-mars à fin oct.) – 20 – 4 – 10 bungalows toilés. Sem. 247 à 660€ – frais de réservation 10€
borne artisanale
Pour s'y rendre : av. d'Issensac (4 km au sud par D 4, rte de Causse-de-la-Selle, à 250 m de l'Hérault (accès direct))

Nature :
Loisirs : snack nocturne
Services :
À prox. : (plage) escalade

Longitude : 3.70433
Latitude : 43.84677

BROUSSES-ET-VILLARET

11390 – **344** E2 – 314 h. – alt. 412
Paris 768 – Carcassonne 21 – Castelnaudary 36 – Foix 88

Le Martinet-Rouge Birdie de mi-avr. à fin août
04 68 26 51 98, *camping.lemartinetrouge@orange.fr*, *www.camping-lemartinetrouge.com*
2,5 ha (63 empl.) plat, vallonné, herbeux, pierreux, rochers
Tarif : 18€ (10A) – pers. suppl. 7,50€ – frais de réservation 6€

Location : (de mi-avr. à fin août) – 7 – 3 . Nuitée 36 à 95€ – Sem. 280 à 680€
10 18€
Pour s'y rendre : 500 m au sud par D 203 et chemin à dr., à 200 m de la Dure

Nature :
Loisirs : snack terrain multisports
Services :
À prox. :

Longitude : 2.26
Latitude : 43.35

CANET

34800 – **339** F7 – 3 039 h. – alt. 42
Paris 717 – Béziers 47 – Clermont-l'Hérault 6 – Gignac 10

Les Rivières de déb. mars à fin oct.
04 67 96 75 53, *camping-les-rivieres@wanadoo.fr*, Fax 04 67 96 58 35, *www.camping-lesrivieres.com*
3 ha (90 empl.) plat, herbeux, pierreux
Tarif : 29€ (6A) – pers. suppl. 5€ – frais de réservation 8€

Location : (de déb. mars à fin oct.) (de déb. mars à fin oct.) – 42 – 10 – 2 gîtes. Nuitée 50 à 100€ – Sem. 300 à 600€ – frais de réservation 8€
borne flot bleu 10€ – 10 10€
Pour s'y rendre : au lieu-dit : la Sablière (1,8 km au nord par D 131e)

À savoir : belle situation au bord de l'Hérault

Nature :
Loisirs : snack, pizzeria jacuzzi
Services :
À prox. :

Longitude : 3.49229
Latitude : 43.61792

320

Benutzen Sie
– zur Wahl der Fahrtroute
– zur Berechnung der Entfernungen
– zur exakten Lokalisierung eines Campingplatzes (mit Hilfe der Angaben im Ortstext)
die für diesen Führer unentbehrlichen ***MICHELIN-Karten.***

CANET-PLAGE

66140 – **344** J6
Paris 849 – Argelès-sur-Mer 20 – Le Boulou 35 – Canet-en-Roussillon 3

Yelloh! Village Le Brasilia – de mi-avr. à fin sept.
04 68 80 23 82, *info@lebrasilia.fr*, Fax 04 68 73 32 97, *www.brasilia.fr*
15 ha (826 empl.) plat, sablonneux, herbeux
Tarif : 53€ (10A) – pers. suppl. 9€ – frais de réservation 30€

Location : (de mi-avr. à fin sept.) – 132 – 47 . Nuitée 43 à 165€ – Sem. 301 à 1 155€
borne artisanale
Pour s'y rendre : av. des Anneaux du Roussillon (au bord de la Têt et accès direct à la plage)

À savoir : emplacements verdoyants et ombragés dans un cadre agréable

Nature :
Loisirs : snack, pizzeria discothèque terrain multisports
Services : laverie
À prox. : golf

Longitude : 3.03392
Latitude : 42.69429

Mar Estang – de fin avr. à mi-sept.
04 68 80 35 53, *contactme@marestang.com*,
Fax 04 68 73 32 94, *www.marestang.com*
11 ha (600 empl.) plat, herbeux
Tarif : 46 € (6A) – pers. suppl. 13 € – frais de réservation 26 €

Location : (de fin avr. à mi-sept.) (bungalows toilés) – 225 – 32 bungalows toilés. Sem. 169 à 1 069 € – frais de réservation 26 €
borne eurorelais 4 € – 7 14 €
Pour s'y rendre : rte de Saint-Cyprien (1,5 km au sud par D 18a, près de l'étang et de la plage - accès direct par souterrain)

Nature :
Loisirs : snack, pizzeria discothèque terrain multisports, amphithéâtre
Services : laverie

Longitude : 3.03256
Latitude : 42.67262

Les Peupliers de fin avr. à mi-sept.
04 68 80 35 87, *contact@camping-les-peupliers.fr*,
Fax 04 68 73 38 75, *www.camping-les-peupliers.fr*
4 ha (245 empl.) plat, herbeux, pierreux
Tarif : 47,50 € (8A) – pers. suppl. 6,50 € – frais de réservation 23 €

Location : (de fin avr. à mi-sept.) – 91 – 9 . Nuitée 27 à 114 € – Sem. 189 à 798 € – frais de réservation 23 €
Pour s'y rendre : av. des Anneaux-du-Rousssillon (500 m de la mer)

Nature :
Loisirs : snack, pizzeria
Services : laverie
À prox. :

Longitude : 3.03111
Latitude : 42.70741

Ma Prairie – de déb. mai à fin sept.
04 68 73 26 17, *ma.prairie@wanadoo.fr*,
Fax 04 68 73 28 82, *www.maprairie.com*
4 ha (260 empl.) plat, herbeux
Tarif : 43 € (10A) – pers. suppl. 8,50 € – frais de réservation 20 €

Location : (de déb. mai à fin sept.) – 50 . Sem. 245 à 980 € – frais de réservation 20 €
borne artisanale
Pour s'y rendre : 1 av. des Côteaux (2,5 km à l'ouest, sortir par D 11, rte d'Elne et chemin à dr.)

À savoir : joli cadre bien arboré et fleuri

Nature :
Loisirs : snack nocturne terrain multisports
Services : laverie
À prox. :

Longitude : 2.99777
Latitude : 42.70103

Les Fontaines de déb. mai à mi-sept.
04 68 80 22 57, *campinglesfontaines@wanadoo.fr*,
www.camping-les-fontaines.com
5,3 ha (160 empl.) plat, pierreux, herbeux
Tarif : (Prix 2011) 32,50 € (10A) – pers. suppl. 6,50 € – frais de réservation 15 €

Location : (Prix 2011) (de déb. mai à mi-sept.) – 104 . Nuitée 33 à 97 € – Sem. 231 à 679 € – frais de réservation 15 €
borne artisanale 5 €
Pour s'y rendre : rte de St-Nazaire

Nature :
Loisirs :
Services : (juil.-août)

Longitude : 2.99965
Latitude : 42.69108

CANILHAC

48500 – **330** G8 – 136 h. – alt. 700
Paris 593 – La Canourgue 8 – Marvejols 26 – Mende 52

Municipal la Vallée de mi-juin à mi-sept.
04 66 32 91 14, *commune.canilhac@wanadoo.fr*,
Fax 04.66.32.80.05, *http://www.la-canourgue.com/tourisme/fetes.htm ou canilhac48.fr*
1 ha (50 empl.) plat, herbeux
Tarif : 15 € (6A) – pers. suppl. 3 €

Location : (de mi-juin à mi-sept.) – 3 . Sem. 250 à 350 €
borne artisanale
Pour s'y rendre : au lieu-dit : Miège Rivière (12 km au nord par N 9, rte de Marvejols, D 988 à gauche, rte de St-Geniez-d'Olt et chemin à gauche, au bord du Lot - par A 75, sortie 40 dir. St-Laurent-d'Olt puis 5 km par D 988)

À savoir : dans une petite vallée verdoyante

Nature :
Loisirs :
Services :
À prox. :

Longitude : 3.13992
Latitude : 44.44047

LA CANOURGUE

48500 – **330** H8 – 2 116 h. – alt. 563
rue de la Ville ☎ 04 66 32 83 67
Paris 588 – Marvejols 21 – Mende 40 – Millau 53

Chalets du Golf - Le Val d'Urugne (location exclusive de chalets)
☎ 04 66 32 84 00, *info@lozereleisure.com*, *www.lozereleisure.com* – empl. traditionnels également disponibles
8 ha plat, terrasse
Location : – 22 .
borne raclet
Pour s'y rendre : rte des Gorges du Tarn (3,6 km au sud-est par D 988, rte de Chanac, après le golf, au bord de l'Urugne)

Nature :
Loisirs :
Services : laverie
À prox. : snack , golf (18 trous)

Longitude : 3.21655
Latitude : 44.43036

Village Vacances de la Canourgue (location exclusive de gîtes) Permanent
☎ 04 66 48 48 48, *sla@lozere-resa.com*, Fax 04 66 65 03 55, *www.lozere-resa.com*
3 ha en terrasses, non clos
Location : (Prix 2011) – 48 – 48 gîtes. Sem. 155 à 484 € – frais de réservation 20 €
Pour s'y rendre : au lieu-dit : Les Bruguières (1,5 km à l'ouest, rte de Banassac, à dr. juste av. Intermarché)

Nature :
Loisirs :
Services : laverie
À prox. :

Longitude : 3.2058
Latitude : 44.43642

LE CAP-D'AGDE

34300 – **339** G9
rond-point du Bon Accueil ☎ 04 67 01 04 04
Paris 767 – Montpellier 57 – Béziers 29 – Narbonne 59

La Clape de déb. avr. à fin sept.
☎ 04 67 26 41 32, *contact@camping-laclape.com*, Fax 04 67 26 45 25, *www.camping-laclape.com*
7 ha (450 empl.) plat, herbeux, pierreux
Tarif : (Prix 2011) 30,30 € (10A) – pers. suppl. 6,20 € – frais de réservation 26 €
Location : (Prix 2011) (de déb. avr. à fin sept.) – 89 – 31 – 9 bungalows toilés. Nuitée 33 à 100 € – Sem. 231 à 700 € – frais de réservation 26 €
borne flot bleu 2 € – 22 10 €
Pour s'y rendre : 2 r. du Gouverneur (près de la plage - accès direct)
À savoir : services et stationnements pour camping-cars extérieur au terrain

Nature :
Loisirs : snack terrain multisports
Services : laverie réfrigérateurs
À prox. :

Longitude : 3.5193
Latitude : 43.28521

CARCASSONNE

11000 – **344** F3 – 47 620 h. – alt. 110
28, rue de Verdun ☎ 04 68 10 24 30
Paris 768 – Albi 110 – Béziers 90 – Narbonne 61

La Cité de déb. avr. à mi-oct.
☎ 04 68 10 01 00, *campingdelacite@carcassonne.fr*, Fax 04 68 47 33 13, *www.campingcitecarcassonne.com*
7 ha (200 empl.) plat, herbeux
Tarif : (Prix 2011) 45,10 € (6A) – pers. suppl. 7,40 €
Location : (Prix 2011) (de déb. avr. à mi-oct.) – 22 – 10 bungalows toilés – 12 bungalows toilés (avec sanitaire). Sem. 280 à 777 €
borne artisanale
Pour s'y rendre : rte de Saint-Hilaire (sortie est par N 113, rte de Narbonne puis 1,8 km par D 104, près d'un bras de l'Aude)

Nature :
Loisirs : snack, pizzeria terrain multisports
Services : laverie

Longitude : 2.33716
Latitude : 43.19874

CARNON-PLAGE

34280 – **339** I7
rue du Levant ✆ 04 67 50 51 15
Paris 758 – Aigues-Mortes 20 – Montpellier 20 – Nîmes 56

Les Saladelles

✆ 04 67 68 23 71, *camping.saladelles@wanadoo.fr*, Fax 04 67 68 23 71, *www.sivom-etang-or.fr*
7,6 ha (384 empl.) plat, sablonneux

Location : – 40 .
borne artisanale – 18
Pour s'y rendre : par D 59, Carnon-est, à 100 m de la plage

À savoir : stationnement pour camping-cars extérieur au terrain

Nature :
Loisirs :
Services :

Longitude : 3.97886
Latitude : 43.54677

We recommend that you consult the up to date price list posted at the entrance of the site.
Inquire about possible restrictions.
The information in this Guide may have been modified since going to press.

CASTEIL

66820 – **344** F7 – 125 h. – alt. 780
1, rue du Canigou ✆ 04 68 05 67 63
Paris 878 – Montpellier 215 – Perpignan 59 – Carcassonne 126

Domaine St-Martin de déb. avr. à mi-oct.

✆ 04 68 05 52 09, *info@domainesaintmartin.com*, *www.domainesaintmartin.com* – accès aux emplacements par forte pente, mise en place et sortie des caravanes à la demande
4,5 ha (50 empl.) en terrasses, pierreux, rochers, fort dénivelé
Tarif : 25,40€ (10A) – pers. suppl. 3,85€ – frais de réservation 16,50€

Location : (de déb. avr. à mi-oct.) – 7 – 5 tentes. Nuitée 35 à 90€ – Sem. 245 à 630€ – frais de réservation 16,50€
2 14€
Pour s'y rendre : 6 bd de la Cascade (sortie nord par D 116 et chemin à dr.)

À savoir : cadre pittoresque au pied du Massif du Canigou, près d'une cascade

Nature :
Loisirs :
Services : laverie
À prox. :

Longitude : 2.39464
Latitude : 42.53296

CASTRIES

34160 – **339** I6 – 5 471 h. – alt. 70
19, rue Sainte Catherine ✆ 04 99 74 01 77
Paris 746 – Lunel 15 – Montpellier 19 – Nîmes 44

Flower Le Fondespierre Permanent

✆ 04 67 91 20 03, *accueil@campingfondespierre.com*, *www.campingfondespierre.com*
3 ha (103 empl.) en terrasses, peu incliné, pierreux
Tarif : (Prix 2011) 29,40€ (10A) – pers. suppl. 5,70€ – frais de réservation 15€

Location : (Prix 2011) (permanent) (de mi-juin à mi-sept.) – 19 – 2 – 7 bungalows toilés. Nuitée 55 à 108€ – Sem. 385 à 756€ – frais de réservation 15€
borne artisanale 4,50€ – 21.10€
Pour s'y rendre : 277 rte de Fontmarie (2,5 km au nord-est par N 110, rte de Sommières et rte à gauche)

Nature :
Loisirs :
Services : laverie
À prox. :

Longitude : 3.99864
Latitude : 43.69463

CENDRAS

30480 – **339** J4 – 1 962 h. – alt. 155
Paris 694 – Montpellier 76 – Nîmes 50 – Avignon 76

La Croix Clémentine de déb. avr. à mi-sept.
04 66 86 52 69, *clementine@clementine.fr*,
Fax 04 66 86 54 84, *www.clementine.fr*
10 ha (250 empl.) en terrasses, plat, herbeux, pierreux, rochers, fort dénivelé
Tarif : 27,40€ (6A) – pers. suppl. 8,40€ – frais de réservation 10€

Location : (de déb. avr. à mi-sept.) – 10 – 40 . Nuitée 54 à 115€ – Sem. 300 à 750€ – frais de réservation 10€
borne eurorelais 15€ – 4 15€
Pour s'y rendre : rte de Mende (2 km au nord-ouest par D 916 et D 32 à gauche)

À savoir : cadre agréable et boisé

Nature :
Loisirs : snack, pizzeria
nocturne
Services :
laverie réfrigérateur
À prox. :

Longitude : 4.04333
Latitude : 44.15167

Pour visiter une ville ou une région : utilisez les Guides Verts MICHELIN.

LE CHAMBON

30450 – **339** J3 – 273 h. – alt. 260
Paris 640 – Alès 31 – Florac 59 – Génolhac 10

Municipal le Luech de fin juin à fin août
04 66 61 51 32, *mairie-du-chambon@wanadoo.fr*,
Fax 04 66 61 47 92
0,5 ha (43 empl.) non clos, en terrasses, peu incliné, pierreux, herbeux
Tarif : 2,31€ 1,62€ 2,94€ – (4A) 3,40€
Pour s'y rendre : au lieu-dit : Palanquis (600 m au nord-ouest par D 29, rte de Chamborigaud, au bord du Luech)

Nature :
Services :
À prox. :

Longitude : 4.00317
Latitude : 44.30494

324

CHASTANIER

48300 – **330** K6 – 92 h. – alt. 1 090
Paris 570 – Châteauneuf-de-Randon 17 – Langogne 10 – Marvejols 71

Pont de Braye de déb. mai à mi-sept.
04 66 69 53 04, *accueil@camping-lozere-naussac.fr*,
Fax 05 31 60 05 23, *www.camping-lozere-naussac.fr*
1,5 ha (35 empl.) en terrasses, plat, herbeux
Tarif : (Prix 2011) 12,70€ (6A) – pers. suppl. 3,60€ – frais de réservation 7€

Location : (Prix 2011) (de déb. mai à mi-sept.) – 2 bungalows toilés – 1 gîte. Nuitée 40€ – Sem. 185 à 339€ – frais de réservation 7€
borne artisanale 2,50€ – 9€
Pour s'y rendre : 1 km à l'ouest, carr. D 988 et D 34, au bord du Chapeauroux

Loisirs :
Services :
À prox. : (centre équestre)

Longitude : 3.74755
Latitude : 44.72656

CHIRAC

48100 – **330** H7 – 1 106 h. – alt. 625
Paris 587 – Montpellier 173 – Mende 37 – Marvejols 6

Village Vacances (location exclusive de chalets) de mi-juin à mi-sept.
04 66 48 48 48, *sla@lozere-resa.com*, Fax 04 66 65 03 55, *www.lozere-resa.com*
1,5 ha plat

Location : (Prix 2011) – 15 . Sem. 195 à 614€ – frais de réservation 20€
Pour s'y rendre : sortie nord du bourg - A 75 sortie 39 puis D 809 rte de Marvejols

Nature :
Loisirs : terrain multi-sports
Services :
À prox. :

Longitude : 3.26611
Latitude : 44.52315

CLERMONT-L'HÉRAULT

34800 – **339** F7 – 7 305 h. – alt. 92
9, rue Doyen René Gosse 04 67 96 23 86
Paris 718 – Béziers 46 – Lodève 24 – Montpellier 42

Municipal Campotel Lac du Salagou Permanent
04 67 96 13 13, *centretouristique@wanadoo.fr*,
Fax 04 67 96 32 12, *www.le-salagou.fr*
7,5 ha (388 empl.) en terrasses, peu incliné, plat, herbeux, gravier
Tarif : (Prix 2011) 2,50€ 7,50€ – (10A) 3,50€ – frais de réservation 15€
Location : (Prix 2011) (de mi-mars à mi-nov.) – 8 – 13 . Sem. 315 à 490€ – frais de réservation 15€
borne artisanale 5€
Pour s'y rendre : au Lac du Salagou (5 km au nord-ouest par D 156e 4, à 300 m du lac)
À savoir : situation agréable à proximité du lac et de la base nautique

Nature :
Loisirs :
Services : cases réfrigérées
À prox. : pizzeria

Longitude : 3.38957
Latitude : 43.6455

COLLIAS

30210 – **339** L5 – 973 h. – alt. 45
Paris 694 – Alès 45 – Avignon 32 – Bagnols-sur-Cèze 35

Le Barralet de déb. avr. à fin sept.
04 66 22 84 52, *camping@barralet.fr*, Fax 04 86 55 60 57, *www.camping-barralet.com*
2 ha (120 empl.) plat, peu incliné, herbeux
Tarif : 24,50€ (6A) – pers. suppl. 7€ – frais de réservation 10€
Location : (de déb. avr. à fin sept.) – 23 . Nuitée 42 à 70€ – Sem. 294 à 450€
borne eurorelais 3€
Pour s'y rendre : 6 chemin du Grès (1 km au nord-est par D 3, rte d'Uzès et chemin à dr.)

Nature :
Loisirs : pizzeria terrain multisports, canoë
Services :

Longitude : 4.48718
Latitude : 43.95769

CONNAUX

30330 – **339** M4 – 1 624 h. – alt. 86
Paris 661 – Avignon 32 – Alès 52 – Nîmes 48

Le Vieux Verger Permanent
04 66 82 91 62, *campinglevieuxverger@wanadoo.fr*, *www.campinglevieuxverger.com*
3 ha (60 empl.) en terrasses, pierreux, herbeux
Tarif : (Prix 2011) 17,90€ (10A) – pers. suppl. 4,90€ – frais de réservation 10€
Location : (Prix 2011) (permanent) – 10 – 4 . Sem. 409 à 549€ – frais de réservation 25€
Pour s'y rendre : av. des Platanes (au sud du bourg, à 200 m de la N 86)

Nature :
Loisirs : snack
Services :
À prox. :

Longitude : 4.59224
Latitude : 44.08562

CRESPIAN

30260 – **339** J5 – 289 h. – alt. 80
Paris 731 – Alès 32 – Anduze 27 – Nîmes 24

Mas de Reilhe – de mi-avr. à mi-sept.
04 66 77 82 12, *info@camping-mas-de-reilhe.fr*,
Fax 04 66 80 26 50, *www.camping-mas-de-reilhe.fr*
2 ha (95 empl.) plat, pierreux, herbeux, terrasse, fort dénivelé
Tarif : 28€ (6A) – pers. suppl. 6,50€ – frais de réservation 20€
Location : (de mi-avr. à mi-sept.) – 14 – 7 – 5 bungalows toilés. Nuitée 30 à 110€ – Sem. 210 à 770€ – frais de réservation 20€
borne artisanale 28€
Pour s'y rendre : chemin du Mas de Reilhe (sortie sud par N 110)

Nature :
Loisirs : snack, pizzeria
Services :
À prox. :

Longitude : 4.09676
Latitude : 43.88015

DOMAZAN

30390 – **339** M5 – 844 h. – alt. 52
Paris 683 – Alès 60 – Avignon 17 – Nîmes 33

Le Bois des Écureuils fermé fin déc.
04 66 57 10 03, *infos@boisdesecureuils.com*,
Fax 04 66 57 10 03, *www.boisdesecureuils.com*
1,5 ha (46 empl.) plat, gravillons, gravier
Tarif : 19,50€ (10A) – pers. suppl. 4€
– frais de réservation 5€
Location : (fermé fin déc.) – 8 . Sem. 230 à 510€
– frais de réservation 5€
Pour s'y rendre : 4 km au nord-est par N 100

Nature :
Loisirs :
Services :

Longitude : 4.66608
Latitude : 43.95205

EGAT

66120 – **344** D7 – 459 h. – alt. 1 650
Paris 856 – Andorra-la-Vella 70 – Ax-les-Thermes 53 – Bourg-Madame 15

Las Clotes fermé vac. de Toussaint
04 68 30 26 90, Fax 04 68 30 26 90
2 ha (80 empl.) en terrasses, herbeux, rochers
Tarif : 17€ (6A) – pers. suppl. 4€
borne artisanale
Pour s'y rendre : 400 m au nord du bourg, au bord d'un petit ruisseau
À savoir : agréable situation dominante à flanc de colline rocheuse

Nature : < Sierra del Cadi et Puigmal
Loisirs :
Services :

Longitude : 2.01711
Latitude : 42.50019

ERR

66800 – **344** D8 – 621 h. – alt. 1 350 – Sports d'hiver : 1 850/2 520 m 8
Paris 854 – Andorra-la-Vella 77 – Ax-les-Thermes 52 – Bourg-Madame 10

Le Puigmal fermé fin déc.
04 68 04 71 83, *contact@camping-le-puigmal.fr*,
Fax 04 68 04 04 88, *www.camping-le-puigmal.com*
3,2 ha (125 empl.) plat, peu incliné, herbeux
Tarif : 19€ (10A) – pers. suppl. 4,30€
Location : (fermé fin déc.) – 10 . Nuitée 58 à 75€ – Sem. 320 à 450€
Pour s'y rendre : 30 rte du Puigmal (par D 33b, au bord d'un ruisseau)

Nature : <
Loisirs :
Services : laverie
À prox. : parc aqua-ludique

Longitude : 2.03539
Latitude : 42.43751

Las Closas de déb. nov. à fin sept.
04 68 04 71 42, *camping.las.closas@wanadoo.fr*,
www.camping-las-closas.com
2 ha (118 empl.) plat, peu incliné, herbeux
Tarif : 20€ (6A) – pers. suppl. 4,20€
Location : (de déb. nov. à fin sept.) – 12 . Nuitée 85€ – Sem. 430€
Pour s'y rendre : 1 pl. Saint-Génis (par D 33b)

Nature :
Loisirs :
Services : laverie
À prox. : parc aqua-ludique

Longitude : 2.03138
Latitude : 42.44014

ESTAVAR

66800 – **344** D8 – 470 h. – alt. 1 200
Paris 861 – Montpellier 254 – Perpignan 98 – Canillo 54

L'Enclave – de déb. janv. à fin sept.
04 68 04 72 27, *contact@camping-lenclave.com*,
Fax 04 68 04 07 15, *www.camping.lenclave.com*
3,5 ha (175 empl.) terrasse, plat, peu incliné, herbeux, pierreux
Tarif : 29,50€ (10A) – pers. suppl. 5,50€
– frais de réservation 10€
Location : (de déb. déc. à fin sept.) – 25 . Nuitée 50 à 100€ – Sem. 190 à 780€ – frais de réservation 10€
borne eurorelais 6€ – 26.60€
Pour s'y rendre : 2 r. Vinyals (sortie est par D 33, au bord de l'Angoust)

Nature :
Loisirs : jacuzzi - salle d'animations randonnées accompagnées
Services : laverie
À prox. :

Longitude : 2.00118
Latitude : 42.47082

FLORAC

48400 – **330** J9 – 1 909 h. – alt. 542
33, avenue J. Monestier ℘ 04 66 45 01 14
Paris 622 – Alès 65 – Mende 38 – Millau 84

Municipal le Pont du Tarn de déb. avr. à fin oct.
℘ 04 66 45 18 26, *contact@camping-florac.com*, *www.camping-florac.com*
3 ha (181 empl.) plat, terrasse, herbeux, pierreux
Tarif : (Prix 2011) 15,70€ (10A) – pers. suppl. 3,20€ – frais de réservation 12€
Location : (Prix 2011) (de déb. avr. à fin oct.) – 22 – 6 bungalows toilés. Sem. 182 à 590€ – frais de réservation 12€
borne artisanale 5€
Pour s'y rendre : rte du Pont-de-Montvert (2 km au nord par N 106, rte de Mende et D 998 à dr., accès direct au Tarn)

Nature :
Loisirs :
Services :
À prox. :

Longitude : 3.59013
Latitude : 44.33625

FONT-ROMEU

66120 – **344** D7 – 2 003 h. – alt. 1 800
38, avenue Emmanuel Brousse ℘ 04 68 30 68 30
Paris 860 – Montpellier 245 – Perpignan 90 – Canillo 62

Huttopia Le Menhir de fin mai à mi-sept.
℘ 04 68 30 09 32, *font-romeu@huttopia.com*, Fax 04 68 04 56 39, *www.huttopia.com* – alt. 1 800
7 ha (245 empl.) plat, peu incliné, herbeux
Tarif : (Prix 2011) 29,70€ (10A) – pers. suppl. 6,60€ – frais de réservation 20€
Location : (Prix 2011) (de fin mai à mi-sept.) – 34 – 20 tentes. Nuitée 59 à 149€ – Sem. 309 à 1 043€ – frais de réservation 20€
borne artisanale 5€
Pour s'y rendre : rte de Mont Louis (RN 618)
À savoir : à 300 m du départ des télécabines

Nature :
Loisirs : snack
Services : laverie

Longitude : 2.05032
Latitude : 42.5135

FORMIGUERES

66210 – **344** D7 – 437 h. – alt. 1 500
1, place de l'Église ℘ 04 68 04 47 35
Paris 883 – Montpellier 248 – Perpignan 96

La Devèze Permanent
℘ 04 68 04 66 73, *campingladeveze@wanadoo.fr*, Fax 04 68 04 66 73, *http://www.campingladeveze.com* – alt. 1 600
4 ha (74 empl.) en terrasses, plat, pierreux
Tarif : 17,60€ (10A) – pers. suppl. 4€
Location : (permanent) – 1 roulotte – 15 – 4 tentes. Nuitée 45 à 75€ – Sem. 315 à 490€
borne artisanale 3€ – 15 6€ – 10.50€
Pour s'y rendre : rte de la Devèze

Nature :
Loisirs :
Services : laverie

Longitude : 2.09463
Latitude : 42.61329

FRONTIGNAN PLAGE

34110 – **339** H8 – 23 068 h. – alt. 2
Paris 775 – Lodève 59 – Montpellier 26 – Sète 10

Les Tamaris – de déb. avr. à fin sept.
℘ 04 67 43 44 77, *les-tamaris@wanadoo.fr*, Fax 04 67 18 97 90, *www.les-tamaris.fr*
4 ha (250 empl.) plat, herbeux, pierreux
Tarif : 48€ (10A) – pers. suppl. 9€ – frais de réservation 25€
Location : (de déb. avr. à fin sept.) – 69 – 32 . Sem. 210 à 1 090€ – frais de réservation 25€
borne flot bleu 5€
Pour s'y rendre : 140 av. d'Ingril (au nord-est par D 60)
À savoir : cadre agréable, au bord de la plage

Nature :
Loisirs : snack
Services : laverie cases réfrigérées

Longitude : 3.80572
Latitude : 43.44993

FUILLA

66820 – **344** F7 – 365 h. – alt. 547
Paris 902 – Font-Romeu-Odeillo-Via 42 – Perpignan 55 – Prades 9

Le Rotja de déb. avr. à mi-oct.
04 68 96 52 75, *camping@camping-lerotja.com*,
Fax 04 68 96 52 75, *www.camping-lerotja.com*
1,6 ha (100 empl.) plat, peu incliné, herbeux, pierreux, verger
Tarif : (Prix 2011) 25€ (10A) –
pers. suppl. 5,25€ – frais de réservation 12,50€
Location : (de déb. avr. à déb. oct.) – 11 . Nuitée 35 à 85€ – Sem. 200 à 600€ – frais de réservation 12,50€
Pour s'y rendre : 34 av. de la Rotja (au bourg)

Nature :
Loisirs : snack (petite piscine)
Services :
À prox. :

Longitude : 2.35883
Latitude : 42.56181

GALLARGUES-LE-MONTUEUX

30660 – **339** J6 – 3 136 h. – alt. 55
Paris 727 – Aigues-Mortes 21 – Montpellier 39 – Nîmes 25

Les Amandiers – de déb. avr. à fin sept.
04 66 35 28 02, *camping-lesamandiers@orange.fr*,
Fax 04 66 51 48 57, *www.camping-lesamandiers.fr*
3 ha (150 empl.) plat, herbeux, pierreux
Tarif : (Prix 2011) 25€ (16A) –
pers. suppl. 6€ – frais de réservation 18€
Location : (Prix 2011) (de déb. avr. à fin sept.) – 40 . Nuitée 75€ – Sem. 815€ – frais de réservation 18€
Pour s'y rendre : r. des stades (sortie sud-ouest, rte de Lunel)

Nature :
Loisirs : snack hammam
Services : laverie
À prox. :

Longitude : 4.16609
Latitude : 43.71612

GÉNOLHAC

328 30450 – **339** I2 – 890 h. – alt. 490
l'Arceau 04 66 61 18 32
Paris 632 – Alès 37 – Florac 49 – La Grand-Combe 26

Les Esparnettes de déb. avr. à fin sept.
04 66 61 44 50
1,5 ha (63 empl.) plat, herbeux
Tarif : (Prix 2011) 2,50€ 1,60€ 2,30€ – 2,30€
Pour s'y rendre : au Pont-de-Rastel (4,5 km au sud par D 906, rte de Chamborigaud puis 400 m par D 278 à dr., au bord du Luech)

Nature :
Loisirs :
Services : (juil.-août)
À prox. :

Longitude : 3.94809
Latitude : 44.35018

GIGNAC

34150 – **339** G7 – 5 059 h. – alt. 53
3, Parc d'activités de Camalcé 04 67 57 58 83
Paris 719 – Béziers 58 – Clermont-l'Hérault 12 – Lodève 25

Municipal la Meuse de mi-avr. à fin sept.
04 67 57 92 97, *contact@campinglameuse.fr*,
Fax 04 67 57 25 65, *www.campinglameuse.fr*
3,4 ha (86 empl.) plat, herbeux
Tarif : (Prix 2011) 2,20€ 9€ – (16A) 2,50€
– frais de réservation 7,62€
Location : (Prix 2011) (de mi-avr. à fin sept.) – 3 – 6 bungalows toilés. Nuitée 62 à 81€ – Sem. 440 à 590€ – frais de réservation 7,62€
borne eurorelais 3€
Pour s'y rendre : 1,2 km au nord-est par D 32, rte d'Aniane puis chemin à gauche, à 200 m de l'Hérault et d'une base nautique

Nature :
Loisirs : snack
Services :
À prox. : parcours sportif, mur d'escalade, canoë

Longitude : 3.55927
Latitude : 43.662

GOUDARGUES

30630 – 339 L3 – 1 016 h. – alt. 77
4, route de Pont-Saint-Esprit ✆ 04 66 82 30 02
Paris 667 – Alès 51 – Bagnols-sur-Cèze 17 – Barjac 20

St-Michelet de mi-avr. à mi-sept.
✆ 04 66 82 24 99, *lesaintmichelet@orange.fr*, *www.lesaintmichelet.com*
4 ha (160 empl.) plat, peu incliné, terrasse, herbeux, pierreux
Tarif : (Prix 2011) 22,90€ (6A) – pers. suppl. 5,90€
Location : (Prix 2011) (de mi-avr. à mi-sept.) – 52. Sem. 283 à 525€
Pour s'y rendre : rte de Frigoulet (1 km au nord-ouest par D 371, au bord de la Cèze)

Nature :
Loisirs : snack
Services :

Longitude : 4.46271
Latitude : 44.22123

Les Amarines 2 de déb. avr. à déb. oct.
✆ 04 66 82 24 92, *les.amarines@wanadoo.fr*, Fax 04 66 82 38 64, *www.campinglesamarines.com*
3,7 ha (120 empl.) plat, herbeux
Tarif : (Prix 2011) 23,80€ (10A) – pers. suppl. 5,60€ – frais de réservation 5€
Location : (Prix 2011) (de déb. avr. à déb. oct.) – 22. Sem. 498€ – frais de réservation 55€
Pour s'y rendre : au lieu-dit : La Vérune Cornillon (1 km au nord-est par D 23, au bord de la Cèze)

Nature :
Loisirs :
Services : laverie réfrigérateur

Longitude : 4.48035
Latitude : 44.22184

La Grenouille de déb. avr. à fin sept.
✆ 04 66 82 21 36, *campingard@orange.fr*, *www.camping-la-grenouille.com*
0,8 ha (50 empl.) plat, peu incliné, herbeux, pierreux
Tarif : (Prix 2011) 23,60€ (6A) – pers. suppl. 5€
borne autre
Pour s'y rendre : av. du Lavoir (près de la Cèze - accès direct - et au bord d'un ruisseau)

Nature :
Loisirs : (petite piscine)
Services : réfrigérateurs
À prox. :

Longitude : 4.46847
Latitude : 44.21468

Utilisez le guide de l'année.

LA GRANDE-MOTTE

34280 – 339 J7 – 8 246 h. – alt. 1
Place du 1er Octobre 1974 ✆ 04 67 56 42 00
Paris 747 – Aigues-Mortes 12 – Lunel 16 – Montpellier 28

Le Garden – de déb. avr. à mi-oct.
✆ 04 67 56 50 09, *campinglegarden@orange.fr*, Fax 04 67 56 25 69, *www.legarden.fr*
3 ha (209 empl.) plat, sablonneux
Tarif : (Prix 2011) 39,50€ (10A) – pers. suppl. 9,50€
Location : (Prix 2011) (de déb. avr. à mi-oct.) – 116. Sem. 329 à 945€ – frais de réservation 20€
Pour s'y rendre : av. de la Petite Motte (sortie ouest par D 59, à 300 m de la plage)

Nature :
Loisirs : pizzeria
Services : laverie
À prox. : poneys

Longitude : 4.07235
Latitude : 43.56229

Les Cigales de déb. avr. à déb. oct.
✆ 04 67 56 50 85, *camping.cigales@paysdelor.fr*, Fax 04 67 56 50 85, *www.sivom-etang-or.fr*
2,5 ha (180 empl.) plat, sablonneux
Tarif : (Prix 2011) 20,50€ (10A) – pers. suppl. 5,60€ – frais de réservation 10€
Location : (Prix 2011) (de mi-avr. à déb. oct.) – 20. Sem. 180 à 670€ – frais de réservation 10€
45 16€
Pour s'y rendre : allée des Pins (sortie ouest par D 59)

Nature :
Loisirs :
Services : laverie
À prox. : poneys

Longitude : 4.07576
Latitude : 43.56703

GRANDRIEU

48600 – **330** J6 – 762 h. – alt. 1 160
place du Foirail ✆ 04 66 46 34 51
Paris 554 – Langogne 28 – Châteauneuf-de-Randon 19 – Marvejols 61

Municipal le Valadio de mi-juin à mi-sept.
✆ 04 66 46 31 39, *mairie.grandrieu@wanadoo.fr*,
Fax 04 66 46 37 50 – alt. 1 200
1 ha (33 empl.) plat et en terrasses, peu incliné, pierreux, herbeux
Tarif : 2€ 1€ 2€ – (9A) 2€
Pour s'y rendre : au sud du bourg, accès par r. devant la poste, à 100 m du Grandrieu et d'un plan d'eau

Nature :
Loisirs :
Services :
À prox. :

Longitude : 3.63332
Latitude : 44.78603

Renouvelez votre guide chaque année.

LE GRAU-DU-ROI

30240 – **339** J7 – 8 173 h. – alt. 2
30, rue Michel Rédarès ✆ 04 66 51 67 70
Paris 751 – Aigues-Mortes 7 – Arles 55 – Lunel 22

FranceLoc Le Boucanet – de mi-avr. à fin sept.
✆ 04 66 51 41 48, *boucanet@franceloc.fr*,
Fax 04 66 51 41 87, *www.campings-franceloc.fr*
7,5 ha (458 empl.) plat, sablonneux
Tarif : (Prix 2011) 40€ (6A) – pers. suppl. 9€ – frais de réservation 27€
Location : (de mi-avr. à fin sept.) – 266 – 8 . Nuitée 65 à 256€ – Sem. 259 à 1 587€ – frais de réservation 27€
borne eurorelais 4€ – 5 40€
Pour s'y rendre : rte de Carnon (2 km au nord-ouest du Grau-du-Roi (rive droite) par rte de la Grande-Motte, au bord de plage)

Nature :
Loisirs : snack
Services : laverie cases réfrigérées
À prox. :

Longitude : 4.10753
Latitude : 43.55428

ISPAGNAC

48320 – **330** J8 – 840 h. – alt. 518
Le Pavillon ✆ 04 66 45 01 14
Paris 612 – Florac 11 – Mende 28 – Meyrueis 46

Municipal du Pré Morjal
✆ 04 66 44 23 77, *contact@lepremorjal.fr*, *www.lepremorjal.fr*
2 ha (123 empl.) plat, herbeux
Location : (permanent) – 8 .
borne
Pour s'y rendre : chemin du Beldou (sortie ouest par D 907bis, rte de Millau et chemin à gauche, près du Tarn)
À savoir : agréable cadre boisé aux portes des Gorges du Tarn

Nature :
Loisirs :
Services : laverie
À prox. :

Longitude : 3.52888
Latitude : 44.37245

JUNAS

30250 – **339** J6 – 1 003 h. – alt. 75
Paris 730 – Aigues-Mortes 30 – Aimargues 15 – Montpellier 42

Les Chênes de déb. avr. à mi-oct.
✆ 04 66 80 99 07, *chenes@wanadoo.fr*, Fax 04 66 51 33 23, *www.camping-les-chenes.com*
1,7 ha (90 empl.) en terrasses, plat, peu incliné, pierreux
Tarif : 20,40€ (10A) – pers. suppl. 4,30€ – frais de réservation 10€
Location : (de déb. avr. à mi-oct.) – 13 . Sem. 230 à 575€ – frais de réservation 10€
Pour s'y rendre : 95 chemin des Tuileries Basses (1,3 km au sud par D 140, rte de Sommières et chemin à gauche)

Nature :
Loisirs :
Services :

Longitude : 4.123
Latitude : 43.76921

L'Olivier de déb. avr. à fin sept.
04 66 80 39 52, *contact@camping lolivier.fr*,
Fax 04 13 33 05 85, *www.campinglolivier.fr*
1 ha (47 empl.) plat, peu incliné, pierreux, herbeux, rochers
Tarif : (Prix 2011) 18,70€ (6A) – pers. suppl. 4,60€
Location : (Prix 2011) (de déb. avr. à fin sept.) – 6 – 8 – 3 bungalows toilés. Nuitée 37 à 53€ – Sem. 215 à 580€
Pour s'y rendre : 112 rte de Congenies (sortie est par D 140 et chemin à dr.)

Nature :
Loisirs :
Services :

Longitude : 4.12489
Latitude : 43.77081

LANUÉJOLS

30750 – **339** F4 – 326 h. – alt. 905
Paris 656 – Alès 109 – Mende 68 – Millau 35

Domaine de Pradines de déb. juin à mi-sept.
04 67 82 73 85, *contact@domaine-de-pradines.com*, *www.domaine-de-pradines.com* – alt. 800
30 ha (75 empl.) plat, peu incliné, herbeux
Tarif : (Prix 2011) 19€ (16A) – pers. suppl. 8€
Location : (permanent) – 5 – 3 – 4 tipis – 4 gîtes. Nuitée 35 à 95€ – Sem. 220 à 600€
Pour s'y rendre : rte de Millau, D28 (3,5 km à l'ouest par D 28, rte de Roujarie et chemin à gauche)

Nature :
Loisirs :
Services :

Longitude : 3.34722
Latitude : 44.13306

Créez votre voyage en ligne sur ***Voyage.ViaMichelin.fr***

LAROQUE-DES-ALBÈRES

66740 – **344** I7 – 1 968 h. – alt. 100
20, rue Carbonneil 04 68 95 49 97
Paris 881 – Argelès-sur-Mer 11 – Le Boulou 14 – Collioure 18

Les Albères de déb. avr. à déb. nov.
04 68 89 23 64, *camping-des-alberes@wanadoo.fr*,
Fax 04 68 89 14 30, *www.camping-des-alberes.com*
5 ha (211 empl.) en terrasses, peu incliné, plat, pierreux, herbeux, fort dénivelé
Tarif : 29€ (6A) – pers. suppl. 6€ – frais de réservation 20€
Location : (de déb. avr. à déb. nov.) – 52 – 9 – 3 tentes. Nuitée 40 à 79€ – Sem. 180 à 550€ – frais de réservation 20€
Pour s'y rendre : rte du Moulin de Cassagnes (sortie nord-est par D 2, rte d'Argelès-sur-Mer puis 0,4 km par chemin à dr.)
À savoir : petite ferme animalière

Nature :
Loisirs : snack
Services :

Longitude : 2.94418
Latitude : 42.52404

LATTES

34970 – **339** I7 – 16 635 h. – alt. 3
679, avenue de Montpellier 04 67 22 52 91
Paris 766 – Montpellier 7 – Nîmes 54 – Béziers 68

Le Parc Permanent
04 67 65 85 67, *camping-le-parc@wanadoo.fr*,
Fax 04 67 20 20 58, *www.leparccamping.com*
1,6 ha (100 empl.) plat, pierreux, herbeux
Tarif : 27,10€ (10A) – pers. suppl. 5,90€
Location : (permanent) – 29 . Sem. 250 à 715€ – frais de réservation 15€
Pour s'y rendre : rte de Mauguio (2 km au nord-est par D 172)

Nature :
Loisirs : sandwicherie
Services :
À prox. : centre commercial

Longitude : 3.92492
Latitude : 43.57553

LAUBERT

48170 – **330** J7 – 113 h. – alt. 1 200 – Sports d'hiver : 1 200/1 264 m 1
Paris 584 – Langogne 28 – Marvejols 46 – Mende 19

Municipal la Pontière

04 66 47 72 09, *mairie.laubert@wanadoo.fr*, Fax 04 66 47 71 37
2 ha (33 empl.) peu incliné et accidenté, pierreux, rochers, herbeux

Location : – 3 gîtes – Gîtes d'étape.
Pour s'y rendre : 500 m au sud-ouest par N 88 et D 6, rte de Rieutort-de-Randon à dr.

Nature :
Loisirs : snack
Services :

Longitude : 3.64071
Latitude : 44.58515

LAURENS

34480 – **339** E7 – 1 263 h. – alt. 140
Paris 736 – Bédarieux 14 – Béziers 22 – Clermont-l'Hérault 40

L'Oliveraie – de mi-janv. à déb. nov.

04 67 90 24 36, *oliveraie@free.fr*, Fax 04 67 90 11 20, *www.oliveraie.com*
7 ha (116 empl.) plat, peu incliné, terrasse, herbeux, pierreux
Tarif : (Prix 2011) 26,80€ (10A) – pers. suppl. 5€ – frais de réservation 20€

Location : (Prix 2011) (de déb. avr. à déb. nov.) – 10 – 2 . Sem. 340 à 560€ – frais de réservation 20€
Pour s'y rendre : chemin de Bédarieux (2 km au nord et chemin à dr.)

Nature :
Loisirs : pizzeria nocturne poneys
Services :
À prox. :

Longitude : 3.19271
Latitude : 43.52913

LODÈVE

34700 – **339** E6 – 7 329 h. – alt. 165
7, place de la République 04 67 88 86 44
Paris 695 – Alès 98 – Béziers 63 – Millau 60

Municipal les Vailhès de déb. avr. à fin sept.

04 67 44 25 98, *camping@lodevoisetlarzac.fr*, Fax 04 67 44 65 97, *www.lodevoisetlarzac.fr*
4 ha (246 empl.) en terrasses, herbeux
Tarif : 3,95€ 6,80€ – (10A) 3,50€
Pour s'y rendre : 7 km au sud par N 9, rte de Montpellier puis 2 km par D 148, rte d'Octon et chemin à gauche - par voie rapide sortie 54

À savoir : belle situation au bord du lac du Salagou

Nature :
Loisirs :
Services :
À prox. :

Longitude : 3.36012
Latitude : 43.66865

LE MALZIEU-VILLE

48140 – **330** I5 – 878 h. – alt. 860
Tour de Bodon 04 66 31 82 73
Paris 541 – Mende 51 – Le Puy-en-Velay 74 – Saint-Flour 150

Les Chalets de la Margeride (location exclusive de chalets) Permanent

04 66 42 56 00, *info@chalets-margeride.com*, Fax 04 66 42 56 01, *www.chalets-margeride.com*
50 ha/2 campables

Location : – 21 . Sem. 281 à 675€
Pour s'y rendre : au lieu-dit : Chassagnes (4,5 km au nord-ouest par D 989, rte de St-Chély-d'Apcher et D 4, rte de la Garde - par A 75 : sortie 32)

À savoir : agréable situation panoramique sur les Monts de la Margeride

Nature : Plateau de la Margeride
Loisirs : (découverte en saison)
Services : laverie
À prox. :

Longitude : 3.30708
Latitude : 44.87027

La Piscine de déb. juin à fin sept.
04 66 31 47 63, Fax 04 66 31 80 69
1 ha (64 empl.) peu incliné, plat, herbeux, pierreux
Tarif : 16€ (16A) – pers. suppl. 4,50€
Location : (permanent) – 13.
borne artisanale
Pour s'y rendre : 1,5 km au nord par D 989, rte de St-Chély-d'Apcher et chemin à gauche apr. le pont, près de la piscine et d'un plan d'eau

Nature :
Loisirs :
Services : (juil.-août)
À prox. : brasserie terrain multisports, canoë, pédalos

Longitude : 3.32989
Latitude : 44.85536

MARSEILLAN-PLAGE

34340 – **339** G8
avenue de la Méditerranée 0467218243
Paris 765 – Montpellier 51 – Nîmes 100 – Carcassonne 114

Les Méditerranées - Beach Club Nouvelle Floride – de fin mars à fin sept.
04 67 21 94 49, *info@nouvelle-floride.com*,
Fax 04 67 21 81 05, *www.lesmediterranees.com*
7 ha (475 empl.) plat, sablonneux
Tarif : 53€ (6A) – pers. suppl. 8,50€ – frais de réservation 30€
Location : (de fin mars à fin sept.) – 161. Nuitée 35 à 245€ – Sem. 245 à 1 715€
borne artisanale
À savoir : situation agréable en bordure de plage

Nature :
Loisirs : snack salle d'animation terrain multisports
Services : laverie
À prox. : discothèque

Longitude : 3.54543
Latitude : 43.31196

Les Méditerranées - Beach Club Charlemagne de fin mars à fin sept.
04 67 21 92 49, *info@charlemagne-camping.com*,
Fax 04 67 21 86 11, *www.lesmediterranees.com*
6,7 ha (480 empl.) plat, sablonneux, herbeux
Tarif : 53€ (10A) – pers. suppl. 10€ – frais de réservation 30€
Location : (de fin mars à fin sept.) – 150. Nuitée 35 à 245€ – Sem. 245 à 1 715€
borne artisanale
Pour s'y rendre : av. des Campings (250 m de la plage)

Nature :
Loisirs : discothèque
Services : laverie
À prox. : terrain multi-sports

Longitude : 3.54237
Latitude : 43.30941

Le Galet de déb. avr. à fin sept.
04 67 21 95 61, *reception@camping-galet.com*,
Fax 04 67 21 87 23, *www.camping-galet.com*
3 ha (275 empl.) plat, sablonneux, herbeux
Tarif : 40€ (10A) – pers. suppl. 6,30€ – frais de réservation 25€
Location : (de déb. avr. à fin sept.) – 60. Nuitée 47 à 130€ – Sem. 329 à 910€ – frais de réservation 25€
Pour s'y rendre : av. des Campings (250 m de la plage)

Nature :
Loisirs : snack, pizzeria
Services : laverie
À prox. :

Longitude : 3.5421
Latitude : 43.31108

Les Méditerranées - Beach Garden – de mi-mai à fin sept.
04 67 21 92 83, *info@campinglessirenes.com*,
Fax 04 67 21 93 59, *www.lesmediterranees.com*
14 ha (600 empl.) plat, plat, herbeux, sablonneux
Tarif : 59€ (6A) – pers. suppl. 10€ – frais de réservation 30€
Location : (de mi-mai à fin sept.) – 50. Nuitée 44 à 290€ – Sem. 308 à 2 030€ – frais de réservation 30€
borne artisanale
Pour s'y rendre : av. des campings
À savoir : quelques emplacements au bord de la plage

Nature :
Loisirs : snack
Services : laverie
À prox. :

Longitude : 3.538
Latitude : 43.3058

The Guide changes, so renew your guide every year.

La Créole de déb. avr. à mi-oct.
04 67 21 92 69, *campinglacreole@wanadoo.fr*,
Fax 04 67 26 58 16, *www.campinglacreole.com*
1,5 ha (110 empl.) plat, sablonneux, herbeux
Tarif : 33,50€ (6A) – pers. suppl. 6€ – frais de réservation 17€
Location : (permanent) – 15 . Nuitée 45 à 95€ – Sem. 230 à 645€ – frais de réservation 17€
borne artisanale – 9 12€ – 12€
Pour s'y rendre : 74 av. des Campings
À savoir : en bordure d'une belle plage de sable fin

Nature :
Loisirs : crêperie
Services :
À prox. : (centre équestre)

Longitude : 3.54375
Latitude : 43.31047

MARVEJOLS

48100 – **330** H7 – 5 071 h. – alt. 650
Place du Soubeyran 04 66 32 02 14
Paris 573 – Espalion 64 – Florac 50 – Mende 28

VAL V.V.F. Camping et Village de mi-mai à mi-sept.
04 66 32 03 69, *marvejols@vvfvillages.fr*,
Fax 04 66 32 43 56, *www.vvf-villages.fr*
3 ha (57 empl.) plat, herbeux
Tarif : 17,20€ (5A) – pers. suppl. 4,30€ – 30€
Location : (de fin avr. à mi-sept.) – 50 – 6 studios – 44 gîtes. Nuitée 33 à 117€ – Sem. 231 à 819€
Pour s'y rendre : au lieu-dit : Le Coulagnet (1,3 km à l'est par D 999, D 1, rte de Montrodat et chemin à dr., au bord du Colagnet - par A 75, sortie 38)

Nature :
Loisirs :
Services :
À prox. : (centre équestre) terrain multisports

Longitude : 3.30047
Latitude : 44.55088

MASSILLARGUES-ATTUECH

30140 – **339** J4 – 696 h. – alt. 156
Paris 726 – Montpellier 56 – Nîmes 43 – Avignon 78

Le Fief d'Anduze – de déb. avr. à fin sept.
04 66 61 81 71, *lefief@wanadoo.fr*,
www.campinglefiefdanduze.com
5,5 ha (112 empl.) plat, herbeux
Tarif : (Prix 2011) 19,50€ (6A) – pers. suppl. 4,60€ – frais de réservation 10€
Location : (Prix 2011) (de déb. avr. à fin sept.) – 19 . Nuitée 41 à 82€ – Sem. 245 à 490€ – frais de réservation 10€
Pour s'y rendre : à Attuech, 195 chemin du Plan d'Eau (1,5 km au nord, par D 982, près d'un étang)

Nature :
Loisirs : pizzeria, snack hammam jacuzzi terrain multisports
Services :
À prox. :

Longitude : 4.02576
Latitude : 44.02946

MATEMALE

66210 – **344** D7 – 295 h. – alt. 1 514
29, rue du Pont de l'Aude 04 68 30 59 57
Paris 855 – Font-Romeu-Odeillo-Via 20 – Perpignan 92 – Prades 46

Le Lac Permanent
04 68 30 94 49, *camping-lac-matemale@orange.fr*,
Fax 04 68 04 35 16, *www.camping-lac-matemale.com*
– alt. 1 540 – places limitées pour le passage
3,5 ha (110 empl.) vallonné, plat, peu incliné, forêt de sapins , attenante
Tarif : 17,40€ (6A) – pers. suppl. 5€
borne artisanale 2,50€
Pour s'y rendre : 1,7 km au sud-ouest par D 52, rte des Angles et rte à gauche, à 150 m du lac, accès direct au village par chemin piétonnier
À savoir : dans un site agréable de haute montagne

Nature :
Loisirs : jacuzzi en extérieur
Services : laverie
À prox. : snack discothèque base de loisirs

Longitude : 2.10673
Latitude : 42.58164

MAUREILLAS-LAS-ILLAS

66480 – **344** H8 – 2 594 h. – alt. 130
avenue Mal Joffre ✆ 0468834800
Paris 873 – Gerona 71 – Perpignan 31 – Port-Vendres 31

Les Bruyères de mi-mars à mi nov.
✆ 0468832664, *mi-paule.grimaux@hotmail.fr*, Fax 0468831475, *www.camping-lesbruyeres.fr*
4 ha (95 empl.) en terrasses, pierreux, herbeux, fort dénivelé
Tarif : 22,50€ (10A) – pers. suppl. 5,10€ – frais de réservation 6,50€
Location : (de fin mars à mi-nov.) – 23 . Nuitée 50 à 100€ – Sem. 310 à 610€ – frais de réservation 10€
Pour s'y rendre : rte de Céret (1,2 km à l'ouest par D 618)
À savoir : agréable cadre boisé de chênes-lièges

Nature :
Loisirs :
Services :
À prox. :

Longitude : 2.79509
Latitude : 42.49249

Do not confuse :
... to ... : MICHELIN classification
and
★ ... to ... ★★★★★ : official classification

MENDE

48000 – **330** J7 – 12 153 h. – alt. 731
Place du Foirail ✆ 0466940023
Paris 584 – Clermont-Ferrand 174 – Florac 38 – Langogne 46

Tivoli Permanent
✆ 0466650038, *camping.tivoli0601@orange.fr*, Fax 0466650038, *www.campingtivoli.com*
1,8 ha (100 empl.) plat, herbeux
Tarif : (Prix 2011) 22,50€ (6A) – pers. suppl. 5,10€ – frais de réservation 25€
Location : (Prix 2011) (de mi-avr. à fin sept.) – 18 . Sem. 260 à 580€ – frais de réservation 25€
borne artisanale
Pour s'y rendre : 2 km au sud-ouest par N 88, rte de Rodez et chemin à dr., face au complexe sportif, au bord du Lot

Nature :
Loisirs :
Services :
À prox. :

Longitude : 3.45693
Latitude : 44.51268

MEYRUEIS

48150 – **330** I9 – 910 h. – alt. 698
Tour de l'Horloge ✆ 0466456033
Paris 643 – Florac 36 – Mende 57 – Millau 43

Capelan de déb. mai à mi-sept.
✆ 0466456050, *info@campingcapelan.com*, Fax 0466450647, *www.campingcapelan.com*
2,8 ha (100 empl.) plat, herbeux
Tarif : 28,50€ (10A) – pers. suppl. 5,80€ – frais de réservation 16€
Location : (de déb. mai à mi-sept.) (de déb. mai à mi-sept.) – 44 . Nuitée 40 à 84€ – Sem. 175 à 590€ – frais de réservation 19€
borne artisanale – 16€
Pour s'y rendre : rte de Millau (1 km au nord-ouest par D 996, au bord de la Jonte, accès au village par passerelle)
À savoir : site agréable dans les gorges de la Jonte

Nature :
Loisirs :
Services : – 3 sanitaires individuels (wc) laverie
À prox. : (centre équestre) voies d'escalades sur rochers

Longitude : 3.41977
Latitude : 44.18574

Le Champ d'Ayres de déb. avr. à mi-sept.
04 66 45 60 51, *campinglechampdayres@wanadoo.fr*, Fax 04 66 45 60 51, *www.campinglechampdayres.com*
1,5 ha (85 empl.) peu incliné, herbeux
Tarif : 26€ (10A) – pers. suppl. 5€ – frais de réservation 15€

Location : (de déb. avr. à mi-sept.) – 19 – 3 . Nuitée 39 à 68€ – Sem. 245 à 476€ – frais de réservation 15€
Pour s'y rendre : rte de la Brèze (500 m à l'est par D 57, rte de Campis, près de la Brèze)

Nature :
Loisirs :
Services :
À prox. : (centre équestre)

Longitude : 3.43536
Latitude : 44.18079

La Cascade de déb. avr. à fin sept.
04 66 45 45 45, *contact@camping-la-cascade.com*, *www.camping-la-cascade.com*
1 ha (54 empl.) plat et un peu vallonné, herbeux
Tarif : 21,50€ (10A) – pers. suppl. 4€

Location : (de déb. avr. à fin sept.) – 13 . Sem. 270 à 545€
borne artisanale 3€
Pour s'y rendre : au lieu-dit : Salvinsac (3,8 km au nord-est par D 996, rte de Florac et chemin à dr., près de la Jonte et d'une cascade)

À savoir : cadre et site agréables au milieu d'une nature préservée

Nature :
Loisirs :
Services :
À prox. :

Longitude : 3.45567
Latitude : 44.19646

Le Pré de Charlet de déb. avr. à fin oct.
04 66 45 63 65, *info@camping-cevennes-meyrueis.com*, Fax 04 66 45 63 65, *www.camping-cevennes-meyrueis.com*
2 ha (70 empl.) en terrasses, peu incliné, plat, herbeux
Tarif : 16,90€ (16A) – pers. suppl. 3,50€

Location : (de déb. avr. à fin oct.) – 6 – 1 bungalow toilé. Nuitée 25 à 65€ – Sem. 140 à 450€
borne artisanale 3,50€
Pour s'y rendre : rte de Florac (1 km au nord-est par D 996, au bord de la Jonte)

Nature :
Loisirs :
Services :
À prox. : (centre équestre)

Longitude : 3.43831
Latitude : 44.18587

Aire Naturelle le Pré des Amarines de mi-juil. à fin août
04 66 45 61 65, *www.camping-amarines.com* – alt. 750
2 ha (25 empl.) plat et un peu vallonné, herbeux
Tarif : 3€ 8€ – (6A) 3€
Pour s'y rendre : rte de Gatuzières (5,7 km au nord-est par D 996, rte de Florac et chemin à dr., au Castel, près du lieu-dit Gatuzières, au bord de la Jonte)

À savoir : dans la vallée de la Jonte

Nature :
Loisirs :
Services :
À prox. : (centre équestre)

Longitude : 3.42963
Latitude : 44.17943

MOLITG-LES-BAINS

66500 – **344** F7 – 217 h. – alt. 607 – (début avril-fin nov.)
route des Bains 04 68 05 03 28
Paris 896 – Perpignan 50 – Prades 7 – Quillan 56

Municipal Guy Malé de déb. avr. à fin nov.
04 68 05 02 12, *mairie.molitg.les.bains@wanadoo.fr*, Fax 04 68 05 02 40 – alt. 607
0,3 ha (19 empl.) en terrasses, herbeux, pierreux
Tarif : (Prix 2011) 12,03€ – pers. suppl. 1,79€
borne eurorelais
Pour s'y rendre : 1,3 km au nord, au sud-est du village de Molitg

Nature :
Services :
À prox. :

Longitude : 2.38715
Latitude : 42.64692

Gebruik de gids van het lopende jaar.

MONTCLAR

11250 – **344** E4 – 184 h. – alt. 210
Paris 766 – Carcassonne 19 – Castelnaudary 41 – Limoux 15

Yelloh! Village Domaine d'Arnauteille – de déb. avr. à fin sept.
04 68 26 84 53, *info@arnauteille.com*,
Fax 04 68 26 91 10, *www.camping-arnauteille.com*
115 ha/12 campables (198 empl.) plat, peu incliné, terrasse, herbeux
Tarif : 41€ (10A) – pers. suppl. 8€

Location : (de déb. avr. à fin sept.) – 70 – 10 . Nuitée 42 à 109€ – Sem. 294 à 763€
borne artisanale
Pour s'y rendre : 2,2 km au sud-est par D 43

À savoir : dans un vaste et agréable domaine vallonné et sauvage

Nature :
Loisirs : pizzeria terrain multisports, espace balnéo
Services : laverie

Longitude : 2.26092
Latitude : 43.12411

Geef ons uw mening over de kampeerterreinen die wij aanbevelen.
Schrijf ons over uw ervaringen en ontdekkingen.

NARBONNE

11100 – **344** J3 – 51 306 h. – alt. 13
31, rue Jean Jaurès 04 68 65 15 60
Paris 787 – Béziers 28 – Carcassonne 61 – Montpellier 96

La Nautique de mi-fév. à mi-nov.
04 68 90 48 19, *info@campinglanautique.com*,
Fax 04 68 90 73 39, *www.campinglanautique.com*
16 ha (390 empl.) plat et peu incliné, gravillons, herbeux
Tarif : 43€ (10A) – pers. suppl. 8€ – frais de réservation 20€

Location : (de mi-fév. à mi-nov.) (1 chalet, 4 mobile homes) – 80 – 1 . Nuitée 35 à 130€ – Sem. 245 à 910€ – frais de réservation 20€
borne artisanale
Pour s'y rendre : 4,5 km au sud, près de l'étang de Bages - par A 9 sortie 38 : Narbonne-Sud

Nature :
Loisirs : snack canoë, pédalos
Services : – 390 sanitaires individuels (wc) laverie
À prox. :

Longitude : 3.00424
Latitude : 43.14703

Yelloh ! Village Les Mimosas – de fin mars à déb. nov.
04 68 49 03 72, *info@lesmimosas.com*,
Fax 04 68 49 39 45, *www.lesmimosas.com*
9 ha (266 empl.) plat, herbeux, sablonneux, pierreux
Tarif : 45€ (10A) – pers. suppl. 8€ – frais de réservation 25€

Location : (permanent) – 53 – 33 . Nuitée 52 à 147€ – Sem. 364 à 1 029€ – frais de réservation 25€
Pour s'y rendre : chaussée de Mandirac

Nature :
Loisirs : pizzeria nocturne terrain multisports
Services :
À prox. : (centre équestre)

Longitude : 3.02014
Latitude : 43.13054

NASBINALS

48260 – **330** G7 – 510 h. – alt. 1 180
Village 04 66 32 55 73
Paris 573 – Aumont-Aubrac 24 – Chaudes-Aigues 27 – Espalion 34

Municipal de mi-mai à fin sept.
04 66 32 51 87, *mairie.nasbinals@laposte.net*,
Fax 04 66 32 50 01 – alt. 1 100 –
2 ha (75 empl.) peu incliné, plat, herbeux
Tarif : (Prix 2011) 11€ (15A) – pers. suppl. 3€
Pour s'y rendre : rte de Saint-Urcize (1 km au nord-ouest par D 12, rte de St-Urcize)

Nature :
Services : (juil.-août)
À prox. : (centre équestre)

Longitude : 3.01672
Latitude : 44.64943

NAUSSAC

48300 – **330** L6 – 202 h. – alt. 920 – Base de loisirs
Paris 575 – Grandrieu 26 – Langogne 3 – Mende 46

Les Terrasses du Lac de mi-avr. à mi-oct.
04 66 69 29 62, *info@naussac.com*, Fax 04 66 69 24 78, *www.naussac.com*
6 ha (180 empl.) incliné, en terrasses, herbeux, pierreux
Tarif : 19€ (10A) – pers. suppl. 4,80€ – frais de réservation 10€
Location : (de mi-avr. à mi-oct.) – 2 – 6 – 17. Sem. 299 à 590€ – frais de réservation 10€
borne artisanale
Pour s'y rendre : au Lac de Naussac (au nord du bourg par D 26, rte de Saugues et à gauche, à 200 m du lac (accès direct))

Nature : le lac
Loisirs : nocturne (petite piscine)
Services :
À prox. : discothèque (plage)

Longitude : 3.83505
Latitude : 44.73478

PALAU-DEL-VIDRE

66690 – **344** I7 – 2 607 h. – alt. 26
Mairie 04 68 22 46 20
Paris 867 – Argelès-sur-Mer 8 – Le Boulou 16 – Collioure 15

Le Haras de déb. avr. à fin sept.
04 68 22 14 50, *haras8@wanadoo.fr*, Fax 04 68 37 98 93, *www.camping-le-haras.com*
2,3 ha (76 empl.) plat, herbeux
Tarif : 36€ (10A) – pers. suppl. 6,50€ – frais de réservation 20€
Location : (de déb. avr. à fin sept.) – 18. Nuitée 37 à 98€ – Sem. 259 à 686€ – frais de réservation 20€
borne artisanale
Pour s'y rendre : au Domaine Saint-Galdric (sortie nord-est par D 11)
À savoir : agréable décoration arbustive et florale

Nature :
Loisirs :
Services : laverie

Longitude : 2.96474
Latitude : 42.57575

PALAVAS-LES-FLOTS

34250 – **339** I7 – 6 048 h. – alt. 1
Phare de la Méditerranée 04 67 07 73 34
Paris 765 – Montpellier 13 – Sète 41 – Lunel 33

Palavas-Camping de déb. avr. à déb. oct.
04 67 68 01 28, *info@palavas-camping.fr*, Fax 04 67 50 82 45, *www.palavas-camping.fr*
8 ha (430 empl.) plat, sablonneux, gravillons
Tarif : (Prix 2011) 43€ (10A) – pers. suppl. 7€ – frais de réservation 15€
Location : (Prix 2011) (de déb. avr. à déb. oct.) – 141. Nuitée 50 à 130€ – Sem. 350 à 910€ – frais de réservation 15€
borne artisanale
Pour s'y rendre : rte de Maguelone

Nature :
Loisirs : snack, pizzeria terrain multisports, école de kite-surf
Services : réfrigérateurs

Longitude : 3.90995
Latitude : 43.51969

Les Roquilles de mi-avr. à mi-sept.
04 67 68 03 47, *roquilles@wanadoo.fr*, Fax 04 67 68 54 98, *www.camping-les-roquilles.fr*
15 ha (792 empl.) plat, gravier, herbeux
Tarif : (Prix 2011) 37,40€ (6A) – pers. suppl. 5€ – frais de réservation 29€
Location : (Prix 2011) (de mi-avr. à mi-sept.) (1 mobile home) – 120 – 10. Sem. 280 à 1 125€ – frais de réservation 29€
borne artisanale
Pour s'y rendre : 267 bis av. Saint-Maurice (rte de Carnon-Plage, à 100 m de la plage)

Nature :
Loisirs : snack point informations touristiques
Services :
À prox. :

Longitude : 3.95522
Latitude : 43.53585

LES PLANTIERS

30122 – **339** H4 – 250 h. – alt. 400
Paris 667 – Alès 48 – Florac 46 – Montpellier 85

La Presqu'île du Caylou de mi-avr. à mi-oct.
04 66 83 92 85, *legrandzabo@aol.com*,
Fax 04 66 83 92 85, *www.camping-caylou.fr*
4 ha (75 empl.) en terrasses et peu incliné, pierreux, herbeux
Tarif : 14,30€ (12A) – pers. suppl. 2€
Location : (de mi-avr. à mi-oct.) – 2 – 2 gîtes. Sem. 290 à 390€
Pour s'y rendre : au lieu-dit : Le Caylou (1 km au nord-est par D 20, rte de Saumane, au bord du Gardon au Borgne)
À savoir : dans le coude d'une vallée rocheuse et verdoyante

Nature :
Loisirs :
Services :

Longitude : 3.73103
Latitude : 44.12227

Benutzen Sie den Hotelführer des laufenden Jahres.

LE PONT-DE-MONTVERT

48220 – **330** K8 – 287 h. – alt. 875
le Quai 04 66 45 81 94
Paris 629 – Le Bleymard 22 – Florac 21 – Génolhac 28

Aire Naturelle la Barette de déb. mai à fin sept.
04 66 45 82 16, *lucile.p@gmail.com*, *www-gites-mont-lozere.com* – alt. 1 200
1 ha (20 empl.) en terrasses, herbeux, pierreux, rochers
Tarif : 14€ (10A) – pers. suppl. 4,80€
15 11,50€
Pour s'y rendre : au lieu-dit : Finiels (6 km au nord par D 20, rte de Bleymard)

Nature : Mont-Lozère
Loisirs :
Services :
À prox. :

Longitude : 3.74523
Latitude : 44.40418

339

PORT-CAMARGUE

30240 – **339** J7
Paris 762 – Montpellier 36 – Nîmes 47 – Avignon 93

Yelloh! Village Secrets de Camargue de mi-avr. à déb. oct.
04 66 80 08 00, *info@secretsdecamargue.com*,
Fax 04 66 80 09 00, *www.secretsdecamargue.com* – places limitées pour le passage
3,5 ha (177 empl.) plat, sablonneux
Tarif : 44€ (16A) – pers. suppl. 8€
Location : (de mi-avr. à déb. oct.) – 154 . Nuitée 45 à 155€ – Sem. 305 à 1 085€
Pour s'y rendre : rte de l'Espiguette (navette gratuite pour les plages)
À savoir : camping "réservé" aux adultes

Nature :
Loisirs : diurne
Services : laverie
À prox. : snack

Longitude : 4.14568
Latitude : 43.5079

Yelloh! Village Les Petits Camarguais – (location exclusive de mobile homes) Permanent
04 66 51 16 16, *info@les-petits-camarguais.fr*,
Fax 04 66 51 16 17, *www.yellohvillage-petits-camarguais.com*
3,5 ha plat, sablonneux, herbeux
Location : – 219 . Nuitée 39 à 229€ – Sem. 273 à 1 603€
Pour s'y rendre : rte de l'Espiguette (navette gratuite pour les plages)
À savoir : animations et services adaptés aux jeunes enfants

Nature :
Loisirs : snack terrain multiisports
Services : laverie
À prox. :

Longitude : 4.14568
Latitude : 43.5079

Les Jardins de Tivoli de déb. avr. à fin sept.
04 66 53 97 00, *contact@lesjardinsdetivoli.com*, Fax 04 66 51 09 81, *www.lesjardinsdetivoli.com* – places limitées pour le passage
6,5 ha (368 empl.) plat
Tarif : (Prix 2011) 59 € (6A) – pers. suppl. 9 €
Location : (Prix 2011) (de déb. avr. à fin sept.) – 10 – 14 – 30 appartements. Nuitée 65 € – Sem. 270 à 1 040 €
Pour s'y rendre : rte de l'Espiguette (navette gratuite pour les plages)

Nature :
Loisirs : snack, pizzeria discothèque
Services : – 368 sanitaires individuels (wc)
À prox. :

Longitude : 4.14923
Latitude : 43.52189

La Marine – (location exclusive de caravanes et mobile homes) Permanent
04 66 53 36 90, *marine@vacances-directes.com*, Fax 04 66 51 50 45, *www.campinglamarine.com*
5 ha plat, herbeux, sablonneux
Location : – 278 . Nuitée 43 à 128 € – Sem. 301 à 896 € – frais de réservation 15 €
Pour s'y rendre : rte de l'Espiguette
À savoir : navette gratuite pour les plages

Nature :
Loisirs : pizzeria nocturne
Services : laverie
À prox. :

Longitude : 4.14568
Latitude : 43.5079

Abri de Camargue de déb. avr. à fin sept.
04 66 51 54 83, *contact@abridecamargue.fr*, Fax 04 66 51 76 42, *www.abridecamargue.fr*
4 ha (277 empl.) plat, herbeux, sablonneux
Tarif : 28 € (6A) – pers. suppl. 11 € – frais de réservation 19 €
Location : (de déb. avr. à fin sept.) – 89 . Nuitée 59 à 136 € – Sem. 413 à 952 € – frais de réservation 19 €
borne eurorelais 7 €
Pour s'y rendre : 320 rte de l'Espiguette
À savoir : navette gratuite pour les plages

Nature :
Loisirs : snack, pizzeria salle de cinéma, terrain multisports
Services : laverie
À prox. : Casino (jeux)

Longitude : 4.14568
Latitude : 43.5079

PORTIRAGNES-PLAGE

34420 – **339** F9
Paris 768 – Montpellier 72 – Carcassonne 99 – Nîmes 121

Les Sablons – de déb. avr. à fin sept.
04 67 90 90 55, *contact@les-sablons.com*, Fax 04 67 90 82 91, *www.les-sablons.com*
15 ha (800 empl.) plat, herbeux, sablonneux, étang
Tarif : 49 € (10A) – pers. suppl. 10 € – frais de réservation 25 €
Location : (de déb. avr. à fin sept.) – 230 – 85 . Nuitée 35 à 143 € – Sem. 210 à 1 001 € – frais de réservation 25 €
borne eurorelais 3 €
Pour s'y rendre : Plage Est (sortie nord, en bordure de plage et d'un étang -accès direct-)

Nature :
Loisirs : snack discothèque
Services : laverie cases réfrigérées
À prox. :

Longitude : 3.36469
Latitude : 43.2788

Les Mimosas – de fin mai à déb. sept.
04 67 90 92 92, *les.mimosas.portiragnes@wanadoo.fr*, Fax 04 67 90 85 39, *www.mimosas.com* – places limitées pour le passage
7 ha (400 empl.) plat, herbeux
Tarif : (Prix 2011) 40 € (6A) – pers. suppl. 9,50 € – frais de réservation 35 €
Location : (de fin mai à déb. sept.) (1 mobile home) – 207 – 4 – 12 bungalows toilés. Nuitée 33 à 198 € – Sem. 232 à 1 386 € – frais de réservation 35 €
borne raclet 2 €
Pour s'y rendre : à Port Cassafières
À savoir : important parc aquatique et ludique

Nature :
Loisirs : snack terrain multisports
Services : – 17 sanitaires individuels (wc) laverie cases réfrigérées
À prox. : ponton d'amarrage

Longitude : 3.37305
Latitude : 43.2915

L'Émeraude de fin mai à mi-sept.
04 67 90 93 76, *contact@campinglemeraude.com*,
Fax 04 67 09 91 18, *www.campinglemeraude.com*
4,2 ha (280 empl.) plat, herbeux, sablonneux
Tarif : (Prix 2011) 33€ (5A) –
pers. suppl. 7€ – frais de réservation 20€

Location : (Prix 2011) (permanent) (de mi-mai à mi-sept.) – 180 – 11 . Nuitée 35 à 94€ – Sem. 245 à 658€ – frais de réservation 20€
Pour s'y rendre : 1 km au nord par rte de Portiragnes
À savoir : important parc aquatique

Nature :
Loisirs : snack
Services : laverie cases réfrigérées
À prox. :

Longitude : 3.33557
Latitude : 43.30495

PRADES

66500 – **344** F7 – 6 356 h. – alt. 360
10, place de la République 04 68 05 41 02
Paris 892 – Font-Romeu-Odeillo-Via 45 – Perpignan 46 – Vernet-les-Bains 11

Municipal Plaine St-Martin Permanent
04 68 96 29 83, *prades.conflent@wanadoo.fr*,
Fax 04 68 05 38 09, *www.leconflent.net/camping*
1,8 ha (60 empl.) plat, pierreux, gravillons
Tarif : (Prix 2011) 15€ (16A) –
pers. suppl. 3€

Location : (Prix 2011) (permanent) – 19 . Nuitée 70€ – Sem. 400€
Pour s'y rendre : au lieu-dit : Plaine St. Martin (sortie nord par D 619, rte de Molitg-les-Bains et à dr. av. la déviation)

Nature :
Loisirs :
Services : (locations)
À prox. :

Longitude : 2.41746
Latitude : 42.61925

Verwar niet :
... tot ... : MICHELIN indeling
en
★ ... tot ... ★★★★★ : officiële classificatie

QUILLAN

11500 – **344** E5 – 3 406 h. – alt. 291
square André Tricoire 04 68 20 07 78
Paris 797 – Andorra-la-Vella 113 – Ax-les-Thermes 55 – Carcassonne 52

Village Vacances l'Espinet (location exclusive de studios et maisonnettes) Permanent
04 68 20 88 88, *info@lespinet.com*, Fax 04 68 20 97 97,
www.lespinet.com
25 ha

Location : – 158 – 24 studios. Nuitée 60 à 146€ – Sem. 420 à 1 022€
Pour s'y rendre : 1 km au nord par D 118

Nature :
Loisirs : hammam jacuzzi espace balnéo
Services : laverie

Longitude : 2.19776
Latitude : 42.89268

Municipal la Sapinette de déb. avr. à fin oct.
04 68 20 13 52, *campingsapinette@wanadoo.fr*,
Fax 04 68 20 27 80, *www.villedequillan.fr*
1,8 ha (90 empl.) plat, peu incliné, terrasse, herbeux
Tarif : (Prix 2011) 23€ (16A) –
pers. suppl. 5,70€ – frais de réservation 20€

Location : (Prix 2011) (de déb. avr. à fin oct.) (de déb. avr. à fin oct.) – 23 . Sem. 570€ – frais de réservation 50€
borne artisanale 4€ – 32 10,40€ – 13.70€
Pour s'y rendre : 21 av. René Delpech (800 m à l'ouest par D 79, rte de Ginoles)

Nature :
Loisirs :
Services :

Longitude : 2.18445
Latitude : 42.87495

REMOULINS

30210 – 339 M5 – 2 338 h. – alt. 27
place des Grands Jours *04 66 37 22 34*
Paris 685 – Alès 50 – Arles 37 – Avignon 23

La Sousta – de déb. mars à fin oct.

04 66 37 12 80, *info@lasousta.com*, Fax 04 66 37 23 69, *www.lasousta.com*
14 ha (300 empl.) plat, peu incliné, vallonné, herbeux, sablonneux
Tarif : 26,90 € (6A) – pers. suppl. 7,50 € – frais de réservation 13 €

Location : (permanent) – 60 – 4 . Sem. 210 à 715 € – frais de réservation 13 €
borne autre 2 €
Pour s'y rendre : av. du Pont du Gard (2 km au nord-ouest, rte du Pont du Gard, rive droite)

À savoir : agréable cadre boisé en bordure du Gardon, proche du Pont du Gard

Nature :
Loisirs : snack, pizzeria
Services : laverie

Longitude : 4.54
Latitude : 43.94

FranceLoc Domaine de La Soubeyranne – de déb. avr. à fin sept.

04 66 37 03 21, *soubeyranne@franceloc.fr*, Fax 04 66 37 14 65, *www.soubeyranne.com*
4 ha (200 empl.) plat, pierreux, herbeux
Tarif : (Prix 2011) 33 € (6A) – pers. suppl. 7 € – frais de réservation 11 €

Location : (Prix 2011) (de déb. avr. à fin sept.) – 130 . Sem. 238 à 1 029 € – frais de réservation 27 €
borne artisanale
Pour s'y rendre : 1110 rte de Beaucaire (2,5 km au sud par N 86 et D 986)

Nature :
Loisirs : snack, pizzeria terrain multi-sports
Services : laverie

Longitude : 4.56236
Latitude : 43.93031

ROCLES

48300 – 330 K6 – 205 h. – alt. 1 085
Paris 581 – Grandrieu 20 – Langogne 8 – Mende 44

Rondin des Bois de déb. mai à fin août

04 66 69 50 46, *rondin.com@wanadoo.fr*, Fax 04 66 69 53 83, *www.camping-rondin.com* – alt. 1 000
2 ha (78 empl.) en terrasses, plat et peu incliné, pierreux, rochers
Tarif : 18 € (10A) – pers. suppl. 4,50 € – frais de réservation 10 €

Location : (de déb. avr. à fin oct.) – 6 – 8 . Nuitée 40 à 90 € – Sem. 150 à 495 € – frais de réservation 10 €
borne artisanale 4 € – 5 9 € – 9 €
Pour s'y rendre : au lieu-dit : Palhere (3 km au nord par rte de Bessettes et chemin de Vaysset à dr.)

À savoir : dans un site sauvage, à proximité du lac de Naussac

Nature :
Loisirs :
Services :
À prox. : (centre équestre)

Longitude : 3.78105
Latitude : 44.73814

ROQUEFORT-DES-CORBIÈRES

11540 – 344 I5 – 912 h. – alt. 50
Paris 813 – Montpellier 118 – Carcassonne 78 – Perpignan 45

Gîtes La Capelle (location exclusive de chalets) Permanent

06 19 50 95 26, *b.annest@libertysurf.fr*, *http://giteslacapelle.chez-alice.fr*
0,3 ha plat

Location : (mi-juin à mi-sept.) – 12 – 12 gîtes. Sem. 250 à 680 €
Pour s'y rendre : 4 r. la Capelle

Nature :
Loisirs :
Services :

Longitude : 2.95345
Latitude : 42.9897

LA ROQUE-SUR-CÈZE

30200 – **339** M3 – 174 h. – alt. 90
Paris 663 – Alès 53 – Bagnols-sur-Cèze 13 – Bourg-St-Andéol 35

Les Cascades de déb. avr. à mi-oct.
04 66 82 72 97, *infos@campinglescascades.com*, Fax 04 66 82 68 51, *www.campinglescascades.com*
5 ha (118 empl.) plat, peu incliné, en terrasses, herbeux
Tarif : 32,50€ (10A) – pers. suppl. 6,50€ – frais de réservation 15€

Location : (de déb. avr. à mi-oct.) – 48 . Nuitée 35 à 90€ – Sem. 245 à 630€ – frais de réservation 15€
borne artisanale
Pour s'y rendre : rte de Donnat (600 m au sud par D 166, accès direct à la Cèze)

Nature :
Loisirs : snack, pizzeria terrain multisports
Services :

Longitude : 4.52
Latitude : 44.19

De gids wordt jaarlisjks bijgewerkt.
Doe als wij, vervang hem, dan blift je bij.

LE ROZIER

48150 – **330** H9 – 149 h. – alt. 400
Le Bourg *05 65 62 60 89*
Paris 632 – Florac 57 – Mende 63 – Millau 23

Les Prades de fin avr. à mi-sept.
05 65 62 62 09, *lesprades@orange.fr*, Fax 05 65 62 62 09, *www.campinglesprades.com* 12720 Peyreleau
3,5 ha (150 empl.) plat, herbeux, sablonneux
Tarif : 28,50€ (6A) – pers. suppl. 5,50€ – frais de réservation 15€

Location : (de fin avr. à mi-sept.) – 28 – 3 gîtes. Nuitée 56 à 90€ – Sem. 230 à 560€ – frais de réservation 15€
Pour s'y rendre : à Mostuejouls (4 km à l'ouest par Peyreleau et D 187 à dr., rte de la Cresse, au bord du Tarn)

Nature :
Loisirs : snack mur d'escalade, canoë-kayak
Services :
À prox. : (centre équestre)

Longitude : 3.20354
Latitude : 44.19394

Le St Pal de déb. mai à mi-sept.
05 65 62 64 46, *saintpal@orange.fr*, *www.campingsaintpal.com* 12720 Mostuéjouls
1,5 ha (75 empl.) plat, herbeux
Tarif : 28,50€ (10A) – pers. suppl. 5,20€ – frais de réservation 18€

Location : (de déb. mai à mi-sept.) – 14 . Nuitée 57 à 91€ – Sem. 240 à 637€ – frais de réservation 18€
Pour s'y rendre : rte des Gorges du Tarn (1 km au nord-ouest par D 907, rte de Millau, au bord du Tarn)

Nature :
Loisirs :
Services :
À prox. :

Longitude : 3.19822
Latitude : 44.19639

ST-ANDRÉ-DE-SANGONIS

34725 – **339** G7 – 4 887 h. – alt. 65
Paris 715 – Béziers 54 – Clermont-l'Hérault 8 – Gignac 5

Le Septimanien de déb. mai à fin sept.
04 67 57 84 23, *leseptimanien@yahoo.fr*, *www.camping-leseptimanien.com*
2,6 ha (86 empl.) plat et en terrasses, pierreux
Tarif : (Prix 2011) 23,70€ (10A) – pers. suppl. 3,70€ – frais de réservation 10€

Location : (Prix 2011) (de déb. mai à fin sept.) – 10 – 9 . Sem. 300 à 550€ – frais de réservation 10€
Pour s'y rendre : rte de Cambous (1 km au sud-ouest par D 4, rte de Brignac, au bord d'un ruisseau)

Nature :
Loisirs :
Services : laverie

Longitude : 3.4968
Latitude : 43.64237

ST-BAUZILE

48000 – **330** J8 – 545 h. – alt. 750
Paris 598 – Chanac 19 – Florac 29 – Marvejols 30

Municipal les Berges de Bramont de déb. juil. à mi-sept.
04 66 47 05 97, *mairiedestbauzile@wanadoo.fr*, Fax 04 66 47 00 45, *saint-bauzile.fr*
1,5 ha (50 empl.) terrasse, plat, herbeux
Tarif : 12€ (6A) – pers. suppl. 2,50€
Location : (de déb. juil. à fin août) (de déb. juil. à fin août) – 4 . Sem. 350€
borne autre 2,50€ – 1 2,50€
Pour s'y rendre : à Rouffiac (1,5 km au sud-ouest par D 41, N 106, rte de Mende, près du Bramont et du complexe sportif)

Nature :
Loisirs :
Services :
À prox. :

Longitude : 3.49447
Latitude : 44.47942

ST-CYPRIEN-PLAGE

66750 – **344** J7
quai A. Rimbaud 04 68 21 01 33
Paris 870 – Montpellier 173 – Perpignan 21 – Carcassonne 135

Cala Gogo – de fin avr. à mi-sept.
04 68 21 07 12, *camping.calagogo@wanadoo.fr*, Fax 04 68 21 02 19, *www.campmed.com*
11 ha (659 empl.) plat, sablonneux, herbeux, pierreux
Tarif : 44€ (10A) – pers. suppl. 10,80€ – frais de réservation 20€
Location : (de fin avr. à mi-sept.) (mobile-home) – 92 . Nuitée 37 à 190€ – Sem. 259 à 1 330€ – frais de réservation 20€
borne artisanale
Pour s'y rendre : av. Armand Lanoux - Les Capellans (4 km au sud, au bord de plage)
À savoir : bel espace aquatique paysager

Nature :
Loisirs : snack, pizzeria discothèque
Services : laverie
À prox. : poneys (centre équestre) golf, parc d'attractions aquatiques

Longitude : 3.03789
Latitude : 42.59998

Raadpleeg, voordat U zich op een kampeerterrein installeert, de tarieven die de beheerder verplicht is bij de ingang van het terrein aan te geven. Informeer ook naar de speciale verblijfsvoorwaarden. De in deze gids vermelde gegevens kunnen sinds het verschijnen van deze herediitie gewijzigd zijn.

ST-GENIS-DES-FONTAINES

66740 – **344** I7 – 2 783 h. – alt. 63
rue Georges Clemenceau, Accueil du Cloître 04 68 89 84 33
Paris 878 – Argelès-sur-Mer 10 – Le Boulou 10 – Collioure 17

La Pinède de déb. juin à fin août
04 68 89 75 29, *sarl.la.pinede@wanadoo.fr*, *www.campinglapinede66.fr*
1 ha (71 empl.) plat, herbeux
Tarif : (Prix 2011) 27€ (10A) – pers. suppl. 5,50€ – frais de réservation 19€
Location : (Prix 2011) (de déb. juin à fin août) (de déb. juin à fin août) – 10 . Sem. 370 à 500€ – frais de réservation 19€
Pour s'y rendre : av. des Albères (au sud du bourg par D 2)

Nature :
Loisirs :
Services :
À prox. :

Longitude : 2.92442
Latitude : 42.54084

ST-GEORGES-DE-LÉVÉJAC

48500 – **330** H9 – 259 h. – alt. 900
Paris 603 – Florac 53 – Mende 45 – Millau 49

Cassaduc de déb. juil. à fin août
04 66 48 85 80, *camping.cassaduc@orange.fr*, *www.camping-cassaduc.com*
2,2 ha (75 empl.) en terrasses et peu incliné, herbeux, pierreux
Tarif : 18,50€ (10A) – pers. suppl. 6€
Location : (de déb. juil. à fin août) – 2 . Sem. 430 à 480€
borne artisanale 15€ – 8 15€
Pour s'y rendre : rte du Point Sublime (1,4 km au sud-est)
À savoir : à 500 m du Point Sublime

Nature :
Services :
À prox. : snack

Longitude : 3.24282
Latitude : 44.31532

ST-GERMAIN-DU-TEIL

48340 – **330** H8 – 835 h. – alt. 760
Croix Rouby *04 66 32 65 45*
Paris 601 – Montpellier 166 – Mende 46 – Millau 58

Les Chalets du Plan d'Eau de Booz (location exclusive de chalets) de mi-avr. à mi-nov.
04 66 48 48 48, *sla@lozere-resa.com*, Fax 04 66 65 03 55, *www.lozere-resa.com*
5 ha plat, herbeux, plan d'eau
Location : (Prix 2011) – 43 . Sem. 189 à 609€ – frais de réservation 20€
Pour s'y rendre : Plan d'eau de Booz

Nature :
Loisirs : snack
pédalos, canoë-kayak, optimist
Services :

Longitude : 3.20243
Latitude : 44.46375

ST-HIPPOLYTE-DU-FORT

30170 – **339** I5 – 3 732 h. – alt. 165
les Casernes *04 66 77 91 65*
Paris 703 – Alès 35 – Anduze 22 – Nîmes 48

Graniers de mi-mars à mi-oct.
04 66 85 21 44, *contact@camping-graniers.com*, Fax 04 66 25 19 24, *camping-graniers.com*
2 ha (50 empl.) peu incliné, terrasses, herbeux, bois attenant
Tarif : 23,90€ (6A) – pers. suppl. 4€
Location : (de mi-mars à mi-oct.) – 2 – 3 – 3 bungalows toilés – 1 tente. Nuitée 30 à 103€ – Sem. 200 à 650€
borne artisanale 4€ – 5 15€
Pour s'y rendre : 4 km au nord-est par rte d'Uzès puis D 133, rte de Monoblet et chemin à dr., au bord d'un ruisseau

Nature :
Loisirs :
Services :

Longitude : 3.88722
Latitude : 43.98084

ST-JEAN-DE-CEYRARGUES

30360 – **339** K4 – 162 h. – alt. 180
Paris 700 – Alès 18 – Nîmes 33 – Uzès 21

Les Vistes de déb. avr. à fin sept.
04 66 83 28 09, *info@lesvistes.com*, *www.lesvistes.com*
6 ha/3 campables (52 empl.) non clos, peu incliné, plat, herbeux, pierreux
Tarif : 22,80€ (6A) – pers. suppl. 6,50€
Location : (de déb. avr. à fin sept.) – 12 . Nuitée 80 à 120€ – Sem. 270 à 700€
Pour s'y rendre : rte des Vistes (500 m au sud par D 7)
À savoir : belle situation panoramique

Nature : Mt-Aigoual
Loisirs :
Services : (saison) (juil-août)

Longitude : 4.23016
Latitude : 44.04734

ST-JEAN-DU-GARD

30270 – **339** I4 – 2 655 h. – alt. 183
place Rabaut Saint-Étienne ✆ 04 66 85 32 11
Paris 675 – Alès 28 – Florac 54 – Lodève 91

Mas de la Cam de fin avr. à mi-sept.
✆ 04 66 85 12 02, *camping@masdelacam.fr*, Fax 04 66 85 32 07, *www.masdelacam.fr*
6 ha (200 empl.) en terrasses, peu incliné, herbeux
Tarif : (Prix 2011) 35€ (6A) – pers. suppl. 7,50€ – frais de réservation 17€

Location : (Prix 2011) (de fin avr. à fin sept.) – 7 gîtes. – frais de réservation 17€

Pour s'y rendre : rte de Saint-André-de-Valborgne (3 km au nord-ouest par D 907, au bord du Gardon de St-Jean)

À savoir : site agréable dans une vallée verdoyante

Nature :
Loisirs : snack nocturne terrain multi-sports
Services :

Longitude : 3.85319
Latitude : 44.1123

Les Sources de déb. avr. à fin sept.
✆ 04 66 85 38 03, *camping-des-sources@wanadoo.fr*, Fax 04 66 85 16 09, *www.camping-des-sources.fr*
3 ha (92 empl.) en terrasses, peu incliné, herbeux
Tarif : 25€ (6A) – pers. suppl. 4,50€ – frais de réservation 10€

Location : (permanent) – 3 – 12 – 1 gîte – 3 mobile homes (sans sanitaire). Nuitée 42 à 315€ – Sem. 67 à 602€ – frais de réservation 15€
borne artisanale 4€ – 11€

Pour s'y rendre : rte de Mialet (1 km au nord-est par D 983 et D 50)

À savoir : agréable cadre champêtre, ambiance familiale

Nature :
Loisirs : snack
Services :

Longitude : 3.88895
Latitude : 44.10537

La Forêt de fin avr. à mi-sept.
✆ 04 66 85 37 00, *laforet30@aol.com*, Fax 04 66 85 07 05, *www.campingalaforet.com*
3 ha (75 empl.) en terrasses, plat, herbeux, pierreux
Tarif : (Prix 2011) 30,50€ (6A) – pers. suppl. 6€ – frais de réservation 5€

Location : (Prix 2011) (de déb. mai à mi-sept.) – 3 . Sem. 260 à 560€ – frais de réservation 5€

Pour s'y rendre : rte de Falguières (2 km au nord par D 983, rte de St-Étienne-Vallée-Française puis 2 km par D 333)

À savoir : à l'orée d'une vaste pinède

Nature :
Loisirs :
Services : réfrigérateurs

Longitude : 3.89072
Latitude : 44.12948

Pour visiter une ville ou une région : utilisez les Guides Verts MICHELIN.

ST-LÉGER-DE-PEYRE

48100 – **330** H7 – 176 h. – alt. 780
Paris 581 – Montpellier 188 – Mende 34 – Marvejols 6

Village Vacances Hameau Ste-Lucie (location exclusive de maisonnettes et de maisons) de mi-fév. à déb. janv.
✆ 04 66 48 48 48, *sla@lozere-resa.com*, Fax 04 66 65 03 55, *www.loupsdugevaudan.com ; www.lozere-resa.com* – alt. 1 100
30 ha/2 campables en terrasses, non clos

Location : – 8 – 8 maisons. Sem. 284 à 653€ – frais de réservation 20€

Pour s'y rendre : au lieu-dit : Sainte-Lucie

À savoir : vue à 180°, sur la Lozère, au calme absolu, tout près des loups

Nature : mont Lozère, mont Aigoual
Loisirs :
Services :
À prox. : parc aux loups du Gévaudan

Longitude : 3.28486
Latitude : 44.60607

ST-PAUL-LE-FROID

48600 – **330** J6 – 154 h. – alt. 1 302
Paris 582 – Montpellier 237 – Mende 54 – Le Puy-en-Velay 61

Village Vacances les Baraques des Bouviers
(location exclusive de chaletsct de chalets nordiques) de mi-déc. à mi-nov.
04 66 48 48 48, *bouviers@france48.com*,
Fax 04 66 65 03 55, *www.lesbouviers.com* – alt. 1 418
2 ha non clos, plat, en terrasses

Location : (Prix 2011) – 14 . Sem. 184 à 584€ – frais de réservation 20€

À savoir : Chalets "isolés" sur le plateau de La Margeride, au pied des pistes de ski de fond

Nature :
Loisirs :
Services :
À prox. : raquettes, ski de fond, randonnées VTT,escalade

Longitude : 3.50574
Latitude : 44.76617

To visit a town or region : use the ***MICHELIN Green Guides.***

ST-VICTOR-DE-MALCAP

30500 – **339** K3 – 642 h. – alt. 140
Paris 680 – Alès 23 – Barjac 15 – La Grand-Combe 25

Domaine de Labeiller – de mi-mai à fin août
04 66 24 15 27, *campinglabeiller@wanadoo.fr*,
Fax 04 66 24 15 27, *www.labeiller.fr*
3 ha (132 empl.) en terrasses, plat, herbeux, pierreux
Tarif : (Prix 2011) 41€ (6A) – pers. suppl. 7€

Location : (Prix 2011) (de mi-mai à fin août) – 15 – 3 gîtes – mobile homes (sans sanitaire). Nuitée 32 à 135€ – Sem. 50 à 945€

Pour s'y rendre : 1701 rte de Barjac (1 km au sud-est, accès par D 51, rte de St-Jean-de-Maruéjols et chemin à gauche)

À savoir : agréable chênaie autour d'un bel espace aquatique

Nature :
Loisirs : snack
Services :
À prox. : canoë

Longitude : 4.21981
Latitude : 44.24712

STE-ÉNIMIE

48210 – **330** I8 – 523 h. – alt. 470
village 04 66 48 53 44
Paris 612 – Florac 27 – Mende 28 – Meyrueis 30

Le Couderc de mi-avr. à mi-sept.
04 66 48 50 53, *contact@campingcouderc.fr*, *www.campingcouderc.fr*
2,5 ha (113 empl.) en terrasses, pierreux, herbeux
Tarif : (Prix 2011) 24€ (10A) – pers. suppl. 4€ – frais de réservation 15€

Location : (Prix 2011) (de mi-avr. à mi-sept.) – 7 . Nuitée 50 à 85€ – Sem. 310 à 590€ – frais de réservation 15€
borne eurorelais 4€
Pour s'y rendre : rte de Millau (2 km au sud-ouest par D 907bis, au bord du Tarn)

Nature :
Loisirs :
Services :
À prox. : canoë

Longitude : 3.39917
Latitude : 44.35194

Les Fayards de mi-avr. à mi-sept.
04 66 48 57 36, *info@camping-les-fayards.com*, *www.camping-les-fayards.com*
2 ha (90 empl.) plat, herbeux, pierreux, terrasse
Tarif : 23€ (16A) – pers. suppl. 4€ – frais de réservation 10€

Location : (de mi-avr. à mi-sept.) (de mi-avr. à mi-juin) – 14 – 4 . Sem. 245 à 695€
Pour s'y rendre : rte de Millau (3 km au sud-ouest par D 907bis, au bord du Tarn)

Nature :
Loisirs : canoë-kayak
Services :

Longitude : 3.39504
Latitude : 44.34583

Le Site de Castelbouc de mi-avr. à fin sept.
☏ 04 66 48 58 08, *camping.lesite@wanadoo.fr*, *www.gorges-du-tarn.fr*
1 ha (60 empl.) non clos, peu incliné, plat, herbeux
Tarif : 15,70€ (5A) – pers. suppl. 4€
Location : (de déb. mai à mi-sept.) – 9 – 5 – 1 gîte. Nuitée 55 à 78€ – Sem. 400 à 540€
Pour s'y rendre : 7 km au sud-est par D 907b, rte d'Ispagnac puis 500 m par rte de Castelbouc à dr., au bord du Tarn

Nature :
Loisirs : canoë-kayak
Services :

Longitude : 3.46571
Latitude : 44.34423

STE-MARIE

66470 – **344** J6 – 4 105 h. – alt. 4
Complex Oméga ☏ *04 68 80 14 00*
Paris 845 – Argelès-sur-Mer 24 – Le Boulou 37 – Perpignan 14

Le Palais de la Mer – de mi-mai à fin sept.
☏ 04 68 73 07 94, *contact@palaisdelamer.com*,
Fax 04 68 73 57 83, *www.palaisdelamer.com*
2,6 ha (181 empl.) plat, sablonneux
Tarif : 41€ (10A) – pers. suppl. 7€ – frais de réservation 35€
Location : (de mi-mai à fin sept.) – 88 – 2 appartements. Nuitée 29 à 103€ – Sem. 203 à 720€ – frais de réservation 35€
Pour s'y rendre : av. de Las Illes (600 m au nord de la station, à 150 m de la plage (accès direct))
À savoir : agréable cadre arbustif et floral

Nature :
Loisirs : snack, pizzeria nocturne petit parc animalier
Services :

Longitude : 3.03307
Latitude : 42.74045

La Pergola de fin juin à fin sept.
☏ 04 68 73 03 07, *info@campinglapergola.com*,
Fax 04 68 73 02 40, *www.campinglapergola.com*
3,5 ha (181 empl.) plat, sablonneux
Tarif : (Prix 2011) 32€ (6A) – pers. suppl. 7,30€
Location : (Prix 2011) (de fin juin à fin sept.) – 18 – 3 mobile homes (sans sanitaire). Sem. 315 à 720€
borne artisanale
Pour s'y rendre : 500 m de la plage

Nature :
Loisirs : snack, pizzeria
Services : laverie
À prox. :

Longitude : 3.03305
Latitude : 42.72644

LET OP :
deze gegevens gelden in het algemeen alleen in het seizoen, wat de openingstijden van het terrein ook zijn.

LA SALVETAT-SUR-AGOUT

34330 – **339** B7 – 1 204 h. – alt. 700
place des Archers ☏ *04 67 97 64 44*
Paris 725 – Anglès 17 – Brassac 26 – Lacaune 20

La Blaquière de déb. mai à déb. sept.
☏ 04 67 97 61 29, *jerome@campingblaquiere.com*, *www.campingblaquiere.com*
0,8 ha (60 empl.) plat, herbeux
Tarif : (Prix 2011) 14,90€ (6A) – pers. suppl. 3,50€
Location : (Prix 2011) (de déb. mai à déb. sept.) – 9 – (avec et sans sanitaire). Nuitée 30 à 40€ – Sem. 170 à 440€
borne sanidis
Pour s'y rendre : rte de Lacaune (sortie nord, au bord de l'Agout)

Nature :
Loisirs :
Services : (saison) laverie
À prox. :

Longitude : 2.70447
Latitude : 43.60101

SÉRIGNAN

34410 – **339** E9 – 6 570 h. – alt. 7
1, avenue Béziers *04 67 32 42 21*
Paris 765 – Agde 22 – Béziers 11 – Narbonne 34

FranceLoc Le Domaine Les Vignes d'Or – de déb. avr. à fin sept.
04 67 32 37 18, *vignesdor@franceloc.fr*,
Fax 04 67 32 00 80, *www.vignesdor.com* – places limitées pour le passage
4 ha (250 empl.) plat, herbeux, pierreux
Tarif : 34€ – pers. suppl. 7€ – frais de réservation 27€

Location : (de déb. avr. à fin sept.) – 220 – 20 . Nuitée 33 à 159€ – Sem. 133 à 1 085€ – frais de réservation 27€
Pour s'y rendre : 3,5 km au sud, prendre la contre-allée située derrière le garage Citroën

Nature :
Loisirs : brasserie, pizzeria nocturne terrain multisports
Services :
À prox. :

Longitude : 3.2757
Latitude : 43.2593

Le Paradis de déb. avr. à fin sept.
04 67 32 24 03, *Paradiscamping34@aol.com*,
Fax 04 67 32 24 03, *www.camping-leparadis.com*
2,2 ha (129 empl.) plat, herbeux
Tarif : 33€ (10A) – pers. suppl. 6€ – frais de réservation 17€

Location : (de déb. avr. à fin sept.) – 19 . Sem. 180 à 600€ – frais de réservation 17€
Pour s'y rendre : rte de Valras-Plage (1,5 km au sud)
À savoir : cadre agréable, fleuri et grands emplacements

Nature :
Loisirs : snack, pizzeria
Services : laverie
À prox. :

Longitude : 3.28628
Latitude : 43.26829

SÉRIGNAN-PLAGE

34410 – **339** E9
Paris 769 – Montpellier 73 – Carcassonne 100

Yelloh! Village Le Sérignan Plage – de fin avr. à déb. oct.
04 67 32 35 33, *info@leserignanplage.com*,
Fax 04 67 32 26 36, *www.leserignanplage.com*
20 ha (1000 empl.) plat, herbeux, sablonneux, marais
Tarif : 54€ (6A) – pers. suppl. 10€

Location : (de fin avr. à déb. oct.) – 284 – 53 – 5 tentes. Nuitée 29 à 322€ – Sem. 203 à 2 254€
borne artisanale
Pour s'y rendre : au lieu-dit : L'Orpellière (en bordure de plage, accès direct)
À savoir : des emplacements nature près des marais

Nature :
Loisirs : snack, pizzeria, crêperie discothèque balnéo (naturiste le matin)
Services : laverie
À prox. :

Longitude : 3.3213
Latitude : 43.26401

Yelloh! Village Aloha – de fin avr. à mi-sept.
04 67 39 71 30, *info@alohacamping.com*,
Fax 04 67 32 58 15, *www.alohacamping.com*
9,5 ha (470 empl.) plat, herbeux, sablonneux
Tarif : 52€ (10A) – pers. suppl. 8€

Location : (de fin avr. à mi-sept.) (20 mobile homes) – 187 – 12 . Nuitée 231€ – Sem. 1 617€
borne artisanale – 3 52€
Pour s'y rendre : chemin des Dunes (en bord de plage)

Nature :
Loisirs : snack jacuzzi terrain multisports
Services : laverie
À prox. :

Longitude : 3.33941
Latitude : 43.26745

Le Clos Virgile – de déb. mai à mi-sept.
04 67 32 20 64, *contact@leclosvirgile.fr*,
Fax 04 67 32 05 42, *www.leclosvirgile.com*
5 ha (300 empl.) plat, sablonneux, herbeux
Tarif : (Prix 2011) 39€ (10A) – pers. suppl. 7€ – frais de réservation 25€

Location : (Prix 2011) (de déb. mai à mi-sept.) – 80 – 22 . Sem. 270 à 820€ – frais de réservation 25€
Pour s'y rendre : 500 m de la plage

Nature :
Loisirs : pizzeria, snack nocturne jacuzzi
Services :
À prox. :

Longitude : 3.33152
Latitude : 43.27204

Domaine de Beauséjour – de déb. avr. à fin sept.
04 67 39 50 93, *info@camping-beausejour.com*, Fax 04 67 32 01 96, *www.camping-beausejour.com*
10 ha/6 campables (380 empl.) plat, herbeux, sablonneux
Tarif : (Prix 2011) 43€ (10A) – pers. suppl. 7,70€
Location : (Prix 2011) (de déb. avr. à fin sept.) – 80 – 6 . Nuitée 40 à 214€ – Sem. 280 à 1 498€ – frais de réservation 15€
borne artisanale
Pour s'y rendre : en bordure de plage

Nature :
Loisirs : snack nocturne hammam jacuzzi discothèque, espace balnéo couvert base nautique, piste de bi-cross
Services : laverie

Longitude : 3.33692
Latitude : 43.26711

SÈTE

34200 – **339** H8 – 42 972 h. – alt. 4
60, Grand'Rue Mario Roustan 04 99 04 71 71
Paris 787 – Béziers 48 – Lodève 63 – Montpellier 35

Village Center Le Castellas – de fin mars à fin sept.
08 25 00 20 30, *resa@village-center.com*, Fax 04 67 51 63 89, *www.campings.village-center.fr*
– places limitées pour le passage
23 ha (985 empl.) plat, gravillons, sablonneux
Tarif : 42€ (6A) – pers. suppl. 8€ – frais de réservation 5€
Location : (de fin mars à fin sept.) – 833 . Nuitée 36 à 160€ – Sem. 252 à 1 119€ – frais de réservation 5€
Pour s'y rendre : 11 km au sud-ouest par N 112, rte d'Agde, près de la plage
À savoir : les emplacements tentes et caravanes ne sont pas les mieux situés !

Nature :
Loisirs : snack terrain multisports
Services : laverie réfrigérateurs, télévisions
À prox. :

Longitude : 3.57735
Latitude : 43.3378

Utilisez le guide de l'année.

SOMMIÈRES

30250 – **339** J6 – 4 484 h. – alt. 34
5, quai Frédéric Gaussorgues 04 66 80 99 30
Paris 734 – Alès 44 – Montpellier 35 – Nîmes 29

Les Castels Le Domaine de Massereau de déb. avr. à fin oct.
04 66 53 11 20, *info@massereau.fr*, Fax 04 11 71 50 20, *www.massereau.fr*
90 ha/7,7 campables (120 empl.) plat, peu incliné, herbeux, pierreux
Tarif : 41,90€ (16A) – pers. suppl. 10€ – frais de réservation 22€
Location : (de déb. avr. à fin oct.) – 35 – 24 – 1 appartement. Nuitée 38 à 111€ – Sem. 267 à 1 193€ – frais de réservation 22€
borne eurorelais 2€
Pour s'y rendre : 1990 rte d'Aubais (Les Hauteurs de Sommières)
À savoir : au milieu d'un domaine viticole traversé par une piste cyclabe (Sommières-Nîmes)

Nature :
Loisirs : snack hammam jacuzzi terrain multisports, parcours de santé
Services : laverie
À prox. :

Longitude : 4.09735
Latitude : 43.76574

Municipal de Garanel de déb. avr. à fin sept.
04 66 80 33 49, *campingmunicipal.sommieres@wanadoo.fr*
7 ha (60 empl.) plat, pierreux, sablonneux
Tarif : (Prix 2011) 14,55€ (10A) – pers. suppl. 3,60€ – frais de réservation 16€
Pour s'y rendre : derrière les arènes, près du Vidourle

Nature :
Services :
À prox. : pizzeria canoë

Longitude : 4.08945
Latitude : 43.78355

LA TAMARISSIÈRE

34300 – **339** F9

Paris 761 – Montpellier 62 – Béziers 24 – Narbonne 54

La Tamarissière de déb. avr. à mi-sept.
04 67 94 79 46, *contact@camping-latama.com*,
Fax 04 67 94 78 23, *www.camping-latama.com*
10 ha (700 empl.) plat, vallonné, peu incliné, sablonneux, herbeux
Tarif : (Prix 2011) 28,30€ – pers. suppl. 4,75€ – frais de réservation 26€

Location : (Prix 2011) (de déb. avr. à mi-sept.) – 60 – 30 tentes. Nuitée 40 à 60€ – Sem. 280 à 735€ – frais de réservation 26€
borne artisanale
Pour s'y rendre : 4 r. du Commandant Malet

À savoir : situation agréable sous les pins et au bord de mer

Nature :
Loisirs : terrain multisports
Services : laverie cases réfrigérées
À prox. : pizzeria sandwicherie

Longitude : 3.44249
Latitude : 43.28821

Renouvelez votre guide chaque année.

TORREILLES-PLAGE

66440 – **344** I6

1, avenue la Méditerranée 04 68 28 41 10

Paris 853 – Montpellier 157 – Perpignan 20 – Carcassonne 119

Sunêlia Les Tropiques – de déb. avr. à fin sept.
04 68 28 05 09, *contact@campinglestropiques.com*,
Fax 04 68 28 48 90, *www.campinglestropiques.com*
8 ha (450 empl.) plat, sablonneux, pierreux, herbeux
Tarif : 48,50€ (10A) – pers. suppl. 9,20€ – frais de réservation 30€

Location : (de déb. avr. à fin sept.) (2 mobiles home) – 220 – 20 – 2 tentes. Nuitée 41 à 127€ – Sem. 287 à 889€ – frais de réservation 30€
borne artisanale 4€ – 16€
Pour s'y rendre : bd de la Plage (à 300 m de la plage)

Nature :
Loisirs : snack discothèque, point informations touristiques terrain multisports
Services : laverie
À prox. :

Longitude : 3.02972
Latitude : 42.7675

Mar I Sol – de fin mars à fin sept.
04 68 28 04 07, *marisol@camping-marisol.com*,
Fax 04 68 28 18 23, *www.camping-marisol.com* – places limitées pour le passage
7 ha (377 empl.) plat, sablonneux, herbeux
Tarif : 56€ (10A) – pers. suppl. 10,20€ – frais de réservation 49,50€

Location : (de fin mars à fin sept.) – 150 – 12. Nuitée 29 à 179€ – Sem. 203 à 1 253€ – frais de réservation 49,50€
Pour s'y rendre : bd de la Plage (150 m de la plage - accès direct)

Nature :
Loisirs : snack hammam jacuzzi discothèque terrain multisports
Services : laverie
À prox. :

Longitude : 3.03327
Latitude : 42.76746

Le Calypso – de mi-avr. à fin sept.
04 68 28 09 47, *camping.calypso@wanadoo.fr*,
Fax 04 68 28 24 76, *www.camping-calypso.com*
6 ha (326 empl.) plat, sablonneux, pierreux, herbeux
Tarif : (Prix 2011) 46€ (6A) – pers. suppl. 9€ – frais de réservation 30€

Location : (Prix 2011) (de mi-avr. à fin sept.) – 78 – 28. Nuitée 35 à 190€ – Sem. 196 à 1 330€ – frais de réservation 30€
9
Pour s'y rendre : bd de la Plage

À savoir : belle pataugeoire ludique

Nature :
Loisirs : snack, pizzeria, crêperie jacuzzi terrain multisports
Services : (juil.-août) – 9 sanitaires individuels (wc) laverie cases réfrigérées
À prox. :

Longitude : 3.03043
Latitude : 42.77128

Le Trivoly – de déb. avr. à fin sept.
02 51 33 05 05, *info@chadotel.com*, Fax 02 51 33 94 04, *www.chadotel.com* – places limitées pour le passage
8 ha (270 empl.) plat, sablonneux, gravillons, herbeux
Tarif : 32,50€ (10A) – pers. suppl. 5,90€ – frais de réservation 25€

Location : (de déb. avr. à fin sept.) – 68. Sem. 199 à 885€ – frais de réservation 25€
borne artisanale – 14€
Pour s'y rendre : bd de la Plage

Nature :
Loisirs : snack, pizzeria terrain multisports
Services : laverie

Longitude : 3.02694
Latitude : 42.76556

La Palmeraie de déb. avr. à mi-sept.
04 68 28 20 64, *info@homair.com*, Fax 04 68 59 67 41, *www.homair.com*
4,5 ha (242 empl.) plat, sablonneux, herbeux
Tarif : (Prix 2011) 36€ (10A) – pers. suppl. 8,50€ – frais de réservation 10€

Location : (Prix 2011) (de déb. avr. à mi-sept.) – 180. Nuitée 23 à 101€ – Sem. 161 à 707€ – frais de réservation 10€
Pour s'y rendre : bd de la Plage
À savoir : décoration arbustive et florale

Nature :
Loisirs : snack, pizzeria nocturne terrain multi-sports
Services : laverie cases réfrigérées
À prox. :

Longitude : 3.02806
Latitude : 42.76361

TRÈBES

11800 – **344** F3 – 5 643 h. – alt. 84
12, avenue Pierre Curie 04 68 78 89 50
Paris 776 – Carcassonne 8 – Conques-sur-Orbiel 9 – Lézignan-Corbières 28

A l'Ombre des Micocouliers de déb. avr. à fin sept.
04 68 78 61 75, *infos@campingmicocouliers.com*, Fax 04 68 78 88 77, *www.campingmicocouliers.com*
1,5 ha (70 empl.) plat, sablonneux, herbeux
Tarif : (Prix 2011) 18€ (16A) – pers. suppl. 5,20€

Location : (Prix 2011) (de déb. avr. à fin sept.) – 5 bungalows toilés. Nuitée 40€ – Sem. 420€
borne artisanale 5€
Pour s'y rendre : chemin de la Lande (au bord de l'Aude)

Nature :
Loisirs :
Services :
À prox. : terrain multi-sports, skate-parc

Longitude : 2.44456
Latitude : 43.20476

352

Pour une meilleure utilisation de cet ouvrage, LISEZ ATTENTIVEMENT les premières pages du guide.

UZÈS

30700 – **339** L4 – 8 088 h. – alt. 138
place Albert 1er 04 66 22 68 88
Paris 682 – Alès 34 – Arles 52 – Avignon 38

Le Moulin Neuf – de déb. avr. à mi-sept.
04 66 22 17 21, *lemoulinneuf@yahoo.fr*, Fax 04 66 22 91 82, *www.le-moulin-neuf.fr*
5 ha (140 empl.) plat, terrasse, herbeux
Tarif : 23€ (5A) – pers. suppl. 6,20€ – frais de réservation 10€

Location : (permanent) – 34. Nuitée 40 à 100€ – Sem. 250 à 650€ – frais de réservation 10€
borne artisanale – 15€
Pour s'y rendre : à Saint-Quentin-La-Poterie (4,5 km au nord-est par D 982, rte de Bagnols-sur-Cèze et D 5 à gauche)

Nature :
Loisirs : snack terrain multisports
Services :
À prox. :

Longitude : 4.45569
Latitude : 44.0321

Le Mas de Rey de déb. avr. à mi-oct.
04 66 22 18 27, *info@campingmasderey.com*,
Fax 09 55 68 18 33, *www.campingmasderey.com*
5 ha/2,5 campables (60 empl.) plat, herbeux
Tarif : (Prix 2011) 26 € (10A) –
pers. suppl. 7 € – frais de réservation 10 €

Location : (Prix 2011) (de déb. avr. à mi-oct.) – 4 – 2 tentes. Sem. 375 à 825 € – frais de réservation 10 €
Pour s'y rendre : rte d'Anduze (3 km au sud-ouest par D 982)

Nature :
Loisirs :
Services :
À prox. :

Longitude : 4.38471
Latitude : 43.99806

VALLABRÈGUES

30300 – **339** M5 – 1 289 h. – alt. 8
Paris 698 – Arles 26 – Avignon 22 – Beaucaire 9

Lou Vincen de déb. avr. à fin oct.
04 66 59 21 29, *campinglouvincen@wanadoo.fr*,
Fax 04 66 59 07 41, *www.campinglouvincen.com*
1,4 ha (75 empl.) plat, herbeux
Tarif : 23,40 € (6A) – pers. suppl. 6,80 €
– frais de réservation 17 €

Location : (de mi-avr. à mi-oct.) – 10 . Sem. 256 à 700 € – frais de réservation 17 €
borne artisanale – 60 15,10 €
Pour s'y rendre : à l'ouest du bourg, à 100 m du Rhône et d'un petit lac

Nature :
Loisirs :
Services :
À prox. :

Longitude : 4.62546
Latitude : 43.85493

Vermelding in deze gids gebeurt geheel kosteloos en is in geen geval te danken aan het betalen van een premie of aan een gunst.

VALLERAUGUE

30570 – **339** G4 – 1 081 h. – alt. 346
quartier des Horts 04 67 82 25 10
Paris 684 – Mende 100 – Millau 75 – Nîmes 86

Le Pied de l'Aigoual
04 67 82 24 40, *monteils30@aol.com*, Fax 04 67 82 24 23
2,7 ha (80 empl.) plat, herbeux

Location : – gîtes.
Pour s'y rendre : au lieu-dit : Domaine de Pateau (2,2 km à l'ouest par D 986, rte de l'Espérou, à 60 m de l'Hérault)

Nature :
Loisirs :
Services :

Longitude : 3.63805
Latitude : 44.08072

VALRAS-PLAGE

34350 – **339** E9 – 4 391 h. – alt. 1
square René Cassin 04 67 32 36 04
Paris 767 – Agde 25 – Béziers 16 – Montpellier 76

Domaine de La Yole – de fin avr. à mi-sept.
04 67 37 33 87, *infocamping@layolewineresort.com*,
Fax 04 67 37 44 89, *www.campinglayole.com*
23 ha (1273 empl.) plat, herbeux, sablonneux
Tarif : 51 € (5A) – pers. suppl. 8,90 € – frais de réservation 30 €

Location : (de fin avr. à mi-sept.) (mobile homes) – 270 – 48 . Nuitée 56 à 204 € – Sem. 392 à 1 428 € – frais de réservation 30 €
Pour s'y rendre : 2 km au sud-ouest, à 500 m de la plage
À savoir : vignoble attenant et restaurant "auberge-ferme découverte"

Nature :
Loisirs : snack terrain multisport, parc aventure
Services : laverie
À prox. :

Longitude : 3.27181
Latitude : 43.23639

Le Méditerranée de déb. mai à mi-sept.
04 67 37 34 29, *service@camping-le-mediterranee.com*, Fax 04 67 37 58 47, *www.camping-le-mediterranee.com*
4,5 ha (367 empl.) plat, herbeux, sablonneux
Tarif : (Prix 2011) 42,50€ (6A) – pers. suppl. 8€
Location : (Prix 2011) (de déb. mai à mi-sept.) – 65 – 10 – 5 mobile homes (sans sanitaire). Nuitée 95 à 115€ – Sem. 310 à 885€
Pour s'y rendre : rte de Vendres (1,5 km au sud-ouest, à 200 m de la plage)

Nature :
Loisirs : pizzeria, snack terrain multisports
Services : laverie réfrigérateurs
À prox. : (centre équestre)

Longitude : 3.27114
Latitude : 43.23625

La Plage et du Bord de Mer – de mi-mai à mi-sept.
04 67 37 34 38, *contact@campinglaplage.net*, *www.campinglaplage.net*
13 ha (655 empl.) plat, herbeux, sablonneux
Tarif : 39€ (10A) – pers. suppl. 6€ – frais de réservation 30€
Location : (de mi-mai à mi-sept.) – 44 . Nuitée 40 à 180€ – Sem. 280 à 1 260€ – frais de réservation 30€
borne artisanale
Pour s'y rendre : rte de Vendres (1,5 km au sud-ouest, au bord de mer)
À savoir : sanitaires entretenus mais un peu démodés !

Nature :
Loisirs : snack terrain multisports
Services : laverie
À prox. :

Longitude : 3.27114
Latitude : 43.23625

Lou Village – de fin avr. à déb. sept.
04 67 37 33 79, *info@louvillage.com*, Fax 04 67 37 53 56, *www.louvillage.com* – places limitées pour le passage
8 ha (450 empl.) plat, sablonneux, herbeux, étangs
Tarif : 49,70€ (10A) – pers. suppl. 8,80€ – frais de réservation 30€
Location : (de fin avr. à mi-sept.) – 95 – 25 . Nuitée 160€ – Sem. 1 127€ – frais de réservation 30€
borne artisanale
Pour s'y rendre : chemin des Montilles (2 km au sud-ouest, à 100 m de la plage (accès direct))

Nature :
Loisirs : snack nocturne
Services :
À prox. : jet-ski

Longitude : 3.26046
Latitude : 43.23386

Les Foulègues de mi-avr. à fin sept.
04 67 37 33 65, *info@campinglesfoulegues.com*, Fax 04 67 37 54 75, *www.campinglesfoulegues.com*
5,3 ha (339 empl.) plat, herbeux, sablonneux
Tarif : (Prix 2011) 47€ (6A) – pers. suppl. 8,50€ – frais de réservation 33€
Location : (Prix 2011) (de fin avr. à mi-sept.) – 26 – 7 . Sem. 280 à 910€ – frais de réservation 33€
Pour s'y rendre : à Grau-de-Vendres, av. du Port (5 km au sud-ouest, à 400 m de la plage)

Nature :
Loisirs : snack, pizzeria
Services :
À prox. :

Longitude : 3.24222
Latitude : 43.22575

*De categorie (1 tot 5 tenten, in **zwart** of **rood**) die wij aan de geselekteerde terreinen in deze gids toekennen, is onze eigen indeling.*
Niet te verwarren met de door officiële instanties gebruikte classificatie (1 tot 5 sterren).

VERNET-LES-BAINS

66820 – **344** F7 – 1 480 h. – alt. 650 – (mi-mars-fin nov.)
2, rue de la Chapelle 04 68 05 55 35
Paris 904 – Mont-Louis 36 – Perpignan 57 – Prades 11

L'Eau Vive de déb. mai à fin sept.
04 68 05 54 14, *contact@leauvive-camping.com*, Fax 04 68 05 78 14, *www.leauvive-camping.com*
2 ha (90 empl.) peu incliné, plat, herbeux
Tarif : 25€ (10A) – pers. suppl. 3,50€ – frais de réservation 15€
Location : (de déb. mai à fin sept.) – 5 – 8 . Nuitée 80€ – Sem. 545€ – frais de réservation 15€
Pour s'y rendre : chemin St Saturnin (sortie vers Sahorre puis apr. le pont 1,3 km par av. St-Saturnin à dr., près du Cady)
À savoir : dans un site agréable - bassin biologique

Nature :
Loisirs : snack (soir) (bassin)
Services :

Longitude : 2.38072
Latitude : 42.55068

VERS PONT DU GARD

30210 – **339** M5 – 1 609 h. – alt. 40
Paris 698 – Montpellier 81 – Nîmes 26 – Avignon 27

FranceLoc Gorges du Gardon – de déb. avr. à fin sept.
04 66 22 81 81, *gorges-gardon@franceloc.fr*, Fax 04 66 22 90 12, *www.campings-franceloc.fr*
4 ha (190 empl.) plat, pierreux, herbeux
Tarif : (Prix 2011) 29€ (6A) – pers. suppl. 5€
Location : (Prix 2011) (de déb. avr. à fin sept.) – 72 – 4 . Nuitée 33 à 154€ – Sem. 133 à 1 078€
borne autre
Pour s'y rendre : 762 chemin Barque-Vieille

Nature :
Loisirs : snack, pizzeria
Services : réfrigérateurs

Longitude : 4.51766
Latitude : 43.95599

The Guide changes, so renew your guide every year.

VIAS-PLAGE

34450 – **339** F9 – 5 386 h. – alt. 10
avenue de la Méditerranée 04 67 21 76 25
Paris 752 – Agde 5 – Béziers 19 – Narbonne 46

Yelloh! Village Club Farret – de fin mars à fin sept.
04 67 21 64 45, *farret@wanadoo.fr*, Fax 04 67 21 70 49, *www.camping-farret.com*
7 ha (437 empl.) plat, sablonneux, herbeux
Tarif : 52€ (6A) – pers. suppl. 9€
Location : (de fin mars à fin sept.) – 270 – 70 . Nuitée 42 à 165€ – Sem. 294 à 1 155€
Pour s'y rendre : chemin des Rosses (au bord de plage)
À savoir : joli village de mobil-homes

Nature :
Loisirs : pizzeria, grill salle d'animation
Services : laverie
À prox. : poneys

Longitude : 3.41859
Latitude : 43.29134

Le Napoléon – de déb. avr. à fin sept.
04 67 01 07 80, *reception@camping-napoleon.fr*, Fax 04 67 01 07 85, *www.camping-napoleon.fr*
3 ha (239 empl.) plat, herbeux, sablonneux
Tarif : 46€ (10A) – pers. suppl. 8€ – frais de réservation 28€
Location : (de déb. avr. à fin sept.) – 61 – 34 – 10 appartements – 4 bungalows toilés. Nuitée 42 à 121€ – Sem. 294 à 847€ – frais de réservation 28€
borne artisanale 21€ – 4 21€
Pour s'y rendre : 1171 av. de la Méditerranée (250 m de la plage)

Nature :
Loisirs : snack hammam terrain multisports
Services : laverie cases réfrigérées
À prox. : discothèque parcours sportif, parc d'attractions

Longitude : 3.41661
Latitude : 43.29179

Méditerranée-Plage de déb. avr. à fin sept.
✆ 04 67 90 99 07, *contact@mediterranee-plage.com*, Fax 04 67 90 99 17, *www.mediterranee-plage.com*
9,6 ha (490 empl.) plat, herbeux, sablonneux
Tarif : 41,80€ (6A) – pers. suppl. 7,60€ – frais de réservation 25€

Location : (de déb. avr. à fin sept.) (mobile home) (de déb. juil. à fin août) – 230. Sem. 260 à 1 250€ – frais de réservation 25€
borne eurorelais
Pour s'y rendre : Côte Ouest (6 km au sud-ouest par D 137e 2, au bord de plage)

À savoir : cadre agréable en bordure de mer et services de qualité

Nature :
Loisirs : snack terrain multisports
Services : laverie

Longitude : 3.37106
Latitude : 43.28202

Les Flots Bleus – de mi-avr. à mi-sept.
✆ 04 67 21 64 80, *campinglesflotsbleus@wanadoo.fr*, Fax 04 67 01 78 12, *www.camping-flotsbleus.com*
5 ha (298 empl.) plat, herbeux, sablonneux
Tarif : (Prix 2011) 33€ (6A) – pers. suppl. 5,50€ – frais de réservation 22€

Location : (Prix 2011) (permanent) (de déb. juil. à fin août) – 90 – 20. Sem. 190 à 639€ – frais de réservation 22€
borne artisanale 5€
Pour s'y rendre : Côte Ouest (au sud-ouest, au bord de plage)

À savoir : gestion commune avec le camping France Floride, mitoyen

Nature :
Loisirs : snack nocturne terrain multisports
Services : laverie

Longitude : 3.4055
Latitude : 43.29

Cap Soleil – de déb. avr. à mi-oct.
✆ 04 67 21 64 77, *cap.soleil@wanadoo.fr*, Fax 04 67 21 70 66, *www.capsoleil.fr* – places limitées pour le passage
4,5 ha (288 empl.) plat, herbeux
Tarif : (Prix 2011) 35€ (10A) – pers. suppl. 10€ – frais de réservation 25€

Location : (Prix 2011) (de déb. avr. à fin sept.) (mobile home) – 50. Nuitée 100€ – Sem. 980€ – frais de réservation 25€
25 35€
Pour s'y rendre : Côte Ouest, chemin de la Grande Cosse (600 m de la plage)

À savoir : la piscine couverte (découverte l'été) est réservée au naturisme juillet-août

Nature :
Loisirs : snack (découverte en saison) terrain multisports
Services : – 8 sanitaires individuels (wc) laverie réfrigérateurs
À prox. :

Longitude : 3.41711
Latitude : 43.31286

Californie Plage – de déb. avr. à fin sept.
✆ 04 67 21 64 69, *californie.plage@wanadoo.fr*, Fax 04 67 21 54 62, *www.californie-plage.fr*
5,8 ha (371 empl.) plat, herbeux, sablonneux
Tarif : 40€ (10A) – pers. suppl. 8€ – frais de réservation 25€

Location : (Prix 2011) (de déb. avr. à fin sept.) – 120. Nuitée 27 à 126€ – Sem. 189 à 882€ – frais de réservation 25€
Pour s'y rendre : Côte Ouest (au sud-ouest par D 137e et chemin à gauche, au bord de plage)

À savoir : accès gratuit au parc aquatique du camping Cap-Soleil (à 100 m)

Nature :
Loisirs : snack, pizzeria terrain multi-sports
Services : laverie cases réfrigérées
À prox. :

Longitude : 3.39843
Latitude : 43.29051

Benutzen Sie
– zur Wahl der Fahrtroute
– zur Berechnung der Entfernungen
– zur exakten Lokalisierung eines Campingplatzes (mit Hilfe der Angaben im Ortstext) die für diesen Führer unentbehrlichen ***MICHELIN-Karten.***

L'Air Marin – de mi-avr. à mi-sept.
0467216490, *info@camping-air-marin.fr*,
Fax 0467217679, *www.camping-air-marin.fr* – places limitées pour le passage
5,5 ha (305 empl.) plat, herbeux, sablonneux
Tarif : 40€ (6A) – pers. suppl. 8€ – frais de réservation 22€
Location : (de mi-avr. à mi-sept.) – 60 – 25 . Sem. 280 à 920€ – frais de réservation 22€
Pour s'y rendre : près du Canal du Midi

Nature :
Loisirs : brasserie, snack nocturne terrain multisports, canoë, barques
Services : laverie
À prox. : parc d'attractions

Longitude : 3.42129
Latitude : 43.30076

Hélios de déb. mai à fin sept.
0467216366, *franceschi.louis@wanadoo.fr*,
Fax 0467216366, *www.camping-helios.com*
2,5 ha (215 empl.) plat, sablonneux, herbeux
Tarif : 30€ (6A) – pers. suppl. 5€ – frais de réservation 10€
Location : (de déb. mai à fin sept.) – 20 – 6 – 4 bungalows toilés. Sem. 150 à 580€ – frais de réservation 20€
Pour s'y rendre : av. des Pêcheurs (près du Libron, à 250 m de la plage)

Nature :
Loisirs : snack
Services :

Longitude : 3.40764
Latitude : 43.29115

Club Ste Cécile (location exclusive de mobile homes) de mi-avr. à mi-sept.
0467216370, *campingsaintececile@wanadoo.fr*,
Fax 0467214871, *www.camping-sainte-cecile.com*
2 ha (194 empl.) plat, sablonneux, herbeux
Location : – 99 . Nuitée 50 à 122€ – Sem. 230 à 850€ – frais de réservation 25€
Pour s'y rendre : av. des Pêcheur (près du Libron, à 500 m de la plage)

Nature :
Loisirs : snack, pizzeria
Services :
À prox. :

Longitude : 3.40858
Latitude : 43.29395

Le Petit Mousse – (location exclusive de chalets, mobile homes et caravanes) de mi-mai à fin sept.
0467909904, *campinglepetitmousse@vacances-directes.com*, Fax 0467909795, *www.vacances-directes.com*
5,2 ha (365 empl.) plat, sablonneux, herbeux
Location : – 321 – 6 . Nuitée 45 à 134€ – Sem. 315 à 938€ – frais de réservation 15€
Pour s'y rendre : rte de la Grande Cosse

Nature :
Loisirs : pizzeria, snack
Services : laverie

Longitude : 3.40147
Latitude : 43.28994

LE VIGAN

30120 – **339** G5 – 4 011 h. – alt. 221
place du Marché 0467810172
Paris 707 – Alès 66 – Lodève 50 – Mende 108

Le Val de l'Arre de déb. avr. à fin sept.
0467810277, *valdelarre@wanadoo.fr*,
Fax 0467817123, *www.valdelarre.com*
4 ha (180 empl.) plat, peu incliné et en terrasses, herbeux
Tarif : (Prix 2011) 21,90€ (10A) – pers. suppl. 5,70€ – frais de réservation 15€
Location : (Prix 2011) (de déb. avr. à fin sept.) – 35 – 1 gîte. Nuitée 27 à 93€ – Sem. 189 à 651€ – frais de réservation 15€
borne artisanale 3€ – 11€
Pour s'y rendre : au lieu-dit : Roudoulouse, rte du Pont de la Croix (2,5 km à l'est par D 999, rte de Ganges et chemin à droite, au bord de l'Arre)

Nature :
Loisirs :
Services :

Longitude : 3.63751
Latitude : 43.99128

En juillet et août, beaucoup de terrains affichent complets et leurs emplacements retenus longtemps à l'avance. N'attendez pas le dernier moment pour réserver.

LES VIGNES

48210 – **330** H9 – 94 h. – alt. 410
le village *04 66 48 80 90*
Paris 615 – Mende 52 – Meyrueis 33 – Le Rozier 12

Village Vacances Castel de la Peyre (location exclusive de maisonnettes) Permanent
04 66 48 48 48, *sla@lozere-resa.com*, Fax 04 66 65 03 55, *www.lozere-resa.com*
1 ha non clos, en terrasses
Location : (Prix 2011) – 10 . Sem. 169 à 529€ – frais de réservation 20€
À savoir : joli petit village de maisonnettes en pierre

Nature :
Loisirs :
Services :

Longitude : 3.22916
Latitude : 44.27904

La Blaquière de déb. mai à fin sept.
04 66 48 54 93, *contact@campingblaquiere.fr*, *www.campinggorgesdutarn.fr*
1 ha (72 empl.) plat, en terrasses, herbeux, pierreux, sablonneux
Tarif : 20,30€ (6A) – pers. suppl. 5€ – frais de réservation 13€
Location : (de déb. mai à fin sept.) – 10 – 3 bungalows toilés. Nuitée 38 à 101€ – Sem. 232 à 610€ – frais de réservation 13€
Pour s'y rendre : . (6 km au nord-est par D 907bis, au bord du Tarn)

Nature :
Loisirs :
Services :
À prox. : canoë-kayak

Longitude : 3.2685
Latitude : 44.3042

Ihre Meinung über die von uns empfohlenen Campingplätze interessiert uns. Teilen Sie uns Ihre Erfahrungen mit und schreiben Sie uns auch, wenn Sie eine gute Entdeckung gemacht haben.

VILLEFORT

48800 – **330** L8 – 634 h. – alt. 600
rue de l'Église *04 66 46 87 30*
Paris 616 – Alès 52 – Aubenas 61 – Florac 63

Morangiés - Le Lac de déb. mai à fin sept.
04 66 46 81 27, *camping-lac@orange.fr*, Fax 04 66 46 81 27, *www.camping-lac-cevennes.com*
4 ha (75 empl.) en terrasses, herbeux, gravillons
Tarif : (Prix 2011) 14,50€ (10A) – pers. suppl. 3,80€
Location : (permanent) – 33 – 19 . Nuitée 60 à 75€ – Sem. 210 à 632€
Pour s'y rendre : à Morangiés (3,4 km au nord par D 901, rte de Mende, D 906, rte de Prévenchère et à gauche chemin de Pourcharesses)
À savoir : agréable situation au bord du lac et d'une base nautique

Nature :
Loisirs :
Services :
À prox. : canoë

Longitude : 3.92812
Latitude : 44.46183

La Palhère de déb. mai à fin sept.
04 66 46 80 63, *campinglapalhere@orange.fr*, Fax 04 66 46 80 63, *http://www.everyoneweb.fr/campinglapalhere/* – alt. 750
1,8 ha (45 empl.) en terrasses, herbeux, pierreux
Tarif : (Prix 2011) 15€ (4A) – pers. suppl. 5€
Location : (Prix 2011) (de déb. mai à fin sept.) – 4 roulottes – 1 gîte. Nuitée 60 à 80€ – Sem. 385 à 580€
borne artisanale
Pour s'y rendre : rte du Mas de la Barque (4 km au sud-ouest par D 66, au bord d'un torrent)

Nature :
Loisirs : snack
Services :
À prox. :

Longitude : 3.91993
Latitude : 44.4377

VILLEGLY

11600 – **344** F3 – 860 h. – alt. 130
Paris 778 – Lézignan-Corbières 36 – Mazamet 46 – Carcassonne 14

Moulin de Ste-Anne de déb. avr. à fin oct.
04 68 72 20 80, *campingstanne@wanadoo.fr*, Fax 04 68 72 27 15, *www.moulindesainteanne.com*
1,6 ha (60 empl.) terrasse, plat, peu incliné, herbeux
Tarif : 27 € (10A) – pers. suppl. 5,10 € – frais de réservation 17 €
Location : (de déb. avr. à fin oct.) – 15. Sem. 300 à 600 € – frais de réservation 17 €
borne autre 5 € – 13.50 €
Pour s'y rendre : 2 chemin de Sainte-Anne (sortie est par D 435, rte de Villarzel)

Nature :
Loisirs : pizzeria terrain multisports
Services :

Longitude : 2.44347
Latitude : 43.28374

VILLEMOUSTAUSSOU

11620 – **344** F3 – 3 082 h. – alt. 114
Paris 775 – Montpellier 164 – Carcassonne 6 – Perpignan 129

Das Pinhiers de déb. mars à fin oct.
04 68 47 81 90, *campindaspinhiers@wanadoo.fr*, Fax 04 68 71 43 49, *www.camping-carcassonne.net*
2 ha (72 empl.) plat, peu incliné, en terrasses, herbeux
Tarif : 17,30 € (10A) – pers. suppl. 4,70 € – frais de réservation 15 €
Location : (de déb. avr. à fin sept.) – 16 – 3 bungalows toilés. Nuitée 38 à 102 € – Sem. 220 à 610 € – frais de réservation 15 €
borne artisanale 3,90 € – 11.25 €
Pour s'y rendre : 583 chemin du Pont Neuf (1 km au nord)
À savoir : cadre agréable et fleuri

Nature :
Loisirs :
Services :
À prox. :

Longitude : 2.36708
Latitude : 43.25758

VILLENEUVE-DE-LA-RAHO

66180 – **344** I7 – 3 763 h. – alt. 60
plage touristique 04 68 55 91 05
Paris 859 – Argelès-sur-Mer 16 – Céret 28 – Perpignan 10

Municipal les Rives du Lac
04 68 55 83 51, *camping.villeneuveraho@wanadoo.fr*, Fax 04 68 55 86 37
3 ha (158 empl.) plat, herbeux
Location : – 9 – 7 bungalows toilés.
borne artisanale

Nature :
Loisirs : snack
Services : laverie
À prox. :

Longitude : 2.91817
Latitude : 42.63605

VILLENEUVE-LÈS-AVIGNON

30400 – **339** N5 – 12 644 h. – alt. 23
1, place Charles David 04 90 25 61 33
Paris 678 – Avignon 8 – Nîmes 46 – Orange 28

Campéole L'Ile des Papes – de mi-mars à fin oct.
04 90 15 15 90, *ile-des-papes@campeole.com*, Fax 04 90 15 15 91, *www.avignon-camping.com*
20 ha (210 empl.) plat, pierreux, herbeux, étang
Tarif : 29,50 € (10A) – pers. suppl. 5,50 €
Location : (de mi-fév. à mi-déc.) – 117 – 76 bungalows toilés. Nuitée 31 à 75 € – Sem. 217 à 519 €
borne sanistation – 5 15 € – 22.86 €
Pour s'y rendre : Barrage de Villeneuve (4,5 km au nord-est par D 980, rte de Roquemaure et D 780 à dr., rte du barrage de Villeneuve, entre le Rhône et le canal)

Nature :
Loisirs : snack (midi)
Services : laverie

Longitude : 4.81826
Latitude : 43.99383

Municipal de la Laune de déb. avr. à mi-oct.
04 90 25 76 06, *campingdelalaune@wanadoo.fr*,
Fax 04 90 25 76 06, *www.camping-villeneuvelezavignon.com*
2,3 ha (123 empl.) plat, pierreux, herbeux
Tarif : 5,60€ 3,50€ 7,50€ – (6A) 3,10€ – frais de réservation 35€
borne artisanale 4,50€
Pour s'y rendre : chemin Saint Honore (au nord-est, accès par D 980, près du stade et des piscines)

Nature :
Loisirs :
Services :
À prox. : piste de skate

Longitude : 4.79711
Latitude : 43.96331

VILLENEUVE-LÈS-BÉZIERS

34420 – **339** E9 – 3 699 h. – alt. 6
24, rue la Fontaine 04 67 39 48 83
Paris 762 – Montpellier 66 – Béziers 7 – Narbonne 40

Les Berges du Canal de mi-mars à mi-oct.
04 67 39 36 09, *contact@lesbergesducanal.com*,
Fax 04 67 39 82 07, *www.lesbergesducanal.com*
3 ha (102 empl.) plat, herbeux, pierreux
Tarif : (Prix 2011) 17€ (16A) – pers. suppl. 5€ – frais de réservation 20€
Location : (Prix 2011) (de mi-mars à mi-oct.) – 25 . Nuitée 79€ – Sem. 470€ – frais de réservation 20€
borne sanistation – 15 18€
Pour s'y rendre : promenade des Vernets
À savoir : au bord du Canal du Midi

Nature :
Loisirs : snack terrain multisports, ponton d'amarrage, halte nautique
Services : laverie
À prox. :

Longitude : 3.2878
Latitude : 43.31594

S. Sauvignier/Michelin

Les citadins en mal de verdure viennent goûter en Limousin la simplicité de joies bucoliques : humer l'air vivifiant du plateau de Millevaches, flâner le long de rivières poissonneuses, se perdre dans les bois à la recherche de champignons... Et s'extasier devant les placides boeufs à la robe « froment vif » ou le spectacle attendrissant des agneaux tétant leur mère. En automne la forêt se pare d'une éblouissante palette d'ocres, de rouges et de bruns profonds sous-tendue de reflets mordorés, qui a inspiré bien des peintres. Détenteurs de savoir-faire ancestraux — émaux, porcelaines, tapisseries — bourgs et cités paisibles ne s'en ouvrent pas moins à l'art contemporain. Les plaisirs de la table ? Authentiques, comme la région : soupe au lard, pâté de pommes de terre, potée et... viandes exquises !

Life in Limousin is lived as it should be: tired Parisians in need of greenery come to rediscover the simple joys of country life, breathe the bracing air of its high plateaux and wander through its woodlands in search of mushrooms and chestnuts. The sight of peacefully grazing cattle or lambs frolicking in a spring meadow will rejuvenate the most jaded city-dweller. Come autumn, the forests are swathed in colour: a perfect backdrop to the granite and sandstone of the peaceful towns and villages, where ancestral crafts, like Limoges porcelain and Aubusson tapestries, blend a love of tradition with an enthusiasm for the best of the new. The food is as wholesome as the region: savoury bacon soup, Limousin stew and, as any proud local will tell you, the most tender, succulent beef in the world.

Localité citée avec camping
Localité citée avec camping et locatif
Vannes
Localité disposant d'un camping avec aire de services camping-car
Moyaux
Localité disposant d'au moins un terrain agréable
Aire de service pour camping-car sur autoroute
St-Pierre-de-Maillé
VAL DE L'INDRE
Neuvy-St-Sépulchre
Gargilesse-Dampierre
la Châtre
Châteaumeillant
Baraize
Éguzon
Fougères
D 943
A 20
Boussac-Bourg
Treignat
Cromac
la Celle-Dunoise
le Bourg-d'Hem
Châtelus-Malvaleix
BOIS MANDÉ
BOIS MANDÉ
N 147
Clain
Gartempe
Magnac-Laval
N 145
N 145
Évaux-les-Bains
Availles-Limouzine
Guéret
Châteauponsac
Bellac
Bessines-s-Gartempe
St-Pardoux
CREUSE
Confolens
Razès
D 948
D 941
Aubusson
St-Laurent-les-Églises
Taurion
St-Martin-Terressus
LIMOGES
N 141
Pressignac
Rochechouart
Vienne
Royère-de-Vassivière
D 941
St-Léonard-de-Noblat
Bujaleuf
Le Lindois
Videix
N 21
Aixe-s-Vienne
Pierre-Buffière
Vienne
Eymoutiers
HAUTE-VIENNE
Châteauneuf-la-Fôret
St-Hilaire-les-Places
Nexon
Bussière-Galant
Ladignac-le-Long
A 20
St-Germain-les-Belles
A 89
Mialet
Chamberet
Ussel
Tauves
St-Saud-Lacoussière
Singles
St-Yrieix-la-Perche
Nontron
Masseret
Treignac
Bagnols
PORTE DE CORRÈZE
Vézère
Corrèze
Uzerche
Vieux-Mareuil
Thiviers
Angoisse
St-Pardoux-Corbier
CORRÈZE
A 89
Palisse
Liginiac
Lanobre
N 120
Neuvic
Brantôme
Lanouaille
N 21
Dronne
Au Vézère
Vigeois
Seilhac
Corrèze
A 20
Saignes
Antonne-et-Trigonant
D 939
Objat
A 89
Hautefort
Isle
Cornille
Tulle
D 922
ST-LAURENT DU MANOIRE
St-Antoine-d'Auberoche
PAYS DE BRIVE
Donzenac
Dordogne
Périgueux
Peyrignac
Terrasson-Lavilledieu
Aubazines
Auriac
Mauriac
Atur
A 89
Thenon
Brive-la-Gaillarde
Beynat
Pleaux
St-Martin-Valmeroux
ST-LAURENT DU MANOIRE
Montignac
Coly
Lissac-s-Couze
Argentat
St-Amand-de-Coly
Reygades
Arnac
DORDOGNE
B
Beaulieu-s-D.
D 1120
Camps
St-Gérons
Sarlat-la-Canéda
Vézère
Puybrun
Bretenoux
Aurillac
N 21
Lamonzie-Montastruc
Girac
Lacam-d'Ourcet
Pers
Arpajon-s-Cère
St-Céré
Cère
St-Mamet-la-Salvetat
Couze-et-St-Front
Dordogne
Gourdon
A 20
Lacapelle-del-Fraisse
Lacapelle-Marival
Pons
N 21
D 840
Maurs
LOT
Biron
D 802
Bagnac-s-Célé
N 122
Sauveterre-la-Lémance
St-Germain-du-Bel-Air
Villeréal
Figeac
Grand-Vabre
Cuzorn
Cassagnes
JARDIN DES CAUSSES DU LOT
Salles
Béduer
Flagnac
Conques
Montcabrier
St-Pierre-Lafeuille
Capdenac-Gare
Fumel
Puy-l'Évêque
D 811
Boisse-Penchot
Touzac
Duravel
Vers
Lot
D 922
Trentels
D 911
Belaye
St-Cirq-Lapopie
Mauroux
Rignac
Courbiac
Cahors
Villeneuve-s-Lot
D 840
Rodez
D 911
St-Pantaléon
N 21
D 820
LE BOIS DE DOURRE
Aveyron
Villefranche-de-Rouergue
D 911
Beauville
Castelnau-Montratier
AGEN-PORTE D'AQUITAINE
Parisot
Pont-du-Casse
Montpezat-de-Quercy
Cayriech
Caylus
Arvieu
Agen
LE BOIS DE DOURRE
Naucelle
D 926
St-Antonin-Noble-Val
TARN-ET-GARONNE
Caussade
Moissac
Lafrançaise
Viaur

AIXE-SUR-VIENNE

87700 – **325** D6 – 5 532 h. – alt. 204
46, avenue du Président Wilson ✆ 0555701971
Paris 400 – Châlus 21 – Confolens 60 – Limoges 14

Municipal les Grèves de déb. juin à fin sept.
✆ 0555701298, *camping@mairie-aixesurvienne.fr*,
Fax 0555704300, *www.mairie-aixesurvienne.fr*
3 ha (80 empl.) plat, herbeux
Tarif : 11,50€ (10A) – pers. suppl. 4€

Location : (de déb. avr. à fin oct.) – 3 . Nuitée 50€ – Sem. 380€

Pour s'y rendre : r. Jean-Claude Papon (au bord de la Vienne)

À savoir : agréable terrain avec des emplacements au bord de la Vienne.

Nature :
Loisirs :
Services :
À prox. :

Longitude : 1.11477
Latitude : 45.8065

Gebruik de gids van het lopende jaar.

ARGENTAT

19400 – **329** M5 – 3 105 h. – alt. 183
place da Maïa ✆ 0555281605
Paris 503 – Aurillac 54 – Brive-la-Gaillarde 45 – Mauriac 49

Le Gibanel de déb. juin à déb. sept.
✆ 0555281011, *contact@camping-gibanel.com*,
Fax 0555288685, *www.camping-gibanel.com*
60 ha/8,5 campables (250 empl.) en terrasses, plat, herbeux
Tarif : 26,50€ (10A) – pers. suppl. 5,30€ – frais de réservation 10€

Location : (de déb. juin à déb. sept.) – 7 – 2 appartements. Sem. 380 à 760€ – frais de réservation 10€

Pour s'y rendre : 4,5 km au nord-est par D 18, rte d'Égletons puis chemin à dr.

À savoir : sur les terres d'un château du XVIe s et au bord d'un lac

Nature :
Loisirs : snack terrain multisports,canoë
Services : laverie

Longitude : 1.95852
Latitude : 45.1107

Sunêlia Au Soleil d'Oc – de mi-avr. à mi-oct.
✆ 0555288484, *info@dordogne-soleil.com*,
Fax 0555281212, *www.dordogne-soleil.com*
4 ha (120 empl.) terrasse, plat, herbeux
Tarif : 25,40€ (10A) – pers. suppl. 6,70€ – frais de réservation 15€

Location : (de mi-avr. à mi-nov.) – 28 – 12 – 5 bungalows toilés – 2 tentes. Nuitée 23 à 119€ – Sem. 150 à 833€ – frais de réservation 30€
borne artisanale 10€ – 12€

Pour s'y rendre : à Monceaux-sur-Dordogne (4,5 km au sud-ouest par D 12, rte de Beaulieu puis D 12e, rte de Vergnolles et chemin à gauche apr. le pont, au bord de la Dordogne)

Nature :
Loisirs : snack base de canoë
Services : laverie

Longitude : 1.91836
Latitude : 45.07618

Le Vaurette – de déb. mai à mi-sept.
✆ 0555280967, *info@vaurette.com*, Fax 0555288114, *www.vaurette.com*
4 ha (120 empl.) terrasse, plat, et peu incliné, herbeux
Tarif : 29,50€ (6A) – pers. suppl. 6€ – frais de réservation 10€

Location : (de déb. mai à mi-sept.) – 2 . Sem. 335 à 690€ – frais de réservation 10€
borne artisanale 26€

Pour s'y rendre : lieu-dit : Vaurette (9 km au sud-ouest par D 12, rte de Beaulieu, au bord de la Dordogne)

Nature :
Loisirs : snack diurne salle d'animation
Services : laverie
À prox. : canoë

Longitude : 1.8825
Latitude : 45.04568

AUBAZINE

19190 – **329** L4 – 807 h. – alt. 345 – Base de loisirs
le Bourg ✆ 0555257993
Paris 480 – Aurillac 86 – Brive-la-Gaillarde 14 – St-Céré 50

Campéole Le Coiroux – de déb. avr. à fin sept.
✆ 0555272196, *coiroux@campeole.com*,
Fax 0555271916, *www.camping-coiroux.com*
165 ha/6 campables (174 empl.) peu incliné, plat, herbeux, bois attenants
Tarif : 25€ (10A) – pers. suppl. 6,30€ – frais de réservation 25€

Location : (de déb. avr. à déb. nov.) (2 mobile homes) – 43 – 10 – 27 bungalows toilés. Nuitée 28 à 113€ – Sem. 196 à 791€ – frais de réservation 25€
borne sanistation 3€
Pour s'y rendre : Parc touristique du Coiroux (5 km à l'est par D 48, rte du Chastang, à prox. d'un plan d'eau et d'un parc de loisirs)

Nature :
Loisirs : snack, mur d'escalade
Services : laverie
À prox. : (plage) practice, golf (9 et 18 trous), accro-branches, paintball

Longitude : 1.70739
Latitude : 45.18611

HINWEIS :
Diese Einrichtungen sind im allgemeinen nur während der Saison in Betrieb -unabhängig von den Öffnungszeiten des Platzes.

AURIAC

19220 – **329** N4 – 218 h. – alt. 608
Paris 517 – Argentat 27 – Égletons 33 – Mauriac 23

Municipal de déb. avr. à mi-nov.
✆ 0555282302, *mairie.auriac@wanadoo.fr*,
Fax 0555282982, *www.auriac.fr*
1,7 ha (70 empl.) peu incliné, plat, herbeux
Tarif : (Prix 2011) 3,50€ 1,80€ 1,80€ – (6A) 3,50€

Location : (Prix 2011) (de déb. avr. à mi-nov.) – 8 . Nuitée 50 à 60€ – Sem. 210 à 375€
Pour s'y rendre : au bourg (sortie sud-est par D 65, rte de St-Privat, près d'un étang et d'un parc boisé)
À savoir : certains emplacements dominent le plan d'eau

Nature :
Loisirs :
Services : (15 juil.-20 août)
À prox. : (plage) canoë, pédalos

Longitude : 2.14948
Latitude : 45.20411

BEAULIEU-SUR-DORDOGNE

19120 – **329** M6 – 1 288 h. – alt. 142
place Marbot ✆ 0555910994
Paris 513 – Aurillac 65 – Brive-la-Gaillarde 44 – Figeac 56

Les Îles de mi-avr. à fin sept.
✆ 0555910265, *info@campingdesiles.fr*,
Fax 0555910519, *www.campingdesiles.fr*
4 ha (120 empl.) plat, herbeux
Tarif : 23,50€ (10A) – pers. suppl. 6,90€ – frais de réservation 17€

Location : (de mi-avr. à fin sept.) – 24 – 15 bungalows toilés. Nuitée 32 à 90€ – Sem. 160 à 630€ – frais de réservation 17€
borne artisanale 5€ – 5 11,50€ – 10€
Pour s'y rendre : bd Rodolphe de Turenne (à l'est du centre bourg)
À savoir : cadre et situation pittoresques sur une île de la Dordogne

Nature :
Loisirs : canoë
Services : laverie
À prox. :

Longitude : 1.84049
Latitude : 44.97968

BESSINES-SUR-GARTEMPE

87250 – **325** F4 – 2 912 h. – alt. 335
6, avenue du 11 novembre 05 55 76 09 28
Paris 355 – Argenton-sur-Creuse 58 – Bellac 29 – Guéret 55

Le Sagnat de déb. janv. à mi-déc.
05 55 76 17 69, Fax 05 55 76 60 16
0,8 ha (50 empl.) en terrasses, plat, peu incliné, sablonneux, herbeux
Tarif : (Prix 2011) 15€ (6A) – pers. suppl. 3,70€
Location : (Prix 2011) (de déb. janv. à mi-déc.) – 3. Nuitée 80 à 100€ – Sem. 280 à 480€
Pour s'y rendre : 1,5 km au sud-ouest par D 220, rte de Limoges, D 27, rte de St-Pardoux à dr. et r. à gauche, au bord de l'étang

Nature :
Loisirs : snack (plage)
Services :
À prox. :

Longitude : 1.37246
Latitude : 46.12884

...
Sites which are particularly pleasant in their own right and outstanding in their class.

BEYNAT

19190 – **329** L5 – 1 225 h. – alt. 420
rue Jean Moulin 05 55 25 79 93
Paris 496 – Argentat 47 – Beaulieu-sur-Dordogne 23 – Brive-la-Gaillarde 21

Village Vacances Chalets en France Les Hameaux de Miel (location exclusive de chalets)
Permanent
05 55 84 34 48, *infos@chalets-en-france.com*, Fax 05 55 22 88 29, *www.chalets-en-france.com*
12 ha en terrasses, fort dénivelé
Location : (3 chalets) – 98. Nuitée 90 à 108€ – Sem. 190 à 757€ – frais de réservation 12€
Pour s'y rendre : au lieu dit : Miel

Nature :
Loisirs : terrain multisports
Services : laverie
À prox. : pédalos

Longitude : 1.76141
Latitude : 45.12932

Airotel Le Lac de Miel de fin avr. à déb. oct.
05 55 85 50 66, *info@camping-miel.com*, Fax 05 55 28 12 12, *www.camping-miel.com*
50 ha/9 campables (140 empl.) vallonné, peu incliné, herbeux
Tarif : 25,90€ (10A) – pers. suppl. 5,90€ – frais de réservation 14€
Location : (permanent) – 2 roulottes – 46 – 10 – 3 bungalows toilés – 6 tentes – 11 gîtes. Nuitée 30 à 125€ – Sem. 154 à 875€ – frais de réservation 18€
borne artisanale 10€ – 10€
Pour s'y rendre : 4 km à l'est par N 121, rte d'Argentat, au bord d'un plan d'eau

Nature :
Loisirs : snack (découverte en saison)
Services : (juil.-août)
À prox. : (plage) pédalos

Longitude : 1.77103
Latitude : 45.13332

LE BOURG-D'HEM

23220 – **325** H3 – 215 h. – alt. 320
Paris 333 – Aigurande 20 – Le Grand-Bourg 28 – Guéret 21

Municipal de déb. mai à fin sept.
05 55 62 84 36, *info@les3lacs-creuse.com*, Fax 05 55 62 11 22, *www.les3lacs-creuse.com*
0,33 ha (36 empl.) en terrasses, herbeux
Tarif : 8,70€ (16A) – pers. suppl. 2,70€
Pour s'y rendre : à l'ouest par D 48, rte de Bussière-Dunoise et chemin à dr.
À savoir : site et situation agréables au bord de la Creuse (plan d'eau)

Nature :
Loisirs :
Services : (juil.-août)
À prox. : barques

Longitude : 1.82316
Latitude : 46.29756

BOUSSAC-BOURG

23600 – **325** K2 – 789 h. – alt. 423
Paris 334 – Aubusson 52 – La Châtre 37 – Guéret 43

Les Castels Le Château de Poinsouze – de déb. juin à fin août
05 55 65 02 21, *info.camping-de.poinsouze@orange.fr*, Fax 05 55 65 86 49, *www.camping-de-poinsouze.com* (de mi-juil. à mi-août)
150 ha/22 campables (144 empl.) plat, herbeux, étangs
Tarif : 35€ (16A) – pers. suppl. 6€ – frais de réservation 15€

Location : (de déb. juin à fin août) – 25 – 2 – 2 gîtes. Sem. 220 à 790€ – frais de réservation 15€
borne artisanale – 10 12€
Pour s'y rendre : rte de La Chatre (2,8 km au nord par D 917)

À savoir : vaste domaine autour d'un château du 16e s. et de ses dépendances

Nature :
Loisirs : canoë, pédalos, planches à voile
Services : laverie

Longitude : 2.20472
Latitude : 46.3725

Benutzen Sie den Hotelführer des laufenden Jahres.

BUJALEUF

87460 – **325** G6 – 897 h. – alt. 380
route des Lacs 05 55 69 54 54
Paris 423 – Bourganeuf 28 – Eymoutiers 14 – Limoges 35

Municipal du Lac de mi-mai à fin sept.
05 55 69 54 54, *tourisme@bujaleuf.fr*, Fax 05 55 69 56 06, *www.bujaleuf.fr*
2 ha (110 empl.) en terrasses, herbeux, fort dénivelé
Tarif : (Prix 2011) 10€ (6A) – pers. suppl. 2€

Location : (Prix 2011) (de mi-mai à fin sept.). Sem. 310 à 380€
borne artisanale
Pour s'y rendre : 1 km au nord par D 16 et rte à gauche, près du lac

Nature :
Loisirs :
Services : (juil.-août) laverie
À prox. : snack (plage) canoë

Longitude : 1.62703
Latitude : 45.79582

366

BUSSIÈRE-GALANT

87230 – **325** D7 – 1 391 h. – alt. 410
Paris 422 – Aixe-sur-Vienne 23 – Châlus 6 – Limoges 36

Municipal les Ribières de déb. avr. à déb. nov.
05 55 78 86 12, *accueil@espace-hermeline.com*, Fax 05 55 78 85 95, *www.espace-hermeline.com*
1 ha (25 empl.) en terrasses, peu incliné, herbeux
Tarif : (Prix 2011) 2,50€ 3€ – (6A) 2,50€
Pour s'y rendre : av. du Plan-d'eau (1,7 km au sud-ouest par D 20, rte de la Coquille et chemin à dr., près du stade et à 100 m d'un plan d'eau)

Nature :
Services :
À prox. : (plage) parcours sportif, draisines (voiturettes-vélo sur rail), accro-branches

Longitude : 1.03634
Latitude : 45.62668

CAMPS

19430 – **329** M6 – 249 h. – alt. 520
Paris 520 – Argentat 17 – Aurillac 45 – Bretenoux 18

Municipal la Châtaigneraie de déb. mai à fin sept.
05 55 28 53 15, *mairie.camps@wanadoo.fr*, Fax 05 55 28 08 59, *www.camps.correze.net*
1 ha (23 empl.) peu incliné, incliné, herbeux
Tarif : (Prix 2011) 3€ 3€ – (20A) 2,50€

Location : (permanent) – 9 – 4 bungalows toilés. Nuitée 17 à 57€ – Sem. 104 à 530€
Pour s'y rendre : au Bourg (à l'ouest par D 13 et chemin à dr.)

Nature :
Loisirs :
Services :
À prox. : (plage)

Longitude : 1.98756
Latitude : 44.98368

LA CELLE-DUNOISE

23800 – **325** H3 – 606 h. – alt. 230
Paris 329 – Aigurande 16 – Aubusson 63 – Dun-le-Palestel 11

Municipal de la Baignade de déb. avr. à fin oct.
05 55 51 21 18, *mairie@lacelledunoise.fr*,
Fax 05 55 51 23 76, *www.lacelledunoise.fr*
1,4 ha (30 empl.) terrasse, plat, herbeux
Tarif : (Prix 2011) 2,70€ 1,65€ – (6A) 2,70€
Location : (permanent) – 3 . Sem. 150 à 308€
borne eurorelais 2€
Pour s'y rendre : à l'est, par D 48a, rte du Bourg d'Hem, près de la Creuse (accès direct)

Nature :
Loisirs :
Services : laverie
À prox. : (plage) poneys canoë

Longitude : 1.76928
Latitude : 46.31015

Die Aufnahme in diesen Führer ist kostenlos und wird auf keinen Fall gegen Entgelt oder eine andere Vergünstigung gewährt.

CHAMBERET

19370 – **329** L2 – 1 319 h. – alt. 450
5, place du Marché 05 55 98 30 12
Paris 453 – Guéret 84 – Limoges 66 – Tulle 45

Village Vacances Les Roulottes des Monédières (location exclusive de roulottes) de déb. avr. à mi-nov.
05 55 98 03 03, *info@roulottes-monedieres.com*,
Fax 05 55 98 49 48, *www.roulottes-monedieres.com*
3 ha incliné
Location : (de déb. avr. à mi-nov.) **– 29 roulottes. Nuitée 85 à 130€ – Sem. 510 à 780€ – frais de réservation 15€**
Pour s'y rendre : à L'Arboretum
À savoir : en séjour ou formule hôtelière

Nature :
Loisirs : snack billard poneys
Services : laverie

Longitude : 1.71971
Latitude : 45.5926

Village Vacances Les Chalets du Bois Combet
(location exclusive de chalets) Permanent
05 55 98 30 12, *camping.chamberet@orange.fr*, Fax 05 55 98 79 34, *www.chamberet.net* – empl. traditionnels également disponibles
1 ha plat, herbeux
Location : (Prix 2011) – 10 . Nuitée 41 à 52€ – Sem. 187 à 520€
borne artisanale – 7
Pour s'y rendre : 1,3 km au sud-ouest par D 132, rte de Meilhards et chemin à dr., à 100 m d'un petit plan d'eau et d'un étang

Nature :
Loisirs :
Services : laverie
À prox. :

Longitude : 1.70994
Latitude : 45.57541

CHÂTEAUNEUF-LA-FORÊT

87130 – **325** G6 – 1 616 h. – alt. 376
avenue Amédée Tarrade 05 55 69 63 69
Paris 424 – Eymoutiers 14 – Limoges 36 – St-Léonard-de-Noblat 19

Le Cheyenne de déb. avr. à fin sept.
05 55 69 39 29, *contact@camping-le-cheyenne.com*, *www.camping-le-cheyenne.com*
1 ha (50 empl.) plat, herbeux
Tarif : 15€ (6A) – pers. suppl. 3€
Location : (de déb. avr. à fin sept.) – 4 . Sem. 220 à 450€
borne artisanale 3€ – 8.50€
Pour s'y rendre : av. Michel Sinibaldi (800 m à l'ouest du centre bourg, rte du stade, à 100 m d'un plan d'eau)

Nature :
Loisirs : snack
Services : laverie
À prox. : (plage)

Longitude : 1.60127
Latitude : 45.71633

CHÂTEAUPONSAC

87290 – **325** E4 – 2 175 h. – alt. 290
place Mazurier *05 55 76 57 57*
Paris 361 – Bélâbre 55 – Limoges 48 – Bellac 21

Centre Touristique - La Gartempe Permanent
05 55 76 55 33, *chateauponsac.tourisme@wanadoo.fr*, Fax 05 55 76 98 05, *www.holidayschateauponsac.com*
1,5 ha (43 empl.) plat, peu incliné et terrasses, herbeux
Tarif : 19,50€ (20A) – pers. suppl. 4€
Location : (de mi-mars à mi-oct.) – 2 – 3 – 10 gîtes. Nuitée 42 à 65€ – Sem. 290 à 450€ – frais de réservation 5€
10 12€
Pour s'y rendre : av. de Ventenat (sortie sud-ouest par D 711, rte de Nantiat, à 200 m de la rivière)

Nature :
Loisirs : snack
Services : (juil.-août)
laverie
À prox. : canoë

Longitude : 1.27046
Latitude : 46.1318

CHÂTELUS-MALVALEIX

23270 – **325** J3 – 574 h. – alt. 410
Paris 333 – Aigurande 25 – Aubusson 46 – Boussac 19

Municipal Révéa La Roussille de déb. juin à fin sept.
05 55 80 70 31, *mairie-chatelusmalvaleix@wanadoo.fr*, Fax 05 55 80 86 32, *chatelusmalvaleix.fr* –
0,5 ha (33 empl.) peu incliné, plat, herbeux
Tarif : 2,50€ 1,50€ 2€ – (16A) 3€
Pour s'y rendre : 10 pl. de la Fontaine (à l'ouest du bourg)

Nature :
Loisirs : circuit VTT
Services :
À prox. :

Longitude : 2.01818
Latitude : 46.3031

CORRÈZE

19800 – **329** M3 – 1 177 h. – alt. 455
place de la Mairie *05 55 21 32 82*
Paris 480 – Argentat 47 – Brive-la-Gaillarde 45 – Égletons 22

Municipal la Chapelle
05 55 21 25 21, *mairie.correze@wanadoo.fr*, Fax 05 55 21 68 82
3 ha (54 empl.) non clos, plat, terrasse, peu incliné, herbeux, forêt attenante
Location : (Prix 2011) (de mi-avr. à mi-oct.) – 3 – 1 gîte. Sem. 200 à 300€
borne artisanale – 15
Pour s'y rendre : au lieu-dit : La Chapelle (sortie est par D 143, rte d'Egletons et à dr., rte de Bouysse - en deux parties distinctes)
À savoir : partie campable traversée par une petite route, au bord de la Corrèze et près d'une petite chapelle

Nature :
Loisirs :
Services :
À prox. :

Longitude : 1.8744
Latitude : 45.37273

CROMAC

87160 – **325** E2 – 278 h. – alt. 224
Paris 339 – Argenton-sur-Creuse 41 – Limoges 68 – Magnac-Laval 22

Lac de Mondon de déb. mai à fin sept.
05 55 76 93 34, *camping-mondon@orange.fr*, Fax 05 55 76 96 17, *www.campingdemondon.com*
2,8 ha (100 empl.) peu incliné, plat, herbeux
Tarif : 13€ (10A) – pers. suppl. 4€
Location : (Prix 2011) (de mi-mai à mi-sept.) – 7 – 7 tentes. Nuitée 22 à 30€ – Sem. 104 à 234€
borne eurorelais 2€
Pour s'y rendre : au lieu-dit : Les Forges de Mondon (2 km au sud par D 105, rte de St-Sulpice-les-Feuilles et D 60 - accès conseillé par D 912)

Nature :
Loisirs : snack pédalos
Services :
À prox. :

Longitude : 1.31153
Latitude : 46.3322

DONZENAC

19270 – **329** K4 – 2 387 h. – alt. 204
2, rue des Pénitents 0555856535
Paris 469 – Brive-la-Gaillarde 11 – Limoges 81 – Tulle 27

La Rivière

05 55 85 63 95, *info@campingdonzenac.com*, Fax 05 55 85 63 95, *www.campingdonzenac.com*
1,2 ha (68 empl.) plat, herbeux
Location : – 14 .
borne eurorelais – 10
Pour s'y rendre : rte d'Ussac (1,6 km au sud du bourg, par rte de Brive et chemin, au bord du Maumont)

Nature :
Loisirs :
Services : laverie
À prox. :

Longitude : 1.52149
Latitude : 45.21761

ÉVAUX-LES-BAINS

23110 – **325** L3 – 1 546 h. – alt. 469 – (9 avril-27 oct.)
place Serge Cléret 05 55 65 50 90
Paris 353 – Aubusson 44 – Guéret 52 – Marcillat-en-Combraille 16

Municipal de fin mars à fin oct.

05 55 65 55 82, *mairie23evauxlesbains@wanadoo.fr*, Fax 05 55 65 59 24
1 ha (49 empl.) peu incliné, plat, herbeux
Tarif : (Prix 2011) 1,85€ 1,35€ 1,55€ – (10A) 3,20€
Location : (Prix 2011) (de fin mars à fin oct.) – 8 – (sans sanitaire). Nuitée 13 à 19€ – Sem. 90 à 130€
Pour s'y rendre : au nord du bourg, derrière le château

Nature :
Loisirs :
Services :
À prox. :

Longitude : 2.48546
Latitude : 46.17659

EYMOUTIERS

87120 – **325** H6 – 2 062 h. – alt. 417
7 avenue de la Paix 05 55 69 27 81
Paris 432 – Aubusson 55 – Guéret 62 – Limoges 44

Municipal

05 55 69 10 21, *mairie-eymoutiers@wanadoo.fr*, Fax 05 55 69 27 19
1 ha (33 empl.) plat, incliné à peu incliné, terrasses, herbeux
Pour s'y rendre : à St-Pierre (2 km au sud-est par D 940, rte de Tulle et chemin à gauche)

Nature :
Services :

Longitude : 1.75296
Latitude : 45.73161

Use this year's Guide.

GUÉRET

23000 – **325** I3 – 14 066 h. – alt. 457 – Base de loisirs
1, rue Eugène France 05 55 52 14 29
Paris 351 – Bourges 122 – Châteauroux 90 – Clermont-Ferrand 132

Municipal du Plan d'Eau de Courtille de déb. avr. à fin oct.

05 55 81 92 24, *contact@camping-courtille.com*, Fax 05 55 81 92 24, *www.camping-courtille.com*
2,4 ha (70 empl.) incliné, peu incliné, plat, herbeux
Tarif : (Prix 2011) 2,50€ 1,60€ 7€ – (10A) 2,30€
Location : (Prix 2011) (de déb. avr. à fin oct.) – 3 – 1 . Sem. 250 à 450€ – frais de réservation 15€
Pour s'y rendre : rte de Courtille (2,5 km au sud-ouest par D 914, rte de Benevent et chemin à gauche)
À savoir : situation agréable près d'un plan d'eau (accès direct)

Nature :
Loisirs :
Services :
À prox. : (plage) canoë, piste de skate

Longitude : 1.85824
Latitude : 46.16094

LADIGNAC-LE-LONG

87500 – **325** D7 – 1 119 h. – alt. 334
Paris 426 – Brive-la-Gaillarde 74 – Limoges 35 – Nontron 44

Municipal le Bel Air de déb. avr. à fin oct.
05 55 09 39 82, *a.tou.vert.ladignac@orange.fr*,
Fax 05 55 09 39 80, *www.atouvert.com*
2,5 ha (100 empl.) en terrasses, herbeux
Tarif : (Prix 2011) 15,20€ (10A) –
pers. suppl. 2,80€
**Location : (Prix 2011) (de déb. avr. à fin oct.) – 5 .
Sem. 250 à 380€**
borne artisanale 3€
Pour s'y rendre : r. Bel'Air (1,5 km au nord par D 11, rte de Nexon et chemin à gauche)
À savoir : cadre arboré et situation agréable en bordure d'un plan d'eau

Nature :
Loisirs :
Services : (juil.-août) laverie
À prox. : pédalos

Longitude : 1.11185
Latitude : 45.59089

Campeurs...
N'oubliez pas que le feu est le plus terrible ennemi de la forêt.
Soyez prudents !

LIGINIAC

19160 – **329** P3 – 617 h. – alt. 665
Paris 464 – Aurillac 83 – Bort-les-Orgues 24 – Clermont-Ferrand 107

Municipal le Maury de déb. juin à fin sept.
05 55 95 92 28, *lemaury@liginiac.fr*, *www.camping-du-maury.com*
2 ha (50 empl.) plat et peu incliné, terrasses, herbeux
Tarif : 3€ 3,50€ – (16A) 3,50€
**Location : (Prix 2011) (de déb. avr. à mi-nov.) – 12 .
Nuitée 33 à 43€ – Sem. 151 à 420€**
borne eurorelais
Pour s'y rendre : 4,6 km au sud-ouest par rte de la plage, au bord du lac de Triouzoune - accès conseillé par D 20, rte de Neuvic

Nature :
Loisirs :
Services : laverie
À prox. : snack (plage)

Longitude : 2.30498
Latitude : 45.39143

LISSAC-SUR-COUZE

19600 – **329** J5 – 683 h. – alt. 170 – Base de loisirs
Paris 486 – Brive-la-Gaillarde 11 – Périgueux 68 – Sarlat-la-Canéda 42

Village Vacances Les Hameaux du Perrier (location exclusive de chalets) Permanent
05 55 84 34 48, *infos@chalets-en-france.com*,
Fax 05 55 22 88 29, *www.chalets-en-france.com*
17 ha/10 campables en terrasses
Location : – 94 . Nuitée 90 à 103€ – Sem. 190 à 725€ – frais de réservation 12€
Pour s'y rendre : au lieu-dit : Le Perrier

Nature :
Loisirs : snack
Services : laverie
À prox. : base nautique, ski nautique, aviron,

Longitude : 1.43848
Latitude : 45.10029

Village Vacances La Prairie (location exclusive de chalets) Permanent
05 55 85 37 97, *camping.laprairie@orange.fr*,
Fax 05 55 85 37 11, *www.caussecorrezien.fr* – empl. traditionnels également disponibles
5 ha en terrasses
Location : (Prix 2011) – 20 – 25 gîtes. Sem. 187 à 520€
borne artisanale 4€ – 6 12€
Pour s'y rendre : 1,4 km au sud-ouest par D 59 et chemin à gauche, près du lac du Causse

Nature :
Loisirs : snack
Services : laverie
à la base de loisirs : (plage) canoë, pédalos

Longitude : 1.45465
Latitude : 45.10125

MAGNAC-LAVAL

87190 – **325** D3 – 1 966 h. – alt. 231
13, place de la République 05 55 68 59 15
Paris 366 – Limoges 64 – Poitiers 86 – Guéret 62

Village Vacances Le Hameau de Gîtes des Pouyades (location exclusive de gîtes) de déb. fév. à fin déc.
05 55 60 73 45, *pouyades-bramebenaize@wanadoo.fr*, *www.lelimousinsejoursvacances.com*
1,5 ha plat
Location : – 12 . Nuitée 70 à 101 € – Sem. 264 à 448 € – frais de réservation 16 €
Pour s'y rendre : au lieu-dit : Les Pouyades

Nature : Sur le lac
Loisirs :
Services : laverie

Longitude : 1.19236
Latitude : 46.20331

MASSERET

19510 – **329** K2 – 666 h. – alt. 380
le Bourg 05 55 98 24 79
Paris 432 – Guéret 132 – Limoges 45 – Tulle 48

Intercommunal Masseret-Lamongerie de déb. avr. à fin sept.
05 55 73 44 57, Fax 05 55 73 49 69, *www.domaine-des-forgescampingmasseret*
100 ha/2 campables (80 empl.) plat et incliné, herbeux, gravillons
Tarif : (Prix 2011) 2,50 € 1,80 € 3,50 € – (15A) 2,30 €
Location : (Prix 2011) (permanent) – 4 . Nuitée 45 € – Sem. 210 à 350 €
Pour s'y rendre : 3 km à l'est par D 20, rte des Meilhards, à la sortie de Masseret-Gare
À savoir : agréable cadre boisé près d'un plan d'eau

Nature :
Loisirs :
Services :
À prox. : snack (plage) parcours sportif, pédalos

Longitude : 1.54908
Latitude : 45.54154

MEYSSAC

19500 – **329** L5 – 1 222 h. – alt. 220
avenue de l'Auvitrie 05 55 25 32 25
Paris 507 – Argentat 62 – Beaulieu-sur-Dordogne 21 – Brive-la-Gaillarde 23

Intercommunal Moulin de Valane de déb. mai à fin sept.
05 55 25 41 59, *mairie@meyssac.fr*, Fax 05 55 25 38 88
4 ha (115 empl.) plat et peu incliné, terrasses, herbeux
Tarif : (Prix 2011) 16,90 € (10A) – pers. suppl. 4 €
Location : (Prix 2011) (de déb. mai à fin sept.) – 10 . Nuitée 50 € – Sem. 360 à 480 €
Pour s'y rendre : 1 km au nord-ouest, rte de Collonges-la-Rouge, au bord d'un ruisseau

Nature :
Loisirs : snack
Services : (juil.-août) laverie

Longitude : 1.67354
Latitude : 45.05579

NEUVIC

19160 – **329** O3 – 1 887 h. – alt. 620 – Base de loisirs
rue de la Tour des 5 pierres 05 55 95 88 78
Paris 465 – Aurillac 78 – Mauriac 25 – Tulle 56

Municipal du Lac Permanent
05 55 95 85 48, *camping.municipal523@gmail.com*, Fax 05 55 95 85 48, *www.campingdulac-neuvic-correze.com*
5 ha (100 empl.) en terrasses, herbeux, gravillons
Tarif : 3,10 € 1,65 € 3,70 € – (8A) 3 € – frais de réservation 8 €
Location : (de mi-mars à mi-nov.) – 23 – 23 gîtes. Nuitée 42 à 49 € – Sem. 191 à 447 € – frais de réservation 8 €
borne artisanale 3,15 € – 35 6,60 € – 6.60 €
Pour s'y rendre : rte de la Plage (2,3 km à l'est par D 20, rte de Bort-les-Orgues et rte de la plage à gauche, au bord du lac de Triouzoune)

Nature :
Loisirs :
Services :
À prox. : (plage) canoë, pédalos, ponton d'amarage, golf

Longitude : 2.28116
Latitude : 45.38542

NEXON

87800 – **325** E6 – 2 412 h. – alt. 359
Conciergerie du Château ☎ 05 55 58 28 44
Paris 412 – Châlus 20 – Limoges 22 – Nontron 53

Municipal de l'Étang de la Lande de déb. juin à fin sept.
☎ 05 55 58 35 44, *campingdelalande.nexon@orange.fr*, Fax 05 55 58 33 50, *www.camping-nexon.fr*
2 ha (53 empl.) terrasse, peu incliné, herbeux
Tarif : 10€ (10A) – pers. suppl. 3,20€
Location : (Prix 2011) (de déb. avr. à fin oct.) – 6. Sem. 187 à 411€
borne artisanale
Pour s'y rendre : 1 km au sud par rte de St-Hilaire, accès près de la pl. de l'Hôtel-de-Ville
À savoir : près d'un plan d'eau

Nature :
Loisirs :
Services :
À prox. : (plage) pédalos

Longitude : 1.17997
Latitude : 45.67078

OBJAT

19130 – **329** J4 – 3 490 h. – alt. 131
place Charles de Gaulle ☎ 05 55 25 96 73
Paris 495 – Limoges 106 – Tulle 46 – Brive-la-Gaillarde 20

Village Vacances Les Grands Prés (location exclusive de chalets) Permanent
☎ 05 55 25 96 73, *tourisme@objat.fr*, Fax 05 55 25 97 45, *www.objat.fr*
18 ha/4 campables plat
Location : (Prix 2011) – 20. Sem. 245 à 495€ – frais de réservation 16€
borne eurorelais 2€ – 26 5€
Pour s'y rendre : à l'espace loisirs : Les Grands Prés

Nature :
Loisirs :
Services : laverie
À prox. : terrain multisports

Longitude : 1.41069
Latitude : 45.26687

PALISSE

19160 – **329** O3 – 229 h. – alt. 650
Paris 460 – Aurillac 87 – Clermont-Ferrand 102 – Mauriac 33

Le Vianon – de déb. avr. à mi-oct.
☎ 05 55 95 87 22, *info@levianon.com*, Fax 05 55 95 98 45, *www.levianon.com*
4 ha (59 empl.) plat et peu incliné, terrasses, herbeux, gravillons, étang, forêt
Tarif : (Prix 2011) 29,65€ (16A) – pers. suppl. 5,50€ – frais de réservation 10€
Location : (Prix 2011) (de déb. avr. à mi-oct.) – 16. Nuitée 45 à 65€ – Sem. 250 à 700€ – frais de réservation 10€
Pour s'y rendre : au lieu-dit : Les Plaines (1,1 km au nord par D 47, rte de Combressol et rte à dr., au bord d'un étang)

Nature :
Loisirs : snack
Services : laverie

Longitude : 2.20649
Latitude : 45.41868

PIERRE-BUFFIÈRE

87260 – **325** F6 – 1 131 h. – alt. 330
place du 8 Mai 1945 ☎ 05 55 00 94 33
Paris 408 – Limoges 20 – St-Yriex-la-Perche 29 – Uzerche 38

Intercommunal de Chabanas de mi-mai à fin sept.
☎ 05 55 00 96 43, *mairie.pierrebuffiere@wanadoo.fr*, Fax 05 55 00 96 43
1,5 ha (60 empl.) peu incliné, plat, herbeux, bois attenant
Tarif : (Prix 2011) 11 € (16A) – pers. suppl. 3€ – frais de réservation 8€
borne artisanale 3,50€
Pour s'y rendre : 1,8 km au sud par D 420, rte de Château-Chervix, dir. A 20 et chemin à gauche, près du stade - par A 20 : sortie 40
À savoir : décoration arbustive et florale

Nature :
Loisirs :
Services :
À prox. :

Longitude : 1.3709
Latitude : 45.68928

RAZÈS

87640 – **325** F4 – 1 088 h. – alt. 440
route du Lac-le bourg 05 55 71 00 24
Paris 366 – Argenton-sur-Creuse 68 – Bellac 32 – Guéret 65

Santrop – de déb. mai à fin sept.
05 55 71 08 08, *lacsaintpardoux@wanadoo.fr*,
Fax 05 55 71 23 93, *www.lac-saint-pardoux.com*
5,5 ha (152 empl.) peu incliné à incliné, herbeux, gravier
Tarif : (Prix 2011) 16,20€ (16A) – pers. suppl. 4,20€

Location : (Prix 2011) (permanent) – 6 – huttes. Sem. 280 à 585€

Pour s'y rendre : 4 km à l'ouest par D 44, au bord du lac de St-Pardoux

Nature :
Loisirs : snack
Services : (de mi-juin à mi-sept.)
À prox. : (plage) ski nautique

Longitude : 1.33658
Latitude : 46.03282

REYGADES

19430 – **329** M5 – 185 h. – alt. 460
Paris 516 – Aurillac 56 – Brive-la-Gaillarde 56 – St-Céré 26

La Belle Etoile de mi-mai à fin sept.
05 55 28 50 08, *campingbelle-etoile@orange.fr*,
Fax 05 55 28 36 40, *www.camping-belle-etoile.fr*
5 ha/3 campables (25 empl.) en terrasses, herbeux
Tarif : 4€ 5,15€ – (6A) 3€

Location : (permanent) – 6 – 4 bungalows toilés – 6 gîtes. Sem. 185 à 455€

Pour s'y rendre : à Lestrade (1 km au nord par D 41, rte de Beaulieu-sur-Dordogne)

Nature :
Loisirs : (petite piscine) quad
Services : laverie

Longitude : 1.90383
Latitude : 45.02336

LESEN SIE DIE ERLÄUTERUNGEN aufmerksam durch, damit Sie diesen Camping-Führer mit der Vielfalt der gegebenen Auskünfte wirklich ausnutzen können.

ROYÈRE-DE-VASSIVIÈRE

23460 – **325** I5 – 568 h. – alt. 735
rue Alfred Auphelle 05 55 64 75 11
Paris 412 – Bourganeuf 22 – Eymoutiers 25 – Felletin 29

Les Terrasses du Lac de déb. avr. à mi-oct.
05 55 64 76 77, *lesterrasses.camping@free.fr*,
Fax 05 55 64 76 78, *lesterrasses.camping.free.fr*
4 ha (142 empl.) en terrasses, plat et peu incliné, herbeux, gravier, pierreux
Tarif : (Prix 2011) 18,50€ (10A) – pers. suppl. 4,50€ – frais de réservation 21€
Pour s'y rendre : à Vauveix (10 km au sud-ouest par D 3 et D 35, rte d'Eymoutiers, au port (accès direct))

Nature : le lac
Loisirs : (plage)
Services : (juil.-août) laverie
À prox. : ski nautique, canoë, pédalos, ponton d'amarrage

Longitude : 1.89526
Latitude : 45.78979

La Presqui'Île de déb. juin à déb. sept.
05 55 64 78 98, *presquile.camping@free.fr*,
Fax 05 55 64 76 78, *www.presquile.camping.free.fr*
7 ha (150 empl.) vallonné, plat, peu incliné, herbeux
Tarif : (Prix 2011) 15,50€ – pers. suppl. 3,10€ – frais de réservation 21€

Location : (Prix 2011) (de déb. avr. à mi-oct.) – 20 – 3 tentes. Nuitée 51 à 70€ – Sem. 235 à 520€ – frais de réservation 21€

Pour s'y rendre : à Broussas (8,5 km au sud par D 8, D 34, D 3 et rte à dr., près du lac Vassivière)

À savoir : Cadre naturel au bord du lac

Nature :
Loisirs :
Services : (juil.-août)
À prox. : terrain multisports, canoë, bateaux électriques

Longitude : 1.9223
Latitude : 45.79151

ST-GERMAIN-LES-BELLES

87380 – **325** F7 – 1 144 h. – alt. 432
avenue du Remblai ✆ 05 55 71 88 65
Paris 422 – Eymoutiers 33 – Limoges 34 – St-Léonard-de-Noblat 31

Le Montréal de déb. avr. à fin oct.
✆ 05 55 71 86 20, *contact@campingdemontreal.com*, Fax 05 55 71 00 83, *www.campingdemontreal.com*
1 ha (60 empl.) plat et terrasse, peu incliné à incliné, herbeux, gravier
Tarif : 19,40€ (10A) – pers. suppl. 3,70€ – frais de réservation 15€
Location : (de déb. avr. à fin oct.) – 1 – 5 – 6 bungalows toilés. Nuitée 33 à 89€ – Sem. 139 à 669€ – frais de réservation 15€
borne artisanale 3,70€
Pour s'y rendre : r. du Petit Moulin (sortie sud-est, rte de la Porcherie, au bord d'un plan d'eau)

Nature :
Services : laverie
À prox. : snack (plage)

Longitude : 1.5011
Latitude : 45.61143

ST-HILAIRE-LES-PLACES

87800 – **325** D7 – 849 h. – alt. 426
Paris 417 – Châlus 18 – Limoges 27 – Nontron 52

Municipal du Lac
✆ 05 55 58 12 08, *mairie-saint.hilaire@wanadoo.fr*, Fax 05 55 58 35 98, *sainthilairelesplaces.fr*
2,5 ha (92 empl.) en terrasses, herbeux
Location : – 7 – 12 – 12 gîtes.
borne eurorelais – 40
Pour s'y rendre : au Lac Plaisance (1,2 km au sud du bourg par D 15a et chemin à gauche, à 100 m du lac)

Nature :
Loisirs :
Services :
À prox. : (plage) (centre équestre) pédalos

Longitude : 1.16316
Latitude : 45.63586

ST-LAURENT-LES-ÉGLISES

374

87240 – **325** F5 – 788 h. – alt. 388
Paris 385 – Bellac 55 – Bourganeuf 31 – Guéret 50

Municipal Pont du Dognon de mi-mars à mi-nov.
✆ 05 55 56 57 25, *mairie-st-laurent-les-eglises@wanadoo.fr*, Fax 05 55 56 55 17
3 ha (90 empl.) en terrasses, herbeux, pierreux
Tarif : (Prix 2011) 11,37€ (5A) – pers. suppl. 3,97€ – frais de réservation 15,71€
Location : (Prix 2011) (de mi-mars à mi-nov.) – 3 – 5 . Nuitée 42 à 51€ – Sem. 177 à 455€ – frais de réservation 15,71€
Pour s'y rendre : 1,8 km au sud-est par D 5, rte de St-Léonard-de-Noblat, au bord du Taurion (plan d'eau)

Nature :
Loisirs : parcours de santé
Services : laverie
À prox. : canoë, pédalos, ponton d'amarrage

Longitude : 1.49936
Latitude : 45.94586

ST-LÉONARD-DE-NOBLAT

87400 – **325** F5 – 4 650 h. – alt. 347
place du Champ de Mars ✆ 05 55 56 25 06
Paris 407 – Aubusson 68 – Brive-la-Gaillarde 99 – Guéret 62

Municipal de Beaufort de déb. mai à fin sept.
✆ 05 55 56 02 79, *info@campingdebeaufort.fr*, *www.campingdebeaufort.fr*
2 ha (98 empl.) peu incliné, plat, herbeux
Tarif : (Prix 2011) 14,50€ (15A) – pers. suppl. 2,50€
Location : (Prix 2011) (de déb. mai à fin sept.) – 10 – 2 . Sem. 175 à 310€ – frais de réservation 10€
borne artisanale
Pour s'y rendre : à Beaufort (1,7 km par N 141, rte de Limoges puis 1,5 km à gauche par rte de Masleon, au bord de la Vienne)

Nature :
Loisirs :
Services : laverie

Longitude : 1.49211
Latitude : 45.82276

ST-MARTIN-TERRESSUS

87400 – **325** F5 – 534 h. – alt. 280
Paris 383 – Ambazac 7 – Bourganeuf 31 – Limoges 20

Municipal Soleil Levant de mi-juin à fin sept.
05 55 39 83 78, *mairie@st-martin-terressus.fr*,
Fax 05 55 39 64 30, *www.st-martin-terressus.fr*
0,5 ha (36 empl.) plat et terrasse, peu incliné, herbeux
Tarif : 5 € – (18A) 2 €
Pour s'y rendre : au Bourg (à l'ouest par D 29 et chemin à dr., au bord d'un plan d'eau)

Nature :
Loisirs :
Services :

Longitude : 1.44334
Latitude : 45.91914

ST-PARDOUX

87250 – **325** E4 – 520 h. – alt. 370 – Base de loisirs
17, rue de la Halle 05 55 76 56 80
Paris 366 – Bellac 25 – Limoges 33 – St-Junien 39

Le Freaudour de déb. juin à mi-sept.
05 55 76 57 22, *camping.freaudour@orange.fr*,
Fax 05 55 71 23 93, *www.aquadis-loisirs.com*
4,5 ha (200 empl.) peu incliné, herbeux
Tarif : (Prix 2011) 17,50 € (16A) – pers. suppl. 4,80 €
Location : (Prix 2011) (permanent) – 10 – 10 . Sem. 195 à 535 € – frais de réservation 19 €
Pour s'y rendre : à la Base de Loisirs (1,2 km au sud, au bord du lac de St-Pardoux)

Nature :
Loisirs :
Services : (juil.-août)
À prox. : (plage)

Longitude : 1.2809
Latitude : 46.05776

Benutzen Sie
– zur Wahl der Fahrtroute
– zur Berechnung der Entfernungen
– zur exakten Lokalisierung eines Campingplatzes (mit Hilfe der Angaben im Ortstext)
die für diesen Führer unentbehrlichen MICHELIN-Karten.

ST-PARDOUX-CORBIER

19210 – **329** J3 – 349 h. – alt. 404
Paris 448 – Arnac-Pompadour 8 – Brive-la-Gaillarde 44 – St-Yrieix-la-Perche 27

Le Domaine Bleu de déb. juil. à fin août
05 55 73 59 89, *ledomainebleu@orange.fr*, *www.ledomainebleu.eu*
1 ha (40 empl.) en terrasses, pierreux, gravillons, herbeux
Tarif : 15,50 € (16A) – pers. suppl. 4 €
Pour s'y rendre : sortie est par D 50, rte de Vigeois et chemin à dr., près d'un étang

Nature :
Loisirs :
Services :
À prox. :

Longitude : 1.45081
Latitude : 45.43153

ST-YRIEIX-LA-PERCHE

87500 – **325** E7 – 6 980 h. – alt. 360
58, boulevard de l'Hôtel de Ville 05 55 08 20 72
Paris 430 – Brive-la-Gaillarde 63 – Limoges 40 – Périgueux 63

Municipal d'Arfeuille de mi-avr. à mi-sept.
05 55 75 08 75, *camping@saint-yrieix.fr*
2 ha (100 empl.) en terrasses, herbeux, pierreux
Tarif : 12,60 € (10A)
Location : (permanent) – 11 . Sem. 434 €
borne artisanale 10 €
Pour s'y rendre : rte du Viaduc (2,5 km au nord par rte de Limoges et chemin à gauche, au bord d'un étang)

Nature :
Loisirs : (plage) pédalos, canoë
Services :
À prox. :

Longitude : 1.20048
Latitude : 45.52346

SEILHAC

19700 – **329** L3 – 1 750 h. – alt. 500
place de l'Horloge ✆ 05 55 27 97 62
Paris 461 – Aubusson 97 – Brive-la-Gaillarde 33 – Limoges 73

Le Lac de Bournazel de déb. avr. à fin oct.
✆ 05 55 27 05 65, *info@camping-lac-bournazel.com*, Fax 09 59 50 78 20, *www.camping-lac-bournazel.com*
6,5 ha (155 empl.) en terrasses, herbeux, pierreux
Tarif : 17,40€ (16A) – pers. suppl. 4,40€ – frais de réservation 9€

Location : (de déb. avr. à fin oct.) – 2 roulottes – 10 – 2 tipis. Nuitée 24 à 88€ – Sem. 168 à 616€ – frais de réservation 9€
borne artisanale 4€ – 11.40€
Pour s'y rendre : 1,5 km au nord-ouest par N 120, rte d'Uzerche puis 1 km à dr.

Nature :
Loisirs : , snack
Services :
À prox. : discothèque parcours sportif, pédalos

Longitude : 1.7022
Latitude : 45.37838

TREIGNAC

19260 – **329** L2 – 1 384 h. – alt. 500 – Base de loisirs
1, place de la République ✆ 05 55 98 15 04
Paris 463 – Égletons 32 – Eymoutiers 33 – Limoges 75

La Plage de déb. avr. à fin sept.
✆ 05 55 98 08 54, *camping.laplage@flowercampings.com*, Fax 05 55 98 16 47, *www.camping-correze.com*
3,5 ha (130 empl.) en terrasses et peu incliné, pierreux, herbeux, bois attenant
Tarif : (Prix 2011) 13,90€ (6A) – pers. suppl. 3€

Location : (Prix 2011) (de déb. avr. à fin sept.) – 20 – 4 tentes. Nuitée 30 à 78€ – Sem. 200 à 540€ – frais de réservation 15€
borne autre
Pour s'y rendre : au Lac des Barrioussses (4,5 km au nord par rte d'Eymoutiers)

Nature :
Loisirs :
Services : laverie
À prox. : snack (plage) canoë, pédalos

Longitude : 1.79447
Latitude : 45.53744

Paysage automne des Monts d'Ambazac avec lac

J. Forestier/CDT Haute-Vienne

USSEL

19200 – **329** O2 – 10 328 h. – alt. 631
place Voltaire ✆ 05 55 72 11 50
Paris 448 – Limoges 142 – Clermont-Ferrand 82 – Brive-la-Gaillarde 89

Municipal de Ponty

✆ 05 55 72 30 05, *sports.dir@ussel19.fr*, Fax 05 55 72 59 52, *www.ussel19.fr*
2 ha (50 empl.) plat, peu incliné, gravillons, herbeux
Location : (permanent) – 18 gîtes.
borne raclet – 10
Pour s'y rendre : r. du Lac (2,7 km à l'ouest par rte de Tulle et D 157 à dr., près d'un plan d'eau)

Nature : sur le lac
Loisirs :
Services :
À prox. : snack (plage) (centre équestre) canoë, pédalos, piste de bi-cross

Longitude : 2.28707
Latitude : 45.5435

UZERCHE

19140 – **329** K3 – 3 195 h. – alt. 380
place de la Libération ✆ 05 55 73 15 71
Paris 444 – Aubusson 95 – Bourganeuf 76 – Brive-la-Gaillarde 38

Municipal la Minoterie

✆ 05 55 73 12 75, *uzerche@uzerche.fr*, Fax 05 55 73 12 75, *http://camping.uzerche.fr*
1,5 ha (65 empl.) plat, terrasse, herbeux, pierreux
Pour s'y rendre : à la Base de Loisirs de la Minoterie (au sud-ouest du centre bourg, accès quai Julian-Grimau, entre la N 20 et le pont Turgot (D 3), au bord de la Vézère (rive gauche))
À savoir : dans un site pittoresque

Nature :
Loisirs : base de canoë-kayak
Services : laverie
À prox. : mur d'escalade

Longitude : 1.56882
Latitude : 45.41927

VIDEIX

87600 – **325** B6 – 253 h. – alt. 260
Paris 443 – Angoulême 53 – Limoges 53 – Nontron 36

Village Vacances Le Hameau de gîtes (location exclusive de chalets) Permanent

✆ 05 55 48 83 39, *ot-rochechouart-pays-de-la-meteorite@wanadoo.fr*, Fax 05 55 48 83 39, *www.rochechouart.com*
3 ha plat, herbeux
Location : (Prix 2011) – 16 . Sem. 260 à 475 €
Pour s'y rendre : Plage de La Chassagne (1,7 km au nord par D 87, rte de Pressignac, lieu-dit La Chassagne)

Nature : Le Lac
Loisirs :
Services : laverie
À prox. : snack pédalos

Longitude : 0.72083
Latitude : 45.80171

VIGEOIS

19410 – **329** K3 – 1 115 h. – alt. 390
place de l'Eglise ✆ 05 55 98 96 44
Paris 457 – Limoges 68 – Tulle 32 – Brive-la-Gaillarde 41

Municipal du Lac de Pontcharal de déb. juin à mi-sept.

✆ 05 55 98 90 86, *mairievigeois@wanadoo.fr*, Fax 05 55 98 99 79, *www.vigeois.com*
32 ha/1,7 (85 empl.) peu incliné, plat, terrasse, herbeux
Tarif : 3,30 € 3,80 € – (15A) 3,30 €
Location : (Prix 2011) (de déb. avr. à fin oct.) – 5 . Nuitée 60 € – Sem. 230 à 350 €
borne eurorelais 2 €
Pour s'y rendre : à Pontcharal (2 km au sud-est par D 7, rte de Brive, près du lac de Pontcharal)

Nature :
Loisirs : snack (plage)
Services : (juil.-août)
À prox. : pédalos

Longitude : 1.53479
Latitude : 45.36911

blusky6867/Fotolia.com

R. Mattes/Michelin

Le pèlerinage sur les hauts lieux du souvenir militaire peut constituer la première étape de votre périple lorrain qui s'annonce riche en coups de cœur : splendide héritage architectural de Nancy magnifié par Stanislas et de Metz la « ville lumière », pétillant chapelet de stations thermales dispensatrices d'amincissants bienfaits, petites ruches créatives à l'origine du cristal de Baccarat, des émaux de Longwy et des faïences de Lunéville, silence des hauts fourneaux endormis, visions inspirées de l'histoire à Domrémy et Colombey... Sans oublier les vergers de mirabelles et les épaisses forêts vosgiennes. Accordez-vous en route une halte gourmande dans une marcairie : le géromé y clôture des repas généreux consacrés par l'indispensable quiche, à moins qu'il ne soit le prélude à un dessert arrosé de kirsch.

If you want to do justice to the wealth of wonderful sights in Lorraine, bring your walking boots. But before you head for the hills, make time to discover Nancy's splendid artistic heritage and admire the lights of Metz. Then tour a string of tiny spa resorts and the famous centres of craftsmanship which produce the legendary Baccarat crystal, Longwy enamels and Lunéville porcelain, before reaching the poignant silence of the dormant mines and quarries at Domrémy and Colombey. The lakes, forests and wildlife of the Vosges national park will keep you entranced as you make your way down hillsides dotted with plum orchards. Stop for a little »light« refreshment in a "marcairerie", a traditional farm-inn, and try the famous quiches and tarts, a slab of Munster cheese or a kirschflavoured dessert.

Localité citée avec camping
Localité citée avec camping et locatif
Vannes
Localité disposant d'un camping avec aire de services camping-car
Moyaux
Localité disposant d'au moins un terrain agréable
Aire de service pour camping-car sur autoroute
DEUTSCHLAND
LUXEMBOURG
MOSELLE
MEUSE
MEURTHE-ET-MOSELLE
VOSGES
HAUTE-MARNE
HAUTE-SAÔNE
HAUT-RHIN
METZ
NANCY
Verdun
Jaulny
St-Avold
Morhange
Revigny-s-Ornain
Villey-le-Sec
Lunéville
Magnières
Charmes
Neufchâteau
Bulgnéville
Vittel
Contrexéville
Sanchey
Épinal
Gérardmer
Plombières-les-Bains
le Val-d'Ajol
Langres
Bannes
Bourbonne-les-Bains
Vesoul
BELFORT
COLMAR
Chalezeule
DIJON

ANOULD

88650 – **314** J3 – 3 261 h. – alt. 457
Paris 430 – Colmar 43 – Épinal 45 – Gérardmer 15

Les Acacias de déb. déc. à fin sept.
03 29 57 11 06, *contact@acaciascamp.com*, *www.acaciascamp.com*
2,5 ha (84 empl.) en terrasses, plat, herbeux
Tarif : 14,70€ (10A) – pers. suppl. 3,80€
Location : (de déb. déc. à fin sept.) – 2 roulottes – 3 – 9 . Nuitée 60 à 90€ – Sem. 235 à 475€
borne artisanale 10€ – 5 10€ – 10€
Pour s'y rendre : 191 r. Léonard de Vinci (sortie ouest par N 415, rte de Colmar et chemin à dr.)

Nature :
Loisirs : (petite piscine)
Services : (juin-sept.) laverie
À prox. : voie verte et parcours santé

Longitude : 6.95786
Latitude : 48.18437

LA BRESSE

88250 – **314** J4 – 4 700 h. – alt. 636 – Sports d'hiver : 650/1 350 m 31
2a, rue des Proyes *03 29 25 41 29*
Paris 437 – Colmar 52 – Épinal 52 – Gérardmer 13

Municipal le Haut des Bluches de mi-déc. à déb. nov.
03 29 25 64 80, *hautdesbluches@labresse.fr*, *www.hautdesbluches.com* – alt. 708
4 ha (140 empl.) en terrasses, peu incliné, plat, herbeux, pierreux, rochers
Tarif : 18,80€ (13A) – pers. suppl. 3,10€
Location : (de mi-déc. à déb. nov.) – 7 – 13 . Sem. 275 à 605€
borne artisanale 3€ – 17 5,70€ – 10.90€
Pour s'y rendre : 5 rte des Planches (3,2 km à l'est par D 34, rte du Col de la Schlucht, au bord de la Moselotte)
À savoir : cadre pittoresque traversé par un ruisseau

Nature :
Loisirs : terrain multisport parc aventure (tyrolienne)
Services : laverie
À prox. : parcours sportif

Longitude : 6.91831
Latitude : 47.99878

Belle Hutte de mi-déc. à mi-nov.
03 29 25 49 75, *camping-belle-hutte@wanadoo.fr*, *www.camping-belle-hutte.com* – alt. 900
5 ha (125 empl.) en terrasses, herbeux, pierreux
Tarif : 26,35€ (10A) – pers. suppl. 5,90€ – frais de réservation 10€
Location : (de mi-déc. à mi-nov.) (2 chalets) – 15 – 2 appartements. Sem. 490 à 840€ – frais de réservation 10€
Pour s'y rendre : 1bis Vouille de Belle Hutte (9 km au nord-est par D 34, rte du col de la Schlucht, au bord de la Moselotte)
À savoir : dans un agréable site boisé

Nature :
Loisirs : snack
Services : laverie
À prox. :

Longitude : 6.96254
Latitude : 48.0349

BULGNÉVILLE

88140 – **314** D3 – 1 326 h. – alt. 350
105, rue de l'Hôtel de Ville *03 29 09 14 67*
Paris 331 – Contrexéville 6 – Épinal 53 – Neufchâteau 22

Porte des Vosges de mi-avr. à fin sept.
03 29 09 12 00, *contact@camping-portedesvosges.com*, Fax 03 29 09 15 71, *www.Camping-Portedesvosges.com*
ha (100 empl.) peu incliné, plat, herbeux, gravier
Tarif : 20€ (6A) – pers. suppl. 4€
borne sanistation
Pour s'y rendre : lieu-dit : La Grande Tranchée (1,3 km au sud-est par D 164, rte de Contrexéville et D 14, rte de Suriauville à dr.)
À savoir : cadre champêtre

Nature :
Services :

Longitude : 5.84514
Latitude : 48.19529

BUSSANG

88540 – **314** J5 – 1 631 h. – alt. 605
8, rue d'Alsace ✆ 0329615037
Paris 444 – Belfort 44 – Épinal 59 – Gérardmer 38

Kawan Village Domaine de Champé Permanent
✆ 0329616151, *info@domaine-de-champe.com*,
Fax 0329615690, *www.domaine-de-champe.com*
3,5 ha (100 empl.) plat, herbeux
Tarif : 33€ (10A) – pers. suppl. 7€ – frais de réservation 17€

Location : (permanent) – 22 – 8 . Nuitée 40 à 155€ – Sem. 280 à 1 085€ – frais de réservation 17€
borne 6€
Pour s'y rendre : au nord-est, accès par rte à gauche de l'église, au bord de la Moselle et d'un ruisseau

Nature :
Loisirs : diurne hammam terrain multi-sports
Services : laverie
À prox. :

Longitude : 6.8604
Latitude : 47.88554

CELLES-SUR-PLAINE

88110 – **314** J2 – 851 h. – alt. 318 – Base de loisirs
Paris 391 – Baccarat 23 – Blâmont 23 – Lunéville 49

Les Lacs de déb. avr. à fin sept.
✆ 0329412800, *camping@paysdeslacs.com*,
Fax 0329411869, *www.paysdeslacs.com*
15 ha/4 campables (135 empl.) plat, herbeux, pierreux, gravier
Tarif : (Prix 2011) 22€ (10A) – pers. suppl. 6€

Location : (Prix 2011) (de déb. avr. à fin sept.) – 10 chalets (sans sanitaires). Nuitée 45€ – Sem. 260 à 340€ – frais de réservation 16€
Pour s'y rendre : au sud-ouest du bourg

À savoir : en bordure de rivière et à proximité du lac

Nature :
Loisirs :
Services : laverie
au lac :

Longitude : 6.94943
Latitude : 48.45636

LA CHAPELLE-DEVANT-BRUYÈRES

88600 – **314** I3 – 622 h. – alt. 457
Paris 416 – Épinal 31 – Gérardmer 22 – Rambervillers 26

Les Pinasses de mi-avr. à mi-sept.
✆ 0329585110, *pinasses@dial.oleane.com*,
Fax 0329585421, *www.camping-les-pinasses.com*
3 ha (139 empl.) plat, herbeux, pierreux, petit étang
Tarif : 19,10€ (6A) – pers. suppl. 5,20€

Location : (de mi-avr. à fin oct.) – 4 – 8 – 3 appartements. Nuitée 60 à 85€ – Sem. 240 à 555€
Pour s'y rendre : 215 rte de Bruyères (1,2 km au nord-ouest sur D 60)

Nature :
Loisirs : snack
Services : laverie

Longitude : 6.77411
Latitude : 48.18974

CHARMES

88130 – **314** F2 – 4 560 h. – alt. 282
2, place Henri Breton ✆ 0329381709
Paris 381 – Mirecourt 17 – Nancy 43 – Neufchâteau 58

Les Iles Permanent
✆ 0329388771, *andre.michel63@wanadoo.fr*,
Fax 0329388771, *www.camping-les-iles.chez-alice.fr*
3,5 ha (67 empl.) plat, herbeux
Tarif : (Prix 2011) 13,25€ (10A) – pers. suppl. 3€
borne artisanale 3€
Pour s'y rendre : 20 r. de l'Ecluse (1 km au sud-ouest par D 157 et chemin à dr., près du stade)

À savoir : cadre agréable entre le canal de l'Est et la Moselle

Loisirs :
Services :
À prox. :

Longitude : 6.28668
Latitude : 48.37583

CONTREXÉVILLE

88140 – **314** D3 – 3 526 h. – alt. 342 – (fin mars-mi oct.)
Paris 337 – Épinal 47 – Langres 75 – Luxeuil 73

Le Tir aux Pigeons Permanent

03 29 08 15 06, *campingletirauxpigeons@orange.fr*, Fax 03 29 08 15 06, *www.camping-letirauxpigeons.fr*
1,8 ha (80 empl.) plat, herbeux, gravillons
Tarif : 17€ (16A) – pers. suppl. 5€

Location : (de déb. avr. à fin oct.) – 3 . Nuitée 50 à 65€ – Sem. 220 à 400€ – frais de réservation 10€
Pour s'y rendre : r. du 11 Septembre (1 km au sud-ouest par D 13, rte de Suriauville)

À savoir : à l'orée d'un bois

Nature :
Loisirs :
Services :

Longitude : 5.88459
Latitude : 48.17988

*To visit a town or region : use the **MICHELIN Green Guides.***

CORCIEUX

88430 – **314** J3 – 1 655 h. – alt. 534
9, rue Henry 03 29 50 73 29
Paris 424 – Épinal 39 – Gérardmer 15 – Remiremont 43

Yelloh! Village en Voges Domaine des Bans Permanent

03 29 51 64 67, *les-bans@domaine-des-bans.com*, Fax 03 29 51 64 69, *www.domaine-des-bans.fr*
15,7 ha (634 empl.) plat, herbeux, pierreux
Tarif : 41€ (6A) – pers. suppl. 8€

Location : (permanent) – 250 – 14 studios – 11 appartements – 44 gîtes. Nuitée 55 à 119€ – Sem. 385 à 833€
8 17€
Pour s'y rendre : 6 r. James Wiese (en deux campings distincts (Domaine des Bans : 600 empl. et la Tour : 34 empl.), pl. Notre-Dame)

À savoir : cadre agréable, au bord d'un plan d'eau

Nature :
Loisirs : snack disco-thèque
Services :
laverie
À prox. : (centre équestre)

Longitude : 6.87985
Latitude : 48.16867

Au Clos de la Chaume de fin avr. à mi-sept.

06 85 19 62 55, *info@camping-closdelachaume.com*, Fax 03 29 50 76 76, *www.camping-closdelachaume.com*
4 ha (90 empl.) plat, herbeux
Tarif : 22,50€ (6A) – pers. suppl. 5,50€ – frais de réservation 10€

Location : (de mi-avr. à fin sept.) – 15 – 5 . Nuitée 50 à 102€ – Sem. 296 à 695€ – frais de réservation 15€
borne artisanale 5,70€ – 6 22,50€ – 11€
Pour s'y rendre : 21 r. d'Alsace

Nature :
Loisirs : Volley
Services : laverie

Longitude : 6.88383
Latitude : 48.17026

DABO

57850 – **307** O7 – 2 658 h. – alt. 500
10, place de l'Église 03 87 07 47 51
Paris 453 – Baccarat 63 – Metz 127 – Phalsbourg 18

Le Rocher de déb. avr. à fin oct.

03 87 07 47 51, *info@ot-dabo.fr*, *www.ot-dabo.fr*
0,5 ha (42 empl.) peu incliné, plat, herbeux
Tarif : (Prix 2011) 13,20€ (10A) – pers. suppl. 3,20€
8 4€
Pour s'y rendre : rte du Rocher (1,5 km au sud-est par D 45, au carr. de la rte du Rocher)

À savoir : dans une agréable forêt de sapins

Nature :
Loisirs :
Services :

Longitude : 7.25267
Latitude : 48.64844

FRESSE-SUR-MOSELLE

88160 – **314** I5 – 1 906 h. – alt. 515
Paris 447 – Metz 178 – Épinal 54 – Mulhouse 56

Municipal Bon Accueil de déb. avr. à mi-nov.
03 29 25 08 98, *camping.bonaccueil@orange.fr*,
Fax 03 29 61 50 37, *www.contact@tourisme-bussang.com*
0,6 ha (50 empl.) plat, herbeux
Tarif : (Prix 2011) 2,43€ 1,42€ 1,42€ –
(16A) 2,53€
borne 3€
Pour s'y rendre : 36ter r. de Lorraine (sortie nord-ouest par N 66, rte du Thillot, à 80 m de la Moselle)

Nature :
Loisirs :
Services :
À prox. :

Longitude : 6.78023
Latitude : 47.878

Si vous désirez réserver un emplacement pour vos vacances, faites-vous préciser au préalable les conditions particulières de séjour, les modalités de réservation, les tarifs en vigueur et les conditions de paiement.

GEMAINGOUTTE

88520 – **314** K3 – 123 h. – alt. 446
Paris 411 – Colmar 59 – Ribeauvillé 31 – St-Dié 14

Municipal le Violu Permanent
03 29 57 70 70, *mairie.gemaingoutte@wanadoo.fr*,
Fax 03 29 51 72 60, *www.gemaingoutte.fr*
1 ha (48 empl.) plat, herbeux
Tarif : 2,50€ 1,70€ 1,80€ – (6A) 2,20€
Location : (permanent) – 2 . Nuitée 55€ – Sem. 220 à 425€
borne raclet 2€ – 10 6€
Pour s'y rendre : sortie ouest par RD 59, rte de St-Dié, au bord d'un ruisseau

Loisirs :
Services :

Longitude : 7.08584
Latitude : 48.25361

GÉRARDMER

88400 – **314** J4 – 8 738 h. – alt. 669 – Sports d'hiver : 660/1 350 m 31
4, place des Déportés 03 29 27 27 27
Paris 425 – Belfort 78 – Colmar 52 – Épinal 40

Les Sapins de déb. avr. à déb. oct.
03 29 63 15 01, *les.sapins@camping-gerardmer.com*,
www.camping-gerardmer.com
1,3 ha (70 empl.) plat, herbeux, gravier
Tarif : 21€ (10A) – pers. suppl. 4,20€
– frais de réservation 10€
Location : (de déb. mars à fin oct.) – 3 – 1 appartement. Sem. 290 à 520€ – frais de réservation 10€
borne artisanale – 10 20€
Pour s'y rendre : 18 chemin de Sapois (1,5 km au sud-ouest, à 200 m du lac)

Nature :
Loisirs :
Services :
À prox. :

Longitude : 6.85614
Latitude : 48.0635

Les Granges-Bas Permanent
03 29 63 12 03, *camping@lesgrangesbas.fr*,
Fax 03 68 38 54 65, *www.lesgrangesbas.fr*
2 ha (100 empl.) peu incliné, plat, herbeux
Tarif : 16,30€ (6A) – pers. suppl. 3,80€
Location : (permanent) – 9 – 2 appartements – 1 tente. Sem. 301 à 595€ – frais de réservation 10€
Pour s'y rendre : 116 chemin des Granges Bas (4 km à l'ouest par D 417 puis, à Costet-Beillard, 1 km par un chemin à gauche)

Nature :
Loisirs :
Services : laverie

Longitude : 6.80653
Latitude : 48.06927

GRANGES-SUR-VOLOGNE

88640 – **314** I4 – 2 315 h. – alt. 502
2, place Combattants d'Indochine ✆ 0329514801
Paris 419 – Bruyères 10 – Épinal 34 – Gérardmer 14

Les Peupliers
✆ 0329575104
2 ha (40 empl.) plat, herbeux
Pour s'y rendre : 12 r. du Pré-Dixi (par centre bourg vers Gérardmer et chemin à dr. apr. le pont)
À savoir : cadre verdoyant au bord de la Vologne et d'un ruisseau

Nature :
Loisirs :
Services :
À prox. :

Longitude : 6.78822
Latitude : 48.14261

Utilisez le guide de l'année.

HERPELMONT

88600 – **314** I3 – 237 h. – alt. 480
Paris 413 – Épinal 28 – Gérardmer 20 – Remiremont 33

Domaine des Messires de fin avr. à fin sept.
✆ 0329585629, *mail@domainedesmessires.com*, *www.domainedesmessires.com*
11 ha/2 campables (100 empl.) plat, herbeux
Tarif : 6,50€ 13€ (6A) – frais de réservation 12€
Location : (de fin avr. à fin sept.) – 22 . Nuitée 45 à 97€ – Sem. 270 à 1 150€ – frais de réservation 12€
Pour s'y rendre : rue des Messires (1,5 km au nord)
À savoir : situation et cadre agréables au bord d'un lac

Nature : lac et montagne
Loisirs : kayak
Services :
laverie

Longitude : 6.74278
Latitude : 48.17854

JAULNY

54470 – **307** G5 – 253 h. – alt. 230
Paris 310 – Commercy 41 – Metz 33 – Nancy 51

La Pelouse de déb. avr. à fin sept.
✆ 0383819167, *campingdelapelouse@orange.fr*, Fax 0383819167, *www.campingdelapelouse.com*
– places limitées pour le passage
2,9 ha (100 empl.) peu incliné, plat, herbeux
Tarif : 20€ (6A) – pers. suppl. 4€
Location : (permanent) (2 chalets) – 5 . Sem. 300 à 400€
Pour s'y rendre : chemin de Fey (500 m au sud du bourg, accès situé près du pont)
À savoir : sur une petite colline boisée dominant la rivière

Nature :
Loisirs :
Services :
À prox. :

Longitude : 5.88658
Latitude : 48.9705

LUNÉVILLE

54300 – **307** J7 – 20 078 h. – alt. 224
aile sud du Château ✆ 0383740655
Paris 347 – Épinal 69 – Metz 95 – Nancy 36

Les Bosquets de déb. mai à fin sept.
✆ 674724973, *camping@cc-lunevillois.fr*, *www.cc-lunevillois.fr*
1 ha (36 empl.) terrasse
Tarif : (Prix 2011) 4,10€ 5,10€ (9A)
Location : (Prix 2011) (de déb. mai à fin sept.) – 4 . Sem. 190 à 335€
borne raclet
Pour s'y rendre : chemin de la Ménagerie (au nord, en dir. de Château-Salins et à dr., apr. le pont sur la Vézouze)
À savoir : près du parc du château et des jardins

Nature :
Loisirs :
Services :
laverie
À prox. :

Longitude : 6.50117
Latitude : 48.59696

MAGNIÈRES

54129 – **307** K8 – 339 h. – alt. 250
Paris 365 – Baccarat 16 – Épinal 40 – Lunéville 22

Le Pré Fleury de déb. avr. à mi-oct.
03 83 73 82 21, *kern.christian@wanadoo.fr*, Fax 03 83 72 32 77, *www.campingduprefleury.com*
1 ha (34 empl.) plat et peu incliné, gravillons, herbeux, pierreux
Tarif : 13,50€ (10A) – pers. suppl. 3€
Location : – 2 gîtes.
5 10€ – 9.50€
Pour s'y rendre : 18 r. de la Barre (500 m à l'ouest par D 22, rte de Bayon, à 200 m de la Mortagne)
À savoir : à l'ancienne gare et au bord d'un étang

Nature :
Loisirs : voiturettes à vélos sur rail (draisines)
Services :
À prox. :

Longitude : 6.55962
Latitude : 48.44635

Renouvelez votre guide chaque année.

METZ

57000 – **307** I4 – 123 580 h. – alt. 173
place d'Armes 03 87 55 53 76
Paris 330 – Longuyon 80 – Pont-à-Mousson 31 – St-Avold 44

Municipal Metz-Plage de déb.avr. à déb. oct.
03 87 68 26 48, *campingmetz@mairie-metz.fr*, Fax 03 87 38 03 89, *tourisme.mairie-metz.fr*
2,5 ha (150 empl.) plat, herbeux, pierreux
Tarif : (Prix 2011) 3€ 3,50€ 12€ (6A)
borne artisanale – 9
Pour s'y rendre : allée de Metz-Plage (au nord, entre le pont des Morts et le pont de Thionville, au bord de la Moselle - par A 31 : sortie Metz-Nord Pontiffroy)

Nature :
Loisirs :
Services : laverie
À prox. :

Longitude : 6.17025
Latitude : 49.12545

NEUFCHÂTEAU

88300 – **314** C2 – 7 056 h. – alt. 300
3, Parking des Grandes Ecuries 03 29 94 10 95
Paris 321 – Chaumont 57 – Contrexéville 28 – Épinal 75

Intercommunal de mi-mai à fin sept.
03 29 94 19 03, *n.merlin@paysdeneufchateau.com*, Fax 03 29 06 19 59
0,8 ha (50 empl.) plat, herbeux
Tarif : (Prix 2011) 3,10€ 2,90€ 3,10€ – (16A) 4,10€
Pour s'y rendre : Place Raymond Pitet (sortie ouest, rte de Chaumont et à dr., près du complexe sportif)

Nature :
Services :
À prox. : piste de skate-board

Longitude : 5.69262
Latitude : 48.35491

PLOMBIÈRES-LES-BAINS

88370 – **314** G5 – 1 955 h. – alt. 429 – (début avril-fin déc.)
1, place Maurice Janot 03 29 66 01 30
Paris 378 – Belfort 79 – Épinal 38 – Gérardmer 43

L'Hermitage de mi-avr. à mi-oct.
03 29 30 01 87, *camping.lo@wanadoo.fr*, *www.hermitage-camping.com*
1,4 ha (55 empl.) en terrasses, plat et peu incliné, herbeux, gravier
Tarif : (Prix 2011) 19,80€ – pers. suppl. 4,70€ – frais de réservation 10€
Location : (Prix 2011) (de mi-avr. à mi-oct.) – 3 – 4 . Sem. 310 à 530€ – frais de réservation 10€
borne artisanale
Pour s'y rendre : 54 r. du Boulot (1,5 km au nord-ouest par D 63, rte de Xertigny puis D 20, rte de Ruaux)

Nature :
Loisirs :
Services :

Longitude : 6.4431
Latitude : 47.96859

Le Fraiteux de mi-mars à fin oct.
03 29 66 00 71, *campingdufraiteux@aliceadsl.fr*, *www.campingdufraiteux.fr*
0,8 ha (35 empl.) peu incliné, plat, herbeux, gravillons
Tarif : 3,60€ 4,30€ – (10A) 4€
Location : (permanent) – 3 . Nuitée 50 à 60€ – Sem. 256 à 420€
borne artisanale – 7 11,20€
Pour s'y rendre : 81 r. du Camping (4 km à l'ouest par D 20 et D 20e)

Nature :
Loisirs :
Services : laverie

Longitude : 6.41647
Latitude : 47.96573

REVIGNY-SUR-ORNAIN

55800 – **307** A6 – 3 206 h. – alt. 144
rue du Stade 03 29 78 73 34
Paris 239 – Bar-le-Duc 18 – St-Dizier 30 – Vitry-le-François 36

Municipal du Moulin des Gravières de mi-avr. à fin oct.
03 29 78 73 34, *contact@ot-revigny-ornain.fr*, Fax 03 29 78 73 34, *www.ot-revigny-ornain.fr* –
1 ha (27 empl.) plat, herbeux
Tarif : 10€ (12A) – pers. suppl. 3€
Location : (permanent) – 3 . Sem. 221 à 303€
borne artisanale –
Pour s'y rendre : 1 r. du Stade (au bourg vers sortie sud, rte de Vitry-le-François et r. à dr., à 100 m de l'Ornain)
À savoir : cadre agréable au bord d'un ruisseau

Nature :
Loisirs :
Services :
À prox. :

Longitude : 4.98384
Latitude : 48.82656

ST-AVOLD

57500 – **307** L4 – 16 611 h. – alt. 260
28, rue des Américains 03 87 91 30 19
Paris 372 – Haguenau 117 – Lunéville 77 – Metz 46

Le Felsberg Permanent
03 87 92 75 05, *cis.stavold@wanadoo.fr*, Fax 03 87 92 20 69, *www.mairie-saint-avold.fr*
1,2 ha (33 empl.) en terrasses, peu incliné, plat, pierreux, herbeux
Tarif : (Prix 2011) 4€ 6€ – (10A) 5€
Location : (Prix 2011) (permanent) – 3 – 11 . Sem. 350€
borne artisanale 3€ – 15€
Pour s'y rendre : au nord, près N 3, accès par r. en Verrerie, face à la station service Record - par A 4 : sortie St-Avold Carling
À savoir : sur les hauteurs agréablement boisées de la ville

Nature :
Loisirs : snack
Services :

Longitude : 6.71667
Latitude : 49.11063

ST-DIÉ-DES-VOSGES

88100 – **314** J3 – 21 882 h. – alt. 350
8, quai du Mal de L. de Tassigny 03 29 42 22 22
Paris 397 – Belfort 123 – Colmar 53 – Épinal 53

Vanne de Pierre Permanent
03 29 56 23 56, *vannedepierre@orange.fr*, Fax 03 29 64 28 03, *www.vannedepierre.com*
3,5 ha (118 empl.) plat, herbeux
Tarif : (Prix 2011) 31€ (10A) – pers. suppl. 8€ – frais de réservation 25€
Location : (Prix 2011) (permanent) – 6 – 7 . Nuitée 80 à 120€ – Sem. 560 à 840€ – frais de réservation 25€
Pour s'y rendre : 5 r. du Camping (à l'est par le quai du Stade, près de la Meurthe)

Nature :
Loisirs : diurne jacuzzi
Services : laverie
À prox. : golf

Longitude : 6.96942
Latitude : 48.28584

ST-MAURICE-SUR-MOSELLE

88560 – **314** I5 – 1 502 h. – alt. 560 – Sports d'hiver : 550/1 250 m 8
1, place du 2 Octobre 1944 03 29 25 05 01
Paris 441 – Belfort 41 – Bussang 4 – Épinal 56

Les Deux Ballons de mi-avr. à fin sept.
03 29 25 17 14, *stan@camping-deux-ballons.fr*, *www.camping-deux-ballons.fr*
4 ha (160 empl.) en terrasses, plat, herbeux
Tarif : 28€ (10A) – pers. suppl. 6€ – frais de réservation 15€
Location : (de déb. avr. à fin oct.) – 6 . Sem. 420 à 540€
borne artisanale 6€
Pour s'y rendre : 17 Rye du Stade (sortie sud-ouest par N 66, rte du Thillot, au bord d'un ruisseau)

Nature :
Loisirs : snack
Services : laverie
À prox. : voie verte

Longitude : 6.81124
Latitude : 47.8554

SANCHEY

88390 – **314** G3 – 776 h. – alt. 368
Paris 390 – Metz 129 – Épinal 8 – Nancy 69

Club Lac de Bouzey Permanent
03 29 82 49 41, *lacdebouzey@orange.fr*, Fax 03 29 64 28 03, *www.lacdebouzey.com*
3 ha (160 empl.) en terrasses, peu incliné, plat, herbeux
Tarif : 30€ (10A) – pers. suppl. 8€
Location : (permanent) – 41 . Nuitée 85 à 120€ – Sem. 595 à 847€ – frais de réservation 25€
borne flot bleu
Pour s'y rendre : 19 r. du Lac (au sud par D 41)
À savoir : face au lac, agréables installations d'accueil et de loisirs

Nature :
Loisirs : nocturne salle de spectacle, discothèque, terrain multisports canoë
Services : laverie

Longitude : 6.3602
Latitude : 48.1667

SAULXURES-SUR-MOSELOTTE

88290 – **314** I5 – 2 830 h. – alt. 464 – Base de loisirs
11, rue Pasteur 03 29 24 52 13
Paris 431 – Épinal 46 – Gérardmer 24 – Luxeuil-les-Bains 53

Lac de la Moselotte Permanent
03 29 24 56 56, *lac-moselotte@ville-saulxures-mtte.fr*, Fax 03 29 24 58 31, *www.lac-moselotte.fr*
23 ha/3 campables (75 empl.) plat, herbeux, pierreux
Tarif : (Prix 2011) 20,80€ (10A) – pers. suppl. 5€
Location : (Prix 2011) (permanent) – 3 – 30 . Nuitée 44 à 99€ – Sem. 309 à 619€
Pour s'y rendre : 336 rte des Amias (1,5 km à l'ouest sur ancienne D 43)
À savoir : dans un site boisé au bord d'un lac et près d'une base de loisirs

Nature :
Loisirs : salle d'animation
Services :
à la base de loisirs : mur d'escalade, voie verte

Longitude : 6.74974
Latitude : 47.95412

LE THOLY

88530 – **314** I4 – 1 554 h. – alt. 628
3, rue Charles-de-Gaulle 03 29 61 81 82
Paris 414 – Bruyères 21 – Épinal 30 – Gérardmer 11

Noirrupt de déb. mai à mi-oct.
03 29 61 81 27, *info@jpvacances.com*, *www.jpvacances.com*
2,9 ha (70 empl.) en terrasses, plat, herbeux, pierreux
Tarif : 26,30€ (6A) – pers. suppl. 5,90€ – frais de réservation 13€
Location : (permanent) (de déb. juil. à fin août) – 12 . Sem. 270 à 670€ – frais de réservation 13€
Pour s'y rendre : 15 chemin de l'Étang de Noirrupt (1,3 km au nord-ouest par D 11, rte d'Épinal et chemin à gauche)

Nature :
Loisirs :
Services : laverie
À prox. :

Longitude : 6.72893
Latitude : 48.08881

LE VAL-D'AJOL

88340 – **314** G5 – 4 138 h. – alt. 380
17, rue de Plombières *03 29 30 61 55*
Paris 382 – Épinal 41 – Luxeuil-les-Bains 18 – Plombières-les-Bains 10

Municipal de mi-avr. à fin sept.
03 29 66 55 17, *mairie@valdajol.fr*, Fax 03 29 66 53 66
1 ha (46 empl.) plat, herbeux
Tarif : (Prix 2011) 3€ 3,80€ – (6A) 2,50€
Location : (Prix 2011) (de mi-avr. à fin sept.) (1 chalet) – 2 . Sem. 300 à 400€
borne artisanale 2€ – 12
Pour s'y rendre : r. des Oeuvres (sortie nord-ouest par D 20, rte de Plombières-les-Bains)

Nature :
Loisirs :
Services :
À prox. :

Longitude : 6.47633
Latitude : 47.92616

VERDUN

55100 – **307** D4 – 19 147 h. – alt. 198
place de la Nation *03 29 86 14 18*
Paris 263 – Bar-le-Duc 56 – Châlons-en-Champagne 89 – Metz 78

Les Breuils de déb. avr. à fin sept.
03 29 86 15 31, *contact@camping-lesbreuils.com*, Fax 03 29 86 75 76, *www.camping-lesbreuils.com*
5,5 ha (162 empl.) en terrasses, peu incliné, plat, herbeux, gravier, sapinière
Tarif : (Prix 2011) 5,80€ 1,70€ 5€ – (10A) 4,20€ – frais de réservation 10€
Location : (de déb. avr. à fin sept.) – 9 . Nuitée 55 à 76€ – Sem. 250 à 530€ – frais de réservation 10€
borne flot bleu 5€
Pour s'y rendre : allée des Breuils (sortie sud-ouest par rocade D S1 vers rte de Paris et chemin à gauche)
À savoir : cadre champêtre au bord d'un étang

Nature :
Loisirs :
terrain multisports
Services : laverie

Longitude : 5.36598
Latitude : 49.15428

La Saône coulant dans un verdoyant paysage

VILLEY-LE-SEC

54840 – **307** G7 – 410 h. – alt. 324
Paris 302 – Lunéville 49 – Nancy 20 – Pont-à-Mousson 51

Camping de Villey-le-Sec de déb. avr. à fin sept.
03 83 63 64 28, *info@campingvilleylesec.com*,
Fax 03 83 63 64 28, *www.campingvilleylesec.com*
2,5 ha (100 empl.) plat, herbeux
Tarif : (Prix 2011) 20,30€ (10A) – pers. suppl. 3,50€
Location : (Prix 2011) (de déb. avr. à fin sept.) – 4 . Sem. 230 à 460€
Pour s'y rendre : 34 r. de la Gare (2 km au sud par D 909, rte de Maron et r. à dr.)
À savoir : cadre agréable au bord de la Moselle

Nature :
Loisirs : volley
Services : laverie

Longitude : 5.98559
Latitude : 48.6526

VITTEL

88800 – **314** D3 – 5 586 h. – alt. 347
place de la Marne *03 29 08 08 88*
Paris 342 – Belfort 129 – Épinal 43 – Chaumont 84

Aquadis Loisirs
03 29 08 02 71, *aquadis1@orange.fr*, Fax 03 86 37 95 83,
www.aquadis-loisirs.com
3,5 ha (120 empl.) plat, herbeux, gravillons
Location : – 12 .
borne flot bleu
Pour s'y rendre : 270 r. Claude Bassot (sortie nord-est par D 68, rte de They-sous-Montfort)

Nature :
Loisirs :
Services : laverie

Longitude : 5.95605
Latitude : 48.2082

XONRUPT-LONGEMER

88400 – **314** J4 – 1 573 h. – alt. 714 – Sports d'hiver : 750/1 300 m 3
Paris 429 – Épinal 44 – Gérardmer 4 – Remiremont 32

La Vologne de fin avr. à fin sept.
03 29 60 87 23, *camping@lavologne.com*,
Fax 03 29 60 87 23, *www.lavologne.com*
2,5 ha (100 empl.) plat, herbeux
Tarif : (Prix 2011) 14,80€ (6A) – pers. suppl. 3,30€ – frais de réservation 5€
Location : (de fin avr. à fin sept.) – 3 – 1 yourte – 1 appartement – 2 bungalows toilés. Nuitée 36 à 83€ – Sem. 210 à 580€
Pour s'y rendre : 3030 rte de Retournemer (4,5 km au sud-est par D 67a)
À savoir : dans un site boisé, au bord de la rivière

Nature :
Loisirs :
Services :
À prox. :

Longitude : 6.96737
Latitude : 48.0629

Les Jonquilles de fin avr. à déb. oct.
03 29 63 34 01, *info@camping-jonquilles.com*,
Fax 03 29 60 09 28, *www.camping-jonquilles.com*
4 ha (247 empl.) peu incliné, herbeux
Tarif : 18,94€ (10A) – pers. suppl. 3,50€
borne artisanale – 5
Pour s'y rendre : 2586 rte du Lac (2,5 km au sud-est)
À savoir : situation agréable au bord du lac

Nature : lac et montagnes boisées
Loisirs :
Services : laverie

Longitude : 6.94871
Latitude : 48.0677

MIDI-PYRÉNÉES

J.-P. Azam/hemis.fr

Lourdes n'a pas l'apanage des miracles : le Midi-Pyrénées tout entier « donne aux saints la nostalgie de la terre ». Voici d'abord la barrière pyrénéenne, sa coiffe immaculée, ses gaves tumultueux et ses épaisses forêts où se cachent quelques ours. Puis les cités médiévales et forteresses, qui se colorent au soleil couchant d'une palette féerique : Albi gouachée de rouge, Toulouse la rose, bastides aux reflets corail... Dans l'obscurité des grottes, c'est l'art fécond des premiers hommes qui prend un tour surnaturel. La liste des prodiges serait incomplète si l'on n'évoquait la fertilité des pays de Garonne producteurs de fruits, de légumes, de vins et de céréales, et la générosité de la table où garbure, cassoulet, confits et foies gras assouvissent l'appétit légendaire des héritiers des Mousquetaires.

Lourdes may be famous for its miracles, but some would say that the whole of the Midi-Pyrénées has been uniquely blessed: it continues to offer sanctuary to a host of exceptional fauna and flora, like the wild bears which still roam the high peaks of the Pyrenees. At sunset, the towers of its medieval cities and fortresses glow in the evening light, its forbidding Cathar castles are stained a bloody red, Albi paints a crimson watercolour and Toulouse is veiled in pink. Yet this list of marvels would not be complete without a mention of the Garonne's thriving, fertile »garden of France« , famous for its vegetables, fruit and wine. This land of milk and honey is as rich as ever in culinary tradition, and it would be a crime to leave without sampling some foie gras or a confit de canard.

Localité citée avec camping
Localité citée avec camping et locatif
Vannes Localité disposant d'un camping avec aire de services camping-car
Moyaux Localité disposant d'au moins un terrain agréable
Aire de service pour camping-car sur autoroute
DORDOGNE
LOT
LOT - ET - GARONNE
TARN-ET-GARONNE
GERS
HAUTE - GARONN
HAUTES-PYRÉNÉES
ARIÈGE
ESPAÑA
St-Laurent-Médoc
Blaye
St-Aulaye
la Roche-Chalais
Montpon-Ménestérol
Périgueux
Atur
ST-LAURENT DU MANOIRE
d'Auberoche
Thenon
Peyrignac
Montignac
Coly
Brive-la-Gaillarde
Lissac-s-Couze
Terrasson-Lavilledieu
St-Amand-de-Coly
Sarlat-la-Canéda
St-Rémy
Lamonzie-Montastruc
Bergerac
Ste-Foy-la-Grande
Couze-et-St-Front
Rauzan
Blasimon
Gradignan
LES LANDES
Eymet
Gourdon
Biron
Villeréal
Sauveterre-la-Lémance
St-Germain-du-Bel-Air
JARDIN DES CAUSSES DU LOT
Cassagnes
Cuzorn
Salles
Langon
Marmande
Montcabrier
Fumel
Puy-l'Evêque
St-Pierre-Lafeuil
Duravel
Touzac
Belaye
Trentels
Castelmoron-s-Lot
Mauroux
Clairac
Villeneuve-s-Lot
Courbiac
Cahors
St-Pantaléon
Pissos
Casteljaloux
Beauville
Castelnau-Montratier
AGEN-PORTE D'AQUITAINE
Pont-du-Casse
Montpezat-de-Quercy
Agen
LE BOIS DE DOURRE
Sabres
Moissac
Lafrançaise
Castelsarrasin
Nègrepelis
Montauban
Gabarret
la Romieu
St-Justin
Condom
Mont-de-Marsan
Barbotan-les-Thermes
Lectoure
Lavit-de-Lomagne
Estang
Gondrin
Castéra-Verduzan
Beaumont-de-Lomagne
FRONTONNA
Roquelaure
Mirepoix
Puysségur
Aire-s-l'Adour
Hagetmau
Auch
Thoux
TOULOUSE
Montesquiou
Béarn
Mirande
Maubourguet
Muret
LACQ-AUDEJOS
Navarrenx
St-Blancard
VOLVESTRE
PAU
Boulogne-s-Gesse
TARBES
Oloron-Ste-Marie
Baudreix
Cassagnabère-Tournas
Aurignac
Rieux
LES PYRÉNÉES
Martres-Tolosane
Orincles
Poueyferré
Lourdes
Pouzac
St-Gaudens
Pamiers
Ouzous
Agos-Vidalos
Bagnères-de-Bigorre
Ayzac-Ost
St-Bertrand-de-C.
Mane
Rieux-de-Pelleport
Laruns
Arras-en-Lavedan
Argelès-Gazost
Hèches
la Bastide-de-Sérou
Aucun
Lau Balagnas
Ste-Marie-de-Campan
Arrens-Marsous
Arcizans-Avant
Rimont
Cos
Lescun
Bun
St-Girons
Estaing
Augirein
Urdos
Cauterets
Luz-St-Sauveur
Mercus-Garra
Salles-et-Pratviel
Oust
Sassis
Vielle-Aure
Bourisp
Seix
Tarascon-s-Ariège
Garin
Gavarnie
St-Lary-Soulan
le Trein-d'Ustou
Aragnouet
Bagnères-de-Luchon
Aulus-les-Bains
Loudenvielle
Ordino
la Massana
Andorra-la-Vella
Sant Julià de Lòria

bazines
Beynat
Argentat
Reygades
aulieu-s-D.
Camps
D 1120
brun
Bretenoux
Girac
St-Céré
Lacam-d'Ourcet
Mauriac
Auriac
Pleaux
St-Martin-Valmeroux
CANTAL
Arnac
St-Gérons
Aurillac
Vic-s-Cère
Pers
Arpajon-s-Cère
St-Mamet-la-Salvetat
Lacapelle-del-Fraisse
Lacapelle-Marival
D 840
D 802
Bagnac-s-Célé
Maurs
N 122
Figeac
Béduer
Capdenac-Gare
Boisse-Penchot
Grand-Vabre
Flagnac
Conques
Sénergues
Entraygues-s-T.
D 922
irq-Lapopie
Rignac
D 840
Rodez
Villefranche-de-Rouergue
D 911
arisot
Caylus
Antonin-Noble-Val
Naucelle
Mirandol-Bourgnounac
abannes
Cordes-s-Ciel
Carmaux
N 88
Castelnau-de-Montmirail
ALBI
A 68
D 612
Teillet
TARN
Damiatte
Castres
Brassac
Lamontélarié
le Bez
Revel
Sorèze
Mazamet
D 612
les Cammazes
Brousses-et-Villaret
PORT-LAURAGAIS
Villegly
Villemoustaussou
A 61
Carcassonne
Trèbes
Montclar
Limoux
ues-Vives
Alet-les-Bains
D 117
Quillan
Belcaire
Sorgeat
Ax-les-Thermes
Molitg-les-Bains
Hospitalet-près-l'Andorre
Formiguères
Matemale
Font-Romeu
Égat
N 20
Estavar
Madame
Err
Fuilla
Casteil
Vernet-les-Bains
Arles-s-Tech
Maureillas-Las-Illas
A 9
Laroque-des-Albères
St-Genis-des-Fontaines
Neussargues-Moissac
A 75
St-Flour
Neuvéglise
le Malzieu-Ville
St-Just
LA LOZÈRE
LA LOZÈRE
Chaudes-Aigues
Pons
Laguiole
St-Amans-des-Cots
Nasbinals
St-Léger-de-Peyre
Marvejols
Chirac
Espalion
AVEYRON
Lot
St-Germain-du-Teil
N 88
St-Geniez-d'Olt
la Canourgue
L'AVEYRON
Canilhac
N 88
Sévérac-l'Église
Pont-de-Salars
L'AVEYRON
Canet-de-Salars
Arvieu
Salles-Curan
Alrance
Villefranche-de-Panat
le Truel
St-Rome-de-Tarn
Rivière-s-Tarn
Millau
le Rozier
Lanuéjols
Nant
St-Jean-du-Bruel
A 75
LE CAYLAR
LE CAYLAR
Brusque
Nages
la Salvetat-s-Agout
Lodève
Le Bosc
St-André-de-Sangonis
Gignac
Canet
Clermont-l'Hérault
Laurens
HÉRAULT
A 75
D 612
BÉZIERS-MONTBLANC
N 9
BÉZIERS
Villeneuve-lès-B.
BÉZIERS-MONTBLANC
Sérignan
NARBONNE-VINASSAN
Paulhaguet
Vorey
St-Paulien
Lavoûte-s-Loire
N 88
Yssin
HAUTE-
LOIR
le Puy-en-Velay
le Chambon-s-L
Saugues
Monistrol-d'Allier
Alleyras
Issarlès
Grandrieu
St-Paul-le-Froid
Naussac
Chastanier
LOZÈRE
Rocles
N 102
D 806
Laubert
N 88
Mende
St-Bauzile
Villefort
Ispagnac
Ste-Enimie
St-Georges-de-Lévéjac
les Vignes
Blajoux
Bédouès
le Pont-de-Montvert
Florac
N 106
D 904
Meyrueis
Cendras
Alès
Les Plantiers
St-Jean-du-Gard
Anduze
Valleraugue
Boisset-et-Gaujac
D 6110
Massillargues-Attuech
le Vigan
St-Hippolyte-du-Fort
NÎMES
Crespian
Brissac
Somm
D 610
Castries
MONTPELLIER
A 750
N 109
la Grande-Motte
Lattes
Carnon-Plage
Palavas-les-Flots
A 9
Port
Balaruc-les-Bains
Frontignan
Marseillan
Sète
Agde
le Cap-d'Agde
Vias
Rouffignac
Plazac
la Chapelle-Aubareil
CORRÈZE
Meyssac
St-Léon-s-Vézère
St-Geniès
PECH-MONTAT
PECH-MONTAT
le Bugue
Tursac
Salignac-Eyvigues
St-Avit-de-Vialard
Campagne
les Eyzies-de-Tayac
St-Crépin-et-Carlucet
Marcillac-St-Quentin
D 840
Vayrac
Limeuil
St-Vincent-de-Cosse
Sarlat-la-Canéda
Peyrillac-et-Millac
Creysse
Alles-s-D.
Coux-et-Bigaroque
Castels
Beynac-et-Cazenac
la Roque-Gageac
Carsac-Aillac
St-Julien-de-Lampon
Souillac
Miers
Lacave
Badefols-s-D.
Allas-les-Mines
Vézac
Vitrac
Loupiac
Padirac
Groléjac
le Buisson-de-Cadouin
Siorac-en-P.
Domme
Payrac
Thégra
Rocamadour
Castelnaud-la-Ch^lle
Cénac-et-St-Julien
Belvès
le Vigan
A 20
St-Avit-Sénieur
St-Cybranet
St-Martial-de-Nabirat
Gourdon
Carlucet
DORDOGNE
Daglan
Sénieurgues
Monpazier
LOT
D 820
B

AGOS-VIDALOS

65400 – **342** L4 – 359 h. – alt. 450
2 bis, avenue du Lavedan 05 62 97 08 06
Paris 859 – Toulouse 185 – Tarbes 32 – Pau 51

Le Soleil du Pibeste

05 62 97 53 23, *info@campingpibeste.com*, *www.campingpibeste.com*
1,5 ha (90 empl.) plat et peu incliné, terrasses, herbeux
Location : (permanent) – 26 – 11 . Nuitée 37 à 105€ – Sem. 250 à 805€
borne artisanale
Pour s'y rendre : 16 av. Lavedan (sortie sud, par la N 21)

Nature :
Loisirs : diurne
Services : laverie

Longitude : -0.07298
Latitude : 43.03792

La Châtaigneraie de déb. déc. à fin sept.

05 62 97 07 40, *camping.chataigneraie@wanadoo.fr*, Fax 05 62 97 06 64, *www.camping-chataigneraie.com*
1,5 ha (100 empl.) plat, peu incliné, terrasses, herbeux
Tarif : (Prix 2011) 23€ (6A) – pers. suppl. 5€ – frais de réservation 15€
Location : (Prix 2011) (de déb. déc. à fin sept.) – 16 – 3 studios – 1 appartement. Sem. 200 à 700€
Pour s'y rendre : 46, av. du Lavedan (par N 21, à Vidalos)

Nature :
Loisirs :
Services : laverie

Longitude : -0.07534
Latitude : 43.03201

AIGUES VIVES

09600 – **343** J7 – 523 h. – alt. 425
Paris 776 – Carcassonne 63 – Castelnaudary 46 – Foix 36

La Serre de déb. avr. à fin sept.

05 61 03 06 16, *contact@camping-la-serre.com*, *www.camping-la-serre.com*
6,5 ha (40 empl.) en terrasses, plat, vallonné, gravillons
Tarif : 25€ (5A) – pers. suppl. 6€
Location : (de déb. avr. à fin sept.) – 6 – 9 – 1 cabane dans les arbres. Nuitée 47 à 220€ – Sem. 330 à 990€
borne artisanale 4€ – 6 21€
Pour s'y rendre : 5 chemin de La Serre (à l'ouest du bourg)
À savoir : vastes emplacements arborés, face aux Pyrénées

Nature :
Loisirs : parcours VTT
Services :

Longitude : 1.86667
Latitude : 43

ALBI

81000 – **338** E7 – 48 712 h. – alt. 174
place Sainte-Cécile 05 63 49 48 80
Paris 699 – Toulouse 77 – Montpellier 261 – Rodez 71

Albirondack Park Permanent

05 63 60 37 06, *albirondack@orange.fr*, Fax 05 31 60 51 86, *www.albirondack.fr*
1,8 ha (84 empl.) en terrasses, plat, herbeux, pierreux
Tarif : 33,70€ (10A) – pers. suppl. 7€
Location : (permanent) (1 chalet) – 6 – 25 – 2 cabanes dans les arbres. Nuitée 55 à 165€ – Sem. 300 à 850€ – frais de réservation 25€
borne artisanale
Pour s'y rendre : 1 allée de la Piscine

Nature :
Loisirs : hammam jacuzzi espace balnéo couvert
Services : laverie

Longitude : 2.16397
Latitude : 43.93445

ALBIÈS

09310 – **343** I8 – 139 h. – alt. 560
Paris 790 – Andorra-la-Vella 74 – Ax-les-Thermes 15 – Foix 30

Municipal la Coume Permanent

05 61 64 98 99, *camping.albies@wanadoo.fr*, Fax 05 61 64 98 99 – places limitées pour le passage
1 ha (60 empl.) pierreux, peu incliné, en terrasses, herbeux
Tarif : (Prix 2011) 2,60€ 2,75€ – (10A) 2,80€
Pour s'y rendre : 2 r. Nappy (100 m de l'Ariège)

Nature :
Loisirs :
Services :
À prox. :

Longitude : 1.70345
Latitude : 42.77492

ALRANCE

12430 – **338** I6 – 382 h. – alt. 750
Paris 664 – Albi 63 – Millau 52 – Rodez 37

Les Cantarelles de déb. mai à fin sept.
05 65 46 40 35, *cantarelles@wanadoo.fr*, *www.lescantarelles.com*
3,5 ha (165 empl.) plat, peu incliné, herbeux
Tarif : (Prix 2011) 18€ (6A) – pers. suppl. 4,80€
Location : (permanent) – 5 – 2 bungalows toilés. Sem. 220 à 550€ – frais de réservation 90€
borne sanistation 6€
Pour s'y rendre : à Alrance (3 km au sud par D 25, au bord du lac de Villefranche-de-Panat)

Nature :
Loisirs : canoë, pédalos, barque
Services : laverie

Longitude : 2.68933
Latitude : 44.10669

ARAGNOUET

65170 – **342** N8 – 244 h. – alt. 1 100
Piau Engaly 0562396169
Paris 842 – Arreau 24 – Bagnères-de-Luchon 56 – Lannemezan 51

Fouga Pic de Bern
05 62 39 63 37, *fouga.marc@orange.fr*
3 ha (80 empl.) non clos, en terrasses, peu incliné, plat, herbeux
Location : .
borne artisanale – 10
Pour s'y rendre : à Fabian (2,8 km au nord-est par D 118, rte de St-Lary-Soulan, près de la Neste-d'Avre)

Nature :
Loisirs : snack
Services :

Longitude : 0.23138
Latitude : 42.789

ARCIZANS-AVANT

65400 – **342** L5 – 355 h. – alt. 640
Paris 868 – Toulouse 194 – Tarbes 41 – Pau 61

Le Lac de mi-mai à mi-sept.
05 62 97 01 88, *campinglac@campinglac65.fr*, Fax 05 62 97 01 88, *www.campinglac65.fr*
2 ha (97 empl.) peu incliné, plat, herbeux
Tarif : 30,50€ (16A) – pers. suppl. 7,30€ – frais de réservation 23€
Location : (permanent) – 11 . Sem. 305 à 760€ – frais de réservation 23€
borne artisanale 16,90€ – 15€
Pour s'y rendre : 29 chemin d'Azun (sortie ouest, à prox. du lac)
À savoir : jolis chalets bois

Nature :
Loisirs :
Services : laverie
À prox. :

Longitude : -0.10803
Latitude : 42.9857

ARGELÈS-GAZOST

65400 – **342** L6 – 3 255 h. – alt. 462
15, place République 05 62 97 00 25
Paris 863 – Lourdes 13 – Pau 58 – Tarbes 32

Sunêlia Les Trois Vallées – de déb. avr. à fin oct.
05 62 90 35 47, *3-vallees@wanadoo.fr*, Fax 05 62 90 35 48, *www.l3v.fr*
11 ha (438 empl.) plat, herbeux
Tarif : 37€ (6A) – pers. suppl. 12€ – frais de réservation 30€
Location : (de fin mars à déb. nov.) – 250 . Nuitée 42 à 156€ – Sem. 455 à 1 092€ – frais de réservation 30€
borne artisanale
Pour s'y rendre : av. des Pyrénées (sortie nord)
À savoir : décoration florale de l'espace aquatique, ludique et commercial

Nature :
Loisirs : cafétéria jacuzzi salle d'animation, discothèque terrain multisports
Services : laverie
À prox. :

Longitude : -0.09718
Latitude : 43.0121

ARRAS-EN-LAVEDAN

65400 – **342** L5 – 525 h. – alt. 700
r Val d'Azun ✆ 05 62 97 59 48
Paris 868 – Toulouse 193 – Tarbes 40 – Pau 60

L'Idéal de déb. juin à mi-sept.
✆ 05 62 97 03 13, *info@camping-ideal-pyrenees.com, www Camping-l'idéal-pyrénées.com* – alt. 600
2 ha (60 empl.) en terrasses, plat, peu incliné, herbeux, pierreux
Tarif : (Prix 2011) 4,20€ 4,20€ – (10A) 9,50€
Pour s'y rendre : rte du Val d'Azun (300 m au nord-ouest par D 918, rte d'Argelès-Gazost)

Nature :
Loisirs :
Services : laverie

Longitude : -0.11954
Latitude : 42.99483

ARRENS-MARSOUS

65400 – **342** K7 – 773 h. – alt. 885
Paris 875 – Argelès-Gazost 13 – Cauterets 29 – Laruns 37

La Hèche de déb. mars à fin sept.
✆ 05 62 97 02 64, *laheche@free.fr, www.campinglaheche.com* –
5 ha (166 empl.) plat, herbeux
Tarif : 12,50€ (4A) – pers. suppl. 3,60€
Location : (de déb. fév. à fin nov.) – 5 . Sem. 180 à 490€
Pour s'y rendre : 54 rte d'Azun (800 m à l'est par D 918, rte d'Argelès-Gazost et chemin à dr., au bord du Gave d'Arrens)

Nature :
Loisirs :
Services : laverie
À prox. :

Longitude : -0.20447
Latitude : 42.96048

Le Moulian Permanent
✆ 05 62 97 41 18, *jean-guy.domec@wanadoo.fr*,
Fax 05 62 97 41 18, *www.le-moulian.com*
12 ha/4 campables (100 empl.) plat, herbeux
Tarif : 21,50€ (10A) – pers. suppl. 4,50€ – frais de réservation 40€
Location : (permanent) – 10 – 2 . Nuitée 75€ – Sem. 500€ – frais de réservation 90€
borne artisanale 4€ – 9€
Pour s'y rendre : 42 r. du Bourg (500 m au sud-est du bourg de Marsous)
À savoir : cadre agréable dans la vallée, le long du Gave d'Azun

Nature :
Loisirs : snack
Services : laverie
À prox. :

Longitude : -0.19638
Latitude : 42.96232

Le Gerrit
✆ 05 62 97 25 85, *francois.bordes@wanadoo.fr*,
Fax 05 62 97 25 85, *www.legerrit.com*
1 ha (30 empl.) plat, herbeux
Location : (de déb. avr. à mi-oct.) – 4 – 2 gîtes. Nuitée 50 à 60€ – Sem. 250 à 470€
Pour s'y rendre : 3 r. du Bourg (à l'est du bourg de Marsous)

Nature :
Loisirs :
Services :

Longitude : -0.2008
Latitude : 42.96513

ARVIEU

12120 – **338** H5 – 863 h. – alt. 730
Le Bourg ✆ 05 65 46 71 06
Paris 663 – Albi 66 – Millau 59 – Rodez 31

Le Doumergal
✆ 05 65 74 24 92, *camping.doumergal@wanadoo.fr*,
Fax 05 65 74 24 92, *www.camping-doumergal-aveyron.fr*
1,5 ha (27 empl.) peu incliné, plat, herbeux
Location : (de déb. mai à fin sept.) – 3 – 1 . Nuitée 40 à 50€ – Sem. 280 à 350€
Pour s'y rendre : r. de la Rivière (à l'ouest du bourg, au bord d'un ruisseau)

Nature :
Loisirs :
Services :
À prox. :

Longitude : 2.66014
Latitude : 44.19066

ASTON

09310 – **343** I8 – 236 h. – alt. 563
Paris 788 – Andorra-la-Vella 78 – Ax-les-Thermes 20 – Foix 59

Le Pas de l'Ours de déb. juin à mi-sept.
05 61 64 90 33, *contact@lepasdelours.fr*,
Fax 05 61 64 90 32, *www.lepasdelours.fr*
3,5 ha (50 empl.) plat et peu incliné, herbeux, rochers
Tarif : 5€ 9€ – (6A) 4€ – frais de réservation 7€
Location : (permanent) – 11 – 16 gîtes. Sem. 190 à 574€ – frais de réservation 7€
Pour s'y rendre : au lieu-dit : Les Gesquis (au sud du bourg, près du torrent)

Nature :
Loisirs : salle d'animation
Services : (juil.-août) laverie
À prox. :

Longitude : 1.66899
Latitude : 42.75162

*The classification (1 to 5 tents, **black** or **red**) that we award to selected sites in this Guide is a system that is our own.*
It should not be confused with the classification (1 to 5 stars) of official organisations.

AUCH

32000 – **336** F8 – 21 704 h. – alt. 169
1, rue Dessoles 05 62 05 22 89
Paris 713 – Agen 74 – Bordeaux 205 – Tarbes 74

Le Castagné de mi-mai à mi-oct.
06 07 97 40 37, *lecastagne@wanadoo.fr*,
Fax 05 62 63 32 56, *www.domainelecastagne.com*
70 ha/2 campables (24 empl.) incliné et peu incliné, herbeux
Tarif : 19€ (20A) – pers. suppl. 5€
Location : (permanent) – 4 – 9 – 1 appartement. Nuitée 60 à 120€ – Sem. 350 à 590€
borne artisanale 19€
Pour s'y rendre : rte de Toulouse (4 km à l'est par rte de Toulouse et à dr. chemin de Mont2gut)
À savoir : 4 chambres d'hôtes

Nature :
Loisirs : pédalos
Services :

Longitude : 0.6337
Latitude : 43.6483

AUCUN

65400 – **342** K7 – 256 h. – alt. 853
Paris 872 – Argelès-Gazost 10 – Cauterets 26 – Lourdes 22

Lascrouts Permanent
05 62 97 42 62, *contact@camping-lascrouts.com*,
Fax 05 62 97 42 62, *www.camping-lascrouts.com* – places limitées pour le passage
4 ha (72 empl.) plat, peu incliné, terrasse, herbeux
Tarif : 13,30€ (6A) – pers. suppl. 3,40€
Location : (permanent) – 3 – 8 – 1 gîte. Nuitée 45 à 65€ – Sem. 220 à 505€
Pour s'y rendre : 2 rte de Las Poueyes (700 m à l'est par D 918, rte d'Argelès-Gazost et rte à dr., à 300 m du Gave d'Azun)

Nature :
Loisirs :
Services :
À prox. : école de parapente

Longitude : -0.19193
Latitude : 42.97361

Azun Nature Permanent
05 62 97 45 05, *azun.nature@wanadoo.fr*,
www.camping-azun-nature.com
1 ha (40 empl.) plat, herbeux
Tarif : 16€ (6A) – pers. suppl. 4,50€
Location : (permanent) – 10 . Sem. 190 à 500€
Pour s'y rendre : 1 rte des Poueyes (700 m à l'est par D 918, rte d'Argeles-Gazost et rte à dr., à 300 m du Gave d'Azun)

Nature :
Loisirs :
Services :
À prox. : école de parapente, sentiers de randonnées, VTT

Longitude : -0.18796
Latitude : 42.97399

AUGIREIN

09800 – **343** D7 – 62 h. – alt. 629
Paris 788 – Aspet 22 – Castillon-en-Couserans 12 – St-Béat 30

La Vie en Vert de déb. juin à fin août
05 61 96 82 66, *daffis@lavieenvert.com*,
Fax 05 61 96 82 66, *www.lavieenvert.com*
0,3 ha (15 empl.) plat, herbeux
Tarif : 20€ (9A) – pers. suppl. 5€
Location : (de déb. juin à fin août) – 2 tipis. Nuitée 48 à 55€ – Sem. 300 à 350€
Pour s'y rendre : à l'est du bourg, au bord de la Bouigane
À savoir : autour d'une ferme ancienne soigneusement restaurée

Nature :
Loisirs :
Services :
À prox. : snack

Longitude : 0.91978
Latitude : 42.93161

AULUS-LES-BAINS

09140 – **343** G8 – 205 h. – alt. 750
résidence Ars 05 61 96 01 79
Paris 807 – Foix 76 – Oust 17 – St-Girons 34

Le Couledous Permanent
05 61 66 43 56, *campinglecouledous@orange.fr*, *www.couledous.com*
1,6 ha (70 empl.) plat, herbeux, pierreux, gravillons
Tarif : 19€ (10A) – pers. suppl. 4,50€
Location : (permanent) – 18. Nuitée 30 à 60€ – Sem. 210 à 420€
borne eurorelais – 10 12,50€ – 12.50€
Pour s'y rendre : rte de Saint-Girons (sortie nord-ouest par D 32, près du Garbet)
À savoir : au milieu d'un parc aux essences variées et parfois centenaires

Nature :
Loisirs : snack
Services : laverie
À prox. :

Longitude : 1.33614
Latitude : 42.7901

AURIGNAC

31420 – **343** D5 – 1 154 h. – alt. 430
rue des Nobles 05 61 98 70 06
Paris 750 – Auch 71 – Bagnères-de-Luchon 69 – Pamiers 92

Les Petites Pyrénées de déb. avr. à fin oct.
05 61 87 06 91, *camping.aurignac@live.fr*
0,9 ha (48 empl.) plat, herbeux
Tarif : 21,50€ (16A) – pers. suppl. 4€
Location : (de déb. avr. à fin oct.) – 2. Nuitée 50 à 60€ – Sem. 250 à 360€
Pour s'y rendre : rte de Boussens (sortie sud-est par D 635, rte de Boussens et à dr., près du stade - A64 sortie 21)

Nature :
Loisirs :
Services :
À prox. :

Longitude : 0.88175
Latitude : 43.21714

AX-LES-THERMES

09110 – **343** J8 – 1 467 h. – alt. 720
6, avenueThéophile Delcassé 05 61 64 60 60
Paris 805 – Toulouse 129 – Foix 43 – Pamiers 62

Village Vacances Résidence et Chalets Isatis (location exclusive de chaletset d'appartements) de déb. juin à fin sept.
05 34 09 20 05, *resa@grandbleu.fr*, *www.grandbleu.fr* – alt. 1 000
2 ha en terrasses
Location : – 20 – 20 appartements. Sem. 294 à 700€
Pour s'y rendre : à Ignaux (6 km au nord par D 613 et D 52)

Nature : la Dent d'Orlu
Loisirs :
Services : laverie

Longitude : 1.83976
Latitude : 42.72043

Sunêlia Le Malazeou Permanent
05 61 64 69 14, *camping.malazeou@wanadoo.fr*, Fax 05 61 64 05 60, *www.campingmalazeou.com*
6,5 ha (329 empl.) plat, herbeux, en terrasses, pierreux
Tarif : 26€ (6A) – pers. suppl. 6,50€ – frais de réservation 30€
Location : (permanent) – 48 – 21 . Nuitée 47 à 98€ – Sem. 329 à 686€ – frais de réservation 30€
borne artisanale 11€
Pour s'y rendre : RN 20

Nature :
Loisirs :
Services :

Longitude : 1.83976
Latitude : 42.72043

AYZAC-OST

65400 – **342** L4 – 400 h. – alt. 430
Paris 862 – Toulouse 188 – Tarbes 35 – Pau 54

La Bergerie de déb. mai à fin sept.
05 62 97 59 99, *info@camping-labergerie.com*, Fax 05 62 97 51 89, *www.camping-labergerie.com*
2 ha (105 empl.) plat, herbeux
Tarif : (Prix 2011) 24,20€ (6A) – pers. suppl. 5,50€ – frais de réservation 15€
Pour s'y rendre : 8 chemin de la Bergerie (sortie sud par N 21 et chemin à gauche)

Nature :
Loisirs :
Services :
À prox. : snack

Longitude : -0.0968
Latitude : 43.02128

Benutzen Sie die ***Grünen MICHELIN-Reiseführer,*** *wenn Sie eine Stadt oder Region kennenlernen wollen.*

BAGNAC-SUR-CÉLÉ

46270 – **337** I3 – 1 567 h. – alt. 234
18, avenue du Quercy 05 65 14 02 03
Paris 593 – Cahors 83 – Decazeville 16 – Figeac 15

Les Berges du Célé de déb. juin à mi-sept.
06 75 00 13 48, *lesbergesducele@aol.com*, Fax 03 23 53 25 98, *www.camping-sudouest.com*
1 ha (44 empl.) plat, herbeux
Tarif : 14,80€ (10A) – pers. suppl. 4,20€ – frais de réservation 20€
Location : (de déb. juin à mi-sept.) – 6 – 2 bungalows toilés. Nuitée 35 à 75€ – Sem. 235 à 510€ – frais de réservation 20€
borne autre 4€
Pour s'y rendre : au lieu-dit : La Plaine (au sud-est du bourg, derrière la gare, au bord du Célé)

Nature :
Loisirs :
Services :
À prox. :

Longitude : 2.16009
Latitude : 44.66461

BAGNÈRES-DE-BIGORRE

65200 – **342** M6 – 8 016 h. – alt. 551 – (début mars-fin nov.)
3, allées Tournefort 05 62 95 50 71
Paris 829 – Lourdes 24 – Pau 66 – St-Gaudens 65

Le Monlôo de mi-nov. à mi-oct.
05 62 95 19 65, *campingmonloo@yahoo.com*, Fax 05 62 95 19 65, *www.lemonloo.com*
3 ha (180 empl.) peu incliné, plat, herbeux
Tarif : (Prix 2011) 20,50€ (10A) – pers. suppl. 5€
Location : (de mi-nov. à mi-oct.) – 14 – 5 . Nuitée 50 à 90€ – Sem. 250 à 580€
borne autre – 2 15€
Pour s'y rendre : 5 chemin de Monlôo (sortie nord-est, par D 938, rte de Toulouse puis à gauche 1,4 km par D 8, rte de Tarbes et chemin à dr.)

Nature :
Loisirs :
Services : laverie

Longitude : 0.15107
Latitude : 43.0817

Les Fruitiers de mi-avr. à déb. nov.
05 62 95 25 97, *danielle.villemur@wanadoo.fr*,
Fax 05 62 95 25 97, *www.camping-les-fruitiers.com*
1,5 ha (112 empl.) plat, herbeux
Tarif : (Prix 2011) 4,20€ 4,20€ – (6A) 2€
Location : (de mi-avr. à déb. nov.) – 2 . Nuitée 50€ – Sem. 250 à 400€
borne artisanale 5,50€
Pour s'y rendre : 9 rte de Toulouse

Nature : Pic du Midi
Loisirs :
Services :
À prox. :

Longitude : 0.15746
Latitude : 43.07108

BAGNÈRES-DE-LUCHON

31110 – **343** B8 – 2 602 h. – alt. 630 – Sports d'hiver : à Superbagnères : 1 440/2 260 m 1 14
18, allée d'Étigny 05 61 79 21 21
Paris 814 – Bagnères-de-Bigorre 96 – St-Gaudens 48 – Tarbes 98

Pradelongue de déb. avr. à fin sept.
05 61 79 86 44, *camping.pradelongue@wanadoo.fr*,
Fax 05 61 79 18 64, *www.camping-pradelongue.com*
4 ha (135 empl.) plat, herbeux, pierreux
Tarif : 6,40€ 6,65€ – (10A) 4€ – frais de réservation 13€
Location : (de déb. avr. à fin sept.) (de déb. avr. à fin sept.) – 14 . Sem. 260 à 615€ – frais de réservation 13€
borne artisanale – 7 17€
Pour s'y rendre : Moustajon (2 km au nord par D 125, rte de Moustajon, près du magasin Intermarché)

Nature :
Loisirs :
Services : laverie
À prox. : canoë-kayak

Longitude : 0.6075
Latitude : 42.81333

Les Myrtilles –
05 61 79 89 89, *myrtilles.moustajon@orange.fr*,
Fax 05 61 79 09 41, *www.camping-myrtilles.com*
2 ha (100 empl.) plat, herbeux
Location : (permanent) – 19 – 7 – 5 bungalows toilés – 1 gîte. Nuitée 38 à 75€ – Sem. 265 à 495€
borne autre
Pour s'y rendre : à Pradech (2,5 km au nord par D 125, à Moustajon, au bord d'un ruisseau)

Nature :
Loisirs : snack
Services : laverie
À prox. : (centre équestre) canoë-kayak

Longitude : 0.59751
Latitude : 42.81503

Domaine Arôme Vanille – Permanent
05 61 79 00 38, *aromevanille@orange.fr*,
Fax 05 61 95 23 27, *camping-aromevanille.com*
5 ha (250 empl.) peu incliné, plat, herbeux
Tarif : (Prix 2011) 20€ (10A) – pers. suppl. 4€
Location : (Prix 2011) (permanent) – 9 – 21 . Nuitée 50 à 75€ – Sem. 299 à 509€ – frais de réservation 10€
Pour s'y rendre : rte de Subercarrère, à Montauban-de-Luchon (1,5 km à l'est par D 27)

Nature :
Loisirs : snack
Services :

Longitude : 0.60814
Latitude : 42.79496

BARBOTAN-LES-THERMES

32150 – **336** B6
Maison du tourisme et du thermalisme 05 62 69 52 13
Paris 703 – Aire-sur-l'Adour 37 – Auch 75 – Condom 37

Le Lac de l'Uby – de mi-mars à fin oct.
05 62 09 53 91, *contact@camping-uby.com*,
Fax 05 62 09 56 97, *www.camping-uby.com*
6 ha (274 empl.) plat, herbeux, gravier
Tarif : 21,50€ (10A) – pers. suppl. 7€ – frais de réservation 8€
Location : (de mi-mars à fin oct.) – 46 – 7 . Sem. 270 à 710€ – frais de réservation 8€
borne artisanale – 25 11€
Pour s'y rendre : av. du Lac (1,5 km au sud-ouest, rte de Cazaubon et à gauche, à la base de loisirs (au bord du lac))
À savoir : à 300 m, agréable aire de stationnement pour camping-cars

Nature :
Loisirs : snack terrain multisports, skate parc
Services : laverie réfrigérateur
À prox. : (plage) canoë, pédalos

Longitude : -0.04431
Latitude : 43.93971

LA BASTIDE DE SÉROU

09240 – **343** G6 – 961 h. – alt. 410
Côtes ✆ *0561645353*
Paris 779 – Foix 18 – Le Mas-d'Azil 17 – Pamiers 38

L'Arize de déb. mars à mi-nov.
✆ 0561658151, *camparize@aol.com*, Fax 0561658334, *www.camping-arize.com*
7,5 ha/1,5 (70 empl.) plat, herbeux
Tarif : 27,40€ (6A) – pers. suppl. 5,80€ – frais de réservation 19€
Location : (de déb. mars à fin nov.) – 16 – 4 . Nuitée 34 à 109€ – Sem. 235 à 763€ – frais de réservation 19€
borne artisanale 4,50€ – 9 17€ – 14.50€
Pour s'y rendre : sortie est par D 117, rte de Foix puis 1,5 km par D 15, rte de Nescus à dr., au bord de la rivière

Nature :
Loisirs :
Services : laverie
À prox. :

Longitude : 1.44509
Latitude : 43.00168

Village Vacances les Lambrilles (location exclusive de chalets) Permanent
✆ 0561645353, *tourisme@seronais.com*, Fax 0561645048, *www.seronais.com*
1 ha plat, herbeux
Location : (Prix 2011) – 5 . Sem. 355 à 545€ – frais de réservation 15€
Pour s'y rendre : au bourg, au bord de l'Arize

Nature :
Loisirs :
Services :
À prox. :

Longitude : 1.42958
Latitude : 43.00974

Donnez-nous votre avis sur les terrains que nous recommandons. Faites-nous connaître vos observations et vos découvertes par mail à l'adresse : leguidecampingfrance@tp.michelin.com.

BEAUMONT-DE-LOMAGNE

82500 – **337** B8 – 3 733 h. – alt. 400 – Base de loisirs
3, rue Pierre Fermat ✆ *0563024232*
Paris 662 – Agen 60 – Auch 51 – Castelsarrasin 27

Le Lomagnol – de déb. avr. à fin oct.
✆ 0563261200, *villagedeloisirslelomagnol@wanadoo.fr*, Fax 0563656022, *www.villagelelomagnol.fr*
6 ha/1,5 (100 empl.) plat, herbeux
Tarif : 16,50€ (10A) – pers. suppl. 3,70€ – frais de réservation 15€
Location : (permanent) – 7 – 24 – 24 gîtes. Nuitée 60€ – Sem. 499€ – frais de réservation 15€
Pour s'y rendre : av. du Lac (800 m à l'est, accès par la déviation et chemin, au bord d'un plan d'eau)

Nature :
Loisirs : nocturne jacuzzi canoë, pédalos
Services :
À prox. : parcours de santé

Longitude : 0.99864
Latitude : 43.88295

BÉDUER

46100 – **337** H4 – 720 h. – alt. 260
Paris 572 – Cahors 63 – Figeac 9 – Villefranche-de-Rouergue 36

Pech Ibert de mi-mars à mi-nov.
✆ 0565400585, *camping.pech.ibert@orange.fr*, *www.camping-pech-ibert.com*
1 ha (18 empl.) plat, herbeux, gravillons, pierreux
Tarif : 3,10€ 1,20€ 3,20€ – (9A) 3,30€
Location : (de mi-mars à mi-nov.) – 1 roulotte – 3 – 4 – 2 tentes. Nuitée 10 à 16€ – Sem. 295 à 655€ – frais de réservation 25€
borne artisanale 5,50€ – 2 8,50€ – 8.50€
Pour s'y rendre : au lieu-dit : Pech Ibert (1 km au nord-ouest par D 19, rte de Cajarc et rte à dr.)

Nature :
Loisirs :
Services : réfrigérateurs
À prox. :

Longitude : 1.9375
Latitude : 44.57833

BELAYE

46140 – **337** D5 – 219 h. – alt. 209
Paris 594 – Cahors 30 – Fumel 21 – Gourdon 46

La Tuque de fin avr. à déb. sept.
05 65 21 34 34, *info@campinglatuque.fr*, *www.campinglatuque.fr* – croisement difficile sur 6 km
9 ha/4 campables (90 empl.) vallonné, en terrasses, peu incliné, herbeux, pierreux
Tarif : (Prix 2011) 6 € 10 € – (6A) 3,50 € – frais de réservation 10 €

Location : (Prix 2011) (de fin avr. à déb. sept.) – 9 – 4 bungalows toilés – 2 tentes – 2 gîtes. Nuitée 50 à 120 € – Sem. 350 à 840 € – frais de réservation 10 €
Pour s'y rendre : sortie sud, 3,5 km par D 50, rte de la Boulvée et chemin à dr.

À savoir : cadre agréable dans un joli site boisé

Nature :
Loisirs : snack, pizzeria nocturne
Services : laverie

Longitude : 1.17244
Latitude : 44.44407

LE BEZ

81260 – **338** G9 – 791 h. – alt. 644
Maison du Sidobre - Vialavert 05 63 74 63 38
Paris 745 – Albi 63 – Anglès 12 – Brassac 5

Le Plô de fin avr. à fin sept.
05 63 74 00 82, *info@leplo.com*, *www.leplo.com*
2,5 ha (60 empl.) en terrasses, peu incliné, herbeux, bois
Tarif : 21 € (6A) – pers. suppl. 3,50 € – frais de réservation 10 €

Location : (permanent) – 5 bungalows toilés – 2 tentes. Nuitée 45 à 75 € – Sem. 300 à 525 € – frais de réservation 10 €
Pour s'y rendre : Le Bourg (900 m à l'ouest par D 30, rte de Castres et chemin à gauche)

Nature :
Loisirs :
Services : laverie

Longitude : 2.47064
Latitude : 43.60815

BOISSE-PENCHOT

12300 – **338** F3 – 543 h. – alt. 169
Paris 594 – Toulouse 193 – Rodez 46 – Aurillac 65

Le Roquelongue Permanent
05 65 63 39 67, *info@camping-roquelongue.com*, Fax 05 65 63 39 67, *www.camping-roquelongue.com*
3,5 ha (66 empl.) plat, herbeux, pierreux
Tarif : 20,90 € (10A) – pers. suppl. 4,20 €

Location : (permanent) – 8 – 7 . Nuitée 55 à 95 € – Sem. 300 à 600 €
Pour s'y rendre : 4,5 km au nord-ouest par D 963, D 21 et D 42, rte de Boisse-Penchot, près du Lot (accès direct)

Nature :
Loisirs : snack canoë-kayak, pédalos
Services :

Longitude : 2.22179
Latitude : 44.58224

BOULOGNE-SUR-GESSE

31350 – **343** B5 – 1 647 h. – alt. 320
place de l'Hôtel de Ville 05 61 88 13 19
Paris 735 – Auch 47 – Aurignac 24 – Castelnau-Magnoac 13

Village Vacances Le Lac (location exclusive de chalets) Permanent
05 61 88 20 54, *villagevacancesboulogne@wanadoo.fr*, Fax 05 61 88 62 16, *www.ville-boulogne-sur-gesse.fr*
2 ha en terrasses, herbeux

Location : (Prix 2011) – 24 . Sem. 260 à 560 €
Pour s'y rendre : rte du Lac (1,3 km au sud-est par D 633, rte de Montréjeau et rte à gauche, à 300 m du lac)

Nature : Sur le lac
Loisirs :
Services :
À prox. : pédalos

Longitude : 0.6562
Latitude : 43.28389

BOURISP

65170 – **342** O6 – 146 h. – alt. 790
Paris 828 – Toulouse 155 – Tarbes 70 – Lourdes 66

Le Rioumajou Permanent
05 62 39 48 32, *lerioumajou@wanadoo.fr*,
Fax 05 62 39 58 27, *www.camping-le-rioumajou.com*
5 ha (240 empl.) plat, gravillons, pierreux, herbeux
Tarif : (Prix 2011) 6,50€ 5,50€ – (10A) 6€ – frais de réservation 14€
Location : (Prix 2011) (permanent) – 5 – 11 bungalows toilés. Nuitée 28 à 77€ – Sem. 200 à 514€ – frais de réservation 14€
borne eurorelais 4€ – 10€
Pour s'y rendre : 1,3 km au nord-ouest par D 929, rte d'Arreau et chemin à gauche, au bord de la Neste d'Aure

Nature :
Loisirs : snack diurne
Services :
laverie

Longitude : 0.33862
Latitude : 42.82826

BRASSAC

81260 – **338** G9 – 1 424 h. – alt. 487
place de l'Hôtel de Ville 05 63 74 56 97
Paris 747 – Albi 65 – Anglès 14 – Castres 26

Municipal de la Lande de fin mai à fin sept.
05 63 74 09 11, *mairie.brassac.agout@wanadoo.fr*,
Fax 05 63 74 57 44, *camping.brassac.fr*
1 ha (50 empl.) plat, herbeux
Tarif : (Prix 2011) 2€ 1,30€ 1,70€ – (5A) 1,70€
Pour s'y rendre : au stade (sortie sud-ouest vers Castres et à dr. apr. le pont, près de l'Agout et traversé par un ruisseau)

Nature :
Loisirs :
Services :
À prox. :

Longitude : 2.4952
Latitude : 43.63067

BRETENOUX

46130 – **337** H2 – 1 322 h. – alt. 136
avenue de la Libération 05 65 38 59 53
Paris 521 – Brive-la-Gaillarde 44 – Cahors 83 – Figeac 48

La Bourgnatelle
05 65 10 89 04, *contact@dordogne-vacances.fr*,
Fax 05 65 10 89 18, *www.dordogne-vacances.fr*
2,3 ha (135 empl.) plat, herbeux
Location : – 74 – 5 bungalows toilés.
borne artisanale – 3
Pour s'y rendre : sortie nord-ouest, à gauche apr. le pont

Nature :
Loisirs :
Services : laverie
À prox. :

Longitude : 1.83895
Latitude : 44.91548

BRUSQUE

12360 – **338** J8 – 320 h. – alt. 465
Paris 698 – Albi 91 – Béziers 75 – Lacaune 30

Village Vacances Val-VVF Le Domaine de Céras de déb. mai à fin sept.
05 65 49 50 66, *brusque@vvfvillages.fr*,
Fax 05 65 49 57 17, *www.vvfvillages.fr*
14 ha (160 empl.) vallonné, plat, herbeux
Tarif : (Prix 2011) 32,10€ (10A) – pers. suppl. 4,30€ – frais de réservation 32€
Location : (Prix 2011) (de mi-juin à déb. sept.) (3 appartements) – 20 – 48 appartements – 20 bungalows toilés. Nuitée 37 à 135€ – Sem. 259 à 945€ – frais de réservation 32€
Pour s'y rendre : 1,6 km au sud par D 92, rte d'Arnac, au bord du Dourdou et d'un petit plan d'eau
À savoir : isolé dans une petite vallée verdoyante et paisible

Nature :
Loisirs : snack (plan d'eau) parcours de santé, terrain multi-sports
Services : laverie

Longitude : 2.94886
Latitude : 43.76675

BUN

65400 – **342** L5 – 128 h. – alt. 800
Paris 874 – Toulouse 198 – Tarbes 44 – Pau 64

Le Bosquet Permanent
05 62 97 07 81, *info@locations-valdazun.com* – places limitées pour le passage
1,5 ha (35 empl.) plat, herbeux
Tarif : 3,20€ 3,20€ – (5A) 3,80€
Location : (permanent) – 2 . Sem. 200 à 320€
Pour s'y rendre : sortie ouest du bourg - pour les caravanes : accès conseillé par D 918, rte d'Aucun et D 13

Nature :
Loisirs :
Services : laverie

Longitude : -0.15743
Latitude : 42.97536

LES CABANNES

81170 – **338** D6 – 346 h. – alt. 200
Paris 653 – Albi 27 – Montauban 57 – Rodez 80

Le Garissou
05 63 56 27 14, *aquadis1@orange.fr*, Fax 03 86 37 95 83, *www.aquadis-loisirs.com*
7 ha/4 campables (72 empl.) en terrasses, plat, herbeux, pierreux
Location : (de déb. avr. à mi-nov.) – 30 . Nuitée 66 à 84€ – Sem. 230 à 590€
borne artisanale
Pour s'y rendre : 500 m. à l'ouest par D 600, rte de Vindrac et chemin à gauche
À savoir : belle situation dominante

Nature : Cordes-sur-Ciel ou la vallée
Loisirs : terrain multisports
Services : laverie

Longitude : 1.94247
Latitude : 44.06767

CAHORS

46000 – **337** E5 – 20 093 h. – alt. 135
place François Mitterrand 05 65 53 20 65
Paris 575 – Agen 85 – Albi 110 – Bergerac 108

Rivière de Cabessut de déb. avr. à fin sept.
05 65 30 06 30, *contact@cabessut.com*, Fax 05 65 23 99 46, *www.cabessut.com*
2 ha (113 empl.) plat, herbeux
Tarif : 19€ (10A) – pers. suppl. 4,50€
Location : (de déb. avr. à fin sept.) – 8 . Sem. 290 à 540€
borne artisanale 4€ – 9 17€ – 11€
Pour s'y rendre : r. de la Rivière (3 km au sud par D 911 dir. Rodez puis chemin à gauche, quai Ludo-Rolles, au bord du Lot)

Nature :
Loisirs :
Services :
À prox. : espace aquatique

Longitude : 1.44192
Latitude : 44.46364

LES CAMMAZES

81540 – **338** E10 – 304 h. – alt. 610
25, rue de la Fontaine 05 63 74 17 17
Paris 736 – Aurillac 241 – Castres 35 – Figeac 183

La Rigole de déb. mai à fin sept.
05 63 73 28 99, *campings.occitanie@orange.fr*, Fax 05 63 73 28 99, *www.campingdlr.com*
3 ha (66 empl.) plat, peu incliné, terrasse, herbeux
Tarif : (Prix 2011) 22,90€ (8A) – pers. suppl. 5,10€
Location : (Prix 2011) (de déb. mai à fin mai) – 10 – 9 . Nuitée 41 à 76€ – Sem. 246 à 665€
4 9,80€ – 9.80€
Pour s'y rendre : rte du Barrage (sortie sud par D 629 et rte à gauche)

Nature :
Loisirs : snack
Services : laverie

Longitude : 2.08625
Latitude : 43.40787

CANET-DE-SALARS

12290 – **338** I5 – 398 h. – alt. 850
Paris 654 – Pont-de-Salars 9 – Rodez 33 – St-Beauzély 28

Les Castels Le Caussanel – de mi-mai à déb. sept.
05 65 46 85 19, *info@lecaussanel.com*,
Fax 05 65 46 89 85, *www.lecaussanel.com*
10 ha (235 empl.) plat, peu incliné, terrasse, herbeux
Tarif : 33,80€ (6A) – pers. suppl. 7,30€ – frais de réservation 30€
Location : (de mi-mai à déb. sept.) – 43 – 38 . Nuitée 58 à 116€ – Sem. 345 à 812€ – frais de réservation 30€
Pour s'y rendre : au Lac de Pareloup (2,7 km au sud-est par D 538 et à dr.)

Nature : sur le lac
Loisirs : pizzeria, grill salle d'animation terrain multisports, animaux de la ferme, canoë, pédalos, barques
Services : laverie
À prox. : discothèque

Longitude : 2.76651
Latitude : 44.21426

Soleil Levant de déb. mai à fin sept.
05 65 46 03 65, *contact@camping-soleil-levant.com*, *www.camping-soleil-levant.com*
11 ha (206 empl.) en terrasses, plat, peu incliné, herbeux
Tarif : 25€ (6A) – pers. suppl. 6,50€ – frais de réservation 15€
Location : (de déb. mai à fin sept.) – 15 . Sem. 180 à 695€ – frais de réservation 15€
Pour s'y rendre : au Lac de Pareloup (3,7 km au sud-est par D 538 et D 993, rte de Salles-Curan, à gauche, av.le pont)
À savoir : situation agréable au bord du lac de Pareloup

Nature :
Loisirs : canoë, ponton d'amarrage
Services : laverie
À prox. :

Longitude : 2.77665
Latitude : 44.21538

Use this year's Guide.

CAPDENAC-GARE

12700 – **338** E3 – 4 614 h. – alt. 175
place du 14 juillet 05 65 64 74 87
Paris 587 – Decazeville 20 – Figeac 9 – Maurs 24

Municipal les Rives d'Olt de déb. avr. à fin sept.
05 65 80 88 87, *camping.capdenac@wanadoo.fr* –
1,3 ha (60 empl.) plat, herbeux
Tarif : (Prix 2011) 15,40€ (16A) – pers. suppl. 3,65€
Pour s'y rendre : 8 bd Paul Ramadier (sortie ouest par D 994, rte de Figeac et à gauche av. le pont, près du Lot)
À savoir : cadre agréable, verdoyant et ombragé

Nature :
Loisirs :
Services :
À prox. : snack parcours sportif

Longitude : 2.07294
Latitude : 44.57209

CARLUCET

46500 – **337** F3 – 223 h. – alt. 322
Paris 542 – Cahors 47 – Gourdon 26 – Labastide-Murat 11

Château de Lacomté de mi-mai à mi-sept.
05 65 38 75 46, *lacomte2@wanadoo.fr*, *www.campingchateaulacomte.com*
12 ha/4 campables (100 empl.) terrasse, peu incliné, plat, herbeux, pierreux, bois
Tarif : 34€ (10A) – pers. suppl. 10€ – frais de réservation 10€
Location : (de mi-mai à mi-sept.) – 4 – 5 . Sem. 295 à 795€ – frais de réservation 10€
3 55€
Pour s'y rendre : au lieu-dit : Lacomté (1,8 km au nord-ouest du bourg, au château)
À savoir : camping réservé aux adultes (+ de 16 ans)

Nature :
Loisirs : snack
Services : laverie

Longitude : 1.59692
Latitude : 44.72881

CARMAUX

81400 – **338** E6 – 10 268 h. – alt. 241 – Base de loisirs
place Gambetta 05 63 76 76 67
Paris 720 – Toulouse 96 – Albi 18 – Castres 63

Cap' Découverte de mi-avr. à fin sept.
05 63 80 15 15, *cap-decouverte@vert-marine.com*, Fax 05 63 80 15 29, *www.cap-decouverte.net/index.php*
1 ha (105 empl.) plat, herbeux, pierreux
Tarif : (Prix 2011) 5€ – (0A) 2€

Location : (Prix 2011) (de mi-avr. à fin sept.) – 2 yourtes – 10 tentes. Nuitée 60€ – Sem. 325€
borne autre 8€
Pour s'y rendre : Le Garric (6 km au sud par N 88 et D 25)

À savoir : au milieu d'un important centre de loisirs

Nature :
Services :
À prox. : snack ski sur gazon, téléski nautique, pédalos, luge d'été, karting

Longitude : 2.13641
Latitude : 44.02124

CASSAGNABÈRE-TOURNAS

31420 – **343** C5 – 395 h. – alt. 380
Paris 758 – Auch 78 – Bagnères-de-Luchon 65 – Pamiers 101

Pré Fixe de mi-avr. à fin août
05 61 98 71 00, *camping@instudio4.com*, *www.instudio4.com/pre-fixe*
1,2 ha (40 empl.) en terrasses, plat, herbeux
Tarif : (Prix 2011) 20€ (16A) – pers. suppl. 8€
Pour s'y rendre : rte de St-Gaudens (au sud-ouest du bourg)

À savoir : jolie décoration florale et arbustive

Nature :
Loisirs :
Services :
À prox. :

Longitude : 0.79167
Latitude : 43.22889

CASSAGNES

46700 – **337** C4 – 207 h. – alt. 185
Paris 577 – Cahors 34 – Cazals 15 – Fumel 19

Le Carbet de déb. avr. à fin sept.
05 65 36 61 79, *campingcarbet@wanadoo.fr*, *www.camping-le-carbet.fr*
3 ha (29 empl.) non clos, en terrasses, pierreux, herbeux
Tarif : 17€ (6A) – pers. suppl. 6€ – frais de réservation 10€

Location : (de déb. avr. à fin sept.) – 10 . Sem. 199 à 500€
Pour s'y rendre : au lieu-dit : La Barte (1,5 km au nord-ouest par D 673, rte de Fumel, près d'un lac)

Nature :
Loisirs : snack
Services :

Longitude : 1.13102
Latitude : 44.56338

CASTELNAU-DE-MONTMIRAL

81140 – **338** C7 – 946 h. – alt. 287
place de la Mairie 05 63 33 15 11
Paris 645 – Albi 31 – Bruniquel 22 – Cordes-sur-Ciel 22

Le Chêne Vert de déb. juin à fin sept.
05 63 33 16 10, *campingduchenevert@wanadoo.fr*, Fax 05 63 33 20 80, *www.camping-du-chene-vert.com*
10 ha/2 campables (130 empl.) en terrasses, vallonné, peu incliné, plat, herbeux
Tarif : 19€ (10A) – pers. suppl. 4,70€ – frais de réservation 8€

Location : (permanent) – 2 – 37 – 5 bungalows toilés. Nuitée 29 à 100€ – Sem. 200 à 580€ – frais de réservation 15€
Pour s'y rendre : au lieu-dit : Travers du Rieutort (3,5 km au nord-ouest par D 964, rte de Caussade, D 1 et D 87, rte de Penne, à gauche)

Nature :
Loisirs : snack
Services :
à la base de loisirs (800m) : (plage)

Longitude : 1.78947
Latitude : 43.97702

CASTELNAU-MONTRATIER

46170 – **337** E6 – 1 873 h. – alt. 240
27, rue Clemenceau ☏ 05 65 21 84 39
Paris 600 – Cahors 30 – Caussade 24 – Lauzerte 23

Municipal des 3 Moulins

☏ 05 65 21 86 54, *mairiecastelnau@wanadoo.fr*, Fax 05 65 21 91 52
1 ha (50 empl.) en terrasses, herbeux
Pour s'y rendre : rte de Lauzette (sortie nord-ouest par D 19)

Nature :
À prox. : parc aquatique

Longitude : 1.35354
Latitude : 44.26772

Pour visiter une ville ou une région : utilisez les Guides Verts MICHELIN.

CASTÉRA-VERDUZAN

32410 – **336** E7 – 912 h. – alt. 114 – Base de loisirs
avenue des Thermes ☏ 05 62 68 10 66
Paris 720 – Agen 61 – Auch 40 – Condom 20

La Plage de Verduzan de déb. mai à fin sept.

☏ 05 62 68 12 23, *camping.laplagedeverduzan@orange.fr*, Fax 05 62 68 18 95, *www.camping-verduzan.com*
2 ha (100 empl.) plat, herbeux
Tarif : 23€ (10A) – pers. suppl. 5€ – frais de réservation 10€
Location : (de déb. mai à fin sept.) – 18 – 6 bungalows toilés. Sem. 160 à 525€ – frais de réservation 10€
borne artisanale 5€
Pour s'y rendre : 30 r. du Lac (au nord du bourg, au bord de l'Aulone)
À savoir : au bord d'un plan d'eau, emplacements soignés

Nature :
Loisirs :
Services :
À prox. : (plage) pédalos

Longitude : 0.43116
Latitude : 43.80817

CAUSSADE

82300 – **337** F7 – 6 508 h. – alt. 109
11, rue de la République ☏ 05 63 26 04 04
Paris 606 – Albi 70 – Cahors 38 – Montauban 28

Municipal la Piboulette Permanent

☏ 05 63 93 09 07, *Secretariat@mairie-caussade.com*, Fax 05 63 65 09 07, *mairie-caussade.fr*
1,5 ha (100 empl.) plat, herbeux
Tarif : (Prix 2011) 2,65€ 1,85€ – (6A) 1,75€
1 3,90€
Pour s'y rendre : 1 km au nord-est par D 17, rte de Puylaroque et à gauche, au stade, à 200 m d'un étang

Nature :
Services : laverie
À prox. : parcours de santé

Longitude : 1.54484
Latitude : 44.16471

CAUTERETS

65110 – **342** L7 – 1 106 h. – alt. 932 – – Sports d'hiver : 1000/2350 m télécabine 3 remnte pente 18 ski de fond
place Foch ☏ 05 62 92 50 50
Paris 880 – Argelès-Gazost 17 – Lourdes 30 – Pau 75

Les Glères de déb. déc. à fin oct.

☏ 05 62 92 55 34, *camping-les-gleres@wanadoo.fr*, Fax 05 62 92 03 53, *www.gleres.com*
1,2 ha (80 empl.) plat, herbeux, gravillons
Tarif : 18,70€ (6A) – pers. suppl. 4,45€ – frais de réservation 10€
Location : (de déb. déc. à fin oct.) – 16 – 5 . Nuitée 85€ – Sem. 390 à 590€
40 18,10€ – 18.10€
Pour s'y rendre : 19 rte de Pierrefitte (sortie nord par D 920, au bord du Gave)
À savoir : situé proche du centre ville

Nature :
Loisirs :
Services : laverie
À prox. : patinoire

Longitude : -0.11275
Latitude : 42.89625

GR 10
06 20 30 25 85, *contact@gr10camping.com*, Fax 05 62 92 54 02, *www.gr10camping.com*
1,5 ha (61 empl.) plat, peu incliné, herbeux, pierreux
Location : – 20 – 1 gîte.
Pour s'y rendre : à Concé (2,8 km au nord par D 920, rte de Lourdes, près du Gave de Pau)

Nature :
Loisirs : accro-branche (enfants), canyonning, escalade
Services : laverie

Longitude : -0.09972
Latitude : 42.91055

Le Cabaliros de fin mai à fin sept.
05 62 92 55 36, *info@camping-cabaliros.com*, *www.camping-cabaliros.com*
2 ha (100 empl.) incliné à peu incliné, herbeux
Tarif : 17,70€ (6A) – pers. suppl. 4,95€
Location : (de fin avr. à déb. oct.) – 4 . Nuitée 60 à 65€ – Sem. 260 à 510€
borne artisanale 3,50€
Pour s'y rendre : 93 av. du Mamelon Vert (1,6 km au nord par rte de Lourdes et au pont à gauche, au bord du Gave de Pau)

Nature :
Loisirs :
Services : laverie

Longitude : -0.10735
Latitude : 42.90406

Le Péguère de déb. avr. à fin sept.
05 62 92 52 91, *campingpeguere@wanadoo.fr*, Fax 05 62 92 52 91, *www.campingpeguere.com*
3,5 ha (160 empl.) peu incliné, plat, herbeux
Tarif : 14€ (6A) – pers. suppl. 4€
Location : (de déb. avr. à mi-oct.) (de déb. juil. à fin août) – 3 – 2 . Nuitée 40 à 60€ – Sem. 170 à 430€
borne artisanale 2€
Pour s'y rendre : 31 rte de Pierrefitte (1,5 km au nord par rte de Lourdes, au bord du Gave de Pau)

Nature :
Loisirs :
Services : laverie

Longitude : -0.10683
Latitude : 42.9024

CAYLUS

82160 – **337** G6 – 1 536 h. – alt. 228
rue Droite 05 63 67 00 28
Paris 628 – Albi 60 – Cahors 59 – Montauban 50

La Bonnette de déb. avr. à mi-oct.
05 63 65 70 20, *info@campingbonnette.com*, *www.campingbonnette.com*
1,5 ha (60 empl.) plat, herbeux
Tarif : 22€ (10A) – pers. suppl. 6€
Location : (de déb. avr. à mi-oct.) – 6 . Nuitée 45 à 85€ – Sem. 300 à 580€
borne artisanale
Pour s'y rendre : au lieu-dit : Les Condamines (sortie nord-est par D 926, rte de Villefranche-de-Rouergue et D 97 à dr., rte de St-Antonin-Noble-Val, au bord de la Bonnette et à prox. d'un plan d'eau)

Nature :
Loisirs :
Services : laverie
À prox. :

Longitude : 1.77629
Latitude : 44.23375

CAYRIECH

82240 – **337** F6 – 259 h. – alt. 140
Paris 608 – Cahors 39 – Caussade 11 – Caylus 17

Le Clos de la Lère de déb. mars à mi-nov.
05 63 31 20 41, *le-clos-de-la-lere@wanadoo.fr*, Fax 05 63 31 20 41, *www.camping-leclosdelalere.com*
1 ha (49 empl.) plat, herbeux
Tarif : 20,50€ (10A) – pers. suppl. 5€
Location : (de déb. mars à mi-nov.) – 7 – 7 – 1 tente. Nuitée 23 à 170€ – Sem. 48 à 600€ – frais de réservation 8€
borne eurorelais 3€ – 4 9€ – 12€
Pour s'y rendre : au lieu-dit : Clergue (sortie sud-est par D 9, rte de Septfonds)
À savoir : belle décoration arbustive et florale.

Nature :
Loisirs :
Services : laverie
À prox. : terrain omnisports

Longitude : 1.61291
Latitude : 44.21735

CONDOM

32100 – **336** E6 – 7 147 h. – alt. 81
place Bossuet 05 62 28 00 80
Paris 729 – Agen 41 – Auch 46 – Mont-de-Marsan 80

Municipal de déb. avr. à fin sept.
05 62 28 17 32, *camping.municipal@condom.org*, Fax 05 62 28 17 32, *www.condom.org/index.php/camping-municipal*
2 ha (75 empl.) plat, herbeux
Tarif : (Prix 2011) 3,40€ 4,80€ – (8A) 3,60€
Location : (Prix 2011) (de mi-mars à déb. oct.) – 15 – 10 . Nuitée 31 à 41€ – Sem. 155 à 455€
Pour s'y rendre : chemin de l'Argenté (2 km sortie sud par D 931, rte d'Eauze, près de la Baïse)

Nature :
Loisirs :
Services :
À prox. : jacuzzi

Longitude : 0.36436
Latitude : 43.94802

Inclusion in the ***MICHELIN Guide*** *cannot be achieved by pulling strings or by offering favours.*

CONQUES

12320 – **338** G3 – 283 h. – alt. 350
Le Bourg 05 65 72 85 00
Paris 601 – Aurillac 53 – Decazeville 26 – Espalion 42

Beau Rivage de déb. avr. à fin sept.
05 65 69 82 23, *camping.conques@wanadoo.fr*, *www.campingconques.com* –
1 ha (60 empl.) plat, herbeux
Tarif : 4€ 3€ 6,50€ – (10A) 3,50€
Location : (de déb. avr. à fin sept.) – 12 . Nuitée 45 à 65€ – Sem. 275 à 575€
Pour s'y rendre : au lieu-dit : Molinols (à l'ouest du bourg, par D 901, au bord du Dourdou)

Nature :
Loisirs : snack
Services : (saison) laverie

Longitude : 2.39721
Latitude : 44.5995

CORDES-SUR-CIEL

81170 – **338** D6 – 1 014 h. – alt. 279
place Jeanne Ramel-Cals 05 63 56 00 52
Paris 655 – Albi 25 – Montauban 59 – Rodez 78

Moulin de Julien de déb. mai à mi-sept.
05 63 56 11 10, *contact@campingmoulindejulien.com*, *www.campingmoulindejulien.com*
9 ha (130 empl.) en terrasses, plat, incliné, herbeux, étang
Tarif : (Prix 2011) 23,80€ (5A) – pers. suppl. 6€ – frais de réservation 20€
Location : (Prix 2011) (de déb. mai à mi-sept.) (de déb. mai à mi-sept.) – 3 – 5 . Nuitée 120€ – Sem. 550€ – frais de réservation 20€
Pour s'y rendre : 1,5 km au sud-est par D 922, rte de Gaillac, au bord d'un ruisseau

Nature :
Loisirs :
Services :
À prox. :

Longitude : 1.97628
Latitude : 44.05036

Camp Redon de déb. avr. à mi-oct.
05 63 56 14 64, *info@campredon.com*, Fax 05 63 56 14 64, *www.campredon.com*
2 ha (40 empl.) plat, peu incliné, herbeux
Tarif : 7,20€ 8,10€ – (10A) 4,35€
Location : (Prix 2011) (permanent) – 2 . Sem. 330 à 665€
Pour s'y rendre : à Livers Cazelles (5 km au sud-est par D 600, rte d'Albi puis 800 m par D 107, rte de Virac à gauche)

Nature :
Loisirs :
Services :

Longitude : 2.01767
Latitude : 44.04318

COS

09000 – **343** H7 – 358 h. – alt. 486
Paris 766 – La Bastide-de-Sérou 14 – Foix 5 – Pamiers 25

Municipal Permanent
06 71 18 10 38, *mairiedecos@neuf.fr*, Fax 05 61 02 88 62
0,7 ha (32 empl.) non clos, plat, peu incliné, herbeux
Tarif : 10€ (6A) – pers. suppl. 1,50€
Location : (permanent) – 2 roulottes – 2 . Sem. 200 à 300€
Pour s'y rendre : Le Rieutort (700 m au sud-ouest sur D 61, au bord d'un ruisseau)

Nature :
Loisirs :
Services :
À prox. :

Longitude : 1.57297
Latitude : 42.96629

CREYSSE

46600 – **337** F2 – 291 h. – alt. 110
Paris 517 – Brive-la-Gaillarde 40 – Cahors 79 – Gourdon 40

Le Port de fin avr. à fin sept.
05 65 32 20 82, *contact@campingduport.com*, Fax 05 65 41 05 32, *www.campingduport.com*
3,5 ha (100 empl.) peu incliné, plat, herbeux, non clos
Tarif : 4,80€ 4,80€ – (10A) 3,20€ – frais de réservation 10€
Location : (de fin avr. à fin sept.) – 10 . Sem. 180 à 550€ – frais de réservation 1€
Pour s'y rendre : au sud du bourg, près du château, au bord de la Dordogne
À savoir : plage agréable au bord de la Dordogne

Nature :
Loisirs : base de canoë, spéléologie, escalade
Services : laverie

Longitude : 1.59643
Latitude : 44.8866

DAMIATTE

81220 – **338** D9 – 880 h. – alt. 148
Paris 698 – Castres 26 – Graulhet 16 – Lautrec 18

Le Plan d'Eau St-Charles – de mi-mai à mi-sept.
05 63 70 66 07, *accueil@campingplandeau.com*, Fax 05 63 70 52 14, *www.campingplandeau.com*
7,5 ha/2 campables (82 empl.) plat, herbeux, pierreux
Tarif : (Prix 2011) 22€ (6A) – pers. suppl. 5,70€ – frais de réservation 17€
Location : (Prix 2011) (de déb. avr. à fin oct.) – 18 – 11 – 9 bungalows toilés. Nuitée 90€ – Sem. 243 à 600€ – frais de réservation 17€
Pour s'y rendre : la Cahuziere (sortie rte de Graulhet puis 1,2 km par rte à gauche avant le passage à niveau)
À savoir : agréable situation autour d'un joli plan d'eau

Nature :
Loisirs : snack
Services :
À prox. : golf (18 trous)

Longitude : 1.97085
Latitude : 43.66315

DURAVEL

46700 – **337** C4 – 937 h. – alt. 110
Place de la Mairie 05 65 24 65 50
Paris 610 – Toulouse 153 – Cahors 39 – Villeneuve-sur-Lot 37

FranceLoc Le Domaine Duravel – de fin avr. à fin sept.
05 65 24 65 06, *duravel@franceloc.fr*, Fax 05 65 24 64 96, *www.franceloc.fr*
9 ha (260 empl.) plat, herbeux
Tarif : (Prix 2011) 14€ (10A) – pers. suppl. 4,70€ – frais de réservation 27€
Location : (de fin avr. à fin sept.) – 82 – 33 – 7 tentes. Nuitée 20 à 164€ – Sem. 140 à 1 148€ – frais de réservation 27€
Pour s'y rendre : rte du Port-de-Vire (2,3 km au sud par D 58, au bord du Lot)

Nature :
Loisirs : snack canoë
Services : laverie
À prox. : escalade

Longitude : 1.08141
Latitude : 44.51605

ENTRAYGUES-SUR-TRUYÈRE

12140 – **338** H3 – 1 182 h. – alt. 236
place de la République ✆ 05 65 44 56 10
Paris 600 – Aurillac 45 – Figeac 58 – Mende 128

Le Val de Saures de déb. mai à fin sept.
✆ 05 65 44 56 92, *info@camping-valdesaures.com*,
Fax 05 65 44 27 21, *www.camping-valdesaures.com*
4 ha (126 empl.) terrasse, plat, herbeux
Tarif : (Prix 2011) 22,50€ (16A) – pers. suppl. 4€ – frais de réservation 20€

Location : (Prix 2011) (de déb. avr. à fin sept.) – 11. Nuitée 39 à 92€ – Sem. 273 à 644€ – frais de réservation 30€
Pour s'y rendre : chemin de Saures (1,6 km au sud par D 904, rte d'Espeyrac, en bordure du Lot (accès direct))

Nature :
Loisirs :
Services : laverie
À prox. : terrain omnisports, canoë

Longitude : 2.56352
Latitude : 44.64248

Le Lauradiol de fin juin à fin août
✆ 05 65 44 53 95, *info@camping-lelauradiol.com*,
Fax 05 65 44 81 37, *www.camping-lelauradiol.com*
1 ha (31 empl.) plat, herbeux
Tarif : (Prix 2011) 17€ (16A) – pers. suppl. 4€ – frais de réservation 20€

Location : (Prix 2011) (de fin juin à fin août) – 2. Nuitée 79€ – Sem. 553€ – frais de réservation 30€
Pour s'y rendre : 5 km au nord-est par D 34, rte de St-Amans-des-Cots, au bord de la Selves
À savoir : situation agréable au fond d'une petite vallée, bordée par la rivière

Nature :
Loisirs :
Services : (juil.-août)

Longitude : 2.58202
Latitude : 44.6772

ESPALION

12500 – **338** I3 – 4 549 h. – alt. 342
23, place du Plô ✆ 05 65 44 10 63
Paris 592 – Aurillac 72 – Figeac 93 – Mende 101

Le Roc de l'Arche de mi-mai à déb. sept.
✆ 05 65 44 06 79, *info@rocdelarche.com*,
www.rocdelarche.com
2,5 ha (95 empl.) plat, herbeux
Tarif : 22,90€ (10A) – pers. suppl. 5,30€ – frais de réservation 30€

Location : (de mi-mai à déb. sept.) – 20. Nuitée 48 à 90€ – Sem. 286 à 630€ – frais de réservation 30€
borne artisanale 3€
Pour s'y rendre : Le Foirail (à l'est, r. du Foirail par av. de la Gare et à gauche, apr. le terrain des sports, au bord du Lot)

Nature :
Loisirs :
Services :
À prox. : terrain omnisports, canoë

Longitude : 2.76959
Latitude : 44.52244

ESTAING

65400 – **342** K7 – 74 h. – alt. 970
Paris 874 – Argelès-Gazost 12 – Arrens 7 – Laruns 43

Pyrénées Natura de déb. mai à mi-sept.
✆ 05 62 97 45 44, *info@camping-pyrenees-natura.com*,
Fax 05 62 97 45 81, *www.camping-pyrenees-natura.com*
– alt. 1 000
3 ha (65 empl.) en terrasses, plat, herbeux, gravier
Tarif : 30€ (10A) – pers. suppl. 5,75€

Location : (de fin avr. à fin sept.) – 15. Nuitée 40 à 89€ – Sem. 240 à 620€
4 25€
Pour s'y rendre : rte du Lac (au nord du bourg)
À savoir : belle grange du 19e s. aménagée en espace loisirs et détente

Nature :
Loisirs : jacuzzi auditorium
Services : laverie

Longitude : -0.17824
Latitude : 42.93948

ESTANG

32240 – **336** B6 – 673 h. – alt. 120
Paris 712 – Aire-sur-l'Adour 25 – Eauze 17 – Mont-de-Marsan 35

Les Lacs de Courtès – de déb. avr. à fin oct.
05 62 09 61 98, *contact@lacsdecourtes.com*,
Fax 05 62 09 63 13, *www.lacsdecourtes.com*
7 ha (136 empl.) en terrasses, peu incliné, plat, herbeux
Tarif : (Prix 2011) 5,25€ 14€ – (10A) 6€ – frais de réservation 20€

Location : (Prix 2011) (permanent) – 5 – 43 – 2 bungalows toilés. Sem. 300 à 530€ – frais de réservation 20€
borne artisanale 5€ – 3 13€ – 13€
Pour s'y rendre : au sud du bourg par D 152, derrière l'église et au bord d'un lac

Nature :
Loisirs : snack jacuzzi canoë
Services : laverie

Longitude : -0.10254
Latitude : 43.8891

Des vacances réussies sont des vacances bien préparées !
Ce guide est fait pour vous y aider... mais :
– n'attendez pas le dernier moment pour réserver
– évitez la période critique du 14 juillet au 15 août.
Pensez aux ressources de l'arrière-pays,
à l'écart des lieux de grande fréquentation.

FIGEAC

46100 – **337** I4 – 9 994 h. – alt. 214
place Vival 05 65 34 06 25
Paris 578 – Aurillac 64 – Rodez 66 – Villefranche-de-Rouergue 36

Les Rives du Célé de déb. avr. à fin sept.
05 61 64 88 54, *contact@marc-montmija.com*,
Fax 05 61 64 89 17, *www.domainedusurgie.com*
2 ha (163 empl.) plat, herbeux, terrasse
Tarif : 23€ (10A) – pers. suppl. 7,50€ – frais de réservation 10€

Location : (permanent) – 20 – 30 – 6 bungalows toilés. Sem. 190 à 725€ – frais de réservation 20€
borne artisanale 16€ – 16€
Pour s'y rendre : au Domaine du Surgié (1,2 km à l'est par N 140, rte de Rodez et chemin du Domaine de Surgié, au bord de la rivière et d'un plan d'eau)

Nature :
Loisirs :
Services : laverie
À prox. : snack pizzeria espace aquatique

Longitude : 2.04942
Latitude : 44.61189

FLAGNAC

12300 – **338** F3 – 935 h. – alt. 220
Paris 603 – Conques 19 – Decazeville 5 – Figeac 25

Le Port de Lacombe de déb. avr. à fin sept.
05 65 64 10 08, *accueil@campingleportdelacombe.fr*,
Fax 09 58 50 71 02, *www.campingleportdelacombe.fr*
4 ha (97 empl.) plat, herbeux
Tarif : 26,90€ (10A) – pers. suppl. 5€ – frais de réservation 20€

Location : (de déb. avr. à fin sept.) – 36 – 4 bungalows toilés – 4 tentes. Nuitée 34 à 90€ – Sem. 170 à 630€ – frais de réservation 20€
borne flot bleu 5€
Pour s'y rendre : 1 km au nord par D 963 et chemin à gauche, près d' un plan d'eau et du Lot (accès direct)

Nature :
Loisirs : snack
Services : laverie
À prox. : canoë, pédalos

Longitude : 2.23533
Latitude : 44.60819

GARIN

31110 – **343** B8 – 137 h. – alt. 1 100
Paris 827 – Toulouse 153 – Tarbes 85 – Lourdes 84

Les Frênes (location exclusive de chalets) Permanent
05 61 79 88 44, *vero.comet@wanadoo.fr*, Fax 05 61 79 88 44, *www.chalets-luchon-peyragudes.com* – empl. traditionnels également disponibles
0,8 ha en terrasses, peu incliné, herbeux, pierreux
Tarif : 4,50€ 5€ – (10A) 2€ – frais de réservation 15€
Location : (Prix 2011) – 9 . Nuitée 68€ – Sem. 190 à 484€
Pour s'y rendre : à l'est du bourg par D 618, rte de Bagnères-de-Luchon et à gauche, D 76e vers rte de Billière
À savoir : location à la nuitée hors vacances scolaires

Nature :
Loisirs :
Services : laverie
À prox. :

Longitude : 0.51605
Latitude : 42.8089

Pour choisir et suivre un itinéraire,
pour calculer un kilométrage,
pour situer exactement un terrain (en fonction des indications fournies dans le texte) :
*utilisez les **cartes MICHELIN**,*
compléments indispensables de cet ouvrage.

GAVARNIE

65120 – **342** L8 – 153 h. – alt. 1 350 – Sports d'hiver : 1 350/2 400 m 11
le village *05 62 92 48 05*
Paris 901 – Lourdes 52 – Luz-St-Sauveur 20 – Pau 96

Le Pain de Sucre de mi-déc. à fin sept.
05 62 92 47 55, *camping-gavarnie@wanadoo.fr*, Fax 05 62 92 47 55, *www.camping-gavarnie.com* – alt. 1 273
1,5 ha (50 empl.) non clos, plat, herbeux
Tarif : (Prix 2011) 4,10€ 4,40€ – (10A) 6,25€ – frais de réservation 7€
Location : (Prix 2011) (de mi-déc. à fin sept.) – 3 – 5 . Nuitée 40 à 55€ – Sem. 240 à 500€
Pour s'y rendre : quartier Couret (3 km au nord par D 921, rte de Luz-St-Sauveur, au bord du Gave de Gavarnie)

Nature :
Loisirs : snack
Services : laverie

Longitude : NaN
Latitude : 42.75851

GIRAC

46130 – **337** G2 – 401 h. – alt. 123
Paris 522 – Beaulieu-sur-Dordogne 11 – Brive-la-Gaillarde 42 – Gramat 27

Les Chalets sur la Dordogne de fin avr. à mi-oct.
05 65 10 93 33, *camping-leschalets@wanadoo.fr*, *www.camping-chalet-sur-dordogne.com*
2 ha (39 empl.) non clos, plat, herbeux, sablonneux
Tarif : (Prix 2011) 5€ 5,20€ – (10A) 3,80€ – frais de réservation 10€
Location : (Prix 2011) (de déb. mars à fin nov.) – 5 – 3 . Sem. 560€ – frais de réservation 12€
Pour s'y rendre : au Port (1 km au nord-ouest par D 703, rte de Vayrac et chemin à gauche, au bord de la Dordogne)

Nature :
Loisirs : grill canoë
Services : (juin-août) laverie
À prox. :

Longitude : 1.80501
Latitude : 44.91809

GONDRIN

32330 – **336** D6 – 1 127 h. – alt. 174
18, place de la Liberté 05 62 29 15 89
Paris 745 – Agen 58 – Auch 42 – Condom 17

Le Pardaillan – de mi-avr. à déb. oct.
05 62 29 16 69, *Camplepardaillan@wanadoo.fr*, *www.camping-le-pardaillan.com*
2,5 ha (115 empl.) en terrasses, plat, herbeux, gravillons, étang
Tarif : (Prix 2011) 22 € (10A) – pers. suppl. 5,70 € – frais de réservation 15 €
Location : (Prix 2011) (de mi-avr. à déb. oct.) – 23 – 24 – 5 bungalows toilés. Sem. 245 à 790 € – frais de réservation 15 €
borne artisanale 2,50 € – 11.50 €
Pour s'y rendre : 27 r. Pardaillan (à l'est du bourg)

Nature :
Loisirs : snack
Services : laverie
À prox. : parc aquatique, terrain multisports

Longitude : 0.23873
Latitude : 43.88165

GOURDON

46300 – **337** E3 – 4 636 h. – alt. 250
24, rue du Majou 05 65 27 52 50
Paris 543 – Bergerac 91 – Brive-la-Gaillarde 66 – Cahors 44

Aire Naturelle le Paradis de mi-avr. à mi-sept.
05 65 41 65 01, *contact@campingleparadis.com*, Fax 05 65 41 65 01, *www.campingleparadis.com*
1 ha (25 empl.) non clos, en terrasses, plat, herbeux
Tarif : 15 € (6A) – pers. suppl. 3 €
Location : (de mi-avr. à mi-sept.) – 5 – 1 . Nuitée 35 à 57 € – Sem. 220 à 400 €
4 15 € – 15 €
Pour s'y rendre : au lieu-dit : La Peyrugue (2 km au sud-ouest par D 673, rte de Fumel et chemin à gauche, près du parking Intermarché)

Nature :
Loisirs :
Services :
À prox. :

Longitude : 1.37397
Latitude : 44.72323

*To visit a town or region : use the **MICHELIN Green Guides.***

GRAND-VABRE

12320 – **338** G3 – 411 h. – alt. 213
Paris 615 – Aurillac 47 – Decazeville 18 – Espalion 50

Village Vacances Grand-Vabre Aventures et Nature (location exclusive de chalets) Permanent
05 65 72 85 67, *contact@grand-vabre.com*, Fax 05 65 72 85 67, *www.grand-vabre.com*
1,5 ha plat, herbeux
Location : (Prix 2011) – 20 . Nuitée 63 € – Sem. 270 à 670 €
Pour s'y rendre : au lieu-dit : Les Passes (1 km au sud-est par D 901, rte de Conques, au bord de Dourdou)

Nature :
Loisirs :
Services : laverie
À prox. :

Longitude : 2.36297
Latitude : 44.62473

HÈCHES

65250 – **342** O6 – 620 h. – alt. 690
Paris 805 – Arreau 14 – Bagnères-de-Bigorre 35 – Bagnères-de-Luchon 47

La Bourie Permanent
05 62 98 73 19, *labourie65@aol.com*, Fax 05 62 98 73 44, *www.camping-labourie.com*
2 ha (120 empl.) plat, peu incliné, terrasse, herbeux
Tarif : 3,40 € 3,70 € – (10A) 5,40 €
Location : (permanent) – 15 . Nuitée 40 à 65 € – Sem. 250 à 450 € – frais de réservation 15 €
borne artisanale – 2 14,80 € – 14.80 €
Pour s'y rendre : 2 km au sud par D 929, rte d'Arreau et à Rebouc D 26 à gauche, au bord de la Neste d'Aure

Nature :
Loisirs : snack
Services :

Longitude : 0.37235
Latitude : 43.01902

L'HERM

09000 – **343** I7 – 176 h. – alt. 502
Paris 770 – Toulouse 93 – Carcassonne 81 – Castres 109

La Clairière de déb. juil. à mi-sept.
05 61 01 65 12, *camping.laclairiere@aliceadsl.fr*, Fax 05 61 02 84 57, *www.camping-laclairiere.com*
1 ha (15 empl.) plat, herbeux, bois attenant
Tarif : 10,50€ (5A) – pers. suppl. 4€
Pour s'y rendre : au lieu-dit : Monlaur

Nature :
Services :

Longitude : 1.66006
Latitude : 42.97938

L'HOSPITALET-PRÈS-L'ANDORRE

09390 – **343** I9 – 98 h. – alt. 1 446
Tunnel de Puymorens : péage en 2011, aller simple : autos 6,20, autos et caravanes 12,60, P. L. 20.60/33.80, deux-roues 3,70. Tarifs spéciaux A.R. : renseignements 04 68 04 97 20
Paris 822 – Andorra-la-Vella 40 – Ax-les-Thermes 19 – Bourg-Madame 26

Municipal de déb. juin à fin sept.
05 61 05 21 10, *info@camping-hospitalet.com*, Fax 05 61 05 23 08, *www.camping.hospitalet.com*
– alt. 1 500
1,5 ha (62 empl.) plat, herbeux, terrasse, gravillons
Tarif : (Prix 2011) 3,50€ 2,50€ – (10A) 5€
borne eurorelais 8€ – 8
Pour s'y rendre : 600 m au nord par N 20, rte d'Ax-les-Thermes et rte à dr.

Nature :
Loisirs :
Services : (juil.-août)
À prox. :

Longitude : 1.77823
Latitude : 42.59111

Wilt u een stad of streek bezichtigen ?
Raadpleed de groene Michelingidsen.

LACAM-D'OURCET

46190 – **337** I2 – 128 h. – alt. 520
Paris 544 – Aurillac 51 – Cahors 92 – Figeac 38

Les Teuillères de déb. juin à mi-sept.
05 65 11 90 55, *info@lesteuilleres.com*, *www.lesteuilleres.com*
3 ha (30 empl.) plat, peu incliné, herbeux
Tarif : (Prix 2011) 4,95€ 4,95€ – (6A) 2,95€ – frais de réservation 60€
Location : (Prix 2011) (de déb. juin à mi-sept.) – 2 – 2 gîtes. – frais de réservation 60€
Pour s'y rendre : 4,8 km au sud-est par D 25, rte de Sousceyrac et rte de Sénaillac-Latronquière, vers le lac de Tolerme

Nature :
Loisirs :
Services :

Longitude : 2.04086
Latitude : 44.8342

LACAPELLE-MARIVAL

46120 – **337** H3 – 1 325 h. – alt. 375
place de la Halle 05 65 40 81 11
Paris 555 – Aurillac 66 – Cahors 64 – Figeac 21

Municipal Bois de Sophie de déb. avr. à fin sept.
05 65 40 82 59, *camping-boisdesophie@hotmail.fr*, Fax 06.80.59.79.86, *http://lacapelle-marival.site.voila.fr*
1 ha (66 empl.) peu incliné, plat, herbeux
Tarif : 2,45€ 3,45€ – (16A) 2,95€
Location : (de déb. avr. à fin déc.) – 3 – 6 bungalows toilés. Nuitée 22 à 68€ – Sem. 151 à 440€
borne eurorelais – 10 9,50€
Pour s'y rendre : rte d'Aynac (1 km au nord-ouest par D 940, rte de St-Céré)

Nature :
Loisirs :
Services :
À prox. :

Longitude : 1.91796
Latitude : 44.73314

LACAVE

46200 – **337** F2 – 289 h. – alt. 130
Paris 528 – Brive-la-Gaillarde 51 – Cahors 58 – Gourdon 26

La Rivière de déb. avr. à mi-sept.
05 65 37 02 04, *camping.la.riviere@wanadoo.fr*, Fax 05 65 37 03 06, *www.campinglariviere.com*
2,5 ha (110 empl.) plat, herbeux, pierreux
Tarif : (Prix 2011) 21,50€ (10A) – pers. suppl. 5,50€ – frais de réservation 9,30€
Location : (Prix 2011) (de déb. avr. à mi-sept.) – 13 . Nuitée 75 à 100€ – Sem. 220 à 650€ – frais de réservation 9,30€
Pour s'y rendre : au lieu-dit : Le Bougayrou (2,5 km au nord-est par D 23, rte de Martel et chemin à gauche, au bord de la Dordogne)

Nature :
Loisirs : snack canoë
Services : laverie

Longitude : 1.559
Latitude : 44.8613

LAFRANÇAISE

82130 – **337** D7 – 2 805 h. – alt. 183 – Base de loisirs
place de la République *05 63 65 91 10*
Paris 621 – Castelsarrasin 17 – Caussade 41 – Lauzerte 23

Le Lac de mi-juin à mi-sept.
05 63 65 89 69, *theolor@orange.fr*, Fax 05 63 65 94 65, *www.campings82.fr*
0,9 ha (34 empl.) peu incliné, pierreux, bois attenant
Tarif : 17,80€ (8A) – pers. suppl. 8€
Location : (permanent) – 20 – 11 gîtes. Sem. 350 à 460€
borne raclet 9€ – 4 22€
Pour s'y rendre : r. Jean Moulin (sortie sud-est par D 40, rte de Montastruc et à gauche, à 250 m d'un plan d'eau (accès direct))

Nature :
Loisirs :
Services :
À prox. : snack canoë, pédalos, skate-parc

Longitude : 1.24685
Latitude : 44.12445

416

LAGUIOLE

12210 – **338** J2 – 1 261 h. – alt. 1 004 – Sports d'hiver : 1 100/1 400 m 12
Place du Foirail *05 65 44 35 94*
Paris 571 – Aurillac 79 – Espalion 22 – Mende 83

Municipal les Monts d'Aubrac de mi-mai à mi-sept.
05 65 44 39 72, *ot-laguiole@orange.fr*, Fax 05 65 51 26 31, *http://www.laguiole-online.com/hebergement/fiche-hebergement.php3?id=14*
– alt. 1 050
1,2 ha (57 empl.) plat, peu incliné, herbeux
Tarif : (Prix 2011) 9,50€ (10A) – pers. suppl. 2,50€
borne artisanale – 30 9,50€ – 8.50€
Pour s'y rendre : sortie sud par D 921, rte de Rodez puis 600 m par rte à gauche, au stade

Nature :
Services :
À prox. : terrain multisports

Longitude : 2.85501
Latitude : 44.6815

LAMONTÉLARIÉ

81260 – **338** H9 – 60 h. – alt. 847
Paris 736 – Toulouse 116 – Albi 83 – Castres 44

Rouquié de déb. mai à fin oct.
05 63 70 98 06, *contact@camping.rouquie.fr*, Fax 05 63 50 49 58, *www.campingrouquie.fr*
3 ha (97 empl.) en terrasses, plat, herbeux, fort dénivelé
Tarif : 22,80€ (6A) – pers. suppl. 4€ – frais de réservation 15€
Location : (Prix 2011) (de déb. avr. à fin oct.) (de déb. avr. à fin déc.) – 9 – 5 . Nuitée 60 à 90€ – Sem. 280 à 640€ – frais de réservation 15€
Pour s'y rendre : au Lac de la Raviège

Nature :
Loisirs : snack pédalos, canoë, ponton d'amarrage
Services : laverie

Longitude : 2.60663
Latitude : 43.60038

LAU-BALAGNAS

65400 – **342** L5 – 490 h. – alt. 430
Paris 864 – Toulouse 188 – Tarbes 36 – Pau 70

Le Lavedan Permanent
05 62 97 18 84, *michel.dubie@wanadoo.fr*,
Fax 05 62 97 20 68, *www.lavedan.com*
2 ha (137 empl.) plat, herbeux
Tarif : 29€ (10A) – pers. suppl. 8,50€
– frais de réservation 25€
Location : (permanent) – 11 – 2 bungalows toilés. Nuitée 36 à 115€ – Sem. 224 à 800€ – frais de réservation 25€
Pour s'y rendre : 44 rte des Vallées (1 km au sud-est)

Nature :
Loisirs : (découverte en saison)
Services :
laverie
À prox. : point d'informations touristiques

Longitude : -0.08896
Latitude : 42.98818

Les Frênes de mi-déc. à mi-oct.
05 62 97 25 12, Fax 05 62 97 01 41
3 ha (165 empl.) en terrasses, plat, herbeux
Tarif : 4,90€ 5,20€ – (10A) 11€
Location : (de mi-déc. à mi-oct.) – 20 . Sem. 290 à 480€
Pour s'y rendre : 46 rte des Vallées (1,2 km au sud-est)

Nature :
Loisirs :
Services :

Longitude : -0.08875
Latitude : 42.98803

La Prairie de mi-juin à mi-sept.
05 62 97 11 87, Fax 05 62 97 11 87
1 ha (60 empl.) plat, herbeux
Tarif : (Prix 2011) 3,70€ 3,60€ – (6A) 6€
borne artisanale
Pour s'y rendre : 6 r. du Sailhet

Nature : montagnes
Services :

Longitude : -0.09141
Latitude : 42.99774

Utilisez le guide de l'année.

LAVIT-DE-LOMAGNE

82120 – **337** B8 – 1 534 h. – alt. 217
2, boulevard des Amoureux 05 63 94 03 43
Paris 668 – Agen 49 – Beaumont-de-Lomagne 12 – Castelsarrasin 23

Municipal de Bertranon de mi-juin à fin sept.
05 63 94 05 54, *mairie-lavit.de.lomagne@info82.com*,
Fax 05 63 94 11 10
0,5 ha (33 empl.) peu incliné, herbeux
Tarif : (Prix 2011) 2,50€ 3€ – (6A) 2,30€
Location : (Prix 2011) (permanent) – 2 . Nuitée 30 à 40€ – Sem. 150 à 230€
borne artisanale 3€
Pour s'y rendre : rte d'Asques (au nord-est du bourg, près du stade et de deux plans d'eau)

Nature :
Loisirs : parcours sportif
Services :

Longitude : 0.92311
Latitude : 43.96149

LECTOURE

32700 – **336** F6 – 3 771 h. – alt. 155 – Base de loisirs
place du Général-de-Gaulle 05 62 68 76 98
Paris 708 – Agen 39 – Auch 35 – Condom 26

Yelloh! Village Le Lac des 3 Vallées – de déb. juin à mi-sept.
05 62 68 82 33, *contact@lacdes3vallees.fr*,
Fax 05 62 68 88 82, *www.lacdes3vallees.fr*
40 ha (600 empl.) en terrasses, peu incliné, plat, herbeux, étangs, bois attenant, très vallonné
Tarif : 46€ (10A) – pers. suppl. 9€
Location : (de déb. juin à mi-sept.) – 250 – 23 bungalows toilés. Nuitée 35 à 149€ – Sem. 245 à 1 043€
borne flot bleu – 10 50€
Pour s'y rendre : 2,4 km au sud-est par N 21, rte d'Auch, puis 2,3 km par rte à gauche au bord du lac

Nature :
Loisirs : snack jacuzzi discothèque (plage) 2 terrains multisports, skate parc, canoë, pédalos
Services :
laverie réfrigérateurs

Longitude : 0.64533
Latitude : 43.91252

LOUDENVIELLE

65510 – **342** O8 – 282 h. – alt. 987 – Base de loisirs
13 place des Badalans 05 62 99 95 35
Paris 833 – Arreau 15 – Bagnères-de-Luchon 27 – La Mongie 54

Pène Blanche Permanent

05 62 99 68 85, *info@peneblanche.com*,
Fax 05 62 99 98 20, *www.peneblanche.com*
4 ha (120 empl.) en terrasses, peu incliné, herbeux
Tarif : 24,50€ (10A) – pers. suppl. 5,50€
Location : (permanent) – 19 – 2 tentes. Sem. 200 à 630€
6 12,20€
Pour s'y rendre : sortie nord-ouest par D 25, rte de Génos, près de la Neste de Louron et à prox. d'un plan d'eau

Nature :
Services : (juil.-août) laverie
À prox. : cafétéria hammam jacuzzi poneys centre de remise en forme, balnéo, parapente, planche à voile, canoë et pédalos

Longitude : 0.40722
Latitude : 42.79611

ATTENTION...
ces prestations ne fonctionnent généralement qu'en saison,
quelles que soient les dates d'ouverture du terrain.

LOUPIAC

46350 – **337** E3 – 265 h. – alt. 230
Paris 527 – Brive-la-Gaillarde 51 – Cahors 51 – Gourdon 16

Les Hirondelles – de déb. avr. à fin sept.

05 65 37 66 25, *contact@camping-leshirondelles.com*,
www.camping-leshirondelles.com
2,5 ha (70 empl.) peu incliné, plat, herbeux, pierreux
Tarif : (Prix 2011) 18,50€ (6A) – pers. suppl. 5€ – frais de réservation 15€
Location : (Prix 2011) (de déb. avr. à fin sept.) – 21 – 4 – 3 tentes. Sem. 230 à 495€ – frais de réservation 15€
1 8,50€
Pour s'y rendre : au lieu-dit : Al Pech (3 km au nord par rte de Souillac et chemin à gauche, à 200 m de la N 20)

Nature :
Loisirs : pizzeria
Services : laverie
À prox. :

Longitude : 1.46455
Latitude : 44.82934

LOURDES

65100 – **342** L6 – 15 254 h. – alt. 420
place Peyramale 05 62 42 77 40
Paris 850 – Bayonne 147 – Pau 45 – St-Gaudens 86

Le Moulin du Monge de déb. avr. à déb. oct.

05 62 94 28 15, *camping.moulin.monge@wanadoo.fr*,
Fax 05 62 42 20 54, *www.camping-lourdes.com*
1 ha (67 empl.) plat, peu incliné, terrasse, herbeux
Tarif : 20,35€ (6A) – pers. suppl. 5,45€
Location : (de déb. avr. à déb. oct.) – 12 – 1 – 1 gîte. Nuitée 53 à 89€ – Sem. 371 à 623€
borne artisanale 4€ – 10 16,35€
Pour s'y rendre : 28 av. Jean Moulin (1,3 km au nord)

Nature :
Loisirs :
Services : laverie

Longitude : -0.03148
Latitude : 43.11575

Plein Soleil de déb. avr. à mi-oct.

05 62 94 40 93, *contact@camping-pleinsoleil.com*,
Fax 05 62 94 51 20, *www.camping-pleinsoleil.com*
0,5 ha (35 empl.) en terrasses, plat, gravillons, herbeux
Tarif : 19,60€ (13A) – pers. suppl. 5,15€
Location : (de déb. avr. à fin oct.) – 7 . Nuitée 48 à 80€ – Sem. 290 à 550€
borne artisanale 5€ – 15 17,30€
Pour s'y rendre : 11 av. du Monge (1 km au nord)

Nature :
Loisirs :
Services : laverie
À prox. :

Longitude : -0.03646
Latitude : 43.11438

Sarsan de déb. avr. à mi-oct.
05 62 94 43 09, *camping.sarsan@wanadoo.fr*,
Fax 05 62 94 43 09, *www.lourdes-camping.com*
1,8 ha (66 empl.) plat, peu incliné, herbeux
Tarif : 18,42 € (10A) – pers. suppl. 4,40 €

Location : (de déb. avr à mi-oct.) – 8 . Nuitée 50 à 80 € – Sem. 250 à 490 €
borne artisanale 3 €
Pour s'y rendre : 4 av. Jean Moulin (1,5 km à l'est par déviation)

Nature :
Loisirs : (découverte en saison)
Services :

Longitude : -0.02744
Latitude : 43.10226

Le Ruisseau Blanc
05 62 42 94 83, *cintou.garros@cegetel.net*
1,8 ha (110 empl.) plat, herbeux

Location : (de mi-mars à déb. oct.) – 3 . Sem. 315 à 385 €
borne autre – 15
Pour s'y rendre : à Anclades (1,5 km à l'est par D 97, rte de Jarret, pour caravanes, accès conseillé par la D 937 en dir. de Bagnères-de-Bigorre)

Nature :
Loisirs :
Services :

Longitude : -0.02313
Latitude : 43.09363

LUZENAC

09250 – **343** I8 – 635 h. – alt. 608
Paris 795 – Andorra-la-Vella 68 – Foix 35 – Quillan 64

Municipal le Castella
05 61 64 47 53, *campinglecastella@orange.fr*,
Fax 05 61 64 40 59, *www.campingcastella.com* – places limitées pour le passage
3 ha (150 empl.) en terrasses, plat, peu incliné, herbeux, rochers

Location : (permanent) – 1 – 9 . Nuitée 45 à 70 € – Sem. 225 à 471 €
Pour s'y rendre : 4 rte du Castella (par RN 20 dir. Ax-les-Thermes, au bourg, chemin à dr.)

Nature :
Loisirs :
Services : laverie
À prox. : parcours de santé

Longitude : 1.76414
Latitude : 42.7596

Renouvelez votre guide chaque année.

LUZ-ST-SAUVEUR

65120 – **342** L7 – 1 050 h. – alt. 710 – (début mai-fin oct.) – Sports d'hiver : 1 800/2 450 m 14
20, place du 8 mai 05 62 92 30 30
Paris 882 – Argelès-Gazost 19 – Cauterets 24 – Lourdes 32

Airotel Pyrénées de déb. déc. à fin sept.
05 62 92 89 18, *airotel.pyrenees@wanadoo.fr*,
Fax 05 62 92 96 50, *www.airotel-pyrenees.com*
2,5 ha (165 empl.) peu incliné et incliné, plat et en terrasses, herbeux
Tarif : 34 € (10A) – pers. suppl. 8 € – frais de réservation 25 €

Location : (de déb. déc. à fin sept.) – 40 – 12 . Sem. 199 à 1 075 € – frais de réservation 25 €
Pour s'y rendre : 46 av. du Barège (1 km au nord-ouest par D 921, rte de Lourdes)

Nature :
Loisirs : hammam jacuzzi espace balnéo mur d'escalade
Services : laverie

Longitude : -0.01152
Latitude : 42.88014

International de fin mai à fin sept.
05 62 92 82 02, *camping.international.luz@wanadoo.fr*,
Fax 05 62 92 96 87, *www.international-camping.fr*
4 ha (133 empl.) en terrasses, peu incliné, plat, herbeux
Tarif : 30 € (6A) – pers. suppl. 6 € – frais de réservation 18 €

Location : (Prix 2011) (de fin mai à fin sept.) – 11 . Sem. 200 à 660 € – frais de réservation 18 €
Pour s'y rendre : 50 av. du Barège (1,3 km au nord-ouest par D 921, rte de Lourdes)

Nature :
Loisirs : snack jacuzzi terrain multisports
Services : laverie

Longitude : -0.01388
Latitude : 42.88322

Pyrénévasion de fin nov. à fin oct.
05 62 92 91 54, *camping-pyrenevasion@wanadoo.fr*, Fax 05 62 92 98 34, *www.campingpyrenevasion.com* – alt. 834
3,5 ha (100 empl.) en terrasses, peu incliné, herbeux, gravier
Tarif : (Prix 2011) 23,50€ (10A) – pers. suppl. 5,50€ – frais de réservation 10€
Location : (de fin nov. à fin oct.) – 15 – 8 – 5 gîtes. Nuitée 40 à 70€ – Sem. 250 à 750€ – frais de réservation 12€
borne artisanale 6€ – 11€
Pour s'y rendre : rte de Luz-Ardiden (3,4 km au nord-ouest par D 921, rte de Gavarnie et D 12, à Sazos)

Nature :
Loisirs : snack jacuzzi terrain multisports
Services : laverie

Longitude : -0.02417
Latitude : 42.8831

Les Cascades de déb. déc. à fin sept.
05 62 92 85 85, *cathy.sesque@wanadoo.fr*, Fax 05 62 92 96 95, *www.camping-luz.com*
1,5 ha (77 empl.) peu incliné et en terrasses, herbeux, pierreux
Tarif : 24€ (10A) – pers. suppl. 6,50€
Location : (de déb. déc. à fin sept.) – 17 . Nuitée 45 à 70€ – Sem. 280 à 600€
borne artisanale 6€
Pour s'y rendre : r. Ste-Barbe (au sud de la localité, au bord de torrents, accès conseillé par rte de Gavarnie)

Nature :
Loisirs :
Services : laverie
À prox. : canoë

Longitude : -0.00419
Latitude : 42.86904

So de Prous de mi-déc. à mi-nov.
05 62 92 82 41, *jj.poulou@wanadoo.fr*, Fax 05 62 92 34 10, *www.sodeprous.com*
2 ha (80 empl.) plat, peu incliné, en terrasses, herbeux
Tarif : 4,20€ 4,20€ – (6A) 5,50€ – frais de réservation 8€
Location : (de mi-déc. à mi-nov.) – 14 – 2 studios. Nuitée 57 à 80€ – Sem. 330 à 480€
Pour s'y rendre : quartier Larise (3 km au nord-ouest par D 921, rte de Lourdes, à 80 m du Gave de Gavarnie)

Nature :
Loisirs : (petite piscine)
Services :

Longitude : -0.02919
Latitude : 42.89892

Le Bergons de déb. déc. à fin oct.
05 62 92 90 77, *info@camping-bergons.com*, *www.camping-bergons.com*
1 ha (78 empl.) plat, peu incliné et terrasses, herbeux
Tarif : 15,34€ (6A) – pers. suppl. 3,50€ – frais de réservation 10€
Location : (de déb. déc. à fin oct.) – 5 – 2 studios. Sem. 235 à 500€
Pour s'y rendre : rte de Barèges (500 m à l'est par D 918)

Nature :
Loisirs :
Services : (juil.-août) laverie

Longitude : 0.00281
Latitude : 42.87334

Toy de déb. déc. à déb. avr. et de déb. mai à fin sept.
05 62 92 86 85, *campingtoy@aliceadsl.fr*, *www.camping-toy.com*
1,2 ha (83 empl.) peu incliné et en terrasses, herbeux, pierreux
Tarif : (Prix 2011) 4€ 4€ 4€ – (6A) 5,20€
borne artisanale 12€
Pour s'y rendre : 17 pl. du 8-Mai (centre bourg, au bord du Bastan)

Nature :
Loisirs :
Services : laverie
À prox. :

Longitude : -0.00312
Latitude : 42.87328

Le Bastan de déb. déc. à fin sept.
05 62 92 94 27, *camping.bastan@wanadoo.fr*, Fax 05 62 92 94 27, *www.luz-camping.com*
1 ha (70 empl.) peu incliné, plat, herbeux, pierreux
Tarif : (Prix 2011) 3,30€ 3,40€ – (6A) 4,80€
Location : (de déb. déc. à fin sept.) – 4 . Nuitée 55 à 80€ – Sem. 260 à 500€
borne eurorelais 10€
Pour s'y rendre : rte de Barèges, à Esterre (800 m à l'est par D 918, au bord du Bastan)

Nature :
Loisirs :
Services : laverie
À prox. : pizzeria

Longitude : NaN
Latitude : 42.87327

MANE

31260 – **343** D6 – 972 h. – alt. 297
Paris 753 – Aspet 19 – St-Gaudens 22 – St-Girons 22

Village Vacances de la Justale de déb. avr. à fin oct.
05 61 90 68 18, *la.justale.villagevacances-mane@wanadoo.fr*, Fax 05 61 90 68 18, *www.village-vacances-mane.fr*
3 ha (23 empl.) plat, herbeux
Tarif : 2,80€ 2,50€ – (10A) 3,60€
Location : (permanent) – 19 – 19 gîtes. Sem. 210 à 435€
borne autre – 13.10€
Pour s'y rendre : 2 allée de la Justale (500 m au sud-ouest du bourg par r. près de la mairie, au bord de l'Arbas et d'un ruisseau)
À savoir : agréable cadre verdoyant

Nature :
Loisirs :
Services : laverie
À prox. :

Longitude : 0.94716
Latitude : 43.07621

MARTRES-TOLOSANE

31220 – **343** E5 – 2 200 h. – alt. 268
place Henri Dulion *05 61 98 66 41*
Paris 735 – Auch 80 – Auterive 48 – Bagnères-de-Luchon 81

Le Moulin – de déb. avr. à fin sept.
05 61 98 86 40, *info@DomaineLeMoulin.com*, Fax 05 61 98 66 90, *www.DomaineLeMoulin.com*
6 ha/3 campables (99 empl.) plat, herbeux, pierreux
Tarif : (Prix 2011) 28,90€ (10A) – pers. suppl. 6€ – frais de réservation 18€
Location : (Prix 2011) (de mi-janv. à fin nov.) (1 chalet) – 2 roulottes – 5 – 17 – 2 bungalows toilés. Nuitée 49 à 79€ – Sem. 194 à 560€ – frais de réservation 18€
borne artisanale 22,90€ – 14€
Pour s'y rendre : au lieu-dit : Le Moulin (1,5 km au sud-est par rte du stade, av. de St-Vidian et chemin à gauche apr. le pont, au bord d'un ruisseau et d'un canal, près de la Garonne (accès direct))
À savoir : agréable domaine rural, ancien moulin

Nature :
Loisirs : snack
Services : laverie

Longitude : 1.0181
Latitude : 43.1905

MAUBOURGUET

65700 – **342** M2 – 2 506 h. – alt. 181
30, rue Maréchal Joffre *05 62 96 39 09*
Paris 749 – Toulouse 148 – Tarbes 28 – Pau 68

Municipal L'Echez
05 62 96 37 44, *camping.maubourguet@yahoo.fr*
0,75 ha (50 empl.) plat, herbeux
Pour s'y rendre : r. Jean Clos Pucheu

Nature :
Loisirs :
Services :
À prox. :

Longitude : 0.03193
Latitude : 43.46656

MAUROUX

46700 – **337** C5 – 512 h. – alt. 213
le Bourg *05 65 30 66 70*
Paris 622 – Toulouse 152 – Cahors 49 – Agen 50

Village Vacances du Soleil (location exclusive de chalets) de déb. avr. à fin oct.
05 65 30 82 59, *info@villagedusoleil.fr*, Fax 05 65 30 82 67, *www.villagedusoleil.fr*
7,5 ha vallonné, boisé
Location : – 58 . Nuitée 42 à 129€ – Sem. 291 à 900€
Pour s'y rendre : au lieu-dit : Le Reynou et Clos del Capre

Nature :
Loisirs : snack
Services : laverie

Longitude : 1.04738
Latitude : 44.45576

MAZAMET

81200 – **338** G10 – 10 055 h. – alt. 241
rue des Casernes ☎ *05 63 61 27 07*
Paris 739 – Albi 64 – Béziers 90 – Carcassonne 50

Municipal la Lauze de déb. mai à fin sept.
☎ 05 63 61 24 69, *contact@camping-mazamet.com*,
Fax 05 63 61 24 69, *www.camping-mazamet.com*
1,7 ha (53 empl.) peu incliné, plat, herbeux
Tarif : (Prix 2011) 16,50€ (15A) – pers. suppl. 3€
Location : (Prix 2011) (permanent) – 5 . Sem. 245 à 445€
borne artisanale 11€ – 19 11€
Pour s'y rendre : chemin de la Lauze (sortie est par N 112, rte de Béziers et à dr.)
À savoir : Voie Verte Mazamet-Bédarieux (80 km)

Nature :
Loisirs :
Services :
À prox. : parcours sportif

Longitude : 2.39148
Latitude : 43.49692

MERCUS-GARRABET

09400 – **343** H7 – 1 135 h. – alt. 480
Paris 772 – Ax-les-Thermes 32 – Foix 12 – Lavelanet 25

Le Lac de déb. avr. à fin sept.
☎ 05 61 05 90 61, *info@campinglac.com*,
Fax 05 61 05 90 61, *www.campinglac.com*
1,2 ha (58 empl.) en terrasses, plat, herbeux
Tarif : 23€ (6A) – pers. suppl. 6€ – frais de réservation 15€
Location : (de déb. avr. à fin sept.) – 7 – 16 . Sem. 305 à 605€ – frais de réservation 15€
borne artisanale 23€ – 1 23€
Pour s'y rendre : 1 promenade du Camping (800 m au sud par D 618, rte de Tarascon et à dr. au passage à niveau, au bord de l'Ariège)

Nature :
Loisirs : (petite piscine)
Services :
À prox. : canoë

Longitude : 1.62252
Latitude : 42.87154

MÉRENS-LES-VALS

09110 – **343** J9 – 187 h. – alt. 1 055
Paris 812 – Ax-les-Thermes 10 – Axat 61 – Belcaire 36

Municipal de Ville de Bau Permanent
☎ 05 61 02 85 40, *camping.merens@wanadoo.fr*,
Fax 05 61 64 03 83, *www.merenslesvals.fr* – alt. 1 100
2 ha (70 empl.) plat, herbeux, pierreux
Tarif : (Prix 2011) 3,50€ 3,50€ – (10A) 3,50€
Location : (Prix 2011) (permanent) – 3 . Nuitée 70 à 100€ – Sem. 300 à 435€
Pour s'y rendre : Ville de Bau (1,5 km au sud-ouest par N 20, rte d'Andorre et chemin à dr., au bord de l'Ariège)

Nature :
Loisirs :
Services : laverie

Longitude : 1.83104
Latitude : 42.64622

MIERS

46500 – **337** G2 – 433 h. – alt. 302
Paris 526 – Brive-la-Gaillarde 49 – Cahors 69 – Rocamadour 12

Le Pigeonnier de déb. avr. à déb. oct.
☎ 05 65 33 71 95, *camping-le-pigeonnier@orange.fr*,
Fax 05 65 33 71 95, *www.campinglepigeonnier.com*
1 ha (45 empl.) peu incliné, en terrasses, plat, herbeux
Tarif : (Prix 2011) 5€ 5€ – (16A) 3,20€ – frais de réservation 12€
Location : (Prix 2011) (de déb. avr. à déb. oct.) – 9 . Nuitée 35 à 80€ – Sem. 230 à 595€ – frais de réservation 12€
borne artisanale 5,50€
Pour s'y rendre : 700 m à l'est par D 91, rte de Padirac et chemin à dr.

Nature :
Loisirs :
Services :

Longitude : 1.70731
Latitude : 44.85378

MILLAU

12100 – **338** K6 – 22 041 h. – alt. 372
A 75- Viaduc de Millau - Péage en 2011 : autos 6.40/8.20, caravanes 9,60/12.30, camions 22.50/29,90, motos 4.10
1, place du Beffroi ☎ 05 65 60 02 42
Paris 636 – Albi 106 – Alès 138 – Béziers 122

Les Rivages – de mi-avr. à fin sept.
☎ 05 65 61 01 07, *info@campinglesrivages.com*, *www.campinglesrivages.com*
7 ha (314 empl.) plat, herbeux
Tarif : 34€ (10A) – pers. suppl. 7€ – frais de réservation 17€
Location : (de mi-avr. à fin sept.) – 28 – 1 studio – 12 bungalows toilés. Nuitée 36 à 106€ – Sem. 216 à 742€ – frais de réservation 17€
borne artisanale
Pour s'y rendre : 860 av. de l'Aigoual (1,7 km à l'est par D 991, rte de Nant, au bord de la Dourbie)

Nature :
Loisirs : squash
Services : laverie point d'informations touristiques
À prox. : canoë, deltaplane

Longitude : 3.09616
Latitude : 44.10161

Viaduc – de fin avr. à fin sept.
☎ 05 65 60 15 75, *info@camping-du-viaduc.com*, Fax 05 65 61 36 51, *www.camping-du-viaduc.com*
5 ha (237 empl.) plat, herbeux
Tarif : 33,50€ (6A) – pers. suppl. 7,50€ – frais de réservation 17€
Location : (de fin avr. à fin sept.) – 39 – 5 bungalows toilés. Nuitée 35 à 104€ – Sem. 210 à 728€ – frais de réservation 17€
borne artisanale
Pour s'y rendre : 121 av. de Millau-Plage (800 m au nord-est par D 991, rte de Nant et D 187 à gauche rte de Paulhe, au bord du Tarn)

Nature :
Loisirs : snack
Services : laverie
À prox. : canoë-kayak, parapente

Longitude : 3.08853
Latitude : 44.10578

Les Érables de déb. avr. à fin sept.
☎ 05 65 59 15 13, *camping-les-erables@orange.fr*, Fax 05 65 59 06 59, *www.campingleserables.fr*
1,4 ha (78 empl.) plat, herbeux
Tarif : 20€ (6A) – pers. suppl. 4,50€ – frais de réservation 16€
Location : (de déb. mars à fin sept.) – 6 . Nuitée 43 à 79€ – Sem. 258 à 553€ – frais de réservation 16€
Pour s'y rendre : av. de Millau-Plage (900 m nord-est par D 991, rte de Nant et D 187 à gauche, rte de Paulhe, au bord du Tarn)

Nature :
Loisirs :
Services : laverie
À prox. : canoë-kayak

Longitude : 3.08704
Latitude : 44.11022

MIRANDE

32300 – **336** E8 – 3 740 h. – alt. 173
13 rue de l'Evêché ☎ 05 62 66 68 10
Paris 737 – Auch 25 – Mont-de-Marsan 98 – Tarbes 49

L'Île du Pont de déb. avr. à fin oct.
☎ 05 62 66 64 11, *mirande@groupevla.fr*, Fax 05 62 66 69 86, *www.groupevla.fr*
10 ha/5 campables (164 empl.) non clos, plat, herbeux
Tarif : 18,70€ (32A) – pers. suppl. 4,35€ – frais de réservation 12€
Location : (de déb. avr. à mi-nov.) (3 mobiles homes) – 35 – 12 . Sem. 239 à 769€ – frais de réservation 12€
borne autre – 6 – 18.70€
Pour s'y rendre : au lieu-dit : Le Batardeau (à l'est de la ville, dans une île de la Grande Baïse)
À savoir : site agréable sur une île

Nature :
Loisirs : snack
Services : laverie
À prox. : parcours de santé, canoë, parc aquatique

Longitude : 0.40932
Latitude : 43.51376

MIRANDOL-BOURGNOUNAC

81190 – **338** E6 – 1 065 h. – alt. 393
2, place de la Liberté ☎ 05 63 76 97 65
Paris 653 – Albi 29 – Rodez 51 – St-Affrique 79

Les Clots de déb. juin à mi-sept.
☎ 05 63 76 92 78, *campclots@wanadoo.fr, www.campinglesclots.info*
7 ha/4 campables (62 empl.) en terrasses, pierreux, herbeux, fort dénivelé
Tarif : (Prix 2011) 25€ (6A) – pers. suppl. 4,80€ – frais de réservation 10€
Location : (Prix 2011) (de déb. juin à mi-sept.) – 2 – 3 bungalows toilés – 1 gîte. Sem. 275 à 590€ – frais de réservation 10€
Pour s'y rendre : au lieu-dit : Les Clots (5,5 km au nord par D 905, rte de Rieupeyroux et chemin sur la gauche, à 500 m du Viaur (accès direct))

Nature :
Loisirs :
Services :
À prox. :

Longitude : 2.17881
Latitude : 44.17713

Om een reisroute uit te stippelen en te volgen,
om het aantal kilometers te berekenen,
om precies de ligging van een terrein te bepalen
(aan de hand van de inlichtingen in de tekst),
gebruikt u de ***Michelinkaarten****,*
een onmisbare aanvulling op deze gids.

MIREPOIX

32390 – **336** C7 – 191 h. – alt. 150
Paris 696 – Auch 17 – Fleurance 13 – Gimont 25

Village Vacances Les Chalets des Mousquetaires (location exclusive de chalets) Permanent
☎ 05 62 64 33 66, *info@chalets-mousquetaires.com*, Fax 05 31 60 57 16, *www.chalets-mousquetaires.com*
1 ha non clos, plat, étang
Location : – 11 . Nuitée 69 à 90€ – Sem. 329 à 745€ – frais de réservation 20€
Pour s'y rendre : au lieu-dit : En Luquet (2 km au sud-est du bourg)
À savoir : près d'une ferme, situation dominante sur la campagne vallonnée du Gers

Nature :
Loisirs :
Services :
À prox. :

Longitude : 0.69271
Latitude : 43.73682

MOISSAC

82200 – **337** C7 – 12 377 h. – alt. 76
6, place Durand de Bredon ☎ 05 63 04 01 85
Paris 632 – Agen 57 – Auch 120 – Cahors 63

L'Île de Bidounet – de déb. avr. à fin sept.
☎ 05 63 32 52 52, *info@camping-moissac.com, www.camping-moissac.com*
4,5 ha/2,5 campables (100 empl.) plat, herbeux
Tarif : (Prix 2011) 19,70€ (6A) – pers. suppl. 5,50€
Location : (de déb. juin à fin sept.) – 12 bungalows toilés. Sem. 200 à 380€ – frais de réservation 7€
borne artisanale
Pour s'y rendre : lieu-it : St-Benoît (1 km au sud par N 113, rte de Castelsarrasin et D 72 à gauche)
À savoir : Agréable situation sur une île du Tarn

Nature :
Loisirs : (petite piscine)
Services :
À prox. : canoë-kayak

Longitude : 1.09005
Latitude : 44.09671

MONCLAR-DE-QUERCY

82230 – **337** F8 – 1 522 h. – alt. 178 – Base de loisirs
place des Capitouls ☎ 05 63 30 31 72
Paris 644 – Toulouse 73 – Montauban 22 – Albi 58

Village Vacances Les Hameaux des Lacs (location exclusive de chalets) Permanent
☎ 05 55 84 34 48, *infos@chalets-en-france.com*, Fax 05 55 22 88 29, *www.chalets-en-france.com*
5 ha
Location : – 113. Nuitée 80 à 108€ – Sem. 190 à 757€ – frais de réservation 12€
Pour s'y rendre : à la Base de Loisirs des Lacs
À savoir : situation dominante ou en sous - bois

Nature :
Loisirs : (découverte en saison) terrain multisports
Services :
À prox. :

Longitude : 1.59544
Latitude : 43.96957

MONTCABRIER

46700 – **337** C4 – 400 h. – alt. 191
Paris 584 – Cahors 39 – Fumel 12 – Tournon-d'Agenais 24

Moulin de Laborde de fin avr. à déb. sept.
☎ 05 65 24 62 06, *moulindelaborde@wanadoo.fr*, *www.moulindelaborde.com*
4 ha (90 empl.) plat, herbeux, petit étang
Tarif : 6,90€ 9,90€ 9,90€ – (6A) 3€
Pour s'y rendre : 2 km au nord-est par D 673, rte de Gourdon, au bord de la Thèze
À savoir : autour des bâtiments d'un vieux moulin, beaux emplacements ombragés

Nature :
Loisirs : snack
Services : laverie

Longitude : 1.08247
Latitude : 44.54819

The Guide changes, so renew your guide every year.

MONTESQUIOU

32320 – **336** D8 – 589 h. – alt. 214
Mairie ☎ 05 62 70 91 18
Paris 741 – Auch 32 – Mirande 12 – Mont-de-Marsan 87

Le Haget de déb. mai à fin sept.
☎ 05 62 70 95 80, *info@lehaget.com*, Fax 05 62 70 94 83, *www.lehaget.com*
10 ha (70 empl.) peu incliné à , incliné, herbeux
Tarif : 25€ (6A) – pers. suppl. 5,50€
Location : (de déb. avr. à fin oct.) – 4 – 19. Sem. 250 à 850€
Pour s'y rendre : rte de Miélan (600 m à l'ouest par D 943, rte de Marciac puis à gauche, 1,5 km par D 34 rte de Miélan)
À savoir : dans le parc du château

Nature :
Loisirs :
Services :

Longitude : 0.32002
Latitude : 43.56579

MONTPEZAT-DE-QUERCY

82270 – **337** E6 – 1 424 h. – alt. 275
boulevard des Fossés ☎ 05 63 02 05 55
Paris 598 – Cahors 28 – Caussade 12 – Castelnau-Montratier 13

Révéa Le Faillal de fin mars à mi-oct.
☎ 05 63 02 07 08, *lefaillal@wanadoo.fr*, Fax 05 63 02 07 08, *www.revea-vacances.fr/campings*
0,9 ha (47 empl.) en terrasses, herbeux, pierreux
Tarif : 19,50€ (10A) – pers. suppl. 4€ – frais de réservation 10€
Location : (permanent) – 22. Sem. 210 à 650€ – frais de réservation 25€
Pour s'y rendre : au Parc de Loisirs Le Faillal (sortie nord par D 20, rte de Cahors et à gauche)
À savoir : .

Nature :
Loisirs : salle d'animation
Services :
À prox. :

Longitude : 1.47725
Latitude : 44.24318

NAGES

81320 – **338** I8 – 340 h. – alt. 800 – Base de loisirs
Ferme de Rieumontagné ✆ 05 63 37 06 01
Paris 717 – Brassac 36 – Lacaune 14 – Lamalou-les-Bains 45

Village Center Rieu-Montagné – de fin avr. à fin sept.
✆ 08 25 00 53 06, *dirrieumontagne@village-center.fr*, *www.village-center.fr*
8,5 ha (179 empl.) en terrasses, pierreux, herbeux
Tarif : (Prix 2011) 24€ (10A) – pers. suppl. 5€ – frais de réservation 15€
Location : (Prix 2011) (de fin avr. à fin sept.) – 48 – 13 – 20 tentes. Nuitée 37 à 107€ – Sem. 315 à 749€ – frais de réservation 15€
Pour s'y rendre : à la base de loisirs du Lac de Laouzas (4,5 km au sud par D 62 et rte à gauche, à 50 m du lac)
À savoir : belle situation dominante

Nature : lac et montagnes boisées
Loisirs : snack diurne
Services : laverie
À prox. : (plage) canoë, pédalos

Longitude : 2.77806
Latitude : 43.64861

Avant de prendre la route, consultez www.ViaMichelin.fr : votre meilleur itinéraire, le choix de votre hôtel, restaurant, des propositions de visites touristiques.

NAILLOUX

31560 – **343** H4 – 1 999 h. – alt. 285 – Base de loisirs
Paris 711 – Auterive 15 – Castelnaudary 42 – Foix 50

Le Lac de la Thésauque Permanent
✆ 05 61 81 34 67, *camping.thesauque@laposte .net*, Fax 05 61 81 00 12, *www.camping-thesauque.com*
2 ha (60 empl.) en terrasses, herbeux
Tarif : (Prix 2011) 15,90€ (10A) – pers. suppl. 5,50€ – frais de réservation 10€
Location : (Prix 2011) (permanent) – 4 – 4 . Nuitée 50€ – Sem. 490€ – frais de réservation 10€
10 15,90€
Pour s'y rendre : 3,4 km à l'est par D 622, rte de Villefranche-de-Lauragais, D 25 à gauche et chemin, à 100 m du lac

Nature :
Loisirs : pizzeria canoë, pédalos
Services :

Longitude : 1.62309
Latitude : 43.35617

NANT

12230 – **338** L6 – 916 h. – alt. 490
Chapelle des Pénitents - place du Claux ✆ 05 65 62 24 21
Paris 669 – Le Caylar 21 – Millau 33 – Montpellier 92

RCN Le Val de Cantobre – de déb. avr. à fin sept.
✆ 05 65 58 43 00, *cantobre@rcn.fr*, Fax 05 65 62 10 36, *www.rcn-campings.fr*
6 ha (216 empl.) en terrasses, herbeux, rocailleux, fort dénivelé
Tarif : 45,65€ (6A) – pers. suppl. 5,10€ – frais de réservation 19€
Location : (de déb. avr. à fin sept.) – 22 – 15 . Nuitée 43 à 161€ – Sem. 301 à 1 127€ – frais de réservation 19€
borne artisanale
Pour s'y rendre : Domaine de Vellas (4,5 km au nord par D 991, rte de Millau et chemin à dr., au bord de la Dourbie)
À savoir : autour d'une vieille ferme caussenarde du XVe s.

Nature :
Loisirs : snack terrain multisports
Services : laverie cases réfrigérées

Longitude : 3.30183
Latitude : 44.04582

Les Deux Vallées de déb. avr. à fin oct.
05 65 62 26 89, *contact@lesdeuxvallees.com*,
Fax 05 65 62 17 23, *www.lesdeuxvallees.com*
2 ha (80 empl.) plat, herbeux, pierreux
Tarif : 19€ (6A) – pers. suppl. 4€
Location : (de déb. avr. à fin oct.) – 10 . Nuitée 30 à 75€ – Sem. 210 à 525€
borne autre 5€ – 11€
Pour s'y rendre : rte de l'Estrade Basse

Nature :
Loisirs :
Services : laverie
À prox. : poneys

Longitude : 3.35457
Latitude : 44.0241

NAUCELLE

12800 – **338** G5 – 1 960 h. – alt. 490
place Jean Boudou 05 65 67 16 42
Paris 652 – Albi 46 – Millau 90 – Rodez 32

Flower Le Lac de Bonnefon de déb. avr. à mi-oct.
05 65 69 33 20, *camping-du-lac-de-bonnefon@wanadoo.fr*, Fax 05 65 69 33 20, *www.camping-du-lac-de-bonnefon.com*
3 ha (90 empl.) peu incliné, en terrasses, plat, herbeux
Tarif : 25,50€ (10A) – pers. suppl. 5€ – frais de réservation 15€
Location : (de déb. avr. à mi-oct.) – 8 – 18 – 15 bungalows toilés – 2 tentes. Nuitée 36 à 124€ – Sem. 180 à 868€ – frais de réservation 20€
borne artisanale 15,50€ – 4 15,50€
Pour s'y rendre : sortie sud-est par D 997, rte de Naucelle-Gare puis 1,5 km par rte de Crespin et rte de St-Just à gauche, à 100 m de l'étang (accès direct)

Nature :
Loisirs : snack
Services :
À prox. :

Longitude : 2.34867
Latitude : 44.18902

Avant de vous installer, consultez les tarifs en cours, affichés obligatoirement à l'entrée du terrain, et renseignez-vous sur les conditions particulières de séjour. Les indications portées dans le guide ont pu être modifiées depuis la mise à jour.

NÈGREPELISSE

82800 – **337** F7 – 4 655 h. – alt. 87
Paris 614 – Bruniquel 13 – Caussade 11 – Gaillac 46

Municipal le Colombier de mi-juin à mi-sept.
05 63 64 20 34, *camping.negrepelisse@orange.fr*,
Fax 05 63 64 26 24, *www.ville-negrepelisse.fr*
1 ha (53 empl.) en terrasses, plat, herbeux
Tarif : (Prix 2011) 10€ (10A) – pers. suppl. 1,90€
borne artisanale – 9€
Pour s'y rendre : au sud-ouest, près de la D 115

Nature :
Services :
À prox. : terrain omnisports

Longitude : 1.51843
Latitude : 44.07286

ORINCLES

65380 – **342** M6 – 309 h. – alt. 360
Paris 845 – Bagnères-de-Bigorre 16 – Lourdes 13 – Pau 52

Aire Naturelle le Cerf Volant de mi-mai à mi-oct.
09 64 41 50 27, *lecerfvolant1@yahoo.fr*,
Fax 09 64 41 50 27
1 ha (23 empl.) non clos, plat, herbeux
Tarif : 2,50€ 1,50€ 2€ – (15A) 2,50€
borne artisanale 5€
Pour s'y rendre : à Arioune (2,2 km au sud par D 407 et chemin en face, à 300 m du D 937, au bord d'un ruisseau)

Nature :
Loisirs :
Services :

Longitude : 0.04931
Latitude : 43.11193

OUST

09140 – **343** F7 – 531 h. – alt. 500
Paris 792 – Aulus-les-Bains 17 – Castillon-en-Couserans 31 – Foix 61

Les Quatre Saisons Permanent
05 61 96 55 55, *camping.ariege@gmail.com*, *www.camping4saisons.com*
3 ha (108 empl.) plat, herbeux
Tarif : 23,10€ (10A) – pers. suppl. 5,50€ – frais de réservation 9,50€
Location : (permanent) – 19 – 3 – 6 – 3 gîtes. Nuitée 60 à 250€ – Sem. 90 à 550€ – frais de réservation 9,50€
borne sanistation 11,50€ – 20 11,50€
Pour s'y rendre : rte d'Aulus-les-Bains (sortie sud-est par D 32, près du Garbet)

Nature :
Loisirs :
Services : laverie
À prox. : (centre équestre)

Longitude : 1.21925
Latitude : 42.87137

OUZOUS

65400 – **342** L4 – 194 h. – alt. 550
Paris 862 – Toulouse 188 – Tarbes 35 – Pau 55

Aire Naturelle la Ferme du Plantier de déb. juin à fin sept.
05 62 97 58 01, Fax 05 62 97 58 01 –
0,6 ha (15 empl.) incliné, plat, terrasse, herbeux
Tarif : 2,50€ 2€ 2,50€ – (3A) 2,50€
Pour s'y rendre : au bourg

Nature : montagnes
Loisirs :
Services :

Longitude : -0.10742
Latitude : 43.02985

PADIRAC

46500 – **337** G2 – 188 h. – alt. 360
village 05 65 33 47 17
Paris 531 – Brive-la-Gaillarde 50 – Cahors 68 – Figeac 41

FranceLoc Les Chênes – de mi-avr. à mi-sept.
05 65 33 65 54, *info@campingleschenes.com*, Fax 05 65 33 71 55, *www.camping.franceloc.fr*
5 ha (194 empl.) en terrasses, peu incliné, pierreux, herbeux
Tarif : (Prix 2011) 29,50€ (10A) – pers. suppl. 7€ – frais de réservation 16€
Location : (Prix 2011) (de mi-avr. à mi-sept.) – 92 – 19 – 7 bungalows toilés – 2 tentes. Nuitée 60 à 110€ – Sem. 250 à 770€
borne artisanale – 1 29,50€
Pour s'y rendre : rte du Gouffre (1,5 km au nord-est par D 90)
À savoir : terrain en 2 parties dont une à côté du parc de loisirs

Nature :
Loisirs : snack salle d'animation (et cinéma)
Services : laverie
à 500 m, parc de loisirs :

Longitude : 1.75
Latitude : 44.85822

PAMIERS

09100 – **343** H6 – 15 574 h. – alt. 280
boulevard Delcassé 05 61 67 52 52
Paris 746 – Toulouse 70 – Carcassonne 77 – Castres 105

L' Apamée de déb. avr. à mi-nov.
05 61 60 06 89, *campingapamee@orange.fr*, *www.lapamee.com*
2 ha (80 empl.) plat, herbeux
Tarif : 26,50€ (8A) – pers. suppl. 6,50€ – frais de réservation 20€
Location : (permanent) – 10 – 10 – 8 bungalows toilés. Nuitée 33 à 88€ – Sem. 231 à 616€ – frais de réservation 30€
borne artisanale 5€
Pour s'y rendre : Route de St Girons

Nature :
Loisirs :
Services : laverie

Longitude : 1.59965
Latitude : 43.1153

PARISOT

82160 – **337** H6 – 540 h. – alt. 376
Le bourg *05 63 65 78 20*
Paris 624 – Toulouse 110 – Montauban 59 – Albi 60

Résidence Les Chênes (location exclusive de chalets) de déb. avr. à fin oct.
05 63 65 71 89, *infoleschenes@free.fr*,
Fax 05 63 65 71 98, *www.les-chenes.com*
1 ha plat
Location : (Prix 2011) – 7. **Sem. 250 à 850€**

Nature :
Loisirs :
Services :

Longitude : 1.85781
Latitude : 44.26442

PAYRAC

46350 – **337** E3 – 672 h. – alt. 320
avenue de Toulouse *05 65 37 94 27*
Paris 530 – Bergerac 103 – Brive-la-Gaillarde 53 – Cahors 48

Flower Les Pins – de mi-avr. à déb. sept.
05 65 37 96 32, *info@les-pins-camping.com*,
Fax 05 65 37 91 08, *www.les-pins-camping.com*
4 ha (125 empl.) en terrasses, plat, herbeux, pierreux
Tarif : 30,90€ (10A) – pers. suppl. 6,90€ – frais de réservation 18€
Location : (de mi-avr. à déb. sept.) – 51 – 3 – 5 bungalows toilés. Nuitée 36 à 128€ – Sem. 180 à 896€ – frais de réservation 18€
borne artisanale 6€
Pour s'y rendre : D 820 (sortie sud)

Nature :
Loisirs : snack, pizzeria
Services : laverie

Longitude : 1.47214
Latitude : 44.78952

Gebruik de gids van het lopende jaar.

PONS

12140 – **338** H2
Paris 588 – Aurillac 34 – Entraygues-sur-Truyère 11 – Montsalvy 12

Municipal de la Rivière de mi-juin à mi-sept.
05 65 66 18 16, *contact@sainthippolyte.fr*,
Fax 05 65 66 18 16, *www.sainthippolyte.fr*
0,9 ha (46 empl.) plat, herbeux
Tarif : (Prix 2011) 13€ (9A) – pers. suppl. 4€
Location : (Prix 2011) (de déb. avr. à fin oct.) – 11. Sem. 200 à 380€
Pour s'y rendre : 1 km au sud-est du bourg, par D 526, rte d'Entraygues-sur-Truyère, au bord du Goul

Nature :
Loisirs :
Services :

Longitude : 2.56513
Latitude : 44.71098

PONT-DE-SALARS

12290 – **338** I5 – 1 544 h. – alt. 700
Place de la Mairie *05 65 46 89 90*
Paris 651 – Albi 86 – Millau 47 – Rodez 25

Les Terrasses du Lac – de déb. avr. à fin sept.
05 65 46 88 18, *campinglesterrasses@orange.fr*,
Fax 05 65 46 85 38, *www.campinglesterrasses.com*
6 ha (180 empl.) en terrasses, plat, herbeux, fort dénivelé
Tarif : 27,90€ (6A) – pers. suppl. 5,50€ – frais de réservation 16€
Location : (de déb. avr. à fin sept.) – 37 – 9 bungalows toilés. Nuitée 40 à 99€ – Sem. 230 à 693€ – frais de réservation 16€
borne artisanale 23,90€ – 4 27,90€
Pour s'y rendre : rte du Vibal (4 km au nord par D 523)
À savoir : agréable situation dominant le lac

Nature :
Loisirs : snack
Services : (juil.-août) laverie
À prox. : canoë

Longitude : 2.73478
Latitude : 44.30473

Le Lac de déb. mai à mi-sept.
05 65 46 84 86, *camping.du.lac@wanadoo.fr*,
Fax 0821830380, *www.parc-du-lac.com*
4,8 ha (200 empl.) en terrasses, peu incliné, plat, herbeux, fort dénivelé
Tarif : 22,50€ (6A) – pers. suppl. 5,50€ – frais de réservation 15€
Location : (de déb. avr. à fin oct.) – 10 – 3 bungalows toilés. Nuitée 45 à 85€ – Sem. 180 à 605€ – frais de réservation 15€
Pour s'y rendre : rte du Vibal (1,5 km au nord par D 523)
À savoir : au bord du lac

Nature :
Loisirs : snack nocturne
Services :
À prox. : (plage)

Longitude : 2.72586
Latitude : 44.2921

POUEYFERRÉ

65100 – **342** L4 – 794 h. – alt. 360
Paris 853 – Toulouse 179 – Tarbes 26 – Pau 39

Relais Océan-Pyrénées
05 62 94 57 22, *contact@mipycamp.com*,
Fax 05 62 94 57 22
1,2 ha (90 empl.) en terrasses, peu incliné, plat, herbeux
Location : – 5 .
Pour s'y rendre : 3 r. des Pyrénées (800 m au sud, à l'intersection des D 940 et D 174)

Nature :
Loisirs : 1 piste de bowling
Services : laverie

Longitude : -0.07542
Latitude : 43.11435

POUZAC

65200 – **342** M4 – 1 108 h. – alt. 505
Paris 823 – Toulouse 149 – Tarbes 19 – Pau 60

Bigourdan de déb. avr. à fin oct.
05 62 95 13 57, *www.camping-bigourdan.com*
1 ha (48 empl.) plat, herbeux
Tarif : (Prix 2011) 4,10€ 4,10€ – (6A) 4,50€
Location : (Prix 2011) (de déb. avr. à mi-oct.) (de déb. juil. à fin août) – 8 . Sem. 250 à 510€
borne artisanale
Pour s'y rendre : au sud par D 935

Nature :
Loisirs :
Services : laverie
À prox. :

Longitude : 0.15012
Latitude : 43.06514

Die Klassifizierung (1 bis 5 Zelte, schwarz oder rot), mit der wir die Campingplätze auszeichnen, ist eine Michelin-eigene Klassifizierung. Sie darf nicht mit der staatlich-offiziellen Klassifizierung (1 bis 5 Sterne) verwechselt werden.

PUYBRUN

46130 – **337** G2 – 863 h. – alt. 146
Paris 520 – Beaulieu-sur-Dordogne 12 – Brive-la-Gaillarde 39 – Cahors 86

La Sole de déb. avr. à fin sept.
05 65 38 52 37, *camping.la.sole@wanadoo.fr*,
www.la-sole.com
2,3 ha (72 empl.) plat, herbeux
Tarif : (Prix 2011) 5,20€ 5,50€ – (10A) 3,50€ – frais de réservation 16€
Location : (Prix 2011) (de déb. avr. à fin sept.) – 9 – 5 – 17 bungalows toilés. Sem. 180 à 550€ – frais de réservation 16€
Pour s'y rendre : sortie est, rte de Bretenoux et chemin à dr. apr. la station-service

Nature :
Loisirs : snack terrain omnisports
Services :

Longitude : 1.71431
Latitude : 44.95364

PUY-L'ÉVÊQUE

46700 – **337** C4 – 2 197 h. – alt. 130
12, Grande rue ✆ *0565213763*
Paris 601 – Cahors 31 – Gourdon 41 – Sarlat-la-Canéda 52

L'Évasion de déb. avr. à fin sept.
✆ 0565308009, *evasion@wanadoo.fr*, Fax 0565308112, *www.lotevasion.com*
4 ha/2 campables (50 empl.) vallonné, en terrasses, pierreux, herbeux
Tarif : 11€ – (6A) 3,20€

Location : (permanent) – 8 – 29 . Nuitée 24€ – Sem. 245 à 900€ – frais de réservation 10,90€
Pour s'y rendre : à Martignac (3 km au nord-ouest par D 28, rte de Villefranche-du-Périgord et chemin à dr.)
À savoir : jolis parc aquatique et chalets en sous bois

Nature :
Loisirs : snack terrain multi-sports
Services :

Longitude : 1.12704
Latitude : 44.52546

PUYSSÉGUR

31480 – **343** E2 – 100 h. – alt. 265
Paris 669 – Agen 83 – Auch 51 – Castelsarrasin 48

Namasté de déb. mai à mi-oct.
✆ 0561857784, *camping.namaste@free.fr*, Fax 0561857784, *http://camping.namaste.free.fr* – accès aux emplacements par forte pente, mise en place et sortie des caravanes à la demande
10 ha/2 campables (60 empl.) en terrasses, peu incliné, plat, herbeux, pierreux, étang, bois attenant
Tarif : (Prix 2011) 22,50€ (16A) – pers. suppl. 6€ – frais de réservation 15€

Location : (Prix 2011) (de déb. avr. à fin oct.) – 6 – 15 . Nuitée 79 à 120€ – Sem. 295 à 670€ – frais de réservation 15€
borne artisanale 5€
Pour s'y rendre : sortie nord par D 1, rte de Cox et chemin à dr.
À savoir : organise des expositions photos

Nature :
Loisirs : parcours de santé
Services :

Longitude : 1.06184
Latitude : 43.74863

REVEL

31250 – **343** K4 – 8 990 h. – alt. 210
place Philippe VI de Valois ✆ *0534666768*
Paris 727 – Carcassonne 46 – Castelnaudary 21 – Castres 28

Municipal du Moulin du Roy
✆ 0561833247, *mairie@mairie-revel.fr*, Fax 0562187141, *www.mairie-revel.fr*
1,2 ha (50 empl.) plat, herbeux
borne raclet
Pour s'y rendre : rte de Soréze (sortie sud-est par D 1, rte de Dourgne et à dr.)
À savoir : décoration arbustive et florale des emplacements

Nature :
Services :
À prox. :

Longitude : 2.01237
Latitude : 43.45594

RIEUX

31310 – **343** F5 – 2 352 h. – alt. 210 – Base de loisirs
9, rue de l'Evêché ✆ *0561876333*
Paris 723 – Auterive 35 – Foix 53 – St-Gaudens 54

Les Chalets du Plan d'Eau (location exclusive de chaletset mobile homes) Permanent
✆ 0561879883, *contact@camping-rieux.eu*, Fax 0561876780, *www.camping-rieux.eu* – empl. traditionnels également disponibles
3 ha en terrasses

Location : – 11 – 10 . Nuitée 30 à 60€ – Sem. 198 à 500€
borne artisanale 5€ – 3 5€
Pour s'y rendre : 11 r. de la Bastide (3 km au nord-ouest par D 627, rte de Toulouse et rte à gauche, au bord de la Garonne)

Nature :
Loisirs :
Services : laverie
À prox. : snack pédalos

Longitude : 1.18806
Latitude : 43.27195

RIEUX-DE-PELLEPORT

09120 – **343** H6 – 1 132 h. – alt. 333
Paris 752 – Foix 13 – Pamiers 8 – St-Girons 47

Les Mijeannes Permanent
05 61 60 82 23, *lesmijeannes@wanadoo.fr*, *www.campinglesmijeannes.com*
10 ha/5 campables (88 empl.) plat, herbeux, pierreux
Tarif : (Prix 2011) 5,30€ 3,50€ 9,40€ – (10A) 4,60€ – frais de réservation 8€
Location : (Prix 2011) (permanent) – 11 – 2 . Nuitée 75 à 95€ – Sem. 266 à 528€ – frais de réservation 15€
borne artisanale 4€ – 11€
Pour s'y rendre : rte de Férries (1,4 km au nord-est, accès par D 311, au bord d'un canal et près de l'Ariège)

Nature :
Loisirs :
Services : laverie

Longitude : 1.62134
Latitude : 43.06293

RIGNAC

12390 – **338** F4 – 1 860 h. – alt. 500
place du Portail-Haut 05 65 80 26 04
Paris 618 – Aurillac 86 – Figeac 40 – Rodez 27

La Peyrade de mi-juin à mi-sept.
09 51 53 21 13, *info@campinglapeyrade.fr*, Fax 09 58 50 71 02, *www.campinglapeyrade.fr*
0,7 ha (36 empl.) en terrasses, peu incliné, plat, herbeux
Tarif : (Prix 2011) 22€ (10A) – pers. suppl. 5€
Location : (de déb. mai à fin sept.) – 3 . Nuitée 50 à 65€ – Sem. 250 à 450€
Pour s'y rendre : pl. du Foirail (au sud du bourg, près d'un petit étang)

Nature :
Services : laverie
À prox. :

Longitude : 2.29043
Latitude : 44.40788

RIMONT

09420 – **343** F7 – 531 h. – alt. 525
Paris 768 – Toulouse 92 – Carcassonne 114 – Colomiers 98

Village Vacances Les Chalets de Rimont (location exclusive de chalets) Permanent
05 61 64 53 53, *tourisme@seronais.com*, Fax 05 61 64 50 48, *www.seronais.com*
0,3 ha plat
Location : – 24 . Nuitée 65 à 85€ – Sem. 290 à 580€ – frais de réservation 15€
Pour s'y rendre : 1 km au sud par D 518, rte l'Abbaye de Combelongue

Nature :
Services :

Longitude : 1.27955
Latitude : 42.99578

RIVIÈRE-SUR-TARN

12640 – **338** K5 – 1 020 h. – alt. 380
route des Gorges du Tarn 05 65 59 74 28
Paris 627 – Mende 70 – Millau 14 – Rodez 65

Peyrelade – de mi-mai à mi-sept.
05 65 62 62 54, *campingpeyrelade@orange.fr*, Fax 05 65 62 65 61, *www.campingpeyrelade.com*
4 ha (190 empl.) en terrasses, plat, herbeux, pierreux
Tarif : 34€ (6A) – pers. suppl. 8€ – frais de réservation 18€
Location : (de mi-mai à mi-sept.) – 45 – 8 bungalows toilés. Nuitée 34 à 99€ – Sem. 238 à 693€ – frais de réservation 18€
borne artisanale 34€
Pour s'y rendre : rte des Gorgers du Tarn (2 km à l'est par D 907, rte de Florac, au bord du Tarn)
À savoir : cadre et situation agréables à l'entrée des Gorges du Tarn

Nature :
Loisirs : snack, pizzeria canoë
Services :
À prox. : accrobranches

Longitude : 3.15807
Latitude : 44.18929

Les Peupliers de fin avr. à fin oct.
05 65 59 85 17, *lespeupliers12640@orange.fr*, *www.campinglespeupliers.fr*
1,5 ha (112 empl.) plat, herbeux, pierreux
Tarif : 28€ (10A) – pers. suppl. 7€ – frais de réservation 25€
Location : (de fin avr. à fin sept.) – 14 – 2 appartements – 1 gîte. Nuitée 40 à 100€ – Sem. 310 à 700€ – frais de réservation 25€
borne artisanale 5€
Pour s'y rendre : rte des Gorges du Tarn (sortie sud-ouest rte de Millau et chemin à gauche, au bord du Tarn)

Nature :
Loisirs : snack canoë
Services : laverie
À prox. :

Longitude : 3.12985
Latitude : 44.18747

ROCAMADOUR

46500 – **337** F3 – 633 h. – alt. 279
L'Hospitalet *05 65 33 22 00*
Paris 531 – Brive-la-Gaillarde 54 – Cahors 60 – Figeac 47

Les Cigales de déb. juin à mi-sept.
05 65 33 64 44, *camping.cigales@wanadoo.fr*, Fax 05 65 33 69 60, *www.camping-cigales.com*
3 ha (100 empl.) plat, peu incliné, herbeux, pierreux
Tarif : 24€ (10A) – pers. suppl. 8€ – frais de réservation 15€
Location : (de déb. avr. à fin sept.) – 46 – 8 . Sem. 260 à 675€ – frais de réservation 15€
Pour s'y rendre : rte de Gramat (sortie est par D 36)

Nature :
Loisirs : snack
Services : réfrigérateurs
À prox. :

Longitude : 1.62639
Latitude : 44.80485

Le Roc de déb. avr. à déb. nov.
05 65 33 68 50, *campingleroc@wanadoo.fr*, Fax 05 65 33 75 64, *www.camping-leroc.com*
2 ha/0,5 (49 empl.) plat, herbeux, pierreux
Tarif : (Prix 2011) 19€ (16A) – pers. suppl. 5,50€ – frais de réservation 13€
Location : (Prix 2011) (de déb. avr. à déb. nov.) – 4 – 8 . Sem. 185 à 650€ – frais de réservation 13€
borne artisanale 11€ – 4 11€ – 11€
Pour s'y rendre : à Pech-Alis (3 km au nord-est par D 673, rte d'Alvignac, à 200 m de la gare)

Nature :
Loisirs : snack
Services :

Longitude : 1.65379
Latitude : 44.81947

Le Relais du Campeur de déb. avr. à fin sept.
05 65 33 63 28, *lerelaisducampeur@orange.fr*, Fax 05 65 10 68 21, *www.lerelaisducampeur.com*
1,7 ha (100 empl.) peu incliné, herbeux, pierreux
Tarif : 18€ (10A) – pers. suppl. 6€ – frais de réservation 10€
borne artisanale 5€
Pour s'y rendre : l'Hospitalet (au bourg)

Nature :
Loisirs :
Services : laverie
À prox. : snack

Longitude : 1.62763
Latitude : 44.80442

RODEZ

12000 – **338** H4 – 24 289 h. – alt. 635
place Foch *05 65 75 76 77*
Paris 623 – Albi 76 – Alès 187 – Aurillac 87

Village Vacances Campéole Domaine de Combelles – (location exclusive de mobile homes, chalets et bungalows toilés) de déb. mai à fin oct.
05 65 78 29 53, *combelles@campeole.com*, Fax 05 65 77 30 06, *www.camping-rodez.info*
120 ha/20 campables plat, vallonné, herbeux
Location : (Prix 2011) (2 chalets) – 30 – 35 – 27 bungalows toilés. Nuitée 28 à 111€ – Sem. 196 à 777€ – frais de réservation 15€
Pour s'y rendre : à Le Monastère, au domaine de Combelles (2 km au sud-est par D 12, rte de Ste-Radegonde, D 62, rte de Flavin à dr. et chemin à gauche)
À savoir : nombreuses activités pour petits et grands autour d'un important centre équestre

Nature :
Loisirs : snack salle d'animation poneys
Services : laverie

Longitude : 2.59234
Latitude : 44.33138

Municipal de Layoule de déb. mai à fin sept.
05 65 67 09 52, *camping.municipal@mairie-rodez.fr*,
Fax 05 65 67 11 43, *www.mairie-rodez.fr*
2 ha (79 empl.) en terrasses, plat, herbeux, gravier
Tarif : (Prix 2011) 10 € (4A) –
pers. suppl. 4 €
15 12 €
Pour s'y rendre : au nord-est de la ville
À savoir : agréable cadre verdoyant et ombragé près de l'Aveyron

Nature :
Loisirs :
Services :
À prox. : parcours pédestre, petit train pour centre ville

Longitude : 2.58532
Latitude : 44.35367

LA ROMIEU

32480 – **336** E6 – 539 h. – alt. 188
rue du Docteur Lucante 05 62 28 86 33
Paris 694 – Agen 32 – Auch 48 – Condom 12

Le Camp de Florence – de déb. avr. à déb. oct.
05 62 28 15 58, *info@lecampdeflorence.com*,
Fax 05 62 28 20 04, *www.lecampdeflorence.com*
10 ha/4 campables (183 empl.) non clos, en terrasses, plat, herbeux
Tarif : 32,80 € (10A) – pers. suppl. 7,50 €
Location : (de déb. avr. à déb. oct.) (3 chalets) – 28 – 2 – 6 bungalows toilés. Nuitée 45 à 112 € – Sem. 315 à 784 €
borne artisanale 4 € – 20 17,50 €
Pour s'y rendre : rte Astaffort (sortie est du bourg par D 41)

Nature :
Loisirs : snack parc animalier
Services : laverie

Longitude : 0.50155
Latitude : 43.98303

ROQUELAURE

32810 – **336** F7 – 529 h. – alt. 206
Paris 711 – Agen 67 – Auch 10 – Condom 39

Yelloh! Village Le Talouch – de déb. avr. à fin sept.
05 62 65 52 43, *info@camping-talouch.com*,
Fax 05 62 65 53 68, *www.camping-talouch.com*
9 ha/5 campables (147 empl.) plat, herbeux, terrasse
Tarif : 38 € (6A) – pers. suppl. 8 € – frais de réservation 29 €
Location : (permanent) – 17 – 37 . Nuitée 42 à 159 € – Sem. 294 à 1 113 € – frais de réservation 29 €
borne artisanale 9 € – 5 27 €
Pour s'y rendre : lieu-dit : au Cassou (3,5 km au nord par D 272, rte de Mérens puis à gauche D 148, rte d'Auch)

Nature :
Loisirs : hammam jacuzzi swin golf (9 trous)
Services : laverie

Longitude : 0.56437
Latitude : 43.71284

ST-AMANS-DES-COTS

12460 – **338** H2 – 773 h. – alt. 735
Le Bourg 05 65 44 81 61
Paris 585 – Aurillac 54 – Entraygues-sur-Truyère 16 – Espalion 31

Village Center Les Tours – (location exclusive de mobile homes et tentes) de fin mai à mi-sept.
08 25 00 20 30, *resa@village-center.com*,
Fax 04 67 51 63 89, *www.village-center.fr* – alt. 600
15 ha (275 empl.) en terrasses, plat, herbeux, pierreux, fort dénivelé
Location : (Prix 2011) – 130 – 10 tentes. Nuitée 29 à 127 € – Sem. 329 à 889 € – frais de réservation 30 €
Pour s'y rendre : au lieu-dit : Les Tours (6 km au sud-est par D 97 et D 599 à gauche, au bord du lac de la Selves)
À savoir : agréable terrain dominant le lac

Nature :
Loisirs : pizzeria nombreuses activités nautiques sur le lac
Services : laverie

Longitude : 2.68056
Latitude : 44.66803

La Romiguière de déb. avr. à mi-nov.
05 65 44 44 64, *contact@laromiguiere.com*,
Fax 08 26 70 01 57, *www.laromiguiere.com* – alt. 600
2 ha (62 empl.) terrasse, plat, herbeux, pierreux
Tarif : 22,50 € (10A) – pers. suppl. 5,95 €
– frais de réservation 16 €

Location : (de déb. avr. à mi-nov.) – 19 – 1 studio. Nuitée 35 à 96 € – Sem. 245 à 675 € – frais de réservation 16 €
borne artisanale 3 € – 11 €
Pour s'y rendre : au Lac de la Selve (8,5 km au sud-est par D 97 et D 599 à gauche, au bord du lac de la Selves)

Nature :
Loisirs : pizzeria, snack
ponton d'amarrage, canoë, pédalos, barques
Services : laverie
À prox. : ski nautique

Longitude : 2.70639
Latitude : 44.65528

ST-ANTONIN-NOBLE-VAL

82140 – **337** G7 – 1 795 h. – alt. 125
place de la Mairie 05 63 30 63 47
Paris 624 – Cahors 55 – Caussade 18 – Caylus 11

Les Trois Cantons de mi-avr. à fin sept.
05 63 31 98 57, *info@3cantons.fr*, *www.3cantons.fr*
20 ha/4 campables (99 empl.) plat, peu incliné, pierreux, herbeux
Tarif : 26,75 € (6A) – pers. suppl. 4,75 €

Location : (de mi-avr. à fin sept.) – 15 . Nuitée 29 à 54 € – Sem. 203 à 378 €
borne artisanale
Pour s'y rendre : 7,7 km au nord-ouest par D 19, rte de Caylus et chemin à gauche, apr. le petit pont sur la Bonnette, entre le lieu-dit Tarau et la D 926, entre Septfonds (6 km) et Caylus (9 km)

À savoir : cadre naturel en sous bois

Nature :
Loisirs :
Services :
À prox. : petite ferme animalière

Longitude : 1.70698
Latitude : 44.18711

Les Gorges de l'Aveyron – de déb. avr. à fin sept.
05 63 30 69 76, *info@camping-gorges-aveyron.com*,
Fax 05 63 30 67 61, *www.camping-gorges-aveyron.com*
3,8 ha (80 empl.) plat, herbeux
Tarif : 27,90 € (10A) – pers. suppl. 5 €
– frais de réservation 5 €

Location : (de déb. avr. à fin sept.) – 23 – 4 bungalows toilés – 4 tentes. Nuitée 34 à 106 € – Sem. 170 à 742 € – frais de réservation 15 €
Pour s'y rendre : à Marsac bas

Nature :
Loisirs :
Services : laverie
À prox. : canoë

Longitude : 1.77256
Latitude : 44.15211

Benutzen Sie den Hotelführer des laufenden Jahres.

ST-BERTRAND-DE-COMMINGES

31510 – **343** B6 – 255 h. – alt. 581
Paris 783 – Bagnères-de-Luchon 33 – Lannemezan 23 – St-Gaudens 17

Es Pibous de déb. avr. à fin oct.
05 61 88 31 42, *es.pibous@wanadoo.fr*,
Fax 05 61 95 63 83, *www.es-pibous.fr*
2 ha (80 empl.) plat, herbeux
Tarif : (Prix 2011) 16,82 € (16A) –
pers. suppl. 4,16 €

Location : (Prix 2011) (de déb. avr. à fin oct.) – 5 – 1 . Nuitée 55 € – Sem. 380 € – frais de réservation 99 €
borne artisanale 4 €
Pour s'y rendre : chemin de St-Just (800 m au sud-est par D 26a, rte de St-Béat et chemin à gauche)

Nature : la cathédrale
Loisirs :
Services :
À prox. : canoë-kayak

Longitude : 0.57799
Latitude : 43.02868

ST-BLANCARD

32140 – **336** F9 – 333 h. – alt. 332 – Base de loisirs
Paris 735 – Toulouse 84 – Pau 116 – Montauban 112

Village Vacances Le Lac de la Gimone (location exclusive de chalets) Permanent
05 62 66 05 65, *mairie.stblancard@orange.fr*
20 ha/1 campable non clos, plat
Location : – 9 . Sem. 150 à 330€
Pour s'y rendre : à la base nautique (2,7 km au sud par la D 576 rte de Lalanne-Arqué et rte à gauche)

Nature : sur le lac
Loisirs :
Services :
À prox. : canoë, pédalos, bâteau promenade

Longitude : 0.67236
Latitude : 43.3345

Use this year's Guide.

ST-CÉRÉ

46400 – **337** H2 – 3 560 h. – alt. 152
13, avenue Francois de Maynard 05 65 38 11 85
Paris 531 – Aurillac 62 – Brive-la-Gaillarde 51 – Cahors 80

Le Soulhol de déb. mai à mi-sept.
05 65 38 12 37, *info@campinglesoulhol.com*, *www.campinglesoulhol.com*
3,5 ha (120 empl.) plat, herbeux
Tarif : 19,90€ (10A) – pers. suppl. 4,90€
Location : (de déb. mai à mi-sept.) (de déb. mai à mi-sept.) – 5 – 10 gîtes. Nuitée 40 à 50€ – Sem. 230 à 490€ – frais de réservation 10€
borne artisanale – 6 16,20€
Pour s'y rendre : quai Salesses (sortie sud-est par D 48, au bord de la Bave)

Nature :
Loisirs :
Services : laverie
À prox. :

Longitude : 1.89617
Latitude : 44.85876

ST-CIRQ-LAPOPIE

46330 – **337** G5 – 217 h. – alt. 320
place du Sombral 05 65 31 29 06
Paris 574 – Cahors 26 – Figeac 44 – Villefranche-de-Rouergue 37

La Truffière – de déb. avr. à mi-sept.
05 65 30 20 22, *contact@camping-truffiere.com*, *www.camping-truffiere.com*
4 ha (96 empl.) en terrasses, plat, herbeux, pierreux, sous bois
Tarif : 21€ (6A) – pers. suppl. 5,50€ – frais de réservation 12€
Location : (de déb. avr. à fin sept.) – 11 . Nuitée 60 à 95€ – Sem. 230 à 660€ – frais de réservation 12€
borne artisanale 5€ – 5 6€
Pour s'y rendre : au lieu-dit : Pradines (3 km au sud par D 42, rte de Concots)
À savoir : joli petit "village" de chalets

Nature :
Loisirs : snack
Services : laverie

Longitude : 1.6746
Latitude : 44.44842

La Plage – de déb. avr. à mi-oct.
05 65 30 29 51, *camping-laplage@wanadoo.fr*, *www.campingplage.com*
3 ha (120 empl.) plat, herbeux, pierreux
Tarif : 25€ (10A) – pers. suppl. 6€ – frais de réservation 10€
Location : (permanent) – 10 – 12 . Nuitée 60 à 89€ – Sem. 280 à 620€ – frais de réservation 10€
borne eurorelais 2€ – 10 7€ – 10.50€
Pour s'y rendre : à Porte Roques (1,4 km au nord-est par D 8, rte de Tour-de-Faure, à gauche av. le pont)
À savoir : bordé par le Lot, face à l'un des plus beaux villages de France

Nature :
Loisirs : snack, pizzeria diurne (plage) canoë
Services : laverie
À prox. : escalade, spéléo, canyoning, parcours aventure

Longitude : 1.67871
Latitude : 44.46741

ST-GAUDENS

31800 – **343** C6 – 11 152 h. – alt. 405
2, rue Thiers 05 61 94 77 61
Paris 766 – Bagnères-de-Luchon 48 – Tarbes 68 – Toulouse 94

Municipal Belvédère des Pyrénées de déb. juin à fin sept.
05 62 00 16 03, *s.moulin@stgo.fr*, Fax 05 62 00 28 30, *www.st-gaudens.com*
1 ha (83 empl.) plat, herbeux
Tarif : (Prix 2011) 8€ (13A) – pers. suppl. 3,50€
borne artisanale – 10 8€
Pour s'y rendre : r. des Chanteurs du Comminges (1 km à l'ouest par N 117, dir. Tarbes)

Nature : Pyrénées
Services :
À prox. : pizzeria

Longitude : 0.70803
Latitude : 43.11051

LET OP :
deze gegevens gelden in het algemeen alleen in het seizoen, wat de openingstijden van het terrein ook zijn.

ST-GENIEZ-D'OLT

12130 – **338** J4 – 2 019 h. – alt. 410
Le Cloître 05 65 70 43 42
Paris 612 – Espalion 28 – Florac 80 – Mende 68

Campéole La Boissière – de mi-avr. à fin sept.
05 65 70 40 43, *boissiere@campeole.com*, Fax 05 65 47 56 39, *www.camping-aveyron.info*
5 ha (250 empl.) en terrasses et plat, peu incliné, herbeux
Tarif : 25,90€ (10A) – pers. suppl. 6,30€ – frais de réservation 25€
Location : (Prix 2011) (de mi-avr. à fin sept.) – 22 – 19 – 19 bungalows toilés. Nuitée 28 à 113€ – Sem. 174 à 791€ – frais de réservation 25€
borne artisanale 1€
Pour s'y rendre : rte de la Cascade (1,2 km au nord-est par D 988, rte de St-Laurent-d'Olt et rte de Pomayrols à gauche, au bord du Lot)
À savoir : agréable cadre boisé au bord du Lot

Nature :
Loisirs :
Services : laverie réfrigérateurs
À prox. : base de canoë-kayak

Longitude : 2.98366
Latitude : 44.47011

Marmotel – de déb. mai à fin sept.
05 65 70 46 51, *info@marmotel.com*, Fax 05 65 46 36 19, *www.marmotel.com*
4 ha (173 empl.) plat, herbeux
Tarif : 38€ (10A) – pers. suppl. 8€ – frais de réservation 20€
Location : (de déb. mai à fin sept.) – 37 – 30 . Nuitée 45 à 117€ – Sem. 210 à 1 000€ – frais de réservation 20€
8 12€ – 12€
Pour s'y rendre : au lieu-dit : La Salle (1,8 km à l'ouest par D 19, rte de Prades-d'Aubrac et chemin à gauche, à l'extrémité du village artisanal, au bord du Lot)

Nature :
Loisirs : grill et salle d'animation terrain multisports
Services : – 42 sanitaires individuels (wc) laverie
À prox. :

Longitude : 2.9644
Latitude : 44.462

Les Clédelles du Colombier (location exclusive de maisonnettes) de déb. fév. à fin nov.
05 65 47 45 72, *resaclедelles@orange.fr*, Fax 05 65 47 45 48, *www.lescledelles.com*
3 ha plat
Location : (Prix 2011) – 42 gîtes. Sem. 300 à 785€
Pour s'y rendre : r. Rivié (1 km au nord-est par D 988, rte de St-Laurent-d'Olt et rte de Pomayrols à gauche, près du Lot)

Nature :
Loisirs :
Services :
À prox. :

Longitude : 2.97809
Latitude : 44.46893

ST-GERMAIN-DU-BEL-AIR

46310 – **337** E4 – 512 h. – alt. 215
place de la Mairie 05 65 31 09 10
Paris 551 – Cahors 28 – Cazals 20 – Fumel 52

Municipal le Moulin Vieux –

05 65 31 00 71, *contact@camping-moulin-vieux-lot.com*, Fax 05 65 31 00 71, *www-camping-moulin-vieux-lot.com*
2 ha (90 empl.) plat, herbeux

Location : (permanent) .
Pour s'y rendre : au nord-ouest du bourg, au bord du Céou

Nature :
Loisirs :
Services :
À prox. :

Longitude : 1.43966
Latitude : 44.64672

ST-GIRONS

09200 – **343** E7 – 6 552 h. – alt. 398
place Alphonse Sentein 05.61.96.26.60
Paris 774 – Auch 123 – Foix 45 – St-Gaudens 43

Audinac – de déb. avr. à fin sept.

05 61 66 44 50, *accueil@audinac.com*, *www.audinac.com*
15 ha/6 campables (100 empl.) peu incliné et plat, en terrasses, herbeux, petit étang
Tarif : 20€ (10A) – pers. suppl. 6€ – frais de réservation 7,50€

Location : (de déb. avr. à fin sept.) – 20 – 14 – 20 bungalows toilés. Nuitée 25 à 60€ – Sem. 150 à 545€ – frais de réservation 7,50€
borne autre – 15€
Pour s'y rendre : Parc d'Audinac-les-Bains (4,5 km au nord-est par D 117, rte de Foix et D 627, rte de Ste-Croix-Volvestre)

À savoir : piscine devant un ancien bâtiment des thermes du 19e s.

Nature :
Loisirs : snack, pizzeria terrain multisports
Services : laverie réfrigérateurs

Longitude : 1.14405
Latitude : 42.98646

ST-JEAN-DU-BRUEL

12230 – **338** M6 – 690 h. – alt. 520
32, Grand'Rue 05 65 62 23 64
Paris 687 – Toulouse 295 – Rodez 128 – Millau 41

La Dourbie de mi-avr. à fin sept.

05 65 46 06 40, *info@camping-la-dourbie.com*, Fax 05 65 46 06 50, *www.camping-la-dourbie.com*
2,5 ha (78 empl.) plat, herbeux, pierreux
Tarif : 23€ (16A) – pers. suppl. 5€

Location : (de mi-avr. à fin sept.) – 1 roulotte – 4 – 1 cabane dans les arbres – 1 tipi – 1 bungalow toilé – 1 tente. Nuitée 45 à 80€ – Sem. 270 à 520€
borne artisanale 4€ – 14 14€ – 14€
Pour s'y rendre : rte de nant

Nature :
Loisirs : snack, pizzeria
Services :

Longitude : 3.34473
Latitude : 44.01932

ST-LARY-SOULAN

65170 – **342** N8 – 1 078 h. – alt. 820 – Sports d'hiver : 1 680/2 450 m 2 30
37, rue Vincent Mir 05 62 39 50 81
Paris 830 – Arreau 12 – Auch 103 – Bagnères-de-Luchon 44

Municipal

05 62 39 41 58, *camping.stlary@wanadoo.fr*, Fax 05 62 40 01 40, *www.saintlary-vacances.com*
1 ha (76 empl.) peu incliné, plat, herbeux, pierreux
borne raclet – 6
Pour s'y rendre : r. Lalanne (au bourg, à l'est du D 929)
À savoir : au centre du bourg, agréable îlot de verdure

Nature :
Loisirs :
Services :
À prox. :

Longitude : 0.32282
Latitude : 42.81548

ST-PANTALÉON

46800 – **337** D5 – 232 h. – alt. 269
Paris 597 – Cahors 22 – Castelnau-Montratier 18 – Montaigu-de-Quercy 28

Les Arcades de fin avr. à fin sept.
09 61 67 74 98, *info@des-arcades.com*, *www.des-arcades.com*
12 ha/2,6 campables (80 empl.) plat, herbeux, pierreux, petit étang
Tarif : 5€ 10€ – (6A) 4€ – frais de réservation 17€
Location : (de fin avr. à fin sept.) – 10 . Nuitée 40 à 80€ – Sem. 250 à 550€ – frais de réservation 17€
Pour s'y rendre : au lieu-dit : Le Moulin de St. Martial (4,5 km à l'est sur D 653, rte de Cahors, au bord de la Barguelonnette)
À savoir : salle de réunion et petit pub dans un moulin restauré

Nature :
Loisirs :
Services :

Longitude : 1.30667
Latitude : 44.36918

Benutzen Sie
– zur Wahl der Fahrtroute
– zur Berechnung der Entfernungen
*– zur exakten Lokalisierung eines Campingplatzes (mit Hilfe der Angaben im Ortstext) die für diesen Führer unentbehrlichen **MICHELIN-Karten.***

ST-PIERRE-LAFEUILLE

46090 – **337** E4 – 337 h. – alt. 350
Paris 566 – Cahors 10 – Catus 14 – Labastide-Murat 23

Quercy-Vacances de déb. avr. à fin sept.
05 65 36 87 15, *quercyvacances@wanadoo.fr*, *www.quercy-vacances.com*
3 ha (80 empl.) peu incliné, plat, herbeux
Tarif : 23,30€ (10A) – pers. suppl. 5€
Location : (de déb. avr. à fin sept.) – 13 – 8 – 3 bungalows toilés. Sem. 210 à 650€
Pour s'y rendre : au lieu-dit : Mas de la Combe (1,5 km au nord-est par N 20, rte de Brive et chemin à gauche)

Nature :
Loisirs : snack terrain multisports
Services :

Longitude : 1.45925
Latitude : 44.53165

ST-ROME-DE-TARN

12490 – **338** J6 – 835 h. – alt. 360
place du Terral 05 65 62 50 89
Paris 655 – Millau 18 – Pont-de-Salars 42 – Rodez 66

La Cascade Permanent
05 65 62 56 59, *contact@camping-cascade-aveyron.com*, Fax 05 65 62 58 62, *www.camping-cascade-aveyron.com* – accès aux emplacements par forte pente, mise en place et sortie des caravanes à la demande
4 ha (99 empl.) en terrasses, peu incliné, herbeux
Tarif : (Prix 2011) 28,50€ (6A) – pers. suppl. 7€ – frais de réservation 10€
Location : (Prix 2011) (permanent) – 28 – 14 – 10 bungalows toilés. Sem. 190 à 700€ – frais de réservation 10€
borne flot bleu 6€
Pour s'y rendre : rte du Pont (300 m au nord par D 993, rte de Rodez, au bord du Tarn)
À savoir : terrasses à flanc de colline dominant le Tarn

Nature :
Loisirs : snack
Services :
laverie
À prox. : canoë, pédalos

Longitude : 2.89978
Latitude : 44.05275

STE-MARIE-DE-CAMPAN

65710 – **342** N7
Paris 841 – Arreau 26 – Bagnères-de-Bigorre 13 – Luz-St-Sauveur 37

L'Orée des Monts Permanent
05 62 91 83 98, *oree.des.monts@wanadoo.fr*, Fax 05 62 91 83 98, *www.camping-oree-des-monts.com* – alt. 950
1,8 ha (101 empl.) peu incliné, plat, herbeux
Tarif : (Prix 2011) 25,90€ (10A) – pers. suppl. 4,80€
Location : (Prix 2011) (permanent) – 9 . Sem. 270 à 607€
borne artisanale – 6 15,90€
Pour s'y rendre : au lieu-dit : La Séoube, à Campan (3 km au sud-est par D 918, rte du col d'Aspin, au bord de l'Adour de Payolle)

Nature :
Loisirs : snack, pizzeria
Services :

Longitude : 0.24522
Latitude : 42.96664

SALLES-CURAN

12410 – **338** I5 – 1 063 h. – alt. 887
place de la Vierge *05 65 46 31 73*
Paris 650 – Albi 77 – Millau 39 – Rodez 40

Les Genêts – de mi-mai à mi-sept.
05 65 46 35 34, *contact@camping-les-genets.fr*, Fax 05 65 78 00 72, *www.camping-les-genets.fr* – alt. 1 000
3 ha (163 empl.) peu incliné, plat, terrasse, herbeux
Tarif : 34€ (10A) – pers. suppl. 8€ – frais de réservation 30€
Location : (de mi-mai à mi-sept.) – 49 – 11 – 7 bungalows toilés. Nuitée 36 à 115€ – Sem. 175 à 805€ – frais de réservation 30€
Pour s'y rendre : au Lac de Pareloup (5 km au nord-ouest par D 993 puis à gauche par D 577, rte d'Arvieu et 2 km par chemin à dr.)
À savoir : au bord du lac de Pareloup

Nature :
Loisirs : snack, pizzeria salle d'animation
Services : (de mi-juin à déb. sept.) laverie

Longitude : 2.76776
Latitude : 44.18963

Beau Rivage de déb. mai à fin sept.
05 65 46 33 32, *camping-beau-rivage@orange.fr*, *www.beau-rivage.fr* – alt. 800
2 ha (80 empl.) en terrasses, plat, herbeux
Tarif : (Prix 2011) 33,90€ (10A) – pers. suppl. 4,90€ – frais de réservation 20€
Location : (Prix 2011) (de déb. avr. à fin sept.) – 16 – 6 – 2 bungalows toilés. Sem. 182 à 700€ – frais de réservation 30€
borne artisanale 6€ – 14€
Pour s'y rendre : rte des Vernhes - Lac de Pareloup (3,5 km au nord par D 993, rte de Pont-de-Salars et D 243 à gauche)
À savoir : situation agréable au bord du lac de Pareloup

Nature :
Loisirs : snack
Services : laverie
À prox. : canoë, accro-branches

Longitude : 2.77585
Latitude : 44.20081

Parc du Charrouzech de fin juin à fin août
05 65 46 01 11, *parcducharouzech@orange.fr*, Fax 05 65 46 39 13, *www.parcducharouzech.fr*
3 ha (104 empl.) en terrasses, peu incliné, plat, herbeux
Tarif : (Prix 2011) 25€ (5A) – pers. suppl. 4€ – frais de réservation 30€
Location : (Prix 2011) (de fin juin à fin août) – 20 – 30 – 30 bungalows toilés. Sem. 280 à 780€ – frais de réservation 30€
Pour s'y rendre : 5 km au nord-ouest par D 993 puis à gauche par D 577, rte d'Arvieu et 3,4 km par chemin à dr., près du lac de Pareloup (accès direct)
À savoir : situation dominante sur le lac

Nature :
Loisirs : canoë
Services : laverie

Longitude : 2.74861
Latitude : 44.20219

SALLES-ET-PRATVIEL

31110 – **343** B8 – 128 h. – alt. 625
Paris 814 – Toulouse 141 – Tarbes 86 – Lourdes 105

Le Pyrénéen Permanent
05 61 79 59 19, *campinglepyreneen@wanadoo.fr*, *www.campingdepyreneen-luchon.com*
1,1 ha (75 empl.) pierreux, plat, herbeux
Tarif : (Prix 2011) 19€ (10A) – pers. suppl. 5,25€ – frais de réservation 7€
Location : (Prix 2011) (permanent) – 11 . Sem. 300 à 575€ – frais de réservation 15€
Pour s'y rendre : lieu dit : Les Sept Molles (600 m au sud par D 27 et chemin, au bord de la Pique)

Nature :
Loisirs :
Services : laverie
À prox. :

Longitude : 0.60528
Latitude : 42.82966

SASSIS

65120 – **342** L7 – 86 h. – alt. 700
Paris 879 – Toulouse 206 – Tarbes 53 – Pau 72

Le Hounta de déb. janv. à mi-oct.
05 62 92 95 90, *info@campinglehounta.com*, *www.campinglehounta.com*
2 ha (91 empl.) peu incliné, plat, herbeux
Tarif : 18,60€ (6A) – pers. suppl. 3,90€ – frais de réservation 4€
Location : (de mi-déc. à mi-oct.) (de déb. mai à mi-juin) – 11 – 1 . Nuitée 35 à 60€ – Sem. 191 à 460€ – frais de réservation 7€
borne artisanale 6€
Pour s'y rendre : 600 m au sud par D 12

Nature :
Loisirs :
Services : laverie
À prox. :

Longitude : -0.01491
Latitude : 42.87252

SEIX

09140 – **343** F7 – 806 h. – alt. 523
place de l'Allée 05 61 96 00 01
Paris 793 – Ax-les-Thermes 77 – Foix 62 – St-Girons 19

Le Haut Salat de déb. fév. à fin oct.
05 61 66 81 78, *camping.le-haut-salat@wanadoo.fr*, *www.camping-haut-salat.com*
2,5 ha (135 empl.) plat, herbeux
Tarif : 19,50€ (10A) – pers. suppl. 5,25€ – frais de réservation 10€
Location : (permanent) – 14 . Sem. 250 à 580€ – frais de réservation 10€
5 19,50€
Pour s'y rendre : route de soueix (800 m au nord-est par D 3, rte de St-Girons, au bord du Salat)

Nature :
Loisirs : (petite piscine)
Services : laverie

Longitude : 1.20606
Latitude : 42.87074

SÉNERGUES

12320 – **338** G3 – 494 h. – alt. 525
Paris 630 – Toulouse 197 – Rodez 50 – Aurillac 62

L'Étang du Camp de déb. avr. à fin sept.
05 65 46 01 95, *info@etangducamp.fr*, *www.etangducamp.fr* (de déb. avr. à fin sept.)
5 ha (60 empl.) plat, peu incliné, pierreux, rochers
Tarif : 19,50€ (6A) – pers. suppl. 3,50€
Location : (de déb. avr. à fin sept.) – 4 tipis. Nuitée 32 à 36€ – Sem. 182 à 210€
Pour s'y rendre : au lieu-dit : Le Camp (6 km au sud-ouest par D 242, rte de St-Cyprien-sur-Dourdou, au bord d'un étang)
À savoir : jolie décoration fleurale et arbustive

Nature :
Loisirs :
Services : (juil.-août)

Longitude : 2.46391
Latitude : 44.55837

SÉNIERGUES

46240 – **337** F3 – 135 h. – alt. 390
Paris 540 – Cahors 45 – Figeac 46 – Fumel 69

Domaine de la Faurie de déb. avr. à fin sept.
05 65 21 14 36, *contact@camping-lafaurie.com*, *www.camping-lafaurie.com*
27 ha/5 campables (63 empl.) peu incliné, plat, herbeux, pierreux
Tarif : 29€ (6A) – pers. suppl. 6,90€
Location : (de déb. avr. à fin sept.) – 8 – 17 – 5 bungalows toilés. Sem. 190 à 790€
borne artisanale – 10 29€
Pour s'y rendre : au lieu-dit : La Faurie (6 km au sud par D 10, rte de Montfaucon puis D 2, rte de St-Germain-du-Bel-Air et chemin à dr., A 20 sortie 56)

Nature :
Loisirs : snack
Services :
laverie

Longitude : 1.53495
Latitude : 44.69194

ATTENTION :
these facilities are not necessarily available throughout the entire period that the camp is open - some are only available in the summer season.

SÉVÉRAC-L'ÉGLISE

12310 – **338** J4 – 409 h. – alt. 630
Paris 625 – Espalion 26 – Mende 84 – Millau 58

La Grange de Monteillac – de déb. mai à mi-sept.
05 65 70 21 00, *info@la-grange-de-monteillac.com*, Fax 05 65 70 21 01, *www.aveyron-location.com*
4,5 ha (70 empl.) en terrasses, plat, peu incliné, herbeux
Tarif : 33,90€ (16A) – pers. suppl. 6,50€ – frais de réservation 9€
Location : (de déb. avr. à fin sept.) (chalets) – 10 – 22 – 9 bungalows toilés – 2 tentes. Nuitée 38 à 105€ – Sem. 190 à 735€ – frais de réservation 9€
6 16,90€
Pour s'y rendre : chemin de Monteillac (sortie nord-est par D 28, rte de Laissac, face au cimetière)
À savoir : jolie décoration fleurale et arbustive

Nature :
Loisirs : snack, pizzeria
Services : (juil.-août)
laverie

Longitude : 2.85101
Latitude : 44.36434

SORÈZE

81540 – **338** E10 – 2 550 h. – alt. 272
rue Saint-Martin 05 63 74 16 28
Paris 732 – Castelnaudary 26 – Castres 27 – Puylaurens 19

St-Martin de déb. mai à fin sept.
05 63 50 20 19, *campings.occitanie@orange.fr*, Fax 05 63 50 20 19, *www.campingsaintmartin.com*
1 ha (54 empl.) plat, peu incliné, herbeux
Tarif : (Prix 2011) 20,40€ (10A) – pers. suppl. 4,80€
Location : (Prix 2011) (de déb. mai à fin sept.) (de déb. mai à fin sept.) – 2 roulottes – 3 – 6 . Nuitée 43 à 95€ – Sem. 258 à 665€
borne artisanale 5€ – 6 9,80€ – 9.80€
Pour s'y rendre : au lieu-dit : Les Vigariés (au nord du bourg, accès par r. de la Mairie, au stade)

Nature :
Loisirs :
Services :
À prox. :

Longitude : 2.06594
Latitude : 43.45337

SORGEAT

09110 – **343** J8 – 96 h. – alt. 1 050
Paris 808 – Ax-les-Thermes 6 – Axat 50 – Belcaire 23

Municipal La Prade Permanent

05 61 64 36 34, *mairie.sorgeat@wanadoo.fr*, *www.sorgeat.com* – alt. 1 000 – places limitées pour le passage
2 ha (40 empl.) non clos, en terrasses, plat, herbeux
Tarif : 16,60€ (10A) – pers. suppl. 3,30€

Location : (permanent) – 2. Nuitée 41 à 51€ – Sem. 285 à 360€
borne artisanale – 3 13€
Pour s'y rendre : 800 m au nord

À savoir : situation agréable surplombant la vallée d'Ax-les-Thermes

Nature : montagnes
Loisirs :
Services : (juil.-août)

Longitude : 1.85378
Latitude : 42.73322

SOUILLAC

46200 – **337** E2 – 3 911 h. – alt. 104
boulevard Louis-Jean Malvy *05 65 37 81 56*
Paris 516 – Brive-la-Gaillarde 39 – Cahors 68 – Figeac 74

Les Castels Le Domaine de la Paille Basse – de mi-mai à mi-sept.

05 65 37 85 48, *info@lapaillebasse.com*, Fax 05 65 37 09 58, *www.lapaillebasse.com*
80 ha/12 campables (262 empl.) vallonné, plat, en terrasses, pierreux, herbeux
Tarif : 38€ (10A) – pers. suppl. 9€ – frais de réservation 20€

Location : (de mi-avr. à mi-sept.) – 72. Nuitée 60 à 148€ – Sem. 250 à 1 030€ – frais de réservation 20€
borne sanistation
Pour s'y rendre : 6,5 km au nord-ouest par D 15, rte de Salignac-Eyvignes puis 2 km par chemin à dr.

À savoir : Vaste domaine en sous bois vallonné autour d'un vieux hameau restauré

Nature :
Loisirs : snack, pizzeria salle d'animation (discothèque)
Services : laverie

Longitude : 1.44175
Latitude : 44.94482

Municipal les Ondines de déb. avr. à fin sept.

05 65 37 86 44, *info@camping-lesondines.com*, Fax 05 65 32 05 04, *www.camping-lesondines.com*
4 ha (242 empl.) plat, herbeux
Tarif : 20,90€ (6A) – pers. suppl. 5€ – frais de réservation 15€

Location : (de déb. avr. à fin sept.) – 22 – 20 bungalows toilés. Nuitée 34 à 78€ – Sem. 170 à 546€ – frais de réservation 15€
Pour s'y rendre : au lieu-dit : Les Ondines (1 km au sud-ouest par rte de Sarlat et chemin à gauche, près de la Dordogne)

Nature :
Loisirs :
Services :
À prox. : terrain omnisports, canoë, accrobranches

Longitude : 1.47604
Latitude : 44.89001

TARASCON-SUR-ARIÈGE

09400 – **343** H7 – 3 493 h. – alt. 474
Centre multimédia - Avenue des Pyrénées *05 61 05 94 94*
Paris 777 – Ax-les-Thermes 27 – Foix 18 – Lavelanet 30

Le Pré Lombard – de mi-mars à mi-oct.

05 61 05 61 94, *leprelombard@wanadoo.fr*, Fax 05 61 05 78 93, *www.prelombard.com*
4 ha (180 empl.) plat, herbeux
Tarif : 35€ (10A) – pers. suppl. 8€

Location : (de mi-mars à mi-oct.) – 40 – 19. Nuitée 42 à 119€ – Sem. 294 à 833€
borne artisanale 3€
Pour s'y rendre : 1,5 km au sud-est par D 23, au bord de l'Ariège

Nature :
Loisirs : snack, pizzeria terrain multi-sports
Services : laverie point d'informations touristiques
À prox. :

Longitude : 1.61227
Latitude : 42.83984

Le Sédour Permanent
05 61 05 87 28, *campinglesedour@orange.fr*, *www.campinglesedour.com* – places limitées pour le passage
1,5 ha (100 empl.) peu incliné, plat, herbeux, pierreux
Tarif : (Prix 2011) 21 € (10A) – pers. suppl. 6 € – frais de réservation 25 €
Location : (Prix 2011) (permanent) – 4 . Nuitée 35 à 78 € – Sem. 245 à 546 € – frais de réservation 25 €
Pour s'y rendre : au lieu-dit : Le Ressec (1,8 km au nord-ouest par D 618, dir. Foix puis rte de Massat, chemin à dr.)

Nature :
Loisirs :
Services : laverie
À prox. :

Longitude : 1.58806
Latitude : 42.85585

TEILLET

81120 – **338** G7 – 445 h. – alt. 475
Mairie 05 63 55 70 08
Paris 717 – Albi 23 – Castres 43 – Lacaune 49

L'Entre Deux Lacs de déb. avr. à fin sept.
05 63 55 74 45, *contact@campingdutarn.com*, *www.campingdutarn.com*
4 ha (65 empl.) en terrasses, pierreux, herbeux
Tarif : (Prix 2011) 19,90 € (10A) – pers. suppl. 4,30 € – frais de réservation 10 €
Location : (Prix 2011) (de déb. mars à fin nov.) (chalets) – 17 – 2 bungalows toilés. Nuitée 50 à 87 € – Sem. 249 à 609 € – frais de réservation 10 €
borne artisanale 5 € – 10.50 €
Pour s'y rendre : 29 rue du Baron de Solignac (sortie sud par D 81, rte de Lacaune)

Nature :
Loisirs : snack
Services :

Longitude : 2.34
Latitude : 43.83

THÉGRA

46500 – **337** G3 – 497 h. – alt. 330
Paris 535 – Brive-la-Gaillarde 58 – Cahors 64 – Rocamadour 15

Chalets Dordogne Vacances (location exclusive de chalets) Permanent
05 65 10 89 04, *contact@dordogne-vacances.fr*, Fax 05 65 10 89 18, *www.dordogne-vacances.fr*
2,5 ha incliné
Location : (Prix 2011) – 14 . Sem. 250 à 850 €
Pour s'y rendre : 500 m au nord, derrière la nouvelle école

Nature :
Loisirs :
Services :

Longitude : 1.7564
Latitude : 44.82077

Le Ventoulou – de mi-avr. à fin sept.
05 65 33 67 01, *contact@leventoulou.com*, Fax 05 65 33 73 20, *www.camping-leventoulou.com*
2 ha (66 empl.) plat, terrasse, herbeux
Tarif : 27,80 € (10A) – pers. suppl. 6,90 € – frais de réservation 18 €
Location : (de mi-avr. à fin sept.) – 17 – 4 – 6 bungalows toilés. Nuitée 36 à 90 € – Sem. 252 à 630 € – frais de réservation 18 €
borne artisanale – 16 €
Pour s'y rendre : 2,8 km au nord-est par D 14, rte de Loubressac et D 60, rte de Mayrinhac-Lentour à dr.

Nature :
Loisirs :
Services :

Longitude : 1.77765
Latitude : 44.82604

THOUX

32430 – **336** H7 – 203 h. – alt. 145 – Base de loisirs
Paris 681 – Auch 40 – Cadours 13 – Gimont 14

Lac de Thoux - Saint Cricq de déb. avr. à mi-oct.
05 62 65 71 29, *contact@camping-lacdethoux.com*,
Fax 05 62 65 74 81, *www.camping-lacdethoux.com*
3,5 ha (130 empl.) plat, peu incliné, herbeux
Tarif : 30€ (10A) – pers. suppl. 10€ – frais de réservation 15€
Location : (permanent) – 26 . Nuitée 65 à 134€ – Sem. 285 à 940€ – frais de réservation 15€
borne artisanale 5€
Pour s'y rendre : lieu-dit : Lannes (au nord-est par D 654, au bord du lac)

Nature :
Loisirs :
Services : laverie
À prox. : snack jacuzzi (plage) terrain multisports, pédalos, canoë

Longitude : 1.00234
Latitude : 43.68587

TOUZAC

46700 – **337** C5 – 348 h. – alt. 75
Paris 603 – Cahors 39 – Gourdon 51 – Sarlat-la-Canéda 63

Le Ch'Timi de déb. avr. à fin sept.
05 65 36 52 36, *info@campinglechtimi.com*,
Fax 05 65 36 53 23, *www.campinglechtimi.com*
3,5 ha (79 empl.) peu incliné, plat, herbeux
Tarif : 5,65€ 7,90€ – (6A) 3,60€ – frais de réservation 10€
Location : (de déb. avr. à fin sept.) – 5 – 2 – 3 – 5 gîtes. Sem. 305 à 580€ – frais de réservation 10€
Pour s'y rendre : lieu-dit : La Roque (accès direct au Lot (par escalier abrupt))

Nature :
Loisirs : , snack
Services :

Longitude : 1.06533
Latitude : 44.49889

LE TREIN D'USTOU

09140 – **334** F8 – 351 h. – alt. 739
Paris 804 – Aulus-les-Bains 13 – Foix 73 – St-Girons 31

Le Montagnou
05 61 66 94 97, *campinglemontagnou@wanadoo.fr*,
www.lemontagnou.com
1,2 ha (57 empl.) plat, herbeux
Location : – 3 .
Pour s'y rendre : rte de Guzet (sortie nord-ouest par D 8, rte de Seix, près de l'Alet)

Nature :
Loisirs :
Services : laverie
À prox. :

Longitude : 1.25618
Latitude : 42.81178

LE TRUEL

12430 – **338** I6 – 339 h. – alt. 290
Paris 677 – Millau 40 – Pont-de-Salars 37 – Rodez 52

Municipal la Prade
05 65 46 41 46
0,6 ha (28 empl.) plat, herbeux
Location : – 3 – gîte d'étape.
Pour s'y rendre : à l'est du bourg par D 31, à gauche apr. le pont, au bord du Tarn (plan d'eau)

Nature :
Loisirs :
Services :
À prox. :

Longitude : 2.75573
Latitude : 44.04955

VAYRAC

46110 – **337** G2 – 1 318 h. – alt. 139 – Base de loisirs
avenue Charles de Verninac 05 65 32 52 50
Paris 512 – Beaulieu-sur-Dordogne 17 – Brive-la-Gaillarde 32 – Cahors 89

Chalets Mirandol Dordogne (location exclusive de chalets) de déb. avr. à fin sept.
05 65 32 57 12, *bungalows-mirandol@wanadoo.fr*,
Fax 05 65 32 57 96, *www.mirandol-dordogne.com*
2,6 ha non clos, plat, herbeux
Location : – 22 . Sem. 180 à 680€
Pour s'y rendre : à Vormes (2,3 km au sud par D 116, en dir. de la base de loisirs)

Nature :
Loisirs :
Services :
À prox. : canoë

Longitude : 1.69771
Latitude : 44.93657

Municipal la Palanquière de déb. juin à déb. sept.
05 65 32 43 67, *mairie-vayrac@wanadoo.fr*,
Fax 05 65 32 41 30, *www.vayrac.fr*
1 ha (33 empl.) plat, herbeux
Tarif : (Prix 2011) 3,60€ 3,30€ – (10A) 3,40€
Location : (Prix 2011) (de déb. juin à déb. sept.) 8 huttes (sans sanitaires) – Sem. 138 à 444€
Pour s'y rendre : au lieu-dit : La Palanquière (1 km au sud par D 116, en dir. de la base de loisirs)

Nature :
Services :

Longitude : 1.70389
Latitude : 44.94464

VERS

46090 – **337** F5 – 411 h. – alt. 132
rue Montois 05 65 31 28 22
Paris 565 – Cahors 15 – Villefranche-de-Rouergue 55

La Chêneraie de déb. avr. à fin sept.
05 65 31 40 29, *lacheneraie@free.fr*, Fax 05 65 31 41 70, *www.cheneraie.com* – places limitées pour le passage
2,6 ha/0,4 (50 empl.) plat, herbeux
Tarif : (Prix 2011) 23€ (15A) – pers. suppl. 4€ – frais de réservation 9€
Location : (Prix 2011) (de déb. avr. à fin sept.) – 10 – 24 . Nuitée 45 à 106€ – Sem. 250 à 745€ – frais de réservation 9€
borne artisanale 2€
Pour s'y rendre : au lieu-dit : Le Cuzoul (2,5 km au sud-ouest par D 653, rte de Cahors et chemin à dr. apr. le passage à niveau)

Nature :
Loisirs : pizzeria
Services :

Longitude : 1.54484
Latitude : 44.46782

Pour visiter une ville ou une région : utilisez les Guides Verts MICHELIN.

VIELLE-AURE

65170 – **342** N6 – 356 h. – alt. 800
le village 05 62 39 50 00
Paris 828 – Toulouse 155 – Tarbes 70 – Lourdes 66

Le Lustou Permanent
05 62 39 40 64, *contact@lustou.com*, Fax 05 62 39 40 72, *www.lustou.com*
2,8 ha (65 empl.) plat, gravier, herbeux
Tarif : 4,40€ 4,60€ – (10A) 6,80€
Location : (de déb. déc. à mi-oct.) – 6 – 5 – 1 gîte. Nuitée 48 à 65€ – Sem. 310 à 440€
Pour s'y rendre : lieu-dit : Agos (2 km au nord-est par D 19, près de la Neste-d'Aure et d'un étang)
À savoir : belle entrée ornée de plantes des Pyrénées

Nature :
Loisirs :
Services :
À prox. : sports en eaux vives, canoë, kayak

Longitude : 0.3382
Latitude : 42.84405

LE VIGAN

46300 – **337** E3 – 1 418 h. – alt. 224
Paris 537 – Cahors 43 – Gourdon 6 – Labastide-Murat 20

Le Rêve de déb. mai à mi-sept.
05 65 41 25 20, *info@campinglereve.com*, *www.campinglereve.com*
8 ha/2,5 campables (60 empl.) plat, peu incliné, herbeux, bois attenant
Tarif : 22,20€ (6A) – pers. suppl. 5,50€ – frais de réservation 5€
Location : (de déb. mai à mi-sept.) – 4 – 2 tentes. Sem. 245 à 540€ – frais de réservation 5€
Pour s'y rendre : au lieu-dit : Revers (3,2 km au nord par D 673, rte de Souillac puis 2,8 km par chemin à gauche)
À savoir : décoration florale et arbustive et quelques emplacements en sous-bois

Nature :
Loisirs :
Services : laverie

Longitude : 1.44183
Latitude : 44.77274

VILLEFRANCHE-DE-PANAT

12430 – **338** I6 – 777 h. – alt. 710
1 bis, avenue du Ségala ✆ 05 65 46 52 04
Paris 676 – Toulouse 177 – Rodez 45 – Millau 46

Le Hameau des Lacs (location exclusive de chalets) de fin mai à fin sept.
✆ 05 65 65 81 81, *info@les-hameaux.fr*, Fax 05 65 65 81 86, *www.les-hameaux.fr*
1 ha en terrasses
Location : (Prix 2011) – 22 . Sem. 250 à 590 €
Pour s'y rendre : rte de Rodez

Nature :
Loisirs : terrain multisports
Services : laverie
À prox. : (plage)

Longitude : 2.7034
Latitude : 44.088

VILLEFRANCHE-DE-ROUERGUE

12200 – **338** E4 – 11 957 h. – alt. 230
Maison du tourisme promenade du Guiraudet ✆ 05 65 45 13 18
Paris 614 – Albi 68 – Cahors 61 – Montauban 80

Le Rouergue de mi-avr. à fin sept.
✆ 05 65 45 16 24, *campingrouergue@wanadoo.fr*, Fax 05 65 45 16 24, *www.campingdurouergue.com*
1,8 ha (98 empl.) plat, herbeux
Tarif : 17 € (16A) – pers. suppl. 3 € – frais de réservation 3 €
Location : (de mi-avr. à fin sept.) – 7 – 6 bungalows toilés. Nuitée 29 à 80 € – Sem. 130 à 450 € – frais de réservation 3 €
borne artisanale 3 € – 10 €
Pour s'y rendre : 35bis av. de Fondies (1,5 km au sud-ouest par D 47, rte de Monteils)

Nature :
Loisirs :
Services :
À prox. : jacuzzi

Longitude : 2.02876
Latitude : 44.34335

Des vacances réussies sont des vacances bien préparées !
Ce guide est fait pour vous y aider... mais :
– n'attendez pas le dernier moment pour réserver
– évitez la période critique du 14 juillet au 15 août.
Pensez aux ressources de l'arrière-pays,
à l'écart des lieux de grande fréquentation.

B. Merle/Photononstop

NORD-PAS-DE-CALAIS

S. Sauvignier/Michelin

Selon un dicton local, « les gens du Nord ont dans le cœur ce qu'ils n'ont pas dehors ». Comprenez que les horizons sans fin du Plat Pays, qui n'ont « que des vagues de dunes pour arrêter les vagues », ne brisent en rien leur infatigable entrain : lors des Rondes de géants, des ducasses ou des kermesses, écoutez-les chanter, les ch'timis... Regardez-les rire à cette débauche de moules-frites qui fait le sel des grandes braderies de Lille, et trinquer autour d'une bière dans l'ambiance bon enfant des estaminets. À table, pas davantage le temps de s'ennuyer : chicons braisés, carbonade, potjevleesch, tarte au maroilles... D'autres agréments ? Le joyeux concert des carillons au sommet des beffrois, la silhouette aérienne des moulins et... la possibilité de franchir le « Pas » pour saluer nos voisins britanniques.

As the local saying goes, "the hearts of the men of the north are warm enough to thaw the chilly climate". Just watch as they throw themselves body and soul into the traditional "Dance of the Giants" at countless fairs, fêtes and carnivals: several tons of chips and mussels—and countless litres of beer! — sustain a million visitors to Lille's huge annual street market. The influence of Flanders can be heard in the names of towns and people, seen in the wealth of Gothic architecture and tasted in filling dishes like beef in amber beer and potjevleesch stew. Joyful bells ringing from their slender belfries, neat rows of miners' houses and the distant outline of windmills remind visitors that they are on the border of Belgium, or, as a glance across the Channel will prove, in sight of the cliffs of Dover!

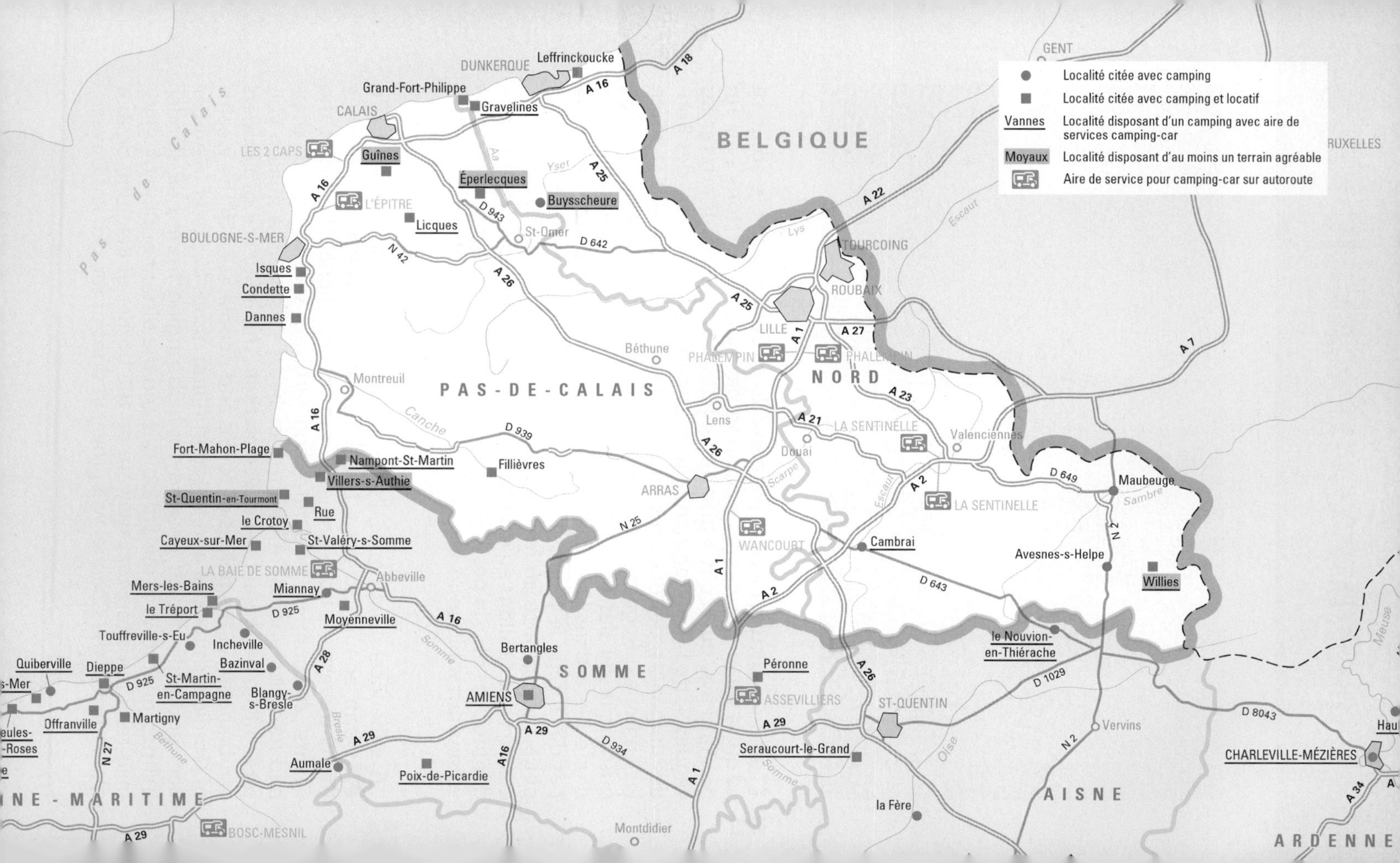
Localité citée avec camping
Localité citée avec camping et locatif
Vannes Localité disposant d'un camping avec aire de services camping-car
Moyaux Localité disposant d'au moins un terrain agréable
Aire de service pour camping-car sur autoroute
BELGIQUE
PAS-DE-CALAIS
NORD
SOMME
AISNE
ARDENNE
NE - MARITIME
Pas de Calais
DUNKERQUE
Leffrinckoucke
Grand-Fort-Philippe
Gravelines
CALAIS
LES 2 CAPS
Guînes
Éperlecques
Buysscheure
L'ÉPITRE
Licques
St-Omer
BOULOGNE-S-MER
Isques
Condette
Dannes
Montreuil
Béthune
Fort-Mahon-Plage
Nampont-St-Martin
Villers-s-Authie
Fillièvres
St-Quentin-en-Tourmont
Rue
le Crotoy
Cayeux-sur-Mer
St-Valéry-s-Somme
LA BAIE DE SOMME
Abbeville
Mers-les-Bains
Miannay
le Tréport
Moyenneville
Touffreville-s-Eu
Incheville
Quiberville
Dieppe
Bazinval
St-Martin-en-Campagne
Blangy-s-Bresle
Offranville
Martigny
Aumale
Poix-de-Picardie
BOSC-MESNIL
Bertangles
AMIENS
Montdidier
Péronne
ASSEVILLIERS
Seraucourt-le-Grand
ST-QUENTIN
la Fère
Vervins
le Nouvion-en-Thiérache
Avesnes-s-Helpe
Willies
Maubeuge
Cambrai
WANCOURT
ARRAS
Lens
Douai
LA SENTINELLE
Valenciennes
PHALEMPIN
LILLE
ROUBAIX
TOURCOING
GENT
RUXELLES
CHARLEVILLE-MÉZIÈRES
Hau
A 16
A 18
A 25
A 22
A 26
A 27
A 1
A 23
A 21
A 2
A 7
A 28
A 29
A 34
N 42
N 25
N 2
N 27
D 943
D 642
D 939
D 649
D 643
D 925
D 934
D 1029
D 8043
Aa
Yser
Lys
Escaut
Canche
Scarpe
Sambre
Somme
Bresle
Béthune
Oise
Meuse

BUYSSCHEURE

59285 – **302** B3 – 505 h. – alt. 25
Paris 269 – Béthune 44 – Calais 47 – Dunkerque 31

La Chaumière de déb. avr. à fin oct.
03 28 43 03 57, *camping.lachaumiere@wanadoo.fr*, *www.campinglachaumiere.com*
1 ha (29 empl.) plat, herbeux, pierreux, petit étang
Tarif : 19€ (6A) – pers. suppl. 8€
borne artisanale – 29 19€
Pour s'y rendre : 529 Langhemast Straete (au bourg)

Nature :
Loisirs : snack
Services :

Longitude : 2.33942
Latitude : 50.80166

De categorie (1 tot 5 tenten, in zwart of rood) die wij aan de geselekteerde terreinen in deze gids toekennen, is onze eigen indeling.
Niet te verwarren met de door officiële instanties gebruikte classificatie (1 tot 5 sterren).

CAMBRAI

59400 – **302** H6 – 32 296 h. – alt. 53
48 rue du Noyon 0327783615
Paris 183 – Lille 67 – Amiens 100 – Namur 139

Municipal Les 3 Clochers de déb. avr. à mi-oct.
03 27 70 91 64, *emerick.marecheau@orange.fr*, Fax 03 27 70 91 64
1 ha (50 empl.) plat, herbeux
Tarif : (Prix 2011) 14,50€ (16A) – pers. suppl. 2€
borne artisanale – 12.50€
Pour s'y rendre : 77 r. Jean
À savoir : informations touristiques sur Cambrai

Nature :
Services :
À prox. :

Longitude : 3.21476
Latitude : 50.17533

CONDETTE

62360 – **301** C4 – 2 585 h. – alt. 35
Mairie 0321328888
Paris 254 – Boulogne-sur-Mer 10 – Calais 47 – Desvres 19

Caravaning du Château – de déb. avr. à fin oct.
03 21 87 59 59, *campingduchateau@libertysurf.fr*, Fax 03 21 87 59 59, *www.camping-caravaning-du-chateau.com*
1,2 ha (70 empl.) plat, herbeux, gravillons
Tarif : 26€ (10A) – pers. suppl. 6€
Location : (de déb. avr. à fin oct.) – 3 . Nuitée 62 à 72€ – Sem. 400 à 625€
borne artisanale 5€
Pour s'y rendre : 21 r. Nouvelle (sortie sud par D 119)

Nature :
Loisirs :
Services : laverie réfrigérateurs
À prox. :

Longitude : 1.62557
Latitude : 50.64649

DANNES

62187 – **301** C4 – 1 305 h. – alt. 30
Paris 242 – Lille 136 – Arras 133 – Amiens 114

Municipal Le Mont-St-Frieux de déb. avr. à fin oct.
03 21 33 24 76, *campingdedannes@hotmail.fr*, Fax 03 21 33 94 08, *www.mairiededannes.fr*
1,5 ha (52 empl.) plat, herbeux
Tarif : (Prix 2011) 4,50€ 3€ 4,50€ – (16A) 5€
Location : (Prix 2011) (de déb. avr. à fin oct.) – 3 . Nuitée 70€ – Sem. 400€
borne flot bleu 5€
Pour s'y rendre : r. de l'Eglise (au bourg)

Nature :
Loisirs :
Services : laverie

Longitude : 1.60997
Latitude : 50.58924

ÉPERLECQUES

62910 – **301** G3 – 3 135 h. – alt. 42
4, rue de la Mairie ☎ 03 21 95 66 25
Paris 271 – Lille 78 – Arras 86 – Brugge 110

Château du Gandspette de déb. avr. à fin sept.
☎ 03 21 93 43 93, *contact@chateau-gandspette.com*,
Fax 03 21 95 74 98, *www.chateau-gandspette.com*
11 ha/4 campables (167 empl.) peu incliné, herbeux
Tarif : 19€ (6A) – pers. suppl. 6€ – frais de réservation 7€

Location : (de déb. avr. à fin sept.) – 8 – 3 . Nuitée 56 à 86€ – Sem. 350 à 605€ – frais de réservation 7€

borne artisanale 15€ – 14 15€

Pour s'y rendre : 133 r. du Gandspette

À savoir : dans le parc boisé du château

Nature :
Loisirs : terrain multisports
Services : laverie

Longitude : 2.1789
Latitude : 50.81894

FILLIÈVRES

62770 – **301** F6 – 521 h. – alt. 46
Paris 206 – Arras 52 – Béthune 46 – Hesdin 13

Les Trois Tilleuls de déb. avr. à fin sept.
☎ 03 21 47 94 15, *campingdes3t@wanadoo.fr*,
Fax 03 21 04 81 32, *www.camping3tilleuls.com* – places limitées pour le passage
4,5 ha (120 empl.) peu incliné, non clos
Tarif : (Prix 2011) 4,50€ 3€ 3€ – (10A) 3,50€

Location : (de déb. avr. à fin sept.) – 1 roulotte – 4 . Sem. 260 à 485€

Pour s'y rendre : 28 r. de Frévent (sortie sud-est par D 340)

À savoir : au coeur de la vallée de la Canche

Nature :
Loisirs : salle d'animation terrain multisports
Services : laverie
À prox. :

Longitude : 2.15952
Latitude : 50.31417

GRAND-FORT-PHILIPPE

59153 – **302** A2 – 5 606 h. – alt. 5
Paris 289 – Calais 28 – Cassel 40 – Dunkerque 24

La Plage de déb. avr. à fin oct.
☎ 03 28 65 31 95, *campingdelaplage@campingvpa.fr*,
Fax 03 28 65 35 99, *www.camping-de-la-plage.info*
1,5 ha (84 empl.) plat, herbeux
Tarif : 2,50€ 1,15€ 2€ – (10A) 3,50€

Location : (de déb. avr. à fin oct.) – 5 . Nuitée 54 à 102€ – Sem. 170 à 402€

Pour s'y rendre : 115 r. du Maréchal Foch (au nord-ouest)

Nature :
Loisirs :
Services : laverie

Longitude : 2.09746
Latitude : 51.00264

GRAVELINES

59820 – **302** A2 – 11 705 h.
11, rue de la République ☎ 03 28 51 94 00
Paris 309 – Lille 94 – Arras 125 – Brugge 100

Les Dunes de déb. avr. à fin oct.
☎ 03 28 23 09 80, *campingdesdunes@campingvpa.fr*,
Fax 03 28 65 35 99, *www.camping-des-dunes.com*
8 ha (304 empl.) plat, herbeux, sablonneux
Tarif : 3,10€ 1,40€ 2,40€ – (10A) 4,17€

Location : (de déb. avr. à fin oct.) – 14 – 12 – 3 bungalows toilés. Sem. 150 à 464€

borne raclet 4€ – 11€

Pour s'y rendre : à Petit-Fort-Philippe, r. Victor-Hugo (au bord de la plage)

Nature :
Services : laverie

Longitude : 2.11802
Latitude : 51.00754

GUÎNES

62340 – **301** E2 – 5 302 h. – alt. 5
14, rue Clemenceau ✆ *0321357373*
Paris 282 – Arras 102 – Boulogne-sur-Mer 29 – Calais 11

Les Castels La Bien Assise – de déb. avr. à fin sept.
✆ 0321352077, *castels@bien-assise.com*,
Fax 0321367920, *www.camping-bien-assise.fr*
20 ha/12 campables (198 empl.) plat, peu incliné, herbeux, petit étang
Tarif : (Prix 2011) 6,50€ 5€ 15€ – (6A) 4,50€ – frais de réservation 10€

Location : (Prix 2011) (de déb. avr. à fin sept.) – 6 – 4 – 7 . Sem. 380 à 750€ – frais de réservation 10€

borne artisanale 5€

Pour s'y rendre : r. du Château (sortie sud-ouest par D 231, rte de Marquise)

À savoir : hôtel et restaurant gastronomique dans les dépendances du château

Nature :
Loisirs : (découverte en saison)
Services : laverie

Longitude : 1.85815
Latitude : 50.86631

*La catégorie (1 à 5 tentes, **noires** ou **rouges**) que nous attribuons aux terrains sélectionnés dans ce guide est une appréciation qui nous est propre. Elle ne doit pas être confondue avec le classement (1 à 5 étoiles) établi par les services officiels.*

ISQUES

62360 – **301** C3 – 1 151 h. – alt. 15
Paris 247 – Lille 125 – Arras 122 – Calais 44

Les Cytises de déb. avr. à mi-oct.
✆ 0321311110, *campcytises@orange.fr*,
Fax 0321311110, *www.lescytises.fr*
2,5 ha (100 empl.) plat, terrasse, herbeux
Tarif : (Prix 2011) 18€ (6A) – pers. suppl. 4€

Location : (Prix 2011) (de déb. avr. à mi-oct.) – 1 . Sem. 280 à 430€

borne eurorelais – 4

Pour s'y rendre : chemin Geoges Ducrocq (accès par N 1, près du stade, par A 16 sortie 28)

Nature :
Loisirs :
Services : laverie
À prox. : canoë-kayak

Longitude : 1.64332
Latitude : 50.67749

LEFFRINCKOUCKE

59495 – **302** C1 – 4 517 h. – alt. 5
726, boulevard Trystam ✆ *0328690506*
Paris 292 – Calais 53 – Dunkerque 7 – Hazebrouck 48

Mer et Vacances de déb. mars à mi-déc.
✆ 0328201732, *mer.etvacances@akeonet.com*,
Fax 0328201732, *www.camping-mer-et-vacances.com* – places limitées pour le passage
2 ha (112 empl.) peu incliné, plat, herbeux, sablonneux
Tarif : (Prix 2011) 5€ 5,50€ – (10A) 4,50€

Location : (Prix 2011) (de déb. mars à mi-déc.) – 10 . Sem. 320 à 450€

Pour s'y rendre : 216 r. J-B. Charcot (au nord-est)

À savoir : bordé de dunes et proche d'une plage de sable fin

Nature :
Loisirs :
Services :
À prox. : terrain multisports

Longitude : 2.44051
Latitude : 51.05865

LICQUES

62850 – **301** E3 – 1 520 h. – alt. 81
Paris 276 – Arras 97 – Boulogne-sur-Mer 31 – Calais 25

Pommiers des Trois Pays de déb. avr. à fin oct.
03 21 35 02 02, *contact@pommiers-3pays.com*,
Fax 03 21 35 02 02, *www.pommiers-3pays.com*
2 ha (58 empl.) plat, herbeux
Tarif : 25,80€ (16A) – pers. suppl. 5,60€
Location : (de déb. mars à fin oct.) (1 chalet) – 6 – 9 . Nuitée 55 à 90€ – Sem. 295 à 610€
borne artisanale 3€ – 6 15€
Pour s'y rendre : 273 r. du Breuil

Nature :
Loisirs : snack (couverte hors saison)
Services : laverie

Longitude : 1.94776
Latitude : 50.77991

MAUBEUGE

59600 – **302** L6 – 32 667 h. – alt. 134
place Vauban 03 27 62 11 93
Paris 242 – Charleville-Mézières 95 – Mons 21 – St-Quentin 114

Municipal du Clair de Lune de déb. avr. à fin sept.
03 27 62 25 48, *camping@ville-maubeuge.fr*,
Fax 03 27 60 25 94, *www.ville-maubeuge.fr*
2 ha (92 empl.) plat, herbeux
Tarif : (Prix 2011) 3,50€ 3,40€ 3,40€ – (6A) 3,55€
Pour s'y rendre : 212 rte de Mons (1,5 km au nord par N 2)
À savoir : décoration florale et arbustive

Nature :
Loisirs :
Services :

Longitude : 3.9766
Latitude : 50.29573

WILLIES

59740 – **302** M7 – 150 h. – alt. 167 – Base de loisirs
Paris 225 – Avesnes-sur-Helpe 16 – Cambrai 69 – Charleroi 48

Val Joly de déb. fév. à fin déc.
03 27 61 83 76, *valjolyresa@valjoly.com*,
Fax 03 27 61 83 09, *www.valjoly.com*
4 ha (180 empl.) peu incliné, plat, herbeux
Tarif : (Prix 2011) 15,85€ (15A) – pers. suppl. 4,50€
Location : (Prix 2011) (de déb. fév. à fin déc.) – 30 . Sem. 196 à 410€
borne flot bleu 2€
Pour s'y rendre : à Eppé Sauvage, base nautique du Val Joly (1,5 km à l'est par D 133, à 300 m du lac)
À savoir : à 1,5 km de la station touristique et de la base de loisirs

Nature :
Loisirs :
Services : laverie
À prox. :

Longitude : 4.11518
Latitude : 50.12245

Si vous recherchez :
un terrain offrant des équipements et des loisirs adaptés aux enfants,
un terrain très tranquille,
L-M ***un terrain proposant la location de mobile homes, bungalows, chalets, chambres ou encore gîtes,***
P ***un terrain ouvert toute l'année,***
un terrain possédant une aire de services pour camping-cars,
consultez le tableau des localités.

NORMANDIE

G. Targat/Michelin

Muse des impressionnistes et des poètes, la Normandie vogue entre luxe, calme et volupté. Côté mer, les prestigieuses stations balnéaires, l'éblouissante baie du Mont-St-Michel, les hautes falaises crayeuses et les plages du Débarquement imposent une contemplation silencieuse. Côté terre le bocage, où paissent chevaux et vaches, et les vergers de pommiers déroulent un tapis verdoyant semé de chaumières à colombages et de fringants manoirs. Éclairée d'une lumière à nulle autre pareille, la Seine méandre paisiblement, jalonnant son cours d'une succession de trésors architecturaux : cités médiévales, châteaux, abbayes... Cette esquisse de la région serait incomplète sans l'évocation des bons produits du terroir : beurre, crème fraîche, camembert, livarot, cidre et calvados méritent à eux seuls votre visite.

Normandy, the inspiration of writers and artists, offers pure rural pleasure. Take a walk along the coast to fill your lungs with sea air and admire the elegant resorts. You will be left breathless when you first catch sight of Mont Saint-Michel rising from the sands or look down over Étretat's white cliffs, and it is impossible not to be moved by the memory of the men who gave their lives on Normandy's beaches in June 1944. Further inland, acres of neat, hedge-lined fields meet the eye. Drink in the sight and scent of apple blossom, admire the pretty, half-timbered cottages and follow the Seine past medieval cities, daunting castles and venerable abbeys. And who could forget Normandy's culinary classics: fresh seafood, creamy Camembert, cider and the famous apple brandy, Calvados.

● Localité citée avec camping

■ Localité citée avec camping et locatif

Vannes — Localité disposant d'un camping avec aire de services camping-car

Moyaux — Localité disposant d'au moins un terrain agréable

Aire de service pour camping-car sur autoroute

PAS-DE-CALA
MANCHE
Canche
D 939
A 16
Fort-Mahon-Plage
Nampont-St-Martin
Fillièvres
Villers-s-Authie
St-Quentin-en-Tourmont
Rue
le Crotoy
Cayeux-sur-Mer
St-Valéry-s-Somme
LA BAIE DE SOMME
Abbeville
Mers-les-Bains
Miannay
le Tréport
D 925
Moyenneville
A 16
Touffreville-s-Eu
Incheville
Somme
Bertangles
Quiberville
Bazinval
A 28
Dieppe
St-Aubin-s-Mer
D 925
St-Martin-en-Campagne
Blangy-s-Bresle
AMIENS
SOMM
St-Valéry-en-Caux
Vittefleur
Veules-les-Roses
Offranville
Martigny
A 29
Béthune
D 934
Fécamp
N 27
A 29
A16
Cany-Barville
Aumale
Poix-de-Picardie
Toussaint
les Loges
SEINE-MARITIME
BOLLEVILLE
BOSC-MESNIL
A 29
D 925
A 29
A 151
BOLLEVILLE
E HAVRE
A 131
A 28
N 31
Jumièges
Beauvais
OIS
onfleur
Fiquefleur-Equainville
ROUEN
A 13
Lyons-la-Forêt
Clermont
A 29
Pont-Audemer
Bourg-Achard
Andelle
D 6014
Arnoult
Pont-Authou
A 28
BOSGOUET
Poses
Thérain
St-Georges-du-Vièvre
les Andelys
St-Leu-d'Esserent
Château
le Bec-Hellouin
le Gros-Theil
Louviers
Moyaux
A 16
Lisieux
A 13
Oise
VEMARS
D 613
Bernay
N 1
N 104
VAL-
Pontoise
N 184
Epte
Touques
Eure
A 115
EURE
D'OISE
Orbec
A 28
SEINE
A 15
Évreux
Mantes-la-Jolie
A 13
A 14
A 86
moutiers
N 154
St-Germain-en-Laye
Bobigny
Risle
Nanterre
PARIS
St-Evroult-N.-D.-du-Bois
Iton
YVELINES
A 12
Versailles
N 12
N 12
A 86
D 926
Dreux
A 28
Avre
EURE-
N 154
Eure
Rambouillet
Villiers-s-Orge
Évry
Sarthe
Marchainville
A 10
N 104
Villiers-le-Morhier
N 12
Senonches
A 6
Mortagne-au-Perche
A 11
Fontaine-Simon
ET-
ESSONNE
Courville-s-Eure
Chartres
Étampes
Mamers
Bellême
LOIR
Nogent-le-Rotrou
N 10
Boulanc
mont-s-S.
N 154
A 10
Loir
A 11
La Ferté-Bernard
Bonneval
Pithiviers
ARTHE
la Bazoche-Gouet
Essonne
Sillé-le-Phillipe
A 19
Lavaré
Châteaudun
Yvré-l'Évêque
Cloyes-sur-le-Loir
Chesne
LOIRET
D 357
ORLÉANS
Vitry-aux-Loges
D 2157
St-Calais
D 357
D 2060

AGON-COUTAINVILLE

50230 – **303** C5 – 2 798 h. – alt. 36
place du 28 Juillet 1944 ✆ 02 33 76 67 30
Paris 348 – Barneville-Carteret 48 – Carentan 43 – Cherbourg 80

Municipal le Marais de déb. juil. à fin août
✆ 02 33 47 05 20, *martinetmarais@wanadoo.fr*,
Fax 02 33 47 31 95, *http://www.agoncoutainville.fr*
2 ha (104 empl.) plat, herbeux
Tarif : (Prix 2011) 3,80€ 5,40€ – (5A) 3,20€
Pour s'y rendre : bd Lebel-Jéhenne (sortie nord-est, près de l'hippodrome)

Nature :
Loisirs :
Services :
À prox. : golf, école de voile

Longitude : -1.59137
Latitude : 49.0514

Municipal le Martinet de déb. avr. à fin oct.
✆ 02 33 47 05 20, *martinetmarais@wanadoo.fr*,
Fax 02 33 47 31 95, *www.agoncoutainville.fr*
1,5 ha (122 empl.) plat, herbeux
Tarif : (Prix 2011) 3,80€ 5,40€ – (5A) 3,20€
Pour s'y rendre : Bd. Lebel-Jéhenne (sortie nord-est, près de l'hippodrome)

Nature :
Loisirs :
Services : laverie
À prox. : golf, école de voile

Longitude : -1.59145
Latitude : 49.05188

ALENÇON

61000 – **310** J4 – 27 942 h. – alt. 135
place de la Magdeleine ✆ 02 33 26 11 36
Paris 190 – Chartres 119 – Évreux 119 – Laval 90

Municipal de Guéramé de déb. avr. à fin sept.
✆ 02 33 26 34 95, *camping.guerame@orange.fr*,
Fax 02 33 26 34 95
1,5 ha (54 empl.) plat et en terrasses, herbeux, gravillons
Tarif : (Prix 2011) 2,55€ 5,40€ – (10A) 3,15€
borne eurorelais
Pour s'y rendre : 65 rte de Guéramé (au sud-ouest par bd périphérique)
À savoir : cadre agréable, au bord de la Sarthe

Nature :
Loisirs :
Services : laverie
À prox. : canoë kayak

Longitude : 0.0728
Latitude : 48.4259

ANNOVILLE

50660 – **303** C6 – 592 h. – alt. 28
Paris 348 – Barneville-Carteret 57 – Carentan 48 – Coutances 14

Municipal les Peupliers de mi-juin à déb. sept.
✆ 02 33 47 67 73, *campinglespeupliers@orange.fr*,
Fax 02 33 46 78 38, *camping-annoville.fr*
2 ha (100 empl.) plat, herbeux, sablonneux
Tarif : (Prix 2011) 2,70€ 3,10€ – (16A) 3€
Location : (Prix 2011) (de déb. avr. à fin sept.) – 5 . Nuitée 50€ – Sem. 260 à 430€
Pour s'y rendre : r. des Peupliers (3 km au sud-ouest par D 20 et chemin à dr., à 500 m de la plage)

Nature :
Loisirs :
Services :

Longitude : -1.55309
Latitude : 48.95767

ARGENTAN

61200 – **310** I2 – 14 642 h. – alt. 160
rue Lautour Labroise ✆ 02 33 67 12 48
Paris 191 – Alençon 46 – Caen 59 – Dreux 115

Municipal de la Noë de déb. avr. à fin sept.
✆ 02 33 36 05 69, *camping@argentan.info*,
Fax 02 33 39 96 61, *www.argentan.fr*
0,3 ha (23 empl.) plat, herbeux
Tarif : 11,70€ (6A) – pers. suppl. 2,30€
borne eurorelais 2,20€
À savoir : situation agréable près d'un parc et d'un plan d'eau

Nature :
Loisirs :
Services : laverie
À prox. : parcours de santé

Longitude : -0.01687
Latitude : 48.73995

ARROMANCHES-LES-BAINS

14117 – **303** I3 – 609 h. – alt. 15
2, rue du Maréchal Joffre ℘ 02 31 22 36 45
Paris 266 – Bayeux 11 – Caen 34 – St-Lô 46

Municipal de déb. avr. à déb. nov.
℘ 02 31 22 36 78, *camping.arromanches@wanadoo.fr*,
Fax 02 31 21 80 22, *arromanches.com*
1,5 ha (126 empl.) en terrasses, peu incliné, plat, herbeux
Tarif : (Prix 2011) 17,80€ (10A) – pers. suppl. 4,40€
Location : (Prix 2011) (de déb. avr. à déb. nov.) – 6 . Sem. 400€
borne raclet – 14

Nature :
Loisirs :
Services : (de mi-juin à mi-sept.) laverie
À prox. : terrain multisports

Longitude : -0.6224
Latitude : 49.33816

*To visit a town or region : use the **MICHELIN Green Guides.***

AUMALE

76390 – **304** K3 – 2 428 h. – alt. 130
rue Centrale ℘ 02 35 93 41 68
Paris 136 – Amiens 48 – Beauvais 49 – Dieppe 69

Municipal le Grand Mail de déb. avr. à fin sept.
℘ 02 35 93 40 50, *communeaumale@wanadoo.fr*,
Fax 02 35 93 86 79, *www.aumale.com* –
0,6 ha (40 empl.) plat, herbeux
Tarif : 2,70€ 2,70€ 2,70€ – (7A) 2,70€
borne flot bleu
Pour s'y rendre : 6 Le Grand Mail
À savoir : à flanc de colline sur les hauteurs de la ville

Nature :
Services :

Longitude : 1.74658
Latitude : 49.76619

BAGNOLES-DE-L'ORNE

61140 – **310** G3 – 2 541 h. – alt. 140 –
place du Marché ℘ 02 33 37 85 66
Paris 236 – Alençon 48 – Argentan 39 – Domfront 19

Municipal la Vée de mi-mars à fin oct.
℘ 02 33 37 87 45, *info@campingbagnolesdelorne.com*,
Fax 02 33 30 14 32, *www.campingbagnolesdelorne.com*
–
2,8 ha (250 empl.) plat, peu incliné, herbeux
Tarif : 16€ (10A) – pers. suppl. 4,15€
Location : (de mi-mars à fin oct.) – 15 . Sem. 325 à 408€ – frais de réservation 81€
Pour s'y rendre : av. du Président Coty (1,3 km au sud-ouest, près de Tessé-la-Madeleine, à 30 m de la rivière)

Nature :
Loisirs :
Services : laverie
À prox. : golf, parcours de santé

Longitude : -0.41982
Latitude : 48.54787

BARNEVILLE-CARTERET

50270 – **303** B3 – 2 316 h. – alt. 47
10, rue des Ecoles ℘ 02.33.04.90.58
Paris 356 – Caen 123 – Carentan 43 – Cherbourg 39

Les Bosquets de déb. avr. à mi-sept.
℘ 02 33 04 73 62, *lesbosquets@orange.fr*,
Fax 02 33 04 35 82, *www.camping-lesbosquets.com*
15 ha/6 campables (331 empl.) plat et accidenté, sablonneux, herbeux
Tarif : 6,10€ 6,10€ – (10A) 4,10€
Location : (permanent) – 9 . Sem. 260 à 530€
Pour s'y rendre : r. du Capitaine Quenault (2,5 km au sud-ouest par rte de Barneville-Plage et r. à gauche, à 450 m de la plage)
À savoir : dans les dunes boisées de pins, environnement sauvage

Nature :
Loisirs :
Services : laverie
À prox. : golf, char à voile

Longitude : -1.75621
Latitude : 49.3665

La Gerfleur de déb. avr. à fin oct.
02 33 04 38 41, *alabouriau@aol.com*, Fax 02 33 04 38 41, *www.lagerfleur.fr*
2,3 ha (93 empl.) plat, peu incliné, herbeux
Tarif : (Prix 2011) 5,40€ 6,40€ – (6A) 4,30€
Location : (Prix 2011) (de déb. avr. à fin oct.) – 8 . Nuitée 95€ – Sem. 570€
Pour s'y rendre : r. Guillaume-le-Conquérant (800 m à l'ouest par D 903e, rte de Carteret)
À savoir : en bordure d'un petit étang

Nature :
Loisirs :
Services : laverie
À prox. : (centre équestre) golf

Longitude : -1.76435
Latitude : 49.38346

BAUBIGNY

50270 – **303** B3 – 149 h. – alt. 30
Paris 361 – Barneville-Carteret 9 – Cherbourg 33 – Valognes 28

Bel Sito de mi-avr. à mi-sept.
02 33 04 32 74, *camping@bel-sito.com*, *www.bel-sito.com* –
6 ha/4 campables (85 empl.) incliné à peu incliné, plat, sablonneux, herbeux, dunes
Tarif : (Prix 2011) 6,50€ 9€ – (6A) 3,80€
Location : (Prix 2011) (de déb. avr. à fin oct.) – 1 – 9 . Sem. 300 à 810€
Pour s'y rendre : au nord du bourg
À savoir : site sauvage dans les dunes

Nature :
Loisirs :
Services : (juil.-août) laverie

Longitude : -1.80513
Latitude : 49.42954

En juillet et août, beaucoup de terrains affichent complets et leurs emplacements retenus longtemps à l'avance. N'attendez pas le dernier moment pour réserver.

BAYEUX

14400 – **303** H4 – 13 911 h. – alt. 50
pont Saint-Jean 02 31 51 28 28
Paris 265 – Caen 31 – Cherbourg 95 – Flers 69

Municipal de déb. avr. à fin oct.
02 31 92 08 43, *campingmunicipal@mairie-bayeux.fr*, Fax 02 31 92 08 43, *www.mairie-bayeux.fr*
2,5 ha (140 empl.) plat, herbeux, goudronné
Tarif : (Prix 2011) 4,10€ 4,40€ – (5A) 3,60€
Location : (Prix 2011) (de déb. avr. à fin oct.) – 5 . Sem. 450 à 630€
borne artisanale – 42 4,40€
Pour s'y rendre : bd Eindhoven (au nord du bourg)
À savoir : belle décoration arbustive

Nature :
Loisirs :
Services : laverie
À prox. : (découverte en saison) terrain multisports

Longitude : -0.69774
Latitude : 49.28422

BAZINVAL

76340 – **304** J2 – 333 h. – alt. 120
Paris 165 – Abbeville 33 – Amiens 62 – Blangy-sur-Bresle 9

Municipal de la Forêt de déb. avr. à fin oct.
02 32 97 04 01, *bazinval2@wanadoo.fr*, Fax 02 32 97 04 01
0,4 ha (20 empl.) peu incliné, non clos
Tarif : 2€ 2€ 2€ – (10A) 4€
2 3,50€
Pour s'y rendre : 10 r. de Saulx (sortie sud-ouest par D 115 et rte à gauche, près de la mairie)
À savoir : décoration arbustive des emplacements

Nature :
Services :
À prox. : terrain multisport

Longitude : 1.55136
Latitude : 49.95487

BEAUVOIR

50170 – **303** C8 – 419 h.
Paris 358 – Caen 125 – St-Lô 91 – Rennes 63

Aux Pommiers de fin mars à mi-nov.
02 33 60 11 36, *pommiers@aol.com*, *www.camping-auxpommiers.com*
1,79 ha (107 empl.) plat, herbeux
Tarif : (Prix 2011) 24,10€ (6A) – pers. suppl. 6,20€
Location : (Prix 2011) (de fin mars à mi-nov.) – 13 – 5 – 4 – 4 bungalows toilés. Nuitée 35 à 85€ – Sem. 210 à 560€

Nature :
Loisirs :
Services : – 2 sanitaires individuels () laverie
À prox. : (centre équestre)

Longitude : -1.51264
Latitude : 48.59618

LE BEC-HELLOUIN

27800 – **304** E6 – 414 h. – alt. 101
Paris 153 – Bernay 22 – Évreux 46 – Lisieux 46

Municipal St-Nicolas de déb. avr. à fin sept.
02 32 44 83 55, *mairie-lebechellouin@orange.fr*, Fax 02 32 44 83 55, *www.lebechellouin.fr*
3 ha (90 empl.) plat, herbeux
Tarif : (Prix 2011) 13€ (10A) – pers. suppl. 3,45€
borne artisanale 2,60€
Pour s'y rendre : 15 r. St-Nicolas (2 km à l'est par D 39 et D 581, rte de Malleville-sur-le-Bec et chemin à gauche)
À savoir : cadre fleuri et soigné

Nature :
Loisirs : bibliothèque
Services : laverie
À prox. : (centre équestre)

Longitude : 0.72268
Latitude : 49.23586

Toutes les insertions dans ce guide sont entièrement gratuites et ne peuvent en aucun cas être dues à une prime ou à une faveur.

BELLÊME

61130 – **310** M4 – 1 576 h. – alt. 241
bd Bansard des Bois 02 33 73 09 69
Paris 168 – Alençon 42 – Chartres 76 – La Ferté-Bernard 23

Municipal
02 33 85 31 00, *mairie.belleme@wanadoo.fr*, Fax 02 33 83 58 85
1,5 ha (50 empl.) en terrasses, peu incliné, plat, herbeux
Pour s'y rendre : sortie ouest par D 955, rte de Mamers et chemin à gauche, près de la piscine

Nature :
Services :
À prox. : golf

Longitude : 0.555
Latitude : 48.3747

BERNAY

27300 – **304** D7 – 10 434 h. – alt. 105
29, rue Thiers 02 32 43 32 08
Paris 155 – Argentan 69 – Évreux 49 – Le Havre 72

Municipal de déb. mai à fin sept.
02 32 43 30 47, *camping@bernay27.fr*, Fax 02 32 43 30 47, *www.bernay-tourisme.fr*
1 ha (50 empl.) plat, herbeux
Tarif : (Prix 2011) 3,20€ 3,30€ 3,30€ – (10A) 3,62€
Location : (Prix 2011) (de déb. mai à fin sept.) – 2 . Sem. 367€ – frais de réservation 110€
borne artisanale
Pour s'y rendre : r. des Canadiens (2 km au sud-ouest par N 138, rte d'Alençon et r. à gauche - accès conseillé par la déviation et ZI Malouve)
À savoir : partie campable verdoyante et soignée

Nature :
Loisirs :
Services : laverie
À prox. :

Longitude : 0.58683
Latitude : 49.07879

BERNIÈRES-SUR-MER

14990 – **303** J4 – 2 379 h.
159, rue Victor Tesnières ✆ 02 31 96 44 02
Paris 253 – Caen 20 – Le Havre 114 – Hérouville-Saint-Clair 21

Le Havre de Bernières de déb. avr. à fin oct.
✆ 02 31 96 67 09, *campingnormandie@aol.com*,
Fax 02 31 97 31 06, *www.camping-normandie.com*
6,5 ha (240 empl.) plat, herbeux
Tarif : 33,50€ (20A) – pers. suppl. 7€ – frais de réservation 23€

Location : (de déb. avr. à fin oct.) – 38. Nuitée 140€ – Sem. 340 à 882€ – frais de réservation 23€
borne eurorelais
Pour s'y rendre : chemin de Quintefeuille

Nature :
Loisirs :
Services : laverie
À prox. : (plage) bowling

Longitude : -0.42886
Latitude : 49.3323

LES BIARDS

50540 – **303** E8 – alt. 495 – Base de loisirs
Paris 358 – Alençon 108 – Avranches 22 – Caen 126

Municipal La Mazure Permanent
✆ 02 33 89 19 50, *contact@lamazure.com*,
Fax 02 33 89 19 55, *www.lamazure.com*
3,5 ha/0,4 (28 empl.) terrasse, plat, herbeux
Tarif : (Prix 2011) 3,50€ 3€ 4€ – (12A) 3€

Location : (Prix 2011) (permanent) – 12 – 4 tipis – 10 gîtes. Nuitée 50€ – Sem. 260 à 400€
Pour s'y rendre : à la Base de Loisirs (2,3 km au sud-ouest par D 85e, au bordure du lac de Vezins)

Nature :
Loisirs :
Services : laverie
à la bases de loisirs : canoë kayak, aviron, pédalos, bateaux électriques

Longitude : -1.2047
Latitude : 48.5734

BLANGY-LE-CHÂTEAU

14130 – **303** N4 – 668 h. – alt. 60
Antenne de Blangy - 1, chemin des fontaines ✆ 02 31 65 48 36
Paris 197 – Caen 56 – Deauville 22 – Lisieux 16

Les Castels Le Brévedent – de déb. mai à mi-sept.
✆ 02 31 64 72 88, *contact@campinglebrevedent.com*,
www.campinglebrevedent.com
6 ha/3,5 campables (140 empl.) plat, incliné, herbeux, bord d'un étang
Tarif : 32€ (10A) – pers. suppl. 8€ – frais de réservation 15€

Location : (de fin mars à déb. oct.) – 8. Sem. 225 à 630€
Pour s'y rendre : rte du Pin (3 km au sud-est par D 51, au château, au bord d'un étang)
À savoir : dans le parc d'un château du 14e s. agrémenté d'un étang

Nature :
Loisirs : nocturne canoë
Services : laverie
À prox. :

Longitude : 0.3045
Latitude : 49.2253

BLANGY-SUR-BRESLE

76340 – **304** J2 – 3 146 h. – alt. 70
1, rue Checkroun ✆ 02 35 93 52 48
Paris 156 – Abbeville 29 – Amiens 56 – Dieppe 55

Municipal les Etangs de déb. avr. à fin sept.
✆ 02 35 94 55 65, *mairie.blangy@wanadoo.fr*,
Fax 02 35 94 06 14, *www.blangysurbresle.fr*
0,8 ha (57 empl.) plat, herbeux
Tarif : (Prix 2011) 2,65€ 1,70€ 2,15€ – (10A) 2,65€
Pour s'y rendre : au sud-est, entre deux étangs et à 200 m de la Bresle, accès par r. du Maréchal-Leclerc, près de l'église

Nature :
Loisirs :
Services :
À prox. :

Longitude : 1.6336
Latitude : 49.93152

BOURG-ACHARD

27310 – **304** E5 – 2 822 h. – alt. 124
Paris 141 – Bernay 39 – Évreux 62 – Le Havre 62

Le Clos Normand de déb. avr. à fin sept.
02 32 56 34 84, *eric.tannay@wanadoo.fr*, Fax 02 32 56 34 84, *www.leclosnormand.eu*
1,4 ha (75 empl.) peu incliné, plat, herbeux, bois attenant
Tarif : (Prix 2011) 4,80€ 2,50€ 4€ – (6A) 3,40€
Location : (Prix 2011) (de déb. avr. à fin sept.) – 5 . Sem. 470€
2 6,80€
Pour s'y rendre : 235 rte de Pont-Audemer (sortie ouest)
À savoir : cadre verdoyant et fleuri

Nature :
Loisirs :
Services :

Longitude : 0.80765
Latitude : 49.35371

BRÉCEY

50370 – **303** F7 – 2 154 h. – alt. 75
29, place de l'Hôtel de Ville 02 33 89 21 13
Paris 328 – Avranches 17 – Granville 42 – St-Hilaire-du-Harcouët 20

Intercommunal le Pont Roulland de fin avr. à fin sept.
02 33 48 60 60, *camping@brecey.fr*, Fax 02 33 89 21 19, *www.camping-brecey.com*
1 ha (52 empl.) peu incliné, plat, herbeux
Tarif : 2,70€ 3,60€ – (6A) 2,80€
Location : (de fin avr. à fin sept.) – 2 . Sem. 280 à 400€
Pour s'y rendre : 1,1 km à l'est par D 911, rte de Cuves
À savoir : cadre champêtre près d'un plan d'eau

Nature :
Loisirs :
Services :
À prox. :

Longitude : -1.15235
Latitude : 48.72184

BRÉHAL

50290 – **303** C6 – 2 971 h. – alt. 69
rue du Général de Gaulle 02 33 90 07 95
Paris 345 – Caen 113 – St-Lô 48 – St-Malo 101

La Vanlée de déb. mai à fin sept.
02 33 61 63 80, *camping.vanlee@wanadoo.fr*, Fax 02 33 61 87 18, *www.camping-vanlee.com*
11 ha (466 empl.) plat, vallonné, sablonneux, herbeux
Tarif : (Prix 2011) 4,70€ 5,30€ – (6A) 4€
Location : (Prix 2011) – 5 bungalows toilés. Sem. 199 à 379€
borne artisanale 4€
Pour s'y rendre : r. des Gabions
À savoir : cadre agréable dans un site sauvage en bordure de mer

Nature :
Loisirs : terrain multi-sports
Services : laverie
À prox. : golf

Longitude : -1.56487
Latitude : 48.90841

BRÉVILLE-SUR-MER

50290 – **303** K4 – 809 h. – alt. 70
Paris 341 – Caen 108 – St-Lô 50 – St-Malo 95

La Route Blanche – de déb. avr. à fin sept.
02 33 50 23 31, *larouteblanche@camping-breville.com*, Fax 02 33 50 26 47, *www.camping-breville.com*
ha (273 empl.) plat, herbeux, sablonneux
Tarif : 36€ (10A) – pers. suppl. 7€ – frais de réservation 6€
Location : (de déb. avr. à fin sept.) – 25 . Sem. 259 à 679€ – frais de réservation 6€
borne eurorelais – 15€
Pour s'y rendre : 6 r. de La Route Blanche (1 km au nord-ouest par rte de la plage, près du golf)

Nature :
Loisirs : snack terrain mulisports
Services : laverie
À prox. : parcours sportif, golf

Longitude : -1.56376
Latitude : 48.86966

CANY-BARVILLE

76450 – **304** D3 – 3 097 h. – alt. 25
32, place Robert Gabel 02 35 57 17 70
Paris 187 – Bolbec 34 – Dieppe 45 – Fécamp 21

Municipal de déb. avr. à fin sept.
02 35 97 70 37, *camping@cany-barville.fr*,
Fax 02 35 97 72 32, *www.cany-barville.fr*
2,9 ha (100 empl.) plat, cimenté, herbeux
Tarif : (Prix 2011) 3,30€ 1,60€ 3,30€ –
(10A) 3,35€
borne artisanale 2,50€ – 50 4,90€
Pour s'y rendre : rte de Barville (sortie sud par D 268, rte d'Yvetot, apr. le stade)

Nature :
Loisirs :
Services : laverie
À prox. :

Longitude : 0.64419
Latitude : 49.77835

CARENTAN

50500 – **303** E4 – 6 096 h. – alt. 18
boulevard de Verdun 02 33 71 23 50
Paris 308 – Avranches 89 – Caen 74 – Cherbourg 52

Le Haut Dick de déb. avr. à mi-oct.
02 33 42 16 89, *lehautdick@aol.com*, *www.camping-lehautdick.com*
2,5 ha (130 empl.) plat, vallonné, herbeux, sablonneux
Tarif : (Prix 2011) 24,90€ (6A) –
pers. suppl. 4,50€
Location : (Prix 2011) (de déb. avr. à mi-oct.) – 16 . Nuitée 30 à 100€ – Sem. 210 à 700€
borne artisanale – 14€
Pour s'y rendre : 30 chemin du Grand Bas Pays (au bord du canal, près de la piscine)
À savoir : agréable cadre verdoyant

Nature :
Loisirs : snack
Services :
À prox. : canoë

Longitude : -1.23917
Latitude : 49.3087

COLLEVILLE-SUR-MER

14710 – **303** G3 – 166 h. – alt. 42
Paris 281 – Bayeux 18 – Caen 48 – Carentan 36

Le Robinson de déb. avr. à fin sept.
02 31 22 45 19, *dourthe.le.robinson@wanadoo.fr*,
www.campinglerobinson.com
1 ha (67 empl.) plat, herbeux
Tarif : 5,70€ 2,80€ 5,60€ – (6A) 4,80€ – frais de réservation 17€
Location : (de déb. avr. à mi-sept.) – 13 – 2 – 1 bungalow toilé. Nuitée 60 à 90€ – Sem. 350 à 650€ – frais de réservation 17€
borne eurorelais
Pour s'y rendre : au hameau de Cabourg (800 m au nord-est par D 514, rte de Port-en-Bessin)

Nature :
Loisirs : snack
Services : laverie
À prox. : golf

Longitude : -0.83497
Latitude : 49.34968

COURSEULLES-SUR-MER

14470 – **303** J4 – 4 137 h.
5, rue du 11 novembre 02 31 37 46 80
Paris 252 – Arromanches-les-Bains 14 – Bayeux 24 – Cabourg 41

Municipal le Champ de Course de déb. avr. à fin sept.
02 31 37 99 26, *camping.courseulles@wanadoo.fr*,
www.courseulles-sur-mer.com
7,5 ha (381 empl.) plat, herbeux
Tarif : (Prix 2011) 20,40€ (10A) –
pers. suppl. 5,10€
Location : (Prix 2011) (de déb. avr. à fin sept.) – 34 . Sem. 282 à 645€
Pour s'y rendre : av. de la Libération (au nord)
À savoir : situation près de la plage

Nature :
Loisirs :
Services : laverie
À prox. : snack

Longitude : -0.44606
Latitude : 49.33289

COURTILS

50220 – **303** D8 – 249 h. – alt. 35
Paris 349 – Avranches 13 – Fougères 43 – Pontorson 15

St-Michel de mi-fév. à mi-nov.
02 33 70 96 90, *infos@campingsaintmichel.com*, Fax 02 33 70 99 09, *www.campingsaintmichel.com*
2,5 ha (100 empl.) plat et peu incliné, herbeux
Tarif : 21 € (10A) – pers. suppl. 7 €
Location : (de mi-fév. à mi-nov.) – 20. Nuitée 60 à 87 € – Sem. 315 à 609 €
borne artisanale 5,50 € – 25 – 14 €
Pour s'y rendre : 35 rte du Mont Saint Michel (sortie ouest par D 43)

Nature :
Loisirs : parc animalier
Services : laverie
À prox. :

Longitude : -1.41611
Latitude : 48.62829

CREULLY

14480 – **303** I4 – 1 524 h. – alt. 27
Paris 253 – Bayeux 14 – Caen 20 – Deauville 62

Intercommunal des 3 Rivières de déb. avr. à fin sept.
02 31 80 90 17, *mairie@ville-courseulles.fr*, Fax 02 31 80 12 00, *www.campingdes3rivieres.fr*
2 ha (82 empl.) plat et peu incliné, herbeux
Tarif : (Prix 2011) 11 € (10A) – pers. suppl. 3,60 €
Location : (Prix 2011) (de déb. avr. à fin sept.) – 5. Nuitée 37 à 52 € – Sem. 191 à 418 €
Pour s'y rendre : rte de Tierceville (800 m au nord-est, au bord de la Seulles)
À savoir : plaisant cadre verdoyant

Nature :
Loisirs :
Services :
À prox. : parcours de santé

Longitude : -0.53346
Latitude : 49.28788

DENNEVILLE

50580 – **303** C4 – 531 h. – alt. 5
1, rue Jersey 02 33 07 58 58
Paris 347 – Barneville-Carteret 12 – Carentan 34 – St-Lô 53

L'Espérance de déb. avr. à fin sept.
02 33 07 12 71, *camping.esperance@wanadoo.fr*, Fax 02 33 07 58 32, *www.camping-esperance.fr* – places limitées pour le passage
3 ha (134 empl.) plat, herbeux, sablonneux
Tarif : 28,30 € (6A) – pers. suppl. 6,20 €
Location : (de déb. avr. à fin sept.) – 12. Sem. 300 à 680 €
Pour s'y rendre : 36 r. de la Gamburie (3,5 km à l'ouest par D 137, à 500 m de la plage)

Nature :
Loisirs : snack nocturne
Services : laverie sèche-linge

Longitude : -1.68832
Latitude : 49.30332

DIEPPE

76200 – **304** G2 – 33 375 h. – alt. 6
pont Jehan Ango 02 32 14 40 60
Paris 197 – Abbeville 68 – Beauvais 107 – Caen 176

Vitamin' de déb. avr. à mi-oct.
02 35 82 11 11, *camping.vitamin@wanadoo.fr*, Fax 09 70 61 47 90, *www.camping-vitamin.com* – places limitées pour le passage
5,3 ha (180 empl.) plat, herbeux
Tarif : 22,90 € (10A) – pers. suppl. 5,30 €
Location : (de déb. avr. à mi-oct.) – 14 – 4. Nuitée 38 € – Sem. 570 €
borne artisanale – 10 €
Pour s'y rendre : 865 chemin des Vertus (3 km au sud par N 27, rte de Rouen et à dr.)

Nature :
Loisirs : terrain multisports
Services : laverie
À prox. : squash

Longitude : 1.07481
Latitude : 49.90054

La Source de mi-mars à mi-oct.
02 35 84 27 04, *info@camping-la-source.fr*,
Fax 02 35 82 25 02, *www.camping-la-source.fr* – places limitées pour le passage
2,5 ha (120 empl.) plat, herbeux
Tarif : 5,90€ 1,80€ 8,50€ – (10A) 4€
Location : (de mi-mars à mi-oct.) – 4 . Nuitée 140 à 150€ – Sem. 350 à 535€
borne eurorelais 2€ – 11 9,60€
Pour s'y rendre : 63 r. des Tisserands (3 km au sud-ouest par D 925, rte du Havre puis D 153 à gauche, à Petit-Appeville)
À savoir : cadre pittoresque au bord de la Scie

Loisirs :
Services : laverie

Longitude : 1.05526
Latitude : 49.89619

DIVES-SUR-MER

14160 – **303** L4 – 5 890 h. – alt. 3
rue du Général-de-Gaulle 02 31 91 24 66
Paris 219 – Cabourg 2 – Caen 27 – Deauville 22

Le Golf de fin mars à fin sept.
02 31 24 73 09, *info@campingdugolf.com*, *www.campingdugolf.com* – places limitées pour le passage
2,8 ha (155 empl.) plat, herbeux
Tarif : (Prix 2011) 20,70€ (10A) – pers. suppl. 4,50€ – frais de réservation 15€
Location : (Prix 2011) (de fin mars à fin sept.) – 11 – 2 tipis. Sem. 129 à 649€ – frais de réservation 15€
Pour s'y rendre : rte de Lisieux (sortie est, D 45 sur 3,5 km)

Nature :
Loisirs :
Services : laverie
À prox. :

Longitude : -0.0701
Latitude : 49.2792

To make the best possible use of this Guide, READ CAREFULLY THE EXPLANATORY NOTES.

DOMFRONT

61700 – **310** F3 – 3 936 h. – alt. 185
12, place de la Roirie 02 33 38 53 97
Paris 250 – Alençon 62 – Argentan 55 – Avranches 65

Municipal le Champ Passais de déb. avr. à mi-oct.
02 33 37 37 66, *mairie@domfront.com*, *www.domfront.com*
1,5 ha (34 empl.) en terrasses, plat, herbeux
Tarif : (Prix 2011) 2,65€ 5,70€ – (10A) 4€
borne raclet 1,50€
Pour s'y rendre : r. du Champ Passais (au sud par r. de la gare et à gauche)

Nature :
Loisirs :
Services :
À prox. : sentier VTT

Longitude : -0.6505
Latitude : 48.5889

DONVILLE-LES-BAINS

50350 – **303** C6 – 3 326 h. – alt. 40
95, route de Coutances 02 33 50 12 91
Paris 341 – Caen 112 – St-Lô 77

L'Ermitage de mi-avr. à mi-oct.
02 33 50 09 01, *camping-ermitage@wanadoo.fr*,
Fax 02 33 50 88 19, *www.camping-ermitage.com*
5 ha (298 empl.) peu incliné, plat, herbeux, sablonneux
Tarif : (Prix 2011) 4,90€ 1,95€ 4,40€ – (10A) 3,45€
Pour s'y rendre : r. de l'Ermitage (1 km au nord par r. du Champ de Courses)
À savoir : près d'une belle plage de sable fin

Nature :
Loisirs : diurne
Services : laverie
À prox. : (découverte en saison) bowling, golf

Longitude : -1.58073
Latitude : 48.85207

DUCEY

50220 – **303** E8 – 2 353 h. – alt. 15
4, rue du Génie ✆ 0233602153
Paris 348 – Avranches 11 – Fougères 41 – Rennes 80

Municipal la Sélune de déb. avr. à fin sept.
✆ 0233484649, *ducey.tourisme@wanadoo.fr*,
Fax 0233488759, *www.ducey-tourisme.com*
0,42 ha (40 empl.) plat, herbeux
Tarif : (Prix 2011) 2,85€ 2,15€ – (5A) 1,85€
borne autre 2€ – 4 8,40€
Pour s'y rendre : r. de Boishue (sortie ouest par N 176 et D 178, rte de St-Aubin-de-Terregatte à gauche, au stade)
À savoir : emplacements bien délimités par des haies de thuyats

Nature :
Services :
À prox. :

Longitude : -1.29452
Latitude : 48.61686

Utilisez le guide de l'année.

ÉTRÉHAM

14400 – **303** H4 – 256 h. – alt. 30
Paris 276 – Bayeux 11 – Caen 42 – Carentan 40

Reine Mathilde de déb. avr. à fin sept.
✆ 0231217655, *campingreinemathilde@gmail.com*,
Fax 0231221833, *www.campingreinemathilde.com*
6,5 ha (115 empl.) plat, herbeux
Tarif : 6,50€ 6,10€ – (6A) 4,70€
Location : (de déb. avr. à fin sept.) – 6 – 6 – 2 bungalows toilés. Nuitée 41 à 72€ – Sem. 256 à 602€
borne raclet
Pour s'y rendre : 1 km à l'ouest par D 123 et chemin à dr.

Nature :
Loisirs : poneys
Services :

Longitude : -0.79914
Latitude : 49.32257

ÉTRETAT

76790 – **304** B3 – 1 518 h. – alt. 8
place Maurice Guillard ✆ 0235270521
Paris 206 – Bolbec 30 – Fécamp 16 – Le Havre 29

Municipal de déb. avr. à mi-oct.
✆ 0235270767, Fax 0235270767 –
1,2 ha (73 empl.) plat, herbeux, gravier
Tarif : (Prix 2011) 3,50€ 4,50€ – (6A) 7,20€
borne Urbaco 8€ – 30
Pour s'y rendre : 1 km au sud-est par D 39, rte de Criquetot-l'Esneval
À savoir : entrée fleurie et ensemble très soigné

Nature :
Loisirs :
Services : laverie
À prox. :

Longitude : 0.21204
Latitude : 49.70386

FALAISE

14700 – **303** K6 – 8 456 h. – alt. 132
boulevard de la Libération ✆ 0231901726
Paris 264 – Argentan 23 – Caen 36 – Flers 37

Municipal du Château de déb. mai à fin sept.
✆ 0231901655, *camping@falaise.fr*, Fax 0231905338, *www.falaise-tourisme.com*
2 ha (66 empl.) terrasse, peu incliné, plat, herbeux
Tarif : 3,80€ 5€ – (10A) 4€
Pour s'y rendre : r. du Val d'Ante (à l'ouest de la ville, au val d'Ante)
À savoir : cadre verdoyant au pied du château

Nature : château
Loisirs : bibliothèque
Services :
À prox. : mur d'escalade

Longitude : -0.20468
Latitude : 48.89566

FIQUEFLEUR-ÉQUAINVILLE

27210 – **304** B5 – 632 h. – alt. 17
Paris 189 – Deauville 24 – Honfleur 7 – Lisieux 40

Domaine Catinière de mi-avr. à mi-sept.
02 32 57 63 51, *info@camping-catiniere.com*,
Fax 02 32 42 12 57, *www.camping-catiniere.com*
3,8 ha (130 empl.) plat, herbeux
Tarif : 21,50€ (13A) – pers. suppl. 4€
Location : (de déb. avr. à mi-sept.) – 19 – 1 gîte. Sem. 330 à 650€
Pour s'y rendre : rte de Honfleur (1 km au sud de Fiquefleur par D 22, entre deux ruisseaux)

Nature :
Loisirs : snack
Services : laverie

Longitude : 0.30382
Latitude : 49.40161

FLERS

61100 – **310** F2 – 15 808 h. – alt. 270
place Charles de Gaulle 02 33 65 06 75
Paris 234 – Alençon 73 – Argentan 42 – Caen 60

Le Pays de Flers de déb. avr. à fin oct.
02 33 65 35 00, *camping.paysdeflers@wanadoo.fr*,
Fax 02 33 98 44 35, *www.flers-agglomeration.fr/130-camping-de-la-fouquerie.htm*
1,5 ha (50 empl.) peu incliné, herbeux
Tarif : 3€ 3€ – (10A) 3€ – frais de réservation 30€
Location : (permanent) – 3 . Nuitée 52€ – Sem. 361€
borne artisanale
Pour s'y rendre : au lieu-dit : La Fouquerie (1,7 km à l'est par D 924, rte d'Argentan et chemin à gauche)

Nature :
Loisirs :
Services :
À prox. :

Longitude : -0.54311
Latitude : 48.75463

Renouvelez votre guide chaque année.

GENÊTS

50530 – **303** D7 – 447 h. – alt. 2
Paris 345 – Avranches 11 – Granville 24 – Le Mont-St-Michel 33

Les Coques d'Or de déb. avr. à fin sept.
02 33 70 82 57, *contact@campinglescoquesdor.com*,
Fax 0233708683, *www.campinglescoquesdor.com*
4,7 ha (225 empl.) plat, herbeux
Tarif : (Prix 2011) 5,90€ 2,30€ 2,30€ – (10A) 4,10€ – frais de réservation 9,60€
Location : (Prix 2011) (de déb. avr. à mi-sept.) – 11 . Sem. 350 à 590€
borne artisanale 3€
Pour s'y rendre : 14 Le Bec d'Andaine (700 m au nord-ouest par D 35e1, rte du Bec d'Andaine)

Nature :
Loisirs : snack
Services : laverie
À prox. : sentiers pédestre, VTT et équestre

Longitude : -1.48444
Latitude : 48.68778

GONNEVILLE-EN-AUGE

14810 – **303** K4 – 398 h. – alt. 16
Paris 223 – Caen 20 – Le Havre 84 – Hérouville-St-Clair 16

Le Clos Tranquille de déb. avr. à fin sept.
02 31 24 21 36, *le.clos.tranquille@wanadoo.fr*,
Fax 02 31 24 28 80, *www.campingleclostranquille.fr*
1,3 ha (78 empl.) plat, herbeux
Tarif : 5€ 6€ – (10A) 5€
Location : (de déb. mars à fin déc.) – 4 – 3 – 4 gîtes. Nuitée 90€ – Sem. 550€
Pour s'y rendre : 17 rt de Troarn (800 m au sud par D 95a)

Nature :
Loisirs :
Services : laverie
À prox. : golf

Longitude : -0.17771
Latitude : 49.23853

GRANVILLE

50400 – **303** C6 – 13 100 h. – alt. 10
4, cours Jonville ☎ 0233913003
Paris 342 – Avranches 27 – Caen 109 – Cherbourg 105

Les Castels Le Château de Lez-Eaux de fin mars à mi-sept.
☎ 0233516609, *bonjour@lez-eaux.com*,
Fax 0233519202, *www.lez-eaux.com*
12 ha/8 campables (229 empl.) peu incliné, plat, herbeux
Tarif : 51€ (16A) – pers. suppl. 8€ – frais de réservation 8€
Location : (de fin mars à mi-sept.) – 9 – 45 – 1 cabane dans les arbres. Nuitée 95 à 222€ – Sem. 385 à 1 554€ – frais de réservation 8€
14 51€
Pour s'y rendre : à St-Aubin-des-Préaux (7 km au sud-est par D 973, rte d'Avranches)
À savoir : dans le parc du château, bel ensemble aquatique

Nature :
Loisirs :
Services : laverie
À prox. :

Longitude : -1.52461
Latitude : 48.79774

La Vague de déb. mai à fin sept.
☎ 0233502997, *contact@camping-la-vague.com*, *www.camping-la-vague.com*
2 ha (145 empl.) plat, herbeux, sablonneux
Tarif : (Prix 2011) 29€ (6A) – pers. suppl. 7,20€
Location : (Prix 2011) (de déb. mai à fin sept.) – 7 . Sem. 295 à 595€
borne artisanale
Pour s'y rendre : 126 rte de Voudrelin (2,5 km au sud-est par D 911, rte de St-Pair et D 572 à gauche, à St Nicolas-Plage)
À savoir : cadre verdoyant, plaisant et soigné

Nature :
Loisirs :
Services :
À prox. : (découverte en saison)

Longitude : -1.57317
Latitude : 48.82146

LE GROS-THEIL

27370 – **304** F6 – 899 h. – alt. 145
Paris 136 – Bernay 30 – Elbeuf 16 – Évreux 34

Salverte Permanent
☎ 0232355134, *david.farah@wanadoo.fr*,
Fax 0232359279, *www.camping-salverte.com* – places limitées pour le passage
17 ha/10 campables (300 empl.) plat, herbeux
Tarif : 19,90€ (6A) – pers. suppl. 6,50€
Location : (de déb. avr. à mi-sept.) – 3 . Sem. 350 à 470€
Pour s'y rendre : 3 km au sud-ouest par D 26, rte de Brionne et chemin à gauche
À savoir : agréable cadre boisé

Nature :
Loisirs : snack salle d'animation, bibliothèque
Services : laverie

Longitude : 0.84149
Latitude : 49.22619

HONFLEUR

14600 – **303** N3 – 8 163 h. – alt. 5
Env. Pont de Normandie - Péage en 2011 : 5,10 autos, 5,90 caravanes, autocars 6,40/12,70 et gratuit pour motos
quai Lepaulmier ☎ 0231892330
Paris 195 – Caen 69 – Le Havre 27 – Lisieux 38

La Briquerie de fin mars à fin sept.
☎ 0231892832, *info@campinglabriquerie.com*,
Fax 0231890852, *www.campinglabriquerie.com* – places limitées pour le passage
11 ha (430 empl.) plat, herbeux
Tarif : 31€ (10A) – pers. suppl. 8€
Location : (de mi-mars à déb. nov.) – 9 . Sem. 320 à 630€
borne artisanale – 13€
Pour s'y rendre : à Equemauville, route de Trouville, 3,5 km au sud-ouest par rte de Pont-l'Évêque et D 62 à dr.

Nature :
Loisirs : jacuzzi terrain multisports
Services : laverie
À prox. :

Longitude : 0.20826
Latitude : 49.39675

HOULGATE

14510 – **303** L4 – 1 933 h. – alt. 11
10, boulevard des Belges ☎ 02 31 24 34 79
Paris 214 – Caen 29 – Deauville 14 – Lisieux 33

La Vallée – de déb. avr. à déb. oct.
☎ 02 31 24 40 69, *camping.lavallee@wanadoo.fr*,
Fax 02 31 24 42 42, *www.campinglavallee.com*
11 ha (350 empl.) en terrasses, peu incliné, plat, herbeux
Tarif : 33€ (6A) – pers. suppl. 7€ – frais de réservation 16€
Location : (de déb. avr. à déb. nov.) – 60 . Sem. 330 à 1 060€ – frais de réservation 16€
borne artisanale 2€ – 12 33€
Pour s'y rendre : 88 r. de la Vallée (1 km au sud par D 24a, rte de Lisieux et D 24 à dr.)
À savoir : cadre agréable autour d'anciens bâtiments de style normand

Nature :
Loisirs :
Services :
laverie
À prox. : poneys, golf

Longitude : -0.06733
Latitude : 49.29422

Informieren Sie sich über die gültigen Gebühren, bevor Sie Ihren Platz beziehen. Die Gebührensätze müssen am Eingang des Campingplatzes angeschlagen sein. Erkundigen Sie sich auch nach den Sonderleistungen. Die im vorliegenden Band gemachten Angaben können sich seit der Überarbeitung geändert haben.

INCHEVILLE

76117 – **304** I1 – 1 381 h. – alt. 19
Paris 169 – Abbeville 32 – Amiens 65 – Blangy-sur-Bresle 16

Municipal de l'Etang de déb. mars à fin oct.
☎ 02 35 50 30 17, *campingdeletang@orange.fr*,
Fax 02 35 50 30 17 – places limitées pour le passage –
2 ha (190 empl.) plat, herbeux
Tarif : (Prix 2011) 2,65€ 3,55€ – (10A) 3,65€
Pour s'y rendre : r. Mozart (sortie nord-est, rte de Beauchamps et r. à dr.)
À savoir : près d'un étang de pêche

Nature :
Loisirs :
Services :
À prox. :

Longitude : 1.50562
Latitude : 50.0142

ISIGNY-SUR-MER

14230 – **303** F4 – 2 738 h. – alt. 4
16, rue Émile Demagny ☎ 02 31 21 46 00
Paris 298 – Bayeux 35 – Caen 64 – Carentan 14

Le Fanal de déb. avr. à fin sept.
☎ 02 31 21 33 20, *info@camping-lefanal.com*,
Fax 02 31 22 12 00, *www.camping-normandie-fanal.fr* (de déb. juil. à fin août)
6,5 ha/5,5 campables (240 empl.) plat, herbeux
Tarif : (Prix 2011) 31,30€ (16A) – pers. suppl. 7€ – frais de réservation 10€
Location : (Prix 2011) (permanent) – 90 – 10 – 4 bungalows toilés. Nuitée 32 à 128€ – Sem. 224 à 896€ – frais de réservation 18€
borne artisanale 5€
Pour s'y rendre : à l'ouest, accès par le centre ville, près du terrain de sports
À savoir : cadre agréable et soigné autour d'un plan d'eau

Nature :
Loisirs :
Services : laverie
À prox. : pédalos, parcours sportif

Longitude : -1.10897
Latitude : 49.31888

JULLOUVILLE

50610 – **303** C7 – 2 098 h. – alt. 60
place de la Gare ✆ 02 33 61 82 48
Paris 346 – Avranches 24 – Granville 9 – St-Lô 63

La Chaussée
✆ 02 33 61 80 18, *contact@camping-lachaussee.com*, Fax 02 33 61 45 26, *www.camping-lachaussee.com*
6 ha/4,7 campables (250 empl.) peu incliné, plat, herbeux, sablonneux
Location : – 12 .
borne artisanale
Pour s'y rendre : 1 av. de la Libération (sortie au nord, rte de Granville, à 150 m de la plage)
À savoir : cadre plaisant agrémenté d'une petite pinède

Nature :
Loisirs : parc animalier avec des ânes
Services : laverie
À prox. :

Longitude : -1.56709
Latitude : 48.78136

JUMIEGES

76480 – **304** E5 – 1 715 h. – alt. 25
rue Guillaume le Conquérant ✆ 02 35 37 28 97
Paris 161 – Rouen 29 – Le Havre 82 – Caen 132

La Forêt de déb. avr. à fin oct.
✆ 02 35 37 93 43, *info@campinglaforet.com*, Fax 02 35 37 76 48, *www.campinglaforet.com*
2 ha (111 empl.) plat, herbeux
Tarif : 27€ (10A) – pers. suppl. 5€
Location : (permanent) – 13 – 5 . Nuitée 60 à 130€ – Sem. 260 à 510€
borne eurorelais 6€
Pour s'y rendre : r. Mainberte
À savoir : dans le Parc Régional de Brotonne

Nature :
Loisirs :
Services : laverie
À prox. : §

Longitude : 0.83088
Latitude : 49.43662

LISIEUX

14100 – **303** N5 – 22 700 h. – alt. 51
11, rue d'Alençon ✆ 02 31 48 18 10
Paris 169 – Caen 54 – Le Havre 66 – Hérouville-St-Clair 53

La Vallée de déb. avr. à fin sept.
✆ 02 31 62 00 40, *tourisme@cclisieuxpaysdauge.fr*, Fax 02 31 48 18 11, *www.lisieux-tourisme.com*
1 ha (75 empl.) plat, herbeux, gravillons
Tarif : (Prix 2011) 16,70€ (8A) – pers. suppl. 3,50€
Location : (Prix 2011) (de déb. avr. à fin sept.) – 5 . Sem. 235 à 380€ – frais de réservation 6€
Pour s'y rendre : 9 r. de la Vallée (sortie nord par D 48, rte de Pont-l'Évêque)

Nature :
Services : laverie
À prox. : complexe aquatique couvert

Longitude : 0.22068
Latitude : 49.16423

LES LOGES

76790 – **304** B3 – 1 140 h. – alt. 92
Paris 205 – Rouen 83 – Le Havre 34 – Fécamp 10

L'Aiguille Creuse de mi-avr. à mi-sept.
✆ 02 35 29 52 10, *camping@aiguillecreuse.com*, *www.campingaiguillecreuse.com*
3 ha (80 empl.) peu incliné, plat, herbeux
Tarif : 25,30€ (10A) – pers. suppl. 6€ – frais de réservation 7€
Location : (Prix 2011) (de mi-avr. à mi-sept.) – 9 . Sem. 240 à 665€ – frais de réservation 15€
borne artisanale
Pour s'y rendre : 24 res.de l'Aiguille Creuse

Nature :
Loisirs : (découverte en saison)
Services :
À prox. :

Longitude : 0.27575
Latitude : 49.69884

LOUVIERS

27400 – **304** H6 – 18 120 h. – alt. 15
10, rue du Maréchal Foch ✆ 02 32 40 04 41
Paris 104 – Les Andelys 22 – Bernay 52 – Lisieux 75

Le Bel Air de mi-mars à mi-oct.
✆ 02 32 40 10 77, *campinglebelair@aol.com*, *www.camping-lebelair.fr* – places limitées pour le passage
2,5 ha (92 empl.) plat, herbeux
Tarif : (Prix 2011) 5,20€ 6,40€ – (6A) 4,40€

Location : (Prix 2011) (de mi-mars à mi-oct.) – 2 – 3 . Sem. 450 à 560€
2 22€
Pour s'y rendre : rte de la-Haye-Malherbe (3 km à l'ouest par D 81)

À savoir : cadre arbustif et ombragé

Nature :
Loisirs :
Services : laverie
À prox. :

Longitude : 1.1332
Latitude : 49.2152

LUC-SUR-MER

14530 – **303** J4 – 3 172 h.
rue du Docteur Charcot ✆ 02 31 97 33 25
Paris 249 – Arromanches-les-Bains 23 – Bayeux 29 – Cabourg 28

Municipal la Capricieuse de déb. avr. à fin sept.
✆ 02 31 97 34 43, *info@campinglacapricieuse.com*, Fax 02 31 97 43 64, *www.campinglacapricieuse.com*
4,6 ha (226 empl.) peu incliné, plat, herbeux
Tarif : (Prix 2011) 4,70€ 5,60€ – (10A) 6,25€

Location : (Prix 2011) (de déb. avr. à fin nov.) (1 mobile home) – 18 – 10 . Sem. 299 à 615€
borne artisanale 5€
Pour s'y rendre : 2 r. Brummel (à l'ouest, allée Brummel, à 200 m de la plage)

Nature :
Loisirs : Thalasso, plage
Services : laverie
À prox. :

Longitude : -0.35781
Latitude : 49.3179

LYONS-LA-FORÊT

27480 – **304** I5 – 759 h. – alt. 88
20, rue de l'Hôtel de Ville ✆ 02 32 49 31 65
Paris 104 – Les Andelys 21 – Forges-les-Eaux 30 – Gisors 30

Municipal St-Paul de déb. avr. à fin oct.
✆ 02 32 49 42 02, *camping-saint-paul@orange.fr*, Fax 02 32 49 42 02, *www.camping-saint-paul.fr* – places limitées pour le passage
3 ha (100 empl.) plat, herbeux
Tarif : (Prix 2011) 20,45€ (6A) – pers. suppl. 5,15€

Location : (Prix 2011) (de déb. avr. à fin oct.) – 8 . Nuitée 55 à 79€ – Sem. 199 à 415€
Pour s'y rendre : 2 rte Saint-Paul (au nord-est par D 321, au stade, au bord de la Lieure)

Nature :
Loisirs :
Services :
À prox. : (centre équestre)

Longitude : 1.47657
Latitude : 49.39869

MARCHAINVILLE

61290 – **310** N3 – 210 h. – alt. 235
Paris 124 – L'Aigle 28 – Alençon 65 – Mortagne-au-Perche 28

Municipal les Fossés de déb. avr. à fin oct.
✆ 02 33 73 65 80, *mairiemarchainville@wanadoo.fr*, Fax 02 33 73 65 80 –
1 ha (17 empl.) peu incliné, plat, herbeux
Tarif : 2,10€ – (30A) 2,30€
Pour s'y rendre : au nord par D 243

Nature :
Loisirs :
Services :

Longitude : 0.8135
Latitude : 48.5861

MARTIGNY

76880 – **304** G2 – 487 h. – alt. 24
Paris 196 – Dieppe 10 – Fontaine-le-Dun 29 – Rouen 64

Les Deux Rivières de fin mars à déb. oct.
02 35 85 60 82, *martigny.76@orange.fr*,
Fax 02 35 85 95 16, *www.camping-2-rivieres.com* – places limitées pour le passage
3 ha (110 empl.) plat, herbeux
Tarif : 15,90€ (10A) – pers. suppl. 3,80€
Location : (permanent) – 6 . Nuitée 71€ – Sem. 325 à 520€
Pour s'y rendre : D 154 (700 m au nord-ouest, rte de Dieppe)
À savoir : situation agréable en bordure de rivière et de plans d'eau

Nature : plans d'eau et le château d'Arques
Loisirs :
Services : laverie
À prox. : canoë

Longitude : 1.14963
Latitude : 49.86609

To select the best route and follow it with ease,
To calculate distances,
To position a site precisely from details given in the text :
Get the appropriate ***MICHELIN regional map.***

MARTRAGNY

14740 – **303** I4 – 333 h. – alt. 70
Paris 257 – Bayeux 11 – Caen 23 – St-Lô 47

Les Castels Le Château de Martragny de déb. mai à mi-sept.
02 31 80 21 40, *chateau.martragny@wanadoo.fr*,
Fax 02 31 08 14 91, *www.chateau-martragny.com*
13 ha/4 campables (160 empl.) plat, herbeux
Tarif : 7,80€ 14,20€ – (15A) 4,60€ – frais de réservation 8€
Location : – 5 – 1 gîte. Nuitée 60€ – Sem. 450 à 550€ – frais de réservation 8€
borne artisanale – 5 34€
Pour s'y rendre : 5 r. de l'Ormelet (sur l'ancienne N 13, par le centre bourg)
À savoir : chambres d'hôte dans le château du XVIIIe s.

Nature :
Loisirs :
Services : laverie
À prox. :

Longitude : -0.60532
Latitude : 49.24406

MAUPERTUS-SUR-MER

50330 – **303** D2 – 258 h. – alt. 119
Paris 359 – Barfleur 21 – Cherbourg 13 – St-Lô 80

Les Castels l'Anse du Brick – de déb. avr. à fin sept.
02 33 54 33 57, *welcome@anse-du-brick.com*,
Fax 02 33 54 49 66, *www.anse-du-brick.com*
17 ha/7 campables (180 empl.) accidenté et en terrasses, pierreux, herbeux, bois attenant
Tarif : 39,60€ (10A) – pers. suppl. 8€ – frais de réservation 8€
Location : (de déb. avr. à fin sept.) – 36 – 6 – 3 gîtes. Sem. 385 à 990€ – frais de réservation 8€
borne artisanale 7,50€
Pour s'y rendre : 18 Anse du Brick (au nord-ouest par D 116, à 200 m de la plage, accès direct par passerelle)
À savoir : agréable cadre verdoyant et ombragé dans un site sauvage

Nature :
Loisirs :
Services : laverie
À prox. : centre nautique, kayak de mer

Longitude : -1.487
Latitude : 49.667

MERVILLE-FRANCEVILLE-PLAGE

14810 – **303** K4 – 1 753 h. – alt. 2
place de la Plage *02 31 24 23 57*
Paris 225 – Arromanches-les-Bains 42 – Cabourg 7 – Caen 20

Le Point du Jour de déb. avr. à déb. nov.
02 31 24 23 34, *contact@camping-lepointdujour.com*, *www.camping-lepointdujour.com*
2,7 ha (142 empl.) plat, herbeux, sablonneux
Tarif : (Prix 2011) 29,40€ (10A) – pers. suppl. 7,80€ – frais de réservation 10€
Location : (Prix 2011) (de déb. avr. à déb. nov.) – 20 . Sem. 320 à 640€ – frais de réservation 10€
borne artisanale
Pour s'y rendre : rte de Cabourg (sortie est par D 514)
À savoir : agréable situation en bordure de plage

Nature :
Loisirs : snack (découverte en saison)
Services : laverie
À prox. : golf, centre de voile

Longitude : -0.19392
Latitude : 49.2833

Les Peupliers de déb. avr. à fin oct.
02 31 24 05 07, *contact@camping-peupliers.com*, Fax 02 31 24 05 07, *www.camping-peupliers.com*
3,6 ha (164 empl.) plat, herbeux
Tarif : 7,60€ 8,30€ – (16A) 5,80€
Location : (de déb. avr. à fin oct.) – 1 roulotte – 33 – 10 . Nuitée 95 à 107€ – Sem. 350 à 750€
borne artisanale
Pour s'y rendre : allée des Pins (2,5 km à l'est par rte de Cabourg et à dr., à l'entrée de Hôme)

Loisirs : diurne nocturne (juil.-août)
Services : laverie
À prox. : golf, pêche, centre de voile

Longitude : -0.17011
Latitude : 49.2829

MOYAUX

14590 – **303** O4 – 1 317 h. – alt. 160
Paris 173 – Caen 64 – Deauville 31 – Lisieux 13

Le Colombier de déb. mai à mi-sept.
02 31 63 63 08, *info@camping-lecolombier.com*, Fax 02 31 61 50 17, *www.camping-lecolombier.com*
15 ha/6 campables (180 empl.) plat, herbeux
Tarif : 8€ 16€ – (12A) 4€
Pour s'y rendre : 3 km au nord-est par D 143, rte de Lieurey
À savoir : piscine dans le jardin à la française du château

Nature :
Loisirs : bibliothèque
Services : laverie

Longitude : 0.3897
Latitude : 49.2097

OMONVILLE-LA-ROGUE

50440 – **303** A1 – 525 h. – alt. 25
Paris 377 – Caen 144 – St-Lô 99 – Cherbourg 24

Municipal du Hable de déb. avr. à fin sept.
02 33 52 86 15, *campingomonvillelarogue@wanadoo.fr*, Fax 02 33 52 86 15 –
1 ha (60 empl.) plat, gravillons, herbeux
Tarif : 2,60€ 2€ 2€ – (10A) 5,15€
borne artisanale – 24
Pour s'y rendre : 4 rte de la Hague

Nature :
Services : laverie
À prox. :

Longitude : -1.84087
Latitude : 49.70439

ORBEC

14290 – **303** O5 – 2 400 h. – alt. 110
6, rue Grande *02 31 32 56 68*
Paris 173 – L'Aigle 38 – Alençon 80 – Argentan 53

Les Capucins de fin mai à déb. sept.
02 31 32 76 22, *camping.sivom@orange.fr*, Fax 02 31 63 16 12
0,9 ha (35 empl.) plat, herbeux
Tarif : 11€ (10A) – pers. suppl. 2,50€
Pour s'y rendre : av. du Bois (1,5 km au nord-est par D 4, rte de Bernay et chemin à gauche, au stade)
À savoir : cadre verdoyant très soigné

Nature :
Loisirs :
Services :
À prox. :

Longitude : 0.40832
Latitude : 49.02824

LES PIEUX

50340 – **303** B2 – 3 455 h. – alt. 104
6, rue Centrale 02 33 52 81 60
Paris 366 – Barneville-Carteret 18 – Cherbourg 22 – St-Lô 48

Le Grand Large de mi-avr. à mi-sept.
02 33 52 40 75, *info@legrandlarge.com*,
Fax 02 33 52 58 20, *www.legrandlarge.com*
3,7 ha (236 empl.) plat et peu incliné, sablonneux, herbeux
Tarif : 36 € (10A) – pers. suppl. 7,50 €
Location : (de mi-avr. à mi-sept.) – 44 . Nuitée 90 à 120 € – Sem. 390 à 800 €
borne artisanale 8 €
Pour s'y rendre : 11 rte du Grand Large (3 km au sud-ouest par D 117 et D 517 à dr. puis 1 km par chemin à gauche)
À savoir : agréable situation dans les dunes au bord de la plage de Sciottot

Nature :
Loisirs : pateaugeoire
Services : laverie

Longitude : -1.8425
Latitude : 49.49361

PONT-AUDEMER

27500 – **304** D5 – 8 718 h. – alt. 15
place Maubert 02 32 41 08 21
Paris 165 – Rouen 58 – Évreux 91 – Le Havre 44

Municipal Risle-Seine - Les Étangs de mi-fév. à mi-nov.
02 32 42 46 65, *camping@ville-pont-audemer.fr*,
Fax 02 32 42 24 17, *http://tourisme.ville-pont-audemer.fr*
2 ha (61 empl.) plat, herbeux
Tarif : 3,25 € 6,70 € – (10A) 3,95 €
Location : (permanent) – 10 . Sem. 293 à 540 €
Pour s'y rendre : 19 rte des Étangs à Toutainville (2,5 km à l'est, à gauche sous le pont de l'autoroute, près de la base nautique)
À savoir : joli petit village de chalets sur pilotis !

Nature :
Loisirs :
Services :
À prox. : (bassin)

Longitude : 0.48739
Latitude : 49.3666

475

PONT-AUTHOU

27290 – **304** E6 – 707 h. – alt. 49
Paris 152 – Bernay 22 – Elbeuf 26 – Évreux 45

Municipal les Marronniers Permanent
02 32 42 75 06, *campingmunicipaldesmarronniers@orange.fr*, Fax 02 32 56 34 51 – places limitées pour le passage
2,5 ha (64 empl.) plat, herbeux
Tarif : (Prix 2011) 13 € (10A) – pers. suppl. 2,60 €
Location : (Prix 2011) (permanent) – 8 . Nuitée 41 € – Sem. 214 €
borne artisanale 4,50 € – 5 12,90 €
Pour s'y rendre : r. Louise Givon (au sud du bourg, par D 130, rte de Brionne, au bord d'un ruisseau)

Loisirs :
Services :
À prox. :

Longitude : 0.70332
Latitude : 49.24193

PONT-FARCY

14380 – **303** F6 – 523 h. – alt. 72
Paris 296 – Caen 63 – St-Lô 30 – Villedieu-les-Poêles 22

Municipal de mi-avr. à fin sept.
02 31 68 32 06, *mairiedepontfarcy@orange.fr*,
Fax 02 31 68 32 06, *www.pont.farcy.fr* – R
1,5 ha (60 empl.) plat, herbeux
Tarif : (Prix 2011) 9 € (10A) – pers. suppl. 2,15 €
Pour s'y rendre : rte de Tessy (sortie nord par D 21, rte de Tessy-sur-Vire)
À savoir : au bord de la Vire

Loisirs :
Services :

Longitude : -1.05471
Latitude : 48.97548

PONTORSON

50170 – **303** C8 – 4 108 h. – alt. 15
place de l'Hôtel de Ville ☎ 02 33 60 20 65
Paris 359 – Avranches 23 – Dinan 50 – Fougères 39

Haliotis – de mi-mars à mi-nov.
☎ 02 33 68 11 59, *camping.haliotis@wanadoo.fr*,
Fax 02 33 58 95 36, *www.camping-haliotis-mont-saint-michel.com*
8 ha/3,5 campables (170 empl.) plat, herbeux
Tarif : 25,50€ (16A) – pers. suppl. 6€

Location : (de mi-mars à mi-nov.) – 30 – 4 . Nuitée 55 à 85€ – Sem. 290 à 590€
borne artisanale
Pour s'y rendre : chemin des Soupirs (au nord-ouest par D 19, rte de Dol-de-Bretagne, près du Couesnon)

Nature :
Loisirs : diurne jacuzzi parcours de santé, mini-ferme, terrain multisports, practice golf
Services : – 12 sanitaires individuels () laverie
À prox. : (centre équestre)

Longitude : -1.51131
Latitude : 48.55692

PORT-EN-BESSIN

14520 – **303** H3 – 2 019 h. – alt. 10
2, rue du Croiseur Montcalm ☎ 02 31 22 45 80
Paris 277 – Caen 43 – Hérouville-St-Clair 45 – St-Lô 47

Sunêlia Port'Land – de déb. avr. à déb. nov.
☎ 02 31 51 07 06, *campingportland@wanadoo.fr*,
Fax 02 31 51 76 49, *www.camping-portland.com*
8,5 ha (256 empl.) plat, herbeux
Tarif : 40€ (16A) – pers. suppl. 8,40€

Location : (de déb. avr. à déb. nov.) – 90 . Nuitée 72 à 135€ – Sem. 504 à 945€
borne flot bleu 5€
Pour s'y rendre : chemin du Castel, à 5 km de la plage
À savoir : jolie décoration florale et arbustive autour des différents étangs

Nature :
Loisirs : terrain multisports, parcours de santé
Services : laverie
À prox. : golf

Longitude : -0.77044
Latitude : 49.34716

QUIBERVILLE

76860 – **304** F2 – 508 h. – alt. 50
983, rue de l'Église ☎ 02 35 04 08 32
Paris 199 – Dieppe 18 – Fécamp 50 – Rouen 67

Municipal de la Plage de déb. avr. à fin oct.
☎ 02 35 83 01 04, *campingplage3@wanadoo.fr*,
Fax 02 35 85 10 25, *www.campingplagequiberville.fr*
– places limitées pour le passage
2,5 ha (202 empl.) plat, herbeux
Tarif : (Prix 2011) 5,30€ 9,20€ – (10A) 4,80€
borne sanistation 3,50€
Pour s'y rendre : 123 r. de la Saane (à Quiberville-Plage, accès par D 127, rte d'Ouville-la-Rivière)
À savoir : à 100 m de la mer

Nature :
Loisirs :
Services : laverie
À prox. : snack terrain multisports

Longitude : 0.92878
Latitude : 49.90507

RADON

61250 – **310** J3 – 1 030 h. – alt. 175
Paris 200 – Caen 106 – Alençon 11 – Le Mans 67

Ferme des Noyers de déb. juin à fin sept.
☎ 02 33 28 75 02, *contact@ecouves.net*, *www.ecouves.net*
2 ha (43 empl.)
Tarif : (Prix 2011) 2,50€ 5€ – 3€

Location : (permanent) – 3 – 1 gîte d'étape (32 lits). Nuitée 30 à 60€ – Sem. 150 à 250€
borne artisanale 3€
Pour s'y rendre : lieu dit : Les Noyers (D 1)

Nature :
Loisirs :
Services :
À prox. : (étang)

Longitude : 0.0684
Latitude : 48.4957

RAVENOVILLE

50480 – **303** E3 – 241 h. – alt. 6
Paris 328 – Barfleur 27 – Carentan 21 – Cherbourg 40

Le Cormoran – de déb. avr. à fin sept.
02 33 41 33 94, *lecormoran@wanadoo.fr*, Fax 02 33 95 16 08, *www.lecormoran.com* – places limitées pour le passage
8 ha (256 empl.) plat, herbeux, sablonneux
Tarif : 20€ (10A) – pers. suppl. 7€ – frais de réservation 10€
Location : (de déb. avr. à fin sept.) – 38 – 6 . Nuitée 50 à 105€ – Sem. 220 à 850€ – frais de réservation 10€
borne artisanale 15€ – 7 15€ – 15€
Pour s'y rendre : 2 r. du Cormoran (3,5 km au nord-est par D 421, rte d'Utah-Beach, près de la plage)
À savoir : belle décoration florale et arbustive

Nature :
Loisirs : jacuzzi terrain multisports, tir à la carabine, mini ferme, bateaux radiocommandés,
Services : laverie
À prox. :

Longitude : -1.23527
Latitude : 49.46658

LE ROZEL

50340 – **303** B3 – 273 h. – alt. 21
Paris 369 – Caen 135 – Cherbourg 26 – Rennes 197

Le Ranch de déb. avr. à fin sept.
02 33 10 07 10, *contact@camping-leranch.com*, Fax 02 33 10 07 11, *www.camping-leranch.com*
4 ha (130 empl.) terrasse, vallonné, plat, herbeux, sablonneux
Tarif : (Prix 2011) 33,70€ (10A) – pers. suppl. 7€
Location : (Prix 2011) (de déb. avr. à fin sept.) – 13 . Sem. 350 à 750€
Pour s'y rendre : au lieu-dit : La Mielle (2 km au sud-ouest par D 117 et D 62 à dr.)
À savoir : en bordure de plage

Nature :
Loisirs : snack
Services : (juil.-août) laverie
À prox. : , char à voile

Longitude : -1.84199
Latitude : 49.48013

Benutzen Sie
– zur Wahl der Fahrtroute
– zur Berechnung der Entfernungen
– zur exakten Lokalisierung eines Campingplatzes (mit Hilfe der Angaben im Ortstext)
die für diesen Führer unentbehrlichen ***MICHELIN-Karten.***

ST-ARNOULT

14800 – **303** M3 – 1 004 h. – alt. 4
Paris 198 – Caen 43 – Le Havre 41 – Rouen 90

La Vallée de Deauville – de déb. avr. à fin oct.
02 31 88 58 17, *contact@campingdeauville.com*, Fax 02 31 88 11 57, *www.camping-deauville.com* – places limitées pour le passage
10 ha (411 empl.) plat, herbeux
Tarif : (Prix 2011) 9,21€ 12€ – (10A) 4€
Location : (Prix 2011) (de déb. avr. à fin oct.) – 45 . Nuitée 85 à 110€ – Sem. 325 à 775€
borne artisanale 8€
Pour s'y rendre : av. de la Vallée (1 km au sud par D 27, rte de Varaville et D 275, rte de Beaumont-en-Auge à gauche, au bord d'un ruisseau et près d'un plan d'eau)
À savoir : autour d'un agréable plan d'eau

Nature :
Loisirs : terrain multisports
Services : laverie
À prox. : golf

Longitude : 0.0862
Latitude : 49.3287

ST-AUBIN-SUR-MER

14750 – **303** J4 – 1 836 h.
digue Favreau ✆ 02 31 97 30 41
Paris 252 – Arromanches-les-Bains 19 – Bayeux 29 – Cabourg 32

Yelloh! Village Côte de Nacre – de fin mars à fin sept.
✆ 02 31 97 14 45, *camping-cote-de-nacre@wanadoo.fr*, Fax 02 31 97 22 11, *www.camping-cote-de-nacre.com*
– places limitées pour le passage
10 ha (350 empl.) plat, herbeux
Tarif : 44€ (10A) – pers. suppl. 9€
Location : (de fin mars à fin sept.) – 230. Nuitée 67 à 142€ – Sem. 469 à 994€
borne artisanale
Pour s'y rendre : 17 r. du Gal Moulton (au sud du bourg par D 7b)
À savoir : parc aquatique en partie couvert

Loisirs : spa terrain mulisports
Services : laverie
À prox. :

Longitude : -0.3946
Latitude : 49.3324

ST-AUBIN-SUR-MER

76740 – **304** F2 – 265 h. – alt. 15
Paris 191 – Dieppe 21 – Fécamp 46 – Rouen 59

Municipal le Mesnil de fin mars à fin oct.
✆ 02 35 83 02 83, *lemesnil76@orange.fr*, Fax 02 35 86 25 26
2,2 ha (117 empl.) en terrasses, plat, herbeux
Tarif : (Prix 2011) 22,75€ (16A) – pers. suppl. 6,75€
Location : (Prix 2011) (de fin mars à fin oct.) – 2. Nuitée 55 à 77€ – Sem. 350 à 480€
borne artisanale 4€
Pour s'y rendre : rte de Sotteville (2 km à l'ouest par D 68, rte de Veules-les-Roses)
À savoir : dans une ancienne ferme normande

Nature :
Loisirs : snack
Services : laverie

Longitude : 0.86538
Latitude : 49.88746

ST-EVROULT-NOTRE-DAME-DU-BOIS

61550 – **310** L2 – 439 h. – alt. 355
Paris 153 – L'Aigle 14 – Alençon 56 – Argentan 42

Municipal des Saints-Pères de mi-avr. à fin sept.
✆ 06 58 06 14 60, *hharel@wanadoo.fr*, Fax 02 33 34 93 12
0,6 ha (27 empl.) terrasse, plat, herbeux, gravillons, bois attenant
Tarif : (Prix 2011) 2,50€ 1,50€ – (12A) 2,50€
borne eurorelais 2€ – 5€
Pour s'y rendre : au sud-est du bourg
À savoir : agréable situation, au bord d'un plan d'eau

Nature :
Loisirs : pédalos
Services :
À prox. :

Longitude : 0.4663
Latitude : 48.7888

ST-GEORGES-DU-VIÈVRE

27450 – **304** D6 – 683 h. – alt. 138
1, route de Montfort ✆ 02 32 56 34 29
Paris 161 – Bernay 21 – Évreux 54 – Lisieux 36

Municipal du Vièvre de déb. avr. à fin sept.
✆ 02 32 42 76 79, *camping.stgeorgesduvievre@wanadoo.fr*, Fax 02 32 42 80 42, *www.camping-eure-normandie.fr*
1,1 ha (50 empl.) plat, herbeux
Tarif : (Prix 2011) 2,30€ 1,30€ 2,20€ – (5A) 2,20€
Location : (Prix 2011) (de déb. avr. à fin sept.) – 1. Sem. 200 à 300€
Pour s'y rendre : rte de Noards (sortie sud-ouest par D 38)

Nature :
Loisirs :
Services :
À prox. :

Longitude : 0.58063
Latitude : 49.24266

ST-GERMAIN-SUR-AY

50430 – **303** C4 – 867 h. – alt. 5
route de la Mer ✆ 02 33 07 02 75
Paris 345 – Barneville-Carteret 26 – Carentan 35 – Coutances 27

Aux Grands Espaces de déb. avr. à fin oct.
✆ 02 33 07 10 14, *auxgrandsespaces@orange.fr*, Fax 02 33 07 22 59, *www.auxgrandsespaces.com* – places limitées pour le passage
16 ha (580 empl.) plat et accidenté, sablonneux, herbeux
Tarif : (Prix 2011) 5,50€ 6,90€ – (4A) 4,50€
Location : (Prix 2011) (de mi-avr. à fin août) – 20 – 5 bungalows toilés. Sem. 170 à 570€
Pour s'y rendre : 6 r. du Camping (4 km à l'ouest par D 306, à St-Germain-Plage)

Nature :
Loisirs :
Services : (juil.-août) laverie
À prox. : char à voile

Longitude : -1.64089
Latitude : 49.23654

ST-HILAIRE-DU-HARCOUËT

50600 – **303** F8 – 4 207 h. – alt. 70
avenue, Maréchal Leclerc ✆ 02 33 79 38 88
Paris 339 – Alençon 100 – Avranches 27 – Caen 102

Municipal de la Sélune de déb. avr. à fin sept.
✆ 02 33 49 43 74, *info@st-hilaire.fr*, Fax 02 33 79 38 71, *www.st-hilaire.fr*
1,9 ha (70 empl.) plat, herbeux
Tarif : (Prix 2011) 2,35€ 1€ – (10A) 1,95€
9.65€
Pour s'y rendre : 700 m au nord-ouest par N 176, rte d'Avranches et à dr., près de la rivière

Loisirs :
Services : laverie
À prox. :

Longitude : -1.09765
Latitude : 48.58127

ST-JEAN-DE-LA-RIVIÈRE

50270 – **303** B3 – 354 h. – alt. 20
Paris 351 – Caen 119 – St-Lô 63 – Cherbourg 40

Yelloh! village Les Vikings de fin mars à déb. oct.
✆ 02 33 53 84 13, *contact@camping-lesvikings.com*, Fax 02 33 53 08 19, *www.camping-lesvikings.com*
6 ha (250 empl.) plat, herbeux, sablonneux
Tarif : 42€ (6A) – pers. suppl. 8€
Location : (de fin mars à déb. oct.) – 90 . Nuitée 169€ – Sem. 1 183€
borne eurorelais 20€
Pour s'y rendre : 4 r. des Vikings (par D 166 et chemin à dr.)
À savoir : entrée agrémentée de fleurs et petits palmiers

Nature :
Loisirs : salle d'animation terrain multisports
Services : laverie
À prox. : golf, char à voile

Longitude : -1.75293
Latitude : 49.36335

The Guide changes, so renew your guide every year.

ST-MARTIN-EN-CAMPAGNE

76370 – **304** H2 – 1 274 h. – alt. 118
Paris 209 – Dieppe 13 – Rouen 78 – Le Tréport 18

Domaine les Goélands de déb. mars à mi-nov.
✆ 02 35 83 82 90, *domainelesgoelands@orange.fr*, Fax 02 35 83 21 79, *www.lesdomaines.org* – places limitées pour le passage
3 ha (140 empl.) en terrasses, peu incliné, herbeux
Tarif : 21,50€ (16A) – pers. suppl. 4€
Location : (de déb. mars à mi-nov.) – 8 . Sem. 390 à 610€
4
Pour s'y rendre : r. des Grèbes (2 km au nord-ouest, à St-Martin-Plage)

Nature :
Loisirs : salle de billard terrain multisports
Services : laverie
À prox. :

Longitude : 1.20393
Latitude : 49.96669

ST-PAIR-SUR-MER

50380 – **303** C7 – 3 719 h. – alt. 30
85, route de Granville ☎ 02 33 50 52 77
Paris 342 – Avranches 24 – Granville 4 – Villedieu-les-Poêles 29

Angomesnil de fin juin à déb. sept.
☎ 02 33 51 64 33, *info@angomesnil.com*, *www.angomesnil.com*
1,2 ha (45 empl.) plat, herbeux
Tarif : 4,80€ 2,60€ 3,90€ – (6A) 3,60€ – frais de réservation 15€
Pour s'y rendre : 891 rte du Guigeois (4,9 km au sud-est par D 21, rte de St-Michel-des-Loups et D 154 à gauche, rte de St-Aubin-des-Préaux)

Nature :
Loisirs :
Services :
À prox. : (découverte en saison) parcours sportif, piste de roller

Longitude : -1.5261
Latitude : 48.79065

ST-SAUVEUR-LE-VICOMTE

50390 – **303** C3 – 2 063 h. – alt. 30
le Vieux Château ☎ 02 33 21 50 44
Paris 336 – Barneville-Carteret 20 – Cherbourg 37 – St-Lô 56

Municipal du Vieux Château de déb. juin à mi-sept.
☎ 02 33 41 72 04, *ot.ssv@wanadoo.fr*, Fax 02 33 95 88 85, *www.saintsauveurlevicomte.stationverte.com*
1 ha (57 empl.) plat, herbeux
Tarif : (Prix 2011) 2,70€ 3,70€ – (6A) 1,80€
Pour s'y rendre : av. Division Leclerc (au bourg, au bord de la Douve)
À savoir : au pied du château médiéval

Loisirs :
Services : laverie
À prox. : canoë

Longitude : -1.52759
Latitude : 49.38722

ST-SYMPHORIEN-LE-VALOIS

50250 – **303** C4 – 771 h. – alt. 35
Paris 335 – Barneville-Carteret 19 – Carentan 25 – Cherbourg 47

L'Étang des Haizes – de déb. avr. à mi-oct.
☎ 02 33 46 01 16, *info@campingetangdeshaizes.com*, Fax 02 33 47 23 80, *www.campingetangdeshaizes.com*
4,5 ha (98 empl.) plat, et peu incliné, herbeux
Tarif : 7€ 17€ – (10A) 6€
Location : (de déb. avr. à fin sept.) – 26 – 4 – 1 tipi – 2 tentes. Nuitée 40 à 119€ – Sem. 280 à 833€
12 16€ – 16€
Pour s'y rendre : r. Cauticote (sortie nord par D 900, rte de Valognes et D 136 à gauche vers le bourg)
À savoir : agréable cadre verdoyant autour d'un bel étang

Nature :
Loisirs :
Services : laverie

Longitude : -1.54482
Latitude : 49.29992

Gebruik de gids van het lopende jaar.

ST-VAAST-LA-HOUGUE

50550 – **303** E2 – 2 080 h. – alt. 4
1, place Général de Gaulle ☎ 02 33 23 19 32
Paris 347 – Carentan 41 – Cherbourg 31 – St-Lô 68

La Gallouette de déb. avr. à fin sept.
☎ 02 33 54 20 57, *contact@camping-lagallouette.fr*, Fax 02 33 54 16 71, *www.lagallouette.com*
2,3 ha (183 empl.) plat, herbeux
Tarif : (Prix 2011) 6,20€ 10,50€ – (10A) 4,60€
Location : (Prix 2011) (de déb. avr. à fin sept.) – 17 – 8 . Nuitée 72 à 90€ – Sem. 309 à 630€
borne eurorelais 2€ – 29 15,60€
Pour s'y rendre : 10bis r. de la Gallouette (au sud du bourg, à 500 m de la plage)

Nature :
Loisirs : snack terrain multisports
Services : laverie
À prox. : parcours de santé

Longitude : -1.26873
Latitude : 49.5846

ST-VALERY-EN-CAUX

76460 – **304** E2 – 4 508 h. – alt. 5
quai Amont ✆ 02 35 97 00 63
Paris 190 – Bolbec 46 – Dieppe 35 – Fécamp 33

Municipal Etennemare Permanent
✆ 02 35 97 15 79, *servicetourisme@ville-saint-valery-en-caux.fr*, Fax 02 35 97 15 79 – places limitées pour le passage
4 ha (116 empl.) plat, peu incliné, herbeux
Tarif : (Prix 2011) 14,90€ (6A) – pers. suppl. 3€
Location : (Prix 2011) (permanent) – 10 . Sem. 421€
Pour s'y rendre : 21 hameau d'Etennemare (au sud-ouest, vers le hameau du Bois d'Entennemare)

Nature :
Loisirs :
Services : laverie

Longitude : 0.6999
Latitude : 49.85626

STE-MARIE-DU-MONT

50480 – **303** E3 – 774 h. – alt. 31
Paris 318 – Barfleur 38 – Carentan 11 – Cherbourg 47

Utah-Beach de déb. avr. à mi-sept.
✆ 02 33 71 53 69, *contact@camping-utahbeach.com*, Fax 02 33 71 07 11, *www.camping-utahbeach.com* – places limitées pour le passage
ha (149 empl.) plat et peu incliné, herbeux
Tarif : 27,40€ (6A) – pers. suppl. 5,60€
Location : (de déb. avr. à mi-sept.) – 8 – 13 . Nuitée 72 à 106€ – Sem. 504 à 742€
borne eurorelais 4€ – 14€
Pour s'y rendre : 6 km au nord-est par D 913 et D 421, à 150 m de la plage

Nature :
Loisirs : jacuzzi salle d'animation terrain multisports
Services : laverie
À prox. : char à voile, VTT

Longitude : -1.18028
Latitude : 49.42001

Benutzen Sie den Hotelführer des laufenden Jahres.

STE-MÈRE-ÉGLISE

50480 – **303** E3 – 1 611 h. – alt. 28
6, rue Eisenhower ✆ 02 33 21 00 33
Paris 321 – Bayeux 57 – Cherbourg 39 – St-Lô 42

Municipal de mi-mars à mi-oct.
✆ 02 33 41 35 22, *mairie-sme@wanadoo.fr*, Fax 02 33 41 79 15
1,3 ha (70 empl.) plat, herbeux
Tarif : (Prix 2011) 16€ (12A) – pers. suppl. 3,50€
borne artisanale 2€
Pour s'y rendre : 6 r. Airborne (sortie est par D 17 et à dr., près du terrain de sports)

Nature :
Loisirs : salle multisports (partagée avec les associations sportives de la ville)
Services : laverie

Longitude : -1.31057
Latitude : 49.41018

SURRAIN

14710 – **303** G4 – 152 h. – alt. 40
Paris 278 – Cherbourg 83 – Rennes 187 – Rouen 167

La Roseraie d'Omaha de fin mars à fin sept.
✆ 02 31 21 17 71, *camping-laroseraie@orange.fr*, Fax 02 31 51 02 20, *www.camping-calvados-normandie.fr*
3 ha (66 empl.) plat, peu incliné, incliné, herbeux
Tarif : 22,50€ (10A) – pers. suppl. 6,20€
Location : (de fin mars à fin sept.) – 6 – 15 – 1 gîte. Nuitée 67€ – Sem. 465€
10 17,90€ – 16€
Pour s'y rendre : r. de l'église (sortie sud par D 208, rte de Mandeville-en-Bessin)

Nature :
Loisirs : snack
Services : laverie
À prox. :

Longitude : -0.86443
Latitude : 49.32574

SURTAINVILLE

50270 – **303** B3 – 1 240 h. – alt. 12
Paris 367 – Barneville-Carteret 12 – Cherbourg 29 – St-Lô 42

Municipal les Mielles Permanent
02 33 04 31 04, *camping.lesmielles@wanadoo.fr*,
Fax 02 33 40 22 65, *www.surtainville.com.fr* –
25 ha (151 empl.) plat, herbeux, sablonneux, gravillons
Tarif : 3,11 € 3,11 € – (4A) 2,98 €
Location : (permanent) – 2 . Sem. 228 à 386 €
borne artisanale 4,10 € – 5
Pour s'y rendre : 80 rte des Laguettes (1,5 km à l'ouest par D 66 et rte de la mer, à 80 m de la plage, accès direct)

Nature :
Loisirs :
Services : laverie
À prox. : char à voile

Longitude : -1.82881
Latitude : 49.46386

THURY-HARCOURT

14220 – **303** J6 – 1 863 h. – alt. 45 – Base de loisirs
2, place Saint-Sauveur 02 31 79 70 45
Paris 257 – Caen 28 – Condé-sur-Noireau 20 – Falaise 27

Le Traspy de déb. avr. à fin sept.
02 31 79 61 80, *folliotmarie@orange.fr*,
Fax 02 31 79 61 80, *www.campingtraspy.com*
1,5 ha (78 empl.) plat et terrasse, herbeux
Tarif : (Prix 2011) 18,80 € (6A) –
pers. suppl. 4,90 € – frais de réservation 12,20 €
Location : (Prix 2011) (de déb. avr. à fin sept.) – 8 – 1 . Nuitée 55 à 68 € – Sem. 350 à 530 € – frais de réservation 12,20 €
borne 4,50 € – 5
Pour s'y rendre : r. du Pont Benoît (à l'est du bourg par bd du 30-Juin-1944 et chemin à gauche)
À savoir : au bord du Traspy et près d'un plan d'eau

Nature :
Loisirs : sauna
Services : laverie
À prox. : parapente, canoë

Longitude : -0.47501
Latitude : 48.9865

Use this year's Guide.

TOUFFREVILLE-SUR-EU

76910 – **304** H2 – 210 h. – alt. 45
Paris 171 – Abbeville 46 – Amiens 101 – Blangy-sur-Nesle 35

Municipal Les Acacias Permanent
02 35 50 66 33, *campingacacias76@orange.fr*,
Fax 02 35 83 80 42, *camping-acacias.fr*
1 ha (50 empl.) plat, herbeux
Tarif : (Prix 2011) 11,75 € (6A) –
pers. suppl. 2,30 €
Pour s'y rendre : au lieu-dit : Les Prés du Thil (1 km au sud-est par D 226 et D 454, rte de Guilmecourt)

Nature :
Services :

Longitude : 1.33537
Latitude : 49.99531

TOURLAVILLE

50110 – **303** C2 – 16 591 h. – alt. 27
Paris 359 – Carentan 52 – Carteret 43 – Cherbourg 5

Le Collignon de déb. mai à fin sept.
02 33 20 16 88, *camping-collignon@wanadoo.fr*,
Fax 02 33 44 81 71
10 ha/2 campables (83 empl.) plat, herbeux, sablonneux
Tarif : (Prix 2011) 5 € 7 € – (10A) 4 €
Location : (Prix 2011) (de fin mars à mi-nov.) – 8 . Nuitée 100 € – Sem. 535 €
borne eurorelais – 10
Pour s'y rendre : 215 r. des Algues (2 km au nord par D 116, rte de Bretteville, près de la plage)

Nature :
Loisirs :
Services : (juil.-août)
À prox. : centre nautique, parcours de santé

Longitude : -1.56644
Latitude : 49.65468

TOUSSAINT

76400 – **304** C3 – 731 h. – alt. 105
Paris 196 – Bolbec 24 – Fécamp 5 – Rouen 69

Municipal du Canada de mi-mars à mi-oct.
02 35 29 78 34, *mairie.toussaint@wanadoo.fr*, Fax 02 35 27 48 82, *www.commune-de-toussaint.fr* – places limitées pour le passage
2,5 ha (100 empl.) plat et peu incliné, herbeux
Tarif : (Prix 2011) 2,60€ 1,22€ 2,25€ – (6A) 3€
Location : (Prix 2011) (permanent) – 1 – 2 . Nuitée 50 à 53€ – Sem. 320 à 400€
Pour s'y rendre : r. de Rouen (500 m au nord-ouest par D 926, rte de Fécamp et chemin à gauche)

Nature :
Services :
À prox. :

Longitude : 0.42091
Latitude : 49.73776

LE TRÉPORT

76470 – **304** I1 – 5 728 h. – alt. 12
quai Sadi Carnot 02 35 86 05 69
Paris 180 – Abbeville 37 – Amiens 92 – Blangy-sur-Bresle 26

Municipal les Boucaniers de déb. avr. à fin sept.
02 35 86 35 47, *camping@ville-le-treport.fr*, Fax 02 27 28 04 10, *www.ville-le-treport.fr/camping*
5,5 ha (166 empl.) plat, herbeux
Tarif : (Prix 2011) 22,90€ (6A) – pers. suppl. 4,80€
Location : (Prix 2011) (permanent) – 50 . Nuitée 50 à 65€ – Sem. 280 à 560€ – frais de réservation 4€
27 21,50€
Pour s'y rendre : r. Pierre Mendès-France (av. des Canadiens, près du stade)

Nature :
Loisirs :
Services : laverie
À prox. :

Longitude : 1.38752
Latitude : 50.0572

TRÉVIÈRES

14710 – **303** G4 – 943 h. – alt. 14
place du Marché 02 31 22 04 60
Paris 283 – Bayeux 19 – Caen 49 – Carentan 31

Municipal Sous les Pommiers de mi-avr. à fin sept.
02 31 92 89 24, *mairie-trevieres@voila.fr*, Fax 02 31 22 19 49
1,2 ha (75 empl.) plat, herbeux
Tarif : 3,40€ 1,50€ 2,50€ – (10A) 3,50€
Pour s'y rendre : sortie nord par D 30, rte de Formigny, près d'un ruisseau
À savoir : emplacements sous les pommiers

Nature :
Loisirs :
Services :
À prox. : poneys

Longitude : -0.90498
Latitude : 49.30957

VEULES-LES-ROSES

76980 – **304** E2 – 582 h. – alt. 15
27, rue Victor-Hugo 02 35 97 63 05
Paris 188 – Dieppe 27 – Fontaine-le-Dun 8 – Rouen 57

Les Mouettes de déb. avr. à fin oct.
02 35 97 61 98, *camping.les.mouettes0509@orange.fr*, Fax 02 35 97 33 44, *www.camping-lesmouettes-normandie.com*
3,6 ha (150 empl.) plat, herbeux
Tarif : (Prix 2011) 25,50€ (6A) – pers. suppl. 5,40€ – frais de réservation 8€
Location : (Prix 2011) (de déb. avr. à fin oct.) – 20 . Nuitée 75 à 100€ – Sem. 350 à 700€ – frais de réservation 8€
borne eurorelais 8€ – 16 – 10€
Pour s'y rendre : av. Jean-Moulin (sortie est par D 68, rte de Sotteville-sur-Mer, à 500 m de la plage)

Nature :
Loisirs :
Services : laverie

Longitude : 0.80335
Latitude : 49.87579

LE VEY

14570 – **303** J6 – 84 h. – alt. 50
Paris 269 – Caen 47 – Hérouville-St-Clair 46 – Flers 23

Les Rochers des Parcs de déb. avr. à fin sept.
02 31 69 70 36, *camping.normandie@gmail.com*, *www.camping-normandie-clecy.fr*
1,5 ha (90 empl.) peu incliné, plat, herbeux
Tarif : 5,50€ 2,80€ 3,40€ – (10A) 3,80€ – frais de réservation 5€
Location : (de déb. avr. à fin sept.) – 10 – 2 . Nuitée 50 à 90€ – Sem. 365 à 550€ – frais de réservation 5€
borne artisanale 2,50€ – 4 10€ – 10€
Pour s'y rendre : au lieu-dit : La Cour

Nature :
Loisirs : canoë kayak
Services : laverie
À prox. : parapente, escalade, golf, parcours aventure, tir à l'arc

Longitude : -0.47383
Latitude : 48.91367

VILLEDIEU-LES-POÊLES

50800 – **303** E6 – 3 909 h. – alt. 105
43 place de la République *02 33 61 05 69*
Paris 314 – Alençon 122 – Avranches 26 – Caen 82

Flower Les Chevaliers de déb. avr. à fin sept.
02 33 61 02 44, *contact@camping-deschevaliers.com*, Fax 02 33 49 49 93, *www.camping-deschevaliers.com*
1,4 ha (82 empl.) plat, herbeux, gravillons
Tarif : 25,90€ (8A) – pers. suppl. 4,50€
Location : (de déb. avr. à fin sept.) – 21 – 4 – 4 tentes. Nuitée 40 à 100€ – Sem. 200 à 700€
borne eurorelais 25,90€ – 10 25,90€ – 15€
Pour s'y rendre : 2 impasse Pré-de-la-Rose (accès par centre-ville, r. des Costils à gauche de la poste)
À savoir : cadre agréable et soigné au bord de la Sienne

Nature :
Loisirs : terrain multisports,
Services : laverie
À prox. :

Longitude : -1.21694
Latitude : 48.83639

VILLERS-SUR-MER

14640 – **303** L4 – 2 597 h. – alt. 10
place Jean Mermoz *02 31 87 01 18*
Paris 208 – Caen 35 – Deauville 8 – Le Havre 52

Bellevue de déb. avr. à fin oct.
02 31 87 05 21, *camping-bellevue@wanadoo.fr*, Fax 02 31 87 09 67, *www.camping-bellevue.com* – places limitées pour le passage
5,5 ha (257 empl.) plat et en terrasses, incliné, herbeux
Tarif : 28,50€ (10A) – pers. suppl. 7,50€ – frais de réservation 16€
Location : (permanent) – 29 . Sem. 710€ – frais de réservation 16€
Pour s'y rendre : rte de Dives (2 km au sud-ouest par D 513, rte de Cabourg)
À savoir : situation dominante sur la baie de Deauville

Nature :
Loisirs : nocturne
Services : laverie
À prox. : golf

Longitude : -0.0195
Latitude : 49.3097

VIMOUTIERS

61120 – **310** K1 – 3 918 h. – alt. 95
21 place de Mackau *02 33 67 49 42*
Paris 185 – L'Aigle 46 – Alençon 66 – Argentan 31

Municipal la Campière
02 33 39 18 86, *campingmunicipalvimoutiers@wanadoo.fr*, Fax 02 33 39 18 86, *www.mairie-vimoutiers.fr*
1 ha (40 empl.) plat, herbeux
Location : – 4 .
borne artisanale – 5
Pour s'y rendre : 14 bd Dentu (700 m au nord vers rte de Lisieux, au stade, au bord de la Vie)
À savoir : bâtiments de style Normand dans un cadre verdoyant et fleuri

Nature :
Loisirs :
Services :
À prox. :

Longitude : 0.1966
Latitude : 48.9326

PAYS DE LA LOIRE

S. Sauvignier/Michelin

D'abord il y a, baigné par la Loire, le « jardin de la France », son atmosphère paisible, ses châteaux somptueux et leurs magnifiques parterres fleuris, ses vergers plantureux et ses vignobles dont le nectar rehausse d'arômes subtils la dégustation de rillettes, d'une matelote d'anguilles ou d'un fromage de chèvre. Ensuite le pays Nantais, encore imprégné des senteurs d'épices du Nouveau Monde, et qui partage aujourd'hui sa fierté entre le muguet et le muscadet. Enfin la Vendée, authentique par son bocage encore marqué par la révolte des chouans, secrète par ses marais gardiens de coutumes ancestrales, décontractée dans ses stations balnéaires, ludique lors des spectacles du Puy-du-Fou... Gourmande aussi, mais dans la simplicité d'un plat de mojettes, d'une chaudrée ou d'une brioche vendéenne.

First there is the « Garden of France », renowned for its peaceful ambience, sumptuous manor houses and castles, magnificent floral gardens and acres of orchards and vineyards. Tuck into a slab of rillettes pâté or a slice of goat's cheese while you savour a glass of light Loire wine. Continue downriver to Nantes, once steeped in the spices brought back from the New World: this is the home of the famous dry Muscadet. Further south, the Vendée still echoes to the cries of the Royalists' tragic last stand. Explore the secrets of its salt marshes, relax in its seaside resorts or head for the spectacular attractions of the Puy du Fou amusement park. Simple, country fare is not lacking, so make sure you taste a piping-hot plate of chaudrée, the local fish stew, or a mouth-watering slice of fresh brioche.

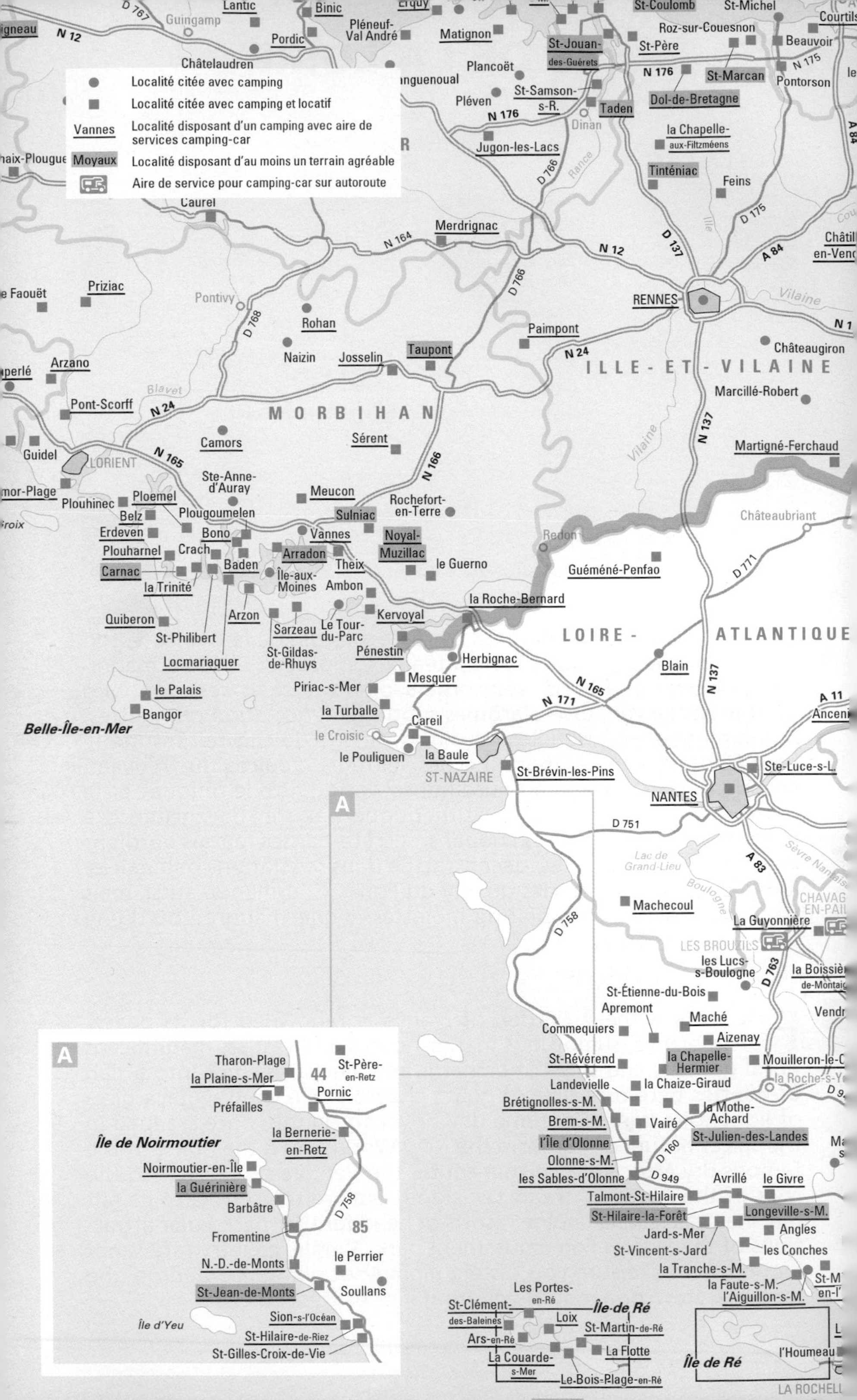

Localité citée avec camping
Localité citée avec camping et locatif
Vannes
Localité disposant d'un camping avec aire de services camping-car
Moyaux
Localité disposant d'au moins un terrain agréable
Aire de service pour camping-car sur autoroute
MORBIHAN
ILLE-ET-VILAINE
LOIRE-ATLANTIQUE
Lantic
Binic
Erquy
St-Coulomb
St-Michel
Courtils
Guingamp
Pléneuf-Val André
Matignon
Roz-sur-Couesnon
Beauvoir
Pordic
St-Jouan-des-Guérets
St-Père
Châtelaudren
Plancoët
N 176
St-Marcan
Pontorson
Planguenoual
St-Samson-s-R.
Dol-de-Bretagne
Pléven
Taden
Dinan
la Chapelle-aux-Filtzméens
Jugon-les-Lacs
Tinténiac
Feins
Caurel
Merdrignac
N 164
N 12
D 137
D 175
A 84
Priziac
Pontivy
Rennes
Vilaine
Rohan
Paimpont
Naizin
Josselin
Taupont
N 24
Châteaugiron
Arzano
Blavet
Marcillé-Robert
Pont-Scorff
N 137
Camors
Sérent
N 166
Martigné-Ferchaud
Guidel
Lorient
N 165
Ste-Anne-d'Auray
Meucon
Rochefort-en-Terre
Plouhinec
Ploemel
Plougoumelen
Sulniac
Châteaubriant
Belz
Bono
Vannes
Noyal-Muzillac
Erdeven
Crach
Arradon
Redon
Plouharnel
Baden
Theix
le Guerno
Guémené-Penfao
Carnac
Île-aux-Moines
Ambon
D 771
la Trinité
la Roche-Bernard
Quiberon
Arzon
Kervoyal
St-Philibert
Sarzeau
Le Tour-du-Parc
Locmariaquer
St-Gildas-de-Rhuys
Pénestin
Herbignac
Blain
Piriac-s-Mer
Mesquer
le Palais
Bangor
la Turballe
N 171
A 11
Belle-Île-en-Mer
Careil
le Croisic
le Pouliguen
la Baule
St-Nazaire
St-Brévin-les-Pins
Ste-Luce-s-L.
Nantes
D 751
Lac de Grand-Lieu
A 83
Machecoul
D 758
La Guyonnière
Les Brouzils
les Lucs-s-Boulogne
D 763
St-Étienne-du-Bois
Apremont
Commequiers
Maché
Aizenay
St-Révérend
la Chapelle-Hermier
Mouilleron-le-Captif
Landevieille
la Chaize-Giraud
Brétignolles-s-M.
la Mothe-Achard
Brem-s-M.
Vairé
St-Julien-des-Landes
l'Île d'Olonne
D 160
Olonne-s-M.
les Sables-d'Olonne
D 949
Avrillé
le Givre
Talmont-St-Hilaire
St-Hilaire-la-Forêt
Longeville-s-M.
Jard-s-Mer
Angles
St-Vincent-s-Jard
les Conches
la Tranche-s-M.
la Faute-s-M.
l'Aiguillon-s-M.
A
Tharon-Plage
St-Père-en-Retz
la Plaine-s-Mer
44
Pornic
Préfailles
la Bernerie-en-Retz
Île de Noirmoutier
Noirmoutier-en-Île
la Guérinière
Barbâtre
85
Fromentine
le Perrier
N.-D.-de-Monts
St-Jean-de-Monts
Soullans
Île d'Yeu
Sion-s-l'Océan
St-Hilaire-de-Riez
St-Gilles-Croix-de-Vie
Les Portes-en-Ré
St-Clément-des-Baleines
Île de Ré
Loix
St-Martin-de-Ré
Ars-en-Ré
La Flotte
La Couarde-s-Mer
Le-Bois-Plage-en-Ré
l'Houmeau
La Rochelle

ORNE
EURE-
MAYENNE
SARTHE
MAINE-ET-LOIRE
INDRE-ET-LOIRE
DEUX-SÈVRES
VENDÉE
VIENNE
St-Hilaire-du-Harcouët
Domfront
Bagnoles-de-l'O.
LA DENTELLE D'ALENÇON
Marchainville
Senonches
Mortagne-au-Perche
Fontaine-S
Alençon
Ambrières-les-Vallées
Courville-s-E
Mamers
Bellême
Mayenne
Fresnay-s-Sarthe
Nogent-le-Rotrou
Beaumont-s-S.
Andouillé
Sillé-le-Guillaume
La Ferté-Bernard
Évron
Mézières-s/s-Lavardin
la Bazoche-Gouet
St-Berthevin
Laval
Tennie
Sillé-le-Phillipe
Lavaré
Le Pertre
Loué
LE MANS
Yvré-l'Évêque
Meslay-du-Maine
La Selle-Craonnaise
Villiers-Charlemagne
Bouère
Avoise
St-Calais
Craon
Château-Gontier
Sablé-s-Sarthe
Bessé-s-Braye
Ménil
Malicorne-s-Sarthe
Thoré-la-Rochette
Vendôme
Nyoiseau
Daon
Mansigné
Châteauneuf-s-S.
Marçon
Montoire-s-le-Loir
Segré
Luché-Pringé
la Flèche
Chaillain-la-Potherie
le Lion-d'Angers
Durtal
Le Lude
Pruillé
Sonzay
Onzain
Mesland
ANGERS
Brain-s-l'Authion
Vouvray
Chaum
Rillé
TOURS
la Ville-aux-Dames
les Ponts-de-Cé
Coutures
Savonnières
Montlouis-s-L.
Chalonnes-s-L.
les Rosiers-s-L.
Allonnes
St-Avertin
Brissac-Quincé
Bourgueil
Ballan-Miré
St-Hilaire-St-Florent
Saumur
Azay-le-Rideau
Montbazon
Veigné
Chemillé
St-Georges-s-Layon
Varennes-s-L.
Savigny-en-Véron
Montsoreau
Vihiers
Concourson-s-Layon
Ste-Catherine-de-Fierbois
Montreuil-Bellay
Chinon
Loches
Cholet
L'Île-Bouchard
Ste-Maure-de-Touraine
Marcilly-s-Vienne
Argenton-les-Vallées
Loudun
Descartes
St-Laurent-s-Sèvre
Chambretaud
les Epesses
Bressuire
Ingrandes
Preuilly-s-Claise
Pouzauges
Châtellerault
St-Cyr
la Roche-Posay
Vouneuil-s-V.
Avanton
Parthenay
Vouillé
St-Pierre-de-Maillé
Secondigny
St-Georges-lès-Baillargeaux
le Blanc
LA VENDÉE
Bonnes
Mervent
Coulonges-s-l'Autize
LA CANEPETIÈRE
ROUILLÉ-PAMPROUX
POITIERS
Chauvigny
Fontenay-le-Comte
Maillezais
Montmorillon
Vix
le Mazeau
LA CHATEAUDRIE
Dienné
Marans
Coulon
Niort
Prailles
Magné
St-Hilaire-la-Palud
Couhé
Mauzé-s-le-Mignon
POITOU-CHARENTE
BOIS MAN
Magnac-Lav
Croma
A 88
A 28
A 81
A 11
A 85
A 87
A 10
A 83
N 12
N 162
N 149
N 10
N 11
N 248
N 147
N 145
D 926
D 976
D 21
D 771
D 775
D 306
D 323
D 357
D 910
D 347
D 943
D 951
D 948
D 949
D 148
Loir
Sarthe
Mayenne
Vienne
Creuse
Indre
Thouet
Clain
Sèvre Niortaise
Sélune
Huisne
Lay

L'AIGUILLON-SUR-MER

85460 – **316** I10 – 2 293 h. – alt. 4
avenue de l'Amiral-Courbet ✆ 0251564387
Paris 458 – Luçon 20 – Niort 83 – La Rochelle 51

La Cléroca de déb. juil. à fin août
✆ 0251271992, *camping.lacleroca@wanadoo.fr*, Fax 0251970984, *www.camping-la-cleroca.com*
1,5 ha (60 empl.) plat, herbeux
Tarif : 25,30€ (5A) – pers. suppl. 4,70€
Location : (de déb. juil. à fin août). **Sem. 280 à 460€**
borne artisanale – 3 8,50€
Pour s'y rendre : 2,2 km au nord-ouest par D 44, rte de Gr.s

Nature :
Loisirs : terrain multisports
Services :

Longitude : -1.3152
Latitude : 46.35014

AIZENAY

85190 – **316** G7 – 7 573 h. – alt. 62
avenue de la Gare ✆ 0251946272
Paris 435 – Challans 26 – Nantes 60 – La Roche-sur-Yon 18

La Forêt de déb. avr. à mi-oct.
✆ 0251347812, *rougier.francoise@wanadoo.fr*, Fax 0251347812, *www.camping-laforet.com*
2,5 ha (92 empl.) plat, herbeux, bois attenant
Tarif : 16,50€ (6A) – pers. suppl. 3,50€
Location : (permanent) – 12 – 2 tentes. Nuitée 40 à 75€ – Sem. 205 à 425€ – frais de réservation 10€
borne artisanale 4€ – 3 16,50€ – 12€
Pour s'y rendre : 1 r. de la Clairiere (1,5 km au sud-est par D 948, rte de la Roche-sur-Yon et chemin à gauche)

Nature :
Loisirs :
Services :
À prox. : piste de bi-cross, parcours de santé

Longitude : -1.57953
Latitude : 46.73465

ALLONNES

49650 – **317** J5 – 2 911 h. – alt. 28
Paris 292 – Angers 64 – Azay-le-Rideau 43 – Chinon 28

Le Pô Doré de mi-mars à mi-nov.
✆ 0241387880, *camping-lepodore@orange.fr*, Fax 0241387880, *www.camping-lepodore.com*
2 ha (90 empl.) plat, herbeux
Tarif : 25€ (10A) – pers. suppl. 5,25€ – frais de réservation 12€
Location : (de mi-mars à mi-oct.) – 20 – 1 studio – 2 gîtes. Sem. 300 à 520€ – frais de réservation 12€
borne artisanale – 11€
Pour s'y rendre : 51 rte du Pô (3,2 km au nord-ouest par D 10, rte de Saumur et chemin à gauche)

Nature :
Loisirs :
Services :

Longitude : -0.01336
Latitude : 47.29845

AMBRIÈRES-LES-VALLÉES

53300 – **310** F4 – 2 773 h. – alt. 144
Base de Loisirs de Vaux ✆ 0243049025
Paris 248 – Alençon 60 – Domfront 22 – Fougères 46

Municipal de Vaux de déb. avr. à fin oct.
✆ 0243049025, *parcdevaux@camp-in-ouest.com*, *www.parcdevaux.com*
1,5 ha (61 empl.) plat et en terrasses, herbeux, gravillons
Tarif : (Prix 2011) 17,20€ (10A) – pers. suppl. 4,50€ – frais de réservation 10€
Location : (Prix 2011) (de déb. avr. à fin oct.) – 8 – 20 – 5 bungalows toilés. Nuitée 70 à 150€ – Sem. 165 à 660€ – frais de réservation 10€
borne artisanale
Pour s'y rendre : 2 km au sud-est par D 23, rte de Mayenne et à gauche, à la piscine
À savoir : agréable parc boisé au bord de la Varenne (plan d'eau)

Nature :
Loisirs :
Services : laverie
À prox. : canoë

Longitude : -0.6171
Latitude : 48.39175

ANCENIS

44150 – **316** I3 – 7 459 h. – alt. 13
27, rue du Château *02 40 83 07 44*
Paris 347 – Angers 55 – Châteaubriant 48 – Cholet 49

L'Île Mouchet de déb. avr. à mi-oct.
02 40 83 08 43, *camping-ile-mouchet@orange.fr*, Fax 02 40 83 16 19, *www.camping-estivance.com*
3,5 ha (105 empl.) plat, herbeux
Tarif : (Prix 2011) 17,30€ (10A) – pers. suppl. 3,50€
Location : (Prix 2011) (permanent) – 9 – 5 bungalows toilés. Nuitée 30 à 48€ – Sem. 165 à 500€
Pour s'y rendre : impasse de l'Île Mouchet (sortie ouest par bd Joubert et à gauche avant le stade, près de la Loire)

Nature :
Loisirs : (petite piscine) mur d'escalade
Services : (juil.-août)
À prox. : parcours sportif

Longitude : -1.18714
Latitude : 47.36245

ANDOUILLÉ

53240 – **310** E5 – 2 321 h. – alt. 103
Paris 282 – Fougères 42 – Laval 15 – Mayenne 23

Municipal le Pont de mi-mars à fin oct.
02 43 01 18 10, *mairie.and53@wanadoo.fr*, Fax 02 43 68 77 77, *www.ville-andouille.fr*
0,8 ha (31 empl.) plat, herbeux
Tarif : (Prix 2011) 1,47€ 1,45€ – (10A) 1,37€
Location : (Prix 2011) (permanent) – 4 . Sem. 180 à 350€
Pour s'y rendre : 5 allée des Isles (par D 104, rte de St-Germain-le-Fouilloux, attenant au jardin public, au bord de l'Ernée)

Nature :
Services :
À prox. : parcours de santé

Longitude : -0.78447
Latitude : 48.17662

Benutzen Sie
– zur Wahl der Fahrtroute
– zur Berechnung der Entfernungen
– zur exakten Lokalisierung eines Campingplatzes (mit Hilfe der Angaben im Ortstext)
die für diesen Führer unentbehrlichen ***MICHELIN-Karten.***

ANGERS

49000 – **317** F4 – 151 108 h. – alt. 41 – Base de loisirs
7, place Kennedy *02 41 23 50 00*
Paris 294 – Caen 249 – Laval 79 – Le Mans 97

Lac de Maine – de fin mars à déb. oct.
02 41 73 05 03, *camping@lacdemaine.fr*, *www.lacdemaine.fr*
4 ha (163 empl.) plat, herbeux, gravillons
Tarif : 24,90€ (10A) – pers. suppl. 3,20€ – frais de réservation 8€
Location : (de fin mars à déb. oct.) (2 mobile-homes) – 14 – 3 bungalows toilés. Sem. 270 à 619€
15 21€
Pour s'y rendre : av. du Lac de Maine (4 km au sud-ouest par D 111, rte de Pruniers, près du lac (accès direct) et à prox. de la base de loisirs)
À savoir : transport en commun pour centre d'Angers, à 300 m

Nature :
Loisirs : snack spa
Services :
À prox. : swin golf, canoë, pédalos

Longitude : -0.59654
Latitude : 47.45551

ANGLES

85750 – **316** H9 – 2 095 h. – alt. 10
place du Champ de Foire ✆ *02 51 97 56 39*
Paris 450 – Luçon 23 – La Mothe-Achard 38 – Niort 86

Atlantique – de mi-avr. à mi-sept.
✆ 02 51 27 03 19, *contact@camping-atlantique.com*, Fax 02 51 27 69 72, *www.camping-atlantique.com* – places limitées pour le passage
6,9 ha (363 empl.) plat, herbeux, pierreux
Tarif : (Prix 2011) 28€ (10A) – pers. suppl. 4€ – frais de réservation 25€

Location : (Prix 2011) (de mi-avr. à mi-sept.) – 89 – 21 . Nuitée 32 à 109€ – Sem. 195 à 700€ – frais de réservation 25€
Pour s'y rendre : 5bis r. du Chemin de Fer (au bourg, sortie la Tranche-sur-Mer et r. à gauche)

Nature :
Loisirs : snack salle d'animation
Services :

Longitude : -1.40165
Latitude : 46.40518

Moncalm – de déb. avr. à fin sept.
✆ 02 51 97 55 50, *contacts@camping-apv.com*, Fax 02 51 28 91 09, *www.camping-apv.com* – places limitées pour le passage
3 ha (200 empl.) plat, herbeux, pierreux
Tarif : (Prix 2011) 25,40€ (10A) – pers. suppl. 6,90€ – frais de réservation 27€

Location : (Prix 2011) (de déb. avr. à fin sept.) – 85 – 30 . Sem. 182 à 878€ – frais de réservation 27€
Pour s'y rendre : au bourg, sortie la Tranche-sur-Mer et r. à gauche

Nature :
Loisirs : snack salle d'animation terrain multisports
Services :

Longitude : -1.399
Latitude : 46.38754

Le Clos Cottet – de déb. avr. à fin sept.
✆ 02 51 28 90 72, *contact@camping-clos-cottet.com*, Fax 02 51 28 90 50, *www.camping-clos-cottet.com*
4,5 ha (196 empl.) plat, herbeux, petit étang
Tarif : 25€ (10A) – pers. suppl. 6,50€ – frais de réservation 25€

Location : (de déb. avr. à fin sept.) – 90 – 8 – 5 bungalows toilés – 5 mobile homes (sans sanitaire). Nuitée 50 à 99€ – Sem. 190 à 829€ – frais de réservation 25€
Pour s'y rendre : rte de La Tranche-sur-Mer (2,2 km au sud, près de la D 747)
À savoir : autour d'une ferme soigneusement restaurée

Nature :
Loisirs : snack salle d'animation terrain multisports, quad
Services : navette gratuite pour les plages

Longitude : -1.40456
Latitude : 46.39309

...

Bijzonder prettige terreinen die bovendien opvallen in hun categorie.

APREMONT

85220 – **316** F7 – 1 374 h. – alt. 19
place du Château ✆ *02 51 55 70 54*
Paris 448 – Challans 17 – Nantes 64 – La Roche-sur-Yon 30

Les Charmes de déb. avr. à fin sept.
✆ 02 51 54 48 08, *campinglescharmes@wanadoo.fr*, Fax 02 51 54 48 08, *www.campinglescharmes.com*
1 ha (55 empl.) plat, herbeux
Tarif : (Prix 2011) 16,50€ (10A) – pers. suppl. 4,80€ – frais de réservation 15€

Location : (Prix 2011) (permanent) – 11 – 5 . Nuitée 50 à 98€ – Sem. 225 à 670€ – frais de réservation 15€
Pour s'y rendre : au lieu-dit : Les Lilas (3,6 km au nord par D 21, rte de Challans et rte à dr., dir. la Roussière)

Nature :
Loisirs :
Services :

Longitude : -1.73858
Latitude : 46.7748

AVOISE

72430 – **310** H7 – 526 h. – alt. 112
Paris 242 – La Flèche 28 – Le Mans 41 – Sablé-sur-Sarthe 11

Municipal des Deux Rivières de fin mai à déb. sept.
02 43 92 76 12, *office.tourisme@sablesursarthe.fr*,
Fax 02 43 95 62 48, *www.tourisme.sablesursarthe.fr*
1,8 ha (50 empl.) plat, herbeux
Tarif : (Prix 2011) 8,20€ (16A) – pers. suppl. 2€
Pour s'y rendre : place des 2 Fonds (au bourg, par D 57)
À savoir : au bord de la Sarthe

Nature :
Loisirs :
Services :
À prox. : halte nautique

Longitude : -0.20831
Latitude : 47.86696

AVRILLÉ

85440 – **316** H9 – 1 105 h. – alt. 45
2, place des Halles 02 51 22 30 70
Paris 445 – Luçon 27 – La Rochelle 70 – La Roche-sur-Yon 27

Les Mancellières de déb. avr. à fin sept.
02 51 90 35 97, *camping.mancellieres@wanadoo.fr*,
Fax 02 51 90 39 31, *www.lesmancellieres.com*
2,6 ha (130 empl.) plat et peu incliné, herbeux
Tarif : 23,40€ (6A) – pers. suppl. 4,40€ – frais de réservation 20€
Location : (de déb. avr. à fin sept.) – 54 – 4 . Sem. 172 à 720€ – frais de réservation 20€
Pour s'y rendre : rte de Longeville (1,7 km au sud par D 105)

Nature :
Loisirs : snack jacuzzi
Services : laverie

Longitude : -1.48509
Latitude : 46.45608

LA BAULE

44500 – **316** B4 – 16 719 h. – alt. 31
8, place de la Victoire 02 40 24 34 44
Paris 450 – Nantes 76 – Rennes 120 – St-Nazaire 19

La Roseraie de déb. avr. à fin sept.
02 40 60 46 66, *camping@laroseraie.com*,
Fax 02 40 60 11 84, *www.laroseraie.com*
5 ha (235 empl.) sablonneux, plat, herbeux
Tarif : (Prix 2011) 34€ (10A) – pers. suppl. 8€ – frais de réservation 30€
Location : (Prix 2011) (de déb. avr. à fin sept.) – 75 – 3 . Nuitée 65 à 180€ – Sem. 299 à 1 100€ – frais de réservation 30€
2 39,50€
Pour s'y rendre : 20 av. Jean Sohier (sortie nord-est de la Baule-Escoublac)

Nature :
Loisirs : nocturne salle d'animation (découverte en saison) terrain multisports
Services :

Longitude : -2.35776
Latitude : 47.29828

To visit a town or region : use the MICHELIN Green Guides.

BEAUMONT-SUR-SARTHE

72170 – **310** J5 – 2 139 h. – alt. 76
14, place de la Libération 02 43 33 03 03
Paris 223 – Alençon 24 – La Ferté-Bernard 70 – Le Mans 29

Municipal du Val de Sarthe de déb. mai à fin sept.
02 43 97 01 93, *beaumont.sur.sarthe@wanadoo.fr*,
Fax 02 43 97 02 21, *www.ville-beaumont-sur-sarthe.fr/*
1 ha (73 empl.) plat, herbeux
Tarif : 2,35€ 1,85€ 1,85€ – (5A) 3,35€
Location : (de déb. mai à fin sept.) – 2 bungalows toilés. Nuitée 40 à 73€ – Sem. 155 à 290€
Pour s'y rendre : au sud-est du bourg
À savoir : cadre et situation agréables au bord de la Sarthe

Nature :
Loisirs : parcours de santé
Services :
À prox. :

Longitude : 0.13384
Latitude : 48.2261

LA BERNERIE-EN-RETZ

44760 – **316** D5 – 2 512 h. – alt. 24
3, chaussée du Pays de Retz 02 40 82 70 99
Paris 426 – Challans 40 – Nantes 46 – St-Nazaire 36

Les Écureuils – de déb. avr. à mi-sept.
02 40 82 76 95, *camping.les-ecureuils@wanadoo.fr*,
Fax 02 40 64 79 52, *www.camping-les-ecureuils.com*
5,3 ha (325 empl.) plat et peu incliné, herbeux
Tarif : 36€ (10A) – pers. suppl. 7€ – frais de réservation 20€

Location : (de déb. avr. à fin sept.) – 68 – 19 . Sem. 320 à 760€ – frais de réservation 20€
borne sanistation
Pour s'y rendre : 24 av. Gilbert Burlot (sortie nord-est, rte de Nantes et à gauche après le passage à niveau, à 350 m de la mer)

Nature :
Loisirs : nocturne
Services :
À prox. :

Longitude : -2.03574
Latitude : 47.08369

BESSÉ-SUR-BRAYE

72310 – **310** N7 – 2 443 h. – alt. 72
place Henri IV 02 43 63 09 77
Paris 198 – La Ferté-Bernard 43 – Le Mans 57 – Tours 56

Municipal du Val de Braye de mi-avr. à mi-sept.
02 43 35 31 13, *camping.bessesurbraye@orange.fr*,
Fax 02 43 63 09 02, *http://www.besse-sur-braye.fr/*
2 ha (120 empl.) plat, herbeux
Tarif : (Prix 2011) 10€ (4A) – pers. suppl. 2,50€

Location : (Prix 2011) (permanent) (1 mobile home) – 45 – 4 – 4 tipis. Nuitée 45 à 55€ – Sem. 180 à 270€
borne autre 2€ – 10 2,50€
Pour s'y rendre : sud-est par D 303, rte de Pont de Braye
À savoir : belle décoration arbustive, en bordure de la Braye

Nature :
Loisirs :
Services : (juil.août)
À prox. :

Longitude : 0.75087
Latitude : 47.83108

Ihre Meinung über die von uns empfohlenen Campingplätze interessiert uns. Teilen Sie uns Ihre Erfahrungen mit und schreiben Sie uns auch, wenn Sie eine gute Entdeckung gemacht haben.

BLAIN

44130 – **316** F3 – 8 799 h. – alt. 23
2, place Jean Guihard 02 40 87 15 11
Paris 411 – Nantes 41 – Nort-sur-Erdre 22 – Nozay 16

Municipal le Château de mi-mai à mi-sept.
02 40 79 11 00, *otsi.blain@free.fr*, Fax 02 40 79 83 72,
www.ville-blain.fr
1 ha (44 empl.) plat, herbeux
Tarif : (Prix 2011) 11,70€ (6A) – pers. suppl. 2,20€
3 8,50€ – 8.50€
Pour s'y rendre : r. Henri II de Rohan - Le Gravier - (sortie sud-ouest par N 171, rte de St-Nazaire et chemin à gauche, à 250 m du canal de Nantes à Brest (halte fluviale))
À savoir : cadre verdoyant et soigné, près d'un château du 14e s.

Nature :
Loisirs :
Services : (juil.-août)
À prox. : (découverte l'été)

Longitude : -1.76857
Latitude : 47.46795

LA BOISSIÈRE-DE-MONTAIGU

85600 – **316** I6 – 1 957 h. – alt. 62
Paris 384 – Cholet 139 – Nantes 46 – La Roche-sur-Yon 50

Domaine de l'Eden Permanent
02 51 41 62 32, *contact@domaine-eden.fr*,
Fax 02 51 41 56 07, *www.domaine-eden.fr*
15 ha/8 campables (150 empl.) plat, pierreux, herbeux, prairies, étang et sous-bois
Tarif : (Prix 2011) 16 € (10A) – pers. suppl. 4 €

Location : (permanent) – 26 – 7 . Nuitée 59 à 77 € – Sem. 250 à 490 €
borne artisanale 7 € – 7 16 €
Pour s'y rendre : au lieu-dit : La Raillière (2,5 km au sud-ouest par D 62, rte de Chavagnes-en-Paillers puis rte à dr.)

À savoir : agréable domaine boisé

Nature :
Loisirs : snack salle d'animation poneys piste de bi-cross, terrain multisports, parcours de santé
Services : laverie

Longitude : -1.21618
Latitude : 46.93793

BOUÈRE

53290 – **310** G7 – 962 h. – alt. 81
Paris 273 – Nantes 146 – Laval 39 – Angers 70

Village Vacances Nature et Jardin (location exclusive de chalets) Permanent
02 43 06 08 56, *vvnj@wanadoo.fr*, *www.vacances-nature-jardin.fr*
3 ha plat, peu incliné, herbeux

Location : – 11 . Nuitée 75 à 90 € – Sem. 255 à 720 € – frais de réservation 13 €

À savoir : des ateliers Nature et Jardin sont proposés toute l'année

Nature :
Loisirs :
Services :
À prox. :

Longitude : -0.47586
Latitude : 47.8624

BRAIN-SUR-L'AUTHION

49800 – **317** G4 – 3 401 h. – alt. 22
Paris 291 – Angers 16 – Baugé 28 – Doué-la-Fontaine 38

Du Port Caroline Permanent
02 41 80 42 18, *info@campingduportcaroline.fr*,
Fax 02 41 80 42 18, *www.campingduportcaroline.fr*
3,2 ha (121 empl.) plat, herbeux
Tarif : 19 € (10A) – pers. suppl. 4 €

Location : (permanent) – 8 – 2 – 2 bungalows toilés – 4 tentes. Nuitée 27 à 90 € – Sem. 175 à 590 €
Pour s'y rendre : r. du Pont Caroline (sortie sud par D 113, à 100 m de l'Authion)

Nature :
Loisirs : snack
Services :
À prox. : terrain multisports, piste de skate-board

Longitude : -0.40855
Latitude : 47.44386

BREM-SUR-MER

85470 – **316** F8 – 2 485 h. – alt. 13
21 ter, rue de l'Océan 02 51 90 92 33
Paris 454 – Aizenay 26 – Challans 29 – La Roche-sur-Yon 34

Le Chaponnet – de déb. avr. à fin sept.
02 51 90 55 56, *campingchaponnet@wanadoo.fr*,
Fax 02 51 90 91 67, *www.le-chaponnet.com*
6 ha (357 empl.) plat, herbeux
Tarif : (Prix 2011) 30,80 € (6A) – pers. suppl. 6,90 € – frais de réservation 20 €

Location : (Prix 2011) (de déb. avr. à fin sept.) – 50 – 20 . Sem. 240 à 899 € – frais de réservation 20 €
Pour s'y rendre : 16 r. du Chaponnet (à l'ouest du bourg)

À savoir : décoration florale et arbustive, bel ensemble aquatique

Nature :
Loisirs : snack terrain multisports
Services : laverie

Longitude : -1.83197
Latitude : 46.60417

Le Brandais de déb. avr. à fin sept.
02 51 90 55 87, *camping.lebrandais@wanadoo.fr*,
Fax 02 51 20 12 74, *www.campinglebrandais.com* – places limitées pour le passage
2,3 ha (172 empl.) plat et peu incliné, herbeux
Tarif : (Prix 2011) 23,90€ (10A) – pers. suppl. 5€ – frais de réservation 15€
Location : (Prix 2011) (permanent) – 50 – 6 bungalows toilés. Sem. 170 à 770€ – frais de réservation 15€
20 14,50€
Pour s'y rendre : r. du Sablais (sortie nord-ouest par D 38 et rte à gauche)

Nature :
Loisirs :
Services :
À prox. :

Longitude : -1.83685
Latitude : 46.60552

L'Océan de déb. avr. à fin oct.
02 51 90 59 16, *contact@campingdelocean.fr*,
Fax 02 51 90 14 21, *www.campingdelocean.fr*
4 ha (210 empl.) plat, herbeux, sablonneux
Tarif : 27€ (6A) – pers. suppl. 6€ – frais de réservation 15€
Location : (de déb. avr. à fin oct.) – 120 – 1 tente. Nuitée 90 à 199€ – Sem. 610 à 650€ – frais de réservation 15€
Pour s'y rendre : r. des Gabelous (1 km à l'ouest)

Nature :
Loisirs : snack
Services :
À prox. :

Longitude : -1.84072
Latitude : 46.59708

BRÉTIGNOLLES-SUR-MER

85470 – **316** E8 – 3 673 h. – alt. 14
1, boulevard du Nord 02 51 90 12 78
Paris 459 – Challans 30 – La Roche-sur-Yon 36 – Les Sables-d'Olonne 18

La Motine de déb. avr. à fin sept.
02 51 90 04 42, *lamotine@free.fr*, *www.lamotine.com*
1,8 ha (103 empl.) peu incliné, herbeux
Tarif : 21€ (6A) – pers. suppl. 5€ – frais de réservation 15€
Location : (de déb. avr. à fin sept.) – 37 . Sem. 300 à 600€ – frais de réservation 15€
borne autre 11€ – 5 20€
Pour s'y rendre : 4 r. des Morinières (par av. de la Plage et à dr.)
À savoir : décoration arbustive

Nature :
Loisirs : crêperie
Services :
À prox. :

Longitude : -1.86535
Latitude : 46.62952

La Trevillière de déb. avr. à fin sept.
02 51 33 05 05, *info@chadotel.com*, Fax 02 51 33 94 04, *www.chadotel.com*
3 ha (204 empl.) plat, peu incliné, herbeux
Tarif : 30€ (10A) – pers. suppl. 5,90€ – frais de réservation 25€
Location : (de mi-avr. à mi-sept.) – 24 – 5 . Sem. 199 à 810€ – frais de réservation 25€
Pour s'y rendre : r. de Bellevue (sortie nord par la rte du stade et à gauche)

Nature :
Loisirs :
Services :

Longitude : -1.86176
Latitude : 46.63642

Les Vagues de déb. avr. à fin sept.
02 51 90 19 48, *lesvagues@free.fr*, Fax 02 40 02 49 88, *www.campinglesvagues.fr* – places limitées pour le passage
4,5 ha (256 empl.) plat, peu incliné, herbeux
Tarif : 30€ (10A) – pers. suppl. 6,50€ – frais de réservation 20€
Location : (de déb. avr. à fin sept.) – 50 – 4 . Sem. 250 à 800€ – frais de réservation 20€
Pour s'y rendre : 20 bd du Nord (au nord par D 38 vers St-Gilles-Croix-de-Vie)

Nature :
Loisirs : terrain multisports
Services :

Longitude : -1.85935
Latitude : 46.63012

Le Marina de déb. mai à mi-sept.
02 51 33 83 17, *info@le-marina.com*, Fax 02 51 33 83 17, *www.le-marina.com*
2,7 ha (131 empl.) plat, herbeux
Tarif : (Prix 2011) 21,30€ (6A) – pers. suppl. 4,60€ – frais de réservation 15€

Location : (Prix 2011) (de déb. mai à mi-sept.) – 6 . Nuitée 40€ – Sem. 250 à 500€ – frais de réservation 15€
borne artisanale
Pour s'y rendre : sortie nord-ouest par D 38, rte de St-Gilles-Croix-de-Vie puis à gauche 1 km par rte des Fermes Marines et chemin à dr.

Nature :
Loisirs :
Services :
À prox. :

Longitude : -1.85722
Latitude : 46.62782

Le Bon Accueil de déb. mai à mi-sept.
02 51 90 15 92, Fax 02 51 90 15 92
3 ha (146 empl.) plat, peu incliné, herbeux
Tarif : (Prix 2011) 21,30€ (6A) – pers. suppl. 4,70€ – frais de réservation 15€

Location : (Prix 2011) (de déb. mai à mi-sept.) – 7 . Nuitée 40€ – Sem. 240 à 490€ – frais de réservation 15€
Pour s'y rendre : 24 rte de St-Gilles (1,2 km au nord-ouest par D 38)

À savoir : cadre champêtre

Nature :
Loisirs :
Services :

Longitude : -1.86605
Latitude : 46.63636

BRISSAC-QUINCÉ

49320 – **317** G4 – 2 588 h. – alt. 65
8, place de la République 02 41 91 21 50
Paris 307 – Angers 18 – Cholet 62 – Doué-la-Fontaine 23

L'Étang de mi-avr. à mi-sept.
02 41 91 70 61, *info@campingetang.com*, Fax 02 41 91 72 65, *www.campingetang.com*
3,5 ha (150 empl.) plat, herbeux, petit étang
Tarif : 21€ (10A) – pers. suppl. 5€ – frais de réservation 10€

Location : (de mi-avr. à mi-sept.) – 20 – 6 bungalows toilés. Nuitée 45 à 100€ – Sem. 265 à 550€ – frais de réservation 10€
borne autre 8€ – 7 8€ – 14.50€
Pour s'y rendre : rte de St-Mathurin (2 km au nord-est par D 55, et chemin à dr., au bord de l'Aubance et près d'un étang)

À savoir : emplacements spacieux et confortables, sur les terres d'une ancienne ferme

Nature :
Loisirs : snack (découverte en saison)
Services : laverie
À prox. : petit parc de loisirs

Longitude : -0.4434
Latitude : 47.3592

CHAILLÉ-LES-MARAIS

85450 – **316** J9 – 1 808 h. – alt. 16
60 bis, rue de l'an VI, le Nieul 02 51 56 71 17
Paris 446 – Fontenay-le-Comte 23 – Niort 57 – La Rochelle 34

L'Île Cariot de déb. avr. à fin sept.
02 51 56 75 27, *camping.ilecariot@gmail.com*, *www.camping-chaille-les-marais.com*
1,2 ha (45 empl.) plat, herbeux
Tarif : 16,95€ (10A) – pers. suppl. 4,35€ – frais de réservation 8€

Location : (de déb. avr. à fin sept.) – 5 – 2 bungalows toilés. Nuitée 40 à 57€ – Sem. 185 à 483€ – frais de réservation 28€
borne artisanale 3€ – 14.90€
Pour s'y rendre : r. du 8 Mai (au sud du bourg, au bord de petits ruisseaux et près du stade)

Nature :
Loisirs : snack
Services :
À prox. : canoë

Longitude : -1.02102
Latitude : 46.39283

LA CHAIZE-GIRAUD

85220 – **316** F8 – 753 h. – alt. 15
Paris 453 – Challans 24 – La Roche-sur-Yon 32 – Les Sables-d'Olonne 21

Les Alouettes de déb. avr. à fin oct.
02 51 22 96 21, *contact@lesalouettes.com*,
Fax 09 70 62 24 77, *www.lesalouettes.com*
3 ha (140 empl.) plat, en terrasses, peu incliné, herbeux, sablonneux
Tarif : (Prix 2011) 29,40€ (6A) – pers. suppl. 5,50€ – frais de réservation 25€
Location : (Prix 2011) (de déb. avr. à fin oct.) – 34 – 16 – 5 bungalows toilés. Sem. 221 à 620€ – frais de réservation 25€
Pour s'y rendre : rte de Saint-Gilles (1 km à l'ouest par D 12, rte de St-Gilles-Croix-de-Vie)

Nature :
Loisirs : snack, pizzeria
Services : laverie

Longitude : -1.83189
Latitude : 46.64788

HINWEIS :
Diese Einrichtungen sind im allgemeinen nur während der Saison in Betrieb -unabhängig von den Öffnungszeiten des Platzes.

CHALLAIN-LA-POTHERIE

49440 – **317** C3 – 806 h. – alt. 58
Paris 340 – Ancenis 36 – Angers 47 – Château-Gontier 42

Municipal de l'Argos
06 77 18 78 60, *mairie.challain@wanadoo.fr*,
Fax 02 41 94 12 48
0,8 ha (20 empl.) non clos, plat, herbeux
Pour s'y rendre : rte de Loiré (au nord-est du bourg par D 73)
À savoir : agréable situation près d'un étang et à proximité du château

Nature :
Loisirs :
Services :

Longitude : -1.04546
Latitude : 47.63598

CHALONNES-SUR-LOIRE

49290 – **317** E4 – 6 137 h. – alt. 25
place de l'Hôtel de Ville 02 41 78 26 21
Paris 322 – Nantes 82 – Angers 26 – Cholet 40

Le Candais
02 41 78 02 27, *mairie@chalonnes-sur-loire.fr*,
Fax 02 41 78 10 80, *www.chalonnes-sur-loire.fr*
3 ha (210 empl.) plat, herbeux
borne sanistation – 40
Pour s'y rendre : rte de Rochefort (1 km à l'est par D 751, rte des Ponts-de-Cé, au bord de la Loire et près d'un plan d'eau)

Nature :
Loisirs :
Services :
À prox. : canoë

Longitude : -0.74813
Latitude : 47.35132

CHAMBRETAUD

85500 – **316** K6 – 1 419 h. – alt. 214
Paris 377 – Nantes 83 – La Roche-sur-Yon 56 – Cholet 21

Au Bois du Cé de déb. avr. à fin sept.
02 51 91 54 32, *contact@camping-auboisduce.com*,
www.camping-auboisduce.com
3 ha (100 empl.) plat, terrasse, herbeux
Tarif : 24,50€ (16A) – pers. suppl. 5€ – frais de réservation 10€
Location : (de déb. avr. à fin sept.) – 20 – 16 – 2 studios. Nuitée 50 à 61€ – Sem. 295 à 595€
Pour s'y rendre : rte du Puy-du-Fou

Nature :
Loisirs :
Services :

Longitude : -0.95
Latitude : 46.915

LA CHAPELLE-HERMIER

85220 – **316** F7 – 714 h. – alt. 58
Paris 447 – Aizenay 13 – Challans 25 – La Roche-sur-Yon 29

Pin Parasol – de fin avr. à fin sept.
02 51 34 64 72, *contact@campingpinparasol.fr*, Fax 02 51 34 64 62, *http://www.campingpinparasol.fr*
12 ha (379 empl.) plat, peu incliné, terrasses, herbeux
Tarif : (Prix 2011) 33,50€ (10A) – pers. suppl. 6,50€ – frais de réservation 18€

Location : (Prix 2011) (de fin avr. à fin sept.) (1 chalet) – 80 – 20 . Nuitée 30 à 103€ – Sem. 205 à 719€ – frais de réservation 18€

Pour s'y rendre : à Chateaulong (3,3 km au sud-ouest par D 42, rte de l'Aiguillon-sur-Vie puis 1 km par rte à gauche)

À savoir : près du lac de Jaunay (accès direct)

Nature :
Loisirs : diurne hammam terrain multisports
Services : laverie
À prox. : pédalos, canoës

Longitude : -1.75502
Latitude : 46.66647

Le Domaine du Pré – (location exclusive de chalets) Permanent
02 51 08 07 07, *sophie.boisseau@domainedupre.com*, *www.domainedupre.com*
11 ha

Location : (Prix 2011) (4 chalets) – 68 . Nuitée 65 à 90€ – Sem. 260 à 890€

Pour s'y rendre : au lieu dit : Bellevue (5 km au sud-ouest par D 42, rte de l'Aiguillon-sur-Vie puis par rte à gauche)

À savoir : important centre de balnéo, de bien-être

Nature :
Loisirs : hammam jacuzzi espace balnéo (petite piscine) terrain multisports
Services : laverie
À prox. : pédalos, canoë

Longitude : -1.76769
Latitude : 46.66485

CHÂTEAU-GONTIER

53200 – **310** E8 – 11 181 h. – alt. 33
place André Counord *02 43 70 42 74*
Paris 288 – Angers 50 – Châteaubriant 56 – Laval 30

Le Parc Permanent
02 43 07 35 60, *camping.parc@cc-chateau-gontier.fr*, Fax 02 43 70 38 94, *www.campingchateaugontier.fr*
2 ha (55 empl.) plat et peu incliné, herbeux
Tarif : 15€ (6A) – pers. suppl. 4€

Location : (permanent) – 12 . Sem. 184 à 359€
borne sanistation 2€

Pour s'y rendre : 15 rte de Laval (800 m au nord par N 162 rte de Laval, près du complexe sportif)

À savoir : emplacements bordés d'une grande variété d'arbres et de la Mayenne

Loisirs :
Services :
À prox. : mur d'escalade, canoë

Longitude : -0.6995
Latitude : 47.83866

Renouvelez votre guide chaque année.

CHÂTEAUNEUF-SUR-SARTHE

49330 – **317** G2 – 2 765 h. – alt. 20
Cour du Moulin *02 41 69 82 89*
Paris 278 – Angers 31 – Château-Gontier 25 – La Flèche 33

Municipal du Port de déb. mai à fin sept.
02 41 69 82 02, *mairie.chateauneufsursarthe@wanadoo.fr*, Fax 02 41 96 15 29 –
1 ha (60 empl.) plat, herbeux
Tarif : (Prix 2011) 7,70€ (10A) – pers. suppl. 2,35€
borne artisanale 7,30€

Pour s'y rendre : 14 place R. Le Fort (sortie sud-est par D 859, rte de Durtal et 2ème chemin à dr. apr. le pont, au bord de la Sarthe (halte nautique))

Nature :
Services :

Longitude : -0.48695
Latitude : 47.67749

CHEMILLÉ

49120 – **317** E5 – 6 868 h. – alt. 84
Parc de l'Hôtel de Ville de Chemillé *02 41 46 14 64*
Paris 331 – Angers 43 – Cholet 22 – Saumur 60

La Coulvée de déb. mai à mi-sept.
02 41 30 39 97, *camping-chemille-49@wanadoo.fr*,
Fax 02 41 30 39 00, *www.camping-coulvee-chemille.com*
2 ha (42 empl.) plat, herbeux
Tarif : 13,50€ (11A) – pers. suppl. 3,50€
Location : (permanent) – 12 . Nuitée 32 à 60€ – Sem. 224 à 424€
borne eurorelais 2€ – 10€
Pour s'y rendre : rte de Cholet (sortie sud par N 160, rte de Cholet et chemin à dr., près d'un plan d'eau)

Nature :
Loisirs :
Services :
À prox. :

Longitude : -0.7359
Latitude : 47.20308

CHOLET

49300 – **317** D6 – 54 371 h. – alt. 91 – Base de loisirs
14, avenue Maudet *02 41 49 80 00*
Paris 353 – Ancenis 49 – Angers 64 – Nantes 60

Centre Touristique Lac de Ribou – de déb. avr. à fin sept.
02 41 49 74 30, *info@lacderibou.com*,
Fax 02 41 58 21 22, *www.lacderibou.com*
5 ha (162 empl.) plat, peu incliné, herbeux
Tarif : (Prix 2011) 23€ (10A) – pers. suppl. 5,10€ – frais de réservation 10€
Location : (Prix 2011) (permanent) – 14 – 13 – 29 gîtes. Nuitée 58 à 68€ – Sem. 305 à 685€ – frais de réservation 10€
borne sanistation 5,25€ – 15.50€
Pour s'y rendre : 5 km au sud-est par D 20, rte de Maulevrier et D 600 à dr.
À savoir : à 100 m du lac (accès direct)

Nature :
Loisirs : nocturne
Services : laverie
À prox. : practice de golf

Longitude : -0.84017
Latitude : 47.03621

COMMEQUIERS

85220 – **316** E7 – 2 686 h. – alt. 19
Paris 441 – Challans 13 – Nantes 63 – La Roche-sur-Yon 38

La Vie de déb. avr. à fin sept.
02 51 54 90 04, *contact@campinglavie.com*,
Fax 02 51 54 36 63, *www.camping-la-vie.com*
3 ha (73 empl.) plat, herbeux, petit étang
Tarif : (Prix 2011) 5,50€ 3,50€ 4,50€ – (6A) 4,70€ – frais de réservation 15€
Location : (Prix 2011) (de déb. avr. à fin sept.) – 10 . Nuitée 20€ – Sem. 220 à 590€ – frais de réservation 15€
Pour s'y rendre : lieu-dit : Le Motteau (1,3 km au sud-est par D 82, rte de Coëx et chemin à gauche)

Nature :
Loisirs : snack
Services :

Longitude : -1.82172
Latitude : 46.76011

Le Trèfle à 4 feuilles de fin avr. à mi-sept.
02 51 54 87 54, *letrefle@free.fr*, Fax 06 20 90 32 04, *www.trefle-a4feuilles.com*
1,8 ha (50 empl.) plat, terrasses, herbeux
Tarif : 23,70€ (6A) – pers. suppl. 6€ – frais de réservation 15€
Location : (de mi-avr. à fin sept.) – 2 roulottes – 13 . Nuitée 45 à 100€ – Sem. 300 à 700€ – frais de réservation 15€
Pour s'y rendre : 3,3 km au sud-est par D 82, rte de Coëx et 1,4 km par chemin à gauche, au lieu-dit la Jouère
À savoir : sur les terres d'une exploitation agricole, le royaume des animaux

Nature :
Loisirs :
Services :
À prox. : parc animalier

Longitude : -1.78254
Latitude : 46.7583

LES CONCHES

85560 – **316** H9
Paris 465 – Nantes 109 – La Roche 37 – La Rochelle 63

Le Clos des Pins de déb. avr. à fin sept.
02 51 90 31 69, *info@campingclosdespins.com*,
Fax 02 51 90 30 68, *www.campingclosdespins.com*
1,6 ha (95 empl.) plat, vallonné, sablonneux
Tarif : 29€ (10A) – pers. suppl. 6€
Location : (de déb. avr. à fin sept.) – 49 – 10 . Nuitée 55 à 82€ – Sem. 149 à 600€ – frais de réservation 15€
Pour s'y rendre : 500 m de la plage

Nature :
Loisirs :
Services :
À prox. :

Longitude : -1.48842
Latitude : 46.38856

Le Sous-Bois de déb. juin à fin sept.
02 51 33 36 90, Fax 02 51 33 32 73
1,7 ha (120 empl.) plat, sablonneux
Tarif : (Prix 2011) 21,90€ (6A) – pers. suppl. 3,90€
Location : (Prix 2011) – 4 .
Pour s'y rendre : lau lieu-dit : La Haute-Saligotière

Nature :
Loisirs :
Services :

Longitude : -1.48725
Latitude : 46.3946

Les Ramiers de déb. avr. à mi-sept.
02 51 33 32 21
1,4 ha (80 empl.) en terrasses, vallonné, plat, sablonneux
Tarif : (Prix 2011) 17€ (10A) – pers. suppl. 4,50€
Location : (de déb. avr. à mi-sept.) – 6 .
Pour s'y rendre : 44bis r. des Tulipes
À savoir : pour les tentes, beaux emplacements en terrasses et en sous-bois

Nature :
Loisirs : snack
Services :

Longitude : -1.46705
Latitude : 46.3855

CONCOURSON-SUR-LAYON

49700 – **317** G5 – 543 h. – alt. 55
Paris 332 – Angers 44 – Cholet 45 – Saumur 25

La Vallée des Vignes de déb. avr. à fin sept.
02 41 59 86 35, *info@campingvdv.com*,
Fax 02 41 59 09 83, *www.campingvdv.com*
3,5 ha (63 empl.) plat, herbeux
Tarif : (Prix 2011) 28€ (6A) – pers. suppl. 6€
Location : (Prix 2011) (de déb. avr. à fin sept.) – 5 . Sem. 300 à 650€
Pour s'y rendre : 900 m à l'ouest par D 960, rte de Vihiers et rte à dr. apr. le pont, au bord du Layon
À savoir : cadre champêtre

Nature :
Loisirs :
Services :

Longitude : -0.34051
Latitude : 47.17412

COUTURES

49320 – **317** G4 – 527 h. – alt. 81
Paris 303 – Angers 25 – Baugé 35 – Doué-la-Fontaine 23

yelloh! Village Parc de Montsabert de mi-avr. à mi-sept.
02 41 57 91 63, *camping@parcdemontsabert.com*,
Fax 02 41 57 90 02, *www.parcdemontsabert.com*
5 ha (150 empl.) plat et peu incliné, herbeux, pierreux, sous bois
Tarif : 39€ (10A) – pers. suppl. 7€
Location : (de mi-avr. à mi-sept.) – 2 roulottes – 32 – 14 . Nuitée 39 à 139€ – Sem. 273 à 973€
5 17€ – 15€
Pour s'y rendre : rte de Montsabert (1,5 km au nord-est, près du château de Montsabert)
À savoir : agréable parc boisé

Nature :
Loisirs : snack (découverte en saison) swin golf
Services : laverie

Longitude : -0.34679
Latitude : 47.37448

CRAON

53400 – **310** D7 – 4 648 h. – alt. 75
1, rue Alain Gerbault ✆ 02 43 06 10 14
Paris 309 – Fougères 70 – Laval 29 – Mayenne 60

Municipal du Mûrier de déb. mai à fin sept.

✆ 02 43 06 96 33, *campingdumurier@orange.fr*, Fax 02 43 06 96 33, *www.ville-craon53.fr*
1 ha (51 empl.) plat, herbeux
Tarif : 3€ 3,90€ – (10A) 2,30€

Location : (permanent) – 9. Nuitée 57€ – Sem. 230 à 483€ – frais de réservation 30€
borne artisanale 2,60€
Pour s'y rendre : r. Alain Gerbault (800 m à l'est, rte de Château-Gontier et chemin à gauche)

À savoir : cadre agréable près d'un plan d'eau

Nature :
Loisirs :
Services :
À prox. :

Longitude : -0.94398
Latitude : 47.84837

DAON

53200 – **310** F8 – 503 h. – alt. 42 – Base de loisirs
Paris 292 – Angers 46 – Château-Gontier 11 – Châteauneuf-sur-Sarthe 15

Les Rivières

✆ 02 43 06 94 78, *camping.daon@cc-chateau-gontier.fr*, *www.camping-daon.fr*
1,8 ha (98 empl.) plat, herbeux

Location : – 10.
Pour s'y rendre : 1 r. du Port (sortie ouest par D 213, rte de la Ricoullière et à dr. avant le pont, près de la Mayenne)

Nature :
Loisirs :
Services :
À prox. : pédalos, halte nautique

Longitude : -0.64059
Latitude : 47.74996

DURTAL

49430 – **317** H2 – 3 315 h. – alt. 39
41, rue du Maréchal Leclerc ✆ 02 41 76 37 26
Paris 261 – Angers 38 – La Flèche 14 – Laval 66

Les Portes de l'Anjou de déb. avr. à fin oct.

✆ 02 41 76 31 80, *lesportesdelanjou@camp-in-ouest.com*, *www.lesportesdelanjou.com*
3,5 ha (127 empl.) plat, herbeux
Tarif : (Prix 2011) 17,20€ (10A) – pers. suppl. 4,50€ – frais de réservation 10€

Location : (Prix 2011) (de déb. avr. à fin oct.) – 7 – 12 bungalows toilés – 1 gîte. Nuitée 80 à 110€ – Sem. 165 à 595€ – frais de réservation 10€
Pour s'y rendre : 9 r. du Camping (sortie nord-est par rte de la Flèche et r. à dr.)

À savoir : situation et cadre agréables en bordure du Loir

Nature :
Loisirs : snack
Services :
À prox. :

Longitude : -0.23798
Latitude : 47.67107

LES EPESSES

85590 – **316** K6 – 2 477 h. – alt. 214
Paris 375 – Bressuire 38 – Chantonnay 29 – Cholet 24

La Bretèche de déb. avr. à mi-sept.

✆ 02 51 57 33 34, *contact@campinglabreteche.com*, Fax 02 51 57 41 98, *www.campinglabreteche.com*
3 ha (115 empl.) plat, peu incliné, herbeux
Tarif : (Prix 2011) 21,10€ (10A) – pers. suppl. 4,30€ – frais de réservation 10€

Location : (Prix 2011) (de déb. avr. à fin avr.) – 24 – 12 bungalows toilés. Nuitée 32 à 90€ – Sem. 188 à 675€ – frais de réservation 10€
borne artisanale
Pour s'y rendre : à la Base de Loisirs (sortie nord par D 752, rte de Cholet et chemin à dr.)

À savoir : belle décoration arbustive, près d'un étang

Nature :
Loisirs : snack
Services :
À prox. : Puy du Fou (3 km), parc d'attractions

Longitude : -0.89925
Latitude : 46.88986

ÉVRON

53600 – **310** G6 – 7 122 h. – alt. 114
place de la Basilique ✆ 02 43 01 63 75
Paris 250 – Alençon 58 – La Ferté-Bernard 98 – La Flèche 69

Municipal de la Zone Verte

✆ 02 43 01 65 36, *camping@evron.fr*, Fax 02 43 37 46 20, *www.camping-evron.fr*
3 ha (92 empl.) plat et peu incliné, herbeux, gravillons
Location : – 11 .
borne eurorelais
Pour s'y rendre : bd du Mal.-Juin (sortie ouest)

Nature :
Loisirs : parcours sportif
Services :
À prox. :

Longitude : -0.40083
Latitude : 48.15398

LA FAUTE-SUR-MER

85460 – **316** I9 – 1 001 h. – alt. 4
rond-point Fleuri ✆ 02 51 56 45 19
Paris 465 – Luçon 37 – Niort 106 – La Rochelle 71

Les Flots Bleus de déb. avr. à fin sept.

✆ 02 51 27 11 11, *info@camping-lesflotsbleus.com*, Fax 02 51 29 40 76
1,5 ha (124 empl.) plat, sablonneux, herbeux
Tarif : 30€ (16A) – pers. suppl. 5,50€ – frais de réservation 25€
Location : (de déb. avr. à fin sept.) – 58 – 2 bungalows toilés. Nuitée 28 à 119€ – Sem. 147 à 833€ – frais de réservation 25€
Pour s'y rendre : av.des Chardons (1 km au sud-est par rte de la pointe d'Arçay, à 200 m de la plage)

Nature :
Loisirs : (découverte en saison)
Services :

Longitude : -1.31744
Latitude : 46.32539

Teneinde deze gids beter te kunnen gebruiken,
DIENT U DE VERKLARENDE TEKST AANDACHTIG TE LEZEN.

LA FERTÉ-BERNARD

72400 – **310** M5 – 9 251 h. – alt. 90 – Base de loisirs
15, place de la Lice ✆ 02 43 71 21 21
Paris 164 – Brou 44 – Châteauroux 65 – Le Mans 54

Municipal le Valmer

✆ 02 43 71 70 03, *levalmer@gmail.com*, Fax plus de fax
3 ha (90 empl.) plat, herbeux
borne autre – 10
Pour s'y rendre : Espace du lac (1,5 km au sud-ouest par N 23, à la base de loisirs, au bord de l'Huisne)

Nature :
Loisirs :
Services :
À prox. : (plage) canoë

Longitude : 0.6541
Latitude : 48.18618

LA FLÈCHE

72200 – **310** I8 – 15 258 h. – alt. 33
boulevard de Montréal ✆ 02 43 94 02 53
Paris 244 – Angers 52 – Châteaubriant 106 – Laval 70

Municipal de la Route d'Or de déb. mars à fin oct.

✆ 02 43 94 55 90, *info@camping-laroutedor.com*, Fax 02 43 94 55 90, *www.camping-laroutedor.com*
4 ha (250 empl.) plat, herbeux
Tarif : 14,70€ (10A) – pers. suppl. 3€ – frais de réservation 15€
Location : (de mi-avr. à mi-oct.) – 10 . Nuitée 70 à 103€ – Sem. 293 à 500€
borne autre – 7 14,70€
Pour s'y rendre : allée du Camping (sortie sud vers rte de Saumur et à dr., au bord du Loir)

Nature :
Loisirs :
Services :
À prox. : canoë

Longitude : -0.07826
Latitude : 47.69499

FRESNAY-SUR-SARTHE

72130 – **310** J5 – 2 228 h. – alt. 95
19, avenue du Dr Riant 02 43 33 28 04
Paris 235 – Alençon 22 – Laval 73 – Mamers 30

Municipal Sans Souci – de déb. avr. à fin sept.
02 43 97 32 87, camping-fresnay@wanadoo.fr,
Fax 02 43 33 75 72, *www.camping-fresnaysursarthe.fr*
2 ha (90 empl.) plat, en terrasses, herbeux
Tarif : (Prix 2011) 2,50€ 4,55€ – (10A) 3,20€
Location : (Prix 2011) (permanent) – 5 . Nuitée 87 à 171€ – Sem. 246 à 491€
borne sanistation 3,15€
Pour s'y rendre : r. du Haut Ary (1 km à l'ouest par D 310, rte de Sillé-le-Guillaume)

Nature :
Loisirs :
Services :
À prox. : canoë

Longitude : 0.01589
Latitude : 48.28252

À savoir : beaux emplacements délimités en bordure de la Sarthe

FROMENTINE

85550 – **316** D6
Paris 455 – Nantes 69 – La Roche 72 – St-Nazaire 70

Campéole La Grande Côte de déb. avr. à mi-sept.
02 51 68 51 89, grande-cote@campeole.com,
Fax 02 51 49 25 57, *www.campeole.com*
21 ha (810 empl.) plat et accidenté, sablonneux
Tarif : (Prix 2011) 22,50€ (0A) – pers. suppl. 7,10€ – frais de réservation 25€
Location : (Prix 2011) (de déb. avr. à mi-sept.) – 85 – 36 – 116 bungalows toilés. Nuitée 28 à 155€ – Sem. 497 à 1 085€ – frais de réservation 25€
Pour s'y rendre : rte de la Grande Côte (2 km par D 38b, à Fromentine)

Nature :
Loisirs : nocturne
Services :
À prox. :

Longitude : -2.13083
Latitude : 46.88623

À savoir : au bord de la plage

LE GIVRE

85540 – **316** H9 – 383 h. – alt. 20
Paris 446 – Luçon 20 – La Mothe-Achard 33 – Niort 88

La Grisse Permanent
02 51 30 83 03, lagrisse@wanadoo.fr, www.campinglagrisse.com
1 ha (79 empl.) plat, herbeux
Tarif : 7,50€ 8€ – (16A) 4€
Location : (permanent) – 6 – 1 gîte. Nuitée 50 à 85€ – Sem. 195 à 590€
borne artisanale 10€ – 2 10€ – 10€
Pour s'y rendre : 2,5 km au sud par rte reliant la D 949 et la D 747

Nature :
Loisirs :
Services :

Longitude : -1.39752
Latitude : 46.44455

À savoir : cadre champêtre

GUÉMENÉ-PENFAO

44290 – **316** F2 – 4 920 h. – alt. 37
9, place Simon 02 40 79 30 83
Paris 408 – Bain-de-Bretagne 35 – Châteaubriant 39 – Nantes 59

L'Hermitage de déb. avr. à fin oct.
02 40 79 23 48, camping.hermitage@wanadoo.fr, www.campinglhermitage.com
2,5 ha (83 empl.) plat, et peu incliné, herbeux
Tarif : 21,50€ (6A) – pers. suppl. 5,50€
Location : (permanent) – 8 – 6 bungalows toilés – 1 gîte. Sem. 190 à 525€ – frais de réservation 12€
borne artisanale
Pour s'y rendre : 36 av. du Paradis (1,2 km à l'est par rte de Châteaubriant et chemin à dr., près de la piscine municipale)

Nature :
Loisirs : (petite piscine)
Services :
À prox. : terrain multisports

Longitude : -1.81915
Latitude : 47.6259

À savoir : agréable cadre boisé

GUÉRANDE

44350 – **316** B4 – 13 603 h. – alt. 54
1, place du Marché au Bois ☏ 0820150044
Paris 450 – La Baule 6 – Nantes 77 – St-Nazaire 20

Trémondec de déb. avr. à fin sept.
☏ 0240600007, *camping.tremondec@wanadoo.fr*, Fax 0240609110, *www.camping-tremondec.com*
2 ha (100 empl.) peu incliné et en terrasses, herbeux
Tarif : (Prix 2011) 5€ 15,50€ (10A)
Location : (Prix 2011) (de déb. avr. à mi-nov.) – 21 .
Nuitée 70 à 115€ – Sem. 250 à 840€
Pour s'y rendre : 48 r. du Château de Careil

Nature :
Loisirs :
Services :
À prox. :

Longitude : -2.4008
Latitude : 47.29804

LA GUYONNIÈRE

85600 – **316** I6 – 2 657 h. – alt. 63
Paris 395 – Nantes 47 – La Roche-sur-Yon 48 – Angers 105

La Chausselière de mi-avr. à fin sept.
☏ 0251419840, *camping@chausseliere.fr*, *camping.chausseliere.fr*
plat, herbeux
Tarif : (Prix 2011) 3,20€ 13,20€ – (16A) 3,20€
Location : (Prix 2011) (permanent) – 11 .
Nuitée 60€ – Sem. 125 à 335€
2 13,20€
Pour s'y rendre : rte des Herbiers

Nature :
Loisirs :
Services :
À prox. :

Longitude : -1.24167
Latitude : 46.95682

HERBIGNAC

44410 – **316** C3 – 5 184 h. – alt. 18
2, rue Pasteur ☏ 0240199001
Paris 446 – La Baule 23 – Nantes 72 – La Roche-Bernard 9

Le Ranrouet de déb. juil. à fin août
☏ 0240889623
1,5 ha (83 empl.) plat, herbeux
Tarif : (Prix 2011) 4,10€ 2,10€ 3,20€ – (6A) 3,50€
borne artisanale 3,90€
Pour s'y rendre : r. René-Guy Cadou (sortie est par D 33, rte de Pontchâteau et à dr.)

Nature :
Loisirs :
Services : (juil.-août)
À prox. : (plan d'eau avec plage 7 km)

Longitude : -2.31854
Latitude : 47.4482

ÎLE DE NOIRMOUTIER

85 – **316** – alt. 8
par le pont routier de Fromentine : gratuit - par le passage du Gois à basse mer (4,5 km)
route du Pont ☏ 02 51 39 80 71

Barbâtre 85630 – **316** C6 – 1 751 h. – alt. 5
route du Pont ☏ 0251398071
Paris 453 – Challans 32 – Nantes 70 – Noirmoutier-en-l'Ile 11

Du Midi – de déb. avr. à fin sept.
☏ 0251396374, *contact@camping-du-midi.com*, Fax 0251395863, *www.campingdumidi.com*
13 ha (530 empl.) vallonné, plat, peu incliné, sablonneux, herbeux
Tarif : (Prix 2011) 32,90€ (10A) – pers. suppl. 6,90€ – frais de réservation 18€
Location : (Prix 2011) (de déb. avr. à fin sept.) – 90 – 50 – 4 tipis – 50 tentes. Sem. 229 à 1 199€ – frais de réservation 18€
borne artisanale
Pour s'y rendre : r. du Camping (1 km au nord-ouest par D 948 et chemin à gauche)
À savoir : au bord de la plage

Nature :
Loisirs : diurne salle d'animation
Services : laverie
À prox. :

Longitude : -2.18447
Latitude : 46.94531

La Guérinière 85680 – **316** C6 – 1 525 h. – alt. 5
Paris 460 – Challans 39 – Nantes 77 – Noirmoutier-en-l'Ile 5

Domaine Les Moulins – de déb. avr. à fin sept.
02 51 39 51 38, *contact@camping-les-moulins.com*,
Fax 02 51 39 57 97, *www.camping-les-moulins.com*
5,5 ha (306 empl.) peu incliné et plat, sablonneux, herbeux, dunes
Tarif : 47€ (10A) – pers. suppl. 8€ – frais de réservation 25€

Location : (de déb. avr. à fin sept.) – 90 – 30 tipis – 30 bungalows toilés – 30 tentes. Sem. 259 à 1 950€ – frais de réservation 25€
borne eurorelais
Pour s'y rendre : 54 r. des Moulins (sortie est par D 948 et à dr. av. le rd-pt.)

À savoir : au bord de la plage (accès direct par escalier dans les dunes)

Nature :
Loisirs : diurne hammam jacuzzi salle d'animation terrain multisports
Services : laverie
À prox. :

Longitude : -2.217
Latitude : 46.96675

Le Caravan'île de mi-mars à mi-nov.
02 51 39 50 29, *contact@caravanile.com*,
Fax 02 51 35 86 85, *www.caravanile.com*
8,5 ha (385 empl.) peu incliné, plat, herbeux, sablonneux
Tarif : (Prix 2011) 28€ (5A) – pers. suppl. 6,50€ – frais de réservation 18€

Location : (Prix 2011) (de mi-mars à mi-nov.) – 95 . Sem. 248 à 820€ – frais de réservation 18€
borne flot bleu – 13€
Pour s'y rendre : 1 r. de la Tresson (sortie est par D 948 et à dr. av. le rond-point)

À savoir : au bord de la plage (accès direct par escalier dans les dunes)

Nature :
Loisirs : snack jacuzzi terrain multisports
Services : laverie
À prox. :

Longitude : -2.21674
Latitude : 46.96569

Noirmoutier-en-l'Île 85330 – **316** C5 – 4 842 h. – alt. 8
Route du Pont 02.51.39.80.71
Paris 468 – Nantes 80 – St-Nazaire 82 – Vannes 160

Indigo Noirmoutier de fin mars à déb. oct.
02 51 39 06 24, *noirmoutier@camping-indigo.com*,
Fax 02 51 35 97 63, *www.camping-indigo.com*
12 ha (530 empl.) plat, sablonneux, herbeux
Tarif : (Prix 2011) 25,80€ (10A) – pers. suppl. 5€ – frais de réservation 20€

Location : (Prix 2011) (de fin mars à déb. oct.) – 100 tentes. Nuitée 47 à 99€ – Sem. 230 à 693€ – frais de réservation 20€
borne autre 4€
Pour s'y rendre : 23 allée des Sableaux - Bois de la Chaize

À savoir : agréable situation en bordure de plage des Sableaux

Nature :
Loisirs : snack
Services :
À prox. :

Longitude : -2.22267
Latitude : 47.00703

Municipal le Clair Matin
02 51 39 05 56, Fax 02 51 39 74 36
6,5 ha (276 empl.) plat, herbeux, sablonneux
borne artisanale

Nature :
Loisirs :
Services :
À prox. :

Longitude : -2.27083
Latitude : 47.00666

Benutzen Sie
– zur Wahl der Fahrtroute
– zur Berechnung der Entfernungen
– zur exakten Lokalisierung eines Campingplatzes (mit Hilfe der Angaben im Ortstext)
die für diesen Führer unentbehrlichen ***MICHELIN-Karten.***

L'ILE-D'OLONNE

85340 – **316** F8 – 2 579 h. – alt. 5
Paris 455 – Nantes 100 – La Roche-sur-Yon 35 – Challans 37

Île aux Oiseaux de déb. avr. à fin oct.
02 51 90 89 96, *contact@ile-aux-oiseaux.fr*, Fax 02 51 32 33 07, *www.ile-aux-oiseaux.fr* – places limitées pour le passage
5 ha (215 empl.) plat, herbeux
Tarif : 25,90€ (10A) – pers. suppl. 4€ – frais de réservation 16€

Location : (de déb. avr. à fin oct.) – 40 – 40 . Nuitée 48 à 67€ – Sem. 190 à 470€ – frais de réservation 16€

Pour s'y rendre : r. du Pré Neuf (800 m au nord-est par D 87)

Nature :
Loisirs : spa terrain multisports
Services : (juil.août)

Longitude : -1.77813
Latitude : 46.56624

JARD-SUR-MER

85520 – **316** G9 – 2 480 h. – alt. 14
place de la Liberté 02 51 33 40 47
Paris 453 – Challans 62 – Luçon 36 – La Roche-sur-Yon 35

L'Océano d'Or de déb. avr. à fin sept.
02 51 33 05 05, *info@chadotel.com*, Fax 02 51 33 94 04, *www.chadotel.com*
8 ha (450 empl.) plat, herbeux
Tarif : 31€ (10A) – pers. suppl. 5,90€ – frais de réservation 25€

Location : (de déb. avr. à fin sept.) (1 chalet) – 57 – 8 . Sem. 210 à 865€ – frais de réservation 25€

Pour s'y rendre : 58 r. Georges Clemenceau (au nord-est de la station, par D 21)

Nature :
Loisirs : salle d'animation terrain multisports
Services : laverie

Longitude : -1.5693
Latitude : 46.42097

Le Curty's – (location exclusive de mobile homes et chalets) de déb. avr. à mi-sept.
02 51 33 06 55, *info@campinglecurtys.com*, Fax 02 51 33 92 01, *www.campinglecurtys.com*
8 ha (360 empl.) plat, herbeux

Location : (Prix 2011) – 192 – 20 . Sem. 170 à 990€ – frais de réservation 25€

Pour s'y rendre : r. de la Perpoise (au nord de la station)

Nature :
Loisirs : snack, pizzeria salle d'animation terrain multisports
Services : laverie
À prox. :

Longitude : -1.57825
Latitude : 46.42032

La Pomme de Pin de fin avr. à déb. sept.
02 51 33 43 85, *info@pommedepin.net*, Fax 02 51 20 31 69, *www.pommedepin.net* – places limitées pour le passage
2 ha (150 empl.) plat, sablonneux
Tarif : (Prix 2011) 27€ (10A) – pers. suppl. 5,80€ – frais de réservation 8€

Location : (Prix 2011) (de déb. avr. à fin sept.) – 120 – 11 . Sem. 230 à 695€ – frais de réservation 25€

Pour s'y rendre : r. Vincent Auriol (au sud-est, à 150 m de la plage de Boisvinet)

Nature :
Loisirs : pizzeria
Services :

Longitude : -1.57357
Latitude : 46.41088

La Mouette Cendrée de déb. avr. à fin oct.
02 51 33 59 04, *camping.mc@orange.fr*, Fax 02 51 20 31 39, *www.mouettecendree.com*
1,2 ha (72 empl.) plat, herbeux
Tarif : (Prix 2011) 26€ (10A) – pers. suppl. 5€ – frais de réservation 17€

Location : (Prix 2011) (de déb. avr. à fin oct.) – 25 – 5 bungalows toilés. Nuitée 35 à 50€ – Sem. 205 à 610€ – frais de réservation 17€

Pour s'y rendre : au lieu-dit : Les Malecots (sortie nord-est par D 19, rte de St-Hilaire-la-Forêt)

Nature :
Loisirs :
Services :

Longitude : -1.56703
Latitude : 46.42768

LANDEVIEILLE

85220 – **316** F8 – 1 100 h. – alt. 37
Paris 452 – Challans 25 – Nantes 83 – La Roche-sur-Yon 32

Pong – de déb. avr. à déb. sept.
02 51 22 92 63, *info@lepong.com*, Fax 02 51 22 99 25, *www.lepong.com*
3 ha (230 empl.) plat et peu incliné, terrasses, herbeux, petit étang
Tarif : 28€ (10A) – pers. suppl. 5,10€ – frais de réservation 18€

Location : (de déb. avr. à déb. sept.) – 50 . Nuitée 50 à 120€ – Sem. 200 à 700€ – frais de réservation 18€
Pour s'y rendre : r. du Stade (sortie nord-est)

Nature :
Loisirs : snack
Services :
À prox. :

Longitude : -1.79937
Latitude : 46.64226

L'Orée de l'Océan de déb. avr. à fin sept.
02 51 22 96 36, *info@camping-oreedelocean.com*, Fax 02 51 22 14 25, *www.camping-oreedelocean.com*
2,8 ha (200 empl.) plat et peu incliné, herbeux
Tarif : (Prix 2011) 23€ (10A) – pers. suppl. 5€ – frais de réservation 20€

Location : (Prix 2011) (de déb. avr. à fin sept.) – 158 – 23 bungalows toilés. Nuitée 45 à 75€ – Sem. 155 à 790€ – frais de réservation 20€
Pour s'y rendre : r. du Capitaine de Mazenod (sortie ouest, rte de Brétignolles-sur-Mer, à prox. d'un étang)

Nature :
Loisirs : snack terrain multisports
Services :
À prox. :

Longitude : -1.80716
Latitude : 46.6403

LAVARÉ

72390 – **310** M6 – 831 h. – alt. 122
Paris 173 – Bonnétable 26 – Bouloire 14 – La Ferté-Bernard 19

Le Val de Braye de fin mai à fin oct.
02 43 71 96 44, *basedeloisirs-valdebraye@orange.fr*, *www.basedeloisirs-lavare.fr*
0,3 ha (20 empl.) plat, herbeux
Tarif : 2€ 1€ – (5A) 2€
16 2€
Pour s'y rendre : rte de Vibraye (sortie est par D 302, à la Base de Loisirs)
À savoir : agréable situation près d'un plan d'eau

Nature :
Loisirs :
Services :
À prox. : piste de bi-cross, roller, skate

Longitude : 0.64522
Latitude : 48.05326

Verwechseln Sie bitte nicht :
... bis ... : MICHELIN-Klassifizierung
und
★ ... bis ... ★★★★★ : offizielle Klassifizierung

LE LION-D'ANGERS

49220 – **317** E3 – 3 675 h. – alt. 45
square des Villes Jumelées *02 41 95 83 19*
Paris 295 – Angers 27 – Candé 27 – Château-Gontier 22

Municipal les Frênes de fin mai à déb. sept.
02 41 95 31 56, *mairie@leliondangers.fr*, Fax 02 41 95 34 87, *www.leliondangers.fr*
2 ha (94 empl.) plat, herbeux
Tarif : (Prix 2011) 2€ 2,10€ – (10A) 2,60€
Pour s'y rendre : rte de Chateau Gontier (sortie nord-est par N 162, rte de Château-Gontier, au bord de l'Oudon)
À savoir : au milieu de frênes majestueux, au bord de l'Oudon

Nature :
Loisirs :
Services :
À prox. : hippodrome

Longitude : -0.71154
Latitude : 47.63094

LONGEVILLE-SUR-MER

85560 – **316** H9 – 2 300 h. – alt. 10
9, rue Georges Clemenceau ✆ 02 51 33 34 64
Paris 448 – Challans 74 – Luçon 29 – La Roche-sur-Yon 31

Les Brunelles – de déb. avr. à fin sept.
✆ 02 51 33 17 00, *contact@camp-atlantique.com*,
Fax 02 51 33 17 27, *www.camp-atlantique.com* –
places limitées pour le passage
13 ha (600 empl.) plat, peu incliné, pierreux
Tarif : 34€ (10A) – pers. suppl. 9€ – frais de réservation 25€

Location : (de déb. avr. à fin sept.) (1 mobile home) – 385 – 10 . Sem. 290 à 1 200€ – frais de réservation 25€
borne eurorelais – 34€

Nature :
Loisirs : snack, pizzeria hammam jacuzzi 2 terrains multisports
Services : laverie
À prox. :

Longitude : -1.52191
Latitude : 46.41326

LOUÉ

72540 – **310** I7 – 2 105 h. – alt. 112
Paris 230 – Laval 59 – Le Mans 30

Village Loisirs de déb. avr. à fin oct.
✆ 02 43 88 65 65, *village.dhotes@orange.fr*,
villageloisirs.com
1 ha (16 empl.) plat, herbeux
Tarif : 8€ (10A)

Location : (permanent) – 10 . Nuitée 80€ – Sem. 350€
Pour s'y rendre : place Hector Vincent (vers sortie nord-est par D 21, rte du Mans, à la piscine)
À savoir : situation agréable au bord de la Vègre

Loisirs : snack
Services : (juin-sept.)
À prox. : sentier pédestre, terrain multisports

Longitude : -0.15118
Latitude : 47.99467

LUCHÉ-PRINGÉ

72800 – **310** J8 – 1 634 h. – alt. 34
4, rue Paul Doumer ✆ 02 43 45 44 50
Paris 242 – Château-du-Loir 31 – Écommoy 24 – La Flèche 14

Municipal la Chabotière de déb. avr. à mi-oct.
✆ 02 43 45 10 00, *contact@lachabotiere.com*,
Fax 02 43 45 10 00, *www.lachabotiere.com*
3 ha (75 empl.) en terrasses, herbeux
Tarif : 14,50€ (10A) – pers. suppl. 3,80€ – frais de réservation 30€

Location : (permanent) – 10 – 10 bungalows toilés. Nuitée 29 à 88€ – Sem. 167 à 518€
Pour s'y rendre : place des Tilleuls (à l'ouest du bourg)
À savoir : à la base de loisirs, au bord du Loir

Nature :
Loisirs :
Services : (juil.-août) laverie
À prox. : canoë, barques, pédalos

Longitude : 0.07364
Latitude : 47.70252

...

Besonders angenehme Campingplätze, ihrer Kategorie entsprechend.

LES LUCS-SUR-BOULOGNE

85170 – **316** H6 – 3 172 h. – alt. 70
place Sénéchal ✆ 02 51 46 51 28
Paris 423 – Aizenay 19 – Les Essarts 24 – Nantes 45

Municipal Val de Boulogne
✆ 02 51 46 59 00, *mairie.leslucssurboulogne@wanadoo.fr*, Fax 02 51 46 51 20, *www.ville-leslucssurboulogne.fr*
0,3 ha (19 empl.) plat et peu incliné, herbeux
À savoir : cadre verdoyant et ombragé, près d'un étang

Nature :
Services :
À prox. : canoë

Longitude : -1.4943
Latitude : 46.84356

LE LUDE

72800 – **310** J9 – 4 074 h. – alt. 48
place François de Nicolay ✆ 02 43 94 62 20
Paris 244 – Angers 63 – Chinon 63 – La Flèche 20

Municipal au Bord du Loir de déb. mai à mi-sept.
✆ 02 43 94 67 70, *camping.lelude@wanadoo.fr*,
Fax 02.43.94.93.62
2,5 ha (111 empl.) plat, herbeux
Tarif : (Prix 2011) 16€ (10A) –
pers. suppl. 3,80€
Location : (Prix 2011) (de déb. mai à mi-sept.) – 6 bungalows toilés. Nuitée 25 à 45€ – Sem. 130 à 246€
borne artisanale 2€
Pour s'y rendre : rte du Mans (0,8 km au nord-ouest par D 307, rte du Mans)
À savoir : cadre champêtre au bord du Loir

Nature :
Loisirs : (centre équestre)
Services :
À prox. : snack canoë, pédalos, piste de skate

Longitude : 0.15763
Latitude : 47.64648

MACHÉ

85190 – **316** F7 – 1 273 h. – alt. 42
Paris 443 – Challans 22 – Nantes 59 – La Roche-sur-Yon 26

Village Vacances La Résidence du Lac (location exclusive de mobile homes et bungalows) Permanent
✆ 02 51 55 20 30, *laresidencedulac@libertysurf.fr*,
Fax 02 51 55 20 30, *www.la-residence-du-lac.fr*
18 ha plat, herbeux
Location : – 40 – 3 . Nuitée 22 à 143€ – Sem. 230 à 705€
2 19€
Pour s'y rendre : 2 r. de la Meule (vers sortie rte d'Apremont et chemin à gauche, accès direct au lac)

Nature :
Loisirs : , snack terrain multisports
Services : laverie
À prox. : canoë

Longitude : -1.68425
Latitude : 46.75163

Le Val de Vie de déb. avr. à fin sept.
✆ 02 51 60 21 02, *campingvaldevie@orange.fr*,
Fax 02 51 60 21 02, *www.camping-val-de-vie.com*
2,5 ha (52 empl.) plat, peu incliné, herbeux
Tarif : (Prix 2011) 22,80€ (6A) –
pers. suppl. 4,80€
Location : (Prix 2011) (de déb. mars à fin oct.) – 3 . Nuitée 50€ – Sem. 215 à 500€
borne artisanale 5,50€
Pour s'y rendre : 5 r. du Stade (sortie rte d'Apremont et chemin à gauche, à 400 m du lac)

Nature :
Loisirs :
Services :
À prox. :

Longitude : -1.68595
Latitude : 46.75305

MACHECOUL

44270 – **316** F6 – 5 771 h. – alt. 5
14, place des Halles ✆ 02 40 31 42 87
Paris 420 – Beauvoir-sur-Mer 23 – Nantes 39 – La Roche-sur-Yon 56

La Rabine de déb. avr. à fin sept.
✆ 02 40 02 30 48, *camprabine@wanadoo.fr*,
www.camping-la-rabine.com
2,8 ha (131 empl.) plat, herbeux
Tarif : (Prix 2011) 13,70€ (13A) –
pers. suppl. 3,80€
Location : (Prix 2011) (de déb. avr. à fin sept.) – 1 roulotte – 3 . Sem. 310 à 480€ – frais de réservation 20€
borne autre 9€ – 4 9€ – 9€
Pour s'y rendre : allée de la Rabine (sortie sud par D 95, rte de Challans, au bord du Falleron)

Nature :
Loisirs : salle d'animation
Services :
À prox. :

Longitude : -1.81571
Latitude : 46.98814

MAILLEZAIS

85420 – **316** L9 – 967 h. – alt. 6
rue du Dr Daroux ☏ 02 51 87 23 01
Paris 436 – Fontenay-le-Comte 15 – Niort 27 – La Rochelle 49

Municipal de l'Autize

☏ 06 43 19 14 90, *camping-lautize@orange.fr*,
Fax 02 51 87 29 63, *www.maillezais.fr*
1 ha (40 empl.) plat, herbeux
borne raclet – 20
Pour s'y rendre : r. du Champ de foire (sortie sud, rte de Courçon)

Nature :
Loisirs :
Services :
À prox. :

Longitude : -0.73914
Latitude : 46.37137

MALICORNE-SUR-SARTHE

72270 – **310** I8 – 1 943 h. – alt. 39
5, place Duguesclin ☏ 02 43 94 74 45
Paris 236 – Château-Gontier 52 – La Flèche 16 – Le Mans 32

Municipal Port Ste Marie de déb. avr. à fin sept.

☏ 02 43 94 80 14, *camping.malicorne@wanadoo.fr*,
Fax 02 43 94 57 26, *www.ville-malicorne.fr*
1 ha (80 empl.) plat, herbeux
Tarif : (Prix 2011) 14,50€ (12A) – pers. suppl. 3,20€
Location : (Prix 2011) (de déb. avr. à fin sept.) – 4 – 6 bungalows toilés. Nuitée 47 à 122€ – Sem. 143 à 461€
borne autre
Pour s'y rendre : à l'ouest du bourg par D 41
À savoir : cadre et situation agréables, près de la Sarthe

Nature :
Loisirs :
Services : (juil.-août) laverie
À prox. : (centre équestre) canoë, pédalos, terrain multisports

Longitude : -0.09077
Latitude : 47.81795

MAMERS

72600 – **310** L4 – 5 679 h. – alt. 128
29, place Carnot ☏ 02 43 97 60 63
Paris 185 – Alençon 25 – Le Mans 51 – Mortagne-au-Perche 25

Municipal du Saosnois de déb. mars à déb. nov.

☏ 02 43 97 68 30, *camping.mamers@free.fr*,
Fax 02 43 97 38 65, *www.mairie-mamers.fr*
1,5 ha (50 empl.) peu incliné et en terrasses, herbeux
Tarif : 12€ (10A) – pers. suppl. 2€
Location : (Prix 2011) (de déb. mars à déb. nov.) – 3 . Nuitée 46 à 49€ – Sem. 310 à 336€ – frais de réservation 50€
borne artisanale 5€ – 9 5€
Pour s'y rendre : 1 km au nord par rte de Mortagne-au-Perche et D 113 à gauche, rte de Contilly, près de deux plans d'eau

Nature :
Loisirs : (plage)
Services :
À prox. : parcours de santé, pédalos

Longitude : 0.37303
Latitude : 48.35809

MANSIGNÉ

72510 – **310** J8 – 1 540 h. – alt. 80 – Base de loisirs
route du Plessis ☏ 02 43 46 14 17
Paris 235 – Château-du-Loir 28 – La Flèche 21 – Le Lude 17

Municipal de la Plage de déb. avr. à mi-oct.

☏ 02 43 46 14 17, *camping-mansigne@orange.fr*,
Fax 02 43 46 14 17, *www.atouvert.com*
3 ha (175 empl.) plat, herbeux
Tarif : 15,20€ (10A) – pers. suppl. 3€ – frais de réservation 10€
Location : (permanent) – 8 – 20 – 8 bungalows toilés. Nuitée 40 à 120€ – Sem. 150 à 480€ – frais de réservation 10€
Pour s'y rendre : sortie nord par D 31, rte de la Suze-sur-Sarthe, à 100 m d'un plan d'eau (plage)

Nature :
Loisirs :
Services : (14 juil.-16 août) laverie bureau d'informations touristiques
À prox. : canoë-kayak, pédalos

Longitude : 0.13425
Latitude : 47.74802

MAREUIL-SUR-LAY

85320 – **316** I8 – 2 588 h. – alt. 20
17, rue H. de Mareuil ☎ 02 51 97 30 26
Paris 428 – Cholet 78 – Nantes 89 – Niort 70

Municipal la Prée

☎ 02 51 97 27 26, *mairiemareuilsurlay@wanadoo.fr*, *www.mareuiltourisme.com*
1,5 ha (41 empl.) plat, herbeux
Pour s'y rendre : r. du Lay (au sud du bourg, attenant au stade et la piscine)

À savoir : situation pittoresque en bordure du Lay

Nature :
Loisirs :
Services :
À prox. :

Longitude : -1.22163
Latitude : 46.53407

MARÇON

72340 – **310** M8 – 1 011 h. – alt. 59 – Base de loisirs
8, place de l'Église ☎ 02 43 79 91 01
Paris 245 – Château-du-Loir 10 – Le Grand-Lucé 51 – Le Mans 52

Lac des Varennes de déb. avr. à fin oct.

☎ 02 43 44 13 72, *lacdesvarennes@camp-in-ouest.com*, Fax 02 43 44 54 31, *www.camp-in-ouest.com*
5,5 ha (250 empl.) plat, herbeux
Tarif : (Prix 2011) 18,20€ (10A) – pers. suppl. 4,80€ – frais de réservation 10€
Location : (Prix 2011) (de déb. avr. à fin oct.) – 20 – 1 – 10 bungalows toilés. Nuitée 70€ – Sem. 165 à 590€ – frais de réservation 10€
borne artisanale 5€ – 11€
Pour s'y rendre : rte de Port Gauthier (1 km à l'ouest par D 61, rte du Port Gauthier, près de l'espace de loisirs)

À savoir : situation agréable autour d'un lac aménagé en base de loisirs

Nature :
Loisirs : snack (plage)
Services :
À prox. : terrain omnisports, canoë, pédalos

Longitude : 0.4993
Latitude : 47.7125

MAYENNE

53100 – **310** F5 – 13 555 h. – alt. 124
quai de Waiblingen ☎ 02 43 04 19 37
Paris 283 – Alençon 61 – Flers 56 – Fougères 47

Du Gué St-Léonard de mi-mars à fin sept.

☎ 02 43 04 57 14, *campingsaintleonard@orange.fr*, Fax 02 43 30 21 10, *http://www.paysdemayenne-tourisme.fr*
1,8 ha (70 empl.) plat, herbeux
Tarif : (Prix 2011) 9,35€ (15A) – pers. suppl. 3,30€
Location : (Prix 2011) (de déb. mars à fin nov.) – 5 . Nuitée 50€ – Sem. 344€
Pour s'y rendre : r. du Gué St-Léonard (au nord de la ville, par av. de Loré et r. à dr.)

À savoir : situation plaisante au bord de la Mayenne

Nature :
Loisirs : snack
Services : laverie
À prox. : canoë

Longitude : -0.61449
Latitude : 48.31363

LE MAZEAU

85420 – **316** L9 – 431 h. – alt. 8
Paris 435 – Fontenay-le-Comte 22 – Niort 21 – La Rochelle 53

Municipal le Relais du Pêcheur de déb. avr. à fin sept.

☎ 02 51 52 93 23, *mairie-le-mazeau@wanadoo.fr*, Fax 02 51 52 97 58, *www.mairielemazeau@.fr*
1 ha (54 empl.) plat, herbeux
Tarif : 3,20€ 4€ – (10A) 3€
Location : (de déb. mai à fin sept.) – 3 bungalows toilés. Nuitée 30 à 49€ – Sem. 125 à 280€
Pour s'y rendre : rte de la Sèvre (700 m au sud du bourg, près de canaux)

À savoir : cadre et situation agréables au coeur de la Venise Verte

Nature :
Loisirs :
Services : (juil.-août)
À prox. :

Longitude : -0.66788
Latitude : 46.31888

MÉNIL

53200 – **310** E8 – 940 h. – alt. 32
Paris 297 – Angers 45 – Château-Gontier 7 – Châteauneuf-sur-Sarthe 21

Municipal du Bac de mi-avr. à fin sept.
02 43 70 24 54, *campingdubac@orange.fr*,
Fax 02 43 70 95 02
0,5 ha (39 empl.) plat, herbeux
Tarif : 11€ (6A) – pers. suppl. 3,90€
Location : (Prix 2011) (permanent) – 5 . Sem. 380€
borne artisanale 2€
Pour s'y rendre : r. du Port (à l'est du bourg)
À savoir : cadre et situation agréables, près de la Mayenne

Nature :
Loisirs : snack
Services :
À prox. : canoë

Longitude : -0.67232
Latitude : 47.77572

MERVENT

85200 – **316** L8 – 1 079 h. – alt. 85
rue de la Citardière 02 51 00 29 57
Paris 426 – Bressuire 52 – Fontenay-le-Comte 12 – Parthenay 50

La Joletière de déb. avr. à fin oct.
02 51 00 26 87, *camping.la.joletiere@wanadoo.fr*, *www.campinglajoletiere.fr*
1,3 ha (73 empl.) peu incliné, herbeux
Tarif : (Prix 2011) 14,70€ (16A) – pers. suppl. 3,50€ – frais de réservation 4€
Location : (de déb. mars à fin oct.) – 14 – 4 – 3 bungalows toilés. Nuitée 40 à 85€ – Sem. 250 à 550€ – frais de réservation 8€
Pour s'y rendre : 700 m à l'ouest par D 99

Nature :
Loisirs : snack
Services :
À prox. :

Longitude : -0.77348
Latitude : 46.52112

MESLAY-DU-MAINE

53170 – **310** F7 – 2 671 h. – alt. 90
31, boulevard du Collège 02 43 64 24 06
Paris 268 – Angers 60 – Château-Gontier 21 – Châteauneuf-sur-Sarthe 34

La Chesnaie de mi-avr. à mi-sept.
02 43 98 48 08, *camping.lachesnaie@wanadoo.fr*,
Fax 02 43 98 48 08, *www.paysmeslaygrez.fr*
7 ha/0,8 (60 empl.) plat, herbeux
Tarif : (Prix 2011) 11,50€ (6A) – pers. suppl. 3,20€
Location : (Prix 2011) (permanent) – 8 . Sem. 165 à 395€ – frais de réservation 13€
borne artisanale
Pour s'y rendre : plan d'eau la Chesnaie (2,5 km au nord-est par D 152, rte de St-Denis-du-Maine)
À savoir : au bord d'un beau plan d'eau

Nature :
Loisirs :
Services : (juil.-août)
à la base de loisirs : swin golf, parcours de santé, pédalos

Longitude : -0.52685
Latitude : 47.96529

MESQUER

44420 – **316** B3 – 1 681 h. – alt. 6
place du Marché - Quimiac 02 40 42 64 37
Paris 460 – La Baule 16 – Muzillac 32 – Pontchâteau 35

Soir d'Été de déb. avr. à fin sept.
02 40 42 57 26, *info@camping-soirdete.com*, *www.camping-soirdete.com*
1,5 ha (92 empl.) plat et peu incliné, herbeux, sablonneux
Tarif : 30€ (6A) – pers. suppl. 7€ – frais de réservation 15€
Location : (Prix 2011) (de déb. avr. à fin sept.) – 16 – 4 . Nuitée 60 à 100€ – Sem. 240 à 670€ – frais de réservation 15€
borne artisanale 14€
Pour s'y rendre : 401 r. de Bel Air (2 km au nord-ouest par D 352 et rte à gauche)
À savoir : cadre ombragé

Nature :
Loisirs : snack terrain multisports
Services :
À prox. :

Longitude : -2.47528
Latitude : 47.40655

Le Praderoi de mi-juin à mi-sept.
02 40 42 66 72, *camping.praderoi@wanadoo.fr*, Fax 02 40 42 66 72, *http://www.camping-le-praderoi.com*
0,4 ha (30 empl.) plat, sablonneux, herbeux
Tarif : 25€ (10A) – pers. suppl. 4,50€ – frais de réservation 15€
Location : (de mi-juin à mi-sept.) – 2 roulottes – 2 . Nuitée 30 à 100€ – Sem. 220 à 620€
borne autre 13,50€
Pour s'y rendre : 14 allée des Barges à Quimiac (2,5 km au nord-ouest, à 100 m de la plage)

Nature :
Loisirs :
Services :
À prox. :

Longitude : -2.48939
Latitude : 47.40497

MÉZIÈRES-SOUS-LAVARDIN

72240 – **310** J6 – 581 h. – alt. 75
Paris 221 – Alençon 38 – La Ferté-Bernard 69 – Le Mans 25

Parc des Braudières Permanent
02 43 20 81 48, *camping.braudieres@wanadoo.fr*, Fax 02 43 20 81 48, *www.campinglesbraudieres.com*
– places limitées pour le passage
1,7 ha (52 empl.) plat et peu incliné, herbeux
Tarif : 15,50€ (5A) – pers. suppl. 4€
Location : (permanent) – 2 . Nuitée 60€ – Sem. 430€
borne artisanale 12€ – 3 12€
Pour s'y rendre : 4,5 km à l'est par rte secondaire de St-Jean
À savoir : en bordure d'un petit étang de pêche

Nature :
Loisirs : jacuzzi
Services :

Longitude : 0.06328
Latitude : 48.15758

MONTREUIL-BELLAY

49260 – **317** I6 – 4 045 h. – alt. 50
place du Concorde 02 41 52 32 39
Paris 335 – Angers 54 – Châtellerault 70 – Chinon 39

Les Nobis – de fin mars à fin sept.
02 41 52 33 66, *camping-les-nobis@orange.fr*, *www.campinglesnobis.com*
4 ha (165 empl.) plat, terrasse, herbeux
Tarif : (Prix 2011) 24,60€ (10A) – pers. suppl. 4€ – frais de réservation 8€
Location : (Prix 2011) (de fin mars à fin oct.) – 15 – 3 bungalows toilés. Nuitée 37 à 90€ – Sem. 218 à 565€ – frais de réservation 8€
Pour s'y rendre : r. Georges Girouy (sortie nord-ouest, rte d'Angers et chemin à gauche av. le pont)
À savoir : situation agréable sur les rives du Thouet et au pied des remparts du château

Nature :
Loisirs : diurne
Services : laverie
À prox. : pédalos, canoë

Longitude : -0.15947
Latitude : 47.13148

MONTSOREAU

49730 – **317** J5 – 493 h. – alt. 77
15, avenue de la Loire 02 41 51 70 22
Paris 292 – Angers 75 – Châtellerault 65 – Chinon 18

L'Isle Verte de déb. avr. à fin sept.
02 41 51 76 60, *isleverte@cvtloisirs.fr*, Fax 02 41 51 08 83, *www.campingisleverte.com*
2,5 ha (105 empl.) plat, herbeux
Tarif : 25,50€ (16A) – pers. suppl. 6€ – frais de réservation 15€
Location : (de déb. avr. à fin oct.) – 13 – 5 bungalows toilés – 3 tentes. Nuitée 40 à 90€ – Sem. 200 à 630€ – frais de réservation 15€
borne artisanale
Pour s'y rendre : av. de la Loire (sortie nord-ouest par D 947, rte de Saumur, au bord de la Loire)

Nature :
Loisirs : snack
Services :

Longitude : 0.05165
Latitude : 47.21861

LA MOTHE-ACHARD

85150 – **316** G8 – 2 381 h. – alt. 20
56, rue G. Clémenceau ✆ 0251059049
Paris 439 – Aizenay 15 – Challans 40 – La Roche-sur-Yon 19

Le Pavillon de déb. avr. à fin sept.
✆ 0251056346, *campinglepavillon@club-internet.fr*,
Fax 0251094558, *www.camping-le-pavillon.com*
3,6 ha (117 empl.) plat, herbeux, étang
Tarif : (Prix 2011) 27€ (10A) –
pers. suppl. 6€ – frais de réservation 16€

Location : (Prix 2011) (de déb. avr. à fin sept.) – 22 – 6 – 5 bungalows toilés – 3 mobile homes (sans sanitaire). Sem. 190 à 795€ – frais de réservation 16€

Pour s'y rendre : 175 av. Georges Clemenceau (1,5 km au sud-ouest, rte des Sables-d'Olonne)

Nature :
Loisirs : nocturne terrain multisports
Services : laverie

Longitude : -1.65763
Latitude : 46.62004

MOUCHAMPS

85640 – **316** J7 – 2 585 h. – alt. 81
Paris 394 – Cholet 40 – Fontenay-le-Comte 52 – Nantes 68

Le Hameau du Petit Lay de mi-juin à mi-sept.
✆ 0251662572, *wbm85640@mouchamps.com*,
Fax 0251662572, *www.lehameaudupetitlay.com*
0,4 ha (24 empl.) plat, herbeux
Tarif : 13,60€ (6A) – pers. suppl. 3,20€

Location : (permanent) – 15 . Sem. 191 à 483€ – frais de réservation 21€

Pour s'y rendre : au lieu-dit : Chauvin (600 m au sud par D 113, rte de St-Prouant, au bord d'un ruisseau)

Nature :
Loisirs : (petite piscine)
Services :
À prox. :

Longitude : -1.05596
Latitude : 46.77549

MOUILLERON-LE-CAPTIF

85000 – **316** h7 – 4 246 h. – alt. 70
Paris 421 – Challans 40 – La Mothe-Achard 22 – Nantes 63

L'Ambois Permanent
✆ 0251372915, *camping-ambois@voila.fr*,
Fax 0251372915, *www.campingambois.com*
1,75 ha (48 empl.) plat, peu incliné, herbeux
Tarif : 4€ 3,50€ – (6A) 3,50€

Location : (permanent) – 40 – 5 – 1 gîte – 2 chambres d'hôte. Nuitée 50 à 72€ – Sem. 220 à 540€
borne artisanale

Pour s'y rendre : sortie sud-est par D 2, rte de la Roche-sur-Yon, puis 2,6 km par chemin à dr.

À savoir : cadre champêtre

Nature :
Loisirs : (découverte en saison) poneys mini ferme
Services : laverie

Longitude : -1.45924
Latitude : 46.71991

NALLIERS

85370 – **316** J9 – 2 133 h. – alt. 9
Paris 435 – Fontenay-le-Comte 18 – Luçon 12 – Niort 52

Municipal le Vieux Chêne de mi-mai à fin sept.
✆ 0689267833, *nalliers.mairie@wanadoo.fr*,
Fax 0251309406, *nalliers.fr*
1 ha (25 empl.) plat, herbeux
Tarif : 2,90€ 1,90€ 2,90€ – (10A) 3,90€

Pour s'y rendre : le Port (au sud du bourg)

Nature :
Loisirs :
Services :
À prox. :

Longitude : -1.02697
Latitude : 46.46722

NANTES

44000 – **316** G4 – 283 025 h. – alt. 8
3, cours Olivier de Clisson ✆ 0892464044 2 place Saint Pierre ✆ 0892464044
Paris 381 – Angers 88 – Bordeaux 325 – Lyon 660

Le Petit Port Permanent

✆ 0240744794, *nantes-camping@nge-nantes.fr*,
Fax 0240742306, *www.nantes-camping.fr*
8 ha (200 empl.) plat, peu incliné, herbeux, gravillons
Tarif : (Prix 2011) 29,50€ (16A) – pers. suppl. 6€ – frais de réservation 9€
Location : (Prix 2011) (permanent) – 52 – 6 – 1 tente. Nuitée 36 à 146€ – Sem. 218 à 874€ – frais de réservation 18€
borne raclet 2€ – 15 12€
Pour s'y rendre : 21 bd du Petit Port (au bord du Cens)

Nature :
Loisirs :
Services : laverie
À prox. : crêperie patinoire, bowling

Longitude : -1.5567
Latitude : 47.24346

The Guide changes, so renew your guide every year.

NOTRE-DAME-DE-MONTS

85690 – **316** D6 – 1 806 h. – alt. 6
6, rue de la Barre ✆ 0251588497
Paris 459 – Nantes 74 – La Roche-sur-Yon 72

Les Alizés Montois de déb. avr. à fin sept.

✆ 0228112850, *contact@campinglalbizia.com*,
Fax 0228112778, *www.campinglalbizia.com*
3,6 ha (150 empl.) plat, herbeux, sablonneux
Tarif : 28€ (16A) – pers. suppl. 5,60€ – frais de réservation 12€
Location : (de mi-fév. à mi-nov.) – 35 . Nuitée 115€ – Sem. 800€ – frais de réservation 12€
Pour s'y rendre : 52 r. de la Rive (1,9 km au nord)

Nature :
Loisirs : snack nocturne terrains multi-sports
Services :

Longitude : -2.13125
Latitude : 46.83116

Le Grand Jardin de mi-fév. à mi-déc.

✆ 0228112175, *contact@legrandjardin.net*,
Fax 0251595666, *www.legrandjardin.net* – places limitées pour le passage
2,5 ha (159 empl.) plat, herbeux, sablonneux
Tarif : (Prix 2011) 30€ (10A) – pers. suppl. 4,60€ – frais de réservation 19€
Location : (Prix 2011) (de mi-fév. à mi-déc.) – 25 – 4 . Sem. 270 à 730€ – frais de réservation 19€
2 30€
Pour s'y rendre : 50 r. de la Barre (600 m au nord, au bord d'un étier)

Nature :
Loisirs : (découverte en saison)
Services : (juil.-août)

Longitude : -2.12579
Latitude : 46.83739

Le Pont d'Yeu

✆ 0251588376, *info@camping-pontdyeu.com*,
Fax 0228112019, *www.camping-pontdyeu.com*
1,3 ha (96 empl.) plat, sablonneux
Location : – 27 .
Pour s'y rendre : 1 km au sud

Nature :
Loisirs :
Services :

Longitude : -2.13152
Latitude : 46.83456

La Ménardière de déb. avr. à fin sept.

✆ 0251588692, *camping.menardiere@wanadoo.fr*,
Fax 0251588692, *www.camping-la-menardiere.fr*
0,8 ha (65 empl.) plat, sablonneux, herbeux
Tarif : (Prix 2011) 13,50€ (6A) – pers. suppl. 3,90€
Location : (Prix 2011) (de déb. avr. à fin sept.) – 10 . Nuitée 37 à 72€ – Sem. 190 à 505€
Pour s'y rendre : rte de Notre-Dame-de-Monts (1 km au sud)

Nature :
Loisirs :
Services :

Longitude : -2.12365
Latitude : 46.82098

NYOISEAU

49500 – **317** D2 – 1 307 h. – alt. 40
Paris 316 – Ancenis 50 – Angers 47 – Châteaubriant 39

La Rivière

02 41 92 26 77, Fax 02 41 92 26 65
1 ha (25 empl.) plat, herbeux
borne artisanale
Pour s'y rendre : 1,2 km au sud-est par D 71, rte de Segré et rte à gauche, au bord de l'Oudon

Nature :
Loisirs :
Services :
À prox. : piste de bi-cross

Longitude : -0.9157
Latitude : 47.71635

Gebruik de gids van het lopende jaar.

OLONNE-SUR-MER

85340 – **316** F8 – 12 510 h. – alt. 40
10, rue du Maréchal Foch 02 51 90 75 45
Paris 458 – Nantes 102 – La Roche-sur-Yon 36 – La Rochelle 96

La Loubine – de déb. avr. à mi-sept.

02 51 33 12 92, *info@la-loubine.fr*, Fax 02 51 33 12 71, *www.la-loubine.fr* (juil.-août)
8 ha (368 empl.) plat, herbeux
Tarif : 35,50€ (6A) – pers. suppl. 6€ – frais de réservation 20€
Location : (de déb. avr. à mi-sept.) (juil.-août) – 129 – 2 . Nuitée 36 à 142€ – Sem. 252 à 994€ – frais de réservation 20€
Pour s'y rendre : 1 rte de la Mer (3 km à l'ouest)
À savoir : autour d'une ferme vendéenne du 16e s. et d'un beau complexe aquatique paysager et ludique

Nature :
Loisirs : snack, pizzeria nocturne jacuzzi terrain multisports
Services :
À prox. : poneys

Longitude : -1.80647
Latitude : 46.54595

Airotel le Trianon – de déb. avr. à fin oct.

02 51 23 61 61, *campingletrianon@wanadoo.fr*, Fax 02 51 90 77 70, *www.camping-le-trianon.com*
12 ha (515 empl.) plat, herbeux, petit étang
Tarif : (Prix 2011) 41,97€ (16A) – pers. suppl. 6,59€ – frais de réservation 25€
Location : (Prix 2011) (de déb. avr. à fin oct.) – 180 – 42 . Nuitée 40 à 70€ – Sem. 350 à 915€ – frais de réservation 25€
Pour s'y rendre : 95 r. du Maréchal Joffre (1 km à l'est)
À savoir : agréable cadre verdoyant et ombragé

Nature :
Loisirs : discothèque
Services : (juil.-août) laverie
Longitude : -1.75502
Latitude : 46.53118

Le Moulin de la Salle de déb. avr. à fin sept.

02 51 95 99 10, *moulindelasalle@wanadoo.fr*, Fax 02 51 96 96 13, *www.moulindelasalle.com*
2,7 ha (178 empl.) plat, herbeux
Tarif : 21€ (10A) – pers. suppl. 4,50€ – frais de réservation 25€
Location : (de déb. avr. à mi-sept.) – 190 – 2 gîtes. Nuitée 40 à 80€ – Sem. 220 à 810€ – frais de réservation 25€
Pour s'y rendre : r. du Moulin de la Salle (2,7 km à l'ouest)

Nature :
Loisirs : snack (découverte en saison)
Services :
Longitude : -1.79217
Latitude : 46.53183

Domaine de l'Orée – de déb. mai à mi-sept.

02 51 33 10 59, *loree@free.fr*, Fax 02 51 33 15 16, *www.l-oree.com*
6 ha (320 empl.) plat, herbeux
Tarif : (Prix 2011) 33,50€ (10A) – pers. suppl. 6€ – frais de réservation 25€
Location : (Prix 2011) (de mi-avr. à mi-sept.) – 147 – 10 . Nuitée 54 à 125€ – Sem. 242 à 874€ – frais de réservation 25€

Nature :
Loisirs : snack nocturne terrain multisports
Services :
À prox. : poneys

Longitude : -1.80827
Latitude : 46.5494

Nid d'Été de déb. avr. à fin sept.
02 51 95 34 38, *info@leniddete.com*, Fax 02 51 95 34 64, *www.leniddete.com*
2 ha (119 empl.) plat, herbeux
Tarif : (Prix 2011) 28,60€ (10A) – pers. suppl. 4,80€ – frais de réservation 15€
Location : (Prix 2011) (de déb. avr. à fin sept.) – 21 . Nuitée 49 à 89€ – Sem. 220 à 620€ – frais de réservation 15€
Pour s'y rendre : 2 r. de la Vigne Verte (2,5 km à l'ouest)

Nature :
Loisirs :
Services :

Longitude : -1.78943
Latitude : 46.5335

Bois Soleil de déb. avr. à mi-sept.
02 51 33 11 97, *camping.boissoleil@wanadoo.fr*, Fax 02 51 33 14 85, *www.campingboisoleil.com*
3,1 ha (160 empl.) plat et peu incliné, herbeux, pierreux
Tarif : 31,15€ (6A) – pers. suppl. 5€ – frais de réservation 20€
Location : (de déb. avr. à mi-sept.) – 5 . Nuitée 40 à 95€ – Sem. 259 à 660€ – frais de réservation 20€
borne autre 13,60€ – 1 13,60€
Pour s'y rendre : 94 chemin des Barres (4,1 km au nord-ouest par D 80, D 87, rte de l'Ile d'Olonne, près de la réserve ornithologique)
À savoir : au bord des marais salants

Nature :
Loisirs : nocturne hammam terrain multisports
Services :

Longitude : -1.80457
Latitude : 46.55294

Sauveterre de déb. avr. à fin sept.
02 51 33 10 58, *info@campingsauveterre.com*, Fax 09 71 70 43 86, *www.campingsauveterre.com*
3,2 ha (234 empl.) plat, herbeux
Tarif : (Prix 2011) 14,50€ (6A) – pers. suppl. 3,20€ – frais de réservation 15€
Location : (Prix 2011) (de déb. avr. à fin sept.) – 23 . Nuitée 35 à 60€ – Sem. 140 à 490€ – frais de réservation 15€
Pour s'y rendre : 3 rte des Amis de la Nature (3 km à l'ouest)

Nature :
Loisirs : snack
Services :
À prox. : poneys

Longitude : -1.80547
Latitude : 46.54697

LE PERRIER

85300 – **316** E7 – 1 797 h. – alt. 4
Paris 449 – Nantes 67 – La Roche-sur-Yon 56

La Maison Blanche
02 51 49 39 23, *campingmaisonblanche@yahoo.fr*, *www.campingmaisonblanche.fr*
3,2 ha (200 empl.) plat, herbeux
Location : (de mi-avr. à fin sept.) – 10 .
Pour s'y rendre : r. de la Maison Blanche (près de l'église, au bord d'un étier)

Nature :
Loisirs :
Services : (saison) laverie
À prox. :

Longitude : -1.99546
Latitude : 46.81974

PIRIAC-SUR-MER

44420 – **316** A3 – 2 273 h. – alt. 7
7, rue des Cap-Horniers 02 40 23 51 42
Paris 462 – La Baule 17 – Nantes 88 – La Roche-Bernard 33

Parc du Guibel – de déb. avr. à fin sept.
02 40 23 52 67, *camping@parcduguibel.com*, Fax 02 40 15 50 24, *www.parcduguibel.com*
14 ha (450 empl.) plat, peu incliné, herbeux
Tarif : 6€ 4€ 6€ – (10A) 4,50€ – frais de réservation 18€
Location : (de déb. avr. à fin sept.) – 98 – 34 . Nuitée 48 à 119€ – Sem. 252 à 833€ – frais de réservation 18€
borne artisanale – 13.50€
Pour s'y rendre : rte de Kerdrien (3,5 km à l'est par D 52, rte de Mesquer et rte à gauche)

Nature :
Loisirs : snack terrain multisports
Services : laverie
À prox. :

Longitude : -2.5098
Latitude : 47.38661

Armor Héol – de déb. avr. à mi-sept.
02 40 23 57 80, *info@camping-armor-heol.com*,
Fax 02 40 23 59 42, *www.camping-armor-heol.com*
4,5 ha (270 empl.) plat, herbeux, petit étang
Tarif : (Prix 2011) 8€ 16€ – (6A) 4€ – frais de réservation 20€

Location : (Prix 2011) (de déb. avr. à mi-sept.) – 1 roulotte – 59 – 22 . Nuitée 65 à 119€ – Sem. 290 à 725€ – frais de réservation 20€
Pour s'y rendre : rte de Guérande (1 km au sud-est par D 333)

Nature :
Loisirs : snack terrain multi-sports
Services : – 20 sanitaires individuels (wc) laverie

Longitude : -2.53513
Latitude : 47.37497

Mon Calme de déb. avr. à fin sept.
02 40 23 60 77, *campingmoncalme@free.fr*, *www.campingmoncalme.com*
1,2 ha (105 empl.) plat, herbeux
Tarif : 28€ (10A) – pers. suppl. 7€ – frais de réservation 17€

Location : (Prix 2011) (de déb. avr. à fin sept.) – 18 – 12 appartements. Sem. 600€ – frais de réservation 17€
Pour s'y rendre : r. de Norvoret (1 km au sud par rte de la Turballe et à gauche, à 450 m de l'océan)

Nature :
Loisirs : pizzeria
Services :
À prox. :

Longitude : -2.56805
Latitude : 47.36892

LA PLAINE-SUR-MER

44770 – **316** C5 – 3 610 h. – alt. 26
square du Fort Gentil *02 40 21 52 52*
Paris 438 – Nantes 58 – Pornic 9 – St-Michel-Chef-Chef 7

La Tabardière – de déb. avr. à fin sept.
02 40 21 58 83, *info@camping-la-tabardiere.com*,
Fax 02 40 21 02 68, *www.camping-la-tabardiere.com*
6 ha (255 empl.) en terrasses, herbeux
Tarif : 36,10€ (10A) – pers. suppl. 7,50€ – frais de réservation 20€

Location : (de déb. avr. à fin sept.) – 10 – 20 . Nuitée 65 à 100€ – Sem. 230 à 695€ – frais de réservation 20€
borne raclet 14€ – 14€
Pour s'y rendre : 2 rte de la Tabardiere (3,5 km à l'est par D 13, rte de Pornic et rte à gauche)

Nature :
Loisirs : (découverte en saison) terrain multisports
Services :
À prox. : (centre équestre)

Longitude : -2.15313
Latitude : 47.14087

Le Ranch de déb. avr. à fin sept.
02 40 21 52 62, *info@camping-le-ranch.com*,
Fax 02 51 74 81 31, *www.camping-le-ranch.com*
3 ha (180 empl.) plat, herbeux
Tarif : 17,35€ (10A) – pers. suppl. 3,20€ – frais de réservation 15€

Location : (de déb. avr. à fin oct.) – 12 – 16 . Nuitée 45 à 106€ – Sem. 210 à 745€ – frais de réservation 15€
Pour s'y rendre : chemin des Hautes Raillères (3 km au nord-est par D 96)

Nature :
Loisirs :
Services :
À prox. : (centre équestre)

Longitude : -2.16292
Latitude : 47.15412

Des vacances réussies sont des vacances bien préparées !
Ce guide est fait pour vous y aider... mais :
– n'attendez pas le dernier moment pour réserver
– évitez la période critique du 14 juillet au 15 août.
Pensez aux ressources de l'arrière-pays,
à l'écart des lieux de grande fréquentation.

LES PONTS-DE-CÉ

49130 – **317** F4 – 11 500 h. – alt. 25
Paris 302 – Nantes 92 – Angers 7 – Cholet 57

Île du Château –
02 41 44 62 05, *ile-du-chateau@wanadoo.fr*,
Fax 02 41 44 62 05, *www.camping-ileduchateau.com*
2,3 ha (135 empl.) plat, herbeux, jardin public attenant

Location : (Prix 2011) (de déb. mai à fin sept.) – bungalows toilés.
borne flot bleu – 15
Pour s'y rendre : av. de la Boire Salée (sur l'Île du Château)

À savoir : cadre arboré, près de la Loire

Nature :
Loisirs : snack
Services :
À prox. : canoë

Longitude : -0.52701
Latitude : 47.42442

PORNIC

44210 – **316** D5 – 13 906 h. – alt. 20
place de la Gare 02 40 82 04 40
Paris 429 – Nantes 49 – La Roche-sur-Yon 89 – Les Sables-d'Olonne 93

Airotel La Boutinardière de déb. avr. à fin sept.
02 40 82 05 68, *info@laboutinardiere.com*,
Fax 02 40 82 49 01, *www.camping-boutinardiere.com*
7,5 ha (400 empl.) peu incliné, herbeux
Tarif : 47€ (10A) – pers. suppl. 7€ – frais de réservation 25€

Location : (de déb. avr. à fin sept.) – 200 – 37 – 4 appartements. Nuitée 75 à 150€ – Sem. 240 à 1 100€ – frais de réservation 25€
borne artisanale 8€ – 10€
Pour s'y rendre : 23 r. de la Plage de la Boutinardiere (5 km au sud-est par D 13 et rte à dr., à 200 m de la plage)

Nature :
Loisirs : snack nocturne hammam terrain multisports
Services :
À prox. : (centre équestre) golf (18 trous)

Longitude : -2.05293
Latitude : 47.09764

Yelloh! Village La Chênaie de mi-avr. à mi-sept.
02 40 82 07 31, *accueil@campinglachenaie.com*,
Fax 02 40 27 95 67, *www.campinglachenaie.com*
4,5 ha (214 empl.) en terrasses, peu incliné, herbeux
Tarif : 42€ (10A) – pers. suppl. 8€

Location : (de mi-avr. à mi-sept.) – 51 – 3 bungalows toilés. Nuitée 35 à 169€ – Sem. 245 à 1 183€
4 10€
Pour s'y rendre : 36 bis r. du Pâtisseau (à l'est par D 751, rte de Nantes et rte à gauche)

Nature :
Loisirs :
Services : (juil.-août)
À prox. : (centre équestre) golf (18 trous)

Longitude : -2.07196
Latitude : 47.1187

Use this year's Guide.

LE POULIGUEN

44510 – **316** B4 – 5 199 h. – alt. 4
Port Sterwitz 02 40 42 31 05
Paris 453 – Guérande 8 – La Baule 4 – Nantes 80

Municipal les Mouettes de mi-mars à mi-oct.
02 40 42 43 98, *lesmouettes@mairie-lepouliguen.fr*,
Fax 02 40 42 43 98, *www.tourisme-lepouliguen.fr* –
4,7 ha (220 empl.) plat, sablonneux, herbeux, petit lac
Tarif : (Prix 2011) 17,40€ (6A) – pers. suppl. 4,50€
Pour s'y rendre : 45 bd de l'Atlantique (à l'ouest de la station par D 45, attenant au stade)

Nature :
Loisirs :
Services : (juil.-août)
À prox. :

Longitude : -2.44044
Latitude : 47.27059

Municipal le Clein de mi-mars à fin sept.
02 40 42 43 99, *leclein@mairie-lepouliguen.fr*,
Fax 02 40 42 43 99 –
1,5 ha (128 empl.) plat, sablonneux, herbeux
Tarif : (Prix 2011) 17,90 € (10A) –
pers. suppl. 4,30 €
Pour s'y rendre : 22 av. de Kerdun
À savoir : proche du centre-ville et de la plage

Loisirs :
Services :
À prox. :

Longitude : -2.43094
Latitude : 47.2667

POUZAUGES

85700 – **316** K7 – 5 362 h. – alt. 225
28, place de l'Église 02 51 91 82 46
Paris 390 – Bressuire 30 – Chantonnay 22 – Cholet 42

Le Lac
02 51 91 37 55, *campingpouzauges@tele2.fr*,
Fax 02 51 57 07 69, *www.campingpouzauges.com*
1 ha (50 empl.) plat et terrasse, peu incliné, herbeux
Pour s'y rendre : 1,5 km à l'ouest par D 960 bis, rte de Chantonnay et chemin à dr.
À savoir : à 50 m du lac, accès direct

Nature :
Loisirs :
Services :
À prox. :

Longitude : -0.8364
Latitude : 46.78357

PRÉFAILLES

44770 – **316** C5 – 1 206 h. – alt. 10
17, Grande Rue 02 40 21 62 22
Paris 440 – Challans 56 – Machecoul 38 – Nantes 60

Éléovic de déb. avr. à fin sept.
02 40 21 61 60, *contact@camping-eleovic.com*,
Fax 02 40 64 51 95, *www.camping-eleovic.com*
3 ha (138 empl.) plat, peu incliné, herbeux
Tarif : (Prix 2011) 33,50 € (10A) –
pers. suppl. 6,50 € – frais de réservation 25 €
Location : (Prix 2011) (de déb. avr. à fin sept.) – 84 . Nuitée 35 à 155 € – Sem. 245 à 1 085 € – frais de réservation 25 €
Pour s'y rendre : rte de la Pointe Saint-Gildas (1 km à l'ouest par D 75)
À savoir : situation dominant l'océan et des criques pittoresques

Nature :
Loisirs : nocturne
Services : laverie
À prox. : parcours sportif

Longitude : -2.23049
Latitude : 47.13265

Do not confuse :
... to ... : MICHELIN classification
and
★ ... to ... ★★★★★ : official classification

PRUILLÉ

49220 – **317** F3 – 611 h. – alt. 30
Paris 308 – Angers 22 – Candé 34 – Château-Gontier 33

Municipal Le Port de déb. mai à fin oct.
02 41 32 67 29, *mairie.pruille@wanadoo.fr*,
Fax 02 41 32 40 28, *www.pruille.mairie49.fr*
1,2 ha (41 empl.) plat, herbeux
Tarif : (Prix 2011) 8 € (6A) –
pers. suppl. 1,80 €
Location : (Prix 2011) (permanent) – 5 . Nuitée 41 à 48 € – Sem. 187 à 411 €
Pour s'y rendre : r. du Bac (au nord du bourg, au bord de la Mayenne -halte nautique-)

Nature :
Loisirs :
Services :

Longitude : -0.66474
Latitude : 47.57897

LES ROSIERS-SUR-LOIRE

49350 – **317** H4 – 2 325 h. – alt. 22
place du Mail 02 41 51 90 22
Paris 304 – Angers 32 – Baugé 27 – Bressuire 66

Le Val de Loire de déb. avr. à fin sept.
02 41 51 94 33, *contact@camping-valdeloire.com*, Fax 02 41 51 89 13, *www.camping-valdeloire.com*
3,5 ha (110 empl.) plat, herbeux
Tarif : 16,90€ (10A) – pers. suppl. 3,50€ – frais de réservation 10€
Location : (de déb. avr. à fin sept.) – 2 roulottes – 20 – 5 – 2 tentes. Nuitée 29 à 77€ – Sem. 199 à 539€ – frais de réservation 10€
borne artisanale – 2 12,50€
Pour s'y rendre : 6 r. Sainte-Baudruche (sortie nord par D 59, rte de Beaufort-en-Vallée, près du carr. avec la D 79)
À savoir : agréable cadre verdoyant

Nature :
Loisirs : snack
Services :
À prox. :

Longitude : -0.22599
Latitude : 47.35821

To visit a town or region : use the ***MICHELIN Green Guides.***

LES SABLES-D'OLONNE

85100 – **316** F8 – 15 433 h. – alt. 4
1, promenade Joffre 02 51 96 85 85
Paris 456 – Cholet 107 – Nantes 102 – Niort 115

La Dune des Sables – de déb. avr. à fin sept.
02 51 33 05 05, *info@chadotel.com*, Fax 02 51 33 94 04, *www.chadotel.com* – places limitées pour le passage
7,5 ha (290 empl.) en terrasses, sablonneux, plat, herbeux, vallonné
Tarif : 32,50€ (10A) – pers. suppl. 5,90€ – frais de réservation 25€
Location : (de déb. avr. à fin sept.) – 58 . Sem. 190 à 865€ – frais de réservation 25€
borne artisanale
Pour s'y rendre : lieu-dit : La Paracou - chemin de la Bernardière (4 km au nord-ouest)
À savoir : près de la plage

Nature :
Loisirs : snack
Services :
laverie

Longitude : -1.8136
Latitude : 46.51207

Le Puits Rochais – de déb. avr. à fin sept.
02 51 21 09 69, *info@puitsrochais.com*, Fax 02 51 23 62 20, *www.puitsrochais.com*
3,9 ha (220 empl.) plat, peu incliné, herbeux
Tarif : 33,90€ (6A) – pers. suppl. 6,95€ – frais de réservation 25€
Location : (permanent) – 100 – 100 . Nuitée 85€ – Sem. 595€ – frais de réservation 25€
Pour s'y rendre : 25 r. de Bourdigal (3,5 km au sud-est par D 559, rte de Bandol)

Nature :
Loisirs : diurne
Services :

Longitude : -1.72991
Latitude : 46.48061

Les Roses de déb. avr. à déb. nov.
02 51 33 05 05, *info@chadotel.com*, Fax 02 51 33 94 04, *www.chadotel.com*
3,3 ha (200 empl.) plat et peu incliné, en terrasses, herbeux
Tarif : 32,50€ (10A) – pers. suppl. 5,90€ – frais de réservation 25€
Location : (de déb. avr. à déb. nov.) – 44 – 9 . Sem. 190 à 865€ – frais de réservation 25€
borne artisanale
Pour s'y rendre : r. des Roses (400 m de la plage)

Nature :
Loisirs :
Services :
laverie
À prox. :

Longitude : -1.76442
Latitude : 46.49148

Le Petit Paris de déb. avr. à fin sept.
02 51 22 04 44, *contact@campingpetitparis.com*, Fax 02 51 33 17 04, *www.campingpetitparis.com*
3 ha (154 empl.) plat, herbeux
Tarif : (Prix 2011) 24 € (6A) – pers. suppl. 4,50 € – frais de réservation 18 €
Location : (Prix 2011) (de déb. avr. à fin oct.) – 4 roulottes – 30 – 4 bungalows toilés. Sem. 190 à 640 € – frais de réservation 18 €
Pour s'y rendre : 41 r. du Petit-Versailles (5,5 km au sud-est)

Nature :
Loisirs :
Services :
À prox. : aérodrome

Longitude : -1.72041
Latitude : 46.47359

Les Fosses Rouges de déb. avr. à fin sept.
02 51 95 17 95, *info@camping-lesfossesrouges.com*, *www.camping-lesfossesrouges.com*
3,5 ha (255 empl.) plat, herbeux
Tarif : 19,90 € (10A) – pers. suppl. 3,60 € – frais de réservation 12 €
Location : (de déb. avr. à fin sept.) – 13 . Nuitée 45 à 80 € – Sem. 190 à 510 €
borne artisanale
Pour s'y rendre : 8 r. des Fosses Rouges (3 km au sud-est, à la Pironnière)

Nature :
Loisirs : (découverte en saison)
Services :

Longitude : -1.74124
Latitude : 46.47956

SABLÉ-SUR-SARTHE

72300 – **310** G7 – 12 579 h. – alt. 29
place Raphaël-Elizé 02 43 95 00 60
Paris 252 – Angers 64 – La Flèche 27 – Laval 44

Municipal de l'Hippodrome – de déb. avr. à mi-oct.
02 43 95 42 61, *camping@sable-sur-sarthe.fr*, Fax 02 43 92 74 82, *www.tourisme.sablesursarthe.fr*
2 ha (84 empl.) plat, herbeux
Tarif : (Prix 2011) 12,80 € (16A) – pers. suppl. 2,68 €
Location : (Prix 2011) (de déb. avr. à mi-oct.) – 4 . Sem. 316 à 356 €
borne flot bleu 2 €
Pour s'y rendre : Allée du Québec (sortie sud en dir. d'Angers et à gauche, attenant à l'hippodrome)
À savoir : belle décoration arbustive, au bord de la Sarthe

Nature :
Loisirs :
Services : laverie
À prox. : (centre équestre) canoë, golf

Longitude : -0.33282
Latitude : 47.83376

...
Terrains particulièrement agréables dans leur ensemble et dans leur catégorie.

ST-BERTHEVIN

53940 – **310** E6 – 6 964 h. – alt. 108
place de l'Europe 02 43 69 28 27
Paris 289 – Nantes 128 – Laval 10 – Rennes 66

Municipal de Coupeau de fin avr. à fin sept.
02 43 68 30 70, *office.tourisme@agglo-laval.fr*, Fax 02 43 49 46 21, *www.laval-tourisme.com*
0,4 ha (24 empl.) en terrasses, plat, herbeux
Tarif : (Prix 2011) 3,20 € 1,90 € 2 € – (10A) 1,80 €
Pour s'y rendre : à la Base de Loisirs (au sud du bourg, à 150 m du Vicoin)
À savoir : situation dominante sur une vallée verdoyante et reposante

Nature :
Loisirs :
Services : (saison)
À prox. : parcours de santé

Longitude : -0.83235
Latitude : 48.06431

ST-BREVIN-LES-PINS

44250 – **316** C4 – 12 055 h. – alt. 9
Pont de St-Nazaire : 3 km
10, rue de l'Église 02 40 27 24 32
Paris 438 – Challans 62 – Nantes 64 – Noirmoutier-en-l'Ile 70

Sunêlia Le Fief – de déb. avr. à fin sept.
02 40 27 23 86, *camping@lefief.com*, Fax 02 40 64 46 19, *www.lefief.com*
7 ha (397 empl.) plat, herbeux
Tarif : 41 € (6A) – pers. suppl. 11 € – frais de réservation 35 €
Location : (de déb. avr. à fin sept.) (1 mobile home) – 205 . Nuitée 52 à 225 € – Sem. 364 à 1 575 € – frais de réservation 35 €
Pour s'y rendre : 57 chemin du Fief (2,4 km au sud par rte de Saint-Brévin-l'Océan et à gauche)

Nature :
Loisirs : snack hammam jacuzzi espace balnéo, salle d'animation terrain multisports
Services : laverie

Longitude : -2.16768
Latitude : 47.23465

Village Siblu Les Pierres Couchées – (location exclusive de mobile homes et chalets) de déb. mars à fin sept.
02 40 27 85 64, *reception.lpc@siblu.fr*, Fax 02 40 64 97 03, *www.siblu.fr/pierrescouchees*
14 ha/9 campables vallonné
Location : (Prix 2011) (2 mobile homes) – 400 – 6 . Nuitée 39 à 141 € – Sem. 273 à 987 € – frais de réservation 15 €
Pour s'y rendre : av. des Pierres Couchées (5 km au sud par D 213, à 450 m de la plage)

Nature :
Loisirs : snack terrain multi-sports, théâtre de plein air
Services : laverie

Longitude : -2.15117
Latitude : 47.20538

Le Mindin Permanent
02 40 27 46 41, *info@camping-de-mindin.com*, Fax 02 40 39 20 53, *www.camping-de-mindin.com*
1,7 ha (87 empl.) plat, sablonneux, herbeux
Tarif : (Prix 2011) 23,90 € (16A) – pers. suppl. 6,20 € – frais de réservation 24 €
Location : (Prix 2011) (permanent) – 10 roulottes – 40 – 3 bungalows toilés. Nuitée 57 à 107 € – Sem. 200 à 750 € – frais de réservation 24 €
borne autre 3 € – 11 €
Pour s'y rendre : 32 av. du Bois (2 km au nord, près de l'Océan (accès direct))

Nature :
Loisirs : snack
Services :
À prox. :

Longitude : -2.16915
Latitude : 47.2648

La Courance Permanent
02 40 27 22 91, *info@campinglacourance.fr*, *www.campinglacourance.fr*
2,4 ha (156 empl.) plat, en terrasses, sablonneux
Tarif : (Prix 2011) 23,90 € (10A) – pers. suppl. 6,20 € – frais de réservation 24 €
Location : (Prix 2011) (permanent) – 1 roulotte – 42 – 10 – 10 bungalows toilés. Nuitée 57 à 75 € – Sem. 200 à 515 € – frais de réservation 24 €
borne artisanale 3 € – 4 13,70 €
Pour s'y rendre : 110 av. du Maréchal Foch

Nature :
Loisirs : nocturne
Services : laverie
À prox. :

Longitude : -2.1703
Latitude : 47.23786

ST-CALAIS

72120 – **310** N7 – 3 595 h. – alt. 155
place de l'Hôtel de ville 02 43 35 82 95
Paris 188 – Blois 65 – Chartres 102 – Châteaudun 58

Le Lac de déb. avr. à mi-oct.
02 43 35 04 81, *campingstcalais@orange.fr*
2 ha (85 empl.) plat, herbeux
Tarif : 13,25 € (10A) – pers. suppl. 3,40 €
Location : (de déb. avr. à mi-oct.) – 3 . Nuitée 47 € – Sem. 289 €
Pour s'y rendre : r. du Lac (sortie nord par D 249, rte de Montaillé)
À savoir : près d'un plan d'eau

Nature :
Loisirs :
Services :
À prox. :

Longitude : 0.74385
Latitude : 47.92663

ST-ÉTIENNE-DU-BOIS

85670 – **316** G7 – 1 666 h. – alt. 38
Paris 427 – Aizenay 13 – Challans 26 – Nantes 49

Municipal la Petite Boulogne

02 51 34 54 51, *mairie.stetiennedubois@wanadoo.fr*, Fax 02 51 34 54 10, *www.stetiennedubois-vendee.fr*
1,5 ha (35 empl.) peu incliné et plat, terrasse, herbeux
Location : – 2 – 6 .
Pour s'y rendre : r. du Stade (au sud du bourg par D 81, rte de Poiré-sur-Vie et chemin à dr., près de la rivière et à 250 m d'un étang, chemin piétonnier reliant le camping au bourg)

Nature :
Loisirs : (petite piscine)
Services :
À prox. :

Longitude : -1.58783
Latitude : 46.82936

LESEN SIE DIE ERLÄUTERUNGEN aufmerksam durch, damit Sie diesen Camping-Führer mit der Vielfalt der gegebenen Auskünfte wirklich ausnutzen können.

ST-GEORGES-SUR-LAYON

49700 – **317** G5 – 736 h. – alt. 65
Paris 328 – Angers 39 – Cholet 45 – Saumur 27

Les Grésillons de déb. avr. à fin sept.

02 41 50 02 32, *camping.gresillon@wanadoo.fr*, Fax 02 41 50 03 16, *www.camping-gresillons.com*
1,5 ha (43 empl.) en terrasses, peu incliné, herbeux
Tarif : 16,40€ (10A) – pers. suppl. 3,75€
Location : (de déb. avr. à fin sept.) – 12 bungalows toilés. Nuitée 36 à 46€ – Sem. 138 à 392€ – frais de réservation 5€
Pour s'y rendre : chemin des Grésillons (800 m au sud par D 178, rte de Concourson-sur-Layon et chemin à dr., à prox. de la rivière)

Nature :
Loisirs : (petite piscine)
Services : (juil.-août)

Longitude : -0.37032
Latitude : 47.19324

ST-GILLES-CROIX-DE-VIE

85800 – **316** E7 – 7 260 h. – alt. 12
boulevard de l'Égalité 02 51 55 03 66
Paris 462 – Challans 21 – Cholet 112 – Nantes 79

Domaine de Beaulieu de déb. avr. à fin sept.

02 51 33 05 05, *info@chadotel.com*, Fax 02 51 33 94 04, *www.chadotel.com* – places limitées pour le passage
8 ha (310 empl.) plat, herbeux
Tarif : 30€ (10A) – pers. suppl. 5,90€ – frais de réservation 25€
Location : (de déb. avr. à fin sept.) – 36 – 14 . Sem. 170 à 810€ – frais de réservation 25€
Pour s'y rendre : r. du Parc - Les Temples (à Givrand, 4 km au sud-est)

Nature :
Loisirs : snack, pizzeria nocturne jacuzzi salle d'animation terrain multisports
Services :

Longitude : -1.90389
Latitude : 46.67056

Les Cyprès de déb. avr. à mi-sept.

02 51 55 38 98, *contact@campinglescypres.com*, Fax 02 51 54 98 94, *www.campinglescypres.com*
4,6 ha (280 empl.) plat, vallonné, sablonneux
Tarif : (Prix 2011) 26€ (10A) – pers. suppl. 6,70€ – frais de réservation 15€
Location : (Prix 2011) (de déb. avr. à mi-sept.) – 60 . Sem. 220 à 703€ – frais de réservation 25€
Pour s'y rendre : 41 r. du Pont Jaunay (2,4 km au sud-est par D 38 puis 800 m par chemin à dr., à 60 m de La Jaunay)
À savoir : accès direct à la mer par dunes boisées

Nature :
Loisirs : snack terrain multisports
Services : (juil.-août) laverie

Longitude : -1.90919
Latitude : 46.67077

ST-HILAIRE-DE-RIEZ

85270 – **316** E7 – 10 248 h. – alt. 8
21, place Gaston-Pateau ✆ 02 51 54 31 97
Paris 453 – Challans 18 – Noirmoutier-en-l'Ile 48 – La Roche-sur-Yon 48

Les Biches – de mi-avr. à mi-sept.
✆ 02 51 54 38 82, *campingdesbiches@wanadoo.fr*, Fax 02 51 54 30 74, *www.campingdesbiches.com* – places limitées pour le passage
13 ha/9 campables (434 empl.) plat, herbeux, sablonneux
Tarif : 36,50€ (10A) – pers. suppl. 8,50€ – frais de réservation 20€

Location : (de mi-avr. à mi-sept.) – 240 – 57 – 1 – 7 studios. Nuitée 32 à 112€ – Sem. 227 à 785€ – frais de réservation 20€
2 45€
Pour s'y rendre : chemin de Petite Baisse (2 km au nord)

À savoir : agréable cadre verdoyant

Nature :
Loisirs : disco-thèque terrain multisports
Services : laverie

Longitude : -1.94445
Latitude : 46.74052

La Puerta del Sol – de déb. avr. à fin sept.
✆ 02 51 49 10 10, *info@campinglapuertadelsol.com*, Fax 02 51 49 84 84, *www.campinglapuertadelsol.com*
4 ha (216 empl.) plat, herbeux
Tarif : (Prix 2011) 32€ (10A) – pers. suppl. 6,50€ – frais de réservation 20€

Location : (permanent) – 60 – 15 . Nuitée 80 à 320€ – Sem. 120 à 750€ – frais de réservation 20€
Pour s'y rendre : 7 chemin des Hommeaux (4,5 km au nord)

À savoir : agréable cadre verdoyant

Nature :
Loisirs : self-service, pizzeria nocturne jacuzzi salle d'animation
Services : laverie

Longitude : -1.95887
Latitude : 46.76452

Les Écureuils – de fin avr. à mi-sept.
✆ 02 51 54 33 71, *info@camping-aux-ecureuils.com*, Fax 02 51 55 69 08, *www.camping-aux-ecureuils.com* – places limitées pour le passage
4 ha (230 empl.) plat, herbeux, sablonneux
Tarif : (Prix 2011) 36,70€ (6A) – pers. suppl. 6,35€ – frais de réservation 23€

Location : (Prix 2011) (de fin avr. à mi-sept.) – 16 – 2 . Sem. 313 à 926€ – frais de réservation 23€
Pour s'y rendre : 98 av. de la Pège (5,5 km au nord-ouest, à 200 m de la plage)

Nature :
Loisirs : snack nocturne
Services :
À prox. :

Longitude : -2.01037
Latitude : 46.74746

La Plage – de déb. avr. à fin sept.
✆ 02 51 54 33 93, *campinglaplage@campingscollinet.com*, Fax 02 51 55 97 02, *www.campingscollinet.com* – places limitées pour le passage
5 ha (347 empl.) plat, herbeux, sablonneux
Tarif : (Prix 2011) 27,50€ (10A) – pers. suppl. 5,50€ – frais de réservation 17€

Location : (Prix 2011) (de déb. avr. à fin sept.) – 120 . Sem. 200 à 750€
borne artisanale 27,50€
Pour s'y rendre : 106 av. de la Pège (5,7 km au nord-ouest, à 200 m de la plage)

Nature :
Loisirs : snack terrain multisports
Services : laverie
À prox. :

Longitude : -2.01412
Latitude : 46.74978

La Ningle de mi-mai à mi-sept.
✆ 02 51 54 07 11, *campingdelaningle@wanadoo.fr*, *www.campinglaningle.com*
3,2 ha (150 empl.) plat, herbeux, petit étang
Tarif : (Prix 2011) 32,90€ (10A) – pers. suppl. 4,80€ – frais de réservation 16€

Location : (Prix 2011) (de mi-avr. à fin sept.) – 20 . Nuitée 102€ – Sem. 720€ – frais de réservation 16€
Pour s'y rendre : 66 chemin des Roselières (5,7 km au nord-ouest)

À savoir : agréable cadre verdoyant et soigné

Nature :
Loisirs :
Services : (saison)
À prox. :

Longitude : -2.00473
Latitude : 46.7446

Le Clos des Pins de déb. avr. à fin sept.
02 51 54 32 62, *campingleclosdespins@campingscollinet.com*, Fax 02 51 55 97 02, *www.campingscollinet.com* – places limitées pour le passage
4 ha (230 empl.) plat, terrasses, sablonneux, herbeux
Tarif : (Prix 2011) 5,50€ 12€ – (10A) 4,10€ – frais de réservation 17€

Location : (Prix 2011) (de déb. avr. à fin sept.) – 110 . Sem. 200 à 690€
borne artisanale 32,60€
Pour s'y rendre : chemin des Roselières (6,2 km au nord-ouest)

Nature :
Loisirs : snack terrain multisports
Services : (juil.-août)

Longitude : -2.001
Latitude : 46.74771

La Parée Préneau de déb. mai à mi-sept.
02 51 54 33 84, *campinglapareepreneau@wanadoo.fr*, Fax 02 51 55 29 57, *www.campinglapareepreneau.com*
3,6 ha (206 empl.) plat, herbeux, sablonneux
Tarif : 27€ (6A) – pers. suppl. 5€ – frais de réservation 15€

Location : (Prix 2011) (de déb. mai à mi-sept.) – 16 – 7 – 5 bungalows toilés. Sem. 190 à 630€ – frais de réservation 15€
Pour s'y rendre : 23 av. de La Parée Préneau (3,5 km au nord-ouest)

À savoir : cadre verdoyant

Nature :
Loisirs : nocturne terrain multisports
Services :

Longitude : -1.98525
Latitude : 46.74036

Le Bosquet de mi-mai à mi-sept.
02 51 54 34 61, *camping@lebosquet.fr*, *www.lebosquet.fr*
2 ha (115 empl.) plat, herbeux, sablonneux
Tarif : (Prix 2011) 19€ (10A) – pers. suppl. 5€ – frais de réservation 10€

Location : (Prix 2011) (de déb. avr. à fin sept.) – 38 – 3 appartements. Nuitée 70 à 90€ – Sem. 250 à 650€
Pour s'y rendre : 62 av. de la Pège (5 km au nord-ouest, à 250 m de la plage)

Nature :
Loisirs : snack, pizzeria
Services :
À prox. :

Longitude : -2.00326
Latitude : 46.74073

Municipal de la Plage de Riez de déb. avr. à fin oct.
02 51 54 36 59, *riez85@free.fr*, Fax 02 51 54 99 00, *www.souslespins.com*
9 ha (560 empl.) plat, sablonneux
Tarif : (Prix 2011) 28€ (10A) – pers. suppl. 6€ – frais de réservation 15€

Location : (Prix 2011) (de déb. avr. à fin oct.) – 54 – 1 – 7 bungalows toilés. Sem. 180 à 750€ – frais de réservation 15€
borne sanistation 4,50€ – 5 10€ – 14€
Pour s'y rendre : av. des Mimosas (3 km à l'ouest, à 200 m de la plage (accès direct))

À savoir : sous une pinède, près de la plage

Nature :
Loisirs : terrain multi-sports
Services :
À prox. : snack

Longitude : -1.98213
Latitude : 46.72966

Le Romarin de déb. avr. à fin sept.
02 51 54 43 82, *campingleromarin@orange.fr*, Fax 02 51 55 84 33, *www.leromarin.fr*
4 ha/1,5 (97 empl.) plat, vallonné, sablonneux, herbeux
Tarif : (Prix 2011) 27,50€ (10A) – pers. suppl. 4,20€ – frais de réservation 18€

Location : (Prix 2011) (de déb. avr. à mi-sept.) (de déb. avr. à mi-sept.) – 10 . Nuitée 50 à 87€ – Sem. 200 à 610€ – frais de réservation 18€
Pour s'y rendre : 3,8 km au nord-ouest

Nature :
Loisirs :
Services : (juil.-août)

Longitude : -1.98756
Latitude : 46.74243

Les indications d'accès à un terrain sont généralement indiquées, dans notre guide, à partir du centre de la localité.

La Pège de déb. avr. à mi-oct.
02 51 54 34 52, *info@campinglapege.com*, *www.campinglapege.com*
1,8 ha (100 empl.) plat, herbeux, sablonneux
Tarif : 25,20€ (6A) – pers. suppl. 5,50€ – frais de réservation 8€
Location : (de déb. avr. à mi-oct.) – 15 – 1 – 7 bungalows toilés. Nuitée 45 à 65€ – Sem. 150 à 660€ – frais de réservation 15€
Pour s'y rendre : 67 av. de la Pège (5 km au nord-ouest)
À savoir : à 150 m de la plage (accès direct)

Nature :
Loisirs :
Services :
À prox. :

Longitude : -2.01194
Latitude : 46.74688

Municipal les Demoiselles
02 51 58 10 71, *demoiselles85@free.fr*, Fax 02 51 60 07 84, *www.souslespins.com*
13,7 ha (390 empl.) incliné à peu incliné, accidenté, vallonné, sablonneux, herbeux
Location : – 40 bungalows toilés.
Pour s'y rendre : av. des Becs (9,5 km au nord-ouest, à 300 m de la plage)

Nature :
Loisirs :
Services :
À prox. : snack

Longitude : -1.94606
Latitude : 46.72066

ST-HILAIRE-LA-FORÊT

85440 – **316** G9 – 580 h. – alt. 23
Paris 449 – Challans 66 – Luçon 31 – La Roche-sur-Yon 31

La Grand' Métairie de déb. avr. à fin sept.
02 51 33 32 38, *info@camping-grandmetairie.com*, Fax 02 51 33 25 69, *www.la-grand-metairie.com* – places limitées pour le passage
3,8 ha (172 empl.) plat, herbeux
Tarif : (Prix 2011) 28€ (10A) – pers. suppl. 8€ – frais de réservation 22€
Location : (Prix 2011) (de déb. avr. à fin sept.) – 112 – 18 . Nuitée 50 à 110€ – Sem. 185 à 850€ – frais de réservation 22€
Pour s'y rendre : 8 r. de La Vineuse en Plaine (au nord du bourg par D 70)

Nature :
Loisirs : pizzeria nocturne
Services : (.)

Longitude : -1.52545
Latitude : 46.44776

Les Batardières de déb. juil. à fin août
02 51 33 33 85, *www.batardieres.com*
1,6 ha (75 empl.) plat, herbeux
Tarif : (Prix 2011) 23,50€ (6A) – pers. suppl. 3,50€
Pour s'y rendre : 2 r. des Batardières (à l'ouest par D 70 et à gauche, rte du Poteau)

Nature :
Loisirs :
Services :

Longitude : -1.52934
Latitude : 46.44807

Gebruik de gids van het lopende jaar.

ST-HILAIRE-ST-FLORENT

49400 – **317** I5
Paris 324 – Nantes 131 – Angers 45 – Tours 72

Chantepie – de fin avr. à mi-sept.
02 41 67 95 34, *info@campingchantepie.com*, Fax 02 41 67 95 85, *www.campingchantepie.com*
10 ha/5 campables (150 empl.) plat, herbeux
Tarif : 20€ (10A) – pers. suppl. 4€ – frais de réservation 12€
Location : (de fin avr. à mi-sept.) – 22 – 11 bungalows toilés – 2 tentes. Nuitée 35 à 100€ – Sem. 210 à 600€ – frais de réservation 12€
Pour s'y rendre : rte de Chantepie (5,5 km au nord-ouest par D 751, rte de Gennes et chemin à gauche, à la Mimerolle)
À savoir : animaux de la ferme

Nature : vallée de la Loire
Loisirs : snack poneys
Services : laverie

Longitude : -0.14305
Latitude : 47.2937

ST-JEAN-DE-MONTS

85160 – **316** D7 – 7 699 h. – alt. 16
67, esplanade de la Mer ✆ 0826887887
Paris 451 – Cholet 123 – Nantes 73 – Noirmoutier-en-l'Ile 34

Les Amiaux – de déb. mai à fin sept.
✆ 0251582222, *accueil@amiaux.fr*, Fax 0251582609, *www.amiaux.fr*
17 ha (543 empl.) plat, herbeux, sablonneux
Tarif : 4,50€ 19,20€ (10A) – frais de réservation 16€

Location : (de déb. mai à fin sept.) – 22 – 4 appartements. Nuitée 43€ – Sem. 310 à 720€ – frais de réservation 16€
Pour s'y rendre : 223 rte de Notre-Dame (3,5 km au nord-ouest)

Nature :
Loisirs :
Services :

Longitude : -2.10418
Latitude : 46.80792

Le Bois Joly – de déb. avr. à fin sept.
✆ 0251591163, *campingboisjoly@wanadoo.fr*, Fax 0251591106, *www.camping-lebois-joly.com*
7,5 ha (356 empl.) plat, herbeux, sablonneux
Tarif : 34€ (10A) – pers. suppl. 6€ – frais de réservation 22€

Location : (de déb. avr. à fin sept.) (1 mobile home) – 2 roulottes – 98 – 22 . Nuitée 70 à 150€ – Sem. 250 à 800€ – frais de réservation 22€
borne artisanale – 5 17€
Pour s'y rendre : 46 rte de Notre-Dame-de-Monts (1 km au nord-ouest, au bord d'un étier)

À savoir : bel espace aquatique

Nature :
Loisirs : snack jacuzzi terrain multisports
Services : laverie
À prox. :

Longitude : -2.07417
Latitude : 46.79918

Les Places Dorées – de mi-juin à mi-sept.
✆ 0251590293, *contact@placesdorees.com*, Fax 0251593047, *www.placesdorees.com* – places limitées pour le passage
5 ha (288 empl.) plat, herbeux, sablonneux
Tarif : (Prix 2011) 36,20€ (10A) – pers. suppl. 6,70€ – frais de réservation 25€

Location : (Prix 2011) (de mi-avr. à mi-sept.) – 62 . Sem. 275 à 898€ – frais de réservation 25€
Pour s'y rendre : 247 rte de Notre-Dame-de-Monts (4 km au nord-ouest)

À savoir : bel espace aquatique

Nature :
Loisirs : snack hammam jacuzzi terrain multisports
Services : laverie
À prox. :

Longitude : -2.10997
Latitude : 46.8097

La Yole – de déb. avr. à fin sept.
✆ 0251586717, *contact@la-yole.com*, Fax 0251590535, *www.vendee-camping.eu* – places limitées pour le passage
5 ha (369 empl.) plat, herbeux, sablonneux, pinède attenante (2 ha)
Tarif : 31€ (16A) – pers. suppl. 7€ – frais de réservation 29€

Location : (de déb. avr. à fin sept.) – 56 . Nuitée 45 à 100€ – Sem. 250 à 610€
20 31€
Pour s'y rendre : chemin des Bosses, à Orouet (7 km au sud-est)

À savoir : joli cadre verdoyant, soigné, fleuri et ombragé

Nature :
Loisirs : snack diurne jacuzzi
Services : laverie

Longitude : -2.00728
Latitude : 46.75664

Verwar niet :
... tot ... : MICHELIN indeling
en
★ ... tot ... ★★★★★ : officiële classificatie

Les Aventuriers de la Calypso – de déb. avr. à fin sept.
0251597966, *contacts@camping-apv.com*, Fax 0251597967, *www.camping-apv.com* – places limitées pour le passage
4 ha (284 empl.) plat, herbeux, sablonneux
Tarif : (Prix 2011) 33,10€ (10A) – pers. suppl. 8,20€ – frais de réservation 27€
Location : (Prix 2011) (de déb. avr. à fin sept.) – 127 – 43 . Sem. 193 à 928€ – frais de réservation 27€
Pour s'y rendre : rte de Notre-Dame-de-Monts, lieu-dit : Les Tonnelles (4,6 km au nord-ouest)

Nature :
Loisirs : snack nocturne jacuzzi terrain multisports
Services : laverie

Longitude : -2.1064
Latitude : 46.80876

Airotel L'Abri des Pins – de mi-juin à mi-sept.
0251588386, *contact@abridespins.com*, Fax 0251593047, *www.abridespins.com* – places limitées pour le passage
3 ha (217 empl.) plat, herbeux, sablonneux
Tarif : (Prix 2011) 36,20€ (10A) – pers. suppl. 6,70€ – frais de réservation 25€
Location : (Prix 2011) (de mi-avr. à mi-sept.) – 54 – 13 . Sem. 275 à 868€ – frais de réservation 25€
Pour s'y rendre : rte de Notre-Dame-de-Monts (4 km au nord-ouest)
À savoir : jolie pataugeoire ludique

Nature :
Loisirs : snack hammam jacuzzi
Services : laverie

Longitude : -2.10997
Latitude : 46.8097

Le Vieux Ranch de déb. avr. à fin sept.
0251588658, *levieuxranch@wanadoo.fr*, Fax 0251591220, *www.levieuxranch.com*
5 ha (242 empl.) plat, herbeux, sablonneux
Tarif : (Prix 2011) 29,50€ (10A) – pers. suppl. 6€ – frais de réservation 15€
Location : (Prix 2011) (de déb. avr. à fin sept.) – 18 – 8 . Sem. 275 à 785€ – frais de réservation 15€
Pour s'y rendre : chemin de la Parée du Jonc (4,3 km au nord-ouest)
À savoir : agréable situation à 200 m de la plage

Nature :
Loisirs : salle d'animation
Services :

Longitude : -2.11329
Latitude : 46.8059

Aux Coeurs Vendéens de déb. mai à fin sept.
0251588491, *info@coeursvendeens.com*, *www.coeursvendeens.com*
2 ha (117 empl.) plat, herbeux, sablonneux
Tarif : 29,80€ (10A) – pers. suppl. 5€ – frais de réservation 15€
Location : (de déb. avr. à fin sept.) (de déb. avr. à fin juin) – 65 – 1 – 3 appartements. Sem. 170 à 730€ – frais de réservation 15€
Pour s'y rendre : 251 rte de Notre-Dame-de-Monts (4 km au nord-ouest)

Nature :
Loisirs : crêperie
Services :
À prox. :

Longitude : -2.11008
Latitude : 46.80988

Le Both d'Orouet de déb. avr. à mi-oct.
0251586037, *info@camping-lebothdorouet.com*, Fax 0251593703, *http://www.camping-lebothdorouet.com*
4,4 ha (200 empl.) plat, herbeux, sablonneux
Tarif : (Prix 2011) 25,50€ (10A) – pers. suppl. 4,50€ – frais de réservation 20€
Location : (Prix 2011) (de déb. avr. à mi-oct.) – 31 – 16 . Nuitée 70€ – Sem. 620€ – frais de réservation 20€
borne autre 3,50€ – 25.50€
Pour s'y rendre : 77 av. d'Orouët (6,7 km au sud-est, au bord d'un ruisseau)
À savoir : agréable cadre de verdure et salle de jeux dans une ancienne grange de 1875 restaurée

Nature :
Loisirs : jacuzzi terrain multisports
Services :
À prox. :

Longitude : -1.99759
Latitude : 46.76495

Plein Sud de déb. avr. à fin sept.
02 51 59 10 40, *info@campingpleinsud.com*,
Fax 02 51 58 92 29, *www.campingpleinsud.com*
2 ha (110 empl.) plat, herbeux, sablonneux
Tarif : (Prix 2011) 29€ (6A) –
pers. suppl. 5€ – frais de réservation 23€

Location : (Prix 2011) (de déb. avr. à mi-sept.) – 50 – 2 bungalows toilés – 2 tentes. Sem. 180 à 680€ – frais de réservation 23€
Pour s'y rendre : 246, rte de Notre-Dame-de-Monts (4 km au nord-ouest)

Nature :
Loisirs : terrain multisports
Services :

Longitude : -2.11093
Latitude : 46.8103

La Forêt de déb. avr. à fin sept.
02 51 58 84 63, *camping-la-foret@wanadoo.fr*,
Fax 02 51 58 84 63, *www.hpa-laforet.com*
1 ha (61 empl.) plat, herbeux, sablonneux
Tarif : 29€ (10A) – pers. suppl. 5€ –
frais de réservation 25€

Location : (de déb. avr. à fin sept.) – 15 . Sem. 224 à 729€ – frais de réservation 25€
borne artisanale
Pour s'y rendre : 190 chemin de la Rive (5,5 km au nord-ouest)

À savoir : belle décoration arbustive

Nature :
Loisirs :
Services :
À prox. : canoë de mer

Longitude : -2.12572
Latitude : 46.81614

La Davière-Plage de déb. mai à mi-sept.
02 51 58 27 99, *daviereplage@orange.fr*,
Fax 02 51 58 27 99, *www.daviereplage.com*
3 ha (200 empl.) plat, herbeux, sablonneux
Tarif : 25,15€ (10A) – pers. suppl. 5,70€
– frais de réservation 20€

Location : (de déb. mai à mi-sept.) – 29 – 6 bungalows toilés. Sem. 290 à 675€ – frais de réservation 20€
borne artisanale 15€ – 20 15€
Pour s'y rendre : 197 rte de Notre-Dame-de-Mont (3 km au nord-ouest)

Nature :
Loisirs : snack
Services : (juil.-août)
À prox. :

Longitude : -2.10114
Latitude : 46.80588

Les Pins de déb. juin à fin sept.
02 51 58 17 42, *pins.verts@free.fr*, Fax 02 51 58 17 42
1,2 ha (118 empl.) plat et en terrasses, sablonneux
Tarif : (Prix 2011) 26,50€ (10A) –
pers. suppl. 6,60€ – frais de réservation 20€

Location : (Prix 2011) (de déb. juin à fin sept.) – 17 . Sem. 255 à 607€ – frais de réservation 20€
Pour s'y rendre : 2,5 km au sud-est

Nature :
Loisirs :
Services :
À prox. :

Longitude : -2.03894
Latitude : 46.78081

Les Jardins de l'Atlantique de déb. avr. à fin sept.
02 51 58 05 74, *info@camping-jardins-atlantique.com*,
Fax 02 51 58 01 67, *www.camping-jardins-atlantique.com*
– places limitées pour le passage
5 ha (310 empl.) plat et peu incliné, accidenté, sablonneux
Tarif : (Prix 2011) 22,50€ (6A) –
pers. suppl. 5,50€ – frais de réservation 20€

Location : (Prix 2011) (de déb. avr. à fin sept.) – 56 . Nuitée 43 à 86€ – Sem. 255 à 598€ – frais de réservation 20€
borne artisanale 14,50€
Pour s'y rendre : 100 r. de la Caillauderie (5,5 km au nord-est)

Nature :
Loisirs : snack nocturne jacuzzi terrain multisports
Services :

Longitude : -2.02751
Latitude : 46.76972

Si vous désirez réserver un emplacement pour vos vacances, faites-vous préciser au préalable les conditions particulières de séjour, les modalités de réservation, les tarifs en vigueur et les conditions de paiement.

Campéole les Sirènes de déb. avr. à mi-sept.
02 51 58 01 31, *sirenes@campeole.com*,
Fax 02 51 59 03 67, *http://vendee-camping.info*
15 ha/5 campables (500 empl.) plat et accidenté, dunes, pinède
Tarif : 27,40€ (10A) – pers. suppl. 7,40€ – frais de réservation 25€

Location : (de déb. avr. à mi-sept.) – 52 – 80 bungalows toilés. Nuitée 25 à 127€ – Sem. 175 à 889€ – frais de réservation 25€
borne eurorelais
Pour s'y rendre : av. des Demoiselles (au sud-est, av. des Demoiselles, à 500 m de la plage)

Nature :
Services :
À prox. :

Longitude : -2.0548
Latitude : 46.7799

Le Logis de mi-avr. à déb. sept.
02 51 58 60 67, *camping-lelogis@orange.fr*,
Fax 02 51 58 60 67, *www.camping-saintjeandemonts.com*
0,8 ha (40 empl.) en terrasses, plat, herbeux, sablonneux
Tarif : 23,70€ (10A) – pers. suppl. 5€ – frais de réservation 16€

Location : (de mi-avr. à déb. sept.) – 14 – 2 gîtes. Nuitée 90 à 180€ – Sem. 260 à 590€ – frais de réservation 16€
borne artisanale 20€
Pour s'y rendre : rte de St-Gilles-Croix-de-Vie (4,3 km au sud-est)

Nature :
Loisirs : (petite piscine)
Services :
À prox. :

Longitude : -2.01308
Latitude : 46.77953

ST-JULIEN-DE-CONCELLES

44450 – **316** H4 – 6 756 h. – alt. 24
Paris 384 – Nantes 19 – Angers 89 – La Roche-sur-Yon 80

Le Chêne Permanent
02 40 54 12 00, *campingduchene@wanadoo.fr*,
Fax 02 40 36 54 79, *www.campingduchene.fr*
2 ha (100 empl.) plat, herbeux
Tarif : (Prix 2011) 4,40€ 2€ 3,80€ – (10A) 3,20€

Location : (Prix 2011) (permanent) – 25 – 4 bungalows toilés. Nuitée 35 à 69€ – Sem. 180 à 420€
borne autre 4,20€ – 1 4,20€
Pour s'y rendre : 1 rte du Lac (1,5 km à l'est par D 37 (déviation), près du plan d'eau)

Nature :
Loisirs : (découverte en saison)
Services :
À prox. :

Longitude : -1.3714
Latitude : 47.2492

Use this year's Guide.

ST-JULIEN-DES-LANDES

85150 – **316** F8 – 1 288 h. – alt. 59
Paris 445 – Aizenay 17 – Challans 32 – La Roche-sur-Yon 24

Les Castels La Garangeoire – de déb. avr. à fin sept.
02 51 46 65 39, *info@garangeoire.com*,
Fax 02 51 46 69 85, *www.camping-la-garangeoire.com*
200 ha/10 campables (340 empl.) plat et vallonné, terrasses, herbeux
Tarif : 37€ (16A) – pers. suppl. 7,90€ – frais de réservation 25€

Location : (de déb. avr. à fin sept.) – 22 – 25 – 3 gîtes. Nuitée 50 à 143€ – Sem. 280 à 1 000€ – frais de réservation 25€
Pour s'y rendre : 2,8 km au nord par D 21
À savoir : agréable domaine : prairies, étangs et bois

Nature :
Loisirs : crêperie, pizzeria poneys (centre équestre) canoës, pédalos
Services : laverie cases réfrigérées

Longitude : -1.71359
Latitude : 46.66229

La Guyonnière – de mi-avr. à déb. sept.
02 51 46 62 59, *info@laguyonniere.com*,
Fax 02 51 46 62 89, *www.laguyonniere.com*
30 ha (294 empl.) plat, peu incliné, herbeux, étang
Tarif : 38,90€ (6A) – pers. suppl. 7,10€
Location : (de mi-avr. à déb. sept.) – 80 – 26 – 4 tentes. Nuitée 37 à 116€ – Sem. 260 à 815€ – frais de réservation 20€
5 10€ – 30.90€
Pour s'y rendre : 2,4 km au nord-ouest par D 12, rte de Landevieille puis 1,2 km par chemin à dr. à prox. du lac du Jaunay

Nature :
Loisirs : snack (centre équestre) terrain multisports
Services : laverie

Longitude : -1.74963
Latitude : 46.65258

Yelloh! Village Château La Forêt de mi-mai à mi-sept.
02 51 46 62 11, *camping@domainelaforet.com*,
Fax 02 51 46 60 87, *www.chateaulaforet.com*
50 ha/5 campables (209 empl.) plat, herbeux, étangs et bois
Tarif : 38€ (10A) – pers. suppl. 7€
Location : (de mi-mai à mi-sept.) – 25 – 5 – 1 cabane dans les arbres. Nuitée 52 à 145€ – Sem. 273 à 1 015€
10 38€
Pour s'y rendre : 0,5 km au nord-est par D 55, rte de Martinet

Nature :
Loisirs : snack diurne discothèque parcours dans les arbres, tyrolienne, paintball
Services : laverie

Longitude : -1.71135
Latitude : 46.64182

ST-LAURENT-SUR-SÈVRE

85290 – **316** K6 – 3 397 h. – alt. 121
Paris 365 – Angers 76 – Bressuire 36 – Cholet 14

Le Rouge Gorge de déb. mars à fin nov.
02 51 67 86 39, *campinglerougegorge@wanadoo.fr*,
Fax 02 51 67 86 39, *www.camping-lerougegorge-vendee.com*
2 ha (93 empl.) plat, peu incliné, herbeux
Tarif : (Prix 2011) 20,90€ (13A) – pers. suppl. 3,90€ – frais de réservation 9€
Location : (Prix 2011) (permanent) – 3 – 13. Nuitée 45 à 72€ – Sem. 231 à 435€ – frais de réservation 9€
borne artisanale – 10.50€
Pour s'y rendre : rte de La Verrie (1 km à l'ouest par D 111)

Loisirs :
Services :
À prox. :

Longitude : -0.90307
Latitude : 46.95788

Pour visiter une ville ou une région : utilisez les Guides Verts MICHELIN.

ST-MICHEL-EN-L'HERM

85580 – **316** I9 – 2 010 h. – alt. 9
5, place de l'Abbaye 02 51 30 21 89
Paris 453 – Luçon 15 – La Rochelle 46 – La Roche-sur-Yon 47

Les Mizottes de déb. avr. à fin sept.
02 51 30 23 63, *accueil@campinglesmizottes.fr*,
Fax 02 51 30 23 62, *www.campinglesmizottes.fr*
2 ha (112 empl.) plat, herbeux
Tarif : (Prix 2011) 22,80€ (6A) – pers. suppl. 4€ – frais de réservation 5€
Location : (Prix 2011) (de déb. avr. à fin sept.) – 47. Nuitée 60 à 80€ – Sem. 200 à 550€ – frais de réservation 5€
2 22,80€
Pour s'y rendre : 41 r. des Anciens Quais (800 m au sud-ouest par D 746, rte de l'Aiguillon-sur-Mer)

Nature :
Loisirs :
Services :

Longitude : -1.25482
Latitude : 46.34943

ST-PÈRE-EN-RETZ

44320 – **316** D4 – 3 933 h. – alt. 14
Paris 425 – Challans 54 – Nantes 45 – Pornic 13

Le Grand Fay de déb. avr. à fin sept.
02 40 21 72 89, *legrandfay@aol.com*, Fax 02 40 82 40 27, *www.camping-granfay.com*
1,2 ha (91 empl.) peu incliné, plat, herbeux
Tarif : 22,30€ (6A) – pers. suppl. 4€ – frais de réservation 15€
Location : (permanent) – 6 . Nuitée 80€ – Sem. 640€ – frais de réservation 15€
Pour s'y rendre : r. du Grand Fay (sortie est par D 78, rte de Frossay puis 500 m par r. à dr., près du parc des sports et d'un lac)

Nature :
Loisirs : (petite piscine)
Services :
À prox. :

Longitude : -2.03654
Latitude : 47.20266

ST-RÉVÉREND

85220 – **316** F7 – 1 304 h. – alt. 19
Paris 453 – Aizenay 20 – Challans 19 – La Roche-sur-Yon 36

Le Pont Rouge de fin mars à fin sept.
02 51 54 68 50, *camping.pontrouge@wanadoo.fr*, Fax 02 51 54 61 67, *www.camping-lepontrouge.com*
2,2 ha (73 empl.) peu incliné, plat, herbeux
Tarif : (Prix 2011) 23€ (6A) – pers. suppl. 5€ – frais de réservation 15€
Location : (Prix 2011) (de fin mars à fin sept.) – 21 – 1 – 2 bungalows toilés. Nuitée 31 à 80€ – Sem. 199 à 669€ – frais de réservation 15€
3 9€
Pour s'y rendre : r. Georges Clémenceau (sortie sud-ouest par D 94 et chemin à dr., au bord d'un ruisseau)
À savoir : cadre verdoyant

Nature :
Loisirs : snack nocturne
Services : laverie

Longitude : -1.8318
Latitude : 46.69578

ST-VINCENT-SUR-JARD

85520 – **316** G9 – 1 184 h. – alt. 10
place de l'Eglise *02 51 33 62 06*
Paris 454 – Challans 64 – Luçon 34 – La Rochelle 70

La Bolée d'Air de déb. avr. à fin sept.
02 51 33 05 05, *info@chadotel.com*, Fax 02 51 33 94 04, *www.chadotel.com*
5,7 ha (280 empl.) plat, herbeux
Tarif : 30€ (10A) – pers. suppl. 5,90€ – frais de réservation 25€
Location : (de déb. avr. à fin sept.) – 32 – 14 . Sem. 190 à 865€ – frais de réservation 25€
Pour s'y rendre : rte du Bouil (2 km à l'est par D 21 et à dr.)

Nature :
Loisirs : terrain multisports
Services :

Longitude : -1.52622
Latitude : 46.4198

STE-LUCE-SUR-LOIRE

44980 – **316** H4 – 11 665 h. – alt. 9
Paris 378 – Nantes 7 – Angers 82 – Cholet 58

Belle Rivière Permanent
02 40 25 85 81, *belleriviere@wanadoo.fr*, Fax 02 40 25 85 81, *www.camping-belleriviere.com*
3 ha (100 empl.) plat, herbeux
Tarif : 4€ 1,95€ 4,75€ – (10A) 3,90€ – frais de réservation 15€
Location : (Prix 2011) (permanent) – 7 . Sem. 410€ – frais de réservation 15€
borne artisanale – 10 15,10€ – 11€
Pour s'y rendre : rte des Perrières (2 km au nord-est par D 68, rte de Thouaré puis, au lieu-dit la Gicquelière, 1 km par rte à dr., accès direct à un bras de la Loire)
À savoir : agréable cadre pittoresque

Nature :
Loisirs :
Services : (juin-oct.)
À prox. : (centre équestre)

Longitude : -1.45574
Latitude : 47.254

SAUMUR

49400 – **317** I5 – 28 113 h. – alt. 30
place de la Bilange *02 41 40 20 60*
Paris 300 – Angers 67 – Châtellerault 76 – Cholet 70

L'Île d'Offard – de déb. mars à mi nov.
02 41 40 30 00, *iledoffard@cvtloisirs.fr*,
Fax 02 41 67 37 81, *www.cvtloisirs.com*
4,5 ha (258 empl.) plat, herbeux
Tarif : (Prix 2011) 34,90€ (10A) –
pers. suppl. 6€ – frais de réservation 12€

Location : (Prix 2011) (de déb. mars à mi-nov.) – 44 – 8 bungalows toilés. Nuitée 45 à 105€ – Sem. 255 à 735€ – frais de réservation 12€
borne artisanale – 8
Pour s'y rendre : Bd de Verden (accès par centre-ville, dans une île de la Loire)

À savoir : situation agréable à la pointe de l'Île avec vue sur le château

Nature :
Loisirs : brasserie diurne
Services :
laverie
À prox. : canoë

Longitude : -0.06707
Latitude : 47.26158

LA SELLE-CRAONNAISE

53800 – **310** C7 – 907 h. – alt. 71
Paris 316 – Angers 68 – Châteaubriant 32 – Château-Gontier 29

Base de Loisirs de la Rincerie de déb. mars à fin oct.
02 43 06 17 52, *contact@la-rincerie.com*,
Fax 02 43 07 50 20, *http://www.la-rincerie.com*
120 ha/5 campables (50 empl.) plat, peu incliné, herbeux
Tarif : 13,50€ (10A) – pers. suppl. 3€

Location : (de déb. mars à fin oct.) – 1 – 5 bungalows toilés. Nuitée 29 à 45€ – Sem. 201 à 313€
borne eurorelais 2€
Pour s'y rendre : 3,5 km au nord-ouest par D 111, D 150, rte de Ballots et rte à gauche

À savoir : près d'un plan d'eau, nombreuses activités nautiques

Nature :
Loisirs : diurne poneys
Services :
à la base de loisirs : swin golf, circuit pédestre, VTT et équestre, canoë-kayak

Longitude : -1.06528
Latitude : 47.86631

533

Ce guide n'est pas un répertoire de tous les terrains de camping mais une sélection des meilleurs campings dans chaque catégorie.

SILLÉ-LE-GUILLAUME

72140 – **310** I5 – 2 358 h. – alt. 161
place de la Résistance *02 43 20 10 32*
Paris 230 – Alençon 39 – Laval 55 – Le Mans 35

Indigo Les Molières de fin avr. à fin sept.
02 43 20 16 12, *molieres@camping-indigo.com*,
Fax 02 43 24 56 84, *www.camping-indigo.com*
3,5 ha (133 empl.) plat, herbeux
Tarif : (Prix 2011) 23,20€ (10A) –
pers. suppl. 4,50€ – frais de réservation 20€

Location : (Prix 2011) (de fin avr. à fin sept.) – 6 – 10 tentes. Nuitée 39 à 85€ – Sem. 191 à 595€ – frais de réservation 20€
borne artisanale 4€
Pour s'y rendre : à Sillé-Plage (2,5 km au nord par D 5, D 105, D 203 et chemin à dr.)

À savoir : dans la forêt, près d'un plan d'eau et de deux étangs

Nature :
Loisirs :
Services :
À prox. : crêperie (centre équestre) pédalos

Longitude : -0.12917
Latitude : 48.18333

SILLÉ-LE-PHILIPPE

72460 – **310** L6 – 1 057 h. – alt. 35
Paris 195 – Beaumont-sur-Sarthe 25 – Bonnétable 11 – Connerré 15

Les Castels Le Château de Chanteloup de déb. juin à fin août
02 43 27 51 07, *chanteloup.souffront@wanadoo.fr*, *www.chateau-de-chanteloup.com*
20 ha (100 empl.) peu incliné, plat, herbeux, sablonneux, étang, sous-bois
Tarif : 35,10€ (10A) – pers. suppl. 8,60€
Pour s'y rendre : au lieu-dit : Chanteloup (2 km au sud-ouest par D 301, rte du Mans)

Nature :
Loisirs : snack
Services : laverie

Longitude : 0.34012
Latitude : 48.10461

SION-SUR-L'OCÉAN

85270 – **316** E7
Paris 461 – Nantes 77 – La Roche 53 – St-Nazaire 88

Municipal de Sion de déb. avr. à fin oct.
02 51 54 34 23, *sion85@free.fr*, Fax 02 51 60 07 84, *www.souslespins.com*
3 ha (173 empl.) plat, sablonneux, gravillons
Tarif : (Prix 2011) 30€ (10A) – pers. suppl. 6€ – frais de réservation 15€
Location : (Prix 2011) (de déb. avr. à fin oct.) – 15 – 3 bungalows toilés. Sem. 175 à 700€ – frais de réservation 15€
borne sanistation 4,50€ – 19€
Pour s'y rendre : av.de la Forêt (sortie nord)
À savoir : à 350 m de la plage (accès direct)

Nature :
Loisirs :
Services :

Longitude : -1.96694
Latitude : 46.71844

SOULLANS

85300 – **316** E7 – 3 912 h. – alt. 12
rue de l'Océan 02 51 35 28 68
Paris 443 – Challans 7 – Noirmoutier-en-l'Île 46 – La Roche-sur-Yon 48

Municipal le Moulin Neuf de mi-juin à mi-sept.
02 51 68 00 24, *camping-soullans@orange.fr*, Fax 02 51 68 88 66
1,2 ha (80 empl.) plat, herbeux
Tarif : (Prix 2011) 7,30€ (4A) – pers. suppl. 2,50€
Pour s'y rendre : sortie nord par D 69, rte de Challans et r. à dr.

Nature :
Services :
À prox. :

Longitude : -1.89566
Latitude : 46.79817

TALMONT-ST-HILAIRE

85440 – **316** G9 – 6 693 h. – alt. 35
place du Château 02 51 90 65 10
Paris 448 – Challans 55 – Luçon 38 – La Roche-sur-Yon 30

Yelloh! Village Le Littoral de déb. avr. à mi-sept.
02 51 22 04 64, *info@campinglelittoral.com*, Fax 02 51 22 05 37, *www.campinglelittoral.com* – places limitées pour le passage
9 ha (483 empl.) peu incliné, plat, herbeux, sablonneux
Tarif : 17€ (10A) – pers. suppl. 6€ – frais de réservation 25€
Location : (de déb. avr. à mi-sept.) (1 mobile home) – 164 – 15 . Nuitée 39 à 105€ – Sem. 273 à 735€
borne eurorelais
Pour s'y rendre : au lieu-dit : Le Porteau (9,5 km au sud-ouest par D 949, D 4a et apr. Querry-Pigeon, à dr. par D 129, rte côtière des Sables-d'Olonne, à 200 m de l'océan)

Nature :
Loisirs : pizzeria terrain multi-sports
Services : laverie
À prox. : golf (18 trous)

Longitude : -1.70222
Latitude : 46.45195

Les Cottages St-Martin (location exclusive de mobile homes et maisonnettes) Permanent
02 51 21 90 00, *st.martin@odalys-vacances.com*,
Fax 02 51 22 21 24, *www.odalys-vacances.com*
3,5 ha plat
Location : (Prix 2011) – 44 – 15 appartements. Sem. 215 à 1 115 € – frais de réservation 15 €
Pour s'y rendre : le porteau (9,5 km au sud-ouest par D 949, D 4a et apr. Querry-Pigeon, à dr. par D 129, rte Côtière des Sables-d'Olonne, à 200 m de l'océan)

Nature :
Loisirs :
Services : laverie
À prox. : golf (18 trous)

Longitude : -1.70181
Latitude : 46.45254

Le Paradis de déb. avr. à fin sept.
02.51.22.22.36, *info@camping-leparadis85.com*,
Fax 02.51.22.22.36, *www.camping-leparadis85.com*
4,9 ha (148 empl.) plat et peu incliné, en terrasses, herbeux, sablonneux
Tarif : 25 € (10A) – pers. suppl. 4,50 € – frais de réservation 20 €
Location : (de déb. avr. à fin sept.) – 35 – 12 – 4 bungalows toilés. Nuitée 30 à 80 € – Sem. 140 à 520 € – frais de réservation 20 €
Pour s'y rendre : r. de la Source (3,7 km à l'ouest par D 949, rte des Sables-d'Olonne, D 4a à gauche, rte de Querry-Pigeon et chemin à dr.)
À savoir : accès direct à un étang de pêche

Nature :
Loisirs : nocturne (découverte en saison) terrain multisports
Services : (juil.-août)

Longitude : -1.65491
Latitude : 46.46462

THARON-PLAGE

44730 – **316** C5
Paris 444 – Nantes 59 – St-Nazaire 25 – Vannes 94

La Riviera de déb. mars à fin nov.
02 28 53 54 88, *contact@campinglariviera.com*,
Fax 02 28 53 54 62, *www.campinglariviera.com* – places limitées pour le passage
6 ha (250 empl.) en terrasses, plat, herbeux, pierreux
Tarif : (Prix 2011) 24 € (10A) – pers. suppl. 5 € – frais de réservation 15 €
Location : (Prix 2011) (de déb. avr. à fin oct.) – 4 – 3 . Nuitée 58 à 98 € – Sem. 405 à 685 € – frais de réservation 15 €
Pour s'y rendre : rte de St-Michel-Chef-Chef (à l'est de la station, par D 96)

Loisirs :
Services :

Longitude : -2.14693
Latitude : 47.17976

TENNIE

72240 – **310** I6 – 1 009 h. – alt. 100
Paris 224 – Alençon 49 – Laval 69 – Le Mans 26

Municipal de la Vègre de déb. avr. à fin sept.
02 43 20 59 44, *camping@tennie.fr*, *camping.tennie.fr* – places limitées pour le passage
2 ha (83 empl.) plat, herbeux
Tarif : (Prix 2011) 2,15 € 1,45 € 1,75 € – (6A) 3,20 €
Location : (Prix 2011) (permanent) – 5 . Sem. 272 à 376 €
borne autre
Pour s'y rendre : r. Andrée Le Grou (sortie ouest par D 38, rte de Ste-Suzanne)
À savoir : cadre agréable au bord d'une rivière et d'un étang

Nature :
Loisirs :
Services :
À prox. :

Longitude : -0.08016
Latitude : 48.10847

LA TRANCHE-SUR-MER

85360 – **316** H9 – 2 673 h. – alt. 4
place de la Liberté *02 51 30 33 96*
Paris 459 – Luçon 31 – Niort 100 – La Rochelle 64

Le Jard de mi-avr. à mi-sept.
02 51 27 43 79, *info@campingdujard.fr*,
Fax 02 51 27 42 92, *www.campingdujard.fr*
6 ha (350 empl.) plat, herbeux
Tarif : (Prix 2011) 36 € (10A) –
pers. suppl. 6 € – frais de réservation 25 €

Location : (Prix 2011) (de mi-avr. à mi-sept.) – 80 . Sem. 210 à 740 € – frais de réservation 25 €
Pour s'y rendre : 123 bd de Lattre de Tassigny (3,8 km, rte de l'Aiguillon)

Nature :
Loisirs :
Services :
À prox. :

Longitude : -1.38694
Latitude : 46.34788

Le Sable d'Or – de déb. mai à déb. sept.
02 51 27 46 74, *camping-le-sable-d-or@orange.fr*,
Fax 02 51 30 17 14, *www.le-sable-dor.fr*
4 ha (233 empl.) plat, herbeux, sablonneux
Tarif : (Prix 2011) 35 € (10A) –
pers. suppl. 6 € – frais de réservation 18 €

Location : (Prix 2011) (de déb. mai à déb. sept.) – 60 – 10 . Nuitée 50 à 85 € – Sem. 220 à 900 € – frais de réservation 18 €
Pour s'y rendre : au lieu-dit : La Terrière (2,5 km au nord-ouest par D 105, rte des Sables-d'Olonne et à dr., près de la D 105a)

À savoir : en saison, navette gratuite pour la plage

Nature :
Loisirs : snack hammam jacuzzi salle d'animation terrain multisports
Services : laverie

Longitude : -1.45824
Latitude : 46.36228

Baie d'Aunis de fin avr. à mi-sept.
02 51 27 47 36, *info@camping-baiedaunis.com*,
Fax 02 51 27 44 54, *www.camping-baiedaunis.com* (de déb. juil. à fin août)
2,5 ha (155 empl.) plat, sablonneux
Tarif : (Prix 2011) 33,40 € (10A) –
pers. suppl. 7 € – frais de réservation 30 €

Location : (de fin avr. à mi-sept.) – 10 – 9 . Sem. 350 à 850 € – frais de réservation 30 €
borne artisanale
Pour s'y rendre : 10 r. du Perthuis (sortie est, rte de l'Aiguillon)

À savoir : à 50 m de la plage

Nature :
Loisirs :
Services :
À prox. :

Longitude : -1.42995
Latitude : 46.34772

Les Préveils de déb. avr. à fin août
02 51 30 30 52, *lespreveils@pep79.net*,
Fax 02 51 27 70 04, *www.lespreveils.pep79.net*
4 ha (180 empl.) peu vallonné, sablonneux, herbeux
Tarif : (Prix 2011) – frais de réservation 18 €

Location : (Prix 2011) (de déb. avr. à fin août) (1 mobile home) – 10 – 5 – 5 – 3 appartements – 5 bungalows toilés. Nuitée 40 à 122 € – Sem. 280 à 854 € – frais de réservation 18 €

Nature :
Loisirs : snack terrain multisports
Services : laverie
À prox. :

Longitude : -1.3936
Latitude : 46.34398

Vagues-Océanes Les Blancs Chênes –
02 51 30 41 70, *info@vagues-oceanes.com*,
Fax 02 51 28 84 09, *www.vagues-oceanes.com* – places limitées pour le passage
7 ha (375 empl.) plat, herbeux

Location : – 150 – 60 .
Pour s'y rendre : rte de la Roche-sur-Yon (2,6 km au nord-est par D 747)

Nature :
Loisirs : snack salle d'animation terrain multisports
Services :

Longitude : -1.43762
Latitude : 46.34318

Utilisez le guide de l'année.

TRIAIZE

85580 – **316** I9 – 978 h. – alt. 3
Paris 446 – Fontenay-le-Comte 38 – Luçon 9 – Niort 71

Municipal
02 51 56 12 76, *mairie.triaize@wanadoo.fr*,
Fax 02 51 56 38 21
2,7 ha (70 empl.) plat, herbeux, pierreux, étang
Location : – 6.
Pour s'y rendre : r. du Stade (au bourg)

Nature :
Loisirs :
Services :
À prox. :

Longitude : -1.20136
Latitude : 46.39483

Renouvelez votre guide chaque année.

LA TURBALLE

44420 – **316** A3 – 4 384 h. – alt. 6
place du Général-de-Gaulle 02 40 23 39 87
Paris 457 – La Baule 13 – Guérande 7 – Nantes 84

Parc Ste-Brigitte de déb. avr. à fin sept.
02 40 24 88 91, *saintebrigitte@wanadoo.fr*,
Fax 02 40 15 65 72, *www.campingsaintebrigitte.com*
10 ha/4 campables (150 empl.) plat, peu incliné, herbeux, étang
Tarif : 30,20€ (10A) – pers. suppl. 6,50€ – frais de réservation 16€
Location : (de déb. avr. à fin sept.) – 16. Nuitée 55 à 100€ – Sem. 380 à 695€ – frais de réservation 16€
borne artisanale
Pour s'y rendre : chemin des Routes (3 km au sud-est, rte de Guérande)
À savoir : agréable domaine boisé

Nature :
Loisirs :
(découverte en saison)
Services :
À prox. :

Longitude : -2.4717
Latitude : 47.34254

Municipal les Chardons Bleus de mi-janv. à mi-déc.
02 40 62 80 60, *camping.les.chardons.bleus@wanadoo.fr*, Fax 02 40 62 85 40, *www.camping-laturballe.fr*
5 ha (300 empl.) plat, herbeux, sablonneux
Tarif : (Prix 2011) 22,10€ (10A) – pers. suppl. 4,80€ – frais de réservation 10€
Location : (Prix 2011) (de mi-janv. à mi-déc.) – 10. Nuitée 32 à 52€ – Sem. 280 à 622€ – frais de réservation 10€
28 18,20€
Pour s'y rendre : Bd de La Grande Falaise (2,5 km au sud)
À savoir : près de la plage avec accès direct

Nature :
Loisirs : brasserie
Services :
À prox. : parcours sportif

Longitude : -2.50048
Latitude : 47.32832

VAIRÉ

85150 – **316** F8 – 1 405 h. – alt. 49
Paris 448 – Challans 31 – La Mothe-Achard 9 – La Roche-sur-Yon 27

Le Roc de déb. fév. à mi-nov.
02 51 33 71 89, *contact@campingleroc.com*,
Fax 02 51 33 76 54, *www.campingleroc.com*
1,4 ha (100 empl.) peu incliné, herbeux
Tarif : (Prix 2011) 28€ (6A) – pers. suppl. 5€
Location : (Prix 2011) (de déb. fév. à mi-nov.) – 26 – 3. Nuitée 60 à 100€ – Sem. 215 à 790€ – frais de réservation 20€
borne eurorelais 10€ – 3 10€
Pour s'y rendre : rte de Brem-sur-Mer (1,5 km au nord-ouest par D 32, rte de Landevieille et rte de Brem-sur-Mer à gauche)

Nature :
Loisirs : (petite piscine)
Services : (juil.-août)

Longitude : -1.76785
Latitude : 46.60815

VARENNES-SUR-LOIRE

49730 – **317** J5 – 1 887 h. – alt. 27
Paris 292 – Bourgueil 15 – Chinon 22 – Loudun 30

Les Castels L'Étang de la Brèche – de fin avr. à mi-sept.
02 41 51 22 92, *mail@etang-breche.com*, Fax 02 41 51 27 24, *www.etang-breche.com*
14 ha/7 campables (201 empl.) plat, herbeux, sablonneux
Tarif : 38€ (16A) – pers. suppl. 8,50€ – frais de réservation 15€
Location : (de fin avr. à déb. sept.) – 31. Nuitée 40 à 146€ – Sem. 260 à 1 046€ – frais de réservation 15€
borne autre 38€
Pour s'y rendre : 5 Impasse de la Brèche (6 km à l'ouest par D 85, RD 952, rte de Saumur, et chemin à dr., au bord de l' étang)
À savoir : cadre et situation agréables au bord d'un étang

Nature :
Loisirs : poneys (centre équestre) swin-golf, terrain multi-sports
Services :

Longitude : 0.00213
Latitude : 47.24837

VENDRENNES

85250 – **316** J7 – 1 391 h. – alt. 97
Paris 392 – Nantes 65 – La Roche-sur-Yon 30 – Niort 95

La Motte Permanent
02 51 63 59 67, *contact@campingdelamotte.fr*, Fax 02 51 63 59 45, *www.campingdelamotte.fr*
1 ha (40 empl.)
Tarif : 19€ (16A) – pers. suppl. 3,50€
Location : (Prix 2011) (permanent) – 32 – 2. Nuitée 75 à 110€ – Sem. 210 à 550€

Nature :
Loisirs :
Services :

Longitude : -1.11726
Latitude : 46.82711

VIHIERS

49310 – **317** F6 – 4 177 h. – alt. 100
Paris 334 – Angers 45 – Cholet 29 – Saumur 40

Municipal de la Vallée du Lys de mi-juin à fin août
02 41 75 00 14, *ville.vihiers@wanadoo.fr*, Fax 02 41 75 58 01, *www.vihiers.fr* – R
0,3 ha (30 empl.) plat, herbeux
Tarif : (Prix 2011) 2€ 2,52€ – (6A) 1,91€
Pour s'y rendre : rte du Voide (sortie ouest par D 960, rte de Cholet puis D 54 à dr., rte de Valanjou, au bord du Lys)

Nature :
Loisirs :
Services :

Longitude : -0.53881
Latitude : 47.14661

VILLIERS-CHARLEMAGNE

53170 – **310** E7 – 1 015 h. – alt. 105
Paris 277 – Angers 61 – Châteaubriant 61 – Château-Gontier 12

Village Vacances Pêche Permanent
02 43 07 71 68, *vvp.villiers.charlemagne@wanadoo.fr*, Fax 02 43 07 73 29, *villiers-charlemagne.mairie53.fr*
9 ha/1 campable (20 empl.) plat, herbeux
Tarif : (Prix 2011) 16,10€ (16A) – pers. suppl. 5,70€
Location : (Prix 2011) (permanent) – 12. Sem. 290 à 555€ – frais de réservation 13€
borne autre 7,50€
Pour s'y rendre : Village des Haies (sortie ouest par D 4, rte de Cossé-le-Vivien et chemin à gauche près du stade)
À savoir : agréable site pour la pêche

Nature :
Loisirs : diurne
Services : – 20 sanitaires individuels (wc) réfrigérateurs
À prox. :

Longitude : -0.68286
Latitude : 47.92172

VIX

85770 – **316** K9 – 1 728 h. – alt. 6
Paris 448 – Fontenay-le-Comte 15 – Luçon 31 – Niort 44

La Rivière de déb. avr. à mi-nov.
02 51 52 00 67, *dominique.pignoux@wanadoo.fr*,
Fax 02 51 50 42 53, *www.lepetitbooth.com*
0,5 ha (25 empl.) plat, herbeux
Tarif : 17€ (16A) – pers. suppl. 3€
Location : (permanent) – 8 . Nuitée 40 à 54€ – Sem. 250 à 350€
Pour s'y rendre : au lieu-dit : Drapelle (4,6 km au sud, accès par r. de la Guilletrie)
À savoir : situation agréable près de la Sèvre Niortaise

Nature :
Loisirs : canoë, pédalos, bateaux à moteur
Services : (juil.-août)
À prox. :

Longitude : -0.94327
Latitude : 46.33483

YVRÉ-L'ÉVÊQUE

72530 – **310** K6 – 4 406 h. – alt. 57
Paris 204 – Nantes 194 – Le Mans 8 – Alençon 66

Le Pont Romain de mi-mars à mi-oct.
02 43 82 25 39, *info@lepontromain.com*, *www.lepontromain.com*
2,5 ha (80 empl.) plat, herbeux
Tarif : 3,90€ 13,16€ (16A) – frais de réservation 5€
Location : (de mi-mars à mi-oct.) – 5 – 5 – 3 bungalows toilés. Nuitée 36 à 100€ – Sem. 210 à 550€ – frais de réservation 15€
10 21,40€
Pour s'y rendre : lieu-dit : La Châtaigneraie (Sortie village par le pont romain, puis route à gauche, à 200 m.)

Nature :
Loisirs :
Services : laverie
À prox. :

Longitude : 0.27972
Latitude : 48.01944

S. Sauvignier/Michelin

S. Sauvignier/Michelin

Une escapade en Picardie vous fera parcourir un livre d'histoire grandeur nature, peuplé d'abbayes cisterciennes, de splendides cathédrales, d'hôtels de ville flamboyants, d'imposants châteaux et d'émouvants témoignages des deux guerres mondiales... Vous préférez la campagne ? À vous les hautes futaies des forêts de Compiègne ou de Saint-Gobain qui bruissent encore du tumulte des chasses royales, les fermes cernées de champs de céréales ou de betteraves et la contemplation du ballet des oiseaux au-dessus du Marquenterre. L'aventure n'est pas votre fort ? Adoptez la devise de Lafleur, illustre marionnette amiénoise : « bien boire, bien manger, ne rien faire »... Soupe des hortillonnages, pâté de canard et gâteau battu vous prouveront qu'en Picardie, la gastronomie n'est pas affaire de dilettante.

Ready for an action-packed ride over Picardy's fair and historic lands? The region that gave France her first king, Clovis, is renowned for its wealthy Cistercian abbeys, splendid Gothic cathedrals and flamboyant town halls, as well as its poignant reminders of the two World Wars. If you prefer the countryside, take a boat trip through the floating gardens of Amiens, explore the botanical reserve of Marais de Cessière or go birdwatching on the Somme estuary and at Marquenterre bird sanctuary: acres of unspoilt hills and heath, woods, pastures and vineyards welcome you with open arms. Picardy's rich culinary talents have been refined over centuries, and where better to try the famous pré-salé lamb, fattened on the salt marshes, some smoked eel or duck pâté, or a dessert laced with Chantilly cream.

Localité citée avec camping
Localité citée avec camping et locatif
Vannes
Localité disposant d'un camping avec aire de services camping-car
Moyaux
Localité disposant d'au moins un terrain agréable
Aire de service pour camping-car sur autoroute
SOMME
AISNE
OISE
ARDENNES
MARNE
EURE
VAL-D'OISE
SEINE-MARITIME
MANCHE
Fort-Mahon-Plage
Nampont-St-Martin
Villers-s-Authie
Fillièvres
St-Quentin-en-Tourmont
Rue
le Crotoy
Cayeux-sur-Mer
St-Valéry-s-Somme
LA BAIE DE SOMME
Abbeville
Mers-les-Bains
Miannay
le Tréport
Moyenneville
Touffreville-s-Eu
Incheville
Bazinval
Quiberville
Dieppe
St-Martin-en-Campagne
Blangy-s-Bresle
Offranville
Martigny
Aumale
Poix-de-Picardie
Bertangles
AMIENS
BOSC-MESNIL
ROUEN
Lyons-la-Forêt
BOSGOUET
Poses
les Andelys
le Gros-Theil
Louviers
Évreux
Mantes-la-Jolie
Pontoise
St-Germain-en-Laye
Nanterre
PARIS
Bobigny
Marne-la-Vallée
Jablines
Montjay-la-Tour
Meaux
la Ferté-s/s-Jouarre
Charly-s-M.
Château-Thierry
Verdelot
Beauvais
Clermont
St-Leu-d'Esserent
Senlis
Compiègne
Pierrefonds
Ressons-le-Long
Berny-Rivière
Soissons
Carlepont
RESSONS
Montdidier
la Fère
Laon
Péronne
ASSEVILLIERS
Seraucourt-le-Grand
ST-QUENTIN
Vervins
le Nouvion-en-Thiérache
Guignicourt
Fismes
REIMS
Épernay
CHÂLONS-EN-CHAMPAGNE
Rethel
CHARLEVILLE-MÉZIÈRES
Willies
ARRAS
Lens
Douai
Valenciennes
LA SENTINELLE
WANCOURT
Cambrai
A 1
A 2
A 4
A 13
A 14
A 15
A 16
A 21
A 26
A 28
A 29
A 34
A 86
A 104
A 115
A 151
A 3
N 1
N 2
N 25
N 27
N 31
N 44
N 51
N 104
N 154
N 184
D 613
D 643
D 925
D 934
D 939
D 1029
D 6014
D 8043
Somme
Oise
Aisne
Marne
Seine
Eure
Epte
Andelle
Bresle
Bethune
Therain
Ourcq
Vesle
Scarpe
Escaut
Meuse

AMIENS

80000 – **301** G8 – 134 737 h. – alt. 34
6 bis, rue Dusevel *03 22 71 60 50*
Paris 135 – Lille 122 – Beauvais 62 – Arras 74

Le Parc des Cygnes de déb. avr. à mi oct.
03 22 43 29 28, *alban@parcdescygnes.com*,
Fax 03 22 43 59 42, *www.parcdescygnes.com*
3,2 ha (145 empl.) plat, herbeux, étang
Tarif : 25,80€ (10A) – pers. suppl. 6,20€
– frais de réservation 13€
Location : (de déb. avr. à mi-oct.) – 5 . Nuitée 78 à 99€ – Sem. 499 à 614€ – frais de réservation 13€
borne autre 4,90€ – 5 10,80€ – 10.80€
Pour s'y rendre : 111 av. des Cygnes (ou r. du Grand Marais) (au nord-est, par Rocade : sortie 40 : Amiens Longpré)
À savoir : bus pour centre-ville

Nature :
Loisirs :
Services : laverie
À prox. : canoë

Longitude : 2.25918
Latitude : 49.92118

BERNY-RIVIÈRE

02290 – **306** A6 – 593 h. – alt. 49
Paris 100 – Compiègne 24 – Laon 55 – Noyon 28

La Croix du Vieux Pont – Permanent
03 23 55 50 02, *info@la-croix-du-vieux-pont.com*,
Fax 03 23 55 05 13, *www.la-croix-du-vieux-pont.com*
– places limitées pour le passage
34 ha (520 empl.) plat, herbeux, étangs
Tarif : 31€ (6A) – pers. suppl. 8€
Location : (de déb. avr. à fin oct.) (mobile-home) – 1 – 11 gîtes. Sem. 1 150€
borne artisanale
Pour s'y rendre : r. de la Fabrique (1,5 km au sud sur D 91, à l'entrée de Vic-sur-Aisne, au bord de l'Aisne)

Nature :
Loisirs : snack jacuzzi discothèque (plan d'eau) poneys - terrain multi-sports - tour d'escalade - pédalos
Services : laverie institut de beauté, coiffeur

Longitude : 3.1284
Latitude : 49.40495

BERTANGLES

80260 – **301** G8 – 604 h. – alt. 95
Paris 154 – Abbeville 44 – Amiens 11 – Bapaume 49

Le Château de mi-avr. à mi-sept.
03 60 65 68 36 et, *camping@chateaubertangles.com*, *http://www.chateaubertangles.com*
0,7 ha (33 empl.) plat, herbeux
Tarif : 4,10€ 2,60€ 4€ – (5A) 3,70€
Pour s'y rendre : r. du Château (au bourg)
À savoir : Dans un verger, près du château

Nature :
Loisirs :
Services :

Longitude : 2.30131
Latitude : 49.97167

CARLEPONT

60170 – **305** J3 – 1 440 h. – alt. 59
Paris 103 – Compiègne 19 – Ham 30 – Pierrefonds 21

Les Araucarias de déb. avr. à fin nov.
03 44 75 27 39, *camping-les-araucarias@wanadoo.fr*, Fax 03 62 02 25 06, *www.camping-les-araucarias.com*
– places limitées pour le passage
1,2 ha (60 empl.) plat et peu incliné, herbeux
Tarif : 3€ 2€ 3€ – (12A) 3€
Location : (permanent) – 6 – 2 . Nuitée 60 à 80€ – Sem. 200 à 350€
borne artisanale 3€ – 2 14,50€
Pour s'y rendre : 870 r. du Gén. Leclerc (sortie sud-ouest par D 130, rte de Compiègne)
À savoir : Une grande diversité de plantations orne la partie campable

Nature :
Loisirs :
Services : laverie

Longitude : 3.01836
Latitude : 49.50728

CAYEUX-SUR-MER

80410 – **301** B6 – 2 781 h. – alt. 2
2 esplanade Aristide Briand ✆ 03 22 26 61 15
Paris 217 – Abbeville 29 – Amiens 82 – Le Crotoy 26

Les Galets de la Mollière – de déb. avr. à déb. nov.
✆ 03 22 26 61 85, *info@campinglesgaletsdelamolliere.com*, Fax 03 22 26 65 68, *www.campinglesgaletsdelamolliere.com*
6 ha (198 empl.) plat, peu incliné, sablonneux, herbeux
Tarif : (Prix 2011) 30€ (10A) – pers. suppl. 7€ – frais de réservation 10€

Location : (Prix 2011) (de déb. avr. à déb. nov.) – 39 . Nuitée 67 à 89€ – Sem. 300 à 620€ – frais de réservation 10€
borne flot bleu 3€
Pour s'y rendre : à Mollière, r. Faidherbe (3,3 km au nord-est par D 102, rte du Littorale)

Nature :
Loisirs : snack
Services : laverie

Longitude : 1.52608
Latitude : 50.20275

Le Bois de Pins de déb. avr. à déb. nov.
✆ 03 22 26 71 04, *info@campingleboisdepins.com*, Fax 03 22 26 60 81, *www.campingleboisdepins.com* – places limitées pour le passage
4 ha (163 empl.) plat, herbeux
Tarif : (Prix 2011) 28,50€ (10A) – pers. suppl. 7€ – frais de réservation 10€
Pour s'y rendre : à Brighton, av. Guillaume-le-Conquérant (2 km au nord-est par D 102, rte littorale, à 500 m de la mer)

Nature :
Loisirs :
Services : laverie
À prox. : snack

Longitude : 1.51709
Latitude : 50.19725

CHARLY-SUR-MARNE

02310 – **306** B9 – 2 703 h. – alt. 63
20, rue Émile Morlot ✆ 03 23 82 07 49
Paris 82 – Château-Thierry 14 – Coulommiers 33 – La Ferté-sous-Jouarre 16

Municipal des Illettes de déb. avr. à fin sept.
✆ 03 23 82 12 11, *mairie.charly@wanadoo.fr*, Fax 03 23 82 13 99, *www.charly-sur-marne.fr*
1,2 ha (43 empl.) plat, herbeux, gravier
Tarif : 17,50€ (10A) – pers. suppl. 4€
borne artisanale 3€
Pour s'y rendre : rte de Pavant (au sud du bourg, à 200 m du D 82 (accès conseillé))

Nature :
Loisirs :
Services : laverie
À prox. :

Longitude : 3.28209
Latitude : 48.97369

LE CROTOY

80550 – **301** C6 – 2 314 h. – alt. 1
1, rue Carnot ✆ 03 22 27 05 25
Paris 210 – Abbeville 22 – Amiens 75 – Berck-sur-Mer 29

Le Ridin de fin mars à déb. nov.
✆ 03 22 27 03 22, *leridin@baiedesommepleinair.com*, Fax 03 22 27 70 76, *www.campingleridin.com* – places limitées pour le passage
4,5 ha (162 empl.) plat, herbeux
Tarif : 25€ (4A) – pers. suppl. 5,80€ – frais de réservation 15€

Location : (de mi-mars à déb. nov.) – 29 – 1 gîte. Nuitée 52 à 105€ – Sem. 260 à 735€
borne artisanale
Pour s'y rendre : au lieu-dit : Mayocq (3 km au nord par rte de St-Quentin-en-Tourmont et chemin à dr.)

Nature :
Loisirs : jacuzzi
Services : laverie

Longitude : 1.63182
Latitude : 50.23905

Les Aubépines de déb. avr. à déb. nov.
03 22 27 01 34, *contact@camping-lesaubepines.com*, Fax 03 22 27 13 66, *www.camping-lesaubepines.com* – places limitées pour le passage
2,5 ha (196 empl.) plat, herbeux, sablonneux
Tarif : 29,50€ (10A) – pers. suppl. 5,50€ – frais de réservation 15€
Location : (de déb. avr. à déb. nov.) – 35 . Nuitée 50 à 134€ – Sem. 250 à 938€ – frais de réservation 15€
borne artisanale 16€
Pour s'y rendre : à St-Firmin, 800 r. de la Maye (4 km au nord, rte de St-Quentin-en-Tourmont et chemin à gauche)

Nature :
Loisirs :
Services : laverie

Longitude : 1.61139
Latitude : 50.24955

Les Trois Sablières de déb. avr. à déb. nov.
03 22 27 01 33, *contact@camping-les-trois-sablieres.com*, Fax 03 22 27 10 06, *www.camping-les-trois-sablieres.com* – places limitées pour le passage
1,5 ha (97 empl.) plat, herbeux, sablonneux
Tarif : 29€ (6A) – pers. suppl. 6,80€
Location : (de déb. avr. à déb. nov.) – 12 – 2 – 2 gîtes. Nuitée 50 à 480€ – Sem. 400 à 680€
borne artisanale 8€ – 10.50€
Pour s'y rendre : 1850 r. de la Maye (4 km au nord-ouest, rte de St-Quentin-en-Tourmont et chemin à gauche, à 400 m de la plage)
À savoir : Cadre verdoyant et fleuri

Nature :
Loisirs :
Services : laverie

Longitude : 1.59883
Latitude : 50.24825

LA FÈRE

02800 – **306** C5 – 2 962 h. – alt. 54
Hôtel de Ville 03 23 56 62 00
Paris 137 – Compiègne 59 – Laon 24 – Noyon 31

Municipal du Marais de la Fontaine
03 23 56 82 94, Fax 03 23 56 40 04
0,7 ha (26 empl.) plat, herbeux
Pour s'y rendre : r. Vauban (par centre-ville vers Tergnier et à dr. au complexe sportif, près d'un bras de l'Oise)

Nature :
Services :
À prox. :

Longitude : 3.36353
Latitude : 49.6654

FORT-MAHON-PLAGE

80120 – **301** C5 – 1 298 h. – alt. 2
1000, avenue de la Plage 03 22 23 36 00
Paris 225 – Abbeville 41 – Amiens 90 – Berck-sur-Mer 19

Le Royon de mi-mars à fin oct.
03 22 23 40 30, *info@campingleroyon.com*, Fax 03 22 23 65 15, *www.campingleroyon.com* – places limitées pour le passage
4 ha (399 empl.) plat, herbeux, sablonneux
Tarif : 33€ (6A) – pers. suppl. 7€ – frais de réservation 12€
Location : (de mi-mars à fin oct.) – 85 . Nuitée 78 à 90€ – Sem. 300 à 750€ – frais de réservation 12€
borne flot bleu 3€ – 10 16€ – 15€
Pour s'y rendre : 1271 rte de Quend (1 km au sud)

Nature :
Loisirs : salle d'animation
Services : laverie
À prox. : golf

Longitude : 1.57963
Latitude : 50.33263

Le Vert Gazon de déb. avr. à déb. oct.
03 22 23 37 69, *camping@camping-levertgazon.com*, Fax 03 22 23 37 69, *www.camping-levertgazon.com* – places limitées pour le passage
2,5 ha (130 empl.) plat, herbeux
Tarif : (Prix 2011) 22,90€ (6A) – pers. suppl. 7€ – frais de réservation 10€
borne artisanale 5€ – 3 23€
Pour s'y rendre : 741 rte de Quend

Nature :
Loisirs :
Services : laverie

Longitude : 1.57374
Latitude : 50.33438

GUIGNICOURT

02190 – **306** F6 – 2 142 h. – alt. 67
Hôtel-de-Ville *0323253660*
Paris 165 – Laon 40 – Reims 33 – Rethel 39

Municipal du Bord de l'Aisne de déb. avr. à fin oct.
0323797458, *campingguignicourt@orange.fr*, *www.camping-aisne-picardie.fr*
1,5 ha (100 empl.) plat, herbeux
Tarif : (Prix 2011) 21€ (6A) – pers. suppl. 6€
Location : (de déb. avr. à fin déc.) – 6 . Nuitée 42 à 90€ – Sem. 250 à 560€
borne artisanale 2€ – 2 14€
Pour s'y rendre : 14 r. des Godins (sortie sud-est par D 925 et r. à dr.)
À savoir : au bord de l'Aisne

Nature :
Loisirs :
Services :

Longitude : 3.97066
Latitude : 49.43251

LAON

02000 – **306** D5 – 26 463 h. – alt. 181
place du Parvis Gautier de Mortagne *0323202862*
Paris 141 – Amiens 122 – Charleville-Mézières 124 – Compiègne 74

Municipal la Chênaie de déb. mai à fin sept.
0323202556, *www.ville-laon.fr*
1 ha (55 empl.) vallonné, plat, herbeux, pierreux
Tarif : (Prix 2011) 15,80€ (8A) – pers. suppl. 3,60€
borne eurorelais 5,80€ – 15.80€
Pour s'y rendre : allée de la Chênaie (4 km au sud-ouest de la gare, accès par chemin près de la caserne Foch, à l'entrée du faubourg Semilly, à 100 m d'un étang)

Nature :
Services :

Longitude : 3.59488
Latitude : 49.56244

546

MERS-LES-BAINS

80350 – **301** B7 – 3 454 h. – alt. 3
43, rue Jules Barni *0227280646*
Paris 217 – Amiens 89 – Rouen 99 – Arras 130

Flower Le Rompval de fin mars à déb. nov.
0235844321, *lerompval@baiedesommepleinair.com*, Fax 0235844321, *www.campinglerompval.com*
3 ha (132 empl.)
Tarif : 24,50€ (4A) – pers. suppl. 5,50€ – frais de réservation 15€
Location : (de fin mars à déb. nov.) – 13 – 5 studios – 2 bungalows toilés. Nuitée 41 à 103€ – Sem. 205 à 721€
borne artisanale
Pour s'y rendre : au lieu-dit : Blengues (2 km au nord-est)
À savoir : Décoration architecturale originale et colorée

Nature :
Loisirs : (découverte en saison)
Services : laverie

Longitude : 1.4154
Latitude : 50.0773

MIANNAY

80132 – **301** D7 – 599 h. – alt. 15
Paris 191 – Amiens 63 – Arras 104 – Rouen 109

Le Clos Cacheleux de mi-mars à mi-oct.
0322191747, *raphael@camping-lecloscacheleux.fr*, *www.camping-lecloscacheleux.fr*
8 ha (100 empl.) peu incliné, plat, herbeux
Tarif : 21,50€ (10A) – pers. suppl. 5,30€ – frais de réservation 12€
10 21,50€ – 10.50€
Pour s'y rendre : rte de Bouillancourt-sous-Miannay
À savoir : sur les terres d'une ferme en activité (culture et élevage bovin)

Nature :
Loisirs :
Services : laverie
À prox. : snack (découverte en saison) activités au camping "Le Val de Trie" en face

Longitude : 1.71536
Latitude : 50.08646

MOYENNEVILLE

80870 – **301** D7 – 661 h. – alt. 92
Paris 194 – Abbeville 9 – Amiens 59 – Blangy-sur-Bresle 22

Le Val de Trie – de déb. avr. à mi-oct.
03 22 31 48 88, *raphael@camping-levaldetrie.fr*, *www.camping-levaldetrie.fr*
2 ha (100 empl.) plat, herbeux, petit étang
Tarif : 25,90€ (10A) – pers. suppl. 5,30€ – frais de réservation 12€
Location : (de déb. avr. à mi-oct.) (chalet) – 15 – 5 . Nuitée 49 à 120€ – Sem. 308 à 1 085€ – frais de réservation 12€
15 21,90€
Pour s'y rendre : 1 r. des Sources à Bouillancourt-sous-Miannay (3 km au nord-ouest par D 86, au bord d'un ruisseau)

Nature :
Loisirs : snack (découverte en saison)
Services : laverie

Longitude : 1.71508
Latitude : 50.08552

NAMPONT-ST-MARTIN

80120 – **301** D5 – 264 h. – alt. 10
Paris 214 – Abbeville 30 – Amiens 79 – Boulogne-sur-Mer 52

La Ferme des Aulnes de déb. avr. à déb. nov.
03 22 29 22 69, *contact@fermedesaulnes.com*, Fax 03 22 29 39 43, *www.fermedesaulnes.com* – places limitées pour le passage
4 ha (120 empl.) peu incliné, plat, herbeux
Tarif : 33€ (12A) – pers. suppl. 7€
Location : (de déb. avr. à déb. nov.) – 19 – 19 . Nuitée 70 à 160€ – Sem. 390 à 790€
borne artisanale – 11
Pour s'y rendre : à Fresne, 1 r. du Marais (3 km au sud-ouest par D 85e, rte de Villier-sur-Authie)
À savoir : Dans les dépendances d'une ancienne ferme picarde

Nature :
Loisirs : jacuzzi piano bar, salle d'animation (découverte en saison)
Services : laverie

Longitude : 1.71201
Latitude : 50.33631

LE NOUVION-EN-THIÉRACHE

02170 – **306** E2 – 2 823 h. – alt. 185
Place du général De Gaulle 03 23 97 98 06
Paris 198 – Avesnes-sur-Helpe 20 – Le Cateau-Cambrésis 19 – Guise 21

Municipal du Lac de Condé
03 23 98 98 58, *si.nouvion@wanadoo.fr*, Fax 03 23 98 94 90, *www.lenouvion.com*
1,3 ha (56 empl.) plat et peu incliné, herbeux
borne eurorelais – 4
Pour s'y rendre : promenade Henri d'Orléans (2 km au sud par D 26 et chemin à gauche)
À savoir : à la lisière de la forêt, près d'un étang avec parc de loisirs

Nature :
Loisirs :
Services :
À prox. : snack bowling piste de bi-cross

Longitude : 3.78271
Latitude : 50.00561

PÉRONNE

80200 – **301** K8 – 8 155 h. – alt. 52
16, place André Audinot 03 22 84 42 38
Paris 141 – Amiens 58 – Arras 48 – Doullens 54

Port de Plaisance de déb. mars à fin oct.
03 22 84 19 31, *contact@camping-plaisance.com*, Fax 03 22 73 36 37, *www.camping-plaisance.com*
2 ha (90 empl.) plat, herbeux, gravillons
Tarif : 27,20€ (6A) – pers. suppl. 4€
Location : (de déb. mars à fin oct.) – 4 . Nuitée 78€ – Sem. 287 à 513€
borne artisanale
Pour s'y rendre : sortie sud, rte de Paris, entre le port de plaisance et le port de commerce, au bord du canal de la Somme

Nature :
Loisirs :
Services : laverie
À prox. : halte nautique

Longitude : 2.93237
Latitude : 49.91786

PIERREFONDS

60350 – **305** I4 – 2 033 h. – alt. 81
place de l'Hôtel de Ville ✆ *03 44 42 81 44*
Paris 82 – Beauvais 78 – Compiègne 15 – Crépy-en-Valois 17

Municipal de Batigny
✆ 03 44 42 80 83, *mairie@mairie-pierrefonds.fr*,
Fax 03 44 42 37 73
1 ha (60 empl.) plat, terrasse, herbeux
Pour s'y rendre : r. de l'Armistice (sortie nord-ouest par D 973, rte de Compiègne)
À savoir : Agréable décoration arbustive

Nature :
Loisirs :
Services :
À prox. :

Longitude : 2.97962
Latitude : 49.35194

POIX-DE-PICARDIE

80290 – **301** E9 – 2 353 h. – alt. 106
route de Forges les Eaux ✆ *03 22 90 12 23*
Paris 133 – Abbeville 45 – Amiens 31 – Beauvais 46

Municipal le Bois des Pêcheurs de déb. avr. à fin sept.
✆ 03 22 90 11 71, *camping@ville-poix-de-picardie.fr*,
Fax 03 22 90 32 91, *www.ville-poix-de-picardie.fr*
2 ha (135 empl.) plat, herbeux
Tarif : (Prix 2011) 14€ (16A) – pers. suppl. 2€
Location : (Prix 2011) (de déb. avr. à fin sept.) – 2 . Nuitée 100€ – Sem. 300€
borne eurorelais 2€
Pour s'y rendre : rte de Verdun (sortie ouest par D 919, rte de Formerie, au bord d'un ruisseau)
À savoir : Cadre arbustif

Nature :
Loisirs :
Services : laverie
À prox. :

Longitude : 1.9743
Latitude : 49.75

RESSONS-LE-LONG

548

02290 – **306** A6 – 760 h. – alt. 72
Paris 97 – Compiègne 26 – Laon 53 – Noyon 31

La Halte de Mainville de mi-janv. à fin nov.
✆ 03 23 74 26 69, *lahaltedemainville@wanadoo.fr*,
Fax 03 23 74 03 60, *www.lahaltedemainville.com*
5 ha (155 empl.) plat, herbeux, petit étang
Tarif : (Prix 2011) 19€ (8A) – pers. suppl. 4€
Location : (Prix 2011) (de déb. avr. à mi-oct.) – 2 – 2 . Nuitée 70€ – Sem. 450€
borne artisanale
Pour s'y rendre : 18 r.du Routy (sortie nord-est)

Nature :
Loisirs :
Services :
laverie

Longitude : 3.15186
Latitude : 49.39277

RUE

80120 – **301** D6 – 3 102 h. – alt. 9
10, place Anatole Gosselin ✆ *03 22 25 69 94*
Paris 212 – Abbeville 28 – Amiens 77 – Berck-Plage 22

Les Oiseaux de déb. mars à fin nov.
✆ 03 22 25 71 82, *campingdesoiseaux@orange.fr*,
Fax 0322193974, *www.campingbaiesomme.com* – places limitées pour le passage
1,2 ha (71 empl.) plat, herbeux
Tarif : 5€ 2,50€ 5€ – (16A) 5€
Location : (Prix 2011) (de mi-avr. à mi-sept.) (de fin avr. à déb. juil.) – 5 – 5 gîtes. Nuitée 90€ – Sem. 450€
borne artisanale 2,50€ – 1 10€ – 10€
Pour s'y rendre : 3,2 km au sud par D 940, rte du Crotoy et chemin de Favières à gauche, près d'un ruisseau

Nature :
Loisirs :
Services :

Longitude : 1.66872
Latitude : 50.25264

ST-LEU-D'ESSERENT

60340 – **305** F5 – 4 724 h. – alt. 50 – Base de loisirs
7 avenue de la Gare ✆ 03 44 56 38 10
Paris 57 – Beauvais 38 – Chantilly 7 – Creil 9

Campix de mi-mars à fin nov.
✆ 03 44 56 08 48, *campix@orange.fr*, Fax 03 44 56 28 75, *www.campingcampix.com*
6 ha (160 empl.) en terrasses, vallonné, pierreux, plat, herbeux
Tarif : (Prix 2011) 5,50€ 5,50€ – (6A) 3,50€ – frais de réservation 10€

Location : (de mi-mars à fin nov.) – 4 roulottes – 7 . Nuitée 60 à 110€ – Sem. 420 à 770€ – frais de réservation 10€
Pour s'y rendre : r. Pasteur (sortie nord par D 12, rte de Cramoisy puis 1,5 km par r. à dr. et chemin)

À savoir : Dans une ancienne carrière ombragée, dominant le bourg et l'Oise

Nature :
Loisirs : snack
Services :
laverie

Longitude : 2.42728
Latitude : 49.22484

Ne pas confondre :
... à ... : appréciation ***MICHELIN***
et
★ ... à ... ★★★★★ : classement officiel

ST-QUENTIN-EN-TOURMONT

80120 – **301** C6 – 309 h.
Paris 218 – Abbeville 29 – Amiens 83 – Berck-sur-Mer 24

Le Champ Neuf de déb. avr. à fin oct.
✆ 03 22 25 07 94, *campinglechampneuf@orange.fr*, Fax 03 22 25 09 87, *www.camping-lechampneuf.com* – places limitées pour le passage
8 ha/4,5 campables (157 empl.) plat, herbeux, bois attenant
Tarif : 30€ (10A) – pers. suppl. 6,50€

Location : (de déb. avr. à fin oct.) – 21 – 2 . Nuitée 61 à 102€ – Sem. 250 à 715€
borne artisanale
Pour s'y rendre : 8 r. du Champ Neuf

À savoir : parc aquatique couvert

Nature :
Loisirs : snack salle d'animation terrain multisports
Services : laverie

Longitude : 1.60153
Latitude : 50.26978

ST-VALERY-SUR-SOMME

80230 – **301** C6 – 2 805 h. – alt. 27
2, place Guillaume-Le-Conquérant ✆ 03 22 60 93 50
Paris 206 – Abbeville 18 – Amiens 71 – Blangy-sur-Bresle 45

Le Walric de déb. avr. à déb. nov.
✆ 03 22 26 81 97, *info@campinglewalric.com*, Fax 03 22 60 77 26, *www.campinglewalric.com* – places limitées pour le passage
5,8 ha (286 empl.) plat, herbeux
Tarif : (Prix 2011) 31€ (6A) – pers. suppl. 7€ – frais de réservation 12€

Location : (Prix 2011) (de déb. avr. à déb. nov.) – 80 . Nuitée 67 à 75€ – Sem. 300 à 630€ – frais de réservation 12€
borne eurorelais – 31€
Pour s'y rendre : rte d'Eu (à l'ouest par D 3)

Nature :
Loisirs :
Services : laverie
À prox. :

Longitude : 1.61791
Latitude : 50.1839

SERAUCOURT-LE-GRAND

02790 – **306** B4 – 783 h. – alt. 102
Paris 148 – Chauny 26 – Ham 16 – Péronne 28

Le Vivier aux Carpes de déb. mars à fin oct.
03 23 60 50 10, *contact@camping-picardie.com*,
Fax 03 23 60 51 69, *www.camping-picardie.com*
2 ha (60 empl.) plat, herbeux
Tarif : 20,50€ (8A) – pers. suppl. 4€
Location : (de déb. mars à fin oct.) – 1 – 2 . Nuitée 55 à 65€ – Sem. 385 à 455€
borne artisanale 4€
Pour s'y rendre : 10 r. Charles Voyeux (au nord par D 321, près de la poste, à 200 m de la Somme)
À savoir : Situation agréable en bordure d'étangs

Nature :
Loisirs :
Services : laverie
À prox. :

Longitude : 3.21435
Latitude : 49.78272

VILLERS-SUR-AUTHIE

80120 – **301** D6 – 375 h. – alt. 5
Paris 215 – Abbeville 31 – Amiens 80 – Berck-sur-Mer 16

Le Val d'Authie – de déb. avr. à mi-oct.
03 22 29 92 47, *camping@valdauthie.fr*,
Fax 03 22 29 93 30, *www.valdauthie.fr* – places limitées pour le passage
7 ha/4 campables (170 empl.) plat, peu incliné, herbeux
Tarif : 25€ (5A) – pers. suppl. 6€
Location : (de déb. avr. à mi-oct.) – 22 . Nuitée 55 à 105€ – Sem. 450 à 850€
borne artisanale – 6 20€
Pour s'y rendre : 20 rte de Vercourt (sortie sud du bourg)
À savoir : agréables plantations arbustives

Nature :
Loisirs : hammam , salle d'animation (découverte en saison) terrain multisports, parcours de santé, pistes de bi-cross et de rollers
Services : laverie

Longitude : 1.69486
Latitude : 50.31356

POITOU-CHARENTES

S. Sauvignier/Michelin

Avec l'eau pour compagnon de voyage, les délices de la région Poitou- Charentes se consomment sans modération. Commencez par paresser sur une des plages de sable fin bordant la Côte de Beauté : vous y ferez provision d'air pur mêlé d'iode et d'essences de pins. Puis offrez-vous une cure de remise en forme dans la station balnéaire de votre choix, suivie d'une cure d'huîtres de Marennes-Oléron accompagnées de tartines au beurre de Surgères. Requinqué ? Alors, parcourez à vélo les îles, havres de paix aux maisons fleuries de glycines et de roses trémières, et explorez à bord d'une barque manœuvrée à la « pigouille » les mille et une conches de la « Venise verte ». Puis, après une mini-dégustation de cognac, cette eau... de-vie aux reflets ambrés, cap sur le Futuroscope et ses images à couper le souffle !

Names such as Cognac, Angoulême or La Rochelle all echo through France's history, but there's just as much to appreciate in the here and now.Visit a thalassotherapy resort to revive your spirits, or just laze on the sandy beaches, where the scent of pine trees mingles with the fresh sea air. A bicycle is the best way to discover the region's coastal islands, their country lanes lined with tiny blue and white cottages and multicoloured hollyhocks. Back on the mainland, explore the canals of the marshy, and mercifully mosquito-free, « Green Venice ». You will have earned yourself a drop of Cognac or a glass of the local apéritif, the fruity, ice-cold Pineau. If this seems just too restful, head for Futuroscope, a theme park of the moving image, and enjoy an action-packed day of life in the future.

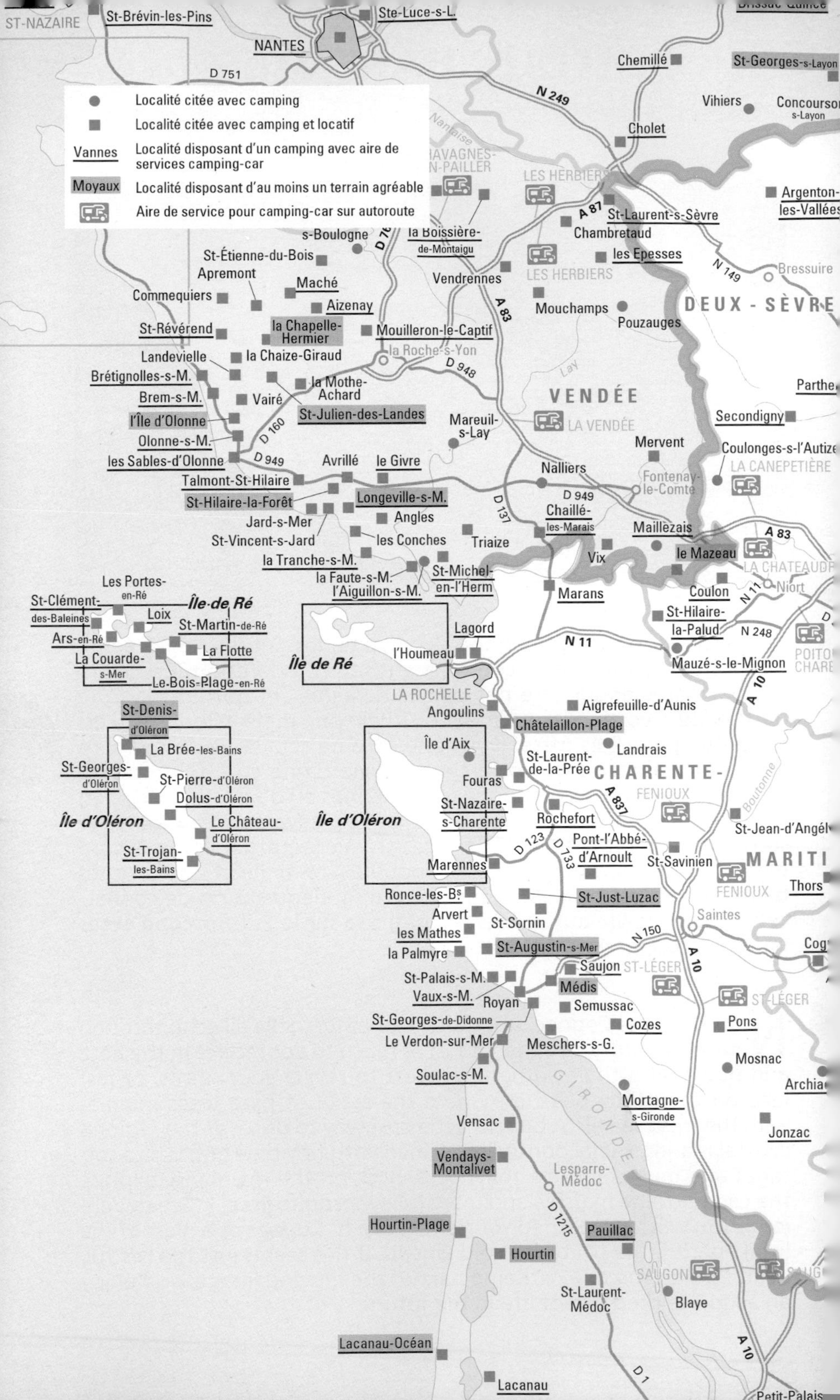

Localité citée avec camping
Localité citée avec camping et locatif
Vannes
Localité disposant d'un camping avec aire de services camping-car
Moyaux
Localité disposant d'au moins un terrain agréable
Aire de service pour camping-car sur autoroute
ST-NAZAIRE
St-Brévin-les-Pins
NANTES
Ste-Luce-s-L.
D 751
N 249
Chemillé
St-Georges-s-Layon
Vihiers
Concourson-s-Layon
Cholet
LES HERBIERS
la Boissière-de-Montaigu
A 87
St-Laurent-s-Sèvre
Argenton-les-Vallées
Chambretaud
s-Boulogne
St-Étienne-du-Bois
les Epesses
N 149
Bressuire
Apremont
Vendrennes
LES HERBIERS
Maché
Commequiers
Mouchamps
Pouzauges
DEUX-SÈVRES
Aizenay
A 83
St-Révérend
la Chapelle-Hermier
Mouilleron-le-Captif
Landevielle
la Chaize-Giraud
la Roche-s-Yon
D 948
Brétignolles-s-M.
la Mothe-Achard
Lay
Brem-s-M.
Vairé
VENDÉE
l'Île d'Olonne
St-Julien-des-Landes
D 160
Mareuil-s-Lay
LA VENDÉE
Secondigny
Olonne-s-M.
Mervent
Coulonges-s-l'Autize
les Sables-d'Olonne
D 949
Avrillé
le Givre
Nalliers
LA CANEPETIÈRE
Talmont-St-Hilaire
Fontenay-le-Comte
St-Hilaire-la-Forêt
Longeville-s-M.
D 949
D 137
Jard-s-Mer
Angles
Chaillé-les-Marais
Maillezais
St-Vincent-s-Jard
les Conches
Triaize
A 83
Vix
le Mazeau
la Tranche-s-M.
la Faute-s-M.
St-Michel-en-l'Herm
LA CHATEAUDRE
l'Aiguillon-s-M.
Les Portes-en-Ré
Marans
Coulon
Niort
St-Clément-des-Baleines
Île-de Ré
N 11
Loix
St-Martin-de-Ré
St-Hilaire-la-Palud
Ars-en-Ré
Lagord
N 248
La Flotte
N 11
La Couarde-s-Mer
l'Houmeau
Île de Ré
Mauzé-s-le-Mignon
Le-Bois-Plage-en-Ré
LA ROCHELLE
A 10
St-Denis-d'Oléron
Aigrefeuille-d'Aunis
Angoulins
Châtelaillon-Plage
La Brée-les-Bains
Île d'Aix
Landrais
St-Georges-d'Oléron
St-Laurent-de-la-Prée
CHARENTE-
Fouras
St-Pierre-d'Oléron
FENIOUX
Dolus-d'Oléron
A 837
St-Nazaire-s-Charente
Boutonne
Île d'Oléron
Île d'Oléron
Rochefort
St-Jean-d'Angély
Le Château-d'Oléron
D 123
Pont-l'Abbé-d'Arnoult
D 733
MARITI
St-Trojan-les-Bains
Marennes
St-Savinien
FENIOUX
Thors
Ronce-les-Bs
St-Just-Luzac
Arvert
St-Sornin
Saintes
les Mathes
N 150
la Palmyre
St-Augustin-s-Mer
A 10
Saujon
ST-LÉGER
St-Palais-s-M.
Médis
Vaux-s-M.
Royan
Semussac
ST-LÉGER
St-Georges-de-Didonne
Cozes
Pons
Le Verdon-sur-Mer
Meschers-s-G.
Mosnac
Soulac-s-M.
GIRONDE
Archiac
Mortagne-s-Gironde
Vensac
Jonzac
Vendays-Montalivet
Lesparre-Médoc
D 1215
Hourtin-Plage
Pauillac
Hourtin
SAUGON
St-Laurent-Médoc
Blaye
A 10
Lacanau-Océan
D 1
Lacanau
Petit-Palais

Saumur
Varennes-s-L.
Montsoreau
Montreuil-Bellay
Azay-le-Rideau
Savigny-en-Véron
Chinon
Montbazon
Veigné
INDRE-ET-LOIRE
A 85
A 10
Ste-Catherine-de-Fierbois
Ste-Maure-de-Touraine
l'Île-Bouchard
Marcilly-s-Vienne
Loches
D 943
Mareuil-s-Cher
Chemillé-s-Indrois
Luçay-le-Mâle
Valençay
Mennetou-s-Cher
Vatan
A 20
Loudun
D 347
Descartes
Creuse
Preuilly-s-Claise
Ingrandes
Châtellerault
la Roche-Posay
St-Cyr
Vouneuil-s-V.
Buzançais
INDRE
MILLE ÉTANGS
Châteauroux
N 151
Rosnay
D 951
VAL DE L'INDRE
N 149
Avanton
Vouillé
St-Georges-lès-Baillargeaux
St-Pierre-de-Maillé
le Blanc
Bonnes
Neuvy-St-Sépulchre
POITIERS
ROUILLÉ-PAMPROUX
Chauvigny
Gargilesse-Dampierre
Baraize
Éguzon
Fougères
Chaillac
Montmorillon
N 10
VIENNE
Dienné
Magné
Couhé
N 147
Clain
Cromac
BOIS MANDÉ
la Celle-Dunoise
Magnac-Laval
N 145
D 148
Availles-Limouzine
Châteauponsac
Bellac
Bessines-s-Gartempe
St-Pardoux
Razès
Confolens
D 948
St-Laurent-les-Églises
Aunac
Mansle
St-Martin-Terressus
LIMOGES
N 141
Pressignac
Rochechouart
St-Léonard-de-Noblat
Bujaleuf
Montignac-Charente
Le Lindois
Videix
N 21
Aixe-s-Vienne
Pierre-Buffière
Eymoutiers
HAUTE-VIENNE
Montbron
St-Hilaire-les-Places
Nexon
Châteauneuf-la-Fôret
Sireuil
ANGOULÊME
Bussière-Galant
Ladignac-le-Long
St-Germain-les-Belles
Chamberet
St-Saud-Lacoussière
Mialet
St-Yrieix-la-Perche
D 939
CHARENTE
Nontron
Masseret
PORTE DE CORRÈZE
Treignac
Uzerche
Vieux-Mareuil
Thiviers
Angoisse
St-Pardoux-Corbier
CORRÈZE
Lanouaille
N 120
Brantôme
Vigeois
Seilhac
Corrèze
Dronne
Tocane-St-Apre
Antonne-et-Trigonant
Hautefort
Objat
A 89
Tulle
Cornille
St-Antoine-d'Auberoche
PAYS DE BRIVE
Donzenac
St-Aulaye
ST-LAURENT DU MANOIRE
Périgueux
Peyrignac
Aubazines
la Roche-Chalais
Atur
Thenon
Coly
Brive-la-Gaillarde
Beynat
Montpon-Ménestérol
Montignac
Lissac-s-Couze
Menesplet
Isle
B
DORDOGNE
St-Amand-
Terrasson-Lavilledieu
Reygades
Beaulieu-s-D.

AIGREFEUILLE-D'AUNIS

17290 – **324** E3 – 3 577 h. – alt. 20
4, place de la Renaissance 05 46 27 53 87
Paris 457 – Niort 50 – Rochefort 22 – La Rochelle 25

La Taillée de déb. juin à déb. sept.
05 46 35 50 88, *lataillee@hotmail.fr*, *www.lataillee.com*
2 ha (80 empl.) plat, herbeux
Tarif : 18€ (6A) – pers. suppl. 4€
Location : (de déb. mai à déb. sept.) – 27 – 10 bungalows toilés. Nuitée 100€ – Sem. 270 à 540€
Pour s'y rendre : 3 r. du Bois Gaillard (à l'est du bourg, près de la piscine)
À savoir : agréable cadre boisé de platanes et frênes centenaires

Nature :
Loisirs :
Services :
À prox. :

Longitude : -0.93319
Latitude : 46.11703

ANGOULINS

17690 – **324** D3 – 3 695 h. – alt. 15
3, rue de Verdun 05 46 56 92 09
Paris 481 – Poitiers 148 – La Rochelle 12 – Niort 73

Les Chirats - La Platère de déb. avr. à fin sept.
05 46 56 94 16, *contact@campingleschirats.fr*,
Fax 05 46 56 65 95, *www.campingleschirats.fr*
4 ha (232 empl.) plat et peu incliné, herbeux, pierreux
Tarif : 26,90€ (10A) – pers. suppl. 5€ – frais de réservation 20€
Location : (permanent) – 5 – 35 . Nuitée 53 à 72€ – Sem. 371 à 621€ – frais de réservation 20€
Pour s'y rendre : rte de la Platère (1,7 km à l'ouest par r. des Salines et rte de la douane, à 100 m de la plage)

Nature :
Loisirs : jacuzzi (petite piscine)
Services :
À prox. :

Longitude : -1.13065
Latitude : 46.10414

ARCHIAC

17520 – **324** I6 – 814 h. – alt. 111
1, place de l'Abbé Goiland 05 46 49 57 11
Paris 514 – Angoulême 49 – Barbezieux 15 – Cognac 22

Municipal de déb. juin à mi-sept.
05 46 49 10 46, *archiacmairie@free.fr*, Fax 05 46 49 84 09
1 ha (44 empl.) plat, en terrasses, herbeux, pierreux
Tarif : (Prix 2011) 2,10€ 1,45€ 1,45€ – (5A) 3,70€
borne eurorelais – 4
Pour s'y rendre : près des installations sportives municipales

Nature :
Loisirs :
Services :
À prox. :

Longitude : -0.30417
Latitude : 45.52392

ARGENTON-LES-VALLEES

79150 – **322** D3 – 1 590 h.
Paris 367 – Poitiers 100 – Niort 89 – Nantes 102

Municipal du lac d'Hautibus de déb. avr. à fin sept.
05 49 65 95 08, *campinghautibus@orange.fr*,
Fax 05 49 65 70 84
1,5 ha (64 empl.) peu incliné et en terrasses, incliné, herbeux
Tarif : (Prix 2011) 2,20€ 1,85€ 2€ – (6A) 2,50€
Location : (Prix 2011) (permanent) – 6 . Nuitée 37 à 47€ – Sem. 222 à 312€
borne artisanale 3€
Pour s'y rendre : r. de la Sablière (à l'ouest du bourg (accès près du rond-point de la D 748 et D 759))
À savoir : à 150 m du lac avec accès direct (site pittoresque)

Nature :
Loisirs :
Services : laverie
À prox. : pédalos, canoës, barques

Longitude : -0.45122
Latitude : 46.98709

ARVERT

17530 – **324** D5 – 3 069 h. – alt. 20
22, rue des Tilleuls *05 46 36 97 78*
Paris 513 – Marennes 16 – Rochefort 37 – La Rochelle 74

Le Presqu'île de déb. avr. à fin sept.
05 46 36 81 76, *lepresquile17@free.fr*, *campinglepresquile.com*
0,8 ha (66 empl.) plat, herbeux, sablonneux
Tarif : (Prix 2011) 16 € (16A) – pers. suppl. 3,50 €
Location : (Prix 2011) (permanent) – 4 – 1 . Nuitée 16 à 78 € – Sem. 280 à 540 €
Pour s'y rendre : 7 r. des Aigrettes (au nord du bourg, à 150 m de la D 14)

Nature :
Loisirs :
Services :
À prox. :

Longitude : -1.12679
Latitude : 45.74552

Le Petit Pont de mi-avr. à mi-sept.
05 46 36 07 20, *contact@camping-dupetitpont.com*, Fax 05 46 36 07 20, *www.camping-dupetit.com*
1 ha (53 empl.) plat, herbeux
Tarif : (Prix 2011) 26,33 € (10A) – pers. suppl. 5 € – frais de réservation 11,50 €
Location : (Prix 2011) (de mi-avr. à mi-sept.) – 28 . Sem. 780 € – frais de réservation 22 €
Pour s'y rendre : 111 av. de l'Etrade (2,5 km au nord-ouest sur D 14)

Nature :
Loisirs :
Services :

Longitude : -1.14085
Latitude : 45.75837

AUNAC

16460 – **324** L4 – 341 h. – alt. 70
Paris 418 – Angoulême 37 – Confolens 43 – Ruffec 15

Municipal de Magnerit
05 45 22 24 38, *mairie.aunac@wanadoo.fr*, Fax 05 45 22 23 17
1,2 ha (25 empl.) plat, herbeux
Pour s'y rendre : 1,7 km au sud-est du bourg, sur D 27 rte de St-Front et chemin à gauche

Nature :
Loisirs :
Services :

Longitude : 0.23976
Latitude : 45.91918

AVAILLES-LIMOUZINE

86460 – **322** J8 – 1 312 h. – alt. 142
6, rue Principale *05 49 48 63 05*
Paris 410 – Confolens 14 – L'Isle-Jourdain 15 – Niort 100

Municipal le Parc
05 49 48 51 22, *camping.leparc@orange.fr*, Fax 05 49 48 66 76, *www.monsite.orange.frcampingleparc*
2,7 ha (100 empl.) plat, herbeux
Location : (permanent) – 4 – 3 . Nuitée 45 à 48 € – Sem. 300 à 310 €
borne sanistation
Pour s'y rendre : au lieu-dit : Les Places (sortie est par D 34, à gauche apr. le pont, au bord de la Vienne)

Nature :
Loisirs : canoë, pédalos
Services :
À prox. :

Longitude : 0.65829
Latitude : 46.12401

AVANTON

86170 – **322** H5 – 1 829 h. – alt. 110
Paris 337 – Poitiers 12 – Niort 84 – Châtellerault 37

Du Futur de déb. avr. à fin oct.
05 49 54 09 67, *info@camping-du-futur.com*, Fax 05 49 54 09 59, *www.camping-du-futur.com*
4 ha/1,5 (68 empl.) plat, herbeux
Tarif : 23 € (10A) – pers. suppl. 3,50 € – frais de réservation 15 €
Location : (de déb. avr. à fin oct.) – 14 . Sem. 310 à 445 € – frais de réservation 15 €
borne artisanale 4 € – 11 €
Pour s'y rendre : 9 r. des Bois (1,3 km au sud-ouest par D 757, rte de Poitiers et rte à dr. apr. le passage à niveau)

Nature :
Loisirs :
Services : laverie

Longitude : 0.30124
Latitude : 46.65638

BONNES

86300 – **322** J5 – 1 669 h. – alt. 70
Paris 331 – Châtellerault 25 – Chauvigny 7 – Poitiers 25

Municipal de déb. juin à mi-sept.
05 49 56 44 34, *camping.bonnes@club-internet.fr*, Fax 05 49 56 48 51, *www.campingbonnes86.fr*
1,2 ha (56 empl.) plat, herbeux
Tarif : 3€ 1,30€ 2,60€ – (10A) 2,80€
Location : (permanent) – 6 – 2 studios – 4 appartements. Nuitée 45 à 50€ – Sem. 230 à 295€
borne artisanale 3€
Pour s'y rendre : 13 r. de la Varenne (au sud du bourg, au bord de la Vienne)

Nature :
Loisirs :
Services : laverie
À prox. :

Longitude : 0.59856
Latitude : 46.60182

CHÂTELAILLON-PLAGE

17340 – **324** D3 – 5 959 h. – alt. 3
5, avenue de Strasbourg 05 46 56 26 97
Paris 482 – Niort 74 – Rochefort 22 – La Rochelle 19

Village Corsaire des 2 Plages de déb. mai à fin sept.
05 46 56 27 53, *reception@2plages.com*, Fax 05 46 43 51 18, *www.2plages.com*
ha (265 empl.) plat, herbeux, sablonneux
Tarif : (Prix 2011) 29,70€ (5A) – pers. suppl. 6€ – frais de réservation 17€
Location : (Prix 2011) (de mi-avr. à fin sept.) – 89 . Nuitée 50 à 95€ – Sem. 350 à 665€ – frais de réservation 17€
Pour s'y rendre : av. d'Angoulins (rte de La Rochelle, à 300 m. de la plage)
À savoir : préférer les emplacements éloignés de la route

Nature :
Loisirs : terrain multisports
Services : laverie
À prox. :

Longitude : -1.09344
Latitude : 46.08441

L'Océan de mi-mai à fin sept.
05 46 56 87 97, *campingocean17@free.fr*, *www.campingocean17.com*
3 ha (94 empl.) plat, herbeux
Tarif : (Prix 2011) 28,90€ (10A) – pers. suppl. 5,80€ – frais de réservation 12€
Pour s'y rendre : av. d'Angoulins (1,3 km au nord par D 202, rte de la Rochelle et à dr.)
À savoir : joli plan d'eau biologique et paysagé

Nature :
Loisirs : salle d'animations (plan d'eau)
Services : laverie

Longitude : -1.09718
Latitude : 46.0886

The Guide changes, so renew your guide every year.

CHÂTELLERAULT

86100 – **322** J4 – 33 993 h. – alt. 52
2, avenue Treuille 05 49 21 05 47
Paris 304 – Châteauroux 98 – Cholet 134 – Poitiers 36

Le Relais du Miel
05 49 02 06 27, *locations@valette-village.com*, *www.lerelaisdumiel.com*
7 ha/4 campables (80 empl.) plat, terrasses, peu incliné, herbeux, pierreux
Location : (permanent) – 1 – 1 – 6 studios – 11 appartements. Sem. 650€
Pour s'y rendre : lieu-dit : Valette - rte d 'Antran (sortie nord par D 910, rte de Paris, puis rocade à gauche en dir. du péage de l'A 10 et à dr. par D 1, près de la Vienne (accès direct). Par A 10, sortie 26 Châtellerault-Nord)
À savoir : dans les dépendances d'une demeure du 18e s.

Nature :
Loisirs :
Services : laverie
À prox. :

Longitude : 0.53607
Latitude : 46.84053

CHAUVIGNY

86300 – **322** J5 – 6 895 h. – alt. 65
Mairie ✆ *05 49 45 99 10*
Paris 333 – Bellac 64 – Le Blanc 36 – Châtellerault 30

Municipal de la Fontaine de mi-avr. à fin sept.
✆ 05 49 46 31 94, *camping-chauvigny@cg86.fr*, *www.chauvigny.fr*
2,8 ha (102 empl.) plat, herbeux, gravillons
Tarif : (Prix 2011) 2,40€ 1,70€ 1,70€ – (10A) 2,80€

Location : (Prix 2011) (permanent) – 1 – 4 – 6 studios. Nuitée 40 à 60€ – Sem. 180 à 420€
borne artisanale – 20 6,50€
Pour s'y rendre : r. de la Fontaine (sortie nord par D 2, rte de la Puye et rte à dr., au bord d'un ruisseau)
À savoir : jardin public attenant, pièces d'eau

Nature : Ville haute et château
Loisirs :
Services : laverie
À prox. :

Longitude : 0.65353
Latitude : 46.57087

Pour choisir et suivre un itinéraire, pour calculer un kilométrage, pour situer exactement un terrain (en fonction des indications fournies dans le texte) : utilisez les cartes MICHELIN, compléments indispensables de cet ouvrage.

COGNAC

16100 – **324** I5 – 19 243 h. – alt. 25
16, rue du 14 juillet ✆ *05 45 82 10 71*
Paris 478 – Angoulême 45 – Bordeaux 120 – Libourne 116

Municipal de déb. mai à fin sept.
✆ 05 45 32 13 32, *info@campingdecognac.com*, Fax 05 45 32 15 82, *www.campingdecognac.com*
2 ha (160 empl.) plat, herbeux
Tarif : (Prix 2011) 20€ (6A) – pers. suppl. 3€

Location : (Prix 2011) (de déb. mai à fin sept.) – 8 – 2 bungalows toilés. Sem. 85 à 490€
borne artisanale
Pour s'y rendre : Bd de Châtenay (2,3 km au nord par D 24, rte de Boutiers, entre la Charente et le Solençon)

Nature :
Loisirs :
Services : (juil.-août)
À prox. :

Longitude : -0.30726
Latitude : 45.70926

COUHÉ

86700 – **322** H7 – 1 849 h. – alt. 140
51, Grand'Rue ✆ *05 49 59 26 71*
Paris 370 – Confolens 58 – Montmorillon 61 – Niort 65

Les Peupliers – de déb. mai à fin sept.
✆ 05 49 59 21 16, *info@lespeupliers.fr*, Fax 05 49 37 92 09, *www.lespeupliers.fr*
16 ha/6 campables (160 empl.) plat, herbeux, étang
Tarif : 7,50€ 13€ – (10A) 4,50€

Location : (permanent) – 21 – 18 . Nuitée 32 à 148€ – Sem. 205 à 1 040€
borne artisanale – 14€
Pour s'y rendre : rte de Poitiers (1 km au nord, à Valence)
À savoir : cadre boisé traversé par une rivière pittoresque

Nature :
Loisirs : pizzeria, snack
Services : laverie

Longitude : 0.18222
Latitude : 46.31222

COULON

79510 – **322** C7 – 2 210 h. – alt. 6
31, rue Gabriel Auchier *05 49 35 99 29*
Paris 418 – Fontenay-le-Comte 25 – Niort 11 – La Rochelle 63

La Venise Verte – de déb. avr. à fin oct.

05 49 35 90 36, *accueil@camping-laveniseverte.fr*, Fax 05 49 35 84 69, *www.camping-laveniseverte.fr*
2,2 ha (140 empl.) plat, herbeux
Tarif : 27 € (10A) – pers. suppl. 6 €
Location : (de déb. avr. à fin oct.) – 12 – 12 . Nuitée 92 € – Sem. 750 €
borne artisanale 5 €
Pour s'y rendre : 178 rte des Bords de Sèvre (2,2 km au sud-ouest par D 123, rte de Vanneau, au bord d'un canal et près de la Sèvre Niortaise)
À savoir : terrain qui fait d'importants efforts écologiques.

Nature :
Loisirs : snack
canoë
Services :
À prox. :

Longitude : -0.60889
Latitude : 46.31444

COZES

17120 – **324** E6 – 1 925 h. – alt. 43
place de l'Hôtel de Ville *05 46 90 80 82*
Paris 494 – Marennes 41 – Mirambeau 35 – Pons 26

Municipal le Sorlut de mi-avr. à mi-oct.

05 46 90 75 99, *campinglesorlut@orange.fr*, Fax 05 46 90 75 12, *www.villedecozes.fr*
1,4 ha (120 empl.) plat, herbeux
Tarif : (Prix 2011) 2,55 € 2,70 € – (10A) 2,65 €
Location : (Prix 2011) (permanent) – 1 – 8 . Nuitée 50 à 66 € – Sem. 309 à 463 €
borne artisanale 8,24 €
Pour s'y rendre : r. des Chênes (au nord, près de l'ancienne gare, derrière le supermarché Champion)

Nature :
Loisirs :
Services : (juil.-août)
À prox. :

Longitude : -0.8304
Latitude : 45.58417

Om een reisroute uit te stippelen en te volgen,
om het aantal kilometers te berekenen,
om precies de ligging van een terrein te bepalen
(aan de hand van de inlichtingen in de tekst),
gebruikt u de ***Michelinkaarten*** *,*
een onmisbare aanvulling op deze gids.

DIENNE

86410 – **322** J6 – 485 h. – alt. 112
Paris 362 – Poitiers 26 – Niort 107 – Limoges 107

Le Domaine de Dienné de déb. fév. à fin déc.

05 49 45 87 63, *resahebergement@domaine-de-dienne.fr*, Fax 05 49 54 17 96, *www.domaine-de-dienne.fr*
47 ha/1 campable (19 empl.) plat, vallonné, herbeux, lac, forêt
Tarif : 39 € (6A) – pers. suppl. 7,50 €
Location : (de déb. fév. à fin déc.) – 24 roulottes – 7 – 8 yourtes – 26 cabanes dans les arbres – 2 gîtes. Nuitée 71 à 179 € – Sem. 345 à 1 278 €
borne artisanale
Pour s'y rendre : au lieu-dit : La Boquerie (RN 147)
À savoir : vaste domaine avec des installations diverses et de qualités

Nature :
Loisirs : diurne hammam jacuzzi poneys (centre équestre) tyrolienne, parcours de santé, parc aventure, tour d'escalade
Services : laverie

Longitude : 0.56024
Latitude : 46.44614

FOURAS

17450 – **324** D4 – 4 056 h. – alt. 5
avenue du Bois Vert *05 46 84 60 69*
Paris 485 – Châtelaillon-Plage 18 – Rochefort 15 – La Rochelle 34

Municipal le Cadoret Permanent
05 46 82 19 19, *campinglecadoret@mairie17.com*,
Fax 05 46 84 51 59, *www.campings-fouras.com*
7,5 ha (511 empl.) plat, sablonneux, herbeux
Tarif : (Prix 2011) 26,40€ (10A) – pers. suppl. 5,70€ – frais de réservation 20€

Location : (Prix 2011) (de fin mars à déb. nov.) (1 mobile home) – 16 . Sem. 245 à 570€ – frais de réservation 20€

Pour s'y rendre : bd de Chaterny (côte Nord, au bord de l'Anse de Fouras, à 100 m de la plage)

À savoir : ensemble verdoyant et soigné

Nature :
Loisirs : snack
Services : laverie
À prox. :

Longitude : -1.08698
Latitude : 45.99289

L'HOUMEAU

17137 – **324** C2 – 2 107 h. – alt. 19
Paris 478 – Poitiers 145 – La Rochelle 6 – Niort 83

Au Petit Port de l'Houmeau de déb. avr. à fin sept.
05 46 50 90 82, *info@aupetitport.com*,
Fax 05 46 50 01 33, *www.aupetitport.com*
2 ha (132 empl.) peu incliné, plat, herbeux
Tarif : 24,50€ (10A) – pers. suppl. 4,50€ – frais de réservation 16€

Location : (permanent) (1 chalet) – 2 – 15 . Sem. 310 à 730€ – frais de réservation 16€
Pour s'y rendre : r. des Sartières (sortie nord-est par D 106, rte de Nieul-sur-Mer, par le périphérique, dir. Île de Ré et sortie Lagord-l'Houmeau)

Nature :
Loisirs :
Services : laverie
À prox. :

Longitude : -1.1883
Latitude : 46.19566

Si vous recherchez :
un terrain offrant des équipements et des loisirs adaptés aux enfants,
un terrain très tranquille,
L-M ***un terrain proposant la location de mobile homes, bungalows, chalets, chambres ou encore gîtes,***
P ***un terrain ouvert toute l'année,***
un terrain possédant une aire de services pour camping-cars,
consultez le tableau des localités.

ÎLE-D'AIX

17123 – **324** C3 – 219 h. – alt. 10
Paris 486 – Poitiers 152 – La Rochelle 31 – Niort 78

Le Fort de la Rade de déb. mai à fin sept.
05 46 84 28 28, *iaf@maeva.com*, Fax 05 46 84 00 44,
fortdelarade.ifrance.com
3 ha (70 empl.) plat, en terrasses, herbeux
Tarif : (Prix 2011) 4,50€ 19€
Pour s'y rendre : à la Pointe Ste-Catherine, à 300 m de la plage de l'Anse de la Croix

À savoir : dans le parc du Fort de la Rade entouré d'une enceinte fortifiée – réservé aux tentes

Nature :
Loisirs :
Services : pas de branchement électrique
À prox. :

Longitude : -1.17299
Latitude : 46.02053

ÎLE DE RÉ

17 – **324**
Pont de l'Île de Ré : péage en 2011 : autos (AR) 16,50 (saison) 9,00 (hors saison), autos et caravanes (AR) 27,00 (saison) 15,00 (hors saison), camions 18,00/45,00, motos 2,00, gratuit pour vélos et piétons - Renseignements par Régie d'Exploitation des Ponts 05 46 00 51 10

Ars-en-Ré 17590 – **324** A2 – 1 315 h. – alt. 4
26, place Carnot 0546294609
Paris 506 – Fontenay-le-Comte 85 – Luçon 75 – La Rochelle 34

Airotel le Cormoran – de déb. avr. à fin sept.
0546294604, *info@cormoran.com*, Fax 0546292936, *www.cormoran.com*
3 ha (142 empl.) plat, herbeux, sablonneux
Tarif : 51,60€ (10A) – pers. suppl. 13€ – frais de réservation 25€
Location : (de déb. avr. à fin sept.) – 92 – 2 tentes. Sem. 224 à 764€ – frais de réservation 35€
borne eurorelais 4€
Pour s'y rendre : rte de Radia (1 km à l'ouest)
À savoir : cadre verdoyant, fleuri et soigné

Nature :
Loisirs : terrain multisports
Services : laverie

Longitude : -1.53026
Latitude : 46.21136

Le Bois-Plage-en-Ré 17580 – **324** B2 – 2 303 h. – alt. 5
87, rue des Barjottes 0546092326
Paris 494 – Fontenay-le-Comte 74 – Luçon 64 – La Rochelle 23

Sunêlia Interlude – de déb. avr. à fin sept.
0546091822, *infos@interlude.fr*, Fax 0546092338, *www.interlude.fr*
ha (387 empl.) vallonné, plat, herbeux, sablonneux
Tarif : 42€ (10A) – pers. suppl. 10€ – frais de réservation 30€
Location : (de déb. avr. à fin sept.) (1 mobile home) – 194 – 5 bungalows toilés. Nuitée 82 à 142€ – Sem. 574 à 994€ – frais de réservation 30€
borne artisanale 8€ – 8€
Pour s'y rendre : 8 rte de Gros Jonc (2,3 km au sud-est)
À savoir : à 150 m de la plage

Nature :
Loisirs : hammam jacuzzi balnéo (petite piscine) terrain multisports
Services : laverie
À prox. :

Longitude : -1.3793
Latitude : 46.17472

Les Varennes de déb. avr. à fin sept.
0546091543, *info@les-varennes.com*, Fax 0546094727, *www.les-varennes.com*
ha (145 empl.) plat, herbeux, sablonneux
Tarif : (Prix 2011) 48€ (10A) – pers. suppl. 12€ – frais de réservation 20€
Location : (Prix 2011) (de déb. avr. à fin sept.) – 85 . Nuitée 160€ – Sem. 971€ – frais de réservation 20€
borne artisanale 7€
Pour s'y rendre : au lieu-dit : Raise Maritaise (1,7 km au sud-est)

Nature :
Loisirs : (découverte en saison)
Services : laverie
À prox. :

Longitude : -1.38306
Latitude : 46.17829

Antioche de déb. avr. à fin sept.
0546092386, *contacts@camping-apv.com*, Fax 0546094334, *www.camping-apv.com*
3 ha (134 empl.) plat et peu incliné, terrasses, herbeux, sablonneux
Tarif : (Prix 2011) 33,40€ (10A) – pers. suppl. 8,30€ – frais de réservation 27€
Location : (Prix 2011) (de déb. avr. à fin sept.) – 64 . Nuitée 63 à 132€ – Sem. 213 à 928€ – frais de réservation 27€
borne artisanale 6€
Pour s'y rendre : rte de Ste-Marie (3 km au sud-est)
À savoir : à 300 m de la plage (accès direct)

Nature :
Loisirs : snack jacuzzi terrain multisports
Services : laverie

Longitude : -1.38069
Latitude : 46.18243

Gebruik de gids van het lopende jaar.

La Couarde-sur-Mer 17670 – **324** B2 – 1 241 h. – alt. 1
rue Pasteur ☎ 05 46 29 82 93
Paris 497 – Fontenay-le-Comte 76 – Luçon 66 – La Rochelle 26

L'Océan de mi-avr. à mi-sept.
☎ 05 46 29 87 70, *info@campingocean.com*, Fax 05 46 29 92 13, *www.campingocean.com*
9 ha (338 empl.) plat, sablonneux, herbeux
Tarif : 49€ (10A) – pers. suppl. 11€ – frais de réservation 32€
Location : (de mi-avr. à mi-sept.) – 160. Nuitée 70 à 128€ – Sem. 490 à 896€ – frais de réservation 32€
borne eurorelais 8€
Pour s'y rendre : 50 r.d'Ars

Nature :
Loisirs : snack salle d'animation terrain multisports
Services : laverie
À prox. : baptèmes d'hélicoptère en juil.-août

Longitude : -1.46737
Latitude : 46.20447

La Tour des Prises de déb. avr. à fin sept.
☎ 05 46 29 84 82, *camping@lesprises.com*, Fax 05 46 29 88 99, *www.lesprises.com*
2,5 ha (140 empl.) plat, herbeux
Tarif : 40,20€ (16A) – pers. suppl. 3,70€ – frais de réservation 12€
Location : (de déb. avr. à fin sept.) – 53. Nuitée 45 à 85€ – Sem. 290 à 590€ – frais de réservation 18€
borne artisanale 7€ – 10.50€
Pour s'y rendre : chemin de la Griffорine (1,8 km au nord-ouest par D 735 et chemin à dr.)
À savoir : sur le site d'une ancienne vigne

Nature :
Loisirs : snack (découverte en saison)
Services : laverie

Longitude : -1.4447
Latitude : 46.20473

La Flotte 17630 – **324** C2 – 2 923 h. – alt. 4
quai de Sénac ☎ 05 46 09 60 38
Paris 489 – Fontenay-le-Comte 68 – Luçon 58 – La Rochelle 17

Les Peupliers – de déb. avr. à fin sept.
☎ 05 46 09 62 35, *camping@les-peupliers.com*, Fax 05 46 09 59 76, *www.camp-atlantique.com* – places limitées pour le passage
4,5 ha (239 empl.) plat, herbeux, sablonneux
Tarif : 39€ (10A) – pers. suppl. 9€ – frais de réservation 25€
Location : (de déb. avr. à fin sept.) – 145. Sem. 290 à 950€ – frais de réservation 25€
Pour s'y rendre : RD 735 (1,3 km au sud-est)

Nature :
Loisirs : snack hammam salle d'animation Terrain multisports
Services : laverie

Longitude : -1.30819
Latitude : 46.18379

L'Île Blanche (location exclusive de mobile homes) Permanent
☎ 05 46 09 52 43, *info@ileblanche.com*, *www.ileblanche.com*
4 ha plat
Location : – 100. Sem. 260 à 790€ – frais de réservation 25€
Pour s'y rendre : 2,5 km à l'ouest, accès conseillé par la déviation

Nature :
Loisirs : (découverte en saison)
Services : laverie

Longitude : -1.34775
Latitude : 46.18988

La Grainetière de déb. avr. à fin sept.
☎ 05 46 09 68 86, *la-grainetiere@orange.fr*, Fax 05 46 09 53 13, *www.la-grainetiere.com*
2,3 ha (140 empl.) plat, sablonneux, herbeux
Tarif : 36,50€ (10A) – pers. suppl. 8€ – frais de réservation 15€
Location : (de déb. avr. à fin sept.) – 3 roulottes – 70. Nuitée 53 à 100€ – Sem. 235 à 860€ – frais de réservation 15€
borne artisanale 32€
Pour s'y rendre : rte de Saint-Martin-de-Ré (à l'ouest du bourg, près de la déviation, accès conseillé par la déviation)

Nature :
Loisirs : snack diurne jacuzzi
Services : laverie

Longitude : -1.34412
Latitude : 46.18747

Loix 17111 – **324** B2 – 715 h. – alt. 4
10, place de la Mairie ✆ 0546290791
Paris 505 – Fontenay-le-Comte 84 – Luçon 74 – La Rochelle 33

Les Ilates – de déb. avr. à fin sept.
✆ 0546290543, *ilates@wanadoo.fr*, Fax 0546290679, *www.camping-loix.com*
4,5 ha (217 empl.) plat, herbeux
Tarif : 43€ (10A) – pers. suppl. 10€ – frais de réservation 15€

Location : (de déb. avr. à fin sept.) (2 chalets) – 51 – 34 . Nuitée 60 à 150€ – Sem. 180 à 1 050€ – frais de réservation 25€
borne artisanale
Pour s'y rendre : au lieu-dit : Le Petit Boucheau - rte du Grouin (sortie est, à 500 m de l'océan)

Nature :
Loisirs : jacuzzi
Services : laverie

Longitude : -1.42608
Latitude : 46.22756

Les Portes-en-Ré 17880 – **324** B2 – 645 h. – alt. 4
52, rue de Trousse-Chemise ✆ 0546295271
Paris 514 – Fontenay-le-Comte 93 – Luçon 83 – La Rochelle 43

La Providence – de déb. avr. à mi-oct.
✆ 0546295682, *campingprovidence@wanadoo.fr*, Fax 0546296180, *www.campingprovidence.com*
6 ha (298 empl.) plat, herbeux, sablonneux
Tarif : (Prix 2011) 40,50€ (10A) – pers. suppl. 10,50€

Location : (Prix 2011) (de déb. avr. à mi-oct.) – 45 . Sem. 340 à 1 190€
borne artisanale
Pour s'y rendre : rte du Fier et deTrousse-Chemise (à l'est par D 101, à 50 m de la plage)

Nature :
Loisirs : salle d'animation
Services : laverie
À prox. :

Longitude : -1.48638
Latitude : 46.24647

562

St-Clément-des-Baleines 17590 – **324** A2 – 724 h. – alt. 2
200, rue du Centre ✆ 0546292419
Paris 509 – Fontenay-le-Comte 89 – Luçon 79 – La Rochelle 38

Airotel la Plage – de déb. avr. à fin sept.
✆ 0546294262, *info@la-plage.com*, Fax 0546290339, *www.la-plage.com*
ha (76 empl.) plat, sablonneux, herbeux
Tarif : (Prix 2011) 51,05€ (10A) – pers. suppl. 13€

Location : (Prix 2011) (de déb. avr. à fin sept.) – 80 – 2 tentes. Sem. 220 à 1 155€
borne eurorelais
À savoir : à 100 m de la plage

Nature :
Loisirs : terrain multisports
Services : laverie
À prox. :

Longitude : -1.55344
Latitude : 46.24112

St-Martin-de-Ré 17410 – **324** B2 – 2 588 h. – alt. 14
2, quai Nicolas Baudin ✆ 0546092006
Paris 493 – Fontenay-le-Comte 72 – Luçon 62 – La Rochelle 22

Municipal de mi-fév. à mi-nov.
✆ 0546092196, *camping.stmartindere@wanadoo.fr*, Fax 0546099418, *www.saint-martin-de-re.fr*
3 ha (200 empl.) plat et terrasse, peu incliné, herbeux
Tarif : (Prix 2011) 21€ (10A) – pers. suppl. 4,60€ – frais de réservation 14€

Location : (Prix 2011) (de mi-fév. à mi-nov.) – 21 . Nuitée 30 à 100€ – Sem. 230 à 704€ – frais de réservation 14€
borne artisanale 4,30€
Pour s'y rendre : r. du Rempart (au village)
À savoir : sur les remparts

Nature :
Loisirs : snack nocturne
Services : laverie
À prox. :

Longitude : -1.36758
Latitude : 46.19921

ÎLE D'OLÉRON

17 – **324**
par le pont viaduc : passage gratuit

La Brée-les-Bains 17840 – **324** B3 – 747 h. – alt. 5
20, rue des Ardillières *05 46 47 96 73*
Paris 531 – Marennes 32 – Rochefort 53 – La Rochelle 90

Antioche d'Oléron de déb. avr. à fin sept.
05 46 47 92 00, *info@camping-antiochedoleron.com*, Fax 05 46 47 82 22, *www.camping-antiochedoleron.com*
2,5 ha (130 empl.) plat, herbeux
Tarif : 37,60€ (10A) – pers. suppl. 9€ – frais de réservation 22€
Location : (de déb. avr. à fin sept.) – 41 . Sem. 238 à 896€ – frais de réservation 22€
Pour s'y rendre : rte de Proires (1 km au nord-ouest par D 273 rte de St Denis et à dr., à 150 m de la plage)

Nature :
Loisirs : jacuzzi
Services : laverie
À prox. :

Longitude : -1.35773
Latitude : 46.02033

Le Château-d'Oléron 17480 – **324** C4 – 3 949 h. – alt. 9
place de la République *05 46 47 60 51*
Paris 507 – Marennes 12 – Rochefort 33 – La Rochelle 70

La Brande – de fin mars à mi-nov.
05 46 47 62 37, *info@camping-labrande.com*, Fax 05 46 47 71 70, *www.camping-labrande.com*
4 ha (199 empl.) plat, herbeux, sablonneux, étang
Tarif : 33€ (10A) – pers. suppl. 8€ – frais de réservation 16€
Location : (de fin mars à mi-nov.) (chalet) – 40 – 40 . Nuitée 70 à 110€ – Sem. 350 à 790€ – frais de réservation 16€
borne artisanale 7,50€ – 20 16€
Pour s'y rendre : rte des Huîtres (2,5 km au nord-ouest, à 250 m de la mer)

Nature :
Loisirs : hammam jacuzzi (découverte en saison) terrain multisports
Services : – 2 sanitaires individuels (wc) laverie

Longitude : -1.21607
Latitude : 45.90464

Airotel Oléron – de déb. avr. à fin sept.
05 46 47 61 82, *info@camping-airotel-oleron.com*, Fax 05 46 47 79 67, *www.camping-airotel-oleron.com*
15 ha/4 campables (133 empl.) plat, peu incliné, herbeux, sablonneux
Tarif : (Prix 2011) 26,90€ (10A) – pers. suppl. 6,90€ – frais de réservation 16€
Location : (Prix 2011) (de déb. mars à fin oct.) – 30 – 10 . Sem. 300 à 700€ – frais de réservation 16€
borne raclet 3,50€
Pour s'y rendre : 19 r. de la Libération (1,8 km au sud-ouest par rte de St-Trojan et r. de la Libération à gauche)
À savoir : autour d'une ferme équestre, beau plan d'eau de mer. Possibilité de séjours en 1/2 pension

Nature :
Loisirs : poneys terrain multisports
Services : laverie
À prox. :

Longitude : -1.20791
Latitude : 45.88444

Fief-Melin de déb. mai à fin sept.
05 46 47 60 85, *lefiefmelin@wanadoo.fr*, Fax 05 46 47 60 85, *www.camping.fiefmelin.com*
2,2 ha (110 empl.) plat, herbeux
Tarif : 28,60€ (10A) – pers. suppl. 4,90€ – frais de réservation 15€
Location : (de déb. avr. à fin oct.) – 30 . Sem. 245 à 680€ – frais de réservation 15€
Pour s'y rendre : r. des Alizés (1,7 km à l'ouest par rte de St-Pierre-d'Oléron puis 600 m à dr.)

Nature :
Loisirs : (découverte en saison) terrain multisports
Services :

Longitude : -1.21484
Latitude : 45.89435

Benutzen Sie den Hotelführer des laufenden Jahres.

Dolus-d'Oléron 17550 – **324** C4 – 3 156 h. – alt. 7
Parvis Saint-André *05 46 75 32 84*
Paris 511 – Marennes 17 – Rochefort 39 – La Rochelle 75

Ostréa de déb. avr. à fin sept.
05 46 47 62 36, *camping.ostrea@wanadoo.fr*, Fax 05 46 75 20 01, *www.camping-ostrea.com*
2 ha (112 empl.) plat, peu incliné, sablonneux, herbeux
Tarif : 28€ (6A) – pers. suppl. 6,80€ – frais de réservation 17€

Location : (de déb. avr. à fin sept.) (de déb. juil. à fin août) – 26 . Sem. 285 à 635€ – frais de réservation 17€
borne flot bleu 5€
Pour s'y rendre : rte des Huitres (3,5 km à l'est, près de la mer)

Nature :
Loisirs : (découverte en saison)
Services : laverie

Longitude : -1.23109
Latitude : 45.9216

La Perroche Leitner de fin avr. à mi-sept.
05 46 75 37 33, *camping-la-perroche-leitner@wanadoo.fr*, Fax 05 46 75 37 33
1,5 ha (100 empl.) plat, sablonneux
Tarif : (Prix 2011) 29,30€ (10A) – pers. suppl. 7,50€ – frais de réservation 14€
borne raclet 5€ – 20 22,80€
Pour s'y rendre : 18 r. du Renclos de la Perroche (4 km au sud-ouest à la Perroche)

À savoir : agréable situation proche de la mer avec accès direct par les dunes

Nature :
Loisirs :
Services :
À prox. : snack

Longitude : -1.3031
Latitude : 45.9016

St-Denis-d'Oléron 17650 – **324** B3 – 1 231 h. – alt. 9
boulevard d'Antioche *05 46 47 95 53*
Paris 527 – Marennes 33 – Rochefort 55 – La Rochelle 92

Village Vacances Les Hameaux des Marines (location exclusive de chalets) Permanent
05 55 84 34 48, *infos@chalets-en-france.com*, Fax 05 55 22 88 29, *www.chalets-en-france.com*
2,5 ha plat

Location : – 48 . Nuitée 90 à 142€ – Sem. 330 à 995€ – frais de réservation 12€
Pour s'y rendre : r. de Seulières (à 300 m de la plage)

Nature :
Loisirs : (découverte en saison)
Services : laverie

Longitude : -1.39169
Latitude : 46.01354

Les Seulières de déb. avr. à fin oct.
05 46 47 90 51, *campinglesseulieres@wanadoo.fr*, Fax 05 46 36 02 60, *www.campinglesseulieres.com*
2,4 ha (120 empl.) plat, herbeux, sablonneux
Tarif : (Prix 2011) 16€ (10A) – pers. suppl. 4€

Location : (Prix 2011) (de déb. avr. à fin oct.) – 3 – 8 . Nuitée 40 à 80€ – Sem. 300 à 550€
5 16€
Pour s'y rendre : 1371 rte des Seulières - Les Huttes (3,5 km au sud-ouest, rte de Chaucre, à 400 m de la plage)

Nature :
Loisirs :
Services : laverie
À prox. :

Longitude : -1.39018
Latitude : 46.01205

Benutzen Sie
– zur Wahl der Fahrtroute
– zur Berechnung der Entfernungen
– zur exakten Lokalisierung eines Campingplatzes (mit Hilfe der Angaben im Ortstext)
*die für diesen Führer unentbehrlichen **MICHELIN-Karten.***

St-Georges-d'Oléron 17190 – **324** C4 – 3 490 h. – alt. 10
28, rue des Dames 05 46 76 63 75
Paris 527 – Marennes 27 – Rochefort 49 – La Rochelle 85

Camping-Club Verébleu – de déb. juin à mi-sept.
05 46 76 57 70, *verebleu@wanadoo.fr*,
Fax 05 46 76 70 56, *www.verebleu.tm.fr*
7,5 ha (330 empl.) plat, herbeux, sablonneux
Tarif : (Prix 2011) 39,50€ (8A) – pers. suppl. 11 € – frais de réservation 24 €

Location : (Prix 2011) (de déb. juin à mi-sept.) – 87 – 69 . Sem. 340 à 1 250€ – frais de réservation 25€
borne artisanale – 10 33€
Pour s'y rendre : au lieu-dit : La Jousselinière (1,7 km au sud-est par D 273 et rte de Sauzelle à gauche)

À savoir : espace aquatique ludique reprenant le thème de Fort Boyard

Nature :
Loisirs : terrain multisports
Services : laverie

Longitude : -1.31759
Latitude : 45.97111

Domaine des 4 Vents de fin juin à déb. sept.
05 46 76 65 47, *camping4vents.oleron@wanadoo.fr*,
Fax 05 46 36 15 66, *www.camping-oleron-4vents.com*
7 ha (217 empl.) plat, herbeux
Tarif : 30€ (10A) – pers. suppl. 5 € – frais de réservation 10 €

Location : (de mi-avr. à mi-sept.) – 90 . Sem. 250 à 750€ – frais de réservation 20€
borne artisanale 4€ – 10 14€ – 9€
Pour s'y rendre : au lieu-dit : La Jousselinière (2 km au sud-est par D 273 et rte de Sauzelle à gauche)

Nature :
Loisirs : terrain multisports
Services : laverie

Longitude : -1.31974
Latitude : 45.97276

Oléron Loisirs – (location exclusive de mobile homes et chalets) de déb. avr. à fin sept.
05 46 76 50 20, *info@oleron-loisirs.com*,
Fax 05 46 76 80 71, *www.oleron-loisirs.com* – empl. traditionnels également disponibles
8 ha (321 empl.) plat, herbeux
Tarif : 25€ (6A) – pers. suppl. 5 € – frais de réservation 10 €

Location : – 150 – 18 – 13 bungalows toilés. Nuitée 45 à 110€ – Sem. 245 à 730€ – frais de réservation 25€
Pour s'y rendre : au lieu-dit : La Jousselinière (1,9 km au sud-est par D 273 et rte de Sauzelle à gauche)

Nature :
Loisirs : salle d'animation terrain multisports
Services : laverie

Longitude : -1.31435
Latitude : 45.97062

La Campière – de déb. avr. à fin sept.
05 46 76 72 25, *lacampierre@orange.fr*,
Fax 05 46 76 54 18, *www.la-campiere.com*
1,7 ha (63 empl.) plat, herbeux, sablonneux
Tarif : 34,80€ (10A) – pers. suppl. 8€ – frais de réservation 17 €

Location : (de déb. avr. à fin sept.) – 12 – 2 bungalows toilés. Nuitée 40 à 120€ – Sem. 210 à 840€ – frais de réservation 19€
borne artisanale 10€
Pour s'y rendre : chemin de l'Achnau-Chaucre (5,4 km au sud-ouest par rte de Chaucre et chemin à gauche)

À savoir : agréable cadre verdoyant et soigné

Nature :
Loisirs : (petite piscine)
Services : laverie

Longitude : -1.38861
Latitude : 45.9924

Côte Ouest

Les Gros Joncs de déb. avr. à fin oct.
05 46 76 52 29, *info@les-gros-joncs.fr*,
Fax 05 46 76 67 74, *www.camping-les-gros-joncs.com*
– places limitées pour le passage
5 ha (253 empl.) plat, en terrasses, vallonné, sablonneux
Tarif : 47,40€ (10A) – pers. suppl. 12,40€
– frais de réservation 8€

Location : (permanent) (5 chalets) – 152 – 51 . Nuitée 78 à 193€ – Sem. 342 à 1 353€ – frais de réservation 8€

Pour s'y rendre : 850 rte de Ponthezière - Les Sables Vignier (5 km au sud-ouest, à 300 m de la mer)

À savoir : centre de balnéothérapie et bel espace aquatique en partie couvert

Nature :
Loisirs : hammam jacuzzi salles d'animation, spa, balnéo
Services : laverie

Longitude : -1.379
Latitude : 45.95342

St-Pierre-d'Oléron 17310 – **324** C4 – 6 204 h. – alt. 8
place Gambetta *05 46 47 11 39*
Paris 522 – Marennes 22 – Rochefort 44 – La Rochelle 80

Aqua 3 Masses – de déb. avr. à fin sept.
05 46 47 23 96, *accueil@campingaqua3masses.com*,
Fax 05 46 75 15 54, *www.campingles3masses.com*
– places limitées pour le passage
3 ha (130 empl.) plat, herbeux, sablonneux
Tarif : (Prix 2011) 32,20€ (10A) – pers. suppl. 7,70€ – frais de réservation 22€

Location : (Prix 2011) (permanent) – 25 – 16 . Nuitée 42 à 125€ – Sem. 290 à 875€ – frais de réservation 22€

Pour s'y rendre : au lieu-dit : Le Marais-Doux (4,3 km au sud-est)

Nature :
Loisirs : snack, pizzeria
Services : laverie

Longitude : -1.29189
Latitude : 45.91962

St-Trojan-les-Bains 17370 – **324** C4 – 1 484 h. – alt. 5
carrefour du Port *05 46 76 00 86*
Paris 509 – Marennes 16 – Rochefort 38 – La Rochelle 74

La Combinette de déb. avr. à fin oct.
05 46 76 00 47, *la-combinette@wanadoo.fr*,
Fax 05 46 76 16 96, *www.combinette-oleron.com*
4 ha (225 empl.) plat, vallonné, sablonneux, herbeux
Tarif : 29€ (10A) – pers. suppl. 9€ – frais de réservation 30€

Location : (de déb. avr. à fin oct.) – 19 – 10 studios. Sem. 325 à 750€
borne artisanale
Pour s'y rendre : 36 av. des Bris (1,5 km au sud-ouest)

Nature :
Loisirs : snack hammam spa terrain multisports
Services :
À prox. :

Longitude : -1.2159
Latitude : 45.82958

INGRANDES

86220 – **322** J3 – 1 812 h. – alt. 50
Paris 305 – Châtellerault 7 – Descartes 18 – Poitiers 41

Les Castels Le Petit Trianon de Saint Ustre de déb. avr. à fin sept.
05 49 02 61 47, *petit-trianon@camp-in-ouest.com*,
Fax 05 49 02 68 81, *www.petit-trianon.com*
4 ha (95 empl.) peu incliné et plat, herbeux
Tarif : 31,30€ (10A) – pers. suppl. 8€
– frais de réservation 10€

Location : (de déb. avr. à fin sept.) – 15 – 1 cabane dans les arbres – 6 tipis – 1 bungalow toilé – 2 gîtes. Nuitée 80 à 115€ – Sem. 205 à 695€ – frais de réservation 10€
borne artisanale
Pour s'y rendre : 1 r. du Moulin de St-Ustre (3 km au nord-est, à St-Ustre)

À savoir : cadre agréable autour d'un petit château

Nature :
Loisirs :
Services :

Longitude : 0.58653
Latitude : 46.88779

JONZAC

17500 – **324** H7 – 3 511 h. – alt. 40 – (mi fév.-début déc.)
22, place du Château 05 46 48 49 29
Paris 512 – Angoulême 59 – Bordeaux 84 – Cognac 36

Les Castors de mi-mars à mi nov.
05 46 48 25 65, *camping-les-castors@wanadoo.fr*,
Fax 05 46 04 56 76, *www.campingcastors.com*
3 ha (115 empl.) peu incliné, plat, herbeux, gravier
Tarif : 5,10€ 5,60€ – (10A) 5,20€ – frais de réservation 8€

Location : (de mi-mars à mi-nov.) – 58 – 6 – 1 bungalow toilé. Nuitée 40 à 63€ – Sem. 230 à 355€ – frais de réservation 10€
borne eurorelais 3,50€ – 14 15€ – 14.25€
Pour s'y rendre : 8 r. de Clavelaud (1,5 km au sud-ouest par D 19, rte de Montendre et chemin à dr.)

Nature :
Loisirs : (petite piscine) terrain multisports
Services : laverie

Longitude : -0.44712
Latitude : 45.43009

LAGORD

17140 – **324** D2 – 7 054 h. – alt. 23
Paris 475 – Poitiers 142 – La Rochelle 6 – Niort 75

Municipal le Parc
05 46 67 61 54, *secretaire.mairie@mairie-lagord.fr*,
Fax 05 46 00 62 01, *www.mairie-lagord.fr*
2 ha (120 empl.) plat, herbeux

Location : (permanent) – 8 . Sem. 170 à 420€
borne artisanale
Pour s'y rendre : sortie ouest, r. du Parc, par le périphérique, dir. Île de Ré et sortie Lagord

Nature :
Loisirs :
Services : laverie
À prox. :

Longitude : -1.15792
Latitude : 46.19176

LANDRAIS

17290 – **324** E3 – 629 h. – alt. 12
Paris 455 – Niort 48 – Rochefort 23 – La Rochelle 32

le Pré Maréchat de mi-juin à mi-sept.
05 46 27 73 69, *mairie-landrais@smic17.fr*,
Fax 05 46 27 79 46, *www.cc-plaine-aunis.fr*
0,6 ha (37 empl.) plat, herbeux, pierreux
Tarif : (Prix 2011) 11,50€ (30A) – pers. suppl. 2,50€
Pour s'y rendre : sortie nord-ouest par D 112, rte d'Aigrefeuille-d'Aunis et chemin à gauche, à 120 m d'un étang

Nature :
Loisirs :
Services :
À prox. :

Longitude : -0.86179
Latitude : 46.06908

Use this year's Guide.

LE LINDOIS

16310 – **324** N5 – 322 h. – alt. 270
Paris 453 – Angoulême 41 – Confolens 34 – Montbron 12

L'Étang de déb. avr. à déb. nov.
05 45 65 02 67, *info@campingdeletang.com*,
Fax 05 45 65 08 96, *www.campingdeletang.com*
10 ha/1,5 (25 empl.) plat, peu incliné, herbeux
Tarif : (Prix 2011) 4,50€ 7,50€ – 3,50€

Location : (de déb. avr. à déb. nov.) – 4 .
Pour s'y rendre : rte de Rouzède (500 m au sud-ouest par D 112)

À savoir : agréable cadre naturel et sauvage, boisé au bord d'un étang

Nature :
Loisirs : (plage) barques
Services :

Longitude : 0.59181
Latitude : 45.74446

LOUDUN

86200 – **322** G2 – 7 173 h. – alt. 120
2, rue des Marchands ✆ 05 49 98 15 96
Paris 311 – Angers 79 – Châtellerault 47 – Poitiers 55

Municipal de Beausoleil de mi-mai à fin août
✆ 05 49 98 15 38, *mairie@ville-loudun.fr*,
Fax 05 49 98 12 88, *http://www.ville-loudun.fr*
0,6 ha (33 empl.) terrasse, plat, herbeux
Tarif : (Prix 2011) 3,30€ 4,15€ – (10A) 3,15€
Pour s'y rendre : chemin de l'Étang (2,5 km sortie nord par D 347, dir. Angers et chemin à gauche après le passage à niveau, au bord d'un ruisseau et près d'un étang)

Nature :
Loisirs :
Services :

Longitude : 0.06175
Latitude : 47.00334

MAGNÉ

86160 – **322** I6 – 614 h. – alt. 121
Paris 375 – Poitiers 29 – Niort 82 – Angoulême 94

Les Cabanes du Parc de la Belle (location exclusive de cabanes dans les arbres) de déb. fév. à fin déc.
✆ 05 49 87 80 86, *info@parcdelabelle.com*,
Fax 05 49 87 63 38, *www.parcdelabelle.com*
10 ha
Location : – 14 cabanes dans les arbres. Nuitée 125€ – Sem. 875€
Pour s'y rendre : r. Anatole de Briey (au centre du bourg, face à l'église)
À savoir : dans un magnifique parc

Nature :
Loisirs : , snack
Services :
À prox. :

Longitude : 0.39312
Latitude : 46.35724

MANSLE

16230 – **324** L4 – 1 520 h. – alt. 65
place du Gardoire ✆ 05 45 20 39 91
Paris 421 – Angoulême 26 – Cognac 53 – Limoges 93

Municipal Le Champion
✆ 05 45 20 31 41, *mairie.mansle@wanadoo.fr*,
Fax 05 45 22 86 30
2 ha (120 empl.) plat, herbeux
Pour s'y rendre : r. de Watlington (sortie nord-est par D 18, rte de Ruffec et à dr., près de l'hippodrome, au bord de la Charente)

Nature :
Loisirs :
Services :
À prox. : snack canoë

Longitude : 0.18211
Latitude : 45.87917

MARANS

17230 – **324** E2 – 4 655 h. – alt. 1
62, rue d'Aligre ✆ 05 46 01 12 87
Paris 461 – Fontenay-le-Comte 28 – Niort 56 – La Rochelle 24

Municipal du Bois Dinot de déb. avr. à fin sept.
✆ 05 46 01 10 51, *campingboisdinot.marans@wanadoo.fr*, Fax 05 46 66 02 65, *www.ville-marans.fr*
7 ha/3 campables (170 empl.) plat, herbeux
Tarif : 3,75€ 2,35€ 2,90€ – (10A) 4,20€
Location : (de déb. avr. à fin sept.) (1 chalet) – 12 . Nuitée 45 à 62€ – Sem. 196 à 546€ – frais de réservation 24€
borne artisanale 4€ – 10 11€ – 11€
Pour s'y rendre : rte de Nantes (500 m au nord par N 137, à 80 m du canal de Marans à la Rochelle)
À savoir : au coeur d'un parc boisé

Nature :
Loisirs : vélodrome
Services : laverie
À prox. : pédalos, canoë

Longitude : -0.98945
Latitude : 46.31583

MARENNES

17320 – **324** D5 – 5 315 h. – alt. 10
place Chasseloup-Laubat ✆ 0546850436
Paris 494 – Pons 61 – Rochefort 22 – Royan 31

Au Bon Air de déb. avr. à fin sept.
✆ 0546850240, *contact@aubonair.com*,
Fax 0546362254, *www.aubonair.com*
2,4 ha (140 empl.) plat, sablonneux, herbeux
Tarif : 26,40€ (16A) – pers. suppl. 6€ – frais de réservation 17€
Location : (de déb. avr. à fin sept.) – 14 – 5 . Nuitée 40 à 75€ – Sem. 235 à 775€ – frais de réservation 17€
borne artisanale 2€
Pour s'y rendre : 9 av. Pierre Voyer (2,5 km à l'ouest, à Marennes-Plage)
À savoir : cadre verdoyant

Nature :
Loisirs :
Services : laverie

Longitude : -1.13492
Latitude : 45.81855

To visit a town or region : use the MICHELIN Green Guides.

LES MATHES

17570 – **324** D5 – 1 675 h. – alt. 10
2, av. de Royan ✆ 0546224107
Paris 514 – Marennes 18 – Rochefort 40 – La Rochelle 76

La Pinède – de déb. mai à déb. sept.
✆ 0546224513, *contact@campinglapinede.com*,
Fax 0546225021, *www.campinglapinede.com* – places limitées pour le passage
8 ha (372 empl.) plat, sablonneux
Tarif : 48€ (5A) – pers. suppl. 10€ – frais de réservation 30€
Location : (de déb. avr. à mi-sept.) – 166 – 10 . Sem. 275 à 1 290€ – frais de réservation 30€
Pour s'y rendre : 2103 rte de la Fouasse (3 km au nord-ouest)
À savoir : grand espace aquatique en partie couvert

Nature :
Loisirs : poneys , terrain multisports, parc animalier
Services : laverie
À prox. : parc d'attractions, quad

Longitude : -1.17561
Latitude : 45.72776

Aquatique Club Camping L'Estanquet – de déb. avr. à fin sept.
✆ 0546224732, *contact@campinglestanquet.com*,
Fax 0546225146, *www.campinglestanquet.com*
6 ha (387 empl.) plat, sablonneux
Tarif : (Prix 2011) 29,90€ (10A) – pers. suppl. 5€ – frais de réservation 20€
Location : (Prix 2011) (permanent) – 143 – 16 – 20 bungalows toilés. Sem. 159 à 952€ – frais de réservation 20€
Pour s'y rendre : rte de la Fouasse (3,5 km au nord-ouest)
À savoir : bel espace aquatique

Nature :
Loisirs : terrain multisports
Services : laverie
À prox. : parc d'attraction

Longitude : -1.17661
Latitude : 45.73214

L'Orée du Bois de fin avr. à mi-sept.
✆ 0546224243, *info@camping-oree-du-bois.fr*,
Fax 0546225476, *www.camping-oree-du-bois.fr* – places limitées pour le passage
6 ha (388 empl.) plat, sablonneux
Tarif : 42€ (6A) – pers. suppl. 10€ – frais de réservation 25€
Location : (de fin avr. à mi-sept.) – 20 . Sem. 160 à 990€ – frais de réservation 25€
Pour s'y rendre : 225 rte de la Bouverie (3,5 km au nord-ouest, à la Fouasse)

Nature :
Loisirs : snack terrain multisports
Services : – 40 sanitaires individuels (wc) laverie

Longitude : -1.18187
Latitude : 45.72945

Monplaisir de déb. mars à déb. oct.
05 46 22 50 31, *campmonplaisir@aol.com*,
Fax 05 46 22 50 31, *www.campingmonplaisir.com*
2 ha (114 empl.) plat, herbeux
Tarif : (Prix 2011) 25,80€ – (10A) 4€ – frais de réservation 17€
borne artisanale 3€
Pour s'y rendre : 26 av. de La Palmyre (sortie sud-ouest)

Nature :
Loisirs :
Services : laverie
À prox. : quad, parc d'attractions

Longitude : -1.1475
Latitude : 45.71692

MAUZÉ-SUR-LE-MIGNON

79210 – **322** B7 – 2 675 h. – alt. 30
place de la Mairie 05 49 26 78 33
Paris 430 – Niort 23 – Rochefort 40 – La Rochelle 43

Municipal le Gué de la Rivière de fin juin à déb. sept.
05 49 26 30 35, *mairie@ville-mauze-mignon.fr*,
Fax 05 49 26 71 13, *www.ville-mauze-mignon.fr* –
1,5 ha (75 empl.) plat, herbeux
Tarif : (Prix 2011) 2,45€ 2,55€ – (10A) 3,45€
borne flot bleu 3€
Pour s'y rendre : 1 km au nord-ouest par D 101, rte de St-Hilaire-la-Palud et à gauche, entre le Mignon et le canal

Nature :
Loisirs :

Longitude : -0.67111
Latitude : 46.19633

MÉDIS

17600 – **324** E6 – 2 624 h. – alt. 29
Paris 498 – Marennes 28 – Mirambeau 48 – Pons 39

Le Clos Fleuri de déb. juin à mi-sept.
05 46 05 62 17, *clos-fleuri@wanadoo.fr*,
Fax 05 46 06 75 61, *www.le-clos-fleuri.com*
3 ha (140 empl.) plat et peu incliné, herbeux
Tarif : 36€ (10A) – pers. suppl. 9,50€ – frais de réservation 20€
Location : (de déb. juin à mi-sept.) – 4 – 10 . Sem. 270 à 740€ – frais de réservation 20€
Pour s'y rendre : 8 impasse du Clos Fleuri (2 km au sud-est par D 117e 3)
À savoir : agréable cadre champêtre autour d'une ancienne ferme charentaise

Nature :
Loisirs : snack
Services : laverie

Longitude : -0.94633
Latitude : 45.63003

En juin et septembre les campings sont plus calmes, moins fréquentés et pratiquent souvent des tarifs « hors saison «.

MESCHERS-SUR-GIRONDE

17132 – **324** E6 – 2 673 h. – alt. 5
31, rue Paul Messy 05 46 02 70 39
Paris 511 – Blaye 78 – Jonzac 49 – Pons 37

Le Soleil Levant de déb. avr. à fin sept.
05 46 02 76 62, *soleil.levant.ribes@wanadoo.fr*,
Fax 05 46 02 50 56, *www.les-campings.com/camping-soleillevant*
2 ha (238 empl.) plat, herbeux
Tarif : 26€ (10A) – pers. suppl. 6€
Location : (de mi-avr. à fin sept.) – 25 . Nuitée 50 à 80€ – Sem. 270 à 700€
borne eurorelais 10€
Pour s'y rendre : 33 allée de la Longée (500 m à l'est par r. Basse)

Nature :
Loisirs :
Services :

Longitude : -0.94856
Latitude : 45.55682

MONTBRON

16220 – **324** N5 – 2 167 h. – alt. 141
place de l'Hôtel de Ville ☎ 05 45 23 60 09
Paris 460 – Angoulême 29 – Nontron 25 – Rochechouart 38

Les Castels Les Gorges du Chambon – de mi-mars à mi-sept.
☎ 05 45 70 71 70, *info@gorgesduchambon.fr*,
Fax 05 45 70 80 02, *www.gorgesduchambon.fr*
28 ha/7 campables (120 empl.) plat, peu incliné, incliné, herbeux
Tarif : 32,85€ (10A) – pers. suppl. 9€ – frais de réservation 5€

Location : (de déb. avr. à fin oct.) (1 mobile home) – 14 – 8 – 5 bungalows toilés – 1 gîte. Nuitée 47 à 110€ – Sem. 196 à 693€ – frais de réservation 15€
borne artisanale
Pour s'y rendre : au lieu-dit : Le Chambon
(4,4 km à l'est par D 6, rte de Piégut-Pluviers, puis à gauche 3,2 km par D 163, rte d'Ecuras et chemin à dr., à 80 m de la Tardoir (accès direct))

À savoir : joli cadre verdoyant et boisé autour d'une ancienne ferme restaurée et paysagée

Nature :
Loisirs :
Services : laverie
À prox. : canoë

Longitude : 0.5593
Latitude : 45.65945

MONTIGNAC-CHARENTE

16330 – **324** K5 – 763 h. – alt. 50
10, place du Docteur Feuillet ☎ 05 45 22 71 97
Paris 432 – Angoulême 17 – Cognac 42 – Rochechouart 66

Municipal les Platanes de déb. juin à fin août
☎ 05 45 39 89 16, *mairie.montignac-chte@orange.fr*,
Fax 05 45 22 26 71
1,5 ha (100 empl.) plat, herbeux
Tarif : (Prix 2011) 4,75€ – (12A) 5,50€
Pour s'y rendre : 25 av. de la Boixe
(200 m au nord-ouest par D 115, rte d'Aigré)

Nature :
Loisirs :
Services :
À prox. :

Longitude : 0.11797
Latitude : 45.78189

MONTMORILLON

86500 – **322** L6 – 6 514 h. – alt. 100
2, place du Maréchal Leclerc ☎ 05 49 91 11 96
Paris 354 – Bellac 43 – Le Blanc 32 – Chauvigny 27

Municipal de l'Allochon de déb. mars à fin oct.
☎ 05 49 91 02 33, *camping@ville-montmorillon.fr*,
Fax 05 49 91 58 26, *www.ville-montmorillon.fr*
2 ha (80 empl.) plat, en terrasses, herbeux
Tarif : (Prix 2011) 1,59€ 1,86€ – (10A) 3,25€
Pour s'y rendre : 31 av. Fernad-Tribot (sortie sud-est par D 54, rte du Dorat, à 50 m de la Gartempe et au bord d'un ruisseau)

Nature :
Loisirs :
Services :
À prox. :

Longitude : 0.87628
Latitude : 46.41982

MORTAGNE-SUR-GIRONDE

17120 – **324** F7 – 1 037 h. – alt. 51
1, place des Halles ☎ 05 46 90 52 90
Paris 509 – Blaye 59 – Jonzac 30 – Pons 26

Municipal Bel Air de déb. juin à fin sept.
☎ 05 46 91 48 84, *mairie-mortagne@smic17.fr*,
Fax 05 46 90 61 25, *www.mortagne-sur-gironde* –
1 ha (20 empl.) en terrasses, plat et peu incliné, herbeux
Tarif : 11,30€ (30A) – pers. suppl. 3€
borne artisanale 11,30€
Pour s'y rendre : dir. le Port

Nature : l'estuaire et le port de plaisance
Loisirs :
Services :

Longitude : -0.78944
Latitude : 45.48071

MOSNAC

17240 – **324** G6 – 468 h. – alt. 23
Paris 501 – Cognac 34 – Gémozac 20 – Jonzac 11

Municipal les Bords de la Seugne de mi-avr. à mi-oct.
05 46 70 48 45, *mosnac@mairie17.com*, Fax 05 46 70 49 13
0,9 ha (33 empl.) plat, herbeux
Tarif : 3€ 3€ – 3€
Pour s'y rendre : 34 r. de la Seugne (au bourg, au bord de la rivière)

Nature : < l'église
Loisirs :
Services :

Longitude : -0.52479
Latitude : 45.50579

*The classification (1 to 5 tents, **black** or **red**) that we award to selected sites in this Guide is a system that is our own.*
It should not be confused with the classification (1 to 5 stars) of official organisations.

LA PALMYRE

17570 – **324** C5
2, avenue de Royan 05 46 22 41 07
Paris 524 – Poitiers 191 – La Rochelle 77 – Rochefort 46

Village Siblu Bonne Anse Plage (location exclusive de mobile homes) de fin mars à mi-sept.
05 46 22 40 90, *cb.hsm@siblu.fr*, Fax 05 46 22 42 30, *www.siblu.fr/bonneanse* – places limitées pour le passage
18 ha (650 empl.) plat, vallonné, sablonneux, herbeux
Location : (Prix 2011) – 200 . Nuitée 32 à 240€ – Sem. 224 à 1 680€ – frais de réservation 15€
Pour s'y rendre : 2 km à l'ouest, à 400 m de la plage

Nature :
Loisirs : terrain multisports, mur d'escalade
Services : laverie

Longitude : -1.19981
Latitude : 45.69826

Beausoleil de déb. juin à fin août
05 46 22 30 03, *camping.beausoleil@wanadoo.fr*, *www.campingbeausoleil.com*
4 ha (244 empl.) plat, vallonné, sablonneux, herbeux
Tarif : (Prix 2011) 33,60€ (10A) – pers. suppl. 4,60€ – frais de réservation 17€
Location : (Prix 2011) (de déb. avr. à mi-sept.) – 15 . Sem. 199 à 685€ – frais de réservation 17€
Pour s'y rendre : 20 av. de la Coubre (sortie nord-ouest, à 500 m de la plage)

Nature :
Loisirs : (petite piscine)
Services :

Longitude : -1.1836
Latitude : 45.69235

PARTHENAY

79200 – **322** E5 – 10 415 h. – alt. 175 – Base de loisirs
8, rue de la Vau Saint-Jacques 05 49 64 24 24
Paris 377 – Bressuire 32 – Châtellerault 79 – Fontenay-le-Comte 69

Le Bois Vert de déb. avr. à fin oct.
05 49 64 78 43, *campingboisvert@orange.fr*, Fax 05 49 95 96 68, *www.camping-boisvert.com*
2 ha (86 empl.) plat, herbeux
Tarif : 24,50€ (10A) – pers. suppl. 2€ – frais de réservation 10€
Location : (de déb. avr. à fin oct.) – 11 – 4 – 4 bungalows toilés. Nuitée 35 à 100€ – Sem. 175 à 651€ – frais de réservation 10€
borne artisanale 6€ – 3 24,50€ – 24.50€
Pour s'y rendre : 14 r. Boisseau (sortie sud-ouest rte de la Roche-sur-Yon et à droite après le pont sur le Thouet, près d'un plan d'eau)

Nature :
Loisirs :
Services : laverie
À prox. : canoë

Longitude : -0.2675
Latitude : 46.64194

PONS

17800 – **324** G6 – 4 442 h. – alt. 39
place de la République ☎ 05 46 96 13 31
Paris 493 – Blaye 64 – Bordeaux 97 – Cognac 24

Les Moulins de la Vergne Permanent

☎ 05 46 94 11 49, *moulinsdelavergne@wanadoo.fr*, *www.moulinsdelavergne.nl*
3 ha/1 campable (51 empl.) plat, herbeux, petit bois
Tarif : 22,70€ (10A) – pers. suppl. 4€
Location : (permanent) – 10 – 2 appartements. Sem. 450 à 750€
Pour s'y rendre : 9 impasse du Moulin de la Vergne (2 km au nord par D 234, dir. Colombiers)

Nature :
Loisirs :
Services : laverie

Longitude : -0.53906
Latitude : 45.59444

Municipal le Paradis

☎ 05 46 91 36 72, *ville.pons@smic17.fr*, Fax 05 46 96 14 15
1 ha (60 empl.) plat, herbeux
borne eurorelais
Pour s'y rendre : av. du Paradis (à l'ouest près de la piscine)

Nature :
Loisirs :
Services :
À prox. :

Longitude : -0.5553
Latitude : 45.57793

PONT-L'ABBÉ-D'ARNOULT

17250 – **324** E5 – 1 797 h. – alt. 20
3, avenue André Malraux ☎ 05 46 74 57 85
Paris 474 – Marennes 23 – Rochefort 19 – La Rochelle 59

Parc de la Garenne de déb. avr. à mi-oct.

☎ 05 46 97 01 46, *info@lagarenne.net*, *www.lagarenne.net*
2,7 ha (111 empl.) plat, herbeux
Tarif : 25,20€ (10A) – pers. suppl. 4,10€ – frais de réservation 15€
Location : (de déb. avr. à mi-oct.) – 35 – 2 bungalows toilés. Sem. 150 à 600€ – frais de réservation 15€
8 14€ – 18€
Pour s'y rendre : 24 av. Bernard Chambenoit (sortie sud-est par D 125, rte de Soulignonne)

Nature :
Loisirs : terrain multisports
Services : laverie
À prox. :

Longitude : -0.87096
Latitude : 45.82729

Donnez-nous votre avis sur les terrains que nous recommandons. Faites-nous connaître vos observations et vos découvertes par mail à l'adresse : leguidecampingfrance@tp.michelin.com.

PRAILLES

79370 – **322** F7 – 683 h. – alt. 150 – Base de loisirs
Paris 394 – Melle 15 – Niort 23 – St-Maixent-l'École 13

Le Lambon de déb. avr. à fin sept.

☎ 05 49 32 85 11, *lambon.vacances@wanadoo.fr*, Fax 05 49 32 94 92, *www.lelambon.com*
1 ha (50 empl.) en terrasses, plat, incliné, herbeux
Tarif : (Prix 2011) 10,50€ (6A) – pers. suppl. 4,60€
Location : (Prix 2011) (de mi-mars à déb. nov.) – 7 – 39 gîtes. Nuitée 64 à 81€ – Sem. 168 à 392€
borne artisanale
Pour s'y rendre : au Plan d'eau du Lambon (2,8 km au sud-est)
À savoir : à 200 m de la base nautique

Nature :
Services : laverie
À prox. : (plage) parcours sportif, canoë, pédalos, parcours dans les arbres

Longitude : -0.20753
Latitude : 46.30055

PRESSIGNAC

16150 – **324** O5 – 427 h. – alt. 259
Paris 437 – Angoulême 56 – Nontron 40 – Rochechouart 10

Des Lacs de déb avr. à déb. oct.
05 45 31 17 80, *info@campingdeslacs.fr*,
Fax 05 45 31 17 80, *www.campingdeslacs.fr*
15 ha/6 campables (160 empl.) plat, herbeux
Tarif : (Prix 2011) 25€ (16A) –
pers. suppl. 7€

Location : (Prix 2011) (de déb avr. à déb. oct.) – 60 . Sem. 230 à 695€
borne eurorelais
Pour s'y rendre : au lieu-dit : La Guerlie (4,2 km au sud-ouest par D 160, rte de Verneuil, au plan d'eau)

Nature : sur le lac
Loisirs : diurne
Services : laverie
À prox. : snack (plage) pédalos, canoë

Longitude : 0.70926
Latitude : 45.80433

ROCHEFORT

17300 – **324** E4 – 25 999 h. – alt. 12 – (début fév.-mi déc.)
Pont de Martrou : gratuit
10, rue du Docteur Peltier 05 46 99 08 60
Paris 475 – Limoges 221 – Niort 62 – La Rochelle 38

Le Bateau de déb. fév. à fin oct.
05 46 99 41 00, *lebateau@wanadoo.fr*,
www.campinglebateau.com
5 ha/1,5 (86 empl.) plat, pierreux, herbeux
Tarif : (Prix 2011) 18,50€ (8A) –
pers. suppl. 4,50€

Location : (Prix 2011) (de déb. fév. à fin avr.) – 34 – 2 . Sem. 290 à 398€
10 14,50€ – 14.50€
Pour s'y rendre : r. des Pécheurs D'Islande (près de la Charente, par rocade ouest (bd Bignon) et rte du Port Neuf, près du centre nautique)

Nature :
Loisirs : snack jacuzzi
Services : laverie
À prox. :

Longitude : -0.9962
Latitude : 45.94834

LA ROCHE-POSAY

86270 – **322** K4 – 1 560 h. – alt. 112 – (fin mars-mi-oct.)
14, boulevard Victor Hugo 05 49 19 13 00
Paris 325 – Le Blanc 29 – Châteauroux 76 – Châtellerault 23

Le Riveau de mi-avr. à fin sept.
05 49 86 21 23, *info@larocheposay-vacances.com*,
www.larocheposay-vacances.com
5,5 ha (200 empl.) plat et peu incliné, herbeux
Tarif : (Prix 2011) 28€ (16A) –
pers. suppl. 8€ – frais de réservation 9€

Location : (Prix 2011) (de mi-avr. à fin sept.) – 28 . Nuitée 49 à 110€ – Sem. 343 à 770€ – frais de réservation 16€
borne artisanale 6€
Pour s'y rendre : rte de Lésigny (1,5 km au nord par D 5, près de l'hippodrome, au bord de la Creuse)
À savoir : belle délimitation des emplacements

Nature :
Loisirs : canoë, barque
Services : laverie
À prox. : poneys

Longitude : 0.80963
Latitude : 46.7991

RONCE-LES-BAINS

17390 – **324** D5
50, avenue Gabrielle Ronce les Bains ✆ 05 46 36 06 02
Paris 505 – Marennes 9 – Rochefort 31 – La Rochelle 68

Village Siblu La Pignade (location exclusive de mobile homes) de fin mars à mi-sept.
✆ 05 46 36 15 35, *lapignade@siblu.fr*, Fax 05 46 85 52 92, *www.camping-lapignade.com*
15 ha (524 empl.) plat
Location : (Prix 2011) – **120** . **Nuitée 39 à 220€ – Sem. 273 à 1 540€ – frais de réservation 15€**
Pour s'y rendre : 45 av. du Monard (1,5 km au sud)
À savoir : parc de 524 mobile-homes dont 60 pour la location (et 464 propriétaires)

Nature :
Loisirs : salle d'animation (découverte en saison) terrain multisports
Services : laverie
À prox. : quad

Longitude : -1.16111
Latitude : 45.78686

La Clairière – de déb. avr. à fin sept.
✆ 05 46 36 36 63, *info@camping-la-clairiere.com*, Fax 05 46 36 06 74, *www.camping-la-clairiere.com* – places limitées pour le passage
12 ha/4 campables (165 empl.) plat, herbeux, sablonneux, vallonné
Tarif : (Prix 2011) 31,50€ (10A) – pers. suppl. 8,50€ – frais de réservation 19€
Location : (Prix 2011) (de déb. avr. à mi-sept.) – 29 – 4 . Sem. 690€ – frais de réservation 19€
borne artisanale 3€
Pour s'y rendre : r. des Roseaux (3,6 km au sud par D 25, rte d'Arvert et rte à dr.)
À savoir : décoration florale et arbustive

Nature :
Loisirs : nocturne
Services : laverie
À prox. :

Longitude : -1.16844
Latitude : 45.77502

Les Pins – de déb. avr. à déb. oct.
✆ 05 46 36 07 75, *contact@lespins.com*, Fax 05 46 36 50 77, *http://gmic.lespins.com* – places limitées pour le passage
1,5 ha (81 empl.) plat, sablonneux
Tarif : 32,85€ (16A) – pers. suppl. 6,30€ – frais de réservation 19€
Location : (de déb. avr. à déb. nov.) – 37 – 23 – 1 gîte. Nuitée 40 à 61€ – Sem. 279 à 619€ – frais de réservation 19€
Pour s'y rendre : 16 av. Côte de Beauté (1 km au sud)

Nature :
Loisirs : (découverte en saison)
Services : laverie
À prox. : salle d'activités

Longitude : -1.15862
Latitude : 45.78875

Dieser Führer stellt kein vollständiges Verzeichnis aller Campingplätze dar, sondern nur eine Auswahl der besten Plätze jeder Kategorie.

ROYAN

17200 – **324** D6 – 18 424 h. – alt. 20
rond-point de la Poste ✆ 05 46 05 04 71
Paris 504 – Bordeaux 121 – Périgueux 183 – Rochefort 40

Le Royan de déb. avr. à mi-oct.
✆ 05 46 39 09 06, *camping.le.royan@wanadoo.fr*, Fax 05 46 38 12 05, *www.le-royan.com*
3,5 ha (180 empl.) peu incliné, herbeux
Tarif : (Prix 2011) 20€ (10A) – pers. suppl. 4,50€ – frais de réservation 20€
Location : (Prix 2011) (de déb. avr. à mi-oct.) – 34 – 13 . Nuitée 94€ – Sem. 810€ – frais de réservation 20€
Pour s'y rendre : 10 r. des Bleuets (2,5 km au nord-ouest)
À savoir : cadre verdoyant et soigné

Nature :
Loisirs : snack
Services : laverie

Longitude : -1.04033
Latitude : 45.64433

Campéole Clairefontaine de déb. avr. à fin sept.
05 46 39 08 11, *clairefontaine@campeole.com*, Fax 05 46 38 13 79, *www.campingclairfontaine.com*
5 ha (290 empl.) plat, herbeux
Tarif : (Prix 2011) 31,70€ (10A) – pers. suppl. 9,50€ – frais de réservation 25€
Location : (Prix 2011) (de déb. avr. à fin sept.) – 31 – 40 – 60 bungalows toilés. Nuitée 28 à 140€ – Sem. 196 à 980€ – frais de réservation 25€
Pour s'y rendre : allée des Peupliers, à Pontaillac (à 400 m de la plage)

Nature :
Loisirs : snack
Services : laverie

Longitude : -1.05279
Latitude : 45.63068

Le Chant des Oiseaux de déb. avr. à mi-sept.
05 46 39 47 47, *contact@chantdesoiseaux.fr*, Fax 05 46 39 47 47, *www.camping-royan-chantdesoiseaux.com*
2,5 ha (150 empl.) plat, herbeux, petit sous-bois
Tarif : (Prix 2011) 30,70€ (5A) – pers. suppl. 5,95€ – frais de réservation 14€
Location : (Prix 2011) (de déb. avr. à déb. oct.) – 20 . Sem. 270 à 710€ – frais de réservation 14€
Pour s'y rendre : 19 r. des Sansonnets (2,3 km au nord-ouest)

Nature :
Loisirs : snack nocturne
Services :

Longitude : -1.02872
Latitude : 45.6466

ST-AUGUSTIN-SUR-MER

17570 – **324** D5 – 1 166 h. – alt. 10
1, rue de la Cure 05 46 05 53 56
Paris 512 – Marennes 23 – Rochefort 44 – La Rochelle 81

Le Logis du Breuil de déb. mai à fin sept.
05 46 23 23 45, *camping.logis-du-breuil@wanadoo.fr*, Fax 05 46 23 43 33, *www.logis-du-breuil.com*
30 ha/8,5 campables (390 empl.) plat, terrasse, vallonné, herbeux
Tarif : 27,50€ (6A) – pers. suppl. 7,20€ – frais de réservation 10€
Location : (de fin avr. à fin sept.) – 5 – 1 . Sem. 280 à 705€ – frais de réservation 20€
borne eurorelais
Pour s'y rendre : 36 r. du Centre (au sud-est par D 145, rte de Royan)
À savoir : à l'orée de la forêt de St-Augustin

Nature :
Loisirs : snack terrain multisports
Services : – 4 sanitaires individuels () laverie
À prox. :

Longitude : -1.1039
Latitude : 45.68115

Give us your opinion of the camping sites we recommend.
Let us know of your remarks and discoveries : leguidecampingfrance@tp.michelin.com.

ST-CYR

86130 – **322** I4 – 993 h. – alt. 62
Paris 321 – Poitiers 18 – Tours 85 – Joué 82

Lac de St-Cyr de déb. avr. à mi-sept.
05 49 62 57 22, *contact@campinglacdesaintcyr.com*, Fax 05 49 52 28 58, *www.campinglacdesaintcyr.com*
5,4 ha (198 empl.) plat, herbeux
Tarif : 26€ (10A) – pers. suppl. 5,50€
Location : (de déb. avr. à fin sept.) – 25 – 3 bungalows toilés. Nuitée 55 à 99€ – Sem. 275 à 693€ – frais de réservation 15€
10 16€
Pour s'y rendre : parc de St-Cyr (1,5 km au nord-est par D 4, D 82, rte de Bonneuil-Matours et chemin à gauche, près d'un plan d'eau - par N 10, accès depuis la Tricherie)

Nature :
Loisirs : snack
Services : laverie
À prox. : pédalos, canoë, golf (9 et 18 trous)

Longitude : 0.44782
Latitude : 46.72056

ST-GEORGES-DE-DIDONNE

17110 – **324** D6 – 5 040 h. – alt. 7
7, boulevard Michelet *05 46 05 09 73*
Paris 505 – Blaye 84 – Bordeaux 117 – Jonzac 56

Bois-Soleil – de déb. avr. à mi-oct.

05 46 05 05 94, *camping.bois.soleil@wanadoo.fr*, Fax 05 46 06 27 43, *www.bois-soleil.com* (de déb. avr. à fin juin)
10 ha (453 empl.) en terrasses, plat, vallonné, sablonneux
Tarif : 44€ (16A) – frais de réservation 30€
Location : (de déb. avr. à mi-oct.) – 68 – 8 – 7 studios. Sem. 180 à 1 190€ – frais de réservation 30€
borne artisanale 8€
Pour s'y rendre : 2 av. de Suzac (au sud par D 25, rte de Meschers-sur-Gironde)

Nature :
Loisirs : hammam terrain multisports
Services : – 6 sanitaires individuels (wc) laverie
À prox. : poneys

Longitude : -0.98629
Latitude : 45.58371

ST-GEORGES-LÈS-BAILLARGEAUX

86130 – **322** I4 – 3 681 h. – alt. 100
Paris 329 – Poitiers 12 – Joué 89 – Châtellerault 23

Le Futuriste Permanent

05 49 52 47 52, *camping-le-futuriste@wanadoo.fr*, Fax 05 49 37 23 33, *www.camping-le-futuriste.fr*
2 ha (112 empl.) peu incliné, herbeux, pierreux, petit étang
Tarif : 27,80€ (6A) – pers. suppl. 3€ – frais de réservation 15€
Location : (permanent) – 4 – 6 . Nuitée 57 à 82€ – Sem. 520 à 754€ – frais de réservation 15€
borne artisanale 7€
Pour s'y rendre : au sud du bourg, accès par D 20

Nature : Futuroscope
Loisirs : terrain multisports
Services : laverie

Longitude : 0.39543
Latitude : 46.66468

Raadpleeg, voordat U zich op een kampeerterrein installeert, de tarieven die de beheerder verplicht is bij de ingang van het terrein aan te geven. Informeer ook naar de speciale verblijfsvoorwaarden. De in deze gids vermelde gegevens kunnen sinds het verschijnen van deze hereditie gewijzigd zijn.

ST-HILAIRE-LA-PALUD

79210 – **322** B7 – 1 553 h. – alt. 15
3, cour de l'Ancienne Métairie *05 49 35 12 12*
Paris 436 – Poitiers 104 – Niort 24 – La Rochelle 41

Le Lidon de déb. avr. à fin sept.

05 49 35 33 64, *info@le-lidon.com*, Fax 05 49 35 32 63, *www.le-lidon.com*
3 ha (140 empl.) plat, herbeux
Tarif : 24€ (10A) – pers. suppl. 6€ – frais de réservation 13,50€
Location : (de déb. avr. à fin sept.) – 3 – 4 bungalows toilés – 9 tentes. Nuitée 42 à 91€ – Sem. 210 à 637€ – frais de réservation 13,50€
borne artisanale 4€
Pour s'y rendre : au lieu-dit : Lidon (3 km à l'ouest par D 3 rte de Courçon et chemin à gauche, à la base de canoë)

Nature :
Loisirs : canoës, barques
Services : laverie

Longitude : -0.74324
Latitude : 46.28379

ST-JEAN-D'ANGÉLY

17400 – **324** G4 – 7 463 h. – alt. 25
8, rue Grosse Horloge *05 46 32 04 72*
Paris 444 – Angoulême 70 – Cognac 35 – Niort 48

Val de Boutonne de déb. avr. à fin sept.
05 46 32 26 16, *info@valba.net*, *www.valba.net*
1,8 ha (99 empl.) plat, herbeux
Tarif : 17€ (10A) – pers. suppl. 3,20€ – frais de réservation 12€
Location : (permanent) – 11 – 5 . Nuitée 60 à 179€ – Sem. 90 à 579€ – frais de réservation 12€
Pour s'y rendre : 56 quai de Bernouet (sortie nord-ouest, rte de la Rochelle, puis à gauche av. du Port (D 18) et à dr. av. le pont, près de la Boutonne)
À savoir : agréable site autour du plan d'eau

Nature :
Loisirs :
Services : laverie
À prox. : canoë, pédalos, centre nautique couvert

Longitude : -0.53638
Latitude : 45.94877

ST-JUST-LUZAC

17320 – **324** D5 – 1 772 h. – alt. 5
Paris 502 – Rochefort 23 – La Rochelle 59 – Royan 26

Les Castels Sequoia Parc – de mi-mai à déb. sept.
05 46 85 55 55, *info@sequoiaparc.com*, Fax 05 46 85 55 56, *www.sequoiaparc.com*
45 ha/28 campables (426 empl.) plat, herbeux, pierreux, sablonneux, bois
Tarif : 48€ (10A) – pers. suppl. 9€ – frais de réservation 30€
Location : (de mi-mai à déb. sept.) – 264 – 58 . Nuitée 36 à 150€ – Sem. 252 à 1 050€
borne artisanale
Pour s'y rendre : au lieu-dit : La Josephtrie (2,7 km au nord-ouest par D 728, rte de Marennes et chemin à dr.)
À savoir : bel espace aquatique autour des dépendances d'un château et de nombreuses variétés arbustives et florales

Nature :
Loisirs : terrain multisports, parc animalier
Services : laverie

Longitude : -1.06046
Latitude : 45.81173

ST-LAURENT-DE-LA-PRÉE

17450 – **324** D4 – 1 725 h. – alt. 7
Paris 483 – Rochefort 10 – La Rochelle 31

Domaine des Charmilles –
05 46 84 00 05, *charmilles17@wanadoo.fr*, Fax 05 46 84 02 84, *www.domainedescharmilles.com*
5 ha (270 empl.) plat, herbeux
Location : (de fin avr. à mi-sept.) (de déb. juil. à fin août) – 80 – 20 . Nuitée 40 à 170€ – Sem. 280 à 1 190€ – frais de réservation 25€
Pour s'y rendre : 1541 rte de l'Océan à Fouras (2,2 km au nord-ouest par D 214e 1, rte de Fouras et D 937 à dr., rte de la Rochelle)

Nature :
Loisirs : nocturne terrain multisports
Services : laverie

Longitude : -1.05034
Latitude : 45.99052

Le Pré Vert de déb. avr. à mi-oct.
05 46 84 89 40, *le-pre-vert@orange.fr*, *www.camping-prevert.com*
3 ha (168 empl.) en terrasses, plat, peu incliné, herbeux
Tarif : (Prix 2011) 15€ (10A) – pers. suppl. 4€
Location : (Prix 2011) (de déb. avr. à mi-oct.) – 45 – 8 . Sem. 260 à 575€
Pour s'y rendre : r. du Petit Loir (2,3 km au nord-est par D 214, rte de la Rochelle, au lieu-dit St-Pierre - par voie rapide : sortie Fouras)

Nature :
Loisirs : (bassin)
Services : (juil.-août) laverie

Longitude : -1.04086
Latitude : 45.9817

ST-NAZAIRE-SUR-CHARENTE

17780 – **324** D4 – 1 028 h. – alt. 14
Paris 491 – Fouras 27 – Rochefort 13 – La Rochelle 49

L'Abri-Cotier de déb. avr. à mi-sept.
05 46 84 81 65, *abri-cotier@wanadoo.fr*,
Fax 05 46 84 81 65, *www.camping-la-rochelle.net*
1,8 ha (90 empl.) plat, peu incliné, herbeux
Tarif : (Prix 2011) 18,90€ (6A) – pers. suppl. 4,90€ – frais de réservation 20€

Location : (Prix 2011) (de déb. avr. à fin sept.) – 27 – 5 . Sem. 235 à 635€ – frais de réservation 20€
borne artisanale 2€
Pour s'y rendre : 26 La Bernardière (1 km au sud-ouest par D 125e1)

Nature :
Loisirs : pizzeria
Services : laverie location réfrigérateurs

Longitude : -1.05856
Latitude : 45.93349

ST-PALAIS-SUR-MER

17420 – **324** D6 – 3 830 h. – alt. 5
1, avenue de la République 05 46 23 22 58
Paris 512 – La Rochelle 82 – Royan 6

Côte de Beauté de fin avr. à déb. oct.
05 46 23 20 59, *campingcotedebeaute@wanadoo.fr*, *www.camping-cote-de-beaute.com*
1,7 ha (115 empl.) plat, herbeux
Tarif : 32,90€ (6A) – pers. suppl. 5€ – frais de réservation 23€

Location : (de mi-avr. à déb. oct.) – 14 . Nuitée 40 à 70€ – Sem. 300 à 660€ – frais de réservation 23€
Pour s'y rendre : 157 av. de la Grande Côte (2,5 km au nord-ouest, à 50 m de la mer)

À savoir : cadre agréable face à l'océan

Nature :
Loisirs :
Services :
À prox. :

Longitude : -1.1191
Latitude : 45.64973

ST-PIERRE-DE-MAILLÉ

86260 – **322** L4 – 920 h. – alt. 79
Paris 333 – Le Blanc 22 – Châtellerault 32 – Chauvigny 21

Municipal
05 49 48 64 11, *camping.saintpierredemaille@gmail.com*, *www.camping-saintpierredemaille.com/*
3 ha (93 empl.) plat, peu incliné, herbeux

Location : (Prix 2011) (de fin avr. à mi-oct.) – 4 bungalows toilés – 5 tentes. Nuitée 30 à 68€ – Sem. 210 à 476€
Pour s'y rendre : rte de Vicq (sortie nord-ouest par D 11, au bord de la Gartempe)

À savoir : accueil de colonies et groupes sportifs

Nature :
Loisirs : canoë, promenades-conférences
Services : laverie

Longitude : 0.83897
Latitude : 46.68463

ST-SAVINIEN

17350 – **324** F4 – 2 372 h. – alt. 18
rue Bel Air 05 46 90 21 07
Paris 457 – Rochefort 28 – La Rochelle 62 – St-Jean-d'Angély 15

L'Île aux Loisirs de déb. avr. à fin sept.
05 46 90 35 11, *contact@ileauxloisirs.com*,
Fax 05 46 91 65 06, *www.ilesauxloirs.com*
1,8 ha (82 empl.) plat, herbeux
Tarif : 22,48€ (10A) – pers. suppl. 5,63€ – frais de réservation 16€

Location : (de déb. avr. à fin sept.) – 4 – 11 . Nuitée 57€ – Sem. 263 à 521€ – frais de réservation 16€
Pour s'y rendre : 102 r. de St-Savinien (500 m à l'ouest par D 18, rte de Pont-l'Abbé-d'Arnoult, entre la Charente et le canal, à 200 m d'un plan d'eau)

Nature :
Loisirs : pizzeria
Services : laverie
À prox. : parcours sportif

Longitude : -0.67973
Latitude : 45.877

ST-SORNIN

17600 – **324** E5 – 304 h. – alt. 16
Paris 495 – Marennes 13 – Rochefort 24 – La Rochelle 60

Le Valerick de déb. avr. à fin sept.
05 46 85 15 95, *campingvalerick@orange.fr*,
Fax 05 46 85 15 95, *www.camping-le-valerick.fr*
1,5 ha (50 empl.) plat, incliné, herbeux, petit bois
Tarif : 18,80€ (6A) – pers. suppl. 4€
Pour s'y rendre : 1 La Mauvinière
(1,3 km au nord-est par D 118, rte de Pont-l'Abbé)

Nature :
Loisirs : snack
Services :

Longitude : -0.96301
Latitude : 45.77324

SAUJON

17600 – **324** E5 – 6 404 h. – alt. 7
22, place du Général-de-Gaulle 05 46 02 83 77
Paris 499 – Poitiers 165 – La Rochelle 71 – Saintes 28

Lac de Saujon de déb. avr. à mi-oct.
05 46 06 82 99, *contact@campingloisirsdulac.com*,
Fax 05 46 06 83 66, *www.campingloisirsdulac.com*
3,7 ha (150 empl.) plat, herbeux
Tarif : (Prix 2011) 23,50€ (10A) – pers. suppl. 4,10€ – frais de réservation 18,50€
Location : (Prix 2011) (permanent) – 30 – 4 – 4 bungalows toilés. Sem. 250 à 580€ – frais de réservation 18,50€
borne artisanale 5€ – 12.82€
Pour s'y rendre : Aire de la Lande - Voie des Tourterelles

Loisirs : snack
Services :
laverie
À prox. : (centre équestre) parcours de santé, terrain multisports

Longitude : -0.94039
Latitude : 45.68258

Utilisez le guide de l'année.

SECONDIGNY

79130 – **322** D5 – 1 715 h. – alt. 177
Paris 391 – Bressuire 27 – Champdeniers 15 – Coulonges-sur-l'Autize 22

Le Moulin des Effres de déb. avr. à fin oct.
05 49 95 61 97, *contact@campinglemoulindeseffres.fr*,
www.campinglemoulindeseffres.fr
2 ha (90 empl.) peu incliné, plat, herbeux
Tarif : (Prix 2011) 16,50€ (8A) – pers. suppl. 3,30€ – frais de réservation 10€
Location : (Prix 2011) (de déb. avr. à fin oct.) – 15 – 3 tipis – 2 tentes. Nuitée 45 à 75€ – Sem. 182 à 525€ – frais de réservation 20€
borne artisanale 5€ – 5 14€ – 12€
Pour s'y rendre : sortie sud par D 748, rte de Niort et chemin à gauche, près d'un plan d'eau

Nature :
Loisirs :
Services : (juin-août)
À prox. : pédalos

Longitude : -0.41418
Latitude : 46.60421

SEMUSSAC

17120 – **324** E6 – 1 829 h. – alt. 36
Paris 520 – Poitiers 187 – La Rochelle 85 – Angoulême 111

Le 2 B de déb. avr. à fin sept.
05 46 05 95 16, *info@camping-2b.com*,
Fax 05 46 02 70 99, *www.camping-2b.com*
1,8 ha (93 empl.) plat, peu incliné, herbeux
Tarif : (Prix 2011) 20,30€ (10A) – pers. suppl. 4,50€ – frais de réservation 11€
Location : (Prix 2011) (de déb. avr. à fin sept.) – 20 . Nuitée 60 à 90€ – Sem. 240 à 570€ – frais de réservation 11€
Pour s'y rendre : 9 chemin des Bardonneries (3,8 km à l'est par D 730, rte de St-Georges-de-Didonne)

Nature :
Loisirs :
Services : laverie

Longitude : -0.94793
Latitude : 45.6041

SIREUIL

16440 – **324** K6 – 1 178 h. – alt. 26
Paris 460 – Angoulême 16 – Barbezieux 24 – Cognac 35

Nizour de mi-avr. à fin sept.
05 45 90 56 27, *campingdunizour@orange.fr*,
Fax 05 45 90 92 67, *www.campingdunizour.com*
1,6 ha (40 empl.) plat, herbeux
Tarif : (Prix 2011) 20€ (6A) –
pers. suppl. 4,40€ – frais de réservation 8€
Location : (Prix 2011) (de mi-mai à fin sept.) – 6 . Nuitée 75€ – Sem. 530€ – frais de réservation 8€
borne artisanale 5€
Pour s'y rendre : 2 rte de la Charente (1,5 km au sud-est par D 7, rte de Blanzac, à gauche avant le pont, à 120 m de la Charente (accès direct))

Nature :
Loisirs : canoë
Services : laverie
À prox. : ponton d'amarrage

Longitude : 0.02418
Latitude : 45.60688

THORS

17160 – **324** I5 – 404 h. – alt. 23
Paris 466 – Angoulême 53 – Cognac 84 – Limoges 143

Le Relais de l'Étang de déb. avr. à fin oct.
05 46 58 26 81, *paysdematha@wanadoo.fr*,
Fax 05 46 58 26 81, *www.paysdematha.com*
0,8 ha (25 empl.) plat, herbeux, gravillons
Tarif : 10,44€ (10A) – pers. suppl. 2,10€
Location : (permanent) (de déb. avr. à fin oct.) – 2 . Nuitée 50€ – Sem. 300€ – frais de réservation 90€
5 10,44€
Pour s'y rendre : rte de Cognac (sortie nord par D 121, rte de Matha, près de l'étang)

Nature :
Loisirs :
Services : laverie
À prox. : snack (plage) pédalos

Longitude : -0.30822
Latitude : 45.83662

VAUX-SUR-MER

17640 – **324** D6 – 3 785 h. – alt. 12
53, rue de Verdun 05 46 38 79 05
Paris 514 – Poitiers 181 – La Rochelle 75 – Rochefort 44

Le Nauzan-Plage de déb. avr. à fin sept.
05 46 38 29 13, *camping.le.nauzan@wanadoo.fr*,
Fax 05 46 38 18 43, *www.campinglenauzanplage.com*
3,9 ha (239 empl.) plat, herbeux
Tarif : (Prix 2011) 37,50€ (10A) –
pers. suppl. 6€ – frais de réservation 20€
Location : (Prix 2011) (de déb. avr. à fin sept.) – 31 . Nuitée 230€ – Sem. 760€ – frais de réservation 20€
borne artisanale 8€ – 3 8€
Pour s'y rendre : 39 av.de Nauzan-Plage
(500 m de la plage)

À savoir : en bordure d'un parc

Nature :
Loisirs : snack diurne
Services : laverie
À prox. :

Longitude : -1.07005
Latitude : 45.64344

Le Val-Vert de déb. avr. à fin sept.
05 46 38 25 51, *camping-val-vert@wanadoo.fr*,
Fax 05 46 38 06 15, *www.val-vert.com*
3 ha (166 empl.) plat et terrasse, herbeux, pierreux
Tarif : 36€ (10A) – pers. suppl. 7,20€
– frais de réservation 15€
Location : (de déb. avr. à fin sept.) – 35 – 36 . Sem. 235 à 748€ – frais de réservation 15€
borne artisanale
Pour s'y rendre : 108 av. Fréderic Garnier (au sud-ouest du bourg, au bord d'un ruisseau)
À savoir : en bordure d'un parc

Nature :
Loisirs : snack, pizzeria
Services : laverie
À prox. :

Longitude : -1.06299
Latitude : 45.64357

VOUILLÉ

86190 – **322** G5 – 3 322 h. – alt. 118
10, place de l'Eglise ✆ 0549510669
Paris 345 – Châtellerault 46 – Parthenay 34 – Poitiers 18

Municipal de déb. juin à déb. sept.
✆ 0549542030, *vouille@cg86.fr*, Fax 0549511447
0,5 ha (48 empl.) plat, herbeux
Tarif : (Prix 2011) 3,50€ 2€ 3€ – (10A) 3€
Pour s'y rendre : chemin de la Piscine (au bourg, au bord de l'Auxance)

Nature :
Loisirs :
Services :
À prox. :

Longitude : 0.16603
Latitude : 46.63769

VOUNEUIL-SUR-VIENNE

86210 – **322** J4 – 1 910 h. – alt. 58
34 bis, place de la Libération ✆ 0549851199
Paris 316 – Châtellerault 12 – Chauvigny 20 – Poitiers 27

Les Chalets de Moulière (location exclusive de chalets) de mi-mars à fin oct.
✆ 0549858440, *villagevacance@fol86.org* – empl. traditionnels également disponibles –
1,5 ha plat
Location : – 24 . Nuitée 65 à 127€ – Sem. 274 à 593€
Pour s'y rendre : r. des Ardentes (sortie est par D 15, rte de Monthoiron et r. à gauche, à 60 m de la Vienne (accès direct))
À savoir : emplacements pour colonies de vacances

Loisirs :
Services :
À prox. : canoë

Longitude : 0.5445
Latitude : 46.71965

PROVENCE-ALPES-CÔTE D'AZUR

S. Sauvignier/Michelin

Le jour se lève en Provence. Sur les marchés colorés les « partisanes » vantent avec une faconde proverbiale la fraîcheur de leur étal. Tsitt… tsitt, face à la « grande bleue », les cigales entament leur chant obsédant, et les sonnailles des moutons transhumants tintent du côté de l'Ubaye. Le soleil darde ses rayons sur les villages perchés, exalte la senteur des lavandes et confine à l'ombre des platanes les gourmands qui dégustent un aïoli ou une bouillabaisse… Puis vient l'heure de la sieste, pratiquée dans les bastides de l'arrière-pays comme dans les cabanons nichés au creux des calanques. À la fraîche entrent en scène les joueurs de pétanque : après force querelles, ils rivaliseront jusqu'à la nuit de galéjades devant une tournée de pastis, « avec l'accent qui se promène et qui n'en finit pas ».

As the fishmongers joke, chat, and cry their wares under clear blue skies, you cannot help but fall in love with the happy-go-lucky spirit of Marseilles. Elsewhere, the sun is climbing higher above the ochre walls of a hilltop village and its fields of lavender below; the steady chirring of the cicadas is interrupted only by the sheep-bells ringing in the hills. Slow down to the gentle pace of the villagers and join them as they gather by the refreshingly cool walls of the café. However, come 2pm, you may begin to wonder where everyone is. On hot afternoons, everyone exercises their God-given right to a nap, from the fashionable Saint Tropez beaches to the seaside cabins of the Camargue, but soon it's time to wake up and get ready for a hotly-disputed game of pétanque and a cool glass of pastis!

LOIRE
ARDÈCHE
DRÔME
GARD
VAUCLUSE
BOUCHES-DU-RHÔNE
Ste-Sigolène
Vorey
Lavoûte-s-Loire
Yssingeaux
le Chambon-s-Lignon
St-Agrève
Mars
Lamastre
le Cheylard
Issarlès (lac d')
St-Sauveur-de-Montagut
les Ollières-s-Eyrieux
Privas
Aubenas
Largentière
Montélimar
Satillieu
Eclassan
Lalouvesc
Vion
St-Jean-de-Muzols
Tournon-s-Rhône
St-Vallier
St-Donat-s-l'H.
Tain-l'Hermitage
Châteauneuf-de-Galaure
St-Avit
ST-RAMBERT D'ALBON
PORTE DE LA DRÔME
LATITUDE 45
ROYANS-VERCORS
St-Nazaire-en-Royans
Autrans
Méaudre
Choranche
Villard-de-Lans
St-Martin-en-Vercors
Gresse-en-V.
St-Martin-de Clelles
VALENCE
Barbières
Chabeuil
St-Laurent-du-Pape
Crest
Mirabel-et-Blacons
Die
Châtillon-en-Diois
Grane
SAULCE
Recoubeau-Jansac
Menglon
le Poët-Célard
Bourdeaux
le Pöet-Laval
Dieulefit
MONTÉLIMAR
St-Ferréol-Trente-Pas
Grignan
Nyons
Sahune
84
Visan
Vinsobres
Bénivay-Ollon
Tulette
Faucon
Buis-les-Baronnies
Vaison-la-Romaine
Violès
Beaumes-de-Venise
Beaumont-du-Ventoux
Bédoin
Aubignan
Caromb
Mazan
Villes-s-Auzon
Carpentras
Malemort-du-Comtat
le Pontet
Pernes-les-Fontaines
le Thor
Murs
L'Isle-s-la-Sorgue
Châteauneuf-de-Gadagne
Apt
Maubec
Bonnieux
Cucuron
Lourmarin
Cadenet
Pertuis
Villefort
Pont-de-Montvert
Cendras
Alès
Allègre-les-Fumades
la Roque-s-C.
Bagnols-s-Cèze
Orange
St-Jean-du-Gard
Anduze
St-Jean-de-Ceyrargues
Connaux
Massillargues-Attuech
Uzès
Pont du Gard
Collias
Remoulins
Villeneuve-lès-A.
AVIGNON
Domazan
St-Hippolyte-du-Fort
Crespian
NÎMES-MARGUERITTES
NÎMES
Vallabrègues
Graveson
Châteaurenard
Orgon
Sommières
Junas
St-Étienne-du-Grès
St-Rémy-de-P.
Mallemort
La Roque-d'Anthéron
Castries
Gallargues-le-M.
Arles
Maussane-les-Alpilles
Salon-de-Provence
MONTPELLIER
la Grande-Motte
Aigues-Mortes
LANÇON-PROVENCE
Istres
AIX-EN-PROVENCE
ROUSSET
Lattes
Carnon-Plage
le Grau-du-Roi
Palavas-les-Flots
Port-Camargue
Stes-Maries-de-la-Mer
Frontignan
L'ARC
la Couronne
Carro
MARSEILLE
Serres
Orpierre
Forcalq
Lions du
A 7
A 9
A 49
A 51
A 54
A 8
A 55
A 50
A 52
N 88
N 102
N 106
N 113
N 568
N 109
D 104
D 111
D 164
D 93
D 94
D 994
D 904
D 6110
D 610
D 900
D 906
Rhône
Loire
Drôme
Eyrieux
Ardèche
Cèze
Gard
Ouvèze
Durance
Isère
Eygues
C

Localité citée avec camping
Localité citée avec camping et locatif
Vannes
Localité disposant d'un camping avec aire de services camping-car
Moyaux
Localité disposant d'au moins un terrain agréable
Aire de service pour camping-car sur autoroute
ITALIA
HAUTES-ALPES
ALPES-DE-HAUTE-PROVENCE
ALPES-MARITIMES
VAR
la Toussuire
Valloire
Bramans
le Bourg-d'Oisans
la Grave
Névache
le Bourg-d'Arud
St-Christophe-en-Oisans
Briançon
Villar-Loubière
l'Argentière-la-Bessée
la Roche-de-Rame
Ceillac
Pont-du-Fossé
Guillestre
St-Apollinaire
St-Clément-s-Durance
Ancelle
Embrun
Gap
Chorges
Baratier
Prunières
Espinasses
Larche
le Sauzé-du-Lac
St-Pons
Curbans
Col St-Jean
Méolans-Revel
Les Thuiles
Seyne
St-Étienne-de-Tinée
Clamensane
le Vernet
Isola
Sisteron
Colmars
Villars-Colmars
St-Martin-d'Entraunes
Volonne
St-Sauveur-s-Tinée
St-Martin-Vésubie
Digne-les-Bains
St-André-les-Alpes
Mézel
Puimichel
Sospel
Moustiers-Ste-Marie
Castellane
Riez
Ste-Croix-de-Verdon
Montpezat
les Salles-s-Verdon
St-Laurent-du-Verdon
Régusse
Montmeyan
Aups
Villecroze
Salernes
Draguignan
Callas
St-Paul-en-Forêt
la Colle-s-Loup
Vence
le Bar-s-Loup
Grasse
Auribeau-s-S.
Menton
Monaco
NICE
Cagnes-s-Mer
Cros-de-Cagnes
Villeneuve-Loubet
Le Cannet
CANNES
Mandelieu-la-Napoule
les Adrets-de-l'Esterel
le Muy
Agay
St-Raphaël
Roquebrune-s-Argens
Puget-s-A.
Fréjus
St-Aygulf
CAMBARETTE
Brignoles
Grimaud
Ramatuelle
la Croix-Valmer
Cavalaire-s-Mer
Bormes-les-Mimosas
La Londe-les-Maures
le Lavandou
La Favière
TOULON
Hyères
St-Mandrier-s-Mer
Giens
Îles d'Hyères
A 32
A 6
A 8
A 10
A 51
A 57
A 570
N 85
N 94
N 202
D 1091
D 4085
D 6085
D 6202
D 6204
D 559
D 98
DN 7
Durance
Ubaye
Var
Tinée
Verdon
Loup
Siagne
Argens

LES ADRETS-DE-L'ESTEREL

83600 – **340** P4 – 2 063 h. – alt. 295
place de la Mairie *04 94 40 93 57*
Paris 881 – Cannes 26 – Draguignan 44 – Fréjus 17

Les Philippons de déb. avr. à fin sept.
04 94 40 90 67, *info@philipponscamp.com*,
Fax 04 94 19 35 92, *www.lesphilippons.com*
5 ha (150 empl.) en terrasses, pierreux, herbeux, fort dénivelé
Tarif : (Prix 2011) 28,80€ (10A) – pers. suppl. 6€ – frais de réservation 20€
Location : (Prix 2011) (de déb. avr. à fin sept.) – 14 . Sem. 297 à 672€ – frais de réservation 20€
Pour s'y rendre : 3 km à l'est par D 237
À savoir : cadre sauvage sous les oliviers, eucalyptus, chênes-lièges

Nature :
Loisirs : snack
Services : laverie réfrigérateurs

Longitude : 6.84002
Latitude : 43.52876

ATTENTION...
ces prestations ne fonctionnent généralement qu'en saison, quelles que soient les dates d'ouverture du terrain.

AGAY

83530 – **340** Q5 – alt. 20
place Giannetti BP 45 *04 94 82 01 85*
Paris 880 – Cannes 34 – Draguignan 43 – Fréjus 12

Esterel Caravaning – de déb. avr. à fin sept.
04 94 82 03 28, *contact@esterel-caravaning.fr*,
Fax 04 94 82 87 37, *www.esterel-caravaning.fr*
15 ha (405 empl.) en terrasses, peu incliné, pierreux
Tarif : 49€ (16A) – pers. suppl. 11 € – frais de réservation 40€
Location : (de déb. avr. à fin sept.) – 250 . Nuitée 35 à 160€ – Sem. 250 à 1 100€ – frais de réservation 40€
borne artisanale 10€
Pour s'y rendre : av. des Golfs (4 km au nord-ouest)
À savoir : piscine couverte pour les enfants, nurserie et quelques emplacements avec jacuzzi privé !

Nature :
Loisirs : snack discothèque, espace balnéo poneys squash, terrain multisports, skate-park
Services : – 18 sanitaires individuels (wc) laverie
À prox. : golf

Longitude : 6.83256
Latitude : 43.45419

Campéole Le Dramont – de fin mars à mi-oct.
04 94 82 07 68, *dramont@campeole.com*,
Fax 04 94 82 75 30, *www.camping-mer.com*
6,5 ha (400 empl.) vallonné, plat, sablonneux
Tarif : (Prix 2011) 43€ (6A) – pers. suppl. 9,30€ – frais de réservation 25€
Location : (Prix 2011) (de fin mars à mi-oct.) – 56 – 56 – 65 bungalows toilés. Nuitée 29 à 146€ – Sem. 203 à 1 022€ – frais de réservation 25€
borne autre 7,50€
Pour s'y rendre : 986 bd de la 36ème Division du Texas

Nature :
Loisirs : snack, vallonné terrain multisports
Services : laverie
À prox. : canoë-kayak, école de plongée

Longitude : 6.84835
Latitude : 43.41782

Village Vacances Vallée du Paradis – (location exclusive de mobile homes) Permanent
04 94 82 16 00, *contact@camping-vallee-du-paradis.fr*,
Fax 04 94 82 72 21, *www.camping-vallee-du-paradis.fr*
3 ha plat
Location : – 198 . Nuitée 39 à 152€ – Sem. 273 à 1 043€ – frais de réservation 30€
Pour s'y rendre : av. du Gratadis (1 km au nord-ouest, au bord de l'Agay)

Nature :
Loisirs : snack ponton d'amarrage, kayak
Services : laverie

Longitude : 6.85285
Latitude : 43.43546

Les Rives de l'Agay de déb. mars à déb. nov.
04 94 82 02 74, *reception@lesrivesdelagay.fr*,
Fax 04 94 82 74 14, *www.lesrivesdelagay.fr*
2 ha (171 empl.) plat, herbeux, sablonneux
Tarif : (Prix 2011) 19,90 € (6A) –
pers. suppl. 4 € – frais de réservation 20 €

Location : (de déb. mars à déb. nov.) – 42 . Nuitée 37 à 49 € – Sem. 510 à 886 € – frais de réservation 20 €
Pour s'y rendre : 575 av. du Gratadis (700 m au nord-ouest, au bord de l'Agay et à 500 m de la plage)

Nature :
Loisirs : pizzeria club de plongée, ponton d'amarrage
Services : laverie

Longitude : 6.85263
Latitude : 43.43408

Azur Rivage de déb. avr. à fin sept.
04 94 44 83 12, *campingazurivage@aol.com*,
Fax 04 94 44 84 39, *www.camping-azur-rivage.com*
1 ha (66 empl.) plat, en terrasses, peu incliné, pierreux
Tarif : (Prix 2011) 45 € (6A) –
pers. suppl. 8 € – frais de réservation 20 €

Location : (Prix 2011) (de déb. avr. à fin sept.) – 47 . Nuitée 50 € – Sem. 200 à 950 € – frais de réservation 20 €
borne artisanale
Pour s'y rendre : à Anthéor, 1785 bd Eugène-Brieux (5 km à l'est, sur la D 559 rte de Cannes)

À savoir : près de la plage

Nature :
Loisirs :
Services : laverie

Longitude : 6.89168
Latitude : 43.43748

Agay-Soleil de fin mars à déb. nov.
04 94 82 00 79, *camping-agay-soleil@wanadoo.fr*,
Fax 04 94 82 88 70, *www.agay-soleil.com*
0,7 ha (53 empl.) plat, peu incliné, terrasses, sablonneux
Tarif : (Prix 2011) 29,50 € (6A) –
pers. suppl. 5,50 € – frais de réservation 15 €

Location : (Prix 2011) (de fin mars à déb. nov.) – 5 – 2 . Sem. 300 à 745 €
borne artisanale 8 €
Pour s'y rendre : 1152 bd de la Plage (700 m à l'est sur la D 559, rte de Cannes)

Nature :
Loisirs : pizzeria
Services :
À prox. : base nautique

Longitude : 6.86822
Latitude : 43.43333

Royal-Camping de fin fév. à mi-nov.
04 94 82 00 20, *contact@royalcamping.net*,
Fax 04 94 82 00 20, *www.royalcamping.net*
0,6 ha (45 empl.) plat, herbeux, gravier
Tarif : (Prix 2011) 31 € (6A) –
pers. suppl. 7 € – frais de réservation 20 €
Location : (Prix 2011) (de fin fév. à mi-nov.) – 9 . Nuitée 50 à 100 € – Sem. 350 à 690 € – frais de réservation 20 €
Pour s'y rendre : r. Louise Robinson (1,5 km à l'ouest par D 559, rte de St-Raphael et r. à gauche)

Nature :
Loisirs :
Services :
À prox. :

Longitude : 6.85707
Latitude : 43.42027

AIX-EN-PROVENCE

13100 – **340** H4 – 143 404 h. – alt. 206
2, place du Général-de-Gaulle 04 42 16 11 61
Paris 752 – Aubagne 39 – Avignon 82 – Manosque 57

Chantecler – Permanent
04 42 26 12 98, *info@campingchantecler.com*,
Fax 04 42 27 33 53, *www.campingchantecler.com*
8 ha (240 empl.) en terrasses, pierreux, herbeux, peu incliné, plat, très vallonné
Tarif : (Prix 2011) 25,20 € (10A) –
pers. suppl. 6,60 €
Location : (Prix 2011) (permanent) – 32 – 13 . Sem. 428 à 796 €
borne artisanale
Pour s'y rendre : 41 av. du Val-Saint-André (2,5 km au sud-est, accès par cours Gambetta - A8 : sortie 31, Aix - Val-St-André-)
À savoir : pour quelques emplacements, vue sur la Montagne-Ste-Victoire

Nature :
Loisirs : snack
Services : laverie

Longitude : 5.47416
Latitude : 43.51522

ANCELLE

588

05260 – **334** F5 – 808 h. – alt. 1 340 – Sports d'hiver : 1 350/1 807 m 13
Mairie 04 92 50 89 51
Paris 665 – Gap 17 – Grenoble 103 – Orcières 18

Les Auches Permanent
04 92 50 80 28, *info@lesauches.com*, *www.lesauches.com*
2 ha (67 empl.) peu incliné, terrasses, herbeux
Tarif : 17,50 € (3A) – pers. suppl. 4,50 €
Location : (permanent) – 22 – 2 – 2 studios – 1 appartement. Sem. 260 à 620 € – frais de réservation 15 €
Pour s'y rendre : Lieu-dit : Les Auches (sortie nord par rte de Pont du Fossé et à dr.)

Nature :
Loisirs : snack jacuzzi
Services : laverie

Longitude : 6.21075
Latitude : 44.62435

APT

84400 – **332** F10 – 11 158 h. – alt. 250
20, avenue Ph. de Girard 04 90 74 03 18, ot@apt.fr
Paris 728 – Aix-en-Provence 56 – Avignon 54 – Carpentras 49

Le Lubéron de déb. avr. à fin sept.
04 90 04 85 40, *leluberon@wanadoo.fr*,
Fax 04 90 74 12 19, *www.campingleluberon.com*
5 ha (110 empl.) plat et peu incliné, terrasses, gravillons, herbeux
Tarif : (Prix 2011) 29,40 € (6A) –
pers. suppl. 6,80 € – frais de réservation 18 €
Location : (Prix 2011) (de déb. avr. à fin sept.) – 12 – 16 – 5 bungalows toilés – 1 gîte. Sem. 190 à 750 € – frais de réservation 18 €
Pour s'y rendre : av. de Saignon (2 km au sud-est par D 48)

Nature :
Loisirs : snack
Services : laverie

Longitude : 5.41327
Latitude : 43.86632

Les Cèdres de mi-fév. à mi-nov.
04 90 74 14 61, *lucie.bouillet@yahoo.fr*,
Fax 04 90 74 14 61, *www.camping-les-cedres.fr* –
1,8 ha (75 empl.) plat, herbeux, pierreux
Tarif : (Prix 2011) 2,60€ 5,30€ – (10A) 3,50€

Location : (Prix 2011) (de mi-mars à mi-oct.) – 4 bungalows toilés. Nuitée 38€ – Sem. 260€
borne raclet 5€
Pour s'y rendre : sortie nord-ouest par D 22, rte de Rustrel

Nature :
Loisirs : mur d'escalade
Services : réfrigérateur, congélateur
À prox. :

Longitude : 5.4013
Latitude : 43.87765

Avant de prendre la route, consultez* www.ViaMichelin.fr *: votre meilleur itinéraire, le choix de votre hôtel, restaurant, des propositions de visites touristiques.

L'ARGENTIÈRE-LA-BESSÉE

05120 – **334** H4 – 2 304 h. – alt. 1 024
Paris 696 – Briançon 17 – Embrun 33 – Gap 74

Municipal Les Écrins
04 92 23 03 38, *contact@camping-les-ecrins.com*,
Fax 04 92 23 09 89, *www.camping-les-ecrins.com*
3 ha (71 empl.) plat, pierreux, herbeux
borne artisanale –
Pour s'y rendre : av. Pierre Sainte (2,3 km au sud par N 94, rte de Gap, et D 104 à dr.)

À savoir : nombreux jeunes sportifs pour activités en eaux vives

Nature :
Loisirs :
Services :
À prox. : (plan d'eau) sports en eaux vives, canoë

Longitude : 6.55823
Latitude : 44.77687

ARLES

13200 – **340** C3 – 52 197 h. – alt. 13
boulevard des Lices 04 90 18 41 20
Paris 719 – Aix-en-Provence 77 – Avignon 37 – Cavaillon 44
O : 14 km par N 572 rte de St-Gilles et D 37 à gauche

Crin Blanc – de déb. avr. à fin sept.
04 66 87 48 78, *camping-crin.blanc@wanadoo.fr*,
Fax 04 66 87 18 66, *www.camping-crin-blanc.com*
4,5 ha (170 empl.) plat, herbeux, pierreux
Tarif : (Prix 2011) 24€ (10A) –
pers. suppl. 5,50€ – frais de réservation 10€

Location : (Prix 2011) (de déb. mars à fin oct.) – 120 . Nuitée 59 à 75€ – Sem. 199 à 695€ – frais de réservation 19€
Pour s'y rendre : au Hameau des Saliers (au sud-ouest de Saliers par D 37)

Nature :
Loisirs : snack
Services : laverie
À prox. :

Longitude : 4.47392
Latitude : 43.66149

AUBIGNAN

84810 – **332** D9 – 4 619 h. – alt. 65
Place Anne-Benoîte Guillaume 04 90 62 65 36
Paris 675 – Avignon 31 – Carpentras 7 – Orange 21

Le Brégoux de déb. mars à fin oct.
04 90 62 62 50, *camping-lebregoux@ventoux-comtat.com*, Fax 04 90 62 65 21, *www.camping-lebregoux.fr*
3,5 ha (170 empl.) plat, herbeux
Tarif : 3,80€ 3,50€ – (10A) 3,50€

Location : (de déb. mars à fin oct.) – 5 . Nuitée 40 à 76€ – Sem. 260 à 470€
Pour s'y rendre : 410 chemin du Vas (800 m au sud-est par D 55, rte de Caromb et chemin à dr.)

Nature :
Loisirs :
Services : laverie

Longitude : 5.03609
Latitude : 44.09808

AUPS

83630 – **340** M4 – 2 047 h. – alt. 496
place Frédéric Mistral 0494840069
Paris 818 – Aix-en-Provence 90 – Castellane 71 – Digne-les-Bains 78

International Camping de déb. avr. à fin sept.
04 94 70 06 80, *info@internationalcamping-aups.com*, Fax 04 94 70 10 51, *www.internationalcamping-aups.com*
4 ha (190 empl.) plat, pierreux, herbeux
Tarif : 7,40€ 6,45€ – (10A) 5,90€

Location : (permanent) – 22 . Sem. 300 à 540€
Pour s'y rendre : 495 rte de Fox-Amphoux (500 m à l'ouest par D 60)

À savoir : cadre pittoresque et soigné

Nature :
Loisirs : pizzeria, discothèque
Services :

Longitude : 6.21705
Latitude : 43.62465

AURIBEAU-SUR-SIAGNE

06810 – **341** C6 – 2 760 h. – alt. 85
place en Aïre 0493407956
Paris 900 – Cannes 15 – Draguignan 62 – Grasse 9

Le Parc des Monges de mi-avr. à fin sept.
04 93 60 91 71, *contact@parcdesmonges.fr*, *www.parcdesmonges.com*
1,3 ha (54 empl.) plat, pierreux, herbeux
Tarif : 5,50€ 4€ 25€ – (10A) 6,50€

Location : (de mi-avr. à fin sept.) – 6 – 8 . Sem. 300 à 820€
borne artisanale 7€
Pour s'y rendre : 635 chemin du Gabre (1,4 km au nord-ouest par D 509, rte de Tanneron)

À savoir : au bord de la Siagne

Nature :
Loisirs :
Services :
À prox. : snack

Longitude : 6.90252
Latitude : 43.60659

AVIGNON

84000 – **332** B10 – 91 283 h. – alt. 21
41, cours Jean Jaurès 0432743274
Paris 682 – Aix-en-Provence 82 – Arles 37 – Marseille 98

Le Pont d'Avignon de déb. mars à fin nov.
04 90 80 63 50, *aquadis1@orange.fr*, Fax 03 86 37 95 83, *www.aquadis-loisirs.com*
8 ha (300 empl.) plat, herbeux, gravillons
Tarif : 27,80€ (10A) – pers. suppl. 4,95€ – frais de réservation 8€

Location : (de déb. mars à fin nov.) – 4 bungalows toilés. Sem. 335 à 580€ – frais de réservation 16€
borne artisanale
Pour s'y rendre : 10 chemin de la Barthelasse (sortie nord-ouest, rte de Villeneuve-lès-Avignon par le pont Édouard-Daladier et à dr., dans l'île-de-la-Barthelasse)

Nature :
Loisirs : snack
Services : laverie

Longitude : 4.7971
Latitude : 43.95331

BARATIER

05200 – **334** G4 – 512 h. – alt. 855
Paris 704 – Marseille 214 – Gap 39 – Digne 90

Les Airelles de déb. juin à mi-sept.
04 92 43 11 57, *info@lesairelles.com*, Fax 04 92 43 69 07, *www.lesairelles.com*
5 ha/4 campables (130 empl.) en terrasses, peu incliné, plat, herbeux, pierreux
Tarif : (Prix 2011) 5,80€ 6,50€ – (10A) 4,50€

Location : (Prix 2011) (de déb. juin à mi-sept.) – 8 roulottes – 16 – 32 . Nuitée 65 à 100€ – Sem. 430 à 700€
Pour s'y rendre : rte des Orres (1,2 km au sud-est par D 40, rte des Orres et rte à dr.)

Nature :
Loisirs : snack diurne terrain multisports
Services : laverie

Longitude : 6.50164
Latitude : 44.5291

Le Verger Permanent
04 92 43 15 87, *camping.leverger@wanadoo.fr*, Fax 04 92 43 49 81, *www.campingleverger.fr* – places limitées pour le passage
4,3 ha/2,5 campables (110 empl.) en terrasses, peu incliné, plat, herbeux, pierreux
Tarif : (Prix 2011) 16,10€ (10A) – pers. suppl. 5,50€ – frais de réservation 14€
Location : (Prix 2011) (permanent) – 14 – 14 gîtes. Sem. 415 à 600€
Pour s'y rendre : chemin de Jouglar (sortie ouest, pour caravanes, accès conseillé par le village)

Nature :
Loisirs : snack
Services :
À prox. :

Longitude : 6.49593
Latitude : 44.53862

Les Deux Bois saison
04 92 43 54 14, *info@camping-les2bois.com*, *www.camping-les2bois.com*
2,5 ha (100 empl.) en terrasses, incliné, plat, herbeux, pierreux
Tarif : (Prix 2011) 20,70€ (10A) – pers. suppl. 5,20€
Location : (Prix 2011) (de fin avr. à fin nov.) (mobile home) – 4 . Nuitée 80 à 125€ – Sem. 560 à 880€
Pour s'y rendre : rte de Pra Fouran (accès au bourg par D 204)
À savoir : locatif mobile home de grand confort

Nature :
Loisirs : snack
Services :
À prox. :

Longitude : 6.49207
Latitude : 44.53837

Les Grillons de mi-mai à mi-sept.
04 92 43 32 75, *info@lesgrillons.com*, Fax 04 92 43 32 75, *www.lesgrillons.com*
1,5 ha (95 empl.) peu incliné, herbeux, pierreux
Tarif : (Prix 2011) 16,30€ (16A) – pers. suppl. 5€ – frais de réservation 10€
Location : (Prix 2011) (de mi-mai à mi-sept.) – 16 . Nuitée 64 à 83€ – Sem. 296 à 580€ – frais de réservation 13€
Pour s'y rendre : rte de la Madeleine (1 km au nord par D 40, D 340 et chemin à gauche)

Nature :
Loisirs :
Services : laverie

Longitude : 6.49755
Latitude : 44.54689

BARRET-SUR-MÉOUGE

05300 – **334** C7 – 213 h. – alt. 640
Paris 700 – Laragne-Montéglin 14 – Sault 46 – Séderon 21

Les Gorges de la Méouge de déb. mai à fin sept.
04 92 65 08 47, *campinggorgesdelameouge@wanadoo.fr*, Fax 04 92 65 05 33, *www.camping-meouge.com*
3 ha (115 empl.) plat, herbeux
Tarif : 21,70€ (10A) – pers. suppl. 5,20€
Location : (de déb. mai à fin sept.) – 13 . Nuitée 59 à 66€ – Sem. 412 à 459€
borne artisanale 2€ – 5 17,60€ – 10€
Pour s'y rendre : au lieu-dit : Le Serre (sortie est par D 942, rte de Laragne-Montéglin et chemin à dr., près de la Méouge)

Nature :
Loisirs :
Services :

Longitude : 5.73822
Latitude : 44.26078

We recommend that you consult the up to date price list posted at the entrance of the site.
Inquire about possible restrictions.
The information in this Guide may have been modified since going to press.

LE BAR-SUR-LOUP

06620 – **341** C5 – 2 752 h. – alt. 320
place Francis Paulet *04 93 42 72 21*
Paris 916 – Cannes 22 – Grasse 10 – Nice 31

Les Gorges du Loup de déb. avr. à fin sept.
04 93 42 45 06, *info@lesgorgesduloup.com*, *www.lesgorgesduloup.com* – accès aux emplacements par forte pente, mise en place et sortie des caravanes à la demande
1,6 ha (70 empl.) fort dénivelé, en terrasses, pierreux, herbeux
Tarif : (Prix 2011) 27,50€ (10A) – pers. suppl. 5€ – frais de réservation 15€

Location : (Prix 2011) (de déb. avr. à fin sept.) – 9 – 6 – 1 appartement. Sem. 280 à 660€ – frais de réservation 15€

Pour s'y rendre : 965 chemin des Vergers (1 km au nord-est par D 2210 puis 1 km par chemin des Vergers à dr.)

À savoir : petites terrasses souvent à l'ombre d'oliviers centenaires

Nature :
Loisirs :
Services : (tentes)

Longitude : 6.99527
Latitude : 43.70183

BEAUMES-DE-VENISE

84190 – **332** D9 – 2 238 h. – alt. 100
place du Marché *04 90 62 94 39*
Paris 666 – Avignon 34 – Nyons 39 – Orange 23

Municipal de Roquefiguier de déb. mars à fin oct.
04 90 62 95 07, *camping.roquefiguier@orange.fr*, Fax 04 90 65 01 31, *www.mairie-de-beaumes-de-venise* –
1,5 ha (63 empl.) peu incliné et en terrasses, herbeux, pierreux
Tarif : (Prix 2011) 2,65€ 1,80€ 3,15€ – (16A) 2,80€

Pour s'y rendre : rte de Lafare (sortie nord par D 90, rte de Malaucène et à dr., au bord de la Salette)

Nature :
Loisirs :
Services : réfrigérateur, congélateur
À prox. :

Longitude : 5.03448
Latitude : 44.12244

BEAUMONT-DU-VENTOUX

84340 – **332** E8 – 328 h. – alt. 360
Paris 676 – Avignon 48 – Carpentras 21 – Nyons 28

Mont-Serein Permanent
04 90 60 49 16, *montserein@orange.fr*, *www.camping-ventoux.com* – alt. 1 400
1,2 ha (60 empl.) plat, pierreux, herbeux
Tarif : 4,20€ 4,80€ – (10A) 3,50€

Location : (permanent) – 2 – 5 . Nuitée 28€ – Sem. 340 à 480€

borne artisanale 3,50€ – 9.50€

Pour s'y rendre : 20 km à l'est par D 974 et D 164a, r. du Mont-Ventoux par Malaucène, accès conseillé par Malaucène

À savoir : agréable situation dominante

Nature : Mont-Ventoux et chaîne des Alpes
Loisirs :
Services :

Longitude : 5.25898
Latitude : 44.1811

Des vacances réussies sont des vacances bien préparées !
Ce guide est fait pour vous y aider... mais :
– n'attendez pas le dernier moment pour réserver
– évitez la période critique du 14 juillet au 15 août.
Pensez aux ressources de l'arrière-pays,
à l'écart des lieux de grande fréquentation.

BÉDOIN

84410 – **332** E9 – 3 019 h. – alt. 295
Espace Marie-Louis Gravier ☎ 04 90 65 63 95
Paris 692 – Avignon 43 – Carpentras 16 – Vaison-la-Romaine 21

Municipal la Pinède
☎ 04 90 65 61 03, *la-pinede.camping-municipal@wanadoo.fr, www.camping-municipal-la-pinede.new.fr*
6 ha (121 empl.) en terrasses, pierreux, herbeux
Location : – 3 .
borne eurorelais – 15
Pour s'y rendre : chemin des Sablières (sortie ouest par rte de Crillon-le-Brave et chemin à dr., à côté de la piscine municipale)

Nature :
Services :
À prox. :

Longitude : 5.17261
Latitude : 44.12486

BOLLÈNE

84500 – **332** B8 – 14 001 h. – alt. 40
place Reynaud de la Gardette ☎ 04 90 40 51 45
Paris 634 – Avignon 53 – Montélimar 34 – Nyons 35

La Simioune Permanent
☎ 04 90 30 44 62, *la-simioune@wanadoo.fr, www.la-simioune.fr*
2 ha (80 empl.) plat et en terrasses, sablonneux
Tarif : 14€ (10A) – pers. suppl. 4€ – frais de réservation 10€
Location : (permanent) – 3 . Nuitée 60 à 80€ – Sem. 350 à 480€ – frais de réservation 10€
Pour s'y rendre : quartier de Guffiage (5 km au nord-est par rte de Lambisque (accès sur D 8 par ancienne rte de Suze-la-Rousse longeant le Lez) et chemin à gauche)
À savoir : bâtiments en bois, style ranch

Nature :
Loisirs : poneys (centre équestre)
Services :

Longitude : 4.74848
Latitude : 44.28203

BONNIEUX

84480 – **332** E11 – 1 408 h. – alt. 400
7, place Carnot ☎ 04 90 75 91 90
Paris 721 – Aix-en-Provence 49 – Apt 12 – Cavaillon 27

Le Vallon de mi-mars à mi-oct.
☎ 04 90 75 86 14, *info@campinglevallon.com, www.campinglevallon.com*
1,3 ha (80 empl.) plat et en terrasses, pierreux, herbeux, bois attenant
Tarif : (Prix 2011) 21,50€ (10A) – pers. suppl. 4€ – frais de réservation 10€
Location : (Prix 2011) (de mi-mars à mi-oct.) – 3 yourtes. Nuitée 50 à 60€ – Sem. 300 à 350€
Pour s'y rendre : rte de Ménerbes (sortie sud par D 3, rte de Ménerbes et chemin à gauche)

Nature :
Services :
À prox. :

Longitude : 5.22838
Latitude : 43.81881

BORMES-LES-MIMOSAS

83230 – **340** N7 – 7 153 h. – alt. 180
1, place Gambetta ☎ 04 94 01 38 38
Paris 871 – Fréjus 57 – Hyères 21 – Le Lavandou 4

Manjastre Permanent
☎ 04 94 71 03 28, *manjastre@infonie.fr*, Fax 04 94 71 63 62, *www.campingmanjastre.com* (juil.-août)
3,5 ha (120 empl.) en terrasses, pierreux, plat et peu incliné
Tarif : (Prix 2011) 27,40€ (10A) – pers. suppl. 6€ – frais de réservation 15€
borne artisanale 5€
Pour s'y rendre : 150 chemin des Girolles (5 km au nord-ouest sur N 98, rte de Cogolin)
À savoir : bel ensemble de terrasses parmi les mimosas et les chênes-lièges

Nature :
Loisirs : snack
Services : laverie

Longitude : 6.32153
Latitude : 43.16258

BRIANÇON

05100 – **334** H2 – 11 604 h. – alt. 1 321 – Sports d'hiver :
1, place du Temple ☎ 0492210850
Paris 681 – Digne-les-Bains 145 – Embrun 48 – Grenoble 89

Les 5 Vallées de déb. juin à fin sept.
☎ 0492210627, *infos@camping5vallees.com*, Fax 0492204169, *www.camping5vallees.com*
5 ha (180 empl.) plat, herbeux, pierreux
Tarif : (Prix 2011) 7,10€ 2,70€ 4,40€ – (16A) 5,10€

Location : (de déb. déc. à fin sept.) – 31 . Nuitée 92€ – Sem. 644€
Pour s'y rendre : au lieu-dit : St-Blaise (2 km au sud par N 94)

Nature :
Loisirs :
Services : laverie
À prox. :

Longitude : 6.69323
Latitude : 45.11898

CADENET

84160 – **332** F11 – 3 963 h. – alt. 170
11, place du Tambour d'Arcole ☎ 0490683821
Paris 734 – Aix-en-Provence 33 – Apt 23 – Avignon 63

Val de Durance de déb. avr. à fin sept.
☎ 0490683775, *info@homair.com*, Fax 0490681634, *www.homair.com*
10 ha/2,4 campables (232 empl.) plat, herbeux, pierreux
Tarif : (Prix 2011) 29€ (10A) – pers. suppl. 6€ – frais de réservation 10€

Location : (Prix 2011) (de déb. avr. à fin sept.) – 195 . Nuitée 28 à 103€ – Sem. 196 à 721€ – frais de réservation 10€
Pour s'y rendre : 570 av. du Club Hippique (2,7 km au sud-ouest par D 943, rte d'Aix, D 59 à dr. et chemin à gauche)

À savoir : au bord d'un plan d'eau et à 300 m de la Durance

Nature :
Loisirs : snack diurne (juil.-août) terrain multisports
Services :

Longitude : 5.35515
Latitude : 43.71957

CAGNES-SUR-MER

06800 – **341** D6 – 48 941 h. – alt. 20
6, boulevard Maréchal Juin ☎ 0493206164
Paris 915 – Antibes 11 – Cannes 21 – Grasse 25

La Rivière de mi-mars à mi-oct.
☎ 0493206227, *contact@campinglariviere06.fr*, Fax 0493207253, *www.campinglariviere06.fr*
1,2 ha (90 empl.) plat, herbeux, gravier
Tarif : 24€ (6A) – pers. suppl. 4€

Location : (de déb. avr. à fin sept.) – 4 . Sem. 240 à 430€
Pour s'y rendre : 168 chemin des Salles (3,5 km au nord, au bord de la Cagne)

Nature :
Loisirs : snack, pizzeria
Services :

Longitude : 7.14283
Latitude : 43.69581

Le Colombier de déb. avr. à fin sept.
☎ 0493731277, *campinglecolombier06@wanadoo.fr*, Fax 0493731277, *www.campinglecolombier.com* (de déb. juil. à fin août)
0,5 ha (33 empl.) plat, peu incliné, herbeux, gravier
Tarif : 25,60€ (10A) – pers. suppl. 5€ – frais de réservation 6,50€

Location : (de déb. avr. à fin sept.) – 2 roulottes – 2 – 1 studio. Sem. 190 à 590€ – frais de réservation 6,50€
borne artisanale
Pour s'y rendre : 35 chemin Ste Colombe (2 km au nord en dir. des collines de la rte de Vence)

À savoir : piscine de l'autre côté de la route

Nature :
Loisirs : (petite piscine)
Services : laverie réfrigérateurs

Longitude : 7.13893
Latitude : 43.67107

CALLAS

83830 – **340** O4 – 1 759 h. – alt. 398
place du 18 juin 1940 ✆ 04 94 39 06 77
Paris 872 – Castellane 51 – Draguignan 14 – Toulon 94

Les Blimouses de déb. mars à fin déc.
✆ 04 94 47 83 41, *camping.les.blimouses@wanadoo.fr*,
Fax 04 94 47 83 41, *www.campinglesblimouses.com*
6 ha (170 empl.) plat à incliné, en terrasses, pierreux, herbeux
Tarif : 24€ (10A) – pers. suppl. 4€ – frais de réservation 20€
Location : (de déb. mars à fin déc.) – 30 – 7 . Nuitée 29 à 45€ – Sem. 250 à 690€ – frais de réservation 20€
Pour s'y rendre : 3 km au sud par D 25 et D 225, rte de Draguignan

Nature :
Loisirs : snack
Services :

Longitude : 6.53242
Latitude : 43.57456

CANNES

06400 – **341** D6 – 67 304 h. – alt. 2
1, boulevard de La Croisette ✆ 04 92 99 84 22
Paris 898 – Aix-en-Provence 149 – Marseille 160 – Nice 33

Le Parc Bellevue de déb. avr. à fin sept.
✆ 04 93 47 28 97, *contact@parcbellevue.com*,
Fax 04 93 48 66 25, *www.parcbellevue.com*
5 ha (250 empl.) en terrasses, plat, herbeux, gravier, fort dénivelé
Tarif : (Prix 2011) 4€ 4€ 13€ – (6A) 4€
Location : (de déb. avr. à fin sept.) – 90 . Sem. 300 à 690€
30 21€
Pour s'y rendre : à la Bocca, 67 av. Maurice Chevalier (au nord, derrière le stade municipal)
À savoir : nuisances sonores de la route pour certains emplacements

Nature :
Loisirs : snack
Services :

Longitude : 6.96042
Latitude : 43.55617

Donnez-nous votre avis sur les terrains que nous recommandons. Faites-nous connaître vos observations et vos découvertes par mail à l'adresse : leguidecampingfrance@tp.michelin.com.

LE CANNET

06110 – **341** C6 – 40 940 h. – alt. 80
Paris 909 – Marseille 180 – Nice 39 – Monaco 54

Le Ranch de déb. avr. à fin oct.
✆ 04 93 46 00 11, *dstallis@free.fr*, Fax 04 93 46 44 30,
www.leranchcamping.fr
2 ha (130 empl.) en terrasses, peu incliné, plat, herbeux, pierreux
Tarif : (Prix 2011) 7€ 3€ 17€ (10A) – frais de réservation 10€
Location : (Prix 2011) (de déb. avr. à fin oct.) – 8 roulottes – 13 – 5 – 2 . Sem. 250 à 670€ – frais de réservation 10€
borne artisanale 5€
Pour s'y rendre : au lieu-dit : Aubarède, ch. St. Joseph (1,5 km au nord-ouest par D 9 puis bd de l'Esterel à dr.)
À savoir : éviter les emplacements près de la route

Nature :
Loisirs : (petite piscine)
Services :
laverie

Longitude : 6.97698
Latitude : 43.56508

CAROMB

84330 – **332** D9 – 3 186 h. – alt. 95
64, place du Cabaret ✆ 04 90 62 36 21
Paris 683 – Avignon 37 – Carpentras 10 – Malaucène 10

Le Bouquier de déb. avr. à déb. oct.
✆ 04 90 62 30 13, *lebouquier@orange.fr*, Fax 04 90 62 30 13, *www.lebouquier.com*
1,5 ha (50 empl.) en terrasses, plat, gravier, pierreux
Tarif : (Prix 2011) 18 € – pers. suppl. 4,50 € – frais de réservation 5 €

Location : (Prix 2011) (de déb. avr. à déb. oct.) – 3. Sem. 320 à 500 € – frais de réservation 5 €
Pour s'y rendre : av. Charles de Gaulle (1,5 km au nord par D 13)

Nature :
Loisirs : (petite piscine)
Services : (tentes)

Longitude : 5.10994
Latitude : 44.12396

CARPENTRAS

84200 – **332** D9 – 28 526 h. – alt. 102
97, Place du 25 Août 1944 ✆ 04 90 63 00 78
Paris 679 – Avignon 30 – Cavaillon 28 – Orange 24

Lou Comtadou de déb. mars à fin oct.
✆ 04 90 67 03 16, *info@campingloucomtadou.com*, Fax 04 90 46 01 81, *www.campingloucomtadou.com*
1 ha (99 empl.) plat, pierreux, herbeux, petit plan d'eau
Tarif : 17 € (6A) – pers. suppl. 4,50 € – frais de réservation 15 €

Location : (de déb. mars à fin oct.) – 16 – 2 bungalows toilés – 3 tentes. Nuitée 32 à 97 € – Sem. 224 à 679 € – frais de réservation 12 €
borne artisanale
Pour s'y rendre : 881, av. Pierre de Coubertin (1,5 km au sud-est par D 4, rte de St-Didier et rte à dr., près du complexe sportif)

Nature :
Loisirs :
Services :
À prox. :

Longitude : 5.05429
Latitude : 44.04417

CARRO

13500 – **340** F6
Paris 787 – Marseille 44 – Aix-en-Provence 51 – Martigues 13

L 'Hippocampe, les Chalets de la Mer (location exclusive de chalets) Permanent
✆ 04 42 80 73 46, *hippocampe@semovim-martigues.com*, Fax 04 42 40 56 09, *www.semovim-martigues.com*
3 ha plat

Location : (Prix 2011) (8 chalets) – 68. Sem. 415 à 1 000 € – frais de réservation 15,50 €
Pour s'y rendre : r. de la Tramontane
À savoir : une vingtaine de chalets loués en formule hôtelière

Nature :
Loisirs : nocturne centre d'information touristique
Services : laverie

Longitude : 5.04117
Latitude : 43.33291

CASTELLANE

04120 – **334** H9 – 1 604 h. – alt. 730
rue Nationale *04 92 83 61 14*
Paris 797 – Digne-les-Bains 54 – Draguignan 59 – Grasse 64

Les Castels Le Domaine du Verdon – de mi-mai à mi-sept.
04 92 83 61 29, *contact@camp-du-verdon.com*, Fax 04 92 83 69 37, *www.camp-du-verdon.com*
9 ha (500 empl.) plat, herbeux
Tarif : 26€ (16A) – pers. suppl. 8€ – frais de réservation 20€
Location : (de mi-mai à mi-sept.) – 135 – 4. Nuitée 48 à 108€ – Sem. 336 à 812€
borne flot bleu
Pour s'y rendre : au Lieu-dit : Domaine de la Salaou (Camp du Verdon)

Nature :
Loisirs : snack
Services : laverie cases réfrigérées
À prox. : canoë, sports en eaux vives

Longitude : 6.49402
Latitude : 43.83895

RCN Les Collines de Castellane de mi-avr. à fin sept.
04 92 83 68 96, *info@rcn-lescollinesdecastellane.fr*, Fax 04 92 83 75 40, *www.rcn-campings.fr* – accès aux emplacements par forte pente, mise en place et sortie des caravanes à la demande – alt. 1 000
7 ha (200 empl.) en terrasses, peu incliné, pierreux, herbeux, bois attenant
Tarif : 42,15€ (6A) – pers. suppl. 5,10€ – frais de réservation 19€
Location : (de mi-avr. à mi-sept.) – 38 – 2. Nuitée 41 à 118€ – Sem. 287 à 812€ – frais de réservation 19€
Pour s'y rendre : rte de Grasse (7 km au sud-est par N 85, à La Garde)

Nature :
Loisirs : snack, pizzeria
Services :

Longitude : 6.56994
Latitude : 43.8244

International Camping de mi-fév. à déb. oct.
04 92 83 66 67, *info@camping-international.fr*, Fax 04 92 83 77 67, *www.camping-international.fr*
6 ha (274 empl.) plat, peu incliné, herbeux, pierreux
Tarif : 30€ (10A) – pers. suppl. 5€ – frais de réservation 10€
Location : (de fin mars à déb. oct.) – 30 – 10. Nuitée 50 à 120€ – Sem. 275 à 825€ – frais de réservation 10€
borne flot bleu
Pour s'y rendre : rte Napoleon

Nature :
Loisirs : pizzeria
Services : cases réfrigérées
À prox. :

Longitude : 6.49796
Latitude : 43.85866

La Colle de déb. avr. à fin sept.
04 92 83 61 57, *contact@camping-lacolle.com*, *www.camping-lacolle.com*
3,5 ha/1 campable (41 empl.) non clos, plat, peu incliné et en terrasses, pierreux, herbeux
Tarif : (Prix 2011) 20,90€ (10A) – pers. suppl. 5,30€
Location : (Prix 2011) (de déb. avr. à fin sept.) – 10 – 2. Nuitée 32 à 74€ – Sem. 224 à 515€
Pour s'y rendre : 2,5 km au sud-ouest par D 952, rte de Moustiers-Ste-Marie et GR 4 à dr.
À savoir : cadre sauvage, au bord d'un ruisseau

Nature :
Loisirs :
Services :
À prox. : canoë-kayak, rafting, parc-aventure

Longitude : 6.49312
Latitude : 43.83864

Avant de vous installer, consultez les tarifs en cours, affichés obligatoirement à l'entrée du terrain, et renseignez-vous sur les conditions particulières de séjour. Les indications portées dans le guide ont pu être modifiées depuis la mise à jour.

Notre-Dame de déb. avr. à mi-oct.
04 92 83 63 02, *camping-notredame@wanadoo.fr*, *www.camping-notredame.com*
0,6 ha (44 empl.) plat, herbeux
Tarif : (Prix 2011) 21,50€ (6A) – pers. suppl. 5,50€ – frais de réservation 15€

Location : (Prix 2011) (de déb. avr. à mi-oct.) – 11 . Nuitée 45 à 80€ – Sem. 225 à 550€ – frais de réservation 15€
borne artisanale 5€ – 11€
Pour s'y rendre : rte des Gorges du Verdon (500 m au sud-ouest par D 952, rte de Moustiers-Ste-Marie, au bord d'un ruisseau)

Nature :
Loisirs :
Services :
À prox. : canoë-kayak, rafting, aventure-parc

Longitude : 6.50425
Latitude : 43.84545

CAVALAIRE-SUR-MER

83240 – **340** 06 – 6 509 h. – alt. 2
Maison de la Mer 04 94 01 92 10
Paris 880 – Draguignan 55 – Fréjus 41 – Le Lavandou 21

Cros de Mouton de mi-mars à déb. nov.
04 94 64 10 87, *campingcrosdemouton@wanadoo.fr*, Fax 04 94 64 63 12, *www.crosdemouton.com* – accès aux emplacements par forte pente, mise en place et sortie des caravanes à la demande
5 ha (199 empl.) en terrasses, pierreux, fort dénivelé
Tarif : 8,90€ 8,90€ – (10A) 4,70€ – frais de réservation 20€

Location : (de mi-mars à déb. nov.) – 58 – 15 . Nuitée 55 à 90€ – Sem. 445 à 785€ – frais de réservation 20€
Pour s'y rendre : chemin du Cros de Mouton (1,5 km au nord-ouest)

Nature : la baie de Cavalaire
Loisirs : pizzeria
Services :

Longitude : 6.51662
Latitude : 43.18243

CEILLAC

05600 – **334** I4 – 297 h. – alt. 1 640 – Sports d'hiver : 1 700/2 500 m 6
le village- Place Philippe Lamour 04 92 45 05 74
Paris 729 – Briançon 50 – Gap 75 – Guillestre 14

Les Mélèzes de déb. juin à déb. sept.
04 92 45 21 93, *camping-les-melezes@wanadoo.fr*, *www.campingdeceillac.com*
3 ha (100 empl.) peu incliné, pierreux, herbeux, en terrasses, fort dénivelé
Tarif : 5,50€ 6,50€ – (10A) 3€
Pour s'y rendre : au lieu-dit : La Rua des Reynauds (1,8 km au sud-est)

À savoir : site et cadre agréables au bord du Mélezet

Nature :
Loisirs :
Services :

Longitude : 6.79468
Latitude : 44.65803

CHÂTEAUNEUF-DE-GADAGNE

84470 – **332** C10 – 3 157 h. – alt. 90
Place du 11 Novembre- Le Thor 04 90 33 92 31
Paris 701 – Marseille 95 – Avignon 14 – Nîmes 58

Le Fontisson de déb. avr. à mi-oct.
04 90 22 59 77, *info@campingfontisson.com*, Fax 04 90 22 59 77, *www.campingfontisson.com*
2 ha (55 empl.) peu incliné, pierreux, herbeux
Tarif : (Prix 2011) 25,60€ (10A) – pers. suppl. 6,40€

Location : (Prix 2011) (de déb. avr. à mi-oct.) – 15 – 4 bungalows toilés. Nuitée 40 à 105€ – Sem. 210 à 740€
borne artisanale 21€
Pour s'y rendre : 1125 rte d'Avignon (à la sortie du bourg par rte d'Avignon et chemin à drte)

Nature :
Loisirs : terrain multisports
Services :

Longitude : 4.93297
Latitude : 43.92846

CHÂTEAURENARD

13160 – **340** E2 – 14 495 h. – alt. 37
11, cours Carnot ✆ 0490242550
Paris 692 – Avignon 10 – Carpentras 37 – Cavaillon 23

La Roquette de déb. avr. à fin oct.
✆ 0490944681, *contact@camping-la-roquette.com*, Fax 0972140153, *www.camping-la-roquette.com*
2 ha (74 empl.) plat, herbeux
Tarif : 23€ (10A) – pers. suppl. 8€ – frais de réservation 9€
Location : (Prix 2011) (de déb. avr. à fin oct.) – 12 . Sem. 280 à 560€ – frais de réservation 9€
borne artisanale 4€
Pour s'y rendre : 745 av. Jean-Mermoz (1,5 km à l'est par D 28, rte de Noves et à dr., près de la piscine - par A 7 sortie Avignon-Sud)

Nature :
Loisirs : snack
Services :

Longitude : 4.87017
Latitude : 43.88328

CHORGES

05230 – **334** F5 – 2 419 h. – alt. 864
place Centrale ✆ 0492506425
Paris 676 – Embrun 23 – Gap 18 – Savines-le-Lac 12

Municipal de mi-mai à fin sept.
✆ 0492506772, *camping-baie@orange.fr*, Fax 0492503129, *www.baiestmichel.com*
2 ha (110 empl.) en terrasses, plat, herbeux, pierreux
Tarif : (Prix 2011) 17,20€ (25A) – pers. suppl. 4,50€
Location : (Prix 2011) (permanent) (1 chalet) – 10 . Nuitée 55€ – Sem. 295 à 570€
Pour s'y rendre : Baie St-Michel (4,5 km au sud-est par N 94, rte de Briançon, à 200 m du lac de Serre-Ponçon)

Nature :
Loisirs : (plan d'eau)
Services :
À prox. : snack canoë, pédalos

Longitude : 6.32379
Latitude : 44.5283

Si vous recherchez :
un terrain offrant des équipements et des loisirs adaptés aux enfants,
un terrain très tranquille,
L-M *un terrain proposant la location de mobile homes, bungalows, chalets, chambres ou encore gîtes,*
P *un terrain ouvert toute l'année,*
un terrain possédant une aire de services pour camping-cars,
consultez le tableau des localités.

CLAMENSANE

04250 – **334** E7 – 155 h. – alt. 694
Paris 720 – Avignon 180 – Grenoble 158 – Marseille 152

Le Clot du Jay en Provence de déb. mai à mi-sept.
✆ 0492683532, *camping@clotdujay.com*, *www.clotdujay.com*
6 ha/3 campables (50 empl.) plat, terrasses, herbeux, pierreux, fort dénivelé, étang, au bord d'une forêt
Tarif : (Prix 2011) 19€ (10A) – pers. suppl. 5€ – frais de réservation 9€
Location : (Prix 2011) (de déb. mai à mi-sept.) – 8 – 11 – 3 bungalows toilés. Sem. 205 à 620€ – frais de réservation 9€
Pour s'y rendre : rte de Bayons (1 km à l'est par D 1, rte de Bayons, près du Sasse)

Nature :
Loisirs : snack
Services :
À prox. :

Longitude : 6.0845
Latitude : 44.3226

LA COLLE-SUR-LOUP

06480 – **341** D5 – 7 546 h. – alt. 90
28, rue Maréchal Foch 04 93 32 68 36
Paris 919 – Antibes 15 – Cagnes-sur-Mer 7 – Cannes 26

Les Pinèdes – de mi-mars à fin sept.
04 93 32 98 94, *info@lespinedes.com*, Fax 04 93 32 50 20, *www.lespinedes.com*
3,8 ha (155 empl.) fort dénivelé, en terrasses, gravillons, herbeux
Tarif : (Prix 2011) 37,50€ (10A) – pers. suppl. 5,70€ – frais de réservation 20€
Location : (Prix 2011) (de mi-mars à fin sept.) – 34 – 4 . Sem. 570 à 810€ – frais de réservation 20€
borne artisanale 6€ – 11€
Pour s'y rendre : rte du Pont de Pierre (1,5 km à l'ouest par D 6, rte de Grasse, à 50 m du Loup)

Nature :
Loisirs : terrain multisports
Services : laverie cases réfrigérées
À prox. : parc de loisirs

Longitude : 7.08337
Latitude : 43.68177

Le Vallon Rouge de déb. avr. à fin sept.
04 93 32 86 12, *info@auvallonrouge.com*, Fax 04 93 32 80 09, *www.auvallonrouge.com* – places limitées pour le passage
3 ha (103 empl.) plat, en terrasses, herbeux, gravillons, sablonneux
Tarif : (Prix 2011) 14€ (10A) – pers. suppl. 2,50€ – frais de réservation 20€
Location : (Prix 2011) (de déb. avr. à fin sept.) – 60 – 17 . Sem. 250 à 650€ – frais de réservation 20€
borne eurorelais 4€
Pour s'y rendre : rte de Gréolières (3,5 km à l'ouest par D 6, rte de Grasse, au bord du Loup)

Nature :
Loisirs : snack terrain multisports
Services : laverie

Longitude : 7.07324
Latitude : 43.68452

COLMARS

600

04370 – **334** H7 – 385 h. – alt. 1 235
Ancienne Auberge fleurie 04 92 83 41 92
Paris 816 – Marseille 206 – Digne-les-Bains 71 – Embrun 94

Aire Naturelle les Pommiers Permanent
04 92 83 41 56, *andree.accueilcamping@neuf.fr*, Fax 04 92 83 40 86, *www.camping-pommier.com* – alt. 1 250
1 ha (25 empl.) plat, peu incliné, en terrasses, herbeux
Tarif : 16€ (10A) – pers. suppl. 4,50€
borne artisanale 16€ – 10 16€ – 16€
Pour s'y rendre : au lieu-dit : Les Buissières (300 m au sud)

Nature :
Services :

Longitude : 6.62132
Latitude : 44.17747

COL-ST-JEAN

04340 – **334** G6 – alt. 1 333 – Sports d'hiver : 1 300/2 500 m 15
Paris 709 – Barcelonnette 34 – Savines-le-Lac 31 – Seyne 10

Yelloh! Village L'Étoile des Neiges – de mi-déc. à fin avr. et de mi-mai à mi-sept.
04 92 35 01 29, *contact@etoile-des-neiges.com*, Fax 04 92 35 12 55, *www.etoile-des-neiges.com* – alt. 1 300
3 ha (150 empl.) en terrasses, plat, herbeux, pierreux
Tarif : 35€ (16A) – pers. suppl. 8€
Location : (de mi-déc. à fin avr. et de mi-mai à mi-sept.) (de déb. juil. à fin août) – 60 – 26 – 5 appartements – 4 gîtes. Nuitée 35 à 102€ – Sem. 245 à 714€
borne artisanale 10€
Pour s'y rendre : à la station de ski du Col St-Jean (800 m au sud par D 207 et D 307 à dr.)

Nature :
Loisirs : snack hammam jacuzzi balnéo couverte, terrain multisports
Services : laverie
À prox. : parc-aventure, parapente

Longitude : 6.348
Latitude : 44.40927

LA COURONNE

13500 – **340** F5
Paris 786 – Marseille 42 – Aix-en-Provence 49 – Martigues 11

Le Mas – de mi-mars à mi-oct.
04 42 80 70 34, *camping.le-mas@wanadoo.fr*,
Fax 04 42 80 72 82, *www.camping-le-mas.com* – places limitées pour le passage
5,5 ha (300 empl.) en terrasses, plat, pierreux
Tarif : (Prix 2011) 30€ (6A) –
pers. suppl. 7,10€ – frais de réservation 20€
Location : (de mi-mars à mi-oct.) – 148 – 45 . Sem. 238 à 840€ – frais de réservation 20€
borne eurorelais 10€
Pour s'y rendre : chemin de Ste Croix (4 km au sud-est par D 49, rte de Sausset-les-Pins et à dr., près de la plage de Ste-Croix)
À savoir : vue mer pour quelques emplacements

Nature :
Loisirs : snack, pizzeria terrain multisports
Services : laverie
À prox. :

Longitude : 5.07349
Latitude : 43.33168

Municipal L'Arquet
04 42 42 81 00, *arquet@semovim-martigues.com*,
Fax 04 42 42 34 50, *www.semovim-martigues.com*
6 ha (330 empl.) plat, terrasse, sablonneux, pierreux
Location : – 18 .
borne artisanale
Pour s'y rendre : chemin de la Batterie

Nature :
Loisirs :
Services : laverie

Longitude : 5.05639
Latitude : 43.33067

Flower Le Marius de déb. avr. à fin oct.
04 42 80 70 29, *contact@camping-marius.com*,
Fax 04 42 80 76 73, *www.camping-marius.com*
2 ha (113 empl.) plat, herbeux, gravier
Tarif : 31€ (6A) – pers. suppl. 5€
Location : (de déb. avr. à fin oct.) (2 chalets) – 37 – 15 bungalows toilés (avec et sans sanitaires). Sem. 217 à 1 351€
Pour s'y rendre : plage de la Saule (3 km au sud-est par D 49)

Nature :
Loisirs : canoë
Services : laverie

Longitude : 5.06744
Latitude : 43.33512

Les Mouettes de déb. avr. à fin sept.
04 42 80 70 01, *campinglesmouettes@wanadoo.fr*,
Fax 04 42 80 70 01, *www.campinglesmouettes.fr* – places limitées pour le passage
2 ha (131 empl.) terrasse, plat, pierreux
Tarif : 26,50€ (6A) – pers. suppl. 6€ –
frais de réservation 8€
Location : (de déb. avr. à mi-sept.) – 17 – 20 – 10 studios. Sem. 180 à 605€ – frais de réservation 8€
Pour s'y rendre : 16 chemin de la Quiétude (4 km au sud-est par D 49, rte de Sausset, par r. du Tamaris, près de la plage de Ste-Croix)
À savoir : vue mer pour quelques emplacements

Nature :
Loisirs : snack
Services : laverie
À prox. :

Longitude : 5.07618
Latitude : 43.33024

Des vacances réussies sont des vacances bien préparées !
Ce guide est fait pour vous y aider... mais :
– n'attendez pas le dernier moment pour réserver
– évitez la période critique du 14 juillet au 15 août.
Pensez aux ressources de l'arrière-pays,
à l'écart des lieux de grande fréquentation.

LA CROIX-VALMER

83420 – **340** 06 – 3 194 h. – alt. 120
esplanade de la Gare *04 94 55 12 12*
Paris 873 – Brignoles 70 – Draguignan 48 – Fréjus 35

Sélection Camping – de mi-mars à mi-oct.
04 94 55 10 30, *camping-selection@wanadoo.fr*, Fax 04 94 55 10 39, *www.selectioncamping.com* (de mi-mars à fin juin)
4 ha (205 empl.) en terrasses, pierreux, herbeux
Tarif : 42 € (10A) – pers. suppl. 11 € – frais de réservation 30 €

Location : (de mi-mars à mi-oct.) – 62 – 8 studios – 7 appartements. Nuitée 60 à 115 € – Sem. 420 à 800 € – frais de réservation 30 €
Pour s'y rendre : 12 bd de la Mer (2,5 km au sud-ouest par D 559, rte de Cavalaire et au rd-pt. chemin à dr.)

Nature :
Loisirs : snack diurne salle d'animation terrain multisports
Services : laverie

Longitude : 6.55501
Latitude : 43.19439

Renouvelez votre guide chaque année.

CROS-DE-CAGNES

06800 – **341** D6
Paris 923 – Marseille 194 – Nice 12 – Antibes 11

Homair Vacances Green Park – de déb. avr. à fin sept.
04 93 07 09 96, *info@homair.com*, Fax 04 93 14 36 55, *www.homair.com* – places limitées pour le passage
5 ha (156 empl.) en terrasses, plat, herbeux, gravillons, très fort dénivelé
Tarif : (Prix 2011) 44 € (10A) – pers. suppl. 7,50 € – frais de réservation 10 €

Location : (Prix 2011) (de déb. avr. à fin sept.) (2 chalets) – 55 – 59 . Nuitée 43 à 132 € – Sem. 301 à 924 € – frais de réservation 10 €
Pour s'y rendre : 159 bis chemin du Vallon des Vaux (3,8 km au nord)

À savoir : navette gratuite pour la plage en juillet-août

Nature :
Loisirs : , snack terrain multisports
Services : laverie
À prox. :

Longitude : 7.1569
Latitude : 43.68904

Le Val Fleuri de déb. avr. à mi-oct.
04 93 31 21 74, *valfleur2@wanadoo.fr*, Fax 04 93 31 21 74, *www.campingvalfleuri.fr*
1,5 ha (93 empl.) en terrasses, plat, herbeux, pierreux
Tarif : 26,40 € (10A) – pers. suppl. 4 € – frais de réservation 5 €

Location : (Prix 2011) (de déb. avr. à mi-oct.) – 13 . Sem. 260 à 600 € – frais de réservation 10 €
Pour s'y rendre : 139 chemin du Vallon-des-Vaux (3,5 km au nord)

À savoir : navette gratuite pour la plage en juillet-août

Nature :
Loisirs :
Services :
À prox. :

Longitude : 7.15577
Latitude : 43.68745

Homair Vacances Le Todos de mi-mai à mi-sept.
04 93 07 09 96, *info@homair.com*, Fax 04 93 14 36 55, *www.homair.com* – places limitées pour le passage
1,6 ha (68 empl.) plat et terrasses, herbeux, pierreux
Tarif : (Prix 2011) 43 € (10A) – pers. suppl. 7,50 € – frais de réservation 10 €

Location : (Prix 2011) (de mi-mai à mi-sept.) – 44 – 9 . Nuitée 41 à 130 € – Sem. 287 à 910 € – frais de réservation 10 €
Pour s'y rendre : 159 bis chemin du Vallon des Vaux (3,8 km au nord)

À savoir : navette gratuite pour la plage en juillet-août

Nature :
Loisirs :
Services : laverie
À prox. : snack terrain multisports

Longitude : 7.1569
Latitude : 43.68904

CUCURON

84160 – **332** F11 – 1 816 h. – alt. 350
rue Léonce Brieugne *04 90 77 28 37*
Paris 739 – Aix-en-Provence 34 – Apt 25 – Cadenet 9

Le Moulin à Vent de déb. avr. à mi-oct.
04 90 77 25 77, *contact@le-moulin-a-vent.com, http://www.le-moulin-a-vent.com*
2,2 ha (80 empl.) plat et peu incliné, en terrasses, pierreux
Tarif : 15€ (10A) – pers. suppl. 4,90€
Location : (de déb. avr. à mi-oct.) – 1 – 4 . Sem. 440 à 510€
borne artisanale 6€
Pour s'y rendre : chemin de Gastoule (1,5 km au sud par D 182, rte de Villelaure puis 800 m par rte à gauche)
À savoir : au milieu des vignes

Nature :
Loisirs :
Services : réfrigérateur, congélateur

Longitude : 5.44484
Latitude : 43.75641

CURBANS

05110 – **334** E6 – 361 h. – alt. 650
Paris 717 – Marseille 171 – Digne-les-Bains 78 – Gap 20

Le Lac Permanent
04 92 54 23 10, *info@au-camping-du-lac.com*, Fax 04 92 54 23 11, *www.au-camping-du-lac.com* – places limitées pour le passage
5,2 ha (140 empl.) plat, peu incliné, herbeux
Tarif : 26€ (10A) – pers. suppl. 5,50€ – frais de réservation 12€
Location : (permanent) – 20 . Nuitée 40 à 95€ – Sem. 240 à 570€ – frais de réservation 12€
Pour s'y rendre : au lieu-dit : Le Fangeas
À savoir : code postal dans les Hautes-Alpes (05) mais terrain situé dans les Alpes-de-Haute-Provences (04)

Nature :
Loisirs : snack nocturne terrain multisports
Services : laverie

Longitude : 6.0299
Latitude : 44.42452

Benutzen Sie
– zur Wahl der Fahrtroute
– zur Berechnung der Entfernungen
– zur exakten Lokalisierung eines Campingplatzes (mit Hilfe der Angaben im Ortstext)
die für diesen Führer unentbehrlichen ***MICHELIN-Karten.***

DIGNE-LES-BAINS

04000 – **334** F8 – 17 455 h. – alt. 608 – (mi fév.-début déc.)
place du Tampinet *04 92 36 62 62*
Paris 744 – Aix-en-Provence 109 – Antibes 140 – Avignon 167

Les Eaux Chaudes de déb. avr. à fin oct.
04 92 32 31 04, *info@campingleseauxchaudes.com*, Fax 04 92 34 58 80, *www.campingleseauxchaudes.com*
3,7 ha (90 empl.) plat et peu incliné, herbeux
Tarif : 24€ (10A) – pers. suppl. 6€ – frais de réservation 15€
Location : (de déb. avr. à fin oct.) – 50 – 4 . Nuitée 48 à 110€ – Sem. 336 à 770€ – frais de réservation 18€
borne eurorelais 4€
Pour s'y rendre : 32 av. des Thermes (1,5 km au sud-est par D 20, au bord d'un ruisseau)

Nature :
Loisirs :
Services :
À prox. :

Longitude : 6.2507
Latitude : 44.08656

EMBRUN

05200 – **334** G5 – 6 345 h. – alt. 871
place Général-Dosse ✆ 04 92 43 72 72
Paris 706 – Barcelonnette 55 – Briançon 48 – Digne-les-Bains 97

Municipal de la Clapière de fin avr. à fin sept.
✆ 04 92 43 01 83, *info@camping-embrun-clapiere.com*, Fax 04 92 43 50 22, *www.camping-embrun-clapiere.com*
6,5 ha (291 empl.) terrasse, plat, gravillons, herbeux
Tarif : (Prix 2011) 20,80€ (16A) – pers. suppl. 5,40€
Location : (Prix 2011) (permanent) – 6 – 14 . Sem. 435 à 697€
borne artisanale
Pour s'y rendre : av. du Lac (2,5 km au sud-ouest par N 94, rte de Gap et à dr., à la base de loisirs)
À savoir : agréable base de loisirs avec accès direct en saison

Nature :
Loisirs : nocturne
Services : laverie
À prox. : snack (plan d'eau) canoë, pédalos

Longitude : 6.47875
Latitude : 44.55075

ESPARRON-DE-VERDON

04800 – **334** D10 – 427 h. – alt. 397
Hameau du Port ✆ 04 92 77 15 97
Paris 795 – Barjols 31 – Digne-les-Bains 58 – Gréoux-les-Bains 13

Le Soleil de mi-avr. à mi-oct.
✆ 04 92 77 13 78, *campinglesoleil@wanadoo.fr*, Fax 04 92 75 27 15, *www.campinglesoleil.net*
2 ha (100 empl.) en terrasses, pierreux, gravillons, fort dénivelé
Tarif : (Prix 2011) 6€ 9€ – (6A) 3,50€ – frais de réservation 15€
Location : (Prix 2011) (de mi-avr. à mi-oct.) – 12 . Nuitée 40 à 85€ – Sem. 150 à 620€ – frais de réservation 20€
borne artisanale 5€ – 21€
Pour s'y rendre : 1000 chemin de la Tuilière (sortie sud par D 82, rte de Quinson, puis 1 km par rte à dr.)
À savoir : cadre agréable au bord d'un lac

Nature :
Loisirs : snack, pizzeria canoë
Services : (tentes)
À prox. : pédalos

Longitude : 5.47018
Latitude : 43.73432

LET OP :
deze gegevens gelden in het algemeen alleen in het seizoen, wat de openingstijden van het terrein ook zijn.

ESPINASSES

05190 – **334** F6 – 660 h. – alt. 630
Paris 689 – Chorges 19 – Gap 25 – Le Lauzet-Ubaye 23

La Viste de déb. mai à mi-sept.
✆ 04 92 54 43 39, *camping@laviste.fr*, Fax 04 92 54 42 45, *www.laviste.fr* – alt. 900
4,5 ha/2,5 campables (170 empl.) en terrasses, vallonné, plat, herbeux, pierreux
Tarif : (Prix 2011) 6,60€ 6,60€ – (5A) 3,50€
Location : (Prix 2011) (de déb. mai à mi-sept.) – 10 – 31 . Nuitée 46 à 96€ – Sem. 294 à 670€ – frais de réservation 15€
Pour s'y rendre : Le Belvédère de Serre-Ponçon (5,5 km au nord-est par D 900b, D 3 rte de Chorges et D 103 à gauche)
À savoir : belle situation dominant le lac de Serre-Ponçon

Nature : montagnes, lac et barrage de Serre-Ponçon
Loisirs : snack diurne
Services : laverie
À prox. : (plan d'eau) sports en eaux vives, pédalos,canoë, ski nautique

Longitude : 6.26832
Latitude : 44.47613

FAUCON

84110 – **332** D8 – 410 h. – alt. 350
Paris 677 – Marseille 152 – Avignon 59 – Montélimar 68

L'Ayguette de déb. avr. à fin sept.
04 90 46 40 35, *info@ayguette.com*, Fax 04 90 46 46 17, *www.ayguette.com*
2,8 ha (100 empl.) plat, vallonné, herbeux, pierreux
Tarif : 30€ (10A) – pers. suppl. 5€ – frais de réservation 6€
Location : (de déb. avr. à fin sept.) – 14 . Sem. 209 à 699€ – frais de réservation 12€
borne artisanale
Pour s'y rendre : sortie est par D 938, rte de Nyons et 4,1 km par D 71 à dr., rte de St-Romains-Viennois puis D 86, rte de Faucon
À savoir : cadre sauvage

Nature :
Loisirs : snack
Services :

Longitude : 5.12933
Latitude : 44.26215

LA FAVIÈRE

83230 – **340** N7
Paris 882 – Marseille 105 – Toulon 44 – Cannes 102

Le Camp du Domaine – de fin mars à fin oct.
04 94 71 03 12, *mail@campdudomaine.com*, Fax 04 94 15 18 67, *www.campdudomaine.com* (de déb. juil. à mi-août)
38 ha (1200 empl.) en terrasses, plat, pierreux, rochers, fort dénivelé
Tarif : (Prix 2011) 43€ (10A) – pers. suppl. 9,50€ – frais de réservation 25€
Location : (Prix 2011) (de fin mars à fin oct.) – 75 – 75 . Sem. 500 à 970€ – frais de réservation 25€
borne artisanale – 400 43€
Pour s'y rendre : 2581 rte de Bénat (2 km au sud)
À savoir : hors juil.-août, excursions avec chauffeur

Nature :
Loisirs : pizzeria, snack terrain multisports
Services : laverie cases réfrigérées
À prox. : canoë, pédalos

Longitude : 6.35129
Latitude : 43.11788

*Die Klassifizierung (1 bis 5 Zelte, **schwarz** oder **rot**), mit der wir die Campingplätze auszeichnen, ist eine Michelin-eigene Klassifizierung. Sie darf nicht mit der staatlich-offiziellen Klassifizierung (1 bis 5 Sterne) verwechselt werden.*

FORCALQUIER

04300 – **334** C9 – 4 649 h. – alt. 550
13, place du Bourguet 04 92 75 10 02
Paris 747 – Aix-en-Provence 80 – Apt 42 – Digne-les-Bains 50

Indigo Forcalquier de fin avr. à déb. oct.
04 92 75 27 94, *forcalquier@camping-indigo.com*, Fax 04 92 75 18 10, *www.camping-indigo.com*
2,9 ha (115 empl.) plat, peu incliné, terrasses, pierreux, herbeux
Tarif : (Prix 2011) 27,10€ (10A) – pers. suppl. 5,90€ – frais de réservation 20€
Location : (Prix 2011) (de fin avr. à déb. oct.) – 33 – 4 – 17 tentes. Nuitée 43 à 108€ – Sem. 210 à 756€ – frais de réservation 20€
borne artisanale 4€
Pour s'y rendre : rte de Sigonce (sortie est sur D 16)

Nature :
Loisirs : pizzeria
Services :
À prox. :

Longitude : 5.78723
Latitude : 43.96218

FRÉJUS

83600 – **340** P5 – 52 436 h. – alt. 20 – Base de loisirs
325, rue Jean Jaurès ✆ 04 94 51 83 83
Paris 868 – Brignoles 64 – Cannes 40 – Draguignan 31

La Baume - la Palmeraie – de fin mars à fin sept.

✆ 04 94 19 88 88, *reception@labaume-lapalmeraie.com*, Fax 04 94 19 83 50, *www.labaume-lapalmeraie.com* – places limitées pour le passage
26 ha/20 campables (780 empl.) plat et peu incliné, herbeux, pierreux
Tarif : 48€ (6A) – pers. suppl. 14€ – frais de réservation 32€

Location : (permanent) – 152 – 180 – 10 appartements. Nuitée 48 à 145€ – Sem. 336 à 1 015€ – frais de réservation 32€
Pour s'y rendre : 3775 r. des Combattants d'Afrique du Nord (4,5 km au nord par D 4, rte de Bagnols-en-Forêt)
À savoir : important espace aquatique

Nature :
Loisirs : snack, pizzeria hammam jacuzzi discothèque piste de roller, skate, théâtre de plein air
Services : laverie

Longitude : 6.72319
Latitude : 43.46655

Yelloh! Village Domaine du Colombier – de déb. avr. à fin oct.

✆ 04 94 51 56 01, *info@clubcolombier.com*, Fax 04 94 51 55 57, *www.clubcolombier.com* – places limitées pour le passage
10 ha (400 empl.) en terrasses, vallonné
Tarif : 58€ (16A) – pers. suppl. 9€ – frais de réservation 30€

Location : (de déb. avr. à fin oct.) – 351. Nuitée 39 à 175€ – Sem. 273 à 1 225€ – frais de réservation 30€
Pour s'y rendre : 1052 r. des Combattants en Afrique du Nord (2 km au nord par D 4, rte de Bagnols-en-Forêt)
À savoir : villages locatifs thématiques !

Nature :
Loisirs : snack, pizzeria jacuzzi discothèque, point d'information touristique
Services : laverie

Longitude : 6.72688
Latitude : 43.44588

Sunêlia Holiday Green de déb. avr. à fin sept.

✆ 04 94 19 88 30, *info@holidaygreen.com*, Fax 04 94 19 88 31, *www.holidaygreen.com* – places limitées pour le passage
15 ha (680 empl.) en terrasses, plat, herbeux, pierreux, fort dénivelé
Tarif : 52€ (10A) – pers. suppl. 10€ – frais de réservation 40€

Location : (de déb. avr. à fin sept.) – 600. Nuitée 60 à 200€ – Sem. 420 à 1 575€ – frais de réservation 40€
Pour s'y rendre : r. des Anciens Combattants d'Afrique du Nord

Nature :
Loisirs : snack, pizzeria discothèque terrain multisports
Services : laverie

Longitude : 6.71683
Latitude : 43.48481

La Pierre Verte – de déb. avr. à fin sept.

✆ 04 94 40 88 30, *info@campinglapierreverte.com*, Fax 04 94 40 75 41, *www.campinglapierreverte.com*
28 ha (440 empl.) en terrasses, et accidenté, pierreux, rochers
Tarif : 43€ (10A) – pers. suppl. 9€ – frais de réservation 25€

Location : (de déb. avr. à fin sept.) – 200. Nuitée 50 à 160€ – Sem. 300 à 1 100€ – frais de réservation 25€
Pour s'y rendre : r. des Anciens Combattants d'Afrique du Nord (6,5 km au nord par D 4, rte de Bagnols-en-Forêt et chemin à dr.)

Nature :
Loisirs : snack, pizzeria terrain multisports
Services : laverie

Longitude : 6.72054
Latitude : 43.48382

Le Pont d'Argens de déb. avr. à mi-oct.
04 94 51 14 97, *camping.lepontdargens@yahoo.fr*, Fax 04 94 51 29 44, *www.camping-caravaning-lepontdargens.com*
7 ha (500 empl.) plat, herbeux
Tarif : 32,50€ (6A) – pers. suppl. 9€ – frais de réservation 35€
Location : (de déb. avr. à mi-oct.) – 50 . Sem. 400 à 800€
borne artisanale 5€
Pour s'y rendre : 3 km au sud par N 98, accès direct à la plage
À savoir : au bord de l'Argens

Nature :
Loisirs : snack
Services : laverie
À prox. : parc de loisirs aquatiques

Longitude : 6.72489
Latitude : 43.4087

Les Pins Parasols de déb. avr. à fin sept.
04 94 40 88 43, *lespinsparasols@wanadoo.fr*, Fax 04 94 40 81 99, *www.lespinsparasols.com*
4,5 ha (189 empl.) plat et en terrasses, herbeux, pierreux
Tarif : 28,45€ (6A) – pers. suppl. 6,58€
Location : (de déb. avr. à fin sept.) – 9 . Sem. 212 à 723€
Pour s'y rendre : 3360 r. des Combattants d'Afrique du Nord (4 km au nord par D 4, rte de Bagnols-en-Forêt)
À savoir : beaux empl. en terrasses au milieu des pins parasols

Nature :
Loisirs : pizzeria
Services : – 48 sanitaires individuels (wc)

Longitude : 6.72531
Latitude : 43.464

GAP

05000 – **334** E5 – 37 785 h. – alt. 735
2a, cours Frédéric Mistral 04 92 52 56 56
Paris 665 – Avignon 209 – Grenoble 103 – Sisteron 52

Alpes-Dauphiné de mi-avr. à mi-nov.
04 92 51 29 95, *info@alpesdauphine.com*, Fax 04 92 53 58 42, *www.alpesdauphine.com* – alt. 850
10 ha/6 campables (185 empl.) incliné, en terrasses, herbeux
Tarif : 6,50€ 8€ – (6A) 3,20€ – frais de réservation 18€
Location : (de mi-avr. à fin sept.) – 47 – 11 – 3 appartements – 3 gîtes. Nuitée 45 à 92€ – Sem. 230 à 645€ – frais de réservation 18€
borne artisanale 6€
Pour s'y rendre : rte Napoleon (3 km au nord par N 85, rte de Grenoble)

Nature :
Loisirs : snack jacuzzi
Services : laverie

Longitude : 6.08255
Latitude : 44.58022

GIENS

83400 – **340** L7
Paris 869 – Marseille 93 – Toulon 29 – La Seyne-sur-Mer 37

La Presqu'Île de Giens – de fin mars à déb. oct.
04 94 58 22 86, *info@camping-giens.com*, Fax 04 94 58 11 63, *www.camping-giens.com* – R
7 ha (460 empl.) plat, en terrasses, herbeux, pierreux
Tarif : (Prix 2011) 28,90€ (16A) – pers. suppl. 7,50€
Location : (Prix 2011) (de fin mars à déb. oct.) – 58 – 40 . Nuitée 51 à 110€ – Sem. 357 à 770€ – frais de réservation 15€
borne artisanale
Pour s'y rendre : 153 rte de la Madrague

Nature :
Loisirs : pizzeria diurne
Services : laverie
À prox. : bowling, discothèque

Longitude : 6.14332
Latitude : 43.04084

La Tour Fondue de fin mars à déb. nov.
04 94 58 22 86, *info@camping-latourfondue.com*,
Fax 04 94 58 11 63, *www.camping-latourfondue.com*
2 ha (140 empl.) plat, herbeux
Tarif : (Prix 2011) 27,80€ (10A) – pers. suppl. 4,80€
Location : (Prix 2011) (de fin mars à déb. nov.) – 21. Nuitée 51 à 106€ – Sem. 357 à 742€ – frais de réservation 15€
borne artisanale
Pour s'y rendre : av. des Arbanais

Nature :
Loisirs :
Services : laverie
À prox. : Plongée sous-marine

Longitude : 6.15569
Latitude : 43.02971

LA GRAVE

05320 – **334** F2 – 495 h. – alt. 1 526 – Sports d'hiver : 1 450/3 250 m 2 2
route nationale 91 04 76 79 90 05
Paris 642 – Briançon 38 – Gap 126 – Grenoble 80

La Meije de déb. mai à fin sept.
06 08 54 30 84, *nathalie-romagne@wanadoo.fr*,
Fax 04 76 79 93 34, *www.camping-delameije.com*
2,5 ha (50 empl.) plat, terrasse, peu incliné, herbeux
Tarif : 15€ (4A) – pers. suppl. 3€
Pour s'y rendre : à l'est, dir. Briançon par D 1091, au bord de la Romanche
À savoir : magnifique panorama sur le glacier de la Grave

Nature :
Loisirs :
Services :
À prox. : canoë, sports en eaux vives

Longitude : 5.69323
Latitude : 45.11898

Le Gravelotte de mi-juin à fin sept.
04 76 79 93 14, *info@camping-le-gravelotte.com*,
Fax 04 76 79 92 39, *www.camping-le-gravelotte.com*
4 ha (75 empl.) plat, herbeux
Tarif : 15,80€ (5A) – pers. suppl. 3,70€
Pour s'y rendre : 1,2 km à l'ouest par D 1091, rte de Grenoble et chemin à gauche, au bord de la Meije
À savoir : agréable situation au pied des montagnes et au bord de la Romanche

Nature :
Loisirs :
Services :

Longitude : 5.69223
Latitude : 45.11898

Benutzen Sie
– zur Wahl der Fahrtroute
– zur Berechnung der Entfernungen
– zur exakten Lokalisierung eines Campingplatzes (mit Hilfe der Angaben im Ortstext) die für diesen Führer unentbehrlichen ***MICHELIN-Karten.***

GRAVESON

13690 – **340** D2 – 3 797 h. – alt. 14
Le Grand Portail - Cours National 04 90 95 88 44
Paris 696 – Arles 25 – Avignon 14 – Cavaillon 30

Les Micocouliers de mi-mars à mi-oct.
04 90 95 81 49, *micocou@orange.fr*,
http://www.lesmicocouliers.fr
3,5 ha (118 empl.) plat, herbeux
Tarif : (Prix 2011) 26€ (8A) – pers. suppl. 7€ – frais de réservation 10€
Location : (Prix 2011) (de mi-mars à mi-oct.) – 4. Sem. 370 à 580€ – frais de réservation 17€
borne artisanale 6€
Pour s'y rendre : 445 rte de Cassoulen (1,2 km au sud-est par D 28, rte de Châteaurenard et D 5 à dr., rte de Maillane)

Nature :
Loisirs :
Services :
À prox. : poneys

Longitude : 4.78111
Latitude : 43.84389

GRÉOUX-LES-BAINS

04800 – **334** D10 – 2 459 h. – alt. 386 – (début mars-fin déc.)
5, avenue des Marronniers *04 92 78 01 08*
Paris 783 – Aix-en-Provence 55 – Brignoles 52 – Digne-les-Bains 69

Yelloh! Village Verdon Parc – de déb. avr. à fin oct.
04 92 78 08 08, *verdon.parc@wanadoo.fr*,
Fax 04 92 78 00 17, *www.campingverdonparc.fr*
8 ha (280 empl.) plat, gravier, pierreux, terrasses, herbeux
Tarif : 34€ (10A) – pers. suppl. 6€
Location : (permanent) (2 mobile homes) – 150 – 4 bungalows toilés. Nuitée 39 à 169€ – Sem. 273 à 1 183€
borne artisanale
Pour s'y rendre : Domaine de la Paludette (600 m au sud par D 8, rte de St-Pierre et à gauche apr. le pont, au bord du Verdon)

Nature :
Loisirs : snack diurne terrains multisports, practice de golf
Services : laverie réfrigérateurs

Longitude : 5.884
Latitude : 43.75205

La Pinède de déb. mars à fin nov.
04 92 78 05 47, *lapinede@wanadoo.fr*, *www.camping-lapinede-04.com*
3 ha (160 empl.) plat, peu incliné et en terrasses, pierreux, gravillons
Tarif : (Prix 2011) 21,50€ (10A) – pers. suppl. 4,80€
Location : (Prix 2011) (de déb. mars à fin nov.) – 56 . Nuitée 30 à 79€ – Sem. 300 à 610€
borne artisanale 4,50€
Pour s'y rendre : rte de Saint-Pierre (1,5 km au sud par D 8, à 200 m du Verdon)

Nature :
Loisirs : snack
Services :
À prox. :

Longitude : 5.88294
Latitude : 43.74848

Verseau de déb. mars à mi-nov.
04 92 77 67 10, *info@camping-le-verseau.com*,
Fax 04 92 77 67 10, *www.camping-le-verseau.com*
2,5 ha (120 empl.) plat, incliné, pierreux, herbeux
Tarif : 18,50€ (16A) – pers. suppl. 4,50€
Location : (de déb. mars à mi-nov.) – 47 – 13 . Nuitée 39 à 82€ – Sem. 278 à 575€
40 14€
Pour s'y rendre : 1,2 km au sud par D 8, rte de St-Pierre et chemin à dr., près du Verdon

Nature :
Loisirs : salle d'animation
Services :

Longitude : 5.88199
Latitude : 43.75152

*De categorie (1 tot 5 tenten, in **zwart** of **rood**) die wij aan de geselekteerde terreinen in deze gids toekennen, is onze eigen indeling.*
Niet te verwarren met de door officiële instanties gebruikte classificatie (1 tot 5 sterren).

GRIMAUD

83310 – **340** O6 – 4 233 h. – alt. 105
1, boulevard des Aliziers *04 94 55 43 83*
Paris 861 – Brignoles 58 – Fréjus 32 – Le Lavandou 32

Les Prairies de la Mer – de déb. avr. à mi-oct.
04 94 79 09 09, *prairies@riviera-villages.com*,
Fax 04 94 79 09 10, *www.riviera-villages.com*
20 ha (1500 empl.) plat, sablonneux
Tarif : (Prix 2011) 57€ (6A) – pers. suppl. 10€
Location : (Prix 2011) (de déb. avr. à mi-oct.) – 300 . Nuitée 77 à 245€ – Sem. 539 à 1 715€
borne autre
Pour s'y rendre : RN 98 - à Saint-Pons

Nature : St-Tropez et son golfe
Loisirs : snack bowling, discothèque école de plongée, terrain multisports
Services : laverie

Longitude : 6.58241
Latitude : 43.28086

Domaine des Naïades – de fin mars à fin oct.
04 94 55 67 80, *info@lesnaiades.com*, Fax 04 94 55 67 81, *www.lesnaiades.com* – places limitées pour le passage
27 ha/14 campables (492 empl.) en terrasses, herbeux, sablonneux, pierreux
Tarif : 25€ (10A) – pers. suppl. 8€
Location : (permanent) – 218 . Sem. 329 à 1 645€
borne eurorelais 3€ – 25€
Pour s'y rendre : à Saint Pons les Mûres

Nature :
Loisirs : pizzeria
Services : laverie

Longitude : 6.57937
Latitude : 43.28517

GUILLESTRE

05600 – **334** H5 – 2 273 h. – alt. 1 000 – Base de loisirs
Maison du tourisme place Salva *04 92 45 04 37*
Paris 715 – Barcelonnette 51 – Briançon 36 – Digne-les-Bains 114

Parc Le Villard de fin avr. à mi-sept.
04 92 45 06 54, *info@camping-levillard.com*, *www.camping-levillard.com*
3,2 ha (120 empl.) plat et peu incliné, herbeux, pierreux
Tarif : (Prix 2011) 23,20€ (10A) – pers. suppl. 5€
Location : (Prix 2011) (de déb. janv. à fin oct.) – 17 – 5 – 2 bungalows toilés. Sem. 325 à 790€
Pour s'y rendre : rte des campings, au lieu-dit : Le Villard (2 km à l'ouest par D 902a, rte de Gap, au bord du Chagne)
À savoir : de part et d'autre d'une petite route

Nature :
Loisirs : snack
Services : laverie

Longitude : 6.62687
Latitude : 44.65895

St-James-les-Pins de déb. janv. à fin oct.
04 92 45 08 24, *camping@lesaintjames.com*, Fax 04 92 45 18 65, *www.lesaintjames.com*
2,5 ha (100 empl.) plat et peu incliné, pierreux, herbeux
Tarif : 18,50€ (10A) – pers. suppl. 3,50€
Location : (de déb. janv. à fin oct.) – 10 – 13 – 10 . Nuitée 50 à 75€ – Sem. 275 à 500€
borne artisanale 4,60€
Pour s'y rendre : rte des Campings (1,5 km à l'ouest par rte de Risoul et rte à dr.)
À savoir : traversé par le torrent : le Chagne

Nature :
Loisirs : terrain multisports
Services : laverie
À prox. :

Longitude : 6.63293
Latitude : 44.65685

La Rochette de mi-mai à fin sept.
04 92 45 02 15, *guillestre@aol.com*, Fax 04 92 45 02 15, *www.campingguillestre.com*
4 ha (190 empl.) peu incliné, plat, herbeux, pierreux
Tarif : (Prix 2011) 15,30€ (10A) – pers. suppl. 3,90€ – frais de réservation 9€
Location : (Prix 2011) (de mi-mai à fin sept.) – 6 roulottes. Sem. 255 à 395€
borne artisanale
Pour s'y rendre : rte des Campings (1 km à l'ouest par rte de Risoul et rte à droite)

Nature :
Loisirs :
Services : laverie
À prox. : snack

Longitude : 6.63845
Latitude : 44.65895

HYÈRES

83400 – **340** L7 – 54 888 h. – alt. 40
3, avenue Ambroise Thomas *04 94 01 84 50*
Paris 851 – Aix-en-Provence 102 – Cannes 123 – Draguignan 78

Les Palmiers – (location exclusive de mobile homes) de mi-mars à mi-oct.
04 94 66 39 66, *contact@camping-les-palmiers.fr*, Fax 04 94 66 47 30, *www.camping-les-palmiers.fr*
5,5 ha plat, herbeux, pierreux
Location : (de mi-juin à mi-sept.) – 271 . Sem. 350 à 1 155€
Pour s'y rendre : r. Du Ceinturon, L'Ayguade

Nature :
Loisirs : pizzeria nocturne hammam
Services : laverie

Longitude : 6.16725
Latitude : 43.10344

Le Ceinturon 3 de fin mars à fin sept.
04 94 66 32 65, *contact@ceinturon3.fr*,
Fax 04 94 66 48 43, *www.ceinturon3.fr* –
2,5 ha (200 empl.) plat, herbeux, sablonneux
Tarif : (Prix 2011) 27,55€ (10A) – pers. suppl. 5,55€

Location : (Prix 2011) (permanent) (de fin mars à fin sept.) – 40. Sem. 320 à 770€ – frais de réservation 15,25€

Pour s'y rendre : 2 rue des saraniers (5 km au sud-est, à 100 m de la mer, à Ayguade-Ceinturon)

Nature :
Loisirs : snack
Services :
laverie
À prox. :

Longitude : 6.16962
Latitude : 43.10109

L'ISLE-SUR-LA-SORGUE

84800 – **332** D10 – 18 799 h. – alt. 57
place de la Liberté 04 90 38 04 78
Paris 693 – Apt 34 – Avignon 23 – Carpentras 18

Airotel La Sorguette de mi-mars à mi-oct.
04 90 38 05 71, *sorguette@wanadoo.fr*,
Fax 04 90 20 84 61, *www.camping-sorguette.com*
2,5 ha (164 empl.) plat, herbeux, pierreux
Tarif : 21,50€ (10A) – pers. suppl. 7,40€ – frais de réservation 20€

Location : (de mi-mars à mi-oct.) (1 mobile home) – 30 – 3 yourtes – 1 tipi – 3 bungalows toilés. Nuitée 35 à 85€ – Sem. 280 à 595€ – frais de réservation 20€

borne artisanale 5€ – 3 11€ – 11€

Pour s'y rendre : 871 rte d'Apt (1,5 km au sud-est par N 100, près de la Sorgue)

Nature :
Loisirs : snack canoë
Services : laverie cases réfrigérées
À prox. : hotel

Longitude : 5.07192
Latitude : 43.9146

ISOLA

06420 – **341** D2 – 630 h. – alt. 873
Place Jean Gaissa 04 93 23 15 15
Paris 897 – Marseille 246 – Nice 76 – Cuneo 79

Le Lac des Neiges Permanent
04 93 02 18 16, *lelacdesneiges@yahoo.fr*,
www.princiland.fr – alt. 875
3 ha (98 empl.) plat, pierreux, herbeux
Tarif : (Prix 2011) 23€ (6A) – pers. suppl. 5€

Location : (Prix 2011) (permanent) (de déb. juin à mi-sept.) – 1 – 4 – 2 studios – 2 gîtes. Sem. 400€

Pour s'y rendre : rte de St-Etienne-de-Tinée (1 km au nord du bourg par D 2205)

Nature :
Loisirs : snack pédalos, kayak
Services :
À prox. :

Longitude : 7.03912
Latitude : 44.18898

LARCHE

04530 – **334** J6 – 73 h. – alt. 1 691
le village 04 92 84 33 58
Paris 760 – Barcelonnette 28 – Briançon 81 – Cuneo 70

Domaine des Marmottes
04 92 84 33 64, *g.durand@camping-marmottes.fr*,
www.camping-marmottes.fr
2 ha (52 empl.) non clos, plat, herbeux
Tarif : 18,50€ (10A) – pers. suppl. 7,50€

Location : (de mi-mai à fin sept.) – 2 huttes. Sem. 250 à 350€

borne artisanale 4€

Pour s'y rendre : lieu-dit : Malboisset (800 m au sud-est par rte à drte, au bord de l'Ubayette)

Nature :
Loisirs : snack informations touristiques
Services : laverie
À prox. :

Longitude : 6.85257
Latitude : 44.44615

LE LAVANDOU

83980 – **340** N7 – 5 825 h. – alt. 1 – Base de loisirs
quai Gabriel-Péri, *04 94 00 40 50*
Paris 873 – Cannes 102 – Draguignan 75 – Fréjus 61

Beau Séjour de mi-avr. à fin sept.
04 94 71 25 30, *beausejourvar@orange.fr* –
1,5 ha (135 empl.) plat, gravier
Tarif : (Prix 2011) 5,70€ 3€ 4,70€ – (6A) 4,50€
Pour s'y rendre : au lieu-dit : la Grande Bastide (1,5 km au sud-ouest)
À savoir : beaux emplacements délimités et ombragés

Nature :
Loisirs : snack
Services :

Longitude : 6.35165
Latitude : 43.13497

LA LONDE-LES-MAURES

83250 – **340** M7 – 8 749 h. – alt. 24
avenue Albert Roux *04 94 01 53 10*
Paris 861 – Bormes-les-Mimosas 11 – Cuers 31 – Hyères 10

Les Moulières Permanent
04 94 01 53 21, *camping.les.moulieres@wanadoo.fr*,
Fax 04 94 01 53 22, *www.campinglesmoulieres.com* –
3 ha (250 empl.) plat, herbeux
Tarif : (Prix 2011) 35,50€ (6A) – pers. suppl. 8€
borne artisanale 3€
Pour s'y rendre : 15 chemin de la Garenne, au lieu-dit : Le Puits de Magne (2,5 km au sue-est par rte de Port-de-Miramar et rte à droite)

Nature :
Loisirs : snack
Services :

Longitude : 6.23526
Latitude : 43.12236

De gids wordt jaarlijks bijgewerkt.
Doe als wij, vervang hem, dan blijf je bij.

LOURMARIN

84160 – **332** F11 – 1 011 h. – alt. 224
avenue Philippe de Girard *04 90 68 10 77*
Paris 732 – Aix-en-Provence 37 – Apt 19 – Cavaillon 73

Les Hautes Prairies de déb. avr. à fin oct.
04 90 68 02 89, *leshautesprairies@wanadoo.fr*,
Fax 04 90 68 23 83, *www.campinghautesprairies.com*
3,6 ha (158 empl.) peu incliné, plat, herbeux, pierreux
Tarif : (Prix 2011) 4,90€ 3,10€ 5€ – (10A) 4,50€
Location : (Prix 2011) (permanent) – 5 – 16 . Nuitée 65€ – Sem. 375 à 610€
borne artisanale
Pour s'y rendre : rte de Vaugines (700 m à l'est par D 56)

Nature :
Loisirs : snack
Services :

Longitude : 5.37291
Latitude : 43.76784

MALEMORT-DU-COMTAT

84570 – **332** D9 – 1 409 h. – alt. 208
Paris 688 – Avignon 33 – Carpentras 11 – Malaucène 22

Font Neuve
04 90 69 90 00, *camping.font-neuve@libertysurf.fr*,
Fax 04 90 69 91 77
1,5 ha (54 empl.) plat et peu incliné, terrasses, herbeux, pierreux
Location : (Prix 2011) (de déb. mai à fin sept.) – 5 . Sem. 430€
Pour s'y rendre : quartier Font-Neuve (1,6 km au sud-est par D 5, rte de Méthanis et chemin à gauche)

Nature :
Loisirs :
Services :

Longitude : 5.17098
Latitude : 44.0142

MALLEMORT

13370 – **340** G3 – 5 676 h. – alt. 120
avenue des Frères Roqueplan ✆ 04 90 57 41 62
Paris 716 – Aix-en-Provence 34 – Apt 38 – Cavaillon 20

Durance Luberon de déb. avr. à fin sept.
✆ 04 90 59 13 36, *duranceluberon@orange.fr, www.campingduranceluberon.com* – pour les caravanes, l'accès par le centre ville est déconseillé, accès par N 7 et D 561, rte de Charleval
4 ha (110 empl.) plat, herbeux
Tarif : (Prix 2011) 26,20€ (10A) – pers. suppl. 5,60€ – frais de réservation 15€
Location : (Prix 2011) (de déb. avr. à fin sept.) – 8 . Nuitée 85 à 99€ – Sem. 590 à 690€ – frais de réservation 15€
borne artisanale 5€ – 13€
Pour s'y rendre : au Domaine du Vergon (2,8 km au sud-est par D 23, à 200 m du canal, vers la centrale E.D.F. - par A 7 sortie 26 et 7)

Nature :
Loisirs : snack
Services :
À prox. :

Longitude : 5.20492
Latitude : 43.72091

MANDELIEU-LA-NAPOULE

06210 – **341** C6 – 20 621 h. – alt. 4
avenue H. Clews ✆ 04 92 97 99 27
Paris 890 – Brignoles 86 – Cannes 9 – Draguignan 53

Les Cigales de mi-déc. à mi-nov.
✆ 04 93 49 23 53, *campingcigales@wanadoo.fr*, Fax 04 93 49 30 45, *www.lescigales.com*
2 ha (115 empl.) plat, herbeux, gravier
Tarif : 44€ (6A) – pers. suppl. 8€ – frais de réservation 25€
Location : (de déb. mars à déb. nov.) – 42 – 9 studios. Nuitée 60 à 121€ – Sem. 360 à 730€ – frais de réservation 25€
borne artisanale
Pour s'y rendre : 505 av. de la Mer (à Mandelieu)
À savoir : "îlot" de verdure en ville, au bord de la Siagne

Nature :
Loisirs : ponton d'amarrage
Services : laverie
À prox. : snack golf

Longitude : 6.9424
Latitude : 43.53883

Les Pruniers de déb. avr. à fin oct.
✆ 04 92 97 00 44, *contact@bungalow-camping.com*, Fax 04 93 49 37 45, *www.bungalow-camping.com* – places limitées pour le passage
0,8 ha (64 empl.) plat, herbeux, gravier
Tarif : (Prix 2011) 5,20€ 4€ 27€ – (10A) 4€ – frais de réservation 80€
Location : (Prix 2011) (de déb. avr. à fin oct.) – 36 . Sem. 670€ – frais de réservation 99€
Pour s'y rendre : 118 r. de la Pinéa (par av. de la Mer)
À savoir : avec piscine au bord de la Siagne

Nature :
Loisirs : ponton d'amarrage
Services :
À prox. : crêperie golf

Longitude : 6.94349
Latitude : 43.53503

MAUBEC

84660 – **332** D10 – 1 791 h. – alt. 120
Paris 706 – Aix-en-Provence 68 – Apt 25 – Avignon 32

Municipal Les Royères du Prieuré de déb. avr. à mi-oct.
✆ 04 90 76 50 34, *camping.maubec.provence@wanadoo.fr*, Fax 04 32 52 91 57, *www.campingmaubec-luberon.com*
1 ha (93 empl.) plat et en terrasses, pierreux, herbeux
Tarif : (Prix 2011) 3€ 2€ 2€ – (10A) 3€ – frais de réservation 10€
Location : (Prix 2011) (de déb. avr. à mi-oct.) – 3 . Sem. 375 à 450€ – frais de réservation 10€
Pour s'y rendre : 52 chemin de la Combe St-Pierre (au sud du bourg)
À savoir : belles terrasses ombragées

Nature :
Services :

Longitude : 5.1326
Latitude : 43.84032

MAUSSANE-LES-ALPILLES

13520 – **340** D3 – 2 127 h. – alt. 32
place Laugier de Monblan 04 90 54 52 04
Paris 712 – Arles 20 – Avignon 30 – Marseille 81

Municipal les Romarins

04 90 54 33 60, *camping-municipal-maussane@wanadoo.fr*, Fax 04 90 54 41 22, *www.maussane.com*
3 ha (145 empl.) plat, herbeux, pierreux
Pour s'y rendre : av. des Alpilles (sortie nord par D 5,rte de St-Rémy)
À savoir : bureau d'accueil à la Maison du Tourisme

Nature :
Loisirs :
Services : laverie
À prox. :

Longitude : 4.8093
Latitude : 43.72104

MAZAN

84380 – **332** D9 – 5 515 h. – alt. 100
83, place du 8 Mai 04 90 69 74 27
Paris 684 – Avignon 35 – Carpentras 9 – Cavaillon 30

Le Ventoux de déb. mars à fin oct.

04 90 69 70 94, *info@camping-le-ventoux.com*, *www.camping-le-ventoux.com*
0,7 ha (49 empl.) plat, pierreux, herbeux
Tarif : 23,50€ (12A) – pers. suppl. 5,50€ – frais de réservation 10€
Location : (de mi-mars à fin oct.) – 16 . Nuitée 70 à 95€ – Sem. 420 à 595€ – frais de réservation 10€
Pour s'y rendre : 1348 chemin de la Combe (3 km au nord par D 70, rte de Caromb puis chemin à gauche, de Carpentras, itinéraire conseillé par D 974)

Nature : le Mont Ventoux
Loisirs :
Services : laverie

Longitude : 5.11378
Latitude : 44.0805

MENTON

06500 – **341** F5 – 28 683 h.
8, avenue Boyer 04 92 41 76 76
Paris 966 – Marseille 218 – Nice 32 – Antibes 55

Municipal St-Michel de déb. avr. à fin oct.

04 93 35 81 23, *mairie@ville-menton.fr*, Fax 04 93 57 12 35, *www.menton.fr* – accès difficile pour caravanes et camping-car –
2 ha (131 empl.) en terrasses, plat, herbeux, gravillons
Tarif : (Prix 2011) 4,25€ 4,60€ 4,90€ – (16A) 3€
Pour s'y rendre : chemin du Parc de St-Michel (rte des Ciappes de Castellar, plateau St-Michel)
À savoir : emplacements sous les oliviers centenaires mais attention sanitaires vétustes

Nature :
Loisirs : snack (le soir)
Services : cases réfrigérées

Longitude : 7.498
Latitude : 43.77906

MÉOLANS-REVEL

04340 – **334** H6 – 284 h. – alt. 1 080
Paris 787 – Marseille 216 – Digne-les-Bains 74 – Gap 64

Le Rioclar – de déb. mai à déb. sept.

04 92 81 10 32, *rioclar@wanadoo.fr*, Fax 04 92 81 10 32, *www.rioclar.com* – alt. 1 073
8 ha (200 empl.) en terrasses, pierreux, herbeux
Tarif : (Prix 2011) 22 € (10A) – pers. suppl. 6€ – frais de réservation 18€
Location : (Prix 2011) (de déb. mai à déb. sept.) – 25 – 3 . Nuitée 33 à 80€ – Sem. 230 à 640€ – frais de réservation 18€
Pour s'y rendre : D 900 (1,5 km à l'est, rte de Barcelonnette, près de l'Ubaye et d'un petit plan d'eau)
À savoir : site et cadre agréables

Nature :
Loisirs : snack terrain multisports, sports en eaux vives, canoë
Services :
À prox. : (plan d'eau)

Longitude : 6.53172
Latitude : 44.39928

Domaine Loisirs de l'Ubaye de déb. mai à fin oct.
04 92 81 01 96, *info@loisirsubaye.com*,
Fax 04 92 81 92 53, *www.loisirsubaye.com* – alt. 1 073
9,5 ha (267 empl.) plat, herbeux, pierreux, en terrasses
Tarif : 26,50€ (6A) – pers. suppl. 6€ – frais de réservation 15€

Location : (de déb. fév. à fin oct.) – 18 – 19 . Sem. 310 à 710€ – frais de réservation 15€

Pour s'y rendre : D 900 (3 km à l'est par D 900, rte de Barcelonnette, au bord de l'Ubaye)

Nature :
Loisirs : snack diurne
Services : laverie
À prox. : sports en eaux vives

Longitude : 6.54638
Latitude : 44.39645

MÉZEL

04270 – **334** F8 – 638 h. – alt. 585
Paris 745 – Barrême 22 – Castellane 47 – Digne-les-Bains 15

La Célestine de déb. mai à fin sept.
04 92 35 52 54, *lacelestin@wanadoo.fr*, *www.camping-lacelestine.fr*
2,4 ha (100 empl.) plat, herbeux
Tarif : 23€ (10A) – pers. suppl. 5€

Location : (de déb. mai à fin sept.) – 8 . Sem. 480 à 590€

borne artisanale 6€

Pour s'y rendre : rte de Manosque (3 km au sud par D 907, au bord de l'Asse)

Nature :
Loisirs : (bassin) quad
Services :

Longitude : 6.19183
Latitude : 43.97002

MONTMEYAN

83670 – **340** L4 – 532 h. – alt. 480
Paris 832 – Marseille 88 – Toulon 87 – Draguignan 46

Château de l'Éouvière de déb. avr. à fin sept.
04 94 80 75 54, *contact@leouviere.com*,
Fax 04 94 80 75 54, *www.leouviere.com*
30 ha/5 campables (81 empl.) en terrasses, herbeux, pierreux
Tarif : 30€ (10A) – pers. suppl. 7,50€

Location : (de déb. avr. à fin sept.) – 12 – 2 appartements. Nuitée 80 à 110€ – Sem. 450 à 750€

borne artisanale 5€

Pour s'y rendre : rte de Taverne (500 m au sud par D 13)

Nature :
Loisirs :
Services :

Longitude : 6.06035
Latitude : 43.63819

En juillet et août, beaucoup de terrains affichent complets et leurs emplacements retenus longtemps à l'avance. N'attendez pas le dernier moment pour réserver.

MONTPEZAT

04500 – **334** E10
Paris 806 – Digne-les-Bains 54 – Gréoux-les-Bains 23 – Manosque 37

Village Center Côteau de la Marine de déb. avr. à fin sept.
08 25 00 20 30, *resa@village-center.com*,
Fax 04 67 51 63 89, *www.campings.village-center.fr*
12 ha (283 empl.) en terrasses, pierreux, gravier
Tarif : 30€ (6A) – pers. suppl. 6€ – frais de réservation 5€

Location : (de mi-avr. à fin sept.) – 174 – 20 tentes. Nuitée 39 à 132€ – Sem. 273 à 919€ – frais de réservation 5€

Pour s'y rendre : à Vauvert (2 km au sud-est)

Nature :
Loisirs : snack diurne canoë, pédalos, kayak, bateaux électriques
Services :

Longitude : 6.09818
Latitude : 43.74765

MOUSTIERS-STE-MARIE

04360 – **334** F9 – 705 h. – alt. 631
place de l'Église 0492746784
Paris 783 – Aix-en-Provence 90 – Castellane 45 – Digne-les-Bains 47

Le Vieux Colombier de mi-avr. à fin sept.
0492746189, *contact@lvcm.fr*, *www.lvcm.fr*
2,7 ha (70 empl.) en terrasses, peu incliné, incliné, pierreux, herbeux
Tarif : 21,20€ (6A) – pers. suppl. 5,80€ – frais de réservation 9€
Location : (de mi-mars à mi-sept.) – 13 . Nuitée 55 à 85€ – Sem. 300 à 587€ – frais de réservation 9€
borne artisanale 5€
Pour s'y rendre : quartier St Michel (800 m au sud)

Nature :
Loisirs :
Services :
À prox. :

Longitude : 6.22166
Latitude : 43.83956

St-Jean de déb. avr. à fin oct.
0492746685, *contact@camping-st-jean.fr*, Fax 0492746685, *www.camping-st-jean.fr*
1,6 ha (125 empl.) plat, peu incliné, herbeux
Tarif : 22,20€ (10A) – pers. suppl. 5,90€ – frais de réservation 10€
Location : (de déb. avr. à fin oct.) – 14 . Nuitée 52 à 585€ – Sem. 290 à 585€ – frais de réservation 10€
borne artisanale 4€
Pour s'y rendre : quartier Saint Jean (1 km au sud-ouest par D 952, rte de Riez, au bord de la Maïre)

Nature :
Loisirs :
Services :
À prox. :

Longitude : 6.21496
Latitude : 43.84366

Manaysse de déb. avr. à fin oct.
0492746671, *manaysse@orange.fr*, Fax 0492746228, *www.camping-manaysse.com*
1,6 ha (97 empl.) plat, incliné, terrasses, herbeux, gravier
Tarif : (Prix 2011) 14,40€ (10A) – pers. suppl. 3,70€
Location : (Prix 2011) (de mi-juin à mi-sept.) – 5 tentes. Nuitée 35€ – Sem. 245€
borne artisanale 10,90€ – 50 10,90€
Pour s'y rendre : quartier Manaysse (900 m au sud-ouest par D 952, rte de Riez)

Nature :
Loisirs :
Services :

Longitude : 6.21494
Latitude : 43.84452

MURS

84220 – **332** E10 – 425 h. – alt. 510
Paris 704 – Apt 17 – Avignon 48 – Carpentras 26

Municipal des Chalottes de mi-avr. à mi-sept.
0490726084, *camping@communedemurs-vaucluse.fr*, Fax 0490726173, *www.communedemurs-vaucluse.fr*
4 ha (50 empl.) peu incliné à incliné et accidenté, pierreux
Tarif : (Prix 2011) 3€ 1€ 4€ – (6A) 2€
Pour s'y rendre : sortie sud par D 4, rte d'Apt puis 1,8 km à dr., après le V.V.F.
À savoir : cadre boisé et situation agréable

Nature :
Loisirs :
Services : (juil.-août)

Longitude : 5.22749
Latitude : 43.93864

LE MUY

83490 – **340** O5 – 8 716 h. – alt. 27
6, route de la Bourgade ☏ 04 94 45 12 79
Paris 853 – Les Arcs 9 – Draguignan 14 – Fréjus 17

Les Cigales – de mi-mars à mi-oct.
☏ 04 94 45 12 08, *contact@camping-les-cigales-sud.fr*, Fax 04 94 45 92 80, *www.camping-les-cigales-sud.fr*
22 ha (585 empl.) en terrasses, pierreux, herbeux, fort dénivelé, rochers
Tarif : (Prix 2011) 40,35€ (10A) – pers. suppl. 10,20€ – frais de réservation 23€
Location : (Prix 2011) (de mi-mars à mi-oct.) – 187 – 41 . Nuitée 38 à 150€ – Sem. 245 à 1 050€ – frais de réservation 23€
borne raclet – 10 19,25€
Pour s'y rendre : 4 chemin de Jas de la Paro (3 km au sud-ouest, accès par l'échangeur de l'A 8 et chemin à dr. av. le péage)
À savoir : agréable cadre boisé

Nature :
Loisirs : snack, pizzeria diurne (juil.-août) nocturne jacuzzi terrain multisports, parcours dans les arbres
Services : laverie réfrigérateurs

Longitude : 6.54355
Latitude : 43.46225

RCN Le Domaine de la Noguière de mi-mars à fin oct.
☏ 04 94 45 13 78, *noguiere@rcn.fr*, Fax 04 94 45 92 95, *www.rcn.nl*
11 ha (350 empl.) accidenté, plat, herbeux
Tarif : 20,70€ (6A) – pers. suppl. 2,60€ – frais de réservation 19€
Location : (de mi-mars à fin oct.) – 37 . Nuitée 30 à 161€ – Sem. 232 à 1 146€ – frais de réservation 19€
Pour s'y rendre : 1617 rte de Fréjus

Nature :
Loisirs : snack diurne terrain multisports
Services : laverie
À prox. :

Longitude : 6.59222
Latitude : 43.46828

NANS-LES-PINS

83860 – **340** J5 – 3 995 h. – alt. 380
2, cours Général-de-Gaulle ☏ 04 94 78 95 91
Paris 794 – Aix-en-Provence 44 – Brignoles 26 – Marseille 42

Domaine de La Sainte Baume – de déb. avr. à fin sept.
☏ 04 94 78 92 68, *ste-baume@wanadoo.fr*, Fax 04 94 78 67 37, *www.saintebaume.com*
8 ha (250 empl.) plat, peu incliné, pierreux, gravier
Tarif : 35€ (10A) – pers. suppl. 9,50€
Location : (de déb. avr. à fin sept.) – 148 . Nuitée 30 à 128€ – Sem. 200 à 900€
Pour s'y rendre : quartier Delvieux Sud (900 m au nord par D 80 et à dr., par A 8 : sortie St-Maximin-la-Ste-Baume)

Nature :
Loisirs : snack, pizzeria jacuzzi discothèque
Services : laverie
À prox. : poneys

Longitude : 5.78808
Latitude : 43.37664

NÉVACHE

05100 – **334** H2 – 326 h. – alt. 1 640 – Sports d'hiver : 1 400/2 000 m 2
Paris 693 – Bardonècchia 18 – Briançon 21

Fontcouverte de déb. juin à fin sept.
☏ 04 92 21 38 21, *m.goiran@orange.fr* – croisement difficile pour caravanes – alt. 1 860 – R
2 ha (100 empl.) plat, peu incliné, terrasses, pierreux, herbeux
Tarif : 2,80€ 1,80€ 3€ (6A)
Pour s'y rendre : 1 lot. de l'Aiguille Rouge (6,2 km au nord-ouest par D 301t, vallée de la Clarée)
À savoir : site agréable au bout de la vallée et au bord d'un torrent

Nature :
Loisirs :
Services :
À prox. :

Longitude : 6.69323
Latitude : 45.11898

NIOZELLES

04300 – **334** D9 – 233 h. – alt. 450
Paris 745 – Digne-les-Bains 49 – Forcalquier 7 – Gréoux-les-Bains 33

Moulin de Ventre – de déb. avr. à fin sept.
04 92 78 63 31, *moulindeventre@aol.com*,
Fax 04 92 79 86 92, *www.moulin-de-ventre.fr*
28 ha/3 campables (124 empl.) plat, en terrasses, peu incliné, herbeux, pierreux
Tarif : 29€ (10A) – pers. suppl. 6€
Location : (de déb. avr. à fin sept.) – 14 – 5 – 3 appartements. Nuitée 30 à 113€ – Sem. 266 à 420€
borne artisanale
Pour s'y rendre : 2,5 km à l'est par N 100, rte de la Brillanne
À savoir : au bord du Lauzon et d'un petit lac

Nature :
Loisirs : snack diurne (juil.-août)
Services : laverie
À prox. : pédalos

Longitude : 5.86798
Latitude : 43.9333

ORANGE

84100 – **332** B9 – 30 025 h. – alt. 97
5, cours Aristide Briand 04 90 34 70 88
Paris 655 – Alès 84 – Avignon 31 – Carpentras 24

Le Jonquier
04 90 34 49 48, *info@campinglejonquier.com*,
Fax 04 90 51 16 97, *www.campinglejonquier.com*
2,5 ha (75 empl.) plat, herbeux
Location : – 4 – 2 bungalows toilés.
borne artisanale
Pour s'y rendre : r. Alexis Carrel (au nord-ouest par N 7, rte de Montélimar et r. à gauche passant devant la piscine, quartier du Jonquier - par A 7 : sortie nord, D 17, rte de Caderousse et chemin à dr.)

Nature :
Loisirs : jacuzzi (petite piscine)
Services : laverie

Longitude : 4.7949
Latitude : 44.14659

ORGON

13660 – **340** F3 – 2 913 h. – alt. 90
place de la Liberté 04 90 73 09 54
Paris 709 – Marseille 72 – Avignon 29 – Nîmes 98

La Vallée Heureuse de déb. avr. à fin sept.
04 90 44 17 13, *information@camping-lavalleeheureuse.com*, Fax 04 90 55 16 49, *www.camping-lavalleeheureuse.com*
8 ha (80 empl.) en terrasses, plat, herbeux, pierreux
Tarif : 19€ (16A) – pers. suppl. 6,30€ – frais de réservation 17€
Pour s'y rendre : quartier Lavau (2 km au sud, rte de Sénas puis à gauche par la D 73D)
À savoir : dans un site naturel remarquable

Nature :
Loisirs :
Services : laverie cases réfrigérées
À prox. :

Longitude : 5.03956
Latitude : 43.7817

ORPIERRE

05700 – **334** C7 – 323 h. – alt. 682
le Village 04 92 66 30 45
Paris 689 – Château-Arnoux 47 – Digne-les-Bains 72 – Gap 55

Les Princes d'Orange de déb. avr. à mi-sept.
04 92 66 22 53, *campingorpierre@wanadoo.fr*,
Fax 04 92 66 31 08, *www.campingorpierre.com*
20 ha/4 campables (120 empl.) fort dénivelé, en terrasses, plat, pierreux, herbeux
Tarif : 29,50€ (10A) – pers. suppl. 8,80€ – frais de réservation 10€
Location : (de déb. mars à mi-oct.) – 28 – 4 . Nuitée 80 à 97€ – Sem. 370 à 680€ – frais de réservation 12€
borne artisanale 4€ – 12 19,50€ – 13.50€
Pour s'y rendre : au lieu-dit : Le Flonsaine (300 m au sud du bourg, à 150 m du Céans)

Nature : Orpierre et montagnes
Loisirs : snack
Services : laverie
À prox. :

Longitude : 5.69652
Latitude : 44.31077

PERNES-LES-FONTAINES

84210 – **332** D10 – 10 506 h. – alt. 75
place Gabriel Moutte *0490613104*
Paris 685 – Apt 43 – Avignon 23 – Carpentras 6

Municipal de la Coucourelle de déb. avr. à fin sept.
0490664555, camping@ville-pernes-les-fontaines.fr,
Fax 0490613246, *ville-pernes-les-fontaines.fr*
1 ha (40 empl.) plat, herbeux
Tarif : (Prix 2011) 15,50€ (10A) –
pers. suppl. 4€ – frais de réservation 30€
borne flot bleu
Pour s'y rendre : 391 av. René Char (1 km à l'est par D 28, rte de St-Didier, au complexe sportif)
À savoir : cadre arbustif

Nature :
Loisirs :
Services :
À prox. :

Longitude : 5.0677
Latitude : 43.99967

PERTUIS

84120 – **332** G11 – 18 680 h. – alt. 246
place Mirabeau *0490791556*
Paris 747 – Aix-en-Provence 23 – Apt 36 – Avignon 76

Franceloc les Pinèdes – de mi-mars à mi-oct.
0490791098, campinglespinedes@free.fr,
Fax 0490090399, *www.campings-franceloc.fr/accueil-camping-les_pinedes_du_luberon*
5 ha (180 empl.) plat, en terrasses, herbeux, pierreux
Tarif : (Prix 2011) 33€ (10A) –
pers. suppl. 7€ – frais de réservation 27€
Location : (Prix 2011) (de mi-mars à mi-oct.) (1 mobile home) – 90 – 6 – 5 tentes. Nuitée 33 à 159€ – Sem. 133 à 1 071€ – frais de réservation 27€
borne artisanale
Pour s'y rendre : 2 km à l'est par D 973

Nature :
Loisirs : snack
Services : laverie
À prox. :

Longitude : 5.5253
Latitude : 43.68979

PEYRUIS

04310 – **334** D8 – 2 468 h. – alt. 402
Paris 727 – Digne-les-Bains 30 – Forcalquier 20 – Manosque 29

Les Cigales (location exclusive de mobile homes) Permanent
0492681604, camping@l-hippocampe.com,
Fax 0492681604, *www.lescigaleshauteprovence.com*
1 ha peu incliné
Location : (Prix 2011) – 16 . Sem. 210 à 693€
1
Pour s'y rendre : au sud du bourg, près du stade et d'un ruisseau

Nature :
Loisirs :
Services :
À prox. : parcours sportif

Longitude : 5.93645
Latitude : 44.0228

PONT-DU-FOSSÉ

05260 – **334** F4
Paris 673 – Marseille 204 – Gap 24 – Grenoble 102

Le Diamant de déb. mai à fin sept.
0492559125, info@campingdiamant.com,
www.campingdiamant.com
4 ha (100 empl.) plat, herbeux
Tarif : 22,30€ (20A) – pers. suppl. 4€
Location : (de déb. mai à fin sept.) – 15 . Nuitée 50 à 80€ – Sem. 190 à 520€
borne artisanale 18,30€
Pour s'y rendre : à Pont du Fossé (800 m au sud-ouest par D 944, rte de Gap)
À savoir : au bord du Drac

Nature :
Loisirs : mur d'escalade, bassin à truites
Services : laverie
À prox. :

Longitude : 6.2197
Latitude : 44.66535

LE PONTET

84130 – **332** C10 – 17 531 h. – alt. 40
Paris 688 – Marseille 100 – Avignon 5 – Aix 83

Le Grand Bois de mi-mai à mi-sept.
04 90 31 37 44, *campinglegrandbois@orange.fr*, Fax 04 90 31 46 53, *www.campinglegrandbois.webeasysite.fr*
1,5 ha (100 empl.) plat, herbeux
Tarif : 23€ (5A) – pers. suppl. 5€
borne artisanale 3€
Pour s'y rendre : 1340 chemin du Grand Bois (3 km au nord-est par D 62, rte de Vedène et rte à gauche, au lieu-dit la Tapy, par A 7 : sortie Avignon-Nord)
À savoir : agréable cadre boisé

Nature :
Loisirs :
Services :

Longitude : 4.8836
Latitude : 43.97455

PRUNIÈRES

05230 – **334** F5 – 283 h. – alt. 1 018 – Base de loisirs
Paris 681 – Briançon 68 – Gap 23 – Grenoble 119

Le Roustou de déb. mai à fin sept.
04 92 50 62 63, *info@campingleroustou.com*, *www.campingleroustou.com*
11 ha/6 campables (180 empl.) vallonné, en terrasses, peu incliné, plat, gravillons, herbeux
Tarif : 24,80€ (6A) – pers. suppl. 6,90€
Location : (de déb. mai à fin sept.) – 26 . Sem. 294 à 619€ – frais de réservation 12€
Pour s'y rendre : 4 km au sud par N 94

Nature :
Loisirs : snack
ponton d'amarrage
Services :

Longitude : 6.34111
Latitude : 44.5225

PUGET-SUR-ARGENS

83480 – **340** P5 – 6 988 h. – alt. 17
Paris 863 – Les Arcs 21 – Cannes 41 – Draguignan 26

La Bastiane – de déb. avr. à fin oct.
04 94 55 55 94, *info@labastiane.com*, Fax 04 94 55 55 93, *www.labastiane.com*
4 ha (170 empl.) plat et terrasses, pierreux, herbeux
Tarif : 43,78€ (6A) – pers. suppl. 7,45€ – frais de réservation 15€
Location : (de déb. avr. à fin oct.) – 102 – 6 – 18 bungalows toilés. Nuitée 27 à 123€ – Sem. 189 à 861€ – frais de réservation 15€
Pour s'y rendre : 1056 chemin de Suvières (2,5 km au nord)

Nature :
Loisirs : pizzeria
discothèque
terrains multisports
Services : laverie
À prox. : poneys

Longitude : 6.67837
Latitude : 43.46975

PUIMICHEL

04700 – **334** E9 – 254 h. – alt. 723
Paris 737 – Avignon 140 – Grenoble 175 – Marseille 112

Les Matherons de fin avr. à fin sept.
04 92 79 60 10, *lesmatherons@wanadoo.fr*, Fax 04 92 79 60 10, *www.campinglesmatherons.com*
70 ha/4 campables (27 empl.) en terrasses, plat à incliné, herbeux, pierreux
Tarif : 4,80€ 8,80€ – (3A) 2,90€
Location : (permanent) – 2 . Nuitée 39 à 63€ – Sem. 270 à 440€
Pour s'y rendre : 3 km au sud-ouest par D 12, rte d'Oraison et chemin empierré à dr.
À savoir : cadre sauvage et naturel au milieu des bois et des cigales

Nature :
Loisirs :
Services :

Longitude : 6.00763
Latitude : 43.96035

PUYLOUBIER

13114 – **340** J4 – 1 708 h. – alt. 380
square Jean Casanova *04 42 66 36 87*
Paris 775 – Aix-en-Provence 26 – Rians 38 – St-Maximin-la-Ste-Baume 19

Municipal Cézanne de déb. avr. à mi-nov.
04 42 66 36 33, *camping@le-cezanne.com*,
Fax 04 42 66 36 33, *www.le-cezanne.com*
1 ha (50 empl.) en terrasses, peu incliné, pierreux, herbeux
Tarif : 5,50€ 2€ 3€ – (6A) 3€
Location : (de déb. avr. à fin sept.) – 4 – 2 gîtes. Nuitée 70 à 80€ – Sem. 450€ – frais de réservation 20€
borne artisanale 3€
Pour s'y rendre : chemin Philippe Noclercq (sortie est par D 57, au stade)
À savoir : au pied de la Montagne Ste-Victoire

Nature :
Loisirs :
Services :
À prox. : terrain multisports

Longitude : 5.68227
Latitude : 43.527

Benutzen Sie
– zur Wahl der Fahrtroute
– zur Berechnung der Entfernungen
– zur exakten Lokalisierung eines Campingplatzes (mit Hilfe der Angaben im Ortstext)
die für diesen Führer unentbehrlichen ***MICHELIN-Karten.***

RAMATUELLE

83350 – **340** O6 – 2 272 h. – alt. 136
place de l'Ormeau *04 98 12 64 00*
Paris 873 – Fréjus 35 – Hyères 52 – Le Lavandou 34

Le Kon Tiki – de mi-avr. à déb. nov.
04 94 55 96 96, *kontiki@riviera-villages.com*,
Fax 04 94 55 96 95, *www.riviera-villages.com* – places limitées pour le passage
plat, herbeux, sablonneux
Tarif : (Prix 2011) 90€ (10A)
Location : (Prix 2011) (de mi-avr. à déb. oct.) – 100 – 200 tipis. Nuitée 50 à 440€ – Sem. 420 à 3 080€
Pour s'y rendre : plage de Pampelonne

Nature :
Loisirs : snack hammam jacuzzi (plage)
Services : laverie
À prox. : poneys (centre équestre)

Longitude : 6.65852
Latitude : 43.23147

Yelloh! Village les Tournels – de fin mars à déb. janv.
04 94 55 90 90, *info@tournels.com*, Fax 04 94 55 90 99, *www.tournels.com*
20 ha (975 empl.) en terrasses, herbeux, pierreux, fort dénivelé
Tarif : 59€ (5A) – pers. suppl. 8€ – frais de réservation 30€
Location : (de fin mars à déb. janv.) – 221 – 119 . Nuitée 39 à 145€ – Sem. 273 à 1 015€
borne flot bleu 5€
Pour s'y rendre : rte de Camarat (3,5 km à l'est)
À savoir : espace forme aquatique couvert de qualité

Nature :
Loisirs : snack, pizzeria hammam jacuzzi terrain multisports, amphithéâtre, discothèque
Services : laverie cases réfrigérées
À prox. :

Longitude : 6.65112
Latitude : 43.20537

La Toison d'Or –
04 94 79 83 54, *toison@riviera-villages.com*,
Fax 04 94 79 85 70, *www.riviera-villages.com*
5 ha (500 empl.) plat, herbeux, sablonneux
Location : (Prix 2011) (de mi-avr. à fin sept.) – 176 – 50 lodges. Nuitée 44 à 195€ – Sem. 308 à 1 890€
Pour s'y rendre : Rte des Tamaris

Nature :
Loisirs : snack hammam jacuzzi
Services : laverie

Longitude : 6.66007
Latitude : 43.23884

Campéole la Croix du Sud – de déb. avr. à mi-oct.
04 94 55 51 23, *croix-du-sud@campeole.com*, Fax 04 94 79 89 21, *www.campeole.com* – places limitées pour le passage
3 ha (120 empl.) en terrasses, herbeux, pierreux, sablonneux
Tarif : (Prix 2011) 43 € (10A) – pers. suppl. 9,30 € – frais de réservation 25 €
Location : (Prix 2011) (de déb. avr. à mi-oct.) – 16 – 11 – 30 bungalows toilés. Nuitée 29 à 148 € – Sem. 203 à 1 036 € – frais de réservation 25 €
Pour s'y rendre : rte des Plages

Nature :
Loisirs : snack
Services :

Longitude : 6.64104
Latitude : 43.21426

RÉGUSSE

83630 – **340** L4 – 1 792 h. – alt. 545
place de l'Horloge 04 94 70 19 01
Paris 838 – Marseille 113 – Toulon 94 – Digne-les-Bains 75

Les Lacs du Verdon – de déb. avr. à fin sept.
04 94 70 17 95, *info@homair.com*, Fax 04 94 70 51 79, *www.homair.com/camping_les_lacs_du_verdon.html*
17 ha (400 empl.)
Tarif : (Prix 2011) 26 € (10A) – pers. suppl. 5,50 € – frais de réservation 10 €
Location : (Prix 2011) (de déb. avr. à fin sept.) – 275 . Nuitée 25 à 101 € – Sem. 175 à 707 € – frais de réservation 10 €
Pour s'y rendre : domaine de Roquelande

Nature :
Loisirs : pizzeria terrain multisports
Services : laverie
À prox. :

Longitude : 6.15073
Latitude : 43.66041

RIEZ

04500 – **334** E10 – 1 741 h. – alt. 520
4, allée Louis Gardiol 04 92 77 99 09
Paris 792 – Marseille 105 – Digne-les-Bains 41 – Draguignan 64

Rose de Provence de mi-avr. à déb. oct.
04 92 77 75 45, *info@rose-de-provence.com*, Fax 04 92 77 75 45, *www.rose-de-provence.com*
1 ha (91 empl.) plat, terrasse, herbeux, gravier
Tarif : (Prix 2011) 19,90 € (6A) – pers. suppl. 4,50 € – frais de réservation 10 €
Location : (Prix 2011) (de mi-avr. à déb. oct.) – 5 – 2 – 2 bungalows toilés – 1 gîte. Sem. 206 à 540 € – frais de réservation 15 €
Pour s'y rendre : r. Edouard Dauphin

Nature :
Loisirs : jacuzzi
Services : cases réfrigérées
À prox. :

Longitude : 6.09922
Latitude : 43.81307

LA ROCHE-DE-RAME

05310 – **334** H4 – 805 h. – alt. 1 000
Paris 701 – Briançon 22 – Embrun 27 – Gap 68

Le Verger Permanent
04 92 20 92 23, *info@campingleverger.com*, Fax 04 92 20 92 23, *www.campingleverger.com*
1,6 ha (50 empl.) peu incliné, en terrasses, herbeux
Tarif : (Prix 2011) 19,10 € (10A) – pers. suppl. 5 €
Location : (Prix 2011) (permanent) – 6 – 1 – 1 gîte. Nuitée 53 à 59 € – Sem. 410 à 455 €
borne artisanale 3,50 €
Pour s'y rendre : lieu-dit : Les Gillis (1,2 km au nord-ouest par N 94, rte de Briançon)
À savoir : emplacements à l'ombre des cerisiers, abricotiers...

Nature :
Loisirs :
Services : laverie

Longitude : 6.57987
Latitude : 44.75049

Municipal du Lac de déb. mai à mi-sept.
06 10 03 57 28, *camping.lelac@laposte.net*,
Fax 04 92 20 90 31, *www.campingdulac05.fr*
1 ha (95 empl.) plat, peu incliné, herbeux
Tarif : 13,90€ (6A) – pers. suppl. 4,60€
Location : (de déb. mai à mi-sept.) – 4 roulottes – 2 – 2 bungalows toilés – 1 gîte. Nuitée 25€ – Sem. 300 à 390€ – frais de réservation 50€
borne artisanale – 11.90€
Pour s'y rendre : R.N 94 (sortie sud)

Nature :
Loisirs :
Services :
À prox. : snack (plan d'eau) canoë, pédalos

Longitude : 6.58145
Latitude : 44.74673

LA ROCHE DES ARNAUDS

05400 – **334** D5 – 1 298 h. – alt. 945
Paris 672 – Corps 49 – Gap 15 – St-Étienne-en-Dévoluy 33

Au Blanc Manteau Permanent
04 92 57 82 56, *pierre.wampach@wanadoo.fr*, *www.campingaublancmanteau.fr* – alt. 900
4 ha (40 empl.) plat, pierreux, herbeux
Tarif : 23,60€ (10A) – pers. suppl. 4,50€
Pour s'y rendre : rte de Ceuze (1,3 km au sud-ouest par D 18, au bord d'un torrent)

Nature :
Loisirs :
Services :

Longitude : 5.95085
Latitude : 44.54962

ROQUEBRUNE-SUR-ARGENS

83520 – **340** O5 – 11 451 h. – alt. 13
12, avenue Gabriel Péri 04 94 19 89 89
Paris 862 – Les Arcs 18 – Cannes 49 – Draguignan 23

Domaine de la Bergerie – de fin avr. à fin sept.
04 98 11 45 45, *info@domainelabergerie.com*,
Fax 04 98 11 45 46, *www.domainelabergerie.com* – places limitées pour le passage
60 ha (700 empl.) en terrasses, pierreux
Tarif : 49,50€ (10A) – pers. suppl. 10€ – frais de réservation 25€
Location : (de mi-mars à déb. nov.) – 400 . Nuitée 57 à 202€ – Sem. 399 à 1 414€
Pour s'y rendre : Vallée du Fournel - rte du Col de Bougnon (8 km au sud-est par D 7, rte de St-Aygulf et D 8 à dr., au bord d'étangs)

Nature :
Loisirs : snack, pizzeria hammam jacuzzi discothèque, salle d'animation terrain multisports, théâtre de plein air
Services : laverie

Longitude : 6.67535
Latitude : 43.39879

Les Pêcheurs – de déb. avr. à fin sept.
04 94 45 71 25, *info@camping-les-pecheurs.com*,
Fax 04 94 81 65 13, *www.camping-les-pecheurs.com*
3,3 ha (220 empl.) plat, herbeux
Tarif : 46,50€ (10A) – pers. suppl. 8,80€ – frais de réservation 22€
Location : (de déb. avr. à fin sept.) – 24 . Nuitée 52 à 141€ – Sem. 350 à 990€ – frais de réservation 22€
borne artisanale
Pour s'y rendre : 700 m au nord-ouest par D 7
À savoir : agréable cadre boisé et fleuri au bord de l'Argens et près d'un plan d'eau

Nature :
Loisirs : snack diurne hammam jacuzzi canoë
Services : laverie
À prox. :

Longitude : 6.63354
Latitude : 43.45094

Lei Suves de déb. avr. à mi-oct.
04 94 45 43 95, *camping.lei.suves@wanadoo.fr*,
Fax 04 94 81 63 13, *www.lei-suves.com* – places limitées pour le passage
7 ha (310 empl.) en terrasses, plat, pierreux, herbeux
Tarif : 46,50€ (6A) – pers. suppl. 9,90€ – frais de réservation 22€
Location : (de déb. avr. à mi-oct.) – 30 . Nuitée 60 à 120€ – Sem. 420 à 970€ – frais de réservation 22€
Pour s'y rendre : Quartier du Blavet (4 km au nord par D 7 et passage sous A 8)
À savoir : cadre boisé agréable et soigné

Nature :
Loisirs : snack, pizzeria terrain multisports, théâtre de plein air
Services : laverie

Longitude : 6.63882
Latitude : 43.47821

Moulin des Iscles de déb. avr. à fin sept.
04 94 45 70 74, *moulin.iscles@wanadoo.fr*,
Fax 04 94 45 46 09, *www.campingdesiscles.com*
1,5 ha (90 empl.) plat, herbeux
Tarif : 24,80€ (6A) – pers. suppl. 3,40€ – frais de réservation 15€
Location : (de déb. avr. à fin sept.) – 5 – 1 – 5 appartements. Sem. 420 à 740€ – frais de réservation 15€
Pour s'y rendre : chemin du Moulin des Iscles (1,8 km à l'est par D 7, rte de St-Aygulf et chemin à gauche)
À savoir : au bord de l'Argens

Nature :
Loisirs : snack canoë
Services :

Longitude : 6.65784
Latitude : 43.44497

LA ROQUE-D'ANTHÉRON

13640 – **340** G3 – 4 446 h. – alt. 183
3, cours Foch 04 42 50 70 74
Paris 726 – Aix-en-Provence 29 – Cavaillon 34 – Manosque 60

Village Center Les Iscles (location exclusive de mobile homes) de déb. avr. à déb. oct.
08 25 00 20 30, *iscles@village-center.com*,
Fax 04 42 50 56 29, *www.village-center.com*
10 ha (269 empl.) plat
Location : (Prix 2011) – 100 . Nuitée 29 à 127€ – Sem. 203 à 889€ – frais de réservation 30€
Pour s'y rendre : au lieu-dit : la Durance (3 km au sud par D 23)

Nature :
Loisirs : snack (plan d'eau) canoë
Services : laverie

Longitude : 5.32099
Latitude : 43.72819

ST-ANDRÉ-LES-ALPES

04170 – **334** H9 – 924 h. – alt. 914
place Marcel Pastorelli 04 92 89 02 39
Paris 786 – Castellane 20 – Colmars 28 – Digne-les-Bains 43

Municipal les Iscles de déb. avr. à mi-oct.
04 92 89 02 29, *accueil@camping-les-iscles.com*,
Fax 04 92 89 02 56, *camping-les-iscles.com* – alt. 894
2,5 ha (200 empl.) plat, pierreux, herbeux
Tarif : 4€ 1,50€ – (10A) 3€
Location : (de déb. avr. à fin oct.) (1 mobile home) – 16 . Nuitée 30 à 75€ – Sem. 210 à 525€ – frais de réservation 10€
Pour s'y rendre : chemin des Iscles (1 km au sud par N 202, rte d'Annot et à gauche, à 300 m du Verdon)
À savoir : agréable pinède

Nature :
Loisirs :
Services :
À prox. : parcours sportif, parapente

Longitude : 6.5073
Latitude : 43.96046

ST-APOLLINAIRE

05160 – **334** G5 – 110 h. – alt. 1 285
Paris 684 – Embrun 19 – Gap 27 – Mont-Dauphin 37

Campéole Le Clos du Lac de mi-mai à fin sept.
04 92 44 27 43, *campingleclosdulac@orange.fr*, Fax 04 92 43 46 93, *www.camping-closdulac.com* – croisement difficile pour caravanes et camping-cars – alt. 1 450
2 ha (68 empl.) en terrasses et peu incliné, herbeux
Tarif : (Prix 2011) 15,10€ (7A) – pers. suppl. 5,10€
Location : (Prix 2011) (de mi-mai à fin sept.) – 18 . Nuitée 37 à 97€ – Sem. 259 à 679€ – frais de réservation 15€
Pour s'y rendre : rte des Lacs (2,3 km au nord-ouest par D 509, à 50 m du petit lac de St-Apollinaire)
À savoir : belle situation dominante

Nature : lac de Serre-Ponçon et montagnes
Loisirs :
Services :
À prox. : snack (plan d'eau)

Longitude : 6.34642
Latitude : 44.56127

ST-AYGULF

83370 – **340** P5
place de la Poste *0494812209*
Paris 872 – Brignoles 69 – Draguignan 35 – Fréjus 6

L'Étoile d'Argens – de déb. avr. à déb. sept.
0494810141, *info@etoiledargens.com*,
Fax 0494812145, *www.etoiledargens.com*
11 ha (493 empl.) plat, herbeux
Tarif : 58€ (10A) – pers. suppl. 10€ – frais de réservation 30€

Location : (de déb. avr. à déb. sept.) – 95. Nuitée 152€ – Sem. 1 064€ – frais de réservation 30€
Pour s'y rendre : chemin des Étangs (5 km au nord-ouest par D 7, rte de Roquebrune-sur-Argens et D 8 à dr., au bord de l'Argens)

À savoir : beaux emplacements spacieux et ombragés. Navette fluviale pour les plages (durée : 30 mn)

Nature :
Loisirs : pizzeria jacuzzi discothèque terrain multisports, ponton d'amarrage
Services : laverie
À prox. : golf

Longitude : 6.70562
Latitude : 43.41596

Au Paradis des Campeurs de déb. avr. à déb. oct.
0494969355, *paradis-des-campeurs@live.fr*,
Fax 0494496299, *www.paradis-des-campeurs.com* –
6 ha/3,5 campables (180 empl.) terrasse, plat, herbeux
Tarif : (Prix 2011) 33€ (6A) – pers. suppl. 6€

Location : (Prix 2011) (de déb. avr. à déb. oct.) – 13. Sem. 280 à 610€
borne artisanale – 100 29€
Pour s'y rendre : au lieu-dit : La Gaillarde-Plage (2,5 km au sud par N 98, rte de Ste-Maxime)

À savoir : vue mer pour quelques emplacements et accès direct à la plage

Nature :
Loisirs :
Services : laverie
À prox. : discothèque

Longitude : 6.71235
Latitude : 43.366

Résidence du Campeur de fin mars à déb. oct.
0494810159, *info@residence-campeur.com*,
Fax 0494810164, *www.residence-campeur.com* – places limitées pour le passage
10 ha (451 empl.) plat, gravier
Tarif : 60€ (10A) – pers. suppl. 7€

Location : (de déb. mars à déb. oct.) – 215 – 20 tentes. Nuitée 34 à 221€ – Sem. 238 à 1 547€
Pour s'y rendre : 3 km au nord-ouest par D 7, rte de Roquebrune-sur-Argens

Nature :
Loisirs : pizzeria terrain multisports
Services : – 451 sanitaires individuels (wc) laverie
À prox. : cinéma de plein air

Longitude : 6.70875
Latitude : 43.40867

Les Lauriers Roses de mi-avr. à fin sept.
0494812446, *lauriersroses-camping@orange.fr*,
Fax 0494817963, *www.info-lauriersroses.com* – accès aux emplacements par forte pente, mise en place et sortie des caravanes à la demande
2 ha (95 empl.) en terrasses, fort dénivelé, plat, pierreux
Tarif : 40€ (10A) – pers. suppl. 9,50€ – frais de réservation 15€

Location : (de mi-avr. à fin sept.) – 14. Sem. 315 à 875€ – frais de réservation 15€
borne artisanale 25€ – 1 40€
Pour s'y rendre : Les Grands Châteaux de Villepey (3 km au nord-ouest par D 7)

Nature :
Loisirs :
Services :
À prox. :

Longitude : 6.70923
Latitude : 43.40471

Vaudois de déb. mai à fin sept.
0494813770, *camping.vaudois@wanadoo.fr*,
Fax 0494813770, *www.campingdevaudois.com*
3 ha (110 empl.) plat, herbeux
Tarif : (Prix 2011) 28,50€ (10A) – pers. suppl. 6,50€

Location : (Prix 2011) (de déb. mai à fin sept.) – 3. Sem. 255 à 615€
Pour s'y rendre : 4,5 km au nord-ouest par D 7, rte de Roquebrune-sur-Argens, à 300 m d'un plan d'eau

Nature :
Loisirs :
Services :
À prox. :

Longitude : 6.69214
Latitude : 43.41084

ST-CLÉMENT-SUR-DURANCE

05600 – **334** H5 – 271 h. – alt. 872
Paris 715 – L'Argentière-la-Bessée 21 – Embrun 13 – Gap 54

Les Mille Vents de mi-juin à mi-sept.
0492451090
3,5 ha (100 empl.) plat, terrasse, herbeux, pierreux
Tarif : (Prix 2011) 15,40€ (5A) – pers. suppl. 2,70€
Location : – 3 . Sem. 300 à 400€
borne artisanale
Pour s'y rendre : 1 km à l'est par N 94, rte de Briançon et D 994d à dr. apr. le pont et la base de sports en eaux vives
À savoir : au bord de la rivière

Nature :
Loisirs :
Services :
À prox. : snack sports en eaux vives

Longitude : 6.6618
Latitude : 44.66362

ST-CYR-SUR-MER

83270 – **340** J6 – 11 795 h. – alt. 10
place de l'Appel du 18 Juin, les Lecques 0494267373
Paris 810 – Bandol 8 – Brignoles 70 – La Ciotat 10

Le Clos Ste-Thérèse de déb. avr. à fin sept.
0494321221, *camping@clos-therese.com*, Fax 0494322962, *www.clos-therese.com* – accès aux emplacements par forte pente, mise en place et sortie des caravanes à la demande – places limitées pour le passage
4 ha (123 empl.) en terrasses, pierreux, fort dénivelé
Tarif : (Prix 2011) 29,10€ (10A) – pers. suppl. 6,10€ – frais de réservation 23€
Location : (Prix 2011) (de déb. avr. à fin juin) – 7 – 24 – 5 bungalows toilés. Sem. 252 à 729€ – frais de réservation 23€
Pour s'y rendre : 3,5 km au sud-est par D 559

Nature :
Loisirs : Spa
Services :
À prox. : golf

Longitude : 5.72951
Latitude : 43.15955

626

ST-ÉTIENNE-DE-TINÉE

06660 – **341** C2 – 1 320 h. – alt. 1 147
1, rue des communes de France 0493024196
Paris 788 – Grenoble 226 – Marseille 262 – Nice 90

Municipal du Plan d'Eau
0493024157, *mairie@saintetiennedetinee.fr*, Fax 0493024693
0,5 ha (23 empl.) en terrasses, plat, pierreux, herbeux
borne artisanale – 6
Pour s'y rendre : rte du col de la Bonette (500 m au nord du bourg)
À savoir : au bord de la Tinée, dominant un joli petit plan d'eau – réservé aux tentes

Nature :
Loisirs : (plage)
Services : pas de branchement électrique
À prox. : canoë, parcours de santé

Longitude : 6.92299
Latitude : 44.25858

ST-ÉTIENNE-DU-GRÈS

13103 – **340** D3 – 2 117 h. – alt. 7
Paris 706 – Arles 16 – Avignon 24 – Les Baux-de-Provence 15

Municipal du Grès de déb. janv. à fin nov.
0490490003, *campingmunicipaldugres@wanadoo.fr*, *campingalpilles.com*
0,6 ha (40 empl.) plat, herbeux, pierreux
Tarif : 15,70€ (16A) – pers. suppl. 3,20€
Location : (permanent) – 2 . Nuitée 36 à 50€ – Sem. 250 à 350€
borne artisanale 4€
Pour s'y rendre : av. du Dr-Barberin (sortie nord-ouest par D 99, rte de Tarascon, près du stade, à 50 m de la Vigueira)

Nature :
Services : laverie

Longitude : 4.7177
Latitude : 43.78631

ST-LAURENT-DU-VERDON

04500 – **334** E10 – 93 h. – alt. 468
Paris 797 – Marseille 118 – Digne-les-Bains 59 – Avignon 166

La Farigoulette de mi-mai à mi-sept.
04 92 74 41 62, *info@camping-la-farigoulette.com*, Fax 09 70 06 76 78, *www.camping-la-farigoulette.com*
14 ha (200 empl.) peu incliné, herbeux, pierreux
Tarif : (Prix 2011) 28€ (5A) – pers. suppl. 5€ – frais de réservation 15€
Location : (Prix 2011) (de déb. mai à mi-sept.) – 63 . Nuitée 51 à 112€ – Sem. 357 à 784€ – frais de réservation 20€
borne artisanale
Pour s'y rendre : Lac de St Laurent (1 km au nord rte par C 1 de Montpezat)

Nature :
Loisirs : snack diurne terrain multisports, pédalos et canoës
Services : laverie

Longitude : 6.0777
Latitude : 43.73407

ST-MANDRIER-SUR-MER

83430 – **340** K7 – 6 303 h. – alt. 1
place des Résistants 04 94 63 61 69
Paris 836 – Bandol 20 – Le Beausset 22 – Hyères 30

La Presqu'île (location exclusive de mobile homes) de déb. avr. à fin sept.
04 94 30 74 70, *info@homair.com*, Fax 04 94 63 61 69, *www.homair.com*
2,5 ha en terrasses, pierreux, fort dénivelé
Location : (Prix 2011) – 132 . Nuitée 29 à 114€ – Sem. 203 à 798€ – frais de réservation 10€
Pour s'y rendre : quartier Pin Rolland (2,5 km à l'ouest, carr. D 18 et rte de la Pointe de Marégau, près du port de plaisance)

Nature :
Loisirs : snack
Services :
À prox. :

Longitude : 5.90577
Latitude : 43.07655

ST-MARTIN-D'ENTRAUNES

06470 – **341** B3 – 84 h. – alt. 1 050
Paris 778 – Annot 39 – Barcelonnette 50 – Puget-Théniers 44

Le Prieuré de déb. mai à fin sept.
04 93 05 54 99, *le.prieure@wanadoo.fr*, *http://www.le-prieure.com* – alt. 1 070
12 ha/1,5 (35 empl.) en terrasses, peu incliné, plat, herbeux
Tarif : (Prix 2011) 4,70€ 7,80€ – (10A) 4,50€ – frais de réservation 10€
Location : (Prix 2011) (permanent) – 4 – 4 – 10 gîtes. Sem. 450 à 650€ – frais de réservation 10€
Pour s'y rendre : rte des Blancs (1 km à l'est par D 2202, rte de Guillaumes puis 1,8 km par chemin à gauche, apr. le pont du Var)

Nature :
Loisirs : snack (le soir) (petite piscine)
Services :

Longitude : 6.76283
Latitude : 44.14895

ST-MARTIN-VESUBIE

06450 – **341** E3 – 1 329 h. – alt. 1 000
place Félix Faure 04 93 03 21 28
Paris 899 – Marseille 235 – Nice 65 – Cuneo 140

À la Ferme St-Joseph de déb. mai à fin sept.
06 70 51 90 14, *contact.ferme@orange.fr*, *www.camping-alafermestjoseph.com*
0,6 ha (50 empl.) incliné, plat, herbeux
Tarif : 18,20€ (6A) – pers. suppl. 4,10€ – frais de réservation 10€
borne artisanale 5€
Pour s'y rendre : au sud-est du bourg par la D 2565 rte de Roquebillière, près de la Vésubie

Nature :
Services : (juil.-août)
À prox. :

Longitude : 7.25711
Latitude : 44.06469

ST-PAUL-EN-FORÊT

83440 – **340** P4 – 1 498 h. – alt. 310
Paris 884 – Cannes 46 – Draguignan 27 – Fayence 10

Le Parc – de déb. avr. à fin sept.
04 94 76 15 35, *contact@campingleparc.com*,
Fax 04 94 76 15 35, *campingleparc.com*
3 ha (100 empl.) en terrasses, pierreux, herbeux
Tarif : (Prix 2011) 31 € (10A) – pers. suppl. 6,80 €

Location : (de déb. avr. à fin sept.) – 15 – 4 – 2 bungalows toilés. Sem. 150 à 820 €
borne eurorelais – 3
Pour s'y rendre : 408 quartier Trestaure (3 km au nord par D 4, rte de Fayence puis chemin à dr.)

Nature :
Loisirs : snack diurne
Services : laverie
À prox. : poneys

Longitude : 6.68979
Latitude : 43.58445

ST-PONS

04400 – **334** H6 – 697 h. – alt. 1 157
Paris 797 – Marseille 227 – Digne-les-Bains 84 – Gap 74

Village Vacances Le Loup Blanc du Riou
(location exclusive de chalets) Permanent
04 92 81 44 97, *leloup.blanc@wanadoo.fr*,
Fax 04 92 81 44 97, *www.leloupblanc.com*
2 ha en terrasses

Location : (Prix 2011) – 16 . Sem. 345 à 665 €
Pour s'y rendre : 1 km au sud-ouest, derrière l'aérodrome de l'Ubaye
À savoir : agréable petit village de chalets, sous une pinède

Nature :
Loisirs :
Services :
À prox. : parc aventure, parc de loisirs, vol à voile

Longitude : 6.6122
Latitude : 44.39107

ST-RAPHAËL

83700 – **340** P5 – 34 381 h.
rue Waldeck Rousseau 04 94 19 52 52
Paris 870 – Aix-en-Provence 121 – Cannes 42 – Fréjus 4

Les Castels Douce Quiétude – de déb. avr. à mi-oct.
04 94 44 30 00, *info@douce-quietude.com*,
Fax 04 94 44 30 30, *www.douce-quietude.com* – places limitées pour le passage
10 ha (400 empl.) plat, vallonné, en terrasses, herbeux, pierreux
Tarif : 30 € (16A) – pers. suppl. 10 € – frais de réservation 30 €

Location : (de déb. avr. à mi-oct.) – 257 . Nuitée 53 à 203 € – Sem. 371 à 1 533 € – frais de réservation 30 €
Pour s'y rendre : 3435 bd Jacques Baudino (sortie nord-est vers Valescure puis 3 km - Par A8 sortie 38)

Nature :
Loisirs : snack hammam jacuzzi discothèque
Services : laverie

Longitude : 6.80587
Latitude : 43.44734

ST-RÉMY-DE-PROVENCE

13210 – **340** D3 – 10 251 h. – alt. 59
place Jean Jaurès 04 90 92 05 22
Paris 702 – Arles 25 – Avignon 20 – Marseille 89

Monplaisir de déb. mars à mi-oct.
04 90 92 22 70, *reception@camping-monplaisir.fr*,
Fax 04 90 92 18 57, *www.camping-monplaisir.fr*
2,8 ha (140 empl.) plat, herbeux, pierreux
Tarif : 27 € (10A) – pers. suppl. 8 € – frais de réservation 17 €

Location : (de déb. mars à mi-oct.) – 12 . Sem. 730 €
Pour s'y rendre : chemin de Monplaisir (800 m au nord-ouest par D 5, rte de Maillane et chemin à gauche)
À savoir : agréable cadre fleuri autour d'un mas provençal

Nature :
Loisirs : snack
Services : laverie
À prox. :

Longitude : 4.8729
Latitude : 43.78417

Mas de Nicolas – de mi-mars à fin oct.
04 90 92 27 05, *camping-masdenicolas@nerim.fr*, Fax 04 90 92 36 83, *www.camping-masdenicolas.com*
4 ha (167 empl.) peu incliné, plat, herbeux, pierreux
Tarif : (Prix 2011) 26,60€ (6A) – pers. suppl. 7€ – frais de réservation 17€
Location : (Prix 2011) (de mi-mars à fin oct.) (1 mobile home) – 21 – 13 . Nuitée 60 à 110€ – Sem. 320 à 710€ – frais de réservation 17€
borne artisanale 5€ – 10 17€ – 14.50€
Pour s'y rendre : av. Plaisance du Touch (sortie nord, rte d'Avignon puis 1 km par D 99, rte de Cavaillon, puis r. Théodore-Aubanel derrière le stade et le collège Glanum)

Nature :
Loisirs : hammam jacuzzi
Services : cases réfrigérées

Longitude : 4.83913
Latitude : 43.79594

Pégomas de mi-mars à fin oct.
04 90 92 01 21, *contact@campingpegomas.com*, Fax 04 90 92 01 21, *www.campingpegomas.com*
2 ha (105 empl.) plat, herbeux
Tarif : 28,50€ (6A) – pers. suppl. 8€ – frais de réservation 17€
Location : (permanent) – 6 . Sem. 200 à 500€
borne artisanale 99€
Pour s'y rendre : 3 av. Jean Moulin (sortie est par D 99a, rte de Cavaillon et à gauche, à l'intersection du chemin de Pégomas et av. Jean-Moulin (vers D 30, rte de Noves))

Nature :
Loisirs :
Services : laverie ,cases réfrigérées
À prox. :

Longitude : 4.84099
Latitude : 43.78838

ST-SAUVEUR-SUR-TINÉE

06420 – **341** D3 – 346 h. – alt. 500
Mairie 04 93 02 00 22
Paris 816 – Auron 31 – Guillaumes 42 – Isola 2000 28

Municipal de mi-juin à mi-sept.
04 93 02 03 20, *mairie.st-sauveur-sur-tinee@wanadoo.fr* –
0,37 ha (20 empl.) plat et terrasses, pierreux, gravillons
Tarif : (Prix 2011) 16,50€ (3A) – pers. suppl. 4,50€
Pour s'y rendre : quartier Les Plans (800 m au nord sur D 30, rte de Roubion, av. le pont, au bord de la Tinée, chemin piétonnier direct pour rejoindre le village)

Nature :
Services : (tentes)
À prox. : parcours de santé

Longitude : 7.10611
Latitude : 44.08722

STE-CROIX-DE-VERDON

04500 – **334** E10 – 140 h. – alt. 530 – Base de loisirs
Paris 780 – Brignoles 59 – Castellane 59 – Digne-les-Bains 51

Municipal les Roches
04 92 77 78 99, *mairie.saintecroixduverdon@wanadoo.fr*, Fax 04 92 77 76 23, *www.saintecroixduverdon.com*
6 ha (233 empl.) plat et en terrasses, vallonné, accidenté, herbeux, gravillons
20
Pour s'y rendre : rte du Lac (1 km au nord-est du bourg, à 50 m du lac de Ste-Croix - pour les caravanes, le passage par le village est interdit)
À savoir : bel ombrage sous les oliviers et amandiers

Nature :
Services : cases réfrigérées
À prox. : canoë, pédalos

Longitude : 6.15381
Latitude : 43.76043

STES-MARIES-DE-LA-MER

13460 – **340** B5 – 2 317 h. – alt. 1
5, avenue Van Gogh ✆ 04 90 97 82 55
Paris 761 – Aigues-Mortes 31 – Arles 40 – Marseille 131

Sunêlia Le Clos du Rhône de déb. avr. à déb. nov.
✆ 04 90 97 85 99, *info@camping-leclos.fr*,
Fax 04 90 97 78 85, *www.camping-leclos.fr*
7 ha (420 empl.) plat, sablonneux, pierreux
Tarif : 24,50€ (16A) – pers. suppl. 8,60€

Location : (de déb. avr. à déb. nov.) (1 mobile home) – 83 – 12 bungalows toilés. Sem. 170 à 948€ – frais de réservation 23€
Pour s'y rendre : rte d'Aigues-Mortes (2 km à l'ouest par D 38 et à gauche)

À savoir : près du petit Rhône et de la plage

Nature :
Loisirs : snack
Services :
laverie cases réfrigérées
À prox. : poneys bateau promenade sur le Rhône

Longitude : 4.40138
Latitude : 43.76587

SALERNES

83690 – **340** M4 – 3 629 h. – alt. 209
place Gabriel Peri ✆ 04 94 70 69 02
Paris 830 – Aix-en-Provence 81 – Brignoles 33 – Draguignan 23

Municipal les Arnauds de déb. mai à fin sept.
✆ 04 94 67 51 95, *lesarnauds@ville-salernes.fr*,
Fax 04 94 70 75 57, *www.village-vacances-lesarnauds.com*
2 ha (52 empl.) plat, herbeux
Tarif : 7,30€ 11,17€ – (10A) 10€

Location : (de déb. mai à fin sept.) – 4 – 4 studios – 14 appartements. Sem. 364 à 496€
Pour s'y rendre : quartier les Arnauds (sortie nord-ouest par D 560, rte de Sillans-la-Cascade et à gauche - accès au village par chemin piétonnier longeant la rivière)

À savoir : belle décoration arbustive et florale, près de la Bresque

Nature :
Loisirs : (plan d'eau)
Services :
laverie cases réfrigérées

Longitude : 6.2257
Latitude : 43.56623

Benutzen Sie
– zur Wahl der Fahrtroute
– zur Berechnung der Entfernungen
*– zur exakten Lokalisierung eines Campingplatzes (mit Hilfe der Angaben im Ortstext) die für diesen Führer unentbehrlichen **MICHELIN-Karten.***

LES SALLES-SUR-VERDON

83630 – **340** M3 – 206 h. – alt. 440
place Font Freye ✆ 04 94 70 21 84
Paris 790 – Brignoles 57 – Digne-les-Bains 60 – Draguignan 49

Les Pins de déb. avr. à mi-oct.
✆ 04 98 10 23 80, *campinglespins83@orange.fr*,
Fax 04 94 84 23 27, *www.campinglespins.com*
3 ha/2 campables (104 empl.) en terrasses, plat, herbeux, pierreux
Tarif : 6,10€ 5,90€ – (6A) 3,90€ – frais de réservation 25€
borne artisanale
Pour s'y rendre : sortie sud par D 71 puis 1,2 km par chemin à dr., à 100 m du lac de Ste-Croix - accès direct au bourg

À savoir : agréable cadre ombragé, petite pinède attenante

Nature :
Loisirs :
Services :
laverie cases réfrigérées
À prox. : parcours de santé, canoë

Longitude : 6.2084
Latitude : 43.77603

SALON-DE-PROVENCE

13300 – **340** F4 – 40 943 h. – alt. 80
56, cours Gimon ✆ 0490562760
Paris 720 – Aix-en-Provence 37 – Arles 46 – Avignon 50

Nostradamus de déb. mars à fin oct.
✆ 0490560836, *gilles.nostra@gmail.com*,
Fax 0490562341, *www.camping-nostradamus.com*
2,7 ha (83 empl.) plat, herbeux
Tarif : 27,60€ (6A) – pers. suppl. 6,20€
– frais de réservation 20€
Location : (Prix 2011) (de déb. mars à fin oct.) – 17 . Nuitée 60 à 150€ – Sem. 312 à 750€ – frais de réservation 20€
borne artisanale 5,10€
Pour s'y rendre : rte d'Eyguières (5,8 km au nord-ouest par D 17 et D 72D à gauche)
À savoir : au bord d'un canal

Nature :
Loisirs :
Services : laverie

Longitude : 5.06229
Latitude : 43.68401

SANARY-SUR-MER

83110 – **340** J7 – 17 774 h. – alt. 1
Paris 824 – Aix-en-Provence 75 – La Ciotat 23 – Marseille 55

Campasun Mas de Pierredon – de déb. avr. à fin sept.
✆ 0494742502, *pierredon@campasun.eu*,
Fax 0494746142, *www.campasun.eu*
6 ha/2,5 campables (122 empl.) plat et en terrasses, pierreux, herbeux
Tarif : 46€ (10A) – pers. suppl. 9,70€
– frais de réservation 25€
Location : (de déb. avr. à fin sept.) – 17 – 27 . Nuitée 58 à 133€ – Sem. 290 à 800€ – frais de réservation 25€
borne eurorelais 5€
Pour s'y rendre : 652 chemin Raoul Coletta (3 km au nord, rte d'Ollioules et à gauche apr. le pont de l'autoroute)

Nature :
Loisirs :
Services :

Longitude : 5.81452
Latitude : 43.13159

Campasun Parc Mogador – de mi-mars à déb. nov.
✆ 0494745316, *mogador@campasun.eu*,
Fax 0494741058, *www.campasun.eu* (de déb. juil. à fin août)
3 ha (180 empl.) terrasse, plat, herbeux, pierreux
Tarif : 46€ (10A) – pers. suppl. 9,70€
– frais de réservation 25€
Location : (de mi-mars à déb. nov.) – 76 – 6 . Nuitée 136€ – Sem. 820€ – frais de réservation 25€
borne eurorelais 5€
Pour s'y rendre : 167 chemin de Beaucours

Nature :
Loisirs : snack, pizzeria bowling
Services : laverie

Longitude : 5.78777
Latitude : 43.12367

LE SAUZÉ-DU-LAC

05160 – **334** F6 – 122 h. – alt. 1 052
Paris 697 – Barcelonette 35 – Digne-les-Bains 74 – Gap 40

La Palatrière de déb. mai à fin sept.
✆ 0492442098, *lapalatriere@wanadoo.fr*, *www.lapalatriere.com*
3 ha (30 empl.) en terrasses, pierreux, herbeux
Tarif : (Prix 2011) 23€ (6A) –
pers. suppl. 6,50€
Location : (de déb. avr. à fin oct.) – 10 . Nuitée 49 à 150€ – Sem. 280 à 710€
Pour s'y rendre : site des Demoiselles Coiffées (4,6 km au sud par D 954, rte de Savines-Lac)
À savoir : belle situation dominant le lac de Serre-Ponçon

Nature : lac de Serre-Ponçon et montagnes
Loisirs : snack jacuzzi
Services :

Longitude : 6.31524
Latitude : 44.47881

SERRES

05700 – **334** C6 – 1 322 h. – alt. 670
rue du lac *04 92 67 00 67*
Paris 670 – Die 68 – Gap 41 – Manosque 89

Domaine des Deux Soleils – de mi-avr. à mi-oct.
04 92 67 01 33, dom2.soleils@orange.fr,
Fax 04 92 67 08 02, *www.domaine-2soleils.com* – alt. 800
26 ha/12 campables (72 empl.) en terrasses, pierreux, herbeux
Tarif : 23,25€ (6A) – pers. suppl. 2,50€ – frais de réservation 22,75€

Location : (de mi-avr. à mi-oct.) – 8 – 19 . Nuitée 38 à 75€ – Sem. 266 à 495€ – frais de réservation 22,75€

Pour s'y rendre : av. Des Pins - La Flamenche (800 m au sud-est par N 75, rte de Sisteron puis 1 km par rte à gauche, à Super-Serres)

À savoir : emplacements souvent en sous-bois, dans un cadre naturel et sauvage

Nature :
Loisirs : snack terrain multisports
Services :

Longitude : 5.72767
Latitude : 44.4203

Geef ons uw mening over de kampeerterreinen die wij aanbevelen. Schrijf ons over uw ervaringen en ontdekkingen.

SEYNE

05140 – **334** G6 – 1 427 h. – alt. 1 200
place d'Armes *04 92 35 11 00*
Paris 719 – Barcelonnette 43 – Digne-les-Bains 43 – Gap 54

Les Prairies de fin avr. à mi-sept.
04 92 35 10 21, info@campinglesprairies.com,
www.campinglesprairies.com
3,6 ha (100 empl.) plat, herbeux, pierreux, non clos
Tarif : 23€ (10A) – pers. suppl. 5,50€ – frais de réservation 16€

Location : (de fin avr. à mi-sept.) – 8 – 8 . Sem. 255 à 530€ – frais de réservation 16€
borne artisanale

Pour s'y rendre : à Haute Gréyère, chemin Charcherie (1 km au sud par D 7, rte d'Auzet et chemin à gauche, au bord de la Blanche)

Nature :
Loisirs : snack
Services : laverie
À prox. :

Longitude : 6.35972
Latitude : 44.34262

SISTERON

04200 – **334** D7 – 7 288 h. – alt. 490
1, place de la République *04 92 61 36 50*
Paris 704 – Barcelonnette 100 – Digne-les-Bains 40 – Gap 52

Municipal des Prés-Hauts de déb. avr. à fin sept.
04 92 61 19 69, contact@camping-sisteron.com,
Fax 04 92 61 19 69, *www.sisteron.fr*
4 ha (141 empl.) plat et peu incliné, herbeux
Tarif : 23€ (10A) – pers. suppl. 4€ – frais de réservation 10€

Location : (de déb. mai à fin sept.) – 10 . Sem. 270 à 500€ – frais de réservation 67,50€
17 23€

Pour s'y rendre : 44 chemin des Prés Hauts (3 km au nord par rte de Gap et D 951 à dr., rte de la Motte-du-Caire, près de la Durance)

À savoir : emplacements bien délimités dans un cadre verdoyant

Nature :
Loisirs :
Services :

Longitude : 5.93645
Latitude : 44.21432

SOSPEL

06380 – **341** F4 – 3 514 h. – alt. 360
19, avenue Jean Médecin ✆ *04 93 04 15 80*
Paris 967 – Breil-sur-Roya 21 – L'Escarène 22 – Lantosque 42

Domaine Ste-Madeleine de fin mars à déb. oct.
✆ 04 93 04 10 48, *camp@camping-sainte-madeleine.com*, *www.camping-sainte-madeleine.com*
3 ha (90 empl.) en terrasses, herbeux, pierreux
Tarif : 23,40€ (10A) – pers. suppl. 4,50€
Location : (de fin mars à déb. oct.) (de déb. juil. à fin août) – 3 – 10 . Nuitée 60 à 90€ – Sem. 320 à 620€
borne artisanale 3€
Pour s'y rendre : rte de Moulinet (4,5 km au nord-ouest par D 2566, rte du col de Turini)

Nature :
Loisirs :
Services :

Longitude : 7.41575
Latitude : 43.8967

LE THOR

84250 – **332** C10 – 7 722 h. – alt. 50
Paris 688 – Avignon 18 – Carpentras 16 – Cavaillon 14

FranceLoc Domaine Le Jantou de déb. avr. à fin sept.
✆ 04 90 33 90 07, *jantou@franceloc.fr*, Fax 04 90 33 79 84, *www.lejantou.com*
6 ha/4 campables (195 empl.) plat, herbeux
Tarif : (Prix 2011) 37€ (10A) – pers. suppl. 7€ – frais de réservation 27€
Location : (de déb. avr. à fin sept.) – 9 roulottes – 126 – 6 – 6 tentes. Nuitée 23 à 102€ – Sem. 133 à 714€ – frais de réservation 27€
Pour s'y rendre : 535 chemin des Coudelières (1,2 km à l'ouest par sortie nord vers Bédarrides, accès direct à la Sorgue, accès conseillé par D 1 (contournement))

Nature :
Loisirs :
Services : laverie réfrigérateurs
À prox. :

Longitude : 4.98282
Latitude : 43.92969

Des vacances réussies sont des vacances bien préparées !
Ce guide est fait pour vous y aider... mais :
– n'attendez pas le dernier moment pour réserver
– évitez la période critique du 14 juillet au 15 août.
Pensez aux ressources de l'arrière-pays,
à l'écart des lieux de grande fréquentation.

LES THUILES

04400 – **334** H6 – 380 h. – alt. 1 130
Paris 752 – Marseille 221 – Digne-les-Bains 82 – Gap 62

Le Fontarache de déb. juin à mi-sept.
✆ 04 92 81 90 42, *reception@camping-fontarache.fr*, Fax 04 92 81 90 42, *www.camping-fontarache.com* – alt. 1 108
6 ha (150 empl.) plat, pierreux, gravier
Tarif : (Prix 2011) 22,80€ (6A) – pers. suppl. 4,90€ – frais de réservation 12€
Location : (de déb. juin à mi-sept.) – 13 – 2 . Sem. 250 à 650€ – frais de réservation 12€
borne artisanale 4€ – 10€
Pour s'y rendre : au lieu-dit : Les Thuiles Basses (sortie est du bourg, D 900 rte de Barcelonnette, près de l'Ubaye)

Nature :
Loisirs : terrain multisports
Services : laverie
À prox. : (plan d'eau) sports en eaux vives, canoë

Longitude : 6.57537
Latitude : 44.3924

VAISON-LA-ROMAINE

84110 – **332** D8 – 6 248 h. – alt. 193
place du Chanoine-Sautel ✆ 04 90 36 02 11
Paris 664 – Avignon 51 – Carpentras 27 – Montélimar 64

FranceLoc Le Carpe Diem – de déb. avr. à déb. nov.

✆ 04 90 36 02 02, *carpe-diem@franceloc.fr*,
Fax 04 90 36 36 90, *www.camping-carpe-diem.com*
10 ha/6,5 campables (232 empl.) en terrasses, plat et peu incliné, herbeux
Tarif : (Prix 2011) 30€ (0A) – pers. suppl. 7€ – frais de réservation 27€

Location : (Prix 2011) (de déb. avr. à déb. nov.) – 152 – 14 – 3 bungalows toilés – 6 tentes. Nuitée 33 à 60€ – Sem. 133 à 1 029€ – frais de réservation 27€

borne artisanale

Pour s'y rendre : rte de St-Marcellin (2 km au sud-est à l'intersection du D 938, rte de Malaucène et du D 151)

À savoir : originale reconstitution d'un amphythéâtre autour de la piscine

Nature :
Loisirs : snack, pizzeria
Services : (juil.-août) cases réfrigérées

Longitude : 5.08945
Latitude : 44.23424

Le Soleil de Provence de mi-mars à fin oct.

✆ 04 90 46 46 00, *info@camping-soleil-de-provence.fr*,
Fax 04 90 46 40 37, *www.camping-soleil-de-provence.fr*
4 ha (153 empl.) plat et en terrasses, peu incliné, herbeux, pierreux
Tarif : 7,50€ 6€ 6€ – (10A) 4€ – frais de réservation 10€

Location : (de mi-mars à fin oct.) – 26 . Sem. 280 à 690€ – frais de réservation 10€

borne eurorelais 2€ – 4

Pour s'y rendre : quartier Trameiller (3,5 km au nord-est par D 938, rte de Nyons)

Nature : ⋞ Ventoux et montagnes de Nyons
Loisirs :
Services :

Longitude : 5.10616
Latitude : 44.26838

Massif de la Sainte-Baume

L. Campion/Michelin

Théâtre Romain de mi-mars à déb. nov.
04 90 28 78 66, *info@camping-theatre.com*, Fax 04 90 28 78 76, *www.camping-theatre.com*
1,2 ha (75 empl.) plat, herbeux, gravillons
Tarif : 26,50€ (10A) – pers. suppl. 7€ – frais de réservation 11€

Location : (de mi-mars à déb. nov.) – 9 . Nuitée 35 à 95€ – Sem. 220 à 650€ – frais de réservation 11€
borne artisanale 5€ – 14€
Pour s'y rendre : quartier des Arts - Chemin du Brusquet (au nord-est de la ville, accès conseillé par rocade)

Nature :
Loisirs : (petite piscine)
Services :
À prox. :

Longitude : 5.07843
Latitude : 44.24505

VENCE

06140 – **341** D5 – 19 479 h. – alt. 325
8, place du Grand Jardin 04 93 58 06 38
Paris 923 – Antibes 20 – Cannes 30 – Grasse 24

Domaine de la Bergerie de fin mars à mi-oct.
04 93 58 09 36, *info@camping-domainedelabergerie.com*, Fax 04 93 59 80 44, *www.camping-domainedelabergerie.com*
30 ha/13 campables (450 empl.) plat et en terrasses, rocailleux, herbeux
Tarif : (Prix 2011) 29,50€ (5A) – pers. suppl. 5€ – frais de réservation 15€

Location : (Prix 2011) (de fin mars à mi-oct.) – 3 cabanons et 2 chalets (sans sanitaire). Nuitée 25€ – Sem. 450€ – frais de réservation 15€
borne artisanale 4€
Pour s'y rendre : 1330 chemin de la Sine (4 km à l'ouest par D 2210, rte de Grasse et chemin à gauche)

À savoir : très agréable cadre naturel autour d'une ancienne bergerie joliment restaurée

Nature :
Loisirs :
Services :
laverie
À prox. : parcours sportif

Longitude : 7.08981
Latitude : 43.71253

LE VERNET

04140 – **334** G7 – 129 h. – alt. 1 200
Paris 729 – Digne-les-Bains 32 – La Javie 16 – Gap 68

Lou Passavous de déb. mai à fin sept.
04 92 35 14 67, *loupassavous@orange.fr*, *www.loupassavous.com*
1,5 ha (60 empl.) plat, non clos, peu incliné, herbeux, pierreux
Tarif : (Prix 2011) 20,50€ (6A) – pers. suppl. 4€ – frais de réservation 10€

Location : (Prix 2011) (de déb. mai à fin sept.) – 2 . Sem. 450 à 640€ – frais de réservation 10€
Pour s'y rendre : rte Roussimal (800 m au nord par rte de Roussimat, au bord du Bès)

Nature :
Loisirs : snack petite piscine hors sol
Services :
À prox. :

Longitude : 6.39139
Latitude : 44.28194

VEYNES

05400 – **334** C5 – 3 170 h. – alt. 827
avenue Commandant Dumont 04 92 57 27 43
Paris 660 – Aspres-sur-Buëch 9 – Gap 25 – Sisteron 51

Les Prés de déb. mai à fin sept.
04 92 57 26 22, *camping.lespres@packsurwifi.com*, *www.camping-les-pres.com* – alt. 960
0,35 ha (25 empl.) plat et peu incliné, herbeux
Tarif : (Prix 2011) 17,40€ (6A) – pers. suppl. 3,50€

Location : (Prix 2011) (de déb. mai à fin sept.) – 1 roulotte – 2 yourtes – 3 bungalows toilés. Nuitée 40 à 50€ – Sem. 260 à 320€
borne artisanale
Pour s'y rendre : au lieu-dit : le Petit Vaux (3,4 km au nord-est par D 994 rte de Gap, puis 5,5 km par D 937 rte de Superdevoluy et chemin à gauche par le pont sur la Béoux)

Nature :
Services :

Longitude : 5.84995
Latitude : 44.58842

VILLAR-LOUBIÈRE

05800 – **334** E4 – 50 h. – alt. 1 026
Paris 648 – La Chapelle-en-Valgaudémar 5 – Corps 22 – Gap 43

Municipal Les Gravières

04 92 55 35 35, *info@sudrafting.fr*, Fax 04 92 55 35 35, *www.sudrafting.fr*
2 ha (50 empl.) plat, pierreux, herbeux, sous-bois
Pour s'y rendre : 700 m à l'est par rte de la Chapelle-en-Valgaudémar et chemin à dr.

À savoir : adresse idéale pour les sportifs amateurs de sports en eaux vives

Nature :
Loisirs : base de sports en eaux vives
Services :

Longitude : 6.1464
Latitude : 44.82373

Pour choisir et suivre un itinéraire,
pour calculer un kilométrage,
pour situer exactement un terrain (en fonction des indications fournies dans le texte) :
utilisez les ***cartes MICHELIN****,*
compléments indispensables de cet ouvrage.

VILLARS-COLMARS

04370 – **334** H7 – 228 h. – alt. 1 225
Paris 774 – Annot 37 – Barcelonnette 46 – Colmars 3

Le Haut-Verdon de déb. mai à fin sept.

04 92 83 40 09, *campinglehautverdon@wanadoo.fr*, Fax 04 92 83 56 61, *www.lehautverdon.com* – accès très déconseillé par le col d'Allos
3,5 ha (109 empl.) plat, pierreux
Tarif : 29€ (10A) – pers. suppl. 5€

Location : (permanent) – 7 – 4 . Nuitée 30 à 75€ – Sem. 170 à 700€
borne artisanale
Pour s'y rendre : 0,6 km au sud par D 908 rte de Castellane, au bord du Verdon

Nature :
Loisirs : snack
Services :

Longitude : 6.60573
Latitude : 44.1604

VILLECROZE

83690 – **340** M4 – 1 094 h. – alt. 300
rue Amboise Croizat 04 94 67 50 00
Paris 835 – Aups 8 – Brignoles 38 – Draguignan 21

Le Ruou – de déb. avr. à fin oct.

04 94 70 67 70, *info@leruou.com*, Fax 04 94 70 64 65, *www.leruou.com* – places limitées pour le passage
4,3 ha (134 empl.) en terrasses, plat, herbeux, fort dénivelé
Tarif : 7€ 2,70€ 15,80€ – (10A) 5€ – frais de réservation 25€

Location : (de déb. avr. à fin oct.) – 39 – 19 – 26 bungalows toilés. Nuitée 22 à 122€ – Sem. 154 à 854€ – frais de réservation 25€
borne artisanale 5€
Pour s'y rendre : 309 RD 560 (5,4 km au sud-est par D 251, rte de Barbebelle et D 560, rte de Flayosc, accès conseillé par D 560)

À savoir : beaux emplacements en terrasses

Nature :
Loisirs : snack, pizzeria
Services : laverie

Longitude : 6.29796
Latitude : 43.55343

VILLENEUVE-LOUBET-PLAGE

06270 – **341**
16 av. de la Mer ✆ 04 92 02 66 16, info@villeneuve-tourisme.com
Paris 919 – Marseille 191 – Nice 24 – Monaco 38

La Vieille Ferme Permanent
✆ 04 93 33 41 44, *info@vieilleferme.com*,
Fax 04 93 33 37 28, *www.vieilleferme.com*
2,9 ha (153 empl.) en terrasses, plat, gravillons, herbeux
Tarif : 42,94€ (10A) – pers. suppl. 6€
– frais de réservation 28€
Location : (permanent) – 32 . Sem. 500 à 860€ – frais de réservation 28€
Pour s'y rendre : 296 bd des Groules (2,8 km au sud par N 7, rte d'Antibes et à dr.)

Nature :
Loisirs : snack diurne jacuzzi (découverte en saison)
Services : laverie cases réfrigérées
À prox. :

Longitude : 7.12579
Latitude : 43.61967

Parc des Maurettes de mi-janv. à mi-nov.
✆ 04 93 20 91 91, *info@parcdesmaurettes.com*,
Fax 04 93 73 77 20, *www.parcdesmaurettes.com*
2 ha (140 empl.) en terrasses, pierreux, gravier
Tarif : 36,80€ (16A) – pers. suppl. 5,30€
– frais de réservation 24€
Location : (Prix 2011) (de mi-janv. à mi-nov.) – 14 – 2 – 3 studios. Nuitée 57 à 116€ – Sem. 360 à 697€ – frais de réservation 24€
borne artisanale 6€
Pour s'y rendre : 730 av. du Dr Lefèbvre (par N 7)
À savoir : agréable espace relax'balnéo

Nature :
Loisirs : jacuzzi informations touristiques
Services : (tentes) laverie
À prox. :

Longitude : 7.12964
Latitude : 43.63111

L'Hippodrome Permanent
✆ 04 93 20 02 00, *contact@camping-hippodrome.com*,
Fax 04 92 13 20 07, *www.camping-hippodrome.com*
0,8 ha (46 empl.) plat, gravillons
Tarif : (Prix 2011) 5,20€ 4€ 22,40€ – (10A) 5,50€ – frais de réservation 16€
Location : (Prix 2011) (permanent) – 14 studios – 1 appartement. – frais de réservation 16€
borne flot bleu
Pour s'y rendre : 5 av. des Rives (à 400 m de la plage, derrière le centre commercial Géant Casino)

Nature :
Loisirs : (découverte en saison)
Services : laverie réfrigérateur
À prox. : snack

Longitude : 7.13771
Latitude : 43.64199

VILLES-SUR-AUZON

84570 – **332** E9 – 1 249 h. – alt. 255
Paris 694 – Avignon 45 – Carpentras 19 – Malaucène 24

Les Verguettes de déb. avr. à fin sept.
✆ 04 90 61 88 18, *info@provence-camping.com*,
Fax 04 90 61 97 87, *www.provence-camping.com*
2 ha (88 empl.) plat, peu incliné et terrasses, herbeux, pierreux
Tarif : (Prix 2011) 29€ (6A) – pers. suppl. 6,30€
Location : (Prix 2011) (permanent) – 6 . Sem. 220 à 700€
borne artisanale
Pour s'y rendre : rte de Carpentras (sortie ouest par D 942)

Nature : ≤ le Mont Ventoux
Loisirs :
Services : réfrigérateurs

Longitude : 5.22834
Latitude : 44.05686

S. Sauvignier/Michelin

RHÔNE-ALPES

S. Sauvignier/Michelin

Terre de contrastes et carrefour d'influences, la région Rhône-Alpes offre mille et une facettes. Du haut des montagnes alpines, la beauté touche au sublime : ce paradis des skieurs dominé par le mont-Blanc, toit de l'Europe, déploie un spectacle unique de cimes immaculées et glaciers éblouissants. Quittez cette nature préservée, et vous plongez dans l'intense animation de la vallée du Rhône, symbolisée par la course puissante du fleuve. Des voies romaines au TGV, la principale artère de circulation entre Nord et Midi s'est forgé une réputation de locomotive économique. Sur cette « grand-route des vacances », les touristes bien inspirés s'échappent des bouchons routiers pour goûter la cuisine des bouchons lyonnais et celle des tables renommées qui ont fait de la capitale des Gaules un royaume du palais.

Rhône-Alpes is a land of contrasts and a crossroads of culture. Its lofty peaks are heaven on earth to skiers, climbers and hikers are drawn by the beauty of its glittering glaciers and tranquil lakes, and stylish Chamonix and Courchevel set the tone in alpine chic. Step down from the roof of Europe, past herds of cattle on the mountain pastures, and into the bustle of the Rhône valley: from Roman roads to TGVs, the main arteries between north and south have forged the region's reputation for economic drive. Holidaymakers rush through Rhône-Alpes in their millions every summer, but those in the know always stop to taste its culinary specialities. The region abounds in restaurants, the three-star trend-setters and Lyon's legendary neighbourhood bouchons making it a true kingdom of cuisine.

SAÔNE-ET-LOIRE
Gueugnon
Bourbon-Lancy
Dompierre-s-Besbre
Pierrefitte-s-Loire
Digoin
Palinges
Salornay-s-Guye
Cormatin
Tournus
Louhans
Charolles
Cluny
Pont-de-Vaux
Dompierre-les-Ormes
St-Point
Montrevel-en-Bresse
Mâcon
Matour
Chambilly
Lapalisse
Crêches-s-Saône
Cormoranche-s-Saône
Chavannes-s-Suran
Chauffailles
Fleurie
Bourg-en-Bresse
Hautecourt
Nantua
Vichy
Abrest
la Pacaudière
Pouilly-s/s-Charlieu
Belmont-de-la-Loire
Poule-les-Écharmeaux
Châtillon-s-Chalaronne
Poncin
AIN
le Mayet-de-Montagne
Cublize
Villefranche-s-Saône
les Noës
Roanne
Villars-les-Dombes
RHÔNE
Guillaume
Cordelle
Anse
St-Rémy-s-Durolle
HAUT-FOREZ
St-Paul-de-Vézelin
LES CHÈRES
Orléat
Balbigny
Serrière-de-Briord
Dardilly
Montalieu-Vercieu
Courpière
Jeansagnière
Poncins
Feurs
LYON
Trept
Billom
LOIRE
St-Symphorien-s-Coise
Mornant
Murs-et-Gélignieux
Cunlhat
Montbrison
Ste-Catherine
la Tour-du-Pin
L'ISLE-D'ABEAU
COMMUNAY
les Abrets
Paladru
Bilieu
St-Galmier
St-Amant-Roche-Savine
Ambert
Vienne
Meyrieu-les-Étangs
Viverols
St-Clair-du-Rhône
Charavines
St-Germain-l'Herm
ST-ÉTIENNE
Vernioz
Faramans
St-Genest-Malifaux
Félines
Champagnac-le-Vieux
la Chaise-Dieu
St-Didier-en-Velay
St-Sauveur-en-Rue
ISÈRE
Châteauneuf-de-Galaure
Ste-Sigolène
ST-RAMBERT D'ALBON
St-Vallier
St-Avit
Céaux-d'Allègre
Paulhaguet
Vorey
Eclassan
Autrans
Satillieu
St-Donat-s-l'H.
PORTE DE LA DRÔME
St-Paulien
Lavoûte-s-Loire
Yssingeaux
Méaudre
Vion
Tain-l'Hermitage
St-Nazaire-en-Royans
Lalouvesc
HAUTE-LOIRE
St-Jean-de-Muzols
Choranche
le Puy-en-Velay
le Chambon-s-Lignon
St-Agrève
LATITUDE 45
Tournon-s-Rhône
ROYANS-VERCORS
St-Martin-en-Vercors
Saugues
Monistrol-d'Allier
Mars
Lamastre
VALENCE
Barbières
Gresse-en
le Cheylard
Chabeuil
Alleyras
St-Laurent-du-Pape
Issarlès (lac d')
St-Sauveur-de-Montagut
DRÔME
Grandrieu
les Ollières-s-Eyrieux
Die
Crest
Mirabel-et-Blacons
St-Paul-le-Froid
Naussac
ARDÈCHE
Chastanier
Privas
Grane
SAULCE
LOZÈRE
Rocles
Recoubeau-Jansac
Laubert
le Poët-Célard
Aubenas
Bourdeaux
Montélimar
Largentière
le Pöet-Laval
Dieulefit
Mende
MONTÉLIMAR
St-Bauzile
St-Ferréol-Trente-Pas
Villefort
Grignan
Nyons
Ispagnac
Sahune
Bédouès
le Pont-de-Montvert
84
Visan
Vinsobres
Blajoux
Florac
Bénivay-Ollon
Faucon
Tulette
Buis-les-Baronnies
Vaison-la-Romaine
Meyrueis
Violès
Beaumes-de-Venise
Beaumont-du-Ventoux
Cendras
Allègre-les-Fumades
la Roque-s-C.
Bédoin
Les Plantiers
Alès
Bagnols-s-Cèze
Orange
Aubignan
Carombe
St-Jean-du-Gard
Anduze
St-Jean-de-Ceyrargues
Mazan
Connaux
Villes-s-Auzon
C

Localité citée avec camping
Localité citée avec camping et locatif
Vannes
Localité disposant d'un camping avec aire de services camping-car
Moyaux
Localité disposant d'au moins un terrain agréable
Aire de service pour camping-car sur autoroute
SUISSE
HAUTE-SAVOIE
SAVOIE
HAUTE
ALPES-
PROV
LAUSANNE
Lac Léman
A 9
A 1
Foncine-le-Haut
Bonlieu
St-Laurent-en-Grandvaux
D 678
St-Claude
Divonne-les-Bains
Gex
D 1005
Valserine
GENÈVE
St-Julien-en-G.
Excenevex
Sciez
Évian-les-B.
Thonon-les-Bains
Lugrin
Châtel
RHÔNE
Morzine
les Gets
Taninges
Verchaix
Samoëns
Bonneville
Arve
A 40
A 41
A 410
Neydens
Groisy
Contamine-Sarzin
Seyssel
Vallorcine
Argentière
les Bossons
les Praz-de-Chamonix
Chamonix-Mont-Blanc
St-Gervais-les-Bains
Sallanches
le Grand-Bornand
la Clusaz
La Balme-de-S.
Vallières
ANNECY
Alex
Sévrier
Menthon-St-Bernard
Duingt
Rumilly
Ruffieux
St-Jorioz
Bout-du-Lac
Lathuile
Doussard
Chanaz
Lescheraines
Megève
Praz-s-Arly
Beaufort
A 5
Aix-les-Bains
Le Bourget-du-Lac
le Châtelard
Albertville
Bourg-St-Maurice
Séez
la Rosière 1850
L'ARCLUSAZ
CHAMBÉRY
N 90
Isère
Montchavin
Aiguebianche
Lépin-le-lac
Challes-les-Eaux
VAL-GELON
les Marches
Brides-les-Bains
la Rochette
Pralognan-la-Vanoise
Entre-Deux-Guiers
St-Laurent-du-Pont
Allevard
A 43
Arc
Termignon
D 902
Lanslevillard
St-Pierre-de-Chartreuse
la Ferrière
St-Jean-de-Maurienne
Aussois
D 1006
Bramans
St-Colomban-des-Villards
Villarembert
la Toussuire
Valloire
A 41
GRENOBLE
A 32
TORINO
Vizille
Romanche
D 1091
le Bourg-d'Oisans
la Grave
N 85
Petichet
le Bourg-d'Arud
Névache
St-Laurent-en-Beaumont
St-Christophe-en-Oisans
Villar-Loubière
Drac
Pont-du-Fossé
Ancelle
la Roche-des-Arnaud
Gap
N 94
Chorges
Veynes
Espinasses
le Sauz
A 51
Curbans
Col St-Jean
Seyne
Durance
Clamensane
D 4075
Sisteron
Volonne
Digne-les
N 85
Peyruis
St-André-les-Alpes
St-Cirgues-en-Montagne
Privas
St-Julien-en-St-Alban
Meyras
N 102
D 104
Ucel
Darbres
Cruas
Jaujac
St-Privat
ARDÈCHE
Aubenas
St-Jean-le-Centenier
St-Laurent-les-Bains
Joannas
Chassiers
Vogüé
N 102
RHÔNE
Montélimar
Montréal
Largentière
Laurac-en-V.
St-Maurice-d'A.
Châteauneuf-du-Rhône
Sablières
Ribes
D 104
Chauzon
St-Maurice-d'Ibie
Viviers
48
Joyeuse
Rosières
Pradons
Malarce-s-la-Thines
Chassagnes
Auriolles
Ruoms
A 7
St-Alban
Larnas
Gravières
les Mazes
DRÔME
les Vans
Sampzon
Vallon-Pont-d'Arc
St-Remèze
Casteljau
Maison-Neuve
Salavas
St-Martin-d'Ardèche
Berrias et Casteljau
Génolhac
Malbosc
Vagnas
Orgnac-l'Aven
St-Just
St-Sauveur-de-Cruzières
Barjac
Ardèche
D 994
le Chambon
Bessèges
Cèze
Bollène
GARD
St-Victor-de-Malcap
Boisson
Goudargues
84
C

LES ABRETS

38490 – **333** G4 – 3 050 h. – alt. 398
place Eloi Cuchet ✆ 0476321124
Paris 514 – Aix-les-Bains 45 – Belley 31 – Chambéry 38

Le Coin Tranquille – de déb. avr. à fin oct.
✆ 0476321348, *contact@coin-tranquille.com*,
Fax 0476374067, *www.coin-tranquille.com*
4 ha (180 empl.) plat, peu incliné, herbeux
Tarif : 33,50€ (6A) – pers. suppl. 7,50€ – frais de réservation 16€

Location : (de déb. avr. à fin oct.) – 14 . Sem. 371 à 826€ – frais de réservation 31€
borne artisanale
Pour s'y rendre : 6 chemin des Vignes (2,3 km à l'est par N 6, rte du Pont-de-Beauvoisin et rte à gauche)

Nature :
Loisirs : diurne
Services :
laverie

Longitude : 5.6084
Latitude : 45.54139

AIGUEBLANCHE

73260 – **333** M4 – 2 963 h. – alt. 461
Paris 641 – Lyon 174 – Chambéry 74 – Albertville 25

Marie-France de fin mars à fin oct.
✆ 0479242221, *studio@marie-france.eu*,
Fax 0479229481, *www.camping-studios-savoie.com*
0,5 ha (30 empl.) plat, en terrasses, herbeux
Tarif : (Prix 2011) 2,60€ 3,80€ – (10A) 4€

Location : (Prix 2011) (permanent) – 15 – 15 studios – 5 appartements. Nuitée 35 à 80€ – Sem. 180 à 750€
borne artisanale – 10
Pour s'y rendre : 453 av. de Savoie

Nature :
Loisirs :
Services :
À la base de loisirs : rafting, canoë-kayak, parcours sportif

Longitude : 6.48946
Latitude : 45.50924

AIX-LES-BAINS

73100 – **333** I3 – 27 267 h. – alt. 200 –
place Maurice Mollard ✆ 0479886800
Paris 539 – Annecy 34 – Bourg-en-Bresse 115 – Chambéry 18

International du Sierroz de mi-mars à mi-nov.
✆ 0479612143, *campingsierroz@aixlesbains.com*,
Fax 0479633508, *www.aixlesbains.com/campingsierroz*
5 ha (290 empl.) plat, herbeux, gravier
Tarif : (Prix 2011) 22,20€ (10A) – pers. suppl. 4,40€

Location : (Prix 2011) (de mi-mars à mi-nov.) – 34 . Sem. 259 à 637€ – frais de réservation 12€
borne autre 5€
Pour s'y rendre : bd Robert Barrier (2,5 km au nord-ouest)

À savoir : cadre boisé, proche du lac

Nature :
Loisirs :
Services :
laverie
À prox. :

Longitude : 5.88628
Latitude : 45.70104

ALEX

74290 – **328** K5 – 950 h. – alt. 589
Paris 545 – Albertville 42 – Annecy 12 – La Clusaz 20

La Ferme des Ferrières de déb. juin à fin sept.
✆ 0450028709, *campingfermedesferrieres@voila.fr*,
Fax 0450028054, *www.camping-des-ferrieres.com*
5 ha (200 empl.) peu incliné à incliné, herbeux
Tarif : (Prix 2011) 14,80€ (5A) – pers. suppl. 2,60€
Pour s'y rendre : 1,5 km à l'ouest par D 909, rte d'Annecy et chemin à dr.

Nature :
Loisirs :
Services :

Longitude : 6.22346
Latitude : 45.89015

ALLEVARD

38580 – **333** J5 – 3 824 h. – alt. 470 –
place de la Résistance 04 76 45 10 11
Paris 593 – Albertville 50 – Chambéry 33 – Grenoble 40

Clair Matin de déb. mai à mi-oct.
04 76 97 55 19, *contact@camping-clair-matin.com*,
Fax 04 76 45 87 15, *www.camping-clair-matin.fr*
5,5 ha (200 empl.) plat, peu incliné et en terrasses, herbeux
Tarif : 23,55€ (10A) – pers. suppl. 3,50€ – frais de réservation 8€
Location : (de fin avr. à mi-oct.) – 30 . Nuitée 29 à 70€ – Sem. 206 à 490€ – frais de réservation 13€
borne artisanale – 20 15€ – 11€
Pour s'y rendre : 20 r. des Pommiers (sortie sud-ouest par D 525, rte de Grenoble à dr.)

Nature :
Loisirs : snack
Services : laverie
À prox. :

Longitude : 6.06591
Latitude : 45.38869

ANSE

69480 – **327** H4 – 5 033 h. – alt. 170
place du 8 mai 1945 04 74 60 26 16
Paris 436 – L'Arbresle 17 – Bourg-en-Bresse 57 – Lyon 27

Les Portes du Beaujolais de déb. mars à fin oct.
04 74 67 12 87, *campingbeaujolais@wanadoo.fr*,
Fax 04 74 09 90 97, *www.camping-beaujolais.com*
7,5 ha (198 empl.) plat, herbeux
Tarif : 27,50€ (10A) – pers. suppl. 4,80€
Location : (permanent) – 20 – 41 – 3 tipis – 5 tentes. Nuitée 60 à 115€ – Sem. 235 à 529€ – frais de réservation 15€
borne sanistation
Pour s'y rendre : av. Jean Vacher (sortie sud-est, rte de Lyon et 600 m par chemin à gauche av. le pont, au confluent de l'Azergues et de la Saône)

Nature :
Loisirs : snack
Services :
À prox. :

Longitude : 4.72398
Latitude : 45.93714

ARGENTIÈRE

74400 – **328** O5 – alt. 1 252 – Sports d'hiver : voir Chamonix
24, route du village 04 50 54 02 14 24, route du village 04 50 53 00 24
Paris 619 – Annecy 106 – Chamonix-Mont-Blanc 10 – Vallorcine 10

Le Glacier d'Argentière
04 50 54 17 36, *www.campingchamonix.com*
1 ha (80 empl.) incliné à très incliné, herbeux
Pour s'y rendre : 161 chemin des Chosalets (1 km au sud par rte de Chamonix, à 200 m de l'Arve)

Nature :
Loisirs :
Services : laverie

Longitude : 6.92363
Latitude : 45.9747

ARTEMARE

01510 – **328** H5 – 1 081 h. – alt. 245
Paris 506 – Aix-les-Bains 33 – Ambérieu-en-Bugey 47 – Belley 18

Le Vaugrais Permanent
04 79 87 37 34, *contact@camping-le-vaugrais.fr*,
Fax 04 79 87 37 34, *www.camping-le-vaugrais.fr*
1 ha (33 empl.) plat, herbeux
Tarif : (Prix 2011) 17,50€ (6A) – pers. suppl. 4,50€ – frais de réservation 7€
Location : (Prix 2011) (permanent) – 6 – 1 . Nuitée 50€ – Sem. 180 à 520€ – frais de réservation 7€
1 14€ – 14€
Pour s'y rendre : 2 chemin le Vaugrais (700 m à l'ouest par D 69d, rte de Belmont, au bord du Séran, à Cerveyrieu)

Nature :
Loisirs :
Services :

Longitude : 5.68383
Latitude : 45.87465

AUSSOIS

73500 – **333** N6 – 663 h. – alt. 1 489
route des Barrages ✆ 0479203080
Paris 670 – Albertville 97 – Chambéry 110 – Lanslebourg-Mont-Cenis 17

Municipal la Buidonnière Permanent
✆ 0479203558, *camping@aussois.com*,
Fax 0479203558, *www.camping-aussois.com*
4 ha (160 empl.) en terrasses et peu incliné, pierreux, herbeux
Tarif : 17,70€ (10A) – pers. suppl. 6,10€
borne eurorelais 2€
Pour s'y rendre : rte de Cottériat (sortie sud par D 215, rte de Modane et chemin à gauche)

Nature : Parc de la Vanoise
Loisirs : (bassin) parcours sportif
Services : laverie

Longitude : 6.7427
Latitude : 45.22649

AUTRANS

38880 – **333** G6 – 1 672 h. – alt. 1 050 – Sports d'hiver : 1 050/1 650 m 13
rue du Cinéma ✆ 0476953070
Paris 586 – Grenoble 36 – Romans-sur-Isère 58 – St-Marcellin 47

Au Joyeux Réveil – de déb. mai à fin sept.
✆ 0476953344, *camping-au-joyeux-reveil@wanadoo.fr*,
Fax 0476957298, *www.camping-au-joyeux-reveil.fr*
1,5 ha (100 empl.) plat, herbeux
Tarif : 39€ (6A) – pers. suppl. 5€ – frais de réservation 10€
Location : (Prix 2011) (de déb. mai à fin sept.) – 20 . Nuitée 47 à 142€ – Sem. 330 à 995€ – frais de réservation 15€
3 39€
Pour s'y rendre : au lieu-dit : le Château (sortie nord-est par rte de Montaud et à dr.)

Nature :
Loisirs :
Services :

Longitude : 5.54844
Latitude : 45.17555

644

BALBIGNY

42510 – **327** E5 – 2 634 h. – alt. 331
Paris 423 – Feurs 10 – Noirétable 44 – Roanne 29

La Route Bleue de mi-mars à fin oct.
✆ 0477272497, *camping.balbigny@wanadoo.fr*,
Fax 0477272497, *www.laroutebleue.com*
2 ha (100 empl.) plat, peu incliné, herbeux
Tarif : (Prix 2011) 3,80€ 3,80€ – (10A) 3,20€
borne autre 3€ – 8 11€ – 11€
Pour s'y rendre : au lieu-dit : Pralery (2,8 km au nord-ouest par N 82 et D 56 à gauche, rte de St-Georges-de-Baroille)
À savoir : site agréable au bord de la Loire

Nature :
Loisirs : snack
Services : laverie

Longitude : 4.15725
Latitude : 45.82719

LA BALME-DE-SILLINGY

74330 – **328** J5 – 4 683 h. – alt. 480
13, route de Choisy ✆ 0450687870
Paris 524 – Dijon 250 – Grenoble 111 – Lons-le-Saunier 136

La Caille de déb. mai à fin sept.
✆ 0450688521, *contact@domainedelacaille.com*,
Fax 0450687456, *www.domainedelacaille.com*
4 ha/1 campable (30 empl.) plat, peu incliné, herbeux
Tarif : 21€ (13A) – pers. suppl. 6€
Location : (Prix 2011) (permanent) (chalets) – 13 – 13 – 7 – 2 gîtes. Nuitée 110€ – Sem. 702€ – frais de réservation 16€
1 21€
Pour s'y rendre : 18 chemin de la Caille (4 km au nord sur N 508 dir. Frangy et chemin à dr.)

Nature :
Loisirs :
Services :

Longitude : 6.03609
Latitude : 45.97828

BARBIÈRES

26300 – **332** D4 – 719 h. – alt. 426
Paris 586 – Lyon 124 – Valence 23 – Grenoble 79

Le Gallo-Romain de fin avr. à mi-sept.
04 75 47 44 07, *info@legalloromain.net*,
Fax 04 75 47 44 07, *www.legalloromain.net*
3 ha (62 empl.) plat et peu incliné, terrasses, herbeux, pierreux
Tarif : 5,75€ 18,50€ – (10A) 4,50€
Location : (de fin avr. à mi-sept.) – 13 . Nuitée 60€ – Sem. 190 à 560€
Pour s'y rendre : rte du Col de Tourniol (1,2 km au sud-est par D 101, au bord de la Barberolle)

Nature :
Loisirs : pizzeria
Services : laverie réfrigérateurs

Longitude : 5.14226
Latitude : 44.95548

BEAUFORT

73270 – **333** M3 – 2 218 h. – alt. 750
route Grand Mont 04 79 38 37 57
Paris 601 – Albertville 21 – Chambéry 72 – Megève 37

Municipal Domelin de déb. juin à fin sept.
04 79 38 33 88, *camping-beaufort@orange.fr*
2 ha (100 empl.) plat, peu incliné, herbeux
Tarif : (Prix 2011) 3,62€ 2,20€ 3€ – (10A) 3€
Pour s'y rendre : 1,2 km au nord par rte d'Albertville et rte à dr.

Nature :
Services : (juil.-août) laverie
À prox. : Base de loisirs, parcours sportif

Longitude : 6.56403
Latitude : 45.7218

De gids wordt jaarlisjks bijgewerkt.
Doe als wij, vervang hem, dan blift je bij.

BELMONT-DE-LA-LOIRE

42670 – **327** F3 – 1 518 h. – alt. 525
place des rameaux 04 77 63 64 27
Paris 405 – Chauffailles 6 – Roanne 35 – St-Étienne 108

Municipal les Écureuils
04 77 63 72 25, *mairie@belmontdelaloire.fr*,
Fax 04 77 63 62 71, *www.belmontdelaloire.fr*
0,6 ha (28 empl.) peu incliné à incliné, en terrasses, gravillons, herbeux
Location : – 8 .
borne artisanale – 2
Pour s'y rendre : à la Base de Loisirs du Plan d'Eau (1,4 km à l'ouest par D 4, rte de Charlieu et chemin à gauche, à 300 m d'un étang)

Nature :
Services :
À prox. :

Longitude : 4.33819
Latitude : 46.1662

BENIVAY-OLLON

26170 – **332** E8 – 63 h. – alt. 450
Paris 689 – Lyon 227 – Valence 126 – Avignon 71

L'Écluse de fin avr. à mi-sept.
04 75 28 07 32, *camp.ecluse@wanadoo.fr*,
Fax 04 75 28 16 87, *www.campecluse.com*
4 ha (75 empl.) plat et en terrasses, accidenté, gravillons, pierreux, herbeux
Tarif : (Prix 2011) 22€ (6A) – pers. suppl. 5€ – frais de réservation 20€
Location : (de mi-avr. à fin sept.) – 12 – 12 – 2 gîtes. Sem. 350 à 700€ – frais de réservation 20€
Pour s'y rendre : au lieu-dit : Barastrage (1 km au sud sur D 347, au bord d'un ruisseau)
À savoir : sous les cerisiers, au milieu des vignes

Nature :
Loisirs : snack
Services :

Longitude : 5.18545
Latitude : 44.30298

BERRIAS ET CASTELJAU

07460 – **331** H7 – 602 h. – alt. 126
Paris 668 – Aubenas 40 – Largentière 29 – St-Ambroix 18

Les Cigales de déb. avr. à fin sept.
04 75 39 30 33, *contact@camping-cigales-ardeche.com*, Fax 04 75 39 30 33, *www.camping-cigales-ardeche.com*
3 ha (110 empl.) plat et peu incliné, terrasses, herbeux
Tarif : 22,50€ (10A) – pers. suppl. 4€
Location : (de déb. avr. à fin sept.) – 23 – 7 – 5 gîtes. Sem. 240 à 550€
Pour s'y rendre : au lieu-dit : La Rouvière (1 km au nord-est)

Nature :
Loisirs : snack
Services :

Longitude : 4.21133
Latitude : 44.37829

La Source de fin avr. à mi-sept.
04 75 39 39 13, *contact@camping-source-ardeche.com*, *www.camping-source-ardeche.com*
2,5 ha (93 empl.) plat, pierreux, herbeux
Tarif : (Prix 2011) 23,40€ (6A) – pers. suppl. 5,62€ – frais de réservation 30€
Location : (Prix 2011) (de fin avr. à mi-sept.) – 22 . Nuitée 36 à 88€ – Sem. 250 à 620€
Pour s'y rendre : chemin de la Rouvière (sortie nord-est, rte de Casteljau)

Nature :
Loisirs : snack, pizzeria
Services :

Longitude : 4.20128
Latitude : 44.37472

BILIEU

38850 – **333** G5 – 1 152 h. – alt. 580
Paris 526 – Belley 44 – Chambéry 47 – Grenoble 38

Municipal Bord du Lac de mi-avr. à fin sept.
04 76 06 67 00, *leslacs@wanadoo.fr*, Fax 04 76 06 67 00, *http://campingleborddulac.fr* – places limitées pour le passage
1,3 ha (81 empl.) plat, herbeux, en terrasses, gravillons
Tarif : (Prix 2011) 14,70€ (6A) – pers. suppl. 4,50€ – frais de réservation 76€
borne artisanale 4,50€
Pour s'y rendre : Le Petit Bilieu - rte de Charavines (1,9 km à l'ouest - accès conseillé par D 50d et D 90)

Nature :
Loisirs : ponton d'amarrage
Services :

Longitude : 5.5312
Latitude : 45.44615

LES BOSSONS

74400 – **328** O5 – alt. 1 005
Paris 614 – Lyon 222 – Annecy 89 – Thonon 99

Les Deux Glaciers
04 50 53 15 84, *info@les2glaciers.com*, Fax 04 50 53 15 84, *www.les2glaciers.com*
1,6 ha (130 empl.) en terrasses, herbeux
Location : – 2 – 4 .
Pour s'y rendre : 80 rte des Tissières-les-Bossons (rte du Tremplin-Olympique)
À savoir : cadre agréable à proximité des glaciers

Nature :
Loisirs : snack
Services : laverie

Longitude : 6.83684
Latitude : 45.90228

BOURDEAUX

26460 – **332** D6 – 611 h. – alt. 426
rue Droite ☎ 0475533590
Paris 608 – Crest 24 – Montélimar 42 – Nyons 40

Les Bois du Châtelas de déb. avr. à fin sept.
☎ 0475006080, *contact@chatelas.com*,
Fax 0475006081, *www.chatelas.com*
17 ha/7 campables (80 empl.) en terrasses, peu incliné, pierreux, herbeux
Tarif : 35,50€ (10A) – pers. suppl. 8,30€
Location : (de déb. avr. à fin sept.) – 42 – 25 – 3 tipis. Nuitée 47 à 117€ – Sem. 329 à 819€
borne artisanale 1€
Pour s'y rendre : rte de Bourdeaux (1,4 km au sud-ouest par D 538)
À savoir : vue panoramique des chalets et du restaurant

Nature :
Loisirs : snack, pizzeria hammam jacuzzi terrain multisports
Services :
À prox. :

Longitude : 5.12783
Latitude : 44.57832

LE BOURG-D'ARUD

38520 – **333** J8 – Base de loisirs
Paris 628 – L'Alpe-d'Huez 25 – Le Bourg-d'Oisans 15 – Les Deux-Alpes 29

Le Champ du Moulin de mi-déc. à fin avr. et de déb. juin à fin sept.
☎ 0476800738, *info@champ-du-moulin.com*,
Fax 0476802444, *www.champ-du-moulin.com*
1,5 ha (80 empl.) non clos, plat, herbeux, pierreux
Tarif : 26,20€ (10A) – pers. suppl. 5,70€ – frais de réservation 17€
Location : (de mi-déc. à fin avr. et de déb. juin à fin sept.) – 4 – 9 – 2 bungalows toilés. Nuitée 37 à 92€ – Sem. 259 à 644€ – frais de réservation 17€
borne artisanale – 10 20,80€ – 15€
Pour s'y rendre : à Bourg d'Arud (sortie ouest par D 530)
À savoir : entouré par les montagnes de l'Oisanset au bord du Vénéon

Nature :
Loisirs : snack, le soir uniquement
Services :
à la base de loisirs : : sports en eaux vives, parc aventure

Longitude : 6.11986
Latitude : 44.98596

*To visit a town or region : use the **MICHELIN Green Guides.***

LE BOURG-D'OISANS

38520 – **333** J7 – 3 352 h. – alt. 720 – Sports d'hiver :
quai Docteur Girard ☎ 0476800325
Paris 614 – Briançon 66 – Gap 95 – Grenoble 52

À la Rencontre du Soleil de déb. mai à fin sept.
☎ 0476791222, *rencontre.soleil@wanadoo.fr*,
Fax 0476802637, *www.alarencontredusoleil.com*
1,6 ha (73 empl.) plat, herbeux
Tarif : 36€ (10A) – pers. suppl. 7,50€ – frais de réservation 16€
Location : (permanent) – 2 roulottes – 12 – 10 – 1 appartement. Nuitée 30 à 101€ – Sem. 210 à 710€ – frais de réservation 16€
borne artisanale 31€ – 2 31€ – 14€
Pour s'y rendre : rte de l'Alpe d'Huez (1,7 km au nord-est)

Nature :
Loisirs : pizzeria, snack terrain multisports
Services :
À prox. :

Longitude : 6.0613
Latitude : 45.09114

RCN Belledonne
☎ 0476800718, *info@rcn-belledonne.fr*,
Fax 0476791295, *www.rcn-belledonne.fr*
3,5 ha (180 empl.) plat, herbeux
Location : – 24 .
Pour s'y rendre : à Rochetaillée
À savoir : ensemble très verdoyant et fleuri

Nature :
Loisirs : snack, pizzeria hammam parcours sportif
Services : laverie

Longitude : 6.01095
Latitude : 45.11331

Les Castels Le Château de Rochetaillée – de mi-mai à mi-sept.
04 76 11 04 40, *jcp@camping-le-chateau.com*, Fax 04 76 80 21 23, *www.camping-le-chateau.com*
2,6 ha (135 empl.) plat, herbeux
Tarif : 38,60€ (10A) – pers. suppl. 8,70€ – frais de réservation 19€

Location : (de fin mai à mi-sept.) – 48 – 3 . Nuitée 60 à 117€ – Sem. 260 à 950€ – frais de réservation 19€
5 38,60€

Nature :
Loisirs : snack, pizzeria hammam jacuzzi mur d'escalade
Services : laverie

Longitude : 6.00512
Latitude : 45.11543

Le Colporteur – de déb. avr. à fin sept.
04 76 79 11 44, *info@camping-colporteur.com*, Fax 04 76 79 11 49, *www.camping-colporteur.com*
3,3 ha (135 empl.) plat, herbeux
Tarif : 31,50€ (15A) – pers. suppl. 8€ – frais de réservation 17€

Location : (permanent) – 4 roulottes – 34 . Nuitée 12 à 28€ – Sem. 320 à 575€ – frais de réservation 17€
8 16€
Pour s'y rendre : Le Mas du Plan (au sud de la localité, accès par r. de la Piscine)

À savoir : au bord d'une petite rivière

Nature :
Loisirs : snack, pizzeria, uniquement le soir
Services : (saison)
À prox. :

Longitude : 6.03732
Latitude : 45.05027

La Cascade de mi-déc. à fin sept.
04 76 80 02 42, *lacascade@wanadoo.fr*, Fax 04 76 80 22 63, *www.lacascadesarenne.com*
2,4 ha (140 empl.) plat, herbeux, pierreux
Tarif : 33,30€ (15A) – pers. suppl. 8€ – frais de réservation 17€

Location : (de mi-déc. à fin sept.) – 18 . Nuitée 52 à 115€ – Sem. 327 à 724€ – frais de réservation 17€
Pour s'y rendre : 1,5 km au nord-est, rte de l'Alpe-d'Huez, près de la Sarennes

Nature :
Loisirs :
Services :
À prox. :

Longitude : 6.03988
Latitude : 45.06446

BOURG-EN-BRESSE

01000 – **328** E3 – 40 506 h. – alt. 251
6, avenue Alsace Lorraine 04 74 22 49 40
Paris 424 – Annecy 113 – Besançon 152 – Chambéry 120

Municipal de Challes de déb. avr. à mi-oct.
04 74 45 37 21, *camping-municipal-bourgenbresse@wanadoo.fr*, Fax 04 74 45 59 95, *www.bourgenbresse.fr* –
1,3 ha (120 empl.) plat, peu incliné, goudronné, herbeux
Tarif : 16,50€ (16A) – pers. suppl. 3,50€
20 15,30€
Pour s'y rendre : 5 allée du Centre Nautique (sortie nord-est par rte de Lons-le-Saunier, à la piscine)

À savoir : emplacements agréablement ombragés

Nature :
Loisirs : snack
Services :
À prox. :

Longitude : 5.2403
Latitude : 46.20905

Pour choisir et suivre un itinéraire,
pour calculer un kilométrage,
pour situer exactement un terrain (en fonction des indications fournies dans le texte) :
*utilisez les **cartes MICHELIN**,*
compléments indispensables de cet ouvrage.

BOURGET-DU-LAC

73370 – **333** I4 – 4 155 h. – alt. 240
place Général Sevez ✆ 0479250199
Paris 531 – Aix-les-Bains 10 – Annecy 44 – Chambéry 13

International l'Île aux Cygnes de fin avr. à fin sept.
✆ 0479250176, *camping@lebourgetdulac.fr*, *www.lebougetdulac.com*
2,5 ha (267 empl.) plat, herbeux, gravillons
Tarif : (Prix 2011) 4,90€ 6,30€ – (6A) 3,80€ – frais de réservation 15€

Location : (Prix 2011) (de fin avr. à fin sept.) – 4 . – 4 . Sem. 340 à 560€ – frais de réservation 15€
borne artisanale 10€ – 10.90€
Pour s'y rendre : 501 bd E.Coudurier (1 km au nord, au bord du lac)

À savoir : les emplacements Camping-Car sont à l'entrée du camping

Nature :
Loisirs : snack diurne
Services : laverie
À prox. : ponton d'amarrage

Longitude : 5.86308
Latitude : 45.65307

BOURG-ST-MAURICE

73700 – **333** N4 – 7 681 h. – alt. 850 – Sports d'hiver : aux Arcs : 1 600/3 226 m 6 54
105, place de la Gare ✆ 0479071257
Paris 635 – Albertville 54 – Aosta 79 – Chambéry 103

Le Versoyen de mi-déc. à déb. mai et de fin mai à déb. sept.
✆ 0479070345, *leversoyen@wanadoo.fr*, Fax 0479072541, *www.leversoyen.com*
3,5 ha (200 empl.) plat, herbeux, goudronné, pierreux, bois attenant
Tarif : 5,10€ 4,70€ – (10A) 5,40€ – frais de réservation 10€

Location : (de mi-déc. à déb. mai et de fin mai à déb. nov.) – 2 roulottes – 11 . Sem. 220 à 540€ – frais de réservation 10€
borne artisanale 3€ – 20 13,80€
Pour s'y rendre : rte des Arcs RD 119 (sortie nord-est par N 90, rte de Séez puis 500 m par rte à dr., près d'un torrent, navette gratuite pour le funiculaire)

À savoir : navette gratuite pour le funiculaire

Nature :
Loisirs :
Services : laverie
Au parc de loisirs : parcours sportif

Longitude : 6.78373
Latitude : 45.6221

Ihre Meinung über die von uns empfohlenen Campingplätze interessiert uns. Teilen Sie uns Ihre Erfahrungen mit und schreiben Sie uns auch, wenn Sie eine gute Entdeckung gemacht haben.

BOUT-DU-LAC

74210 – **328** K6
Paris 553 – Albertville 29 – Annecy 17 – Megève 43

International du Lac Bleu de déb. avr. à fin sept.
✆ 0450443018, *contact@camping-lac-bleu.com*, Fax 0450448435, *www.camping-lac-bleu.com*
3,3 ha (221 empl.) plat, herbeux, pierreux
Tarif : (Prix 2011) 37€ (8A) – pers. suppl. 6,30€

Location : (Prix 2011) (de mi-mars à fin sept.) – 32 . Nuitée 64 à 120€ – Sem. 230 à 930€
Pour s'y rendre : rte de la Plage (rte d'Albertville)

À savoir : situation agréable au bord du lac (plage)

Nature :
Loisirs : snack
Services : (saison) laverie
À prox. : ponton d'amarrage, point d'informations touristiques, vol biplace, parapente

Longitude : 6.21648
Latitude : 45.79103

BRAMANS

73500 – **333** N6 – 381 h. – alt. 1 200
Chef-lieu ☎ *0479050345*
Paris 673 – Albertville 100 – Briançon 71 – Chambéry 113

Municipal Le Val d'Ambin de déb. mai à fin oct.
☎ 0479050305, *campingdambin@aol.com*,
Fax 0479050303, *www.camping-bramansvanoise.com*
4 ha (166 empl.) non clos, plat et terrasses, vallonné, herbeux, petit étang
Tarif : 3,20€ 1,90€ – (12A) 3,90€
Location : (permanent) – 10 – 5 tentes. Nuitée 32 à 160€ – Sem. 60 à 570€
borne autre 5€ – 10 14,80€
Pour s'y rendre : 700 m au nord-est de la commune, près de l'église et à 200 m d'un torrent - accès conseillé par le Verney, sur N6
À savoir : belle situation panoramique

Nature :
Loisirs :
Services : (juil.-août) laverie
À prox. :

Longitude : 6.78144
Latitude : 45.22787

BRIDES-LES-BAINS

73570 – **333** M5 – 575 h. – alt. 580
place du Centenaire ☎ *0479552064*
Paris 612 – Albertville 32 – Annecy 77 – Chambéry 81

La Piat de mi-avr. à mi-oct.
☎ 0479552274, *contact@camping-brideslesbains.com*,
Fax 0479552855, *www.camping-brideslesbains.com*
2 ha (60 empl.) en terrasses, herbeux
Tarif : 15,10€ (10A) – pers. suppl. 3,40€
Location : (de déb. avr. à mi-oct.) – 5 . Nuitée 35 à 55€ – Sem. 220 à 348€
borne artisanale 3€
Pour s'y rendre : av. du Comte Greyfié de Bellecombe

Nature :
Services : laverie

Longitude : 6.56172
Latitude : 45.453

BUIS-LES-BARONNIES

26170 – **332** E8 – 2 290 h. – alt. 365
14, boulevard Eysserie ☎ *0475280459*
Paris 685 – Carpentras 39 – Nyons 29 – Orange 50

Domaine de la Gautière de déb. avr. à fin oct.
☎ 475280268, *accueil@camping-lagautiere.com*,
Fax 475282411, *www.camping-lagautiere.com*
6 ha/3 campables (40 empl.) incliné à peu incliné, terrasses, pierreux, herbeux
Tarif : (Prix 2011) 5,15€ 5,75€ – (10A) 4,70€ – frais de réservation 10€
Location : (Prix 2011) (de déb. mars à mi-nov.) – 9 – 3 . Sem. 670€ – frais de réservation 15€
borne artisanale 3€ – 10€
Pour s'y rendre : au lieu-dit : La Gautière (5 km au sud-ouest par D 5, puis à dr.)
À savoir : en grande partie sous les oliviers

Nature :
Loisirs :
Services :

Longitude : 5.24258
Latitude : 44.2517

Les Éphélides de déb. avr. à mi-oct.
☎ 0475281015, *ephelides@wanadoo.fr*, *www.ephelides.com*
2 ha (40 empl.) plat, herbeux, pierreux
Tarif : (Prix 2011) 23,40€ (16A) – pers. suppl. 4,40€ – frais de réservation 12€
Location : (Prix 2011) (de déb. avr. à mi-oct.) – 6 – 5 . Nuitée 57 à 90€ – Sem. 300 à 630€ – frais de réservation 12€
Pour s'y rendre : quartier Tuves (1,4 km au sud-ouest par av. de Rieuchaud)
À savoir : sous les cerisiers, près de l'Ouvèze. Espace accueil chevaux

Nature :
Loisirs : snack
Services :
À prox. : piste de skate-board

Longitude : 5.26793
Latitude : 44.21875

CASTELJAU

07460 – **331** H7
Paris 665 – Aubenas 38 – Largentière 28 – Privas 69

La Rouveyrolle de déb. avr. à fin sept.
0475390067, *info@campingrouveyrolle.fr*,
Fax 0170248187, *www.campingrouveyrolle.fr*
3 ha (100 empl.) plat, herbeux, pierreux
Tarif : 33,90€ (6A) – pers. suppl. 9€ – frais de réservation 25€
Location : (de déb. avr. à fin sept.) – 60 . Nuitée 90 à 105€ – Sem. 238 à 735€ – frais de réservation 25€
Pour s'y rendre : Hameau La Rouveyrolle (à l'est du bourg, à 100 m du Chassezac)

Nature :
Loisirs : jacuzzi spa
Services : laverie
À prox. : canoë

Longitude : 4.22222
Latitude : 44.39583

Les Tournayres de déb. avr. à mi-oct.
0475393639, *camping-lestournayres@bigfoot.com*,
Fax 0475393639, *www.lestournayes.ea26.com*
1,3 ha (30 empl.) peu incliné et plat, herbeux
Tarif : (Prix 2011) 24€ (5A) – pers. suppl. 6€
Location : (Prix 2011) (de déb. avr. à mi-oct.) – 22 – 3 mobile homes (sans sanitaire). Sem. 240 à 595€
Pour s'y rendre : au lieu-dit : Les Tournaires (500 m au nord, rte de Chaulet-Plage)

Nature :
Loisirs : snack
Services :
À prox. : canoë

Longitude : 4.21574
Latitude : 44.4006

Chaulet Plage de déb. avr. à fin oct.
0475393027, *contact@chaulet-plage.com*,
Fax 0475393542, *www.chaulet-plage.com*
1,5 ha (62 empl.) en terrasses, pierreux, herbeux
Tarif : (Prix 2011) 16€ (6A) – pers. suppl. 4€
Location : (Prix 2011) (de déb. avr. à fin oct.) – 6 – 6 gîtes. Sem. 378 à 504€
Pour s'y rendre : Terres du Moulin (600 m au nord, rte de Chaulet-Plage)
À savoir : site agréable, accès direct au Chassezac

Nature :
Loisirs : snack canoë
Services :

Longitude : 4.21528
Latitude : 44.40453

La catégorie (1 à 5 tentes, noires ou rouges) que nous attribuons aux terrains sélectionnés dans ce guide est une appréciation qui nous est propre. Elle ne doit pas être confondue avec le classement (1 à 5 étoiles) établi par les services officiels.

CHABEUIL

26120 – **332** D4 – 6 462 h. – alt. 212
4, place Génissieu 0475592867
Paris 569 – Crest 21 – Die 59 – Romans-sur-Isère 18

FranceLoc Le Grand Lierne de mi-avr. à mi-sept.
0475598314, *grand-lierne@franceloc.fr*,
Fax 0475598795, *www.grandlierne.com* (de déb. juil. à fin août)
3,6 ha (160 empl.) plat, pierreux, herbeux
Tarif : (Prix 2011) 31€ (10A) – pers. suppl. 7€ – frais de réservation 27€
Location : (Prix 2011) (de mi-avr. à mi-sept.) – 153 – 6 – 4 tentes. Nuitée 37 à 141€ – Sem. 147 à 987€ – frais de réservation 27€
borne autre
Pour s'y rendre : 5 km au nord-est par D 68, rte de Peyrus, D 125 à gauche et D 143 à dr. - par A 7 sortie Valence-Sud et dir. Grenoble

Nature :
Loisirs : snack (petite piscine)
Services : cases réfrigérées

Longitude : 5.065
Latitude : 44.91572

CHALLES-LES-EAUX

73190 – **333** I4 – 4 920 h. – alt. 310 – ⚕ (début avril-fin oct.)
avenue de Chambéry ✆ *04 79 72 86 19*
Paris 566 – Albertville 48 – Chambéry 6 – Grenoble 52

le Savoy de déb. mai à fin sept.
✆ 04 79 72 97 31, *camping73challes-les-eaux@wanadoo.fr*, Fax 04 79 72 97 31, *www.ville-challesleseaux.com*
2,8 ha (88 empl.) plat, herbeux, gravillons
Tarif : (Prix 2011) 16,40€ (10A) –
pers. suppl. 3,50€ – frais de réservation 11€
Location : (Prix 2011) (de déb. mai à fin sept.) – 1 – 6 – 3 bungalows toilés. Nuitée 29 à 45€ – Sem. 180 à 425€
borne flot bleu – 15 11,30€ – 11.30€
Pour s'y rendre : av. du Parc (par r. Denarié, à 100 m de la N 6)
À savoir : beaux emplacements bordés de haies, à proximité d'un plan d'eau

Nature :
Loisirs :
Services :
À prox. :

Longitude : 5.98418
Latitude : 45.55152

Benutzen Sie
– zur Wahl der Fahrtroute
– zur Berechnung der Entfernungen
– zur exakten Lokalisierung eines Campingplatzes (mit Hilfe der Angaben im Ortstext)
die für diesen Führer unentbehrlichen MICHELIN-Karten.

CHAMONIX-MONT-BLANC

74400 – **328** O5 – 9 086 h. – alt. 1 040 – Sports d'hiver : 1 035/3 840 m 14 36
Tunnel du Mont-Blanc : péage en 2011, aller simple : autos 36.80, autos et caravanes 48.70, camions 133.40 à 283.60, motos 24.30 - Renseignements ATMB/GEIE ✆ 04 50 55 55 00
85, place du Triangle de l'Amitié ✆ *04 50 53 00 24*
Paris 610 – Albertville 65 – Annecy 97 – Aosta 57

L'Île des Barrats de mi-mai à mi-sept.
✆ 04 50 53 51 44, *campingiledesbarrats74@orange.fr*, Fax 04 50 53 51 44, *www.campingdesbarrats.com* –
0,8 ha (56 empl.) peu incliné et plat, herbeux
Tarif : (Prix 2011) 29€ (10A) –
pers. suppl. 6,10€
Location : (Prix 2011) (fermé de déb. janv. à mi-mai) – 4 . Sem. 700 à 1 000€
Pour s'y rendre : 185 chemin de l'Île des Barrats (au sud-ouest de la ville, à 150 m de l'Arve)

Nature : Massif du Mont-Blanc et glaciers
Loisirs :
Services :
laverie

Longitude : 6.86135
Latitude : 45.91463

CHAMPDOR

01110 – **328** G4 – 440 h. – alt. 833
Paris 486 – Ambérieu-en-Bugey 38 – Bourg-en-Bresse 51 – Hauteville-Lompnes 6

Municipal le Vieux Moulin Permanent
✆ 04 74 36 01 79, *champdor@wanadoo.fr*, Fax 04 74 36 07 92, *http://www.champdor.com/html/camping.html*
1,6 ha (60 empl.) plat, herbeux
Tarif : (Prix 2011) 3,20€ 2,80€
Location : (Prix 2011) (permanent) – 3 yourtes – 3 huttes. Nuitée 30 à 50€ – Sem. 300 à 500€
Pour s'y rendre : rte de Corcelles (800 m au nord-ouest par D 57a)
À savoir : près de deux plans d'eau

Nature :
Loisirs :
Services : (juil.-août)
À prox. : (bassin)

Longitude : 5.59713
Latitude : 46.01726

CHANAZ

73310 – **333** H3 – 493 h. – alt. 232
Paris 521 – Aix-les-Bains 21 – Annecy 53 – Bellegarde-sur-Valserine 44

Municipal des Îles Permanent
0479545851, *camping@chanaz.fr*, Fax 0479542794, *www.campingchanaz.fr* – places limitées pour le passage
1,5 ha (103 empl.) plat, gravier, herbeux
Tarif : (Prix 2011) 12€ (10A) –
pers. suppl. 3€
Location : (Prix 2011) (permanent) – 18 – 7 . Nuitée 45 à 50€ – Sem. 200 à 300€
borne eurorelais 2€ – 10 10€ – 8€
Pour s'y rendre : base de loisirs (1 km à l'ouest par D 921, rte de Culoz et chemin à gauche apr. le pont, à 300 m du Rhône (plan d'eau et port de plaisance))
À savoir : près d'un pittoresque village et du canal de Savière

Nature :
Loisirs :
Services :
À prox. : snack (petite piscine) ponton d'amarrage

Longitude : 5.79378
Latitude : 45.8091

CHARAVINES

38850 – **333** G5 – 1 701 h. – alt. 500
rue des Bains *0476066031*
Paris 534 – Belley 47 – Chambéry 49 – Grenoble 40

Les Platanes de déb. avr. à fin sept.
0476066470, *campinglesplatanes@orange.fr*, Fax 0476066470, *www.camping-lesplatanes.com*
1 ha (67 empl.) plat, herbeux
Tarif : (Prix 2011) 10€ – (10A) 6€ –
frais de réservation 12€
Location : (Prix 2011) (de déb. avr. à fin sept.) – 10 . Nuitée 48 à 80€ – Sem. 336 à 495€ – frais de réservation 12€
Pour s'y rendre : 85 r. du Camping (sortie nord par D 50d, à 150 m du lac)

Nature :
Loisirs :
Services :
À prox. : snack (plage) pédalos

Longitude : 5.51545
Latitude : 45.43096

CHASSAGNES

07140 – **331** H7
Paris 644 – Lyon 209 – Privas 67 – Nîmes 85

Les Chênes de déb. avr. à fin sept.
0475373435, *reception@domaine-des-chenes.fr*, Fax 0475372010, *www.domaine-des-chenes.fr* – places limitées pour le passage
2,5 ha (122 empl.) en terrasses, herbeux, pierreux
Tarif : 30€ (10A) – pers. suppl. 5,50€ – frais de réservation 25€
Location : (de déb. avr. à fin sept.) – 27 – 14 – 3 tentes. Nuitée 35 à 132€ – Sem. 245 à 924€ – frais de réservation 25€
4 18€
Pour s'y rendre : à Chassagnes Haut

Nature :
Loisirs : pizzeria, snack hammam jacuzzi
Services :
À prox. : canoë

Longitude : 4.13218
Latitude : 44.39899

Lou Rouchétou de déb. avr. à fin sept.
0475373313, *rouchetou@libertysurf.fr*, Fax 0, *www.lou-rouchetou.com*
1,5 ha (100 empl.) plat et peu incliné, herbeux, pierreux
Tarif : (Prix 2011) 19,50€ (10A) –
pers. suppl. 5,60€ – frais de réservation 10€
Location : (Prix 2011) (de déb. avr. à fin sept.) – 20 – 1 gîte. Nuitée 50 à 83€ – Sem. 299 à 581€ – frais de réservation 10€
borne eurorelais 16€ – 10 16€
Pour s'y rendre : à Chassagnes (rte des Vans par D 104)
À savoir : au bord du Chassezac

Nature :
Loisirs : pizzeria
Services :

Longitude : 4.16823
Latitude : 44.4065

CHASSIERS

07110 – **331** H6 – 982 h. – alt. 340
Paris 643 – Aubenas 16 – Largentière 4 – Privas 48

Les Ranchisses – de mi-avr. à fin sept.
04 75 88 31 97, *reception@lesranchisses.fr*, Fax 04 75 88 32 73, *www.lesranchisses.fr*
6 ha (226 empl.) en terrasses, peu incliné, plat, herbeux
Tarif : 47€ (10A) – pers. suppl. 9,90€ – frais de réservation 15€
Location : (de mi-avr. à fin sept.) – 101 – 2 gîtes. Nuitée 53 à 162€ – Sem. 327 à 1 134€ – frais de réservation 30€
Pour s'y rendre : rte de Rocher (1,6 km au nord-ouest, accès par D 5, rte de Valgorge)
À savoir : sur le domaine d'un mas de 1824, au bord de la Ligne

Nature :
Loisirs : pizzeria hammam jacuzzi centre balnéo terrain multi-sports, canoë, skate
Services :

Longitude : 4.28536
Latitude : 44.56137

CHÂTEAUNEUF-DE-GALAURE

26330 – **332** C2 – 1 497 h. – alt. 253
Paris 531 – Annonay 29 – Beaurepaire 19 – Romans-sur-Isère 27

Iris Parc Château de Galaure de fin avr. à fin sept.
04 75 68 65 22, *galaure@galaure.com*, *www.galaure.com*
12 ha (200 empl.) plat, herbeux
Tarif : 35€ (6A) – pers. suppl. 5€
Location : (de fin avr. à fin sept.) – 5 – 5 tentes. Nuitée 37 à 150€ – Sem. 154 à 945€
Pour s'y rendre : rte de St-Vallier (800 m au sud-ouest par D 51)
À savoir : plaisant domaine verdoyant et ombragé

Nature :
Loisirs : skate board
Services :
À prox. : parcours de santé, tyrolienne

Longitude : 4.95644
Latitude : 45.23029

CHÂTEAUNEUF-DU-RHÔNE

26780 – **332** B7 – 2 236 h. – alt. 80
Paris 615 – Aubenas 42 – Grignan 23 – Montélimar 9

Municipal la Graveline de déb. juin à mi-sept.
04 75 90 80 96, *chateauneufdurhone@wanadoo.fr*, Fax 04 75 90 69 49, *www.chateauneuf-du-rhone.fr*
0,6 ha (66 empl.) plat et peu incliné, herbeux
Tarif : (Prix 2011) 2€ 1,40€ 1,40€ – (6A) 2€
Pour s'y rendre : chemin de la Graveline (sortie nord par D 73, rte de Montélimar puis chemin à dr.)

Nature :
Services :
À prox. :

Longitude : 4.72051
Latitude : 44.4878

CHÂTEL

74390 – **328** O3 – 1 247 h. – alt. 1 180 – Sports d'hiver : 1 200/2 100 m 2 52
14 rue de Thonon 04 50 73 22 44
Paris 578 – Annecy 113 – Évian-les-Bains 34 – Morzine 38

L'Oustalet – de mi-déc. à fin avr. et de mi-juin à déb. sept.
04 50 73 21 97, *contact@oustalet.com*, Fax 04 50 73 37 46, *www.oustalet.com* – alt. 1 110 – en hiver, séjour minimum 1 semaine
3 ha (100 empl.) plat et peu incliné, herbeux, pierreux, gravillons
Tarif : 33,60€ (10A) – pers. suppl. 6€ – frais de réservation 10€
Location : (de mi-déc. à fin avr. et de mi-juin à déb. sept.) – 10 – 1 appartement. Sem. 370 à 710€ – frais de réservation 10€
borne flot bleu 6€ – 15 6€
Pour s'y rendre : 1428 rte des Freinets (2 km au sud-ouest par la rte du col de Bassachaux, au bord de la Dranse)
À savoir : site agréable de la vallée d'Abondance.

Nature :
Loisirs : diurne
Services : laverie
À prox. : snack poneys , practice de golf

Longitude : 6.82981
Latitude : 46.25755

LE CHÂTELARD

73630 – **333** J3 – 608 h. – alt. 750
place de la Grenette ☎ 0479548428
Paris 562 – Aix-les-Bains 30 – Annecy 30 – Chambéry 35

Les Cyclamens de déb. mai à fin sept.
☎ 0479548019, *contact@camping-cyclamens.com*, *www.camping-cyclamens.com*
0,7 ha (34 empl.) plat, herbeux
Tarif : (Prix 2011) 3,60€ 4,60€ – (10A) 3,10€

Location : (Prix 2011) (permanent) – 1 studio – 1 cabane dans les arbres. Nuitée 90€ – Sem. 190 à 525€

borne artisanale

Pour s'y rendre : vers sortie nord-ouest et chemin à gauche, rte du Champet

Nature :
Loisirs :
Services :

Longitude : 6.13263
Latitude : 45.68782

HINWEIS :
Diese Einrichtungen sind im allgemeinen nur während der Saison in Betrieb -unabhängig von den Öffnungszeiten des Platzes.

CHÂTILLON-EN-DIOIS

26410 – **332** F5 – 570 h. – alt. 570
square Jean Giono ☎ 0475211007
Paris 637 – Die 14 – Gap 79 – Grenoble 97

Le Lac Bleu de déb. avr. à fin sept.
☎ 0475218530, *info@lacbleu-diois.com*, *www.lacbleu-diois.com*
9 ha/3 campables (90 empl.) plat, herbeux, pierreux
Tarif : 32,80€ (6A) – pers. suppl. 7,30€ – frais de réservation 13€

Location : (de déb. avr. à fin sept.) – 77 – 77 – 9 bungalows toilés. Nuitée 32 à 112€ – Sem. 224 à 784€ – frais de réservation 18€

borne raclet 5,50€

Pour s'y rendre : quartier la touche (4 km au sud-ouest par D 539, rte de Die et D 140, de Menglon, chemin à gauche, av. le pont)

Nature :
Loisirs : pizzeria jacuzzi canoë
Services :

Longitude : 5.45332
Latitude : 44.68457

CHÂTILLON-SUR-CHALARONNE

01400 – **328** C4 – 4 904 h. – alt. 177
place du Champ de Foire ☎ 0474550227
Paris 418 – Bourg-en-Bresse 28 – Lyon 55 – Mâcon 28

Municipal du Vieux Moulin de déb. mai à fin sept.
☎ 0474550479, *campingvieuxmoulin@orange.fr*, Fax 0474551311, *www.camping-vieuxmoulin.com*
– places limitées pour le passage
3 ha (140 empl.) plat, herbeux
Tarif : (Prix 2011) 20,15€ (10A) – pers. suppl. 4,70€ – frais de réservation 10,20€

Location : (Prix 2011) (de déb. avr. à fin oct.) – 6 – 5 . Sem. 306 à 418€ – frais de réservation 10,20€

borne flot bleu – 17 20,15€

Pour s'y rendre : r. Jean Jaures (sortie sud-est par D 7, rte de Chalamont, au bord de la Chalaronne, à 150 m d'un étang - accès direct)

À savoir : cadre verdoyant et ombragé en bordure de rivière

Nature :
Loisirs : terrain multisports
Services :
À prox. : snack

Longitude : 4.96228
Latitude : 46.11654

CHAUZON

07120 – **331** I7 – 317 h. – alt. 128
Paris 649 – Aubenas 20 – Largentière 14 – Privas 51

La Digue de déb. avr. à mi-oct.
0475396357, *info@camping-la-digue.fr*, Fax 0475397517, *www.camping-la-digue.fr*
– croisement difficile pour caravanes
2 ha (106 empl.) plat et en terrasses, herbeux
Tarif : (Prix 2011) 31,30€ (10A) – pers. suppl. 6,20€ – frais de réservation 10€
Location : (Prix 2011) (de déb. avr. à mi-oct.) – 24 – 8 . Nuitée 40 à 118€ – Sem. 210 à 830€ – frais de réservation 10€
Pour s'y rendre : au lieu-dit : Les Aires (1 km à l'est du bourg, à 100 m de l'Ardèche (accès direct))

Nature :
Loisirs : snack
Services :
À prox. :

Longitude : 4.37337
Latitude : 44.48437

CHAVANNES-SUR-SURAN

01250 – **328** F3 – 639 h. – alt. 312
Paris 442 – Bourg-en-Bresse 20 – Lons-le-Saunier 51 – Mâcon 57

Municipal de déb. mai à fin août
0474517052, *campingchavannes@orange.fr*, Fax 0474517183, *http://campingchavannes.over-blog.com/*
1 ha (25 empl.) plat, herbeux
Tarif : (Prix 2011) 10,10€ (10A) – pers. suppl. 2,40€
Pour s'y rendre : sortie est par D 3, rte d'Arnans
À savoir : cadre verdoyant au bord du Suran

Nature :
Loisirs :
Services :

Longitude : 5.42851
Latitude : 46.26473

LE CHEYLARD

07160 – **331** I4 – 3 313 h. – alt. 450
rue du 5 Juillet 44 0475291871
Paris 598 – Aubenas 50 – Lamastre 21 – Privas 47

Municipal la Chèze de mi-mai à mi-oct.
0475290953, *info@camping-lecheylard.fr*, *www.camping-lecheylard.fr*
3 ha (96 empl.) en terrasses, plat
Tarif : 13,50€ (10A) – pers. suppl. 3€
Location : (permanent) – 4 bungalows toilés – 2 tentes – 1 gîte. Nuitée 40 à 45€ – Sem. 170 à 280€
borne autre 2€
Pour s'y rendre : rte de St-Christol (sortie nord-est par D 120, rte de la Voulte puis à dr., 1 km par D 204 et D 264, au château)
À savoir : belle situation dominante dans le parc d'un château

Nature : le Cheylard et montagnes
Loisirs : parcours de santé
Services :

Longitude : 4.43052
Latitude : 44.90691

CHORANCHE

38680 – **333** F7 – 134 h. – alt. 280
Paris 588 – La Chapelle-en-Vercors 24 – Grenoble 52 – Romans-sur-Isère 32

Le Gouffre de la Croix de mi-mai à mi-sept.
0476360713, *camping.gouffre.croix@wanadoo.fr*, Fax 0476360713, *www.camping-choranche.com*
2,5 ha (52 empl.) non clos, plat, herbeux, en terrasses
Tarif : 22,50€ (6A) – pers. suppl. 4,50€ – frais de réservation 17,50€
Location : (de mi-mai à mi-sept.) – 2 . Sem. 280 à 470€ – frais de réservation 17,50€
Pour s'y rendre : au lieu-dit : Combe Bernard (au sud-est du bourg, rte de Chatelas, au bord de la Bourne)
À savoir : cadre sauvage et boisé au fond de la vallée

Nature :
Loisirs :
Services :

Longitude : 5.39447
Latitude : 45.06452

LA CLUSAZ

74220 – **328** L5 – 1 904 h. – alt. 1 040 – Sports d'hiver : 1 100/2 600 m 6 49
161, place de l'église *04 50 32 65 00*
Paris 564 – Albertville 40 – Annecy 32 – Bonneville 26

FranceLoc Le Plan du Fernuy de deb. janv. à mi-avr. et de mi-juin à fin déc
04 50 02 44 75, *fernuy@franceloc.fr*, Fax 04 50 32 67 02, *www.campings-franceloc.fr*
1,3 ha (60 empl.) en terrasses, peu incliné, gravier, herbeux
Tarif : (Prix 2011) 32 € (13A) – pers. suppl. 6 € – frais de réservation 27 €
Location : (Prix 2011) – 21 – 12 – 1 studio – 3 appartements. Nuitée 63 à 148 € – Sem. 259 à 1 036 € – frais de réservation 27 €
borne artisanale
Pour s'y rendre : rte des Confins (1,5 km à l'est)
À savoir : belle piscine d'intérieur et site agréable au pied des Aravis

Nature :
Loisirs :
Services : (juil.-août) laverie

Longitude : 6.458
Latitude : 45.91139

CONTAMINE-SARZIN

74270 – **328** I4 – 536 h. – alt. 450
Paris 516 – Annecy 25 – Bellegarde-sur-Valserine 22 – Bonneville 46

Le Chamaloup Permanent
04 50 77 88 28, *camping@chamaloup.com*, Fax 04 50 77 99 79, *www.chamaloup.com*
1,5 ha (75 empl.) non clos, plat, herbeux
Tarif : 23,50 € (16A) – pers. suppl. 5,50 € – frais de réservation 10 €
Location : (permanent) – 10 – 17 . Nuitée 70 à 80 € – Sem. 280 à 560 € – frais de réservation 10 €
Pour s'y rendre : lieu-dit : Contamine Sarzin (2,8 km au sud par D 123, près de la N 508 et de la rivière les Usses)

Nature :
Loisirs :
Services :

Longitude : 5.9759
Latitude : 46.01044

CORDELLE

42123 – **327** D4 – 885 h. – alt. 450
Paris 409 – Feurs 35 – Roanne 14 – St-Just-en-Chevalet 27

Le Mars
04 77 64 94 42, *campingdemars@orange.fr*, Fax 04 77 64 94 42, *www.camping-de-mars.com*
1,2 ha (65 empl.) plat et en terrasses, peu incliné, herbeux
Location : – 7 .
Pour s'y rendre : 4,5 km au sud par D 56 et chemin à dr.
À savoir : agréable situation dominant les gorges de la Loire

Nature :
Loisirs : snack, pizzeria nocturne
Services :
À prox. :

Longitude : 4.06064
Latitude : 45.94474

CORMORANCHE-SUR-SAÔNE

01290 – **328** B3 – 1 022 h. – alt. 172 – Base de loisirs
Paris 399 – Bourg-en-Bresse 44 – Châtillon-sur-Chalaronne 23 – Mâcon 10

La Pierre Thorion de déb. mai à fin sept.
03 85 23 97 10, *contact@lac-cormoranche.com*, Fax 03 85 23 97 11, *www.lac-cormoranche.com*
48 ha/4,5 campables (117 empl.) plat, herbeux, sablonneux, bois attenant
Tarif : (Prix 2011) 19,80 € (10A) – pers. suppl. 5,10 € – frais de réservation 6 €
Location : (Prix 2011) (de déb. mai à fin sept.) – 9 – 12 – 3 tipis. Nuitée 40 à 90 € – Sem. 150 à 485 € – frais de réservation 6 €
borne artisanale
Pour s'y rendre : au lieu-dit : Les Luizants (sortie ouest par D 51a et 1,2 km par rte à dr., à la base de loisirs)
À savoir : décoration arbustive des emplacements, près d'un beau plan d'eau

Nature :
Loisirs : salle d'animation (plage)
Services : laverie

Longitude : 4.82573
Latitude : 46.25105

CREST

26400 – **332** D5 – 7 789 h. – alt. 196
place du Docteur Rozier ✆ *0475251138*
Paris 585 – Die 37 – Gap 129 – Grenoble 114

Les Clorinthes – de mi-avr. à mi-sept.
✆ 0475250528, *dorinthes@wanadoo.fr*,
Fax 0475767509, *www.lesclorinthes.com*
4 ha (160 empl.) plat, peu incliné, herbeux
Tarif : (Prix 2011) 21€ (6A) –
pers. suppl. 6,20€ – frais de réservation 18,50€

Location : (Prix 2011) (de mi-avr. à mi-sept.) – 10 – 4 – 2 bungalows toilés. Sem. 322 à 623€ – frais de réservation 18,50€
borne artisanale 21€
Pour s'y rendre : quai Soubeyran (sortie sud par D 538 puis chemin à gauche apr. le pont, près de la Drôme et du complexe sportif)

Nature :
Loisirs : pizzeria, snack diurne
Services :
À prox. : poneys skate-parc

Longitude : 5.02649
Latitude : 44.72473

Om een reisroute uit te stippelen en te volgen,
om het aantal kilometers te berekenen,
om precies de ligging van een terrein te bepalen
(aan de hand van de inlichtingen in de tekst),
gebruikt u de Michelinkaarten ,
een onmisbare aanvulling op deze gids.

CRUAS

07350 – **331** K6 – 2 670 h. – alt. 83
9, place George Clemenceau ✆ *0475495920*
Paris 594 – Aubenas 49 – Montélimar 16 – Privas 24

Les Ilons Permanent
✆ 0475495543, *contactcamping@wanadoo.fr*,
Fax 0475495543, *www.campinglesilons.fr*
2,5 ha (80 empl.) plat, herbeux, gravillons
Tarif : 4,50€ 3,50€ 13,50€ – (10A) 4,80€
– frais de réservation 20€

Location : (permanent) – 10 – 1 – 4 bungalows toilés. Nuitée 30 à 60€ – Sem. 300 à 600€ – frais de réservation 20€
borne artisanale 3,50€
Pour s'y rendre : chemin du Camping (1,4 km à l'est, rte du Port, près d'un plan d'eau, à 300 m du Rhône)

Nature :
Loisirs :
Services :
À prox. :

Longitude : 4.77699
Latitude : 44.65815

CUBLIZE

69550 – **327** F3 – 1 215 h. – alt. 452
lac des Sapins ✆ *0474895803*
Paris 422 – Amplepuis 7 – Chauffailles 29 – Roanne 30

Intercommunal du Lac des Sapins
✆ 0474895283, *camping@lacdessapins.fr*,
Fax 0474895890, *www.lac-des-sapins.fr* – places limitées pour le passage
4 ha (155 empl.) plat, herbeux, pierreux, gravillons

Location : – 4 – 22 .
borne artisanale
Pour s'y rendre : 800 m au sud, au bord du Reins et à 300 m du lac (accès direct)

Nature :
Loisirs : terrain multisports
Services :
À la base de loisirs :

Longitude : 4.37772
Latitude : 46.0184

CULOZ

01350 – **328** H5 – 2 957 h. – alt. 248
6, rue de la Mairie ✆ 0479870030
Paris 512 – Aix-les-Bains 24 – Annecy 55 – Bourg-en-Bresse 88

Le Colombier de déb. avr. à fin sept.
✆ 0479871900, *camping.colombier@free.fr*,
Fax 0479871900, *http://camping.colombier.free.fr*
1,5 ha (81 empl.) plat, gravillons, herbeux
Tarif : 19,50€ (16A) – pers. suppl. 5,50€
– frais de réservation 10€

Location : (permanent) – 5 . Nuitée 50 à 80€ – Sem. 250 à 510€ – frais de réservation 10€
15 16,50€

Pour s'y rendre : Ile de Verbaou (1,3 km à l'est, au carr. du D 904 et D 992, au bord d'un ruisseau)

À savoir : près d'un centre de loisirs

Nature :
Loisirs :
Services : laverie
À prox. :

Longitude : 5.79346
Latitude : 45.85158

DARBRES

07170 – **331** J6 – 247 h. – alt. 450
Paris 618 – Aubenas 18 – Montélimar 34 – Privas 21

Les Lavandes de mi-avr. à fin sept.
✆ 0475942065, *sarl.leslavandes@online.fr*,
www.les-lavandes-darbes.com
1,5 ha (70 empl.) plat, en terrasses, herbeux, pierreux
Tarif : 25,60€ (6A) – pers. suppl. 3,90€
– frais de réservation 15€

Location : (de mi-avr. à fin sept.) – 12 . Nuitée 50 à 80€ – Sem. 260 à 560€ – frais de réservation 15€

Pour s'y rendre : au bourg

Nature :
Loisirs : snack
Services :

Longitude : 4.50494
Latitude : 44.648

DARDILLY

69570 – **327** H5 – 8 414 h. – alt. 338
Paris 457 – Lyon 13 – Villeurbanne 21 – Vénissieux 26

Indigo Lyon Permanent
✆ 0478356455, *lyon@camping-indigo.com*,
Fax 0472170426, *www.camping-indigo.com*
6 ha (150 empl.) plat, herbeux, gravillons
Tarif : (Prix 2011) 26€ (10A) –
pers. suppl. 4,50€ – frais de réservation 20€

Location : (Prix 2011) (permanent) – 6 roulottes – 41 – 5 – 6 tentes. Nuitée 40 à 101€ – Sem. 196 à 565€ – frais de réservation 20€
borne autre 6€

Pour s'y rendre : Porte de Lyon (10 km au nord-ouest par N 6, rte de Mâcon - par A 6 : sortie Limonest, à Dardilly)

Nature :
Loisirs : snack
Services : laverie

Longitude : 4.76125
Latitude : 45.81817

DIE

26150 – **332** F5 – 4 375 h. – alt. 415
rue des Jardins ✆ 0475220303
Paris 623 – Gap 92 – Grenoble 110 – Montélimar 73

Le Glandasse de mi-avr. à fin sept.
✆ 0475220250, *camping-glandasse@wanadoo.fr*,
www.camping-glandasse.com – maxi 2.80 m de hauteur
3,5 ha (120 empl.) plat, peu incliné, herbeux, pierreux
Tarif : 22,50€ (10A) – pers. suppl. 5,50€
– frais de réservation 10€

Location : (de mi-avr. à fin sept.) – 2 – 15 . Nuitée 45 à 81€ – Sem. 280 à 567€ – frais de réservation 10€

Pour s'y rendre : quartier de la Maldrerie (1 km au sud-est par D 93, rte de Gap puis chemin à dr.)

À savoir : au bord de la Drôme

Nature :
Loisirs : snack, pizzeria canoes
Services : laverie

Longitude : 5.38403
Latitude : 44.73993

DIEULEFIT

26220 – **332** D6 – 3 148 h. – alt. 366
1, place Abbé Magnet ☎ 0475464249
Paris 614 – Crest 30 – Montélimar 29 – Nyons 30

Les Grands Prés de mi-mars à fin oct.
☎ 0475499436, *info@lesgrandspres-dromeprovencale.com*, *www.lesgrandspres-dromeprovencale.com*
1,8 ha (91 empl.) plat, herbeux
Tarif : 21€ (10A) – pers. suppl. 6€

Location : (de mi-mars à fin oct.) – 9 roulottes – 5 – 1 cabane dans les arbres – 2 tipis – 5 bungalows toilés – 1 tente – 1 gîte. Nuitée 55 à 110€ – Sem. 280 à 750€
Pour s'y rendre : quartier les Grands Prés (sortie ouest par D 540, rte de Montélimar, près du Jabron - accès direct au bourg par chemin piétonnier)

Nature :
Loisirs :
Services : (1er juil.-déb. sept.)
À prox. :

Longitude : 5.06149
Latitude : 44.52141

Utilisez le guide de l'année.

DIVONNE-LES-BAINS

01220 – **328** J2 – 7 572 h. – alt. 486 – (mi mars-fin nov.)
rue des Bains ☎ 0450200122
Paris 488 – Bourg-en-Bresse 129 – Genève 18 – Gex 9

Le Fleutron de déb. avr. à déb. oct.
☎ 0450200195, *info@homair.com*, Fax 0450200122, *www.homair.com/camping_le_fleutron.html*
8 ha (253 empl.) incliné, en terrasses, pierreux, herbeux
Tarif : (Prix 2011) 26€ (10A) – pers. suppl. 5,50€ – frais de réservation 10€

Location : (Prix 2011) (de déb. avr. à déb. oct.) – 112 . Nuitée 29 à 86€ – Sem. 203 à 602€ – frais de réservation 10€
Pour s'y rendre : 2465 vie De L'Etraz (3 km au nord, après Villard)

À savoir : cadre boisé adossé à une montagne

Nature :
Loisirs : snack
Services :

Longitude : 6.1178
Latitude : 46.37137

DOUSSARD

74210 – **328** K6 – 3 347 h. – alt. 456
Paris 555 – Albertville 27 – Annecy 20 – La Clusaz 36

Campéole la Nublière – de déb. mai à fin sept.
☎ 0450443344, *nubliere@wanadoo.fr*, Fax 0450443178, *www.campeole.com*
9,2 ha (467 empl.) plat, herbeux, pierreux
Tarif : (Prix 2011) 26,60€ (6A) – pers. suppl. 6,80€ – frais de réservation 25€

Location : (Prix 2011) (de déb. mai à fin sept.) – 74 – 40 bungalows toilés. Nuitée 28 à 112€ – Sem. 196 à 784€ – frais de réservation 25€
borne autre
Pour s'y rendre : 30 allée de la Nublière (1,8 km au nord)

À savoir : situation agréable au bord du lac (plage)

Nature :
Loisirs : salle d'activité
Services :
À prox. : ponton d'amarrage, point d'informations touristiques, vol biplace, parapente

Longitude : 6.21763
Latitude : 45.79014

La Ferme de Serraz
☎ 0450443068, *info@campinglaserraz.com*, Fax 0450448107, *www.campinglaserraz.com*
3,5 ha (197 empl.) plat, herbeux

Location : – 40 .
borne artisanale
Pour s'y rendre : r. de la Poste (au bourg, sortie est près de la poste)

Nature :
Loisirs :
Services : laverie

Longitude : 6.22588
Latitude : 45.77508

DUINGT

74410 – **328** K6 – 886 h. – alt. 450
rue du Vieux Village ✆ 0450524056
Paris 548 – Albertville 34 – Annecy 12 – Megève 48

Municipal les Champs Fleuris de mi-avr. à mi-sept.
✆ 0450685731, *camping@duingt.fr*, Fax 0450770317, *www.camping-duingt.com*
1,3 ha (112 empl.) plat et peu incliné, terrasses, herbeux
Tarif : 22,20€ (10A) – pers. suppl. 5,20€
Location : (de mi-avr. à mi-sept.) – 4 – 2 bungalows toilés. Nuitée 55 à 90€ – Sem. 390 à 675€
borne flot bleu 4,50€ – 10 20€
Pour s'y rendre : 631 voie Romaine - Les Perris (1 km à l'ouest)

Nature :
Loisirs :
Services : laverie

Longitude : 6.18882
Latitude : 45.82658

Benutzen Sie
– zur Wahl der Fahrtroute
– zur Berechnung der Entfernungen
– zur exakten Lokalisierung eines Campingplatzes (mit Hilfe der Angaben im Ortstext)
*die für diesen Führer unentbehrlichen **MICHELIN-Karten.***

ECLASSAN

07370 – **331** K3 – 833 h. – alt. 420
Paris 534 – Annonay 21 – Beaurepaire 46 – Condrieu 42

L'Oasis de fin avr. à déb. sept.
✆ 0475345623, *info@oasisardeche.com*, *www.oasisardeche.com* – accès aux emplacements par forte pente, mise en place et sortie des caravanes à la demande
4 ha (59 empl.) en terrasses, pierreux, herbeux
Tarif : (Prix 2011) 24,40€ (3A) – pers. suppl. 3,70€ – frais de réservation 6€
Location : (Prix 2011) (de fin avr. à déb. sept.) – 4 – 16 – 4 tentes. Nuitée 32 à 79€ – Sem. 210 à 553€ – frais de réservation 6€
Pour s'y rendre : lieu-dit : Le Petit Chaléat (4,5 km au nord-ouest par rte de Fourany et chemin à gauche)
À savoir : agréable situation en terrasses, près de l'Ay

Nature :
Loisirs : snack, pizzeria
Services :

Longitude : 4.73944
Latitude : 45.17889

ENTRE-DEUX-GUIERS

38380 – **333** H5 – 1 668 h. – alt. 380
Paris 553 – Les Abrets 24 – Chambéry 24 – Grenoble 39

L'Arc-en-Ciel de déb. mars à mi-oct.
✆ 0476660697, *info@camping-arc-en-ciel.com*, *www.camping-arc-en-ciel.com* – places limitées pour le passage
1 ha (50 empl.) plat, herbeux
Tarif : 21,50€ (4A) – pers. suppl. 5,40€ – frais de réservation 5€
Location : (permanent) – 7 – 1 . Nuitée 30 à 72€ – Sem. 210 à 504€
borne artisanale 4,50€ – 5 16,80€
Pour s'y rendre : chemin des Berges (au bourg par r. piétonne vers les Échelles, près du vieux pont, au bord du Guiers)

Nature :
Loisirs :
Services : laverie
À prox. :

Longitude : 5.75573
Latitude : 45.43482

EXCENEVEX

74140 – **328** L2 – 931 h. – alt. 375
rue des Ecoles ✆ 0450728922
Paris 564 – Annecy 71 – Bonneville 42 – Douvaine 9

Campéole La Pinède de mi-avr. à mi-sept.
✆ 0450728505, *pinede@campeole.com*,
Fax 0450729300, *www.camping-lac-leman.info* – places limitées pour le passage
12 ha (619 empl.) plat, peu incliné, herbeux
Tarif : (Prix 2011) 27,60€ (16A) – pers. suppl. 6,80€ – frais de réservation 15€
Location : (Prix 2011) (de mi-avr. à mi-sept.) – 78 – 20 – 57 bungalows toilés. Nuitée 28 à 136€ – Sem. 196 à 952€ – frais de réservation 25€
Pour s'y rendre : 1 km au sud-est par D 25
À savoir : agréable site boisé en bordure d'une plage du lac Léman

Nature :
Loisirs : ponton d'amarrage
Services : laverie
À prox. : snack pédalos

Longitude : 6.35799
Latitude : 46.34543

FARAMANS

38260 – **333** D5 – 868 h. – alt. 375
Paris 518 – Beaurepaire 12 – Bourgoin-Jallieu 35 – Grenoble 60

Municipal des Eydoches de déb. avr. à fin oct.
✆ 0474542178, *mairie.faramans@wanadoo.fr*,
Fax 0474542000 – places limitées pour le passage
1 ha (60 empl.) plat, herbeux
Tarif : (Prix 2011) 4€ 5,60€ 5,60€ – (5A) 3,40€
Location : (Prix 2011) (de déb. avr. à fin oct.) – 2 . Nuitée 82 à 88€ – Sem. 270 à 380€
borne autre 6,60€ – 5 5,60€
Pour s'y rendre : 515 av. des Marais (sortie est par D 37, rte de la Côte-St-André)

Nature :
Services :
À prox. : golf, practice de golf, pateaugeoire, terrain multisports

Longitude : 5.17563
Latitude : 45.39348

FÉLINES

07340 – **331** K2 – 1 436 h. – alt. 380
Paris 520 – Annonay 13 – Beaurepaire 31 – Condrieu 24

Bas-Larin de déb. avr. à mi-sept.
✆ 0475348793, *camping.baslarin@wanadoo.fr*,
Fax 0475348793, *www.camping-bas-larin.com*
1,5 ha (67 empl.) incliné à peu incliné, en terrasses, herbeux
Tarif : 21,30€ (10A) – pers. suppl. 3,50€
Location : (de déb. mars à mi-sept.) – 6 – 2 bungalows toilés. Nuitée 40 à 290€ – Sem. 65 à 490€
borne artisanale 3€
Pour s'y rendre : 88 rte de Larin-le-Bas (2 km au sud-est, par N 82, rte de Serrières et chemin à dr.)

Nature :
Loisirs : snack
Services :

Longitude : 4.75284
Latitude : 45.30671

LA FERRIÈRE

38580 – **333** J6 – 225 h. – alt. 926
Paris 613 – Lyon 146 – Grenoble 52 – Chambéry 47

Neige et Nature de mi-mai à mi-sept.
✆ 0476451984, *contact@neige-nature.fr*, *www.neige-nature.fr* – alt. 900
1,2 ha (45 empl.) plat, peu incliné, terrasses, herbeux
Tarif : 17,60€ – (10A) 4,10€
Location : (permanent) – 2 – 2 . Sem. 315 à 550€
15 17,60€
Pour s'y rendre : chemin de Montarmand (à l'ouest du bourg, au bord du Bréda)
À savoir : cadre verdoyant et soigné

Nature :
Loisirs :
Services :
À prox. : (bassin)

Longitude : 6.08331
Latitude : 45.3184

FEURS

42110 – **327** E5 – 7 376 h. – alt. 343
place du Forum *04 77 26 05 27*
Paris 433 – Lyon 69 – Montbrison 24 – Roanne 38

Municipal du Palais de déb. avr. à fin oct.
04 77 26 43 41, *mairie.camping@feurs.fr*, Fax 04 77 26 43 41
9 ha (385 empl.) plat, herbeux, petit étang
Tarif : (Prix 2011) 2,80€ 2,50€ 3€ – (16A) 3,30€
borne eurorelais 3,50€ – 25 17,50€
Pour s'y rendre : rte de Civens (sortie nord par N 82, rte de Roanne et à dr.)

Nature :
Loisirs :
Services :
À prox. :

Longitude : 4.22572
Latitude : 45.75429

Renouvelez votre guide chaque année.

FLEURIE

69820 – **327** H2 – 1 234 h. – alt. 320
Paris 410 – Bourg-en-Bresse 46 – Chauffailles 44 – Lyon 58

Municipal la Grappe Fleurie de mi-mars à mi-oct.
04 74 69 80 07, *camping@fleurie.org*, Fax 04 74 69 85 18, *www.camping-beaujolais.fr*
2,5 ha (96 empl.) plat, herbeux
Tarif : (Prix 2011) 20€ (12A) – pers. suppl. 7€
Location : (Prix 2011) (de mi-mars à mi-oct.) – 4 . Sem. 300 à 460€
borne artisanale
Pour s'y rendre : r. de la Grappe Fleurie (600 m au sud du bourg par D 119e et à dr.)
À savoir : au coeur du vignoble

Nature :
Loisirs :
Services : laverie
À prox. :

Longitude : 4.7001
Latitude : 46.18854

LES GETS

74260 – **328** N4 – 1 299 h. – alt. 1 170 – Sports d'hiver : 1 170/2 000 m 5 47
place de la Mairie *04 50 75 80 80*
Paris 579 – Annecy 77 – Bonneville 33 – Chamonix-Mont-Blanc 60

Le Frêne de fin juin à déb. sept.
04 50 75 80 60, Fax 04 50 75 84 39, *www.alpensport-hotel.com* – alt. 1 315 –
0,3 ha (32 empl.) non clos, en terrasses, peu incliné, herbeux
Tarif : (Prix 2011) 21,60€ (3A) – pers. suppl. 6,50€
Pour s'y rendre : au lieu-dit : Les Cornus (sortie sud-ouest par D 902 puis 2,3 km par rte des Platons à dr.)

Nature : Aiguille du Midi, massif du Mt-Blanc
Loisirs :
Services :

Longitude : 6.64296
Latitude : 46.15065

GEX

01170 – **328** J3 – 9 505 h. – alt. 626
square Jean Clerc *04 50 41 53 85*
Paris 490 – Genève 19 – Lons-le-Saunier 93 – Pontarlier 110

Municipal les Genêts de déb. mai à fin sept.
04 50 42 84 57, *camp-gex@cc-pays-de-gex.fr*, *www.pays-de-gex.org*
3,3 ha (140 empl.) peu incliné et plat, goudronné, gravillons, herbeux
Tarif : (Prix 2011) 4,20€ 6€ – (16A) 3,10€
Location : (Prix 2011) (de déb. mai à fin sept.) – 4 . Sem. 488€
borne artisanale – 20 13,30€
Pour s'y rendre : rte de Divonne-les-Bains (1 km à l'est par D 984 et chemin à dr.)

Nature :
Loisirs : snack
Services :
À prox. :

Longitude : 6.06841
Latitude : 46.33564

LE GRAND-BORNAND

74450 – **328** L5 – 2 195 h. – alt. 934 – Sports d'hiver : 1 000/2 100 m 2 37
place de l'Église ✆ *0450027800*
Paris 564 – Albertville 47 – Annecy 31 – Bonneville 23

L'Escale de fin mai à fin sept.
✆ 0450022069, *contact@campinglescale.com*, Fax 0450023604, *www.campinglescale.com*
2,8 ha (149 empl.) plat et peu incliné, terrasse, herbeux, pierreux
Tarif : (Prix 2011) 29,90€ (10A) – pers. suppl. 5,80€ – frais de réservation 12€

Location : (Prix 2011) (permanent) – 24 – 32 – 4 – 6 studios – 20 appartements. Sem. 280 à 690€ – frais de réservation 12€
borne artisanale 23€
Pour s'y rendre : rte de la Patinoire (à l'est du bourg, à prox. de l'église, près du Borne)

À savoir : agréable complexe aquatique et ludique

Nature :
Loisirs : jacuzzi
Services :
laverie
À prox. : parcours sportif

Longitude : 6.42772
Latitude : 45.94215

Le Clos du Pin de mi-juin à mi-sept.
✆ 0450027057, *contact@le-clos-du-pin.com*, Fax 0450022761, *www.le-clos-du-pin.com* – alt. 1 015 – places limitées pour le passage
1,3 ha (61 empl.) peu incliné, herbeux
Tarif : 20,80€ (10A) – pers. suppl. 4,30€ – frais de réservation 8€

Location : (de mi-juin à mi-sept.) – 1 – 3 – 1 appartement. Sem. 260 à 450€
Pour s'y rendre : 1,3 km à l'est par rte du Bouchet, au bord du Borne

Nature : chaîne des Aravis
Loisirs :
Services :
laverie

Longitude : 6.44281
Latitude : 45.93971

GRANE

26400 – **332** C5 – 1 694 h. – alt. 175
Le Village ✆ *0475626608*
Paris 583 – Crest 10 – Montélimar 34 – Privas 29

Les Quatre Saisons de déb. avr. à fin sept.
✆ 0475626417, *contact@camping-4-saisons.com*, *www.camping-4saisons.com*
2 ha (80 empl.) en terrasses, plat, herbeux, peu incliné, sablonneux, pierreux
Tarif : (Prix 2011) 27,50€ (6A) – pers. suppl. 5€ – frais de réservation 10€

Location : (Prix 2011) (de déb. avr. à fin sept.) – 11 . Sem. 270 à 650€ – frais de réservation 15€
Pour s'y rendre : sortie sud-est, 900 m par D 113, rte de la Roche-sur-Grâne

Nature :
Loisirs :
Services :
À prox. :

Longitude : 4.92671
Latitude : 44.72684

GRAVIÈRES

07140 – **331** G7 – 350 h. – alt. 220
Paris 636 – Lyon 213 – Privas 71 – Nîmes 92

Le Mas du Serre de déb. avr. à fin sept.
✆ 0475373384, *camping-le-mas-du-serre@wanadoo.fr*, *www.campinglemasduserre.com*
1,5 ha (75 empl.) plat, peu incliné, terrasses, herbeux
Tarif : 24€ (10A) – pers. suppl. 6€

Location : (de déb. avr. à fin sept.) – 6 – 1 gîte. Nuitée 16 à 21€ – Sem. 370 à 800€
Pour s'y rendre : au lieu-dit : Le Serre (1,3 km au sud-est par D 113 et chemin à gauche, à 300 m du Chassezac)

À savoir : belle situation autour d'un ancien mas

Nature :
Loisirs :
Services :
À prox. :

Longitude : 4.1016
Latitude : 44.41476

GRESSE-EN-VERCORS

38650 – **333** G8 – 370 h. – alt. 1 205 – Sports d'hiver : 1 300/1 700 m 16
le Faubourg 0476343340
Paris 610 – Clelles 22 – Grenoble 48 – Monestier-de-Clermont 14

Les 4 Saisons de déb. mai à mi-oct.
0476343027, *contact@camping-les4saisons.com*, *www.camping-les4saisons.com*
2,2 ha (90 empl.) en terrasses, plat, pierreux, gravillons, herbeux
Tarif : 21,50€ (10A) – pers. suppl. 4,90€ – frais de réservation 8€
Location : (de déb. mai à mi-oct.) – 9 – 3 . Sem. 460 à 660€ – frais de réservation 16€
borne artisanale 5€ – 7 17,50€
Pour s'y rendre : 1,3 km au sud-ouest, au lieu-dit la Ville
À savoir : situation agréable au pied du massif du Vercors

Nature : massif du Vercors
Loisirs :
Services :
À prox. : snack

Longitude : 5.55559
Latitude : 44.8965

GRIGNAN

26230 – **332** C7 – 1 479 h. – alt. 198
place Sévigné 0475465675
Paris 629 – Crest 46 – Montélimar 25 – Nyons 25

Les Truffières de mi-avr. à mi-sept.
0475469362, *info@lestruffieres.com*, *www.lestruffieres.com*
1 ha (85 empl.) plat, herbeux, pierreux, bois attenant
Tarif : 23,40€ (10A) – pers. suppl. 4,80€ – frais de réservation 12€
Location : (permanent) – 10 . Nuitée 50 à 78€ – Sem. 240 à 550€ – frais de réservation 12€
Pour s'y rendre : 1100 chemin Belle-Vue-d'Air, quartier Nachony (2 km au sud-ouest par D 541, rte de Donzère, D 71, rte de Chamaret à gauche et un chemin)
À savoir : cadre boisé

Nature :
Loisirs : snack
Services :

Longitude : 4.89121
Latitude : 44.41163

GROISY

74570 – **328** K4 – 2 906 h. – alt. 690
Paris 534 – Dijon 228 – Grenoble 120 – Lons-le-Saunier 146

Le Moulin Dollay de déb. mai à fin sept.
0450680031, *moulin.dollay@orange.fr*, Fax 0450680031, *www.moulindollay.fr*
3 ha (30 empl.) plat, herbeux, pierreux, bois attenant
Tarif : 22€ (6A) – pers. suppl. 5€
borne artisanale 5€ – 6 15€ – 18€
Pour s'y rendre : 206 r. du Moulin Dollay (2 km au sud-est, intersection D 2 et N 203, au bord d'un ruisseau, au lieu-dit Le Plot)

Nature :
Loisirs :
Services : laverie

Longitude : 6.19076
Latitude : 46.00224

HAUTECOURT

01250 – **328** F4 – 735 h. – alt. 370
Paris 442 – Bourg-en-Bresse 20 – Nantua 24 – Oyonnax 33

L'Île de Chambod de déb. avr. à fin sept.
0474372541, *camping.chambod@shdnet.fr*, Fax 0474372828, *www.campingilechambod.com*
2,4 ha (110 empl.) plat, herbeux
Tarif : 20,10€ (10A) – pers. suppl. 4,90€
Location : (Prix 2011) (de déb. avr. à fin sept.) – 8 – 4 bungalows toilés. Nuitée 13 à 93€ – Sem. 91 à 651€ – frais de réservation 18,50€
borne artisanale 2€
Pour s'y rendre : 3232 rte du Port (4,5 km au sud-est par D 59, rte de Poncin puis rte à gauche, à 300 m de l'Ain (plan d'eau))

Nature :
Loisirs : snack
Services :
À prox. : parcours sportif

Longitude : 5.42819
Latitude : 46.12761

ISSARLÈS

07470 – **331** G4 – 164 h. – alt. 946
le Village *04 66 46 26 26*
Paris 574 – Coucouron 16 – Langogne 36 – Le Monastier-sur-Gazeille 18

La Plaine de la Loire

04 66 46 25 77, *campinglaplainedelaloire@ifrance.com*, *www.campinglaplainedelaloire.fr* – alt. 900
1 ha (55 empl.) plat, herbeux
Pour s'y rendre : Le Moulin du Lac - Pont de Laborie (3 km à l'ouest par D 16, rte de Coucouron et chemin à gauche av. le pont)
À savoir : au bord de la Loire

Nature :
Loisirs : snack
Services :

Longitude : 4.04796
Latitude : 44.81971

JAUJAC

07380 – **331** H6 – 1 181 h. – alt. 450
La Calade *04 75 35 49 61*
Paris 612 – Privas 44 – Le Puy-en-Velay 81

Bonneval de déb. avr. à fin sept.

04 75 93 27 09, *bonneval.camping@wanadoo.fr*, Fax 04 75 93 23 83, *www.campingbonneval.com*
07380 Fabras
3 ha (60 empl.) plat, peu incliné et en terrasses, herbeux
Tarif : (Prix 2011) 24€ (6A) – pers. suppl. 5€ – frais de réservation 60€
Location : (Prix 2011) (de déb. avr. à fin oct.) – 4 – 4 . Sem. 260 à 630€
Pour s'y rendre : au lieu-dit : Les Plots à Fabras (2 km au nord-est par D 19 et D 5, rte de Pont-de-Labeaume, à 100 m du Lignon et des coulées basaltiques)

Nature : Chaine du Tanargue
Loisirs :
Services : (saison)
À prox. :

Longitude : 4.25544
Latitude : 44.63565

Pour une meilleure utilisation de cet ouvrage, LISEZ ATTENTIVEMENT les premières pages du guide.

JEANSAGNIÈRE

42920 – **327** C5 – 88 h. – alt. 1 050
Paris 440 – Lyon 111 – St-Étienne 84 – Clermont-Ferrand 88

Village de la Droséra (location exclusive de chalets)

Permanent
04 77 24 81 44, *patrick@ladrosera.fr*, *www.ladrosera.fr*
16 ha en terrasses, pierreux, herbeux, rochers
Location : – 7 . Nuitée 115€ – Sem. 580€
3
Pour s'y rendre : au lieu-dit : La Droséra

Nature : sur les Monts du Forez
Loisirs : parc de promenade, sentiers de randonnée
Services :

Longitude : 3.83592
Latitude : 45.73828

JOANNAS

07110 – **331** H6 – 331 h. – alt. 430
Paris 650 – Aubenas 23 – Largentière 8 – Privas 55

La Marette de déb. avr. à mi-sept.

04 75 88 38 88, *reception@lamarette.com*, Fax 04 75 88 36 33, *www.lamarette.com*
4 ha (91 empl.) en terrasses et accidenté, herbeux, bois
Tarif : (Prix 2011) 26,45€ (10A) – pers. suppl. 5,20€
Location : (Prix 2011) (de déb. avr. à mi-sept.) – 2 roulottes – 23 – 20 . Sem. 200 à 762€
Pour s'y rendre : rte de Valgorge (2,4 km à l'ouest par D 24)

Nature :
Loisirs :
Services :

Longitude : 4.25143
Latitude : 44.5655

Le Roubreau de déb. avr. à mi-sept.
0475883207, *camping@leroubreau.com*, *www.leroubreau.com*
3 ha (100 empl.) plat et peu incliné à incliné, herbeux, pierreux
Tarif : 28€ (6A) – pers. suppl. 6,50€ frais de réservation 7,50€
Location : (de déb. avr. à mi-sept.) – 14 – 15 – 2 bungalows toilés. Nuitée 29 à 70€ – Sem. 200 à 670€ – frais de réservation 7,50€
borne eurorelais 5€ – 1 20€
Pour s'y rendre : rte de Valgorge (1,4 km à l'ouest par D 24 et chemin à gauche)
À savoir : au bord du Roubreau

Nature :
Loisirs : snack
Services : (juil.-août)
À prox. : canoë

Longitude : 4.23865
Latitude : 44.55964

JOYEUSE

07260 – **331** H7 – 1 612 h. – alt. 180
Montée de la Chastellane 0475898092
Paris 650 – Alès 54 – Mende 97 – Privas 55

La Nouzarède de déb. avr. à fin sept.
0475399201, *campingnouzarede@wanadoo.fr*,
Fax 0475394327, *www.camping-nouzarede.fr*
2 ha (103 empl.) plat, herbeux, pierreux
Tarif : 12,45€ – (10A) 3,70€
Pour s'y rendre : au nord du bourg par rte du Stade, à 150 m de la Beaume (accès direct)

Nature :
Loisirs : snack, pizzeria (centre équestre)
Services :
À prox. : canoë

Longitude : 4.23875
Latitude : 44.47945

Bois Simonet de déb. avr. à mi-oct.
0475395860, *bois-simonet@orange.fr*,
Fax 0475394679, *www.camping-bois-simonet.com*
2,5 ha (70 empl.) en terrasses, pierreux
Tarif : 24€ (10A) – pers. suppl. 6€ – frais de réservation 20€
Location : (permanent) – 5 – 35 . Nuitée 65 à 150€ – Sem. 270 à 1 150€ – frais de réservation 20€
borne sanistation 9,50€
Pour s'y rendre : rte de Valgorge (3,8 km au nord par D 203)

Nature : vallée de la Beaume
Loisirs : snack, pizzeria jacuzzi
Services :

Longitude : 4.23489
Latitude : 44.48043

667

Vermelding in deze gids gebeurt geheel kosteloos en is in geen geval te danken aan het betalen van een premie of aan een gunst.

LALLEY

38930 – **333** H9 – 194 h. – alt. 850
Mairie 0476347039
Paris 626 – Grenoble 63 – La Mure 30 – Sisteron 80

Belle Roche de fin mars à mi-oct.
0476347533, *camping.belleroche@gmail.com*,
Fax 0476347533, *www.camping-belleroche.com*
– alt. 860
2,4 ha (60 empl.) plat, terrasse, pierreux, herbeux
Tarif : 20€ (10A) – pers. suppl. 6€
Location : (de fin mars à mi-oct.) – 6 – 1 bungalow toilé. Nuitée 40 à 60€ – Sem. 250 à 610€ – frais de réservation 10€
borne sanistation 6€
Pour s'y rendre : chemin de Combe Morée (au sud du bourg par rte de Mens et chemin à dr.)
À savoir : situation agréable face au village

Nature :
Loisirs : snack
Services :
À prox. :

Longitude : 5.67889
Latitude : 44.75472

LALOUVESC

07520 – **331** J3 – 489 h. – alt. 1 050
rue Saint-Régis ☎ 04 75 67 84 20
Paris 553 – Annonay 24 – Lamastre 25 – Privas 80

Municipal le Pré du Moulin

☎ 04 75 67 84 86, *mairie.lalouvesc@inforoutes-ardeche.fr*, Fax 04 75 67 85 69, *www.lalouvesc.com*
2,5 ha (70 empl.) en terrasses, peu incliné, herbeux

Location : – 5.
borne eurorelais
Pour s'y rendre : chemin de l'Hermuzière (au nord de la localité)

Nature :
Loisirs :
Services :

Longitude : 4.53377
Latitude : 45.12285

LAMASTRE

07270 – **331** J4 – 2 541 h. – alt. 375
place Montgolfier ☎ 04 75 06 48 99
Paris 577 – Privas 55 – Le Puy-en-Velay 72 – Valence 38

Le Retourtour de mi-avr. à fin sept.

☎ 04 75 06 40 71, *campingderetourtour@wanadoo.fr*, *www.camping-de-retourtour.com*
2,9 ha (130 empl.) plat et peu incliné, herbeux, gravillons
Tarif : (Prix 2011) 22,46 € (13A) – pers. suppl. 4,58 €

Location : (Prix 2011) (de mi-avr. à fin sept.) – 13 – 3 bungalows toilés – 3 gîtes. Nuitée 55 à 89 € – Sem. 224 à 595 €
borne artisanale – 10.56 €
Pour s'y rendre : 1 r. de Retourtour

À savoir : près d'un plan d'eau

Nature :
Loisirs : snack, pizzeria nocturne
Services :
À prox. : (plage)

Longitude : 4.56483
Latitude : 44.99164

LANSLEVILLARD

73480 – **333** O6 – 450 h. – alt. 1 500 – Sports d'hiver : 1 400/2 800 m 1 21
rue Sous Église ☎ 04 79 05 99 15
Paris 689 – Albertville 116 – Briançon 87 – Chambéry 129

Caravaneige Municipal

☎ 04 79 05 90 52, *mairielanslevillard@wanadoo.fr*, Fax 04 79 05 90 52, *www.camping-valcenis.com/*
3 ha (100 empl.) plat, herbeux, pierreux
borne eurorelais
Pour s'y rendre : rte de Lanslebourg (sortie sud-ouest, au bord d'un torrent)

Nature :
Loisirs :
Services : laverie
À prox. :

Longitude : 6.91298
Latitude : 45.29033

LARNAS

07220 – **331** J7 – 91 h. – alt. 300
Paris 631 – Aubenas 41 – Bourg-St-Andéol 12 – Montélimar 24

FranceLoc Le Domaine d'Imbours – de déb. avr. à fin sept.

☎ 04 75 54 39 50, *imbours@franceloc.fr*, Fax 04 75 54 39 20, *www.domaine-imbours.com*
270 ha/10 campables (250 empl.) plat, peu incliné à incliné, pierreux, herbeux
Tarif : (Prix 2011) 30 € (6A) – pers. suppl. 7 € – frais de réservation 27 €

Location : (de déb. avr. à fin sept.) – 2 roulottes – 250 – 68 – 96 – 17 tentes – 100 gîtes. Nuitée 30 à 110 € – Sem. 119 à 1 204 € – frais de réservation 27 €
Pour s'y rendre : 2,5 km au sud-ouest par D 262 - pour caravanes, de Bourg-St-Andéol passer par St-Remèze et Mas du Gras (D 4, D 362 et D 262)

Nature :
Loisirs : snack nocturne terrain multisports
Services :
À prox. : canoë

Longitude : 4.59875
Latitude : 44.4474

LATHUILE

74210 – **328** K6 – 926 h. – alt. 510
Paris 554 – Albertville 30 – Annecy 18 – La Clusaz 38

Les Fontaines de mi-mai à mi-sept.
0450443122, *info@campinglesfontaines.com*,
Fax 0450440780, *www.campinglesfontaines.com*
3 ha (170 empl.) plat, peu incliné, en terrasses, herbeux
Tarif : (Prix 2011) 29,30€ (6A) – pers. suppl. 7€ – frais de réservation 16€
Location : (Prix 2011) (de fin avr. à fin sept.) (de fin avr. à mi-juin) – 53 – 3 – 8 tipis. Sem. 278 à 690€ – frais de réservation 16€
Pour s'y rendre : 1295 rte de Chaparon (2 km au nord, à Chaparon)

Nature :
Loisirs : snack terrain multisports
Services : laverie

Longitude : 6.20444
Latitude : 45.80037

L'Idéal de déb. mai à mi-sept.
0450443297, *camping-ideal@wanadoo.fr*,
Fax 0450443659, *www.camping-ideal.com*
3,2 ha (300 empl.) plat et peu incliné, herbeux
Tarif : (Prix 2011) 29,30€ (10A) – pers. suppl. 7€ – frais de réservation 15€
Location : (Prix 2011) (de mi-avr. à mi-sept.) (1 mobile home) – 65 – 8 appartements. Nuitée 110 à 185€ – Sem. 250 à 650€ – frais de réservation 15€
Pour s'y rendre : 715 rte de Chaparon (1,5 km au nord)

Nature :
Loisirs : snack diurne jacuzzi terrain multisports
Services : laverie

Longitude : 6.20582
Latitude : 45.79537

La Ravoire de mi-mai à déb. sept.
0450443780, *info@camping-la-ravoire.fr*,
Fax 0450329060, *www.camping-la-ravoire.fr*
2 ha (110 empl.) plat, herbeux
Tarif : 30,60€ (15A) – pers. suppl. 6,50€
Location : (de mi-mai à déb. sept.) – 4 . Sem. 740€
Pour s'y rendre : rte de la Ravoire (2,5 km au nord)
À savoir : beau cadre de verdure près du lac

Nature :
Loisirs : snack terrain multisports
Services : laverie
À prox. :

Longitude : 6.20975
Latitude : 45.80244

Le Taillefer de déb. mai à fin sept.
0450443030, *info@campingletaillefer.com*,
Fax 0450443030, *www.campingletaillefer.com*
1 ha (32 empl.) plat, incliné, en terrasses, herbeux
Tarif : 21€ (6A) – pers. suppl. 5€
Pour s'y rendre : 1530 rte de Chaparon (2 km au nord, à Chaparon)

Nature :
Loisirs :
Services : laverie

Longitude : 6.20565
Latitude : 45.80231

...

Sites which are particularly pleasant in their own right and outstanding in their class.

LAURAC-EN-VIVARAIS

07110 – **331** H6 – 888 h. – alt. 182
Paris 646 – Alès 60 – Mende 102 – Privas 50

Les Châtaigniers de déb. avr. à fin sept.
0475368626, *chataigniers@hotmail.com*,
Fax 0475368626, *www.chataigniers-laurac.com*
1,2 ha (71 empl.) plat, peu incliné, herbeux
Tarif : 20€ (10A) – pers. suppl. 3,70€ – frais de réservation 80€
Location : (de mi-avr. à fin sept.) – 10 . Nuitée 50 à 65€ – Sem. 210 à 650€
3 20€
Pour s'y rendre : au lieu-dit : Peyrot (au sud-est du bourg, accès conseillé par D 104)

Nature :
Loisirs :
Services :

Longitude : 4.29497
Latitude : 44.50429

LÉPIN-LE-LAC

73610 – **333** H4 – 356 h. – alt. 400
place de la Gare ✆ 04 79 36 00 02
Paris 555 – Belley 36 – Chambéry 24 – Les Échelles 17

Le Curtelet de mi-mai à fin sept.
✆ 04 79 44 11 22, *lecurtelet@orange.fr*, Fax 04 79 44 11 22, *www.camping-le-curtelet.com*
1,3 ha (94 empl.) peu incliné, herbeux
Tarif : (Prix 2011) 19€ (10A) – pers. suppl. 4,10€ – frais de réservation 10€
Pour s'y rendre : 1,4 km au nord-ouest

Nature :
Loisirs :
Services : (juil.-sept.) laverie
À prox. :

Longitude : 5.77916
Latitude : 45.54002

LESCHERAINES

73340 – **333** J3 – 744 h. – alt. 649 – Base de loisirs
le Pont ✆ 04 79 63 37 36
Paris 557 – Aix-les-Bains 26 – Annecy 26 – Chambéry 29

Municipal l'Île de fin avr. à fin sept.
✆ 04 79 63 80 00, *contact@savoie-camping.com*, Fax 04 79 63 38 78, *www.savoie-camping.com*
7,5 ha (250 empl.) non clos, plat, terrasses, herbeux
Tarif : (Prix 2011) 14,70€ (10A) – pers. suppl. 4€ – frais de réservation 10€
Location : (Prix 2011) (de mi-avr. à fin sept.) – 12 – 5 – 3 gîtes. Sem. 235 à 550€
borne artisanale
Pour s'y rendre : à la Base de Loisirs : Les Îles du Chéran (2,5 km au sud-est par D 912, rte d'Annecy et rte à dr., à 200 m du Chéran)
À savoir : au bord d'un plan d'eau, entouré de montagnes boisées

Nature :
Loisirs :
Services : laverie
À la base de loisirs : snack poneys pédalos, canoë

Longitude : 6.11207
Latitude : 45.70352

LUGRIN

670

74500 – **328** N2 – 2 174 h. – alt. 413
Place de la Mairie ✆ 04 50 76 00 38
Paris 584 – Annecy 91 – Évian-les-Bains 8 – St-Gingolph 12

Vieille Église de déb. avr. à fin oct.
✆ 04 50 76 01 95, *campingvieilleeglise@wanadoo.fr*, Fax 04 50 76 13 12, *www.camping-vieille-eglise.com*
1,6 ha (100 empl.) plat et peu incliné, terrasses, herbeux
Tarif : 25€ (10A) – pers. suppl. 6,80€ – frais de réservation 5€
Location : (de déb. avr. à fin oct.) – 25 – 1 – 1 studio – 1 appartement – 2 gîtes. Nuitée 60 à 90€ – Sem. 320 à 670€ – frais de réservation 5€
borne artisanale 6,50€
Pour s'y rendre : 53 rte des Préparraux (2 km à l'ouest, à Vieille-Église)

Nature :
Loisirs :
Services : laverie

Longitude : 6.64655
Latitude : 46.40052

LUS-LA-CROIX-HAUTE

26620 – **332** H6 – 489 h. – alt. 1 050
rue Principale ✆ 04 92 58 51 85
Paris 638 – Alès 207 – Die 45 – Gap 49

Champ la Chèvre de fin avr. à mi-sept.
✆ 04 92 58 50 14, *info@campingchamplachevre.com*, Fax 04 92 58 55 92, *www.campingchamplachevre.com*
3,6 ha (100 empl.) plat, en terrasses, peu incliné, incliné,herbeux
Tarif : 21,80€ (6A) – pers. suppl. 5,30€ – frais de réservation 15€
Location : (permanent) – 4 – 9 – 2 bungalows toilés. Nuitée 35 à 80€ – Sem. 215 à 520€ – frais de réservation 15€
borne artisanale 3€ – 2 21,80€
Pour s'y rendre : au sud-est du bourg, près de la piscine

Nature :
Loisirs :
Services :
À prox. :

Longitude : 5.70998
Latitude : 44.6629

MAISON-NEUVE

07230 – **331** H7
Paris 662 – Aubenas 35 – Largentière 25 – Privas 67

Pont de Maisonneuve de déb. avr. à fin sept.
04 75 39 39 25, *camping.pontdemaisonneuve@wanadoo.fr*, Fax 04 75 39 39 25, *www.camping-pontdemaisonneuve.com* 07460 Beaulieu
3 ha (100 empl.) plat, herbeux
Tarif : 4,20€ 18€ – (6A) 3,80€ – frais de réservation 50€
Location : (de déb. avr. à fin sept.) – 12 . Sem. 260 à 540€
borne eurorelais 3€
Pour s'y rendre : sortie sud par D 104, rte d'Alès et à dr., rte de Casteljau, apr. le pont
À savoir : au bord du Chassezac

Nature :
Loisirs :
Services :
À prox. : canoë

Longitude : 4.21881
Latitude : 44.39051

Créez votre voyage en ligne sur ***Voyage.ViaMichelin.fr***

MALARCE-SUR-LA-THINES

07140 – **331** G7 – 252 h. – alt. 340
Paris 626 – Aubenas 48 – Largentière 38 – Privas 79

Les Gorges du Chassezac de déb. mai à fin août
04 75 39 45 12, *campinggorgeschassezac@wanadoo.fr*, *www.campinggorgeschassezac.com*
2,5 ha (80 empl.) plat, peu incliné et en terrasses, pierreux, herbeux
Tarif : (Prix 2011) 18€ (6A) – pers. suppl. 3€
Location : (Prix 2011) (de déb. mai à fin août) – 9 . Sem. 350 à 450€
Pour s'y rendre : au lieu-dit : Champ d'Eynes (4 km au sud-est par D 113, rte des Vans)
À savoir : au bord du Chassezac (accès direct)

Nature :
Loisirs :
Services : (juil.-août)

Longitude : 4.07
Latitude : 44.44

MALBOSC

07140 – **331** G7 – 155 h. – alt. 450
Paris 644 – Alès 45 – La Grand-Combe 29 – Les Vans 19

Le Moulin de Gournier de déb. juin à fin sept.
04 75 37 35 50, *gournier@camping-moulin-de-gournier.com*, *www.camping-moulin-de-gournier.com*
4 ha/1 campable (29 empl.) en terrasses, pierreux, herbeux
Tarif : 19€ (6A) – pers. suppl. 6€
Pour s'y rendre : le Gournier (7 km au nord-est par D 216, rte des Vans)
À savoir : cadre agréable au bord de la Ganière

Nature :
Loisirs : snack
Services :

Longitude : 4.09462
Latitude : 44.36458

LES MARCHES

73800 – **333** I5 – 2 471 h. – alt. 328
Paris 572 – Albertville 43 – Chambéry 12 – Grenoble 44

La Ferme du Lac
04 79 28 13 48, *lafermedulac@wanadoo.fr*, Fax 04 79 28 13 48, *www.campinglafermedulac.fr*
2,6 ha (100 empl.) plat, herbeux
Location : – 9 – 1 .
borne – 8
Pour s'y rendre : 1 km au sud-ouest par N 90, rte de Pontcharra et D 12 à dr.

Nature :
Loisirs :
Services :

Longitude : 5.99327
Latitude : 45.49595

MARS

07320 – **331** H3 – 284 h. – alt. 1 060
Paris 579 – Annonay 49 – Le Puy-en-Velay 44 – Privas 71

La Prairie de mi-mai à mi-sept.
0475302447, *millardjf@camping-laprairie.com*,
Fax 0475302447, *www.camping-laprairie.com*
0,6 ha (30 empl.) plat, herbeux, sablonneux
Tarif : (Prix 2011) 3,30€ 1,50€ 4,50€ – (6A) 3€
Location : (Prix 2011) (de mi-mai à mi-sept.) – 2 . Nuitée 39 à 45€ – Sem. 270 à 315€
borne artisanale 4€
Pour s'y rendre : au lieu-dit : Laillier (au nord-est du bourg par D 15, rte de St-Agrève et chemin à gauche)

Nature :
Loisirs : snack
Services :
À prox. : (plan d'eau) golf (18 trous)

Longitude : 4.32632
Latitude : 45.02393

Raadpleeg, voordat U zich op een kampeerterrein installeert, de tarieven die de beheerder verplicht is bij de ingang van het terrein aan te geven. Informeer ook naar de speciale verblijfsvoorwaarden. De in deze gids vermelde gegevens kunnen sinds het verschijnen van deze hereditie gewijzigd zijn.

MASSIGNIEU-DE-RIVES

01300 – **328** H6 – 567 h. – alt. 295
Paris 516 – Aix-les-Bains 26 – Belley 10 – Morestel 37

Le Lac du Lit du Roi de mi-avr. à déb. oct.
0479421203, *info@camping-savoie.fr*,
Fax 0479421994, *www.camping-savoie.com*
4 ha (120 empl.) en terrasses, herbeux
Tarif : (Prix 2011) 28€ (10A) – pers. suppl. 7€ – frais de réservation 15€
Location : (de mi-avr. à déb. oct.) – 23 – 5 . Nuitée 60 à 110€ – Sem. 370 à 740€ – frais de réservation 20€
borne artisanale
Pour s'y rendre : lieu-dit : La Tuillère (2,5 km au nord par rte de Belley et chemin à dr.)
À savoir : situation agréable au bord d'un plan d'eau formé par le Rhône

Nature : lac et collines
Loisirs : snack pédalos, canoës et kayaks
Services :

Longitude : 5.77001
Latitude : 45.76861

MATAFELON-GRANGES

01580 – **328** G3 – 647 h. – alt. 453
Paris 460 – Bourg-en-Bresse 37 – Lons-le-Saunier 56 – Mâcon 75

Les Gorges de l'Oignin de mi-avr. à fin sept.
0474768097, *camping.lesgorgesdeloignin@wanadoo.fr*, Fax 0474768097, *www.gorges-de-loignin.com*
2,6 ha (128 empl.) en terrasses, gravier, herbeux
Tarif : (Prix 2011) 26,20€ (10A) – pers. suppl. 5,80€ – frais de réservation 16€
Location : (de mi-avr. à fin sept.) (de déb. juil. à fin août) – 2 – 10 . Sem. 246 à 612€ – frais de réservation 16€
10 22,80€
Pour s'y rendre : r. du Lac (900 m au sud du bourg par chemin)
À savoir : près d'un lac

Nature :
Loisirs : snack
Services :
À prox. :

Longitude : 5.55723
Latitude : 46.25534

LES MAZES

07150 – **331** I7

Paris 669 – Lyon 207 – Privas 58 – Nîmes 83

La Plage Fleurie de fin avr. à déb. sept.
04 75 88 01 15, *info@laplagefleurie.com*,
Fax 04 75 88 11 31, *www.laplagefleurie.com*
12 ha/6 campables (300 empl.) plat et peu incliné, terrasses, herbeux
Tarif : 43€ (10A) – pers. suppl. 9€ – frais de réservation 20€
Location : (de fin avr. à déb. sept.) – 150 – 32 – 32 bungalows toilés. Nuitée 43 à 140€ – Sem. 301 à 980€ – frais de réservation 25€
borne eurorelais
Pour s'y rendre : 3,5 km à l'ouest
À savoir : au bord de l'Ardèche

Nature :
Loisirs : snack, pizzeria
canoë
Services :

Longitude : 4.3546
Latitude : 44.40837

Beau Rivage de déb. mai à déb. sept.
04 75 88 03 54, *campingbeaurivage@wanadoo.fr*,
Fax 04 75 88 07 62, *www.beaurivage-camping.com*
2 ha (100 empl.) plat et terrasse, herbeux
Tarif : 30,20€ (6A) – pers. suppl. 5,80€ – frais de réservation 16€
Location : (de déb. mai à déb. sept.) (de déb. mai à déb. sept.) – 14 . Nuitée 60 à 108€ – Sem. 295 à 750€ – frais de réservation 23€
Pour s'y rendre : au lieu-dit : Les Mazes

Nature :
Loisirs : snack, pizzeria
canoë
Services :

Longitude : 4.36903
Latitude : 44.40519

Arc-en-Ciel de mi-avr. à mi-sept.
04 75 88 04 65, *info@arcenciel-camping.com*,
Fax 04 75 88 04 65, *www.arcenciel-camping.com*
5 ha (218 empl.) plat et peu incliné, herbeux, pierreux
Tarif : (Prix 2011) 32,50€ (10A) – pers. suppl. 6,50€ – frais de réservation 15€
Location : (Prix 2011) (de mi-avr. à mi-sept.) – 50 – 5 bungalows toilés. Sem. 250 à 620€ – frais de réservation 20€
Pour s'y rendre : au lieu-dit : Les Mazes
À savoir : au bord de l'Ardèche (plan d'eau)

Nature :
Loisirs : pizzeria
Services :

Longitude : 4.39485
Latitude : 44.40695

MÉAUDRE

38112 – **333** G7 – 1 240 h. – alt. 1 012 – Sports d'hiver : 1 000/1 600 m 10

le Village *04 76 95 20 68*

Paris 588 – Grenoble 38 – Pont-en-Royans 26 – Tullins 53

Les Buissonnets de mi-déc. à déb. nov.
04 76 95 21 04, *camping-les-buissonnets@wanadoo.fr*,
Fax 09.70.62.85.21, *www.camping-les-buissonnets.com*
– places limitées pour le passage
2,8 ha (100 empl.) peu incliné, herbeux et plat
Tarif : (Prix 2011) 21€ (10A) – pers. suppl. 4,50€
Location : (permanent) – 14 . Sem. 307 à 466€
borne autre 4,50€ – 15 15,30€ – 11.50€
Pour s'y rendre : au lieu-dit : Les Grangeons (500 m au nord-est par D 106 et rte à dr., à 200 m du Méaudret)

Nature :
Loisirs :
Services :
À prox. :

Longitude : 5.53243
Latitude : 45.12955

Les Eymes Permanent
04 76 95 24 85, *contact@camping-les-eymes.com*,
Fax 04 76 95 20 35, *www.camping-les-eymes.com*
1,3 ha (40 empl.) en terrasses et peu incliné, herbeux, pierreux, bois attenant
Tarif : (Prix 2011) 16€ (10A) – pers. suppl. 7€
Location : (Prix 2011) (permanent) – 7 – 3 . Nuitée 46 à 73€ – Sem. 276 à 436€
borne artisanale 5€ – 5 16€ – 11€
Pour s'y rendre : 3,8 km au nord par D 106c, rte d'Autrans et rte à gauche

Nature :
Loisirs : snack
Services :

Longitude : 5.51557
Latitude : 45.14443

MEGÈVE

74120 – **328** M5 – 3 878 h. – alt. 1 113 – Sports d'hiver : 1 113/2 350 m 9 70
Maison des Frères ✆ 0450212728
Paris 598 – Albertville 32 – Annecy 60 – Chamonix-Mont-Blanc 33

Bornand de déb. juin à fin août
✆ 0450930086, *camping.bornand@aliceadsl.fr*, Fax 0450930248, *www.camping-megeve.com*
– alt. 1 060
1,5 ha (80 empl.) non clos, incliné et en terrasses, herbeux
Tarif : 3,90€ 4,30€ – (6A) 3,50€
Location : (permanent) – 4 . Sem. 305 à 554€
borne autre
Pour s'y rendre : 57 rte du Grand Bois - Demi.Quartier (3 km au nord-est par N 212, rte de Sallanches et rte de la télécabine à dr.)

Nature :
Loisirs :
Services : laverie
À prox. :

Longitude : 6.64161
Latitude : 45.87909

Informieren Sie sich über die gültigen Gebühren, bevor Sie Ihren Platz beziehen. Die Gebührensätze müssen am Eingang des Campingplatzes angeschlagen sein. Erkundigen Sie sich auch nach den Sonderleistungen. Die im vorliegenden Band gemachten Angaben können sich seit der Überarbeitung geändert haben.

MENGLON

26410 – **332** F6 – 393 h. – alt. 550
Paris 645 – Lyon 183 – Valence 80 – Grenoble 90

L'Hirondelle – de fin avr. à mi-sept.
✆ 0475218208, *contact@campinghirondelle.com*, Fax 0475218285, *www.campinghirondelle.com*
7,5 ha/4 campables (100 empl.) non clos, plat et peu accidenté, herbeux
Tarif : 9,30€ 15€ – (6A) 4,60€ – frais de réservation 18,50€
Location : (de déb. avr. à fin sept.) – 20 – 20 – 8 bungalows toilés – 4 tentes. Nuitée 40 à 123€ – Sem. 280 à 861€ – frais de réservation 18,50€
Pour s'y rendre : bois de Saint Ferréol (2,8 km au nord-ouest par D 214 et D 140, rte de Die, près du D 539 (accès conseillé))
À savoir : cadre et situation agréables au bord du Bez

Nature :
Loisirs : snack, pizzeria nocturne (plan d'eau) terrain multisports
Services : laverie

Longitude : 5.44746
Latitude : 44.68143

MENTHON-ST-BERNARD

74290 – **328** K5 – 1 840 h. – alt. 482
Chef-lieu ✆ 0450601430
Paris 552 – Lyon 148 – Annecy 9 – Genève 51

Le Clos Don Jean de déb. juin à mi-sept.
✆ 0450601866, *donjean74@wanadoo.fr*, Fax 0450601866, *www.clos-don-jean.com*
1 ha (60 empl.) peu incliné, plat, herbeux
Tarif : (Prix 2011) 18€ (6A) – pers. suppl. 4,30€ – frais de réservation 2€
Location : (Prix 2011) (de mi-mai à mi-sept.) – 9 . Nuitée 70€ – Sem. 390 à 495€ – frais de réservation 2€
3 18€
Pour s'y rendre : 435 rte du Clos-Don-Jean

Nature :
Loisirs :
Services :

Longitude : 6.19699
Latitude : 45.86298

MEYRAS

07380 – **331** H5 – 825 h. – alt. 450
Route Nationale 102 *04 75 36 46 26*
Paris 609 – Aubenas 17 – Le Cheylard 54 – Langogne 49

La Plage de déb. avr. à fin oct.
04 75 36 40 59, *contact@lecampingdelaplage.com*,
Fax 04 75 36 43 70, *www.lecampingdelaplage.com*
– places limitées pour le passage
0,8 ha (45 empl.) en terrasses et plat, herbeux, pierreux
Tarif : 34€ (10A) – pers. suppl. 5€

Location : (de déb. avr. à fin oct.) – 24 – 12 – 4 appartements – 1 gîte. Nuitée 45 à 100€ – Sem. 250 à 630€

Pour s'y rendre : au lieu-dit : Neyrac-les-Bains (3 km au sud-ouest par N 102, rte du Puy-en-Velay)

À savoir : agréable situation au bord de l'Ardèche

Nature :
Loisirs : snack diurne salle d'animation
Services : laverie
À prox. : canoë

Longitude : 4.26067
Latitude : 44.67315

Le Ventadour de mi-avr. à déb. oct.
04 75 94 18 15, *info@leventadour.com*,
Fax 04 75 94 18 15, *www.leventadour.com*
3 ha (142 empl.) plat et peu incliné, herbeux
Tarif : 26,20€ (10A) – pers. suppl. 6€ – frais de réservation 15€

Location : (de mi-avr. à déb. oct.) – 13 . Sem. 199 à 599€ – frais de réservation 15€

10 8€

Pour s'y rendre : au Pont de Rolandy (3,5 km au sud-est, par N 102, rte d'Aubenas, au bord de l'Ardèche)

Nature :
Loisirs : snack, pizzeria
Services :
À prox. : canoë

Longitude : 4.28291
Latitude : 44.66757

MEYRIEU-LES-ÉTANGS

38440 – **333** E4 – 778 h. – alt. 430 – Base de loisirs
Paris 515 – Beaurepaire 31 – Bourgoin-Jallieu 14 – Grenoble 78

Base de Loisirs du Moulin de déb. avr. à fin sept.
04 74 59 30 34, *contact@camping-meyrieu.com*,
Fax 04 74 58 36 12, *www.camping-meyrieu.com*
1 ha (75 empl.) plat, peu incliné, en terrasses, herbeux
Tarif : (Prix 2011) 20,30€ (16A) – pers. suppl. 5€ – frais de réservation 5€

Location : (Prix 2011) (de déb. avr. à fin sept.) – 3 – 11 . Nuitée 55 à 88€ – Sem. 248 à 493€ – frais de réservation 5€

borne artisanale 20,30€

Pour s'y rendre : rte de Saint-Anne (800 m au sud-est par D 56b, rte de Châtonnoy et rte de Ste-Anne à gauche, près d'un plan d'eau)

À savoir : les emplacements en terrasses dominent le lac

Nature :
Loisirs :
Services :
À prox. : snack pédalos, canoë, kayak

Longitude : 5.20167
Latitude : 45.51493

MIRABEL-ET-BLACONS

26400 – **332** D5 – 888 h. – alt. 225
Paris 595 – Crest 7 – Die 30 – Dieulefit 33

Gervanne de déb. avr. à fin sept.
04 75 40 00 20, *info@gervanne-camping.com*,
Fax 04 75 40 03 97, *www.gervanne-camping.com*
3,7 ha (150 empl.) plat et peu incliné, herbeux
Tarif : 27€ (6A) – pers. suppl. 6,70€ – frais de réservation 15€

Location : (de déb. avr. à fin sept.) – 3 roulottes – 3 – 18 . Sem. 294 à 763€ – frais de réservation 15€

borne autre 4€

Pour s'y rendre : quartier Bellevue (au confluent de la Drôme et de la Gervanne, à Blacons)

À savoir : cadre verdoyant au bord de la Gervanne et la Drôme (plan d'eau)

Nature :
Loisirs : pizzeria, snack
Services : laverie
À prox. : parcours de santé

Longitude : 5.08917
Latitude : 44.71083

MONTALIEU-VERCIEU

38390 – **333** F3 – 2 717 h. – alt. 213 – Base de loisirs
5 place de la Mairie ☏ 0474884856
Paris 478 – Belley 36 – Bourg-en-Bresse 54 – Crémieu 25

Vallée Bleue de déb. avr. à fin oct.
☏ 0474886367, *camping.valleebleue@wanadoo.fr*, Fax 0474886211, *www.camping-valleebleue.com*
120 ha/1,8 (119 empl.) plat, peu incliné, herbeux, gravier
Tarif : (Prix 2011) 19€ (6A) – pers. suppl. 6€
Location : (Prix 2011) (de déb. avr. à fin oct.) – 7. Nuitée 37 à 88€ – Sem. 180 à 570€
borne artisanale
Pour s'y rendre : à la Base de Loisirs (sortie nord par N 75, rte de Bourg-en-Bresse puis 1,3 km par D 52f à dr.)
À savoir : au bord du Rhône rive gauche (plan d'eau)

Nature :
Loisirs : snack
Services :
À prox. : pédalos, jet ski, squad, ponton d'amarrage

Longitude : 5.40382
Latitude : 45.81421

Benutzen Sie
– zur Wahl der Fahrtroute
– zur Berechnung der Entfernungen
– zur exakten Lokalisierung eines Campingplatzes (mit Hilfe der Angaben im Ortstext)
die für diesen Führer unentbehrlichen MICHELIN-Karten.

MONTBRISON

42600 – **327** D6 – 15 010 h. – alt. 391
Cloître de Cordeliers ☏ 0477960869
Paris 444 – Lyon 103 – Le Puy-en-Velay 99 – Roanne 68

Le Bigi de fin mai à déb. sept.
☏ 0477580639, *andre.drutel@orange.fr*, *www.camping-le-bigi.fr* – places limitées pour le passage
1,5 ha (37 empl.) en terrasses et peu incliné, herbeux, gravillons
Tarif : (Prix 2011) 3,50€ 2€ 2,40€ – (5A) 3,10€
Location : (Prix 2011) (de fin mai à déb. sept.) – 7. Sem. 320 à 470€
borne artisanale 6€
Pour s'y rendre : au lieu-dit : Vinols (2 km au sud-ouest par D 113, rte de Lérigneux)

Nature :
Loisirs :
Services :

Longitude : 4.03413
Latitude : 45.59874

MONTCHAVIN

73210 – **333** N4
Maison de Montchavin - des Coches ☏ 0479078282
Paris 672 – Lyon 206 – Chambéry 106 – Albertville 57

Caravaneige de Montchavin de déb. nov. à fin sept.
☏ 0479078323, *campingmontchavin@orange.fr*, Fax 0479078018, *www.montchavin-lescoches.com* – alt. 1 250
1,33 ha (90 empl.) herbeux, en terrasses
Tarif : 23,40€ (10A) – pers. suppl. 5€
Location : (de déb. nov. à fin sept.) – 2. Nuitée 90€ – Sem. 360 à 630€
borne artisanale 5€
Pour s'y rendre : au lieu-dit : Montchavin
À savoir : superbe situation dominante

Nature : Vallée et montagnes de la Tarentaise
Loisirs :
Services : laverie
À prox. : patinoire

Longitude : 6.73933
Latitude : 45.56058

MONTRÉAL

07320 – **331** H6 – 462 h. – alt. 180
Paris 649 – Aubenas 22 – Largentière 5 – Privas 53

Le Moulinage (location exclusive de chalets, mobile homes, roulotte et bungalows toilés) de mi-juin à mi-sept.
04 42 54 29 25, *campingdumoulinage@wanadoo.fr*, Fax 04 42 53 43 19, *www.ardeche-camping.com*
4 ha peu incliné, terrasses, herbeux, pierreux
Location : (Prix 2011) – 1 roulotte – 14 – 10 – 3 bungalows toilés. Sem. 300 à 650€ – frais de réservation 30€
Pour s'y rendre : rte des Défilés de Ruoms (5,5 km au sud-est par D 5, D 104 et D 4, rte de Ruoms)
À savoir : au bord de la Ligne

Nature :
Loisirs : snack
Services :
À prox. : canoë

Longitude : 4.2935
Latitude : 44.52813

MONTREVEL-EN-BRESSE

01340 – **328** D2 – 2 311 h. – alt. 215 – Base de loisirs
place de la Grenette 04 74 25 48 74
Paris 395 – Bourg-en-Bresse 18 – Mâcon 25 – Pont-de-Vaux 22

La Plaine Tonique – de mi-avr. à fin sept.
04 74 30 80 52, *plaine.tonique@wanadoo.fr*, Fax 04 74 30 80 77, *www.laplainetonique.com*
27 ha/15 campables (548 empl.) plat, herbeux, pierreux
Tarif : 6€ 13,30€ (10A)
Location : (de mi-avr. à mi-sept.) – 5 – 57 – 3 tipis. Nuitée 98 à 654€ – Sem. 263 à 654€
Pour s'y rendre : à la Base de Plein Air (500 m à l'est par D 28, à la base de plein air)
À savoir : au bord d'un lac et d'un bel ensemble aquatique

Nature :
Loisirs : snack nocturne parcours sportif
Services : point d'informations touristiques

Longitude : 5.136
Latitude : 46.33902

MORNANT

69440 – **327** H6 – 5 279 h. – alt. 380
Paris 478 – Givors 12 – Lyon 26 – Rive-de-Gier 13

Municipal de la Trillonière de déb. mai à fin sept.
04 78 44 16 47, *camping-mornant@orange.fr*, Fax 04 78 44 91 70, *www.ville-mornant.fr*
1,5 ha (60 empl.) peu incliné, plat, herbeux
Tarif : (Prix 2011) 14€ (10A) – pers. suppl. 3,30€
borne autre – 30 14€ – 13.30€
Pour s'y rendre : bd Gal de Gaulle (sortie sud, carr. D 30 et D 34, près d'un ruisseau)
À savoir : au pied de la cité médiévale

Services :
À prox. :

Longitude : 4.67073
Latitude : 45.61532

MORZINE

74110 – **328** N3 – 2 937 h. – alt. 960 – Sports d'hiver : 1 000/2 100 m 6 61
23, Place du Baraty 04 50 74 72 72
Paris 586 – Annecy 84 – Chamonix-Mont-Blanc 67 – Cluses 26

Les Marmottes de mi-déc. à fin mars
04 50 75 74 44, *camping.les.marmottes@wanadoo.fr*, Fax 04 50 75 74 44, *www.campinglesmarmottes.com* – alt. 938
0,5 ha (26 empl.) plat, gravier, herbeux
Tarif : (Prix 2011) 23,50€ (6A) – pers. suppl. 7€ – frais de réservation 5€
Location : (Prix 2011) (permanent) – 2 – 1 – 1 studio. Sem. 422 à 575€ – frais de réservation 10€
Pour s'y rendre : au lieu-dit : Essert-Romand (3,7 km au nord-ouest par D 902, rte de Thonon-les-Bains et D 329 à gauche)

Nature :
Loisirs :
Services : laverie

Longitude : 6.67725
Latitude : 46.19487

MURS-ET-GELIGNIEUX

01300 – **328** G7 – 239 h. – alt. 232
Paris 509 – Aix-les-Bains 37 – Belley 17 – Chambéry 42

Île de la Comtesse de mi-mai à mi-sept.
04 79 87 23 33, *camping.comtesse@wanadoo.fr*, Fax 04 79 87 23 33, *www.ile-de-la-comtesse.com*
3 ha (100 empl.) plat, pierreux, herbeux
Tarif : 17 € (6A) – pers. suppl. 4,90 €

Location : (de mi-mai à mi-sept.) – 17 – 17 – 6 bungalows toilés – 2 tentes. Nuitée 30 à 210 € – Sem. 385 à 707 €
borne eurorelais
Pour s'y rendre : 1 km au sud-ouest sur D 992
À savoir : près du Rhône (plan d'eau)

Nature :
Loisirs : snack
Services : laverie
À prox. :

Longitude : 5.64876
Latitude : 45.63993

NEYDENS

74160 – **328** J4 – 1 431 h. – alt. 560
Paris 525 – Annecy 36 – Bellegarde-sur-Valserine 33 – Bonneville 34

La Colombière de déb. avr. à mi-nov.
04 50 35 13 14, *la.colombiere@wanadoo.fr*, Fax 04 50 35 13 40, *www.camping-la-colombiere.com*
2,5 ha (125 empl.) plat, herbeux, gravier
Tarif : 34 € (10A) – pers. suppl. 6 € – frais de réservation 12 €

Location : (permanent) – 20 – 8 . Nuitée 95 à 130 € – Sem. 360 à 860 € – frais de réservation 12 €
borne artisanale 5 € – 2 14 € – 14 €
Pour s'y rendre : 166 chemin Neuf (à l'est du bourg)

Nature :
Loisirs : diurne (petite piscine)
Services : laverie

Longitude : 6.10578
Latitude : 46.11997

LES NOËS

42370 – **327** C3 – 161 h. – alt. 610
Paris 401 – Lyon 109 – Saint-Étienne 100 – Clermont-Ferrand 101

Parc Résidentiel de Loisirs (location exclusive de chalets)
04 77 64 21 13, *gsn-des-noes@orange.fr*, *www.gsndesnoes.free.fr*
1 ha en terrasses, herbeux
Location : – 8 – 1 gîte.
Pour s'y rendre : au Bourg

Loisirs :
À prox. : laverie quad

Longitude : 3.85192
Latitude : 46.04167

NOVALAISE-LAC

73470 – 1 712 h. – alt. 427
Paris 524 – Belley 24 – Chambéry 21 – Les Échelles 24

Le Grand Verney de déb. avr. à fin oct.
04 79 36 02 54, *contact@camping-legrandverney.com*, Fax 04 79 36 02 54, *www.camping-legrandverney.info* – places limitées pour le passage
2,5 ha (112 empl.) plat, peu incliné et en terrasses, herbeux
Tarif : (Prix 2011) 17 € (10A) – pers. suppl. 4,30 €

Location : (Prix 2011) (de déb. avr. à fin oct.) – 15 . Nuitée 60 à 75 € – Sem. 300 à 600 €
2 17 €
Pour s'y rendre : Le Neyret (1,2 km au sud-ouest par C 6)

Nature :
Loisirs :
Services :

Longitude : 5.78371
Latitude : 45.5683

NYONS

26110 – 332 D7 – 7 109 h. – alt. 271
pavillon du tourisme - place de la Libération ✆ 0475261035
Paris 653 – Alès 109 – Gap 106 – Orange 43

L'Or Vert de déb. avr. à fin sept.
✆ 0475262485, *camping-or-vert@wanadoo.fr*, *www.camping-or-vert.com* (de déb. avr. à fin juin)
1 ha (79 empl.) plat et en terrasses, pierreux, gravillons, herbeux, petit verger
Tarif : (Prix 2011) 5,10€ 6,90€ – (6A) 4,50€
Location : (Prix 2011) (permanent) – 1 – 3 . Sem. 470 à 615€ – frais de réservation 10€
Pour s'y rendre : quai de la Charité (3 km au nord-est par D 94, rte de Serres, au bord de l'Eygues)

Nature :
Loisirs : snack
Services : réfrigérateurs

Longitude : 5.16995
Latitude : 44.37699

Les Terrasses Provençales de déb. avr. à fin sept.
✆ 0475279236, *lesterrassesprovencales@gmail.com*, Fax 0958079236, *www.lesterrassesprovencales.com*
2,5 ha (70 empl.) en terrasses, gravillons, pierreux, herbeux
Tarif : (Prix 2011) 13,50€ (10A) – pers. suppl. 4,50€
Location : (Prix 2011) (de déb. avr. à fin sept.) – 10 . Nuitée 55€ – Sem. 530€ – frais de réservation 8€
borne artisanale
Pour s'y rendre : Les Barroux - Novezan (7 km au nord-ouest par D 538, puis D 232 à dr.)

Nature :
Loisirs :
Services :

Longitude : 5.08047
Latitude : 44.40949

The Guide changes, so renew your guide every year.

LES OLLIÈRES-SUR-EYRIEUX

07360 – 331 J5 – 898 h. – alt. 200
grande rue ✆ 0475663021
Paris 593 – Le Cheylard 28 – Lamastre 33 – Montélimar 53

Le Mas de Champel de mi-avr. à fin sept.
✆ 0475662323, *masdechampel@wanadoo.fr*, *www.masdechampel.com*
4 ha (95 empl.) en terrasses, herbeux
Tarif : 28,80€ (6A) – pers. suppl. 6,90€ – frais de réservation 15€
Location : (de mi-avr. à fin sept.) – 36 – 16 bungalows toilés. Nuitée 33 à 123€ – Sem. 185 à 861€ – frais de réservation 25€
4 28,80€
Pour s'y rendre : au Domaine de Champel (au nord du bourg par D 120, rte de la Voulte-sur-Rhône et chemin à gauche, près de l'Eyrieux)

Nature :
Loisirs : snack jacuzzi
Services :

Longitude : 4.6146
Latitude : 44.80603

FranceLoc Domaine des Plantas – de fin avr. à mi-sept.
✆ 0475662153, *plantas@franceloc.fr*, Fax 0475662565, *http://campingplantas.franceloc.fr/fr/accueil.htm*
27 ha/7 campables (100 empl.) en terrasses, pierreux, herbeux
Tarif : (Prix 2011) 40€ (10A) – pers. suppl. 7€ – frais de réservation 27€
Location : (de fin avr. à mi-sept.) – 2 roulottes – 82 – 21 – 4 tentes. Nuitée 37 à 153€ – Sem. 147 à 1 071€ – frais de réservation 27€
borne artisanale
Pour s'y rendre : 3 km à l'est du bourg par rte étroite, accès près du pont, au bord de l'Eyrieux

Nature :
Loisirs : pizzeria
Services :
À prox. : (centre équestre) canoës

Longitude : 4.63565
Latitude : 44.8087

Eyrieux-Camping – de déb. avr. à mi-sept.
0475663008, *info@eyrieuxcamping.com*, Fax /, *www.eyrieuxcamping.com*
3 ha (94 empl.) en terrasses, plat, herbeux
Tarif : (Prix 2011) 26,65€ (10A) – pers. suppl. 5,70€ – frais de réservation 15€
Location : (Prix 2011) (de déb. avr. à mi-sept.) – 21 – 29 . Nuitée 86€ – Sem. 602€ – frais de réservation 15€
Pour s'y rendre : lieu-dit : La Feyrère (sortie est par D 120, rte de la Voulte-sur-Rhône et chemin à dr., à 100 m de l'Eyrieux (accès direct))

Nature :
Loisirs : snack terrain multisports
Services : réfrigérateurs

Longitude : 4.61401
Latitude : 44.8042

ORGNAC-L'AVEN

07150 – **331** I8 – 509 h. – alt. 190
Paris 655 – Alès 44 – Aubenas 49 – Pont-St-Esprit 23

Municipal de mi-juin à fin août
0475386368, *info@orgnacvillage.com*, Fax 0475386192, *www.orgnacvillage.com*
2,6 ha (150 empl.) plat, pierreux
Tarif : 18€ (16A) – pers. suppl. 3,50€ – frais de réservation 61€
Pour s'y rendre : au nord du bourg par D 217

Nature :
Loisirs :
Services :
À prox. :

Longitude : 4.43365
Latitude : 44.30607

Gebruik de gids van het lopende jaar.

LA PACAUDIÈRE

42310 – **327** C2 – 1 100 h. – alt. 363
le Petit Louvre *0477641106*
Paris 370 – Lapalisse 24 – Marcigny 21 – Roanne 25

Municipal Beausoleil de déb. mai à fin sept.
0477641150, *lapacaudiere@wanadoo.fr*, Fax 0477641440
1 ha (35 empl.) peu incliné, herbeux
Tarif : 3,60€ 1,65€ 1,95€ – (6A) 3€
Location : (de déb. mai à fin sept.) – 1 . Nuitée 49€ – Sem. 285€
30 12€
Pour s'y rendre : au lieu-dit : Beausoleil (700 m à l'est par D 35, rte de Vivans et à dr., près du terrain de sports et du collège)

Nature :
Loisirs :
Services :

Longitude : 3.87249
Latitude : 46.17392

PALADRU

38850 – **333** G5 – 1 001 h. – alt. 503
Paris 523 – Annecy 84 – Chambéry 47 – Grenoble 43

Le Calatrin de déb. avr. à fin sept.
0476323748, *le.calatrin@gmail.com*, *www.camping-paladru.fr*
2 ha (60 empl.) en terrasses, plat, herbeux
Tarif : (Prix 2011) 16,50€ (10A) – pers. suppl. 6,50€
Location : (Prix 2011) (de déb. avr. à fin sept.) – 2 bungalows toilés. Nuitée 15 à 50€ – Sem. 200 à 350€
borne artisanale 4€ – 12€
Pour s'y rendre : 799 r. de la Morgerie (à la sortie du bourg, dir. Charavines)

Nature :
Loisirs :
Services :
À prox. : snack (plage)

Longitude : 5.54673
Latitude : 45.47077

PETICHET

38119 – **333** H7
Paris 592 – Le Bourg-d'Oisans 41 – Grenoble 30 – La Mure 11

Ser-Sirant de déb. mai à fin sept.
04 76 83 91 97, *info@campingsersirant.com*, *www.sersirant.com*
2 ha (100 empl.) plat, terrasse, herbeux, pierreux, bois attenant
Tarif : (Prix 2011) 4,90€ 12€ – (10A) 4,50€
Location : (Prix 2011) (de déb. mai à fin sept.) – 6 . Sem. 250 à 550€
borne flot bleu
Pour s'y rendre : au Lac de Laffrey Petichet (sortie est et chemin à gauche)

Nature :
Loisirs : barques de pêche
Services :
À prox. :

Longitude : 5.78333
Latitude : 44.98333

LE POËT-LAVAL

26160 – **332** D6 – 884 h. – alt. 311
Paris 619 – Crest 35 – Montélimar 25 – Nyons 35

Municipal Lorette de déb. mai à fin sept.
04 75 91 00 62, *camping-lorette@orange.fr*, Fax 04 75 46 46 45, *www.campinglorette.fr*
2 ha (60 empl.) peu incliné à incliné, herbeux
Tarif : 14,40€ (6A) – pers. suppl. 3,20€
borne autre
Pour s'y rendre : quartier Lorette (1 km à l'est par D 540, rte de Dieulefit)
À savoir : au bord du Jabron

Nature :
Loisirs :
Services :
À prox. :

Longitude : 5.02277
Latitude : 44.52922

Benutzen Sie den Hotelführer des laufenden Jahres.

PONCIN

01450 – **328** F4 – 1 576 h. – alt. 255
10, place Xavier Bichat 04 74 37 23 14
Paris 456 – Ambérieu-en-Bugey 20 – Bourg-en-Bresse 28 – Nantua 25

Vallée de l'Ain de déb. avr. à fin sept.
04 74 35 72 11, *camping-vallee-de-l-ain@orange.fr*, *www.campingvalleedelain.com* – places limitées pour le passage
1,5 ha (89 empl.) plat, herbeux
Tarif : (Prix 2011) 21,70€ (16A) – pers. suppl. 4,90€
Location : (de déb. avr. à fin sept.) – 4 – 3 . Nuitée 35 à 82€ – Sem. 220 à 600€ – frais de réservation 10€
borne autre 5€ – 12 21,70€
Pour s'y rendre : rte d'Allement (500 m au nord-ouest par D 91 et D 81, rte de Meyriat, près de l'Ain)

Nature :
Loisirs : snack location canoë
Services :
À prox. :

Longitude : 5.40407
Latitude : 46.08996

PONCINS

42110 – **327** D5 – 836 h. – alt. 339
Paris 446 – Lyon 77 – St-Étienne 50 – Clermont-Ferrand 109

Village Vacances Le Nid Douillet (location exclusive de chalets) Permanent
04 77 27 80 36, *salechaudron@wanadoo.fr*, Fax 04 77 27 02 70, *www.le-nid-douillet.com*
2 ha plat, herbeux
Location : – 6 . Nuitée 50€ – Sem. 325 à 500€
Pour s'y rendre : au lieu-dit : Les-Baraques-des-Rotis, rte de Montbrison-es-Baraques-des-Rotis

Nature :
Loisirs : snack
Services :
À prox. :

Longitude : 4.16266
Latitude : 45.728

PONT-DE-VAUX

01190 – **328** C2 – 2 130 h. – alt. 177
Place de Dornhan *0385303002*
Paris 380 – Bourg-en-Bresse 40 – Lons-le-Saunier 69 – Mâcon 24

Champ d'Été de mi-mai à mi-oct.
03 85 23 96 10, *camping.champdete@wanadoo.fr*,
Fax 03 85 23 99 12, *www.camping-champ-dete.com*
3,5 ha (150 empl.) plat, herbeux
Tarif : (Prix 2011) 4€ 5€ 8€ – (60A) 5€
Location : (Prix 2011) (de déb. mai à mi-oct.) – 30 – 10 – 1 gîte. Sem. 295 à 550€
borne autre 2€
Pour s'y rendre : 800 m au nord-ouest par D 933, dir. Mâcon et chemin à dr., près d'un plan d'eau

Loisirs :
Services :
À prox. :

Longitude : 4.93301
Latitude : 46.42966

Les Ripettes de déb. avr. à fin sept.
03 85 30 66 58, *info@camping-les-ripettes.com*,
www.camping-les-ripettes.com
2,5 ha (54 empl.) plat, herbeux
Tarif : 19€ (10A) – pers. suppl. 4€
Location : (de déb. avr. à fin sept.) – 1 . Nuitée 40 à 60€ – Sem. 280 à 420€
3 19€
Pour s'y rendre : au lieu-dit : Les Tourtes
À savoir : partie campable verdoyante et très soignée

Nature :
Loisirs :
Services : laverie

Longitude : 4.98073
Latitude : 46.44449

POUILLY-SOUS-CHARLIEU

42720 – **327** D3 – 2 646 h. – alt. 264
Paris 393 – Charlieu 5 – Digoin 43 – Roanne 15

Municipal les Ilots de mi-mai à mi-sept.
04 77 60 80 67, *campinglesilots42@orange.fr*,
Fax 04 77 60 79 44, *www.pouillysouscharlieu.fr* –
1,5 ha (57 empl.) plat, herbeux
Tarif : (Prix 2011) 2,40€ 2,30€ – (10A) 3,20€
Pour s'y rendre : rte de Marcigny (sortie nord par D 482, rte de Digoin et à dr., au bord du Sornin)

Nature :
Services :
À prox. :

Longitude : 4.11135
Latitude : 46.15101

POULE-LES-ÉCHARMEAUX

69870 – **327** F3 – 973 h. – alt. 570
Paris 446 – Chauffailles 17 – La Clayette 25 – Roanne 47

Municipal les Écharmeaux
06 48 03 21 04
0,5 ha (21 empl.) en terrasses, gravillons, herbeux
Pour s'y rendre : à l'ouest du bourg
À savoir : terrasses individuelles surplombant un étang

Nature :
Loisirs :
Services :

Longitude : 4.45654
Latitude : 46.14837

POËT-CÉLARD

26460 – **332** D6 – 143 h. – alt. 590
Paris 618 – Lyon 156 – Valence 53 – Avignon 114

Le Couspeau de déb. avr. à mi-sept.
04 75 53 30 14, *info@couspeau.com*, Fax 04 75 53 37 23,
www.couspeau.com – alt. 600
6 ha (133 empl.) plat, en terrasses et peu incliné, herbeux
Tarif : (Prix 2011) 36€ (6A) – pers. suppl. 7€
Location : (Prix 2011) (de mi-avr. à mi-sept.) – 20 – 20 – 3 tentes. Nuitée 39 à 121€ – Sem. 273 à 847€
Pour s'y rendre : quartier Bellevue (1,3 km au sud-est par D 328A)
À savoir : situation dominante et panoramique

Nature :
Loisirs : snack (petite piscine)
Services : laverie

Longitude : 5.11188
Latitude : 44.59377

PRADONS

07120 – **331** I7 – 412 h. – alt. 124
Paris 647 – Aubenas 20 – Largentière 16 – Privas 52

Les Coudoulets de mi-avr. à mi-sept.
04 75 93 94 95, *camping@coudoulets.com*,
Fax 04 75 39 65 89, *www.coudoulets.com*
3,5 ha/2,5 campables (123 empl.) plat et peu incliné, pierreux, herbeux
Tarif : 32,50€ (16A) – pers. suppl. 7€ – frais de réservation 10€
Location : (de mi-avr. à mi-sept.) – 21 – 4 gîtes. Nuitée 40 à 100€ – Sem. 270 à 680€ – frais de réservation 10€
borne artisanale
Pour s'y rendre : chemin de l'Ardèche (au nord-ouest du bourg)

Nature :
Loisirs : snack
Services :
À prox. : laverie canoë

Longitude : 4.3572
Latitude : 44.47729

Laborie de mi-avr. à fin sept.
04 75 39 72 26, *camping-de-laborie@wanadoo.fr*,
Fax 04 75 39 72 26, *www.campingdelaborie.com*
3 ha (100 empl.) plat, herbeux
Tarif : 27€ (10A) – pers. suppl. 4€ – frais de réservation 6€
Location : (de mi-avr. à mi-sept.) – 12 . Sem. 240 à 690€ – frais de réservation 6€
Pour s'y rendre : rte de Ruoms (1,8 km au nord-est par rte d'Aubenas)

Nature :
Loisirs :
Services :
À prox. : canoë

Longitude : 4.3783
Latitude : 44.48161

Le Pont de déb. avr. à fin sept.
04 75 93 93 98, *campingdupont07@wanadoo.fr*,
Fax 04 75 36 84 13, *www.campingdupontardeche.com*
1,2 ha (65 empl.) plat, herbeux, pierreux
Tarif : 6€ 28,50€ – (10A) 4,30€ – frais de réservation 10€
Location : (Prix 2011) (de déb. avr. à fin sept.) – 16 . Nuitée 36 à 100€ – Sem. 250 à 690€
Pour s'y rendre : chemin du Cirque de Gens (300 m à l'ouest par D 308, rte de Chauzon)
À savoir : accès direct à l'Ardèche (escalier)

Nature :
Loisirs :
Services :
À prox. : canoë

Longitude : 4.36
Latitude : 44.47

Die Aufnahme in diesen Führer ist kostenlos und wird auf keinen Fall gegen Entgelt oder eine andere Vergünstigung gewährt.

PRALOGNAN-LA-VANOISE

73710 – **333** N5 – 735 h. – alt. 1 425 – Sports d'hiver : 1 410/2 360 m 1 13
avenue de Chasseforêt 04 79 08 79 08
Paris 634 – Albertville 53 – Chambéry 103 – Moûtiers 28

Le Parc Isertan de déb. janv. à fin sept.
04 79 08 75 24, *camping@camping-isertan.com*,
Fax 04 79 01 41 50, *www.camping-isertan.com*
4,5 ha (180 empl.) non clos, en terrasses, herbeux, pierreux
Tarif : (Prix 2011) 26,50€ (10A) – pers. suppl. 6,50€ – frais de réservation 5€
Location : (Prix 2011) (permanent) – 3 – 3 – 3 tentes. Sem. 180 à 1 020€ – frais de réservation 15€
borne autre 3€ – 12 10€
Pour s'y rendre : au sud du bourg
À savoir : site agréable au bord d'un torrent

Nature :
Loisirs : pizzeria
Services :
À prox. : mur d'escalade, patinoire

Longitude : 6.72883
Latitude : 45.37189

LES PRAZ-DE-CHAMONIX

74400 – **328** O5 – alt. 1 060
Paris 620 – Lyon 237 – Annecy 104 – Aosta / Aoste 61

La Mer de Glace de fin avr. à fin sept.
04 50 53 44 03, *info@chamonix-camping.com*,
Fax 04 50 53 60 83, *www.chamonix-camping.com* –
2 ha (150 empl.) plat, herbeux, pierreux
Tarif : 7,50€ 8,30€ – (10A) 3€
Pour s'y rendre : 200 chemin de la Bagna (aux Bois, à 80 m de l'Arveyron (accès direct))

Nature : vallée et massif du Mont-Blanc
Loisirs :
Services : laverie

Longitude : 6.89142
Latitude : 45.93846

PRAZ-SUR-ARLY

74120 – **328** M5 – 1 349 h. – alt. 1 036
Mairie 04 50 21 90 57
Paris 609 – Lyon 179 – Annecy 55 – Genève 75

Les Prés de l'Arly Permanent
06.10.44.02.33, *camping.prearly@orange.fr*,
Fax 04 50 21 93 24, *www.campinglespresdelarly.com*
– places limitées pour le passage
1 ha (81 empl.) non clos, plat, herbeux, pierreux
Tarif : 16,70€ (10A) – pers. suppl. 3,60€
Location : (permanent) – 2 – 1 – 1 studio – 3 appartements. Nuitée 50 à 100€ – Sem. 200 à 480€
borne artisanale 5€ – 4 10€ – 10€
Pour s'y rendre : au lieu-dit : Les Thouvassieres

Nature :
Loisirs :
Services :
À prox. : terrain multi-sports, mur d'escalade

Longitude : 6.57047
Latitude : 45.83762

PRIVAS

07000 – **331** J5 – 8 646 h. – alt. 300
3, place du Général-de-Gaulle 04 75 64 33 35
Paris 596 – Alès 107 – Mende 140 – Montélimar 34

Ardèche Camping – de mi-avr. à fin sept.
04 75 64 05 80, *jcray@wanadoo.fr*, Fax 04 75 64 59 68,
www.ardechecamping.fr
5 ha (166 empl.) plat, terrasses, peu incliné à incliné, herbeux
Tarif : 30€ (10A) – pers. suppl. 6€ – frais de réservation 20€
Location : (de mi-avr. à fin sept.) – 2 roulottes – 25 – 14 – 4 bungalows toilés. Nuitée 50 à 120€ – Sem. 350 à 840€ – frais de réservation 20€
Pour s'y rendre : bd de Paste (1,5 km au sud par D 2, rte de Montélimar, au bord de l'Ouvèze)

Nature :
Loisirs : snack
Services :
À prox. :

Longitude : 4.59175
Latitude : 44.72606

RECOUBEAU-JANSAC

26310 – **332** F6 – 231 h. – alt. 500
Paris 637 – La Chapelle-en-Vercors 55 – Crest 51 – Die 14

Le Couriou de déb. avr. à mi-sept.
04 75 21 33 23, *camping.lecouriou@wanadoo.fr*,
Fax 04 75 21 38 42, *www.campinglecouriou.com*
7 ha/4,5 campables (138 empl.) non clos, en terrasses, peu incliné, herbeux, pierreux, gravier, bois
Tarif : (Prix 2011) 7,30€ 9,70€ – (6A) 4,50€ – frais de réservation 10€
Location : (Prix 2011) (de déb. avr. à mi-sept.) – 14 – 15 . Sem. 640€ – frais de réservation 10€
Pour s'y rendre : au lieu-dit : Combe Lambert (700 m au nord-ouest par D 93, rte de Dié)
À savoir : espace aquatique et joli petit village de chalets

Nature :
Loisirs : snack hammam jacuzzi espace balnéo terrain multisports
Services : laverie

Longitude : 5.41098
Latitude : 44.65689

RIBES

07260 – **331** H7 – 253 h. – alt. 380
Paris 656 – Aubenas 30 – Largentière 19 – Privas 61

Les Cruses de mi-avr. à mi-sept.
04 75 39 54 69, *les-cruses@wanadoo.fr*, *www.campinglescruses.com*
0,7 ha (37 empl.) en terrasses
Tarif : 28€ (6A) – pers. suppl. 6,60€ – frais de réservation 16,50€
Location : (de mi-avr. à mi-sept.) – 2 roulottes – 8 – 17 – 2 gîtes. Nuitée 40 à 106€ – Sem. 280 à 742€ – frais de réservation 16,50€
borne raclet 2€ – 2 14,90€ – 14.90€
Pour s'y rendre : au lieu-dit : Le Champcros (1 km au sud-est du bourg, par D 450)

Nature :
Loisirs : (petite piscine)
Services : (juil.-août)
À prox. : canoë

Longitude : 4.20972
Latitude : 44.49722

LA ROCHETTE

73110 – **333** J5 – 3 258 h. – alt. 360
Maison des Carmes *04 79 25 53 12*
Paris 588 – Albertville 41 – Allevard 9 – Chambéry 28

Municipal le Lac St-Clair
04 79 25 73 55, *campinglarochette@orange.fr*, Fax 04 79 25 78 25, *www.larochette.com*
2,2 ha (65 empl.) plat et peu incliné, herbeux
Location : (Prix 2011) (permanent) – 8 .
Pour s'y rendre : chemin des Plaines Lac Saint-Clair (1,4 km au sud-ouest par D 202 et rte de Détrier à gauche)

Nature :
Services :
À prox. : snack

Longitude : 6.09973
Latitude : 45.44438

LA ROSIÈRE 1850

73700 – **333** O4 – alt. 1 850 – Sports d'hiver : 1 100/2 600 m 20
Paris 657 – Albertville 76 – Bourg-St-Maurice 22 – Chambéry 125

La Forêt fermé de fin avr. à mi-mai et vac. de Toussaint
04 79 06 86 21, *contact@camping-larosiere.com*, Fax 04 79 40 16 25, *www.camping-larosiere.com*
– alt. 1 730
1,5 ha (67 empl.) non clos, en terrasses, peu incliné, pierreux
Tarif : 25€ (10A) – pers. suppl. 6,50€ – frais de réservation 5€
Location : (fermé fin avr. à mi-mai et vac.de Toussaint) – 3 – 1 – 3 huttes. Nuitée 50€ – Sem. 330 à 760€ – frais de réservation 5€
Pour s'y rendre : 2 km au sud par N 90, rte de Bourg-St-Maurice - accès direct au village
À savoir : agréable situation surplombant la vallée

Nature :
Loisirs : (petite piscine)
Services :
À prox. :

Longitude : 6.85425
Latitude : 45.62341

ROSIÈRES

07260 – **331** H7 – 1 077 h. – alt. 175
le Grillou *04 75 39 51 98*
Paris 649 – Aubenas 22 – Largentière 12 – Privas 54

Arleblanc de déb. avr. à fin oct.
04 75 39 53 11, *info@arleblanc.com*, Fax 04 75 39 93 98, *www.arleblanc.com*
7 ha (167 empl.) plat, herbeux
Tarif : 25,50€ (6A) – pers. suppl. 4,50€ – frais de réservation 16€
Location : (de déb. avr. à fin oct.) – 40 – 4 appartements. Nuitée 48 à 98€ – Sem. 315 à 690€
Pour s'y rendre : sortie nord-est, rte d'Aubenas et 2,8 km par chemin à dr., longeant le centre commercial Intermarché
À savoir : situation agréable au bord de la Beaume

Nature :
Loisirs : pizzeria
Services :
À prox. : canoë

Longitude : 4.27294
Latitude : 44.46462

La Plaine de déb. avr. à fin sept.
0475395135, *campinglaplaine@orange.fr*,
Fax 0475399646, *www.campinglaplaine.com*
4,5 ha/3,5 campables (128 empl.) plat, peu incliné, herbeux
Tarif : 30€ (10A) – pers. suppl. 6€ – frais de réservation 18€
Location : (de déb. avr. à fin sept.) – 54 – 2 . Sem. 190 à 690€ – frais de réservation 18€
Pour s'y rendre : lieu-dit : Les Plaines (700 m au nord-est par D 104)

Nature :
Loisirs :
Services :
À prox. : canoë

Longitude : 4.26677
Latitude : 44.48608

Les Platanes de déb. avr. à fin sept.
0475395231, *camping.lesplatanes@laposte.net*,
Fax 0970612481, *www.campinglesplatanesardeche.com*
2 ha (90 empl.) plat, herbeux
Tarif : (Prix 2011) 26,70€ (10A) – pers. suppl. 4,80€
Location : (Prix 2011) (de déb. avr. à fin sept.) – 20 . Sem. 230 à 710€
borne artisanale 11€
Pour s'y rendre : lieu-dit : La Charve (sortie nord-est, rte d'Aubenas et 3,7 km par chemin à dr., longeant le centre commercial Intermarché)

Nature :
Loisirs : snack
Services :
À prox. : canoë

Longitude : 4.27766
Latitude : 44.45702

Les Hortensias de déb. mai à fin sept.
0475399138, *campingleshortensias@wanadoo.fr*,
www.camping-leshortensias.com
1 ha (43 empl.) plat, herbeux, sablonneux
Tarif : 26,50€ (10A) – pers. suppl. 4,50€
Location : (de déb. mai à fin sept.) – 20 – 5 bungalows toilés – 1 gîte. Sem. 200 à 660€
Pour s'y rendre : quartier Ribeyre-Bouchet (1,8 km au nord-ouest par D 104, rte de Joyeuse, D 303, rte de Vernon à dr., et chemin à gauche)

Nature :
Loisirs :
Services : (juil.-août)
À prox. : (plan d'eau) canoë

Longitude : 4.23864
Latitude : 44.48861

RUFFIEUX

73310 – **333** I2 – 788 h. – alt. 282
Saumont 0479545472
Paris 517 – Aix-les-Bains 20 – Ambérieu-en-Bugey 58 – Annecy 51

Saumont de déb. mai à fin sept.
0479542626, *camping.saumont@wanadoo.fr*,
www.campingsaumont.com
1,6 ha (66 empl.) non clos, plat, herbeux, gravier
Tarif : 24€ (10A) – pers. suppl. 5€ – frais de réservation 10€
Location : (Prix 2011) (de déb. avr. à fin sept.) – 14 – 2 tentes. Nuitée 15 à 25€ – Sem. 60 à 651€ – frais de réservation 10€
5 24€
Pour s'y rendre : au lieu-dit : Saumont (1,2 km à l'ouest, accès sur D 991, près du carr. du Saumont, vers Aix-les-Bains et chemin à dr., au bord d'un ruisseau)

Nature :
Loisirs : canoës
Services :
laverie

Longitude : 5.88483
Latitude : 45.8491

Benutzen Sie
– zur Wahl der Fahrtroute
– zur Berechnung der Entfernungen
*– zur exakten Lokalisierung eines Campingplatzes (mit Hilfe der Angaben im Ortstext) die für diesen Führer unentbehrlichen **MICHELIN-Karten.***

RUMILLY

74150 – **328** I5 – 13 434 h. – alt. 334 – Base de loisirs
4, place de l'Hôtel de Ville *0450645832*
Paris 530 – Aix-les-Bains 21 – Annecy 19 – Bellegarde-sur-Valserine 37

Le Madrid Permanent
0450011257, *contact@camping-le-madrid.com*,
Fax 0450012949, *www.camping-le-madrid.com*
3,2 ha (109 empl.) plat, herbeux, pierreux
Tarif : (Prix 2011) 15€ (16A) –
pers. suppl. 3,80€ – frais de réservation 15€
Location : (Prix 2011) (permanent) – 25 – 23 – 6 studios. Nuitée 42€ – Sem. 250 à 620€ – frais de réservation 15€
borne artisanale 3,50€ – 1 15€ – 12€
Pour s'y rendre : rte de Saint-Félix (3 km au sud-est par D 910, rte d'Aix-les-Bains puis D 3 à gauche et D 53 à dr., à 500 m d'un plan d'eau)

Nature :
Loisirs : snack
Services : laverie cases réfrigérées
À prox. :

Longitude : 5.96239
Latitude : 45.84084

RUOMS

07120 – **331** I7 – 2 225 h. – alt. 121
rue Alphonse Daudet *0475939190*
Paris 651 – Alès 54 – Aubenas 24 – Pont-St-Esprit 49

Domaine de Chaussy – de déb. avr. à fin sept.
0475939966, *infos@domainedechaussy.net*,
Fax 0475939056, *www.domainedechaussy.com*
18 ha/5,5 campables (250 empl.) vallonné, plat, herbeux, pierreux, sablonneux
Tarif : 40€ (10A) – pers. suppl. 7€ – frais de réservation 20€
Location : (de déb. avr. à fin sept.) – 118 – 17 gîtes. Nuitée 48 à 125€ – Sem. 265 à 873€ – frais de réservation 20€
Pour s'y rendre : quartier du Petit Chaussy (2,3 km à l'est par D 559, rte de Lagorce)

Nature :
Loisirs : pizzeria nocturne hammam jacuzzi parcours de santé
Services :
À prox. : canoë

Longitude : 4.36913
Latitude : 44.4472

RCN Domaine de la Bastide – de déb. avr. à déb. oct.
0475396472, *bastide@rcn.fr*, Fax 0475397328, *www.rcn.fr*
7 ha (300 empl.) plat, herbeux, pierreux
Tarif : 46€ (6A) – pers. suppl. 5€ – frais de réservation 19€
Location : (de déb. avr. à déb. oct.) – 38 . Nuitée 40 à 145€ – Sem. 280 à 1 015€ – frais de réservation 19€
Pour s'y rendre : rte d'Ales - D111 (4 km au sud-ouest, à Labastide)

Nature :
Loisirs : snack
Services :
À prox. : canoë

Longitude : 4.32524
Latitude : 44.42326

Yelloh! Village La Plaine de mi-avr. à mi-sept.
0475396583, *info@yellohvillage-la-plaine.com*,
Fax 0475397438, *www.yellohvillage-la-plaine.com*
4,5 ha (217 empl.) plat, peu incliné, sablonneux, herbeux
Tarif : 44€ (8A) – pers. suppl. 8€
Location : (de déb. avr. à mi-sept.) – 77 . Nuitée 45 à 142€ – Sem. 315 à 994€
borne eurorelais
Pour s'y rendre : quartier la Grand Terre (3,5 km au sud)
À savoir : au bord de l'Ardèche

Nature :
Loisirs : terrain multisports
Services :
À prox. : canoë

Longitude : 5.48686
Latitude : 44.34884

Sunêlia Aluna Vacances – de déb. avr. à mi-sept.
0475939315, *alunavacances@wanadoo.fr*, Fax 0475939090, *www.alunavacances.fr*
7 ha (200 empl.) en terrasses, peu incliné, pierreux
Tarif : (Prix 2011) 43€ (15A) – pers. suppl. 10,30€ – frais de réservation 30€
Location : (Prix 2011) (de déb. avr. à mi-sept.) (1 mobile-home) – 200 . Nuitée 52 à 148€ – Sem. 364 à 1 036€ – frais de réservation 30€
borne autre
Pour s'y rendre : rte de Lagorce (2 km à l'est par D 559, rte de Lagorce)

Nature :
Loisirs : pizzeria
Services : laverie
À prox. : canoë, randonnées pédestres

Longitude : 4.35259
Latitude : 44.44911

Les Paillotes de fin mars à fin sept.
0475396205, *contact@campinglespaillotes.com*, Fax 0475396205, *www.campinglespaillotes.com* – places limitées pour le passage
1 ha (45 empl.) plat, herbeux
Tarif : 36€ (10A) – pers. suppl. 8€ – frais de réservation 10€
Location : (de fin mars à fin sept.) – 30 – 5 bungalows toilés – 2 gîtes. Nuitée 25 à 93€ – Sem. 180 à 650€ – frais de réservation 30€
Pour s'y rendre : chemin de l'Espédès (600 m au nord par D 579, rte de Pradons et chemin à gauche)

Nature :
Loisirs : snack
Services :
À prox. : canoë

Longitude : 4.34236
Latitude : 44.46137

La Grand'Terre – de déb. avr. à mi-sept.
0475396494, *grandterre@wanadoo.fr*, Fax 0475397862, *www.camping-lagrandterre.com*
10 ha (300 empl.) plat, sablonneux, herbeux
Tarif : 36€ (10A) – pers. suppl. 8,20€
Location : (de déb. avr. à mi-sept.) (de déb. avr. à mi-sept.) – 66 . Nuitée 40 à 110€ – Sem. 280 à 770€
borne autre 2€ – 10 10€ – 15€
Pour s'y rendre : 3,5 km au sud
À savoir : au bord de l'Ardèche (accès direct)

Nature :
Loisirs : snack, pizzeria nocturne terrain multisport
Services : laverie
À prox. : canoë

Longitude : 4.33892
Latitude : 44.43831

La Chapoulière de fin mars à mi-oct.
0475396498, *camping@lachapouliere.com*, Fax 0475396498, *www.lachapouliere.com*
2,5 ha (100 empl.) plat et peu incliné, herbeux
Tarif : (Prix 2011) 29,70€ (6A) – pers. suppl. 7,20€
Location : (Prix 2011) (de fin mars à mi-oct.) – 21 . Nuitée 42 à 99€ – Sem. 297 à 696€
borne artisanale
Pour s'y rendre : 3,5 km au sud
À savoir : Au bord de l'Ardèche

Nature :
Loisirs : pizzeria
Services :
À prox. : canoë

Longitude : 4.32972
Latitude : 44.43139

Le Petit Bois de déb. avr. à mi-sept.
0475396072, *vacances@campinglepetitbois.fr*, Fax 0475939550, *www.campinglepetitbois.fr*
2,5 ha (84 empl.) peu incliné et plat, en terrasses, pierreux, rochers, herbeux
Tarif : 34€ (10A) – pers. suppl. 6,90€ – frais de réservation 10€
Location : (de déb. avr. à mi-sept.) – 2 roulottes – 19 – 16 – 5 tentes. Nuitée 35 à 117€ – Sem. 245 à 819€ – frais de réservation 10€
Pour s'y rendre : 87 rue du petit bois (800 m au nord du bourg, à 80 m de l'Ardèche)

Nature :
Loisirs : snack hammam (découverte en saison) terrain multisports
Services :
À prox. : canoë

Longitude : 4.33789
Latitude : 44.45882

Le Carpenty
0475397429, *jean-luc.blachere@wanadoo.fr*, *www.campinglecarpenty.com*
0,7 ha (45 empl.) plat, pierreux, herbeux
Pour s'y rendre : 3,6 km au sud par D 111
À savoir : au bord de l'Ardèche (accès direct)

Nature :
Loisirs :
Services :

Longitude : 4.34148
Latitude : 44.45346

SABLIÈRES

07260 – **331** G6 – 140 h. – alt. 450
Paris 629 – Aubenas 48 – Langogne 58 – Largentière 38

La Drobie de déb. avr. à fin sept.
0475369522, *ladrobie@aliceadsl.fr*, Fax 0475369522, *www.ladrobie.com*
1,5 ha (80 empl.) incliné, en terrasses, herbeux, pierreux
Tarif : (Prix 2011) 14,80€ (10A) – pers. suppl. 4,50€ – frais de réservation 5€
Location : (Prix 2011) (de déb. avr. à fin oct.) – 3 – 10 – 1 gîte. Nuitée 45 à 60€ – Sem. 260 à 415€ – frais de réservation 5€
Pour s'y rendre : au lieu-dit : Le Chambon (3 km à l'ouest par D 220 et rte à dr., au bord de rivière - pour caravanes : itinéraire conseillé depuis Lablachère par D 4)

Nature :
Loisirs :
Services :

Longitude : 4.07425
Latitude : 44.53144

SAHUNE

26510 – **332** E7 – 301 h. – alt. 330
Mairie 0475274535
Paris 647 – Buis-les-Baronnies 27 – La Motte-Chalancon 22 – Nyons 16

Vallée Bleue de déb. sept. à fin sept.
0475274442, *welcome@lavalleebleue.com*, Fax 0475274442, *www.lavalleebleue.com*
3 ha (45 empl.) plat, pierreux, herbeux
Tarif : (Prix 2011) 5,50€ 11€ – (6A) 3,50€
Location : (Prix 2011) (de déb. sept. à fin sept.) – 3 . Nuitée 50 à 60€ – Sem. 350 à 800€
Pour s'y rendre : sortie sud-ouest par D 94, rte de Nyons, au bord de l'Eygues

Nature :
Loisirs : snack
Services :

Longitude : 5.26119
Latitude : 43.41195

ST-AGRÈVE

07320 – **331** I3 – 2 565 h. – alt. 1 050
Grand'Rue 0475301506
Paris 582 – Aubenas 68 – Lamastre 21 – Privas 64

Le Riou la Selle de déb. mai à fin sept.
0475302928, *jmc-rolin@wanadoo.fr*, *www.campinglerioulaselle.fr*
1 ha (29 empl.) plat et peu incliné, terrasses, herbeux
Tarif : 20,70€ (10A) – pers. suppl. 5,50€
Location : (de déb. mai à fin sept.) – 3 – 2 . Sem. 290 à 460€
Pour s'y rendre : 2,8 km au sud-est par D 120, rte de Cheylard, D 21, rte de Nonières à gauche et chemin de la Roche, à dr.

Nature :
Loisirs :
Services : (juil.-août)

Longitude : 4.39682
Latitude : 45.00952

ST-ALBAN-AURIOLLES

07120 – **331** H7 – 736 h. – alt. 108
Paris 656 – Alès 49 – Aubenas 28 – Pont-St-Esprit 55

Sunêlia Le Ranc Davaine – de fin mars à mi-sept.
0475396055, *camping.ranc.davaine@wanadoo.fr*, Fax 0475393850, *www.camping-ranc-davaine.fr*
13 ha (435 empl.) plat et peu incliné, rocailleux, herbeux
Tarif : 45€ (10A) – pers. suppl. 10,60€ – frais de réservation 30€
Location : (de fin mars à mi-sept.) – 320 – 14 – 2 bungalows toilés. Nuitée 40 à 130€ – Sem. 280 à 910€ – frais de réservation 30€
borne autre
Pour s'y rendre : rte de Chandolas (2,3 km au sud-ouest par D 208, rte de Chandolas)
À savoir : près du Chassezac

Nature :
Loisirs : pizzeria hammam jacuzzi discothèque canoë
Services :

Longitude : 4.27296
Latitude : 44.41447

Le Mas du Sartre
04 75 39 71 74, *masdusartre@wanadoo.fr*,
Fax 04 75 39 71 74, *www.masdusartre.com*
1,6 ha (49 empl.) plat et peu incliné, en terrasses, pierreux, herbeux
Location : – 10 – 3 .
borne artisanale – 3
Pour s'y rendre : à Auriolles, chemin de la Vignasse (1,8 km au nord-ouest)

Nature :
Loisirs : snack
Services : réfrigérateurs
À prox. : canoë

Longitude : 4.34128
Latitude : 44.42346

ST-ALBAN-DE-MONTBEL

73610 – **333** H4 – 569 h. – alt. 400
Paris 551 – Belley 32 – Chambery 21 – Grenoble 74

Base de Loisirs du Sougey – de fin avr. à mi-sept.
04 79 36 01 44, *info@camping-sougey.com*,
Fax 04 79 44 19 01, *www.camping-sougey.com*
4 ha (159 empl.) plat, terrasses, incliné, herbeux, gravillons
Tarif : 26,10€ (10A) – pers. suppl. 4€
Location : (de fin avr. à mi-sept.) – 7 – 8 .
Nuitée 45 à 105€ – Sem. 260 à 700€
Pour s'y rendre : au lieu-dit : Le Sougey (1,2 km au nord-est, à 300 m du lac)

Nature :
Loisirs :
Services : laverie
À prox. : snack pédalos

Longitude : 5.79069
Latitude : 45.55562

*Inclusion in the **MICHELIN Guide** cannot be achieved by pulling strings or by offering favours.*

ST-AVIT

26330 – **332** C2 – 307 h. – alt. 348
Paris 536 – Annonay 33 – Lyon 81 – Romans-sur-Isère 22

Domaine la Garenne Permanent
04 75 68 62 26, *garenne.drome@wanadoo.fr*,
Fax 04 75 68 60 02, *www.domaine-la-garenne.com*
14 ha/6 campables (100 empl.) incliné à peu incliné, plat et en terrasses, herbeux
Tarif : (Prix 2011) 25€ (6A) – pers. suppl. 5,50€ – frais de réservation 10€
Location : (Prix 2011) (permanent) – 40 – 8 – 6 bungalows toilés. Sem. 280 à 830€ – frais de réservation 10€
borne artisanale

Nature :
Loisirs :
Services :
À prox. :

Longitude : 4.9549
Latitude : 45.20176

ST-CHRISTOPHE-EN-OISANS

38520 – **333** K8 – 134 h. – alt. 1 470
la Ville 04 76 80 50 01
Paris 635 – L'Alpe-d'Huez 31 – La Bérarde 12 – Le Bourg-d'Oisans 21

Municipal la Bérarde de déb. juin à fin sept.
04 76 79 20 45, Fax 04 76 79 20 45 – croisement parfois impossible hors garages de dégagement – alt. 1 738 –
2 ha (165 empl.) non clos, peu incliné et plat, en terrasses, pierreux, herbeux, rocher
Tarif : (Prix 2011) 15,60€ (10A) – pers. suppl. 5€
Pour s'y rendre : au lieu-dit : La Bérarde (10,5 km au sud-est par D 530, d'accès difficile aux caravanes (forte pente))
À savoir : très agréable site sauvage au bord du Vénéon

Nature : Parc National des Écrins
Loisirs :
Services :
À prox. :

Longitude : 6.17629
Latitude : 44.9578

ST-CIRGUES-EN-MONTAGNE

07510 – **331** G5 – 251 h. – alt. 1 044
place de l'Église *04 75 38 96 37*
Paris 586 – Aubenas 40 – Langogne 31 – Privas 68

Les Airelles de déb. avr. à fin sept.
04 75 38 92 49, *camping.les.airelles@free.fr*, *www.camping-les-airelles.fr*
0,7 ha (50 empl.) en terrasses et peu incliné, pierreux, herbeux
Tarif : (Prix 2011) 16 € (6A) – pers. suppl. 4 €
Location : (Prix 2011) (de déb. avr. à fin oct.) – 9 – 9 . Sem. 260 à 450 €
borne eurorelais 4 €
Pour s'y rendre : rte de Lapalisse (sortie nord par D 160, rte du Lac-d'Issarlès, rive droite du Vernason)

Nature :
Loisirs : snack, pizzeria
Services : (saison) laverie
À prox. : (centre équestre)

Longitude : 4.09545
Latitude : 44.75545

ST-CLAIR-DU-RHÔNE

38370 – **333** B5 – 3 868 h. – alt. 160
Paris 501 – Annonay 35 – Givors 26 – Le Péage-de-Roussillon 10

Le Daxia de déb. avr. à fin sept.
04 74 56 39 20, *info@campingledaxia.com*, Fax 04 74 56 45 57, *www.campingledaxia.com*
7,5 ha (120 empl.) plat, herbeux
Tarif : (Prix 2011) 20,60 € (6A) – pers. suppl. 4,60 € – frais de réservation 15 €
Location : (Prix 2011) (de déb. avr. à fin sept.) (de déb. avr. à fin sept.) – 2 . Sem. 270 à 390 € – frais de réservation 20 €
borne artisanale 14,60 € – 14.60 €
Pour s'y rendre : rte du Péage - av. du Plateau des Frères (2,7 km au sud par D 4 et chemin à gauche, accès conseillé par N 7 et D 37)
À savoir : beaux emplacements délimités, au bord de la Varèze

Nature :
Loisirs : pizzeria, le soir uniquement
Services :

Longitude : 4.78129
Latitude : 45.42128

ST-COLOMBAN-DES-VILLARDS

73130 – **333** K6 – 182 h. – alt. 1 100
chef-lieu *04 79 56 24 53*
Paris 643 – Lyon 176 – Chambéry 76 – Grenoble 106

FranceLoc La Perrière
04 79 59 16 07, *saint-colomban@franceloc.fr*, Fax 04 79 59 15 17, *www.campings-franceloc.fr*
2 ha (46 empl.) en terrasses, plat, herbeux, gravier, bois attenant
Location : – 6 .

Nature : montagnes et pic du Puy Gris (2 950 m)
Loisirs :
Services :
À prox. : terrain multisports, escalade (via ferrata et mur)

Longitude : 6.22667
Latitude : 45.29417

ST-DONAT-SUR-L'HERBASSE

26260 – **332** C3 – 3 497 h. – alt. 202
32, avenue Georges Bert *04 75 45 15 32*
Paris 545 – Grenoble 92 – Hauterives 20 – Romans-sur-Isère 13

Domaine du Lac de Champos de fin avr. à mi-sept.
04 75 45 17 81, *contact@lacdechampos.com*, Fax 04 75 45 03 63, *www.lacdechampos.com*
43 ha/6 campables (60 empl.) plat, en terrasses, herbeux
Tarif : 19 € (10A) – pers. suppl. 4 €
Location : (de déb. avr. à fin oct.) – 21 – 2 bungalows toilés – 2 tentes. Nuitée 39 à 78 € – Sem. 185 à 549 € – frais de réservation 15 €
5 16 € – 11 €
Pour s'y rendre : 2 km au nord-est par D 67
À savoir : cadre agréable au bord du lac de Champos

Nature :
Loisirs : snack canoés, voitures à pédales
Services : laverie

Longitude : 5.00543
Latitude : 45.13615

Les Ulèzes de déb. avr. à fin oct.
0475478320, *contact@domaine-des-ulezes.com*, *www.camping-des-ulezes.fr*
2,5 ha (85 empl.) plat, herbeux
Tarif : 23,70€ (10A) – pers. suppl. 4,50€

Location : (de déb. avr. à fin oct.) – 8 – 3 bungalows toilés. Nuitée 55 à 95€ – Sem. 285 à 560€
borne artisanale
Pour s'y rendre : rte de Romans (sortie sud-est par D 53 et chemin à dr., près de l'Herbasse)

Nature :
Loisirs : snack
Services :
À prox. :

Longitude : 4.99285
Latitude : 45.11914

ST-FERRÉOL-TRENTE-PAS

26110 – **332** E7 – 235 h. – alt. 417
Paris 634 – Buis-les-Baronnies 30 – La Motte-Chalancon 34 – Nyons 14

Le Pilat de déb. avr. à fin sept.
0475277209, *info@campinglepilat.com*, Fax 0475277234, *www.campinglepilat.com*
1 ha (70 empl.) plat, pierreux, herbeux
Tarif : 27,60€ (6A) – pers. suppl. 6,80€

Location : (de déb. avr. à fin sept.) – 19 – 2 gîtes. Nuitée 45 à 103€ – Sem. 240 à 720€
Pour s'y rendre : rte de Bourdeau (1 km au nord par D 70, au bord d'un ruisseau)

Nature :
Loisirs : snack
Services :

Longitude : 5.21195
Latitude : 44.43406

Use this year's Guide.

ST-GALMIER

42330 – **327** E6 – 5 659 h. – alt. 400
Le Cloître, 15, boulevard Cousin 0477540608
Paris 457 – Lyon 82 – Montbrison 25 – Montrond-les-Bains 11

Val de Coise de déb. avr. à déb. oct.
0477541482, *val-de-coise@campeole.com*, Fax 0477540245, *www.camping-valdecoise.com*
– places limitées pour le passage
3,5 ha (100 empl.) plat, en terrasses, peu incliné, herbeux
Tarif : 19,50€ (16A) – pers. suppl. 5,50€ – frais de réservation 25€

Location : (de déb. avr. à déb. oct.) – 21 – 5 – 4 bungalows toilés. Nuitée 30 à 91€ – Sem. 210 à 637€ – frais de réservation 25€
borne autre 1€
Pour s'y rendre : rte de la Thiery (2 km à l'est par D 6 et chemin à gauche, au bord de la Coise)

Loisirs :
Services :
À prox. :

Longitude : 4.32216
Latitude : 45.58772

ST-GENEST-MALIFAUX

42660 – **327** F7 – 2 891 h. – alt. 980
1, rue du Feuillage 0477512384
Paris 528 – Annonay 33 – St-Étienne 16 – Yssingeaux 46

Municipal de la Croix de Garry de déb. avr. à fin sept.
0477512584, *gite.camping@st-genest-malifaux.fr*, Fax 0477512671, *st-genest-malifaux.fr* – alt. 928
– places limitées pour le passage
2 ha (85 empl.) plat, terrasses, peu incliné, herbeux
Tarif : (Prix 2011) 14€ (6A) – pers. suppl. 3,70€

Location : (Prix 2011) (permanent) – 8 – 4 – 1 gîte. Sem. 250 à 390€
Pour s'y rendre : au lieu-dit : La Croix de Garry (sortie sud par D 501, rte de Montfaucon-en-Velay, près d'un étang et à 150 m de la Semène)

Nature :
Services :
À prox. :

Longitude : 4.42258
Latitude : 45.33357

ST-GERVAIS-LES-BAINS

74170 – **328** N5 – 5 638 h. – alt. 820 – – Sports d'hiver :
43, rue du Mont-Blanc ✆ 0450477608
Paris 597 – Annecy 84 – Bonneville 42 – Chamonix-Mont-Blanc 25

Les Dômes de Miage de déb. mai à mi-sept.
✆ 0450934596, *info@camping-mont-blanc.com*,
Fax 0450781075, *www.camping-mont-blanc.com*
– alt. 890
3 ha (150 empl.) plat, herbeux
Tarif : (Prix 2011) 26,90€ (10A) –
pers. suppl. 4,10€ – frais de réservation 10€
Location : (de déb. déc. à fin sept.) – 1 .
Nuitée 154 à 290€ – Sem. 630 à 1 920€
borne artisanale – 4 15€
Pour s'y rendre : 197 rte des Contamines (2 km au sud par D 902, au lieu-dit les Bernards)

Nature :
Loisirs :
Services : laverie
À prox. :

Longitude : 6.72022
Latitude : 45.87355

ST-JEAN-DE-MAURIENNE

73300 – **333** L6 – 8 633 h. – alt. 556
place de la Cathédrale ✆ 0479835151
Paris 641 – Lyon 174 – Chambéry 75 – St-Martin-d'Hères 105

Municipal les Grands Cols
✆ 0479642802, *info@campingdesgrandscols.com*,
www.campingdesgrandscols.com
2,5 ha (80 empl.) en terrasses, plat, herbeux
Location : – 7 .
borne artisanale – 40
Pour s'y rendre : 422 av. du Mont Cenis

Nature : montagnes
Loisirs : snack terrain multisports
Services :

Longitude : 6.3515
Latitude : 45.2716

Wilt u een stad of streek bezichtigen ?
*Raadpleed de **groene Michelingidsen.***

ST-JEAN-DE-MUZOLS

07300 – **331** K3 – 2 446 h. – alt. 123
Paris 541 – Annonay 34 – Beaurepaire 53 – Privas 62

Le Castelet de déb. avr. à déb. sept.
✆ 0475080948, *courrier@camping-lecastelet.com*,
www.camping-lecastelet.com
3 ha (66 empl.) en terrasses, plat, herbeux, pierreux
Tarif : 25,30€ (10A) – pers. suppl. 5,50€ – frais de réservation 5€
Pour s'y rendre : 113 rte du Grand Pont (2,8 km au sud-ouest par D 238, rte de Lamastre, au bord du Doux)

Nature :
Loisirs :
Services :

Longitude : 4.78564
Latitude : 45.0681

ST-JEAN-LE-CENTENIER

07580 – **331** J6 – 634 h. – alt. 350
Paris 623 – Alès 83 – Aubenas 20 – Privas 24

Les Arches Permanent
✆ 0475367545, *info@camping-les-arches.com*,
Fax 0475367545, *www.camping-les-arches.com*
1,5 ha (97 empl.) en terrasses, plat, peu incliné, herbeux
Tarif : (Prix 2011) 20€ (10A) –
pers. suppl. 4,80€
Location : (Prix 2011) (permanent) – 18 – 2 gîtes.
Nuitée 40 à 65€ – Sem. 230 à 650€ – frais de réservation 10€
Pour s'y rendre : au lieu-dit : Le Cluzel (1,2 km à l'ouest par D 458a et D 258, rte de Mirabel puis chemin à dr.)

Nature :
Loisirs : (plan d'eau)
Services :

Longitude : 4.52576
Latitude : 44.58759

ST-JORIOZ

74410 – **328** J5 – 5 694 h. – alt. 452
92, route de l'Église ☏ *0450524056*
Paris 545 – Albertville 37 – Annecy 9 – Megève 51

International du Lac d'Annecy de mi-mai à mi-sept.
☏ 0450686793, *contact@camping-lac-annecy.com*,
Fax 0450686793, *www.camping-lac-annecy.com*
2,5 ha (163 empl.) plat, herbeux
Tarif : (Prix 2011) 32,40€ (10A) –
pers. suppl. 6,30€ – frais de réservation 25€
Location : (Prix 2011) (de mi-mai à mi-sept.) – 20 – 3 . Sem. 330 à 890€ – frais de réservation 25€
Pour s'y rendre : 1184 rte d'Albertville (1 km au sud-est)

Nature :
Loisirs : jacuzzi terrain multisports
Services : laverie

Longitude : 6.17845
Latitude : 45.83078

Europa – de fin avr. à mi-sept.
☏ 0450685101, *info@camping-europa.com*,
Fax 0450685520, *www.camping-europa.com*
3 ha (210 empl.) plat, herbeux, pierreux
Tarif : (Prix 2011) 35,50€ (6A) –
pers. suppl. 6,80€ – frais de réservation 25€
Location : (Prix 2011) (de fin avr. à mi-sept.) – 54 – 4 . Nuitée 64 à 115€ – Sem. 448 à 805€ – frais de réservation 25€
Pour s'y rendre : 1444, rte d'Albertville (1,4 km au sud-est)
À savoir : bel ensemble aquatique

Nature :
Loisirs : terrain multsports
Services : laverie

Longitude : 6.18185
Latitude : 45.83

Le Solitaire du Lac de mi-avr. à mi-sept.
☏ 0450685930, *campinglesolitaire@wanadoo.fr*, Fax 0450685930, *www.campinglesolitaire.com*
– croisement difficile
3,5 ha (200 empl.) plat, herbeux
Tarif : (Prix 2011) 20€ (6A) –
pers. suppl. 3,60€ – frais de réservation 6€
Location : (Prix 2011) (de mi-avr. à mi-sept.) – 15 . Nuitée 45 à 90€ – Sem. 280 à 714€ – frais de réservation 33€
borne artisanale
Pour s'y rendre : 615 rte de Sales (1 km au nord)
À savoir : situation agréable près du lac (accès direct)

Nature :
Loisirs :
Services : laverie

Longitude : 6.14492
Latitude : 45.8407

To make the best possible use of this Guide, READ CAREFULLY THE EXPLANATORY NOTES.

ST-JULIEN-EN-ST-ALBAN

07000 – **331** K5 – 1 246 h. – alt. 131
Paris 587 – Aubenas 41 – Crest 29 – Montélimar 35

L'Albanou de mi-avr. à fin sept.
☏ 0475660097, *campingalbanou@orange.fr*,
Fax 0960112471, *www.camping-albanou.com*
1,5 ha (60 empl.) plat, herbeux
Tarif : 24,50€ (6A) – pers. suppl. 5€ –
frais de réservation 5€
Location : (de mi-avr. à fin sept.) – 3 . Sem. 355 à 470€ – frais de réservation 5€
6 21€
Pour s'y rendre : chemin de Pampelonne (1,4 km à l'est par N 304, rte de Pouzin et chemin de Celliers à dr., près de l'Ouvèze)

Nature :
Loisirs : jacuzzi spa
Services :

Longitude : 4.71369
Latitude : 44.75651

ST-JUST

07700 – **331** J8 – 1 469 h. – alt. 64
Paris 637 – Montélimar 36 – Nyons 51 – Pont-St-Esprit 6

La Plage de déb. avr. à fin sept.
0475046946, *info@campingdelaplage.com*, Fax 0475046946, *www.campingdelaplage.com*
2,5 ha (117 empl.) plat, herbeux
Tarif : 23,30€ (10A) – pers. suppl. 5€ – frais de réservation 78€
Location : (de déb. avr. à fin sept.) – 4 . **Sem. 270 à 560€ – frais de réservation 15€.**
Pour s'y rendre : 2,5 km au sud par N 86, rte de Pont-St-Esprit et à dr. av. le pont, à 100 m de l'Ardèche

Nature :
Loisirs :
Services :
À prox. :

Longitude : 4.61516
Latitude : 44.2815

ST-LAURENT-DU-PAPE

07800 – **331** K5 – 1 507 h. – alt. 100
Paris 578 – Aubenas 56 – Le Cheylard 43 – Crest 29

La Garenne de déb. mars à fin oct.
0475622462, *info@lagarenne.org*, *www.lagarenne.org*
6 ha/4 campables (116 empl.) plat, en terrasses, pierreux, herbeux
Tarif : (Prix 2011) 31,50€ (4A) – pers. suppl. 5,50€ – frais de réservation 20€
Location : (Prix 2011) (de déb. mars à fin oct.) – 2 . Nuitée 42 à 111€ – Sem. 295 à 775€ – frais de réservation 20€
Pour s'y rendre : quartier de la Garenne (au nord du bourg, accès près de la poste)

Nature :
Loisirs : snack
Services :

Longitude : 4.76221
Latitude : 44.82627

ST-LAURENT-DU-PONT

38380 – **333** H5 – 4 519 h. – alt. 410
place de la Mairie *0476062255*
Paris 560 – Chambéry 29 – Grenoble 34 – La Tour-du-Pin 42

Municipal les Berges du Guiers de mi-juin à mi-sept.
0476552063, *tourisme.st-laurent-du-pont@wanadoo.fr*, Fax 0476062121, *www.chartreuse-tourisme.com*
1 ha (45 empl.) plat, herbeux
Tarif : 17€ (5A) – pers. suppl. 4,50€ – frais de réservation 10€
Pour s'y rendre : sortie nord par D 520, rte de Chambéry et à gauche, au bord du Guiers Mort - passerelle pour piétons reliant le village

Nature :
Services :
À prox. :

Longitude : 5.73483
Latitude : 45.38746

ST-LAURENT-EN-BEAUMONT

38350 – **333** I8 – 394 h. – alt. 900
Paris 613 – Le Bourg-d'Oisans 43 – Corps 16 – Grenoble 51

Belvédère de l'Obiou de mi-avr. à mi-oct.
0476304080, *info@camping-obiou.com*, Fax 0476304486, *www.camping-obiou.com*
1 ha (45 empl.) plat, peu incliné, terrasses, herbeux
Tarif : (Prix 2011) 18,50€ (10A) – pers. suppl. 5,50€ – frais de réservation 15€
Location : (Prix 2011) (de déb. mai à fin sept.) – 5 – 2 . Nuitée 42 à 74€ – Sem. 294 à 518€ – frais de réservation 15€
borne artisanale 5€ – 3 18,50€ – 11€
Pour s'y rendre : lieu-dit : Les Égats (1,3 km au sud-ouest par N 85)

Nature :
Loisirs : snack (petite piscine découverte l'été)
Services :
À prox. :

Longitude : 5.83779
Latitude : 44.87597

ST-LAURENT-LES-BAINS

07590 – **331** F6 – 157 h. – alt. 840
le village *04 66 46 69 94*
Paris 603 – Aubenas 64 – Langogne 30 – Largentière 52

Le Ceytrou de déb. avr. à mi-nov.
04 66 46 02 03, *campingleceytrou@wanadoo.fr*,
Fax 04 66 46 02 03, *campingleceytrou.free.fr*
2,5 ha (60 empl.) plat et peu incliné, terrasses, pierreux, herbeux
Tarif : (Prix 2011) 17,30€ (10A) –
pers. suppl. 3,90€
Location : (Prix 2011) (de déb. avr. à mi-nov.) – 12 . Sem. 150 à 420€
Pour s'y rendre : 2,1 km au sud-est par D 4
À savoir : agréable situation au coeur des montagnes du Vivarais Cévenol

Nature :
Loisirs :
Services :

Longitude : 3.97029
Latitude : 44.60682

...

Bijzonder prettige terreinen die bovendien opvallen in hun categorie.

ST-MARTIN-D'ARDÈCHE

07700 – **331** I6 – 834 h. – alt. 46
place de l'Église *04 75 98 70 91*
Paris 641 – Bagnols-sur-Cèze 21 – Barjac 27 – Bourg-St-Andéol 13

Le Pontet de déb. avr. à fin sept.
04 75 04 63 07, *contact@campinglepontet.com*, *www.campinglepontet.com*
1,8 ha (100 empl.) plat et terrasse, herbeux
Tarif : (Prix 2011) 22,80€ (6A) –
pers. suppl. 5,30€ – frais de réservation 9€
Location : (Prix 2011) (de déb. avr. à fin sept.) – 5 – 12 . Sem. 200 à 495€ – frais de réservation 26€
borne artisanale 3€ – 4 8€ – 8€
Pour s'y rendre : lieu-dit : Le Pontet (1,5 km à l'est par D 290, rte de St-Just et chemin à gauche)

Nature :
Loisirs : snack
Services :

Longitude : 4.56733
Latitude : 44.3011

Les Gorges de déb. avr. à mi-sept.
04 75 04 61 09, *info@camping-des-gorges.com*,
Fax 04 75 04 61 09, *www.camping-des-gorges.com*
1,2 ha (92 empl.) plat, terrasses, herbeux, pierreux
Tarif : (Prix 2011) 32€ (10A) –
pers. suppl. 7,20€ – frais de réservation 30€
Location : (Prix 2011) (de déb. avr. à mi-sept.) – 24 – 1 gîte. Nuitée 50 à 110€ – Sem. 350 à 770€ – frais de réservation 30€
borne artisanale
Pour s'y rendre : chemin de Sauze (1,5 km au nord-ouest)

Nature :
Loisirs :
Services :

Longitude : 4.55547
Latitude : 44.31155

Indigo le Moulin de déb. avr. à déb. oct.
04 75 04 66 20, *moulin@camping-indigo.com*,
Fax 04 75 04 60 12, *www.camping-indigo.com*
6,5 ha (200 empl.) plat, peu incliné, sablonneux, herbeux
Tarif : (Prix 2011) 28,90€ (10A) –
pers. suppl. 6€ – frais de réservation 20€
Location : (Prix 2011) (de déb. avr. à déb. oct.) – 16 roulottes – 40 tentes. Nuitée 43 à 98€ – Sem. 210 à 686€ – frais de réservation 20€
borne autre 4€
Pour s'y rendre : . (sortie sud-est par D 290, rte de St-Just et à dr. (D 200), au bord de l'Ardèche)

Nature :
Loisirs : snack, pizzeria
Services :

Longitude : 4.57131
Latitude : 44.30084

ST-MARTIN-DE-CLELLES

38930 – **333** G8 – 150 h. – alt. 750
Paris 616 – Lyon 149 – Grenoble 48 – St-Martin-d'Hères 49

La Chabannerie de déb. mai à fin sept.
0476340038, *direction@camping-isere.net*, *www.camping-isere.net*
2,5 ha (49 empl.) en terrasses, plat, peu incliné, pierreux, herbeux
Tarif : 20€ (10A) – pers. suppl. 4€
4 20€ – 20€
Pour s'y rendre : Lotissement La Chabannerie

Nature :
Loisirs :
Services :

Longitude : 5.62487
Latitude : 44.85119

ST-MARTIN-EN-VERCORS

26420 – **332** F3 – 355 h. – alt. 780
Paris 601 – La Chapelle-en-Vercors 9 – Grenoble 51 – Romans-sur-Isère 46

La Porte St-Martin de fin avr. à fin sept.
0475455110, *infos@camping-laportestmartin.com*, *www.camping-laportestmartin.com*
1,5 ha (66 empl.) plat et en terrasses, incliné, herbeux, gravier, pierreux
Tarif : 17,80€ (16A) – pers. suppl. 6,50€
Location : (permanent) – 3 . Nuitée 55 à 65€ – Sem. 350 à 600€
borne artisanale 5€
Pour s'y rendre : sortie nord par D 103

Nature :
Loisirs : (petite piscine)
Services :

Longitude : 5.44336
Latitude : 45.02456

*To visit a town or region : use the **MICHELIN Green Guides.***

ST-MAURICE-D'ARDÈCHE

07200 – **331** I6 – 295 h. – alt. 140
Paris 639 – Aubenas 12 – Largentière 16 – Privas 44

Le Chamadou – de déb. avr. à fin oct.
0820366197, *infos@camping-le-chamadou.com*, Fax 0475370804, *www.camping-le-chamadou.com*
07120 Balazuc
1 ha (86 empl.) peu incliné, plat, herbeux
Tarif : 25€ (10A) – pers. suppl. 6€ – frais de réservation 14€
Location : (de déb. avr. à fin oct.) – 24 . Sem. 310 à 650€ – frais de réservation 14€
Pour s'y rendre : au lieu-dit : Mas de Chaussy (3,2 km au sud-est par D 579, rte de Ruoms et chemin à gauche, à 500 m d'un étang)

Nature :
Loisirs : pizzeria, snack
Services :
À prox. :

Longitude : 4.4039
Latitude : 44.50782

ST-MAURICE-D'IBIE

07170 – **331** I6 – 193 h. – alt. 220
Paris 636 – Alès 64 – Aubenas 23 – Pont-St-Esprit 63

Le Sous-Bois de déb. mai à fin sept.
0475948695, *camping.lesousbois@wanadoo.fr*, Fax 0475948695, *www.le-sous-bois.fr*
2 ha (50 empl.) non clos, plat, herbeux, pierreux
Tarif : 24€ (10A) – pers. suppl. 7€
Location : (de déb. mai à fin sept.) – 13 – 2 studios – 3 bungalows toilés. Nuitée 35 à 88€ – Sem. 245 à 610€ – frais de réservation 15€
Pour s'y rendre : au lieu-dit : Les Plots (2 km au sud par D 558, rte de Vallon-Pont-d'Arc, puis chemin empierré à dr.)
À savoir : au bord de l'Ibie, agréable cadre sauvage

Nature :
Loisirs : pizzeria, (dîner seulement) terrain multisports
Services : (juil.-août)

Longitude : 4.47487
Latitude : 44.49038

ST-NAZAIRE-EN-ROYANS

26190 – **332** E3 – 703 h. – alt. 172
Paris 576 – Grenoble 69 – Pont-en-Royans 9 – Romans-sur-Isère 19

Municipal du Lac Permanent
04 75 48 41 18, *jm.combier@hotmail.fr*,
Fax 04 75 48 44 32
1,5 ha (75 empl.) plat et peu incliné, herbeux
Tarif : (Prix 2011) 13,20€ (6A) –
pers. suppl. 3,60€
Pour s'y rendre : 100B r. des Condamines (700 m au sud-est, rte de St-Jean-en-Royans)
À savoir : au bord de la Bourne (plan d'eau)

Nature :
Loisirs :
Services :

Longitude : 5.24809
Latitude : 45.05909

ST-PAUL-DE-VÉZELIN

42590 – **327** D4 – 293 h. – alt. 431
Paris 415 – Boën 19 – Feurs 30 – Roanne 26

Arpheuilles de déb. mai à déb. sept.
04 77 63 43 43, *arpheuilles@wanadoo.fr*,
www.camping-arpheuilles.com – croisement difficile pour caravanes
3,5 ha (80 empl.) peu incliné, en terrasses, herbeux
Tarif : (Prix 2011) 23,50€ (6A) –
pers. suppl. 4,50€ – frais de réservation ,50€
Pour s'y rendre : 4 km au nord, à Port Piset, près du fleuve (plan d'eau)
À savoir : belle situation dans les gorges de la Loire

Nature :
Loisirs : canoë, catamaran
Services :

Longitude : 4.0663
Latitude : 45.91163

ST-PIERRE-DE-CHARTREUSE

38380 – **333** H5 – 901 h. – alt. 885 – Sports d'hiver : 900/1 800 m 1 13
place de la Mairie 04 76 88 62 08
Paris 571 – Belley 62 – Chambéry 39 – Grenoble 28

De Martinière de fin avr. à mi-sept.
04 76 88 60 36, *camping-de-martiniere@orange.fr*,
Fax 04 76 88 69 10, *www.campingdemartiniere.com*
1,5 ha (100 empl.) non clos, plat et peu incliné, herbeux
Tarif : 27,10€ (10A) – pers. suppl. 5,80€ – frais de réservation 8€
Location : (de mi-mai à mi-sept.) – 4 . Sem. 245 à 500€ – frais de réservation 8€
borne artisanale – 2 19,90€ – 11€
Pour s'y rendre : rte du Col de Porte (3 km au sud-ouest par D 512, rte de Grenoble)
À savoir : site agréable au coeur de la Chartreuse

Nature :
Loisirs :
Services :
À prox. :

Longitude : 5.79717
Latitude : 45.32583

ST-PRIVAT

07200 – **331** I6 – 1 570 h. – alt. 304
Paris 631 – Lyon 169 – Privas 26 – Valence 65

Le Plan d'Eau de fin avr. à mi-sept.
04 75 35 44 98, *info@campingleplandeau.fr*,
Fax 04 75 35 44 98, *www.campingleplandeau.fr*
3 ha (100 empl.) plat, pierreux, herbeux
Tarif : 28€ (8A) – pers. suppl. 6,50€ – frais de réservation 20€
Location : (de fin avr. à mi-sept.) – 7 – 16 . Nuitée 40 à 95€ – Sem. 220 à 575€ – frais de réservation 20€
Pour s'y rendre : rte de Lussas (2 km au sud-est par D 259)

Nature :
Loisirs : snack
Services : laverie

Longitude : 4.43296
Latitude : 44.61872

ST-REMÈZE

07700 – **331** J7 – 826 h. – alt. 365
Paris 645 – Barjac 30 – Bourg-St-Andéol 16 – Pont-St-Esprit 27

Carrefour de l'Ardèche de déb. avr. à fin sept.
04 75 04 15 75, *carrefourardeche@yahoo.fr*,
Fax 04 75 04 35 05, *www.ardechecamping.net*
1,7 ha (90 empl.) plat, peu incliné, herbeux, pierreux
Tarif : 24€ (6A) – pers. suppl. 6,50€ – frais de réservation 22€
Location : (permanent) – 15. Sem. 730€ – frais de réservation 22€
Pour s'y rendre : sortie est, par D 4,

Nature :
Loisirs : snack
Services :
À prox. : canoë

Longitude : 4.51079
Latitude : 44.39109

La Résidence d'Été de déb. avr. à fin oct.
04 75 04 26 87, *mail@campinglaresidence.com*, *www.campinglaresidence.com*
1,6 ha (60 empl.) peu incliné à incliné, en terrasses, herbeux, pierreux, verger
Tarif : (Prix 2011) 10€ – (5A) 4€ – frais de réservation 10€
Location : (Prix 2011) (de déb. avr. à fin oct.) – 19. Nuitée 45 à 80€ – Sem. 365 à 515€ – frais de réservation 10€

Nature :
Loisirs :
Services :
À prox. : canoë

Longitude : 4.50711
Latitude : 44.39417

Domaine de Briange de déb. mai à mi-sept.
04 75 04 14 43, *briange@free.fr*, *www.campingdebriange.com*
4 ha (80 empl.) plat, peu incliné, herbeux, sablonneux, pierreux
Tarif : 24€ – (6A) 4€
Location : (de déb. fév. à mi-nov.) – 22 – 6 bungalows toilés. Nuitée 40 à 140€ – Sem. 200 à 950€
Pour s'y rendre : rte de Gras (2 km au nord par D 362)

Nature :
Loisirs : snack
Services :
À prox. : canoë

Longitude : 4.49364
Latitude : 44.39008

ST-SAUVEUR-DE-CRUZIÈRES

07460 – **331** H8 – 533 h. – alt. 150
Paris 674 – Alès 28 – Barjac 9 – Privas 81

La Claysse de déb. avr. à fin sept.
04 75 35 40 65, *camping.claysse@wanadoo.fr*,
Fax 04 75 36 68 65, *www.campingdelaclaysse.com* – Pour caravanes et camping-cars, accés par le haut du village.
5 ha/1 campable (60 empl.) plat et terrasses, herbeux
Tarif : 24€ (10A) – pers. suppl. 4,50€ – frais de réservation 15€
Location : (de déb. avr. à fin sept.) – 13. Nuitée 40 à 95€ – Sem. 220 à 650€ – frais de réservation 15€
Pour s'y rendre : au lieu-dit : La Digue (au nord-ouest du bourg, au bord de la rivière)

Nature :
Loisirs : snack
Services :
À prox. : site d'escalade

Longitude : 4.25365
Latitude : 44.29961

ST-SAUVEUR-DE-MONTAGUT

07190 – **331** J5 – 1 154 h. – alt. 218
quartier de la Tour *04 75 65 43 13*
Paris 597 – Le Cheylard 24 – Lamastre 29 – Privas 24

L'Ardéchois de mi-mai à fin sept.
04 75 66 61 87, *ardechois.camping@wanadoo.fr*,
Fax 04 75 66 63 67, *www.ardechois-camping.fr*
37 ha/5 campables (107 empl.) en terrasses, herbeux
Tarif : 30,50€ (10A) – pers. suppl. 6,85€ – frais de réservation 23€
Location : (de mi-mai à fin sept.) – 19 – 9. Sem. 245 à 530€ – frais de réservation 58€
Pour s'y rendre : 8,5 km à l'ouest par D 102, rte d'Albon
À savoir : au bord de la Glueyre

Nature :
Loisirs :
Services :
À prox. : canoë

Longitude : 4.52294
Latitude : 44.82893

ST-SAUVEUR-EN-RUE

42220 – **327** F8 – 1 111 h. – alt. 780
Paris 541 – Annonay 22 – Condrieu 39 – Montfaucon-en-Velay 24

Municipal Les Régnières

04 77 39 24 71, *bonocamping@orange.fr*,
Fax 04 77 39 25 33 – places limitées pour le passage
1 ha (40 empl.) en terrasses, plat, herbeux, pierreux
Location : – 2 .
5
Pour s'y rendre : 29 rte de Tracol (800 m au sud-ouest par D 503, rte de Monfaucon, près de la Deôme)

Nature :
Loisirs : snack (découverte en saison) (bassin)
Services :
À prox. :

Longitude : 4.51119
Latitude : 45.27742

ST-SYMPHORIEN-SUR-COISE

69590 – **327** F6 – 3 428 h. – alt. 558
Paris 489 – Andrézieux-Bouthéon 26 – L'Arbresle 36 – Feurs 30

Intercommunal Centre de Loisirs de Hurongues

04 78 48 44 29, *camping-hurongues@orange.fr*,
Fax 04 78 48 44 29, *www.camping-hurongues.com*
3,6 ha (120 empl.) peu incliné et en terrasses, pierreux
borne artisanale
Pour s'y rendre : 3,5 km à l'ouest par D 2, rte de Chazelles-sur-Lyon, à 400 m d'un plan d'eau
À savoir : agréable cadre boisé autour d'un parc de loisirs

Nature :
Loisirs :
Services :
À prox. :

Longitude : 4.45445
Latitude : 45.63229

ST-THÉOFFREY

38119 – **333** H8 – 419 h. – alt. 936
Paris 595 – Le Bourg-d'Oisans 44 – Grenoble 33 – La Mure 10

Au Pré du Lac de déb. mars à fin oct.

04 76 83 91 34, *info@aupredulac.nl*, *www.aupredulac.eu*
3 ha (96 empl.) plat, herbeux
Tarif : 4€ 7€ – (10A) 4€ – frais de réservation 12,50€
Location : (de déb. mars à fin oct.) – 4 – 3 – 1 gîte. Nuitée 40 à 80€ – Sem. 220 à 550€ – frais de réservation 12,50€
Pour s'y rendre : au Hameau Pétichet

Nature :
Loisirs :
Services : laverie
À prox. :

Longitude : 5.77224
Latitude : 45.00454

ST-VALLIER

26240 – **332** B2 – 4 010 h. – alt. 135
avenue Désiré Valette 04 75 23 45 33
Paris 526 – Annonay 21 – St-Étienne 61 – Tournon-sur-Rhône 16

Municipal les Îsles de Silon de mi-mars à mi-nov.

04 75 23 22 17, *camping.saintvallier@orange.fr*, *www.saintvallier.com*
1,35 ha (92 empl.) plat, herbeux, pierreux
Tarif : (Prix 2011) 2,20€ 2,70€ 2,30€ – (10A) 2,30€
Location : (Prix 2011) (de mi-mars à mi-nov.) – 4 . Nuitée 55 à 70€ – Sem. 260 à 400€
Pour s'y rendre : Les Iles (au nord, près du Rhône)

Nature :
Loisirs :
Services :
À prox. :

Longitude : 4.81593
Latitude : 45.17864

STE-CATHERINE

69440 – **327** G6 – 926 h. – alt. 700
Paris 488 – Andrézieux-Bouthéon 38 – L'Arbresle 37 – Feurs 43

Municipal du Châtelard

04 78 81 80 60, *mairie-ste-catherine@wanadoo.fr*,
Fax 04 78 81 87 73, *www.cc-paysmornantais.fr* – alt. 800 – places limitées pour le passage
4 ha (61 empl.) en terrasses, herbeux, gravier
Pour s'y rendre : au lieu-dit : le Châtelard (2 km au sud)

Nature : Mont Pilat et Monts du Lyonnais
Loisirs :
Services :

Longitude : 4.57025
Latitude : 45.59953

SALAVAS

07150 – **331** I7 – 534 h. – alt. 96
Paris 668 – Lyon 206 – Privas 58 – Nîmes 77

Le Péquelet de déb. avr. à fin sept.
04 75 88 04 49, *info@lepequelet.com*,
Fax 04 75 37 18 46, *lepequelet.com*
2 ha (60 empl.) plat, herbeux
Tarif : 28,50€ (10A) – pers. suppl. 7,50€ – frais de réservation 10€
Location : (de déb. avr. à fin sept.) – 13 – 9 – 2 appartements. Nuitée 45 à 90€ – Sem. 340 à 630€ – frais de réservation 10€
borne artisanale – 10€
Pour s'y rendre : au lieu-dit : Le Cros (sortie sud par D 579, rte de Barjac et 2 km par rte à gauche)
À savoir : au bord de l'Ardèche (accès direct)

Nature :
Loisirs : canoë
Services :

Longitude : 4.39806
Latitude : 44.39075

To select the best route and follow it with ease,
To calculate distances,
To position a site precisely from details given in the text :
Get the appropriate ***MICHELIN regional map.***

SALLANCHES

74700 – **328** M5 – 15 495 h. – alt. 550
32, quai de l'Hôtel de Ville 04 50 58 04 25
Paris 585 – Annecy 72 – Bonneville 29 – Chamonix-Mont-Blanc 28

Village Center Les Îles de fin avr. à déb. sept.
08 25 00 20 30, *resa@village-center.com*,
Fax 04 67 51 63 89, *www.campings.village-center.fr*
4,6 ha (260 empl.) plat, herbeux, pierreux
Tarif : 19€ (6A) – pers. suppl. 4€ – frais de réservation 5€
Location : (de fin juin à déb. sept.) – 54 . Nuitée 40 à 97€ – Sem. 280 à 679€ – frais de réservation 5€
Pour s'y rendre : 245 chemin de la Cavettaz (2 km au sud-est, au bord d'un ruisseau et à 250 m d'un plan d'eau)

Nature :
Loisirs : diurne
Services :
À prox. : (centre équestre)

Longitude : 6.65103
Latitude : 45.92404

LA SALLE-EN-BEAUMONT

38350 – **333** I8 – 276 h. – alt. 756
Paris 614 – Le Bourg-d'Oisans 44 – Gap 51 – Grenoble 52

Le Champ Long de déb. avr. à mi-oct.
04 76 30 41 81, *champlong38@orange.fr*,
Fax 04 76 30 47 21, *www.camping-champlong.com*
– accès aux emplacements par forte pente, mise en place et sortie des caravanes à la demande
5 ha (97 empl.) non clos, en terrasses, plat, vallonné, accidenté, herbeux, pierreux
Tarif : 19,50€ (10A) – pers. suppl. 3,80€ – frais de réservation 11€
Location : (permanent) – 4 – 9 – 3 . Nuitée 53 à 70€ – Sem. 350 à 490€ – frais de réservation 11€
borne artisanale 5€ – 4 16€ – 13€
Pour s'y rendre : lieu-dit : Le Champ-Long (2,7 km au sud-ouest par N 85, rte de la Mure et chemin à gauche, mise en place des caravanes pour les empl. à forte pente)

Nature : Vallée et lac
Loisirs : snack
Services :

Longitude : 5.83184
Latitude : 44.86393

SAMOËNS

74340 – **328** N4 – 2 368 h. – alt. 710
Gare Routière ✆ *0450344028*
Paris 598 – Lyon 214 – Annecy 82 – Genève 63

Le Giffre Permanent
✆ 0450344192, *camping.samoens@wanadoo.fr*,
Fax 0450349884, *www.camping-samoens.com*
7 ha (312 empl.) plat, herbeux, pierreux
Tarif : 23,75€ (10A) – pers. suppl. 4€ – frais de réservation 50€
Location : (permanent) – 1 – 6 – 5 bungalows toilés. Nuitée 39 à 65€ – Sem. 179 à 587€
borne flot bleu 5€ – 16 18,90€ – 11€
Pour s'y rendre : au lieu-dit : La Glière
À savoir : dans un site agréable, près d'un lac et d'un parc de loisirs

Nature :
Loisirs :
Services :
À prox. : snack patinoire, practice de golf, parcours sportif, parc aventure, base de rafting

Longitude : 6.71917
Latitude : 46.07695

Teneinde deze gids beter te kunnen gebruiken,
DIENT U DE VERKLARENDE TEKST AANDACHTIG TE LEZEN.

SAMPZON

07120 – 213 h. – alt. 120
Paris 660 – Lyon 198 – Privas 56 – Nîmes 85

Yelloh! Village Soleil Vivarais – de fin mars à mi-sept.
✆ 0475396756, *info@soleil-vivarais.com*,
Fax 0475396469, *www.soleil-vivarais.com*
12 ha (350 empl.) plat, herbeux, pierreux
Tarif : 45€ (10A) – pers. suppl. 8€
Location : (de mi-mars à mi-sept.) – 250 – 5 . Nuitée 45 à 110€ – Sem. 315 à 2 065€
borne artisanale
Pour s'y rendre : rte de Vallon Pont d'Arc
À savoir : au bord de l'Ardèche, sur la presqu'île de Sampzon, bel espace aquatique

Nature :
Loisirs : pizzeria nocturne massages et soins esthétiques
Services :
À prox. : canoë

Longitude : 4.35528
Latitude : 44.42916

Sun Camping de déb. avr. à fin sept.
✆ 0475397612, *sun.camping@wanadoo.fr*,
Fax 0475397612, *www.suncamping.com*
1,2 ha (70 empl.) plat, terrasses, herbeux
Tarif : (Prix 2011) 30,40€ (10A) – pers. suppl. 5,15€ – frais de réservation 8€
Location : (Prix 2011) (de déb. avr. à fin sept.) – 12 – 2 bungalows toilés. Nuitée 25 à 92€ – Sem. 175 à 640€ – frais de réservation 13€
Pour s'y rendre : 10 chemin des Piboux (200 m de l'Ardèche)
À savoir : sur la presqu'île de Sampzon

Nature :
Loisirs : pizzeria
Services : (juil.-août)
À prox. :

Longitude : 4.35515
Latitude : 44.4288

Le Mas de la Source de mi-avr. à mi-sept.
✆ 0475396798, *camping.masdelasource@wanadoo.fr*,
Fax 0475396798, *www.campingmasdelasource.com*
1,2 ha (30 empl.) en terrasses, plat, herbeux
Tarif : 6,50€ 26,80€ – (6A) 4,40€ – frais de réservation 95€
Location : (de mi-avr. à mi-sept.) – 4 . Nuitée 100€ – Sem. 710€
Pour s'y rendre : chemin des Vignes
À savoir : sur la presqu'île de Sampzon, au bord de l'Ardèche (accès direct)

Nature :
Loisirs :
Services :
À prox. : canoë

Longitude : 4.34621
Latitude : 44.42255

SATILLIEU

07290 – **331** J3 – 1 606 h. – alt. 485
Paris 542 – Annonay 13 – Lamastre 36 – Privas 87

Municipal le Grangeon de fin mars à fin oct.
04 75 34 96 41, *camping.grangeon@orange.fr*, *www.mairie-satillieu.fr*
1 ha (52 empl.) en terrasses, herbeux
Tarif : (Prix 2011) 2,50€ 1,90€ 2,60€ – (5A) 3,50€
Location : (Prix 2011) (permanent) – 5 . Nuitée 80 à 160€ – Sem. 210 à 380€
Pour s'y rendre : rte de Lalouvesc (1,1 km au sud-ouest par D 578a, rte de Lalouvesc et à gauche)
À savoir : au bord du Ay

Nature :
Loisirs :
Services :
À prox. : (plan d'eau aménagé)

Longitude : 4.61498
Latitude : 45.1506

Verwechseln Sie bitte nicht :
... bis ... : MICHELIN-Klassifizierung
und
★ ... bis ... ★★★★★ : offizielle Klassifizierung

SCIEZ

74140 – **328** L3 – 5 056 h. – alt. 406
Capitainerie Port de Sciez 04 50 72 64 57
Paris 561 – Abondance 37 – Annecy 69 – Annemasse 24

Le Chatelet de déb. avr. à mi-oct.
04 50 72 52 60, *info@camping-chatelet.com*, Fax 04 50 72 37 67, *www.camping-chatelet.com* – places limitées pour le passage
2,5 ha (121 empl.) plat, herbeux, pierreux
Tarif : 22€ (10A) – pers. suppl. 5,50€ – frais de réservation 8€
Location : (de déb. mars à fin nov.) (1 chalet) – 12 . Nuitée 56 à 94€ – Sem. 368 à 828€ – frais de réservation 12€
borne artisanale 4€
Pour s'y rendre : 658 chemin des Hutins Vieux (3 km au nord-est par N 5, rte de Thonon-les-Bains et rte du port de Sciez-Plage à gauche, à 300 m de la plage)

Nature :
Loisirs :
Services : laverie
À prox. : pédalos

Longitude : 6.39705
Latitude : 46.34079

703

SÉEZ

73700 – **333** N4 – 2 305 h. – alt. 904
25, rue Célestin Freppaz 04 79 41 00 15
Paris 638 – Albertville 57 – Bourg-St-Maurice 4 – Moûtiers 31

Le Reclus Permanent
04 79 41 01 05, *contact@campinglereclus.com*, Fax 04 79 41 01 05, *www.campinglereclus.com*
1,5 ha (108 empl.) peu incliné et en terrasses, herbeux, pierreux
Tarif : 19€ (10A) – pers. suppl. 4,40€ – frais de réservation 5€
Location : (permanent) – 1 roulotte – 6 – 2 – 4 gîtes. Nuitée 45 à 80€ – Sem. 250 à 590€ – frais de réservation 10€
borne artisanale 4€ – 6 12,40€ – 9€
Pour s'y rendre : rte de Tignes (sortie nord-ouest par N 90, rte de Bourg-St-Maurice, au bord du Reclus)

Nature :
Loisirs : snack
Services : laverie

Longitude : 6.78529
Latitude : 45.62577

SERRIÈRES-DE-BRIORD

01470 – **328** F6 – 1 083 h. – alt. 218 – Base de loisirs
Paris 481 – Belley 29 – Bourg-en-Bresse 57 – Crémieu 24

Le Point Vert de déb. avr. à déb. oct.

04 74 36 13 45, *campingdupointvert@orange.fr*,
Fax 04 74 36 71 66, *www.camping-ain-bugey.com* – places limitées pour le passage
1,9 ha (137 empl.) plat, herbeux
Tarif : (Prix 2011) 15€ (16A) –
pers. suppl. 5€

Location : (de déb. avr. à déb. oct.) – 6 – 1 . Sem. 550€
Pour s'y rendre : rte du Point Vert (2,5 km à l'ouest, à la base de loisirs)
À savoir : au bord d'un plan d'eau

Nature :
Loisirs :
Services :
À prox. : (plage)

Longitude : 5.45357
Latitude : 45.80704

SÉVRIER

74320 – **328** J5 – 3 855 h. – alt. 456
Mairie 04 50 52 40 56
Paris 541 – Albertville 41 – Annecy 6 – Megève 55

Le Panoramic de fin avr. à fin sept.

04 50 52 43 09, *info@camping-le-panoramic.com*,
www.camping-le-panoramic.com
3 ha (209 empl.) plat, incliné, herbeux
Tarif : (Prix 2011) 26€ (6A) –
pers. suppl. 3,80€ – frais de réservation 10€

Location : (Prix 2011) (de fin avr. à fin sept.) – 19 – 17 – 3 appartements. Sem. 260 à 705€ – frais de réservation 10€
borne artisanale 6€
Pour s'y rendre : 22 chemin des Bernets (3,5 km au sud, en deux parties distinctes)
À savoir : situation surplombant le lac

Nature :
Loisirs : snack diurne
Services : laverie
À prox. :

Longitude : 6.1417
Latitude : 45.84308

Au Coeur du Lac de déb. avr. à fin sept.

04 50 52 46 45, *info@aucoeurdulac.com*,
Fax 04 50 19 01 45, *www.campingaucoeurdulac.com*
1,7 ha (100 empl.) en terrasses et peu incliné, herbeux, gravillons
Tarif : (Prix 2011) 25,10€ (10A) –
pers. suppl. 4,30€

Location : (Prix 2011) (de fin avr. à fin sept.) – 10 . Sem. 240 à 660€ – frais de réservation 10€
borne artisanale – 10 16,50€
Pour s'y rendre : 3233 rte d'Albertville (1 km au sud)
À savoir : situation agréable près du lac (accès direct)

Nature :
Loisirs : diurne kayak
Services : laverie
À prox. :

Longitude : 6.14399
Latitude : 45.85487

SEYSSEL

01420 – **328** H5 – 917 h. – alt. 258
Paris 517 – Aix-les-Bains 33 – Annecy 41 – Genève 52

L' International de déb. juin à fin sept.

04 50 59 28 47, *camp.inter@wanadoo.fr*,
Fax 04 50 59 28 47, *www.camp-inter.fr*
1,5 ha (45 empl.) en terrasses, herbeux
Tarif : 26€ (10A) – pers. suppl. 4,50€ – frais de réservation 13€

Location : (de déb. mai à fin sept.) – 14 . Nuitée 60 à 80€ – Sem. 270 à 540€ – frais de réservation 20€
3 22,50€
Pour s'y rendre : chemin de la Barotte (2,4 km au sud-ouest par D 992, rte de Culoz et chemin à dr.)

Nature :
Loisirs : snack
Services :

Longitude : 5.82349
Latitude : 45.94957

SEYSSEL

74910 – **328** I5 – 2 069 h. – alt. 252
2, chemin Fontaine ☎ 0450592656
Paris 517 – Aix-les-Bains 32 – Annecy 40

Le Nant-Matraz de déb. avr. à fin sept.
☎ 0450590368, *campinglenantmatraz@bbox.fr*, Fax 0981409089
1 ha (74 empl.) plat et peu incliné, herbeux
Tarif : 17€ (6A) – pers. suppl. 5€
Location : (de déb. avr. à fin sept.) – 1 . Nuitée 60€ – Sem. 350€
Pour s'y rendre : sortie nord par D 992

Nature :
Loisirs :
Services :
À prox. :

Longitude : 5.83574
Latitude : 45.96339

Utilisez le guide de l'année.

TAIN-L'HERMITAGE

26600 – **332** C3 – 5 740 h. – alt. 124
place du 8 mai 1945 ☎ 0475080681
Paris 545 – Grenoble 97 – Le Puy-en-Velay 105 – St-Étienne 76

Municipal les Lucs de mi-mars à mi-oct.
☎ 0475083282, *camping.tainlhermitage@wanadoo.fr*, Fax 0475083282, *www.campingleslucs.fr*
2 ha (98 empl.) plat, herbeux, pierreux
Tarif : (Prix 2011) 17,90€ (20A) – pers. suppl. 2,70€
Pour s'y rendre : 24 av. Roosevelt (sortie sud-est par N 7, rte de Valence, près du Rhône)

Nature :
Loisirs :
Services :
À prox. : snack

Longitude : 4.85471
Latitude : 45.06564

TANINGES

74440 – **328** M4 – 3 441 h. – alt. 640
avenue des Thézières ☎ 0450342505
Paris 570 – Annecy 68 – Bonneville 24 – Chamonix-Mont-Blanc 51

Municipal des Thézières Permanent
☎ 0450342559, *camping.taninges@wanadoo.fr*, Fax 0450343978, *www.taninges.com*
2 ha (113 empl.) plat, herbeux, pierreux
Tarif : (Prix 2011) 13,50€ (10A) – pers. suppl. 2,70€
borne artisanale 4,60€ – 3 9,50€
Pour s'y rendre : les Vernays-sous-la-Ville (sortie sud, rte de Cluses, au bord du Foron et à 150 m du Giffre)

Nature :
Loisirs :
Services : laverie
À prox. :

Longitude : 6.58837
Latitude : 46.09866

TERMIGNON

73500 – **333** N6 – 428 h. – alt. 1 290
place de la Vanoise ☎ 0479205167
Paris 680 – Bessans 18 – Chambéry 120 – Lanslebourg-Mont-Cenis 6

Les Mélèzes Permanent
☎ 0479205141, *arnaud.michelle@orange.fr*, Fax 0479205141, *www.camping-termignon-lavanoisecom*
0,7 ha (66 empl.) plat, herbeux
Tarif : 16,70€ (10A) – pers. suppl. 3€
Location : (permanent) – 2 . Nuitée 55€ – Sem. 360 à 450€
borne artisanale 5€ – 10.50€
Pour s'y rendre : rte du Doron (au bourg, au bord d'un torrent)

Nature :
Loisirs :
Services : (de mi-juin à mi-sept.)

Longitude : 6.81535
Latitude : 45.27815

TOURNON-SUR-RHÔNE

07300 – **331** L3 – 10 571 h. – alt. 125
2, place Saint-Julien ☎ 04 75 08 10 23
Paris 545 – Grenoble 98 – Le Puy-en-Velay 104 – St-Étienne 77

Les Acacias de déb. avr. à fin sept.
☎ 04 75 08 83 90, *info@acacias-camping.com*,
Fax 04 75 08 83 90, *www.acacias-camping.com*
2,7 ha (80 empl.) plat, herbeux
Tarif : 22,96€ (10A) – pers. suppl. 4,88€ – frais de réservation 10€
Location : (de déb. avr. à fin sept.) – 12 – 4 . Sem. 290 à 620€ – frais de réservation 20€
borne eurorelais 10€
Pour s'y rendre : 190 rte de Lamastre (2,6 km à l'ouest par D 532, accès direct au Doux)

Nature :
Loisirs : pizzeria
Services :

Longitude : 4.80805
Latitude : 45.06687

LA TOUSSUIRE

73300 – **333** K6 – alt. 1 690
Paris 651 – Albertville 78 – Chambéry 91 – St-Jean-de-Maurienne 16

Caravaneige du Col de mi-déc. à fin avr. et de mi-juin à fin août
☎ 04 79 83 00 80, *campingducol@free.fr*,
Fax 04 79 83 03 67, *www.camping-du-col.com* – alt. 1 640
0,8 ha (40 empl.) plat, herbeux
Tarif : 5,20€ 1€ 4,60€ – (10A) 8,80€ – frais de réservation 10€
Location : (de mi-déc. à fin avr. et de mi-juin à fin août) – 7 – 3 . Sem. 515 à 630€ – frais de réservation 10€
borne artisanale 6€
Pour s'y rendre : 1 km à l'est de la station, sur la rte de St-Jean-de-Maurienne, navette gratuite pour la station
À savoir : navette gratuite pour la station

Nature : < Les Aiguilles d'Arves
Loisirs : snack diurne
Services : laverie

Longitude : 6.2739
Latitude : 45.25727

TREPT

38460 – **333** E3 – 1 717 h. – alt. 275 – Base de loisirs
Paris 495 – Belley 41 – Bourgoin-Jallieu 13 – Lyon 52

Les 3 Lacs du Soleil de fin avr. à mi-sept.
☎ 04 74 92 92 06, *les3lacsdusoleil@hotmail.fr*,
Fax 04 74 83 43 81, *www.camping-les3lacsdusoleil.com*
25 ha/3 campables (160 empl.) plat, herbeux
Tarif : 32,50€ (6A) – pers. suppl. 7€
Location : (de fin avr. à mi-sept.) – 26 – 7 – 20 bungalows toilés. Nuitée 70 à 125€
Pour s'y rendre : au lieu-dit : La Plaine Serrière (2,7 km à l'est par D 517, rte de Morestel et chemin à dr., près de deux plans d'eau)

Nature :
Loisirs : snack diurne (plage)
Services : laverie

Longitude : 5.33447
Latitude : 45.69039

TULETTE

26790 – **332** C8 – 1 877 h. – alt. 147
place des Tisserands ☎ 04 75 98 34 53
Paris 648 – Avignon 53 – Bollène 15 – Nyons 20

Les Rives de l'Aygues de déb. mai à fin sept.
☎ 04 75 98 37 50, *camping.aygues@wanadoo.fr*,
Fax 04 75 98 37 50, *www.lesrivesdelaygues.com*
3,6 ha (100 empl.) plat, pierreux, herbeux
Tarif : 25,50€ (6A) – pers. suppl. 5,30€ – frais de réservation 10€
Location : (de déb. mai à fin sept.) – 2 – 6 . Sem. 279 à 625€ – frais de réservation 10€
Pour s'y rendre : rte de Cairanne (3 km au sud par D 193 et chemin à gauche)
À savoir : cadre sauvage au milieu des vignes

Nature :
Loisirs : snack
Services :

Longitude : 4.933
Latitude : 44.2648

UCEL

07200 – **331** I6 – 1 891 h. – alt. 270
Paris 626 – Aubenas 6 – Montélimar 44 – Privas 31

Domaine de Gil de fin avr. à fin sept.
04 75 94 63 63, *info@domaine-de-gil.com*,
Fax 04 75 94 01 95, *www.domaine-de-gil.com*
4,8 ha/2 campables (80 empl.) plat, herbeux, pierreux
Tarif : 38€ (10A) – pers. suppl. 6€ – frais de réservation 20€
Location : (de fin avr. à fin sept.) – 42 . Sem. 240 à 815€ – frais de réservation 20€
Pour s'y rendre : rte de Vals (sortie nord-ouest par D 578b)
À savoir : au bord de l'Ardèche

Nature :
Loisirs : nocturne terrain multisports golf (8 trous)
Services : laverie

Longitude : 4.38321
Latitude : 44.64153

Renouvelez votre guide chaque année.

VAGNAS

07150 – **331** I7 – 520 h. – alt. 200
Paris 670 – Aubenas 40 – Barjac 5 – St-Ambroix 20

La Rouvière-Les Pins de déb. avr. à mi-sept.
04 75 38 61 41, *rouviere07@aol.com*, *www.rouviere07.com*
2 ha (100 empl.) plat et peu incliné, terrasses, herbeux
Tarif : (Prix 2011) 20,50€ (6A) – pers. suppl. 4,80€ – frais de réservation 15€
Location : (Prix 2011) (de déb. avr. à mi-sept.) – 2 – 2 appartements – 3 bungalows toilés. Sem. 230 à 700€ – frais de réservation 15€
borne artisanale
Pour s'y rendre : au lieu-dit : La Rouviere (sortie sud par rte de Barjac puis 1,5 km par chemin à dr.)

Nature :
Loisirs : pizzeria, snack
Services :

Longitude : 4.34194
Latitude : 44.3419

VALLIÈRES

74150 – **328** I5 – 1 356 h. – alt. 347
Paris 533 – Lyon 132 – Annecy 30 – Genève 59

Les Charmilles de déb. avr. à fin oct.
04 50 62 10 60, *les.charmilles.camping@wanadoo.fr*,
Fax 04 50 62 19 45, *www.campinglescharmilles.com*
3 ha (81 empl.) plat, herbeux
Tarif : (Prix 2011) 19€ (8A) – pers. suppl. 3,50€ – frais de réservation 10€
Location : (Prix 2011) (de déb. avr. à fin oct.) – 10 – 13 . Nuitée 48 à 90€ – Sem. 190 à 650€ – frais de réservation 10€
borne artisanale 12€ – 10.80€

Nature :
Loisirs : snack
Services : laverie

Longitude : 5.93451
Latitude : 45.90018

VALLOIRE

73450 – **333** L7 – 1 293 h. – alt. 1 430 – Sports d'hiver : 1 430/2 600 m 2 31
rue des Grandes Alpes *04 79 59 03 96*
Paris 664 – Albertville 91 – Briançon 52 – Chambéry 104

Ste Thècle
04 79 83 30 11, *camping-caravaneige@valloire.net*,
Fax 04 79 83 35 13, *www.valloire.net*
1,5 ha (81 empl.) plat, peu incliné, terrasses, herbeux, pierreux
borne flot bleu – 11
Pour s'y rendre : rte des Villards (au nord de la localité, au confluent de deux torrents)

Nature :
Loisirs :
Services :
À prox. : patinoire, bowling terrain mulisports

Longitude : 6.42975
Latitude : 45.16565

VALLON-PONT-D'ARC

07150 – **331** I7 – 2 424 h. – alt. 117
1, place de l'ancienne gare ☎ *0475880401*
Paris 658 – Alès 47 – Aubenas 32 – Avignon 81

Les Castels L'Ardéchois – de déb. avr. à fin sept.

☎ 0475880663, *ardecamp@bigfoot.com*,
Fax 0475371497, *www.ardechois-camping.com*
5 ha (244 empl.) plat, herbeux
Tarif : 49€ (6A) – pers. suppl. 9,80€ – frais de réservation 40€

Location : (de déb. avr. à fin sept.) – 24 . Nuitée 51 à 357€ – Sem. 170 à 1 190€
borne artisanale 8€
Pour s'y rendre : rte Touristique des Gorges de l'Ardèche (1,5 km au sud-est par D 290)

À savoir : accès direct à l'Ardèche

Nature :
Loisirs : snack balnéo, canoë, terrain multisports
Services : laverie
À prox. :

Longitude : 4.39673
Latitude : 44.39672

Mondial-Camping – de déb. avr. à fin sept.

☎ 0475880044, *reserv-info@mondial-camping.com*,
Fax 0475371373, *www.mondial-camping.com*
4 ha (240 empl.) plat, herbeux
Tarif : 45€ (10A) – pers. suppl. 9,50€ – frais de réservation 30€

Location : (de déb. avr. à fin sept.) – 23 . Sem. 420 à 800€ – frais de réservation 30€
borne artisanale
Pour s'y rendre : rte des Gorges de l'Ardèche (1,5 km au sud-est)

À savoir : accès direct à l'Ardèche

Nature :
Loisirs : snack, pizzeria canoë
Services : laverie
À prox. :

Longitude : 4.40139
Latitude : 44.39695

La Roubine – de fin avr. à mi-sept.

☎ 0475880456, *roubine.ardeche@wanadoo.fr*,
Fax 0475880456, *www.camping-roubine.com*
7 ha/4 campables (135 empl.) plat, herbeux, sablonneux
Tarif : (Prix 2011) 45€ (10A) – pers. suppl. 9,20€ – frais de réservation 30€

Location : (Prix 2011) (de fin avr. à déb. sept.) – 32 . Nuitée 45 à 165€ – Sem. 315 à 1 155€ – frais de réservation 30€
Pour s'y rendre : rte de Ruoms (1,5 km à l'ouest)

À savoir : au bord de l'Ardèche (plan d'eau)

Nature :
Loisirs : snack, pizzeria terrain multisport
Services : laverie
À prox. : canoë

Longitude : 4.37835
Latitude : 44.40636

International de fin avr. à fin sept.

☎ 0475880099, *inter.camp@wanadoo.fr*, *www.internationalcamping07.com*
2,7 ha (130 empl.) plat, peu incliné, herbeux, sablonneux
Tarif : 39€ (6A) – pers. suppl. 8€ – frais de réservation 15€

Location : (de déb. avr. à fin sept.) – 11 – 2 . Sem. 250 à 850€ – frais de réservation 15€
Pour s'y rendre : La Plaine Salavas (1 km au sud-ouest)

À savoir : bord de l'Ardèche

Nature :
Loisirs : snack
Services :

Longitude : 4.38203
Latitude : 44.39925

La Rouvière – de mi-mars à fin sept.

☎ 0475371007, *ardbat@yahoo.fr*, Fax 0475880399, *www.campinglarouviere.com*
3 ha (152 empl.) en terrasses, peu incliné et plat, sablonneux, pierreux, herbeux
Tarif : (Prix 2011) 16€ (10A) – pers. suppl. 8€ – frais de réservation 10€

Location : (Prix 2011) (de mi-mars à fin sept.) – 40 – 6 bungalows toilés. Nuitée 37 à 78€ – Sem. 250 à 540€ – frais de réservation 15€
Pour s'y rendre : rte des Gorges Chames (6,6 km au sud-est par D 290, à Chames)

À savoir : accès direct à l'Ardèche

Nature :
Loisirs : snack canoë, terrain multisports
Services :

Longitude : 4.39486
Latitude : 44.39859

Le Midi de déb. avr. à fin sept.
0475880678, *info@camping-midi.com*,
Fax 0475880678, *www.camping-midi.com*
1,6 ha (52 empl.) en terrasses, peu incliné, herbeux, sablonneux
Tarif : (Prix 2011) 27€ (16A) – pers. suppl. 8€ – frais de réservation 10€

Location : (de déb. avr. à fin sept.) – 4 – 4 tentes. Nuitée 60 à 200€ – Sem. 380 à 1 400€ – frais de réservation 10€

Pour s'y rendre : rte des Gorges de l'Ardèche (6,5 km au sud-est par D 290, à Chames)

À savoir : accès direct à l'Ardèche

Nature :
Loisirs :
Services :

Longitude : 4.41196
Latitude : 44.38271

L'Esquiras de déb. avr. à fin sept.
0475880416, *esquiras@wanadoo.fr*,
Fax 0475880416, *www.camping-esquiras.com*
2 ha (105 empl.) plat, peu incliné, herbeux, pierreux
Tarif : (Prix 2011) 27€ (6A) – pers. suppl. 6€ – frais de réservation 10€

Location : (Prix 2011) (de déb. avr. à fin sept.) – 30 . Sem. 240 à 760€ – frais de réservation 10€
borne artisanale 5€ – 6 10€

Pour s'y rendre : chemin du Fez (2,8 km au nord-ouest par D 579, rte de Ruoms et chemin à dr. apr. la station-service Intermarché)

Nature :
Loisirs : snack
Services :
À prox. : accrobranches

Longitude : 4.37913
Latitude : 44.41536

VALLORCINE

74660 – **328** O4 – 416 h. – alt. 1 260 – Sports d'hiver : 1 260/1 400 m 2
Maison du Betté 0450546071
Paris 628 – Annecy 115 – Chamonix-Mont-Blanc 19 – Thonon-les-Bains 96

Les Montets de déb. juin à mi-nov.
0450546045, *camping.des.montets@wanadoo.fr*, *www.camping-montets.com* – alt. 1 300
1,7 ha (75 empl.) non clos, plat, terrasse, peu incliné, herbeux, pierreux
Tarif : (Prix 2011) 4€ 1,20€ 5€ – (6A) 3€

Pour s'y rendre : au lieu-dit : Le Montet (2,8 km au sud-ouest par N 506, accès par chemin de la gare, au lieu-dit le Buet)

À savoir : site agréable au bord d'un ruisseau et près de l'Eau Noire

Nature :
Loisirs : snack
Services : (tentes)
À prox. :

Longitude : 6.92376
Latitude : 46.02344

...

Terrains particulièrement agréables dans leur ensemble et dans leur catégorie.

LES VANS

07140 – **331** G7 – 2 820 h. – alt. 170
place Ollier 0475372448
Paris 663 – Alès 44 – Aubenas 37 – Pont-St-Esprit 66

Le Pradal de déb. avr. à fin oct.
0475372516, *camping.lepradal@free.fr*, *www.camping-lepradal.com*
1 ha (36 empl.) en terrasses, peu incliné, herbeux, pierreux
Tarif : 20€ (6A) – pers. suppl. 6€

Location : (de déb. avr. à fin oct.) – 2 – 1 . Nuitée 50 à 90€ – Sem. 200 à 600€
borne artisanale 7€ – 4 11,50€ – 11.50€
Pour s'y rendre : 1,5 km à l'ouest par D 901

Nature :
Loisirs :
Services :

Longitude : 4.11023
Latitude : 44.40809

VERCHAIX

74440 – **328** N4 – 647 h. – alt. 800
Le Forum 04 50 90 10 08
Paris 580 – Annecy 74 – Chamonix-Mont-Blanc 59 – Genève 52

Municipal Lac et Montagne Permanent
04 50 90 10 12, *accueil@mairie-verchaix.fr*,
Fax 04 50 90 10 12, *www.mairie-verchaix.fr* – alt. 660
2 ha (107 empl.) non clos, plat, herbeux, pierreux
Tarif : 2,50€ 1,50€ 3,50€ – (10A) 8,20€
Pour s'y rendre : 1,8 km au sud par D 907, au bord du Giffre

Nature :
Loisirs :
Services : laverie
À prox. :

Longitude : 6.67527
Latitude : 46.09001

VERNIOZ

38150 – **333** C5 – 1 097 h. – alt. 250
Paris 500 – Annonay 38 – Givors 25 – Le Péage-de-Roussillon 12

Le Bontemps de fin mars à fin sept.
04 74 57 83 52, *info@camping-lebontemps.com*,
Fax 04 74 57 83 70, *www.camping-lebontemps.com*
6 ha (175 empl.) plat, herbeux, étangs
Tarif : (Prix 2011) 30€ (6A) –
pers. suppl. 7€ – frais de réservation 20€

Location : (Prix 2011) (de fin mars à fin sept.) – 8 – 2 . Nuitée 60 à 102€ – Sem. 420 à 714€ – frais de réservation 20€
Pour s'y rendre : 5 imp.du Bontemps (4,5 km à l'est par D 37 et chemin à dr., au bord de la Varèze, à St-Alban-de-Varèze)

Nature :
Loisirs : snack salle d'animation poneys
Services : laverie

Longitude : 4.92836
Latitude : 45.42798

VILLARD-DE-LANS

38250 – **333** G7 – 4 023 h. – alt. 1 040 – Sports d'hiver : 1 160/2 170 m 2 27
101, place Mure Ravaud 08 11 46 00 15
Paris 584 – Die 67 – Grenoble 34 – Lyon 123

FranceLoc L'Oursière de mi-déc. à fin sept.
04 76 95 14 77, *oursiere@franceloc.fr*,
Fax 04 76 95 58 11, *www.camping-oursiere.fr*
4 ha (186 empl.) plat, peu incliné, pierreux, gravier, herbeux
Tarif : 27,30€ (10A) – pers. suppl. 5€ – frais de réservation 12€

Location : (de mi-déc. à fin sept.) – 23 – 3 . Nuitée 49 à 82€ – Sem. 280 à 630€ – frais de réservation 25€
borne artisanale 5€ – 22
Pour s'y rendre : av. du Gal de Gaulle (sortie nord par D 531, rte de Grenoble, chemin piétonnier reliant le village)

Nature :
Loisirs :
Services :
À prox. : bowling, patinoire

Longitude : 5.55639
Latitude : 45.0775

VILLAREMBERT

73300 – **333** K6 – 258 h. – alt. 1 296
Tripode le Corbier 04 79 83 04 04
Paris 647 – Aiguebelle 49 – Chambéry 87 – St-Jean-de-Maurienne 12

Municipal la Tigny de déb. juil. à fin août
04 79 56 74 65, *mairie.villarembert@wanadoo.fr*,
Fax 04 79 83 03 64
0,3 ha (27 empl.) non clos, plat et peu incliné, terrasses, gravier, herbeux
Tarif : 91,80€ (60A) – pers. suppl. 22,10€
Pour s'y rendre : sortie sud par D 78 et chemin à gauche
À savoir : cadre verdoyant près d'un ruisseau

Nature :
Loisirs :
Services :

Longitude : 6.28012
Latitude : 45.24264

VILLARS-LES-DOMBES

01330 – **328** D4 – 4 317 h. – alt. 281
3, place de l'Hôtel de Ville *04 74 98 06 29*
Paris 433 – Bourg-en-Bresse 29 – Lyon 37 – Villefranche-sur-Saône 29

Indigo Parc des Oiseaux de déb. avr. à déb. nov.
04 74 98 00 21, *parcdesoiseaux@camping-indigo.com*,
Fax 04 74 98 05 82, *http://www.campingendombes.fr*
– places limitées pour le passage
5 ha (238 empl.) plat, peu incliné, herbeux
Tarif : 23 € (10A) – pers. suppl. 4,50 €
– frais de réservation 20 €
Location : (de déb. avr. à déb. nov.) – 2 – 10 tentes. Nuitée 45 à 70 € – Sem. 315 à 490 € – frais de réservation 20 €
borne flot bleu
Pour s'y rendre : av. des Nations (sortie sud-ouest, rte de Lyon et à gauche, près de la piscine)
À savoir : cadre agréable au bord de la Chalaronne

Nature :
Loisirs : snack
Services :
À prox. :

Longitude : 5.03039
Latitude : 45.99749

VINSOBRES

26110 – **332** D7 – 1 093 h. – alt. 247
place de la Mairie *04 75 27 36 63*
Paris 662 – Bollène 29 – Grignan 24 – Nyons 9

Franceloc Le Sagittaire – Permanent
04 75 27 00 00, *sagittaire@franceloc.fr*,
Fax 04 75 27 00 39, *www.campings-franceloc.fr*
14 ha/8 campables (274 empl.) plat, herbeux, gravillons
Tarif : (Prix 2011) 32 € (8A) –
pers. suppl. 8 € – frais de réservation 27 €
Location : (Prix 2011) (permanent) – 6 roulottes – 84 – 64 – 4 tipis – 2 gîtes. Nuitée 31 à 94 € – Sem. 182 à 1 477 € – frais de réservation 27 €
borne raclet 4 €
Pour s'y rendre : au lieu-dit : le Pont de Mirabel (angle des D 94 et D 4, près de l'Eygues (accès direct))
À savoir : bel ensemble aquatique et ludique

Nature :
Loisirs : snack (plan d'eau) terrain multisports
Services : laverie

Longitude : 5.08002
Latitude : 44.22661

Municipal Chez Antoinette de fin mars à fin oct.
04 75 27 61 65, *camping-municipal@club-internet.fr*,
Fax 04 75 27 61 65
1,9 ha (70 empl.) plat, pierreux, herbeux
Tarif : (Prix 2011) 3,20 € 2,10 € 2,10 € –
(8A) 2,80 €
Location : (Prix 2011) (de fin mars à fin oct.) – 1 . Nuitée 50 € – Sem. 330 à 430 €
Pour s'y rendre : quartier Champessier (au sud du bourg par D 190, au stade)

Nature :
Loisirs :
Services : (mai-oct.)
réfrigérateurs

Longitude : 5.06132
Latitude : 44.33318

VION

07610 – **331** K3 – 866 h. – alt. 128
Paris 537 – Annonay 30 – Lamastre 34 – Tournon-sur-Rhône 7

L'Iserand de mi-avr. à mi-sept.
04 75 08 01 73, *iserand@sfr.fr*, *www.iserandcampingardeche.com*
1,3 ha (60 empl.) en terrasses, pierreux, herbeux
Tarif : 21 € (10A) – pers. suppl. 6 €
Location : (de mi-avr. à mi-sept.) – 8 . Sem. 300 à 500 €
Pour s'y rendre : 1307 r. Royale (1 km au nord par N 86, rte de Lyon)

Nature :
Loisirs : snack, pizzeria
Services :

Longitude : 4.8
Latitude : 45.1212

VIVIERS

07220 – **331** K7 – 3 869 h. – alt. 65
5, place Riquet ✆ 0475527700
Paris 618 – Montélimar 12 – Nyons 50 – Pont-St-Esprit 30

Rochecondrie Loisirs de mi-avr. à mi-oct.
✆ 0475527466, *campingrochecondrie@wanadoo.fr*, Fax 0475527466, *www.campingrochecondrie.com*
1,5 ha (80 empl.) plat, herbeux
Tarif : (Prix 2011) 23,40€ (6A) – pers. suppl. 5,50€
Location : (Prix 2011) (de mi-avr. à mi-oct.) – 10 . Sem. 230 à 510€
Pour s'y rendre : quartier Rochecondrie (1,5 km au nord-ouest par N 86, rte de Lyon, accès direct à l'Escoutay)

Nature :
Loisirs : promenades avec des lamas
Services :
À prox. :

Longitude : 4.67667
Latitude : 44.48972

VIZILLE

38220 – **333** H7 – 7 714 h. – alt. 270
place du Château ✆ 0476681516
Paris 582 – Le Bourg-d'Oisans 32 – Grenoble 20 – La Mure 22

Le Bois de Cornage de déb. mai à mi-oct.
✆ 0683181787, *campingvizille@wanadoo.fr*, *www.campingvizille.com*
2,5 ha (128 empl.) peu incliné, en terrasses, herbeux
Tarif : (Prix 2011) 18,20€ (10A) – pers. suppl. 5€ – frais de réservation 10€
Location : (Prix 2011) (permanent) – 23 . Sem. 300 à 530€
borne sanistation 3€
Pour s'y rendre : chemin du Camping (sortie nord vers N 85, rte de Grenoble et av. de Venaria à dr.)
À savoir : en partie ombragé d'arbres centenaires

Nature :
Loisirs : le soir uniquement
Services :

Longitude : 5.76948
Latitude : 45.08706

Do not confuse :
... to ... : MICHELIN classification
and
★ ... to ... ★★★★★ : official classification

VOGÜÉ

07200 – **331** I6 – 886 h. – alt. 150
quartier de la gare ✆ 0475370117
Paris 638 – Aubenas 9 – Largentière 16 – Privas 40

Domaine du Cros d'Auzon de déb. avr. à mi-sept.
✆ 0475370414, *camping.auzon@wanadoo.fr*, Fax 0475370102, *www.domaine-cros-auzon.com*
18 ha/6 campables (170 empl.) plat, pierreux, sablonneux, herbeux
Tarif : 31€ (6A) – pers. suppl. 7,70€ – frais de réservation 30€
Location : (de déb. avr. à fin sept.) (4 mobile homes) – 116 – 4 – 37 . Nuitée 28 à 138€ – Sem. 196 à 966€ – frais de réservation 30€
borne eurorelais 2€ – 13€
Pour s'y rendre : 2,5 km au sud par D 579 et chemin à dr.
À savoir : site et cadre agréables, au bord de l'Ardèche

Nature :
Loisirs : snack, pizzeria nocturne parcours sportif
Services : laverie
À prox. : canoë

Longitude : 4.40678
Latitude : 44.53178

Les Peupliers de déb. avr. à fin sept.
☎ 0475377147, *girard.jean-jacques@club-internet.fr*, Fax 0475377083, *www.campingpeupliers.com*
3 ha (100 empl.) plat, herbeux, sablonneux, pierreux
Tarif : 28,65€ (6A) – pers. suppl. 5,70€ – frais de réservation 10€

Location : (de déb. avr. à fin sept.) – 10 – 9 . Sem. 280 à 595€ – frais de réservation 10€
borne eurorelais 4€
Pour s'y rendre : au lieu-dit : Gourgouran (2 km au sud par D 579 et chemin à dr., à Vogüe-Gare)

À savoir : au bord de l'Ardèche

Nature :
Loisirs : snack
Services :
À prox. : canoë

Longitude : 4.40996
Latitude : 44.53714

L'Oasis des Garrigues de déb. avr. à fin oct.
☎ 0475370327, *oasisdesgarrigues@wanadoo.fr*, Fax 0475371632, *www.oasisdesgarrigues.com*
1,2 ha (61 empl.) plat, herbeux, pierreux
Tarif : (Prix 2011) 24€ (10A) – pers. suppl. 5€

Location : (Prix 2011) (de déb. mars à fin août) – 8 – 6 . Sem. 300 à 900€ – frais de réservation 20€
borne artisanale 5€
Pour s'y rendre : quartier Brugière (2 km au sud par D 579, au rd-pt. et à dr.)

Loisirs :
Services :
À prox. : canoë

Longitude : 4.41379
Latitude : 44.55115

Les Roches
☎ 0475377045, *hm07@free.fr*, Fax 0475377045, *www.campinglesroches.fr*
2,5 ha (120 empl.) accidenté, plat, herbeux, rocheux

Location : – 8 .
borne artisanale
Pour s'y rendre : quartier Bausson (1,5 km au sud par D 579, à Vogüé-Gare, à 200 m de l'Auzon et de l'Ardèche)

À savoir : cadre sauvage

Nature :
Loisirs :
Services : laverie réfrigérateurs
À prox. :

Longitude : 4.41406
Latitude : 44.542

Les Chênes Verts de mi-juin à mi-sept.
☎ 0475377154, *chenesverts2@wanadoo.fr*, *www.camping-chenesverts.com* – accès aux emplacements par forte pente, mise en place et sortie des caravanes à la demande
2,5 ha (42 empl.) en terrasses, pierreux, herbeux
Tarif : 19€ (10A) – pers. suppl. 4€

Location : (permanent) – 26 . Sem. 270 à 520€ – frais de réservation 30€
Pour s'y rendre : Champ Redon (1,7 km au sud-est par D 103)

Nature :
Loisirs : snack
Services :
À prox. :

Longitude : 4.42038
Latitude : 44.54547

P. Wysocki/hemis.fr

CANILLO

AD100 – **343** H9 – 4 633 h. – alt. 1 531
Andorra-la-Vella 13

Santa-Creu de déb. juin à fin sept.
(00-376) 85 14 62, *elsmeners@andorra.ad*, Fax (00-376) 751 455, *www.elsmeners.com*
0,5 ha peu incliné et terrasse, herbeux
Tarif : 4,10€ 4,10€ 4,10€ (3A)
Pour s'y rendre : au bourg (au bord du Valira-del-Orient (rive gauche))

Nature :
Loisirs :
Services :

Longitude : 1.5967
Latitude : 42.56609

Jan-Ramon de mi-juin à mi-sept.
(00-376) 75 14 54, *elsmeners@andorra.ad*, Fax (00-376) 75 14 55, *www.elsmeners.com*
0,6 ha plat, herbeux
Tarif : 4,10€ 4,10€ 4,10€ (3A)
Location : (permanent) – 5 . Nuitée 27 à 47€ – Sem. 588 à 930€
borne artisanale
Pour s'y rendre : ctra. General (400 m au nord-est par rte de Port d'Envalira, au bord du Valira del Orient (rive gauche))

Nature :
Loisirs :
Services :

Longitude : 1.5967
Latitude : 42.56609

LA MASSANA

AD400 – **343** H9 – 9 276 h. – alt. 1 241
avenue Sant-Antoni (00-376) 82 56 93
Andorra-la-Vella 6

Xixerella fermé en oct.
(00-376) 73 86 13, *c-xixerella@campingxixerella.com*, Fax (00-376) 83 91 13, *www.campingxixerella.com* – alt. 1 450
5 ha plat, peu incliné, en terrasses, pierreux, herbeux
Tarif : (Prix 2011) 6€ 6€ 6,30€ – 6€
Location : (Prix 2011) (fermé en oct.) – 10 – 20 appartements. Nuitée 88 à 260€ – Sem. 450 à 1 170€
Pour s'y rendre : ctra. de Pal (3,5 km au nord-ouest par rte de Pal, au bord d'un ruisseau)

Nature :
Loisirs : snack pitch & putt (18 trous)
Services :

Longitude : 1.48465
Latitude : 42.55319

ORDINO

AD300 – **343** H9 – 3 309 h. – alt. 1 304
Andorra-la-Vella 8

Borda d'Ansalonga de mi-juin à mi-sept.
(00-376) 85 03 74, *campingansalonga@andorra.ad*, Fax (00-376) 85 03 74, *www.campingansalonga.com*
3 ha plat, herbeux
Tarif : (Prix 2011) 24,90€ (10A) – pers. suppl. 3,90€
Pour s'y rendre : carretera Gal del Serrat (2,3 km au nord-ouest par rte du Circuit de Tristaina, au bord du Valira del Nord)

Nature :
Loisirs : snack
Services : laverie

Longitude : 1.52162
Latitude : 42.56855

SANT-JULIA-DE-LORIA

AD600 – **343** G10 – 9 207 h. – alt. 909
Andorra-la-Vella 7

Huguet
(00-376) 84 37 18, *campinghuguet@hotmail.com*, Fax (00-376) 84 38 03
1,5 ha plat, terrasses, herbeux, gravillons
Pour s'y rendre : sortie sud, au bord du Gran Valira - rive droite

Nature :
Loisirs :
Services :
À prox. : snack

Longitude : 1.49115
Latitude : 42.46487

Légende

Vous trouverez dans le tableau des pages suivantes un classement par région de toutes les localités citées dans la nomenclature.

BRETAGNE	Nom de la région
Carnac	(Localité en Localité possédant au moins un terrain agréable sélectionné (⛺... ⛺⛺⛺)
👪	Localité possédant au moins un camping "famille"
🐴	Localité possédant au moins un terrain très tranquille
P	Localité possédant au moins un terrain sélectionné ouvert toute l'année
L – M	Localité dont le camping propose exclusivement la location de mobile homes, chalets ou autres habitations légères – Localité dont un terrain au moins propose, outre des empl. traditionnels, la location de mobile homes, chalets, caravanes ou autres habitations légères
🚐	Localité possédant au moins un terrain avec une aire de service ou des emplacements réservés aux camping-cars
🎭	Localité dont un terrain au moins propose des animations

Key

You will find in the following pages a classification by "region" of all the localities listed in the main body of the guide.

BRETAGNE	Name of the region
Carnac	(Name of the locality printed in red) Locality with at least one selected pleasant site (⛺... ⛺⛺⛺)
👪	Locality with at least one selected "family" site
🐴	Locality with at least one selected very quiet, isolated site
P	Town with at least one selected camping site open all the year round
L – M	Locality with a campsite offering only mobile home, chalet and other light recreational dwelling rental – Locality with at least one site offering mobile home, chalet, caravan and other light recreational dwelling rental, in addition to traditional camping spaces
🚐	Locality with at least one selected site with a service bay for campervans or areas reserved for camper vans
🎭	Locality with at least one selected site offering some form of activities

● **Se reporter à la nomenclature pour la description complète des campings sélectionnés.**

● **Refer to the body of the guide for a complete description of the selected camping sites.**

Zeichenerklärung

Im folgenden Ortsregister werden alle im Führer erwähnten Orte nach Region geordnet aufgelistet.

BRETAGNE	Name der Region
Carnac	(Ortsname in Rotdruck) Ort mit mindestens einem besonders schönen Campingplatz (...)
	Ort mit mindestens einem Familien-Campingplatz
	Ort mit mindestens einem sehr ruhigen Campingplatz
P	Ort mit mindestens einem ganzjährig geöffneten Campingplatz
L – M	Ort, dessen Campingplatz ausschliesslich Mobil-Homes, Chalets oder andere Unterkünfte in Leichtbauweise vermietet – Ort mit mindestens einem Campingplatz, der außer traditionellen Stellplätzen auch Mobil-Homes, Chalets, Wohnwagen oder andere Unterkünfte in Leichtbauweise vermietet
	Ort mit mindestens einem Campingplatz mit Service-Einrichtungen für Wohnmobile oder Stellplätzen, die nur für Wohnmobile reserviert sind
	Mindestens ein Campingplatz am Ort mit Animation

● **Die vollständige Beschreibung der ausgewählten Plätze befindet sich im Hauptteil des Führers.**

Verklaring van de tekens

In deze lijst vindt u alle in de gids vermelde plaatsnamen, indeling in streken.

BRETAGNE	Naam van de streek
Carnac	(Plaatsnaam rood gedrukt) Plaats met minstens één geselecteerd fraai terrein (...)
	Plaats met minstens één Kampeerterrein voor families
	Plaats met minstens één zeer rustig terrein
P	Plaats met tenminste één gedurende het gehele jaar geopend kampeerterrein
L – M	Plaats waar van de camping uitsluitend stacaravans, huisjes of andere eenvoudige accomodaties verhuurt – Plaats waar minstens één kampeerterrein niet alleen staplaatsen verhuut maar ook stacaravans, huisjes, caravans of andere eenvoudige accomodaties
	Plaats met minstens één terrein met een serviceplaats voor campers of met plaatsen die alleen bestemd zijn voor campers
	Plaats met minstens één kampeerterrein met animatieprogramma.

● **Raadpleeg het deel met gegevens over de geselecteerde terreinen voor een volledige beschrijving.**

	Pages	👪	🐴	Permanent	Location	🚐	🎭
ALSACE							
Bassemberg	37	—	—	—	M	🚐	🎭
Biesheim	37	—	—	—	M	—	🎭
Burnhaupt-le-Haut	37	—	—	—	M	—	—
Cernay	37	—	—	—	—	🚐	—
Colmar	38	—	—	—	—	—	—
Dambach-la-Ville	38	—	—	—	—	—	—
Eguisheim	38	—	—	—	M	—	—
Geishouse	38	—	—	P	M	—	—
Guewenheim	39	—	—	—	M	🚐	—
Heimsbrunn	39	—	—	P	M	🚐	—
Le Hohwald	39	—	—	P	—	—	—
Issenheim	39	—	—	—	M	🚐	—
Kaysersberg	40	—	—	—	—	—	—
Kruth	40	—	—	—	M	—	—
Lauterbourg	40	—	—	—	—	—	—
Lièpvre	40	—	—	—	M	—	—
Masevaux	41	—	—	—	—	—	—
Mittlach	41	—	🐴	—	M	—	—
Moosch	41	—	🐴	—	M	🚐	—
Mulhouse	41	—	—	—	M	🚐	—
Munster	42	—	—	—	M	—	🎭
Oberbronn	42	—	—	—	M	🚐	—
Obernai	42	—	—	P	—	🚐	—
Ranspach	42	—	—	P	M	🚐	—
Rhinau	43	—	—	—	M	🚐	—
Ribeauvillé	43	—	—	—	—	🚐	—
Rombach-le-Franc	43	—	—	—	M	🚐	—
Saint-Pierre	43	—	—	—	—	🚐	—
Sainte-Croix-en-Plaine	44	—	—	—	M	—	—
Saverne	44	—	—	—	—	🚐	—
Sélestat	44	—	—	—	—	—	—
Seppois-le-Bas	44	—	—	—	M	🚐	🎭
Strasbourg	45	—	—	P	—	🚐	—
Turckheim	45	—	—	—	—	🚐	—
Wasselonne	45	—	—	—	M	🚐	—
Wattwiller	45	👪	—	—	M	🚐	🎭
ANDORRA							
Canillo	715	—	—	—	M	🚐	—
La Massana	715	—	—	—	M	—	—
Ordino	715	—	—	—	—	—	—
Sant Julià-de-Lòria	715	—	—	—	—	—	—
AQUITAINE							
Agen	50	—	—	—	M	🚐	—
Ainhoa	50	—	—	P	M	🚐	—
Aire-sur-l'Adour	50	—	—	—	M	🚐	—
Allas-les-Mines	51	👪	🐴	—	M	🚐	—
Alles-sur-Dordogne	51	—	—	—	M	🚐	—
Anglet	52	—	—	—	M	—	🎭
Angoisse	52	—	—	—	M	🚐	—
Antonne-et-Trigonant	52	—	—	—	M	—	—
Aramits	53	—	—	—	M	—	—
Arès	53	—	—	P	M	🚐	🎭
Atur	54	👪	🐴	—	M	—	🎭
Aureilhan	54	👪	—	—	M	—	🎭
Azur	55	👪	—	—	M	🚐	🎭
Badefols-sur-Dordogne	55	—	—	—	M	🚐	🎭
La Bastide-Clairence	55	—	🐴	—	L	—	—
Baudreix	56	—	🐴	—	M	🚐	—
Beauville	56	—	🐴	—	M	—	—
Bélus	56	—	—	—	M	—	—
Belvès	57	👪	🐴	—	M	🚐	🎭
Beynac-et-Cazenac	57	—	—	—	M	🚐	—
Biarritz	58	—	—	—	M	—	—
Bias	58	—	—	—	M	—	—
Bidart	58	👪	—	—	M	🚐	🎭
Biganos	60	—	—	—	M	🚐	—
Biron	60	👪	—	P	M	—	🎭
Biscarrosse	60	👪	🐴	—	M	🚐	🎭
Biscarrosse-Plage	62	—	—	—	M	—	🎭
Blasimon	62	—	🐴	—	—	—	—
Blaye	62	—	—	—	—	—	—
Bordeaux	62	—	—	P	M	🚐	—
Brantôme	63	—	🐴	—	M	🚐	—
Le Bugue	63	👪	🐴	—	M	🚐	—
Le Buisson-de-Cadouin	63	👪	🐴	—	M	—	—
Bunus	64	—	—	—	—	—	—

	Pages			Permanent	Location		
Cambo-les-Bains	64	—	—	—	M	—	—
Campagne	64	●	—	—	M	●	—
Carsac-Aillac	64	—	●	—	M	—	—
Casteljaloux	65	—	●	P	L	●	—
Castelmoron-sur-Lot	65	—	●	—	L	—	●
Castelnaud-la-Chapelle	66	—	●	—	M	●	—
Castels	66	—	—	P	L	—	—
Castets	66	—	—	—	M	●	—
Castillon-la-Bataille	67	—	—	—	M	—	—
Cénac-et-Saint-Julien	67	—	—	—	M	●	—
La Chapelle-Aubareil	67	—	●	—	M	●	—
Coly	67	—	—	—	L	—	—
Contis-Plage	68	●	—	—	M	—	●
Cornille	68	—	●	—	L	—	—
Courbiac	68	—	●	—	M	●	—
Coux-et-Bigaroque	68	—	●	—	M	—	—
Couze-et-Saint-Front	69	—	—	—	M	●	—
Daglan	69	●	—	—	M	—	—
Dax	70	●	—	—	M	●	—
Domme	70	●	●	P	M	●	—
Eymet	71	—	—	—	—	—	—
Les Eyzies-de-Tayac	71	●	●	—	M	●	—
Fumel	72	—	●	—	M	●	—
Gabarret	73	—	—	—	M	—	—
Gradignan	73	—	—	P	M	—	—
Groléjac	73	●	—	—	M	●	●
Hagetmau	74	—	—	—	—	—	—
Hautefort	74	—	—	—	L	—	—
Hendaye	74	—	—	—	M	●	●
Hourtin	75	●	●	—	M	●	●
Hourtin-Plage	76	●	—	—	M	—	●
La Hume	76	—	●	—	M	●	—
Itxassou	76	—	—	P	M	●	—
Labenne-Océan	76	●	—	—	M	●	●
Lacanau	77	●	—	—	M	●	●
Lacanau-Océan	78	●	—	—	M	●	●
Lamonzie-Montastruc	78	●	—	—	M	—	—
Lanouaille	79	—	●	—	L	—	—
Larrau	79	—	●	P	L	—	—
Laruns	79	—	—	P	M	●	—
Lège-Cap-Ferret	80	—	—	—	M	●	—
Léon	80	●	—	—	M	—	●
Lescun	80	—	●	—	—	—	—
Limeuil	80	—	—	—	M	●	—
Linxe	81	—	—	—	M	—	●
Lit-et-Mixe	81	●	—	—	M	●	●
Marcillac-Saint-Quentin	81	—	●	—	M	—	—
Mauléon-Licharre	82	—	●	—	M	●	—
Ménesplet	82	—	—	P	—	●	—
Messanges	82	●	—	P	M	●	●
Mézos	83	●	—	—	M	—	●
Mialet	84	—	—	—	L	—	—
Mimizan	84	—	—	—	M	●	—
Mimizan-Plage	84	●	—	—	M	●	●
Moliets-Plage	85	●	—	—	M	●	●
Monpazier	85	●	●	—	M	—	●
Montignac	85	—	—	—	M	—	—
Montory	85	—	●	P	L	—	—
Montpon-Ménestérol	86	—	—	—	M	—	—
Navarrenx	86	—	—	—	M	●	—
Nontron	86	—	—	—	M	●	—
Oloron-Sainte-Marie	86	—	—	—	M	●	—
Ondres	87	—	—	—	M	—	—
Parcoul	87	—	—	P	M	—	—
Parentis-en-Born	87	●	—	—	M	—	—
Pauillac	88	—	—	—	M	●	—
Petit-Palais-et-Cornemps	88	—	—	P	M	●	—
Peyrignac	88	—	—	P	M	●	—
Peyrillac-et-Millac	88	—	●	—	M	●	—
Pissos	89	—	●	—	M	—	—
Plazac	89	●	—	—	M	●	—
Pont-du-Casse	89	—	—	P	L	—	—
Le Porge	89	●	—	—	M	—	●
Pyla-sur-Mer	90	●	●	—	M	●	●
Rauzan	90	—	●	—	M	●	—
Rivière-Saas-et-Gourby	91	—	—	—	M	●	—

	Pages	👪	🐴	Permanent	Location	🚐	🎭
La Roche-Chalais	91	—	—	—	M	🚐	—
La Roque-Gageac	91	👪	—	—	M	—	🎭
Rouffignac	91	—	🐴	—	M	🚐	—
Sabres	92	—	—	—	M	🚐	—
Saint-Amand-de-Coly	92	👪	🐴	—	M	🚐	—
Saint-Antoine-d'Auberoche	93	—	—	—	M	🚐	—
Saint-Antoine-de-Breuilh	93	—	—	—	M	—	—
Saint-Aulaye	93	—	—	—	M	🚐	—
Saint-Avit-de-Vialard	94	👪	🐴	P	M	🚐	🎭
Saint-Avit-Sénieur	94	—	—	—	L	—	—
Saint-Crépin-et-Carlucet	94	👪	🐴	—	M	🚐	🎭
Saint-Cybranet	95	—	—	—	—	—	—
Saint-Émilion	95	👪	—	—	M	🚐	—
Saint-Étienne-de-Baïgorry	95	—	—	—	—	—	—
Saint-Geniès	95	👪	—	—	M	—	🎭
Saint-Girons-Plage	96	👪	—	—	M	🚐	🎭
Saint-Jean-de-Luz	96	👪	—	P	M	🚐	🎭
Saint-Jean-Pied-de-Port	97	—	—	—	M	🚐	—
Saint-Julien-de-Lampon	98	—	—	—	M	—	—
Saint-Julien-en-Born	98	—	—	—	—	—	—
Saint-Justin	98	—	—	—	M	🚐	—
Saint-Laurent-Médoc	99	—	—	—	M	🚐	—
Saint-Léon-sur-Vézère	99	👪	—	—	M	🚐	🎭
Saint-Martial-de-Nabirat	99	—	—	—	M	—	—
Saint-Martin-de-Seignanx	100	👪	—	—	M	🚐	—
Saint-Paul-lès-Dax	100	👪	🐴	—	M	🚐	—
Saint-Pée-sur-Nivelle	101	—	🐴	—	M	🚐	—
Saint-Rémy	101	—	—	P	L	—	—
Saint-Saud-Lacoussière	101	👪	🐴	—	M	🚐	—
Saint-Vincent-de-Cosse	102	—	—	—	M	—	—
Sainte-Eulalie-en-Born	102	—	—	—	M	—	—
Sainte-Foy-la-Grande	102	—	—	—	M	—	—
Salies-de-Béarn	102	—	—	—	M	🚐	—
Salignac-Eyvigues	103	—	—	—	M	🚐	—
Salles	103	👪	—	—	M	🚐	—
Salles	103	—	—	—	M	—	—
Sanguinet	104	👪	—	—	M	—	🎭
Sare	104	—	—	—	M	—	—
Sarlat-la-Canéda	104	👪	🐴	—	M	🚐	🎭
Saubion	107	—	—	—	M	🚐	🎭
Sauveterre-la-Lémance	107	—	—	—	M	🚐	—
Seignosse-Océan	108	👪	—	—	M	🚐	🎭
Siorac-en-Périgord	108	—	—	—	M	—	—
Sorde-l'Abbaye	108	—	—	—	—	—	—
Soulac-sur-Mer	108	👪	—	—	M	🚐	🎭
Soustons	109	—	🐴	—	M	—	🎭
Le Teich	110	👪	—	—	M	🚐	🎭
Terrasson-Lavilledieu	110	—	—	P	M	🚐	—
La Teste-de-Buch	110	👪	—	—	L	—	🎭
Thenon	111	—	—	—	M	🚐	—
Thiviers	111	—	—	P	M	—	—
Tocane-Saint-Apre	111	—	—	—	M	—	—
Trentels	111	—	🐴	P	L	—	—
Tursac	112	—	🐴	—	M	🚐	—
Urdos	112	—	—	—	M	🚐	—
Urrugne	112	👪	—	P	M	🚐	—
Urt	113	—	—	—	M	🚐	—
Vendays-Montalivet	113	—	—	—	M	—	—
Vensac	113	—	—	—	M	—	🎭
Le Verdon-sur-Mer	114	👪	—	—	M	—	🎭
Vézac	114	—	—	—	M	🚐	—
Saint-Girons	114	👪	—	—	M	🚐	🎭
Vieux-Boucau-les-Bains	115	—	—	—	M	🚐	—
Vieux-Mareuil	115	—	🐴	P	M	🚐	—
Villeréal	115	👪	🐴	—	M	🚐	🎭
Vitrac	116	👪	—	—	M	🚐	🎭
AUVERGNE							
Abrest	119	—	—	—	M	🚐	—
Alleyras	119	—	—	—	M	🚐	—
Ambert	119	—	—	—	M	🚐	—
Arnac	119	—	—	P	L	🚐	🎭
Arpajon-sur-Cère	120	—	—	—	M	—	—

	Pages	[famille]	[jeux]	Permanent	Location	[camping-car]	[animations]
Aurillac	120	—	—	—	—	[camping-car]	—
Aydat	120	—	—	P	M	—	[animations]
Bagnols	120	—	—	—	M	[camping-car]	—
Billom	121	—	—	—	M	—	—
La Bourboule	121	—	—	—	M	[camping-car]	[animations]
Braize	121	—	[jeux]	—	M	—	—
Céaux-d'Allègre	122	—	—	—	M	—	—
Ceyrat	122	—	—	P	M	[camping-car]	—
La Chaise-Dieu	122	—	—	—	M	[camping-car]	—
Chambon-sur-Lac	122	[famille]	[jeux]	—	M	[camping-car]	[animations]
Le Chambon-sur-Lignon	123	—	—	—	M	[camping-car]	—
Champagnac-le-Vieux	124	—	—	—	M	—	[animations]
Champs-sur-Tarentaine	124	—	[jeux]	—	L	—	—
Châtelguyon	124	[famille]	—	—	M	[camping-car]	[animations]
Chaudes-Aigues	125	—	—	—	—	[camping-car]	—
Couleuvre	125	—	—	—	—	—	—
Cournon-d'Auvergne	125	—	—	—	M	[camping-car]	—
Courpière	125	—	—	—	M	—	—
Cunlhat	126	—	—	—	M	—	—
Dompierre-sur-Besbre	126	—	—	—	—	[camping-car]	—
Gannat	126	—	—	—	M	[camping-car]	—
Isle-et-Bardais	126	—	—	—	M	—	—
Issoire	127	—	—	—	M	[camping-car]	[animations]
Lacapelle-Del-Fraisse	127	—	—	—	L	—	—
Lanobre	127	—	—	—	M	—	[animations]
Lapalisse	128	—	—	—	M	—	—
Lapeyrouse	128	—	—	—	M	—	—
Lavoûte-sur-Loire	128	—	—	—	—	[camping-car]	—
Massiac	128	—	—	—	M	[camping-car]	—
Mauriac	129	—	—	—	M	[camping-car]	[animations]
Maurs	129	—	—	—	M	—	—
Le Mayet-de-Montagne	129	—	—	—	M	—	—
Monistrol-d'Allier	129	—	—	—	—	—	—
Le Mont-Dore	130	—	[jeux]	—	M	—	—
Murat-le-Quaire	130	—	—	P	M	[camping-car]	—
Murol	130	[famille]	—	P	M	—	[animations]
Nébouzat	131	—	—	—	M	—	—
Néris-les-Bains	131	—	—	—	M	[camping-car]	—
Neussargues-Moissac	131	—	—	—	M	—	—
Neuvéglise	132	—	—	—	M	[camping-car]	[animations]
Nonette	132	—	—	—	M	—	—
Orcet	132	—	—	—	M	[camping-car]	[animations]
Orléat	133	—	—	—	M	—	—
Paulhaguet	133	—	—	—	M	[camping-car]	—
Pers	133	—	—	—	M	[camping-car]	—
Pierrefitte-sur-Loire	133	—	—	—	M	[camping-car]	—
Pleaux	134	—	—	—	M	—	—
Pontgibaud	134	—	—	—	M	[camping-car]	—
Le Puy-en-Velay	134	—	—	—	—	—	—
Puy-Guillaume	134	—	—	—	—	—	—
Royat	135	[famille]	—	—	M	[camping-car]	[animations]
Saignes	135	—	—	—	M	—	—
Saint-Amant-Roche-Savine	135	—	—	—	M	[camping-car]	—
Saint-Bonnet-Tronçais	135	—	—	—	M	—	—
Saint-Didier-en-Velay	136	—	—	—	M	—	—
Saint-Éloy-les-Mines	136	—	—	—	—	[camping-car]	—
Saint-Flour	136	—	—	—	M	[camping-car]	—
Saint-Germain-l'Herm	136	—	—	—	M	—	—
Saint-Gérons	137	—	[jeux]	—	M	[camping-car]	—
Saint-Gervais-d'Auvergne	137	—	—	—	M	[camping-car]	—
Saint-Just	137	—	—	—	M	[camping-car]	[animations]
Saint-Mamet-la-Salvetat	137	—	—	—	M	—	—
Saint-Martin-Valmeroux	138	—	—	—	M	[camping-car]	—
Saint-Nectaire	138	—	—	—	M	[camping-car]	—
Saint-Paulien	139	—	—	—	M	[camping-car]	—
Saint-Pourçain-sur-Sioule	139	—	—	—	—	[camping-car]	—
Saint-Rémy-sur-Durolle	139	—	—	—	M	[camping-car]	—
Sainte-Sigolène	140	[famille]	—	—	M	[camping-car]	[animations]
Saugues	140	—	—	—	M	[camping-car]	—
Sazeret	140	—	—	—	M	—	—
Singles	141	[famille]	[jeux]	—	M	[camping-car]	[animations]
Tauves	141	—	—	—	M	[camping-car]	—

	Pages	👪	🐴	Permanent	Location	🚐	🎭
Treignat	141	—	—	—	M	—	—
Vallon-en-Sully	141	—	—	—	—	—	—
Vic-sur-Cère	142	—	—	—	M	—	🎭
Viverols	142	—	—	—	—	🚐	—
Vorey	142	—	—	—	M	🚐	—
BASSE-NORMANDIE							
Agon-Coutainville	458	—	—	—	—	—	—
Alençon	458	—	—	—	—	🚐	—
Annoville	458	—	🐴	—	M	—	—
Argentan	458	—	—	—	—	🚐	—
Arromanches-les-Bains	459	—	—	—	M	🚐	—
Aumale	459	—	🐴	—	—	🚐	—
Bagnoles-de-l'Orne	459	—	—	—	M	—	—
Barneville-Carteret	459	—	—	—	M	🚐	🎭
Baubigny	460	—	🐴	—	M	—	—
Bayeux	460	—	—	—	M	🚐	—
Bazinval	460	—	—	—	—	🚐	—
Beauvoir	461	—	—	—	M	—	—
Le Bec-Hellouin	461	—	🐴	—	—	🚐	—
Bellême	461	—	—	—	—	—	—
Bernay	461	—	—	—	M	🚐	—
Bernières-sur-Mer	462	—	—	—	M	🚐	🎭
Les Biards	462	—	🐴	P	M	—	🎭
Blangy-le-Château	462	👪	—	—	M	—	🎭
Blangy-sur-Bresle	462	—	—	—	—	—	—
Bourg-Achard	463	—	—	—	M	🚐	—
Brécey	463	—	—	—	M	—	—
Bréhal	463	—	—	—	M	🚐	🎭
Bréville-sur-Mer	463	👪	—	—	M	🚐	🎭
Cany-Barville	464	—	—	—	—	🚐	—
Carentan	464	—	—	—	M	🚐	—
Colleville-sur-Mer	464	—	—	—	M	🚐	—
Courseulles-sur-Mer	464	—	—	—	M	🚐	—
Courtils	465	—	—	—	M	🚐	—
Creully	465	—	—	—	M	—	—
Denneville	465	—	—	—	M	—	🎭
Dieppe	465	—	—	—	M	🚐	—
Dives-sur-Mer	466	—	—	—	M	🚐	—
Domfront	466	—	—	—	—	🚐	—
Donville-les-Bains	466	—	—	—	—	—	🎭
Ducey	467	—	—	—	—	🚐	—
Étréham	467	—	🐴	—	M	🚐	—
Étretat	467	—	—	—	—	🚐	—
Falaise	467	—	—	—	—	—	—
Fiquefleur-Équainville	468	—	—	—	M	—	—
Flers	468	—	—	—	M	🚐	—
Genêts	468	—	—	—	M	🚐	—
Gonneville-en-Auge	468	—	—	—	M	—	—
Granville	469	—	—	—	M	🚐	🎭
Le Gros-Theil	469	—	🐴	P	M	—	🎭
Honfleur	469	—	—	—	M	🚐	🎭
Houlgate	470	👪	—	—	M	🚐	🎭
Incheville	470	—	—	—	—	—	—
Isigny-sur-Mer	470	—	—	—	M	🚐	—
Jullouville	471	—	—	—	M	🚐	—
Jumièges	471	—	—	—	M	🚐	—
Lisieux	471	—	—	—	M	—	—
Les Loges	471	—	—	—	M	🚐	—
Louviers	472	—	—	—	M	🚐	—
Luc-sur-Mer	472	—	—	—	M	🚐	—
Lyons-la-Forêt	472	—	—	—	M	—	—
Marchainville	472	—	—	—	—	—	—
Martigny	473	—	—	—	M	—	—
Martragny	473	—	—	—	M	🚐	—
Maupertus-sur-Mer	473	👪	—	—	M	🚐	🎭
Merville-Franceville-Plage	474	—	—	—	M	🚐	🎭
Moyaux	474	—	🐴	—	—	—	🎭
Omonville-la-Rogue	474	—	—	—	—	🚐	—
Orbec	474	—	—	—	—	—	—
Les Pieux	475	—	—	—	M	🚐	🎭
Pont-Audemer	475	—	—	—	M	—	—
Pont-Authou	475	—	—	P	M	🚐	—
Pont-Farcy	475	—	—	—	—	—	—
Pontorson	476	👪	—	—	M	🚐	🎭
Port-en-Bessin	476	👪	—	—	M	🚐	🎭
Quiberville	476	—	—	—	—	🚐	—
Radon	476	—	—	—	M	🚐	—
Ravenoville	477	👪	—	—	M	🚐	🎭
Le Rozel	477	—	🐴	—	M	—	—

	Pages	👪	🐴	Permanent	Location	🚐	🎭
Saint-Arnoult	477	👪	—	—	M	🚐	🎭
Saint-Aubin-sur-Mer	478	👪	—	—	M	🚐	🎭
Saint-Aubin-sur-Mer	478	—	—	—	M	🚐	—
Saint-Evroult-Notre-Dame-du-Bois	478	—	—	—	—	🚐	—
Saint-Georges-du-Vièvre	478	—	—	—	M	—	—
Saint-Germain-sur-Ay	479	—	—	—	M	—	—
Saint-Hilaire-du-Harcouët	479	—	—	—	—	🚐	—
Saint-Jean-de-la-Rivière	479	—	—	—	M	🚐	🎭
Saint-Martin-en-Campagne	479	—	—	—	M	🚐	🎭
Saint-Pair-sur-Mer	480	—	—	—	—	—	—
Saint-Sauveur-le-Vicomte	480	—	—	—	—	—	—
Saint-Symphorien-le-Valois	480	👪	—	—	M	🚐	🎭
Saint-Vaast-la-Hougue	480	—	—	—	M	🚐	🎭
Saint-Valery-en-Caux	481	—	—	P	M	—	—
Sainte-Marie-du-Mont	481	—	—	—	M	🚐	—
Sainte-Mère-Église	481	—	—	—	—	🚐	—
Surrain	481	—	—	—	M	🚐	—
Surtainville	482	—	—	P	M	🚐	—
Thury-Harcourt	482	—	—	—	M	🚐	—
Touffreville-sur-Eu	482	—	🐴	P	—	—	—
Tourlaville	482	—	—	—	M	🚐	—
Toussaint	483	—	—	—	M	—	—
Le Tréport	483	—	—	—	M	🚐	—
Trévières	483	—	—	—	—	—	—
Veules-les-Roses	483	—	—	—	M	🚐	—
Le Vey	484	—	—	—	M	🚐	—
Villedieu-les-Poêles	484	—	—	—	M	🚐	—
Villers-sur-Mer	484	—	—	—	M	—	🎭
Vimoutiers	484	—	—	—	M	🚐	—

BOURGOGNE

	Pages	👪	🐴	Permanent	Location	🚐	🎭
Ancy-le-Franc	145	—	—	—	—	🚐	—
Andryes	145	—	🐴	—	M	🚐	—
Arnay-le-Duc	145	—	—	—	M	🚐	🎭
Asquins	145	—	—	—	—	—	—

	Pages	👪	🐴	Permanert	Location	🚐	🎭
Autun	146	—	—	—	M	🚐	—
Auxerre	146	—	—	—	—	🚐	—
Avallon	146	—	🐴	—	—	🚐	—
Beaune	146	—	—	—	—	—	—
Bligny-sur-Ouche	147	—	—	—	—	🚐	—
Bourbon-Lancy	147	—	—	—	M	—	—
Chablis	147	—	—	—	—	🚐	—
Chagny	147	—	—	—	—	—	—
Chambilly	148	—	—	—	M	🚐	—
La Charité-sur-Loire	148	—	—	—	M	—	—
Charolles	148	—	—	—	M	🚐	—
Château-Chinon	148	—	🐴	—	—	🚐	—
Châtillon-sur-Seine	149	—	—	—	M	🚐	—
Chauffailles	149	—	—	—	M	🚐	—
Clamecy	149	—	—	—	M	—	—
Cluny	149	—	—	—	—	—	—
Corancy	150	—	—	P	—	—	—
Cormatin	150	—	—	—	M	🚐	—
Couches	150	—	—	—	—	🚐	—
Crêches-sur-Saône	150	—	—	—	—	🚐	—
Crux-la-Ville	151	—	—	—	M	🚐	—
Digoin	151	—	—	—	M	🚐	—
Dijon	151	—	—	—	M	🚐	—
Dompierre-les-Ormes	151	—	—	—	M	🚐	🎭
Épinac	152	—	—	—	M	🚐	—
Gigny-sur-Saône	152	👪	🐴	—	M	🚐	—
Gimouille	152	—	🐴	—	L	—	—
Gueugnon	152	—	—	—	M	—	—
L'Isle-sur-Serein	153	—	—	—	M	🚐	—
Issy-l'Évêque	153	—	—	—	M	🚐	—
Laives	153	—	—	—	M	🚐	—
Ligny-le-Châtel	153	—	—	—	—	🚐	—
Louhans	154	—	—	—	M	🚐	—
Luzy	154	👪	🐴	—	M	—	🎭
Marcenay	154	—	—	—	M	🚐	—
Matour	155	—	—	—	M	🚐	—
Meursault	155	—	—	—	M	🚐	—
Migennes	155	—	—	—	M	🚐	—
Montbard	156	—	—	—	M	🚐	—

	Pages	👪	🐴	Permanent	Location	🚐	🎭
Montigny-en-Morvan	156	—	—	—	—	—	—
Nolay	156	—	—	P	M	🚐	—
Palinges	156	—	—	—	M	🚐	—
Prémery	157	—	—	—	M	—	—
Saint-Germain-du-Bois	157	—	—	—	M	—	—
Saint-Honoré-les-Bains	157	👪	—	—	M	🚐	—
Saint-Léger-de-Fougeret	158	—	🐴	—	M	🚐	—
Saint-Péreuse	158	—	—	P	M	🚐	—
Saint-Point	158	—	—	—	M	🚐	—
Saint-Sauveur-en-Puisaye	159	—	—	—	M	🚐	—
Salornay-sur-Guye	159	—	—	—	—	🚐	—
Santenay	159	—	—	—	M	—	—
Saulieu	159	—	—	—	M	🚐	—
Savigny-lès-Beaune	160	—	—	—	—	🚐	—
Les Settons	160	—	—	—	M	🚐	—
Tonnerre	161	—	—	—	—	🚐	—
Tournus	161	—	—	—	—	🚐	—
Vandenesse-en-Auxois	161	👪	—	—	M	—	—
Varzy	161	—	—	—	—	—	—
Venarey-les-Laumes	162	—	—	—	M	—	—
Vermenton	162	—	—	—	—	🚐	—
Vignoles	162	—	—	P	—	—	—
BRETAGNE							
Ambon	166	👪	—	—	M	—	🎭
Arradon	166	👪	🐴	—	M	🚐	—
Arzano	167	👪	—	—	M	🚐	🎭
Arzon	167	—	—	—	M	🚐	—
Baden	168	👪	🐴	—	M	🚐	🎭
Bégard	168	—	—	—	M	🚐	🎭
Beg-Meil	168	👪	—	—	M	🚐	—
Belle-Ile	169	👪	🐴	—	M	🚐	—
Belz	170	—	—	—	M	🚐	—
Bénodet	170	👪	—	—	M	🚐	🎭
Binic	171	—	—	—	M	🚐	—
Bono	171	—	—	—	M	🚐	—
Brest	172	👪	—	P	M	—	—
Brignogan-Plages	172	—	—	—	M	🚐	—
Callac	172	—	🐴	—	—	🚐	—
Camaret-sur-Mer	173	—	🐴	—	M	🚐	—
Camors	173	—	—	—	—	🚐	—
Cancale	173	—	—	—	M	🚐	—
Cap-Coz	173	—	—	P	M	—	—
Carantec	174	👪	—	—	M	🚐	🎭
Carhaix-Plouguer	174	—	🐴	—	M	—	—
Carnac	174	👪	🐴	—	M	🚐	🎭
Carnac-Plage	176	👪	—	—	M	🚐	🎭
Caurel	177	—	—	—	M	—	—
La Chapelle-aux-Filtzméens	177	—	—	—	M	🚐	—
Châteaugiron	177	—	—	—	—	—	—
Châtelaudren	177	—	—	—	—	—	—
Châtillon-en-Vendelais	178	—	—	—	—	🚐	—
Cléden-Cap-Sizun	178	—	—	P	—	—	—
Concarneau	178	👪	🐴	—	M	🚐	—
Le Conquet	179	—	—	—	M	—	—
Crach	179	—	—	—	M	—	—
Crozon	179	—	—	—	M	—	—
Dinéault	179	—	—	—	M	🚐	—
Dol-de-Bretagne	180	—	🐴	—	M	🚐	🎭
Erdeven	180	—	—	—	M	—	—
Erquy	181	👪	🐴	P	M	🚐	🎭
Étables-sur-Mer	182	—	—	—	M	🚐	—
Faouët	182	—	—	—	M	—	—
Feins	182	—	—	—	M	—	—
La Forêt-Fouesnant	183	👪	—	—	M	🚐	🎭
Fouesnant	184	👪	—	—	M	🚐	🎭
Fougères	184	—	—	—	—	🚐	—
Le Fret	184	—	—	—	M	—	—
Le Guerno	185	—	—	—	M	—	—
Guidel	185	—	—	—	M	—	—
Guilvinec	185	👪	—	—	M	🚐	🎭
Huelgoat	186	—	—	—	M	🚐	—
Île-aux-Moines	186	—	—	—	—	—	—
Josselin	186	—	—	—	M	🚐	—
Jugon-les-Lacs	187	—	—	—	M	🚐	🎭
Kervel	187	👪	—	—	M	🚐	🎭

	Pages	👪	🐴	Permanent	Location	🚐	🎭
Kervoyal	187	—	—	—	M	🚐	—
Lampaul-Ploudalmézeau	187	—	—	—	—	🚐	—
Landéda	188	👪	—	—	M	🚐	🎭
Lanloup	188	—	—	—	M	🚐	—
Lannion	188	—	🐴	P	M	🚐	—
Lantic	189	—	—	—	M	🚐	—
Larmor-Plage	189	—	—	P	M	🚐	—
Lesconil	189	—	—	—	M	🚐	—
Locmaria-Plouzané	190	—	—	—	M	🚐	—
Locmariaquer	190	—	—	—	M	🚐	—
Locronan	190	—	—	—	M	🚐	—
Loctudy	191	—	—	—	M	🚐	—
Louannec	191	—	—	—	M	🚐	🎭
Marcillé-Robert	191	—	—	P	—	—	—
Martigné-Ferchaud	191	—	—	—	M	🚐	—
Matignon	192	—	—	—	M	🚐	—
Merdrignac	192	—	—	—	M	🚐	—
Meucon	192	—	🐴	P	M	🚐	—
Moëlan-sur-Mer	193	—	🐴	—	M	—	—
Morgat	193	—	—	—	M	—	—
Mousterlin	193	👪	—	—	M	—	🎭
Naizin	194	—	—	—	—	—	—
Névez	194	—	—	—	M	—	—
Noyal-Muzillac	194	—	🐴	—	M	🚐	🎭
Paimpol	194	—	—	—	M	🚐	—
Paimpont	195	—	—	—	M	🚐	—
Pénestin	195	👪	—	—	M	🚐	🎭
Penmarch	196	—	—	—	—	—	—
Pentrez-Plage	196	👪	—	—	M	—	🎭
Perros-Guirec	196	👪	🐴	—	M	🚐	🎭
Le Pertre	197	—	🐴	—	M	—	—
Plancoët	197	—	—	—	—	—	—
Planguenoual	197	—	—	—	—	—	—
Pléneuf-Val-André	198	👪	—	—	M	—	—
Plestin-les-Grèves	198	—	—	—	M	🚐	—
Pleubian	198	—	🐴	—	M	—	—
Pleumeur-Bodou	199	—	🐴	P	M	🚐	—
Pléven	199	—	—	—	—	—	—
Plobannalec-Lesconil	199	👪	—	—	M	—	🎭
Ploemel	199	👪	—	—	M	🚐	—
Ploéven	200	—	—	—	M	—	—
Plomeur	200	—	🐴	—	M	—	—
Plomodiern	201	—	—	—	M	🚐	—
Plonéour-Lanvern	201	—	—	—	M	—	—
Plouézec	201	—	🐴	—	M	🚐	—
Plougasnou	202	—	🐴	—	M	🚐	—
Plougastel-Daoulas	202	👪	—	—	M	🚐	🎭
Plougonvelin	202	—	—	P	L	—	—
Plougoulm	202	—	—	—	—	—	—
Plougoumelen	203	—	🐴	—	M	—	—
Plougrescant	203	—	—	—	M	🚐	—
Plouguerneau	204	—	—	—	M	🚐	—
Plouha	204	—	—	—	M	🚐	—
Plouharnel	205	—	—	—	M	🚐	🎭
Plouhinec	205	—	🐴	—	M	🚐	—
Plouhinec	205	👪	—	—	M	—	🎭
Plouigneau	206	—	🐴	—	M	🚐	—
Plounévez-Lochrist	206	—	—	—	M	—	—
Plozévet	206	—	—	—	M	🚐	—
Plurien	206	—	—	—	—	—	—
Pontrieux	207	—	—	P	M	—	—
Pont-Scorff	207	—	—	P	M	🚐	—
Pordic	207	—	—	—	M	🚐	—
Port-Manech	208	—	—	—	M	—	—
Le Pouldu	208	—	—	P	M	🚐	🎭
Poullan-sur-Mer	209	👪	—	—	M	🚐	🎭
Primel-Trégastel	209	—	🐴	—	M	🚐	—
Primelin	210	—	—	—	M	🚐	—
Priziac	210	—	—	—	M	🚐	—
Quiberon	210	👪	—	—	M	🚐	🎭
Quimper	211	👪	—	—	M	🚐	🎭
Quimperlé	211	—	—	—	—	🚐	—
Raguenès-Plage	212	👪	—	—	M	🚐	🎭
Rennes	212	—	—	P	—	🚐	—
La Roche-Bernard	213	—	—	—	M	🚐	—
Rochefort-en-Terre	213	—	🐴	—	—	—	—
Rohan	213	—	—	—	—	🚐	—
Rosporden	213	—	🐴	—	—	—	—
Roz-sur-Couesnon	214	—	—	—	M	—	—
Saint-Briac-sur-Mer	214	—	—	—	M	🚐	—

	Pages	👪	🐴	Permanent	Location	🚐	🎭
Saint-Cast-le-Guildo	214	👪	🐴	—	M	🚐	🎭
Saint-Coulomb	215	—	🐴	—	M	—	—
Saint-Gildas-de-Rhuys	215	👪	—	—	M	🚐	—
Saint-Jean-du-Doigt	216	—	—	—	—	—	—
Saint-Jouan-des-Guérets	216	👪	—	—	M	🚐	🎭
Saint-Lunaire	216	—	—	—	M	🚐	—
Saint-Malo	217	👪	—	—	M	—	—
Saint-Marcan	217	—	🐴	—	M	—	—
Saint-Michel-en-Grève	217	—	—	—	M	🚐	—
Saint-Père	218	—	—	—	M	🚐	—
Saint-Philibert	218	—	—	—	M	—	—
Saint-Pol-de-Léon	219	👪	—	—	M	🚐	🎭
Saint-Renan	219	—	—	—	—	🚐	—
Saint-Samson-sur-Rance	220	—	—	—	M	🚐	—
Saint-Yvi	220	—	🐴	—	M	—	🎭
Sainte-Anne-d'Auray	220	—	—	—	—	—	—
Sarzeau	220	👪	🐴	—	M	🚐	🎭
Scaër	221	—	—	—	M	🚐	—
Sérent	222	—	—	—	M	—	—
Sizun	222	—	—	—	—	🚐	—
Sulniac	222	—	🐴	—	L	—	🎭
Taden	222	—	—	—	M	🚐	—
Taupont	223	—	🐴	—	M	🚐	—
Telgruc-sur-Mer	223	—	—	—	M	🚐	—
Theix	223	—	—	—	M	🚐	—
Tinténiac	224	—	—	—	M	🚐	—
Le Tour-du-Parc	224	—	—	—	M	—	—
Trébeurden	224	—	—	—	M	🚐	—
Tréboul	224	—	🐴	—	M	🚐	—
Treffiagat	225	—	🐴	—	M	🚐	—
Trégastel	225	—	—	—	M	🚐	—
Tréguennec	225	—	—	—	M	🚐	—
Trégunc	226	👪	—	—	M	🚐	🎭
Trélévern	226	—	🐴	—	M	🚐	—
La Trinité-sur-Mer	226	👪	—	—	M	🚐	🎭
Vannes	227	—	—	—	—	🚐	—
CENTRE							
Aubigny-sur-Nère	232	—	—	—	M	—	—
Azay-le-Rideau	232	—	—	—	—	🚐	—
Ballan-Miré	232	—	—	—	M	🚐	—
Baraize	232	—	—	—	M	—	—
La Bazoche-Gouet	233	—	—	—	M	—	—
Beaulieu-sur-Loire	233	—	—	—	—	🚐	—
Le Blanc	233	—	—	—	M	🚐	—
Bonneval	233	—	—	—	M	🚐	—
Bourges	234	—	—	—	—	—	—
Bourgueil	234	—	—	—	—	🚐	—
Bracieux	234	—	—	—	M	🚐	—
Briare	234	—	—	—	M	🚐	—
Buzançais	235	—	—	—	M	🚐	—
Candé-sur-Beuvron	235	—	—	—	M	🚐	—
Chaillac	235	—	—	P	M	—	—
Chartres	235	—	—	—	—	🚐	—
Châteaumeillant	236	—	—	—	M	🚐	—
Châteauroux	236	—	—	—	—	🚐	—
Châtillon-Coligny	236	—	—	—	—	—	—
La Châtre	236	—	—	—	—	—	—
Chaumont-sur-Loire	237	—	—	—	—	🚐	—
Chémery	237	—	—	—	M	🚐	—
Chemillé-sur-Indrois	237	—	—	—	M	🚐	—
Cheverny	237	👪	—	—	M	🚐	—
Chinon	238	—	—	—	M	🚐	—
Cloyes-sur-le-Loir	238	—	—	—	M	—	—
Coullons	238	—	—	—	—	—	—
Courville-sur-Eure	238	—	—	—	—	🚐	—
Descartes	239	—	—	—	M	🚐	—
Éguzon	239	—	—	P	M	🚐	—
Fontaine-Simon	239	—	—	P	M	—	—
Gargilesse	240	—	—	—	M	—	—
Gien	240	👪	—	—	M	🚐	🎭
La Guerche-sur-l'Aubois	240	—	—	—	M	🚐	—
L'Île-Bouchard	241	—	—	—	M	🚐	—
Isdes	241	—	—	—	—	🚐	—
Jars	241	—	—	—	—	—	—
Lorris	241	—	—	—	M	—	—
Luçay-le-Mâle	242	—	—	—	M	🚐	—
Lunery	242	—	—	—	—	🚐	—
Marcilly-sur-Vienne	242	—	—	—	M	🚐	—

	Pages	👥	🐴	Permanent	Location	🚐	🎭
Mareuil-sur-Cher	242	—	—	—	—	—	—
Mennetou-sur-Cher	243	—	—	—	—	🚐	—
Mesland	243	👥	—	—	M	🚐	—
Montargis	243	—	—	—	—	🚐	—
Montbazon	243	—	—	—	M	—	—
Montlouis-sur-Loire	244	—	—	—	M	🚐	—
Montoire-sur-le-Loir	244	—	—	—	M	—	—
Morée	244	—	—	—	M	🚐	—
Muides-sur-Loire	245	👥	—	—	M	🚐	🎭
Neung-sur-Beuvron	245	—	—	—	M	🚐	—
Neuvy-Saint-Sépulchre	245	—	—	—	M	—	—
Nogent-le-Rotrou	246	—	—	—	—	—	—
Nouan-le-Fuzelier	246	—	—	—	M	—	—
Olivet	246	—	—	—	—	🚐	—
Onzain	246	—	—	—	M	🚐	🎭
Pierrefitte-sur-Sauldre	247	👥	🐴	—	M	🚐	🎭
Preuilly-sur-Claise	247	—	—	—	M	—	—
Rillé	247	—	—	—	M	🚐	🎭
Romorantin-Lanthenay	247	—	—	—	M	🚐	—
Rosnay	248	—	—	P	—	—	—
Saint-Amand-Montrond	248	—	—	—	—	—	—
Saint-Avertin	248	—	—	—	M	🚐	—
Saint-Père-sur-Loire	248	—	—	—	M	🚐	—
Saint-Plantaire	249	—	—	—	M	—	—
Saint-Satur	249	—	—	—	—	—	—
Sainte-Catherine-de-Fierbois	249	👥	—	—	M	🚐	🎭
Sainte-Maure-de-Touraine	249	—	—	—	—	🚐	—
Salbris	250	—	—	—	M	🚐	—
Savigny-en-Véron	250	—	—	—	M	—	—
Savonnières	250	—	—	—	—	🚐	—
Senonches	250	👥	—	—	M	🚐	🎭
Sonzay	251	👥	—	—	M	🚐	—
Suèvres	251	👥	—	—	M	🚐	🎭
Thoré-la-Rochette	251	—	—	—	—	—	—
Valençay	251	—	—	—	—	🚐	—
Vatan	252	—	—	—	M	🚐	—
Veigné	252	—	—	—	M	🚐	—

	Pages	👥	🐴	Permanent	Location	🚐	🎭
La Ville-aux-Dames	252	—	—	P	M	🚐	—
Villiers-le-Morhier	252	—	—	P	M	🚐	—
Vitry-aux-Loges	253	—	—	—	—	🚐	—
Vouvray	253	—	—	—	—	🚐	—
CHAMPAGNE-ARDENNE							
Aix-en-Othe	257	—	—	P	M	🚐	—
Andelot	257	—	—	—	M	—	—
Bannes	257	—	🐴	P	—	—	—
Bourbonne-les-Bains	257	—	—	—	M	🚐	—
Bourg-Sainte-Marie	258	—	🐴	P	M	🚐	—
Braucourt	258	👥	—	—	M	—	🎭
Buzancy	258	—	🐴	—	M	🚐	—
Châlons-en-Champagne	258	—	—	—	M	🚐	—
Charleville-Mézières	259	—	—	—	—	🚐	—
Le Chesne	259	—	—	—	M	—	—
Dienville	259	—	—	—	M	—	—
Éclaron	260	👥	—	—	M	—	🎭
Épernay	260	—	—	—	—	🚐	—
Ervy-le-Châtel	260	—	🐴	—	—	🚐	—
Fismes	260	—	—	—	—	—	—
Géraudot	261	—	—	P	M	🚐	—
Giffaumont-Champaubert	261	—	🐴	—	L	—	🎭
Haulmé	261	—	🐴	—	—	🚐	—
Langres	261	👥	🐴	—	M	🚐	—
Mesnil-Saint-Père	262	👥	—	—	M	🚐	—
Montigny-le-Roi	262	—	—	—	—	🚐	—
Radonvilliers	262	—	—	—	M	—	—
Sézanne	262	—	—	—	—	🚐	—
Soulaines-Dhuys	263	—	—	—	M	🚐	—
Thonnance-les-Moulins	263	👥	—	—	M	🚐	🎭
Troyes	263	—	—	—	—	🚐	—
CORSE							
Ajaccio	267	—	—	—	M	🚐	—
Aléria	267	—	🐴	—	M	—	🎭
Bastia	268	—	—	—	M	🚐	—
Belvédère-Campomoro	268	—	—	—	M	🚐	—
Bonifacio	268	👥	🐴	—	M	🚐	🎭

	Pages			Permanent	Location		
Calacuccia	270	—	—	—	—	✓	—
Calcatoggio	270	—	—	—	M	✓	—
Calvi	270	—	—	—	M	✓	—
Cargèse	271	—	—	—	M	—	—
Casaglione	272	—	✓	—	M	—	—
Centuri	272	—	✓	—	—	✓	—
Corte	272	—	✓	—	—	✓	—
Farinole	272	—	—	—	M	✓	—
Figari	273	—	—	—	M	—	—
Ghisonaccia	273	✓	—	—	M	✓	✓
Lozari	273	—	—	P	M	✓	—
Lumio	274	—	✓	—	M	—	—
Moltifao	274	—	—	—	M	✓	—
Moriani-Plage	274	—	—	—	M	✓	—
Olmeto	275	—	—	—	M	—	—
Piana	275	—	—	—	—	✓	—
Pianottoli-Caldarello	275	—	✓	—	M	—	—
Pietracorbara	275	—	—	—	—	—	—
Pinarellu	276	—	✓	—	—	✓	—
Porto	276	—	✓	—	M	✓	—
Porto-Vecchio	277	—	—	—	M	✓	—
Propriano	279	—	—	—	L	—	—
Sagone	279	✓	—	—	M	✓	✓
Saint-Florent	279	—	—	—	M	—	—
Sainte-Lucie-de-Porto-Vecchio	279	—	—	—	M	✓	—
Serra-di-Ferro	280	—	—	—	—	✓	—
Tiuccia	280	—	✓	—	M	—	—
Vivario	280	—	—	—	—	✓	—

FRANCHE-COMTÉ

	Pages			Permanent	Location		
Arbois	283	—	—	—	M	✓	—
Belfort	283	—	—	—	M	✓	—
Bonlieu	283	—	—	—	M	—	—
Bonnal	283	—	—	—	M	✓	✓
Chalezeule	284	—	—	—	M	✓	—
Champagnole	284	—	—	—	M	✓	✓
Chancia	284	—	—	—	—	—	—
Châtillon	284	—	✓	—	M	—	—
Clairvaux-les-Lacs	285	✓	—	—	M	✓	✓
Cromary	285	—	—	—	—	—	—
Dole	285	—	—	—	M	—	—
Doucier	286	—	—	—	M	✓	—
Foncine-le-Haut	286	—	✓	—	M	✓	—
Fresse	286	—	—	—	M	—	—
Huanne-Montmartin	287	—	—	—	M	✓	—
Labergement-Sainte-Marie	287	—	—	—	M	✓	—
Lachapelle-sous-Rougemont	287	—	—	—	M	✓	—
Levier	288	—	—	—	M	✓	—
Lons-le-Saunier	288	—	—	—	M	✓	✓
Maîche	288	—	—	—	M	✓	—
Maisod	289	—	—	—	M	—	—
Malbuisson	289	—	—	—	M	✓	—
Mandeure	289	—	—	—	—	—	—
Marigny	289	✓	—	—	M	✓	✓
Mélisey	290	—	—	—	M	✓	—
Mesnois	290	✓	—	—	M	✓	—
Monnet-la-Ville	290	—	—	—	M	✓	—
Montagney	291	—	—	—	M	—	—
Ornans	291	—	—	—	M	✓	—
Ounans	291	—	—	—	M	✓	✓
Pesmes	292	—	—	—	M	✓	—
Poligny	292	—	—	—	—	✓	—
Pontarlier	292	—	—	P	M	✓	—
Pont-du-Navoy	292	—	—	P	M	—	—
Quingey	293	—	—	—	—	—	—
Renaucourt	293	—	—	—	—	—	—
Saint-Claude	293	—	—	—	M	✓	—
Saint-Hippolyte	293	—	—	—	—	✓	—
Saint-Laurent-en-Grandvaux	294	—	—	—	M	✓	—
Saint-Point-Lac	294	—	—	—	—	✓	—
Salins-les-Bains	294	—	—	—	M	—	—
La Tour-du-Meix	294	—	—	—	M	✓	—
Uxelles	295	—	✓	—	L	—	✓
Vesoul	295	—	—	P	M	✓	—
Villersexel	295	—	—	—	M	✓	—

ÎLE-DE-FRANCE

	Pages			Permanent	Location		
Bagneaux-sur-Loing	299	—	—	—	—	—	—
Boulancourt	299	—	✓	P	M	✓	—

	Pages	👪	🐴	Permanent	Location	🚐	🎭
Crèvecœur-en-Brie	299	—	—	—	M	🚐	—
Étampes	299	—	—	—	—	🚐	—
La Ferté-sous-Jouarre	300	—	—	P	—	—	—
Jablines	300	—	—	—	M	🚐	—
Louan Villegruis Fontaine	300	—	—	P	M	—	🎭
Melun	301	—	—	—	M	🚐	—
Montjay-la-Tour	301	—	—	P	M	🚐	🎭
Paris	301	—	—	P	M	🚐	—
Pommeuse	302	👪	—	—	M	—	🎭
Rambouillet	302	👪	—	—	M	🚐	—
Touquin	302	—	🐴	—	M	—	—
Veneux-les-Sablons	302	—	—	—	M	🚐	—
Verdelot	303	—	—	—	—	—	—
Versailles	303	—	🐴	—	M	🚐	—
Villiers-sur-Orge	303	—	—	P	M	🚐	—
LANGUEDOC-ROUSSILLON							
Agde	308	👪	—	—	M	🚐	🎭
Aigues-Mortes	309	👪	—	—	M	🚐	🎭
Alet-les-Bains	310	—	—	P	—	🚐	—
Allègre-les-Fumades	310	👪	—	—	M	—	🎭
Anduze	310	👪	🐴	—	M	🚐	🎭
Argelès-sur-Mer	311	👪	—	P	M	🚐	🎭
Arles-sur-Tech	314	—	—	—	M	—	—
Bagnols-sur-Cèze	315	—	—	—	M	—	—
Balaruc-les-Bains	315	👪	—	—	M	🚐	—
Le Barcarès	315	👪	—	P	M	🚐	🎭
Barjac	317	—	🐴	—	M	🚐	—
Bédouès	317	—	—	—	M	🚐	—
Belcaire	318	—	—	—	M	—	—
Bessèges	318	—	—	—	M	—	—
Blajoux	318	—	🐴	—	L	—	—
Boisset-et-Gaujac	318	👪	—	—	M	🚐	🎭
Boisson	319	👪	—	—	M	🚐	🎭
Le Bosc	319	—	—	—	L	—	—
Bourg-Madame	319	—	—	P	M	—	—
Brissac	319	—	—	—	M	🚐	🎭
Brousses-et-Villaret	320	—	🐴	—	M	🚐	—
Canet	320	—	—	—	M	🚐	—
Canet-Plage	320	👪	—	—	M	🚐	🎭
Canilhac	321	—	—	—	M	🚐	—
La Canourgue	322	—	—	—	L	🚐	—
Le-Cap-d'Agde	322	—	—	—	M	🚐	—
Carcassonne	322	—	—	—	M	🚐	🎭
Carnon-Plage	323	—	—	—	M	🚐	—
Casteil	323	—	🐴	—	M	🚐	—
Castries	323	—	🐴	P	M	🚐	—
Cendras	324	—	—	—	M	🚐	🎭
Chambon	324	—	—	—	—	—	—
Chastanier	324	—	—	—	M	🚐	—
Chirac	324	—	—	—	L	—	—
Clermont-l'Hérault	325	—	—	P	M	🚐	—
Collias	325	—	—	—	M	🚐	—
Connaux	325	—	—	P	M	—	—
Crespian	325	👪	—	—	M	🚐	—
Domazan	326	—	—	—	M	—	—
Égat	326	—	🐴	—	—	🚐	—
Err	326	—	🐴	—	M	—	—
Estavar	326	👪	🐴	—	M	🚐	—
Florac	327	—	—	—	M	🚐	—
Font-Romeu	327	—	—	—	M	🚐	—
Formiguères	327	—	🐴	P	M	🚐	—
Frontignan-Plage	327	👪	—	—	M	🚐	🎭
Fuilla	328	—	—	—	M	—	—
Gallargues-le-Montueux	328	👪	—	—	M	—	—
Génolhac	328	—	—	—	—	—	—
Gignac	328	—	—	—	M	🚐	—
Goudargues	329	—	—	—	M	🚐	—
La Grande-Motte	329	👪	—	—	M	🚐	—
Grandrieu	330	—	—	—	—	—	—
Le Grau-du-Roi	330	👪	—	—	M	🚐	🎭
Ispagnac	330	—	—	—	M	🚐	—
Junas	330	—	—	—	M	—	—
Lanuéjols	331	—	🐴	—	M	—	—
Laroque-des-Albères	331	—	🐴	—	M	—	—
Lattes	331	—	—	P	M	—	—
Laubert	332	—	—	—	M	—	—
Laurens	332	👪	—	—	M	—	🎭
Lodève	332	—	—	—	—	—	—
Le Malzieu-Ville	332	—	🐴	—	M	🚐	—

	Pages	👪	🐎	Permanent	Location	🚐	🎭
Marseillan-Plage	333	👪	🐎	—	M	🚐	🎭
Marvejols	334	—	—	—	M	—	—
Massillargues-Attuech	334	👪	—	—	M	—	—
Matemale	334	—	🐎	P	—	🚐	—
Maureillas-Las-Illas	335	—	—	—	M	—	—
Mende	335	—	—	P	M	🚐	—
Meyrueis	335	—	🐎	—	M	🚐	🎭
Molitg-les-Bains	336	—	—	—	—	🚐	—
Montclar	337	👪	🐎	—	M	🚐	🎭
Narbonne	337	👪	—	—	M	🚐	🎭
Nasbinals	337	—	—	—	—	—	—
Naussac	338	—	—	—	M	🚐	🎭
Palau-Del-Vidre	338	—	—	—	M	🚐	—
Palavas-les-Flots	338	—	—	—	M	🚐	🎭
Les Plantiers	339	—	—	—	M	—	—
Le-Pont-de-Montvert	339	—	—	—	—	🚐	—
Port-Camargue	339	👪	🐎	—	M	🚐	🎭
Portiragnes-Plage	340	👪	—	—	M	🚐	🎭
Prades	341	—	—	P	M	—	—
Quillan	341	—	—	—	M	🚐	—
Remoulins	342	👪	—	—	M	🚐	🎭
Rocles	342	—	—	—	M	🚐	—
Roquefort-des-Corbières	342	—	—	—	L	—	—
La Roque-sur-Cèze	343	—	—	—	M	🚐	—
Le Rozier	343	—	—	—	M	—	—
Saint-André-de-Sangonis	343	—	—	—	M	—	—
Saint-Bauzile	344	—	—	—	M	🚐	—
Saint-Cyprien-Plage	344	👪	—	—	M	🚐	🎭
Saint-Génis-des-Fontaines	344	—	—	—	M	—	—
Saint-Georges-de-Lévéjac	345	—	🐎	—	M	🚐	—
Saint-Germain-du-Teil	345	—	—	—	L	—	—
Saint-Hippolyte-du-Fort	345	—	—	—	M	🚐	—
Saint-Jean-de-Ceyrargues	345	—	🐎	—	M	—	—
Saint-Jean-du-Gard	346	—	🐎	—	M	🚐	🎭
Saint-Léger-de-Peyre	346	—	🐎	—	L	—	—
Saint-Paul-le-Froid	347	—	🐎	—	L	—	—
Saint-Victor-de-Malcap	347	👪	—	—	M	—	—
Sainte-Enimie	347	—	—	—	M	🚐	—
Sainte-Marie	348	👪	—	—	M	🚐	🎭
La Salvetat-sur-Agout	348	—	—	—	M	🚐	—
Sérignan	349	👪	—	—	M	—	🎭
Sérignan-Plage	349	👪	—	—	M	🚐	🎭
Sète	350	👪	—	—	M	—	🎭
Sommières	350	—	🐎	—	M	🚐	—
La Tamarissière	351	—	—	—	M	🚐	—
Torreilles-Plage	351	👪	—	—	M	🚐	🎭
Trèbes	352	—	—	—	M	🚐	—
Uzès	352	👪	🐎	—	M	🚐	—
Vallabrègues	353	—	—	—	M	🚐	—
Valleraugue	353	—	—	—	M	—	—
Valras-Plage	353	👪	—	—	M	🚐	🎭
Vernet-les-Bains	355	—	🐎	—	M	—	—
Vers-Pont-du-Gard	355	👪	—	—	M	🚐	—
Vias-Plage	355	👪	—	—	M	🚐	🎭
Le Vigan	357	—	—	—	M	🚐	—
Les Vignes	358	—	—	—	M	—	—
Villefort	358	—	—	—	M	🚐	—
Villegly	359	—	—	—	M	🚐	—
Villemoustaussou	359	—	—	—	M	🚐	—
Villeneuve-de-la-Raho	359	—	—	—	M	🚐	—
Villeneuve-lès-Avignon	359	👪	—	—	M	🚐	—
Villeneuve-lès-Béziers	360	—	—	—	M	🚐	—
LIMOUSIN							
Aixe-sur-Vienne	363	—	—	—	M	—	—
Argentat	363	👪	—	—	M	🚐	🎭
Aubazines	364	👪	—	—	M	🚐	🎭
Auriac	364	—	🐎	—	M	—	—
Beaulieu-sur-Dordogne	364	—	🐎	—	M	🚐	—
Bessines-sur-Gartempe	365	—	—	—	M	—	—
Beynat	365	—	🐎	—	M	🚐	🎭
Le-Bourg-d'Hem	365	—	—	—	—	—	—

	Pages	👪	🐎	Permanent	Location	🚐	🎭
Boussac-Bourg	366	👪	🐎	—	M	🚐	🎭
Bujaleuf	366	—	—	—	M	🚐	—
Bussière-Galant	366	—	—	—	—	—	—
Camps	366	—	—	—	M	—	—
La Celle-Dunoise	367	—	—	—	M	🚐	—
Chamberet	367	—	🐎	—	L	🚐	—
Châteauneuf-la-Forêt	367	—	—	—	M	🚐	—
Châteauponsac	368	—	—	P	M	🚐	—
Châtelus-Malvaleix	368	—	—	—	—	—	—
Corrèze	368	—	—	—	M	🚐	—
Cromac	368	—	—	—	M	🚐	—
Donzenac	369	—	—	—	M	🚐	—
Évaux-les-Bains	369	—	—	—	M	—	—
Eymoutiers	369	—	—	—	—	—	—
Guéret	369	—	—	—	M	—	—
Ladignac-le-Long	370	—	—	—	M	🚐	—
Liginiac	370	—	—	—	M	🚐	—
Lissac-sur-Couze	370	—	🐎	P	L	🚐	—
Magnac-Laval	371	—	🐎	—	L	—	—
Masseret	371	—	—	—	M	—	—
Meyssac	371	—	—	—	M	—	—
Neuvic	371	—	—	P	M	🚐	—
Nexon	372	—	—	—	M	🚐	—
Objat	372	—	—	—	L	🚐	—
Palisse	372	👪	🐎	—	M	—	—
Pierre-Buffière	372	—	—	—	—	🚐	—
Razès	373	👪	—	—	M	—	—
Reygade	373	—	—	—	M	—	—
Royère-de-Vassivière	373	—	—	—	M	—	—
Saint-Germain-les-Belles	374	—	—	—	M	🚐	—
Saint-Hilaire-les-Places	374	—	—	—	M	🚐	—
Saint-Laurent-les-Églises	374	—	—	—	M	—	—
Saint-Léonard-de-Noblat	374	—	—	—	M	🚐	—
Saint-Martin-Terressus	375	—	—	—	—	—	—
Saint-Pardoux	375	—	—	—	M	—	—
Saint-Pardoux-Corbier	375	—	—	—	—	—	—
Saint-Yrieix-la-Perche	375	—	—	—	M	🚐	—

	Pages	👪	🐎	Permanent	Location	🚐	🎭
Seilhac	376	—	—	—	M	🚐	—
Treignac	376	—	—	—	M	🚐	—
Ussel	377	—	—	—	M	🚐	—
Uzerche	377	—	—	—	—	—	—
Videix	377	—	🐎	—	L	—	—
Vigeois	377	—	🐎	—	M	🚐	—
LORRAINE							
Anould	381	—	—	—	M	🚐	—
La Bresse	381	—	—	—	M	🚐	—
Bulgnéville	381	—	—	—	—	🚐	—
Bussang	382	—	—	P	M	🚐	🎭
Celles-sur-Plaine	382	—	—	—	M	—	—
La Chapelle-Devant-Bruyères	382	—	—	—	M	—	—
Charmes	382	—	—	P	—	🚐	—
Contrexéville	383	—	—	P	M	🚐	—
Corcieux	383	—	—	P	M	🚐	🎭
Dabo	383	—	—	—	—	🚐	—
Fresse-sur-Moselle	384	—	—	—	—	🚐	—
Gemaingoutte	384	—	—	P	M	🚐	—
Gérardmer	384	—	—	P	M	🚐	—
Granges-sur-Vologne	385	—	—	—	—	—	—
Herpelmont	385	—	🐎	—	M	—	—
Jaulny	385	—	—	—	M	🚐	—
Lunéville	385	—	—	—	M	🚐	—
Magnières	386	—	—	—	M	🚐	—
Metz	386	—	—	—	—	🚐	—
Neufchâteau	386	—	—	—	—	—	—
Plombières-les-Bains	386	—	—	—	M	🚐	—
Revigny-sur-Ornain	387	—	—	—	M	🚐	—
Saint-Avold	387	—	—	P	M	🚐	—
Saint-Dié-des-Vosges	387	—	—	P	M	—	🎭
Saint-Maurice-sur-Moselle	388	—	—	—	M	🚐	—
Sanchey	388	—	—	P	M	🚐	🎭
Saulxures-sur-Moselotte	388	—	—	P	M	—	—
Le Tholy	388	—	—	—	M	—	—
Le-Val-d'Ajol	389	—	—	—	M	🚐	—
Verdun	389	—	—	—	M	🚐	—

	Pages	👪	🐴	Permanent	Location	🚐	🎭
Villey-le-Sec	390	—	—	—	M	—	—
Vittel	390	—	—	—	M	🚐	—
Xonrupt-Longemer	390	—	—	—	M	🚐	—
MIDI-PYRÉNÉES							
Agos-Vidalos	394	—	—	—	M	🚐	🎭
Aigues-Vives	394	—	🐴	—	M	🚐	—
Albi	394	—	—	P	M	🚐	—
Albiès	394	—	—	P	—	—	—
Alrance	395	—	—	—	M	🚐	—
Aragnouet	395	—	—	—	M	🚐	—
Arcizans-Avant	395	—	🐴	—	M	🚐	—
Argelès-Gazost	395	👪	—	—	M	🚐	🎭
Arras-en-Lavedan	396	—	—	—	—	—	—
Arrens-Marsous	396	—	—	P	M	🚐	—
Arvieu	396	—	—	—	M	—	—
Aston	397	—	—	—	M	—	—
Auch	397	—	🐴	—	M	🚐	—
Aucun	397	—	—	P	M	—	—
Augirein	398	—	—	—	M	—	—
Aulus-les-Bains	398	—	—	P	M	🚐	—
Aurignac	398	—	—	—	M	—	—
Ax-les-Thermes	398	—	—	P	M	🚐	—
Ayzac-Ost	399	—	—	—	—	—	—
Bagnac-sur-Célé	399	—	—	—	M	🚐	—
Bagnères-de-Bigorre	399	—	—	—	M	🚐	—
Bagnères-de-Luchon	400	👪	—	P	M	🚐	—
Barbotan-les-Thermes	400	👪	—	—	M	🚐	—
La Bastide-de-Sérou	401	—	—	—	M	🚐	—
Beaumont-de-Lomagne	401	👪	—	—	M	—	🎭
Béduer	401	—	—	—	M	🚐	—
Bélaye	402	—	🐴	—	M	—	🎭
Le Bez	402	—	🐴	—	M	—	—
Boisse-Penchot	402	—	—	P	M	—	—
Boulogne-sur-Gesse	402	—	—	—	L	—	—
Bourisp	403	—	—	P	M	🚐	🎭
Brassac	403	—	—	—	—	—	—
Bretenoux	403	—	—	—	M	🚐	—
Brusque	403	—	🐴	—	M	—	🎭
Bun	404	—	—	P	M	—	—
Les Cabannes	404	—	—	—	M	🚐	—
Cahors	404	—	—	—	M	🚐	—
Les Cammazes	404	—	—	—	M	🚐	—
Canet-de-Salars	405	👪	🐴	—	M	—	🎭
Capdenac-Gare	405	—	—	—	M	—	—
Carlucet	405	—	🐴	—	M	🚐	—
Carmaux	406	—	🐴	—	—	🚐	—
Cassagnabère-Tournas	406	—	—	—	—	—	—
Cassagnes	406	—	—	—	M	—	—
Castelnau-de-Montmiral	406	—	—	—	M	—	—
Castelnau-Montratier	407	—	—	—	—	—	—
Castéra-Verduzan	407	—	—	—	M	🚐	—
Caussade	407	—	—	P	—	🚐	—
Cauterets	407	—	—	—	M	🚐	—
Caylus	408	—	—	—	M	🚐	—
Cayriech	408	—	—	—	M	🚐	—
Condom	409	—	—	—	M	—	—
Conques	409	—	—	—	M	—	—
Cordes-sur-Ciel	409	—	—	—	M	—	—
Cos	410	—	—	P	M	—	—
Creysse	410	—	—	—	M	—	—
Damiatte	410	👪	—	—	M	—	—
Duravel	410	👪	🐴	—	M	—	🎭
Entraygues-sur-Truyère	411	—	—	—	M	—	—
Espalion	411	—	—	—	M	🚐	—
Estaing	411	—	—	—	M	🚐	—
Estang	412	👪	—	—	M	🚐	—
Figeac	412	—	—	—	M	🚐	—
Flagnac	412	—	—	—	M	🚐	—
Garin	413	—	—	—	L	—	—
Gavarnie	413	—	—	—	M	—	—
Girac	413	—	—	—	M	—	—
Gondrin	414	👪	—	—	M	🚐	—
Gourdon	414	—	—	—	M	🚐	—
Grand-Vabre	414	—	—	—	L	—	—
Hèches	414	—	—	P	M	🚐	—
L'Herm	415	—	—	—	—	—	—
L'Hospitalet-Près-l'Andorre	415	—	—	—	—	🚐	—

	Pages			Permanent	Location		
Lacam-d'Ourcet	415	—	🐎	—	M	—	—
Lacapelle-Marival	415	—	—	—	M	🚐	—
Lacave	416	—	—	—	M	—	—
Lafrançaise	416	—	—	—	M	🚐	—
Laguiole	416	—	—	—	—	🚐	—
Lamontélarié	416	—	—	—	M	—	—
Lau-Balagnas	417	—	—	P	M	🚐	🎭
Lavit-de-Lomagne	417	—	—	—	M	🚐	—
Lectoure	417	👪	—	—	M	🚐	🎭
Loudenvielle	418	—	—	P	M	🚐	—
Loupiac	418	👪	—	—	M	🚐	—
Lourdes	418	—	—	—	M	🚐	—
Luzenac	419	—	—	—	M	—	—
Luz-Saint-Sauveur	419	—	—	—	M	🚐	—
Mane	421	—	—	—	M	🚐	—
Martres-Tolosane	421	👪	—	—	M	🚐	🎭
Maubourguet	421	—	—	—	—	—	—
Mauroux	421	—	—	—	L	—	—
Mazamet	422	—	—	—	M	🚐	—
Mercus-Garrabet	422	—	—	—	M	🚐	—
Mérens-les-Vals	422	—	—	P	M	—	—
Miers	422	—	—	—	M	🚐	—
Millau	423	👪	—	—	M	🚐	🎭
Mirande	423	—	—	—	M	🚐	—
Mirandol-Bourgnounac	424	—	🐎	—	M	—	—
Mirepoix	424	—	🐎	—	L	—	—
Moissac	424	👪	—	—	M	🚐	—
Monclar-de-Quercy	425	—	🐎	—	L	—	—
Montcabrier	425	—	—	—	—	—	—
Montesquiou	425	—	—	—	M	—	—
Montpezat-de-Quercy	425	—	—	—	M	—	—
Nages	426	👪	—	—	M	—	🎭
Nailloux	426	—	—	P	M	🚐	—
Nant	426	👪	—	—	M	🚐	🎭
Naucelle	427	—	—	—	M	🚐	—
Nègrepelisse	427	—	—	—	—	🚐	—
Orincles	427	—	—	—	—	🚐	—
Oust	428	—	—	P	M	🚐	—
Ouzous	428	—	—	—	—	—	—
Padirac	428	👪	—	—	M	🚐	🎭
Pamiers	428	—	—	—	M	🚐	—
Parisot	429	—	—	—	L	—	—
Payrac	429	👪	—	—	M	🚐	—
Pons	429	—	—	—	M	—	—
Pont-de-Salars	429	👪	—	—	M	🚐	🎭
Poueyferré	430	—	—	—	M	—	—
Pouzac	430	—	—	—	M	🚐	—
Puybrun	430	—	—	—	M	—	—
Puy-l'Évêque	431	—	🐎	—	M	—	—
Puysségur	431	—	🐎	—	M	🚐	—
Revel	431	—	—	—	—	🚐	—
Rieux	431	—	—	—	L	🚐	—
Rieux-de-Pelleport	432	—	—	P	M	🚐	—
Rignac	432	—	—	—	M	—	—
Rimont	432	—	—	—	L	—	—
Rivière-sur-Tarn	432	👪	—	—	M	🚐	🎭
Rocamadour	433	—	—	—	M	🚐	—
Rodez	433	👪	🐎	—	M	🚐	🎭
La Romieu	434	👪	🐎	—	M	🚐	🎭
Roquelaure	434	👪	—	—	M	🚐	🎭
Saint-Amans-des-Cots	434	👪	—	—	M	🚐	🎭
Saint-Antonin-Noble-Val	435	👪	—	—	M	🚐	—
Saint-Bertrand-de-Comminges	435	—	—	—	M	🚐	—
Saint-Blancard	436	—	—	—	L	—	—
Saint-Céré	436	—	—	—	M	🚐	—
Saint-Cirq-Lapopie	436	👪	🐎	—	M	🚐	🎭
Saint-Gaudens	437	—	—	—	—	🚐	—
Saint-Geniez-d'Olt	437	👪	🐎	—	M	🚐	🎭
Saint-Germain-du-Bel-Air	438	👪	—	—	M	—	—
Saint-Girons	438	👪	—	—	M	🚐	—
Saint-Jean-du-Bruel	438	—	—	—	M	🚐	—
Saint-Lary-Soulan	438	—	—	—	—	🚐	—
Saint-Pantaléon	439	—	—	—	M	—	—
Saint-Pierre-Lafeuille	439	—	—	—	M	—	—
Saint-Rome-de-Tarn	439	—	—	P	M	🚐	🎭
Sainte-Marie-de-Campan	440	—	—	P	M	🚐	—
Salles-Curan	440	👪	🐎	—	M	🚐	🎭

	Pages	👪	🐎	Permanent	Location	🚐	🎭
Salles-et-Pratviel	441	—	—	P	M	—	—
Sassis	441	—	—	—	M	🚐	—
Seix	441	—	—	—	M	🚐	—
Sénergues	441	—	—	—	M	—	—
Séniergues	442	—	🐎	—	M	🚐	—
Sévérac-l'Église	442	👪	—	—	M	🚐	🎭
Sorèze	442	—	—	—	M	🚐	—
Sorgeat	443	—	🐎	P	M	🚐	—
Souillac	443	👪	🐎	—	M	🚐	🎭
Tarascon-sur-Ariège	443	👪	—	P	M	🚐	🎭
Teillet	444	—	—	—	M	🚐	—
Thégra	444	👪	🐎	—	M	🚐	—
Thoux	445	—	—	—	M	🚐	—
Touzac	445	—	—	—	M	—	—
Le Trein d'Ustou	445	—	—	—	M	—	—
Le Truel	445	—	—	—	M	—	—
Vayrac	445	—	🐎	—	M	—	—
Vers	446	—	🐎	—	M	🚐	—
Vielle-Aure	446	—	—	P	M	—	—
Le Vigan	446	—	🐎	—	M	—	—
Villefranche-de-Panat	447	—	—	—	L	—	—
Villefranche-de-Rouergue	447	—	—	—	M	🚐	—
NORD-PAS-DE-CALAIS							
Buysscheure	451	—	—	—	—	🚐	—
Cambrai	451	—	—	—	—	🚐	—
Condette	451	👪	—	—	M	🚐	—
Dannes	451	—	—	—	M	🚐	—
Éperlecques	452	—	—	—	M	🚐	—
Fillièvres	452	—	—	—	M	—	—
Grand-Fort-Philippe	452	—	—	—	M	—	—
Gravelines	452	—	🐎	—	M	🚐	—
Guînes	453	👪	—	—	M	🚐	—
Isques	453	—	—	—	M	🚐	—
Leffrinckoucke	453	—	🐎	—	M	—	—
Licques	454	—	—	—	M	🚐	—
Maubeuge	454	—	—	—	—	—	—
Willies	454	—	🐎	—	M	🚐	—
PAYS-DE-LA LOIRE							
L'Aiguillon-sur-Mer	488	—	—	—	—	🚐	—
Aizenay	488	—	—	—	M	🚐	—
Allonnes	488	—	—	—	M	🚐	—
Ambrières-les-Vallées	488	—	—	—	M	🚐	—
Ancenis	489	—	—	—	M	—	—
Andouillé	489	—	—	—	M	—	—
Angers	489	👪	—	—	M	🚐	—
Angles	490	👪	—	—	M	—	🎭
Apremont	490	—	—	—	M	—	—
Avoise	491	—	—	—	—	—	—
Avrillé	491	—	—	—	M	—	—
La Baule	491	—	—	—	M	🚐	🎭
Beaumont-sur-Sarthe	491	—	—	—	M	—	—
La Bernerie-en-Retz	492	👪	—	—	M	🚐	🎭
Bessé-sur-Braye	492	—	—	—	M	🚐	—
Blain	492	—	—	—	—	🚐	—
La Boissière-de-Montaigu	493	—	🐎	P	M	🚐	—
Bouère	493	—	—	—	L	—	—
Brain-sur-l'Authion	493	—	—	P	M	—	—
Brem-sur-Mer	493	👪	—	—	M	🚐	🎭
Brétignolles-sur-Mer	494	—	—	—	M	🚐	—
Brissac-Quincé	495	—	—	—	M	🚐	—
Chaillé-les-Marais	495	—	—	—	M	🚐	—
La Chaize-Giraud	496	—	—	—	M	—	—
Challain-la-Potherie	496	—	—	—	—	—	—
Chalonnes-sur-Loire	496	—	—	—	—	🚐	—
Chambretaud	496	—	—	—	M	—	—
La Chapelle-Hermier	497	👪	🐎	—	M	—	🎭
Château-Gontier	497	—	—	P	M	🚐	—
Châteauneuf-sur-Sarthe	497	—	—	—	—	🚐	—
Chemillé	498	—	—	—	M	🚐	—
Cholet	498	👪	—	—	M	🚐	🎭
Commequiers	498	—	🐎	—	M	—	—
Les Conches	499	—	—	—	M	—	—
Concourson-sur-Layon	499	—	—	—	M	—	—

	Pages	👪	🐴	Permanent	Location	🚐	🎭
Coutures	499	—	—	—	M	🚐	—
Craon	500	—	—	—	M	🚐	—
Daon	500	—	—	—	M	—	—
Durtal	500	—	—	—	M	—	—
Les Epesses	500	—	—	—	M	🚐	—
Évron	501	—	—	—	M	🚐	—
La Faute-sur-Mer	501	—	—	—	M	—	—
La Ferté-Bernard	501	—	—	—	—	🚐	—
La Flèche	501	—	—	—	M	🚐	—
Fresnay-sur-Sarthe	502	👪	—	—	M	🚐	—
Fromentine	502	—	—	—	M	—	🎭
Le Givre	502	—	🐴	P	M	🚐	—
Guémené-Penfao	502	—	—	—	M	🚐	—
Guérande	503	—	—	—	M	—	—
La Guyonnière	503	—	—	—	M	🚐	—
Herbignac	503	—	—	—	—	🚐	—
Île-de-Noirmoutier	503						
L'Île-d'Olonne	505	—	—	—	M	—	—
Jard-sur-Mer	505	👪	—	—	M	—	🎭
Landevieille	506	👪	—	—	M	—	—
Lavaré	506	—	—	—	—	🚐	—
Le Lion-d'Angers	506	—	—	—	—	—	—
Longeville-sur-Mer	507	👪	—	—	M	🚐	🎭
Loué	507	—	—	—	M	—	—
Luché-Pringé	507	—	—	—	M	—	—
Les Lucs-sur-Boulogne	507	—	—	—	—	—	—
Le Lude	508	—	—	—	M	🚐	—
Maché	508	—	—	—	M	🚐	—
Machecoul	508	—	—	—	M	🚐	—
Maillezais	509	—	—	—	—	🚐	—
Malicorne-sur-Sarthe	509	—	—	—	M	🚐	—
Mamers	509	—	—	—	M	🚐	—
Mansigné	509	—	—	—	M	—	—
Mareuil-sur-Lay	510	—	—	—	—	—	—
Marçon	510	—	—	—	M	🚐	—
Mayenne	510	—	—	—	M	—	—
Le Mazeau	510	—	—	—	M	—	—
Ménil	511	—	—	—	M	🚐	—
Mervent	511	—	—	—	M	—	—
Meslay-du-Maine	511	—	—	—	M	🚐	—
Mesquer	511	—	—	—	M	🚐	—
Mézières-sous-Lavardin	512	—	—	P	M	🚐	—
Montreuil-Bellay	512	👪	—	—	M	—	🎭
Montsoreau	512	—	—	—	M	🚐	—
La Mothe-Achard	513	—	—	—	M	—	🎭
Mouchamps	513	—	—	—	M	—	—
Mouilleron-le-Captif	513	—	—	P	M	🚐	—
Nalliers	513	—	—	—	—	—	—
Nantes	514	—	—	P	M	🚐	—
Notre-Dame-de-Monts	514	—	—	—	M	🚐	🎭
Nyoiseau	515	—	—	—	—	🚐	—
Olonne-sur-Mer	515	👪	—	—	M	🚐	🎭
Le Perrier	516	—	—	—	M	—	—
Piriac-sur-Mer	516	👪	—	—	M	🚐	🎭
La Plaine-sur-Mer	517	👪	—	—	M	🚐	—
Les-Ponts-de-Cé	518	👪	—	—	M	🚐	—
Pornic	518	—	—	—	M	🚐	🎭
Le Pouliguen	518	—	—	—	—	—	—
Pouzauges	519	—	—	—	—	—	—
Préfailles	519	—	—	—	M	—	🎭
Pruillé	519	—	—	—	M	—	—
Les Rosiers-sur-Loire	520	—	—	—	M	🚐	—
Les Sables-d'Olonne	520	👪	—	—	M	🚐	🎭
Sablé-sur-Sarthe	521	👪	—	—	M	🚐	—
Saint-Berthevin	521	—	—	—	—	—	—
Saint-Brevin-les-Pins	522	👪	—	P	M	🚐	🎭
Saint-Calais	522	—	—	—	M	—	—
Saint-Étienne-du-Bois	523	—	—	—	M	—	—
Saint-Georges-sur-Layon	523	—	—	—	M	—	—
Saint-Gilles-Croix-de-Vie	523	—	—	—	M	—	🎭
Saint-Hilaire-de-Riez	524	👪	—	—	M	🚐	🎭
Saint-Hilaire-la-Forêt	526	—	—	—	M	—	🎭
Saint-Hilaire-Saint-Florent	526	👪	🐴	—	M	—	—
Saint-Jean-de-Monts	527	👪	🐴	—	M	🚐	🎭
Saint-Julien-de-Concelles	530	—	—	P	M	🚐	—

	Pages	👪	🐴	Permanent	Location	🚐	🎭
Saint-Julien-des-Landes	530	👪	🐴	—	M	🚐	🎭
Saint-Laurent-sur-Sèvre	531	—	—	—	M	🚐	—
Saint-Michel-en-l'Herm	531	—	—	—	M	🚐	—
Saint-Père-en-Retz	532	—	—	—	M	—	—
Saint-Révérend	532	—	—	—	M	🚐	🎭
Saint-Vincent-sur-Jard	532	—	—	—	M	—	—
Sainte-Luce-sur-Loire	532	—	—	P	M	🚐	—
Saumur	533	👪	—	—	M	🚐	🎭
La Selle-Craonnaise	533	—	—	—	M	🚐	🎭
Sillé-le-Guillaume	533	—	—	—	M	🚐	—
Sillé-le-Philippe	534	—	🐴	—	—	—	🎭
Sion-sur-l'Océan	534	—	—	—	M	🚐	—
Soullans	534	—	—	—	—	—	—
Talmont-Saint-Hilaire	534	—	—	—	M	🚐	🎭
Tennie	535	—	—	—	M	🚐	—
Tharon-Plage	535	—	—	—	M	—	—
La Tranche-sur-Mer	536	👪	—	—	M	🚐	🎭
Triaize	537	—	—	—	M	—	—
La Turballe	537	—	—	—	M	🚐	—
Vairé	537	—	—	—	M	🚐	—
Varennes-sur-Loire	538	👪	—	—	M	🚐	🎭
Vendrennes	538	—	—	P	M	—	—
Vihiers	538	—	—	—	—	—	—
Villiers-Charlemagne	538	—	—	P	M	🚐	🎭
Vix	539	—	—	—	M	—	—
Yvré-l'Évêque	539	—	—	—	M	🚐	—

PICARDIE

	Pages	👪	🐴	Permanent	Location	🚐	🎭
Amiens	543	—	—	—	M	🚐	—
Berny-Rivière	543	👪	—	P	M	🚐	🎭
Bertangles	543	—	—	—	—	—	—
Carlepont	543	—	—	—	M	🚐	—
Cayeux-sur-Mer	544	👪	—	—	M	🚐	—
Charly-sur-Marne	544	—	—	—	—	🚐	—
Le Crotoy	544	—	🐴	—	M	🚐	—
La Fère	545	—	—	—	—	—	—
Fort-Mahon-Plage	545	—	—	—	M	🚐	—
Guignicourt	546	—	—	—	M	🚐	—
Laon	546	—	—	—	—	🚐	—
Mers-les-Bains	546	—	—	—	M	🚐	—
Miannay	546	—	—	—	—	🚐	—
Moyenneville	547	👪	—	—	M	🚐	—
Nampont-Saint-Martin	547	—	—	—	M	🚐	🎭
Le Nouvion-en-Thiérache	547	—	🐴	—	—	🚐	—
Péronne	547	—	—	—	M	🚐	—
Pierrefonds	548	—	—	—	—	—	—
Poix-de-Picardie	548	—	—	—	M	🚐	—
Ressons-le-Long	548	—	—	—	M	🚐	—
Rue	548	—	—	—	M	🚐	—
Saint-Leu-d'Esserent	549	—	🐴	—	M	—	—
Saint-Quentin-en-Tourmont	549	—	🐴	—	M	🚐	—
Saint-Valery-sur-Somme	549	—	—	—	M	🚐	🎭
Seraucourt-le-Grand	550	—	—	—	M	🚐	—
Villers-sur-Authie	550	👪	—	—	M	🚐	🎭

POITOU-CHARENTES

	Pages	👪	🐴	Permanent	Location	🚐	🎭
Aigrefeuille-d'Aunis	554	—	—	—	M	—	—
Angoulins	554	—	—	—	M	—	🎭
Archiac	554	—	—	—	—	🚐	—
Argenton-les-Vallées	554	—	—	—	M	🚐	—
Arvert	555	—	—	—	M	—	—
Aunac	555	—	🐴	—	—	—	—
Availles-Limouzine	555	—	—	—	M	🚐	—
Avanton	555	—	—	—	M	🚐	—
Bonnes	556	—	—	—	M	🚐	—
Châtelaillon-Plage	556	—	—	—	M	—	🎭
Châtellerault	556	—	—	—	M	—	—
Chauvigny	557	—	—	—	M	🚐	—
Cognac	557	—	—	—	M	🚐	—
Couhé	557	👪	—	—	M	🚐	🎭
Coulon	558	👪	—	—	M	🚐	—
Cozes	558	—	—	—	M	🚐	—
Dienné	558	—	🐴	—	M	🚐	🎭
Fouras	559	—	—	P	M	—	🎭
L'Houmeau	559	—	—	—	M	—	—
Île-d'Aix	559	—	—	—	—	—	—
Île-de-Ré	560						

	Pages			Permanent	Location		
Île d'Oléron	563						
Ingrandes	566	—	—	—	M	✓	—
Jonzac	567	—	—	—	M	✓	—
Lagord	567	—	—	—	M	✓	—
Landrais	567	—	—	—	—	—	—
Le Lindois	567	—	✓	—	M	—	—
Loudun	568	—	—	—	—	—	—
Magné	568	—	—	—	L	—	—
Mansle	568	—	—	—	—	—	—
Marans	568	—	—	—	M	✓	—
Marennes	569	—	—	—	M	✓	—
Les Mathes	569	✓	—	—	M	✓	✓
Mauzé-sur-le-Mignon	570	—	—	—	—	✓	—
Médis	570	—	—	—	M	—	—
Meschers-sur-Gironde	570	—	—	—	M	✓	—
Montbron	571	✓	✓	—	M	✓	✓
Montignac-Charente	571	—	—	—	—	—	—
Montmorillon	571	—	—	—	—	—	—
Mortagne-sur-Gironde	571	—	—	—	—	✓	—
Mosnac	572	—	—	—	—	—	—
La Palmyre	572	—	—	—	M	—	✓
Parthenay	572	—	—	—	M	✓	—
Pons	573	—	—	P	M	✓	—
Pont-l'Abbé-d'Arnoult	573	—	—	—	M	✓	—
Prailles	573	—	—	—	M	✓	—
Pressignac	574	—	—	—	M	✓	✓
Rochefort	574	—	✓	—	M	✓	—
La Roche-Posay	574	—	—	—	M	✓	—
Ronce-les-Bains	575	✓	✓	—	M	✓	✓
Royan	575	—	—	—	M	—	✓
Saint-Augustin	576	—	✓	—	M	✓	—
Saint-Cyr	576	—	—	—	M	✓	✓
Saint-Georges-de-Didonne	577	✓	—	—	M	✓	✓
Saint-Georges-lès-Baillargeaux	577	—	—	P	M	✓	—
Saint-Hilaire-la-Palud	577	—	✓	—	M	✓	—
Saint-Jean-d'Angély	578	—	—	—	M	—	—
Saint-Just-Luzac	578	✓	—	—	M	✓	✓
Saint-Laurent-de-la-Prée	578	✓	—	—	M	—	✓
Saint-Nazaire-sur-Charente	579	—	—	—	M	✓	—
Saint-Palais-sur-Mer	579	—	—	—	M	—	—
Saint-Pierre-de-Maillé	579	—	—	—	M	—	—
Saint-Savinien	579	—	—	—	M	—	—
Saint-Sornin	580	—	—	—	—	—	—
Saujon	580	—	—	—	M	✓	✓
Secondigny	580	—	—	—	M	✓	—
Semussac	580	—	—	—	M	—	—
Sireuil	581	—	—	—	M	✓	—
Thors	581	—	—	—	M	✓	—
Vaux-sur-Mer	581	—	—	—	M	✓	✓
Vouillé	582	—	—	—	—	—	—
Vouneuil-sur-Vienne	582	—	—	—	L	—	—

PROVENCE-ALPES-CÔTE D'AZUR

	Pages			Permanent	Location		
Les Adrets-de-l'Esterel	586	—	—	—	M	—	—
Agay	586	✓	—	—	M	✓	✓
Aix-en-Provence	588	✓	—	P	M	✓	—
Ancelle	588	—	✓	P	M	—	—
Apt	588	—	✓	—	M	✓	—
L'Argentière-la-Bessée	589	—	—	—	—	✓	—
Arles	589	✓	—	—	M	—	✓
Aubignan	589	—	—	—	M	—	—
Aups	590	—	—	—	M	—	—
Auribeau-sur-Siagne	590	—	—	—	M	✓	—
Avignon	590	—	—	—	M	✓	—
Baratier	590	—	✓	P	M	—	✓
Barret-sur-Méouge	591	—	✓	—	M	✓	—
Le Bar-sur-Loup	592	—	—	—	M	—	—
Beaumes-de-Venise	592	—	—	—	—	—	—
Beaumont-du-Ventoux	593	—	✓	P	M	✓	—
Bédoin	592	—	—	—	M	✓	—
Bollène	593	—	—	P	M	—	—
Bonnieux	593	—	✓	—	—	—	—
Bormes-les-Mimosas	593	—	—	P	—	✓	—

	Pages			Permanent	Location		
Briançon	594	—	—	—	M	—	—
Cadenet	594	—	—	—	M	—	✓
Cagnes-sur-Mer	594	—	—	—	M	✓	—
Callas	595	—	—	—	M	—	—
Cannes	595	—	—	—	M	✓	—
Le Cannet	595	—	—	—	M	✓	—
Caromb	596	—	—	—	M	—	—
Carpentras	596	—	—	—	M	✓	—
Carro	596	—	✓	—	L	—	✓
Castellane	597	✓	✓	—	M	✓	✓
Cavalaire-sur-Mer	598	—	—	—	M	—	—
Ceillac	598	—	—	—	—	—	—
Châteauneuf-de-Gadagne	598	—	—	—	M	✓	—
Châteaurenard	599	—	—	—	M	✓	—
Chorges	599	—	—	—	M	—	—
Clamensane	599	—	—	—	M	—	—
La Colle-sur-Loup	600	✓	—	—	M	✓	—
Colmars	600	—	—	P	—	✓	—
Col-Saint-Jean	600	✓	—	—	M	✓	✓
La Couronne	601	✓	—	—	M	✓	✓
La Croix-Valmer	602	✓	—	—	M	—	✓
Cros-de-Cagnes	602	✓	—	—	M	—	✓
Cucuron	603	—	✓	—	M	✓	—
Curbans	603	—	—	P	M	—	✓
Digne-les-Bains	603	—	—	—	M	✓	—
Embrun	604	—	—	—	M	✓	✓
Esparron-de-Verdon	604	—	—	—	M	✓	—
Espinasses	604	—	—	—	M	—	✓
Faucon	605	—	—	—	M	✓	—
La Favière	605	✓	—	—	M	✓	✓
Forcalquier	605	—	—	—	M	✓	—
Fréjus	606	✓	—	—	M	✓	✓
Gap	607	—	—	—	M	✓	—
Giens	607	✓	—	—	M	✓	✓
La Grave	608	—	—	—	—	—	—
Graveson	608	—	—	—	M	✓	—
Gréoux-les-Bains	609	✓	✓	—	M	✓	✓
Grimaud	609	✓	—	—	M	✓	✓
Guillestre	610	—	—	—	M	✓	—
Hyères	610	✓	—	—	M	—	✓
L'Isle-sur-la-Sorgue	611	—	—	—	M	✓	—
Isola	611	—	—	P	M	—	—
Larche	611	—	—	—	M	✓	—
Le Lavandou	612	—	—	—	—	—	—
La Londe-les-Maures	612	—	—	P	—	✓	—
Lourmarin	612	—	—	—	M	✓	—
Malemort-du-Comtat	612	—	—	—	M	—	—
Mallemort	613	—	—	—	M	✓	—
Mandelieu-la-Napoule	613	—	—	—	M	✓	—
Maubec	613	—	—	—	M	—	—
Maussane-les-Alpilles	614	—	—	—	—	—	—
Mazan	614	—	—	—	M	—	—
Menton	614	—	—	—	—	—	—
Méolans-Revel	614	✓	—	—	M	—	✓
Mézel	615	—	—	—	M	✓	—
Montmeyan	615	—	—	—	M	✓	—
Montpezat	615	—	—	—	M	—	✓
Moustiers-Sainte-Marie	616	—	—	—	M	✓	—
Murs	616	—	✓	—	—	—	—
Le Muy	617	✓	—	—	M	✓	✓
Nans-les-Pins	617	✓	—	—	M	—	✓
Névache	617	—	✓	—	—	—	—
Niozelles	618	✓	—	—	M	✓	✓
Orange	618	—	—	—	M	✓	—
Orgon	618	—	✓	—	—	—	—
Orpierre	618	—	—	—	M	✓	—
Pernes-les-Fontaines	619	—	—	—	—	✓	—
Pertuis	619	✓	—	—	M	✓	✓
Peyruis	619	—	—	—	L	✓	—
Pont-du-Fossé	619	—	—	—	M	✓	—
Le-Pontet	620	—	—	—	—	✓	—
Prunières	620	—	—	—	M	—	—
Puget-sur-Argens	620	✓	—	—	M	—	—
Puimichel	620	—	✓	—	M	—	—
Puyloubier	621	—	✓	—	M	✓	—
Ramatuelle	621	✓	—	—	M	✓	✓
Régusse	622	✓	—	—	M	—	✓
Riez	622	—	—	—	M	—	—

	Pages	👥	🐴	Permanent	Location	🚐	🎭
La Roche-de-Rame	622	—	—	P	M	🚐	—
La Roche-des-Arnauds	623	—	—	P	—	—	—
Roquebrune-sur-Argens	623	👥	🐴	—	M	🚐	🎭
La Roque-d'Anthéron	624	—	—	—	L	—	🎭
Saint-André-les-Alpes	624	—	—	—	M	—	—
Saint-Apollinaire	624	—	🐴	—	M	—	—
Saint-Aygulf	625	👥	—	—	M	🚐	🎭
Saint-Clément-sur-Durance	626	—	—	—	M	🚐	—
Saint-Cyr-sur-Mer	626	—	—	—	M	—	—
Saint-Étienne-de-Tinée	626	—	—	—	—	🚐	—
Saint-Étienne-du-Grès	626	—	—	—	M	🚐	—
Saint-Laurent-du-Verdon	627	—	🐴	—	M	🚐	🎭
Saint-Mandrier-sur-Mer	627	—	—	—	L	—	🎭
Saint-Martin-d'Entraunes	627	—	🐴	—	M	—	—
Saint-Martin-Vésubie	627	—	—	—	—	🚐	—
Saint-Paul-en-Forêt	628	👥	🐴	—	M	🚐	🎭
Saint-Pons	628	—	—	—	L	—	—
Saint-Raphaël	628	👥	—	—	M	—	🎭
Saint-Rémy-de-Provence	628	👥	—	—	M	🚐	—
Saint-Sauveur-sur-Tinée	629	—	—	—	—	—	—
Sainte-Croix-de-Verdon	629	—	—	—	—	🚐	—
Saintes-Maries-de-la-Mer	630	—	—	—	M	—	—
Salernes	630	—	—	—	M	—	—
Les Salles-sur-Verdon	630	—	—	—	—	🚐	—
Salon-de-Provence	631	—	—	—	M	🚐	—
Sanary-sur-Mer	631	👥	—	—	M	🚐	—
Le Sauze-du-Lac	631	—	—	—	M	—	—
Serres	632	👥	🐴	—	M	—	—
Seyne	632	—	🐴	—	M	🚐	—
Sisteron	632	—	—	—	M	🚐	—
Sospel	633	—	—	—	M	🚐	—
Le Thor	633	—	—	—	M	—	—

	Pages	👥	🐴	Permanent	Location	🚐	🎭
Les Thuiles	633	—	—	—	M	🚐	—
Vaison-la-Romaine	634	👥	—	—	M	🚐	🎭
Vence	635	—	🐴	—	M	🚐	—
Le Vernet	635	—	—	—	M	—	—
Veynes	635	—	🐴	—	M	🚐	—
Villar-Loubière	636	—	🐴	—	—	—	—
Villars-Colmars	636	—	—	—	M	🚐	—
Villecroze	636	👥	—	—	M	🚐	—
Villeneuve-Loubet-Plage	637	—	—	P	M	🚐	🎭
Villes-sur-Auzon	637	—	—	—	M	🚐	—
Visan		—	—	—	M	🚐	—
Volonne		👥	—	—	M	🚐	🎭
Volx		—	—	—	M	—	—

RHÔNE-ALPES

	Pages	👥	🐴	Permanent	Location	🚐	🎭
Les Abrets	642	👥	🐴	—	M	🚐	🎭
Aigueblanche	642	—	—	—	M	🚐	—
Aix-les-Bains	642	—	—	—	M	🚐	—
Alex	642	—	—	—	—	—	—
Allevard	643	—	—	—	M	🚐	—
Anse	643	—	—	—	M	🚐	—
Argentière	643	—	—	—	—	—	—
Artemare	643	—	—	P	M	🚐	—
Aussois	644	—	—	P	—	🚐	—
Autrans	644	👥	—	—	M	🚐	—
Balbigny	644	—	🐴	—	—	🚐	—
La Balme-de-Sillingy	644	—	🐴	—	M	🚐	—
Barbières	645	—	—	—	M	—	—
Beaufort	645	—	—	—	—	—	—
Belmont-de-la-Loire	645	—	—	—	M	🚐	—
Bénivay-Ollon	645	—	🐴	—	M	—	—
Berrias-et-Casteljau	646	—	—	—	M	—	—
Bilieu	646	—	—	—	—	🚐	—
Les Bossons	646	—	—	—	M	—	—
Bourdeaux	647	—	—	—	M	🚐	—
Le-Bourg-d'Arud	647	—	—	—	M	🚐	—
Le-Bourg-d'Oisans	647	👥	—	—	M	🚐	🎭
Bourg-en-Bresse	648	—	—	—	—	🚐	—
Le-Bourget-du-Lac	649	—	—	—	M	🚐	🎭
Bourg-Saint-Maurice	649	—	—	—	M	🚐	—
Bout-du-Lac	649	—	—	—	M	—	🎭

	Pages	👪	🐎	Permanent	Location	🚐	🎭
Bramans	650	—	—	—	M	🚐	—
Brides-les-Bains	650	—	—	—	M	🚐	—
Buis-les-Baronnies	650	—	—	—	M	🚐	—
Casteljau	651	—	—	—	M	—	—
Chabeuil	651	—	🐎	—	M	🚐	🎭
Challes-les-Eaux	652	—	—	—	M	🚐	—
Chamonix-Mont-Blanc	652	—	—	—	M	—	—
Champdor	652	—	—	P	M	—	—
Chanaz	653	—	—	P	M	🚐	—
Charavines	653	—	—	—	M	—	—
Chassagnes	653	—	🐎	—	M	🚐	—
Chassiers	654	👪	—	—	M	—	🎭
Châteauneuf-de-Galaure	654	—	—	—	M	—	—
Châteauneuf-du-Rhône	654	—	—	—	—	—	—
Châtel	654	👪	—	—	M	🚐	🎭
Le Châtelard	655	—	—	—	M	🚐	—
Châtillon-en-Diois	655	—	—	—	M	🚐	🎭
Châtillon-sur-Chalaronne	655	—	—	—	M	🚐	—
Chauzon	656	—	—	—	M	—	—
Chavannes-sur-Suran	656	—	—	—	—	—	—
Le Cheylard	656	—	—	—	M	🚐	—
Choranche	656	—	—	—	M	—	—
La Clusaz	657	—	—	—	M	🚐	—
Contamine-Sarzin	657	—	—	P	M	—	—
Cordelle	657	—	—	—	M	—	🎭
Cormoranche-sur-Saône	657	—	—	—	M	🚐	—
Crest	658	👪	—	—	M	🚐	🎭
Cruas	658	—	—	P	M	🚐	—
Cublize	658	—	—	—	M	🚐	—
Culoz	659	—	—	—	M	🚐	—
Darbres	659	—	—	—	M	—	—
Dardilly	659	—	—	P	M	🚐	—
Die	659	—	—	—	M	—	—
Dieulefit	660	—	—	—	M	—	—
Divonne-les-Bains	660	—	—	—	M	—	—
Doussard	660	👪	—	—	M	🚐	—
Duingt	661	—	—	—	M	🚐	—
Eclassan	661	—	🐎	—	M	—	—
Entre-Deux-Guiers	661	—	—	—	M	🚐	—
Excenevex	662	—	—	—	M	—	🎭
Faramans	662	—	—	—	M	🚐	—
Félines	662	—	—	—	M	🚐	—
La Ferrière	662	—	🐎	—	M	🚐	—
Feurs	663	—	—	—	—	🚐	—
Fleurie	663	—	—	—	M	🚐	—
Les Gets	663	—	—	—	—	—	—
Gex	663	—	—	—	M	🚐	—
Le Grand-Bornand	664	—	—	—	M	🚐	—
Grane	664	—	—	—	M	—	—
Gravières	664	—	🐎	—	M	—	—
Gresse-en-Vercors	665	—	🐎	—	M	🚐	—
Grignan	665	—	—	—	M	—	—
Groisy	665	—	—	—	—	🚐	—
Hautecourt	665	—	—	—	M	🚐	—
Issarlès	666	—	—	—	M	—	—
Jaujac	666	—	—	—	M	—	—
Jeansagnière	666	—	🐎	—	L	🚐	—
Joannas	666	—	🐎	—	M	🚐	—
Joyeuse	667	—	—	—	M	🚐	—
Lalley	667	—	—	—	M	🚐	—
Lalouvesc	668	—	—	—	M	🚐	—
Lamastre	668	—	—	—	M	🚐	🎭
Lanslevillard	668	—	—	—	—	🚐	—
Larnas	668	👪	—	—	M	—	🎭
Lathuile	669	—	—	—	M	—	🎭
Laurac-en-Vivarais	669	—	—	—	M	🚐	—
Lépin-le-Lac	670	—	—	—	—	—	—
Lescheraines	670	—	—	—	M	🚐	—
Lugrin	670	—	—	—	M	🚐	—
Lus-la-Croix-Haute	670	—	—	—	M	🚐	—
Maison-Neuve	671	—	—	—	M	🚐	—
Malarce-sur-la-Thines	671	—	🐎	—	M	—	—
Malbosc	671	—	—	—	M	—	—
Les Marches	671	—	—	—	M	🚐	—
Mars	672	—	🐎	—	M	🚐	—
Massignieu-de-Rives	672	—	—	—	M	🚐	—
Matafelon-Granges	672	—	—	—	M	🚐	—

	Pages	👥	🐴	Permanent	Location	🚐	🎭
Les Mazes	673	—	🐴	—	M	🚐	—
Méaudre	673	—	—	P	M	🚐	—
Megève	674	—	—	—	M	🚐	—
Menglon	674	👥	—	—	M	—	🎭
Menthon-Saint-Bernard	674	—	—	—	M	🚐	—
Meyras	675	—	—	—	M	🚐	🎭
Meyrieu-les-Étangs	675	—	—	—	M	🚐	—
Mirabel-et-Blacons	675	—	—	—	M	🚐	—
Montalieu-Vercieu	676	—	—	—	M	🚐	—
Montbrison	676	—	—	—	M	🚐	—
Montchavin	676	—	—	—	M	🚐	—
Montréal	677	—	—	—	L	—	—
Montrevel-en-Bresse	677	👥	—	—	M	—	🎭
Mornant	677	—	—	—	—	🚐	—
Morzine	677	—	—	—	M	—	—
Murs-et-Gélignieux	678	—	—	—	M	🚐	—
Neydens	678	—	—	—	M	🚐	🎭
Les Noës	678	—	—	—	L	—	—
Novalaise-Lac	678	—	—	—	M	🚐	—
Nyons	679	—	—	—	M	🚐	—
Les Ollières-sur-Eyrieux	679	👥	—	—	M	🚐	🎭
Orgnac-l'Aven	680	—	—	—	—	—	—
La Pacaudière	680	—	—	—	M	🚐	—
Paladru	680	—	—	—	M	🚐	—
Petichet	681	—	—	—	M	🚐	—
Le Poët-Laval	681	—	—	—	—	🚐	—
Poncin	681	—	—	—	M	🚐	—
Poncins	681	—	🐴	—	L	—	—
Pont-de-Vaux	682	—	—	—	M	🚐	—
Pouilly-sous-Charlieu	682	—	—	—	—	—	—
Poule-les-Écharmeaux	682	—	—	—	—	—	—
Le Poët-Célard	682	—	—	—	M	—	🎭
Pradons	683	—	—	—	M	🚐	—
Pralognan-la-Vanoise	683	—	—	—	M	🚐	—
Les-Praz-de-Chamonix	684	—	—	—	—	—	—
Praz-sur-Arly	684	—	—	P	M	🚐	—
Privas	684	👥	—	—	M	—	—
Recoubeau-Jansac	684	—	—	—	M	—	🎭
Ribes	685	—	—	—	M	🚐	—
La Rochette	685	—	—	—	M	—	—
La Rosière-1850	685	—	—	—	M	—	—
Rosières	685	—	🐴	—	M	🚐	—
Ruffieux	686	—	—	—	M	🚐	—
Rumilly	687	—	—	P	M	🚐	—
Ruoms	687	👥	🐴	—	M	🚐	🎭
Sablières	689	—	🐴	—	M	—	—
Sahune	689	—	—	—	M	—	—
Saint-Agrève	689	—	🐴	—	M	—	—
Saint-Alban-Auriolles	689	👥	—	—	M	🚐	🎭
Saint-Alban-de-Montbel	690	👥	—	—	M	—	—
Saint-Avit	690	—	—	P	M	🚐	—
Saint-Christophe-en-Oisans	690	—	🐴	—	—	—	—
Saint-Cirgues-en-Montagne	691	—	—	—	M	🚐	—
Saint-Clair-du-Rhône	691	—	🐴	—	M	🚐	—
Saint-Colomban-des-Villards	691	—	—	—	M	—	—
Saint-Donat-sur-l'Herbasse	691	—	—	—	M	🚐	—
Saint-Ferréol-Trente-Pas	692	—	—	—	M	—	—
Saint-Galmier	692	—	—	—	M	🚐	—
Saint-Genest-Malifaux	692	—	—	—	M	—	—
Saint-Gervais-les-Bains	693	—	—	—	M	🚐	—
Saint-Jean-de-Maurienne	693	—	—	—	M	🚐	—
Saint-Jean-de-Muzols	693	—	—	—	—	—	—
Saint-Jean-le-Centenier	693	—	—	P	M	—	—
Saint-Jorioz	694	👥	—	—	M	🚐	🎭
Saint-Julien-en-Saint-Alban	694	—	—	—	M	🚐	—
Saint-Just	695	—	—	—	M	—	—
Saint-Laurent-du-Pape	695	—	—	—	M	—	—
Saint-Laurent-du-Pont	695	—	—	—	—	—	—
Saint-Laurent-en-Beaumont	695	—	—	—	M	🚐	—
Saint-Laurent-les-Bains	696	—	🐴	—	M	—	—

	Pages	👪	🐴	Permanent	Location	🚐	🎭
Saint-Martin-d'Ardèche	696	—	—	—	M	🚐	—
Saint-Martin-de-Clelles	697	—	—	—	—	🚐	—
Saint-Martin-en-Vercors	697	—	—	—	M	🚐	—
Saint-Maurice-d'Ardèche	697	👪	🐴	—	M	—	—
Saint-Maurice-d'Ibie	697	—	—	—	M	—	—
Saint-Nazaire-en-Royans	698	—	—	P	M	—	—
Saint-Paul-de-Vézelin	698	—	🐴	—	—	—	—
Saint-Pierre-de-Chartreuse	698	—	—	—	M	🚐	—
Saint-Privat	698	—	—	—	M	—	—
Saint-Remèze	699	—	—	—	M	—	—
Saint-Sauveur-de-Cruzières	699	—	—	—	M	—	—
Saint-Sauveur-de-Montagut	699	—	—	—	M	—	—
Saint-Sauveur-en-Rue	700	—	—	—	M	🚐	—
Saint-Symphorien-sur-Coise	700	—	—	—	M	🚐	—
Saint-Théoffrey	700	—	—	—	M	—	—
Saint-Vallier	700	—	—	—	M	—	—
Sainte-Catherine	700	—	🐴	—	—	—	—
Salavas	701	—	—	—	M	🚐	—
Sallanches	701	—	—	—	M	—	🎭
La Salle-en-Beaumont	701	—	🐴	—	M	🚐	—
Samoëns	702	—	—	P	M	🚐	🎭
Sampzon	702	👪	🐴	—	M	🚐	🎭
Satillieu	703	—	—	—	M	—	—
Sciez	703	—	—	—	M	🚐	—
Séez	703	—	—	P	M	🚐	—
Serrières-de-Briord	704	—	—	—	M	—	—
Sévrier	704	—	—	—	M	🚐	🎭
Seyssel	704	—	—	—	M	🚐	—
Seyssel	705	—	—	—	M	—	—
Tain-l'Hermitage	705	—	—	—	—	—	—
Taninges	705	—	—	P	—	🚐	—
Termignon	705	—	—	P	M	🚐	—
Tournon-sur-Rhône	706	—	—	—	M	🚐	—
La Toussuire	706	—	—	—	M	🚐	🎭
Trept	706	—	—	—	M	—	🎭
Tulette	706	—	🐴	—	M	—	—
Ucel	707	—	—	—	M	—	🎭
Vagnas	707	—	🐴	—	M	🚐	—
Vallières	707	—	—	—	M	🚐	—
Valloire	707	—	—	—	—	🚐	—
Vallon-Pont-d'Arc	708	👪	—	—	M	🚐	🎭
Vallorcine	709	—	—	—	—	—	—
Les Vans	709	—	—	—	M	🚐	—
Verchaix	710	—	—	P	—	—	—
Vernioz	710	—	🐴	—	M	—	🎭
Villard-de-Lans	710	—	—	—	M	🚐	—
Villarembert	710	—	—	—	—	—	—
Villars-les-Dombes	711	—	—	—	M	🚐	—
Vinsobres	711	👪	—	P	M	🚐	🎭
Vion	711	—	—	—	M	—	—
Viviers	712	—	—	—	M	—	—
Vizille	712	—	—	—	M	🚐	—
Vogüé	712	—	—	—	M	🚐	🎭

A

Abrest ... 119
Les Abrets ... 642
Les Adrets-de-l'Esterel ... 586
Agay ... 586
Agde ... 308
Agen ... 50
Agon-Coutainville ... 458
Agos-Vidalos ... 394
Aigrefeuille-d'Aunis ... 554
Aigueblanche ... 642
Aigues-Mortes ... 309
Aigues-Vives ... 394
L'Aiguillon-sur-Mer ... 488
Ainhoa ... 50
Aire-sur-l'Adour ... 50
Aix-en-Othe ... 257
Aix-en-Provence ... 588
Aixe-sur-Vienne ... 363
Aix-les-Bains ... 642
Aizenay ... 488
Ajaccio ... 267
Albi ... 394
Albiès ... 394
Alençon ... 458
Aléria ... 267
Alet-les-Bains ... 310
Alex ... 642
Allas-les-Mines ... 51
Allègre-les-Fumades ... 310
Alles-sur-Dordogne ... 51
Allevard ... 643
Alleyras ... 119
Allonnes ... 488
Alrance ... 395
Ambert ... 119
Ambon ... 166
Ambrières-les-Vallées ... 488
Amiens ... 543
Ancelle ... 588
Ancenis ... 489
Ancy-le-Franc ... 145
Andelot ... 257
Andouillé ... 489
Andryes ... 145
Anduze ... 310
Angers ... 489
Angles ... 490
Anglet ... 52
Angoisse ... 52
Angoulins ... 554
Annoville ... 458
Anould ... 381
Anse ... 643
Antonne-et-Trigonant ... 52
Apremont ... 490
Apt ... 588
Aragnouet ... 395
Aramits ... 53
Arbois ... 283
Archiac ... 554
Arcizans-Avant ... 395
Arès ... 53
Argelès-Gazost ... 395
Argelès-sur-Mer ... 311
Argentan ... 458
Argentat ... 363
Argentière ... 643
L'Argentière-la-Bessée ... 589
Argenton-les-Vallées ... 554
Arles ... 589
Arles-sur-Tech ... 314
Arnac ... 119
Arnay-le-Duc ... 145
Arpajon-sur-Cère ... 120
Arradon ... 166
Arras-en-Lavedan ... 396
Arrens-Marsous ... 396
Arromanches-les-Bains ... 459
Artemare ... 643
Arvert ... 555
Arvieu ... 396
Arzano ... 167
Arzon ... 167
Asquins ... 145
Aston ... 397
Atur ... 54
Aubazines ... 364
Aubignan ... 589
Aubigny-sur-Nère ... 232
Auch ... 397
Aucun ... 397
Augirein ... 398
Aulus-les-Bains ... 398
Aumale ... 459
Aunac ... 555
Aups ... 590
Aureilhan ... 54
Auriac ... 364
Auribeau-sur-Siagne ... 590
Aurignac ... 398
Aurillac ... 120
Aussois ... 644
Autrans ... 644
Autun ... 146
Auxerre ... 146
Availles-Limouzine ... 555
Avallon ... 146
Avanton ... 555
Avignon ... 590
Avoise ... 491
Avrillé ... 491
Ax-les-Thermes ... 398
Aydat ... 120
Ayzac-Ost ... 399
Azay-le-Rideau ... 232
Azur ... 55

B

Badefols-sur-Dordogne ... 55
Baden ... 168
Bagnac-sur-Célé ... 399
Bagneaux-sur-Loing ... 299
Bagnères-de-Bigorre ... 399
Bagnères-de-Luchon ... 400
Bagnoles-de-l'Orne ... 459
Bagnols ... 120
Bagnols-sur-Cèze ... 315
Balaruc-les-Bains ... 315
Balbigny ... 644
Ballan-Miré ... 232
La Balme-de-Sillingy ... 644
Bannes ... 257
Baraize ... 232
Baratier ... 590
Barbières ... 645
Barbotan-les-Thermes ... 400
Le Barcarès ... 315
Barjac ... 317
Barneville-Carteret ... 459
Barret-sur-Méouge ... 591
Le Bar-sur-Loup ... 592
Bassemberg ... 37
Bastia ... 268
La Bastide-Clairence ... 55
La Bastide-de-Sérou ... 401
Baubigny ... 460
Baudreix ... 56
La Baule ... 491
Bayeux ... 460
Bazinval ... 460
La Bazoche-Gouet ... 233
Beaufort ... 645
Beaulieu-sur-Dordogne ... 364
Beaulieu-sur-Loire ... 233
Beaumes-de-Venise ... 592
Beaumont-de-Lomagne ... 401
Beaumont-du-Ventoux ... 592
Beaumont-sur-Sarthe ... 491
Beaune ... 146
Beauville ... 56
Beauvoir ... 461
Le Bec-Hellouin ... 461
Bédoin ... 593
Bédouès ... 317
Béduer ... 401
Bégard ... 168
Beg-Meil ... 168
Bélaye ... 402
Belcaire ... 318
Belfort ... 283
Belle-Ile ... 169
Bellême ... 461
Belmont-de-la-Loire ... 645
Bélus ... 56
Belvès ... 57
Belvédère-Campomoro ... 268
Belz ... 170
Bénivay-Ollon ... 645
Bénodet ... 170
Bernay ... 461
La Bernerie-en-Retz ... 492
Bernières-sur-Mer ... 462
Berny-Rivière ... 543
Berrias-et-Casteljau ... 646
Bertangles ... 543
Bessèges ... 318
Bessé-sur-Braye ... 492
Bessines-sur-Gartempe ... 365
Beynac-et-Cazenac ... 57
Beynat ... 365
Le Bez ... 402
Les Biards ... 462
Biarritz ... 58
Bias ... 58
Bidart ... 58
Biesheim ... 37
Biganos ... 60
Bilieu ... 646
Billom ... 121
Binic ... 171
Biron ... 60
Biscarrosse ... 60
Biscarrosse-Plage ... 62
Blain ... 492
Blajoux ... 318
Le Blanc ... 233
Blangy-le-Château ... 462
Blangy-sur-Bresle ... 462
Blasimon ... 62
Blaye ... 62
Bligny-sur-Ouche ... 147
Boisse-Penchot ... 402
Boisset-et-Gaujac ... 318
La Boissière-de-Montaigu ... 493
Boisson ... 319
Bollène ... 593
Bonifacio ... 268
Bonlieu ... 283
Bonnal ... 283
Bonnes ... 556
Bonneval ... 233
Bonnieux ... 593
Bono ... 171
Bordeaux ... 62
Bormes-les-Mimosas ... 593
Les Bossons ... 646
Bouère ... 493
Boulancourt ... 299
Boulogne-sur-Gesse ... 402
Bourbon-Lancy ... 147
Bourbonne-les-Bains ... 257
La Bourboule ... 121
Bourdeaux ... 647
Bourg-Achard ... 463

Le-Bourg-d'Arud ... 647
Le-Bourg-d'Hem ... 365
Le-Bourg-d'Oisans ... 647
Bourg-en-Bresse ... 648
Bourges ... 234
Le-Bourget-du-Lac ... 649
Bourg-Madame ... 319
Bourg-Sainte-Marie ... 258
Bourg-Saint-Maurice ... 649
Bourgueil ... 234
Bourisp ... 403
Boussac-Bourg ... 366
Bout-du-Lac ... 649
Bracieux ... 234
Brain-sur-l'Authion ... 493
Braize ... 121
Bramans ... 650
Brantôme ... 63
Brassac ... 403
Braucourt ... 258
Brécey ... 463
Bréhal ... 463
Brem-sur-Mer ... 493
La Bresse ... 381
Brest ... 172
Bretenoux ... 403
Brétignolles-sur-Mer ... 494
Bréville-sur-Mer ... 463
Briançon ... 594
Briare ... 234
Brides-les-Bains ... 650
Brignogan-Plages ... 172
Brissac ... 319
Brissac-Quincé ... 495
Brousses-et-Villaret ... 320
Brusque ... 403
Le Bugue ... 63
Buis-les-Baronnies ... 650
Le Buisson-de-Cadouin ... 63
Bujaleuf ... 366
Bulgnéville ... 381
Bun ... 404
Bunus ... 64
Burnhaupt-le-Haut ... 37
Bussang ... 382
Bussière-Galant ... 366
Buysscheure ... 451
Buzançais ... 235
Buzancy ... 258

C

Les Cabannes ... 404
Cadenet ... 594
Cagnes-sur-Mer ... 594
Cahors ... 404
Calacuccia ... 270
Calcatoggio ... 270
Callac ... 172
Callas ... 595
Calvi ... 270
Camaret-sur-Mer ... 173
Cambo-les-Bains ... 64
Cambrai ... 451
Les Cammazes ... 404
Camors ... 173
Campagne ... 64
Camps ... 366
Cancale ... 173
Candé-sur-Beuvron ... 235
Canet ... 320
Canet-de-Salars ... 405
Canet-Plage ... 320
Canilhac ... 321
Canillo ... 715
Cannes ... 595
La Canourgue ... 322
Cany-Barville ... 464
Cap-Coz ... 173
Le-Cap-d'Agde ... 322
Capdenac-Gare ... 405
Carantec ... 174
Carcassonne ... 322
Carentan ... 464
Cargèse ... 271
Carhaix-Plouguer ... 174
Carlepont ... 543
Carlucet ... 405
Carmaux ... 406
Carnac ... 174
Carnac-Plage ... 176
Carnon-Plage ... 323
Caromb ... 596
Carpentras ... 596
Carro ... 596
Carsac-Aillac ... 64
Casaglione ... 272
Cassagnabère-Tournas ... 406
Cassagnes ... 406
Casteil ... 323
Casteljaloux ... 65
Casteljau ... 651
Castellane ... 597
Castelmoron-sur-Lot ... 65
Castelnau-de-Montmiral ... 406
Castelnaud-la-Chapelle ... 66
Castelnau-Montratier ... 407
Castels ... 66
Castéra-Verduzan ... 407
Castets ... 66
Castillon-la-Bataille ... 67
Castries ... 323
Caurel ... 177
Caussade ... 407
Cauterets ... 407
Cavalaire-sur-Mer ... 598
Cayeux-sur-Mer ... 544
Caylus ... 408

Cayriech 408
Céaux-d'Allègre 122
Ceillac 598
La Celle-Dunoise 367
Celles-sur-Plaine 382
Cénac-et-Saint-Julien 67
Cendras 324
Centuri 272
Cernay 37
Ceyrat 122
Chabeuil 651
Chablis 147
Chagny 147
Chaillac 235
Chaillé-les-Marais 495
La Chaise-Dieu 122
La Chaize-Giraud 496
Chalezeule 284
Challain-la-Potherie 496
Challes-les-Eaux 652
Chalonnes-sur-Loire 496
Châlons-en-Champagne 258
Chamberet 367
Chambilly 148
Chambon 324
Chambon-sur-Lac 122
Le Chambon-sur-Lignon 123
Chambretaud 496
Chamonix-Mont-Blanc 652
Champagnac-le-Vieux 124
Champagnole 284
Champdor 652
Champs-sur-Tarentaine 124
Chanaz 653
Chancia 284
La Chapelle-Aubareil 67
La Chapelle-aux-Filtzméens 177
La Chapelle-Devant-Bruyères 382
La Chapelle-Hermier 497
Charavines 653
La Charité-sur-Loire 148
Charleville-Mézières 259
Charly-sur-Marne 544
Charmes 382
Charolles 148
Chartres 235
Chassagnes 653
Chassiers 654
Chastanier 324
Château-Chinon 148
Châteaugiron 177
Château-Gontier 497
Châteaumeillant 236
Châteauneuf-de-Gadagne 598
Châteauneuf-de-Galaure 654
Châteauneuf-du-Rhône 654
Châteauneuf-la-Forêt 367
Châteauneuf-sur-Sarthe 497
Châteauponsac 368
Châteaurenard 599
Châteauroux 236
Châtel 654
Châtelaillon-Plage 556
Le Châtelard 655
Châtelaudren 177
Châtelguyon 124
Châtellerault 556
Châtelus-Malvaleix 368
Châtillon 284
Châtillon-Coligny 236
Châtillon-en-Diois 655
Châtillon-en-Vendelais 178
Châtillon-sur-Chalaronne 655
Châtillon-sur-Seine 149
La Châtre 236
Chaudes-Aigues 125
Chauffailles 149
Chaumont-sur-Loire 237
Chauvigny 557
Chauzon 656
Chavannes-sur-Suran 656
Chémery 237
Chemillé 498
Chemillé-sur-Indrois 237
Le Chesne 259
Cheverny 237
Le Cheylard 656
Chinon 238
Chirac 324
Cholet 498
Choranche 656
Chorges 599
Clairvaux-les-Lacs 285
Clamecy 149
Clamensane 599
Cléden-Cap-Sizun 178
Clermont-l'Hérault 325
Cloyes-sur-le-Loir 238
Cluny 149
La Clusaz 657
Cognac 557
La Colle-sur-Loup 600
Colleville-sur-Mer 464
Collias 325
Colmar 38
Colmars 600
Col-Saint-Jean 600
Coly 67
Commequiers 498
Concarneau 178
Les Conches 499
Concourson-sur-Layon 499
Condette 451
Condom 409
Connaux 325
Conques 409
Le Conquet 179
Contamine-Sarzin 657

Contis-Plage 68
Contrexéville 383
Corancy 150
Corcieux 383
Cordelle 657
Cordes-sur-Ciel 409
Cormatin 150
Cormoranche-sur-Saône 657
Cornille 68
Corrèze 368
Corte 272
Cos 410
Couches 150
Couhé 557
Couleuvre 125
Coullons 238
Coulon 558
Courbiac 68
Cournon-d'Auvergne 125
La Couronne 601
Courpière 125
Courseulles-sur-Mer 464
Courtils 465
Courville-sur-Eure 238
Coutures 499
Coux-et-Bigaroque 68
Couze-et-Saint-Front 69
Cozes 558
Crach 179
Craon 500
Crêches-sur-Saône 150
Crespian 325
Crest 658
Creully 465
Crèvecœur-en-Brie 299
Creysse 410
La Croix-Valmer 602
Cromac 368
Cromary 285
Cros-de-Cagnes 602
Le Crotoy 544
Crozon 179
Cruas 658
Crux-la-Ville 151
Cublize 658
Cucuron 603
Culoz 659
Cunlhat 126
Curbans 603

D

Dabo 383
Daglan 69
Dambach-la-Ville 38
Damiatte 410
Dannes 451
Daon 500
Darbres 659
Dardilly 659
Dax 70
Denneville 465
Descartes 239
Die 659
Dienné 558
Dienville 259
Dieppe 465
Dieulefit 660
Digne-les-Bains 603
Digoin 151
Dijon 151
Dinéault 179
Dives-sur-Mer 466
Divonne-les-Bains 660
Dol-de-Bretagne 180
Dole 285
Domazan 326
Domfront 466
Domme 70
Dompierre-les-Ormes 151
Dompierre-sur-Besbre 126
Donville-les-Bains 466
Donzenac 369
Doucier 286
Doussard 660
Ducey 467
Duingt 661
Duravel 410
Durtal 500

E

Éclaron 260
Eclassan 661
Égat 326
Eguisheim 38
Éguzon 239
Embrun 604
Entraygues-sur-Truyère 411
Entre-Deux-Guiers 661
Éperlecques 452
Épernay 260
Les Epesses 500
Épinac 152
Erdeven 180
Erquy 181
Err 326
Ervy-le-Châtel 260
Espalion 411
Esparron-de-Verdon 604
Espinasses 604
Estaing 411
Estang 412
Estavar 326
Étables-sur-Mer 182
Étampes 299
Étréham 467
Étretat 467

Évaux-les-Bains 369
Évron 501
Excenevex 662
Eymet 71
Eymoutiers 369
Les Eyzies-de-Tayac 71

F

Falaise 467
Faouët 182
Faramans 662
Farinole 272
Faucon 605
La Faute-sur-Mer 501
La Favière 605
Feins 182
Félines 662
La Fère 545
La Ferrière 662
La Ferté-Bernard 501
La Ferté-sous-Jouarre 300
Feurs 663
Figari 273
Figeac 412
Fillièvres 452
Fiquefleur-Équainville 468
Fismes 260
Flagnac 412
La Flèche 501
Flers 468
Fleurie 663
Florac 327
Foncine-le-Haut 286
Fontaine-Simon 239
Font-Romeu 327
Forcalquier 605
La Forêt-Fouesnant 183
Formiguères 327
Fort-Mahon-Plage 545
Fouesnant 184
Fougères 184
Fouras 559
Fréjus 606
Fresnay-sur-Sarthe 502
Fresse 286
Fresse-sur-Moselle 384
Le Fret 184
Fromentine 502
Frontignan-Plage 327
Fuilla 328
Fumel 72

G

Gabarret 73
Gallargues-le-Montueux 328
Gannat 126
Gap 607
Gargilesse 240
Garin 413
Gavarnie 413
Geishouse 38
Gemaingoutte 384
Genêts 468
Génolhac 328
Gérardmer 384
Géraudot 261
Les Gets 663
Gex 663
Ghisonaccia 273
Gien 240
Giens 607
Giffaumont-Champaubert 261
Gignac 328
Gigny-sur-Saône 152
Gimouille 152
Girac 413
Le Givre 502
Gondrin 414
Gonneville-en-Auge 468
Goudargues 329
Gourdon 414
Gradignan 73
Le Grand-Bornand 664
La Grande-Motte 329
Grand-Fort-Philippe 452
Grandrieu 330
Grand-Vabre 414
Grane 664
Granges-sur-Vologne 385
Granville 469
Le Grau-du-Roi 330
La Grave 608
Gravelines 452
Graveson 608
Gravières 664
Gréoux-les-Bains 609
Gresse-en-Vercors 665
Grignan 665
Grimaud 609
Groisy 665
Groléjac 73
Le Gros-Theil 469
Guémené-Penfao 502
Guérande 503
La Guerche-sur-l'Aubois 240
Guéret 369
Le Guerno 185
Gueugnon 152
Guewenheim 39
Guidel 185
Guignicourt 546
Guillestre 610
Guilvinec 185
Guînes 453
La Guyonnière 503

H

Hagetmau 74
Haulmé 261
Hautecourt 665
Hautefort 74
Hèches 414
Heimsbrunn 39
Hendaye 74
Herbignac 503
L'Herm 415
Herpelmont 385
Le Hohwald 39
Honfleur 469
L'Hospitalet-Près-l'Andorre 415
Houlgate 470
L'Houmeau 559
Hourtin 75
Hourtin-Plage 76
Huanne-Montmartin 287
Huelgoat 186
La Hume 76
Hyères 610

I

Île-aux-Moines 186
L'Île-Bouchard 241
Île-d'Aix 559
Île de Noirmoutier 503
Île de Ré 560
Île d'Oléron 563
L'Île-d'Olonne 505
Incheville 470
Ingrandes 566
Isdes 241
Isigny-sur-Mer 470
Isle-et-Bardais 126
L'Isle-sur-la-Sorgue 611
L'Isle-sur-Serein 153
Isola 611
Ispagnac 330
Isques 453
Issarlès 666
Issenheim 39
Issoire 127
Issy-l'Évêque 153
Itxassou 76

J

Jablines 300
Jard-sur-Mer 505
Jars 241
Jaujac 666
Jaulny 385
Jeansagnière 666
Joannas 666
Jonzac 567
Josselin 186
Joyeuse 667
Jugon-les-Lacs 187
Jullouville 471
Jumièges 471
Junas 330

K

Kaysersberg 40
Kervel 187
Kervoyal 187
Kruth 40

L

Labenne-Océan 76
Labergement-Sainte-Marie 287
Lacam-d'Ourcet 415
Lacanau 77
Lacanau-Océan 78
Lacapelle-del-Fraisse 127
Lacapelle-Marival 415
Lacave 416
Lachapelle-sous-Rougemont 287
Ladignac-le-Long 370
Lafrançaise 416
Lagord 567
Laguiole 416
Laives 153
Lalley 667
Lalouvesc 668
Lamastre 668
Lamontélarié 416
Lamonzie-Montastruc 78
Lampaul-Ploudalmézeau 187
Landéda 188
Landevieille 506
Landrais 567
Langres 261
Lanloup 188
Lannion 188
Lanobre 127
Lanouaille 79
Lanslevillard 668
Lantic 189
Lanuéjols 331
Laon 546
Lapalisse 128
Lapeyrouse 128
Larche 611
Larmor-Plage 189
Larnas 668
Laroque-des-Albères 331
Larrau 79
Laruns 79
Lathuile 669
Lattes 331
Lau-Balagnas 417
Laubert 332
Laurac-en-Vivarais 669

Laurens ... 332
Lauterbourg ... 40
Le Lavandou ... 612
Lavaré ... 506
Lavit-de-Lomagne ... 417
Lavoûte-sur-Loire ... 128
Le Bosc ... 319
Le Cannet ... 595
Lectoure ... 417
Leffrinckoucke ... 453
Lège-Cap-Ferret ... 80
Léon ... 80
Lépin-le-Lac ... 670
Lescheraines ... 670
Lesconil ... 189
Lescun ... 80
Levier ... 288
Licques ... 454
Lièpvre ... 40
Liginiac ... 370
Ligny-le-Châtel ... 153
Limeuil ... 80
Le Lindois ... 567
Linxe ... 81
Le Lion-d'Angers ... 506
Lisieux ... 471
Lissac-sur-Couze ... 370
Lit-et-Mixe ... 81
Locmaria-Plouzané ... 190
Locmariaquer ... 190
Locronan ... 190
Loctudy ... 191
Lodève ... 332
Les Loges ... 471
La Londe-les-Maures ... 612
Longeville-sur-Mer ... 507
Lons-le-Saunier ... 288
Lorris ... 241
Louannec ... 191
Louan Villegruis Fontaine ... 300
Loudenvielle ... 418
Loudun ... 568
Loué ... 507
Louhans ... 154
Loupiac ... 418
Lourdes ... 418
Lourmarin ... 612
Louviers ... 472
Lozari ... 273
Luçay-le-Mâle ... 242
Luché-Pringé ... 507
Les Lucs-sur-Boulogne ... 507
Luc-sur-Mer ... 472
Le Lude ... 508
Lugrin ... 670
Lumio ... 274
Lunery ... 242
Lunéville ... 385
Lus-la-Croix-Haute ... 670
Luzenac ... 419
Luz-Saint-Sauveur ... 419
Luzy ... 154
Lyons-la-Forêt ... 472

M

Maché ... 508
Machecoul ... 508
Magnac-Laval ... 371
Magné ... 568
Magnières ... 386
Maîche ... 288
Maillezais ... 509
Maisod ... 289
Maison-Neuve ... 671
Malarce-sur-la-Thines ... 671
Malbosc ... 671
Malbuisson ... 289
Malemort-du-Comtat ... 612
Malicorne-sur-Sarthe ... 509
Mallemort ... 613
Le Malzieu-Ville ... 332
Mamers ... 509
Mandelieu-la-Napoule ... 613
Mandeure ... 289
Mane ... 421
Mansigné ... 509
Mansle ... 568
Marans ... 568
Marcenay ... 154
Marchainville ... 472
Les Marches ... 671
Marcillac-Saint-Quentin ... 81
Marcillé-Robert ... 191
Marcilly-sur-Vienne ... 242
Marennes ... 569
Mareuil-sur-Cher ... 242
Mareuil-sur-Lay ... 510
Marigny ... 289
Mars ... 672
Marseillan-Plage ... 333
Martigné-Ferchaud ... 191
Martigny ... 473
Martragny ... 473
Martres-Tolosane ... 421
Marvejols ... 334
Marçon ... 510
Masevaux ... 41
La Massana ... 715
Masseret ... 371
Massiac ... 128
Massignieu-de-Rives ... 672
Massillargues-Attuech ... 334
Matafelon-Granges ... 672
Matemale ... 334
Les Mathes ... 569
Matignon ... 192
Matour ... 155

Maubec 613
Maubeuge 454
Maubourguet 421
Mauléon-Licharre 82
Maupertus-sur-Mer 473
Maureillas-Las-Illas 335
Mauriac 129
Mauroux 421
Maurs 129
Maussane-les-Alpilles 614
Mauzé-sur-le-Mignon 570
Mayenne 510
Le Mayet-de-Montagne 129
Mazamet 422
Mazan 614
Le Mazeau 510
Les Mazes 673
Méaudre 673
Médis 570
Megève 674
Mélisey 290
Melun 301
Mende 335
Ménesplet 82
Menglon 674
Ménil 511
Mennetou-sur-Cher 243
Menthon-Saint-Bernard 674
Menton 614
Méolans-Revel 614
Mercus-Garrabet 422
Merdrignac 192
Mérens-les-Vals 422
Mers-les-Bains 546
Mervent 511
Merville-Franceville-Plage 474
Meschers-sur-Gironde 570
Mesland 243
Meslay-du-Maine 511
Mesnil-Saint-Père 262
Mesnois 290
Mesquer 511
Messanges 82
Metz 386
Meucon 192
Meursault 155
Meyras 675
Meyrieu-les-Étangs 675
Meyrueis 335
Meyssac 371
Mézel 615
Mézières-sous-Lavardin 512
Mézos 83
Mialet 84
Miannay 546
Miers 422
Migennes 155
Millau 423
Mimizan 84
Mimizan-Plage 84
Mirabel-et-Blacons 675
Mirande 423
Mirandol-Bourgnounac 424
Mirepoix 424
Mittlach 41
Moëlan-sur-Mer 193
Moissac 424
Moliets-Plage 85
Molitg-les-Bains 336
Moltifao 274
Monclar-de-Quercy 425
Monistrol-d'Allier 129
Monnet-la-Ville 290
Monpazier 85
Montagney 291
Montalieu-Vercieu 676
Montargis 243
Montbard 156
Montbazon 243
Montbrison 676
Montbron 571
Montcabrier 425
Montchavin 676
Montclar 337
Le Mont-Dore 130
Montesquiou 425
Montignac 85
Montignac-Charente 571
Montigny-en-Morvan 156
Montigny-le-Roi 262
Montjay-la-Tour 301
Montlouis-sur-Loire 244
Montmeyan 615
Montmorillon 571
Montoire-sur-le-Loir 244
Montory 85
Montpezat 615
Montpezat-de-Quercy 425
Montpon-Ménestérol 86
Montréal 677
Montreuil-Bellay 512
Montrevel-en-Bresse 677
Montsoreau 512
Moosch 41
Morée 244
Morgat 193
Moriani-Plage 274
Mornant 677
Mortagne-sur-Gironde 571
Morzine 677
Mosnac 572
La Mothe-Achard 513
Mouchamps 513
Mouilleron-le-Captif 513
Mousterlin 193
Moustiers-Sainte-Marie 616
Moyaux 474
Moyenneville 547

Muides-sur-Loire 245
Mulhouse 41
Munster 42
Murat-le-Quaire 130
Murol 130
Murs 616
Murs-et-Gélignieux 678
Le Muy 617

N

Nages 426
Nailloux 426
Naizin 194
Nalliers 513
Nampont-Saint-Martin 547
Nans-les-Pins 617
Nant 426
Nantes 514
Narbonne 337
Nasbinals 337
Naucelle 427
Naussac 338
Navarrenx 86
Nébouzat 131
Nègrepelisse 427
Néris-les-Bains 131
Neufchâteau 386
Neung-sur-Beuvron 245
Neussargues-Moissac 131
Neuvéglise 132
Neuvic 371
Neuvy-Saint-Sépulchre 245
Névache 617
Névez 194
Nexon 372
Neydens 678
Niozelles 618
Les Noës 678
Nogent-le-Rotrou 246
Nolay 156
Nonette 132
Nontron 86
Notre-Dame-de-Monts 514
Nouan-le-Fuzelier 246
Le Nouvion-en-Thiérache 547
Novalaise-Lac 678
Noyal-Muzillac 194
Nyoiseau 515
Nyons 679

O

Oberbronn 42
Obernai 42
Objat 372
Olivet 246
Les Ollières-sur-Eyrieux 679
Olmeto 275
Olonne-sur-Mer 515
Oloron-Sainte-Marie 86
Omonville-la-Rogue 474
Ondres 87
Onzain 246
Orange 618
Orbec 474
Orcet 132
Ordino 715
Orgnac-l'Aven 680
Orgon 618
Orincles 427
Orléat 133
Ornans 291
Orpierre 618
Ounans 291
Oust 428
Ouzous 428

P

La Pacaudière 680
Padirac 428
Paimpol 194
Paimpont 195
Paladru 680
Palau-Del-Vidre 338
Palavas-les-Flots 338
Palinges 156
Palisse 372
La Palmyre 572
Pamiers 428
Parcoul 87
Parentis-en-Born 87
Paris 301
Parisot 429
Parthenay 572
Pauillac 88
Paulhaguet 133
Payrac 429
Pénestin 195
Penmarch 196
Pentrez-Plage 196
Pernes-les-Fontaines 619
Péronne 547
Le Perrier 516
Perros-Guirec 196
Pers 133
Le Pertre 197
Pertuis 619
Pesmes 292
Petichet 681
Petit-Palais-et-Cornemps 88
Peyrignac 88
Peyrillac-et-Millac 88
Peyruis 619
Piana 275
Pianottoli-Caldarello 275
Pierre-Buffière 372
Pierrefitte-sur-Loire 133

Pierrefitte-sur-Sauldre 247
Pierrefonds 548
Pietracorbara 275
Les Pieux 475
Pinarellu 276
Piriac-sur-Mer 516
Pissos 89
La Plaine-sur-Mer 517
Plancoët 197
Planguenoual 197
Les Plantiers 339
Plazac 89
Pleaux 134
Pléneuf-Val-André 198
Plestin-les-Grèves 198
Pleubian 198
Pleumeur-Bodou 199
Pléven 199
Plobannalec-Lesconil 199
Ploemel 199
Ploéven 200
Plombières-les-Bains 386
Plomeur 200
Plomodiern 201
Plonéour-Lanvern 201
Plouézec 201
Plougasnou 202
Plougastel-Daoulas 202
Plougonvelin 202
Plougoulm 202
Plougoumelen 203
Plougrescant 203
Plouguerneau 204
Plouha 204
Plouharnel 205
Plouhinec 205
Plouhinec 205
Plouigneau 206
Plounévez-Lochrist 206
Plozévet 206
Plurien 206
Le Poët-Laval 681
Poix-de-Picardie 548
Poligny 292
Pommeuse 302
Poncin 681
Poncins 681
Pons 429
Pons 573
Pontarlier 292
Pont-Audemer 475
Pont-Authou 475
Le-Pont-de-Montvert 339
Pont-de-Salars 429
Pont-de-Vaux 682
Pont-du-Casse 89
Pont-du-Fossé 619
Pont-du-Navoy 292
Le Pontet 620
Pont-Farcy 475
Pontgibaud 134
Pont-l'Abbé-d'Arnoult 573
Pontorson 476
Pontrieux 207
Pont-Scorff 207
Les-Ponts-de-Cé 518
Pordic 207
Le Porge 89
Pornic 518
Port-Camargue 339
Port-en-Bessin 476
Portiragnes-Plage 340
Port-Manech 208
Porto 276
Porto-Vecchio 277
Poueyferré 430
Pouilly-sous-Charlieu 682
Le Pouldu 208
Poule-les-Écharmeaux 682
Le Pouliguen 518
Poullan-sur-Mer 209
Pouzac 430
Pouzauges 519
Le Poët-Célard 682
Prades 341
Pradons 683
Prailles 573
Pralognan-la-Vanoise 683
Les-Praz-de-Chamonix 684
Praz-sur-Arly 684
Préfailles 519
Prémery 157
Pressignac 574
Preuilly-sur-Claise 247
Primel-Trégastel 209
Primelin 210
Privas 684
Priziac 210
Propriano 279
Pruillé 519
Prunières 620
Puget-sur-Argens 620
Puimichel 620
Puybrun 430
Le Puy-en-Velay 134
Puy-l'Évêque 431
Puy-Guillaume 134
Puyloubier 621
Puysségur 431
Pyla-sur-Mer 90

Q

Quiberon 210
Quiberville 476
Quillan 341
Quimper 211
Quimperlé 211

Quingey 293

R

Radon 476
Radonvilliers 262
Raguenès-Plage 212
Ramatuelle 621
Rambouillet 302
Ranspach 42
Rauzan 90
Ravenoville 477
Razès 373
Recoubeau-Jansac 684
Régusse 622
Remoulins 342
Renaucourt 293
Rennes 212
Ressons-le-Long 548
Revel 431
Revigny-sur-Ornain 387
Reygade 373
Rhinau 43
Ribeauvillé 43
Ribes 685
Rieux 431
Rieux-de-Pelleport 432
Riez 622
Rignac 432
Rillé 247
Rimont 432
Rivière-Saas-et-Gourby 91
Rivière-sur-Tarn 432
Rocamadour 433
La Roche-Bernard 213
La Roche-Chalais 91
La Roche-de-Rame 622
La Roche-des-Arnauds 623
Rochefort 574
Rochefort-en-Terre 213
La Roche-Posay 574
La Rochette 685
Rocles 342
Rodez 433
Rohan 213
Rombach-le-Franc 43
La Romieu 434
Romorantin-Lanthenay 247
Ronce-les-Bains 575
Roquebrune-sur-Argens 623
La Roque-d'Anthéron 624
Roquefort-des-Corbières 342
La Roque-Gageac 91
Roquelaure 434
La Roque-sur-Cèze 343
La Rosière-1850 685
Rosières 685
Les Rosiers-sur-Loire 520
Rosnay 248
Rosporden 213
Rouffignac 91
Royan 575
Royat 135
Royère-de-Vassivière 373
Le Rozel 477
Le Rozier 343
Roz-sur-Couesnon 214
Rue 548
Ruffieux 686
Rumilly 687
Ruoms 687

S

Les Sables-d'Olonne 520
Sablé-sur-Sarthe 521
Sablières 689
Sabres 92
Sagone 279
Sahune 689
Saignes 135
Saint-Agrève 689
Saint-Alban-Auriolles 689
Saint-Alban-de-Montbel 690
Saint-Amand-de-Coly 92
Saint-Amand-Montrond 248
Saint-Amans-des-Cots 434
Saint-Amant-Roche-Savine 135
Saint-André-de-Sangonis 343
Saint-André-les-Alpes 624
Saint-Antoine-d'Auberoche 93
Saint-Antoine-de-Breuilh 93
Saint-Antonin-Noble-Val 435
Saint-Apollinaire 624
Saint-Arnoult 477
Saint-Aubin-sur-Mer 478
Saint-Aubin-sur-Mer 478
Saint-Augustin 576
Saint-Aulaye 93
Saint-Avertin 248
Saint-Avit 690
Saint-Avit-de-Vialard 94
Saint-Avit-Sénieur 94
Saint-Avold 387
Saint-Aygulf 625
Saint-Bauzile 344
Saint-Berthevin 521
Saint-Bertrand-de-Comminges 435
Saint-Blancard 436
Saint-Bonnet-Tronçais 135
Saint-Brevin-les-Pins 522
Saint-Briac-sur-Mer 214
Saint-Calais 522
Saint-Cast-le-Guildo 214
Saint-Céré 436
Saint-Christophe-en-Oisans 690
Saint-Cirgues-en-Montagne 691
Saint-Cirq-Lapopie 436

Saint-Clair-du-Rhône 691
Saint-Claude 293
Saint-Clément-sur-Durance 626
Saint-Colomban-des-Villards 691
Saint-Coulomb 215
Saint-Crépin-et-Carlucet 94
Saint-Cybranet 95
Saint-Cyprien-Plage 344
Saint-Cyr 576
Saint-Cyr-sur-Mer 626
Saint-Didier-en-Velay 136
Saint-Dié-des-Vosges 387
Saint-Donat-sur-l'Herbasse 691
Saint-Éloy-les-Mines 136
Saint-Émilion 95
Saint-Étienne-de-Baïgorry 95
Saint-Étienne-de-Tinée 626
Saint-Étienne-du-Bois 523
Saint-Étienne-du-Grès 626
Saint-Evroult-Notre-Dame-du-Bois 478
Saint-Ferréol-Trente-Pas 692
Saint-Florent 279
Saint-Flour 136
Saint-Galmier 692
Saint-Gaudens 437
Saint-Genest-Malifaux 692
Saint-Geniès 95
Saint-Geniez-d'Olt 437
Saint-Génis-des-Fontaines 344
Saint-Georges-de-Didonne 577
Saint-Georges-de-Lévéjac 345
Saint-Georges-du-Vièvre 478
Saint-Georges-lès-Baillargeaux 577
Saint-Georges-sur-Layon 523
Saint-Germain-du-Bel-Air 438
Saint-Germain-du-Bois 157
Saint-Germain-du-Teil 345
Saint-Germain-les-Belles 374
Saint-Germain-l'Herm 136
Saint-Germain-sur-Ay 479
Saint-Gérons 137
Saint-Gervais-d'Auvergne 137
Saint-Gervais-les-Bains 693
Saint-Gildas-de-Rhuys 215
Saint-Gilles-Croix-de-Vie 523
Saint-Girons 438
Saint-Girons-Plage 96
Saint-Hilaire-de-Riez 524
Saint-Hilaire-du-Harcouët 479
Saint-Hilaire-la-Forêt 526
Saint-Hilaire-la-Palud 577
Saint-Hilaire-les-Places 374
Saint-Hilaire-Saint-Florent 526
Saint-Hippolyte 293
Saint-Hippolyte-du-Fort 345
Saint-Honoré-les-Bains 157
Saint-Jean-d'Angély 578
Saint-Jean-de-Ceyrargues 345
Saint-Jean-de-la-Rivière 479
Saint-Jean-de-Luz 96
Saint-Jean-de-Maurienne 693
Saint-Jean-de-Monts 527
Saint-Jean-de-Muzols 693
Saint-Jean-du-Bruel 438
Saint-Jean-du-Doigt 216
Saint-Jean-du-Gard 346
Saint-Jean-le-Centenier 693
Saint-Jean-Pied-de-Port 97
Saint-Jorioz 694
Saint-Jouan-des-Guérets 216
Saint-Julien-de-Concelles 530
Saint-Julien-de-Lampon 98
Saint-Julien-des-Landes 530
Saint-Julien-en-Born 98
Saint-Julien-en-Saint-Alban 694
Saint-Just 137
Saint-Just 695
Saint-Justin 98
Saint-Just-Luzac 578
Saint-Lary-Soulan 438
Saint-Laurent-de-la-Prée 578
Saint-Laurent-du-Pape 695
Saint-Laurent-du-Pont 695
Saint-Laurent-du-Verdon 627
Saint-Laurent-en-Beaumont 695
Saint-Laurent-en-Grandvaux 294
Saint-Laurent-les-Bains 696
Saint-Laurent-les-Églises 374
Saint-Laurent-Médoc 99
Saint-Laurent-sur-Sèvre 531
Saint-Léger-de-Fougeret 158
Saint-Léger-de-Peyre 346
Saint-Léonard-de-Noblat 374
Saint-Léon-sur-Vézère 99
Saint-Leu-d'Esserent 549
Saint-Lunaire 216
Saint-Malo 217
Saint-Mamet-la-Salvetat 137
Saint-Mandrier-sur-Mer 627
Saint-Marcan 217
Saint-Martial-de-Nabirat 99
Saint-Martin-d'Ardèche 696
Saint-Martin-de-Clelles 697
Saint-Martin-d'Entraunes 627
Saint-Martin-de-Seignanx 100
Saint-Martin-en-Campagne 479
Saint-Martin-en-Vercors 697
Saint-Martin-Terressus 375
Saint-Martin-Valmeroux 138
Saint-Martin-Vésubie 627
Saint-Maurice-d'Ardèche 697
Saint-Maurice-d'Ibie 697
Saint-Maurice-sur-Moselle 388
Saint-Michel-en-Grève 217
Saint-Michel-en-l'Herm 531
Saint-Nazaire-en-Royans 698
Saint-Nazaire-sur-Charente 579

Saint-Nectaire 138
Saint-Pair-sur-Mer 480
Saint-Palais-sur-Mer 579
Saint-Pantaléon 439
Saint-Pardoux 375
Saint-Pardoux-Corbier 375
Saint-Paul-de-Vézelin 698
Saint-Paul-en-Forêt 628
Saint-Paulien 139
Saint-Paul-le-Froid 347
Saint-Paul-lès-Dax 100
Saint-Pée-sur-Nivelle 101
Saint-Père 218
Saint-Père-en-Retz 532
Saint-Père-sur-Loire 248
Saint-Péreuse 158
Saint-Philibert 218
Saint-Pierre 43
Saint-Pierre-de-Chartreuse 698
Saint-Pierre-de-Maillé 579
Saint-Pierre-Lafeuille 439
Saint-Plantaire 249
Saint-Point 158
Saint-Point-Lac 294
Saint-Pol-de-Léon 219
Saint-Pons 628
Saint-Pourçain-sur-Sioule 139
Saint-Privat 698
Saint-Quentin-en-Tourmont 549
Saint-Raphaël 628
Saint-Remèze 699
Saint-Rémy 101
Saint-Rémy-de-Provence 628
Saint-Rémy-sur-Durolle 139
Saint-Renan 219
Saint-Révérend 532
Saint-Rome-de-Tarn 439
Saint-Samson-sur-Rance 220
Saint-Satur 249
Saint-Saud-Lacoussière 101
Saint-Sauveur-de-Cruzières 699
Saint-Sauveur-de-Montagut 699
Saint-Sauveur-en-Puisaye 159
Saint-Sauveur-en-Rue 700
Saint-Sauveur-le-Vicomte 480
Saint-Sauveur-sur-Tinée 629
Saint-Savinien 579
Saint-Sornin 580
Saint-Symphorien-le-Valois 480
Saint-Symphorien-sur-Coise 700
Saint-Théoffrey 700
Saint-Vaast-la-Hougue 480
Saint-Valery-en-Caux 481
Saint-Valery-sur-Somme 549
Saint-Vallier 700
Saint-Victor-de-Malcap 347
Saint-Vincent-de-Cosse 102
Saint-Vincent-sur-Jard 532
Saint-Yrieix-la-Perche 375
Saint-Yvi 220
Sainte-Anne-d'Auray 220
Sainte-Catherine 700
Sainte-Catherine-de-Fierbois 249
Sainte-Croix-de-Verdon 629
Sainte-Croix-en-Plaine 44
Sainte-Enimie 347
Sainte-Eulalie-en-Born 102
Sainte-Foy-la-Grande 102
Sainte-Luce-sur-Loire 532
Sainte-Lucie-de-Porto-Vecchio 279
Sainte-Marie 348
Sainte-Marie-de-Campan 440
Sainte-Marie-du-Mont 481
Sainte-Maure-de-Touraine 249
Sainte-Mère-Église 481
Sainte-Sigolène 140
Saintes-Maries-de-la-Mer 630
Salavas 701
Salbris 250
Salernes 630
Salies-de-Béarn 102
Salignac-Eyvigues 103
Salins-les-Bains 294
Sallanches 701
La Salle-en-Beaumont 701
Salles 103
Salles 103
Salles-Curan 440
Salles-et-Pratviel 441
Les Salles-sur-Verdon 630
Salon-de-Provence 631
Salornay-sur-Guye 159
La Salvetat-sur-Agout 348
Samoëns 702
Sampzon 702
Sanary-sur-Mer 631
Sanchey 388
Sanguinet 104
Santenay 159
Sant Julià-de-Lòria 715
Sare 104
Sarlat-la-Canéda 104
Sarzeau 220
Sassis 441
Satillieu 703
Saubion 107
Saugues 140
Saujon 580
Saulieu 159
Saulxures-sur-Moselotte 388
Saumur 533
Sauveterre-la-Lémance 107
Le Sauze-du-Lac 631
Saverne 44
Savigny-en-Véron 250
Savigny-lès-Beaune 160
Savonnières 250
Sazeret 140

Scaër 221
Sciez 703
Secondigny 580
Séez 703
Seignosse-Océan 108
Seilhac 376
Seix 441
Sélestat 44
La Selle-Craonnaise 533
Semussac 580
Sénergues 441
Séniergues 442
Senonches 250
Seppois-le-Bas 44
Seraucourt-le-Grand 550
Sérent 222
Sérignan 349
Sérignan-Plage 349
Serra-di-Ferro 280
Serres 632
Serrières-de-Briord 704
Sète 350
Les Settons 160
Sévérac-l'Église 442
Sévrier 704
Seyne 632
Seyssel 704
Seyssel 705
Sézanne 262
Sillé-le-Guillaume 533
Sillé-le-Philippe 534
Singles 141
Sion-sur-l'Océan 534
Siorac-en-Périgord 108
Sireuil 581
Sisteron 632
Sizun 222
Sommières 350
Sonzay 251
Sorde-l'Abbaye 108
Sorèze 442
Sorgeat 443
Sospel 633
Souillac 443
Soulac-sur-Mer 108
Soulaines-Dhuys 263
Soullans 534
Soustons 109
Strasbourg 45
Suèvres 251
Sulniac 222
Surrain 481
Surtainville 482

T

Taden 222
Tain-l'Hermitage 705
Talmont-Saint-Hilaire 534
La Tamarissière 351
Taninges 705
Tarascon-sur-Ariège 443
Taupont 223
Tauves 141
Le Teich 110
Teillet 444
Telgruc-sur-Mer 223
Tennie 535
Termignon 705
Terrasson-Lavilledieu 110
La Teste-de-Buch 110
Tharon-Plage 535
Thégra 444
Theix 223
Thenon 111
Thiviers 111
Le Tholy 388
Thonnance-les-Moulins 263
Le Thor 633
Thoré-la-Rochette 251
Thors 581
Thoux 445
Les Thuiles 633
Thury-Harcourt 482
Tinténiac 224
Tiuccia 280
Tocane-Saint-Apre 111
Tonnerre 161
Torreilles-Plage 351
Touffreville-sur-Eu 482
Touquin 302
La Tour-du-Meix 294
Le Tour-du-Parc 224
Tourlaville 482
Tournon-sur-Rhône 706
Tournus 161
Toussaint 483
La Toussuire 706
Touzac 445
La Tranche-sur-Mer 536
Trèbes 352
Trébeurden 224
Tréboul 224
Treffiagat 225
Trégastel 225
Tréguennec 225
Trégunc 226
Treignac 376
Treignat 141
Le Trein d'Ustou 445
Trélévern 226
Trentels 111
Le Tréport 483
Trept 706
Trévières 483
Triaize 537
La Trinité-sur-Mer 226
Troyes 263

Le Truel 445
Tulette 706
La Turballe 537
Turckheim 45
Tursac 112

U

Ucel 707
Urdos 112
Urrugne 112
Urt 113
Ussel 377
Uxelles 295
Uzerche 377
Uzès 352

V

Vagnas 707
Vairé 537
Vaison-la-Romaine 634
Le-Val-d'Ajol 389
Valençay 251
Vallabrègues 353
Valleraugue 353
Vallières 707
Valloire 707
Vallon-en-Sully 141
Vallon-Pont-d'Arc 708
Vallorcine 709
Valras-Plage 353
Vandenesse-en-Auxois 161
Vannes 227
Les Vans 709
Varennes-sur-Loire 538
Varzy 161
Vatan 252
Vaux-sur-Mer 581
Vayrac 445
Veigné 252
Venarey-les-Laumes 162
Vence 635
Vendays-Montalivet 113
Vendrennes 538
Veneux-les-Sablons 302
Vensac 113
Verchaix 710
Verdelot 303
Le Verdon-sur-Mer 114
Verdun 389
Vermenton 162
Le Vernet 635
Vernet-les-Bains 355
Vernioz 710
Vers 446
Versailles 303
Vers-Pont-du-Gard 355
Vesoul 295
Veules-les-Roses 483
Le Vey 484
Veynes 635
Vézac 114
Vias-Plage 355
Vic-sur-Cère 142
Videix 377
Vielle-Aure 446
Saint-Girons 114
Vieux-Boucau-les-Bains 115
Vieux-Mareuil 115
Le Vigan 357
Le Vigan 446
Vigeois 377
Les Vignes 358
Vignoles 162
Vihiers 538
Villard-de-Lans 710
Villarembert 710
Villar-Loubière 636
Villars-Colmars 636
Villars-les-Dombes 711
La Ville-aux-Dames 252
Villecroze 636
Villedieu-les-Poêles 484
Villefort 358
Villefranche-de-Panat 447
Villefranche-de-Rouergue 447
Villegly 359
Villemoustaussou 359
Villeneuve-de-la-Raho 359
Villeneuve-lès-Avignon 359
Villeneuve-lès-Béziers 360
Villeneuve-Loubet-Plage 637
Villeréal 115
Villersexel 295
Villers-sur-Authie 550
Villers-sur-Mer 484
Villes-sur-Auzon 637
Villey-le-Sec 390
Villiers-Charlemagne 538
Villiers-le-Morhier 252
Villiers-sur-Orge 303
Vimoutiers 484
Vinsobres 711
Vion 711
Visan
Vitrac 116
Vitry-aux-Loges 253
Vittel 390
Vivario 280
Viverols 142
Viviers 712
Vix 539
Vizille 712
Vogüé 712
Volonne
Volx
Vorey 142
Vouillé 582

Vouneuil-sur-Vienne 582
Vouvray 253

W

Wasselonne 45
Wattwiller 45
Willies 454

X

Xonrupt-Longemer 390

Y

Yvré-l'Évêque 539

Manufacture française des pneumatiques Michelin

Société en commandite par actions au capital de 504 000 004 EUR.
Place des Carmes-Déchaux – 63 Clermont-Ferrand (France)
R.C.S. Clermont-Fd B 855 200 507

Compogravure : Nord Compo, Villeneuve d'Ascq

Impression et brochage : G. Canale & C.S.p.a. à Borgaro Torinese

Maquette : Jean-Luc Cannet

Dépôt légal : Décembre 2011

Imprimé en Italie Décembre 2011

Sur du papier issu de forêts gérées durablement